《希腊哲学史》编辑委员会

A HISTORY OF GREEK
PHILOSOPHY

希腊哲学史

（修订本）

第 二 卷

汪子嵩　范明生　陈村富　姚介厚　著

人民出版社

凡　例

1.本书第一版第一卷成书于 1985 年,1987 年年初出版。为保持全四卷体例的一致,后三卷沿袭第一卷。修订版基本上维持原来的体例。

1.1　全书按编、章、节、小节分目,每编附有一个小结。每卷后面附有书目,人名、神名、地名等译名的对照表。修订版还增加了索引。

1.2　书目仅列举撰写中参阅过的。

1.3　按当时的通例,凡外文参考书按姓、名、书名、版本、出版社、年代次序列述,同时译为中文,作为"书目"附于该卷之后。在脚注中仅出现作者姓氏、书目和页数,个别同姓氏而本书都加以引证者,则姓与名同时出现于脚注中。如第四卷中研究原子论的 M.F.Smith,研究晚古哲学的 A.Smith,研究教会史的 J.L.Smith。

1.4　考虑到我国读者难以找到外文资料,所以脚注中除个别国际通用的文献篇名、残篇或纸草文书用英文或拉丁化希腊名称外,一律译为中文。

1.5　涉及汉文古籍时遵照中国习惯列注人物与篇名。

2.受研究对象的制约,本书涉及大量外文资料,原则上遵循海外通例,个别依我国实际情况做些变更。

2.1　Diels 和 Kranz 编的《苏格拉底之前哲学家残篇》,按人物列章目,内分:A.后人记述;B.残篇;C.疑伪资料。本书按国际惯例在行文中注释,如"DK22B49"指该书第 22 章赫拉克利特的残篇第 49 条。

2.2　柏拉图著作按 1578 年斯特方(Stephan)的编目,每页分 A、B、C、D、E

五栏(有的为四栏)。如 189D 指斯特方标准页《柏拉图著作集》第 189 页 D 栏。由于斯特方之后人们发现柏拉图著作的成书时间并非 16 世纪人们排定的次序,所以《柏拉图全集》各篇的斯特方标准页是不连贯的。如 Timaeus 篇,后人考证为后期著作,斯特方以为是早期的,标准页为 17A—92D。

2.3 亚里士多德的著作按国际惯例采用 1831—1870 年贝刻尔(Bekker)的《亚里士多德著作集》标准页,每页分 a、b 两栏。如"980a 20"指贝刻尔标准页第 980 页 a 栏第 20 行。按惯例,用小写字母。

2.4 古希腊和罗马帝国时期的古代文献,由美国哈佛大学 Loeb 发起和主持,汇编成希英对照和拉英对照两个系列,本书撰稿期间共出版 476 册,之后又有些增补。本书注释通用《洛布希英对照古典丛书》和《洛布拉英对照古典丛书》,在前后文明示所引著作属希英对照或拉英对照情况下,简称《洛布丛书》或《洛布古典丛书》。

2.5 人名、地名中译,基本上采取古希腊语拉丁语的音译。有的按约定俗成处理,如西塞罗,按拉丁语发音,"Cicero"为"Kikero",目前都用英译发音。

目　录

第一编　智者运动

第二编　苏格拉底

第三编　柏拉图

附　录

Contents

Part II Socrates

Part III Plato

———————————————————————————————— Appendix

❀ 再版序言 ❀

汪子嵩

　　《希腊哲学史》全四卷分别于1987、1993、2003、2010年出版。为保持全书格式的统一,其他各卷大体上按第一卷的体例执行。时隔近三十年,从出版社到作者,不由得产生某种共鸣式的冲动。出版社想在装帧、排版、格式方面"旧貌换新颜",作者想积30年研究的经历,利用迄今为止掌握的资料和海内外学术界研究成果,做一个较完善的修订本。然而"心想事成"对我们六位原作者而言,仅是个美好的梦想。现实一些,统一全书个别前后不一的译名,更正个别差错或措词,按国际出版惯例增加一个各卷人名、地名、术语索引,这是做得到的。2011年9月哲学编辑室主任方国根向我们转达人民出版社领导决定出全四卷《希腊哲学史》新版的消息,考虑到作者的现实条件,新版不作大的修订,仅作个别更正,统一译名和注释规格,增加索引。

　　现作如下说明:

　　1.再版的格式、译名、注释方式仍以第一卷为基础。特别是外文资料的注释,现在通行的方式是用原文全称或缩写。我们当时考虑到中国读者的情况,都用统一的中译文注释,书后附上译名一致的参考书目。此次再版不做大的更动。四卷中人名、地名、书名中译不一致者一般以第一卷为基础,个别采用后两卷的翻释。例如,地名帕伽马、帕加马、柏加玛,一律采用帕伽马;人名如斐洛、菲洛,一律用斐洛;奥利金、俄里金,一律用奥利金,这是教会史、基督教史方面比较通用的译名。姓名同一者,前面另加学派或地名,如同《著名哲学家的生平和著作》的作者第欧根尼·拉尔修同姓者有好几个,分别译为犬儒的第欧根尼即辛诺普的第欧根尼、阿波罗尼亚的第欧根尼、巴比伦的第欧根尼、塞留西亚的第欧根尼、奥依诺安达的第欧根尼。

2.四卷本原稿从撰稿人、统稿者到责任编辑、编辑室主任,经过好几道手续,此次复查,差错率极小,但是总免不了个别表述或打印方面的差错。人民出版社哲学编辑室,在方国根主任带领下,几人把关,作了更正。撰稿人和读者发现的差错,趁此机会也予以更正。

3.考虑到本书是研究外国哲学的,关于专门术语,从作者到读者都比较熟悉英译,所以索引的排序不用汉语拼音,而用英语字母顺序。索引的格式与海外通例一致。重要的、多次出现的专门术语按内容分类。

4.有关再版的具体工作委托浙江大学陈村富教授负责。索引是王晓朝教授安排他指导的博士后陈玮帮忙做的。周展、陈越骅分别承担第四卷和第一、二、三卷的英文目录。刘永亮、尚万里、徐晓燕承担了核查注释、统一体例等方面许多烦琐而又细致的具体工作。浙江大学还提供了"中央高校基本科研业务费专项资金"的资助。在此均表谢意。

5.《希腊哲学史》是1980年国家社科基金立项的多卷本《西方哲学史》之一。之后《希腊哲学史》第四卷、全四卷《希腊哲学史》新版(原名称"四卷本《希腊哲学史》导读及专题研究")又陆续获得国家社科基金的项目资助,其中第四卷还获得浙江省社科规划办重大项目的资助。在此对上述机构表示诚挚的谢意。

在新版《希腊哲学史》出版之际,自然想到始终如一为我们创造出版条件的人民出版社从社长到编辑以及校对和设计的整个团体。刚完成第四卷接着就出全四卷的新版,是我们做梦都想却不好意思开口的事。初版的四卷五大册,5千多页,而且前两卷当时还没有电子版,工作量可想而知。哲学编辑室主任方国根动员全室力量,各抱一卷重新过目一遍,统一全书格式,耗时一年多成就了这番事业。一个出版社找几位敬业精神的典范不难,难得的是从上到下,从老一代、第二代到第三代几十年如一日持奉这种敬业精神。我们在为人民出版社建社纪念而撰写的《图书出版业的守护神和常青藤》中倾诉了我们二十多年积累的感受。刻书与收藏起源于古巴比伦和亚述。Nabu是一位刻印楔形文学泥版文书的高手,一生兢兢业业。在

Borsipa 完成了大量口传史诗、铭文、赦令和星相学、天文学的刻印与维护，死后被奉为守护神。之后在 Ashur、Calah、Nineveh 也被奉为刻印业的守护神。近现代发掘的大量楔形文字泥版文书就是在这些地方。后来的希腊人发扬了这个传统。古代各行各业的守护神，其实就是人的敬业精神和理想的外化与升华，是一种象征，一种符号，代表某种行业、职业的精神、力量、戒律和守则。常青藤是古希腊酒神的生命不息的象征。本书的再版，再现了这种出版行业的守护神 Nabu 的精神。

借此机会，以我们六位撰稿人的名义，向出版社领导、哲学编辑室历任主任、本书责任编辑、校对、美术设计人员以及所有为本书劳心给力的朋友们致以崇高的敬意！

2011 年 12 月

《希腊哲学史》第二卷介绍公元前5—前4世纪的希腊哲学,主要论述智者、苏格拉底和柏拉图的哲学思想。这时候已经开始进入希腊哲学的全盛时期,它的主要特征是从早期以研究自然为中心转变为以研究人和社会为中心,伦理问题和社会政治问题成为讨论的重点。但是我们的着重点还是论述他们的本体论、认识论和方法论思想,力图揭示希腊哲学思想发展的逻辑。

本卷在写作上遇到三个重大的问题,几乎所有的希腊哲学史研究都认为是难题。

第一个是有关智者的史料问题。智者作为当时的一种社会思潮和运动,涉及的范围广阔,影响深厚,然而流传下来的第一手资料却又极其稀少。现在我们所能见到的有关智者的资料极大多数出自柏拉图的对话,然而柏拉图是坚决反对智者的,往往以偏概全,对智者的思想和论证加以贬低和曲解,最明显的例子是《欧绪德谟篇》中被苏格拉底批判的那些诡辩。因此对话中有关智者的许多材料只能用作苏格拉底和柏拉图批判的对象来引述,将它们当做正面阐述智者思想的根据是不完全恰当的。现代西方学者在收集和考订智者的史料方面做了不少工作,意大利学者(如翁特斯泰纳等)取得较为显著的成绩;陈村富在意大利访问时收集和研究了他们的成果。由于国内对智者的资料介绍较少,本卷第一编更多致力于智者史料的考订、翻译和释义的工作,希望能比较准确地论述智者的思想。

第二个是有关柏拉图和苏格拉底思想的划分问题。苏格拉底无疑是划时代的伟大的哲学家,然而他的哲学思想基本上保留在柏拉图的对话中;柏拉图也是伟大的哲学家,他在记述他老师的思想时不免夹杂有他自己的思想成分,因此如何区分这些对话中苏格拉底的思想和柏拉图的思想成为哲学史上一直争论不决的难题。如果像伯奈特和泰勒那样主张对话中所有苏格拉底讲的话都是属于苏格拉底自己的,我们便很难论述柏拉图的哲学了,因为连历史上公认为柏拉图的相论(Theory of Ideas)也将改属为苏格拉底的思想。但如果认为对话中所有的思想都是属于柏拉图的,我们论述苏格拉底时便只有色诺芬记载的那些简单的伦理说教。好在对于柏拉图对话篇的分期问题,现在学术界已经有比较公认的结论,认为早期"苏格拉底式对话"中的思想基本上可以代表苏格拉底的思想;我们又根据亚里士多德的论述,将有没有形成系统相论的思想作为划分他们思想界限的标准,将那些尚未形成相论体系的对话都摆在苏格拉底名下论述,并引色诺芬的记载和其他资料对照论证。这样做并不很精确,因为苏格拉底和柏拉图的思想实际上是不可能截然分清的;但是也有一个好处,便是几乎所有柏拉图的对话的主要内容在本卷中都可以得到论述。

第三个是有关柏拉图思想的发展变化问题。直到 19 世纪末 20 世纪初一般哲学史研究都认为柏拉图哲学是一个前后一贯的思想体系,以《国家篇》中的相论为其代表和总结;有些学者甚至将一些和《国家篇》中的思想不一致的对话怀疑为伪作。经过近百年来许多学者对柏拉图对话篇的先后次序的研究,多数学者承认有几篇重要的对话写于《国家篇》以后,其中表述的思想和《斐多篇》—《国家篇》中的相论有所不同,因此产生柏拉图思想的发展变化问题,认为在以《国家篇》为代表的相论以后还有柏拉图的后期哲学思想。但柏拉图的后期哲学思想有什么内容,它和前期相论有什么不同?现在柏拉图学者中还是人言言殊,没有比较一致的意见。我们是认为应当将哲学史作为人类认识发展史来进行研究的,柏拉图是一位以追求真理为目的的哲学家,当他发现自己的学说中存在一些缺陷和问题时自然会加以修正或补充,从而发展了他自己的思想。由于他留下大量对话,这种发展过程也可以从他的著作中去发现寻找。因此我们对柏拉图后期的几篇对话作了较多的分析,将其中的论证和《斐多篇》—《国家篇》时期的思想作比较,希望能具体说明柏拉图在哪些问题上修正和发展了原来的思想,而在哪些方面则还坚持原来的观点。对他的后期哲学思想试图提出我们的看法,以求教于学者。

哲学史研究必须建立在可靠的资料基础上。本卷所根据的哲学资料和第一卷有重大不同,第一卷我们论述苏格拉底以前的自然哲学家的思想时,基本上只能根据流传下来的他们的著作或言论的残篇,往往只是一些零碎的简短的哲学命题,甚至无从得知他们是如何得出这样的结论来的,只能依靠第二手资料甚至以推测来解释他们的思想。而在第二卷中我们主要根据的资料可以说就是柏拉图的对话篇,它是我们论述苏格拉底和柏拉图思想的第一手资料,即使在论述智者思想时也不得不利用一些柏拉图对话中的资料。有关智者的其他第一手资料虽然篇幅较短,但也是一些有逻辑论证和结论的文献。因此我们必须分析这些逻辑命题和论证,在这点上现代西方哲学一些流派注重逻辑分析方法是有益的。但是我们以为这些逻辑命题和论证不是孤立的,而是整篇哲学著作的组成部分,是哲学家为了说明他的观点和思想体系而提出来的;所以我们必须从哲学家的整个思想体系中理解这些论证,我们分析这些命题和论证也正是为了理解和说明他的哲学体系。分析一篇对话中的逻辑论证以了解这篇对话的哲学思想;分析不同对话中的论证并将它们进行比较,看到它们的同和异,确定其中有没有变化,在哪些方面发生了什么变化,才能找出哲学家思想发展的脉络线索。我们是尽力向这个方向做的。

柏拉图对话中的论证往往不仅冗长而且是曲折复杂的,限于篇幅不可能照原样翻译或介绍,我们只能采取概述原意的方式,在每段介绍以后注明斯特方本页码;有些重要的命题或段落是翻译的,则加引号表明。在概述和翻译时我们参考了多种译本,主要是三种英译本:汉密尔顿(E.Hamilton)编定本、乔伊特译本和《洛布古典丛书》本,也参考其他英文译本以及各种已有的中文译本。以下引用时,除在有些处所专门说明外,不再一一注明版本。为了排版方便,尽可能少写希腊文,改用拉丁音译。

本卷也是在集体讨论的基础上分工起草的:绪论和第一编智者运动是陈村富写的,第二编苏格拉底和小苏格拉底学派是姚介厚写的,第三编柏拉图,他的前期相论和政治思想是范明生写的,后期哲学思想以及他的不成文学说和学园是汪子嵩写的。全书由汪子嵩统一整理再经讨论后定稿。由于我们水平有限,不免会有错误,敬请读者批评指正。

本卷第三编论述柏拉图的稿子请王太庆看过,他正在翻译《柏拉图全集》,提出了许多重要的意见,将 idea 改译为"相"也是他竭力主张,我们才下决心改的。国外有关柏拉图著作的出版和研究的新近情况我们知道得不多,洪汉鼎和庞学铨为我们提供一些德国的情况,杜声锋提供法国的情况,余纪元提供意大利的情况。本书写作得到中国社会科学院哲学研究所、上海社会科学院哲学研究所、杭州大学哲学系的支持;本书的出版得到人民出版社田士章、喻阳等同志大力协助。谨表示我们的谢意。

本卷全部定稿之日突获悉陈康教授于 1992 年 2 月 6 日在美国亚历山大里亚城寓所因病去世,享年 89 岁。我们在书中论述柏拉图哲学的许多观点,特别是研究哲学史的方法问题上,均大大得益于陈先生的教导。谨以此书献给这位引导我们进入希腊哲学研究之门的尊敬的导师,寄托我们的哀思。

1992 年 2 月 24 日

❋ 绪 论 ❋

　　本书第一卷第五编中我们已经说过,公元前 6 世纪末前 5 世纪初希腊的经济政治和文化中心已逐步从殖民地区转向希腊本土,雅典成为当时哲学活动的中心。这个历史阶段被称为古典时代,以区别于公元前 8 至前 6 世纪的上古时代;它包括希腊城邦制从繁荣到衰落的一百多年,大体上是公元前 5 世纪至前 4 世纪 40 年代马其顿统一希腊以前。这时期的希腊哲学已经进入它的鼎盛时期,不但在西方文化发展史上,而且在世界文明发展史上都占有重要地位。

　　这时期希腊哲学的主要特征是它所讨论的中心议题是有关人和社会的问题。亚里士多德说:"这个时期人们放弃了对自然的研究,哲学家们把注意力转向政治科学和有益于人类美德的问题。"①这就将这个时期的哲学和以前的即本书第一卷论述的以研究自然为中心的哲学思想区别开来。这时期的哲学主要是智者运动和苏格拉底—柏拉图两大思潮,是本卷所要讨论的中心。从时间上说阿那克萨戈拉和德谟克利特在这一时期主要也是在雅典活动,但他们被归为自然哲学家,我们在第一卷中已经论述过。亚里士多德也是在这一时期开始哲学活动的,他的思想既是继承苏格拉底—柏拉图的传统又是集以往自然哲学的大成,我们将在第三卷中专门论述。

　　为什么在这个时期并且主要是在雅典这个地方,人和社会的问题会成为哲学探讨的中心?这就需要弄清楚这个时期以雅典为代表的希腊世界的经济

---

　　① 亚里士多德:《论动物的构成》,642ᵃ28—29。

和政治生活的演变,观念和思潮的更新以及生活方式和思维方式的变化等等方面。

第一节　雅典帝国的兴衰

公元前 8 至前 6 世纪古代希腊就以殖民运动和商业活动为周围世界所认识,但那时人们只知道整个希腊世界的"希腊人",雅典和斯巴达尚未引起重视。公元前 5 世纪上半叶发生的希波战争以雅典和斯巴达领导的希腊城邦战胜波斯的侵略而结束,接着又发生雅典和斯巴达争霸的伯罗奔尼撒战争(前431—前 404 年),表明雅典和斯巴达这两大城邦已经左右希腊世界的局势。他们代表古典时代希腊社会在两种不同类型的政治经济制度下形成的两种不同类型的人。哲学主要在雅典盛兴,而在斯巴达却根本不能立足,所以我们在主要介绍雅典情况时适当地与斯巴达作点对比说明,这对了解当时的哲学政治思想是有益的。

雅典地处中希腊东部的阿提卡地方。阿提卡是个半岛,三面伸入爱琴海,境内凯菲索河将阿提卡分为丘陵地区和沿海平原。丘陵地区有银、大理石等矿产,又是畜牧、养蜂业和橄榄、葡萄种植的主要地区,沿海平原是谷物产区,后来也发展了养蜂、畜牧和葡萄种植业。阿提卡西南海岸有适宜通商的法莱隆和拜里厄斯等优良海港,雅典卫城重修以后修筑了连结这两个港口的长城,是雅典海上交通的重要基地。所以雅典具有从事农业、手工业以及海上贸易的良好自然条件;而斯巴达位于南部希腊伯罗奔尼撒地方的拉科尼亚平原,它的北部是泰革托山脉,南部则是有瘴气的沼泽区。山麓森林密布,有果树和葡萄;平原土地肥沃,牧场林立,宜于耕稼;但是离海遥远,没有适宜的港湾,造成它以农立国、容易故步自封的条件。

长期融合而成的伊奥尼亚人在阿提卡地区共有四个部落,下分若干胞族,再分为若干氏族。传说在迈锡尼时代阿提卡发生了一场统一运动,神话式英雄忒修斯在雅典娜神到来的地方设立统一管辖四个部落的机构,建筑卫城,这就是后来的雅典城。它以雅典娜为守护神,每年举办"泛雅典娜节"。这是从部落发展为统一民族的重要阶段。忒修斯开始打破氏族—胞族—部落的界限,将部落成员划分为贵族、农民和手工业者。他确认贵族的统治地位,为贵族制开辟了道路;同时与别的地区不同,他承认手工业者的独立地位,为后来手工业者及一些贵族发展为工商奴隶主从而发展工商经济创造了条件。忒修斯打破传统的部落血缘界限,将四个部落各分为三个区,成为十二个"三一区",这又为部落成员的融合以及外来人进入雅典创造了有利的前提,使雅典比其他地方更能接受和容纳外来人。

斯巴达人又称拉栖代蒙,据说是荷马史诗中赫拉克利特的后裔。它建国较早,主要是由征伐其他部族形成的;实行贵族统治,保留了许多原始氏族制度。斯巴达人依靠武力把当地全部希洛人变成城邦所有的奴隶,并且将周围边界的居民变为"边民"(皮里阿西人)。因此它只有依靠武力才能维持城邦的统治,斯巴达人让希洛人为他们从事农业劳动,他们自己则主要从事战争训练、向外扩张和掠夺。全体斯巴达人过着军事公社的生活,特别是青年男女必须接受严格的军事教育,他们这种制度长期固定不变。

公元前6世纪初梭伦的改革更使雅典走上商品经济的道路。普卢塔克在《梭伦传》中说:"梭伦见到阿提卡的土地不可能维持不断增殖的人口,而且不管民众从事哪项农业,单靠土地都不可能过优裕的生活,所以他特别注意到手工业。"①英国著名历史学家汤因比说,梭伦的革命"基本上是一次从自给性生产的农业改变成商品性生产的农业,再加上发展了的商业和手工业的过程"②。从公元前6世纪中叶的庇西特拉图僭主统治到前6世纪末的克利斯提尼改革,是一个经济和政治的重大变革时代,阿提卡的农民和贵族都卷进了商品生产的旋涡。小农奔波在集市上出卖自己生产的蜂蜜、葡萄和其他农牧产品;有些土地贵族也放弃了传统观念,兼营商业,控制了农村的经济和政治生活。而斯巴达却利用政权力量禁止公民从事商品生产,割断农业同商业市

---

① 普卢塔克:《梭伦传》,第22节。
② 汤因比:《历史研究》中册,中译本,第64页。

场的联系,一直停留在原来封闭型的自然经济上。

然而对雅典以及整个希腊世界旧的经济关系和传统观念冲击更大的还有另外一个方面,就是货币经济的发展。对货币经济的看法是智者、苏格拉底和小苏格拉底学派以及柏拉图和亚里士多德等人政治伦理思想的一个重要问题,本卷将讨论的智者的收费问题以及由此引出的利益和正义的关系问题等等,都同货币问题有关。过去哲学史书籍中很少提到这个问题。《剑桥古代史》和罗斯托采夫的《古代世界史》都利用大英博物馆中收藏的古希腊和西亚的各种货币资料和文献,介绍这些地区货币发展情况。我们作点简要介绍。

公元前 7 世纪以前西亚和小亚细亚西岸以及希腊沿海城市已经开始出现可以分割的金属货币,它以本身的重量作为计算单位。最早出现的铸币是公元前 7 世纪小亚细亚的合金椭圆币,流行于小亚细亚一带。公元前 6 世纪中叶吕底亚国王克娄苏最早铸造金币,稍后波斯出现了大流士金币,同时意大利地区的锡巴里使用银币。① 小亚细亚沿岸及沿海岛屿的伊奥利亚城邦由于自己没有金银矿藏,一直使用以上这些地区的货币。

希腊本土的货币比较落后。斯巴达一直禁止公民使用金银,只许以笨重的铁块作为交换手段。有些比较进步的城邦有自己的铸币,例如伊齐那的铸币一面是海龟,一面是四方形内含三角的图案;科林斯铸币的一面是戴盔的雅典娜头像,一面是飞马奔腾图。这两种货币在公元前 7 到前 6 世纪比较流行,说明当时这两个地方的经济比较发达。梭伦改革以前雅典用的是伊齐那的币制:一个塔兰特(talent)等于 63 个明那(mina),一个明那等于 70 个德拉克玛(drachma)。梭伦改革采用优卑亚币制:一个塔兰特等于 60 个明那,一个明那等于 100 个德拉克玛,以后一直沿用到雅典衰亡。当时铸币的重量在各地并不一样,如一个塔兰特在伊齐那等于现在的 37.8 公斤,在优卑亚等于 25.86 公斤。(据《牛津古典辞典》,优卑亚制的一明那为 431 克,一德拉克玛为 4.31 克。②)希腊各城邦除居勒尼外原来都不用金币,公元前 406 年雅典才发行金

---

① 参见罗斯托采夫:《古代世界史》第 1 卷,第 195—197 页;《剑桥古代史》第 5 卷,第 22—23 页。

② 《牛津古典辞典》,第 1138 页 weight 条。

币,一德拉克玛金币等于 12 个德拉克玛银币。

　　根据《剑桥古代史》的资料,公元前 5 世纪初整个爱琴海区的货币经济还赶不上商品经济的发展。当时由于贵金属缺乏,个人和神庙都用贮藏铸币的方式回收货币。① 希罗多德就说过,吕底亚贮藏了两千塔兰特的银子和将近四百万德拉克玛的黄金。② 公元前 483 年雅典开始开发劳立温的银矿,以后整个潘格乌斯山及周围地区的银矿也陆续开采,雅典开始大量铸造一面是猫头鹰和橄榄枝、一面是阿波罗像的银币;由于它的纯度和精确的重量,很快就成为共同的流通和贮藏手段。原来在小亚细亚流通的合金币很不纯,含金量从 5% 到 72% 不等,不久便被雅典的猫头鹰币所取代。③ 这是一个重大的变化,雅典人用这种银币可以买到黑海的谷物和鱼干、腓尼基的大枣、西西里的乳酪、波斯的拖鞋、米利都的床、迦太基的枕头等等富人的时髦用品,④对雅典的工商经济的发展起了重要的推动作用。伪色诺芬的《雅典政制》中说:"伯罗奔尼撒或其他任何地方所能找到的合意东西都被带到雅典来了,因为它是海上霸国。"⑤真正的色诺芬著作《雅典的收入》中也说雅典是"得天独厚,具有大量的收入来源";他论述了雅典的土地、气候、物产和矿藏,特别说到其他类似城邦所没有的银矿;他说雅典贸易发展是因为它拥有各种船只和优良的港口,而且"在大多数其他城市中,国外商人必须以某种商品交换另一种商品,因为居民使用的货币不能越出国境;而雅典一方面拥有外国人需要的大量出口货物,另一方面如果商人不愿意物物交易,还可以运走我们的白银作为最好的货载;因为他们无论在什么地方卖掉这些银子,所得总比原来所值为多。"⑥这里已涉及金银作为世界货币职能的问题,当金银成为各国公认的一般等价物时,一个国家拥有多少金银就等于它拥有世界上等价的多少商品。在商品经济不发达的波斯,依靠它丰富的金矿获得大量财富,但是它不能用自

---

① 希腊习俗将城邦的一部分金银存放在神庙里,个人和城邦均不得动用,人们也不敢偷盗。
② 希罗多德:《历史》第 7 卷,第 28 节。
③ 参见《剑桥古代史》第 5 卷,第 22—23 页。
④ 参见《剑桥古代史》第 5 卷,第 16 页。
⑤ 伪色诺芬:《雅典政制》第 2 卷,第 7 节。
⑥ 色诺芬:《雅典的收入》,第 1 章第 3 节。

己的商品去和别人交换;雅典却既有丰富的银矿,又有大量工农业商品,既促进它的进出口贸易又反过来推动它的商品经济进一步发展。因此在希波战争前夕,雅典已经超过小亚细亚西岸任何一个伊奥尼亚城邦,拥有雄厚的经济实力。货币不仅促进经济发展,而且冲击了氏族制度残余,促进雅典民主政治的形成和发展,同时也改变了人们之间的社会关系和伦理观念,促进抽象思维的发展。

公元前492—前449年之间断断续续的希波战争对斯巴达没有什么破坏,它倒乘这个机会大大强化了自己的重装和轻装的步骑兵,成为陆上公认的霸主,为它在伯罗奔尼撒战争中同雅典争霸打下基础。希波战争对雅典的影响是双重的:一方面战争前期阿提卡遭劫,雅典陷落,城墙破坏,损失惨重;另一方面米利都等十二个伊奥尼亚城邦和优卑亚岛的商业重镇埃雷特里亚等相继被波斯摧毁,在客观上帮助雅典消灭了商业上的竞争对手。战争还使雅典人认识到发展海上力量的重要,公元前480年雅典海军赢得了萨拉米海战的胜利,雅典受到全希腊人尊敬。

公元前479年雅典和斯巴达的盟军在普拉蒂亚取得决定性的胜利,阿里司泰得统帅的雅典军队起了重要作用。公元前479—前478年雅典的塞米司托克勒利用塞斯托斯被围期间联军司令斯巴达指挥官波萨尼阿的错误,以及希腊各邦对波萨尼阿的反感和对雅典将军克珊西普的赞赏,使雅典成为抵抗波斯的领导。几次扭转战局的重大胜利,为雅典赢得了盛誉,阿里司泰得利用这个有利时机于公元前477年在提洛岛召集盟邦会议,成立提洛海军同盟或提洛攻守同盟,史称"提洛同盟",雅典成为盟主。

希罗多德的《历史》写到公元前478年雅典军队攻陷塞斯托斯为止,修昔底德的《伯罗奔尼撒战争史》对于公元前435年以前的历史只作了简单的回顾,因此其间最重要的四十多年的历史缺少详细的古代史料。近代史学家根据修昔底德、色诺芬、亚里士多德以及晚期希腊和罗马时期学者的著作,补述了这几十年的历史。格罗特在《希腊史》第45章比较详细而系统地叙述了提洛同盟的演化及雅典帝国的形成,《剑桥古代史》第5卷也有些材料可供参考。提洛同盟于公元前405年解散,历时72年。格罗特在一个注中考察了希罗多德和修昔底德关于"盟主"、"霸主"和"帝国"的用法,认为"雅典从盟主过渡到帝国肯定是逐渐完成的,谁也无法准确地规定前者终结和后者开始的日期"①。他认为从公元前455年雅典和斯巴达签订30年休战和约之日起,以后40年肯定是雅典帝国时期。②

对内实行民主政治的雅典怎么会成为雅典帝国?这个问题需要从理论上说明。我们认为,当时雅典工商经济的发展以及因此需要争夺海外市场,其情况和近代资本帝国主义有某些相似之处。雅典需要从外部输入劳动力(奴隶)和粮食、奢侈品等,同时也需要广阔的海外市场以推销自己的产品。可是他们不仅面对优卑亚、伊齐那、科林斯等商业竞争对手,而且还有外部敌人波斯和内部敌人斯巴达的限制和威胁。因此雅典要取得商业竞争的胜利,必须使用军事手段以武力向外扩张,控制周围地区。这就是经济发展使雅典向帝国转化的原因。

提洛同盟从一开始就具有双重性质:一方面在希波战争结束以前,同盟具有反对波斯侵略的作用;另一方面在同盟内部,盟主雅典又将同盟作为控制盟邦,对外扩张,消灭异己,建立霸权的工具。事实上无论是塞米司托克勒、阿里司泰得,还是后来的伯里克利都是这样做的。在同盟成立会上阿里司泰得表面上给盟邦以平等地位,但在实质上却使它们成为雅典的附庸,他规定各邦应缴纳的贡税以及应交付给同盟使用的舰只和兵力。按照亚里士多德的说法,在阿里司泰得时代雅典就"获得了霸权","对待盟国十分专横"。③ 不久塞米司托克勒就动用同盟金库突击修建雅典卫城,城墙上可以并行两辆四轮马车;约公元前457年又修建了从卫城到拜里厄斯港的防卫走廊。④ 公元前454年同盟的金库由提洛迁往雅典,完全置于雅典的支配下,成为雅典城邦的国库。在这前后雅典陆续向各邦派驻官吏,并且规定重要案件要归雅典的陪审法庭

① 格罗特:《希腊史》第5卷,第381—382页。
② 参见格罗特:《希腊史》第5卷,第380页。
③ 亚里士多德:《雅典政制》,第24节,中译本,第29页。
④ 参见希罗多德:《历史》第4卷,第86节;修昔底德:《伯罗奔尼撒战争史》第1卷,第7章;《剑桥古代史》第5卷,第19页。

审理。这些专横措施遭到盟邦反对,雅典就用武力镇压,如公元前466年围攻那克索斯,公元前465年镇压塔索斯,公元前440—前439年讨伐萨摩斯。所以在希波战争结束以前提洛同盟的性质已经发生变化,雅典已经逐渐发展为强大的帝国了。这时候它控制了大小两百多个城邦,势力达到西西里和南意大利、地中海和埃及。公元前437年伯里克利亲自率领舰队横渡爱琴海,进入赫勒斯旁海峡(今达达尼尔海峡)直抵黑海,控制了它的北岸和南岸的重要据点并建立新的移民点,同时又在马其顿地区的安菲波利建立北方的重要商业和军事基地。

根据《剑桥古代史》计算,在伯罗奔尼撒战争前夕雅典有15—17万公民,3.5—4万外邦人,8—12万奴隶。[1] 它所拥有的武装力量,按伯里克利自己的说法,有13000名重装步兵,16000名防卫兵,12000名骑兵射手,1600名徒步射手,300多条三列桨战舰。雅典拥有的财产是惊人的:除了每年的关税、商业税、外邦人交的人头税、国家(主要是矿产)租税、法庭收入的诉讼费外,还有提洛同盟各邦每年交纳的贡赋600塔兰特银子,库存6000塔兰特银币,其他未铸成的金银不下500塔兰特;此外还有神庙中贮存的金银,单是雅典娜神像身上的黄金片就有纯金40塔兰特。这些也都是伯里克利自己说的。[2]

称呼雅典为"帝国"的不是别人,正是雅典人自己,修昔底德以及他笔下的伯里克利经常是这样称呼雅典的。它主要依靠希波战争中发展起来的军事力量和海军统帅地位,一方面对同盟内部进行控制,迫使盟邦在战争结束后仍继续向雅典纳贡,并提供兵员、舰只、武器、粮食等;另一方面对同盟外部则以同盟的名义进行武力征服,如公元前466年击败腓尼基舰队,455年摧毁海上敌手伊齐那,同年支持麦加拉脱离斯巴达加入提洛同盟等。修昔底德说:从击退波斯王薛西斯到公元前431年大约50年时间内,"雅典人使他们的帝国日益强大,因而也大大增强了他们自己国家的权势","最后,雅典的势力达到顶点,人人都能清楚地看见了"。[3]

---

① 参见《剑桥古代史》第5卷,第10—11页。
② 参见修昔底德:《伯罗奔尼撒战争史》第2卷,第2章。
③ 修昔底德:《伯罗奔尼撒战争史》第1卷,第9章。

这是雅典帝国的鼎盛时期。它的经济繁荣为其民主政治提供充分的基础,经济和政治的发展又为文化的繁荣创造了物质前提,为本邦以及从外邦来的各种能人创造了施展才能的条件。在雅典出现了科学、文艺和哲学空前繁荣兴盛的时期。

但雅典的经济繁荣不仅以本邦的工商经济发展为基础,而且还是建立在对盟邦的经济剥削和政治控制的基础上的。雅典一半左右的财政收入来自提洛同盟各邦供奉的贡赋;它既要控制盟邦,又要和斯巴达争夺霸权,和科林斯、麦加拉争夺海上控制权。雅典在同盟内部和外部都存在一系列尖锐矛盾。科林斯和麦加拉无力与雅典争霸,便和斯巴达结盟。种种矛盾激化的结果终于爆发了伯罗奔尼撒战争。这场战争给雅典和整个希腊人的影响是深刻的,本卷所谈到的哲学和政治伦理学说都不同程度地反映这次战争的后果,以下谈到的有些人和事都和这次战争有关,因此要对这场战争作点简单介绍。

伯罗奔尼撒战争大体分三个阶段:

第一阶段。公元前431年斯巴达盟邦底比斯偷袭雅典盟邦普拉蒂亚失败,斯巴达王阿尔基达玛率部侵入阿提卡,将雅典洗劫后返回。而雅典却利用海上优势包围伯罗奔尼撒半岛,直抵希腊最西部的阿卡那尼亚,同时进袭已成为斯巴达盟邦的麦加拉和伊齐那。公元前430年斯巴达再度劫掠阿提卡,雅典将农村居民迁入卫城,不久发生瘟疫,民怨沸腾,伯里克利下台;翌年他又再度当选,不久染疫逝世,克莱翁执政,斯巴达乘机第三次袭击阿提卡。公元前428年雅典盟邦米提利亚背盟,被雅典镇压,次年斯巴达攻陷普拉提亚作为报复。公元前425年雅典名将德谟斯提尼占领派罗斯港,斯巴达求和遭克莱翁拒绝;斯巴达战将伯拉西达毅然率军北上,占领马其顿地区的雅典北方重镇安菲波利。公元前422年克莱翁亲自出征,双方主帅均战死于安菲波利。第二年雅典和斯巴达订立50年和约。

第二阶段。公元前415年雅典著名人物也是苏格拉底学生的阿尔基比亚德率领舰队远征西西里,经过一些曲折后取得进展,包围了叙拉古;但雅典人却以渎神罪召回阿尔基比亚德受审,他在途中叛逃到斯巴达。雅典派往西西里的舰队被斯巴达派来的军队全部歼灭,主帅尼基亚和援军主将德谟斯提尼被俘处死;七千将士被卖为奴隶,送往采石场做苦工。斯巴达又依阿尔基比亚德的献策围攻雅典,在离雅典 20 公里的狄西里亚激战时雅典两万奴隶逃亡;提洛同盟中许多盟邦如列斯堡、开俄斯、米利都等纷纷宣布脱离雅典。雅典内部主和派乘机发动政变,废除原来的政制,成立四百人议事会,通过新宪法,实际上建立了寡头政治。①

第三阶段。雅典海军反对四百人议事会,萨摩斯舰队领袖塞拉绪布罗和塞拉绪罗与阿尔基比亚德谈判,请他回国。阿尔基比亚德回国后率领雅典舰队几次战胜斯巴达海军,打通黑海粮道。雅典又恢复了民主政治。公元前 407 年阿尔基比亚德凯旋归来时雅典为他举行了盛大的欢迎会;但是不久斯巴达海军主帅吕珊德尔在波斯支持下又大败雅典舰队,阿尔基比亚德被撤职,离开雅典到波斯后被杀。第二年雅典海军曾在阿吉纽西战胜斯巴达舰队,取得辉煌胜利,但领导这次战争的十位将军却被控不及时将死者埋葬而受审,其中 6 人被处死刑;这个案件表决时只有苏格拉底一人坚决反对。公元前 405 年赫勒斯旁海峡的伊哥斯波塔米(羊河)之役,雅典惨败;同时斯巴达军从陆路包围雅典。雅典城内民主派和寡头派因和战问题进行争论,主和的塞拉美涅斯作为使者去斯巴达求和。翌年雅典决定投降,交出全部军舰和商船,拆毁新建的卫城的城墙,承认斯巴达的霸权,雅典帝国宣告终结。

伯罗奔尼撒战争尽管以雅典的失败而告终,但战争的结果对双方都是不利的。斯巴达虽然取得战争的胜利成为全希腊的霸主,但它那封闭的耕战合一的体制缺乏内在的活力和调节机制,不能用来统治其他城邦。亚里士多德曾指出:“斯巴达的整个政制仅仅注意一个方面即战士的美德,以确保战争的胜利。所以只要战争还在继续,他们的威力还可以维持住,一旦获得了霸权他们便衰落了,因为他们根本不懂得和平时期的生计。他们不会从事高于战争的其他事业。”②伯罗奔尼撒的最后胜利者斯巴达将军吕珊德尔推翻了提洛同

---

① 参见亚里士多德:《雅典政制》,第 32 节。

② 亚里士多德:《政治学》,1271ᵇ3—6。

盟各邦的民主政制,一律代之以由他委派的"十人委员会"(Decarchia)。斯巴达派往各地的军事长官成为十人委员会的太上皇,专制独裁。这样的统治只能靠军事淫威维持很短一个时期,公元前399—前394年爆发了斯巴达和波斯的战争,希腊各邦乘机发动反斯巴达的暴动,史称科林斯战争(前395—前387年),吕珊德尔战死于底比斯。公元前371和前362年斯巴达又一再败于底比斯,从此再也不能称霸了。斯巴达式的军事专制和当时在许多希腊城流行的民主政治相比终究是落后的,是许多城邦人民不愿接受的。

战争还使斯巴达的经济发生变化。由于战争耗尽力量,份地农民伤亡惨重,田园荒废,土地逐渐集中到少数人手中。在战争中斯巴达人掠夺到不少金银财物,因而一贯使用铁块作媒介的、粗俗闭塞的斯巴达人开始尝到积累财富的滋味,私有财产和私有观念迅速发展。公元前400年斯巴达不得不通过监察员厄庇塔得乌的法令,允许财产(包括土地)自由赠送和让与。普卢塔克说:"拉栖代蒙人的国家在推翻雅典霸权、获得不少金银以后不久即已开始腐化了。"上述法令通过以后,"有权势的人立即着手肆无忌惮地掠夺财产","国家的财产迅速流入少数人手中,贫穷成为普遍现象";"原有的斯巴达世家剩下不过七百户,其中仅有百来户拥有土地,其余的人无所事事,他们既无财产又无公民权,对于保卫城邦的战争漠不关心,对于城邦内部局面却待机欲动,总想把它推翻。"①从公元前4世纪开始,斯巴达已经一蹶不振了。

雅典战败以后境内萧条,大批公民破产沦为乞丐;商船已经交出,海上交通和贸易受阻,雅典发生严重粮荒,粮食和铁的投机倒把成为最严重的问题。在普遍性危机中出现明显的两极分化,以至柏拉图和亚里士多德都惊叹当时雅典人富的越来越富,穷的越来越穷。然而因为雅典实行的是开放的商品经济,它的经济还是获得发展,很快出现了金融商人,兴起了大工商业如武器作坊、造船作坊和承包商。不过雅典终究也不可能再恢复以前帝国的霸主地位了。公元前378年虽然组织"第二次海上同盟",但只有七十多个城邦和岛屿

---

① 普卢塔克:《阿基斯传》,第5节。

参加，前后只维持了 23 年。公元前 358—前 355 年又发生雅典和盟邦的战争，结果两败俱伤。代之而起的底比斯同盟不久也解体。从此任何一个希腊城邦都无力成立新的同盟，无力称霸，只有等待马其顿来统一了。

第二节　民主政治的演化

智者和苏格拉底、柏拉图的哲学和政治伦理思想都和当时的民主政治密不可分。

古代希腊还在奴隶制时代就出现民主制度，在雅典竟发展为完备的民主政制，这在世界史上是绝无仅有的。为什么会发生这种情况？需要作点探讨。希腊从原始公社向奴隶制过渡时期权力集中在由氏族、胞族、部落首领转化过来的少数贵族手中，同时又保留了氏族、胞族或部落全体成员组成的民众大会。这两种因素之间的较量可以产生不同结果：如果贵族力量加强，扼杀了民众大会的作用，便成为贵族制；相反，如果民众大会的力量不断加强，限制以至消灭贵族的势力，便能发展民主制。世界上其他早期文明发达地区走的大都是前一条途径。埃及、巴比伦、波斯等希腊邻国都很快发展成统一的大帝国，不可能发展民主制度。希腊由于地理环境等原因没有统一起来，而是许多分散的小城邦，每个城邦地区窄小，居民只有几万人，这就为发展公民大会的作用提供可能。同时因为小城邦之间不断发生纠纷，客观上又提供了另一种可能，即强化少数上层首领的权力。希腊城邦初期的政权结构大体相似：贵族会议—国王—民众大会。后来凡是以封闭的自然经济为基础的城邦大多演变成不同形式的贵族制，而以开放的商品经济为基础的城邦则大多发展了各种形式的民主制。其中最典型的就是斯巴达和雅典。

斯巴达实行二王制，就是由它的两个最有势力的氏族代表实行统治，王（巴赛琉斯 Basileus）统率军队并执行某些祭礼。最高政治机构是长老会，除二王外还有二十八个长老，是由公民大会从有势力的氏族中选举出来的。根据莱喀古斯的立法，公民大会事实上无权，全部权力属于终身制的 60 岁以上的长老。① 在自然经济基础上的贵族专制是极其保守的。全部不足两万五千人的斯巴达人统治着二十倍以上的希洛人和边民。② 全体公民必须接受严格的军事体育训练,禁止公民使用金银,杜绝经商,不许智者们去传播知识等等。这种政治制度有稳定性而缺少进步性。

雅典却向另一个方向发展,它的民主制度是逐渐演化而成的。雅典最初也是实行王制,约公元前 683 年王政结束实行执政官(archontes)制度,人数从三人发展为九人,任期也由终身制变为十年一任,最后改为一年一任制。贵族院(Areopagos,又译元老院)是最高的裁判和监督机关,它可以推选和制裁执政官。梭伦的改革除了促进工商业发展外,在政治体制改革方面根据亚里士多德的《雅典政制》主要有:第一,官职的选举,先由四个部落分别投票选出候选人,然后在候选人中抽签选出,九个执政官也是这样选定的,但要按财产等级规定选举资格。第二,他创立了一个四百人议会,每一部落各选一百人参加;但贵族院仍有保卫法律、监督最重要的国家大事的权力。第三,由于有些公民对国家大事漠不关心,梭伦规定一条法律:任何人在发生公众争论时如果袖手不前,不加入任何一方,便丧失公民权利,不再是城邦的一分子。总之梭伦改革保证了人民的权利,"人民有了投票权利,也就成为法制的主宰了"③。

梭伦以后僭主庇西特拉图当权,亚里士多德说他是"一个极端倾向人民的人"。他为政温和,愿意一切按法律行事,不使自己有任何特权,因此他能长期保持职位,虽然几次被人推翻也都恢复,终老于位。④ 这个时期财富与门第的关系开始分离,一些没有身份的平民、商人、手工业主甚至外地人拥有越来越多的财富,而出身高贵的贵族除非自己也从事商业,不然只有依靠商人才能获得来自海外的奢侈品。从理论上说,商品关系远比依借门第身份的权力关系进步。商品交换带来新的平等观念,改变了传统的正义(公平)思想的内容。在商品交换面前人人平等,雅典铸币上的猫头鹰和阿波罗不承认有固定

① 参见普卢塔克:《莱喀古斯传》,第 6 节。
② 参见罗斯托采夫:《古代世界史》第 1 卷,第 208 页。
③ 亚里士多德:《雅典政制》,第 8—9 节。
④ 参见亚里士多德:《雅典政制》,第 14—17 节。

13

的主人,它不像门第那样世世代代为某一家族所有。阿提卡的农民和雅典城内的工匠同商品经济发生关系以后,就体验到依附于商品经济比依附于门第血缘关系优越,因为商品交换提高了他们做人的地位,也为他们获得更大的实际利益。这是当时广大平民支持庇西特拉图的根本原因,它也使雅典向民主政治前进了一大步。

公元前 6 世纪末的克利斯提尼改革又将雅典的民主制再推前一步。他打破原来的四个部落,将所有居民按其常住地区划分为十个部落,目的是使原来不同部落的人混合起来以便让更多的人参加工作。他还将原来的四百人议会改为五百人议会,每一部落各选 50 人参加。他恢复了僭主时期曾停止执行的用抽签办法选举执政官,并且制定新宪法,其中包括贝壳放逐法〔ostracismos, ostraca 本来是陶片〕。第一个被放逐的便是他自己的亲戚——一个暗藏的和僭主共同作恶的领导人,后来贝壳放逐法就被用来驱逐被人民认为权势太大的人。他不但彻底打破原来部落的血缘关系,还为人民提供了监督和撤换当权者的办法和权利。亚里士多德认为克利斯提尼的宪法改革"比梭伦宪法民主得多"①。

雅典成为提洛同盟的霸主以后,它的民主政制开始和帝国经济联系在一起,这是雅典民主政制发展中又一次重大的变化,它是由阿里司泰得和塞米司托克勒完成的。塞米司托克勒的主要功绩是在公元前 483 年说服雅典人全力发展海军,将全部银矿收入用于扩充战舰,为萨拉米海战创造了条件;他还亲自指挥海战取得胜利。阿里司泰得的最大功绩是创立提洛同盟,为雅典霸权奠定基础。他们两人有时意见不合,但在重修雅典卫城、抵抗斯巴达、建立雅典霸权等根本问题上意见是一致的。他们可以说是伯里克利时代的开路人和奠基者。阿里司泰得建议,利用由提洛同盟积累的大量钱财,使雅典平民抛弃田园,入居城市参加政治活动。根据亚里士多德记载,当时雅典以贡赋、征税和盟国捐款的收入维持了议员、陪审官、官吏和骑士、卫士等两万多人的生

---

① 亚里士多德:《雅典政制》,第 22—23 节。

活。① 让两万多人脱离生产专门从事政治和军事活动,当然大大扩展了民主政治的基础和活动,但这样一大批聚集在城市中专门靠政治生活的人必然会带来许多社会问题,这点以后再提。

在民主力量逐渐扩大的同时,贵族院的权力也在演变。前面已经提到梭伦改革时创立了四百人议事会,但仍给贵族院最高监督权和审判权,庇西特拉图执政时期削弱了贵族院的地位。克利斯提尼在扩大人民权力的同时却规定执政官卸任后成为贵族院的当然成员,无形中又加强了贵族院的权力,贵族院成为名副其实的元老院了。格罗特在《希腊史》中详细考察了当时贵族院的情况,说:“由于长期不断积累的结果,它〔贵族院〕行使一种没有明确范围的非常广泛的控制权力。……这些权力大而无限,也不是由人民正式授予的,而是导源于无法追忆的远古,并且为普遍的敬畏心情支持着。”②所以如何削弱和剥夺贵族院的权力,成为发展民主政制的关键问题。亚里士多德在《政治学》中说:“在波斯战争中雅典贵族院获得好名声,似乎已经牢牢掌握了政府;但另一方面萨拉米的胜利是由在舰队服役的平民取得的,他们为雅典人赢得了统治海上的霸权,加强了民主力量。”③格罗特在《希腊史》中详细叙述了公元前480—前460年间民主力量的发展过程。他说:“从阿里司泰得时代到伯里克利时代,雅典人民群众要求民主的情绪一直在不断高涨。雅典越来越成为海上强国,……即使是最贫苦的公民也由于城邦的繁荣富强而意气昂然,因为他们对此贡献了力量。从普拉蒂亚之战算起还不到20年光景,这种新的要求民主的炽烈情绪就在雅典的政治斗争中显示出来了,并且涌现出伯里克利和厄费亚尔特这样有能力的领导者,同以喀蒙为首的保守派互相角逐。”④喀蒙出身于一个十分富有的家庭,他本人还是一位杰出将领,在希波战争中屡建功绩,在雅典和全希腊都享有崇高威望。在政治上他想调和雅典和斯巴达,竭力主张派兵协助斯巴达镇压希洛人起义。但当他率兵前往时斯巴达人因对雅

---

① 参见亚里士多德:《雅典政制》,第24节。
② 格罗特:《希腊史》第6卷,第6—7页。
③ 亚里士多德:《政治学》,1304ᵃ20—25。
④ 格罗特:《希腊史》第6卷,第3页。

典人怀有戒心拒绝他们入境,喀蒙只得回师,雅典人感到受了侮辱而群情激奋,喀蒙因此被放逐。保守派失去了领袖,厄菲亚尔特乘机剥夺了贵族院的监察权和司法权,只剩下审判凶杀案的权力。贵族院议员激烈反对,公元前461年暗杀了厄菲亚尔特。这种卑劣行为激起群众的反对,加速了贵族院的衰落,为伯里克利执政创造了条件。

伯里克利于公元前500年左右出生于雅典的名门望族,他在青年时代接受良好的教育,执政后一直和当时的学者关系密切。他从阿那克萨戈拉和普罗泰戈拉等人那里学到了一位政治家所需要的演说、辩论、音乐和科学等知识。他是在喀蒙显赫的时代登上政治舞台的,亚里士多德说:"他早在年青时就以敢于检查担任司令官的喀蒙的账目而著称。"[1]厄菲亚尔特执政时两人交往甚密,政见一致;厄菲亚尔特被害后伯里克利就成为雅典民主派的领袖。但在公元前461—前443年这18年期间担任雅典最高执政官的却是涅西塞得、吕西克拉底、安提多图等人。[2] 直到公元前443年伯里克利的政敌、喀蒙的亲戚修昔底德〔不是写《伯罗奔尼撒战争史》的那位同名的历史学家〕被放逐,伯里克利才担任首席执政官。他连任15年,公元前431年发动伯罗奔尼撒战争,第二年他曾一度下台,但很快又当选,公元前429年染瘟疫逝世。通常说的"伯里克利时代"应该从公元前461年算起,因为那17年中他虽然没有担任首席执政官,但已经是雅典民主派的代表人物,在政治军事各方面都发挥了积极作用。

公元前461—前429年的长达32年的伯里克利时代,是雅典历史上最繁荣最强盛的时代,是雅典民主政治发展到顶峰的时代,也是本卷论述的智者运动活跃的时期。但是伯里克利的主要功绩是什么?过去书上的说法有些混乱,例如格罗特的《希腊史》说抽签选举是伯里克利时代实行的。[3] 格罗特的书写于1843—1856年间,1880年才发现亚里士多德的残稿《雅典政制》,上面

---

① 亚里士多德:《雅典政制》,第27节。
② 参见亚里士多德:《雅典政制》,第28节。
③ 参见格罗特:《希腊史》第6卷,第3页。

记载在梭伦时代就已经有抽签选举了。① 我们以为，从梭伦改革经过克利斯提尼到厄菲亚尔特剥夺贵族院的权力，雅典的民主制度已经基本确立而且相当稳固了，伯里克利的任务不是像这些前辈那样要进行重大的改革，他的任务和功绩主要表现在以下三个方面：

第一，巩固和发展前人的成就，使已经建立起来的民主制完善化，成为正常运转的国家机构。

伯里克利击败喀蒙和修昔底德，完成了厄菲亚尔特的未竟事业。他担任首席执政官后，将贵族院原来拥有的司法权分别转交给陪审法庭和公民大会，这套制度建立以后一直到亚里士多德时代基本未变。亚里士多德在《雅典政制》中讲到当时现行宪法主要有以下一些内容：凡父母双方均是城邦公民的都可以成为公民，年满 18 岁时至村社登记，审查合格后进行两年军训和服役便成为普通公民，享有公民权。所有行政官员都由抽签任用，只有军事长官、基金司库和水井监督员是用举手的办法选出大家认为适当的人选。议事会议员 500 人，每一部落 50 人，也是抽签产生的。主席团由各部落轮流担任，负责召开议事会和公民大会。议事会除假日外实际上每日开会；公民大会则在每一主席团任内(三十五六天)开会四次，有一次是最高会议，对他们认为办事好的长官投票批准，讨论粮食供应和国防问题，并宣布财产继承及没收等问题。在公民大会中选举司令官和其他军官，每半年还要进行一次投票决定是否要进行贝壳放逐法。人民可以要求召开会议，在这样的会议中任何人都可以放下一条用羊皮包扎的橄榄树枝，对人民大会说出他要说的事，不论是公事或私事。由此可见人民大会拥有最高权力，它对每个人都是同样民主的。主席团设一个总主席，由抽签产生，任期只有一日一夜，不得延长也不得再度任职。他是保存国家金钱和档案的神庙的锁钥保管者和国玺保管者。当主席团召开议事会或公民大会时，总主席用抽签办法选出主席九人，除担任主席团的部落外其他九个部落各选一人参加。议事会原来有通过罚金、监禁和死刑判决的最高权力，但后来被人民剥夺了，规定凡议事会通过的罪和罚的判决案必

---

① 参见亚里士多德：《雅典政制》，第 8 节。

须送交陪审法庭,陪审官的投票具有最高权力。官吏们的审判由议事会进行,但议事会的判决不是最后的,还可以向陪审法庭上诉。人民有权告发任何官吏的不法行为,这些案件经议事会判决后仍可向陪审法庭上诉。所以议事会并不具有最高的司法权力,但它参与其他行政事务如管理矿产、税收、财产以及军事装备和人员等等。原来的九执政官,现在六个司法执政官由抽签产生,而最高执政官(Archon)、王者执政官(King)、军事执政官(Polemarch)由每一部落轮流担任,他们要经议事会和陪审法庭审查他父母的家系、有没有纳税和服过兵役,还问有没有人要控告他等等,审查通过后由所有公民投票决定;如果当选了还要当众宣誓,说他将公正地按法律从政,绝不以职务私受礼物,如果接受任何东西便要罚献一座金像。① 从这里可以看到近现代西方民主制度的那一套立法、司法、行政的分立以及对官吏、最高执政官的监督,还有保障公民权利的办法等等,在雅典的民主政制中已经粗具雏形了。格罗特说:"这便使雅典的民主政治发展到登峰造极的地步,从此以后一直到受马其顿干涉时期,雅典的宪政制度不曾有过重大变动,只有在四百寡头和三十僭主时期曾暂时中断。"②

第二,扩大民主的基础,采取切实措施让广大下层公民参加政治活动。

原来的下层居民包括阿提卡农民、商人、手工业主等往往因为忙于事务,不出席公民大会和陪审法庭,因而影响政治斗争中的力量对比,这是以往民主制不稳定的原因之一。伯里克利凭借当时雅典雄厚的经济实力实行陪审员津贴制,并大大扩充陪审法庭的人数。他的办法是每年从全体公民中用抽签选出六千名陪审员,宣誓后分配为十个陪审团,各有五百人,剩下的一千人作为后备遇缺即补,以保证每个陪审团在执行审判时有足够的人数。遇有重大案件还可以由几个陪审团联合审理,究竟由哪个陪审团审理哪个案子临时由抽签决定。在进行审理时执政官亲临主持,把案子提交审判大会,由原告人和被告人分别陈词并由证人陈述意见,最后由陪审员投票表决。审理以后每个陪

---

① 亚里士多德《雅典政制》第42—60节有详细记载。
② 格罗特:《希腊史》第6卷,第26页。

审员领取相当于一日生活费的津贴。这种审判每月总有几次,所有公民不论贫富担任陪审员的机会都不少。这样做的好处,一是杜绝以往审判中的贿赂现象,因为原告和被告都不知道抽签的结果会由哪一个审判团审理,而且陪审员又那么多不可能都贿赂。二是有门第和权势的人原来往往蔑视审判人员,审判员也因为人少经不起威胁;现在是浩浩荡荡一支审判队伍,那些人再也不敢放肆了。格罗特说:"正如阿里斯托芬和色诺芬告诉我们的那样,除了人数以外不可能用其他什么方法来增加公民大会的威仪了,……这种人数众多的陪审法庭为希腊政治生活提供了所能设计出来的唯一的机构,可以用来制裁那些有权有势的刑事犯或民事犯,能够作出公正无私的判决。"①第三个好处是促进了雅典公民参政能力的发展。当时做一个陪审官要学会思考和判断,要懂得法庭上辩驳的知识,不然便会被人看不起;同时通过法庭锻炼,普通公民也增长了见识。任何公民都可能被拉上原告或被告的位置,因此学习修辞术和辩论术成为一般潮流,智者运动正是这样应运兴起的。

第三,伯里克利重视提高全体雅典公民的素质,充分发挥他们的才能,大力扶持学术和文化艺术的发展,将雅典变成"全希腊人的学校",变成希腊世界的文化中心。

伯里克利看到公民的素质差、旧观念重,容易被贵族首领愚弄。所以他不仅采取上述措施让更多公民参与政治活动,而且大力兴办雅典的文化事业,实行观剧津贴,并为外邦人来雅典办学和传授知识创造条件,给予切实的保障。当时学者名流如阿那克萨戈拉、德谟克利特、普罗泰戈拉等哲学家和索福克勒斯、欧里庇得斯、阿里斯托芬等悲剧、喜剧家,都活跃在雅典的文化领域。雅典人的文化水平迅速提高,在政治、经济、科学、文化各个方面都成为希腊世界的中心。正像柏拉图所说:"雅典属于最伟大的城邦,是以智慧和强盛闻名于世的。"②

总之,伯里克利的历史功绩集中在两个方面:一是在继续推行帝国经济政

---

① 格罗特:《希腊史》第6卷,第31页。
② 柏拉图:《申辩篇》,29D。

策的同时,将雅典民主政治完善化;二是他体现了这一时代的潮流,重视人的培养和关心公民的精神生活。

公元前431年冬伯里克利在阵亡将士国葬典礼上的著名演说,充满对民主政治的热烈自豪感,可以说是雅典民主政治的宣言书。为了理解当时民主政治的精神,值得大段摘引:

> 我们的制度所以被称为民主政治,因为政权是在全体公民手中,而不是被少数人掌握。解决私人争执的时候,每个人在法律上都是平等的。让一个人比别人优先担任公职的时候,并不是因为他是某一特殊等级的成员,而是因为他有真正的才能。任何人只要对国家有贡献,绝不会因为贫穷而在政治上湮没无闻。我们的政治生活是自由而公开的,我们彼此间的日常生活也是这样。当我们的邻人为所欲为的时候,我们并不因此生气给他难堪,以伤他的感情。在我们的私人生活中我们是自由和宽恕的,但在公家事务中我们遵守法律,因为这种法律使我们心服。

> 对于那些将我们置于当权地位的人〔指人民〕,我们服从。我们服从法律本身,特别是那些保护被压迫者的法律,虽未写成文字,但违反了便被公认为耻辱的法律。

> 我们的城邦这样伟大,世界各地一切美好的东西都可以充分带给我们,使我们像享受本地的产品一样地享受外来的东西。……我们的教育制度也有自己的特点:斯巴达人从婴儿时代起就受到锻炼,使他们勇敢。……而我们是自愿地以轻松的情绪来应付危险,并不是用艰苦的训练。我们的勇敢是从我们的生活方式中自然产生的,不是由国家的法律强迫的,我认为这是我们的优点。

> 因此如果将这一切联合起来考虑,我可以断言我们的城邦是全希腊的学校。我们每个公民在许多生活方面能够独立自主,并且特别表现出温文尔雅和多才多艺。

> 这就是这些人为它慷慨而战、慷慨而死的一个城邦,因为他们想到要失去它便会不寒而栗。自然我们作为他们的后人,每个人都应当忍受一切痛苦为它服务。……我希望你们每天都注意到雅典的伟大。它真正是

伟大的,你们应当热爱它。……你们要下定决心:要自由,才能有幸福;要勇敢,才能有自由!①

修昔底德笔下的伯里克利以他雄辩的口才发表了这样一份世界上最早的民主宣言,其中虽然有些美化和夸大的地方,但确实表达了雅典民主政治的基本精神,一直到现在它们还受到一切爱好民主和自由的人们的赞赏。

但是雅典民主制终究是建立在奴隶制基础上的,在它内部存在着各种无法解决的矛盾,还有它和其他城邦的矛盾。战争一开始雅典民主政制的弱点便暴露出来了,绵延二三十年的伯罗奔尼撒战争最后以雅典失败求和而告终。实行民主制的雅典为什么会败在斯巴达人的手里呢? 这不是因为民主制不如斯巴达的贵族制,而是由下列原因造成的。

首先,雅典虽然以城邦拥有的财富供养了两万名脱离生产的官吏和战士,但它主要依靠的还是农民、手工业者和商人,他们一面从事生产活动,一面参加政治和军事生活,充当战争的主力。雅典郊区阿提卡的农民,像阿里斯托芬在《鸟》、《阿克奈人》、《和平》等剧本中所描写的那样,大多拥有一座小庄园,它一边是葡萄园和菜园,另一边是农田,附近还有一片小树林是放牧和养蜂的场所。每日早出晚归或在田间劳动,或者赶集,或者到城里参加公民大会和看戏等等。他们为这种小康生活和城邦活动感到自豪。② 在伯罗奔尼撒战争中雅典的致命弱点就是它的陆军力量远不如斯巴达,不能保护在卫城以外的农村。斯巴达人几次进入阿提卡大量破坏农民的田园和住所,即使是战争的残存者回到家园也一无所有了。色诺芬记载:阿里司塔库对苏格拉底说,自从发生战争和城里发生革命以后很多人逃亡了,他的亲戚共 14 人逃到他家。“我们从田里毫无收获,因为都被敌人劫掠去了;房子也拿不到租金,因为城里居民已寥寥无几,没有人肯买我们的家具,任何地方都借不到钱。”③城里的状况也好不了多少,阿里斯托芬在《吕西斯特拉塔》剧中描写过雅典市场原来的繁荣景象:在市场上有许多摊贩、小商人和小店老板,市场有华丽的廊柱装饰,其

---

① 修昔底德:《伯罗奔尼撒战争史》第 2 卷,第 4 章。
② 参见胡克:《希腊人的生活和思想》,第 37—44 页;《剑桥古代史》第 5 卷,第 12—14 页。
③ 色诺芬:《回忆录》第 2 卷,第 7 章第 2 节。

中有鱼市、油市、酒市、陶器市等等;许多卖豆子、猪肉、大蒜、面包、乳酪、亚麻和羊毛的商人团团围住女主人公吕西斯特拉塔。但战争开始以后市场凋谢,大批小商贩业主破产。这一大批破产公民流落街头,生活没有着落,对政治没有兴趣,民主制也就流于形式了。其次,前面讲过雅典民主制是同它的帝国经济密切相关的,它主要依靠提洛同盟的财富养活那两万多脱离生产的公民;战争失败,同盟解体,收入枯竭,国库空虚,城邦无法养活这许多人。他们自己早已脱离生产靠政治过活,政治上既感到失望,这批人便成为丧魂落魄的流浪汉。还有希腊解决人口增长的办法是大批往海外移民,伯里克利时代也采用这种办法在海外建立殖民城邦,如公元前 443 年在南意大利建立图里城;同时从事军事移民,办法是将一批武装公民及其家属派往被征服的城邦去,代表雅典的利益执行伯里克利的政策实行军事管制,在那克索斯、优卑亚、安德罗斯、色雷斯等地都实行过。帝国衰落后这条路也就断绝了。

以上这些因素表明:作为雅典民主制基础的经济繁荣已经过去,民主制从繁荣进入衰落时期。以往有一种简单化的说法,认为雅典和斯巴达的战争是奴隶主民主派和奴隶制贵族之间的斗争,因此随着斯巴达的胜利,雅典的民主制也就被贵族制和寡头制(僭主)所代替。其实如前所述,伯罗奔尼撒战后真正一蹶不振的倒是斯巴达;在雅典由于战争失败,的确有许多人对民主制感到失望,不关心政治,因而出现过寡头或僭主专政;但存在的时间是短暂的,它也不敢完全抛弃民主制建立起来的法律制度。

公元前 411 年由庇珊德尔、安提丰、塞拉美涅斯等人领导推翻民主制建立"四百人议会",实行寡头制。修昔底德说他们遇到了许多困难,"因为雅典人驱逐暴君以后大约一百年的整个时期中已经不习惯于受别人统治,在这时期一半以上的时间内他们是统治别人的。要剥夺这样一个民族的自由,确实不是一件容易的事"。寡头制遭到军队特别是海军的反对,他们立即举行会议,认为雅典国内废弃他们祖先规定下来的民主制度是错误的,军队还是遵守这些法制,并要设法使国内人民也同样遵守这些法制。[①] 过了几个月"四百人议

---

① 参见修昔底德:《伯罗奔尼撒战争史》第 8 卷,第 5 章。

会"不得不将权力交给"五千人会议",第二年就恢复了民主制。公元前405年伯罗奔尼撒战争结束前夕雅典又由"三十僭主"统治,但不到一年时间便被塞拉绪布罗为首的"十人委员会"推翻,前403年再度恢复民主制。第二年皮索多鲁任执政官,重新修订以前的民主制度,恢复薪俸和津贴。从此一直到亚里士多德时代,在雅典实行的是皮索多鲁修订的民主宪制。亚里士多德在《雅典政制》中归纳雅典宪法的改革有十一次,第十一次就是皮索多鲁的改革。他说:"在我所说的那个时期〔前402—前401年〕,人民已经成为控制国事的主人,制订了一直存在到今天的宪法,当时是皮索多鲁当执政官的时代,人民已经凭自己的努力使民主完全恢复,因而使人民执掌政权成为公平合理的事情。这是宪法改革表上的第十一次……延续至今的宪法就从这时开始,人民大众的权力一直在增长。人民使自己成为一切的主人,用命令和人民当权的陪审法庭来处理任何事情,甚至议事会审判的案件也落到人民手中。他们这样做显然是对的,因为少数人总比多数人更容易受金钱和权威的影响而腐化。"①

雅典以及其他一些希腊城邦虽然不断有民主派和贵族派之间的斗争,但基本上还是民主力量占优势,实行民主政治。那么民主制的衰落表现在哪里呢?主要是两个方面:一方面是民主派的首领堕化为 demurgogue(煽动家、蛊惑者)。他们讨好群众,愚弄群众,将公民大会变成他们争权夺利打击异己的工具。另一方面是作为民主制力量基础的公民群众日益失去生活自主,成为靠城邦养活的"糊涂而又任性的老头子"(阿里斯托芬语)。他们失去了伯里克利时代的政治热情,或者不参与政治活动,或者将参加公民大会和陪审法庭仅仅作为取得津贴维持生活的手段,因而往往受人操纵支配,成为蛊惑家进行政治角逐的工具。本卷要谈到的智者的双重作用,以及苏格拉底和柏拉图还有下一卷要谈的亚里士多德等人的政治伦理思想,都和这段时期雅典民主制的蜕化有密切关系,因此有必要将这些情况作点介绍。

Demagogue 这个词和 Sophist(智者)一样,本来没有什么贬义,只是"平民

---

① 亚里士多德:《雅典政制》,第41节。

领袖"或"群众领袖"的意思。伯里克利以后的平民领袖不像他们的先辈克利斯提尼、阿里司泰得和伯里克利那样主要关心的是人民和城邦的利益,他们往往以自己个人或集团、党派的利益为行动准则,无视城邦法制,采取欺骗和煽动手段激起民众的偏激情绪,以便通过他的提议或控告,排挤打击对方。这种手段在希腊伦理规范中是不正派的,所以他们被称为"蛊惑家"。蛊惑家从表面看同历来的民主领袖一样,他们很重视公民大会和陪审法庭,因为这套民主机构对他们也是有用的;甚至原来是贵族派首领的人现在也可以"民主领袖"的面目出现,利用这些机构达到打击政敌的目的。

　　修昔底德在《伯罗奔尼撒战争史》第3卷第5章中叙述和分析了这种情况。他说在科尔居拉〔爱奥尼亚海中一个岛国,在伯罗奔尼撒战争中和雅典、科林斯并列为提洛同盟三大海军力量之一〕最早发生这种情况。公元前427年科尔居拉的寡头派发动政变杀死民主派人,民主派发起反击;双方都号召奴隶投靠自己一边,大多数奴隶站在民主派一边;民主派胜利,寡头派躲进神庙。按照希腊传统是不许玷污圣地,杀害神庙保护的人的。但是民主派不顾这些戒律,在神坛前杀害寡头派或逼他们自杀;在几天内杀尽一切可疑的人,有名望的富户都在所难逃。修昔底德说:"科尔居拉人继续屠杀公民中被他们认为是敌人的人。被杀害的人都被控以阴谋推翻民主政治的罪名,但事实上有些是因个人私仇而被杀的,或者因为债务关系而被债务人杀害的。"后来整个希腊世界都受到波动。修昔底德分析这件事情说:"由于贪欲和个人野心所引起的统治欲望,是这些罪恶产生的原因。一旦党派斗争发生,激烈的疯狂情绪就产生作用,也是原因之一。许多城邦的党派领袖都有可以使人敬佩的政纲,他们虽然冒充为公众利益服务,实际是为自己谋私利。他们的行动已经可怕,但报复更为可怕。他们既不受正义的限制,也不受国家利益的束缚;唯一的动机是他们党派一时的任性,利用不合法的表决处罚他们的敌人,或者利用暴力夺取政权,以满足他们的私欲。虽然双方的动机都是非正义的,但是那些能够发表动人言论,以证明他们的行为是正当的人更能得到赞扬。至于抱温和观点的公民却受到两个极端党派的摧残,不是因为他们没有参加斗争,就是因为嫉妒他们可能逃脱灾难而生存下去。"修昔底德说,这样的结果是"在整个希腊世界中,品性普遍堕落了"。①

　　最早被称为"蛊惑家"的是继伯里克利之后被称为雅典民主派领袖的克莱翁。修昔底德记载:公元前 427 年雅典人镇压了米提利亚的暴动,克莱翁建议将米提利亚的全部男人处死,雅典公民大会通过了这项决议;但第二天雅典人民觉得太残酷了,要加以改变。克莱翁就发表长篇演说加以煽动,他说:"怜悯是你们的弱点,这对你们是危险的。"②他还是个激烈的主战派,他以能言善辩的手段将战争中的失利归咎于温和派尼基亚及将士们征战不力。喜剧诗人阿里斯托芬是反对伯罗奔尼撒战争的,《和平》这个剧本反映了他的倾向。剧本《骑士》就是讽刺克莱翁和雅典平民的,他通过尼基亚和将军德摩斯提尼的对话,把克莱翁描写为"最卑劣的流氓","爱诽谤的家伙";把 Demos(平民)描绘为"糊涂而任性的老头子","最爱听花言巧语,最爱人阿谀奉承,所有空话浮词都听得满心欢喜的人"。③ 阿里斯托芬有他自己的偏见,但的确反映了这个时期民主派领袖和民众的某些情况。

　　克莱翁终究还是个一贯坚持民主派立场的人,在他以后的阿尔基比亚德(前 451—前 404 年)则是一个朝秦暮楚毫无原则然而又很博学长于雄辩的人。开始他标榜自己是民主派的代表,公元前 420 年选举时他发动猛烈抨击打败了尼基亚,被选为将军,后来被斯巴达打败后他却将责任推给尼基亚。他同另一个平民领袖叙培尔波卢勾结,想用贝壳放逐法赶走尼基亚,没有能通过,他便反过来和尼基亚联合将叙培尔波卢放逐了。他煽动雅典远征西西里,青年人贪婪地听他的讲演,实业主和船主等与海洋事业有关的人都站在他这边,于是公民大会便通过了远征的决议。这次出征开始失利,后来围攻叙拉古正获得进展时雅典却来人招回阿尔基比亚德及其亲信,要他们回去受审。阿尔基比亚德中途叛逃去斯巴达,他在那里发表长篇演说为自己辩护。他说:"我的祖先常常是斯巴达在雅典的代理人,由于某种误会他们放弃了这个职位,现在我自己担当起这个职务来,愿尽我的力量供你们驱使。""虽然过去我

---

① 修昔底德:《伯罗奔尼撒战争史》第 3 卷,第 5 章。
② 修昔底德:《伯罗奔尼撒战争史》第 3 卷,第 3 章。
③ 阿里斯托芬:《骑士》,第 40—45、112—120、303—312 行。

有热爱祖国的美名,现在我要帮助它的死敌去进攻它,请你们不要因此将我看做最坏的人;你们不要认为这出于一个流亡者的强烈情绪因而怀疑他的论点。我被放逐是因为放逐我的人的邪恶,这不能免除我帮助你们的能力,只要你们听我的话就行。"①他向斯巴达献策:派舰队援助叙拉古攻击雅典海军,同时以主力进攻阿提卡。斯巴达人接受他的建议,大败进攻西西里的雅典海军,阿尔基比亚德则亲自参加围攻雅典,洗劫阿提卡。但到公元前411年雅典温和派执政时和他谈判成功,第二年阿尔基比亚德又返回雅典。当时雅典海军正因反对四百人会议的寡头制而遇到困难,阿尔基比亚德宣称他有力量左右安那托利亚的将军提萨斐尔涅,让他从斯巴达那边转到雅典这边来,便可以解救危机。雅典军队立即选举他作将军。修昔底德说:"事实上,阿尔基比亚德是利用雅典人去威胁提萨斐尔涅,又利用提萨斐尔涅来威胁雅典人。"②公元前410年和前407年,阿尔基比亚德两次战胜,回雅典担任将军,恢复民主制,和克莱俄封一起提高对贫民的津贴。后来由于战争失利他离开雅典回到色雷斯自己的领地,最后逃往波斯被杀。阿尔基比亚德是一个典型的蛊惑家的例子,他自己没有原则却能利用群众情绪加以煽动和操纵。了解雅典民主制后期的这种情况,我们才可以理解后期智者以及苏格拉底和柏拉图的政治伦理思想。

伯罗奔尼撒战争以后破产公民日益增多,失去生活保障的公民对政治生活失去兴趣,政治家为了吸引民众参加,不得不采用津贴的办法甚至竞相提高津贴费。亚里士多德记载:"最初参加公民大会要给予薪酬的建议被否决了,结果是人民拒绝参加。主席团用种种办法企图让民众参加投票表决都失败了,阿菊里乌第一个实行每天津贴一个俄勃尔〔obol,雅典辅币,一个德拉克玛等于六个俄勃尔〕,克拉佐门尼的赫拉克莱德增加为两个,阿菊里乌又增加到三个。"③在国库空虚的情况下执政官要竞相提高津贴吸引民众参加公民大会,由此民众参加表决,或投豆子或举手呐喊将会产生什么后果是可以想见的,处死苏格拉底的决定正是在这个时候作出的。柏拉图有两段话可以说是

---

① 修昔底德:《伯罗奔尼撒战争史》第6卷,第8章。
② 修昔底德:《伯罗奔尼撒战争史》第8卷,第6章。
③ 亚里士多德:《雅典政制》,第41节。

这个时代民主制的真实写照：

> 一个人将他最好的时光花在法庭上，或是做原告或是做被告，却不知道真正的价值意义，而用这些装饰自己：以不正义的活动为时髦，卖弄聪明使用遁词逃避正义，尽做些无聊的事情，因为他不知道如果摆脱了愚蠢的陪审官的安排，他的生活将会高尚得多、美好得多。（《国家篇》，405B—C）

> 想当演说家完全用不着懂得什么是真正的正义，他只要知道裁判的人民认为哪些是正义的事情就行了；他也不需要知道什么是善和高尚，认为要说服人只需靠群众的意见而不靠真理。（《斐德罗篇》，260A）

亚里士多德在《政治学》第四卷第四章中将民主政体分为五种，前四种都以法律为依据，第五种是最坏的，它由蛊惑家操纵，置法律于不顾。他说："第五种民主政体的最后裁断不是决定于法律而是决定于群众，他们的命令代替了法律，这种情况是蛊惑家造成的。在以法律为依据的民主政体中，最好的公民占据首位，那里没有蛊惑家；而在法律不是最高的地方蛊惑家就产生了。在这里民众成为集体的君王，他们不再在法律控制下，成长为君主专制，佞臣得势。这种民主政体和君主制的僭主独裁相似，二者都对好的公民实行专制统治。平民的命令相当于暴君的诏令，蛊惑家之于平民相当于佞臣之于僭主。暴君的大权落在佞臣手上，我们说的民主政体的大权由蛊惑家掌握。蛊惑家将一切事情招揽到公民大会，用群众决议发布命令以代替法律的权威。因为群众是听他们的，他们就代表了群众的意志左右国政。这样的民主政体实在不能不受到指摘，因为在那里法律没有权威，可以说没有宪法。"（1292^{a}4—34）这就是柏拉图和亚里士多德面临的雅典民主政治的实际情况，了解这种背景才能理解他们的哲学和政治思想。

第三节　希腊人观念的变化

经济和政治的变更必然带来观念的变化。公元前 5 世纪开始的古典时期的希腊,特别是在雅典,也处于一个观念更新的时代。从智者们和苏格拉底热衷讨论的问题中,我们可以看到哲学思想及其所用的范畴和以往有明显不同,这反映希腊人的生活方式、精神面貌以及思维方式都发生了变化,带着强烈的时代气息。只有掌握这个时代精神,才能从总体上了解这个时期的哲学。

这种变化首先是从伦理观念发生的。希腊文 $\eta\theta\iota\varkappa\grave{\alpha}$(ethica)原来的意思是风俗习惯。在论述古典时期观念的变化以前,我们先对以往的观念变化作点简单的追溯。

在原始社会,人和人之间以及个人和氏族社会之间的关系是靠风俗习惯维持的。当时没有文字记载,但从神话传说和史诗以及古典时代悲剧诗人所写的剧本中可以看出那时希腊人和其他地方的原始人群的习俗是大致相同的。埃斯库罗斯写的悲剧《俄瑞斯特》三部曲可以说明原始人从母权制向父权制过渡时期的伦理观念。俄瑞斯特是英雄阿伽门农和克吕泰涅斯特拉的儿子。阿伽门农从特洛伊战争胜利归来,被妻子克吕泰涅斯特和她的情夫埃癸斯托谋害;俄瑞斯特在阿波罗的指引下杀死了自己的母亲和她的情夫。复仇女神厄里尼斯却要追究他的弑母罪,将他提交雅典长老院审判。俄瑞斯特为自己辩护说是他母亲杀死了自己的丈夫即他的父亲;复仇女神却坚持杀害生母是最严重的罪行。这体现了母权制时代的道德观念。但在长老会上阿波罗为俄瑞斯特辩护说:父亲比母亲更重要,因为"子女不是由母亲而是由父亲创造出来的"。长老会表决时主张俄瑞斯特有罪的和无罪的票数相等,最后是雅典娜女神投了主张他无罪的一票,才作了有利于他的判决。① 这表现了父权制战胜母权制。神话中还保留了杂婚制和群婚制的伦理观,在诸神中兄弟姊妹之间甚至父母和子女之间可以杂乱交配,不认为是乱伦行为,如宙斯以他的姊妹赫拉为妻等后来认为乱伦罪孽的事情,在神话中却毫无谴责的意思。诸神中普遍发生的欺骗和盗窃也不认为是不道德的行为。普罗米修斯盗火而被钉在高加索的悬崖上也不是因为他犯了盗窃罪,而是因为他触犯了宙斯的尊严,打破了神人的界限,提高了人的地位。这些都反映了原始时期人们的道

---

① 参见埃斯库罗斯《俄瑞斯特》三部曲之《欧墨尼德斯》,第795—1047行。

德伦理观念。

　　荷马时代希腊人最崇敬的是尚武精神。在荷马史诗中凡是英雄行为不论发生在交战哪一方都备受赞扬,敌我观念却是很淡薄的,这和以后的观念大不一样。围绕特洛伊战争,宙斯下面诸神分别站在不同方面帮助交战双方,如雅典娜和赫拉帮助希腊人,而阿波罗和海神波赛冬、战神阿瑞斯却帮助特洛伊人。这个时代已实行一夫一妻制,侵害他人的妻子和财产的要受到惩罚。荷马在《奥德修纪》中描写伊塔卡岛国王奥德修在参加特洛伊战争中献计制造木马攻陷特洛伊以后,在返回途中历尽艰难困阻,离家 12 年后才回到伊塔卡岛,发现许多贵族以为他已经死了纷纷向他妻子求婚,经常在他宫廷里饮酒作乐挥霍他的财产。奥德修在他的儿子和牧猪奴的帮助下杀死了全部求婚者以及背叛他的家奴,这件事在史诗中受到赞扬。索福克勒斯改编为悲剧的《俄狄甫斯》中描写俄狄甫斯弑父娶母,尽管他自己是不知道的,终究是一种罪过;他知道以后便弄瞎了自己的双眼,晚年过着不幸的生活。由此可见这个时期的伦理观念已经和过去不同了。

　　到城邦形成时期由于增加了私有制、家庭和城邦国家等几个重要因素,人们的观念更发生重大变化。私有制的产生导致法律的形成,引起"正义"(dike)观念的变化。私有制产生财产观念以及关于财产的获得和使用的道德评价问题,围绕这些问题的道德规范如节制、奢侈、吝惜、适度等随之产生,还产生了惩治盗窃和抢劫的法律,后来又提出经商赚钱以至出卖知识和卖艺是否道德的问题。由此带来伦理规范和法律问题的争论,最后在理论上提出了人为法律和自然习俗的关系问题,成为智者和苏格拉底、柏拉图时期争论的中心之一。家庭的建立打破了氏族制的传统观念、血缘观念和原始社会的平等观念。家庭既是一个生产和消费单位,又是繁殖人传宗接代的单位。氏族观念在人们头脑中淡薄了,随着贫富分化加强了在家庭基础上的门第观念:凡是门第高占有土地财富多的家族在人们心目中拥有特殊地位。城邦国家的形成,人的地位也发生变化,随着社会的发展,个人的独立地位逐渐增加。原始社会中人不能离开氏族、胞族和部落而生活;在城邦形成以后人虽然也必须依靠城邦生活,所以亚里士多德说人是政治的动物,只有神和野兽才能离开社会而生活;①但是随着经济和政治的发展,人们有了分工,个人有发挥自己能力的机会,个人开始有自己独立的意见和利益。这样个人和集体的关系,个人利益和城邦利益的关系等问题也发生了。在这种情况下,什么是正义,什么是勇敢,什么是幸福等等问题也就提出来引起人们思考和争辩。

古典时代观念的变化正是在这种基础上产生的。但在希腊世界中各地观念变化的情况是不一样的,以斯巴达为首的伯罗奔尼撒地区和北希腊以及中部希腊玻俄提亚等地区在这个时期还一直是封闭的农业自然经济,政治上一般还是贵族统治,人们的观念没有多大变化。尤其是斯巴达,公元前7世纪抒情诗人提尔泰乌斯为斯巴达人写的战歌,从建立城邦起唱到希波战争,一直到伯罗奔尼撒战争时还在唱。斯巴达实行的公餐制(syssitia,或译"俭朴餐")和弃婴场(apothetae,斯巴达人新生婴孩要经长老审查,如认为不强健就不能留养,要抛到山峡墓地去)一直维持到公元前4世纪。斯巴达的男人沉默寡言,衣着俭朴,终年不穿鞋,成天在军营受训;为了生育健康的孩子,斯巴达的妇女也一直学习参加竞走、搏斗和掷铁饼、投标枪等。在这种社会里新的思想观念是难以产生的。

然而雅典这样的城邦却完全是另外一番景象了。雅典城邦制从形成到繁荣并不是原有经济关系和政治制度的强化,也不是旧观念的加固,而是工商经济取代了农业经济,民主制取代了贵族制。特别是在经济和政治上发展成为雅典帝国以后,商品交换和货币经济有力地摧毁了旧的观念。海外贸易、希波战争和殖民运动使希腊本土,尤其是那些以工商业为主的城邦同外部世界的交流日益频繁,外邦人和外族人不断往来于雅典等地,使人们的眼界开阔了。过去希腊人以为神庙所在地的德尔斐就是世界的中心,现在人们知道还有广阔的地区,简直找不到边也找不到中心。原来希腊人以为安那托利亚(今土耳其)就是太阳升起的地方,现在希罗多德知道"所有亚细亚民族都住在日出的方向,住在最东面的民族是印度人,因为印度再向东就是一片荒无人烟的沙

---

① 亚里士多德:《政治学》,1253ᵃ3—5、26—29。

漠了"①。希罗多德是一位历史学家又是一位地理学家,他到埃及寻找尼罗河的源头,②还考察了多瑙河和伏尔加河一带,认为在斯奇提亚人的北边还有人们不曾去过的地方(指现在的第聂伯河和顿河流域),那里经常下雪,"雪像羽毛一样"③。他嘲笑前人的地理概念:"如果真有极北居民存在的话,也就应当有极南居民存在了。以前有多少人画过世界地图,但没有一个人有任何理论根据,这点在我看来实在是可笑的。因为他们将世界画得像用圆规画的那么圆,四周环绕着海洋的水,同时将亚细亚和欧罗巴画成一样大小。"④当然希罗多德自己的描述也有许多错误,但比前人进步多了,可见当时人对周围的知识已相当丰富。在伯里克利时代由于生产技术和自然科学的发展,提高了希腊人认识自然的能力从而促进自然哲学的发展,在本书第一卷第五编中已经作过论述,这也属于希腊人观念变化的一个重要方面,因为他们开始从实用价值方面考虑自然科学的发现。现在不再加以论述。

对周围世界的认识使古典时代的希腊人对风俗习惯和宗教的观念也发生变化。过去他们以为希腊人自己的风俗是最好的,他们的神也是最神圣的;现在他们知道世界各地有不同的风俗习惯,各民族都认为自己的风俗是最好的;他们也认识到自己信奉的神中有不少原是来自埃及和西亚的。关于这些方面希罗多德有大量记载,以后我们讨论智者关于自然和约定(physis-nomos)的争论时还要详加论述。

希腊人的神灵观念同世界上其他地区和民族一样,经过自然崇拜、图腾崇拜、动物崇拜到人格化,从多神教到主神教的发展阶段。塞诺芬尼对与人同形同性的拟人神的批判,到古典时代已成为相当流行的看法。希腊三大悲剧家、智者、苏格拉底和柏拉图都不同程度地批判过拟人神的观点,苏格拉底和柏拉图更发展了理性神的思想。这个问题是本卷要讨论的一个重要问题。

希腊人的祭礼本来是和部落生活联系在一起的,所有伊奥尼亚城邦原来

---

① 希罗多德:《历史》第3卷,第98节。
② 希罗多德:《历史》第2卷,第15—17节。
③ 希罗多德:《历史》第4卷,第31节。
④ 希罗多德:《历史》第4卷,第36节。

都很重视阿帕图利亚祭:胞族成员于每年10至11月间举行三天祭典,最后一天正式接受适龄青年为胞族成员,后来它被接受城邦授予公民权的仪式代替了。公元前7世纪后除了每四年一次的奥林比亚竞技会外,与城邦政治文化生活密切相关的庙会、竞技会占了突出的位置。雅典从庇西特拉图以来带有广泛群众性的节日就有三个:泛雅典娜节、酒神节和地母节,其中以前两个最为隆重,到伯里克利时代已经成为全希腊人广泛参加的节日。泛雅典娜节时所有雅典公民都参加,年年举行但以四年一次的大节最为隆重,连续举行六天,不仅有战车赛、徒步竞走、火炬竞走,还有歌队合唱、朗诵表演比赛等等,反映了从英雄时代单纯注重竞技到古典时代已经扩展到注重文化和精神情操的变化。公元前4世纪时对演出胜利者设有重奖:最高是价值一千德拉克玛的金质桂冠,还有价值五百德拉克玛的银质桂冠以及价值不等的奖品。① 酒神节就是狄奥尼修斯节,原来是从色雷斯一带传入的古老节日,只有妇女参加,但由于葡萄种植和葡萄酒在阿提卡地区的重要性,也由于民主制时代希腊人精神生活的发展,酒神节成为全雅典以及许多希腊人参加的狂欢节。

希腊人原来遵循的宗教戒律在古典时代也打破了。过去只要用一根绳子把卫城的城墙同神庙系在一起,就表示将城献给了神,对方便不敢毁坏它,伊奥尼亚人曾用这办法保卫爱菲索使它免遭吕底亚人的掠夺。现在这样做却没有用了。古希腊人在遭到对方追捕时,只要躲进神庙便不许进去捕杀。公元前7世纪末僭主库隆逃亡后同家属躲进雅典娜神庙,被玛伽克勒人杀害了;杀害他们的人犯了渎神罪都被驱逐出境。② 但是到公元前5世纪,这些风俗和观念都被逐步打破,在伯罗奔尼撒战争中没有一个城邦能够靠神的庇护幸免遭劫。前面提到过的公元前427年的科尔居拉党争,民主党人就在神坛上杀害寡头党人,他们甚至还将神庙的门墙封闭起来。伯里克利在战争演说中历数雅典的财富,甚至将雅典娜神像身上的黄金片也计算在内,说有金子40塔

---

① 参见胡克:《希腊人的生活和思想》,第73页;本节材料参见该书第7章"运动会和节日"及第17章"宗教"。

② 参见亚里士多德:《雅典政制》,残篇第八;在希罗多德的《历史》和修昔底德的《伯罗奔尼撒战争史》中都提到过这件事。

兰特，"到了极窘迫的时候也可以利用"①。因而所谓"渎神"，确如柏拉图的对话《欧绪弗洛篇》苏格拉底所说的，"谁也说不清楚"（15E）。伯里克利时代对阿那克萨戈拉、普罗泰戈拉、斐伊狄亚的控告，以及对苏格拉底的判罪，罪名都是说他们"渎神"，实际上却并不是渎神的问题，我们在以后有关章节中具体讨论。

在古典时代的观念更新中最大的莫过于生活方式和生活理想等伦理规范方面的变化，本卷讨论的许多哲学问题都与此有关，因而需要概括分析这方面的情况。关于这一方面生活在当时的修昔底德提供了大量资料，他从各个方面刻画了新型的雅典人以及雅典城邦的性格，结合后人的资料，我们可以看到当时流行的几个主要的新观念。

第一，勇于破旧立新。

公元前 432 年波提狄亚事件〔波提狄亚是马其顿的城镇，科林斯的殖民地，曾是雅典的盟邦，后来叛变遭雅典围攻〕发生，伯罗奔尼撒同盟开大会讨论，科林斯代表慷慨陈词批评斯巴达的守旧精神，剖析雅典人的性格，强烈要求斯巴达痛下决心对雅典宣战。以下是他们作的对比分析："你们从来没有想过将来会和你们作战的雅典人是怎样一种人，他们和你们多么不同，实际上是完全不同。一个雅典人总是一个革新者，他敏于下决心也敏于实现这个决心；而你们总是固守事情的原来情况，从来没有创造过新的观念，你们的行动常常在没有达到目的时就停止了。……你们也想想这点吧：他们果断而你们迟疑，他们总在海外而你们总留在家乡；因为他们认为离开家乡越远所得越多，而你们却认为任何迁动都会发生危险。至于他们的身体，他们认为是为城邦而不是为自己使用的，每个人培养自己的智慧目的也是为城邦立功。做事如果成功了，他们认为和将来的事业比较也算不了什么；如果没有成功，就将希望放在另一件事情上以弥补损失；所以他们的时间总是继续不断在危险中度过，他们宁愿艰苦劳动也不愿和平安宁。一言以蔽之，他们是生成不能自己享受安宁的生活，也不愿让别人享受安宁的生活，这就是反对你们的那个城邦

_____

① 修昔底德：《伯罗奔尼撒战争史》第 2 卷，第 2 章。

的性格。……我们已经指出,你们的整个生活方式和他们相比是已经过时了的。在政治上也和在任何技艺上一样,必须用新方法代替旧方法。当一个城邦在和平安宁中存在时,旧式方法无疑是好的,但当一个城邦经常遇到新问题时,它必须用新的方法去对付它们。因此有各种各样经验的雅典和你们相比,是一个远为近代化的国家。"①应该看到科林斯是一个工商业和农业比较发达的城邦,他们对雅典人和斯比达人的分析对比是比较深刻的。这段话突出说明了雅典人和斯巴达人具有不同的生活方式、价值观念和思维方式。雅典人和雅典城邦的这种性格,是在发达的工商经济和帝国地位的条件下形成的。它敢于破除旧的观念,创造新的生活和新的观念,也能容纳其他地方以及希腊各邦各方面的人才,这是造成雅典学术繁荣的一个重要条件。智者敢于破除传统观念,和这种社会条件直接有关;苏格拉底和柏拉图孜孜不倦寻求真理,也是和这种条件分不开的。

第二,实利的观念。

生活在公元前 5 世纪的悲剧诗人索福克勒斯深刻体会到货币经济对原有的经济秩序、政治关系和伦理观念的瓦解作用,他说:"人间再没有像金钱这样坏的东西到处流通,这东西可以使城邦毁灭,把人们赶出家乡,把善良的人教坏,使他们走上邪路做些可耻的事情,甚至教人为非作歹干出种种罪行"②。工商经济和帝国利益使雅典人在考虑传统的正义、真理观念时首先想到功利的问题,当他们争论正义和真理问题时,首先想到的是有利还是无利。上述公元前 432 年斯巴达召开伯罗奔尼撒大会时,雅典也有使者在那里,他听到科林斯代表的上引发言后也发表了一通议论:"我们所做的没有什么特殊,没有什么违反人情的地方。当一个帝国被献给我们时,我们就接受,以后再不肯放弃了。这样做有三个重要的动机:安全、荣誉和自己的利益。这并不是我们首创的,因为弱者应当屈服于强者乃是一个普遍的规则。同时我们也认为我们有统治的资格,直到现在以前你们也认为我们是有资格统治的,但现在你们考虑

---

① 修昔底德:《伯罗奔尼撒战争史》第 1 卷,第 6 章。
② 索福克勒斯:《安提贡涅》,第 294—300 行。

到自己的利益以后就开始用'是非'、'正义'等字眼来谈论了。当人们有机会利用优势得以扩张的时候,他们绝不会放弃。那些合乎人情享受权力的人比为形势所迫而注意正义的人更值得称赞。"①由此可见在这个时候关于利益和是非、正义的关系问题,雅典人已经形成了与传统有所不同的新观念。在他们看来弱者屈服于强者是一个普遍的规律,权力比正义更值得称赞,衡量利害得失也就是正义。公元前432年下半年召开伯罗奔尼撒同盟第二次大会,斯巴达决定向雅典宣战,科林斯代表再次发言:"因此从各方面看来你们都有很好的理由作战,这个方针是作为我们全体的利益来推荐的。因为我们知道,城邦和城邦之间或个人和个人之间利益的一致是最可靠的保证。"②由于经济和私有财产的发展,由于城邦间的利害矛盾越来越尖锐,所以利益的观念如此突出,以至正义和利益的关系、真理和价值的关系问题,从这时候开始就成为哲学家最关心的问题之一了。从智者、苏格拉底、柏拉图一直到亚里士多德以及他以后的希腊罗马哲学都在这个问题上争论不休。

第三,民族、国家和个人的关系。

在城邦和希腊民族形成以前,人们关心的只是氏族、胞族或部落的命运。希波战争促进了统一希腊民族的形成,增强了希腊人的民族观念。但是由于希腊内部各城邦间的利害冲突,爆发了伯罗奔尼撒战争,又加强了城邦和国家的观念。由于私有财产和工商业活动以及民主政治和文化的发展,人们不但在经济上政治上而且可以在文化活动及体育竞技方面发挥个人的才能,个人意识也就突出起来了,因此如何考虑社会和个人的关系也就成为重要的问题。公元前430年斯巴达人第二次入侵阿提卡,伯里克利动员当地农民迁进城去。当时雅典人要同时与战争和瘟疫作斗争,他们开始谴责伯里克利说他不应该动员他们作战,认为他们遭受的一切不幸都应由他负责。伯里克利为自己辩护,他对人民说:"我自己的意见是这样的:每一个人在国家顺利前进时所得到的利益,比个人利益虽然得到满足可是整个国家却走下坡路时所得的利益

① 修昔底德:《伯罗奔尼撒战争史》第1卷,第6章。
② 修昔底德:《伯罗奔尼撒战争史》第1卷,第9章。

要多些。一个人在私人生活中无论多么富裕,如果他的国家遭受破坏,他也一定会陷入普遍的毁灭之中;但只要国家本身是安全的,个人就有更多机会从私人的不幸中恢复过来。个人在痛苦中还能得到国家的支持,而政府肩上的重担却不是任何个人所能承担的。我们集合所有的力量来保卫国家,难道是错了吗?"①

在古代城邦制条件下公民离不开城邦,因此城邦的利益、城邦的法律和公民的义务被视为是神圣的。苏格拉底明知对他的判决是不对的,也要接受它去死,因为服从法律是神圣的。但同时在个人意识已经发展起来的雅典,自然又重视个人的利益、个人的地位和价值。因此在城邦繁荣、政治生活比较正常的情况下,个人的价值成为智者们谈论的主要题目;一旦城邦发生危机,如何处理个人利益和城邦利益的关系便成为躲避不了的难题。实际上金钱在雅典人生活中已经成为很重要的东西,当时雅典海军的水手是花钱雇来的,参加陪审法庭甚至看戏都可以得到金钱补贴,以前不讲交易和报酬的事务活动现在也需要报酬了。公元前415年阿尔基比亚德煽动远征西西里时所组织的舰队,修昔底德说是"任何一个单独城邦所曾派出过的花钱最多、外观最美的希腊军队"。它所用的款项包括已经花费了的和将来要送到将军手里去的、每个人在供应设备上已经花费了的、舰长们在他的船舰上已经花费和将来还要花费的,除此以外还要加上每个人从国库所得的薪资以及为他个人所用的金钱,还有士兵和商人为了做生意而随身带着的货物,"许多塔兰特的巨额金钱从雅典流出去了"②。这就不难理解:一旦战争失败城邦不能为个人带来利益时,这些公民自然会口出怨言不关心国家事务了。面对这种情况,许多思想家从智者到苏格拉底和柏拉图都不得不认真考虑个人和城邦的关系问题。

第四,"好公民"的观念。

怎样才能算是好公民?这是伦理价值观念,它也随着时代的变化而改变。在荷马时代人们以英雄为榜样,表现得最勇敢的人就最受人尊敬。到公元前

---

① 修昔底德:《伯罗奔尼撒战争史》第2卷,第6章。

② 修昔底德:《伯罗奔尼撒战争史》第6卷,第2章。

8 至前 6 世纪,体育竞技的优胜者获得最大荣誉,以致塞诺芬尼指责各城邦给
予奥林匹克的优胜者以过高的地位,从而贬低了智慧的价值。① 在古典时代
雅典和斯巴达的"好公民"标准也根本不同,斯巴达仍旧保持传统观念,认为
勇敢即骁勇善战的人是最值得尊敬的。而在雅典却以智慧和参加政治活动的
能力作为衡量一个公民优劣的主要标准,作一个好公民应该能发表演说,能言
善辩,有处理好城邦和家庭事务的能力,这就需要智慧。从伯里克利在前引阵
亡将士国葬典礼上的全篇演说中可以看出,他认为一个好公民应该多才多艺,
独立自主,关心政治,处事深思熟虑,不贪图享受,温文尔雅,谈吐平稳,遵守法
律,懂得心智方面的娱乐等等。要培养这样的优良公民,教育自然成为重要的
事情;学习诉讼、辩论和演说,学习法律和公务成为当时的风尚。那些想获得
重要职位、在政治舞台上发挥作用的富家子弟就请人专门传授这些知识技艺,
伯里克利将两个儿子托付普罗泰戈拉教授。当时即使是一般公民也需要懂得
一些这方面的知识,以便卷进诉讼时作防身之用,或者抽签抽到担任公职时能
恪尽其职,不闹笑话。这就是当时智者运动能够蓬勃发展的土壤:要做一个好
公民。如何才能做好公民? 这就必须探讨善恶、是非、正义等范畴,伦理学便
占有很重要的地位。我们还可以看到正是在这种观念的变革的情况下,苏格
拉底才会那么重视人,要求认识自己,重视知识的作用,将一切美德归为知识;
而柏拉图则系统地发挥认识论,将知识置于人类认识的顶峰。

以上这些观念的变化不仅发生在雅典,希腊其他城邦也不同程度地存在
着,当然表现得最突出的还是雅典。

伯罗奔尼撒战争对全希腊都是一场灾难,可以说在这场战争中没有一个
城邦是胜利者。对于雅典来说战争最后以向敌人求和告终,战后雅典的经济
和政治发生了以上两节中说到的变化,雅典人的伦理思想也普遍蜕变堕落了。
在柏拉图的对话中反映了一些当时雅典人的思想情绪。《国家篇》第 2 卷中
格劳孔说:大家都想满足自己的欲望,做坏事,在这点上一模一样。"人们论
证:没有人会心甘情愿地去做正义的事情,都是被强迫的。每个人都认为正义

---

① 参见本书第一卷第 453—454 页。

对他自己没有好处,只要能做坏事他就会去做。因为每个人都相信,对他个人说从不正义得到的利益要远远超过从正义所能得到的。主张这种理论的人坚持这一点。如果有人有这样的权力而拒绝为非作歹,就要被大多数人认为是最大的傻瓜,虽然当面还会称赞他。大家这样互相欺骗,因为害怕吃亏。"(360C—D)"所以他们会说:苏格拉底啊,无论是神也好人也好,他们给不正义的人安排的生活远比为正义的人所安排的要好得多。"(362C)

这便是雅典一般公民从战争的后果,从经济和政治生活中得出的有关正义和利益、真理和善恶的结论——正义者吃亏,不正义者得利;人的本性就是如此,诸神也是这样安排的。这也是伯罗奔尼撒战争以后许多雅典人的精神面貌:只要有利可图,一切在所不惜。正是在这样的情况下,苏格拉底和柏拉图挺身而出,想挽狂澜于既倒。柏拉图在《国家篇》第1卷中让苏格拉底说:"如果城邦都是好人,大家争着不当官,像现在大家都争着要当官那么热烈,就可以明白这个真理:真正的治国者并不追求他自己的利益,而是追求老百姓的利益。"(347D)在《申辩篇》中苏格拉底更大声疾呼:

> 你们是雅典人,属于最伟大的城邦,是以智慧和强盛闻名于世的。可是你们却专心致志于获得钱财,猎取荣誉,而不关心智慧、真理和灵魂的完善,你们不感到可耻吗?(29D—E)

苏格拉底和柏拉图目睹当时雅典帝国的衰落、民主政治的蜕化、伦理观念的败坏以及智者运动所造成的后果,竭力想寻求一条新的出路。了解这个背景可以帮助对本卷第二、三编论述的苏格拉底和柏拉图哲学和政治思想的理解。

第四节　从自然哲学到人本主义思潮

同公元前5世纪经济、政治和人的观念的变化相适应,古典时期哲学研究的中心也发生了重大的转变。本书第一卷所论述的以往的哲学家研究的主要对象是自然,他们主要探讨的问题是:什么是万物的本原,宇宙万物是如何从本原演化而成的？而本卷论述的哲学家们研究的主要对象是人和社会,他们探讨什么是正义以及城邦和法律是如何产生的等问题,目的是更好地认识人和社会。最早指出这种转变的是亚里士多德,即我们在开始时引述的他在《论动物的构成》中所说的:"这个时期人们放弃了对自然的研究,哲学家们把注意力转向政治科学和有益于人类美德的问题。"(642ᵃ28—29)这种看法差不多为古今学者所认同,如西塞罗认为苏格拉底"将哲学从天上招回来,使它进入城邦和人们的家庭之中"①。第欧根尼·拉尔修提出关于哲学发展的看法,他说:"哲学有三大部分:自然哲学(物理学)、伦理学和辩证法或逻辑。自然哲学是关于宇宙以及它所包含的一切事物的,伦理学则是关于生活以及对我们有关的事物的,这二者使用的推理过程便形成辩证法领域。自然哲学的繁荣一直到阿凯劳斯为止,伦理学是从苏格拉底开始的,至于辩证法则可以远溯到爱利亚的芝诺。"②近代黑格尔在《哲学史讲演录》中将亚里士多德以前的哲学史分为三个阶段:从泰勒斯到阿那克萨戈拉是"绝对"以抽象的自然形式出现的阶段;从智者到苏格拉底则是开始将"绝对"设定为主体,进入了主观反思的阶段;柏拉图和亚里士多德则是思想和实在相统一的阶段。③ 值得注意的是他将智者和苏格拉底列在同一阶段,这是很有见地的。在他以后很多哲学史家都沿袭这种看法,如文德尔班在有名的《哲学史教程》中认为以智者为标志,希腊哲学和科学"走上了人学的道路,或者说走上了主体性的道路:研究人们的内心活动,研究人们的观念和意志力"④。格思里在《希腊哲学史》的"导言"中也认为从智者和苏格拉底开始,哲学研究的兴趣"从宇宙转向人,从宇宙论和本体论的有吸引力的理性问题转向更迫切的人生事务和行为的问题"⑤。

　　为什么这个时期"人"的问题会成为哲学的中心议题？具体说来是由下

---

①　西塞罗:《图斯库兰的谈话》第5卷,第4章第10节。

②　第欧根尼·拉尔修:《著名哲学家的生平和学说》第1卷,第18节。

③　参见黑格尔:《哲学史讲演录》第1卷,中译本,第171页;第2卷,中译本,第3、151页。

④　文德尔班:《哲学史教程》上册,中译本,第97页。

⑤　格思里:《希腊哲学史》第1卷,第8页。

列几种因素造成的。

首先是人们认识到人是社会活动的主人。这一点在我们今天看来当然是不成问题的,但在古代要认识这点却还需要一个过程,因为在此以前人们认为人的命运是由神决定的,所以只有神才是一切活动的主人。只要将荷马的史诗和公元前 5 世纪历史学家希罗多德的《历史》对比一下,便可以看出人的认识的这种变化。在荷马史诗中神是社会活动的主角,人只处于被支配的从属地位。在特洛伊战争中虽然英雄们作出了许多可歌可泣的活动,但他们是受奥林匹斯山上诸神摆弄的,一切活动最终不得不听命于神。奥德修历尽千辛万苦最终能漂泊回乡,决定性的因素还是神。在那里人与人之间的战争体现的却是神的意志,诸神才是战争的真正主角,人不过是他们的工具和依附者。这种情况有点像中国的小说《封神演义》。

而在希罗多德《历史》中所描写的希波战争,尽管其中也不乏占卜和预言,但是战争的主体都是人,双方均没有神的参与,也没有神的帮助,只有可以作不同解释的德尔斐的神的箴言以及梦的征兆等神托。战争的胜负完全取决于双方的力量、机智和勇敢。公元前 490 年马拉松之战取得胜利,按希罗多德的说法是因为雅典统帅米尔提亚得的果断、迅速,能及时抓住战机,乘波斯占压倒优势的骑兵尚未来到的时候,用重装步兵猛击波斯的弓箭队和步兵,使敌军大乱;雅典仅死亡 192 人,波斯却死亡 6400 人,获得大胜。① 公元前 480 年萨拉米海战的胜利是由于雅典人听取了塞米司托克勒的建议,奇迹般地在两年时间内建造了两百艘最先进的三列桨战舰;还由于战略指挥正确,广大水手的优良素质和勇敢才取得的。② 公元前 479 年普拉蒂亚的胜利是由雅典和斯巴达双方协同作战取得的。希罗多德明确认识到这场战争中人的因素的作用,他在回顾雅典自克利斯提尼改革后的一系列征战时,分析了雅典人取得胜利的原因:

　　雅典的实力就这样强大起来了。权利的平等不是在一个实例上,而

---

① 参见希罗多德:《历史》第 6 卷,第 109—117 节。
② 参见希罗多德:《历史》第 7 卷,第 138—145 节;第 8 卷,第 70—97 节。

是在许多例子上都证明是一件绝好的事情。因为当雅典人是在僭主统治下时他们并不比任何邻人高明,可是一旦摆脱了僭主的桎梏,就远远超越了他们的邻人。这一点表明:当他们受着压迫的时候就好像是为主人作工的人一样,他们是宁肯做胆小鬼的,但当他们被解放以后,每一个人便尽心竭力地为自己做事情了。①

希罗多德是民主政治的拥护者,他不但看到人的作用,而且还看到当人民取得平等和自由以后将会发挥多么大的力量。他还记载这样一件事:在马拉松战争开始以前,雅典统帅十将军之间关于是否要进行这场战争发生了一场争论。竭力主张战争的米尔提亚得是这样提问题的:"或者是你使雅典人都变为奴隶,或者是你使雅典人都获得自由";"如果你同意我的意见,就可以使你的国家得到自由,你的城邦成为希腊第一城邦。"②战争已经让希腊人认识到:或者是成为奴隶,或者是获得自由,决定这点的是人自己的努力,命运不是由神掌握的。

第二个因素是人认识了自己的智慧和力量。索福克勒斯在《安提戈涅》剧中以歌队为代言人发表了他自己的看法:

奇异的事情虽然多,却没有哪一件比人更奇异。他能在狂暴的南风下渡过灰色的海,在汹涌的波浪间冒险航行。对那不朽不倦的大地——最高的女神,他也要去搅扰她,用变种的马〔骡子〕耕地,犁头年年来回犁土。他用多眼的网兜捕那快乐的飞鸟、凶猛的走兽和海里游鱼。人真是聪明无比。他用技巧制伏了居住在旷野的猛兽,驯服了鬃毛蓬松的马,使它们引颈受轭。他还学会了语言和像风一样快速的思想,知道怎样养成社会生活的习性,怎样在不利于露宿的时候躲避霜和雨。什么事情他都有办法对付,对未来的事情也样样有办法;甚至难以医治的疾病他也能设法避免,只是无法免于死亡。在技艺方面他的发明才能想不到那样高明,这种才能有时使他走厄运,有时使他走好运。只要他尊重法令和他凭神

---

① 希罗多德:《历史》第 5 卷,第 78 节。
② 希罗多德:《历史》第 6 卷,第 109 节。

> 发誓要坚持的正义,他的城邦便能耸立起来;如果他胆大妄为,犯了罪行,他便将失去城邦。①

这正是对人的全面颂歌。人能征服自然,除了不能避免死亡以外,人能做一切危险困难的事情;特别是人有语言和思想,能想出办法解决一切困难,还有技艺和发明才能。在人和神的关系上也和以往那种只能听命于神的情况不同,人可以去搅扰大地女神,从她那里取得自己需要的东西,不再将这些看成是神的恩赐了。即使人有时交好运、有时交厄运,也不是由神决定的,而是由人自己是尊重法令坚持正义,还是胆大妄为所造成的。

值得注意的是索福克勒斯这里提出的人是最奇异的东西,这个"奇异",希腊文 θαῦμα(thauma)也就是亚里士多德所说的哲学由此产生的东西,一般译为"惊异",都是由同一语根产生的词。亚里士多德在《形而上学》中说:

> 早期哲学家的历史清楚表明这门学科不是一门实用的学科。因为现在或早先的人们进行哲学思考都开始于惊异;起先他们对那些明显是迷惑的事情感到惊异,然后一步一步地对那些重大的事情如日月星辰以及宇宙的生成感到困惑。一个有所困惑和惊异的人总是自以为无知;既然他们进行哲学思索是为了摆脱无知,显然他们是为了求知而追求学问的,并不是为了实用的目的。(982ᵇ11—22)

原来人们对外物感到惊异,从小事情逐步发展到对日月星辰以及宇宙的生成这样的大事感到惊异,才产生哲学。现在人们的认识又向前推进了一大步,认识到在一切可感惊异的事情中,人自身才是最令人惊奇的。因为人具有那么多能力,有语言能思想,能够克服种种困难,创造各种事物以至城邦和法律制度等等。这样哲学当然应当回过头来,研究这最令人惊异的东西——人自身了。

第三个因素是城邦制的发展和社会组织的复杂化。人们生活在一定的自然环境和社会环境中,但是人们对人和社会环境的认识也是逐步发展的。"人"这个词早就有了,但"人是什么"却是公元前5世纪才提出来的问题,对

---

① 索福克勒斯:《安提戈涅》,第335—373行。

于人⇌社会和人⇌环境的双向运动更谈不上有什么知识。人的社会组织开始时比群居动物高不了多少,后来才形成稳定的氏族—胞族—部落的社会结构,人们有了调节相应的人间关系的风俗规范,我们可以在荷马史诗中看到这些习俗。一旦人们提出"人是什么?"就意味着人开始将自己当做认识的对象,这就是说"人"这个客观存在的东西已经进入认识领域,成为主体的"人"所要认知的客体。"认识你自己"是铭刻在德尔斐神庙前的格言,应该说是苏格拉底最早将它作为哲学问题提出来的,它开始了人的自我认识过程,人的主体意识增强了。与此同时,人和人之间的社会关系、社会组织和风俗习惯、伦理规范也进入认识领域,这些方面的认识也有个发展的过程。以前强调的只是人的自然属性,从荷马、赫西奥德到本书第一卷中所论述的早期自然哲学家都把人们之间的伦理规范和习俗看成像人体构造和性格差异一样是自然生成的,赫拉克利特、毕泰戈拉学派以及巴门尼德都用他们解释自然的原理去解释社会的伦理规范。

公元前 6 世纪开始,许多希腊城邦尤其是比较大和重要的城邦都先后发生了程度不同的政治改革和立法运动。这些改革冲击了原来习以为常被认为是永恒不变的社会关系和伦理风俗,同时也触及不同阶级和阶层人们的利益,这就迫使人们不得不去思考这些社会问题。和前一阶段人们热衷于探讨日月星辰以及宇宙起源和万物本原等等问题相比,人们更为关心的问题变成是:社会法律以至风俗习惯等等是如何形成的,使得它们成为正义的原则的是什么,以及什么是幸福和什么是善恶和利害等等问题。换句话说,人们重视的已经从人的自然属性转向人的社会属性了,哲学探讨的中心问题也就必然向这个方向转移。

最后一个因素是哲学自身发展的内在逻辑。古希腊哲学是从神话中脱胎出来的,它所要回答的问题仍然是神话的主题,即宇宙万物乃至于人是怎样生成的;它的思维方式也没有摆脱神话杜撰者的思维方式——追索一个最初的东西,在神话中是最高的神,在早期哲学中叫作 arche(本原),原意是最初的开始的东西。这时他们还意识不到人和动物、社会和自然、主体和客体、物质和精神的区别,将它们笼统地都看做是"自然"。哲学家们各自用自己的哲学原则去解释这一切自然现象。这样一旦人们意识到人和动物、社会和自然等万物之间的性质差别不能用同一原理来说明时，传统的自然哲学便陷入困境。毕泰戈拉学派用数量关系说明社会领域的正义、秩序、意见、婚姻等等，赫拉克利特用火的纯度和干燥来说明人的聪明，恩培多克勒用爱和争说明人际之间的离合等，这些思想在当时也许颇有新意，但到公元前 5 世纪时却已经显得陈旧了。具体研究人体现象的希波克拉底深切感到：诉诸我们熟悉的一种本原是"治不好病的"，什么冷和热、干和湿的对立，只是"空洞的赘语"。① 我们看到在细致研究希波战争和伯罗奔尼撒战争的前因后果的希罗多德和修昔底德的著作中，只字未提那些抽象的哲学原则，苏格拉底则对这些自然哲学家给予无情的嘲笑和辛辣的讽刺。这个趋势说明传统哲学已经陷入危机，不得不让位给一种新的哲学思潮。将这种转变说成是什么唯心论起来反对唯物论，不是将活生生的哲学发展史加以概念化和简单化庸俗化的一种表现吗？

传统的自然哲学大多不讲究哲学的实际效用，哲学家们只在自己小圈子里研究和传播自己的思想。到了公元前 5 世纪的希腊尤其是雅典，哲学家们都被卷进社会的大动荡之中，他们自身就是社会变革和斗争的热烈参与者甚至是精神领袖，因此他们的哲学便带上明显的实践目的。智者们是这样，苏格拉底和柏拉图也是这样，他们都想说服群众按照他们的理论来改变社会和城邦。所以以雅典为中心出现的是一个新的思潮，这是在西方哲学史和思想史上出现的第一个人本主义思潮，它就是智者运动、苏格拉底和小苏格拉底学派以及柏拉图和他的学园。这也就是本卷所要阐述的内容。

---

① 参见本书第一卷第 823 页。

第 一 编

智 者 运 动

公元前5世纪后半叶在雅典和其他城邦中陆续出现了一批自称为"智者"的职业教师,代表人物有普罗泰戈拉(Protagoras)、高尔吉亚(Gorgias)、普罗迪柯(Prodicus)、希庇亚(Hippias),此外还有安提丰(Antiphon)、塞拉西马柯(Thrasymachus)、克里底亚(Critias)、吕科佛隆(Lycophron)、欧绪德谟(Euthydemus)、阿尔基达玛(Archidamas)、狄奥尼索多洛(Dionysodorus)等人。他们以雅典为活动中心,活跃在希腊各主要城邦和奥林匹亚、德尔斐等大型聚会场所,发表自己的关于社会和人、伦理和政治、真理和价值等一系列问题的新见解;同时收费授徒,传授关于辩论、诉讼、演说、修辞的技巧以及有关城邦治理和家政管理的知识。他们广泛接触社会,适应当时公民们追求参政知识的愿望,自己编写修辞、演说、论辩的各种教材,采取灵活多样的形式以提高公民发表言论和进行辩驳的技巧。他们顺应时代的潮流,提出关于人类社会、人的本性、人的价值、人神关系、个人和城邦关系以及道德评价等等问题的一系列新观念,提高了公民的文化素质,在现实生活中产生了广泛的影响。哲学史和文化史上称之为智者运动,这是西方思想史上最早发生的一次启蒙运动和人本主义思潮。智者们研究和讲授的问题涉及哲学、政治、伦理、法律、宗教、教育、文学、史学、社会学等各个领域。这些问题的探讨导致了原有知识主要是哲学、宗教和伦理观念的变革,同时又促进了语言学、教育学、逻辑学、修辞学等新学科的形成。因此对智者运动的研究远远超出了哲学史研究的范围,不仅一般历史和文化史要研究它,而且许多人文科学在追溯自己的形成史时也必须提到它。这里我们只能主要从哲学的角度分析智者运动所涉及的问题。

❀ 第一章 ❀

智者运动的兴起

第一节　Sophistes 的含义

　　智者,希腊原文是 $\sigma o\phi\acute{\iota}\sigma\tau\eta\varsigma$(sophistes),复数是 $\sigma o\phi\iota\sigma\tau o\iota$(sophistoi),它是形容词 $\sigma o\phi\acute{o}\varsigma$(sophos,聪明的、有智慧的、灵巧的、机智的)、名词 $\sigma o\phi\acute{\iota}a$(sophia,智慧、知识)的派生词。上古时代的希腊人认为神是无所不知无所不能的,是最有智慧的,凡人们若是在某一方面特别聪明、灵巧、有才能,他就是 sophistes,译为中文就是"有智慧的人"、"贤人"或"智者",也有译为"哲人"的。近现代西方学者对此作了不少词源方面的考察,《希英大辞典》也汇集了大量资料系统介绍 sophia 和 sophistes 的含义。除了智者运动意义上的"智慧"和"智者"外,它还有下列几个方面的意思。[1]

　　第一,在技艺和占卜、预言方面的特殊才能。这是最早的含义,在荷马史诗中,造船工、战车驭手、舵手、雕刻家、占卜者、预言家等,凡是在各自工作的领域内有别人所没有的禀赋和技能的,人们就说他是 sophistes。例如《伊利昂纪》第 15 卷中描写特洛伊人突破了希腊人的防线,只是由于希腊工匠们造门

---

　　[1]　参见《希英大辞典》,第 1621—1622 页;格思里:《希腊哲学史》第 3 卷,第 27—34 页及有关的注。

的技巧高明,特洛伊人无法破门而入才扭转了战局。这里描写工匠的高明技巧就用 sophia。① 色诺芬在《回忆录》中讲到为米诺斯王修建迷宫的著名匠人代达罗斯和远征特洛伊的智慧过人的英雄帕拉墨得时,都称他们为 sophistes。② sophia 可以指技巧,sophistes 就是能工巧匠。

第二,在诗歌、绘画、戏剧、雕刻等文学艺术方面的能人。《希英大辞典》列举了品达、阿里斯托芬等人的资料,格思里还列举了埃斯库罗斯、欧里庇得斯等的资料。色诺芬记载阿里斯托芬说他所钦佩的 sophistes,在史诗方面是荷马,在颂歌方面是美拉尼庇得,在悲剧方面是索福克勒斯,在雕刻方面是波吕克莱托,在绘画方面是宙克西。③

第三,医疗技术。希波克拉底在《论古代医学》中称古代著名医生为 sophistes,他本人也被后人称为 sophistes。

第四,治理城邦的技艺。最典型的例子是梭伦,他被称为"七贤"之一,中译为"贤者"的希腊文就是 sophistes,政治方面的才智就是 sophia。

第五,学习和研究方面的智慧。公元前 5 世纪已经成为比较普遍的用法,后来柏拉图和亚里士多德大量使用这种词义。在古代希腊,哲学是最高的智慧,所以人们将哲学家也称为 sophistes,后来才有专门的称呼:philosophos 即爱好智慧的人。

这里列举的词义有一个发展过程。一般认为 sophia 最初是指某种技艺特别是手工艺的精巧,然后发展为一般的实践和政治方面的智慧,最后为泛指理论和科学方面的智慧。有的学者认为这是受了亚里士多德将学科分为实用科学、实践科学和理论科学的影响,是从特殊到一般的发展过程。④ 我们认为 sophia 和 sophistes 概念的发展是同社会的发展、语言的发展、人类认识能力的发展一致的。在荷马时代还没有城邦国家,宗教是人们精神生活的中心;农业和手工业已经有一定的分工,制造车船宫室的手工技艺占有重要地位;因此围

---

① 参见荷马:《伊利昂纪》第 15 卷,第 411—412 行。

② 参见色诺芬:《回忆录》第 4 卷,第 2 章第 33 节。

③ 参见色诺芬:《回忆录》第 1 卷,第 4 章第 3 节。

④ 参见柯费尔德:《智者运动》,第 24 页。

绕宗教活动的占卜和预言,担任各种建设的精巧技艺,战争中智勇双全的英雄以及和这些活动相关的吟诗颂歌都是被人们赞赏的,从事这些活动又有特殊才能的人自然处于和其他人不同的地位,被称为 sophistes。公元前 8 世纪开始希腊城邦国家陆续建立,出现了一批创立法律制度的政治家、立法家和改革家。那时人们感受到共同的社会生活的重要性,但又饱受党派纷争和其他矛盾之苦,找不到一种恰当的制度或措施以解决社会矛盾和规范城邦的政治生活。因此这时候凡在社会活动领域表现有特殊才能,为人们所称颂的人,如梭伦和莱喀古斯都被认为是有特殊智慧的人。但在当时社会分工还不发达,语言也未充分发展的条件下,人们还未能创造后人所说的"政治家"、"立法家"的名称,因而也就将这些人统称作 sophistes。

公元前 6 世纪初出现了泰勒斯、阿那克西曼德等对于宇宙万物的形成进行理性思考的人,在那以前世界的起源是最神秘的,流传的是各种各样关于宇宙起源的神话传说如赫西奥德的《神谱》等等,所以像泰勒斯这样能说出万物起源的秘密和预言日食的人当然是了不起的。那么该如何称呼他们呢? 有趣的是我们从苏格拉底以前哲学家的残篇中竟找不出一个对他们的称呼。第欧根尼·拉尔修说毕泰戈拉是第一个提出"哲学"和"哲学家"这个名称的,对这个说法学者们表示怀疑,①因为找不到其他可靠的证据。赫拉克利特说毕泰戈拉和塞诺芬尼等人只是博学而不是智慧(DK22B40),他也没有说出他们是什么人。所谓"晦涩的哲学家"、"先哲"等都是后人加上的称呼。柏拉图的对话中大多直呼其名,有时加上说他是什么地方的人如"爱菲索的赫拉克利特"、"爱利亚的芝诺",有时就称他们为 sophos。在《智者篇》最后为智者下总的定义时他将 sophos 和 sophistikos 这两个形容词区别开来,sophos 指有真正的智慧的,也可作名词用,现在一般译为"哲学家";sophistikos 含有假智慧、小聪明的意思,有人就译为"智者"。柏拉图给后者取了和 sophos 同一字源的名称,即 sophistes,(268B—C)从而将具有真知识的哲学家和只具假知识的智者区别开来。亚里士多德在《形而上学》第 1 卷中论述以前

———————————

① 参见本书第一卷第 223 页。

的哲学家时,才明确使用 philosophos 即哲学家这个名词。由此可见在哲学成为一门独立的学科以前人们往往用一个笼统的概念 sophistes 称呼以往的哲学家。所以第欧根尼·拉尔修在《著名哲学家的生平和学说》的序中讲到哲学的起源时说:"sophistes 是对有智慧的人的称呼,不仅哲学家而且诗人也可以称为 sophistes",荷马和赫西奥德也曾经"被赋予 sophistes 的称号"。(第12节)

这个问题我们还可以从另一个角度来考察:在古希腊人看来每一事物(无论自然物或人造物)都有自己本性所固有的功能或效用,希腊人叫作 $\dot\alpha\rho\varepsilon\dot\iota\eta$(arete,英文译为 good 或 virtue,相当于中文的"性能"、"用处"和"好处")。椅子能让人坐,刀能切割就是它们的 arete,马能拉车、可供人驱使是马的 arete;越能发挥效能的 arete 也就越好。人的 arete 就可以译为"善"、"品性"或"美德"。人的 arete 在不同时期有不同的内涵,不同的人也可以有不同的看法,因而人的 arete 是什么便成为问题,这就是从智者和苏格拉底开始哲学家一直争辩不休的"善是什么"的问题。人还有认识世界和改造世界的能力,这种能力在古代希腊人看来并不是人的 arete 所固有的,它显得神秘奥妙,所以只能来源于神,希腊人叫它 sophia 或 sophos。凡是人都有 arete,但是有程度和质量的不同。arete 的最高级形容词是 $\dot\alpha\rho\iota\sigma\tau o\varsigma$(aristos),它和 $\varkappa\rho\dot\alpha\tau o\varsigma$(cratos,力量)复合成为 $\dot\alpha\rho\iota\sigma\tau o\varkappa\rho\dot\alpha\iota\alpha$(aristocratia,即英文 aristocracy)原义是品性最优良并最有力量的人。古希腊人认为贵族是最优良和最有力量的人,所以将这个阶级的人称为 aristocratos,由他们统治的政体就被称为"贵族政体"(aristocracy)。但这个词有两重含义,一是指由有贵族身份的人统治,二是指由优秀的人统治,后者可以译为"贤人政体"。柏拉图和亚里士多德认为最好的政体是 aristocracy,从他们论述的上下文可以看出他们指的是后一种含义,即由优秀的人进行统治;但因这个词通常译为"贵族政治",因而柏拉图和亚里士多德都被贬为"为反动的贵族统治服务的哲学家"了。但是 aristocratia 不一定就是最有智慧的,因为 sophia 不是人人都有的。聪明智慧、心灵手巧、深谋远虑、思维敏捷等才能是只有那些有幸得到神的恩宠的人才能有的,他们就是 sophistes,指杰出的诗人、能工巧匠以及著名的医生、占卜者、预言家、政治家等等。在哲学还没有明确的对象从而成为一门专门学科以前,哲学家也被称为 sophistes。一直到柏拉图和亚里士多德时期,哲学成为独立的学科并被认为是最高的学科,得到普遍尊重以后,人们才将一些涉猎奥妙哲理甚至带有神秘色彩的人称为哲学家,人们也喜欢自称为哲学家,以至占卜者和魔术师也自称为哲学家。这种情况一直延续到近现代。关于 arete, sophos, sophistes, philosophia 这几个概念的关系,我们以后讲到智者有关才能和品德能否教育的问题,以及论述苏格拉底、柏拉图和亚里士多德的哲学时还要涉及,现在只是作概要的介绍。

我们现在论述的智者运动的智者大多出现在苏格拉底以前或同时,他们自称 sophistes,别人也将他们叫作 sophistes。这是以普罗泰戈拉为代表的一批收费授徒,传授辩论、演说、诉讼、修辞以及治理城邦知识的职业教师。于是 sophistes 又增加一个新的词义,即传授这些知识的收费授徒的教师,这就是我们现在要论述的智者。当时虽然也有将苏格拉底称为"智者"的,但苏格拉底所持的基本观点是和他们对立的,追随苏格拉底的柏拉图和亚里士多德都是反对智者的。不幸的是所有智者的原始资料都没有保存下来。有关他们的资料主要是柏拉图的对话,其次是色诺芬和亚里士多德的著作。由于柏拉图等对智者的偏见,对他们作了许多贬低的描述,以至"智者"成为被讽刺的可笑的对象了。柏拉图在《智者篇》中为智者下定义,说他们是受雇于富豪子弟的教师,贩卖德行知识的零售商,是在论辩中赚钱的人。(221C—226A)最后甚至说智者是只会摹仿,自己没有知识却又装作有知识的骗子;是在大庭广众中发表长篇大论的蛊惑家等等。(265A—268D)亚里士多德在《论智者的辩驳》中也为智者下了类似的定义:"智者的技艺貌似智慧其实不是智慧,所谓智者就是靠似是而非的智慧赚钱的人。"(165ª22—23)柏拉图和亚里士多德的看法在当时并没有占据支配地位,和他们同时的伊索克拉底曾为智者作过辩护。社会生活的发展需要有一批专门传授演讲、诉讼、修辞等的教师。作为这种职业教师的智者在晚期希腊和罗马世界也相当活跃,有的还有相当地位。后面要介绍的菲洛特拉图(170—249 年)写了《智者的生平》,介绍公元前 5 世纪直到公元 5 世纪时代的智者。那时小亚细亚和阿拉伯的帕加曼、尼科墨迪亚和安蒂奥克是智者活动的三大中心。菲洛特拉图本人也是智者,他担任叙利亚王朝女皇的教师,他的家族还取得元老院元老的资格。① 可是柏拉图和亚里士多德后来的权威很高,在他们的影响下长期以来将智者看做是一批卖弄聪明赚钱的江湖骗子,是一批混淆黑白、颠倒是非的诡辩家,以致有些辞典也将sophist 解作诡辩家,有些中文翻译也译为"诡辩学派"。近代对智者作出重新评价起自黑格尔和格罗特,黑格尔从哲学思想发展史的角度出发,认为智者是逻辑发展中一个必然的环节,是对固定的原则加以否定和扬弃的环节;格罗特从实证主义经验论的角度看问题,认为智者是古代民主制的维护者,是热心于政治、教育和法律的战士。继他们之后的策勒、乔伊特和冈珀茨等人都对智者作了比较肯定的评述。现代有些学者则从更广阔的视野联系西方人本主义思潮评价智者运动的地位,如柯费尔德的《智者运动》。以上这些否定的和肯定的评价对我们的研究都有价值,应该说我们现在已有条件对智者运动作出比较全面的历史评价了。

第二节 智者群像

智者运动是一种广泛的社会思潮,并不是一个哲学学派。古典时期被称为智者的哲学家很多,现在知道姓名的至少有二十多人;他们虽然代表同一社会思潮,有相似的活动,但他们的思想并不是一致的,有的甚至彼此相反;他们彼此间的相互关系也并不清楚。他们的主要代表是普罗泰戈拉和高尔吉亚,有些哲学史像论述其他哲学家一样系统地论述普罗泰戈拉和高尔吉亚的哲学思想,但由于资料不足,这样系统的论述很难得到令人满意的结果。我们只能采用一般哲学史的写法,将智者的思想分作不同层次的几个专题加以阐述。这里先介绍他们的生平事迹。但有关他们生平的资料也很少,第欧根尼·拉

---

① 参见菲洛特拉图:《智者的生平》,洛布古典丛书本英译者赖特(W.C.Wright)写的"导言"和作者本人的"序",以及第 267—268 节。

尔修的《著名哲学家的生平和学说》只给普罗泰戈拉列传,他大概不将其他智者当作哲学家,只在介绍其他哲学家时偶尔提到高尔吉亚等的一些事迹,智者的许多事迹只能从柏拉图的对话篇中找到。我们只能根据这些有限的资料为他们勾画轮廓。

一 普罗泰戈拉

普罗泰戈拉是德谟克利特的同乡阿布德拉人。第欧根尼·拉尔修说:"普罗泰戈拉是阿尔特蒙的儿子,或者根据阿波罗多洛和狄浓的《波斯史》第5卷的说法是迈安得里乌的儿子,出生于阿布德拉。但欧波利在《奉承者》中说他是提奥斯人,因为他说:这里有提奥斯人普罗泰戈拉。"①策勒对此作了解释:因为阿布德拉是提奥斯〔小亚西岸的伊奥尼亚城邦〕的殖民地,所以阿布德拉人也被称为提奥斯人。② 柏拉图在《普罗泰戈拉篇》(309C)和《国家篇》(600C)中都称他为"阿布德拉的普罗泰戈拉"。

第欧根尼·拉尔修没有说普罗泰戈拉的生卒时间,只说他活了将近90岁,而阿波罗多洛说他活了70岁,过了40年的智者生涯,鼎盛年是在第84届奥林匹亚赛会(前444—前441年)。③ 柏拉图在三篇对话中提到普罗泰戈拉的年纪:在《美诺篇》中苏格拉底说:"如果我没弄错的话,普罗泰戈拉活了将近70岁,他做了40年智者获得好的声誉,一直保持到现在。"(91E)在《普罗泰戈拉篇》中普罗泰戈拉解释了他自认智者身份以后说:"我从事这种职业已经多年,我的岁数够大了,比在座的诸位都要大一辈。"(317C)当时在座的有苏格拉底、阿尔基比亚德、克里底亚、普罗迪柯、希庇亚等人。在《大希庇亚篇》中希庇亚自称他比普罗泰戈拉"年轻得多"。(282E)这些说法大体上是一致的,可以肯定普罗泰戈拉要比苏格拉底、希庇亚等人大一辈。近代学者根据苏格拉底的年代是公元前469—前399年,联系普罗泰戈拉于公元前444年协助伯里克利为雅典殖民城邦图里制定法律的事情(这也就是他的鼎盛年),

① 第欧根尼·拉尔修:《著名哲学家的生平和学说》第9卷,第50节。
② 参见策勒:《苏格拉底以前的学派》第2卷,第408页注①。
③ 参见第欧根尼·拉尔修:《著名哲学家的生平和学说》第9卷,第56节。

推测他的生活年代大约是公元前490—前420年,有的学者推迟点,最迟为公元前481—前411年。

关于普罗泰戈拉的早年生活,第欧根尼·拉尔修记载说:"普罗泰戈拉在德谟克利特门下学习"。"亚里士多德在《论教育》中告诉我们,他〔普罗泰戈拉〕还发明一种搬运工扛木头用的垫肩。伊壁鸠鲁在某个地方说,他曾经是个搬运工,德谟克利特看到他捆扎木料时的娴熟技巧便收容了他。"①古代提到这条材料的还有柏拉图《国家篇》第10卷600C的边注者(DK80A3),古代辞书《苏达》以及克莱门和阿特纳奥(DK 80 A11)。亚里士多德的《论教育》已经佚失,伊壁鸠鲁的说法据说出自他的一封信。阿特纳奥是公元3世纪出生于埃及的一位语法学家,先在亚历山大里亚后在罗马活动,他遗留的著作名为 *Deipnosophistae*,英译为 *Banquet of the Learned*(《学者的宴会》),《洛布古典丛书》有希英文对照本。全书是有关古代学者的趣闻轶事,他还说到德谟克利特收养普罗泰戈拉做秘书,教他写信和哲学②。这部著作对了解古代学者的生活和智者的活动有参考价值,以后我们还要引用,但所记事实不尽可靠。对于普罗泰戈拉和德谟克利特的师承关系,策勒等都认为不可靠,因为伊壁鸠鲁蔑视一切古人,他的话不能作为史料依据;同时从普罗泰戈拉以至智者们的学说中看不到德谟克利特的影响,反之德谟克利特的认识论倒是受了普罗泰戈拉的影响③。但是巴恩斯却认为:"没有特别的理由去怀疑这个故事,德谟克利特的思想和普罗泰戈拉的思想在各个方面都存在着明显的联系。"④我们认为普罗泰戈拉和德谟克利特都是阿布德拉人,德谟克利特的认识论有重视感觉的一面,但普罗泰戈拉的感觉论要比他远为彻底;他们是否有师承关系在缺乏更可靠的根据下只能存疑。

上面提到的菲洛特拉图对普罗泰戈拉的早年生活提出了另一种说法。菲

① 第欧根尼·拉尔修:《著名哲学家的生平和学说》第9卷,第50、53节。
② 参见阿特纳奥:《学者的宴会》第8卷,第354节。
③ 参见策勒:《苏格拉底以前的学派》第2卷,第411—412页及注2、4;《希腊哲学史纲》,第83页。
④ 巴恩斯:《苏格拉底以前的哲学家》第2卷,第239页。

洛特拉图是爱琴海的利姆诺岛人，鼎盛年在公元 200 年左右，先在雅典后在罗马教修辞学，他写的《智者的生平》有《洛布古典丛书》的希英文对照本。这是有关智者的一部有价值的参考书，我们以后还要引用它。菲洛特拉图说普罗泰戈拉是阿布德拉最富有的公民的儿子，约公元前 480 年波斯王薛西斯攻占阿布德拉时普罗泰戈拉还是个孩子，因为他父亲殷勤款待薛西斯，所以波斯王命令他的占星术士教育普罗泰戈拉。（DK80A2）按照这个材料普罗泰戈拉就不可能是一个搬运工。策勒和格思里等对这种说法持否定态度，他们认为它的来源是公元前 4 世纪末狄浓的《波斯史》，那里只讲到普罗泰戈拉的家世和他父亲同薛西斯的关系；传到菲洛特拉图时代才添枝加叶说是占星术士收教了普罗泰戈拉。如果这是真的，普罗泰戈拉便不可能是德谟克利特的学生。而且第欧根尼·拉尔修说是德谟克利特的父亲款待波斯王，薛西斯让星相术士教育的是德谟克利特。[1] 但是《智者》的作者翁特斯泰纳却认为这条材料是可信的，而第欧根尼·拉尔修的记载是靠不住的，如果德谟克利特是普罗泰戈拉的老师，德谟克利特就要比阿那克萨戈拉年长了。[2]

普罗泰戈拉从 30 岁开始从事智者的职业共达 40 年，据说他到过许多地方，但只有柏拉图在《大希庇亚篇》中提到普罗泰戈拉在西西里（282D），他还去过什么地方就不见记载了。他主要活动在雅典，去过不止一次，在那里享有盛誉。柏拉图在《普罗泰戈拉篇》开始时为普罗泰戈拉的出场安排了一个富有戏剧性的场面：苏格拉底说他不再关心美男子阿尔基比亚德了，因为现在来了比他更美的人就是普罗泰戈拉；智慧的人更加美丽，而普罗泰戈拉是我们活着的人中最有智慧的。（309D）他又让希波克拉底〔不是那个著名的医生〕说："他〔普罗泰戈拉〕上一次到雅典来的时候我还是个孩子，可是苏格拉底呵，你知道人人都为他唱赞歌，说他是说话的大师。"（310E）在雅典期间他和伯里克利结为挚友，普卢塔克说他们两人曾就标枪致人死命的事辩了一天，辩论的问题是：究竟是标枪还是掷标枪者，或是竞技会的组织者应负这次法律责任。

[1] 参见第欧根尼·拉尔修：《著名哲学家的生平和学说》第 9 卷，第 34 节。另参见策勒：《苏格拉底以前的学派》第 2 卷，第 412 页注①；格思里：《希腊哲学史》第 3 卷，第 263 页注①。
[2] 参见翁特斯泰纳：《智者》，第 1—2 页。

（DK80A10）有人将这个问题的辩论说成是"典型的诡辩"，其实当时雅典规定：凡动物或工具致人死命的也应受法庭审判，《雅典政制》就说到"王者执政官和部落首领还要审判无生物和动物的被控杀人案件"。（57 节）柏拉图在《法篇》中还详细规定动物或工具犯谋杀罪的处理办法。（873D—874A）所以这是认真的讨论而不是诡辩。公元前 444 年雅典在西西里的图里建立殖民城邦，普罗泰戈拉起草了城邦的法律。① 柏拉图在《普罗泰戈拉篇》还说到伯里克利的两个儿子帕拉卢和克珊西普都从普罗泰戈拉学习治理城邦的知识和演说、诉讼的技艺。（314E—315A）普罗泰戈拉究竟到雅典去过几次？现已无法判定，可以肯定的是在公元前 430—前 429 年雅典瘟疫期间他正好在那里。普罗泰戈拉亲眼看到伯里克利在两个儿子死于瘟疫时表现出来的政治家风度和高尚品德："伯里克利的年轻漂亮的儿子们在八天以内都死了，他〔伯里克利〕克制住内心的悲伤表现得镇静自如。在众人眼中他每天都从这种沉着安静中得到幸福、自由和荣誉。凡是看到他承受住莫大悲伤的人都认为他是个高尚的勇敢的超群的人，使他们知道在这场灾难中什么才是自己的幸福。"（DK80B9）

关于普罗泰戈拉死亡的原因，公元前 3 世纪佛利岛的蒂蒙和菲罗科鲁说他是被雅典人指控渎神而逐出雅典的。② 第欧根尼·拉尔修说是普罗泰戈拉在雅典宣读他的《论神》，四百寡头之一的皮索多罗指控他渎神；而亚里士多德说指控他的是欧亚塞卢。③ 普罗泰戈拉被逐出雅典前往西西里途中翻船溺死。菲洛特拉图说是被雅典人赶走从大陆逃到海岛途中，雅典人驾三列桨船追逐，普罗泰戈拉乘快艇逃跑时翻船而死的（DK80A2）。四百寡头执政是公元前 411 年，所以后人推测普罗泰戈拉死于公元前 410 年左右。

普罗泰戈拉的学说我们将在以后几章中分别介绍。关于他的著作，柏拉图在《泰阿泰德篇》中两次提到普罗泰戈拉的《论真理》（161C，162A）。第欧根尼·拉尔修提到他的著作有：《论神》及有关论辩术的八篇即《论角力》、《论

---

① 参见第欧根尼·拉尔修：《著名哲学家的生平和学说》第 9 卷，第 50 节。
② 参见柯费尔德：《智者运动》，第 43 页。
③ 参见第欧根尼·拉尔修：《著名哲学家的生平和学说》第 9 卷，第 54—55 节。

数学》《论政制》《论志向》《论美德》《关于事物的旧秩序》《论冥府》、《论人的错误》等，此外还有一部《箴言》，一部《论相反论证——关于学费问题的辩论》。① 第欧根尼·拉尔修的记载是有根据的，柏拉图在《智者篇》中为智者下定义说他们是教辩论术的教师之后，说他们能教一切有关天上和地下可见的事物，能谈普遍的生成和存在的问题以及政治和法律等等，而且一一写下来并且发表，泰阿泰德便问："你是指普罗泰戈拉写的有关角力和其他技艺的著作吧？"回答说："是的，但也指别人的许多著作。"（232B—E）普罗泰戈拉的有些著作一直流传到公元3世纪波菲利的时代，波菲利看到过而且说："柏拉图的先行者的某些著作残存下来了，人们也许可以发现柏拉图剽窃了这些著作。不管怎么说，在我读过的普罗泰戈拉的《论存在》中，发现柏拉图利用了普罗泰戈拉反对存在是一的论据，不过我难以逐字逐句记住那些章节了。"（DK80B2的说明）他所说的《论存在》是否就是《论真理》，现代学者意见不一。波菲利同时还提到柏拉图的《国家篇》第1卷抄袭了普罗泰戈拉的《论相反论证》的内容。（DK80B5的说明）学者们认为普罗泰戈拉比较可靠的著作是《论真理》《论神》和《论相反论证》三部，其余可能是演说或论辩中讲到的问题，后人为之加上标题。这些著作已经全部佚失，现在只保存极少残篇。第尔斯和克兰茨在《苏格拉底以前哲学家残篇》第三篇"前期智者"第八十章（即编号DK80）中收集了后人记述有关普罗泰戈拉的材料（即A类）十三条，他的学说残篇（即B类）十二条，还有供参考的C类五条，摘自柏拉图、亚里士多德、塞克斯都·恩披里柯、第欧根尼·拉尔修、普卢塔克等人的著作。

柯费尔德在《智者运动》书中提到19世纪在埃及狮身人面像的围墙中发现一个半圆形的浮雕，1950年公之于世。半圆形的东半部是泰勒斯、赫拉克利特、普罗泰戈拉和柏拉图，西半部是一些著名诗人。这件艺术品属于希腊化时代的作品，说明那时候普罗泰戈拉还被认为属于伟大哲学家的行列。②

---

① 参见第欧根尼·拉尔修：《著名哲学家的生平和学说》第9卷，第55节。
② 参见柯费尔德：《智者运动》，第43—44页。

二　高尔吉亚

高尔吉亚出生在西西里东部的林地尼,这是伊奥尼亚的卡尔西斯人于公元前 729 年建立的殖民城邦。他的生卒年代不详,但是古代记载都说到他的长寿,第欧根尼·拉尔修在恩培多克勒的传记中说高尔吉亚活了 109 岁[①]（DK82A2）,普林尼说是 108 岁（DK82A13）,西塞罗说是 107 岁（DK82A12）,鲍桑尼亚说是 105 岁（DK82A7）,阿特纳奥说他活到"一百过了头,死在苏格拉底以后"。（DK82A11）普卢塔克在《演说家传》中说高尔吉亚比安提丰年轻些（DK82A6）,安提丰生于公元前 480 年,高尔吉亚大约生于这一年前后。他大体上是和普罗泰戈拉同一时代的人,但活得比普罗泰戈拉长;公元前 399 年苏格拉底受审时他还活着。柏拉图在《申辩篇》中说苏格拉底为自己辩护:"说我收费授徒也不是事实,虽然我认为如果真有能力教人那是好事,像林地尼的高尔吉亚、开奥斯的普罗迪柯和埃利斯的希庇亚。他们周游各个城邦,能够劝说年轻人追随他们,付给他们钱还感谢他们。"（19E—20A）西方学者指出从希腊原文看苏格拉底提到的都是活着的人,普罗泰戈拉比他们更为有名却没有提到,因为他已经死了。鲍桑尼亚说高尔吉亚晚年还同年轻的波吕克拉底比赛修辞和演说取得胜利,使波吕克拉底失去了帖撒尼地区斐赖的僭主伊阿宋的宠爱（DK82A7）。伊阿宋的统治是在公元前 380—前 370 年,可能高尔吉亚到那时还活着。

高尔吉亚大约是恩培多克勒的学生,曾向他学过修辞学,可能还跟他学过医学和自然哲学。第欧根尼·拉尔修在叙述恩培多克勒的生平时说:"萨提罗斯在他的《生平》中说,恩培多克勒还是位医生和卓越的演说家,林地尼的高尔吉亚在修辞学方面是很有名的,还是有关这一技艺的论著的作者,肯定做过恩培多克勒的学生。阿波罗多洛在《编年史》中说,高尔吉亚活了 109 岁,萨提罗斯引了阿波罗多洛的话时说,恩培多克勒表现他的法术时高尔吉亚也

[①]　参见第欧根尼·拉尔修:《著名哲学家的生平和学说》第 8 卷,第 58 节。

在场。"①在柏拉图的《高尔吉亚篇》中,高尔吉亚说他的兄弟是医生,并以此证明修辞学高于医学,因为医生不能说服他的病人服药和开刀,只有修辞学家能够做到。(456A—B)《苏达》辞书中也说高尔吉亚是恩培多克勒的学生,还跟他学过医学。(DK82A2)

公元前431年伯罗奔尼撒战争爆发后,西西里和南意大利地区的诸希腊殖民城邦由于同母邦的关系及各自的利害冲突,彼此间的关系也恶化了。公元前427年林地尼和叙拉古发生争执。西西里的多利亚人城邦和南意大利的洛克里支持叙拉古,西西里南部的卡马里纳和南意大利的雷吉姆和林地尼属于同族人所以支持林地尼。林地尼的同盟者派了一个代表团到雅典去,根据他们昔日的同盟条约和他们同为伊奥尼亚人的理由,请求雅典派舰队援助他们,因为他们在陆地上和海上都被叙拉古人封锁了。② 这个使团的首席代表就是高尔吉亚,他说服了雅典同林地尼结盟反对叙拉古。狄奥多罗说高尔吉亚作为使节在雅典发表的演说使公民大会为之震动,不仅民众而且官员们也欣赏他的理智和政治才能。(DK82A4)鲍桑尼亚说高尔吉亚遭到站在叙拉古一面的、颇有声望的修辞学家忒西亚斯的反对,但是那位修辞学教本的作者被高尔吉亚击败了,雅典人决定和林地尼结盟并派出一个舰队支持林地尼。(DK82A7)由此可见高尔吉亚在修辞、演说和辩论方面有很高才能,具有很高的声望;也可以看出修辞、演说和辩驳技艺的发展是希腊社会发展的需要。当时希腊各城邦也有寻求盟友以孤立敌人的问题,正像中国在春秋战国时代各国要派出使者——纵横家游说列国一样,在修昔底德的《伯罗奔尼撒战争史》中叙述过几十个这样的使命游说的事例。

高尔吉亚在哪些地方从事智者活动? 历史上没有专门记载。伊索克拉底说他从不固定居住在某一个城邦,以免自己的公开活动和私人活动受到约束。他也从不结婚,没有妻子和儿女(DK82A18),可是下面引证的另一个材料又说他同妻子和儿女关系破裂。根据伊索克拉底和柏拉图的材料,他的后半生

---

① 第欧根尼·拉尔修:《著名哲学家的生平和学说》第8卷,第58—59节。
② 参见修昔底德:《伯罗奔尼撒战争史》第3卷,第6章。

大多是在帖撒利地区的拉利萨城度过的。公元前480年开始统治该地区的阿琉亚达家族实行保护和发展文化的政策,用重金聘请高尔吉亚传授修辞、演说和辩论的技艺。柏拉图《美诺篇》开始时美诺问苏格拉底,人的美德是怎样获得的？苏格拉底回答说:"哦,美诺,曾经有一个时期帖撒利人以他们的富有和骑术闻名于全希腊,现在如果我没弄错的话,他们还以智慧闻名于希腊,特别是拉利萨是你的朋友阿里斯提波的故乡。这是高尔吉亚的功绩,当他来到这个城邦的时候就以他的智慧赢得了大多数阿琉亚达的领导人,其中包括你的朋友阿里斯提波和一般帖撒利人的崇敬。他教给你们用气势磅礴毫不畏惧的风格回答问题的习惯,这是懂得如何回答问题的人的习惯,他自己就敢于回答任何一个希腊人向他提出的任何问题。"(70A—C)

高尔吉亚可能还在中希腊的玻俄提亚从事过教授活动,玻俄提亚人普洛克塞努是色诺芬的朋友又是高尔吉亚的学生。色诺芬在《远征记》中说:"玻俄提亚人普洛克塞努从小便有要成为栋梁之才的急切愿望,因此以束修师奉林地尼人高尔吉亚。在他门下学习以后自认为已具有政治才能,与当地名流交往并协同居鲁士进行此番事业〔指参加小居鲁士的远征军〕,希望借此机会一举成名,执掌政权并积聚财富。"①

高尔吉亚到过雅典几次以及在雅典住了多久？均没有确实史料。柏拉图写《普罗泰戈拉篇》提到几个著名的智者却没有高尔吉亚,大概那时他不在雅典。但高尔吉亚曾应邀在雅典发表关于阵亡将士的演说。菲洛特拉图说,他在雅典的剧场发表演说时邀请听众向他随意提问,获得听众的赞赏。(DK82A1a)根据西塞罗(A12,A31)及罗马修辞学家昆提利安(A16)的记载,雅典的大演说家伊索克拉底是高尔吉亚的学生,他将自己的许多演说归功于高尔吉亚,并为高尔吉亚的收费问题进行辩护。普卢塔克甚至说,在伊索克拉底的墓碑中刻有高尔吉亚仰视天体的雕像。(DK82A17)柏拉图在《美诺篇》中记载美诺问苏格拉底:"高尔吉亚在雅典的时候你遇到过他吗？"苏格拉底回答:"遇到过。"(71C)可能苏格拉底也听过高尔吉亚的演说。玛尔凯卢和菲

① 色诺芬:《远征记》第2卷,第6章。

洛特拉图说:修昔底德、伯里克利及其情妇阿丝帕希亚、克里底亚、阿尔基比亚德都仰慕高尔吉亚;柏拉图和欧里庇得斯的朋友阿伽松甚至还摹拟高尔吉亚的用语和修辞风格。（DK82A1、DK84A9）

大约是公元前420年高尔吉亚在德尔斐发表演说表演他的答辩技艺,菲洛特拉图说他的演说及表现唤起人们的激情,人们为他建造了一座金质雕像。（DK82A1）西塞罗也提到这件事,不过他说那座雕像是镶金的,而且是高尔吉亚自己出的钱。（DK82A7）

高尔吉亚还在奥林匹克赛会上发表过重要演说,菲洛特拉图和鲍桑尼亚都说他发表了关于要求希腊各邦协调统一的演说。（DK82A1,A7）虽说当时曾经有人讽刺他,普卢塔克说雅典的悲剧诗人美兰苏斯听了他的演说后说,"高尔吉亚在奥林匹克的演讲中劝告希腊人要真诚合作,但他自己却不能实现同妻子儿女的诚心合作。"（DK82B8a）但是高尔吉亚演说的主题是值得注意的。从伯罗奔尼撒战争开始直到马其顿统一希腊以前,希腊诸城邦之间的战争和纷争连续不断,高尔吉亚利用这个泛希腊的赛会发表这种内容的演说是很值得重视的。对于这个问题西方学者有不同意见,我们以下还要提到这则资料。高尔吉亚在奥林匹克赛会上发表演说肯定是有的,鲍桑尼亚说,高尔吉亚死后他的外甥欧谟尔普为此给他在奥林比亚建立了一座雕像。（DK82A7）

高尔吉亚的著作大部已经佚失,只有《海伦颂》和《为帕拉墨得辩护》两篇基本上完整地保存下来。现在保留的他的残篇在智者中是最多的。他的重要著作《论存在或论自然》在塞克斯都·恩披里柯的著作中也大段摘录了,第尔斯编为残篇第三（DK82B3）。后人提到他的演说辞有:

1.《在皮西皮的演说》,是菲洛特拉图提到的,但全部佚失,仅留篇名。（DK82B9）

2.《在奥林匹亚的演说》,亚里士多德在《修辞学》1414^{b}29（DK82B7）,克莱门的《汇编》第1卷第51节（DK82B8）和普卢塔克的《劝戒篇》第43节（DK82B8a）都提到这篇演说,内容大体和菲洛特拉图讲的相同,主张全希腊应团结协调一致对外。有人认为发表这次讲演是在公元前408年斯巴达与雅典议和时候,另外有些人认为是在科林斯战争时期,高尔吉亚反对斯巴达和波斯联盟应是公元前 392 年。①

3.《在雅典的葬礼上的演说》,由菲洛特拉图和普拉努得保存了一大段。(DK82B6)

4.《赞埃利斯人》,亚里士多德在《修辞学》1416ᵃ2 中提到其中一句话:"幸福的埃利斯城邦呵!"(DK82B10)

5.《海伦颂》,大部分保存下来了,共二十一段。(DK82B11)

6.《为帕拉墨得辩护》,这是相当完整的,共三十七段。(DK82B11a)

后人提到过的高尔吉亚著作还有《阿喀琉斯颂》和《修辞技巧》,都已佚失。

第尔斯编的残篇第十二——三十一(DK82B12—B31)主要摘自亚里士多德的《修辞学》和柏拉图的对话中所引个别辞句。

以上由第尔斯编为高尔吉亚著作残篇三十一条,其中包括《海伦颂》和《为帕拉墨得辩护》两篇大体完整的文章,在弗里曼的《苏格拉底以前哲学家的辅助读物》中全部译成英文。我们主要根据弗里曼的英译,有分歧的地方另作说明。

在高尔吉亚的这些著作中,《海伦颂》和《为帕拉墨得辩护》两篇的真伪历来有争议。策勒介绍了 19 世纪学者们的看法,大多认为是伪作②,第尔斯在编纂这部分资料时作了说明,认为是高尔吉亚的著作③。20 世纪上半叶意大利研究智者运动的著名学者翁特斯泰纳列举不少资料认为:"到今天可以说比较一致同意以为是高尔吉亚的著作了,尽管这两篇著作的风格不同,《为帕拉墨得辩护》是辩护词,而《海伦颂》却接近诗歌文体。"④我们接受这个意见将这两篇认为是高尔吉亚的原作。

---

① 参见翁特斯泰纳:《智者》,第 95—96 页。
② 参见策勒:《苏格拉底以前的学派》第 2 卷,第 416 页注⑤。
③ 参见第尔斯、克兰茨:《苏格拉底以前学派残篇》第 2 卷,第 288 页注①。
④ 翁特斯泰纳:《智者》,第 95 页及第 99 页注㊾。

三 普罗迪柯

普罗迪柯是开奥斯人。《苏达》辞典说他是开奥斯岛的伊奥利斯人。(DK84A1)他的生卒年代不详。柏拉图《国家篇》第10卷600C说到"开奥斯人普罗迪柯",这一篇的古代边注者说他是高尔吉亚的学生,也有人说他是普罗泰戈拉和高尔吉亚的学生,和德谟克利特是同时代人①。前面讲到在《申辩篇》中苏格拉底讲到普罗迪柯还活着,他大约比普罗泰戈拉年轻一辈,学者们将他的生年定在公元前460年以前。

《苏达》及《国家篇》的边注者说普罗迪柯是在雅典被控为毒害青年,令其饮毒而死的。(DK84A1)策勒和内斯特等认为这可能是和苏格拉底混淆了,但柯费尔德认为未必是混淆,伪柏拉图对话《厄律克西亚篇》中说到有一次普罗迪柯在体育场演说时被人赶走。(398E—399B)当时智者在雅典受到不公正的待遇是经常的。②

关于普罗迪柯的生平活动,柏拉图在《大希庇亚篇》中说:"我们的杰出朋友普罗迪柯几次作为开奥斯的使节来到雅典。"(282C)菲洛特拉图重复这个说法。(DK84A2)柏拉图在《申辩篇》中说普罗迪柯同高尔吉亚、希庇亚游历各邦,收费授徒(19E),但历史上没有记载他到过那些地方。柏拉图的《普罗泰戈拉篇》说他在雅典时住在卡利亚家里,由于当时来往人多,卡利亚将一个仓库清理出来加以装修作为普罗迪柯的卧室;普罗迪柯坐在床上给人讲课,在场的有鲍桑尼亚、阿伽松等人,普罗迪柯说话声音低沉。(315D)阿特纳奥说智者塞拉西马柯听过他的讲演。(DK84A4ᵦ)狄奥尼修说伊索克拉底也听过他的讲课。(DK84A7)据说欧里庇得斯和塞拉美涅斯也都听过。(DK84A6,A8)

普罗迪柯主要讲授词义的区分问题,涉及词和事物的关系,具体内容在下一章再来讨论。苏格拉底和柏拉图赞美他的学识,在《普罗泰戈拉篇》中苏格

---

① 参见策勒:《苏格拉底以前的学派》第2卷,第416页注7。
② 参见柯费尔德:《智者运动》,第46页。

拉底说:"我渴望听普罗迪柯讲话,他是个智慧完美的人。"(315E)在《克拉底鲁篇》中希波尼库就他和克拉底鲁辩论的问题——名称是约定俗成的还是自然的? 请教苏格拉底。苏格拉底说:"关于名称的知识是重要的事情。要不因为穷我就能听完伟大的普罗迪柯的五十个德拉克玛的课了。据他自己说那是有关语法和语言的完整的课程;如果我能听完我便能立即回答你关于名称的正确答案了,可惜我只是听了一次一个德拉克玛的课……"(384B)在《泰阿泰德篇》中苏格拉底说:"我介绍过许多人给普罗迪柯及其他智慧的大师"。(151B)在《美诺篇》中苏格拉底对美诺说:"高尔吉亚是你的老师,正像普罗迪柯是我的老师一样。"(96D)以上这些材料中苏格拉底有时还带有讽刺的口吻如说普罗迪柯的收费太高,但在《美诺篇》中承认自己是普罗迪柯的学生便不能说他是讽刺了。在《会饮篇》中讲到幸福和荣誉要靠辛勤的劳动去争取时,苏格拉底谈到诗人们的看法后说:"一些有地位的智者也发表了类似的看法,如卓越的普罗迪柯用散文详细叙述了赫拉克勒和其他英雄的故事。"(177B)这同色诺芬在《回忆录》中的记载是一致的。① 由此可见苏格拉底和柏拉图对于智者并不是完全否定的,对普罗迪柯的态度便比较尊重。

喜剧诗人阿里斯托芬说,普罗迪柯在雅典是受人尊敬的,不像其他智者那样招怨。在他的喜剧《云》中,他一面讽刺苏格拉底,一面通过歌队领唱歌颂普罗迪柯的"广博精深的学识和智慧"(第360行)。在《鸟》剧中也表达了类似的意思(第392行)。由此可知在当时雅典,普罗迪柯是相当受人尊敬的。

普罗迪柯的著作比较可靠的除了上述色诺芬在《回忆录》中记载的《论赫拉克勒》,就是上述柏拉图在《会饮篇》中提到的第尔斯辑为残篇第二(DK84B2)。西方有些学者认为普罗迪柯可能有题为"论名称的正确性"的讲演或著作,柏拉图的《普罗泰戈拉篇》(341以下)、《美诺篇》(96D以下)和《卡尔米德篇》(163A以下)的部分内容可能是由此而来的②。此外西塞罗说他有一部著作《论事物的本性》(DK84B3),伽仑说是《论人的本性》(DK84B4)。

---

① 参见色诺芬:《回忆录》第2卷,第1章第21—34节。
② 参见柯费尔德:《智者运动》,第46页。

阿里斯托芬说他写了一部论宇宙的著作(DK84A5,B10),还有人说他有关于神的著作。这些都缺乏可靠的根据。

四　希庇亚

柏拉图有两篇对话都以希庇亚为名,称《大希庇亚篇》和《小希庇亚篇》,是有关希庇亚的重要史料;虽然曾经有学者对《大希庇亚篇》的真伪表示怀疑,但多数学者肯定它是柏拉图的著作。

希庇亚是埃利斯人,《大希庇亚篇》一开始,苏格拉底说:"美丽而智慧的希庇亚,你已经长久没有到雅典来了。"希庇亚回答:"苏格拉底呵,我实在太忙了。因为无论何时埃利斯只要和别的城邦发生交涉,在公民中总首先想到我,选我做使节,认为我是最有能力判断和传递不同城邦的信息的人。所以我经常作为使节到别的城邦去,最常去的是拉栖代蒙〔斯巴达〕,到你们这里来得比较少。"(281A—B)

希庇亚的生卒年不详,伪普卢塔克说他有三个儿子,第三个儿子阿发瑞乌是活跃在公元前4世纪中叶的悲剧诗人;有一个女儿死了丈夫后来嫁给伊索克拉底。(DK86A3)策勒对此提出怀疑,他说同一时代还有一个萨索斯岛的希庇亚,普卢塔克指的究竟是哪一个希庇亚?① 根据前面提到的《普罗泰戈拉篇》和《申辩篇》的材料,希庇亚肯定比普罗泰戈拉年轻,和苏格拉底是同时代人。

希庇亚喜欢在大庭广众发表演说回答问题。《小希庇亚篇》开始时欧狄库问希庇亚:"如果苏格拉底问你问题你愿回答吗?"希庇亚回答:"那还用说,拒绝回答问题才是怪事。每次奥林匹亚赛会时我都从埃利斯到赛会场所,那里聚集着来自各地的希腊人,我就已经准备好的可供任何人选择的题目发表演说,回答任何人提出的任何问题。"(363C—D)《大希庇亚篇》(286B)和菲洛特拉图说(DK86A2)他在雅典也像在奥林匹亚一样发表演说和回答问题。他到雅典的次数也不少,《普罗泰戈拉篇》说他在雅典时也住在卡利亚家里,"埃利斯的希庇亚坐在对面走廊的靠椅上",围着他的有雅典人、跟他从埃利斯来

---

① 参见策勒:《苏格拉底以前的学派》第2卷,第421页注②。

的人和其他外邦人。(315B—C)在《小希庇亚篇》中说到他在雅典同苏格拉底讨论在荷马眼中阿喀琉斯和奥德修哪一个更好的问题。(363B)色诺芬在《回忆录》中记载苏格拉底和希庇亚关于正义问题的谈话,苏格拉底讲到人们知道到哪里去学制鞋、骑马、雕刻等技艺,却不知道到何处去学习正义时,希庇亚说:"苏格拉底,你还是重弹我早就听到过的老调。"①古人提到他到雅典就有好几次了。

希庇亚博学多才但又骄傲自夸。《大希庇亚篇》中苏格拉底以讽刺的口吻说他懂得天文、几何、算术、文学、韵文、谐音学等等,是个多才多艺的人物;希庇亚赶快自己补充说,他还知道城邦和家庭形成的历史,并且有非凡的记忆力,听过一遍就能记住 50 个名词。(285B—E)《小希庇亚篇》中苏格拉底对希庇亚说:我听到你自己吹嘘过,在极大多数技艺上你都是最聪明的人;去奥林比亚赛会时你所有的一切都是你自己做的,你会雕刻指环、印章,制造油瓶,鞋子、衣服、腰带,还懂得史诗、悲剧、赞歌、谐音学等等,所有这些方面你都是无比超群的。(368B—D)菲洛特拉图(DK86A2)和色诺芬(DK86A13)重复了这种说法。

希庇亚在自然科学方面也有特长。《普罗泰戈拉篇》中说他回答物理学和天文学的问题。(315C)在普罗克洛的《欧几里德几何学注疏》中说:埃利斯的希庇亚发现了割圆曲线(quardratrix)。大意如下:正方形 ABCD,令 AB 向 DC 方向平行移动,分别为 A′B′, A″B″……。同时以 D 为圆心,令半径 DA 向 DC 方向运动,分别为 DE、DE′……;这样半径 DA 的运动和正方形的边 AB 的运动将分别相交于 F, F′, F″,形成 AFF′F″的曲线,就叫割圆曲线。这个发现解决了当时数学上两个难题:一是三角形的角的三等分或按任一比例划分的问题,二是在圆中作正方形的问题。② 希庇亚有没有解决这两个难题尚有争议,但这方法是他首创则是无疑的。由此可见智者对于自然科学并不是不懂和不关心的。

---

① 色诺芬:《回忆录》第 4 卷,第 4 章第 5—6 节。
② 关于如何解决这两个难题,参见弗里曼:《苏格拉底以前的哲学家》,第 385—388 页,及克莱因:《古今数学思想》第 1 册,中译本,第 43—46 页。

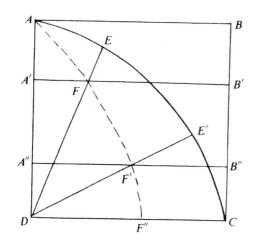

关于希庇亚的著作，后人提到的除上述割圆曲率外，还有柏拉图在《大希庇亚篇》提到的有关特洛伊的对话（286A，即DK86B5），阿特罗墨德提到的《部落的专有名称》（DK86B2），阿特纳奥提到的《演讲集》（DK86B4）等，都已佚失。在智者运动中希庇亚是以讨论语义变化、约定和自然的对立以及有关正义的问题为特点的，我们将在以后有关章节中讨论。

五　安提丰

智者中有一位叫作安提丰，但是古代希腊名叫安提丰的人不少，古书记载的就有好几个。他们到底是同一个人还是不同的几个人？从公元2世纪直到现在一直争论不休。我们需要先对这个问题的历史情况作点简要介绍。

最早提到安提丰的是修昔底德和色诺芬。修昔底德在《伯罗奔尼撒战争史》中讲到公元前411年雅典推翻民主制，成立四百人议事会时说："提出这个建议的是庇珊德尔，他是最公开表示要废除民主制的，但是计划全部阴谋使之达到这个地步以及对此考虑最多的是安提丰，他是当时最能干的雅典人之一。他有最聪明的头脑，有最能表达自己思想的辩才；非到万不得已时他绝对不在民众会议上演说，或在其他场所和别人竞争。他以狡猾出名，一般民众不信任他；但是当别人从事诉讼或要在公民大会上说明事情的时候，他能给那些向他请教的人提供最好和最有益的意见。后来四百人议事会被推翻，民主制恢复并设立法庭审判四百人的行为，这时安提丰被控犯有帮助这个政府的行为受到审判。他的答辩辞是自古以来直到我这个时代的最好的一篇答辩辞。"①安提丰同年

---

① 修昔底德：《伯罗奔尼撒战争史》第8卷，第5章。

被判处死刑。修昔底德说他能言善辩,狡猾阴险,是政治舞台上的重要角色,却没有说他是智者。色诺芬在《回忆录》中则是说"智者安提丰"和苏格拉底有三次对话:第一次是讥笑苏格拉底不取报酬,第二次说苏格拉底不收费也许是正义的,却是不明智的,第三次是质问苏格拉底为什么教导别人从政而自己却不参与政事。① 于是产生一个问题:他们两人说的是不是同一个安提丰?柏拉图在《美涅克塞努篇》中讲到修辞学要向老师请教,即使是第二流的教师也好,举的例子之一是法姆努的修辞学家安提丰。这一个安提丰和上面的两个安提丰是不是同一个人? 这问题更糊涂了。

第欧根尼·拉尔修在苏格拉底生平中说:"根据亚里士多德《诗学》第3卷,苏格拉底受到利姆诺岛的某个安提罗科和预言家安提丰的尖锐批评。"② 现存的亚里士多德《诗学》既无第3卷也没有这句话,罗斯辑为亚里士多德论诗的残篇第七。③ 亚里士多德只说这个安提丰是预言家,既没有说他是智者也没有说他是四百人议事会的首领;亚里士多德对这段历史当然是熟悉的,如果这就是那个政治家他大约不会不提到的。

以上是最早的几个原始记载。大约在公元150年左右伪普卢塔克的《十大演说家传》将安提丰列在首位。他说安提丰生于希波战争期间,比高尔吉亚年轻些,出生于法姆努,是雅典有名的演说家,有15篇演说词;又说他激烈反对苏格拉底,还说他写过悲剧,而且"发明一种解除痛苦的治病技术,他在科林斯市场附近购置了一个房间,贴出布告说他能用语言治病。他的办法是询问病因,然后用语言安慰病者"。(DK87A6)生活在同一个时代的琉善也重复了类似的说法。(DK87A7)

大概就是在这时候已经有人认为要弄清究竟是一个、两个或几个安提丰的问题了。生活在公元2至3世纪的赫谟根尼进行考证,认为前人混淆了两个安提丰:一个是演说家,谋杀罪案辩护辞和政治演说辞的作者;另一个据说是预言家,他能解释梦,是《论真理》、《论和谐》和《政治学》的作者。他的根

---

① 参见色诺芬:《回忆录》第1卷,第6章第1—15节。

② 第欧根尼·拉尔修:《著名哲学家的生平和思想》第2卷,第46节。

③ 参见罗斯编译:《亚里士多德著作集》第12卷,第75页。

据是演说家的辩护辞同智者的《论真理》的风格完全不同,不可能出自同一个人。他只以文体风格为依据不能令人信服。① 后人并没有接受他的意见,公元 3 世纪的阿特纳奥和《苏达》辞典仍旧将前人所说的安提丰看成是同一个人。(DK87A1,A4)近代 18 世纪欧洲兴起了研究希腊罗马文化和整理古籍的热潮,安提丰的问题又重新提出来了。人们感到奇怪:假如在同一时间同一个雅典同时出现两个有名的安提丰,怎么同时代的人直到亚里士多德都没有一个人明确指出这点呢? 这个问题提得好,于是又展开了一场争论,有人认为是同一个安提丰,有人认为是两个不同的安提丰。翁特斯泰纳在《智者》书中概述了 19 世纪末至 20 世纪初这两种意见的争论及代表人物。②

1915 年在埃及的奥克西林克发现了大批纸草文书,其中有两幅《论真理》的纸草,以前只残留它的个别字句,这两幅却是完整的两大段,其中的相对主义感觉论和主张民主制度以及关于自然和法律的见解等等观点,和那个四百人首领的寡头政治家、演说家的安提丰的观点是不相容的。从此学术界取得大体一致的看法,认为是两个不同的安提丰。而且在 1880 年发现、1920 年整理出版的亚里士多德的《雅典政制》中关于安提丰的说法也同修昔底德大体相同,说四百人议事会的主要推动者是庞珊德尔、安提丰和塞拉美涅斯,他们都出身高贵,且以才智和判断力获得卓越的名声。③ 1922 年第尔斯出版《苏格拉底以前学派残篇》第 4 版时将《论真理》纸草收入安提丰的残篇(DK87B44),弗里曼的英译《辅助读物》中也已收入。由此大多数学者认为上述史料中讲到的安提丰实际是三个人:一个是修昔底德说的四百人议事会的首领,一个是色诺芬说的智者,还有一个是公元前 4 世纪前半叶的悲剧作家和演员,他在叙拉古住过,还同僭主狄奥尼修合作写过一部悲剧并死于叙拉古。伪普卢塔克是将三个安提丰混在一起了。

---

① 参见格思里:《希腊哲学史》第 3 卷,第 292—294 页。
② 参见翁特斯泰纳:《智者》,第 228 页。关于这个问题还可以参见策勒:《苏格拉底以前的学派》第 2 卷,第 426—427 页;弗里曼:《苏格拉底以前的哲学家》,第 391—394 页;格思里:《希腊哲学史》第 3 卷,第 285—294 页;柯费尔德:《智者运动》,第 49—51 页。
③ 参见亚里士多德:《雅典政制》,第 32 节。

从 20 世纪二三十年代开始,欧洲学术界以第尔斯为代表将工作重点放在鉴别哪一些著作和残篇是属于哪一个安提丰的。现在的意见是:《辩护辞》(酒神节上表现的四联剧)是寡头政治家、演说家安提丰的,《论真理》、《论和谐》、《政治家》、《对梦的解释》、《摆脱痛苦的技艺》等是智者安提丰的著作,但《论和谐》中有些残篇尚有疑问。第尔斯—克兰茨收集的智者安提丰的资料,A 类辑录了 9 条,B 类 118 条,其中 82—118 无实质内容,1—81 中有的仅提到篇名,最长的是 B44 即《论真理》的纸草文书。

智者安提丰的生卒年代没有任何资料,赫谟根尼说他是雅典人(DK87A27)。他大约早期在科林斯当过医生,对语言和修辞学感到兴趣,认为语言有解除痛苦、悲哀和苦恼的力量;语言可以安慰人,指明前程预言未来,如果病人说出痛苦的原因,接受语言治疗便可以消除疾病。这就是《摆脱痛苦的技艺》的内容,也就是前面提到的伪普卢塔克讲到的内容。亚里士多德说的"预言家"也可能是由此来的,因为这在古代是件奇闻,从现在看这倒是精神疗法的最早萌芽。他的《对梦的解释》也可以使人联想弗洛伊德的《释梦》,但安提丰基本上还属于古代祭司和占卜者解释梦境一类,西塞罗说:"安提丰对许多常见梦的解释是人为的而非自然的"(DK87B79),"例如一个奥林匹克赛会的竞技者梦见他正驾驭一辆四轮马车,释梦者说他能取胜,但是安提丰说:'你要失败了,因为四轮马车跑到你的前面去了。'另一个竞技者梦见自己是一只鹰,人们认为这是胜利的象征,然而安提丰则说他没有希望了,因为鹰追啄另一只鸟,却落在鸟的后头。"(DK87B80)

在安提丰的著作和有关言论中比较有价值的是他的认识论、伦理学以及关于自然和法律的观点,我们在以后各章中论述。

六 克里底亚

克里底亚是雅典人,他的生卒年约为公元前 480—前 403 年。柏拉图的母亲是他的堂姐妹,所以他是柏拉图的舅舅。克里底亚出身豪门贵族,柏拉图在《卡尔米德篇》中通过卡尔米德之口对克里底亚说:"在雅典找不到有哪两家联姻超过你父母的。你父亲是德洛庇达的后裔,梭伦的亲戚;你母亲的家族

也同样显贵。"(157E—158A)

克里底亚是阿尔基比亚德的朋友。《普罗泰戈拉篇》中说:苏格拉底带着希波克拉底刚进门,阿尔基比亚德和克里底亚就来了。(316A)他们两人年轻时都向苏格拉底求教过。对于克里底亚,色诺芬和柏拉图的叙述很不一样。色诺芬说他年轻时就有强烈的政治野心,苏格拉底看到这一点劝导他要积德从善,克里底亚不予理睬。据说苏格拉底曾经当着欧绪德谟和许多别人的面说:在他看来克里底亚的心情和一只猪一样。后来克里底亚成为三十僭主之一,"是寡头政体成员中最贪婪和最强暴的人";他"对苏格拉底非常怀恨,所以在他的律法中加上不许任何人讲授讲演术"。① 克里底亚参加政治活动的历史主要见色诺芬的《希腊史》和亚里士多德的《雅典政制》。克里底亚涉嫌参加捣毁家庭灶神同阿尔基比亚德一起被控,由于安多基得的帮助免于受审。公元前407年克里底亚由于党派斗争被逐出雅典,他前往帖撒利支持那里的寡头势力。公元前404年他回到雅典加入亲斯巴达的一派,第二年在斯巴达的支持下成立了三十僭主专政,他和卡里克勒负责修改宪法,更改法律。他报复追杀过去放逐他的人,亚里士多德说:"当他们在国内地位比较稳固的时候就对公民们下手了,将富有资财或门第显贵或有名望的人都处以死刑,目的在于扫除隐患,同时还想夺取他们的财产。在很短时间内他们处死了不下一千五百人。"②这个数字有些史家表示怀疑,但克里底亚曾害死三十僭主的首领塞拉美涅斯则是无疑的。塞拉美涅斯反对克里底亚等人大规模的残酷镇压,最后被克里底亚逼迫服毒药而死。公元前403年当克里底亚听说以塞拉绪布罗为首的被他放逐的人在费利地方集结力量的时候,他率军队前去镇压,在雅典东边小港曼尼基亚战斗中被杀。另一僭主希波玛库和他的堂兄弟卡尔米德还有70个追随者也同时被杀。③ 从这些记载看,克里底亚是一个很专横残暴的寡头党人,但是在柏拉图的《克里底亚篇》和《蒂迈欧篇》中同苏格拉底对话的却不是这种品性的人。后人认为这可能是因为柏拉图写他堂舅父的缘故,

① 色诺芬:《回忆录》第1卷,第2章第12—31节。
② 亚里士多德:《雅典政制》,第35节。
③ 参见亚里士多德:《雅典政制》,第34—38节;色诺芬:《希腊史》第2卷,第3—4章。

也可能是写克里底亚从政以前的情况。可是菲洛特拉图却认为克里底亚并不那么坏,他说:"智者克里底亚即使是推翻了雅典的民主制,也不能因此证明他是一个坏人。因为那时的民主制已经变得那么放纵和暴虐,甚至根本不把那些依据现成法律进行统治的人放在眼里,可以说民主制早已经被他们自己破坏了。"①

据说克里底亚有不少著作,是用韵文和散文写的。用韵文写的有六韵步的诗、哀歌体的《论创作》和《论政制》,用散文写的有同名的《论政制》、《谈话》、《格言》等,此外还写有悲剧和在酒神节演出的滑稽剧②,均已佚失,只留下一些残篇。

克里底亚从不收费授徒,而且他的后半生是在政治斗争中度过的,所以他算不算一个智者一直有不同的看法。菲洛特拉图在《智者生平》中将他列为智者,第尔斯在编纂古代资料时也将他编入智者之中。人们考虑到他的前期是在智者圈子中活动的,他的著作也反映了智者思潮的某些特点,尤其是他关于宗教产生的观点很有代表性,所以将他当做智者的外围或边缘人物。

七　塞拉西马柯

柏拉图在《国家篇》第 1 卷中说苏格拉底和塞拉西马柯等讨论什么是正义的问题时提到塞拉西马柯是卡尔西冬人(328B),卡尔西冬是麦加拉的殖民地,《苏达》辞典说他出生于卡尔西冬的比提尼亚。他大约生活在公元前 5 世纪后半叶和前 4 世纪初,翁特斯泰纳推算他大约生于公元前 549 年左右。③他在雅典和帖撒利度过相当长的时间,还到过其他地方,晚年回到母邦死在那里。生活在公元一二世纪的罗马讽刺诗人尤维纳利斯说他死得很痛苦(DK85A7),但没有详细说明,后来的注释者说是缢死的。阿特纳奥说,新托勒密王朝时他曾参观过塞拉西马柯的墓,上面铭刻着"智者卡尔西冬人塞拉西马柯之墓"(DK85A8)。柏拉图在《国家篇》第 1 卷中叙述了苏格拉底在拜

---

① 菲洛特拉图:《智者生平》第 1 卷,第 16 节。

② 参见柯费尔德:《智者运动》,第 53 页。

③ 参见翁特斯泰纳:《智者》,第 311 页、312 页注④。

里厄斯港波勒玛库家里见到塞拉西马柯,和他一起讨论正义的问题。亚里士多德在《论智者的辩驳》中说,凡学问和技艺,开创者做的工作虽然不多,但贡献最大,后人是在他们的基础上加以发展的。他说修辞学也是这样,"忒西亚斯继承第一个开创者,塞拉西马柯又继承他,然后是塞奥多罗。"(183^{b}31—32)除了这些记述外,有关塞拉西马柯的生平就没有其他资料了。

塞拉西马柯原来的著作大概也不少,公元前 1 世纪还有流传的,西塞罗在《演讲术》中说他看到过塞拉西马柯的著作但未加说明。阿里斯托芬喜剧的注释者提到一部《重要作品选》是古代名著的摘要。《苏达》辞典也提到过它,并说还有《演讲术主题》、《审议》以及一本笑话和俏皮话的范本《打俏》。亚里士多德在《修辞学》中讲到法庭上辩护辞的写作要点时说这种辩护辞同辩论辞不一样,要能唤起听众的同情,接着说:"但是只有少数人研究过它,例如塞拉西马柯的《唤起同情的技艺》。"(1404^{a}13—15)柏拉图在《斐德罗篇》中讲过同样的意思,但没有提到这部著作。(267C)普卢塔克说塞拉西马柯还写过《优胜术》(DK85B7),类似亚里士多德的《论题篇》和普罗泰戈拉的辩驳辞。此外公元前 1 世纪的修辞学家和史学家狄奥尼修说塞拉西马柯有一篇《在公民大会上的演说》,他引了一大段,第尔斯编为残篇第一(DK85A3,B1)。克莱门的《汇编》提到另一篇演说词《拉利萨人民之声》,可能写于公元前 413—前399 年间,当时马其顿的统治者阿凯劳斯〔不是苏格拉底老师的那个阿凯劳斯〕控制了拉利萨。现在只留下一句话:"我们希腊人是野蛮人阿凯劳斯的奴隶吗?"第尔斯编为残篇第二(DK85B2)。

第尔斯—克兰茨所编的塞拉西马柯的资料,除 A 类 14 条外,B 类有 8 条。他的思想以柏拉图在《国家篇》中论述的"强者就是正义"的观点最具代表性,此外在修辞和演说方面也有贡献。

八 阿尔基达玛

根据《苏达》辞典,阿尔基达玛是埃俄利亚人,出生于埃莱亚,他是高尔吉亚的学生。他和伊索克拉底、吕科佛隆等同时都是公元前 5 至前 4 世纪时人。据说高尔吉亚的演说辞有两类,他既注重精心准备有书面稿子的演说又讲究即席演说。他的学生就分化了,伊索克拉底讲究书面演说,阿尔基达玛推崇即席演说。历史上留下一小段资料,说阿尔基达玛攻击那些讲究书面演说辞的人没有发表即席演说的能力,自以为能写一篇演说辞就掌握了修辞术,他认为这种人不配称为智者。他们之间的争论在伊索克拉底的著作中也可以看到。①

关于阿尔基达玛的著作,亚里士多德在《修辞学》中提到他的《美赛尼亚演说辞》(1373^{b}18)。此外据说还有一部《杂记》,其中包括《死亡颂》、《荷马和赫西奥德的斗争》,西塞罗在《图斯库兰的辩论》中说其中还有人生各种疾病的目录。第欧根尼·拉尔修在叙述恩培多克勒生平时说到阿尔基达玛还有《论自然》的著作,他说:"阿尔基达玛在他的《论自然》中说芝诺和恩培多克勒是巴门尼德的同一时期的学生。"②第尔斯没有专门辑录阿尔基达玛的残篇。

九 吕科佛隆

公元前4世纪活动的有两个吕科佛隆,一个是我们要讲的智者吕科佛隆,可惜他的出生地和生卒年代都已无资料为据了;另一个是斐赖地方的吕科佛隆,他是斐赖僭主亚历山大的妻弟,他借姐姐和兄弟的帮助杀死了僭主亚历山大,后于公元前352年投降马其顿王菲力普。亚里士多德在《修辞学》中既讲到智者吕科佛隆(1405^{b}35,1406^{a}8),同时也讲到搞政治的吕科佛隆是个"会出卖你的人"(1410^{a}13);他在《政治学》(1280^{b}10)和《论出身》的残篇③中都明确提到"智者吕科佛隆"。

智者吕科佛隆同伊索克拉底、阿尔基达玛都是高尔吉亚的学生,活动于公元前4世纪上半叶。有关吕科佛隆的材料仅见于亚里士多德的著作以及后人对亚里士多德著作的注释中。他对哲学上"同一"的问题、一和多的问题有特殊兴趣。亚里士多德在《形而上学》中讲到可感觉的事物是形式和质料的结合时批评了他的观点,他说:"吕科佛隆想用'结合'解释问题,说知识就是认

---

① 参见格思里:《希腊哲学史》第3卷,第312页。
② 第欧根尼·拉尔修:《著名哲学家的生平和学说》第8卷,第56节。
③ 罗斯编译:《亚里士多德著作集》第12卷,第59页。

识活动同灵魂的结合（DK83B1），还有人说生命就是灵魂和肉体的结合。"（1045^{b}10—11）在《物理学》中亚里士多德说到一个事物可以有许多性质、数量等等，却又能成为"一"，如何解决这个一和多的难题呢？"有些人如吕科佛隆干脆想将'是'这个系动词取消掉，另外有些人则想改变表述方式。"（185^{b}27—29）

吕科佛隆在修辞学上没有什么贡献，亚里士多德在《修辞学》上说他只会胡乱堆砌一些华丽的词句（1405^{b}34，即 DK83B5）。在《论智者的辩驳》中说吕科佛隆只会节外生枝、无限引申地写颂词，例如歌颂七弦琴，就将涉及造琴的质料、谁造的、谁弹奏的等等都扯进来赞颂一番。（174^{b}32—35，即 DK83A6）

有关智者吕科佛隆的思想中值得提到的是以下几章中要谈到的他关于法律和自然的激进观点。

十 欧绪德谟和狄奥尼索多洛

有关欧绪德谟和狄奥尼索多洛的情况大多是由柏拉图的《欧绪德谟篇》提供的。他们是两兄弟，是开俄斯人，生活在雅典新殖民城邦图里，后来被放逐，从此就在希腊本土主要是雅典过智者的生活。柏拉图说，他们在体育竞技中也是好手，在法庭辩论中总能获胜；他们收费授徒，教人修辞、美德和雄辩术。（271B—272A）在《克拉底鲁篇》中柏拉图谈到欧绪德谟关于善和恶总是平等地属于一切人的观点。（386D）欧绪德谟的活动和思想体现了智者运动走向衰落过程的逻辑，我们在以后再来介绍。

以上十一个人是智者运动中比较有影响的代表人物。除他们以外还有两篇代表智者观点的无名氏作品：

杨布利柯在《劝学篇》中收录了一篇伦理政治论文，是伯罗奔尼撒战争时期写的，从文体和所讨论的问题看完全是某一个智者的作品，但是没有署名。第尔斯、策勒、格思里和翁特斯泰纳、柯费尔德等都提到这篇著作，认为是某一无名智者的作品。第尔斯—克兰茨辑录了全文，无英译文，弗里曼在他的《苏格拉底以前的哲学家》中有这篇论文的详细摘要。

还有一篇相当完整的无名氏作品题目是《相反命题》,保存在塞克斯都·恩披里柯的手稿中;写作时间可能是伯罗奔尼撒战争结束时,用多里安文体写的。它分好几组命题,证明任何事物都可以有相反的两个命题。它很可能是某一个普罗泰戈拉的信徒的习作,对我们理解普罗泰戈拉关于相反命题的论证很有裨益。弗里曼有详细的译述。①

以上这些人,第尔斯—克兰茨列入《苏格拉底以前学派残篇》第三编Ältere Sophostik("老一代智者"),近代学者大体上都用这个称呼。除他们以外还有一些稍后活动于公元前4世纪的"年轻一代智者",又称"后期智者"或"晚期智者",主要有以下这些人:

第一,卡利克勒斯(Callicles)。他是阿提卡的阿卡奈人。柏拉图在《高尔吉亚篇》中说高尔吉亚曾住在他家里(447B)。苏格拉底说他教人修辞,但更重要的是教美德(520A—B)。在 physisnomos 之争中他是反自然思潮的一个重要人物,下文将介绍他的著名论点。此外,他还是一个蔑视哲学的人(484C—486D)。

第二,西西里阿格里根特的波卢斯(Polus)。他也是高尔吉亚的学生,教修辞学。

第三,普罗塔库斯(Protarchus)。他也是高尔吉亚的学生。

第四,塞尼亚得(Xeniades)。科林斯人,塞克斯都·恩披里柯多次提到他。

第五,安提谟鲁(Antimoerus)。普罗泰戈拉的学生。柏拉图在《普罗泰戈拉篇》中说到在卡利克勒斯家中听普罗泰戈拉讲课的还有门德的安提谟鲁,他是普罗泰戈拉的学生中最杰出的,愿意从事智者的职业。(315A)

第六,阿卡戈拉(Archagoras)。第欧根尼·拉尔修说他是塞奥多特的儿子,普罗泰戈拉宣读《论神》时在场。②

第七,欧亚塞卢(Euathlus)。普罗泰戈拉的学生,后来因为学费问题同老

① 参见弗里曼:《苏格拉底以前的哲学家》,第417—423页。
② 参见第欧根尼·拉尔修:《著名哲学家的生平和学说》第9卷,第56节。

师打官司。以下我们分析智者运动衰落的内在逻辑时将提到这件事。

第八，厄文努斯（Evenus）。帕罗斯人，柏拉图在《斐多篇》（60D）和《斐特罗篇》（267A）中提到他。他比苏格拉底年轻，是个诗人、修辞学家，教人美德和政治，收费五个明那。

第九，希波达玛（Hippodamas）。

有关年轻一代智者的资料很少，一般研究智者运动都以老一代智者的活动和思想为主要对象，我们以下的讨论也是这样。

第三节　有关智者的几个问题

从上一节的介绍多少可以看出智者不是一个统一的哲学流派。首先是智者们之间没有什么联系，历史上没有任何资料说明普罗泰戈拉和高尔吉亚曾经在一起讨论或争论过任何问题；柏拉图在《普罗泰戈拉篇》中讲到普罗泰戈拉、普罗迪柯和希庇亚三个人分三摊在卡利亚家讲学，但通篇没有说到他们三人有什么来往，他们都各自行动，各讲各的。其次他们也没有一个固定的活动场所，没有将他们结合在一起的组织形式，这同柏拉图的学园、亚里士多德的吕克昂学院以至苏格拉底以前的那些学派有所不同。第三，上面列举的二十多人，他们没有共同的基本观点，即使是师徒之间也缺少共同信奉的基本主张。在后面几章中我们可以看到，他们在约定和自然、宗教、语言和政治见解等方面彼此间还有尖锐不同的看法。因此有人将他们叫做"智者学派"的提法是不恰当的。

但是智者是在共同的社会背景下产生的一种运动，他们传授当时人们需求的知识，对社会共同关心的问题提出看法，因此他们也有一些共同的特点。

第一，自称智者。上面提到的智者除了外围人物克里底亚外都以智者为荣，自称智者。上面讲过"智者"原来是泛指一切在技艺上、政治上、学术上有卓越贡献的人，但那是别人对他们的尊称，他们自己并不称自己是智者。柏拉图在《普罗泰戈拉篇》中普罗泰戈拉曾对此作了一段说明。〔柏拉图在对话中以某个人的名义讲的话大多是柏拉图的虚构,不能当做这个人的原作来引用,但如果这个人没有其他可靠材料留下时,它们又是了解这个人思想的重要材料。第尔斯在编纂智者残篇时,将柏拉图对话中一些话摆在 A 类而不摆在 B 类,就是这个意思。〕普罗泰戈拉说:智者的技艺是很古老的,但是古代那些从事各种技艺的人害怕得到智者的称号以后在各地活动会遭受迫害,因此用各种名称伪装起来,有的伪装成诗人如荷马、赫西奥德和西蒙尼德,有的伪装成先知和预言家如奥菲斯和穆赛乌,有的甚至伪装成体育家、音乐家如塔壬同的伊克库、塞林布里亚的希罗狄库以及音乐家阿伽索克莱等人。他接着说:"但是我不这样,……我采取完全不同的做法,承认自己是一个智者,是教人的。"(316D—317B)实际上是到普罗泰戈拉时代"智者"已经获得"教师"的含义,而教师也已经成为一个专门的行业;原来认为神授智慧,自称有智慧就有渎神之嫌的观念也已动摇,所以普罗泰戈拉说以前的智者用别的名称伪装自己,只有他才敢于藐视众人的意见自称智者,其他智者也都自己承认这个称号。

第二,收费授徒。以往的哲学家也有师徒关系,有老师传授学生,但老师是否向学生收费并无记载,他们似乎也不是以教授学生为专门职业的。但到了古典时代由于社会政治活动如辩论、诉讼、讲演的需要产生了以教授学生为专门职业的教师,就是智者。他们根据学生学习时间的长短、科目的多寡和内容的难易及重要程度向学生收取一定的报酬。他们不管学生的身份、籍贯、年龄以及学习目的和原来的观点,只要缴纳学费就传授知识技艺。这是智者的一个重要特征,除克里底亚可能不曾收费授徒,其他人概莫能外。后来苏格拉底和柏拉图也就在这一点上猛烈攻击智者,下文将要专门讨论。

第三,以演讲、修辞和诉讼为主要学习内容,以训练人的思维方法、表达能力和政治才能为主要学习目的。由于当时学生的需要,所有智者都教人修辞和演讲术,主要是辩驳论证的技巧,由此涉及语言和语法的基本原理。每个智者又可以有自己在某一方面的特长,如普罗泰戈拉较多讲授论证和辩驳、美德和政治,高尔吉亚注重修辞,普罗迪柯则对词义的区分和演化有更多兴趣等。他们涉及的内容同以往的自然哲学的重大区别是:自然哲学重在解释世界"是什么",他们各自提供一套原则以说明世界万物的本原和变化;而智者却以人和社会为对象,注重实用知识,教人"怎么做",怎样演说、辩论、诉讼,意在训练社会活动的主体——人的思维方法、表达能力以及言谈举止等等。这是一个根本性的变化,因此他们的著作也同传统的自然哲学家的著作有所不同,其中有一部分是发表自己关于社会和人的见解的,如普罗泰戈拉的《论神》、《论真理》,普罗迪柯的《论名称的正确性》,安提丰的《论真理》等;有一部分是在公众场合发表的演说词,如高尔吉亚的《在皮西安的演说》、《在奥林匹亚的演说》,塞拉西马柯的《拉利萨人民之声》等;但有相当一部分是教材性质的范文,如高尔吉亚的《海伦颂》、《为帕拉墨得辩护》等。作为教材是教学生以此为榜样进行论辩和讲演的,内容并不重要。因此在他们的著作中哪些代表本人的思想,哪些是作教材范文的便成为需要鉴别的问题,像高尔吉亚的《论存在或论自然》便引起长期争论。

第四,游历各地,巡回教授。智者们从不固定在某一城邦。柏拉图在《蒂迈欧篇》中说智者们在各个城邦游荡,没有自己的固定住所。(19E)普罗泰戈拉往返于阿布德拉、雅典和西西里等地,高尔吉亚则从西西里到雅典,又在帖撒利、玻俄提亚等处活动。高尔吉亚和希庇亚等还常在奥林匹亚赛会上穿上节日紫袍,发表自己最新著作并回答各种问题。他们谁也没有固定的住所,后来伊索克拉底说:这样一来他们便不必承担城邦的公共福利费和税收了。

第五,形式多样,生动活泼。智者们摆脱了早期各学派的哲学家只在狭小的范围内传授本派的观点并批评别家思想的做法,而是投身在广大社会中,根据学生的不同要求采用多种教学方式。他们既可以在本地施教,也可以将学生带到文化中心雅典求学。他们授课有一次或几次的讲座,也有长期的系统课程,甚至可以达成协议在教学生法庭上胜诉以后才付学费。他们自己既有事先准备的书面发言,又有临时即席讲话;他们的讲授方式也很灵活,有个别传授,集体讨论,允许随意提问和共同讨论。柏拉图在《普罗泰戈拉篇》中讲到三位智者的不同方式:体弱多病的普罗狄柯穿着睡衣、披着羊皮袄躺在床上,周围坐着聚精会神听讲的青年;走廊对面坐着希庇亚,学生们将他团团围住聆听他回答他们提出的问题;普罗泰戈拉则漫步在走廊上边走边讲,听众们分列两行井井有序地跟着普罗泰戈拉来回走动。(314D—315D)柏拉图语带讽刺,不过也反映了智者们不拘一格的教学形式,后来亚里士多德在学院中漫步教学方式也许就是受了智者的影响。柏拉图在《欧绪德谟篇》描述的欧绪德谟的文字游戏表演(275A—278D)颇带滑稽意味,有点类似我国传统的走江湖味道。撇开柏拉图的嘲弄成分,智者们善于采取吸引学生和群众的教学方式确实令人耳目一新,可见智者运动已经走出象牙之塔,带有广泛的社会性。

　　智者的这些特点后来受到苏格拉底、色诺芬、柏拉图和亚里士多德的攻击和讥笑。他们对智者的指责可以归结为三点:第一,貌似智慧,败坏青年,毒化社会风气;第二,自以为最有智慧,狂妄自大;第三,收费授徒,将智慧当做商品出售,获取高额报酬。这些问题涉及对智者运动的看法,是从古至今争论不休的问题,有必要在这里谈谈我们的见解。

　　第一个问题的实质是:智者们传授的东西是不是知识? 它对当时的社会和学科的发展究竟起了什么作用? 柏拉图和亚里士多德的指责出于两个方面的原因。一方面是他们的确看到了智者们的消极作用,当时希腊和雅典民主政制的种种弊端逐渐暴露出来,蛊惑家可以根据个人私利混淆黑白颠倒是非随意操纵群众,这和智者们宣扬的思想有关,特别是自欧绪德谟以来有些智者玩弄文字游戏和诡辩,起了不良的作用。但是智者的活动和思想还是以积极的一面为主,这就是我们在绪论中所讲的古典时代随着社会经济和政治的剧烈变化而引起人们思想观念的大改变,智者们正是这种新思潮的代表。苏格拉底和柏拉图看不到这一面,他们不自觉地反映了守旧和保守的社会力量的某些偏见。另一个原因是苏格拉底、柏拉图和亚里士多德对于智慧概念有自己的理解,苏格拉底认为变动的感觉不是真正的知识,知识应该是绝对的不变的;柏拉图认为相论和辩证法才是真正的智慧和思维方法;亚里士多德认为关于原因和原理的认识才是真正的智慧(见《形而上学》第 1 卷第 1、2 章)。他们有一个共同的看法,认为 $\epsilon\pi\iota\sigma\tau\acute{\eta}\mu\eta$ (episteme) 才是真正的知识,$\tau\acute{\epsilon}\chi\nu\eta$ (techne) 只是一种技艺(art),技艺不是科学。(后来托马斯·阿奎那在译注亚里士多德著作时很恰当地沿用前人的拉丁译文用拉丁文 scientia 译 episteme,成为后来“科学”的字源。)所以柏拉图一直用 techne 这个词修饰智者,《普罗泰戈拉篇》中说“作为 techne 的智者”(315A),“智者的 techne”

（313D）等。《美诺篇》说"普罗泰戈拉过了40年的智者生涯"，直译应为"以这一techne度过了40年"（91E）。用这个标准看智者的思想和活动，自然认为只是"貌似智慧"。就智者未能看到事物的本质而言，他们的批评有合理的一面；但如果将智者传授的学说说成都是败坏青年的假学问，那就错了。智者们探讨了许多问题，提高了人类认识活动的能力，有些智者如高尔吉亚的思辨能力超越了前人。他们的智慧作为人类认识发展的产物可以说是硕果累累，是希腊极盛时代智慧的花朵，许多新的社会和思维的学科都是从他们开始的。至于说他们败坏了青年，是从不同的评价出发的。首先应该说是他们教育了青年一代打破了旧的传统，然后才能说它的确起过不良作用，而且造成公元前4世纪希腊和雅典的腐败的原因首先还是在于社会的经济和政治情况。

关于第二个问题即自命为智者的问题。智者们开辟了新的认识领域并在其中发挥才能，自以为有智慧；有些智者如希庇亚非常傲慢，这些都是事实。但是促使他们自称为智者的主要原因还在于他们认为自己是有能力可以教人的教师。所谓自称智者其实就是自称教师。前面引述过的《普罗泰戈拉篇》中普罗泰戈拉自称智者时说"我承认自己是一个智者"，后面接着说"是教人的"，原文是 παιδευειν ἀνθρώπους（paideuein anthropous），其意就是"教人的"教师。（317B）在《申辩篇》中苏格拉底的另一个申辩就是"我不是教师"。（19D）从上下文看，控告人指的就是苏格拉底是个智者，败坏青年。《美诺篇》中有几处（92D、95B以下）都将"教师"作为"智者"的同义词使用。由此可见柏拉图也认为自称智者就是自称教师。

那么自称教师又有什么可以被指责的呢？这个问题需要作点历史的回顾。按荷马时代人们的想法，智慧（sophia）是神所有的，神最有智慧，只有他们才能教导人指点人，缪斯教人音乐和写诗的能力，普罗米修斯教人用火，阿波罗教给人类过城邦的生活等等。因此只有神才配称为sophos或sophistes，不过神是神，不能再用这个名称去称呼他们而已。诗人、医师、乐师等所以不敢自称为"智者"，需要像柏拉图所说的进行伪装，原因就在这里。但后来由于知识和教育的发展，作为社会分工的一个部分的职业教师便产生并发展了。这里我们要对希腊的教育情况作点概要的分析介绍，这对于了解本书以后的论述也是有用处的。

　　希腊的教育情况各地不同，大体有三种地区类型：第一种类型是斯巴达。从公元前 7 至前 4 世纪中叶斯巴达一直保持以征战为中心内容的教育，进行严格的体育和战争训练，重在体育，将人培养成没有个性和灵魂的战争工具。亚里士多德在《政治学》中批评说，斯巴达的立法者"旨在训练公民以求适应征战和统治邻邦的目的"，这个城邦的公民"世世代代谨守立法者的教谕，奉行法制，然而他们失去了人生的美好生活"。（1333^{b}22—30）即使是这样闭塞的城邦公民，当他们跨出国门看到外邦的丰富多彩的生活时也会产生羡慕、激起求知的愿望。所以希庇亚在那里讲授修辞和演说却要收费，便不受欢迎，认为是可耻的商品交易；当他转而讲授社会的演化以及城邦和家庭的形成时，他便大受公民欢迎了。第二种类型是帖撒利，那里是农牧区，以养马驰名于希腊和波斯。这地区的城邦一般还是贵族政体或僭主政体，个别的实行民主制。这里的僭主大多是由一个家族把持政权，如上面提到的拉利萨和斐顿。这个地区受马匹买卖和驯马技艺等商品交换的影响，城邦间交往频繁，统治者想改变原来那种粗俗、闭塞和有失身份的言谈举止，贵族和大家族都想让他们的子女受到和他们拥有的财富相配称的教育，因而重金礼聘高尔吉亚去，而克里底亚、塞拉西玛柯等人在这里也受到欢迎。

　　第三种类型就是雅典。在斯巴达个人属于国家，教育重在体育锻炼以为国家效劳；雅典恰恰相反，城邦是为公民而存在的，因此公民的心灵教育甚于体格训练，注重的是提高公民的品行和智慧。雅典从梭伦起就开始重视教育，孩子都要学习阅读和书写。到公元前 5 世纪初已形成一套按不同年龄的分级和分科教育，大体情况如下：六七岁以前的小孩由父母在家庭进行教育。六七岁至 14 岁的孩子都要进初等学校。从现在的陶瓷画上看，学生坐板凳，教师坐椅子，有写字板和规尺，还有挂在墙上盛满书稿的篮子；音乐室还有七弦琴和笛子。初等教育包括音乐和体育，所谓音乐指缪斯传下来的各种技艺包括读、写、背诗、弹唱和计算等，比现在的"音乐"广泛得多。在一些比较好的学校里，读、写、算术分化出来成为单科，由专门老师教授。14 至 17 岁的少年属于中等教育，学习文学、文法、修辞、绘画和几何学等。不过这并不是所有地区都能做到的,只有雅典城和拜里厄斯港等地方才有。到了十八九岁,雅典青年要受两年军事训练。第一年的内容是体育、骑马、战术和武器的使用,第二年是侦察、守卫和要塞服役。雅典的教育是私人的事,由自己交学费,也可以自请家庭教师;但这两年军事训练却是城邦的事,由城邦组织。① 柏拉图的《普罗泰戈拉篇》中对雅典的教育曾作过介绍:教育和训导是从孩童开始一直到生命终结为止。当孩童时,母亲、父亲、保姆、教师竞相培育他,使他懂得一句话或一个行动的意义:这是正当的,那是不正当的;这是光荣的,那是不光荣的;这是神圣的,那是渎神的;应该这样做,不应该那样做。如果孩子服从就是好的,不然就给予责骂和鞭打。过了一个阶段以后将孩子送到教师那里去,让他们学习德行、练习写字等内容。以后便让他们学习诗人的著作,懂得其中的故事和教导,并且用心铭记那些值得赞赏的言行以便仿效。然后教师就教他们弹奏七弦琴、写诗,陶冶他们的情操,同时送他们到体育老师那里去锻炼他们的体格。普罗泰戈拉说:"这些需要钱财,而拥有钱财的是富人,所以富人的孩子最早进学校又最迟才离开。"他们离开学校以后,城邦就让他们学习法律,按城邦的规范生活,"这样就使年轻人懂得统治和服从"。(325C—326E)

显然雅典的教育远比斯巴达和拉利萨进步,但正如对话中普罗泰戈拉所说,只有富人的孩子才有条件接受这样的教育,一般家庭供养不起,这便和当时雅典民主制的繁荣产生了矛盾。而且到民主制繁荣时期原来这套教育方式也显得陈旧了。喜剧家阿里斯托芬就嘲笑过当时的音乐教育,说:"孩子穿过街道到琴师那里去时必须穿着整齐的衣服列队前进,即使鹅毛大雪也不例外。老师又告诉他们不许叉腿而坐,要用心听,提高嗓门唱,一定要固守老祖宗传给我们的这些东西。""它教育不出马拉松战役的英雄,却是要年轻人讨厌商人和市场。"②显然这种教育方式已经不适应当时雅典经济和政治发展的需要了。雅典民主政治迫切需要演说、辩论、修辞、诉讼等方面的能力,要求懂得更多有关政治、伦理方面的知识。而所有这些却是原来的初等和中等教育无法

---

① 参见胡克:《希腊人的生活和思想》,第 11 章"雅典的教育"。
② 转引自胡克:《希腊人的生活和思想》,第 157—158 页。

承担的,因此正是这种需要造就了智者这批教师,他们在当时起了高等教育的作用。

对于新兴起的这样的教师该给予什么称呼呢?名称只能出现在事物已经发生以后,而且是随着认识的深入才逐渐明确的。查查历史,原来雅典传授读、写、算术的老师叫 grammatistes(教文字技艺的人),教音乐和诗歌的老师叫 kitharistes(教娱乐的人),体育老师叫 paidotribe(训练身体的人)。到公元前 4 至前 3 世纪时才有所谓演说家、修辞学家、逻辑学家、辩证法家、雄辩家……等等称呼,而在公元前 5 世纪后半叶还没有这么多学科,恰恰是智者开拓了这些学科。那时候人们不知道给这批兼教修辞、演说、语法、辩驳、诉讼、伦理、政治的人取个什么名称,还是普罗泰戈拉高明,他开始自称 sophistes——智者。他用这个称号至少说明三点:第一,他继承了以往的哲学传统。当时人们公认泰勒斯以来这些哲学家是最有智慧的,懂得深奥的道理;普罗泰戈拉懂得更多新领域的道理,所以他沿着这条路子看待自己的职业。第二,他敢于破除旧的传统,向神挑战,认为人是有智慧的,也能传授智慧。第三,他有勇气,也很自信,看到他的职业的重要地位。因此我们应当为这个名称叫好,不应重复柏拉图和亚里士多德的成见。

第三个问题是引起责难最多的收费问题。首先我们要弄清楚责难者有关智者收费究竟说了些什么。据哈里逊(E.L.Harrison)统计柏拉图对话中谈到智者收费的有 31 处[1],其中主要是以下几处:第一,《大希庇亚篇》中苏格拉底说:高尔吉亚以在公众和私人场合的能言善辩,"在他离开的时候带走了一大笔雅典的金钱",普罗迪柯也同样"获得惊人的钱财";"可是早先的人并不认为以金钱交换他的智慧是合适的","我所说的这两个人以他们的智慧所得超过了任何匠人的技艺收入";"在他们以前普罗泰戈拉已经这样做了"。希庇亚回答他说:"苏格拉底啊,你还不知道这种买卖的妙处呢,如果我告诉你我收入了多少,你一定会大吃一惊。有一次我到西西里去,当时普罗泰戈拉住在那里,他比我老得多并且已有巨大的名声,可是我只在一段短时间内就得到了

---

[1]　参见格思里:《希腊哲学史》第 3 卷,第 36 页注②。

150 个明那,仅在印库斯这个小地方我就得到了不止 20 个明那。""我得到的钱比任何你想提的两个智者合起来还要多得多。"(282B—E)第二,《美诺篇》中苏格拉底说:"据说普罗泰戈拉赚了许多钱,比菲狄亚斯〔著名雕刻家〕再加上十个雕刻匠的收入还要多。"(91D)第三,《申辩篇》中苏格拉底说到卡利亚为了教育他的孩子付给厄文努斯 5 个明那。第四,上面已经引用过《克拉底鲁篇》中苏格拉底说他因为贫穷,听不起普罗迪柯要收费 50 个德拉克玛的课,只听了一次一个德拉克玛的课。(384B)色诺芬在《回忆录》中给智者下了一个定义:"那些为了赚钱而将智慧出卖给需要它的人,就叫智者。"(第 1 卷第 6 章第 13 节)在他写的《会饮篇》中说:"卡利亚给普罗泰戈拉、普罗迪柯、希庇亚每人一大笔钱。"(第 1 章第 5 节)。亚里士多德只有三处(《论智者的辩驳》165ᵃ21,171ᵇ28,《伦理学》1164ᵃ25—32)提到智者的收费问题,但他的着重点是反对智者以"智慧"收费,没有谈到具体的收费问题。第欧根尼·拉尔修说:"普罗泰戈拉是第一个要学生缴纳 100 个明那的人。"①《苏达》辞典和狄奥多罗都说高尔吉亚要收 100 个明那的学费。

关于智者收费的主要资料就是这些。这些记载相当笼统,没有说明这些是多少时期或讲了多少次课的收入。只有柏拉图在《克拉底鲁篇》中说得比较具体,普罗迪柯讲一次课收每一听众一个德拉克玛,这是便宜的;至于 50 个德拉克玛的课是听一次还是几次就不清楚了。但是总的来说,以当时的生活水平来衡量智者的收费是不低的,因为一个德拉克玛约等于 4.4 克银子,一个明那等于 436 克银子,100 个明那就是 43.33 公斤银子。据《剑桥古代史》材料,公元前 414 年住在拜里厄斯港的一个外邦人拍卖奴隶,一个男奴隶才值 168 个德拉克玛,女奴隶 147.5 个德拉克玛,最便宜的一个吕底亚的女奴才值 70 个德拉克玛。② 而在公元前 5 世纪后半叶一个城镇居民一年吃穿用费大约是 120 个德拉克玛,一天相当于两个俄勒尔即当时陪审法庭给的津贴数。③所以说普罗泰戈拉要收 100 明那学费似乎是太高了。

① 第欧根尼·拉尔修:《著名哲学家的生平和学说》第 9 卷,第 52 节。
② 参见《剑桥古代史》第 5 卷,第 1 章第 2 节,第 8 页。
③ 参见《剑桥古代史》第 5 卷,第 1 章第 5 节,第 21—22 页。

智者们收费是不低的,但他们是不是像柏拉图说的那样赚了不少钱呢?我们最好看看另一方面的材料。雅典著名的演说家伊索克拉底(前436—前338年),他和柏拉图同时稍为年长一点,年轻时曾经是高尔吉亚和普罗迪柯的学生,但又跟随过苏格拉底。公元前389年他曾发表过《反智者》的演说,而在公元前354年即他82岁时,他因为不服要他承担制造一艘三列桨战舰的费用提出申诉,写了一篇比苏格拉底的《申辩》长好几倍的申辩。按照当时习惯,自认为承担不公的人可以指名向另一人挑战,说他比自己更富有,要么由那个人承担费用,要么让他们两人互相交换财产。这种挑战希腊文叫antidosis。这就是收在《洛布古典丛书·伊索克拉底演说集》第2卷的Antidosis。他为智者作了辩护,这也是我们应该知道的古代材料,以下作点概要介绍。

伊索克拉底在申辩中说明他自己的财产及其来源和支出情况。其中有一部分申辩他不是通常人们所说的"智者"而只是教过演说术的"教师",他收过学费但没有那么多。顺便他说了一段为智者辩护的话,说:"对他们的责难无非是两种:有的人说智者的职业是可耻的骗人的,因为教育怎么能有提高人们说话和处理公务的能力呢? 在这些方面有超人才能的都出于自然的禀赋。另一部分人承认受教育者会有更大的能力,但抱怨他们被智者教坏了堕落了,理由是这些人一旦权力在握便要图谋别人的财产。"他认为:"这两种指责都是不真实不可靠的,我自信我能向任何人证明这一点。"(第197—198节,可参看第220—223节)接着伊索克拉底说明:智者是教人修辞、演说、诉讼以及天文、几何知识的教师,他们不仅无害于学生而且有益于他们也有益于城邦。不过他说:确实有些智者是不好的,他们过于好辩和过于追求金钱;但是大部分智者却以为"对他们最好的报酬乃是看到自己的学生变得聪明,更值得尊敬"。(第220、331节)至于智者是不是赚了许多钱的问题,伊索克拉底在谈到自己教人演说收取少量学费以后谈了智者的一般情况。他说:"没有一个智者积聚了大量金钱,相反的他们中有人过着清贫的生活,有的人也只有中等水平。在人们印象中积钱最多的是林地尼的高尔吉亚,他在帖撒利度过他的一生,而当时的帖撒利人是很富有的。高尔吉亚相当长寿也致力于赚钱,但他在任何城邦都没有固定的住所,因此他无需承担公共福利费用也不必纳税。而且他没有结过婚也没有孩子,没有常人所有的这个长期的沉重负担。然而尽管他比其他智者更有条件积聚更多财富,他在去世时却只留下了一千个斯塔特尔〔staster,希腊和波斯的金币名称,一个斯塔特尔约等于现代英国的 21 先令〕。"(第 155—156 节)伊索克拉底在这个申辩中也讲到他对智者的态度,援引了他早先写的《反智者》的第 14—18 节,说:"这是我在年富力强时说过的话,现在我引退了,但我的看法还是一模一样。"(第 195 节)他在这个申辩中对于智者的态度可能要比柏拉图客观一些。

柏拉图在《智者篇》中说商人的交易有两种,一种是出卖肉体需要的粮食,一种是出卖精神需要的粮食(223E),他指责智者是售卖精神用品的零售商和批发商(231D)。这个比喻很深刻,说明在公元前 5 至前 4 世纪时以雅典为中心的希腊世界中精神生活受到普遍重视,人们已经需要这方面的商品了。商品经济既然已经扩展到精神文化这个领域,有这方面的需求者也就必然会产生这种商品的制造者和出售的商人,这是社会分工必然的产物。当时产生智者这样的脑力劳动者,他们同泰勒斯以至柏拉图自己一样,正像亚里士多德所说的必须以"闲暇"为前提,也就是必须脱离体力劳动,用不着为自己的生活从事物质生产。但他们又不能不食人间烟火,必须以一定的方式取得消费资料;除非他自己本来就是奴隶主已经占有生产资料,或者像德谟克利特那样有可以变卖的家产,不然总得以某种方式取得生活资料。这种情况本也是古已有之,不过采用什么具体方式却随社会发展而定。在荷马时代贵族们以施舍的方式给游吟诗人一定的食物和衣物;在公元前 6 至前 5 世纪时品达和西蒙尼德这些诗人的时代已经出现货币的支付方式。货币起一般等价物作用,可以换成等价的任何东西而且携带方便,自然受到人们的欢迎。到公元前 5 世纪货币经济已经相当发达,智者们是社会分工发展情况下新形成的高等教育的教师,他们脱离体力劳动自身又不拥有生产资料,还要巡回活动,因此他们得到货币作为报酬,这种情况完全是顺理成章的。它不但在希腊发生,在世界上其他地方也发生了,公元前 6 至前 5 世纪的中国的孔子也说过:"自行束脩以上吾未尝无诲焉。"(《论语·述而》)可见以传授知识为职业接受货币报酬的教师的产生乃是社会发展和分工会必然出现的普遍现象,只是它在当时的社会还是一种新事物,因此受到一些思想比较保守的人的攻击而已。

很有意思的是亚里士多德,他虽然也反对智者以智慧换取报酬,但在《尼各马科伦理学》第 9 卷第 1 章中却说:不同的人们之间的友爱都要考虑为对方服务以后将会得到什么相应的报酬,像鞋匠要得到和他造的鞋子等值的回报。因为有了货币,人们就用货币来估量价值,因此"货币起了共同的量度的作用"。但是人们的需要往往是彼此不同的,所以双方经常互相抱怨未能取得相等的报酬。接着他讲了一个故事:有个主人允诺七弦琴弹唱者,他弹得越好报酬越多。他接待对方住了一个晚上,第二天一早弹唱者要求实现他的诺言时,主人却说我给了你愉快〔指住宿的安适〕,已经付给你报酬了。亚里士多德由此得出结论:"难怪普罗泰戈拉经常教导他的学生,不管教人什么东西都要估计这种知识的价值,收取固定的报酬。"(1163^{b}30—1164^{a}27)。可见亚里士多德也已经认识到在商品交换中货币起共同量度的作用,因而他也默认智者收费授徒并不是没有道理的。

第四节 有关智者的史料

智者本人的著作绝大部分已经佚失,现存资料残篇散见于古代学者的著作中;近现代西方学者在资料的编纂、考证、诠释和研究方面做了许多工作。1985 年意大利那普勒斯出版的《哲学史研究》第 6 期发表克拉辛(C.J. Classen)编辑的《智者书目》,收集了各种语种的原始资料、注释以及近现代学者的研究著作和论文目录,长达 64 页,分工具书、资料汇编、智者年代、智者总论以及有关各个智者的研究论著。以下参照这个资料及其他材料作扼要分类介绍,西方近现代学者的有关著作只能介绍一些影响较大、我们能够见到的著作。

第一,古典时代的史料。

1. 柏拉图的对话。主要有《普罗泰戈拉篇》、《高尔吉亚篇》、大小《希庇亚篇》、《克拉底鲁篇》、《欧绪德谟篇》、《美诺篇》、《斐德罗篇》、《智者篇》、《泰阿泰德篇》等。柏拉图对话中的许多反面人物都是智者，几乎每篇对话都涉及智者提出的问题或智者的思想，可以说是有关智者史料的主要来源。但是柏拉图对话中讲到的智者的思想、言论和行动都带有浓厚的柏拉图的主观偏见，因此它们作为史料的可靠性从古代起就有争论。但它们是现代所能见到的与智者同时代人中最详细具体的资料，从总的方面说也还是反映了智者们的思想和在当时社会中的作用和影响的。第尔斯在编纂残篇时将它们都作为 A 类，作为后人的记述而不当作直接资料列入 B 类。我们分析智者思想时仍不得不以柏拉图对话作为主要依据。

2. 色诺芬的《回忆录》也提供了不少有关智者的思想和行为的资料。

3. 亚里士多德的著作。主要有《论题篇》、《智者的辩驳》、《修辞学》，此外在《形而上学》、《物理学》、《尼各马科伦理学》等著作中也都有关于智者的记述。收在亚里士多德名下的《论麦里梭、色诺芬和高尔吉亚》表达了古代某个伪造者的看法，也可以作为参考。

4. 伊索克拉底的演讲集。《洛布古典丛书》的《伊索克拉底演讲集》收集了所有现存的讲演辞，其中有几篇很有资料价值，如上节讲到的有关智者收费问题的论述。

5. 希罗多德的《历史》虽然讲的是希波战争史，但希罗多德自己生活及成书都是在古典时代，所以这本书有助于了解当时希腊人的伦理和宗教的价值观念，也有助于了解智者的政治学说以及有关自然和约定的争论的问题。

6. 修昔底德的《伯罗奔尼撒战争史》。修昔底德深受智者的影响，甚至有人将他也列为智者，翁特斯泰纳的《智者》就是这样写的。修昔底德的这本书可以说是智者思潮在历史学上的代表作。

7. 索福克勒斯于公元前 440 年写的悲剧《安提戈涅》有助于了解这个时期自然和约定争论的观点以及智者有关人类起源的思想，《俄狄甫斯》和《厄克勒特拉》等也同智者思潮密切相关。

8. 欧里庇得斯被后人称为"智者运动的诗人"，他留下的 18 个剧本大多体现了智者思潮的特征。第欧根尼·拉尔修说普罗泰戈拉在欧里庇得斯家里宣读他的著作《论神》。① 他的剧本《忒勒福斯》、《希波吕托》、《圆目巨人》、《酒神的伴侣》等的反传统思想,《海伦》、《安德洛墨达》、《珀利阿斯的女儿们》、《萨尼珀亚》、《美狄亚》、《腓尼基妇女》等剧本中关于女性人格品性的描写都同智者们的论题有密切联系。

9. 阿里斯托芬的喜剧中也有许多是和智者密切有关的资料。他写的《宴会》抨击了当时的教育制度,《巴比伦人》讽刺了当时的雅典帝国,《阿卡奈人》出色地嘲弄了本书绪言中提到的雅典第一个蛊惑家——民主派领袖克莱翁,《骑士》讽刺当时雅典公民同蛊惑家的关系,《马蜂》讽刺当时的陪审法庭,这些都反映了当时雅典社会的问题。《云》、《科诺斯》、《鸟》、《蛙》等讽刺智者和苏格拉底的论辩术;后期写的《吕西斯特拉忒》、《地母节妇女》、《公民大会上的妇女》是了解伯罗奔尼撒战争后期及战败后雅典状况的重要材料。阿里斯托芬的剧本是了解公元前 5 世纪后半叶雅典社会和智者活动的重要材料。

第二,希腊后期和罗马时期的论述。

公元 2 至 3 世纪的菲洛特拉图的《智者生平》是至今还完整保存下来的专门记述智者的著作,我们将多次引用这本书,因此作点必要的介绍:菲洛特拉图是爱琴海大岛利姆诺人,他的家族两代几个人都从事智者职业即教授修辞、文法和论辩。菲洛特拉图生于公元 170 年,曾在雅典就学于当时的智者普罗克洛、希波德洛姆、安提帕特等,在爱菲索就学于达米安努。他从达米安努那里知道历代智者们许多趣闻轶事,成为后来写《智者生平》的重要资料来源。大约在 202 年以后不久菲洛特拉图经叙利亚王朝的宠臣、智者安提帕特推荐结识了爱好哲学的女王朱丽娅·达姆娜,跟随她去当时智者活动的三个中心城市——帕加孟、尼科墨迪亚和安蒂奥克〔都在西亚〕旅游。女王朝衰落后菲洛特拉图去提罗,在那里写了《阿波罗尼奥颂》,后来又去雅典写了《智者生平》。《智者生平》全文保存下来,它记述了从普罗泰戈拉、高尔吉亚以来直到他同时代的拉维纳的阿司珀西俄等历代智者的事迹。这部著作对了解这600 年间智者的代表人物及其演变情况颇有价值,但是现代西方学者考证认

① 参见第欧根尼·拉尔修:《著名哲学家的生平和学说》第 9 卷,第 54 节。

为其中有的情节与事实不符。洛布古典丛书本英译者对此作了许多注释。①

除了这部完整的著作外,还有一些零星记述如:

1. 第欧根尼·拉尔修的《著名哲学家的生平和学说》中只为普罗泰戈拉立传,但对其他智者也保存了一些残篇。

2. 普卢塔克的《希腊罗马名人传》和《道德论集》中有些部分如《伯里克利传》有涉及智者的材料。

3. 西塞罗的演讲和书信。

4. 塞克斯都·恩披里柯的著作。

5. 阿特纳奥,约生于公元 230 年,先在亚历山大里亚后在罗马教语法修辞,他写的《学者的宴会》记述了古代学者包括智者的活动和轶闻,题材非常广泛。

此外,本书第一卷中提到过的普罗克洛、鲍桑尼亚、克莱门、普林尼、尤息比乌、波菲利、琉善、狄奥尼修等人的著作中都有关于智者的记述。

晚期希腊和罗马时期这些学者著作中的个别记述,第尔斯—克兰茨的《苏格拉底以前的哲学家》中辑录在 A 类材料中,个别直接引语则辑在 B 类残篇中。

第三,近现代西方学者的资料编纂和注释。

这项工作主要是从 19 世纪开始的。有关智者的主要资料汇编和注疏有:

1. 恩格尔曼(W.Engelmann)和普涅纽斯(E.Preuss):《古典著作书目》,1880—1882 年,莱比锡,共两卷。

2. 霍夫曼(S.F.W.Hoffmann):《希腊文献书志总目》,1830 年,莱比锡,共三卷。

3. 库鲁斯曼(R.Klussmann):《希腊—拉丁古典书目总汇》,1909—1912 年,莱比锡,共两卷。

4. 兰布里诺(S.Lambrino):《古代经典书志》,1896—1914 年,巴黎。

---

① 参见《洛布古典丛书》中斐洛特拉图的《智者生平》,英译者 W.C.Wright 写的"导言"。

5. 里特尔（H.Ritter）和普列勒尔（L'preller）:《希腊哲学史》,1838 年,哥达。

6. 第尔斯—克兰茨:《苏格拉底以前的哲学家》,我们在本书第一卷中已经作过介绍,该书编目 80—90 为智者的资料。

7. 翁特斯泰纳（M.Untersteiner）:《智者,证言和残篇》,1949—1967 年,佛罗伦萨,共四卷。这部书包括导言、原文、意大利译文和注释。它以第尔斯—克兰茨所编资料为主,增加了那里没有收的材料,将 A、B 两类全部译为意大利文,并且增加了比第尔斯多得多的注释,其中援引了古代有关资料并且订正了第尔斯的一些错误。因此该书在国际上有权威性,现代研究智者的学者都引用这部书。我们在本编中也将多处引用,所以简单介绍:该书第 1 卷包括序、导言、智者的演变(第尔斯没有这部分);以后是 DK79—81,即智者的名称和概念、普罗泰戈拉、塞尼亚得。第 2 卷是 DK82—84,即高尔吉亚、吕科佛隆、普罗迪柯。第 3 卷是 DK85、86、89、90,即塞拉西马柯、希庇亚、阿诺尼谟和相反论证,此外还辑录了两篇第尔斯没有的资料,即《德谟斯提尼演说集》第十五关于 nomos 的无名氏著作以及上述 1906 年新发现的纸草文书,还有关于音乐的无名氏著作。第 4 卷是 DK87、88 即安提丰和克里底亚,作者增加了新的资料和考证。

8. 铎孟(J.P.Dumont):《智者,残篇和史实》,1969 年,巴黎。它将第尔斯—克兰茨的著作译为法文。

9. 史布拉格(R.K.Sprage):《老一代智者》,1972 年,哥伦比亚。它全译了第尔斯—克兰茨编的残篇并附有关于安提丰和欧绪德谟的新的版本资料。

10. 伏格尔(C.J.de Vogel):《希腊哲学,原文辑录》,共三卷,本书第一卷中已经介绍过。

11. 弗里曼:《苏格拉底以前的哲学家》,本书第一卷中已经介绍过。

12. 伽谢达诺（G.Casertano）:《论智者,附有评注的残篇和证言选集》,1974 年,涅阿柏尔。该书选取第尔斯—克兰茨和翁特斯泰纳中的资料按自己的思想重新编排和解释,在意大利学者中有影响。

以上第 1—5 是 19 世纪编纂的著作,现在国内没有,第 6、7、10、11、12 是本编主要的参考资料。

第四,近现代西方学者的论著。

近代西方对智者作出有价值的研究可以说是从黑格尔和格罗特开始的,当代西方学者作了大量研究。上述克拉辛书目中所列研究智者的著作共二百多项,这里只介绍我们引用或参考的若干著作。其中黑格尔、宇伯威格、文德尔班、策勒、冈珀茨、耶格尔、弗里曼、伯奈特等人的著作在本书第一卷中已经作过介绍,这里不再重复。

1. 格罗特:《希腊史》第 8 卷。

2.《剑桥古代史》第 5 卷。

3. 爱林伯格(V.Ehrenberg):《从梭伦到苏格拉底——公元前五世纪的希腊文明史》,1968 年,伦敦。

4. 柯尔汉末(V.W.Kohlhammer):《上古时代和古典时代的希腊宗教》,1977 年,斯图加特;珀克(W.Burkert)英译本,1985 年,哈佛。

5. 阿波特(E.Abott):《论希腊诗的哲学、历史和宗教》,1980 年,华盛顿和伦敦同时出版。

6. 格思里:《希腊哲学史》第 3 卷,1969 年,剑桥。

7. 伽色达诺(G.Casertano)、蒙达诺(A.Montano)、多尔多拉(G.Tortora)合编:《哲学史》3 卷本,第 1 卷古代哲学,1986—1988 年,那不勒斯。

8. 兰肯(H.D.Rankin):《智者、苏格拉底和昔尼克学派》,1983 年,伦敦。

9. 柯费尔德(G.B.Kerferd):《智者运动》,1981 年,剑桥。

10. 翁特斯泰纳:《智者》2 卷本,1948 年,米兰。这是作者在编纂 4 卷本《智者,证言和残篇》的基础上的研究论著,分别论述各个智者的主要思想,有重要参考价值。1954 年由弗里曼译为英文,1 卷,牛津版。

11. 伽色达诺:《智者学说中的自然和人的理论》,1971 年,那不勒斯。

❋ 第二章 ❋

修辞学与论辩术

　　智者是一批实践活动家，他们不以著书立说为目标；可以设想，即使智者的资料完整无缺也不会是一套套系统的理论。大概由于这个缘故——至少也同这种状况密切相关，近现代哲学史家关于智者的论述从内容到形式最为混乱，我们只要翻阅策勒、伯奈特、格思里、弗里曼、柯费尔德、翁特斯泰纳等关于智者的论述，就可以强烈地感受到这一点。智者思想中的任何一个方面几乎都成为某一哲学史家论述的起点或重要环节。因此我们论述智者想转换一下认识的角度，从他们的实践活动入手追踪他们的理论。

　　从上一章论述中可以看到智者不是沿袭以前哲学家或哲学学派的活动方式，而是继承和发展荷马以来吟游诗人的活动。他们不是传统意义的 sophos（智慧活动者），而是 $\pi o \iota \eta \tau \acute{\eta} \varsigma$（poietes, maker，创造者即今日所称作家）和 $\pi \alpha \iota \delta \varepsilon \acute{\upsilon} \tau \eta \varsigma$（paideutes，直译就是言谈举止的规劝者即教师或教育家 educator, instructor）。作为作家和教师，既可以讲授自己的作品也可以传授别人的见解，或者是共同一致的意见，甚至可以修改别人的教材；因此在研究和叙述方法上沿袭一般哲学史按人介绍和论述各人的思想会有许多困难，不仅难免有大量重复，而且有些观点究竟是谁先提出来的也很难分清；我们不能像研究爱利亚学派那样从思想体系的内在联系入手，也不能挑选几个重要观点加以介绍了事。从智者的实践活动着手考虑，可以看到智者运动的总的特点就是传授演说和论辩的技艺，用柏拉图的话说智者只是传授 techne（技艺）而不是 episteme（知识）。传授这样的技艺必须"做"和"表演"，因此智者都融言教与身教于一体,用自己的表演活动传授使用语言的技巧即演讲和论辩的技艺。所以修辞学和论辩术是他们最表层的理论,我们以此为起点论述他们的思想。

第一节　修辞学

一提到修辞学,人们很容易误以为是现代所说关于语法和用词的修辞理论,其实古代希腊人所说 $\acute{\rho}\eta\tau o\rho\iota\varkappa\acute{\eta}$ (rhetorike)原来指的是关于如何使用语言的技艺,它包括如何在不同场合针对不同对象发表演说和进行论辩的才能,和"口才"、"辩才"比较接近。

在希腊文中关于"说话"有几个不同的词。

$\lambda\acute{\varepsilon}\gamma\omega$ (lego):这是最常用的"说",相当于英语的 say,凡用口说的都可用这个词,它的原义是"安排"(arrange,lay in order)、"放下"(to lay),"用嘴将词安排好"就等于"说",由此引申出说话交流。"辩证法"dialectic 的词根 lec 就是这个字(dia 等于 through,"通过谈话交流看法"是"辩证法"的最早含义)。

$\phi\eta\mu\acute{\iota}$ (phemi):相等于英语的 tell,侧重于用"话"表述一个意思,英语解释为 to express one's opinion or thought,由此引申出"意指"(means)、"断言"(assert)、"否定"(deny)。预言 prophet 的词根 phet 就是这个词。

$\tilde{\varepsilon}\acute{\iota}\pi\omega$ (eipo):这是非阿提卡语形式,相当于 say,present,mention,"叙说"的意思。希腊文 epic"史诗"的词根 epi 就是这个词。

$\acute{\rho}\acute{\varepsilon}\omega$ (rheo):谈话、讲话、谈论、议论的意思,接近英语的动词 speak 和名词 speech,由此派生出 $\acute{\rho}\eta\tau o\rho\acute{\varepsilon}\upsilon\omega$ (rhetoreuo)即当众发表讲话,相当于英语 speak in public,practice oratory,就是中文的"发表讲演"。这两个词都表示在公众场合发表议论,发表讲话的人即演讲人叫 $\acute{\rho}\eta\tau\acute{\omega}\rho$ (rhetor),这门技艺就叫 $\acute{\rho}\eta\tau o\rho\iota\varkappa\acute{\eta}$ (rhetorike,英语 rhetoric),中译"修辞学"。

早在荷马时代希腊人就将善于词令能说会道当做一种值得羡慕的能力加以赞扬,公元前 8 世纪城邦制形成以来,在公民大会和议事会上发表演说成为重要的政治活动,谁的口才好便能制服政敌取悦民心。后来在城邦纠纷和希波战争中在各城邦间出现了类似使者的活动,使者都能言善辩,运用语言来打仗,相当于我国春秋战国时代的纵横家,上一章列举的智者差不多都担任过这样的使者。所以,民主制的发展和城邦间的交涉可以说是推动修辞学发展的直接动力。到公元前 5 世纪中叶左右修辞学就成为一门重要的技艺和学问了。

在希腊人看来修辞学是一种技艺、技巧,柏拉图和亚里士多德是这样看的,他们认为修辞学不是知识,有知识的人不一定有好的口才,这种口才需要训练;修辞学和其他技艺一样是可以学习和训练的,因此产生了传授这种"说话的技艺"的人。究竟是谁最早创立修辞学的? 历史上没有可靠的根据。第欧根尼·拉尔修说:"亚里士多德在《智者篇》中说恩培多克勒是修辞学的创始人,正像芝诺是辩证法的创始人一样。"①亚里士多德的《智者篇》已经佚失。亚里士多德在《修辞学》中讲到和恩培多克勒同时代的另一个西西里人科拉克斯(鼎盛年约前 467 年),说他写过《修辞术》教人怎样辩驳,他拟定一些规则,例如当你被控伤害他人时,如果你是个弱者,就说:"我比他弱,能够伤害他吗?"如果你是强者则说:"我会是这样一个傻瓜,去伤害一个弱者吗?"(1402ᵃ17—27)这是最早有明确记载的《修辞术》。

在科拉克斯以后传授修辞学的是又一个西西里人提西亚斯,他和高尔吉亚大体同时或稍早。鲍桑尼亚讲到高尔吉亚出使雅典时说,高尔吉亚击败了站在叙拉古一边的提西亚斯,促使雅典下决心派一支舰队支援林地尼〔高尔吉亚的故乡〕。(DK82A7)柏拉图在《斐德罗篇》中讲到辩证法和修辞学的区别时说道:修辞学是一种技艺,有许多这样的教科书,前面是一个引言阐述如何开始讲演,然后分别叙述这门技艺的细节,首先阐明事实提供证据,先是直接证据然后是间接证据,最后论证有无犯罪的可能。柏拉图提到一批修辞学家,其中有高尔吉亚和提西亚斯(266D—267B),但没有说明他们的关系。

从这些材料看,修辞学最早起源于西西里而不是雅典,这可能同当时西西里的环境有关;在西西里东南沿海小小地区内,米利都、科罗封、萨摩斯、卡尔

---

① 第欧根尼·拉尔修:《著名哲学家的生平和学说》第 8 卷,第 57 节。

西斯、科林斯、麦加拉等不同希腊民族的人在这里建立了近二十个城邦,有的殖民城邦如叙拉古又在周围建立自己的殖民城邦。这些城邦犬牙交错,各有自己的特殊利益,因此这里纠纷四起战事频繁,需要更多的外交活动,辩才在这里所占的地位比在希腊本土更为突出。修辞学在这里首先发展和这里的政治军事斗争有密切关系。

修辞学方面最有建树和影响的智者是高尔吉亚。菲罗特拉图说:"智者的技艺可以追溯到高尔吉亚,可以说他是智者技艺之父。"①在柏拉图笔下的高尔吉亚也首先是一个修辞学家,《高尔吉亚篇》中的高尔吉亚很自豪地回答苏格拉底说:"是的,我是一个修辞学家,而且是一个优秀的修辞学家,我对自己的职业感到骄傲。"(449A7)近代有些学者甚至认为高尔吉亚不是智者,仅仅是一个修辞学家。关于这个问题现代西方学者也发生争论,1983 年 12 月在意大利西西里的林地尼曾召开"高尔吉亚与智者"的国际学术讨论会,国际上研究高尔吉亚的著名学者如柯费尔德、穆雷拉托斯、曼斯费尔特和意大利学者如吉贡、伽色达诺等都参加了,会后出版会议论文集。大多数学者根据他们的研究否定了翁特斯泰纳提出的将高尔吉亚的一生分为自然哲学家——修辞学家——智者三个阶段的见解,也否定了将高尔吉亚仅仅看做是一个修辞学家的看法。意大利学者提出一个新的意见引人注目,他们认为修辞学从智者中分离出来是从伊索克拉底开始的,伊索克拉底是个大演说家,罗马时代的西塞罗也是个大演说家,他们都不是智者。柏拉图和亚里士多德承认修辞学的作用和地位,然而他们又要全部否定智者,于是将修辞学和智者分离开来。然而在智者活动的时代,修辞学本身就是智者活动的重要内容;智者最根本的活动就是传授使用语言的技艺即演讲和论辩,抽去了修辞学也就取消了智者的主要活动。从一定的意义上可以说这个时期的修辞学家就是智者,智者就是修辞学家。我们不能用后来的观念去曲解当时的历史。② 我们以为这个意见是有道理的。智者首先是用修辞学敲开哲学的大门,开辟了社会哲学、语言哲

① 菲罗特拉图:《智者生平》第 1 卷,第 9 章第 5 节。
② 参见意大利 Elenchus(《探索》)1988 年第 9 号第 2 册,第 357—359 页。

学和思维科学等新领域的研究,高尔吉亚和普罗泰戈拉是最主要的代表。

关于高尔吉亚的修辞学理论没有留下任何资料,但是他的两篇修辞学范文《为帕拉墨得辩护》和《海伦颂》却保存下来了。它们对于我们了解当时希腊的修辞论辩情况很有意义,柏拉图的对话中往往采取这种论辩方式;为了便于下文的分析,也考虑到我国读者难以看到这些材料,我们详细介绍这两篇范文。

第一篇是《为帕拉墨得辩护》,帕拉墨得是特洛伊战争中的希腊英雄,统帅奥德赛诬陷他私通特洛伊国王而将他处死。这是一件历史冤案,高尔吉亚以此为题用第一人称语气为帕拉墨得作了申辩,作为修辞学的范本。全文 37 段基本上完整地保存下来,第尔斯辑入残篇中(DK82B11a)。这里以弗里曼的英译文为主参照翁特斯泰纳的意大利译文和叶秀山的中译文①介绍。

第 1—5 段是导言,他说:这场审判牵涉的是死亡的荣誉问题而不是死和不死的问题,因为死亡是任何人逃脱不了的,关键在于死的光荣与否。究竟我是正义地死去呢还是蒙受耻辱不公正地死去? 你们有权利作出判决,只要你们愿意,处死我很容易,我是无能为力的。如果控诉人奥德赛真是因为他知道或是确信我将希腊出卖给野蛮人〔指特洛伊人〕,他是为了拯救全希腊,保护国土和父母,惩罚叛徒因而才控告我,那么他可真是个最优秀的人了;但是如果他是出于恶意捏造事实罗织罪状,那么他就是全希腊最坏的人。我要开始为自己辩护了,但从何说起呢? 毫无根据的指控真令人生畏,要不是真理开导我,教我必须这样做,我真难以开口。我敢断定控告者说不清我究竟犯了什么罪,因为他和我一样明白我并没有做那种事情。如果他靠猜测控告我,那么我可以按以下两条途径证明是他错了。

第 6—12 段按第一条途径证明:即使我有出卖希腊的犯罪动机,事实上也不可能做到。因为第一,如果我想出卖希腊就得同对方联络,然而我不可能去,对方也不可能来,也不可能通过第三者传递信息。第二,即使有串通的机会,彼此不懂对方的语言也无法勾结,如果有翻译帮忙他现在就会出来作证。

---

① 叶秀山:《前苏格拉底哲学研究》"附录",第 357—365 页。

第三,如果双方能安排接头那就应有信约〔pledge,这是当时的惯例,要提供某种抵押如人质等,以证明不是引诱对方上钩的圈套。——翁特斯泰纳注〕。我所能提供的最好人质莫过于我的兄弟,对方则莫过于他的儿子,然而你们都清楚这是没有的事。如果以金钱作保证也不可能,因为这么大的出卖得到少量的钱是说不通的;如果给我大量的钱便必须有同伙帮忙运输和收藏,请问是谁帮了忙? 是白天还是黑夜,怎么运送的? 我去取的还是对方送来的,我藏在哪里? 事实上这不可能,因为黑夜有守卫,白天则人人都看得见。第四,即使联络、串通、人质都有可能,而且有同伙,那么这同伙是自由民还是奴隶? 如果是自由民他便会站出来作证,如果是奴隶他为了取得自由也会出来揭发。第五,我是怎样将敌人引进我们军营来的,是通过辕门还是翻墙而过、挖洞潜入? 显然都不可能,因为有门卫巡逻,而且在营房里人人都看得见。"因此对我来说,所有这些行动都是不可能的。"

第13—21段提出第二条途径证明:即使有叛卖的可能,我也没有叛卖的动机。因为第一,我是为了取得专制权力想做你们〔希腊人〕的僭主吗? 这是不可能的,因为你们既勇敢又有财富和本领,还控制了城邦。第二,是为了想做特洛伊人的僭主吗? 也不可能,因为我既不可能劝说他们容忍我做僭主,他们也不会自愿让位于我,没有人会选择奴隶接替王位的。第三,我也不可能为了钱财出卖希腊,因为你们都知道我有相当财产,并不追求更多的财富,只有那些挥霍奢侈、纵欲无度或出卖荣誉的人才需要过度的钱财,而我过去的生活可以证明我不是那样的人。第四,我也不可能为了贪图荣誉而出卖希腊,因为荣誉只能来自才能和品德,叛卖行为怎么能获得荣誉? 再说由于我的智慧,你们已经赋予我荣誉。第五,我也不可能为了安全而出卖希腊,因为叛卖者是众矢之的,在法律、正义、神灵、同伴面前都无地自容。第六,我是为了躲避灾难吗? 这也不可能,因为出卖希腊也就出卖了我自己和我所拥有的一切,这样我在希腊就无法逃避厄运。如果是在特洛伊人那里就会失去我在希腊所拥有的一切,而且他们不会信任我,一个失去信任的人是无法生存的。最后他总结说:"这就足以证明我既不可能也不愿意叛卖希腊。"

第22—27段转为诘问控告者:你对我的控告是根据知识还是猜测? 若是

前者,你是亲知的还是听说的？如果是亲自了解到的,请你提出确切的时间、地点和我的叛卖方式来;如果是听说的,那么是听谁说的？你应提供证人。显然本来没有的事你是提不出证据的,连假证也制造不出来。你大概只是猜测而已。你可真是个头等勇士,仅根据猜测的意见便发动这么一场控告;看来你并不比别人聪明,"人们应当相信真理而不相信猜测"。你究竟控告我什么？你控告我既是智慧的又是愚蠢的,而这二者是相反的。我聪明能干胸怀宏图大略,所以是智慧的;然而我又自愿出卖希腊,干那无益的不光彩的亲者痛仇者快的事,因而又是愚蠢的。人们怎么能相信你们这种对同一件事、同样的听众,用同一张嘴说出相反的话的人呢？你认为聪明人是无头脑的还是有头脑的？若是前者那可是新鲜事,只可惜不真实;若是后者那么有头脑的人就不会择恶弃善,冒天下之大不韪。如果我是聪明人便不会犯这种错误,反之我便不是聪明人了。因此足以证明你的控诉是一场弥天大谎。

第28—36段对审判官慷慨陈词:法官们,我在这里陈述我的一生供你们审查。我不得不提到我的品行但愿不要激起人们的妒忌,我实在是迫不得已才使用众所周知的我的真实功绩来驳斥危言耸听的指控。我的一生没有污点,不论过去或现在我都是希腊人的造福者。在战术和法律方面我都有所建树,我创造文字以便记忆,发明度量衡以便交往,而且有效地监护国库以杜绝浪费,创造了烽火以传递信息,制造博弈以供消遣。我专心致志于这些高尚事业未曾有过邪念。显然我是不应该受到青年人或老年人的惩罚的,我关怀长者爱护青年,从不妒忌幸运者却同情不幸者,从不鄙视穷人也不贪图不义之财,在议事会上我尽职效劳,在战争中我英勇作战,执行军令服从指挥。我说这些不是赞美自己而是被迫为自己辩护。最后关于你们我还要再说几句,如果判决是取决于群众情绪的话,恸哭、祈求、讨人同情是可以起作用的;但在你们这些全希腊最优秀的人面前我无须耍弄这些手段,我只诉诸正义和真理。你们不应只重言论而不关注行动,不要只听原告的一面之词而不顾事实,也不要只考虑眼前而不顾长远。切不要把恶意中伤当做比事实更可靠,好人应避免做错事尤其是那无可挽回的错事;做事要深思熟虑,事后懊悔是无济于事的。现在你们要判决一个人了,就面临这个问题。如果我这番话能在听众面前澄清是非阐明真相,那么判决是不难的;要不然我请求你们留下我的生命,等待时间考验再依事实作出判决。你们面临严重的抉择,如果不正当地处死了我,你们将遭到全希腊人的谴责。那时我一无所知,你们的行为却昭然若揭;受到谴责的将是你们而不是控告我的人,因为判决是由你们作出的。你们处死了一个有益于希腊并有益于联盟的希腊人,再没有比这更大的罪过了。最后他说:"我的话完了,对于希腊的领袖们我无所要求,只是忠告他们要注意和记住以上所说的这些话。"

我们可以从这篇演说辞看到当时希腊人在公民大会或法庭上进行辩护的方式,柏拉图写的苏格拉底的《申辩篇》与色诺芬的《回忆录》和它有很多相似之处;当时讨论问题时也往往采取这样的论证方式,柏拉图对话中有许多这样的论证。

高尔吉亚的另一篇修辞范文是《海伦颂》。在远古时代的旧神体系中海伦是弥诺斯地方的植物神和伯罗奔尼撒地区的丰收和光明之神;在新神体系中她成为宙斯和斯巴达王廷达瑞俄之后勒达或涅墨西斯的女儿,是希腊著名的美女。海伦年轻时被雅典的忒修斯劫持到阿提卡,后来被她哥哥救回到斯巴达,嫁给斯巴达国王墨涅拉俄。但她和特洛伊王子帕里斯相恋,被他拐到特洛伊,成为特洛伊战争的导火线。帕里斯战死后她又嫁给他的弟弟得伊福玻。特洛伊城陷落时海伦又将得伊福玻出卖给斯巴达王墨涅拉俄,从而与前夫和好一起回到斯巴达。海伦的美貌受到希腊人的赞赏,可是她的行为却遭到人们的普遍指责。高尔吉亚反对希腊人这种传统偏见,写了这篇范文为她辩护。这篇文章大体都保存了下来,第尔斯辑录为 DK82B11,全文共 21 段。考虑到它至今尚无中译文,而我们下面分析时要引用它的一些内容,这里以弗里曼的英译为主,参照翁特斯泰纳的意大利译文和注释,全文译出如下:

(1)城邦的光荣在于勇敢,身体的光荣在于美丽,灵魂的光荣在于智慧,行动的光荣在于品德,言谈的光荣在于真理。在任何情况下赞扬那值得赞扬的东西和谴责那应受谴责的事情,才是正确的。

(2)说真话和拒绝说假话是同一个人应该做的两个方面。海伦遭到普遍的指责,被看做灾难的象征,我愿对此作批判性考察,将她从无知的中伤中解救出来。

（3）她的血统最高贵，她名义上的父亲廷达瑞俄是最有权力的人，她的真正父亲宙斯乃是众神之王。

（4）由于这样的出身，她具有神圣的美容，因此得到无数男子的爱慕，招来了许多心怀奢望的求婚者，其中有的以财富著称，有的承袭祖先声誉，有的功德过人，有的才智出众。

（5）我不来讲是谁赢得了海伦的欢心，他又是如何得到信任却并没有给她带来幸福。我将直接开始进行辩护，指出她去特洛伊的几种可能的理由。

（6）她之所以去特洛伊，或者是由于神意和命运的安排，或者是被暴力劫持，或者是被言语感动，或者是被爱情支配。如果是第一种情况，那么应该受到谴责的正是那些责难她的人，因为没有任何人能够违抗神意：强者不会被弱者阻挡，神在哪一方面都比人强。既然是由于命运，海伦便不应受到指责。

（7）如果她是被暴力劫持，显然是劫持者加害于她而她是不幸的。是他〔帕里斯〕这个野蛮的特洛伊人犯了罪，应该受到谴责和惩罚；她是被劫持者，只应得到国人和友人的同情，而不是诽谤。

（8）如果是语言说服了她，打动了她的灵魂，为此辩护也是容易的。因为语言是一种强大的力量，它以微小到不可见的方式达到最神奇的效果。① 它能驱散恐惧，消除悲伤，创造快乐，增进怜悯。我现在就可以证明这一点。

（9）所有诗歌都是有韵律的语言，它能使听众恐惧得发抖，感动得流泪，或是沉浸在哀思里；总之，语言能感动灵魂使它将别人生活中遭到的幸运和不幸在自己身上产生同样的感情。

（10）得自灵感的咒语能够化悲愁为快乐，因为咒语的力量能够运用它的魔法使灵魂中的感情得到安慰、说服和心旷神怡。已经发明了两种妖术和魔法，那就是灵魂迷误和心灵受骗。

（11）他们用虚构进行说服的实例是数不清的；因为如果每个人都能记住

---

① 高尔吉亚认为语言是一种最微小的肉眼看不到的东西，通过这种东西对灵魂产生作用。见翁特斯泰纳：《智者：证言和残篇》第 2 卷，第 98 页注。

过去、知道现在、预见将来,那么语言的力量就不会那么大了;但是实际上人们并不能记住过去、知道现在、预见将来,所以欺骗就容易了。〔在古希腊"虚构"和"欺骗"含义相同,诗歌和戏剧都允许而且必须虚构,也就是允许和必须欺骗,以下第三节中我们将分析这个问题。〕许多人误将意见当做是对灵魂的忠告,然而意见是不可靠的,它将使接受它的人陷入捉摸不定的厄运之中。

(12)〔原文脱落〕……因此受语言的诱惑犹如受暴力的劫持,海伦是身不由己地同意了别人所说所做的事。所以做错了事应受责难的是那诱惑者而不应是海伦。

(13)用语言为手段进行诱惑还能在人们灵魂上随心所欲地制造某种印象,这可由以下几点表明:第一是星象学家〔指古代的观天象者——翁特斯泰纳注〕的论证,他们变更一种意见,提出另一种意见,那本来是不可信的和看不到的,在人们心目中似乎就显现了。第二是法庭中的辩论,借助于言辞的技巧,一席话就可以说服和左右一大群人,而不管所说的是否真实。〔请注意这句话很重要,以下分析时将说明。〕第三是哲学的争论,也可以从意见的变换中明显地看出思想的敏捷性。

(14)语言对于灵魂状况的力量可以和药物对于身体状况的作用相比。正如药物作用于身体内不同的体液既可以治病也可以致死一样,语言也是如此,不同的话能使人悲伤、快乐或者恐惧,有害的劝说还能迷惑和麻醉灵魂。

(15)如果说海伦是被爱情所驱使,也是容易辩护的。〔从这一句和以上第8段同样措词可以看出这是一篇教人如何辩护的范文。〕人们见到一切东西都有它自己的本性(physis),这是人们无法选择的;灵魂是通过视觉接受印象的。〔这是关于 physisnomos 争论的一则重要资料。高尔吉亚认为情欲是人的本性,海伦看到迷人的对象,灵魂为之骚动,因而发生跟从帕里斯的行动。这是 physis 而不是海伦的选择,所以无可指责。〕

(16)例如,在战争中看见敌人阵营的情况引起灵魂的骚动,以致惊慌失措似乎危险已经降临。可以看到由于某种情况而引起的恐惧会改变平常形成的有力习惯(nomos),使由胜利获得荣誉和利益的习惯性判断也会消失。〔看到可怕的事物引起灵魂恐惧是 physis,平时训练形成的习惯如对胜负的判断

等属于 nomos。在高尔吉亚看来，nomos 无法改变 physis，physis 却一定影响 nomos。〕

（17）碰到恐怖景象的人往往吓得魂不附体，许多人由于过度的疲劳、可怕的灾难和不可救药的疯狂而遭受不幸时，铭刻在人们心上的印象是无法磨灭的。

（18）画家用各种颜色绘制一幅图画给人们以视觉的乐趣，雕刻家给眼睛带来的美感更为神奇，许多事物为许多人产生了对许多行动和形式的爱好。

（19）因此，如果海伦的眼睛看到了帕里斯的仪表因而在灵魂中产生了爱情，这是无可指摘的。如果神行使他的神圣权力，作为弱者的人又如何能够抵挡呢？如果由于灵魂的无知，疾病降临人身，人们也只能给予同情而不能指摘，因为这是命运安排的陷阱而不是出于人意的选择；由于情欲的诱惑而不是人为的筹划，其道理也是一样的。

（20）因此，不论是以上四种缘由的哪一种促使海伦出走，她都是无辜的。

（21）我已经用我的逻各斯抹去了加在这个女人身上的坏名声，完成了我的任务。我尽力驳倒这些不恰当的指责和无知的意见，撰写此文赞颂海伦，并聊以自慰。（全文完）

这篇短文多次论述语言的作用，阐明 physis 和 nomos 的关系，对了解高尔吉亚和其他智者的思想有重要意义。近现代学者在阐述智者有关语言和修辞、physis 和 nomos 的观点时常常引用这篇文章中的观点，我们在以下分析中也将援引，所以全文译出。

除了这两篇保存得相当完整的范文以外，有关高尔吉亚的修辞学的资料还有：

亚历山大的阿萨那希乌（约 296—373 年的基督教神父）在他收集的修辞学著作中提到高尔吉亚在雅典举行的葬礼上的演说，他说高尔吉亚善于运用一些夸张的词藻，例如在讲到波斯王薛西斯时就加了一些修饰词："薛西斯，波斯人的宙斯、兀鹰、活的坟墓。"（DK82B5a）

菲洛特拉图说，高尔吉亚在雅典作的葬礼演说是以在战争中殉难的人的名义说话的。"虽然他鼓励雅典人反对米地亚人和波斯人，使用了同奥林匹亚演说一样的论证,但他避而不谈雅典同其他城邦的友谊。他告诫奢望称霸的雅典人除非采取激烈的政策,不然是达不到目的的;不过他还是详细叙述了雅典人对米地亚人和波斯人的胜利,并称赞他们,意思是说他们明白:反对野蛮人的胜利值得唱赞歌而反对希腊人的胜利却只配唱挽歌。"①(最后这句话被辑为 DK82B5b)

菲洛特拉图还说:"在希腊的宗教节日上高尔吉亚起了突出的作用,他曾在神坛上发表皮西安演说,为此人们为他制作了金质的塑像,建在德尔斐神庙里。他的奥林匹亚演说所讨论的是希腊城邦最重要的事情,因为他看到希腊已经四分五裂,他主张和解,力图转移他们的视线去对付野蛮人,劝说他们去掠夺野蛮人的土地而不要将希腊人的城邦当做武力掠夺的胜利品。"②

此外出自他的葬礼演说的残篇还有 B6,出自奥林匹亚演说的有 B7,B8,辑自亚里士多德《修辞学》的有 B12,B15,B16,B17,其中涉及修辞技艺的仅有 B12 和 B17。亚里士多德在《修辞学》第 3 卷第 18 章中讲到在演说中如何使用质问和嘲弄戏谑的问题,他说:"关于嘲弄,人们认为在争辩中是有用的。高尔吉亚说,'你可以用嘲弄去破坏论敌的严肃性,又可以用严肃性去破坏他们的嘲弄。'(DK82B12)他这样说是对的。"(1419^{b}3—5)在《修辞学》第 3 卷第 17 章中亚里士多德讨论法庭演说、庆典演说和政治演说在论证和技巧上的差别。他说,政治演说不像法庭演说那样面对过去,有法律为准绳,还有案例可以参考;政治演说涉及未来,要提出某种建议,还要证明是否行得通,是否合乎正义,有无好处,重要与否,等等。当你被论敌逼得走头无路时应该有对付的办法,亚里士多德提到伊索克拉底为这目的总能找到某些办法,接着说:"高尔吉亚说他总能找到可说的话题。"(DK82B17)例如讲到阿喀琉斯时他赞扬珀琉斯,然后赞扬埃阿科斯,再赞扬宙斯。同样在谈到勇敢这种美德时,他可以扯到这种美德的后果以及诸如此类的东西。(1418^{a}32—37)

以上大体就是有关高尔吉亚修辞学的全部资料,从这些材料及其他有关

---

① 菲洛特拉图:《智者生平》第 1 卷,第 9 节。

② 菲洛特拉图:《智者生平》第 1 卷,第 9 节。

记载中可以看到高尔吉亚在修辞学方面具有几个特点：

第一，他的修辞范文和演说带有强烈的反传统倾向。他选择希腊人中间已经带有普遍成见的帕拉墨得和海伦的事迹进行辩护，为他们作翻案文章。他在演说中的思想也很新颖，在当时希腊各城邦间相互频繁争斗的时候他却呼吁城邦彼此和解一致对外。这些就不是有些学者所认为的仅只是论辩的范文，而是带有一定思想倾向的。

第二，他在论辩中先设定各种可能性，然后用归谬法一一加以否证，达到论辩的目的。柏拉图在《斐德罗篇》中讲到一批修辞学家时说："高尔吉亚和提西阿斯认为可能性比真实更值得重视。"（267A）格思里认为这是西西里修辞学派提西阿斯、科拉克斯、高尔吉亚等人的特点，他们比雅典修辞学派普罗泰戈拉、普罗迪柯等更注意使用这种技巧。①

第三，他强调使用语言的艺术，这就是当时所谓 $\acute{\varepsilon}\nu\acute{\varepsilon}\pi\varepsilon\iota\alpha$（euepeia, fine speaking, 绝妙好词）。高尔吉亚很讲究排比、对称和语调，善于利用动作、手势和装饰，在重要场合下他都穿着节日盛装。菲洛特拉图将高尔吉亚和大悲剧家埃斯库罗斯相比：埃斯库罗斯创造了悲剧的表演技巧，他开始让演员戴上装束，穿厚底靴以增加高度表现英雄仪表；高尔吉亚则创造了演讲技巧，他的风度和姿态显得刚健有力精力充沛，他言词非凡给人留下深刻的印象。对于伟大的题材他能运用相应的雄伟风格；而且他习惯于突然中断自己的讲话，以便制造气氛使自己的讲演显得更有魅力。高尔吉亚发表讲演时讲究装束，为使说话典雅和庄严他经常使用诗歌的语言。即席演说在高尔吉亚看来是再容易不过的事情，据说他在雅典时有勇气让雅典人随便出个题目，他拾起话题便侃侃而谈。他是第一个敢于这样做的人，创造了即席演说的技艺。②

高尔吉亚的演讲和表演技巧为他的弟子厄文努斯所继承。柏拉图在《斐德罗篇》中说厄文努斯首创隐蔽的讽刺和间接的赞扬法；为了便于人们记忆，他用韵文写了间接的谴责词。他是一个聪明人。（266E—267A）高尔吉亚在

---

① 参见格思里：《希腊哲学史》第3卷，第192页注①。

② 参见菲洛特拉图：《智者生平》第1卷，第9节。

雅典的学生还有阿伽松。菲洛特拉图说,阿伽松对高尔吉亚佩服得五体投地,甚至机械地摹仿他。①

　　修辞学的另一种风格和理论的代表人物是普罗泰戈拉及其后继者普罗迪柯和希庇亚。普罗泰戈拉本人的修辞著作已经失传,只有柏拉图、亚里士多德和菲洛特拉图有关他的一些记载。柏拉图在《普罗泰戈拉篇》中带着讽刺口吻描写普罗泰戈拉在卡利亚家中漫步在走廊上讲课的情况,说是伯里克利的两个儿子和其他学生分别在普罗泰戈拉的两旁跟着他来回走动,聆听他的演说。对话中的苏格拉底说:"我们的朋友普罗泰戈拉不仅能像我们看到的那样发表长篇漂亮的演说,当别人提出问题时他能作简明扼要的回答,而且当他向人提问时能够静候人家的回答,这是一种少见的才能。"(329B)又说:他自己既能教别人发表长篇演说,长到将所有的字都用上了,又能发表简短的谈话,短到无法再行精简。(335A)可惜柏拉图没有提供任何实例,亚里士多德讲到他时也没有举具体例子。菲洛特拉图主要是根据柏拉图的资料评价普罗泰戈拉,他说:"柏拉图承认普罗泰戈拉的雄辩既庄重又有风采,但是这种庄重不过是故意掩饰,他经常空话连篇没完没了,没有一个适度。"②因此,关于普罗泰戈拉的修辞技术我们无法具体介绍,至于他的语法理论和论辩倒有不少资料,将在下文论述。

　　关于普罗迪柯,柏拉图在《普罗泰戈拉篇》中说他是个天才,语调深沉声动全屋。(316A)在《斐德罗篇》中柏拉图说普罗迪柯最先发明适度的谈话技艺,既不长也不短而是恰到好处。(267B)遗憾的是他也没有留下任何具体材料。希庇亚是一位政治家、演说家和教师,他以智者和使者的身份活跃于全希腊,可惜他也没有留下一篇范文。

　　稍晚些比较有名的修辞学代表人物是塞拉西马柯。狄奥尼修说:"根据塞奥弗拉斯特的说法,他是适中长度演说风格的奠基人。"(DK85A3)辞典《苏

---

① 　参见菲洛特拉图:《智者生平》第 1 卷,第 31 节。

② 　菲洛特拉图:《智者生平》第 1 卷,第 10 节。

达》也说他是后来广泛流行的演讲风格的创始人。(DK85A1)有些学者认为
塞拉西马柯只是个演说家,不是智者。翁特斯泰纳认为:"无疑的,修辞学是
他的主要活动","他首先而且主要是个演说家,然而在某种程度上他接近智
者"。① 他在修辞学上占有地位是被一致公认的。

　　以上概述了我们现在所能了解的有关智者们在修辞演说上的状况,以下
可以分别论述包含在其中的语言哲学、语言学理论和论辩术,以及它们在历史
上的地位。

第二节　语言学和语言哲学

　　从智者开始一直到亚里士多德和晚期希腊,语言学、语言哲学及与之相关
的思维科学占有重要地位。在本书第一卷中还没有涉及这方面的内容,在后
面三卷却都占有一定分量。从总体考虑,我们觉得有必要在这里先系统扼要
地介绍从远古时代的诗意语言和诗性智慧到后来的哲学语言和哲学智慧的发
展过程,以阐明智者在这方面所作的贡献。

一　从诗意语言到哲学语言

　　近代西方学者维柯和卡西尔曾从不同角度用大量事实证明:将语言等同
于理性,看做是思想的直接现实或思想外壳,只在一定历史时期和条件下才能
成立,"因为和概念语言并列的还有情感语言,与逻辑的或科学的语言并列的
还有诗意想象的语言。语言最初并不是表达思想或观念,而是表达情感和爱
慕的"②。早在 1744 年维柯在《新科学》中就已表明诗性智慧和哲学智慧是对
立的,他说:"按照诗的本性,任何人都不可能同时既是高明的诗人又是高明
的玄学家,因为玄学要把心智从各种感官方面抽开,而诗的功能却把整个心灵

---

① 翁特斯泰纳:《智者》,英译本,第311—312页。
② 卡西尔:《人论》,中译本,第34页,参看第38页。

沉浸到感官里去;玄学飞向共相,而诗的功能却要深深地沉浸到殊相里去。"①

维柯的思想为现代学者所证实。乌克威尔(J.Uexkull)、苛伊勒(M.Koehler)、雷弗兹(G.Revesz)、桑戴克(F.L.Thorndike)等研究动物心理和动物语言的学者证明:即使是最高级的动物也只有情感语言,只有一套感受系统和一套效应系统构成的智慧——动物功能圈,它只会"认定什么"而不会"思考什么"。但是人,即使是原始人类也有第三个系统——符号系统,形成符号化的想象力和智慧。② 语言、神话、艺术、宗教都是人类最早拥有的符号系统。维柯用大量材料表明:远古时代甚至到荷马时代人们的记忆力特强,想象力奔放而创造力高明(第447页),但是思维能力不发达,而且"推理力越薄弱,想象力也就成比例地越旺盛"(第115页)。所以那是一个诗歌的时代,"人们按本性就是些崇高的诗人"(第115页),而且"最初的诗人们都凭自然本性〔而不是凭技艺〕才成为诗人"(第121页)。维柯认为以想象力为基础、以诗为表现形式的智慧叫"诗性智慧",其思维方式叫"诗性逻辑",所体现的哲理叫"诗性玄学",所含有的伦理、政治、天文等意识分别叫"诗性伦理"、"诗性政治"、"诗性物理"等。对我们有特殊意义的是他考察了诗性语言和哲学语言、诗人的思维〔这就是在我国曾经发生过争论的所谓"形象思维"〕和哲学家的思维的区别。他说:"最初的人民仿佛就是人类的儿童,还没有能力去形成事物的可理解的类概念(class concepts),就自然有必要去创造诗性人物性格,也就是想象的类概念(imaginative class concepts),其办法就是制造出某些范例或理想的画像(ideal portraits),于是把同类中一切和这些范例相似的个别具体人物都归纳到这种范例上去。"(第120页)这种思维方式的特点就是"把各种不同的人物、事迹或事物总括在一个相当于一般概念的一个具体形象里去"(第121页)。用我们的话说这就是将一个感性的具体物想象为一般,将个别一般化,这也就是诗性语言的原则。哲学语言则不同,它是"凭思索和推理来造成的。哲学语句越升向共相就越接近真理;而诗性语言却是越掌握殊相(个别

---

① 维柯:《新科学》,中译本,第458页。
② 参见卡西尔:《人论》,中译本,第31—32、35—42页。

具体事物)就越确凿可凭"(第 122 页,参看第 703、704 节)。

现代科学探明,在人类使用有声语言的同时也就有了语言符号,开始是用手势、表情来表意,后来有了象形符号及继起的音节符号。这些符号还不是用来赋诗作乐,而是传递信息、指称神、自然物和人的某种体验和情感的。一旦人们开始创造了文字,用文字保存记忆,记录人类的活动,传授某种信息和知识以后,一系列的问题(包括现代语言哲学研究的意义问题、词和物的关系问题、指称问题等)就产生了。人们的思维能力也发生了根本变化,这种变化是我们现代人难以理解的,我们还是引用古人的话来加以论述吧。

柏拉图在《斐德罗篇》中讨论了说话的技艺以后,对话中的苏格拉底和斐德罗讨论书写文字的问题。他讲了古代埃及的一个故事:发明计数、几何和天文的白鹭神(Ibis)塞乌色对埃及国王说应该将这些技艺传授给全体埃及人。国王问他怎样传授呢? 塞乌色说如果用文字记载下来就好了,因为书写是一门学问,它可以使埃及人更为聪明也更便于记忆。可是国王却抱怨说:如果人们学会了文字,灵魂就变懒了,他们就不再去练习记忆。人们会依靠外在标志去记忆某种东西,而不再依靠灵魂固有的记忆了。所以你提供给他们的并不是真正的智慧而只是一种像似智慧的东西,因为文字不会告诉你许多凭记忆得到的状况。文字的确比记忆永恒和牢靠,但是它太简单了,会使人们单纯划一。文字像图画一样看起来栩栩如生,其实不会说话;你若问它表示什么意思,它的回答对所有的人都永远是同样的。再者当一件事物被记载下来传到后人或传到别的地方去的时候,那些人并不知道它的来历,便很容易传歪,变得含糊不清,而文字是不能为自己辩护的。(274C—275D)

柏拉图讲的这个故事很有意义,第一,认为文字是一种符号,是外在的标志。第二,认为人们凭记忆想到和说出的东西是真实的活灵活现的,而文字只能提供和它相似的东西。第三,说文字虽然能够长久保存下去,但它所表述的内容简单化,凭记忆用口语所能表述的丰富的情感和内容都消失了。第四,文字不会自卫不能自我辩解,久而久之势必变得含糊不清,甚至脱离真相以讹传讹。以这里可以看到现代语言哲学和解释学所涉及的问题,柏拉图已经开始意识到了。同时也可以看到古代最初发明文字时,人们并没有完全将它看成是一件好事。的确从有文字以来的历史中可以看到:人类的抽象思维能力是不断提高了,但记忆力和想象力在某些方面却也许不如远古时代的人。然而发明文字毕竟是人类的一个伟大的进步,正因为人类跃出了这一步才会有哲学和科学。用文字表达必然引起人类抽象思维能力的提高,对比一下荷马和赫西奥德的作品就可以看出。荷马史诗是靠历代行吟诗人凭记忆保存下来的,当初并没有文字记录,用的都是感性的形象语言;而当赫西奥德开始用文字写《神谱》和《田功农时》,我们在第一卷的概论中说过他已经用神话表述哲学了。因为当人们用文字表述时,脑子中形象的记忆的成分逐渐削弱,而相应的抽象的一般的东西却逐渐增多。语言文字上的这种变化必然带来人类抽象思维能力的提高,抽象概念和理性思维逐渐形成,随之而来的则是文字表达形式的变化,即适用于表述抽象道理的散文也形成了。维柯研究过诗和散文的关系,他认为:最初僵硬的舌头和迟钝的脑子只能产生扬扬格(— —)的诗,后来心思和舌头都变快了才引进了扬抑抑格(—∨∨);接着心思和舌头变得更熟练,抑扬格(∨—)即快音步就兴起了;最后心思和舌头都变得最灵敏,散文就发展出来,散文仿佛是用理智性的"类"来说话的。(第238页)因此哲学和散文在小亚细亚的米利都这个地区在同一时期内形成也不是偶然的。但这也是在一个相当长的过程中逐渐形成的。米利都学派还受诗性语言思维方式的强烈影响,他们开始也是将感性的个别事物当成一般,即将感性具体的水、气提升为一般的本原。这是整个时代的特征,其中最能说明问题的就是当时人们不是另外创立新的抽象概念,而是将神话中诸神的名称转化为相应的概念,例如混沌之神卡俄斯 Chaos 就是"混沌",时间之神克罗诺斯 Chronus 就是"时间",天神乌剌诺斯 Uranus 就是"天"。维柯引瓦罗的统计,希腊人有三万个这样的神的名称,成为表述自然和社会现象的概念的重要来源。(第113页)

米利都学派以后的毕泰戈拉本人没有写过著作,并不是他不能写而是因为他受传统诗人和巫师的影响,认为口授才真切可靠。稍迟的赫拉克利特留下一些残篇,这些残篇的风格介乎传统诗和散文之间。他的最大进步是将语言看做是表达思想(phren, gnome)的逻各斯。logos 就是说出的一句话,它的复数 logoi 就是人们说的一番话。现在这一句或几句话不是说那个别的感性的意象,而是一番抽象的道理。与此有关的一系列词语如变化、产生、斗争、必然性等在赫拉克利特那里也从普通的词义发展成为哲学范畴了。但是赫拉克利特还不懂得一句话或一个逻各斯是由名词加动词构成的;直到柏拉图的《克拉底鲁篇》(425A,431B—C)和《智者篇》(262C)才明确提出这一点;而由系动词加上表语构成一个逻各斯则是亚里士多德在《解释篇》(16^{b}6)明确提出的。当人们要从诗歌语言中解脱出来时,对于如何才能表述抽象的道理一时还感到困难。我们不能过于抬高赫拉克利特哲学中那些辩证法萌芽的思想,将那些短句理想化,认为他已经具有后人才有的对立统一那样的表述方式。他所以被人认为"晦涩",主要还不是因为他思想深奥、表述古怪和性格奇特,而是由于正在形成中的哲学思维当时找不到适当的语言和语法来表达这个矛盾现象的反映。在本书第一卷(第342—343页)中我们引用过亚里士多德在《修辞学》中的一段话,现在可以作进一步的解释了。亚里士多德批评赫拉克利特的著作难懂,说"那里有许多联结词和子句,连在哪里点标点都有困难。给赫拉克利特的作品点标点不是一件容易的事情,因为我们常常不能说出一个词的前面是哪个词,在它后面又是哪个词"。(1407^{b}13—15)原因很简单,因为这个时候语法尚未形成,用诗歌好说,遇到抽象的哲理就难以表述了。人类开始只会说单音词进而说多音节词,但要将这些词联结起来表述一个意思便感到困难,古代人往往借助于感情和手势,对于这些连感情和手势都用不上的哲学道理,自然会感到棘手。米利都的三位哲学家很可能是靠口头传授学说而没有写过著作,毕泰戈拉也没有写过著作,塞诺芬尼和巴门尼德在解决这种表述方面的困难时仍然回到诗歌道路上去,这些都和哲学语言形成时期的困难不无关系。

　　在巴门尼德那里思想超前而表述落后的矛盾情况也相当突出。现代人很难理解:为什么不能思想不能表述那非存在的东西呢,人们不是天天在表述一些子虚乌有的东西吗? 其实这正好说明现代人不理解当时人的思维方式和表述方式。在古代想象力发达而抽象思维不发达的时代,任何一个词都有和它相对应的感性的具体的东西;巴门尼德显然还没有完全脱离这个时代,他认为脑子中的一个感性印象和感觉内容必须联系到一个可感受的、变化的、可分的东西即"非存在",因此感觉和"非存在"是同一的。这种"同一"的含义除了我们在本书第一卷(第534—536页)中说的以外还有另一层意思,即当时历史条件下相当普遍的语言的能指和被指的对称关系。但是巴门尼德毕竟是生活在哲学思维产生以后的时期的哲学家,他在塞诺芬尼和赫拉克利特关于nous,phren 的理解的基础上将"思想"从"想象"中区分出来〔本书第一卷没有讲到这层意思,现作补充〕。思想 noema 是由单纯的火组成的 nous 或 phren 的活动(就是后来柏拉图和亚里士多德所说的理性灵魂的活动)。按照当时人们尚未摆脱的能指和被指"一一对应"的思维模式,思想必须有也只能有一个相对应的对象,即不动的、不可分的、单一的"存在"。所以在这个意义上"思想和存在是同一的"。如果思想想到"非存在",那就是感性灵魂介入了,便是想象而不是思想。作为想象当然可以联想到许多虚构的东西以至于"非存在"。弄清这个道理很重要,以下讲到高尔吉亚关于"存在"的三个命题时,我们有些不同的看法就要涉及这个问题。

我们认为哲学史是人类思想发展的历史,同时也可以看做是人类的思维方式和模式发展的历史,是思维方式和表述方式发展的历史。从这个历史发展过程可以看到思想和思想的表述往往不是同步的:一种新的思想产生了,却往往找不到适当的表达方式,这是常有的事。这固然有文字修养方面的原因,但还有更深一层的原因,那就是思想和表述,或者说思想和它通过语言的实现存在矛盾。哲学家的长处在于善于进行理论思维,但是伟大的哲学家不一定是高明的语言学家,他可以构想出新的思想却苦于表达不出来或表达不好。早期希腊哲学阶段人们刚跨入哲学的门坎,然而并不是同时就形成了和哲学智慧相统一的哲学语言。传统的诗歌语言在相当长时期内仍是哲学家使用的表述方式,以至巴门尼德还需要借助圆球来描述"存在"的特点。这样诗歌语言表述哲学内容的局限性也就表现出来了:具体的可以感觉的圆球的确是完善的,然而作为圆球的"存在"却走向巴门尼德意图的反面,它成为有限的可分的有度量的东西了。阿那克萨戈拉看到这种日常语言表述和哲学思维的矛盾,但是他不懂得这是怎么回事,却去非难语言。他说:"希腊人在说到产生和消灭时是用词不当的。……正确的说法应该是:不说产生而说混合,不说消灭而说分离。"(DK59B19)阿那克萨戈拉不懂得:自从哲学和科学产生以后,在原有语言的一般词义基础上逐渐形成了哲学和科学的概念与范畴;并不是古希腊人误解"产生"和"消灭"的词义,而是哲学家们对生灭的理解已经超出原来的感性的形象的词义了。现在需要的是:在哲学思维发展的同时,推动语言这另一只轮子,将语言的研究提到日程上来。从泰勒斯开始哲学智慧蒸蒸日上,能表述哲学思想的散文也已经出现了,然而当时的散文用来叙述政治事件和日常事务确已得心应手,如希罗多德和修昔底德用它写历史是很合适的,但用来表述哲学思维却还存在日常词义和哲学内容的矛盾。哲学需要研究词义,产生自己的概念和范畴,还需要找到和表述哲学内容相适应的论述形式。

智者并不是意识到这个需要而去研究语言和论证的,他们是从演讲和论辩的实际需要出发研究语言的;然而他们的研究却为苏格拉底和柏拉图以至亚里士多德解决哲学思维和语言表述的矛盾开辟了道路,奠定了基础。

〔在本书第一卷中没有涉及语言问题,我们没有从语言发展的角度去讨论哲学思想的发展,以上论述可以说是在这一方面为第一卷作了补充。〕

智者从两个方面入手研究语言问题,其一是关于正确使用语言的写作方式问题,由此产生语法;其二是确定名称的正确性问题也就是名和实的关系问题,由此产生最早的语言哲学思想。

二　书写技艺——grammar(语法)

希腊文是靠名词、代词和冠词的性、数和格的变化以及动词的人称、时态、语气和语态的变位来构成句子的。在智者运动以前这种语言的写作方式还不完善,正是智者开始了书写方式和表述方式的研究,其主要内容就是后人所说的语法。希腊文 grammar 原义就是语言的技艺,亚里士多德在《论题篇》中将语法定义为"遣词造句的知识"以及"阅读的知识"。(142^{b}31—33)语法研究的奠基人就是普罗泰戈拉。第欧根尼·拉尔修说是普罗泰戈拉"第一个区分了动词的时态,提出掌握正确时态的重要性";又说"他最早将句子(logoi)分成四种即祈使式、疑问式、答复式和命令式。另一种说法是他区分为七种即陈述式、疑问式、答复式、命令式、朗诵式、祈使式和呼叫式,他将这些称做语句的基本形式。阿尔基达玛则将语句分为四种即肯定式、否定式、疑问式和申述式"。[1] 亚里士多德在《诗学》中说到普罗泰戈拉曾按照自己的区分法订正了荷马的错误,他说:"为了措词准确就要研究语言,例如区分命令式和祈使式、简单句和复合句、疑问句和答复句等,这种学问属于一门专门的技艺叫雄辩术(Elocution)。一个诗人不管他懂不懂这种技艺,也不致引起对他的诗进行严肃的指责。荷马说'女神,歌唱这忿怒吧'[2]。普罗泰戈拉指出,这句话应为祈使式,荷马却错写成命令式了。"(1456ᵇ7—16)动词时态的区分在当时是出于演讲的需要,直接目的是为了下一节要说的正确的措词,它对语法发展的作用是推动了对希腊文动词变位的研究。

亚里士多德还说,普罗泰戈拉最早将名词分为阳性、阴性和中性这三种性(DK80A27),并且纠正了人们使用名词和冠词搭配中的一些错误。他在《修辞学》中说:一篇好的文章必须遵循五条规则:第一,恰当地使用相关的词语并给以正确的组合;第二,用专门的固定称呼指称某物,而不要泛泛地讲;第三,避免含糊不清的用语;第四,遵守普罗泰戈拉将名词分为阳性、阴性和中性的划分法;第五,用正确的词尾表述单数和复数。(1407ᵃ18—ᵇ10)亚里士多德自己在《诗学》中还进一步发展了普罗泰戈拉的划分法,认为凡是词尾为 v,ρ,ς 或双辅音 ϕ,ξ 的名词是阳性,凡词尾为长元音 η,ω 和长音的 α 者是阴性,中性名词的词尾仅限于各元音或 v,ρ,ς。(1458ᵃ9—17)由此也可以看到柏拉图和亚里士多德同智者之间的观点并不总是对立的,在这个问题上亚里士多德就是继承和发展普罗泰戈拉的工作的。

亚里士多德还肯定了普罗泰戈拉在纠正语法错误方面的工作,他在《智者的辩驳》中说:"普罗泰戈拉说过 $\mu\hat{\eta}v\iota\varsigma$(menis,忿怒)和 $\pi\acute{\eta}\lambda\eta\xi$(peleks,盔)应为阳性;根据他的说法,将 menis 称为 $o\grave{\upsilon}\lambda o\mu\acute{\varepsilon}v\eta v$(oulomene,破坏者)是犯了语法错误。"(173ᵇ19—20)从亚里士多德的论述可以看到普罗泰戈拉不仅最早研究名词的性的问题,而且具体研究了名词的性的划分。其意义在于:他不

---

[1] 第欧根尼·拉尔修:《著名哲学家的生平和学说》第 9 卷,第 52、53—54 节。

[2] 荷马:《伊利昂纪》第 1 卷,第 1 行。

仅根据自然的性别而且也根据词尾结构即语词本身的形式来划分名词的性，这样就将语法的性和自然的性别区分开来。希腊文中许多名称来自诸神，还有不少是依隐喻原则以人体的各个部分称呼自然界中的"顶部"、"头部"、"中心"、"底层"等等；原来用来称呼或描述女神或女性的词都成为阴性，反之则为阳性，这是自然性别给语法性别带来的讹误。普罗泰戈拉开始指出这个问题，可以说是他的一大功绩。在普罗泰戈拉以后，区别名词的性便成为一个共同关心的问题。阿里斯托芬在喜剧《云》中讲到斯特瑞西得向苏格拉底学习论辩技艺，苏格拉底要他首先学习名词的性，斯特瑞西得不能按词尾去区别不同性的名词，遭到苏格拉底的指责。①（DK80A3）喜剧反映的不一定是真实情况，但它从侧面说明如何划分名词的性的问题在当时修辞学中所占有的地位，它是正确的书写技艺和表述技艺的必修课程。

三　措词技艺——orthoepeia（正名）

在演讲和论辩中为了正确有效地使用语言，揭露对方用词不当的错误，智者们深入研究了词义问题即所谓"正名"。

古代希腊智者的"正名"同中国先秦以来讲的"正名"不同。孔子讲正名是要正名分反对僭越，由于社会的急剧变化打破了传统的社会秩序和等级关系，高门第世家的社会地位下降了，身份低下的人却在社会活动中左右风云，所以要"以名正实"，"名不正则言不顺，言不顺则事不成，事不成则礼乐不兴，礼乐不兴则刑罚不中，刑罚不中则民无所措手足。"（《论语·子路》）孔子以后历代所谓"正名"，一般也都是按名分等级去纠正事实上打破了的等级门第关系，因而带有强烈的政治伦理色彩。希腊智者所讲的正名与此根本不同，希腊文 ὀρθοέπεια（orthoepeia）英译为 correction of name 或 correct diction 即正确的措词，属于正确的表述方式问题，它是用词的技巧问题，是整个使用语言的技艺——修辞学的组成部分。用现代语言来说，希腊智者的正名是要订正名称使之符合实际，旨在提高人们的文化素养和语言、认识水平；而中国古人的正

---

① 参见阿里斯托芬：《云》，第 658 行以下。

名却是要纠正事实以符合身份，旨在维护政治伦理上的传统秩序，所以二者是根本不同的两回事。

正名也是由普罗泰戈拉首创的。柏拉图在《斐德罗篇》中提到普罗泰戈拉创造了正名和别的一些好东西（267C，有的译本译为"好的著作"，DK84A20）；在《克拉底鲁篇》中苏格拉底建议赫谟根尼向普罗泰戈拉学习正名（391C）。格思里据此认为普罗泰戈拉可能写过有关正名的书。① 柯费尔德则推测普罗泰戈拉在《论真理》中一定讨论过正确使用名称的问题。他还提到公元前 443 年普罗泰戈拉为图里的新殖民城邦起草法律时将立法家卡隆达斯的法律用语 dynamis（权力）订正为阴性词 dynamia。② 由此可见上面所写有关名词的性别问题可能也是正名的内容之一，正名和语法问题也有密切关系，它们的目的都在于订正用语以提高人们使用语言的技艺。

对于正名问题最有研究且成就最多、影响最大的是普罗迪柯。其他智者也有研究，据说安提丰反对含糊地使用语词，他曾教人们怎样创造新词以表达新的意思。③ 普罗迪柯在词义的区分方面有特殊研究，他最早提出同义词的问题并研究了词义的区分和从属问题。柏拉图在《拉凯斯篇》中说："在分辨词的意义方面，普罗迪柯在智者中是最优秀的。"（197D）在《卡尔米德篇》讨论节制时，苏格拉底说他曾向普罗迪柯学习过名称的区分问题。（163D）在《美诺篇》中苏格拉底说："我认为'结束'就是'有限'或'限制'，这些词意义相同，普罗迪柯可能为此和我们争论。"（75D—E）在《克拉底鲁篇》中苏格拉底说："关于名词的知识是重要的，如果我不是贫穷的话，一定会听伟大的普罗迪柯的五十个德拉克玛的课程，他自己说那是关于语法和语言的完整的教育课程。"（384B）对于词义问题谈得最具体的是《普罗泰戈拉篇》中普罗迪柯说："参加讨论的人应该是'不偏不倚'，却不应是'同等的'，这二者是不同的。他们必须同样注意听，但不是给予同等的评价；对于比较聪明的人应予较高的评价，反之则给予较低的评价，这就是不偏不倚。""你们的讨论应该是争论而

---

① 参见格思里：《希腊哲学史》第 3 卷，第 205 页。
② 参见柯费尔德：《智者运动》，第 75、69 页。
③ 参见格思里：《希腊哲学史》第 3 卷，第 204 页及注 1。

不是争吵,争论发生在朋友之间,心怀善意,而争吵却是敌对的,发生在敌我之间。""你作为发言人受到我们的尊敬——我说是尊敬而不说恭维,因为尊敬是听众在听讨论时的真诚心意,而恭维往往是只停留在口头上并非真意。我们听者感到由衷的喜悦而不是享乐,喜悦是有理智参与的发自内心的情感,而享乐却来自饮食和其他肉体的放纵。"(337A—C)普罗迪柯还责备苏格拉底错用了"可怕的"这个词,竟然说"普罗泰戈拉是一个可怕的聪明人";他说:"可怕的"只能用来修饰不好的东西,例如可怕的疾病、可怕的战争、可怕的贫困,却不能用来修饰好的东西如"可怕的财富"、"可怕的和平"。(341A—C)

普罗迪柯创立的研究方法是:从两个或几个相近的词中找出它们的共同含义,同时又找出它们的细微差别,这种方法叫 Diaeresis(词的划分)。它的特点是要说明"在哪些方面 x 不同于 y",而不是"x 是什么"。[1] 苏格拉底和柏拉图也经常使用这种方法,柏拉图早期的苏格拉底式对话中讨论美德的定义时常用这种方法,如《拉凯斯篇》讨论什么是勇敢时就说明在哪些方面勇敢和鲁莽不同。柏拉图在《斐德罗篇》中将这种"划分"和"综合"联系起来称为辩证法,成为他后期哲学研究的重要方法。

在《欧绪德谟篇》中柏拉图说:"正像普罗迪柯所说的,首先必须学习正确地使用语言。"(377E)苏格拉底和柏拉图都很重视学习语言学会演说的问题。色诺芬在《回忆录》中说到一个骑兵将领除了具备其他资格外,还必须是一个会演说的人,因为"我们所借以认识生活的一切事物都是通过语言学来的,我们所学得的其他一切有用的知识也都是通过语言学得的;最好的教师是最会运用语言的人"(第 3 卷第 3 章第 11—12 节)。他还说到在饭桌上"人们正在讨论事物的名称问题,每一种名称是由什么样的行动引起的"(第 3 卷第 14 章第 2 节)。柏拉图在《克拉底鲁篇》中专门讨论了怎样使名称正确的问题,由此引申出名和实的关系问题以及名称的来源问题等等,这是 physis-nomos 争论中的重要问题,我们将在以后专门讨论它。智者关于词义的研究和名实问题的探讨可以说是直接影响了柏拉图和亚里士多德的哲学。当时还没有后

---

① 参见柯费尔德:《智者运动》,第 74 页。

来的"概念"或"观念"这样的思想,可是柏拉图所说的"相"(idea)确实是从词的含义中衍生出来的,特别是在他的《巴门尼德篇》和《智者篇》中讨论"相"("种"或范畴)的相互关系时更可以看清分析词义在他的哲学思想中的重要意义。亚里士多德的哲学可以说是从范畴分析开始的,范畴分析实际上就是词义分析;他的《形而上学》第5卷(△,通常称为"哲学辞典")就分析了30个哲学名词的各种歧义。这些可以说都是继承和发展智者关于语言和词义的研究的。

第三节 论辩术

作为演讲和论辩技艺的修辞学既推动了语言学的研究,也促进了逻辑思维的发展,为后来逻辑学的诞生创造了条件。

亚里士多德将修辞学和辩证法相提并论,认为它们都是论证的技艺。他在《修辞学》第1卷开始就说:"修辞学和辩证法相配。二者都研究所有人多多少少共同关切的知识范围内所发生的事情,但又都不属于某一专门学科。因为所有的人都要或多或少地运用这二者,从某种意义说所有的人都试图讨论某种陈述,论证它们以捍卫自己和反对他人。"(1354ª1—5)亚里士多德的话表明在当时希腊人们已经开始认识到:主张、赞成或反对某种论断既要有使用语言的技艺,又要有论辩的技巧和逻辑思维的能力。他们所说的"修辞学"比较偏重语言的技艺方面,而"辩证法"则比较偏重于逻辑论证方面,所以二者是互相配合的。在这方面不论是苏格拉底、麦加拉学派的安提斯泰尼、柏拉图和亚里士多德都是如此,只是柏拉图和亚里士多德对"辩证法"又作了更多哲学意义的解释。

在对论辩术的研究方面智者起了奠基人的作用,其中尤以普罗泰戈拉为首。他的基本思想是:任何命题都有两个相反的论断,论辩的目的和主要技艺就是如何使弱的论证变为强有力的论证。第欧根尼·拉尔修说:"普罗泰戈拉首先提出任何一个命题都有互相反对的两个逻各斯,他用这种方式进行论辩因而成为第一个这样做的人。"他又说:"而且在他〔普罗泰戈拉〕的辩证法中,他忽视词义而追求华丽的词藻;许多证据表明他是全部论辩术的始祖,因此蒂蒙说:'普罗泰戈拉是全人类的缩影,我以为他是文字战方面的能手'。他又是最早介绍被称为苏格拉底式的讨论方法的。而且我们从柏拉图的《欧绪德谟篇》中知道,他〔普罗泰戈拉〕最先使用安提斯泰尼的论证方法——致力于证明矛盾是不可能的,最先提出如何驳斥和攻击别人提出的任一命题。"①由此可见,由于任何一个命题都可以提出两个相反的论证,普罗泰戈拉为了将弱的论证变为强的论证便需要利用论辩的技巧。亚里士多德在《修辞学》中讲到修辞和论辩的前提的虚假性时说:论辩术使用一种抽象的可能性,随时可以提出一种可能来反对另一种可能,甚至反对实际存在的事实。"因此人们反对普罗泰戈拉发明的这种论证是有道理的。"(1402ª24—25)塞内加和克莱门也讲过类似的话。塞内加说:"普罗泰戈拉总是能从论敌的一个命题中找出一个相反的命题来。"(DK80A20)克莱门说:"普罗泰戈拉的弟子欧多克索遵循他老师的学说,教育他自己的学生对同一个人可以称赞他同时又指责他,因为这可以是同一个人的不同方面。"(DK80A21)

可惜的是普罗泰戈拉本人并没有留下有关这方面的具体材料,我们只能从柏拉图的《普罗泰戈拉篇》和《泰阿泰德篇》看到。从柏拉图的论述中可以看出,普罗泰戈拉是以感觉论和相对主义为理论基础作出这种论断的。在形式逻辑产生以后,我们都知道:在同一思维过程中两个具有矛盾关系或反对关系的判断不能同时肯定,否则违反矛盾律;而在同一思维过程中对具有矛盾关系或下反对关系的两个判断不能同时都否定,否则违反排中律。普罗泰戈拉的时代形式逻辑尚未形成,他没有考虑同一思维过程的问题,也不懂得区分矛盾关系和反对、下反对关系。他不是从形式逻辑出发,而是从感觉论和相对主义以及上述亚里士多德提到的可能性出发观察问题的。从可能性看问题,当然任一命题、任一案件、任一历史事件都有几种可能性,既可能这样也可能那

①　第欧根尼·拉尔修:《著名哲学家的生平和学说》第9卷,第51、52—53节;其中提到柏拉图的《欧绪德谟篇》,见286C。

样。从感觉论和相对主义出发，所谓知识就是感觉、看法、见解，一句话说就是doxa（意见）。这样，你说这是对的，我可以说它是错的；你说好，我说不好；你说这阵风是冷的，我说它是暖的；你说美德是不能传授的，我说是可以传授的。所以两个命题是对立的，然而依这种意见看来却并不矛盾，二者可以同是真的，不存在非此即彼的真假关系。理解这一点很重要，这样才能了解智者的思想，才能明白为什么安提斯泰尼甚至会认为矛盾是不可能的，也没有假的命题。

相反的两个命题都是真的，然而它们并不是等值的，其中有一个好一个不好，或者说一个强些另一个弱些。论辩能不能取胜关键在于能不能建立起比论敌更强更有说服力的命题，或者说将处于弱地位的命题变成比论敌强的命题，这就是普罗泰戈拉所说的变弱的论证为强的论证的技艺。从这个意义上我们可以说，普罗泰戈拉最早区分了事实判断和价值判断。这种区分对所有的智者都很重要。智者们都承认：辩论中双方的命题或看法可以是同真的，就如两个人的不同感觉都是真的一样；然而它们的价值不同。智者们追求的目标就是使自己的真命题变得比对方的命题（也是真的）更有说服力，因而能够取胜。对于普通人的思维来说，这是难以理解的，然而问题的实质恰恰就在这里。普罗泰戈拉和其他智者不约而同地都以病人和医药作类比：一种食品，正常人觉得香甜可口，病人却觉得苦而无味；对于同一对象，两个人的相反的感觉显然都是真的，不能说谁比谁真，它们的区别仅在于一个是健康人的感觉而另一个是不健康的人的。医生的作用并不是使一种感觉由假变真或由真变假，这是不可能的。医生的作用是用医药治疗病人使他康复，使病人的感觉恢复到同正常人一样。智者的作用和医生一样，不过医生是用医药治疗人的肉体，智者却是用语言医治人的灵魂，使受教育的人的灵魂处于良好状态。大约是由于这个缘故，柏拉图在《智者篇》中讽刺智者是出售灵魂食粮的人。（223C—224D）所谓医治灵魂改善心灵状态，用现在的话说就是提高思维能力和表达能力。我们透过柏拉图的贬损和讽刺可以看出这一实质。在《泰阿泰德篇》中说得更明白，对话人苏格拉底代述普罗泰戈拉的看法：并不是健康人比病人智慧，也不是弱论证的人天生比强论证的人愚蠢，而是在于灵魂状态的不同。改变其灵魂状态使它向相反方向转化,这就是智者的任务。"医生靠药物促成这种变化,智者则靠逻各斯促成变化。"(167A)《斐德罗篇》也说:"修辞学家像医生,医药治疗肉体,修辞学是治疗灵魂的,用的是逻各斯和训练。"(270B—C)

高尔吉亚也将修辞学和医学作类比,前译《海伦颂》中就说过:语言和心灵的关系犹如药物对肉体的关系。柏拉图在《高尔吉亚篇》开头就说高尔吉亚的兄弟是医生,并多次将修辞学和医学作类比。(449A,450A,464B—465D,520A)

由普罗泰戈拉提出的这种学说:任一命题都有两个相反的论证,二者同真互不矛盾,论辩的胜负取决于能不能将弱论证变为强论证,在智者和其他人中得到强烈反响,以至成为公元前 5 世纪后半叶时包括苏格拉底在内的共同思想。柯费尔德在《智者运动》一书的"智者的相对主义"章中列举了一些事例:(1)欧里庇得斯的剧本《安提俄珀》的一条残篇中说:"在任何情况下只要一个人说话机灵,他就能作出一个相反的论证。"(残篇 189N^2)(2)在阿里斯托芬的喜剧《云》中讲到斯特瑞西得和苏格拉底的著名的争辩,就是关于两个相反的逻各斯——正义的论证和非正义的论证。如果说某件事情是非正义的,但只要举出一件更不正义的事情来,原来那件事情就显得并不那么非正义了。这样原来的弱论证就变成了强论证。(3)普卢塔克在《伯里克利传》中说:伯里克利也是爱利亚的芝诺的学生,他精于用相反的论证对付他的论敌,以致蒂蒙说芝诺"有一个两面锋利的舌头"。(第 4 章第 3 节)(4)伊索克拉底在《论海伦》中反对同一命题有两个相反的逻各斯,他说:不幸的是普罗泰戈拉和他那个时代的智者留给我们的尽是这类东西。他不仅提到高尔吉亚,还提到芝诺和麦里梭。(5)1941 年发现的盲人狄底谟斯(生活在公元 4 世纪)的《传道书》注释中说道:普罗迪柯的二难论断传到现在,说是不可能有矛盾,但这是和所有人的思想和意见相反的,如果两个人说的是矛盾的,那就一定不是关于同一件事而是不同的两回事。① 在柏拉图的对话中也提到过同类的意思,如

---

① 参见柯费尔德:《智者运动》,第 84—85、91、101 页。

《欧绪德谟篇》中说到任何事物都可以有两个相反的命题时,苏格拉底说:我在许多场合听到许多人作这样的论证,但每次我都感到惊奇,普罗泰戈拉和他的随从者使用得这么好,而且在他们以前别人也已经熟练地使用了。(286C)在《克拉底鲁篇》中讨论到赫谟根尼的名字是否真实时,克拉底鲁认为根本不可能说虚假的东西,相反的逻各斯都是真的,不然便成为非存在了。(429C—E)

在各种相反的逻各斯中寻找最强有力的逻各斯也成为苏格拉底的思想,在《克里托篇》中克里托劝苏格拉底越狱,认为越狱是最好的。苏格拉底就用一个更强有力的论证加以反驳,他说:"我亲爱的克里托,如果能证明这是 $o\rho\theta o\tau\iota\varsigma$ (orthotes,好的论证),你的热心就是可以赞许的,否则就很难有说服力。我必须考察是否应该做的问题,因为我是一个只服从我认为是最好的逻各斯的人,我现在也不能将我早年的逻各斯抛弃。"(46B)这说明早期苏格拉底在对论证的看法上和智者有共同点,后期他批判智者竭力和他们划清界限,但仍然坚持这种论证方法。

以上材料说明:认为对任何事情都可以建立两个相反的命题,二者同是真的,彼此没有矛盾;论辩的目的就是要使自己所主张的命题成为强有力的命题以战胜对方。这种思想已经是当时普遍的思想,成为当时相当普及的思维方法。在这种思想指导下进行论辩工作,就必须做到:第一,发现和寻求同论辩对方相反的逻各斯,即建立与正题成相反关系的反题;第二,论辩双方对各自的命题尽力寻求论据使它具有说服力,不但要论据充分有力,而且要从语言、技巧、手势、情感甚至装束方面都能使自己的论题成为胜过对方的强有力的逻各斯,达到论辩胜利的目的。如果我们从这个角度来考察,就可以承认这个时代的哲学思维水平和哲学语言表述的水平已经比早期希腊哲学大大提高了。现在不是像赫拉克利特和毕泰戈拉学派那样仅仅去揭示对象中的矛盾,而是要探究思维本身以及表达思维的语言中的矛盾了。因此就哲学研究的内容说已经不像早期自然哲学那样以宇宙生成论为主,而是深入研究思维和语言的哲学,它主要是继承和发展了爱利亚学派尤其是芝诺的思维方法,学会了辩证地思维。用后来黑格尔的话说,智者已经达到反思阶段的水平了。

　　但是过去不论在西方和中国都有一些学者将智者排斥在哲学以外,将他们简单地斥之为"诡辩",好像智者没有什么真正的哲学可言。这实在是太片面了。哲学史研究者必须时时警惕自身的局限性。在研究智者的问题上我们实际上存在着好几层理解上的间隔,那就是:公元前 5 世纪时智者运动的实际进程——智者们自己的有关著作——经过苏格拉底和柏拉图竭力贬抑智者以后人们对智者的记述和理解——当今学者对这个问题的理解;对我们中国学者来说还要多一层语言和文化背景不同的隔阂。只有打破我们自己身上的种种局限性才能提高我们的研究水平。而提高研究工作最关键的因素就是掌握史料,只有根据智者自己的第一手资料才能作出比较符合实际的判断。

　　但正是在这个问题上,当我们想了解普罗泰戈拉和其他智者有关相反论证的思想时,我们首先遇到的就是资料问题,因为第一手资料绝大部分都佚失了,普罗泰戈拉本人甚至没有留下一个有关相反论证的具体事例,在柏拉图对话中记述的智者的有关论证都是被当做批驳的对象论述的,不免有被歪曲的成分,认为智者的论证只是诡辩的看法大概是由柏拉图的对话引起的。有关相反论证,古代留传下来只有一份后期智者的资料,它比较全面具体地反映智者关于相反论证的思想,过去在我们国内还没有介绍过,需要详加介绍。

　　这篇著作原来附在塞克斯都·恩披里柯的著作后面,既无作者名也无标题。据翁特斯泰纳说是斯特方给加了标题 $\Delta\iota\alpha\lambda\varepsilon\xi\varepsilon\iota\varsigma$(dialexeis,"两种说法"或"两种论证"),后来学者们根据第一题第一节和第四题第一节中的用语,将 dissoi logoi 当做标题,英译为 Double Arguments,即双重论证的意思。现在一般都用 Dissoi Logoi 再加括号(Dialexeis)作标题。[1] 该文作者已无从考证,有的学者根据本文中多里安文体及一些用语认为作者本来是雅典人,后被驱逐逃往多里安人居住地区,很可能是在西西里写的。[2] 关于写作时期,后人根据文中提到斯巴达"最近"对雅典的胜利,推断是伯罗奔尼撒战争后不久写的,格思里、弗里曼、翁特斯泰纳都持这种看法,但也有学者根据文中许多内容和

----

① 参见翁特斯泰纳:《智者》,英译本,第 308 页注 1。
② 参见翁特斯泰纳:《智者》,英译本,第 308—309 页注 2。

柏拉图对话中的内容相似,认为是和柏拉图同时代或稍后的人写的,甚至认为是摹仿或抄袭了柏拉图的著作。①

文章列举了九组相反论题,分别作了论证。本文尚无英译文,仅弗里曼在《苏格拉底以前的哲学家》中作了比较详细的转述,翁特斯泰纳在《智者·证言和残篇》第3卷中全部译为意大利文并加了详细注释。以下我们根据这两个来源加以介绍,凡加引号的引文都译自意大利文。开头的"正题"、"反题"是我们加的。

(一)善和恶(好和坏,原文共17段)。

正题　　善和恶(好和坏)是一样的。好和坏本来一样,不同只在于所涉及的对象和情况。例如饮食男女对病人是坏的,对健康人却是好的;纵欲和挥霍对他本人来说是不好的,但对于商人就是好的;死亡、疾病、翻船对遭难的人来说是坏事,但对以埋葬死人为业的人,对医生和造船者来说却是大好事。在体育、竞技和战争中,对得胜者来说胜利是好事,但对失败者来说就是坏事。所以好和坏是同一的,只是因人因事而异罢了。

反题　　善和恶也可以说在事实上是不同的,正如二者的名称不同一样。如果是一样的,那么对父母行善也就是对双亲作恶;对敌人施虐也就等于对敌人行善;而且饮食男女对病人和健康人也都一样了。

(二)光荣和耻辱(共28段)。

正题　　光荣和耻辱是相同的。一个漂亮的男子喜欢他喜爱的人而不喜欢他不愿爱的人;妇女只能在室内洗澡而不能在体育场上洗澡,男人却可以在公共场所洗澡。在公共场合性交是耻辱,而在自己室内就不是。不论男人或女人同已婚的人交配是正当的,同未婚者交配就不光彩。妇女用化妆品和珠宝美化自己是光荣的,而男人这样做就是耻辱。待朋友好是光彩的,对敌人好就是可耻的。杀害朋友或同一城邦的公民是卑鄙的,而杀死敌人却是光荣的。再者,不同城邦的人有不同的荣辱信念,例如斯巴达的妇女以裸体洗澡为荣,

① 参见格思里《希腊哲学史》第3卷,第316页;弗里曼:《苏格拉底以前的哲学家》,第417页。

伊奥尼亚人却相反;斯巴达人无需学习音乐和文字,不以此为耻,伊奥尼亚人则以学习音乐和书写为荣。帖撒利公民可以驯马宰牛,不以为耻,而在西西里这些却是只有奴隶才干的事。马其顿的姑娘在婚前可以允许有情夫,婚后不许,而希腊人却都不允许。色雷斯的女孩以敲"塔图"(tatto,一种鼓)为荣,但只在节日庆典上才允许,但别的民族却以此作为对罪过的惩罚。司奇提亚人剥取敌人的头皮挂在马前,以此作为杀死敌人的胜利品,并且将敌人的头颅镶上金银用作酒杯,但是希腊人却不允许收容干过这种事情的人。马萨格塔人可以吃掉父母,如果希腊人这样干就得被处死刑。波斯的男人可以像女人一样装扮自己,而且可以同自己的女儿、母亲和姐妹交配,希腊人却绝不允许这样做。吕底亚人可以娶卖淫的妇女为妻,希腊人就不允许。在埃及男人也纺纱织衣,而在希腊这是只有女人才干的事情。"所以没有什么绝对的正确和错误、光彩和不光彩,一切只依情况而定。"因而光荣和耻辱是同一的。

　　反题　　光荣和耻辱二者是不同的。谁说它们是同一的便必须承认凡做得对的也就是做错的;美男子也就是丑八怪,白人也就是黑人,敬神也就是渎神,女人的打扮是对的也是错的。这样,凡是错的就是对的,正确和错误都是一样的。

　　(三)正义和非正义(第 17 段后佚失)。

　　正题　　"双重论证也适用于正义和非正义。有些人断言有些事是正义的而另一些是非正义的;另一些人却认为正义和非正义是一样的。我先论证后一论题。"打仗时对敌人撒谎和欺骗是正义的,但对朋友如此就是不正义的。父母拒绝服药时将药混入食物中蒙骗父母服用,是正义的。如果你的朋友或邻人用剑刺你,你对他施加暴力或偷走他的剑,这是正当的。如果你父亲正在作案或处于生命危险之中时你破门而入,那是正当的。如果希腊处在危机中需要金钱拯救她免遭野蛮人蹂躏时,动用寺庙金库的钱财也是正当的,不过只限于动用全希腊人的寺庙如特尔斐或奥林匹亚寺庙的财产,不能动用仅属于个别城邦的资财。遵循神谶命令杀死最亲近的人也是正义的。在艺术中谁的戏剧或绘画最能欺骗人,他就是最好的艺术家。〔在希腊,"虚构"和欺骗、撒谎在艺术上是同义的。艺术要虚构,希腊人认为这就是欺骗撒谎。虚构得越引人入胜也就是欺骗得越好。阿里斯托芬可以虚构伯里克利和苏格拉底的故事写成喜剧,若是伯里克利或苏格拉底因此控告阿里斯托芬,雅典法庭不予受理。〕悲剧家埃斯库罗斯还说撒谎、欺骗、盗窃是正义的。所以正义和不正义是同一的,只能依情况不同而分。

反题 正义和非正义是不同的。如果它们是同一的,那么正义行动就等于施行不义;反之亦然。正义者也就成为不正义者,罪当被处死者也就成为正义的人。盗窃敌人的财物就是既正义又不正义的。正义与不正义不能应用于艺术,"因为诗不是为真理而是为快乐写的"。

(四)真和假(共9段)。

〔这里讲的真和假同后来理解的真理和错误相去甚远,弗里曼的转述不尽人意,我们按翁特斯泰纳的译文转译。〕

正题 "双重论证也适用于假和真,即那样的陈述:同一句话(逻各斯)有人认为是真的有人认为是假的,相反的论题则认为真和假是一样的。我先说后一个论证。所有的论断都是用词语表达的,当人们用词语表述一个逻各斯的时候,如果它是同如此表述的事情相符合,它就是真的,反之如果不符合,同样的这逻各斯就是假的。例如控告一个人犯盗窃圣物罪,如果和事实符合,'某人犯盗窃圣物罪'这句话就是真的,反之则假。对于被告也是这句话。法官判决是真是假也是根据这逻各斯。……因此很显然,同样一句话如果它本来是假的,那就是谎言,如果本来是真的那就是实际如此。同一句话就像同一个人,他有幼年、青年、壮年和老年,总还是同一个人。"〔这个论证的意思是说:任何陈述本身无所谓真假,在原告、被告和法官面前都是这句话(逻各斯);所谓真假只是相对于事实而言,如果真是犯了盗窃圣物罪,这句话就是真的,反之它就是假的。所以真和假本来是一样的,只是依它是不是符合事实而定。〕

反题 真和假是不同的。如果有人主张真和假是同一的,那就可以问他:你自己的论题是真的还是假的? 如果回答说是假的,那就等于承认真和假是不同的;如果回答说是真的,那么根据他自己的假设〔指"真和假是一样的"〕这一论题也就是假的了。真实的证据也就是伪证,老实的人也就是撒谎

者,法庭就无从判决了。〔这个论证和麦加拉学派欧布里德的"撒谎者悖论"是同一性质的,本卷第二编中有专门论述。〕

（五）神志不清和神志清醒,聪明和愚蠢（共 15 段）。

正题　　不论是神志不清还是神志清醒、聪明还是愚蠢的人,他们所说所做都是一样的。因为他们都懂得给事物如土、人、马、火以同样的名称;他们都会做同样的事如吃、喝、坐、卧等。同一事物既大又小,既多又少,既重又轻,如一个塔兰特比一个明那重,却比两个塔兰特轻;同样的,一个人既活着又不活着,既存在又不存在,他在这里就不在利比亚也不在西柏罗。〔翁特斯泰纳注:利比亚在非洲,西柏罗在亚洲,如果某人在欧洲,他就不在非洲或亚洲;对于非洲和亚洲说,他就是不存在,不活着。①〕

反题　　这两种人所说所做是不一样的,从他们的行动可以看得很清楚。如果说他们是相同的,那么聪明人就是神志不清的人,神志不清的人也就是聪明人,将一切都混淆了。聪明人是在正常的情况下谈论他们所做的事情,而神志不清者是在反常的情况下谈论他们所做的事情,这点细小的差别就改变了一切。根据是:小的变化会引起大的差别,例如一个词中由于重音或长短音的变化,以及字母次序的变化都会导致词义的重大变化。在一个东西中加上或减去某个东西,例如从"10"中减去"1"〔等于 0〕或加上"1"〔等于 110 或 101〕就大不一样了。至于说同一个人既存在又不存在的问题,那是涉及部分和全体的问题。〔翁特斯泰纳注:对某个地区说这个人不活在那里,是不存在的;但对整个世界说他是活在那里,是存在的。②〕

（六）智慧和美德是不是可教的（共 13 段）。

正题　　智慧和美德是既不能领教也不能学的,因为:第一,如果你给予了对方某种东西,你自己就没有了;第二,如果智慧和美德是可教的,就要有教师,像音乐有教音乐的教师一样;第三,如果智慧是可教的,全希腊的有智慧的人都会将这门技艺教给他的家人和亲朋好友了;第四,有的人在职业教师门下

---

① 参见翁特斯泰纳:《智者:证言和残篇》第 3 卷,第 174—175 页。
② 参见翁特斯泰纳:《智者:证言和残篇》第 3 卷,第 177—178 页。

学习却并没有取得进展;第五,许多没有从教师学习的人却成绩显著。

反题 智慧和美德是既能教也能学的。因为:第一,上述第一条理由是可笑的,教师教学生识字和音乐,他们自己仍然持有这些知识。第二,"智者传授的不是美德又是什么呢?"第三,雕刻家波吕克莱托就是教他的儿子雕刻的;如果有人没有学到知识也说明不了问题,反之如果学到了就证明这是可教的。第四,许多研究语言文字的人没有成功,原因之一就是没有向智者学习。第五,有的人没有教师也获得了知识,这可能是从他们的父母或其他人那里得来的,比如在波斯的希腊人的孩子能讲波斯语,一旦回到希腊就能讲希腊语了。

〔这个论证引人注意。它同前面几个论证不同,在开头加了几句话:"智慧和美德既不能教也不能学,这一论题既不是新的也不是真实的"。最后一段即第十三段又说:"开头、结尾和中间都是我的论证。我并不认为美德和智慧可以传授,但是人们提出的论据未能令我满意。"这就是说,作者认为这是一个老问题,迄今为止前人所作的论证不能使他满意;作者申明这里从头到尾都是他自己作的论证,然而很明显,这里有些论证和柏拉图的《普罗泰戈拉篇》和《美诺篇》中的论证是相似的,因此有两种可能,或者是本文写于柏拉图以前,或者是作者抄袭了柏拉图的著作。① 其实这个问题从智者以智慧和美德的教师自称以来,一直是人们争论的一个老问题,肯定或否定的论据差不多也就是这几点,因此柏拉图的对话中这样讲,本文作者也举了类似的论据,很难一定说是谁抄袭了谁。从我们现在看到的材料说,正题中列举的论点都是在柏拉图对话中可以找到的,反题也就是为智者辩护的部分却是在柏拉图对话中看不到的。〕

(七)论抽签。

这一论题不全,只剩下否定抽签制的六段,大意如下:民主制的演说家说所有的官员应由选举产生,人们可以问:为什么你自己不用抽签给你的奴隶分

① 参见弗里曼:《苏格拉底以前的哲学家》,第 417 页注;翁特斯泰纳:《智者:证言和残篇》第 3 卷,第 148—149 页。

配任务,让驾驭者去烧饭,让烧饭的去驾车呢?为什么你不用抽签强迫铁匠、皮匠、木匠去做生意?在竞赛时为什么你不用抽签让吹笛者去演奏竖琴,让弹琴者去奏笛?在战争中为什么不用抽签让重装兵或轻装兵去充当骑兵,或者相反让骑兵去充当步兵呢?所有这一切无非是因为他们不懂,干不了。还有人说抽签是有益于民主的,也不尽如此,在城邦中有些仇恨民主的人一旦抽签失败,就会起来推翻人民的政制。人民自己其实也是只选择那些忠于民主制的人,他们选择合适的人担任将军和执政官。

(八)〔原文缺标题〕。

这一论题仅存肯定命题十二段。开头说:"使用简练的体裁讨论问题,理解事情的真相,作出正确的判断,当众发表演说,掌握修辞技艺,传授关于宇宙的产生和本性的知识——所有这一切都属于同一种人和同一种技艺。"以下的论证非常混乱,为了保留原意,我们只能照原样转述:

首先,理解宇宙本性的人才能正确地传授和提供关于万物的知识。其次,掌握修辞学的人才知道如何正确地谈论一切,因为如果人们说得好,他一定是在说他所知道的东西,因此他知道一切,他也知道各种说话的技艺。再次,谁想正确地说话,他就必然了解他所说的事情,也必然会正确地规劝共同体成员行善,防止作恶。知道正途的人也知道歧途,因为后者是属于同一个整体的部分。再者,凡是能作出正确判断的人必然知道什么是正义的,也必然知道什么是不正义的,他也必然知道所有的法律。如果他不了解公众事务,他也就不知道法律。懂得音乐的人也就懂得音乐的道理。再者,谁知道有关万物的真理他就懂得一切,所以他能简练地谈话,如果需要的话他就回答一切问题,因此他必然知道一切。

〔从这些混乱的推论中可以看出:在形式逻辑形成以前,碰到复杂的推理时,人们的思维是何等混乱。〕

(九)论记忆。

这一论题只保留开头的六段,而且同论证的风格不协调,大意如下:

最伟大最好的发现是记忆。它对一切,对知识,对生活都有用。以下是一些有关记忆的规则:首先,灵魂必须渗透到对象中去,更好地感知它。第二,练习你所听到的一切,经常听同一件事加以重复,以便使你学习的东西完全进入你的记忆。第三,如果你听到新的东西,应该将它和你所知道的东西结合起来……〔原稿中断〕

以上就是 *Dissoi Logoi* 的主要内容。关于这些双重论证,西方学者有不同的看法。翁特斯泰纳在《智者》书中介绍了罗斯达涅(Rostagni)的看法,他认为这篇文章是毕泰戈拉学派的人写的,理由是它像毕泰戈拉学派一样认为事物是由对立两方面组成,而且是以伦理内容为主,同时反对抽签选举也是毕泰戈拉学派的共同特点。罗斯达涅列举一些论据,翁特斯泰纳认为有道理;①柯费尔德却认为证据不足,不过他没有加以论述。我们认为,毕泰戈拉学派、赫拉克利特、芝诺和智者都讲到矛盾和对立,但从思维的方式和模式看,他们是彼此不同的。毕泰戈拉学派是静态地考察对象,认为事物(主要是数和社会伦理)是由对立构成的和谐;在他们那里对立面的关系是僵死的不变的。赫拉克利特是从运动的原因入手,认为对立面的斗争造成运动与和谐;在他那里对立双方的关系是动态的。芝诺也涉及矛盾,他看到对象本质的矛盾,但他的目的并不在于对象本身而是在于论证。他的特点是从对方的论题(逻各斯)出发推出相反的结论,迫使你放弃原来的逻各斯而承认相反的逻各斯。这就是后来所说的 Antilogic(反证法)。智者的思维模式和思维方法的特点则是以论辩中的论题为对象;不像毕泰戈拉学派和赫拉克利特那样以自然和社会为对象,凡自然和社会的内容只要没有进入论辩的范围,他们就不予理睬;他们不是为了解释对象和说明世界,而是为了论辩取胜。智者也不像以芝诺为代表的 Antilogic,不是从正题推出反题或从反题推出正题。他们只是将对立作为一种论辩的技艺,对任何一个命题都设法建立一个相反的命题,而从不关心这两个相反命题之间的关系,也不将对立面看做是和谐运动的源泉。他们一心想的是建立一个相反的命题,破除前一个命题,以达到驳倒对方的目的。柏拉图将这种方法叫作 Eristic(论辩法)颇有道理。Eristic 出自战神 Eris,Eris 总是制造不和与争斗,由此引申出希腊字 eris 的含义就是争吵、争论。用上述四

①　参见翁特斯泰纳:《智者》,英译本,第304—305页及308—309页的注2、4、5。

类思维模式和方法对照 Dissoi Logoi,显然它是属于智者类型的,不能将它归为毕泰戈拉学派或赫拉克利特或芝诺。不过它并非出自智者的高手,比较粗鄙而已;如果普罗泰戈拉等高明智者的材料齐全保存下来,这篇文章就没有什么地位了。可惜现在世界上只留下这篇第二流的作品,它就显得珍贵了;因为不管怎样说它总是相反论证的一篇最详尽的史料,对我们了解相反论证是很有价值的。可以将它看做是后来康德的二律背反的萌芽,或者说是它的最早形态。

智者的演说技艺和论辩的大致情况已如上述,现在我们就来讨论这种语言技艺和论辩术的积极作用和消极影响。

我们的分析从逻各斯这个词开始。我们从智者的残篇以及柏拉图、亚里士多德等的有关转述和解释中可以看到:所有的智者都用 logos 表述一句话、一个论题,用复数 logoi 表述一席话、两个或几个论题〔希腊语有双数和复数的区别〕。近代欧洲语言往往根据上下文分别用"句子"、"论断"、"尺度"、"理性"、"公式"、"定义"等翻译 logos 这个词,一般中译文又大多是根据现代欧洲语言转译的,因此中国学者难以体会古代希腊人的原意。

自从赫拉克利特开始将 logos 当做哲学术语使用以后,这个词到智者手里又有了重大的发展。智者讲的 logos 包含使用语言的艺术和论辩的艺术两个方面,所谓修辞学也就是使用 logos 的技艺。当时的智者还不能将语言和思维以及使用语言的技艺和逻辑思维的方法区分开来,他们笼统地用 logos 这个词来表述。分析起来,智者所说的 logos 其实包含三层意思:第一,语言的形式方面,包括正确措词和表达技巧等;第二,思维方法和思维形式,主要就是后来亚里士多德在《工具论》中所包括的内容,当然智者自己并没有意识到亚里士多德所讲的各种区分;第三,语言所表述的思想内容,包括公式、定义、原理、规则等。一句话、一席话或一篇演说所以能起作用,征服人心,实际上是这三个方面共同起了作用。在这三层意思中,智者重视的是前面两个方面,苏格拉底和柏拉图从智者出发又要和他们划清界线,将重点转移到第三个方面即语句所包含的实际内容是不是真正的知识,不过那是后来的事了。智者在当时能够认识到前面两个方面的作用,可以说已经是了不起的进步。运用 logos 说服别人或驳倒对方，比起以前用神话、诗歌去感动听众，无疑是一大进步。最能说明这个问题的是柏拉图在《普罗泰戈拉篇》中的一段话。在对话中的普罗泰戈拉先讲了一大段神话说明美德是可以传授的，接着回答像伯里克利这样的人为什么不能将自己的政治才能传授给儿子，普罗泰戈拉说：

> 这里，苏格拉底，我要搁下神话而诉诸逻各斯了。（324D）

原文中的 logos，乔伊特等人的英译都译为 argument。如果我们不看原文仅按英译文译为"诉诸论证了"，就看不出 logos 和神话的关系以及 logos 所包含的丰富内容。神话代表古人的某种意愿和想象，它本身不是为了解释世界，解释世界是后来科学的功能。面对经过人的思考提出来的理论问题，神话是无能为力的，因为对此首要是用语言说清道理，令人信服，所以就需要诉诸 logos了。Argument 不能完全表达 logos 的完整、确切的含义；logos 包括 argument，但比 argument 的含义广泛。在希腊语中 logos 这个词很早就有了，它在代表语言文字符号以前，最早是代表象形符号，甚至是象征某种信念、意义的手势、姿态或实物。维柯说："最初的民族在哑口无言的时代所用的语言必然是从用符号开始，用姿势或用实物，与要表达的意思有某种联系。因此 logos 对希伯来人说也可以指事迹，对希腊人说也可以指实物。"[1]这就是说，凡是起表意象征作用的东西即起符号作用的东西都可以称之为 logos。在那个时代人们靠感觉和想象，借助于象形符号、手势及稍后些出现的有声语言将脑子中想表述的意思和外界联系起来；那时候的 logos 离不了感觉和想象以及与之有关联的隐喻和联想。换句话说，那时的 logos 还不是"哲学语言+逻辑推论"，而是"符号、象形文字+想象或联想"等前逻辑思维的形式。哲学思维产生以后，logos和抽象思维与抽象词相联系，脱离了感性的具体物；当人们构造一个 logos（语句、命题）的时候再也无需联想或想象某一具体事物了。一旦人们丢开了感性事物这根拐杖，抽象思维能力就大踏步前进。它的最初成果是抽象的概念如本原等，以及用散文语句所表达的朴素的道理，可以说这时候的 logos 等于"哲学术语+哲学思维的简单道理"，logos 主要表现为哲学范畴却还没有推论

---

[1]　维柯：《新科学》，中译本，第198页。

的含义。这是赫拉克利特所代表的 logos 的水平。赋予 logos 以推理含义的是巴门尼德,将这种推理过程展现出来的则是芝诺。但是当时人们还不知道如何表述这个奇怪的新的思维过程——从一个 logos 出发却推出相反的另一个 logos。连柏拉图也不知道如何称呼它,他只能求助于远古已有的隐喻法,将芝诺比作帕拉墨得〔优卑亚的英雄,被认为是字母表、数字、钱币、按月计时法、骰子游戏等的发明者,即上述高尔吉亚为他写辩护辞的那个人〕;而亚里士多德却用苏格拉底以后才有的"辩证法"称呼芝诺的方法,说他是"辩证法的创始人",这和他以前柏拉图所说的"辩证法"以及后来特别是黑格尔以后所说的"辩证法"显然是不同的。后来有人将这种论证法称为 antilogic,显然是先发明了逻辑学(logic)才有 antilogic 的。总之是先有事实后来才有名称。但是 logos 这个词的发展趋势是很明白的,它从形象的象征一步步向抽象的哲学思维前进。

智者继承和发展了巴门尼德和芝诺的论证方法,将修辞学归结为运用 logos 的技艺,这就大大促进了逻辑思维的研究,从而开辟了一个新的哲学研究领域——思维领域,为思维科学的形成创造了条件。在智者的时代,统称为修辞学的语言技艺和论辩技艺成为人们追求的一种时髦,以致帖撒利的豪门子弟在雅典人面前感到自己不会论辩是低人一等。这种论辩之风的积极成果就是促进人类思维能力的发展,如苏格拉底所说的当时雅典人比任何其他城邦的公民都聪明。正是在这种形势下那些著名的悖论和论辩乃至于诡辩才得以形成。诡辩后来是遭到谴责的,其实在那个时代还没有诡辩和非诡辩之分。在那个时代人们都以能提出一个可以推倒对方的论辩而感到光荣。普罗泰戈拉的弟子欧亚塞卢因为学费问题和老师打了一场官司(见本编第5章第3节),后人知道师徒二人进行的都是诡辩,然而当时却被认为是一场很了不起的论辩,它完全符合普罗泰戈拉本人和别的智者所制定的论辩准则——提出一个相反的论题,使自己的论辩成为强有力的论题战胜对方。即使到近现代,人们也为那个时代能具有这么高明的论辩能力而感到惊异和钦佩。

这种论辩法的消极后果则是醉心于玩弄词义和概念,最典型的代表就是欧绪德谟兄弟。柏拉图的《欧绪德谟篇》活灵活现地刻画了他们兄弟俩像一对江湖骗子,尽用词句作弄别人,他们的滑稽表演简直令人恶心。在本卷第二编中将专门论述。

当时因为出现了伤风败俗的文字游戏和诡辩,不久就出现了一种极端,厌恶一切论辩和推理即所谓 mislogy。柏拉图在《斐多篇》和《斐德罗篇》中都讲到过这种倾向:自己没有论辩技艺也讨厌一切诉诸 logos 的技艺。这种思维方法和走极端的倾向值得研究,人类文明每一重大进步总免不了会产生一些消极的后果,面对这样的消极面,历史上总有些人采用"宁愿历史倒退几百年也不要历史前进"式的两极思维方法。

面对智者和反对论辩的这两个极端,苏格拉底、柏拉图和亚里士多德采取了总的说来是代表历史前进方向的做法,尽管他们对智者的贬抑有些过分。对于 logos,他们从三个方面推进了:

第一,他们看到智者单纯追求语言形式和论证技巧而不顾事实的片面性,强调要研究 logos 的内容即以上所说 logos 的第三层含义。智者只从形式上论证善和恶、正义和非正义的正反论题,而不考虑究竟什么是善和恶、正义和非正义;苏格拉底和柏拉图则要追究 logos 本身所包含的知识。从形式到内容,就将研究概念以及命题所包含的公式、定义提到日程上来了。

第二,将语言表达和思维形式分开,纠正追求华而不实的词藻和玩弄文字游戏的倾向,力图制定新的修辞规则,这就是从柏拉图《斐德罗篇》到亚里士多德《修辞学》的方向。

第三,反对单纯以取胜为目标的论辩法,创造以求知为目的的辩证法。在这个基础上亚里士多德又推进一步,研究思维形式方面的规则,使它成为求知的工具,从而开创了形式逻辑。

苏格拉底、柏拉图和亚里士多德怎样完成他们的历史使命,是我们以后要陆续论述的;现在只要指出:如果没有智者的修辞学和论辩术,就不可能有苏格拉底、柏拉图和亚里士多德的发展,由此可以看到智者在历史发展中的作用和地位。

❀ 第三章 ❀ ──────────────────────────────

道德·社会·神

　　智者的演讲和论辩所涉及的直接内容就是当时最引人注目的社会问题，即有关伦理道德、法律政治以及传统宗教等等问题。他们以人和社会为对象，创立一套同早期自然哲学不同的新学说。在这一章中我们论述当时他们比较集中讨论的三个问题，即：人的 arete（品德和才能）能不能传授，社会和城邦如何产生，以及人和神的关系问题；至于比这些更深一层的有关 nomos 和 physis 的争论问题，留待下章专门讨论。

第一节　arete 能不能传授

　　智者们本人出现在法庭和政治论坛上发表讲演与人辩论的并不多，更多的是在各种场合以各种形式教人（主要是青年）如何辩论和讲演，如何提高自己参与城邦政治活动的才能。这些才能包括后人所说的政治才能和道德品性，希腊文叫作 $\overset{'}{\alpha}\rho\varepsilon\tau\overset{'}{\eta}$（arete）。按照传统观念，才能和品德是人的本性（physis）所固有的，正如奔驰的能力是马的本性即马的 arete，飞翔能力是鸟的本性即鸟的 arete 一样，这是不能由教师从无到有、从少到多地传授的。显然按照这样的传统观念，智者的活动便失去存在的根据，因此智者必须回答人的本性究竟是什么，以及人的才能品德能不能传授的问题。

一　什么是 arete

在希腊文中 arete 原指任何事物的特长、用处和功能,《希英大辞典》解释为 goodness, excellence of any kind。人、动物和任何一种自然物都有自身所固有的,而他物却没有的特性、品性、用处和功能;马的奔驰能力是鸟所没有的,而鸟的飞翔能力也是马所缺乏的,所以马的 arete 不同于鸟的 arete。不但自然物有各自的 arete,人造物也有,房子能住人,船能在水上行驶,椅子可供人坐,这些就是它们各自的 arete。失去了各自的这些本性就是 arete 的"缺失",这就是后来亚里士多德所说的 privation("缺失")。在荷马的《伊利昂纪》中说更善于奔跑的马就是拥有更高的 arete。(第 23 卷第 276、374 行)后来在诗人的韵文中,土地有土地的 arete,喷泉有喷泉的 arete。公元前 5 至前 4 世纪还保持这样的用法,例如修昔底德讲到伯罗奔尼撒半岛和帖撒利、玻俄提亚等地的土地肥力时,就将它叫作土壤的 arete,阿提卡土地贫瘠就说是缺少土壤的 arete。① 希罗多德的《历史》中还讲到棉花的 arete。② 柏拉图在《国家篇》中讲到马和剪枝刀的 arete。(352E—353A)他在《克里底亚篇》开头讲了一个神话故事,说是 9000 年前阿提卡居民和大西洋岛的居民发生一场战争,对话中的克里底亚说:阿提卡的居民长期从事手工业和耕战,接着说:这些地方的 arete(优势、特长)适于耕战。(110E)乔伊特等人的英译文都将这 arete 译为 excellence。《法篇》讲到对财产要加以限制时说,分配土地的原则是:远地和城市近郊相搭配,好地和坏地相搭配。(745D)这里的"好"、"坏"两个字就是后来译为"善"、"恶"的两个字。"善"、"好"就是 arete。乔伊特将这句话译成 the badness and goodness of the soil;汉密尔顿本的泰勒译文是 the poverty or excellence of the soil。中文一般将 good 译为"善",因此会产生"马的善"、"房子的善"、"土地的善"不好理解的问题。其实中译的"善"和英译 good 都来自希腊文 arete,它本来是指各种事物的特性、品性、特长、优点、功能,和中文主要只

---

① 参见修昔底德:《伯罗奔尼撒战争史》第 1 卷,第 1 章,中译文没有将 arete 译出来。

② 参见希罗多德:《历史》第 3 卷,第 106 节,中译文也没有译 arete 这个词。

指伦理道德的"善"有所不同。

按照 arete 的本义,古希腊人在描绘人的品性、特长、优点、技巧和才能的时候自然也用这个字了,例如荷马在《伊利昂纪》中描写快腿波吕多洛时说:"显示了他的脚的 arete"(第 20 卷第 411 行);又说佩里斐特"在快跑和战斗各方面的 arete 都超过他的父亲"。(第 15 卷第 641 行)品达在第十个《皮西安颂》说:"有的人靠双手和脚的 arete 赢得了最伟大的奖品。"(第 23—24 行)柏拉图也将人的器官的完善功能叫作 arete,在《国家篇》中苏格拉底说:你知道眼睛的功能是看,视力强就是功能好,就是眼睛的 arete。(《洛布古典丛书》和汉密尔顿本都译为 virtue,郭斌和、张竹明中译本译为"德性",下同。)耳朵的功能是听,听力强就是耳朵的功能完善,尽到耳朵的功能达到它的目的,这就是耳朵的 arete;失去这种功能就是失去了 arete。别的一切东西都是同样道理,灵魂也是如此。一切东西都有特殊的 arete,有各自特殊的功能。(353B—E)

在当时的希腊人看来 arete 是每种事物固有的天然的本性。他们认为人的本性就是人的才能、优点、特长,这是任何人都一样的;arete 是从优点和特长方面去看的,所以是"好"和"善"。所谓"坏"和"恶"就是失去 arete,人如果失去人的 arete 也就不成其为人。从这个意义说,古代希腊人是认为人性本善的,在他们那时候没有人性恶的问题。这是因为他们讨论的是人的天然本性即优点和特长的问题,而不是像中国古代哲学家那样讨论性善还是性恶的问题。由他们看来,问性善还是性恶就像问马是不是马、鸟是不是鸟一样是一个怪问题。任何一种事物的功能和特性从它的优点和特长方面看当然是好的和善的;如果失去了这个 arete 就不成为这事物了,那才是"坏"和"恶"。希腊人后来正是从失去 arete,"缺失"来理解"坏"和"恶"的,例如亚里士多德说的"好政体"和"坏政体"。当然后来"善恶"两个字有新的发展,我们在下一章将论及。

arete 获得伦理意义是经过一段长期发展过程的。希腊人看到人不同于动物,需要依靠共同体生活;在社会共同体中需要某种共同的规范,形成当时最为迫切的能受到大家赞赏的共同品性,而这种共同品性是随时代变化的。在荷马时代,为维护共同体而奋力作战就是最有价值最需要的共同规范、共同品性,它就成为 arete。当时还没有"勇敢"这样的字,就用 arete 来表述:谁最勇敢就拥有最高的 arete,这就是英雄时代的最高的善,最高的美德。社会越发展人离动物越远,和动物的区别也就越受人们重视,这样人类社会生活方面的品性、特长、优点、才能也就日益得到尊崇,在社会活动方面的优点日益成为重要的 arete。在梭伦时代,dike(正义、公平)占有重要地位,谁能够公平地待人接物就是拥有最高的 arete。到哲学产生以后,理性灵魂受到重视,成为最大的 arete,赫拉克利特的残篇第一百一十二说:"深思熟虑(sophronein,本书第一卷译为"健全的思想")是最大的 arete。"由此可见,对人的 arete 的看法已经发生了质的变化,即从指称人的天然本性和天然功能转向人的社会本性;人的 arete 不仅指手足眼耳等生理方面的特长和功能,而且主要指人在社会生活中的品德和优点,这就接近伦理意义的美德了。然而在智者活动时期伦理学尚未形成,人们还是从优点和功能方面理解 arete 的。和智者同时的德谟克利特写过《论人的特长或论 arete》①(英译为 *On manly excellence or on virtue*),显然他还是从人的优点角度观察 arete 的。德谟克利特留有许多道德残篇,从他的本意说还是论述怎样做人;正如人们研究怎样才能成为一匹好马、一只好的船或一所好的房子一样,研究怎样才能成为一个好的人。这是一种思维方式,德谟克利特当时还不可能从制定伦理规范的角度去谈论本书第一卷中讲到的那些政治伦理范畴。

对于古代希腊的 arete,中文找不到一个对应的确切的译词;即使是拉丁文及近代各种西方文字以及日文,所有学者都公认找不到本国的一个与之确切对应的译词。拉丁文译为 virtus,来自 vir,指人的才能、特长、优点,也指刚强、勇敢等品德,它和 arete 有共通之处,但在用于物和动物方面便有差异。近代西方语文都遵循拉丁文 virtus,如英文译为 virtue,中文依此译为"美德"。其实"美德"或"善"是 arete 后来才发展成的一种含义,最早也是在苏格拉底和柏拉图以后才比较明确具有这种意义。人的 arete 直到希腊后期都包括才和德两个方面,不过在智者活动时期才能和品德两个方面的内容都大为丰富了。

---

① 参见第欧根尼·拉尔修:《著名哲学家的生平和学说》第 9 卷,第 46 节。

因为这个时期如同本卷绪论中所说的，人的经济生活和政治生活的活动内容大大扩充，人的各种能力也大为提高。从伦理角度看，在现实社会关系中已经形成一系列伦理规范，虽然当时还没有形成伦理学的概念，但实际上已经有了大量制约人和人、人和城邦关系的规范。例如在经济生活方面已有节制、挥霍、奢侈、豪华等，在行为举止方面有粗鲁、礼貌、风度等，在待人接物方面有友谊、和善、热情、粗暴等，在商品交换和辨别是非方面的 dike 已分化为公平、公正、恰当、正义等意义。就人的才能说，随着商品经济、手工业、科学和哲学的发展以及城邦政治生活的丰富，除了传统的耕作、打仗、工艺以外，还有政治活动方面的才干，管理城邦和家庭经济的才能，处理商品交易和城邦关系各方面的能力和知识，以及各种科学和哲学知识等等，所以 arete 在品德和才能两个方面都具有丰富的含义。这样的 arete 能不能传授和学习的问题也就随之产生了。

二　arete 是可以传授的

在智者以前希腊人的传统观念是：arete 是人的自然禀赋，只是各人程度不同而已。犹如马都能奔跑但快慢有别，船都能在水上行驶但质量不同；人能通过驯马使它跑得快些，但不能通过训练使马学会鸟的飞翔本领；物品可以想办法造得好一些，但不能通过精巧制品使这一物具有另一种事物的 arete。人也是如此，人的才能和品德是自然的，它是人在成长过程中由父母长辈的影响、范例的感染自然而然地成就的，是潜移默化的结果，而不是由别人有意识有目的地教育的成果。生活在公元前 6 世纪的麦加拉哀歌诗人塞奥格尼留下一封写给他的青年朋友库尔努斯的信，劝他要和好人在一起才能获得好的 arete，信上说："出自好意我告诉你我小时候就同好人在一起的经历，切不可同坏人在一起，永远要同好人一起，同有力量的人一起吃喝，一起起居，共同作乐。因为同高尚的人在一起你就会获得高尚的方式，如果同坏人混在一起，你就会失去你原来拥有的东西。懂得这一点而且同好人相处久了，有朝一日你就会说：'我和我的朋友志同道合了。'"[①]

---

① 转译自格思里：《希腊哲学史》第 3 卷，第 250—251 页。

　　这种观念在智者时代仍旧很流行,著名悲剧诗人欧里庇得斯说过:"坏朋友使他的同伴变得和他一样坏,好的变得一样好,因此年轻人应该追求好的同伴。"(残篇第609)智者安提丰也说过:"一个人的大半生同谁在一起,就必然变得同他一样。"(DK87B62)

　　按照希腊古老的观念,各人和每个家族的 arete 有程度高低的差别。拥有最高最强有力的 arete 的人叫 aristocratia,原义就是最高尚的人,由 arete 的最高级形容词 aristos 和 kratos(强大、力量)组合而成。他们的好才能和好品德是祖宗世代传下来的,类似中国古代的"好门风"。在好风尚和好门风的感染下,下辈也就是最高尚的人。aristocratia 后来专指贵族这个阶级的人,中文也都译为"贵族",其实希腊当时用这个词有品德才能高尚的含义,不像后来的贵族是只指社会地位有高贵门第。苏格拉底、柏拉图和亚里士多德都被贬为"反动的贵族阶级的思想家",同不懂这个词的本义有关,这点在以后讨论他们的政治思想时再来论述。在当时希腊人看来,如果同这样高尚的人在一起,潜移默化自己便会染上好风尚好品德,反之就会失去自己自然有的才能和品性,变成缺失 arete 的人也就是坏人。这种观念虽然看到了人是环境的产物这一面,但是从总体讲还是很肤浅片面的,只能适用于社会发展的低级阶段。在社会发展到需要进行社会教育的情况下,固守这种观念便成为守旧派了。且看修昔底德在《伯罗奔尼撒战争史》中所描述的科林斯和斯巴达的情况:伯罗奔尼撒战争爆发前夕,科林斯代表参加了在斯巴达召开的第二次同盟代表大会,他敦促斯巴达下决心向雅典宣战。他在分析双方优劣对比时说:雅典人在海军技术上占优势,但是我们靠天性具有的勇敢〔这是 arete〕超过他们。"我们靠天性拥有的这些优良品性(aretai),他们决不能通过教育(paideia)获得,而他们在技艺(techne)上的优势,我们却可以通过努力学习和训练得到。"[1]用一句中国哲学的术语说,这就是科林斯人的体用观念,但是斯巴达人连这点也接受不了,这些守旧派不懂得所谓先天的 arete 和后天的 techne 的界线已经发生了根本的变化。人所具有的天生能力如各种竞技的特长,拳击、长跑、投

---

　　[1]　修昔底德:《伯罗奔尼撒战争史》第1卷,第9章。

掷等,希腊人已经懂得需要经过训练才能精益求精。人们在社会活动中得到的才能和品性主要是从事政治活动的 arete,就更需要学习和训练了。所以柏拉图《普罗泰戈拉篇》中的普罗泰戈拉就将"政治的技艺"和"政治的 arete"等同使用。(319A,322B,详见下一节分析)他将政治方面的技艺和 arete 解释为:"在处理人事上持谨慎态度,用最好的方式管理家务和城邦事务,以便在公共事务上成为最有力的发言人和活动家。"(318E—319A)所以最有政治技艺的人也就是最有才能和品德治理城邦的人,在这个领域内 arete 和技艺已经没有根本区别了。

这样的政治技艺或政治才德能不能传授?从现有的材料可以看到在当时确实发生过一阵大争论。第欧根尼·拉尔修记载普罗泰戈拉写过《论 arete》和《论城邦》,可能讨论过这个问题,现已佚失。柏拉图的《普罗泰戈拉篇》和《美诺篇》都讨论过这个问题,以后我们还要专门论述;上节引用的 *Dissoi Logoi* 的第七个问题就是关于 arete 能不能传授的问题。我们可以根据这些材料讨论正反两种观点及其实质。

认为 arete 不能传授的论点,在这几种材料中大体一致,概括说来就是下列三条:

第一,政治技艺或政治才能不像一般工艺那样可以传授给人,"即使是最好的最有智慧的公民也不可能将他自己的政治 arete 传授给别人",伯里克利就不能将治国才能传给自己的两个儿子。(《普罗泰戈拉篇》,319A—E)

第二,有的人在智者门下学习却没有什么收获,如阿尔基比亚德兄弟受教六个月毫无所得。(同上,320A)

第三,许多没有教师的人却是成绩显著的人物。(*Dissoi Logoi*)

从这三条论证本身可以看出:直到柏拉图当时所说的 arete 主要还是指才能,即 arete 的前一种含义,尽管也包括"美德"的意思,但还不是从伦理学角度提出问题。从普罗泰戈拉的回答看 arete 主要也是指才能,对话中的普罗泰戈拉用以下论证回答这个问题:

第一,手工制造的技艺和治理城邦的技艺二者的区别不在于可教和不可教,而在于前者是少数人的禀赋而后者却是每个人都具有的能力。神所以赋予每个人在政治上有公正和尊重别人的 arete,为的是维持城邦的生存。制造方面的技艺可以传授,却不是人人都能学会的;政治方面的技艺人人都有,但不是不经学习,自然就会的。"我可以向你证明,这些参与公众议事的 arete 不是天生的,也不是自发的,而是通过教育和尽心学习才获得的。"(323C)首先,父母、保姆、学校老师、城邦法律都起过教师的作用。(324D—326E)人们从小就在父母和识字老师那里受到教育,谁用心谁就有收获。其次,惩罚实际上就是一种教育。对于天生的缺陷或命运遭遇,人们不会指责或惩罚,而是给予同情;但是一个人如果缺乏本来可以通过学习和训练获得的 arete,而行不义和作恶,或染上这些坏的品性就要受到惩罚,因为"不义、不虔诚这些坏的品性是和政治上的 arete 相反的"(323E—324A)。"惩罚做错事的人,不是为了他过去做错了的事,……而是为了将来免得同一个人或别的人做同样的错事。这种主张本身就意味着 arete 是能通过教育加以灌输的。"(324B)"你们雅典人也是这样做的,……因此可以证明,你们也认为通过灌输和教育能得到好的arete。"(324C—D)

第二,为什么才能突出的人的儿子不能学到父母的才能呢?"这一点也不奇怪",正像吹笛能手的儿子不一定也是个能手,因为"他缺乏自然的特殊天赋。"(327B)政治上的 arete 的道理也是一样。

第三,有些人在智者门下学习收获甚微,主要原因是有没有好的教师;至于未经学习却有才能的人,并不是他无师自通,事实上人们都在用心教育自己的孩子,只是没有智者这个名称而已。(316C—E,325D)这并不能证明 arete 不能传授。

从普罗泰戈拉的反驳中可以看到,当时说的政治方面的 arete 就是治理城邦的技艺,也可以叫作"政治方面的智慧"(Politiken sophian,321D),其中包括战争的技艺(322B)。它是治理城邦的才能,已经包括苏格拉底和柏拉图所说的"美德"的几项内容。

柏拉图《普罗泰戈拉篇》中的回答远比 Dissoi Logoi 中所讲的丰富,现在的问题是对话中的普罗泰戈拉的思想是不是历史上普罗泰戈拉本人的思想?第尔斯将它列为 C 类,仅作为参考资料。柯费尔德认为是"在某种程度上可以说是以历史上的普罗泰戈拉在《人的原始状态》论文中发展的学说为基础的"①。我们以为如果研究者的目的是要弄清普罗泰戈拉本人有哪些思想,那么弄清这个问题是至关重要的;但我们是将智者运动作为历史上发生过的一股思潮来研究的,这样某句话或某篇著作是不是某一个智者说的就关系不大。不管柏拉图对话中的普罗泰戈拉同历史上的普罗泰戈拉符合到什么程度,这种见解总代表了当时的一种见解,它既不同于苏格拉底和柏拉图有关 arete 能不能传授问题的看法,也不同于上述科林斯人和斯巴达人的观点。在柏拉图的时代智者还相当活跃,他能写出这样完善的一种答案,无论如何总可以说明当时确实存在这么一种类型的思想。这种思想同智者的整个思潮显然是一致的,并且有代表性;因此我们研究智者的一般观点时可以将柏拉图的《普罗泰戈拉篇》中的有关论述当做一个重要资料,可以说明智者关于 arete 能不能传授问题的看法。在原始资料已经大量佚失的情况下,要想考证柏拉图笔下的普罗泰戈拉和历史上的普罗泰戈拉二者符合到什么程度,近现代西方学者的研究已可证明这是难以奏效的。从现有资料看,作为智者运动的开创者普罗泰戈拉无疑地是主张 arete 是可以传授的,而且必须从小教育和训练,所以柏拉图并不是毫无根据地那么写的。

现存资料中可以看到普罗泰戈拉有一些相近的思想:伊壁鸠鲁时代的希波达谟说:"普罗泰戈拉在他写的《大逻各斯》中说:'教导需要天赋和训练',还说'从年轻时起就需要达到熟练程度'。(DK80B3)如果训练得太迟,他就不能熟练。伊壁鸠鲁和普罗泰戈拉一样也坚信这一点。"②斯托拜乌记述了普罗泰戈拉的话:"缺乏训练的技艺和缺乏技艺的训练都是无用的。"(DK80B10)普卢塔克记载:"普罗泰戈拉还说:'教育如果不是深入到灵魂深处就不能在灵魂中生根成长'。"③(DK80B11)此外还有柏拉图在《泰阿泰德篇》中代普罗泰戈拉作辩护时将学生的天赋比作耕作的土壤,学生犹如植物,教师便是农夫。(167B—C)从这些资料看,普罗泰戈拉本人是具有柏拉图在

---

① 柯费尔德:《智者运动》,第 125 页。

② 从翁特斯泰纳的意大利译文和解释,尔斯摘引不全,弗里曼译文不准确。

③ 从翁特斯泰纳的意大利译文。

《普罗泰戈拉篇》中记述的基本思想的。综合这些资料就可以看出智者们有关 arete 含义的理解以及 arete 能不能传授的基本思想了。

智者们的这种思想在当时是有重要意义的。既然治理城邦的才能和品德可以通过教育和训练获得,那么广大门第和身份不高的自由民就有充分理由为自己参与政治作辩护;反之,出身显贵的豪门贵族如果没有时代所要求的、经过教育和训练获得的新知识新才能新品德,同样有理由将他们淘汰掉。可见隐藏在 arete 能不能传授这场争论背后的实质乃是一场传统和反传统的斗争,是一场涉及政治权力重新分配的斗争。以普罗泰戈拉为代表的新思潮必然导致旧传统的瓦解,所以他被逐出雅典的表面理由是渎神,其实是有深刻的政治背景的。

第二节　社会进步论

对传统保守势力冲击更大的是智者们在演讲、论辩和教学中所传播的内容,这是他们对社会现实经过潜心研究而得出的新见解,有关社会进步和城邦形成的学说就是其中之一。

在柏拉图以前希腊人还没有区分"社会"、"城邦(国家)"、"城市"这几个不同的概念,在他们看来,人为了防卫而聚集在 polis 里就等于社会的形成和城邦的建立,所以城市(polis)的建立、城邦的形成和社会的产生在智者们看来是同一回事。至于人类自身的起源问题,当时希腊人还没有一般的人类形成的观点,古代流行的只是各部落和氏族的神话祖先,例如说半人半神的伊翁是雅典人的始祖,半人半神的赫拉克利特是多立斯人(包括斯巴达人)的始祖。到赫西奥德时代才形成全希腊人的共同祖先希伦。其他氏族包括所谓野蛮人和本地土著居民,在他们看来也是起源于某一个神。希腊人既没有像上帝那样的一神观念,也没有像《创世纪》那样说到人类的共同起源。从塞诺芬尼开始到斯多亚学派和新柏拉图学派,当希腊人逐渐形成一般"神"的观念时,哲学早已产生和发展了。哲学家们开始用元素的混合解释人体的结构,只能说明具体的人体的形成,对于一般的"人"的形成问题始终没有专门探讨过。智者们是在这样的神话和理论背景下思考人类社会和城邦的形成问题的。

在智者面前有两种关于社会发展的观点,第一种是以赫西奥德为代表的社会倒退论,认为社会是从最好的黄金时代经过白银时代倒退到现在要以辛苦劳作才能度日的铜铁时代。第二种是早期哲学家们提出的历史循环论,如赫拉克利特所主张的世界从火来又复归于火,这样循环生灭。可以说凡是用元素的结合和分化解释世界生灭问题的,应用到社会历史发展上必然是循环论。智者们的了不起的成就是他们创立了历史进步论,他们将人类发明耕作、制造工具、使用语言、组成城邦结合在一起予以理论的说明,提出人类社会是这样形成发展的进步过程。令人痛惜的是这方面的第一手资料大多已经佚失,传说普罗泰戈拉写过《论城邦》和《论人类的原始状态》很可能有这方面的内容,现已不存。残存至今的仅有智者克里底亚的一段话。克里底亚兴趣广泛,多才多艺,用各种格律的诗和散文表述自己的思想,还写过剧本,后人说他是"业余文学家中的哲学家,哲学家中的业余文学家"[1]。经后人考证记在欧里庇得斯名下的剧本《西绪福斯》原是克里底亚的作品,第尔斯将其中一段辑为克里底亚的残篇第二十五(DK88B25)。它的前半段讲法的起源,后半段讲神的观念的起源。这是现存的第一手资料,后半段留待下节介绍;先看前半段:

> 从前有一个时期人的生活是没有秩序的,像野兽一样受暴力奴役,好人没有好报,坏人没有恶报。因此我想:人制定法律是为了惩罚不轨,使正义(dike)成为仲裁者,谁犯罪就受到惩罚。

这就是说人的生活有一个从没有秩序到有秩序,从动物状态到社会共同生活的过程,其中法律起了重要作用,法律是维系共同生活的主要手段。但是这个过程的具体细节究竟如何? 克里底亚并没有说明。现在只有一个间接材料,就是柏拉图在《普罗泰戈拉篇》中所讲的神话及其说明。前面讲过柏拉图在

---

① 弗里曼:《苏格拉底以前哲学家的辅助读物》,第 154 页。

《普罗泰戈拉篇》中论述的思想是不是历史上普罗泰戈拉本人的思想虽难断定,但可以将它当做反映智者的思潮的资料,也可以当做反映历史上普罗泰戈拉思想的重要参考资料,用它解释当时智者的思想还是有重要价值的。这篇对话中的普罗泰戈拉在回答 arete 能不能传授的问题时,先用神话故事加以阐述,然后用 logos 加以论证。这个神话故事不同于别的神话,包含有许多新的思想;除其中大致重复的几行删节外,将全文(320C—322D)译出如下:

"从前有一个时期只有神而没有世间的生物。后来指定这些生物出世的时候到了,神使用土、火以及它们的不同程度的结合在大地上造出它们。当它们快要出土的时候神命令普罗米修斯和厄庇墨透斯〔普罗米修斯的兄弟〕去装备它们,给不同类型的生物分配独特的能力。厄庇墨透斯恳求普罗米修斯同意由他去分配:'等我分配完了你再来检查'。说完他就去分配了。他分给跑得慢的动物以力气,对缺少力气的生物则给予速度;有的给予防身武器,对没有防身武器的就赋予其他能力,以便它们都能生存。对那些小动物他便赋予翅膀或挖地穴的能力,至于那些庞然大物,它们的身躯本身就是防身武器。厄庇墨透斯是根据补偿原则进行分配的,他精心考虑使各种生物都不至于毁灭。他为各类生物提供了防止自相残杀的手段,同时又考虑到季节变化对生存的威胁,他赋予生物以茂密的毛和硬厚的皮使之能抵御严寒,此外还有防止酷暑的手段。厄庇墨透斯还考虑到睡眠的时候各种生物应有合适的自然的类似被子的遮盖物;他还分给生物类似穿戴的东西,有的长蹄,有的长硬壳。接着他还给生物分配不同种类的食物,有的吃草,有的吃果子,有的吃根块。他让一些动物捕食别的动物,这些动物就让它们繁殖得少些,而让被捕食的动物繁殖得多些,它们才不至于绝种。

"但是厄庇墨透斯毕竟不大聪明,在完成全部分配任务以前他就将所有的能力都分给野兽了,而人却一无所有。他一筹莫展,不知所措。这时普罗米修斯来检查工作,他发现别的生物应有尽有,唯独人赤身裸体,既无鞋无床又无装备;然而指定人出世的时候到了,人就要破土而出去见阳光。普罗米修斯感到再也没有什么防身武器可以提供给人了,于是他就偷取赫费司图和雅典娜的制造技艺的才能和火给人类,因为如果没有火,人类就不可能保持和使用任何技艺。这样人获得了维持生活所必需的智慧,可是还没有政治方面的智慧(politiken sophian),因为这种智慧是由宙斯保管的,普罗米修斯无权进入宙斯居住的殿堂……

"从那时以来人分享了神的部分性质,由于人同神有这样的亲缘关系,所以只有人才崇敬神,设立祭坛塑造神像。人依靠已拥有的技艺,不久就发明了有音节的名称和语言,制造了房屋、衣服、鞋子和卧具,并且从地里获得食物。不过人最初是分散居住各自获取养生资料的,他们没有 polis(城堡),所以他们遭到野兽的袭击,因为他们在各个方面都不如野兽强大。他们的制造技艺虽然足以取得生活资源,却不足以战胜野兽。他们没有政治方面的技艺(politiken technen),战争的技艺就是其中的一部分。由于防卫自己的需要使他们聚集在一起,建立了 polis。但当他们聚集在一起的时候,由于缺乏政治的技艺又互相残杀起来,再次陷入分裂和毁灭之中。宙斯担心人类会因此覆灭,所以派赫耳墨斯〔守护神〕给人类送来 aido(相互尊重)和 dike(正义),以便给城邦带来秩序以及友好合作的纽带。赫耳墨斯问宙斯要按什么方式给人类分配这些能力,'是像分配制造技艺那样只分给少数人,让一个灵巧的人拥有充分的医术或别的技艺去为众多不灵巧的人服务呢,还是应将相互尊重和正义分给所有的人?'宙斯回答说:'分给所有的人,让他们每人都有一份,如果像制造技艺一样仅仅少数人拥有这种 arete,城邦就绝不可能存在。而且你还要遵照我的命令立一条法令:凡是没有能力(ton me dynamenon,这个 dynamenon 就是后来亚里士多德所说的 dynamis "潜能")获得这种 arete 的人,就像是长在城邦上的毒瘤,一律予以处死。'"

这就是在柏拉图《普罗泰戈拉篇》中对话人普罗泰戈拉说的神话故事,它是不是代表历史上普罗泰戈拉的思想? 西方学者有不同的看法。翁特斯泰纳在《智者》书中为这故事作的注释中详细介绍了 19 世纪以来的几种不同看法:柏奈斯(Bernays)认为原本是普罗泰戈拉的一篇修辞学习作,内容是他自己的想象和假设。波德雷洛(Bodrero)、诺登(Norden)、纳斯特尔、施密特(Schmid)、冈珀茨等都反对柏奈斯的观点,认为是反映了历史上普罗泰戈拉本人的观点。冈珀茨和耶格尔还对照古希腊用词认为这同普罗泰戈拉的论证方式是一致的。翁特斯泰纳本人则认为其中有的部分同普罗泰戈拉的《论人类原始状态》一致，有的不一致；他还推断普罗泰戈拉的《论真理》有这方面的内容，并认为"其中主要部分是智者的作品"①。

我们没有条件就资料本身的问题发表评论。我们认为在柏拉图的对话中凡是以苏格拉底为主要发言人的对话，苏格拉底代表苏格拉底或柏拉图的正面观点，另一方则代表各种形式的不同观点。《普罗泰戈拉篇》是以智者为对立面，因此这篇对话中的普罗泰戈拉的观点不管和历史上的普罗泰戈拉的观点是不是完全吻合，它总是代表了智者的观点。在柏拉图时代，普罗泰戈拉的著作还存在，他当然看过这些著作或通过某种途径听到过普罗泰戈拉的某些思想和论证，虽然他在转述这些思想时带有自己的倾向，往往是加以贬低的。

分析这篇议论，它从内容到形式包含下列几个重要思想：

第一，它同远古时代依靠想象和低级的认知能力而虚构的神话不同，对话中的普罗泰戈拉是在哲学思维和哲学语言业已形成以后，虚构这么一个神话故事来表述他的思想的。他只是利用了原有神话中的某些成分如普罗米修斯盗火等，但所表达的意思和以前的神话有根本区别。这些内容不是靠隐喻和想象构造出来，而是先有理性思维的成果然后才赋予神话故事形式的。

第二，关于人的起源，故事吸取了人从土里生长这个神话情节，但是它将人和野兽看做统一的生物，它们都是由不同的元素混合而成的。这不仅吸取了早期自然哲学的成果，而且表达了一个新思想的萌芽，即认为人和兽有共同的自然渊源和本性，都有求生存、吃喝生殖的本性。我们看到古代希腊刚开始研究人的本性时，就认为人有兽性的一面，人性包含了动物性；后来文艺复兴时期的启蒙思想家发挥的正是这种思想。按照希腊当时的启蒙思想家即智者的观点，人性本善，人性是一样的，这个"善"包含两个方面，一是吃喝生殖等动物性的一面，另一是 arete 包含的才能和品德。如果一个人没有获得 arete 的能力（潜能），他就只是一个处于社会共同体以外的、分散居住的同动物一样的人，而不是一个城邦公民，像故事中所说的应予处死。对话中的普罗泰戈

---

① 翁特斯泰纳：《智者》，英译本，第 25 页，参看第 12—13、17、19—23 页。

拉在解释惩罚的对象时也进一步说明:所谓恶(坏),指的是本来可以通过教育和训练获得的品性,他却不去获取,相反却去行不义的事,所以叫作恶,应予惩罚。(323D)这就是前面所说的"恶"是 arete、dike 等的"缺失",以后苏格拉底和柏拉图也将恶归于无知,而不认为人的本性中包含什么恶。这同后来基督教义"原罪说"所解释的恶大不一样,按照原罪说人的欲望本身就是恶,这是不听上帝的话偷吃智慧果的根本原因。在西方伦理学史上我们看到关于人的本性有两种不同说法,根据宗教伦理的原罪说认为欲望是罪恶,所以人要禁欲,要赎罪;根据普罗泰戈拉的人性说,欲望是人的本性(physis),它本身是没有什么可以非难的。本书后面要论述的居勒尼学派的快乐主义,以及晚期希腊的伊壁鸠鲁的伦理学说都同智者的这个观点有关。这个问题我们在下一章讨论 nomosphysis 的争论时还要论及。

第三,这个神话认为人类社会的进步经过三个阶段:首先是人为了生存,依靠神赐的智慧学会耕作、建筑、缝纫,发明音节语言,学会给事物命名。按照传统神话每样东西都是神赐的,耕种和酿酒来自狄奥尼修,冶炼术来自赫费司图,语言和音乐来自缪斯,等等。在普罗泰戈拉的神话里,神赐予智慧以后它就属于人自身了,人可以自己传授智慧并靠自己的智慧发明各种技艺。这和后来的自然神论有点相似,神一次干预以后就是人自己的事了。第二阶段就是人为了自保聚集在一起建立城邦或城堡,从此人从分散的个体变为群居。城邦这个共同体也是为了免受野兽侵害,为了自保而建立的。第三阶段,为了免除人与人之间的互相残杀互相侵犯,由宙斯授予 dike 和 aido 两种才能品德,从此城邦有了秩序,人与人之间有了友爱和团结。这对后来社会契约论的形成很有影响,可以说社会契约论的"自然状态"和"自保"两个思想来源于这里;但是它和社会契约论不同,因为它认为建立城邦秩序的原则是神授的而不是人们自己互相约定的,而且法律也是神授的。柏拉图和亚里士多德的社会形成思想也是在这个神话基础上发展而成的,不过柏拉图改变了一点,认为人主要是根据分工的原则,为解决衣食住用而结成一体的;亚里士多德还区分了城邦和联盟两个概念,认为建立城邦是为了共同的利益和善,联盟则是确保各自利益的契约。

第四,这个神话故事将"正义"和"相互尊重"提升为建立城邦秩序的原则,这是这两个概念发展过程中的重大变化。正义(dike)作为城邦秩序的原则被柏拉图接受,成为他建立理想国的准则。相互尊重(aido)从此也进入了政治伦理领域,成为以后亚里士多德的政治学和伦理学的重要原则。公民双方既相互尊重又按正义原则结合在一起,就产生了下一章要讨论的"平等"原则和 homoneia(和谐一致)。

第五,正义和相互尊重这样的政治智慧或政治技艺不是像制造技艺那样仅仅分配给少数人,而是人人都有一份,这就从根本上否定了贵族制,为民主制奠定了理论基础。按照古代希腊传统,arete 是少数优秀的人才拥有的,最优秀又最有力量的少数人就是贵族,他们理应统治城邦。现在对话中的普罗泰戈拉却提出相反的原则,认为政治方面的智慧即政治方面的技艺或 arete 是人人都有一份,而且可以通过教育和训练来加以提高的。这就为雅典的民主制提供了充分的理论根据,后来 18 世纪法国启蒙学者提出的天赋人权说和普罗泰戈拉的神赋人权说的基本原则是一致的,由此也可以说智者是古代希腊的启蒙学者。

这个神话中表述的这种思想在智者以及苏格拉底和柏拉图的时代都是很流行的,格思里为了论证社会进步学说是当时普遍的思想,在他的《希腊哲学史》第 3 卷重印时补充了一个附录,介绍当时的思想家和戏剧作家的社会进步学说。这些材料对了解当时的社会思潮颇有价值,摘要转述如下:

1. 生活在公元前 4 至前 3 世纪的哲学家狄奥多罗说:"关于万物的开始我们的祖先说过很多,他们说第一代人生活在毫无组织的野兽般的状态中,在野外分散活动,采集植物和野果充饥。在同野兽搏斗的经历中体会到需要互相帮助,他们由于恐惧而聚集在一起,才渐渐觉察出彼此的特征。他们从没有意义的杂乱呼喊中逐渐地创造出各种语言;由于他们要表述每个对象,所以创造了各种交流思想的方式。相似的人群聚集在共同的居住地,但由于各个群体都使用自己的词语,所以没有共同的语言。既然各种语言都存在,首先形成语言的群体便成为各民族的典范。最初的人还没有发明生活需要的东西,生活非常艰苦,没有衣服、房子和火,也不懂如何种植和收获以及如何储存食物,所以有许多人死于寒冷和饥饿。人们从这种状态中逐渐学会冬天挖洞,在洞里存储食物。一旦火和别的有用的事物被发现以后,人们又逐渐发现技艺和一切对共同生活有意义的东西。一般说来'需要'是人们的教师,正是'需要'在各个方面教会有自然禀赋的人学会用手、语言和理性。"①我们看到狄奥多罗的这种看法同普罗泰戈拉说的基本相同,但有几点进步:(1)人们在同野兽的搏斗中体会到要互相帮助。(2)群居以后体会到彼此的特征。由于这两点所以人之初不是互相残杀,而是感到群居和共同生活的重要。(3)将人的需要看做历史发展的杠杆。

2. 生活在智者时代的悲剧诗人欧里庇得斯于公元前 421 年写的《请愿的妇女》剧本中,让忒修斯代表雅典人的性格,爱好民主,遵守法律,反对暴君克莱翁。剧中忒修斯说:"我祈求神使我们生活有秩序,摆脱野兽般的混乱,首先灌输给我们理智,给我们舌头以表达思想,用词辨别事物;并且从天上降雨供给我们食物,从地下长出果实,给我们饮水;防御冬天的严寒;学会航海和别人交换我们缺少的货物。"

3. 公元前 5 世纪末前 4 世纪初希波克拉底写的《论古代医学》中谈到医学的产生时说:"纯粹是'需要'促使人去探讨医学技艺。……我相信原始人吃的和野兽一样,我们现在的生活方式是长期的创造发明的结果。古代人们靠粗糙的没有加工过的食物生活,他们的生活遭遇是很可怕的……后来才懂得面包食品的各种制法。"

4. 伊索克拉底在《颂辞》中说:"希腊世界应将发明归功于雅典,因为得墨忒耳〔丰收和农业女神〕寻找她女儿的时候,为了感谢这个城邦的仁慈,答应给予两件礼物——栽培技术和庆贺丰收,以及对未来生活的希望,保证我们不会像野兽那样生活。"(第 32 节)"如果我们抛开这些看看人类初期状况,就可以看到最初来到世上的人并没有达到我们现在这样享有的生活,只是由于他们自己的努力才逐渐达到的……"(第 38 节)"这就是我们的城邦开始给人们带来的好处……他们相信仅仅衣食是价值不大的,还要追求别的东西;我们现

---

① 格思里:《希腊哲学史》第 3 卷,第 81 页。

在享用的事物都是依靠彼此协作而不是依靠神,因此没有一项是同我们的城邦没有关系的,城邦是它们的直接原因。"(第39节)"她看到希腊人散居各地,没有法律,有的乞怜于僭主的统治,有的因缺乏指导而灭亡,有的被恶势力消灭,便教他们采取自保措施,并为别人树立了榜样,因而他最先创立了法律并建立城邦制度。"(第40节)

此外,格思里还收集了埃斯库罗斯和阿里斯托芬等人的有关资料,我们就不一一转述了。①

从以上这些资料我们可以看到智者时代人的觉醒。他们不仅意识到人和动物的区别,自然和社会的区别,而且看到人和神的关系中人自身具有的伟大创造力。他们用人类物质生活的需要和对政治生活的追求去解释社会和城邦的形成及其作用。按照这个新的思维方式去观察社会问题,无论是风俗习惯、伦理规范、法律制度、神和宗教、教育制度等方面,都势必导致一场革新观念、破除传统、提高人的地位的伟大思想革命。这场革命最重要的成就表现在两个方面:一个是下一节要讨论的对神的观念的革新;另一个是下一章要专门讨论的关于 nomos 和 physis 的争论,智者用 nomos 和 physis 解释一切社会问题。

第三节　人神关系

古代希腊哲学一产生,哲学家们就用自己的哲学原则去解释神的本性和地位。传统的神是在哲学产生以前人们将自然人格化又将人神化而创造出来的,从内容到形式都反映了远古时代人的低级生活方式、人生追求、人的感受和想象、风俗习惯和思维水平。在智者活动时代,虽然在此之前已经有塞诺芬尼批评传统的神,认为神是不动的、没有生灭的"一"的思想,并开始提出理性神的问题;但是这种思想太深奥了,还不能为广大群众所接受。在一般人看来神基本上还是和人同形同性的,即自然崇拜时期的多神。在人神关系方面看

① 参见格思里:《希腊哲学史》第3卷,第79—82页。

法也是很原始的,认为每一种自然现象或社会现象都有一个对应的神或某个神的一种性能;神际关系也就是远古向奴隶制过渡时代的人际关系。人类生活每前进一步,每发明一件东西或提出一个"为什么",就相应地创造一个神或给神增添一种属性。沿着这条路子发展,创造的神越多或赋予神的属性越多,人们就越能认识到神是人所创造的。这样人们创造历史的能力越大,对神的威力的怀疑也就越大。社会的阶级分化和利益对抗以及人们的命运遭遇越趋严重,神的公正和力量也就越受到挑战。一旦社会上的守旧势力拿神去威胁和压制新思潮兴起的时候,传统神和传统势力的关系也就日益暴露了。这样一场比塞诺芬尼时代深刻得多的反传统神的思潮就蔓延开来。它表现的具体形式主要有两种,先是以普罗泰戈拉为代表的疑神论,怀疑神的存在、属性和作用;其次是以普罗迪柯和克里底亚为代表的人创神而不是神创人的思想。

一　普罗泰戈拉的疑神论

普罗泰戈拉有没有专门写过《论神》? 我们在第一章中说过第欧根尼·拉尔修列举的普罗泰戈拉著作中有《论神》,但是翁特斯泰纳认为普罗泰戈拉其实只写过两部著作即《论真理》和《论相反论证》,是第欧根尼·拉尔修弄错了,他所列举的书目原来都是《论相反论证》的组成部分。《论神》是其中的第一部分,另外三部分分别是《论存在》、《论法》(包括《论城邦》)、《论技艺》。① 他的推测有一定道理,因为第欧根尼·拉尔修也说"普罗泰戈拉当众宣读的著作的第一部分就是论神"②;可是没有证据说它是《论相反论证》的第一部分,我们以为从理论的内在联系看,更有理由认为它是《论真理》或《论存在》的组成部分。不管怎么说,普罗泰戈拉对神的问题总是发表过意见,至于他有没有写过一部独立的《论神》著作只是一个次要问题,反正留到今天的只有一个片断,这就是残篇第四。这是我们以下论述的主要根据,必须将它的文字意义解释清楚。它的原文如下:

---

① 参见翁特斯泰纳:《智者》,英译本,第 10、19、26—33 页。
② 第欧根尼·拉尔修:《著名哲学家的生平和学说》第 9 卷,第 54 节。

περὶ μὲν θεῶν οὐκ ἔχω εἰδεναι,οὔθ' ὡς εἰσίν οὔθ' ὡς οὐκειοίν οὔθ' ὁποῖοί τίνες ἰδέχ;πολλὰ γὰρ τὰ κωλύοντα εἰδέναι ἥ τ'ἀδηλότης καὶ βραχὺς ὠνὸ βίας τοῦ ἀνθρώπου.(音译为:peri men theon ouk echo eidenai, outh hos eisin outh hos ouk eisin outh hopoioi tines idean;palla gar ta kolyontaeide-nai he t'adelotes kai blachys on ho bias tou anthropou.)第欧根尼·拉尔修的引文少了其中一个从句"outh hopoioi tines idean"①。

几种英译文有不同的译法,弗里曼的英译:

"About the gods,I am not able to know whether they exist or do not exist,nor what they are like in form;for the factors preventing knowledge are many:the ob-scurity of the subject,and the shortness of human life."

柯费尔德在《智者运动》(第 165 页)中的英译:

"Concerning the gods I am not in a position to know either that(or how)they are or that(or how)they are not,or what they are like in appearance;for there are many things that are preventing knowledge,the obscurity of matter and the brevity of human life."

译为中文:"关于神,我不能知道他们存在还是不存在(它们是如此存在或不是如此存在),也不可能知道他们像什么样子;因为有许多认识的障碍:问题本身是晦涩的,人生是短暂的。"

一般著作中只译出残篇本身,意大利著名学者翁特斯泰纳在《智者》(第 1 卷,第 79—81 页)书中将残篇连同出处即尤息比乌的转述一起译出并加了解释,他的意大利译文如下:

Protagora,che divenne discepolo di Democrito,si acquisto la fama di ateo.Si dice infatti che egli,nel suo trattato Intorno agli dei,abbia esordito nel modo seg-uente:"Intorno agli dei non sono in grado di esperimentare la loro esistenza feno-menica o meno,né quale sia la loro essenza rispetto al loro manifestarsi esteriore; infatti molto sono le difficoltà che impediscono quest' esperienza:non solo l'

---

① 参见第欧根尼·拉尔修:《著名哲学家的生平和学说》第 9 卷,第 51—52 节。

impossibilità di un′ esperienza sensibile di essi,ma anche la brevità della vita uma-na.”

　　译为中文:“普罗泰戈拉曾经是德谟克利特的门徒,他得到无神论的称号。据说在他的论文《论神》中确实说过:‘关于神,我不能体验(感受)到他们是这个样子存在,抑或不是这个样子存在,我也不能体验到他们的外貌究竟代表什么意思。妨碍我们体验的困难很多:不仅是不可能有关于神的亲自感受,而且人生是短暂的。”

　　近几年意大利一些学者认为翁特斯泰纳的翻译和注释表达了普罗泰戈拉的原意,他将当时使用的希腊文字所包含的词意用现代语文表达出来了。不过译文过于冗长,类似现代中国学者作古文今译,既然是今译不免与原文有些出入。当代意大利学者伽色达诺(G.Casertano)、蒙达诺(A.Montano)、多尔多娜(G.Tordora)出版 3 卷本《哲学史》,第 1 卷古代希腊罗马哲学,其中引用普罗泰戈拉的残篇第四基本采用翁特斯泰纳的意大利译文。①

　　显然对原文的理解还存在分歧,我们作些分析。

　　首先看前一句的主句部分。eidenai 是动词 eido 的分词,相当于拉丁文的video,可以作“看”(to see)也可以作“知”(to know)讲。无论希腊文或拉丁文的本意都是靠视觉看到了而且明白了什么,并不是靠理性理解了或懂得其中的道理或本性。为了避免现代人按理性认识理解为“知道”(to know),所以翁特斯泰纳译为“感受”、“体验”。这个词在残篇中出现了两次,翁特斯泰纳根据它的本义及前后文词义变化分别译为 experimentare(体验) 和 esperienza sensibile(感受)。希腊文 echo 相当于英文的 have,但同 have 的用法有很大不同。希腊文“有什么东西”或“谁拥有什么东西”往往用另外的表述方式,echo通常表示“有……手段、方法或方式”,“有……能力”,所以《洛布古典丛书》将这个词译为 means。它的前面加否定词,后面加分词,合起来 ouk echo eidenai 就是“我没有办法(或能力)感知或体验”;过去的中译文译为:“至于

_____

　　① 参见伽色达诺等:《哲学史》第 1 卷,第82页。

神,我不知道……"①离希腊文乃至近代西方各种译文有相当差距。

紧接的三个从句意在说明无法感知的是什么。outh hos eisin,outh hos ouk eisin,outh hopoioi tines idean,其中 outh 即英文的 not even,nor,and not。hos 在希腊文中相当复杂,以下第五章说到"人是万物的尺度"命题时还要碰到它;它可以作连词或关联词用即英文的 that,也可以作副词关联词用即英文的 how,as,so that,in other that 等。eisin 是系动词 eimi 的现在式第三人称复数,在本书第一卷中(第498页)我们讲过这个词的单数另一种重音标法 estín 作"存在"讲,复数第三人称一般不作存在讲。加上 hos(how,如何),第一个从句应该是:我们无法知道"他们如何是"或"他们是什么样子";后一个从句加上否定词 ouk 就是"他们如何不是"或"他们不是什么"、"他们不是这样那么又是怎样"。这两个从句显然不是简单地说"他们存在还是不存在",如果那样就无需 hos(如何)这个词了,所以柯费尔德译为"that(or how)they are or that (or how)they are not"("他们是什么或不是什么,或者说他们如何是或如何不是")。现代人尤其中国读者由于语言关系,不习惯于这种表述,为简便和通俗起见也可以理解为"他们存在或不存在,或他们如何这样存在或那样存在"。意大利学者伽色达诺译为"ne che sono ne che non sono."("既不知道他们如何是,也不知道他们如何不是",通俗表述也可以是"既不知道他们如何存在,也不知道他们如何不存在"。)从句第三部分"outh hopoioi tines idean",这里的关键是对 tines 和 idean 的理解。hopoioi 即 hopoios 的复数,相当于拉丁文 qualì,意大利文 quale,英文的 of what sort,kind,即汉语的"什么样的",关于这个词没有什么分歧,分歧在于 tines 和 idean。idean 的原型就是 idea,本书第三编论述柏拉图的哲学时将专门讨论它,我们译为"相",它既有"形式"(form)的意义也有"本质"、"性质"(essence)的意义。阳性复数不定代词 tines(注意是 tínes 而不是疑问代词 tinés)相当于英文的 some,ones。弗里曼和格思里等将 tines 看做上文神(gods)的代词,将 idea 解为 form,就成为 this form 或 form of gods。翁特斯泰纳认为 tines 指前两个从句中神的外表,idean 指 es-

----

① 北京大学哲学系编:《古希腊罗马哲学》,第138页。

senza(本质、意义、性质),他用意大利文系动词 essere 的假定式虚拟式 sia,全句意思就成为:"如果神以某种形式存在,我们也无法知道这些外貌的意思(本质、性质)究竟是什么。"应该说翁特斯泰纳的理解是比较准确的,希腊文只有三个字,他用了一连串字来表述它。伽色达诺将它简化为"也无法知道它们拥有什么样的 idea,如果说有 idea 的话",他用意大利文 avere(有)的虚拟式复数第三人称现代式,比上述几种英译文准确。整个短语的意思就是"如果说有什么型相或性质,我也无法知道"。Idea 即使译为"形式"(form)也不同于希腊文的 schema(图案、图式),phantasia(外表、形状即 appearance)或 tropos(样式即 fashion)。Idea 指的是任何一类东西的型相,如牛、马、羊等每一类都有本质不同的型相,型相本身就体现这类东西的本质。这就是后来演变成为柏拉图的"相"和亚里士多德的"形式"的词源原因,所以西方人将它译为 form,forma,他们能够理解,而中国人将它理解为"外表"、"形状"就不准确了。

我们认为应该将这句话放在当时的思想背景上来读解。塞诺芬尼开始提出了对神的形状和性质同荷马以来的传统看法不同的另一种理解,这种理解流传开来产生了影响。麦里梭沿袭爱利亚学派的理性至上的传统,他说:"关于神,我们不可能作出任何陈述(apophainesthai,英文为 to show by words,to show by reasoning,直译是"不可能用语言作出描述或判断"),因为人们不可能有关于神的任何知识(gnosin,见解、判断、知识)。"① 麦里梭的表述方式同普罗泰戈拉很接近,但因为它是由第欧根尼·拉尔修转述的,不是直接引自原文,所以第尔斯没有将它收入麦里梭的残篇中。放到当时这样的背景来理解,普罗泰戈拉这条残篇的前一句话的意思是:第一,关于神,我没有能力体察到他们是像荷马说的那样,还是像塞诺芬尼说的那样。用伽色达诺的译文说就是:"他们是什么样子或者他们不是什么样子。"第二,如果他们是某个样子存在,我也无法知道这个型相表示什么意思,是像荷马所说的神是和人一样盗窃、奸淫、欺诈的呢,还是像塞诺芬尼所说的神的 idea 是单一的、不动的、以理性左右万物的。

---

① 第欧根尼·拉尔修:《著名哲学家的生平和学说》第 9 卷,第 24 节。

为什么我们无法认知神呢？残篇的下一句作了回答:因为有许多认知的障碍。普罗泰戈拉认为认知的障碍主要有两个方面,一个是有关认知对象方面的,另一个是讲认识的主体——人的生命是短暂的。这里说的是两个方面的障碍而不是两个障碍,所以《洛布古典丛书》中希克的译文为"both…and…",伽色达诺的意大利译文是"non sono…ma anche…"(不仅这一方面……而且另一方面……),比较准确。这两个方面的障碍,后者说人的生命是短暂的,分歧不大;问题是前一个障碍如何理解？原文很简单:he t′ adelote。关系代词 he 指的是前面提到的"障碍",这没有异议,问题是 adelote 这个词。希腊文讲到"不可知"有两个词,一个是$\alpha\gamma\nu\omega\sigma\iota\alpha$(agnosia),它来自 gnosis 有知道、思考、研究的意思,加上否定前缀"a"指的是人们不能通过思考研究而认识事物的本质和性质,这就是后来"不可知论"这个词的来源。另一个是根据自己的感觉、体验、感受而辨别事物是什么,这就是$\alpha\delta\eta\lambda\iota\varsigma$(adelis)。形容词 delos 有可以看到的、清楚明白的意思,相当于英文的 plain, evident, visible, clear, manifest 的意思。它加上"a"就是相反的,指不可能靠感知而认辨事物。后来的塞克斯都·恩披里柯讲怀疑论,他讲到无法靠理智下判断或无法靠感知下判断时就分别采用这两个词。所以普罗泰戈拉这句话的意思是:认识的障碍从对象方面说就是神是模糊不清的晦涩的(uncertainty),人不可能亲身感觉或感受到他们的形状和性质。他是从感性认识的角度而不是从理性认识的角度讲的。在这点上翁特斯泰纳的译文比较正确,他还加了一个详细的注释专门说明 adelos 这个词的含义。[1]

由此可见,普罗泰戈拉是以感觉论和怀疑论作为他的哲学依据来谈论神的。以下第五章中我们将论述他在残篇第四中关于神的思想同他的"人是万物的尺度"的思想是一致的。他的思想是一个整体:关于世间事物,只有人的感觉可以作为判断的标准;关于神我们无法感受或体验到他究竟是什么形状什么性质。考虑到普罗泰戈拉的整个思想和中国语言习惯,我们将残篇第四译为:

---

[1] 参见翁特斯泰纳:《智者:证言和残篇》第 1 卷,第 80 页注。

关于神,我不可能感受他们如何存在或如何不存在;我也不可能感知他们的型相是什么;因为有许多感知方面的障碍,人们不可能亲身体验到神,而且人生又是短促的。

只要我们记住普罗泰戈拉说的认识就是感知,那么为通顺起见也可以将这里的"感受"、"感知"、"亲身体验"换为"认知"或"知道"。

总而言之,普罗泰戈拉认为人们无法知道神是否存在,如何存在,具有什么性质,因为关于神的问题是在人的感知范围以外,而且人生又是短促的,一辈子也体验不到。普罗泰戈拉的这个思想,从史料上说还有以下一些古人的记述可以证明:

1. 菲洛特拉图在介绍普罗泰戈拉的生平时提到:"普罗泰戈拉说到底有没有神,他无法知道,因而被逐出雅典。"①(DK80A2 中的一部分)。

2. 生活在公元 5 世纪的希腊语法学家赫绪基俄在讲到普罗泰戈拉的修辞学和论证以后说:"他的书后来被雅典人烧掉了,因为他在书中写道:'关于神,我既不知道他们是否存在,也不知道他们是否不存在。'"②(DK80A3)这里引文主句同残篇第四一样,而且也用 eidenai(感知);从句表述为"oute hos eisin oute hos ouk eisin",这里的 oute 相当于英语的 neither……nor,hos 相当于 how,eisin 即"是"或"存在"。

3. 塞克斯都·恩披里柯引证克里底亚有关法律和神的观点(见下一小节)以后接着就说:"同这些哲学家一样思想的还有塞奥多罗的无神论,此外还有一些人如阿布德拉人普罗泰戈拉,他在一本书中写道:'关于神,我不能肯定他们是否存在,也不能肯定他们的本性是什么,因为妨碍我们探讨的困难太多了。'据说雅典人就根据这条理由判处他死刑。"(DK80A12,译文根据翁特斯泰纳)

4. 西塞罗在《神性论》中关于普罗泰戈拉的话有两个提法,一个是在第 1 卷第 63 节中说:"普罗泰戈拉说他不知道神存在呢还是不存在"(柯费尔德的

---

① 菲洛特拉图:《智者生平》第 1 卷,第 10 节。
② 译文根据翁特斯泰纳:《智者:证言和残篇》第 1 卷,第 29 页。

英译文是 that they are or that they are not）；在第 117 节中换用"他们如何存在和如何不存在"（as to how they are and how they are not）。①

翁特斯泰纳根据普罗泰戈拉的疑神论，进一步推断普罗泰戈拉的《论来世本性》（或《论阴间生活》）的主题也是以怀疑论为武器，怀疑来世、阴间地府及灵魂不灭。② 这个推断有一定道理，既然神的存在是可疑的，灵魂转世和阴间地府当然更可疑了。

在普罗泰戈拉的时代这种疑神之风是相当流行的，除了前面已经引证的大约同时代的麦里梭的观点外，当时雅典民主政治家伯里克利和悲剧诗人欧里庇得斯也有类似的观点。普卢塔克在《伯里克利传》中说：伯里克利认为"神的存在只是一种推断而已，我们谁也没有见过。"（第 6 节）欧里庇得斯的《柏勒洛丰》残篇第二八六说："谁说天上有神？不，没有！如果有人说有，就告诉他不要傻乎乎地相信那些古老的故事了。不需要用我的话去指引你的判断，只要看看你周围的事情好了：僭主们杀害了成千上万的人还掠夺了他们的财产；那些违背誓言的人将城邦引向毁灭，可是他们这样行事的时候却比那些日夜虔信神的人更加快乐。我还知道那些崇奉神的小城邦在战争中被人多势大的城邦颠覆了，臣服于那些比他们更不虔诚的城邦。"③阿里斯托芬在《云》剧中说过："如果你在纵欲时被抓住了，你可以这样为自己辩护：宙斯也是这样干的。"（第 1079—1080 行）从这些史料看，在智者活动的时代怀疑传统的神的观念已经是相当普遍了。

普罗泰戈拉在残篇第四的论述可以说是用怀疑论否定神的最高概括，据说他本人因此被逐出雅典，甚至有人说他因此被判死刑。他是用感觉论和怀疑论为根据，对神的存在和性质不作任何肯定或否定的判断。在哲学上这就成为后期希腊塞克斯都·恩披里柯怀疑论的理论来源，也是历史上一直存在的无神论者如文艺复兴时期蒙田等否定神的思想武器。

---

① 柯费尔德：《智者运动》，第 166 页。
② 参见翁特斯泰纳：《智者》，英译本，第 10—11 页。
③ 译文参见柯费尔德：《智者运动》，第 170 页。

二　人创神而不是神创人

塞克斯都·恩披里柯和西塞罗都说过,在伯罗奔尼撒战争期间及战后希腊出现了一批无神论者,其中有弥罗斯的狄亚戈拉、开奥斯的普罗迪柯、克里底亚,以及稍迟些的欧赫美洛和居勒尼的塞奥多罗。关于狄亚戈拉,西塞罗、普卢塔克和塞克斯都·恩披里柯等都说他不信神,因而被判处渎神罪,但具体材料已经佚失。[①] 现代德国学者雅可比写过《无神论者狄亚戈拉》(1959,柏林),收集了古代有关他的传说资料,格思里在《希腊哲学史》第3卷(第236—237页)中作过介绍。在这些无神论者中明确为智者的有普罗迪柯和克里底亚,下面分别介绍。

首先是普罗迪柯,他认为神的观念原来是人的生活需要的产物。翁特斯泰纳在第尔斯辑录的A类资料的基础上收集了普罗迪柯有关神的产生的全部资料,格思里在《希腊哲学史》中依据这些资料作了介绍,转述如下:[②]

1. 公元前1世纪的伊壁鸠鲁学派的菲罗德谟在《论虔诚》第9章中说:"培尔赛乌(斯多亚学派芝诺的学生)在他的《论神》中全然无视神并诋毁神,他宣称普罗迪柯说的绝不是不可能:最早被人们奉为神崇拜的是那些对我们有利有营养的东西,以后人们发明了各种食物制品、住房和其他技艺如得墨忒耳、狄奥尼索和……(纸草文书中断)"得墨忒耳是农业和丰收女神,狄奥尼索是植物神、酒神。普罗迪柯的意思是:起初人们将野生的对人有用的生物奉为神,后来懂得耕作和技艺就将这些农作物和制造业奉为神,才有得墨忒耳和狄奥尼索等神。

2. 公元3世纪后半叶的米努基乌·斐利克斯在《屋大维》第21章第2节中说:"普罗迪柯说:那些发现了新的作物,因而对人的福利作出贡献的人就被人们奉为神。"

3. 西塞罗《论神性》第1卷第37章第118节说:"开俄斯的普罗迪柯留给

---

① 参见格思里:《希腊哲学史》第3卷,第236—237页。

② 以下材料参见格思里:《希腊哲学史》第3卷,第238—239页;翁特斯泰纳:《智者:证言和残篇》第2卷,第191—197页。

163

我们的是一种什么样的宗教呢？他说,凡是对人的生活有用的东西,人们就奉之为神。"

4. 同上第15章第38节讲到培尔赛乌赞赏普罗迪柯的见解后说:"培尔赛乌说,谁发明了对公众生活特别有用的东西他就被奉为神,而且凡是对人有用的有助于健康的东西就获得了神的称号。"

5. 塞克斯都·恩披里柯《驳数理学家》第9卷第18节:"开俄斯的普罗迪柯说,'古人将日、月、江、河等一切有益于我们生活的东西当做神,认为正是他们帮助了人,例如埃及人就将尼罗河尊为神。'他还说过,正因为如此面包被称为得墨忒耳,酒被称为狄奥尼索,水被称为波赛冬,火被称为赫费司图,以及一切诸如此类的东西。"这一段话在第9卷第52节中又用略有不同的话加以复述。

6. 同上第51节中列举包括普罗迪柯在内的一批无神论者并说:"他们讲没有什么神。"

7. 同上第39节说:"这些人以为,古人将一切对人的生存有利的东西如日月江河等奉为神。"塞克斯都·恩披里柯在第39—40节中批评这些无神论的观点说:第一,古人不会愚蠢到这种地步以致将一切有生灭的可吃的可毁坏的事物当做神;第二,如果这样人特别是哲学家就都是神了,甚至动物和有用的非生物,由于它们对我们有价值也都会成为神。

8. 公元4世纪的哲学家、修辞学家塞米司提乌的第30篇讲演辞是对于农业耕作的颂辞。他说:从伊索克拉底以来认为农业不仅提供了生活资源,而且是文明生活之母,是法律、正义、和平、庙宇、哲学等等之父。他提到:"智慧的普罗迪柯……他从农业的恩典中推断出各种宗教活动、神秘仪式和入会手续的起源;他相信神的观念就是由此产生的,而且使它成为施恩于人的保障。"

以上这些资料的作者是在反对无神论倾向,斥责一些人将神丑化的时候提到普罗迪柯和培尔赛乌的,他们在无意中起到了保存史料的作用。从这些资料看,普罗迪柯已经明确提出有关神的起源的问题,他认为神是人创造出来的,是人创神而不是神创人。

　　还有一个研究神的观念的起源问题的人是克里底亚,他将神的产生归因于人的政治生活需要。在上一节中我们引用过他的残篇第二十五的前半段,在那里克里底亚阐述关于社会进步和法律产生的观点,接着是后半段,他说:

　　"从那时以来法律禁止人们公开犯罪,他们就开始暗中作恶;于是聪明有智慧的人便发明了对神的畏惧,以此作为吓唬那些作恶的人的手段,即使他们只是在暗中思考、议论和作恶。聪明人倡导了神圣的东西(宗教),说有一个永生不灭的神,他用努斯听和看,思考一切,关心万物;他具有神性,能听到凡人所说的一切,也能看到一切人们所作所为。即使你在暗中策划也逃不脱神的耳目,因为神拥有非凡的智慧。发明神的人用有趣的说教传播这些话,他用虚假的论说掩盖事实真相;他说神住在对凡人最有威慑力量的地方,在那里神既能威胁凡人,也能补偿凡人生活的艰难。在上面人们可以看到闪电听到雷鸣,凝视那群星闪烁的天空,犹如精巧的工匠雕塑成的时空彩带,从那里升起火红的太阳,也会降落淹没大地的暴雨。神就用这些威力捆住凡人,在适当的地方以他的逻各斯建立神圣权威,以便消灭人间的不法行为……因此我想,早先有些人就是这样劝告凡人虔信诸神的。"(DK88B25 后半段)

　　这段话出自山羊剧*《西绪弗斯》的一段残篇。欧里庇得斯写过山羊剧《西绪弗斯》,已佚失,克里底亚也写过同名的山羊剧,也已佚失。这条残篇原先人们认为是属于欧里庇得斯的,但是塞克斯都·恩披里柯讲到克里底亚时引用了这段话,第尔斯和后来的学者们对比分析了欧里庇得斯和克里底亚两个人的风格,认为这段话出自克里底亚的山羊剧《西绪弗斯》,第尔斯将它辑为克里底亚残篇第二十五。不过学术界还存在不同的看法,如柯费尔德认为还是欧里庇得斯的作品,而格思里却同意策勒的考证,认为这是克里底亚的话。① 我们以为不管它是谁说的话,反正他们两个人同属于智者时代,克里底亚可以算是智者,欧里庇得斯也是智者思潮在文艺界的代表,因此可以将这种

---

　　*　山羊剧(Satyr-play),Satyr 是古希腊的半人半兽的森林神,身上长有山羊角和山羊尾巴,曾经是酒神狄奥尼索的随从,后来成为最早的剧种名称,介于悲剧和喜剧之间,悲剧形成以后还有这种剧种。

　　①　参见柯费尔德:《智者运动》,第 171 页;格思里:《希腊哲学史》第 3 卷,第 243 页及注 2。

思想归于智者。

普罗迪柯和克里底亚的看法代表智者关于神的形成的两种见解,他们从不同的方面指出神的观念的产生,在历史上都有重要价值。和他们同时或稍前的德谟克利特认为由于人类不知道种种自然现象的原因,从恐惧感出发以为有神在背后操纵。(DK68A75,参见本书第一卷887—888页)普罗迪柯是从感恩思想出发而不是从恐惧感出发,认为人类感谢大自然的恩惠,崇拜对生活有用的动物和植物等等;一旦人们学会耕作、饲养和工艺,他们种什么干什么就崇拜什么,因此产生了职业神——干什么行业就想象出一个保佑这行业兴旺的职业神。随之发明耕作和手艺的人也就成为秉承神的恩惠的人,即半人半神的偶像。当代原始宗教的研究表明这是世界历史发展中普遍存在的事实。1977年德国学者波尔克(W.Burkert)发表了《远古时代和古典时代的希腊宗教》,这部著作详细考察了希腊每一个神的起源和演变,对了解神的观念的起源很有价值,这些材料也证明普罗迪柯的看法是对的。① 中国殷周以前的自然崇拜以及神农氏、伏羲氏、女娲氏等的传说,还有以后的职业神如鲁班等也是这样形成的。关于这个问题,李乔著《中国行业神崇拜》(1990年)收集了大量资料,颇有参考价值。

克里底亚看到了神的产生同城邦政治的关系,无意中说出了一个真理——宗教的形成和发展同统治阶级政治需要的关系。为了维护城邦秩序,用法律可以惩治一些不法行为,但还有大量的恶行是秘密的或是法律管不到的,那就只能依靠神的威慑了。利用人们对于自然力量的恐惧感,以神的惩罚来制止那些不利于城邦统治的行为,这是神和宗教产生的原因。克里底亚的这个观点在当时没有引起充分注意,后来到18世纪的启蒙学者才大大发展了这种学说。

综合普罗泰戈拉、普罗迪柯和克里底亚等人关于神的见解,我们可以得到一个总的印象:由于智者思潮的广泛传播,传统的神的观念已经进入无可挽回

---

① 这部书1985年哈佛大学出版社出版了英译本,可参看第1章"史前时期和米诺斯—迈锡尼时代",第3章"诸神",第6章"神秘主义和苦行主义"。

的危机时期了。理解了这一点我们才能理解苏格拉底、柏拉图和亚里士多德，乃至以后斯多亚学派和新柏拉图学派的神的观念。即使是像柏拉图那样要惩治无神论的人，在《国家篇》的前两卷中也大量批判荷马的神的观念。同时只有了解智者关于神的看法，才能理解下一章要讨论的 nomos-physis 的争论的根源。

❋ 第四章 ❋

Physis 和 Nomos

希腊社会制度、法律制度、伦理规范、风俗习惯和生活方式的变化,使人们认识到这些制度、规范和生活准则是人们自己制定的,并不是像动植物和无机物那样是自然形成的;它们不是永恒不变的,人们在它们面前也不是无能为力的。伯罗奔尼撒战争及城邦内部政体的变更,更使人们认识到这些制度、规范和准则不是神创的,而是人们依自身的需要,以自己的利益、感受和爱好为标准确认的。现实中这些急剧的变化,经过智者,得到了上一章所说的理论上的概括。这些学说上升到更深层次的理论,就是人和动物、自然和社会的区别问题、人的本性问题、个人和社会的关系问题。这些涉及社会历史观的根本问题在当时条件下还不能以如此明确的形式提出来;他们只能从现象出发,用已经达到的理论思维能力去探讨整个人类历史才能逐步弄清楚的这些问题,在当时表现的具体形式就是 physis 和 nomos 的问题。

第一节 什么是 physis 和 nomos

在本书第一卷中我们已经介绍过 physis 这个词的词源和本义。① 在古代希腊 physis 这个范畴的发展经历了三个阶段,即:(1)"自然而然的",和"人工

---

① 参见本书第一卷第 511 页。

制造的"相对应;(2)"本性使然的",和"人为约定的"相对应;(3)"自然界的",和"社会共同体的"相对应。

在哲学的史前史和早期希腊哲学中,physis 指"依靠自己的力量而成长的东西",即"天生的"、"自然而然的"。和它相对应的是 technastos 即"制造出来的"、"人工制造的",如房屋、鞋子、床等。这同当时的社会发展是一致的,手工业从农业分化出来以后,人们看到除了天然成长的东西之外还有由人制造而成的东西。这种东西的来源是"制造术"即 techne,后来的一切"技术"、"技艺"来源于此。在这一历史阶段仅有 physis 和 techne 的对立,并没有 physis 和 nomos 的对立,更没有"自然"和"社会"的概念。希腊人能将"天然成长的"和"人工制造的"区别开来,是个伟大的进步,但是不知道"人工制造的"意谓"物质资料的生产"即"生产劳动",更不理解它在社会历史发展中的作用,这说明它还处在人类对生产劳动认识的初级阶段。如果不知道人类认识的这一发展过程,便会对早期自然哲学产生误解,以为他们所讲的"自然"就是和"社会"相对应的"自然"。其实早期自然哲学家并不将人和社会完全排斥在自然之外,他们将人和社会以及一切社会生活准则都看做是属于 physis 领域的。他们将人和社会看做只是自然的组成部分,认为宇宙的生成、动植物的产生、人的结构组成以及人的认识能力和社会生活等都是自然的(physikos)。希腊文中以 phy 为词根的许多词,除了后来引申的词外大多同"天然成长的东西"有关,如 phyton 植物,phre 花,phyllon 叶子或天然成为同类的东西等等。"自然聚集的人群"就是最早的 clan(即氏族,这是当时取的名称);后来发展起来的胞族、部落、部落联盟都是属于 physis。自从人们打破氏族界线组成 kome(村庄)和 polis(城邦)以后,按逻辑推论人们应该提出一个问题:kome 和 polis 是天然形成的还是人们创造的? 但当时并没有提出这个问题来,因为从氏族部落到城邦国家的过渡是自发的,很缓慢的,人们没有意识到这一质变。只是经过 physis 和 nomos 的争论以后,亚里士多德才认真研究家庭、村庄、城邦国家和氏族的区别问题。由此可见只有经过 physis 和 nomos 之争,人们才进一步认识到自然和社会的区别。换句话说,physis 概念的深化依赖于 nomos 概念的形成,或者说 nomos 概念的形成促使 physis 概念的含义发展到第二个阶段——同 nomos 对立的 physis。

Nomos 本来指人们在社会共同体中形成的风俗习惯。在伦理学形成以前,伦理规范和风俗习惯没有分别,都包括在"自然"之内。在国家和法律产生以前,人和人之间、人和社会共同体之间的关系是靠风俗习惯和未成文法来调节的,所以 nomos 起到维系社会组织的纽带作用,享有社会成员公认的权威地位。赫西奥德说,nomos archaos aristos"风俗或惯例是最高的原则"(残篇第二二一);又说 kata nomon"根据惯例"(《神谱》,第 417 行)。品达说:nomos panton basileus"习惯是万物的主宰"(残篇第一六九)。希罗多德在讲到传统的风俗习惯时也说 nomos despotes"习惯就是僭主"(《历史》第 7 卷,第 104 节)。[1] 我们在希腊神话和荷马史诗中可以看到 nomos 不仅在人间,而且在神灵世界和人—神之间都起主宰作用。奥德修远征特洛伊,他的妻子必须遵守惯例等待丈夫归来,不得和求婚者结婚;奥德修回来后根据惯例有权利杀死求婚者和背叛他的奴隶。但是即使在远古时代,人们也感到在复杂的社会矛盾面前难以完全遵从 nomos。克吕泰涅斯特伙同情夫埃癸斯托杀害丈夫阿伽门农,这是违背 nomos 的;但是阿伽门农的儿子俄瑞斯特杀死母亲和她的情夫,也是违背 nomos 的,最后判决时是雅典娜投了决定性的一票,俄瑞斯特得以无罪释放。这就等于宣告母权制的惯例的衰落,新的父权制惯例的兴起。这也就是说 nomos 是可以重新规定的。希腊城邦国家形成以后出现了法律,法律也是人们规定的,它普遍有效,是务必遵守的。但古代人还分不清法律同风俗习惯、未成文法(习惯法)的区别,因而仍用 nomos 称呼它。公元前 5 世纪在希腊和波斯之间以及希腊各城邦之间前后缔结了各种协议和条约,这也是有关各方共同制定必须遵守的约定,当时也叫 nomos;当然它们有各自的命名,有的以地方为名如提洛同盟、伯罗奔尼撒同盟,有的以年代为名如雅典—斯巴达30 年和约,有的以缔约人命名如公元前 449 年希腊和波斯在萨拉米战后签订的卡利亚和约。它们都不是 physis 而是 nomos。到智者时代 nomos 包括下列多种含义:风俗习惯,传统惯例,伦理规范,成文法律,各种协议、条约、契约和

---

① 以上引语均见《希英大辞典》,第 1180 页 nomos 条。

章程。它同 physis 的区别是：第一，nomos 是人们自己约定的，不是自然本性形成的，因而它仅对协议各方有效，而不是像 physis 那样普遍适用。第二，它是由外在的主体——人制定的，不是自然本身派生的内在的规定。第三，它本身不会生长变化，需要通过人作出变更，例如修改法律制定新法规等。

当人们这样使用 nomos 和 physis 时，开始并没有将二者对立起来看做是互相对立的东西。希波战争以后，特别是公元前 5 世纪后半叶以来，城邦政制、风俗习惯、伦理规范、法律制度等接连遭到猛烈的冲击，传统观念土崩瓦解；同时人们又增长了许多见识，扩展了眼界。正如希罗多德所说："如果我们让所有的人进行选择，要他们在各式各样的 nomoi〔nomos 的复数〕中挑选他们认为是最好的，那么每个民族在作了一番考察以后，都会选择他们本国的那一种。"（《历史》第 3 卷，第 38 节）这样 nomos 是人为约定的，可以变更的，标准不一的，并不是天然形成本性如此的，就成了当时先进的思想家的共识。它同本性如一的 physis 的区别和对立也就引起人们的注意了。

究竟是谁最早将 nomos 和 physis 对立起来的？没有确实可靠的资料。格思里在《希腊哲学史》中介绍了专门研究 nomos-physis 问题的海尼曼（Heini-mann）的考证和波林兹（Pollenz）的见解：海尼曼认为最早是希波克拉底提出来的，格思里自己则同意波林兹的意见，认为生活在希波克拉底以前与德谟克利特同时代的阿凯劳斯就已经将 nomos 和 physis 对立起来了。阿凯劳斯认为生物是从泥土中生长出来的，而正义和低贱却不是由于 physis 而是由 nomos 才有的。[①]　其实在阿凯劳斯以前或同一时期的恩培多克勒和德谟克利特等已经将这二者看成是对立的。阿那克萨戈拉就认为希腊人用"生成和消灭"是个错误，实际上只有结合和分解（DK59B17），只不过遵照习惯（nomos）仍用生灭而已。恩培多克勒讲到生物的眼睛有的白天看得清、有的晚上才看得见时，说这是 physis。（DK31B95）德谟克利特认为色、声、香、味都是 nomos，按 physis 只有原子和虚空以及原子的形状、大小和位置的区别。（DK68B9）这段话的

---

① 　参见第欧根尼·拉尔修：《著名哲学家的生平和学说》第 2 卷，第 16 节，参看格思里：《希腊哲学史》第 3 卷，第 58 页及注 1。

本义是：甜和苦是依 nomos 而存在的，颜色也是如此；而原子和虚空却是依 physis 而存在的。他们已经将 physis 和 nomos 对立起来了。

因为 physis 和 nomos 这两个概念都有过发展变化，各有几个不同的含义，所以我们一般地写成拉丁字母音译 physis 和 nomos；有些含义比较确定的地方也译为"自然"或"本性"，"人为约定"或"法律"。

到了智者就逐渐分出对立的阵营，一派是赞成 nomos 的，有普罗泰戈拉、克里底亚、吕西斯、德谟斯提尼以及上述扬布利柯辑录的无名氏著作；反对 nomos 一派的有高尔吉亚、希庇亚、安提丰、塞拉西马柯、卡利克勒斯等，以下分别论述他们的观点。

第二节　Nomos 的维护者

我们在上一章第二节介绍了普罗泰戈拉、克里底亚、伊索克拉底、欧里庇得斯等人的社会形成论。人们不难发现，凡是主张社会进步论的必然维护和颂扬 nomos，认为有 nomos 才形成城邦，才安全可靠；nomos 是保障人身安全、提高人的生活和维持城邦的手段。

在普罗泰戈拉的残篇中没有关于 nomos-physis 的论述。在柏拉图的《普罗泰戈拉篇》中，对话人普罗泰戈拉多处运用了 physis 和 nomos 的理论，在上文引述过的关于人类生成的神话中他认为：按照人的本性（physis），人为了生存必须联合，但当他们聚集在一起时又会像动物一样互相残杀；宙斯交给人类正义和相互尊重，还制定了法律，这些都是 nomos，从此人类才有社会生活和社会的进步。（322A—323C）这里虽然 nomos 和 physis 有相反的一面：接受 nomos 就排除了人的自然状态，反之如果完全按照人的 physis 也就没有城邦和公民生活；但是这二者又有一致的方面：人的自保的本性要求共同聚居建立城邦，这又得接受正义、相互尊重和法律等 nomos 作为内在的基础。

克里底亚的特点是企图将 physis 和 nomos 统一起来。他认为好的品性是制定 nomos 的必要条件，但有了好的品性还要有制度和规范，而且还必须加以训练。斯托拜乌保存了克里底亚的一些材料,这就是由第尔斯辑录的残篇第二十二、九、二十一。克里底亚认为人的品性不易改变,而人为规定的东西如法律却是易变的,接着说:"好的品性比法律更牢靠,演说家不能破坏好的品性,却能用言词颠覆法律,使之失败。"(DK88B22)①原文τροπός(tropos)翁特斯泰纳和弗里曼都译为"品性",翁特斯泰纳结合克里底亚其他残篇和当时的一般用法,说明 tropos 指的是个人的良好性格、个性、特性,是属于 physis 的;他认为这就是克里底亚的个人主义(individualism)理论的基石。而法律是用文字写下来的,文字本身可以作各种曲解,法律本身没有任何手段可以防止被曲解。可是个人的良好品性是无法用文字的不同解释加以曲解的,演说家对此无能为力,因此它成为公正德性的必要条件。②

　　但是好的个性和品性并不能决定一个人必然是才能卓越的人,他更需要学习和训练。所以克里底亚又说:"更多的人是由于身体力行,而不是依靠好的本性而变得卓越的。"(DK88B9)弗里曼将这条残篇译为"More men are good through habit than through character"("更多的人是由于习惯而不是由于品性而成为好的"),他译为"习惯"的这个词μελετής(meletes)原形是 melete,意思是专心致志于学习和训练,相当于中国知行范畴中的"身体力行",同"习惯"相去甚远;他译为"品性"的原文就是 physis。翁特斯泰纳译为:Ben piú son dallo studio che da natura buoni.("更多的人是由于学习而不是由于好的本性而变好的。")③显然在克里底亚看来本性(physis)和个人的品性、个性是一致的,它是伦理规范和法律的基础和先决条件,有了这个基础才有好的法律和道德;但是一个人要变得品学兼优,更重要的是学习和锻炼。克里底亚有关斯巴达和帖撒利政制的论断可以说明他的这些思想。现存克里底亚残篇中一大半是关于各地风俗习惯和生活方式的论述。他将城邦公民的风俗习惯、生活方式同这个民族的天性结合在一起,说帖撒利人的穿着和生活方式过于豪华奢

---

①　译文据翁特斯泰纳:《智者:证言和残篇》第 4 卷,第 300—301 页。

②　参见翁特斯泰纳:《智者:证言和残篇》第 4 卷,第 302—303 页注;《智者》,英译本,第 332—333 页。

③　翁特斯泰纳:《智者:证言和注释》第 4 卷,第 271 页。

侈,招致波斯人的入侵(DK88B31)。他说斯巴达人形成了一种习惯,酒量适度以有益于身心健康、感情交流和活跃气氛,"这种饮酒方式于身体、心灵和财富都有好处。"(DK88B6)说斯巴达的鞋子、斗篷和衣着都考虑到这个民族的好战天性。(DK88B34)说斯巴达人认为一个人要变得体格强壮,首先需要父母的身体强壮,同时需要锻炼。(DK88B32)

克里底亚认为个人的身体和个性、一个民族的性格和特性都是 physis。本性是好是坏,是善是恶? 他没有下过任何断语。天性如此,无所谓好坏善恶。这时候的希腊人将人"缺失"应该有的本性或经过教育和训练可以获得的东西(如知识)叫作"恶",也就是"不好"、"坏"。后来的斯多亚学派中有的人才提出性本恶的观点,我们将在本书第四卷中论述。从克里底亚的一些残篇看,他开始将人的价值标准引进来,以对人和城邦是否有益作为衡量 physis 的好坏的标准,比如世人公认帖撒利民族是挥霍奢侈的,这就不是好的性格。从他的残篇第二十五看(见上章关于社会进步和神的观念形成的论述),他似乎认为人的本性有好也有坏的一面,他认为人之初过着动物样的生活,行好和作恶都没有得到报应,所以发明了法律。可是人们还在暗中犯罪,因此聪明人又创造了神,借以吓唬想作恶的人。但是克里底亚并没有说明人们作恶的根源。总而言之在 nomos-physis 问题上,克里底亚是肯定 nomos 的作用,而对 physis 却区分了不同的情况,他是力图将这二者统一起来的。

赞赏 nomos 的一条最详细的资料是由扬布利柯保存下来的一篇无名氏的作品。扬布利柯在 *Protrepticus*(《哲学劝学篇》)中引用了伯罗奔尼撒战争时代的一篇政治伦理论文,它是用阿提卡文体写的,讨论的是智者们共同关心的问题。作者已无从考证,据翁特斯泰纳说从前有人认为是安提丰的作品,19世纪末布拉斯(Blass)和第尔士否定了这一观点。① 同上文介绍过的 *Dissoi logoi* 一样,在原始资料大量佚失的情况下这种不见经传的无名氏的作品也成为重要的参考资料了。这篇文章相当长,从《哲学劝学篇》的第95页第13行起至第104页第20行,共七节;翁特斯泰纳将全文译成意大利文并作了注释,

① 参见翁特斯泰纳:《智者:证言和注释》第3卷,第110—111页。

弗里曼在《苏格拉底以前哲学家的辅助读物》中没有将它译为英文,但在他自己编写的《苏格拉底以前的哲学家》一书中作了概括的介绍(第 414—416页)。弗里曼的概括能反映原貌,我们以此为根据介绍,个别地方根据意大利文和希腊文翻译:

1. 智慧、勇敢、辩论、美德等各个领域的成就依赖下列几个因素:首先是自然的禀赋,这是命运方面的因素;除此以外都是我们自己能支配的,这就是对美德的追求,勤奋好学,从小努力,孜孜以求完成所选择的事业。如果这些都缺乏,完满成功就是不可能的;若是这些都具备了,那就没有什么事情是做不到的。

2. 必须从小开始刻苦努力,因为荣誉只能是长期奋斗的成果。时间将教会人们克服自己的妒忌心,对别人的成就心悦诚服。显然人们不会轻易赞扬别人,然而最终会迫于事实违背自己的意愿去做,不再怀疑别人是真的还是图虚名搞欺骗。依靠教师〔原文是 sophistes〕人们可以在短期内掌握修辞技艺,但是通过大量活动才发展起来的才能和品德,若是动手太迟或训练不足,那是无法达到目标的。只有通过频繁的交际,持之以恒的训练并力戒一切不良的行为和活动,才能获得才能和品德。人们也不可能在财富、智慧和勇气方面获得突如其来的显赫地位。

3. 如果人们获得了成就,他就必须运用于善和法律的目的;若运用于不正当的目的,就会成为一场灾难。如果走前一条路,他本人就会变得完善;若是后者就变为十足的恶。追求完美的才能和品德的人应该通过自己的行动加以体验,这样就会变成对大多数人是最有用的人。〔这就是说,才能和知识本身无所谓善恶,如果将它用于不正当的目的,有害无益,才是坏和恶。〕挥霍钱财得不到好处,或者他必须再想法赚钱,从而也就再一次害了自己;或者耗尽财产变成穷光蛋,也就无从再积蓄足以挥霍的钱了。但是法律和正义给予支持就不会产生这些恶果,法律和正义是联结个人和城邦的纽带,是不会失去的礼物。

4. 必须艰苦锻炼才能做到自制。必须将追求正义和才德看成是高于金钱和享受的,才能获得自制的品行。许多人在金钱和享受方面要求无度,他们的理由是要爱护灵魂，以为灵魂就是要享受的生命，因而对灵魂宽恕。他们吝惜金钱，理由是害怕年老、疾病和突然事故；其实法律裁决的罚款很少，而且可以防止；有的只是由于火灾、奴隶和牲畜的死亡，以及其他有关身心和财产的不幸。追求金钱的别的理由是野心、储蓄、权力地位的欲望，以及能够捞钱的职位。但是真正的圣人不追求这些虚伪华丽的荣誉，他们要的是靠自己的才德而拥有的荣誉。

5. 爱惜生命是可以谅解的，如果一个人不被别人杀害便能长生不老的话。但既然生命延绵到老终于不免一死，那么那种宁可苟且偷生，遗臭万年，也不要不朽的荣誉，就是莫大的无知和愚昧的风俗了。〔这就是说，不将这些归于恶，而是归于无知和习俗。〕

6. 再者，切不可把提高自己的地位当做奋斗目标，也不可视守法为软弱，将扩张权力看做美德。这种想法都是和善背道而驰的，是万恶之源。〔从下文可以看出作者认为万恶之源是无知。〕人们不可能单独生活，他们必须联合；一旦处于共同体中就不可能没有法律而生活，因为这比单独生活还要糟。法律和正义是人类的主人，这是绝不能改变的，是由自然的法律确定的。〔古人不懂得自然规律，因而将自然界中一切有秩序的、重复出现的、必然如此的联系叫作"合乎 physis 的 nomos"。〕如果一个人构造得合乎自然的法律，他就免除了伤害和疾病，成为一个在身心方面不可被征服的超人。也许人们以为他的力量够大了，然而这是错误的，即使是这样的一个人得以生存也只能靠法律和正义来维系，以便将自己的力量用于追求这些目的和附带的目的。整个人类将由于服从法律而友好地结合在一起，以便防止单独生活的状态。可以肯定：人类的群体优于个人，超过个人。

7. 必须考察服从法律的好处以及无法律状态的坏处。服从法律的好处是可以互相信任，这将导致财产公有。有了相互信赖，即使是少量公产也可以满足，否则即使有大量公产也无法满足。城邦是繁荣昌盛或是相反，法律在这里起促进作用；繁荣昌盛带来无忧无虑的快乐生活，否则便只能指望时来运转了。在法治下生活，阴谋诡计难以滋生，有的是生活所需的东西，人们可以享受最大的欢乐，没有不愉快的念头。尔虞我诈带来不快，而创造性的工作却充满欢乐,人们高枕无忧,日夜如常,爱好劳动,不必为第二天的事情担忧。战争是最大的恶的产物,它带来灾难和奴役,这是没有法律的结果,不是法律的产儿。人们不工作却忙于奔走策划,这正是没有法律的后果。人们由于互不信任而私藏金钱,不让别人分有,因而灾荒蔓延,繁荣昌盛得不到保障,萧条衰落却与日俱增,外部战争和内部争斗迭起;内争是通过持续不断的策划和反策划实现的;人们日夜不得安宁,朝不虑夕。僭主这种最大的恶魔也是由无法律状态引起的。有人误以为人们不是由于自己的过错,而是由僭主拥有无上的权力而使人失去自由的,其实僭主和暴君都是由于没有法律、权力膨胀而兴起的。人人都敢于作恶时,僭主和暴君也就产生了。人们不能没有法律和正义而生活,一旦失去法律和正义,政府权力就会沦落到个别人手中;代表人民的法律如果被破坏,便会产生一个人的统治。一个无视人民法律的人如果作为个人竟能反对多数人,他必然是个冷酷无情的人;如果他同别人一样有血有肉,他就不会那样做。只有违背法律,与法律作对,他才能成为唯一的统治者——僭主和暴君。

以上就是这篇无名氏的作品的主要论点。我们从其中第一、二、四节中可以看出作者同普罗泰戈拉一样也主张 arete(才能和品德)是可以学习和传授的,认为智慧和论辩虽然要有先天的自然条件,但最重要的还是从小刻苦努力,长期锻炼。第六节说明作者也是社会进步论者。但是纵观全文,最重要的还是有关 nomos 的论述。作者认为人由于生活需要而联合,人们结成共同体就必须有法律和正义;法律和正义是人类的主人,是联结个人和城邦的纽带(第三、四节)。人的能力和成就应该用于法律和正义的事业(第三节)。但是作者并不像下一节要论述的安提丰、塞拉西马柯和卡利克勒斯那样将 nomos 和 physis 对立起来,认为它们是互不相容的东西。这也是赞成 nomos 的人的共同特点。他们都认为人生来具有的自然本性应通过教育锻炼,通过法律和伦理规范加以提高和发展。

同普罗泰戈拉、克里底亚的残篇相比,这则资料的最大特点是有关战争和僭主形成的解释。作者认为战争是最大的恶,是无视法律的结果;城邦内部的纷争和个人专制的形成都以破坏法律为前提,这显然同伯罗奔尼撒战争的背景不无关系。翁特斯泰纳在本则资料以后引用了修昔底德《伯罗奔尼撒战争史》第 3 卷第 5 章第 84 节作为附录，①那里讲的是公元前 423 年的科尔居拉之争，科尔居拉内部两派分别同雅典、斯巴达相勾结，都想借助外力消灭异己，根本无视城邦的法律、伦理规范甚至神的禁条，报复手段非常残忍。修昔底德说："破坏法律和秩序最早的例子发生在科尔居拉。在那里有些过去被蛮横地压迫而不是被明智统治的人，一旦胜利了的时候就实行报复；有那些特别为灾难所迫，希望避免贫困而贪求邻人财产的人所采取的邪恶决议；有野蛮而残酷的行动，人们参加这种行动不是为着图利，而是因为不可抑制的强烈情感驱使他们参加互相残杀的斗争。就是在有法律（nomos）的地方，人的本性总是易于犯法的。〔这是修昔底德反对 nomos 的观点，将在下一节说明。〕现在因为文明生活的通常习惯都在混乱中，人的本性傲慢地表现出它的本色，成为一种不可控制的情欲，不受正义的支配，敌视一切胜过它本身的东西。因为如果不是为了这种嫉妒的有害影响的话，人们是不会这样重视复仇而轻视宗教，重视利益而轻视正义的。真的，在对他人复仇的时候人们预先取消那些普遍法则〔即未成文法，也就是上文说的依据自然的 nomos〕，这些法则本来可以使所有受苦的人有得救的希望，他们却不让它们继续存在，以便在自己危急时别人无法拿这些法则作保护。"

关于这段话，近代一些注释家认为不是修昔底德本人的；翁特斯泰纳认为同上引扬布利柯辑存的无名氏作品第七节很接近。不过在修昔底德的《伯罗奔尼撒战争史》中类似的思想是不少的，就在上引这段话前面修昔底德就作过相近的评论。②

公元前 6 世纪至前 5 世纪希腊人已经建立了相当完善的城邦法律制度，并形成了适应城邦经济生活和社会关系的伦理规范。公元前 5 世纪希波战争以来有过希腊波斯同盟、提洛同盟、伯罗奔尼撒同盟以及城邦内部的各种协议和契约。这样人们对法律制度、伦理规范以及各种协议和契约的认识都大大

---

① 参见翁特斯泰纳：《智者：证言和注释》第 3 卷，第 140—147 页。

② 参见《伯罗奔尼撒战争史》，中译本，第 237 页，本卷绪论第 3 节曾有介绍论述。

提高了,人们看到 nomos 对城邦生活和人类社会生活的重要性,从而赞赏 no-mos。但是伯罗奔尼撒战争以后,各种法律制度和协议契约遭到践踏,人们的道德标准、生活方式和价值取向都发生了急剧变化,因而在智者及同一时期的思想家、政治家和剧作家中对 nomos 就发生了两种取向的对立:一种是维护 nomos 和正义,指责破坏 nomos 和正义的言行;另一种就是下一节将要论及的赞成 physis,反对 nomos,为 nomos 唱挽歌的言论。前一种取向在智者中已找不到现存的资料,目前能见到的资料仅有两则,其一是编号为《德谟斯提尼演讲集》第 25 号的《反阿里司托格通》,其二是吕西阿斯的第二个演说。先介绍第一则资料。

《德谟斯提尼演讲集》第 25、26 号即《反阿里司托格通》是否是德谟斯提尼的作品?自古以来就有争议。法国学者波林兹(Pohlenz)于 1924 年发现了一些散失的残篇,可以补充原来残缺的部分;他认为这是公元前 5 世纪末的作品,因为原文中没有任何柏拉图和亚里士多德的痕迹。这个结论为多数学者所接受,但是 1956 年意大利学者吉贡(Gigant)认为其中第一部分不早于公元前 302 年,是斯多亚时代的作品;对第二部分吉贡未提出异议,认为是智者活动时代的作品。第二部分所谈的正是关于 nomos 的问题,也就是以下我们引证的部分,它是智者活动时代的作品,这是没有异议的。至于它是否是德谟斯提尼本人的作品,关系不大,因为我们不是研究德谟斯提尼本人的思想。翁特斯泰纳将这则资料的第 15—35、93—96 节译为意大利文,作为他的《智者:证言和残篇》第 3 卷第 5 部分"关于 nomos 的无名氏著作",他认为这不是德谟斯提尼所作。[①] 全文收在《洛布古典丛书·德谟斯提尼演讲集》第七卷,有英文翻译。

阿里司托格通是雅典的名门望族,公元前 514 年他和哈尔谟狄乌一起刺杀了僭主希庇亚〔不是那个智者希庇亚〕的兄弟希帕库。事发后哈尔谟狄乌被卫队杀死,阿里司托格通出逃,后被捕拷打致死,他决不出卖同谋者。四年后僭主希庇亚被逐,阿里司托格通和哈尔谟狄乌恢复了名誉,他们的家族后代

---

① 参见翁特斯泰纳:《智者:证言和残篇》第 3 卷,第 192—207 页。

受到尊重。《反阿里司托格通》评论了这一事件,作者反对阿里司托格通因为他的朋友哈尔谟狄乌的妹妹被侮辱,不顾法律参与谋杀。这篇演说的第15、16、20节讲到关于法律的问题,全文如下:

"15. 不管城邦大小,人们的整个生活都是由 physis 和 nomos 统治的。在这二者中,physis(本性)是没有秩序因人而异的;而 nomos(法律)却是共同的一致的,对所有的人都适用的。本性可能败坏,而且常常以欲望作为根据,这种人常常做错事。

"16. 可是法律追求正义的高尚的有益的目标,一旦制定了法律,它就作为共同条例公之于众,平等地不偏不倚地对待所有的人。所有人都要服从法律,这是有许多理由的,特别是因为法律是神所发明和赐予,是智慧的人所订立的,而且是故意犯罪和无意过错的分辨者。此外它又是城邦一致协议而规定的,以此规范每个公民的生活。

"20. 我所说的并不是什么新东西,也不是我的发明和创造,而是你和我都知道的道理。为什么元老们要有议事会? 为什么全体公民都要参加公民大会? 为什么人们要上法庭? 为什么上一任的执政官要自觉地为他的继任者做准备,并且要为确保好的政制和城邦的安全准备一切条件? 原因就是法律。人人都要服从法律,如果抛弃了法律,每个人都为所欲为,不仅政制遭到破坏,人们的生活也会降低到野兽的水平。"①

这里的观点同上述普罗泰戈拉、克里底亚以及扬布利柯辑存的无名氏著作相比,基本原则是一致的:人的自然状态或本性是没有秩序的动物般的,法律是城邦和公民生活的保障;法律作为公民的约定,必须共同遵守,否则城邦就不可能存在,人们的生活会降低到野兽的水平。但是《反阿里司托格通》有两个显著的特点:第一,它认为人的生活是由 physis 和 nomos 共同支配的,人的本性本身不是恶,不是恶行的根源,只在人的本性堕落(即缺失)以欲望为本时才导致恶行。第二,法律是不偏不倚对所有人都适用的。所有的公民都要服从,因为法律是由神赐予,圣人订立,大家一致同意的。这样作者就将有

---

① 主要根据格思里的英译文,见《希腊哲学史》第 3 卷,第 75—76 页。

关法律起源的三种互相排斥的说法(即来源于神,还是圣人,或是公民的契约)调和在一起。作者的意思可能是:圣人如梭伦、莱喀古斯等得到神的启示提出法律,经公民大会讨论通过从而成为共同的约定。

另一个材料是吕西阿斯的第二个演说。吕西阿斯约公元前 458 年生于雅典,15 岁时参加雅典在图里的殖民活动,公元前 412 年回到雅典。公元前 404 年三十僭主统治时期被判刑后出逃,参加塞拉绪布罗的反三十僭主运动,于公元前 380 年逝世。他擅长为别人撰写演说词,其中一部分保存了下来。第二个演说是公元前 395—前 387 年科林斯战争后替人写的葬礼上的演说。格罗特认为它是吕西阿斯本人写的,因为同其他演说词的风格一致,铎布逊(Dobson)认为不是吕西阿斯写的,柯柏(Cope)又重新作了考证,否定了铎布逊的怀疑。① 格思里将它作为一个背景材料,因为争论双方都不否认它是在科林斯战争以后写的,可以代表当时的一种看法。其中第 18、19 节中说:

"雅典人按照自由人的精神指导城邦事务,用法律弘扬善的,惩罚恶的。他们认为用暴力侵犯别人是野兽行为。人类将法律当做是公正与否的界石,将有理智的谈话当做教育的手段,使人在行动中服从法律和理智这两种力量,以法律为王,以理智为教师。"②

这篇演说词将法律和智慧相提并论,认为它们是指导人们生活的王和教师,就完全是赞扬 nomos 的观点了。

以上是在智者潮流中颂扬 nomos 的基本资料和观点,以下介绍反对 nomos 的观点,然后综合作出我们的评论。

第三节 Nomos 的反对者

将 nomos 和 physis 对立起来,强调人的本性具有不可抗拒的作用,为反对

---

① 参见格思里:《希腊哲学史》第 3 卷,第 74 页及注 2、3。

② 《洛布古典丛书·吕西阿斯演说集》第 1 卷,译文主要据格思里。

nomos 的本性行为作辩护,力求建立符合 physis 的新的 nomos,这种思想开始于高尔吉亚,虽然他还没有明确意识到 physis 和 nomos 的关系。

在本编第二章提到的《海伦颂》中,高尔吉亚认为无论四种情况(神和命运的作用,暴力胁迫,情欲引诱,语言的迷惑)中的哪一种,海伦出走特洛伊都是无可指责的。他的全部论证都以 physis(本性行为)的合理性为基础。且看第一条"由于命运和神的意志",高尔吉亚的论证是:强者被弱者所阻绝不是自然(physis),反之才是自然的。"神在任何方面都比人强",所以海伦受命运和神的支配去特洛伊是自然的,因而是无可指责的。第二条是为强力所迫,被俘者只能听命于胁迫者,这也是自然的。第三、四条关于情欲的力量和语言的诱惑,高尔吉亚说:"我们所看到的一切都有它自己的本性,不是我们所能选择的。"(第 15 节)这里他明确将 physis 和选择对立起来,认为 nomos 是人为的可以选择的,而 physis 是无法选择的。所以听命于 physis 按情欲行事或受语言诱惑是合乎自然的。(第 16,19 节)合乎自然,无法选择的也就是必然(ananke),这是高尔吉亚关于 physis 和必然的新解释。这一见解和大体同一历史时期的德谟克利特的看法是一致的。第欧根尼·拉尔修说德谟克利特认为"按照 physis,只有原子和虚空,原子的旋涡运动就是 ananke。"[1]柏拉图在《斐多篇》99B 中也有类似的说法。亚里士多德说得更加明确,他说,"德谟克利特无视目的因,将属于 physis 的一切作用都归结为 ananke。"(《论动物的生成》789^b2—4)高尔吉亚则认为语言和情欲的力量以及弱者服从强者都是必然的,无法选择的。这是这个时代人们对必然性认识的进步,"命运"、"命运女神——Ananke"一方面成为自然界中的必然性,另一方面它又以必然性和选择的形式提出了人的自由意志和道德责任、个人的选择和必然等问题,这在古代希腊的伦理学说史上有重要意义。

既然合乎 physis 的行为是正当的无可指责的,那么与 physis 相违背的伦理规范、行为准则、风俗习惯和法律就是应当变更或废弃的,至少也不能说是尽善尽美的。这就是后来希庇亚、安提丰、塞拉西马柯、卡利克勒斯乃至于修

---

① 第欧根尼·拉尔修:《著名哲学家的生平和学说》第 9 卷,第 45 节。

昔底德和欧里庇得斯等人的共同见解。

　　首先是希庇亚。按照色诺芬的记载,他根据伯罗奔尼撒战争后的现实对他自己以前关于法律和正义的观点作了反省和改变。在《回忆录》第 4 卷第 4 章中记载希庇亚同苏格拉底专门讨论过正义问题。原先希庇亚承认法律"是公民们一致制定的协议,规定他们应该做什么和不应该做什么",所以"守法和正义是同一回事";但是后来他改变了,因为"制定这些法律的人们自己就常常废弃或修改法律,人们又怎能把这些法律或遵守法律看得具有真正的重要性呢?"希庇亚最后认为只有 physis 及符合 physis 的未成文法才是正义的。翁特斯泰纳引列维(Levi)和内斯特尔的材料,认为色诺芬为了美化苏格拉底,硬将希庇亚说成是最终又同意了苏格拉底关于"法律和正义是一回事"的观点。① 从现存希庇亚的残篇和柏拉图的记载看,希庇亚后来的倾向是反对 nomos 的。公元 5 至 6 世纪的斯托拜乌引用了普卢塔克《论诽谤》中的话。普卢塔克转述了希庇亚埋怨成文法没有惩治诽谤的条例:"希庇亚说,诽谤是很坏的,法律却没有规定对它的惩罚;然而诽谤犹如盗窃,它盗窃了人间最好的财富——友谊。抢劫当然不好,但是比诽谤好,因为它不是隐蔽行使的。"(DK86B17)斯托拜乌还转述了希庇亚论妒忌的一段话:"希庇亚说,有两种妒忌。妒忌窃取荣誉的坏人是对的,妒忌好人就错了。妒忌者遭受双重的折磨——别人那么幸运,自己却不走运。"(DK86B16)希庇亚认为成文法有惩罚盗窃和抢劫的条例,却没有惩治诽谤的条例,然而诽谤破坏友谊,更加可恶。他认为有两种情况的妒忌,法律没有条例,也不加区分。这种看法和色诺芬记载的希庇亚崇尚未成文法的观点是一致的。柏拉图的说法也是前后一致的,在《大希庇亚篇》中对话人苏格拉底问希庇亚:你认为法律对城邦是有益还是有害的? 希庇亚说:"我认为是有益于城邦人们才制定法律的,但有时候如制定得不好就是有害的。"(284D)《普罗泰戈拉篇》中柏拉图还让希庇亚说过下面一段很有意义的话:"根据 physis 而不是根据 nomos,你们都是我的亲人、朋友和同伴。按照 physis,同类相连,但是 nomos 是人类的暴君,是有害于 physis

---

　　① 参见翁特斯泰纳:《智者》,英译本,第 280 页及第 296—297 页的注 28、29。

的。谁了解 physis,他就是希腊人的知识领袖。"(337D)这就是说,按 physis-
nomos 观察人类,人类的本性是一样的,正是法律将人分成不同的人;法律是
强加给人,有害人性的。这个思想是下一节要谈到的世界主义和平等思想的
理论基础。除了这层意思外,珀恩(Benn)还注意到希庇亚所说的 physis 的含
义同别人说的略有差异:从用词形式看,他说到 physis 时不加冠词;从内容看,
他说的 physis 更广泛更普遍,泛指整个自然界、宇宙及事物和人的本性。① 色
诺芬在《回忆录》中说希庇亚强调 physis 方面的知识,认为有智慧的人必须懂
得自然方面的知识。现实的法律缺点太多,必须代之以全人类共同的法律,即
他所说的"还未成文的法律",也就是"到处都一致遵守的法律"。(第 4 卷第
4 章)原文 koinos 即"所有的人都一样的",koinoi nomoi 即"所有人都一样的法
律"。这同高尔吉亚关于泛希腊的主张是一脉相承的,说明这些智者的眼界
是很宽阔的,已经打破了狭隘的民族界限。应该说他们是古代希腊人中最进
步的部分。

　　反 nomos 的另一个重要人物是智者安提丰。他认为法律所要求的同自然
所要求的正好相反;法律所规定的利益是自然的桎梏,自然所确定的东西总比
法律所规定的可取;尽管自然的东西并非都是有益的,如死亡,仅当自然确定
的东西既是可取的又是值得追求的时候,才是有益的。他的这些观点主要见
于 14 世纪发现的纸草文书中,这些纸草文书出自他的《论真理》。第尔斯将
1364 年发现的两则纸草文书编在一起,构成残篇第四十四的前半部分,1797
年发现的纸草编为残篇第四十四的后半部分。第尔斯—克兰茨都译为德文,
翁特斯泰纳译为意大利文,弗里曼省略了原来的编栏,拼在一起译为英文。由
于我国至今尚无这则资料的中译文,寻找这些资料不易,它们又有重要价值,
我们按原来的编排译为中文。1364 年发现的纸草文书 A 共七栏,即冯特
(Hunt)编纂的纸草汇编第 1—231 行,原文如下:

　　〔第一栏〕"正义当然不是违背城邦所确定的法律。在城邦中人们才能
过着公民的生活,可以很好地支配自己,使自己的行为符合正义。倘若有证人

---

① 参见翁特斯泰纳:《智者》,英译本,第 281 页及 297 页注 33。

在场就遵从法律,不然就按 physis 行事。因为法律条文是人为制定的,而依据 physis 确定的条例则是应该如此的,不是人为的。法律的条文是经过协议达成的,并不是自然而然地形成的,然而自然的律令却不是人们约定的。

〔第二栏〕　无视法典的人如果逃脱了人们一致协议的律令,他也就逃脱了一场耻辱和惩罚,否则就不然。但是如果一个人违抗植根于自然的律令,其后果不会因逃脱众人耳目而减少危害,也不会因众目睽睽而增加其危害,因为他所造成的危害不是因意见(doxa)而成立的,而是千真万确的。一般说来人们考虑这些事情的理由是:法律所确认的许多正义行动是违背自然的。对于眼睛有它的自然限制。

〔第三栏〕　那就是可以看到的和不可能看到的界限;耳朵有耳朵的限制,哪些是可以听见的,哪些是不可能听见的;舌头有舌头的限制,哪些是可以说出的,哪些是无法说出的;手有可以用手做到的和不可能用手做到的界限;脚也有可以用双脚走到的地方和无法用双脚走到的地方的自然区分;至于心灵也有可以探求的和无法探求的界限。① 仅此而已,岂有他哉! 不存在何者更近人意,何者更接近自然的问题。② 然而法律所作的限制却使人们越来越背离自然,它教唆人们逆自然而动。其实人的生存本身就是属于自然的,当然死亡也是自然,只不过人活着有用处,而死亡却是无益的。

〔第四栏〕　法律所确认的利益是自然的桎梏,自然所确定的利益却是自由自在的。根据真理,凡是有害的东西绝不会比令人喜爱的东西更有利于自然,凡是令人悲伤的事也绝不会比令人兴奋的事更加有益。因为真正有益的东西一定不是有害的,而是有利的。按照自然,有益的东西同那些……(原文脱落)

〔第五栏〕　根据法律,只有遭受侵害因而奋起自卫,而不是首先发动攻

① 弗里曼的译文脱落了这两句,即原文第三栏第15—16行,下面几行的弗里曼译文不确切,依翁特斯泰纳的意大利译文译。

② 翁特斯泰纳的解释:耳、目、手、足、心灵等都有自然形成的界限,能看到、听到、想到的,不见得更接近 nomos,合乎人意;而看不到、听不到、想不到的也不见得更接近 physis。参见《智者:证言和残篇》第3卷,第82—83页注。

击,才是正义的;即使父母虐待自己,自己也要好好款待父母;即使人们背弃誓言,他们自己也不可食言。所有这些规定,人们可以发现许多都是同自然对立的,它们可能导致如下后果:受害者比害人者遭受更多的不幸,别人得意而你却扫兴,过着一种本来可以避免的难受生活。倘若遵守法令接受法律的人得到法律的支持,而同法律对抗的人遭到应有的法律制裁,那么服从法律也是不无裨益的。

〔第六栏〕 然而事实并非如此,对那些遵守法律的人,法律没有力量给予公正的待遇和帮助。法律实际上是默认受害者遭难,允许害人者犯罪;法律不能防止受害者遇害,也不能防止作案者犯罪。如果提出诉讼要惩罚作案人,对作案人自然无益,但是对控告人也没有什么益处,因为受害人必须使那些受理案件的人相信他确是受害者,他要有能力打赢这场官司;然而作案人也同样有办法加以否认……(原文脱落)

〔第七栏〕 原告可以控告,被告同样可以为自己辩护,二者是均等的,谁能胜诉全靠技艺……(原文脱落)

1364年发现的纸草残篇B共两栏,即冯特纸草文书汇编第232—299行。第一栏仅剩下零星的几个希腊字,根据下文推测讲的是门第出身的问题。第二栏前面35行是完整的,全文如下:

"人们尊重那些出身高贵的家族并赋予他们荣誉,但对那些出身低贱的人却既不尊重也不予以荣誉。我们这里是这样,我们的邻人野蛮人也是这样。实际上按照physis,不论是哪里的人,是希腊人还是野蛮人,生下来都是一样的。自然给予一切人以应有的补偿,这是人人都看得到的;所有的人也都有能力获得这种补偿。在这些方面不可能像区分希腊人还是野蛮人一样作出区分,我们大家都用嘴和鼻子呼吸,用手拿吃的东西……(35行以后原文脱落)

1797年又在埃及的同一地方发现了另一批纸草文书,其中有两栏可以辨认出自智者安提丰的《论真理》的另一卷,第尔斯辑录为残篇第四十四的后半部,这部分涉及正义和非正义、真理和意见的区分问题。

以上这些资料在学者中有过争议,概言之有三个问题:第一,这些资料是属于哪个安提丰的? 前面讲过当时记载有三个名叫安提丰的人,后人考证了这三个安提丰的不同的文章风格、用词和语境,确认这些资料是属于智者安提丰的,现在已没有人怀疑这些是智者安提丰的著作。第二,这些思想到底是安提丰自己的还是他转述当时流行的观点? 格思里在《希腊哲学史》中介绍说柯费尔德持后一种观点。我们手边没有格思里所讲的 1956—1957 年柯费尔德的论文,但从 1981 年出版的柯费尔德的《智者运动》书中看,柯费尔德讲到他自己 1956 年的文章时说,他只是对原文的开头部分提出怀疑,并没有否认全篇是安提丰自己的思想。① 所以我们有根据将这些残篇看做是安提丰的思想。第三,两个时期发现的这三个资料的原来次序问题。翁特斯泰纳认为本来的次序可能同第尔斯编排的次序正好相反,②近年来西方考据学者认为这个问题随意性太大,无法讨论。

我们认为从这些残篇看安提丰确实抓住了当时现实存在的问题,鲜明地将 physis 和 nomos 对立起来,发表了他自己的下列见解:

第一,按照传统,法律和正义是一致的。即使是柏拉图笔下的普罗泰戈拉也认为宙斯给人类带来相互尊敬和正义,作为城邦秩序的基础,换言之认为 nomos 是体现公正和相互尊敬的。但是公元前 5 世纪后半叶的严酷事实却教训人们:一个人犯了罪,伤害了别人,行了不义的事,如果被发现了,有人证物证,而且在法庭上败诉了,受到法律制裁。只有在这三个条件都存在时,法律和正义才是一致的。反之如果没有人证物证,或犯罪未被发现,或在法庭上被告雄辩取胜了,那么按照 physis〔＝事实,见下面第二点〕他是行了不义的事,控告人是正义的;可是按照法律他却是无罪的,是正义的,而控告人反倒成为诬告,是不义的。同时法律本身也是随执政人的意志不断修改,随意解释,使得本来是不义的有罪的行为反成为正当的无罪的。也还存在另一种情况,当时像阿那克萨戈拉、普罗泰戈拉、苏格拉底,本来是公正的、无罪的、不该受罚的,可是根据法律却被判处死刑或驱逐出境。这些活生生的事实反映到安提丰或类似的著作里,就成为残篇中的思想——法律和正义是不同的甚至对立

① 参见格思里:《希腊哲学史》第 3 卷,第 107—108 页及 108 页注 1;柯费尔德:《智者运动》,第 115—116 页。

② 参见翁特斯泰纳:《智者:证言和残篇》第 3 卷,第 95—96 页注。

的,法律是自然的桎梏。"法律所确认的许多正义行为是同自然相反的。"这是关于正义和法律观念的一个重要突破:法律不一定是正义的,不一定给城邦带来秩序和相互尊重。从而可以得出反 nomos 是有理的正义的,为后面说到的非道德主义和反传统正义的理论开辟了道路。

第二,对于 nomos 和 physis 的见解有了新的发展。nomos 不仅是人为的约定的,而且是 physis 的桎梏,是束缚人的自由的,甚至是不义的。physis 不仅指自然而然的、必然的、本性如此的,而且是真实的(aletheia,reality),nomos 却是 doxa(意见,见第二栏)。从残篇中看出安提丰一直将 physis 看做是真实存在的必然如此的东西,而且认为只有遵循自然才自由自在,如果遵循 nomos 反倒受了束缚。从这个思想出发,在伦理学上可以引导出只按 physis 行事不受 nomos 束缚的犬儒学派,也可以引导出以享乐为 physis 的居勒尼学派。

第三,physis-nomos 和功利的关系问题。从现有史料看,这是安提丰首次在这里提出的问题。他认为法律规定的利害关系是人为的,是对自然本身价值的束缚。安提丰已经看到法律总是人为地保护一部分人的利益。另一方面他也看到合乎自然的不一定就合乎人的利益,生和死都合乎自然,可是唯有生存才是有利的。在第四栏中他说:"根据真理,实际上有益的也就是有利的。"这就是说,人们应根据实际上的利害关系去审查 physis 和 nomos 是否对人有价值。这对于后来的善恶观念和价值观念产生很大影响,下面就可以看到修昔底德和年轻一代智者是怎样回答这些问题的。

第四,关于法律的局限性问题。早先希腊人将法律看得很神圣,可是现在像安提丰提出的"法律没有足够的力量给人们以公正的对待和帮助"。法律本身无法防止犯罪,而且法律也无法保证诉讼中原告和被告得到如实的公正的判决。这样法律失去了原有的灵光,客观上有利于公元前5世纪后半叶至前4世纪许多城邦修订法律的活动,同时也为蛊惑家和僭主们破坏法律创造了条件。人们亲手制定的法律、伦理规范、风俗习惯和契约、协议都动摇了,真理标准和价值标准也就动摇了,这就为相对主义和怀疑主义的流行创造了条件。

第五,安提丰发展了高尔吉亚的世界主义的思想,进一步打破希腊人和野蛮人、出身高贵者和身份低贱者的界限。这为后来的泛希腊主义和平等观念创造了前提,在下一节中我们将谈到这种观念产生的后果。

但是安提丰没有进一步回答符合自然的正义究竟是什么,这个问题由伯罗奔尼撒战争的现实作了回答。具有敏锐洞察力的历史学家修昔底德对此作了精彩的理论概括,且看《伯罗奔尼撒战争史》中关于弥罗斯的辩论。

公元前416年雅典海军包围了斯巴达的移民岛屿弥罗斯。本来在雅典和斯巴达的战争中弥罗斯是保持中立的,但是雅典为了控制海上霸权,削弱斯巴达,逼迫弥罗斯加入提洛同盟,缴纳贡赋,否则就要毁掉弥罗斯。弥罗斯代表认为这是不义的,正义在他们那一边。雅典代表告诉他们:"经历丰富的人谈起这些问题来都知道,正义的标准是以同等的强迫力量为基础的;同时也知道强者能够做他们有力量做的一切,弱者却只能接受他们必须接受的一切。"雅典代表劝弥罗斯人切莫把希望寄托在神的保佑、斯巴达的支援和所谓公平、正义上。他说:

"斯巴达人最显著的特点是,他们爱做的就是光荣的,合乎他们利益的就是正义的。""世界上没有公平的战争,……问题在于怎样保全你们的生命,而不要去反对过于强大的对方。""你们是弱者,只要在天平上一摆动,你们的命运就决定了。"接着雅典的代表解释了他们的行为准则的依据——合乎 physis 的 nomos:

"我们关于神的信念以及关于人的认识就是谁是强者谁就统治。这是普遍的,是 physis 造成的。这个法则(nomos)不是我们创立的,也不是我们第一个运用的。我们发现这个 nomos 早就存在,我们仅仅是利用它并使之永远存在,留传后世。我们现在不过是按这个 nomos 行事,你们若是处在我们的位置上,也是会这样做的。"①

修昔底德笔下的雅典代表认为,强者统治弱者,弱者服从强者的支配,这就是根据 physis 而确定的 nomos(准则,法则),无论是人还是神都要遵循这个

---

①　修昔底德:《伯罗奔尼撒战争史》第5卷第7章,参见中译本,第414—417页。最后一段的 physis-nomos 关系,中译本未译出,按洛布古典丛书本译。

准则。凡是符合这个准则的就是正义。

修昔底德提出的问题在年轻一代智者中得到了进一步的理论阐述，这就是塞拉西马柯和卡利克勒斯主张的反 nomos 的非道德主义。

狄奥尼索摘引了塞拉西马柯《论政制》中的一段话，第尔斯辑为残篇第一。从这里可以看到伯罗奔尼撒战争中雅典失败后的情绪和塞拉西马柯本人思想产生的根源。他说：雅典人的光荣是在过去，现在衰落了；但是"最坏的后果不是由于天意和命运，而是由于我们的官员，因此必须说话了"。接着说：要不是事件迫使年轻人说话，他们是会保持沉默的。如果人们还继续强迫自己任人摆布，那么他要不是神志不清就是冷漠无情。"不，过去的一切已经够了，我们用战争代替了和平，由于冒险才成为现在这种狼狈的状态，所以我们怀着深情留恋过去，带着恐惧注视未来。我们牺牲了和谐一致，换来了仇视和内部的纷争。……假如人们感受到现在事态的悲惨，相信他有办法结束这种状态，他为什么还沉默不语呢？"塞拉西马柯接着指出，那些演说家和争论成性的人都致力于无谓的争论，"他们陈述相反的观点，却体验不到他们的行动原是彼此一致的，对立的党派的理论其实也就是他们自己的理论。"（DK85B1）面对这样的局面，塞拉西马柯认为已经无所谓正义可言了，"神不关心人间事务，否则他们不会忽视关系人们利益的最大的事情——正义。因为我们看到，人们并不践守这种美德。"（DK85B8）他认为"正义不过是强者的利益"，"任何政制都根据它自己的利益制定法律"。（DK85B6a，出自柏拉图《国家篇》，338C，E）塞拉西马柯看到了现实和理想、真理和价值、人在现实生活中的态度和伦理规范的要求之间的矛盾。体现 physis 的人的欲望和利益（尤其是强者的利益）同现实存在的法则、伦理规范处于无法调和的对立状态。

这种对抗在卡利克勒斯那里得到的解决，是一种彻底的反 nomos 的解决。

卡利克勒斯（Callecles）是否确有其人？在学者中有过争论，翁特斯泰纳在谈到卡利克勒斯时加了一个长达一页的注作过介绍：韦尔克（Welcker）最早提出疑问，认为并没有卡利克勒斯这一个真实的人，1933 年林锡（Rensi）、斯特方尼（Stefanini）等支持这个意见，耶格尔在《潘迪亚》书中也认为这是柏拉图虚构的一个人物,他代表克里底亚、阿尔基比亚德这一类型的人,可以说是这类真实人物的代表。但大多数学者认为确有其人,冈珀茨、卡佩莱等持这种观点,格思里也认为确有其人。克里保姆(Kriegbaum)著有《卡利克勒斯》一书,专门考证其人其事。柏拉图在《高尔吉亚篇》中说他和提珊德尔、安德隆、瑙西库德在智慧上可以为伴(487C)。在希波吕托等著作中可以找到有关线索。卡利克勒斯大概略晚于希庇亚、安提丰等人,他的思想形成于公元前411年以前,他曾赞美当时的阿尔基比亚德。[1]

卡利克勒斯的思想主要出现在柏拉图的《高尔吉亚篇》和《法篇》中。在《高尔吉亚篇》中柏拉图将他说成是高尔吉亚圈子中的青年,刚参加公共事务(515A)。当苏格拉底和高尔吉亚及其学生波卢斯讨论什么是最高的善时,波卢斯替老师作了回答,认为最高的善就是权力;拥有全部权力的僭主是世上最快乐的人。苏格拉底对这种理论一一驳斥,认为恰恰相反,僭主是最悲惨最不幸的,因为伤天害理做坏事的人比受坏事伤害的人更加不幸,更为可耻,波卢斯无言可对。这时候在一旁静听的卡利克勒斯忍耐不住了,他指责苏格拉底忽视了一个最基本的区别——physis 和 nomos 的区别:按照 nomos 是作恶者更可耻,而按照 physis 是遭受不义者比行不义者更可悲可耻,因为 physis 和 nomos 关于正义与不正义的标准正好相反。对话人卡利克勒斯发表了长篇议论:"苏格拉底,你诡称追求真理,实际上你却将我们引入那些令人生厌的浅薄的谬误之中,似乎是追求美好的高尚的东西,其实是约定的,而不是自然的。一般说来在多数情况下 physis 和 nomos 是彼此对立的,所以如果一个人不敢说出自己想说的话,为此感到羞耻,他就不得不陷于自相矛盾之中。你发现了这种乖巧的伎俩却不正当地使用你的论证。当人们根据 nomos 发言时,你就狡诈地根据 physis 诘问;但当他遵循 physis 的原则时,你却又按 nomos 的原则发难。"(482E—483A)接着卡利克勒斯举例说明:当波卢斯根据 nomos 谈论什么是更可耻时,你却诉诸 physis。按照 physis,凡是坏的不好的当然是可耻的,

---

[1]　参见翁特斯泰纳:《智者》,英译本,第344—345页注40;格思里:《希腊哲学史》第3卷,第102页注2。

认为按 physis，人应是一个强者，有能力不受侵害。"现在你被强者侵犯，说明你的 physis 缺失"，所以被欺者比欺人者更可耻更不光彩。但是按照 nomos 当然是行不义者更可耻。卡利克勒斯认为正是占人口大多数的弱者才需要制定法律，为的是限制强者，所以制定 nomos 这件事本身就是不义的反自然的。卡利克勒斯说：

"我的看法是：制定 nomos 的是作为多数人的弱者，正是他们为了自己的利益制定了 nomos，确定赞成和非难的标准。为了防止强者超过他们，得到超过他们的利益，他们就吓唬强者，说什么超过别人是可耻的可恶的，所谓不义就是追求超过别人的利益。我想如果低等人享有了平等地位，他们就心满意足了。但是按我的看法，physis 本身显然是让强者超过弱者，让一些更好的人拥有高于不好的人的利益，认为这才是公正的。纵观一切动物以及一切城邦和人都概莫能外，所谓正义，就是强者对弱者的统治和强者的利益。薛西斯侵略雅典，他的父亲侵略司奇提亚，他们遵照什么正义原则？还有人们常提到的许多类似的事例。我想这些人是遵循真正的 physis 的正义原则办事的。是的，根据天意，根据自然本身的规则（nomos tes physeos，即上文讲的'合乎 physis 的 nomos'，同人为的 nomos 相对立），大概不是根据我们所制定的 nomos 吧。人们发明 nomos，用它改造我们中的强者和优秀分子，从年轻时开始就像驯狮子一样驯服他们，诱惑他们就范，成为驯服的奴隶，还宣称什么他们必须同意平等的原则，说这就是正义和公平！但是有朝一日这些人由于天然的禀赋变得足够强大了，我相信他们自己就要摆脱这些限制，冲决这些罗网，放纵不羁，践踏和诅咒一切纸上的协议和反自然的 nomos。他们会咆哮起来，自己要做主人，虽然他们曾经做过奴隶。"（483B—484A）

这一席话太精彩了！可以说卡利克勒斯就是古代希腊的尼采，尼采就是现代的卡利克勒斯。有的人看过柏拉图的《国家篇》，认为塞拉西马柯就像尼采。不对，塞拉西马柯尽管也说强者的统治就是正义，就是 physis，但是他认为法律、伦理规范等是强者制定的，这同卡利克勒斯和尼采的思想正好相反。当苏格拉底听完卡利克勒斯的长篇议论以后，他不无感慨地说："真的，你说的是别人心里想说但是不情愿说出的话。"（492C）这是一点不假的，可以说是反映了公元前 5 世纪后半叶至前 4 世纪中叶希腊各邦的僭主、寡头和蛊惑者们的生活理想——追求权力、荣誉和财富,就像卡利克勒斯赞赏的阿尔基比亚德一样(参看本卷绪论第二节)。

反 nomos 的思想到卡利克勒斯这里达到了顶点,它表示一股新的潮流的兴起:要推倒传统的法律、伦理规范和一切生活准则,重新制定"符合 physis 的 nomos",赋予纵欲、强权、追逐权力和财富以合理又合法的形式。可见反 nomos 的人不是全然不要 nomos,正如当代尼采的非道德主义并非不要道德规范一样。他们对 physis 和 nomos 有比较深刻的认识,他们需要的是重新制定调节人与人的关系、人与社会的关系的规范。下面我们就来看看维护 nomos 和反 nomos 两种见解的实质及其在各个领域中的反响。

第四节　Physis-Nomos 争论的意义

关于 physis-nomos 的这场争论一直延续到柏拉图时代,远远超出智者的范围;它涉及历史、文学、语言、法律、伦理、宗教、政治等各个领域,出现了对历史和现实、人和动物、自然和社会等问题的重新理解和理论建构活动。公元前 5 世纪后半叶至前 4 世纪中叶几乎所有较有见地的思想家、哲学家、政治家、史学家和作家都论及有关 physis-nomos 的问题。下面我们先介绍各个领域的反响,然后论述由此引起的理论上的新的突破和进展。

将 physis-nomos 理论直接用来解释历史和社会现象的是史学家修昔底德。格思里说得好:"要了解智者时代生活的气质,最好是从修昔底德入手。"①我们在本卷绪论中引用了不少修昔底德提供的资料,在论述智者关于修辞论辩和政治、伦理、宗教思想时也介绍了修昔底德的见解。在他所写的《伯罗奔尼撒战争史》中,雅典始终是这一历史事件的主角,雅典城邦的政策是修昔底德着意刻画的重点。耶格尔在谈到前面提到的雅典使者和弥罗斯代

---

① 格思里:《希腊哲学史》第 3 卷,第 84 页。

表的对话时说:"修昔底德为雅典的现实政策提供了深刻有力的哲学学说。"①
这个见解得到西方学者的普遍赞赏,我们也认为这个评价是有道理的。但是
这个哲学学说是什么? 耶格尔并没有说明,别的学者也没有加以解释和发挥,
我们认为主要就是 physis-nomos 学说。

修昔底德对希腊历史的基本观点是:一个部落、一个城邦或民族,当它还
是弱小的时候,需要人为制定的 nomos——法律制度、道德规范以及可以约束
双方的协议;一旦成为强者,它就必然按本性(physis)行事,谋求统治和霸权,
奴役别人,而且还认为这是合理的、正义的、无可指责的。该书第 1 卷第 1 章
中对于特洛伊战争的起因就作了同希罗多德根本不同的解释,他认为根本原
因在于阿伽门农"是当时最有权势的统治者",而不是由于一个海伦;阿伽门
农所以能成为盟主率队远征,也是"由于同盟者对他的畏惧"。关于伯罗奔尼
撒战争,作者认为"真正原因是雅典势力的增长因而引起斯巴达的恐惧"。对
于战争双方政策的演变,各自盟邦态度的转变,修昔底德都用彼此的利害关系
以及强者要奴役人的本性、弱者要保护自己求得生存的本性来解释。他还从
physis 的观点出发进一步提出历史事变的动因问题,说:"如果我们想更清楚
地了解过去发生过的事情和将来也会发生的类似的事件",那就要从人的本
性入手,"因为人性总是人性"。② 原文 physis anthropikon 就是"人类的本性"。
那么人性是什么呢? 他在书中屡次谈到人的各种野心,例如在第 3 卷第 5 章
谈到各城邦相继发生革命时说:"由于贪欲和个人野心所引起的统治欲是所
有这些罪恶产生的原因。"从一般的 physis 中引出人的本性,从人性入手解释
历史事件和变动的原因,可以说是从修昔底德开始的。只要将修昔底德的
《伯罗奔尼撒战争史》和希罗多德的《历史》对照一下,人们不难发现修昔底德
的理论水平超过希罗多德。对于波斯侵略希腊,希罗多德并没有从理论上作
出说明,修昔底德却指出这是由于强者的本性。这就不能不归于这个时期的
智者运动,它普遍地提高了人们的认识水平,其中 physis-nomos 的争论起了重

① 耶格尔:《潘迪亚:希腊文化的理想》第 1 卷,英译本,第 398 页。
② 以上均见修昔底德:《伯罗奔尼撒战争史》第 1 卷,第 1 章。

要作用。

Physis-nomos 的争论在文艺作品中也得到强烈的反响,我们从希腊三大悲剧诗人和阿里斯托芬的喜剧中可以看到时代精神的变化。埃斯库罗斯(约前 525—前 456 年)的作品写于公元前 5 世纪上半叶即智者运动以前,他的《被锁住的普罗米修斯》(前 465 或前 469 年演出)和《俄瑞斯特》三部曲(即《阿伽门农》、《奠酒人》、《复仇女神》,约前 458 年演出)都取材于荷马史诗和远古神话;同史诗和神话中的普罗米修斯、阿伽门农、俄瑞斯特相比,埃斯库罗斯已经赋予他们新的内容,体现了反对僭主政制,赞赏民主制,以法律裁决取代家族仇杀,以父权制取代母权制等等,不过也仅此而已。

生活在公元前 496—前 406 年的索福克勒斯的作品主要表现了雅典繁荣时期的民主、平等和自由精神,如《俄狄甫斯》(约写于前 431 年左右)中预言者对俄狄甫斯说:"你是国王,可是我们双方在发言权上应当平等。"《安提戈涅》(约写于前 441 年左右)中安提戈涅说:"只属于一个人的城邦不算城邦。"《俄狄甫斯在科隆诺斯》中忒修斯说雅典是"凡事都按法律办事的城邦"。他还通过叙述个人追求和命运的矛盾,符合人性的习惯法和成文法的矛盾等表现现实生活中人的 physis 和社会约定的 nomos 的冲突。他在《俄狄甫斯》中成功地表现了个人意志和命运的冲突:俄狄甫斯长大后知道自己的命运将是杀父娶母,他就逃离科林斯前往底比斯;但是他不知道他的生父恰恰是底比斯国王而不是科林斯国王,最终还是杀父娶母。《安提戈涅》表现成文法和植根于人性的习惯法的矛盾:按国王克瑞翁的律令,任何人不得掩埋波吕涅克斯的尸体;可是习惯法规定亲人有埋葬死者的义务,波吕涅克斯的妹妹安提戈涅选择后者埋葬了哥哥的尸体,因而遭到法律的惩罚,被囚于墓穴之内自杀身死。她的情人海蒙(克瑞翁的儿子)殉情于她的身边。这部剧本于公元前 441 年上演时深受雅典人的欢迎,索福克勒斯本人获得很大荣誉,同伯里克利一起被选为十将军,率军镇压企图退出提洛同盟的萨摩斯。这个剧本反映了外在束缚和内在觉醒的矛盾,它启发了智者的同时代人,促使他们认识到 nomos 和 physis 的区分和矛盾。

稍迟些的欧里庇得斯(约前 485—前 406 年)被称为"舞台上的哲学家",

"智者—剧作家",他的作品主要写于伯罗奔尼撒战争期间,相当充分地反映了当时雅典政治经济危机下人们的心态和感受。在人和神的关系、个人和城邦的关系上,欧里庇得斯深受智者的影响,我们已多次引用过他的话。在 physis-nomos 问题上他持反 nomos 的观点,甚至直接使用智者们的用语,例如在《伊翁》中,伊翁为自己效忠于阿波罗而感到骄傲,原因是"我自己的 physis 和 nomos 一致"(第 642 行)。在《巴克科斯》中酒神巴克科斯承认自己的 nomos 是建立在 physis 上的。(第 895 行以下)

阿里斯托芬(约前446—前385年)的喜剧主要写于雅典在战争中失利及战败后的一个时期,从他的作品中我们可以隐隐约约地觉察到反 nomos 思想对一般人的影响。《鸟》(前414年)写雅典两位老人厌倦城邦生活和法律诉讼的风气,升到天空建立一个云中鸟国,切断天和地之间的交通,迫使众神求和,将权力交给鸟类。在鸟国中没有贫富之分,没有战后雅典式的城邦生活和诉讼恶习。《云》(前423年)剧中农民斯特瑞西得的儿子斐狄比特向苏格拉底学习论辩术后回家同老子争论,所使用的都是智者的语言。儿子说:"自我控制就是恶,正义使人失去快乐";"唯有放纵才是目标";"藐视法律是好的";"父亲既然可以打儿子,为什么不可以立一个新的 nomos,儿子也可以打老子呢?"(第1039—1086行)从这些悲剧和喜剧家的作品中可以看出智者思想已经渗透到当时的剧作家中,化为剧中人物的语言;在过去的神话和史诗中是找不到这类语言和情节的。

Physis-nomos 的争论对法律有直接的影响。除了上一章所说的有关法律起源的观点外,最重要的是经过这场争论,人们开始将法律、伦理和风俗惯例三者区分开来,从此形成独立的法律学说和伦理学说;对于风俗惯例也产生了新的见解,认为风俗惯例虽然也是 nomos,但是它同城邦制定的法律不同,比较符合人的本性。它有法律的性质,也是人们约定的,但是它又未写成文字而变为条文,于是产生一个新的概念——"未成文法"。

"未成文法"这个概念是谁先提出来的? 没有确切的历史资料;从可以查到的资料看,索福克勒斯在《安提戈涅》中就明确使用了。安提戈涅为埋葬自己的亲兄弟的行为辩护说:"宙斯和正义之神都没有制定人中的这些 nomoi,

我也不认为你(克瑞翁)的文告有那么大的力量,以致像你这么一个凡人能推翻神灵们的这些确实的未成文的法律(agraphos nomos)。"(第 450 行以下)在《俄狄甫斯》中,索福克勒斯又称之为 agrapha nomima,中译为"未成文的神的律令"。(第 863 行以下)欧里庇得斯在《伊翁》中称为"神的法律"。(第 442 行)

Physis-nomos 的争论使人们用这二者的关系去解释未成文法。色诺芬《回忆录》记载苏格拉底和希庇亚有关法律和正义的讨论中,希庇亚认为未成文法就是"到处都一致遵守的律法",它不可能由全人类聚集到一起来制定,而是由神来制定的。(第 4 卷第 4 章第 19、24 节)这里对来源于神作了新的解释:它不能像城邦的法律那样由公民聚集在一起制定,只能由神代表全人类执行立法任务,所以它是适用于全人类的。前面引用过的《伯罗奔尼撒战争史》中雅典的代表和弥罗斯的代表的谈判中,修昔底德将未成文法叫作"符合自然的普遍的 ananke(必然)"(第 5 卷第 7 章);伯里克利在葬礼演说中称为"虽未写成文字,但是违反了便算是公认的耻辱的法律。"(第 2 卷第 4 章)柏拉图在《高尔吉亚篇》中的对话人卡利克勒斯称之为 nomos physeos——"合乎自然的法律",即同人的本性相一致的法律。这是一个重要的发展。自从用 physis-nomos 观点解释未成文法后,所谓未成文法又产生了新的划分,有两种未成文法:其一是指体现传统风俗习惯的"神的律法",这种法又称"习惯法"。它在雅典元老院中曾规定为必须遵守的 nomos,但到公元前 5 世纪后期雅典又规定执政官在任何情况下都不得使用同法律不一致的传统习惯法。其二是用 physis 重新解释后的"自然法"。以安提丰、塞拉西马柯、格劳孔、卡利克勒斯等为代表,他们不将神看做是这种普遍法的来源,而认为它出自人的自然本性 physis。这样,所谓"没有写成文字的法律"就分为习惯法和自然法了。

这个变化是相当重要的,它有助于我们确切理解苏格拉底和小苏格拉底学派以及柏拉图和亚里士多德关于法律和伦理的思想。苏格拉底遵守雅典的成文法服刑而死,在劝告他逃走的学生克里托看来实在没有必要。阿尔基比亚德拒绝接受雅典的法律回来受审,在卡利克勒斯看来是无可指责的,因为他遵循了"符合自然的法律"。柏拉图认为如果只是按成文法统治就像一个没有水平的医生只会照搬书本治病,真正的政治家和医生必须具有专门知识。(《政治家篇》,292—295)但他也看到如果无视所有的法律——成文法和未成文法,就是民主制的极端形式僭主暴君的统治。(《国家篇》,563D)柏拉图在他的最后著作《法篇》中已经看到在现实中找不到一个像他在《国家篇》中提出的哲学王,能够高于以往的一切成文法和未成文法,可以不需要任何 nomos 而又能治理好城邦。他看到从他所说的具有哲学智慧懂得统治的道理过渡到能够实际操作实行明智的统治,必须有一个环节,那便是作为办事依据的为一切人共同遵守的法律。所以他从《国家篇》中提倡哲学王实行人治转到后期提倡法治。在《法篇》中所讲的 nomos 实际上是以成文法为主、辅之以未成文法,他称之为“祖先留下的法律”(patrios nomos,793B),即祖先和前代人留下的箴言。这也是由于苏格拉底和柏拉图都看到当时社会由于智者们提倡反对 nomos,一切都要按本性行事,实际上是鼓吹强权和贪欲,已经造成雅典社会的深刻危机,所以柏拉图认为继承古代以来好的传统,对维系城邦及其成员间的关系是必不可少的,它可以弥补成文法的不足。他一方面告诫人们:“记住,要用一切可行的法律、习俗或惯例维系你的新城邦”(793C);另一方面,他明确反对塞拉西马柯和卡利克勒斯等人说的“符合自然的法律”(890A),宣称对纵欲等要严加制裁(841B 等)。在《国家篇》第 1、2 卷中就批判了塞拉西马柯、格劳孔等以利益、权力作为正义标准和立国原则的说法。可见柏拉图在谈到法律时也明确区分成文法和未成文法;关于未成文法,他赞扬“祖先留下的法律”而反对一些智者提出的“符合自然的法律”;但他并不因循守旧,固守传统,而是要以他在《法篇》中倡立的理想的成文法为主,将传统的箴言作为辅助工具加以恰当使用。

亚里士多德也是在 physis-nomos 的争论影响下阐述他关于成文法和未成文法的思想的。在《修辞学》第 1 卷第 10 章中谈到原告和被告要弄清三个问题时,他认为首先要弄清什么是犯罪行为即恶行。他接着说:“我们可以将恶行或犯罪行为看做是违背法律的有意识的伤害行为。法律或者是特殊的或者是普遍的。所谓特殊的法律,我指的是规范某个共同体生活的成文法,所谓普遍的法律即是任何地方都认可的一种未成文的原则。”(1368^{b}7—9)在同一卷

第 13 章谈到正义和非正义的区分时,他说相对于两种法律、两种人,有不同的正义和非正义之分。他说:"所谓两种法律,我指的是特殊法和普遍法。特殊法是某个社会共同体所制定的,适用于自身成员的法律,其中一部分是成文的,另一部分是未成文的。普遍法指的是自然法,因为就像某种程度上属于神性的东西一样,的确有一种自然的正义和非正义,它对所有的人,甚至彼此间没有共同利益的没有联系的人也是适用的。"他举的就是安提戈涅的例子:安提戈涅认为自己的行为是正当的,"她指的就是根据 physis 这是正义的。"(1373ᵇ1—10)这里的说法同以上引文略有差异,但总的说来是一致的。亚里士多德将法律分为两种,一种是普遍适用的,那是未成文法;另一种是仅适用于某个城邦的,其中主要是成文法,但也有部分是只适用于该城邦的习惯法。而前一种普遍适用的未成文法在亚里士多德看来就是自然法,因为它是符合人的本性的;不过亚里士多德所说的人的本性和智者所说的人的本性不同,亚里士多德认为自然法是依靠正义,而不是靠强制和暴力维持的,他认为"成文法是靠强制来维持的"(1375ᵃ17)。他认为自然法是平等的永恒的,而成文法是不固定的。(参见 1374ᵃ18—ᵇ22)

因为本卷以下论述苏格拉底和柏拉图的哲学思想,以及第三卷论述亚里士多德的哲学思想时都不设专章讨论他们有关法律的思想,考虑到古代希腊法律思想的形成同哲学,尤其是同智者关于 physis-nomos 争论的理论关系很密切,所以在这里将这一思想的发展线索作如上简要的叙述,由此可以了解智者思想对柏拉图、亚里士多德的影响,也可以全面把握他们之间的关系。

在维护 nomos 和反对 nomos 的两种主张中,应该说反对 nomos 学说的影响更为深远。它不仅是批判传统法律、习俗和正义观念的武器,是重新解释未成文法的理论基础,而且导致了人们对人性概念认识的飞跃。通过 physis-nomos 的争论,人们从一般的"自然"即万物的共同本性中区分出人的自然即人的本性。而对人的本性的认识,不仅使人们进一步认识人和动物的区别,更在共同的人性的基础上产生了关于社会平等、世界主义以及反对奴隶制等一系列新的思想和学说。这些思想对后来西方文化发生重大影响,因而有必要在这里作些介绍。

在前一章中我们已经说过，希腊人开始是将万物各自的 arete（善、美德、优越性）看做是属于自然的本性，所以马的 arete 就等于马的本性，人的 arete 也就是人的本性。因此在希腊人看来，人性、马性、鸟性……自然都是好的、善的；所谓恶或坏（kakia）就是失去了这 arete，他们说这是 arete 的"缺失"（steresis）。马失去了马的奔驰本性，人失去了人的品性和才能当然就是坏，就是不好。在智者思想的影响下，人们普遍重视价值观念，对善恶和好坏的看法增加了内容，要看看它们对人是有利的有益的还是无益有害的；没有价值的东西就是不好的、坏的，如前一节中提到的安提丰对死亡的看法。至于详细区分伦理学上的好坏善恶和经济学、政治学及日常生活方面的善和恶，那是亚里士多德具体做的工作，我们将在第三卷中详细论述。现在我们先看看当 physis-nomos 争论广泛展开深入到各个领域时，人性概念的分化、发展及其影响。

凡是思考过 physis-nomos 问题的人都回避不了这个问题：人的本性究竟是什么？赞成 nomos 的普罗泰戈拉、克里底亚以及扬布利柯辑录的无名氏著作等开始将人的自相残杀、情欲和犯罪倾向等看成是恶（虽然他们还没有用这个词），显然是对人性持否定态度，因而竭力主张制定各种法律和条例；反之，反对 nomos 的人却将人的本性看做是自然而然的，是无可指责的合乎正义的，简言之是好的、善的。表面看来这和中国先秦哲学中的性善性恶之争有些相似，实际内容却是根本不同的。希腊反对 nomos 的智者所说的自然的人性包括人的情欲、人对利益的追求、人们追求统治权力、强者和荣誉的各种倾向和欲望，他们认为这些都是合乎正义的，是好的。

值得注意的是反对 nomos 的人从高尔吉亚到卡利克勒斯都不同程度地认为：不同的种族、民族和国家的人的本性都是一样的。这种思想扩展开来，当做一种社会史观去观察社会问题，运用于社会各个领域，就产生了以反 nomos 为理论基础的社会平等学说、反奴隶制言论以及关于宗教、伦理、教育乃至语言的新观点。从文化史和思想史的角度看，值得我们大写一笔的是平等学说和反奴隶制言论。

平等（$\iota\sigma o\nu o\mu\iota\alpha$, isonomia）观念的形成大约比正义、自由、民主等观念要迟一些。"平等"最早是作为数学上的"相等"、"等分"概念出现的，公元前 5

世纪民主制达到高峰时，"平等"才被用于政治上，指公民不分贫富和出身都拥有参与政治活动的同等权利。在城邦中所有公民都有同等的一份权利，于是平等和民主联结在一起了。随着法律上审判制度的完善，平等又扩展到法律上，公民有同等的抽签机会担任陪审员，公民不论是原告或被告都受同样的法律约束。这就是最早的"在法律面前人人平等"的思想。本卷绪论第二节中引用伯里克利在葬礼上的演说中，他就讲到"权力都在人民手中，人人在法律面前平等"。在伯里克利时代"平等"已经成为一个重要的思想，欧里庇得斯在剧本中都写进去了。他说："城邦是自由的，人民每年轮流任职，穷人拥有和富人同等的一份"（《请愿的妇女》，第 404 行）；在《腓尼基人》中，伊俄卡斯忒劝他的儿子放弃野心和虚荣，代之以平等，他说："平等是人类生活中固定的成分……正是平等为人们确立了尺度和分量，在一年四季中平等是白天和黑夜的平均之路，谁也不多不少。"（第 531 行以下）在民主制繁荣时代，民主、正义、友谊、平等、和谐（homonoia）是一致的。

　　但是 physis-nomos 的争论使人们的"平等"观念发生了变化。在这以前的平等主要讲的是上面提到的政治平等和法律平等，它们都以法律为依据，同主张 nomos 的人是一致的。维护 nomos 和正义，提倡友爱和谐，遵守法律和城邦民主制度，这样才有公民的政治平等和法律平等。但是在反对 nomos 观点的冲击下，原来的民主、正义、友爱、和谐等观念都发生了动摇。战争也打破了原来的平等和正义观念。一些人开始用 physis-nomos 观点观察平等问题，在平等问题上逐渐产生两种不同倾向的变化。其一是像卡利克勒斯那样认为强者统治弱者是自然的，谁能扩张自己的权力、财富和荣誉，他就理当高人一等。这是公元前 5 世纪下半叶以来希腊城邦关系、希腊人和异族人关系的概括，因为不论是在提洛同盟还是伯罗奔尼撒同盟中都从来没有过什么平等关系。同时这也是这个时期和公元前 4 世纪上半叶出现寡头和蛊惑家统治的理论基础，它不像以往的贵族制辩护士那样主张以门第出身为划分权力的依据。其二是以人性是同一的思想为依据扩展平等的内涵和外延，将政治平等和法律平等推广到教育平等、财产均等、种族平等以至主人和奴隶平等。持这种观点的人既有年轻一代的智者，又有其他哲学家和思想家。他们认为既然所有人的本性都一样,差别只在于教育和训练,那么城邦就应为每个公民提供平等的机会和条件。连柏拉图和亚里士多德也受到这种思想的影响,在他们设想的理想城邦中也出现教育平等和财产均等的因素。

反 nomos 思潮进一步冲击了等级观念。上一节中提到安提丰以人性同一为理由,否定了按出身份贵贱的传统观念,认为以出身定贵贱是 nomos 而不是 physis(见前引 DK87B44)。生活在公元前 4 世纪上半叶的吕科佛隆完全否定了出身高贵的价值。斯托拜乌在他的《Anthologium(名言录)》中转述了亚里士多德在《论出身》这篇已经佚失的对话中的一段话,现在被辑入亚里士多德的残篇:"吕科佛隆说,好出身的高贵是不明不白的,它的价值仅仅是在字面上的,宁可说只不过是意见而已。实际上出身好和不好并没有什么区别。"(DK83B4)古代希腊从奴隶主贵族制向民主制转化以来,等级观念就逐渐淡薄。除了主人和奴隶之分、希腊人和异族人之分外,在自由民中随着民主制的确立,等级观念就淡化了。在反 nomos 的思想冲击下,等级门第之分被看成是违反自然的、人为约定的 nomos。可以说这是古代希腊人留给后代西方人的一个好传统。欧洲中世纪封建时代尽管尊重等级,但始终遭到各种形式的抵制,现实中实际起作用的还是财产和权力,出身门第并不像在中国封建社会中那么得到重视,即使在《圣经》中也确认在上帝面前人人是平等的。从"在上帝面前人人平等"过渡到文艺复兴以后开始提出的天赋人权也就是在自然法面前人人平等的学说,就比较容易了。

希腊人一向引以为傲的是认为希腊人自己高于别的民族,他们将所有非希腊人统称为"野蛮人"。要打破这个观念是不容易的,反 nomos 的高尔吉亚、安提丰、希庇亚、卡利克勒斯等无愧为启蒙学者,他们以"人的本性是同一的"为依据,认为希腊人和野蛮人的划分仅属于 nomos,而按照 physis 全人类的本性都是一样的。这是很了不起的进步思想,后来斯多亚学派直接继承发展为新世界主义。按照这个思路发展下去势必要否认主人和奴隶的天然差别,在反 nomos 的思想影响下,一些进步的思想家包括一些年轻的智者开始明确否认主奴关系的天然合理性。亚里士多德在《修辞学》中讲到普遍存在的自然法和正义观时说:"阿尔基达玛在他的《美赛尼亚的演说》中也是这样说的……（原文脱落）"（1373^{b}18）古代注释家认为这是公元前 360 年左右阿尔基达玛劝说斯巴达人释放美赛尼亚人的演说，其中说："神让所有的人都自由，physis 并没有使任何人成为奴隶。"①亚里士多德在《政治学》中讲到关于主奴关系的理论时说："有些人认为管理奴隶是一门学问……可是另一些人却认为主人统治奴隶是违反自然的；奴隶和自由的区别不过是依 nomos 而存在，并不是依 physis 而存在的；因为它是对自然的干扰，所以是不正义的。"（1253^{b}20—22）注释家们认为亚里士多德这里说的"有些人"，是指阿尔基达玛，也可能指犬儒学派中的一些人。从他的提法"一些人"看，绝不止一个人，可以说是有相当社会基础的。这是相当激进的反奴隶制的思想，在欧里庇得斯的剧本中也多次出现过类似的言论，其他思想家和作者也有所提及，本书第三卷中我们再来详细介绍这些资料。

Physis-nomos 的争论也促进了苏格拉底、柏拉图时代关于宗教、伦理和国家学说的发展。在反 nomos 影响下有些人用 physis-nomos 观点解释神，本书下一编讲的犬儒学派的安提斯泰尼就说过："根据 nomos 有许多神，但是根据 physis 实际上只有一个神。"直到教父学时期的拉克唐修还用这个观点去解释神和偶像，他认为按照 physis 只有一个神，其他都是各民族各地区按照自己的风俗习惯制定的神。②

在伦理学方面，经过 physis-nomos 的争论，人们注意探讨人性问题、善恶问题以及怎么样的生活才是符合人的本性的问题。本卷下一编介绍的苏格拉底和小苏格拉底学派的伦理学实际上就是从不同角度回答这些问题。至于城邦国家的起源问题，前面讲到的普罗泰戈拉是用神话形式表述自己思想的；智者以后人们包括柏拉图和亚里士多德在内就按人的需要、利益和善解释城邦的形成。从此才形成真正的"社会"概念，进一步将社会和自然区分开来。

Physis-nomos 的争论开阔了人们的眼界，以至在语言学方面人们也热衷于探索一个普罗泰戈拉没有研究过的问题，即名称是自然的还是人为约定的？

---

① 见 W.Phys Roberts 译本的脚注③，牛津版《亚里士多德著作集》第 11 卷 1373^b 一页下。

② 参见格思里：《希腊哲学史》第 3 卷，第 248—249 页。

这个问题甚至成为柏拉图的对话《克拉底鲁篇》的主题。

综上所述，我们可以得到一个总的概念：physis-nomos 的争论反映了希腊人在古典时代新的觉醒。人们认识到，不仅手工制品，而且连城邦、法律、风俗习惯、伦理规范，乃至语言、名称和神都是人自己按照人的本性、需要、利益、想法等创造的，约定而成的。希腊人开始感受到是人们自己创造自己的历史，自己规划自己所处的社会环境的。人们看到了人的重要地位。这样以往的自然哲学就终结了，一种将人的利益、需要、价值置于首位的新的哲学思潮也就产生了。

❀ 第五章 ❀

感觉主义、相对主义和怀疑论

从前面几章的内容不难看出智者们研究的主要对象是社会现象和社会问题,他们思考问题的角度、观察问题的方法以及认识事物的目的都不同于以往的自然哲学家。着眼于现实,追求眼前对自己有用的能实现的目标,置价值考虑于真假问题之上,这是他们的共同特点。由此提炼出的以价值目标为核心的感觉主义、相对主义和怀疑论则是他们的哲学思维的最高准则。普罗泰戈拉提出的"人是万物的尺度"和高尔吉亚的三个命题就是这种哲学的集中表现和理论概括。在本章中我们以这些内容为中心,研究智者所实现的哲学上的转向及其影响。

第一节 "人是万物的尺度"

普罗泰戈拉的著名的哲学命题"人是万物的尺度"在柏拉图、亚里士多德、第欧根尼·拉尔修和塞克斯都·恩披里柯的著作中都提到过,并作出各自的评论。在这些资料中表述最为完整的是塞克斯都·恩披里柯,其次是柏拉图的《泰阿泰德篇》;第尔斯—克兰茨将这两段资料辑录为普罗泰戈拉的残篇第一(DK80B1)。这两段文字如下:

塞克斯都·恩披里柯在《驳数理学家》第7卷讲到究竟有没有真理标准和以什么为标准时,转述了古代所谓逻辑学家的意见;第60节转而介绍普罗泰戈拉,他说:

在否定标准(criterion)的这些哲学家中还有阿布德拉的普罗泰戈拉，因为他断言所有的感觉印象和意见都是真的，真理只是相对的，原因是人们所感知的或人们所认为的一切仅仅是对于他而言才是真的。在他的著作 Kataballonton(论角力)中他的确说过: $\pi \acute{\alpha} \nu \tau \omega \nu$ $\chi \rho \eta \mu \acute{\alpha} \tau \omega \nu$ $\mu \acute{\epsilon} \tau \rho o \nu$ $\acute{\epsilon} \sigma$ $\tau \acute{\iota} \nu$ $\grave{\alpha} \nu \theta \rho \acute{\omega} \pi o \varsigma, \tau \widetilde{\omega} \nu$ $\mu \grave{\epsilon} \nu$ $\check{o} \nu \tau \omega \nu$ $\acute{\omega} \varsigma$ $\acute{\epsilon} \sigma \tau \iota \nu, \tau \widetilde{\omega} \nu$ $\delta \grave{\epsilon}$ $o \grave{\nu} \kappa$ $\check{o} \nu \tau \omega \nu$ $\acute{\omega} \varsigma$ $o \grave{\nu} \kappa$ $\acute{\epsilon} \sigma \tau \iota \nu$ (panton chremalon metron estin onthropos, ton men onton hos estin, ton de ouk onton hos ouk estin, 人是万物的尺度，是存在者如何存在的尺度，也是非存在者如何不存在的尺度)。

塞克斯都·恩披里柯在同一卷的第 388 节和《皮罗学说概要》第 217—219 节中作了些解释并重复了个别词句，以后我们还要提到。

柏拉图在《泰阿泰德篇》中讨论什么是知识，对话人泰阿泰德发表了"知识就是感觉"的观点以后，对话人苏格拉底说：

> 你关于知识本性的说法看来决不可低估，普罗泰戈拉发表过同样的看法，不过他的表述方式略有不同，想必你会记得的，他说过："人是万物的尺度，是存在者如何存在的尺度，也是非存在者如何不存在的尺度。"(152A)

以上两段记载除了由于前后的语法关系而发生的词形变化外，文字完全一样。柏拉图还为普罗泰戈拉设计了一番辩护性的解释："真理就是如同我所写的，我们中的每一个人都是存在和非存在的尺度。"(166D)在《克拉底鲁篇》(386A)中柏拉图又转述了普罗泰戈拉的意思，第一句话"人是万物的尺度"和《泰阿泰德篇》完全一样。

亚里士多德在《形而上学》中有两处($1062^{b}13$，$1053^{a}36$)提到普罗泰戈拉和他的命题"人是万物的尺度"，文字和柏拉图的一样；该书第 4 卷第 5、6 章专门批评普罗泰戈拉的感觉学说，但都是用他自己的解释加以表述，没有引文；我们在以后的分析中将加以论述。

第欧根尼·拉尔修的引文同塞克斯都·恩披里柯的文字完全相同，连语法形式也一样，不过主句缺少系动词 estin，注释家们肯定这是遗漏。①

---

① 参见第欧根尼·拉尔修:《著名哲学家的生平和学说》第 9 卷，第 51 节，参看第 462 页英译者 Hick 的注。

从上述塞克斯都·恩披里柯、柏拉图和第欧根尼·拉尔修的引文看，普罗泰戈拉的命题原文是一致的，没有什么出入。这就是说有关这个命题的争论不是发端于原文，而是起因于后人对原文的理解、注释和翻译。格思里在《希腊哲学史》第3卷讲到普罗泰戈拉的这一命题时专门加了一个长达四页多（第188—192页）的附录，详细介绍了各家对原文的不同理解。我们以此为主，结合别的材料作些介绍。

大体说来在翻译和理解上对以下几个问题有分歧意见：

第一，anthropos（人）是指个体还是指整个人类？策勒、小冈珀茨①、涅斯特、格朗特、勃雷、伯奈特、坎贝尔、海尼曼、伽罗吉洛（Calogero）等认为普罗泰戈拉命题中的 anthropos 是指个人，格思里自己也是这样看。但是老冈珀茨相反，他在《希腊思想家》第1卷第3编"启蒙时代"第5章"智者"中说："'人是尺度'是对认识论的一大贡献。但是同对象整体（totality of object）相对应的'人'显然不是指个体，而是指整个人类。"他还引歌德的话："我们注视着自然，如人所愿地度量它，计算它，衡量它"，认为如果理解为个人，那是错误的。② 第三种意见认为普罗泰戈拉自己还没有意识到"人类"和"个人"的区分，这种意见的代表人有焦耳（Goël）、翁特斯泰纳、克拉辛（Clasen）和康福德等。我们以为第三种见解有道理，因为在普罗泰戈拉时代还没有种、属和个体的区分；甚至亚里士多德在《形而上学》中讨论"一"和"存在"的关系时还说："'一个人'和'人'是一回事，'存在的人'和'人'也是一回事"；"'一个存在的人'并未在'存在的人'上面加上什么东西。"（1003ᵇ25—30）可见亚里士多德在这里还没有将个体和人类区分开来。但是从这个命题的真意来说，普罗泰戈拉心目中的 anthropos 指的是一个个的个人，柏拉图、亚里士多德和塞克斯都·恩披里柯都是这样理解的。

第二，ὡς（hos）作何理解？一种见解认为它是从句的引词，相当于英语中的 that；另一种意见认为应作英语中的 how（如何）或 manner（方式）讲。持前

① 老冈珀茨即《希腊思想家》的作者 T.Gomperz，他的儿子小冈珀茨 H.Gomperz 著有《智者和修辞学》。

② 参见冈珀茨：《希腊思想家》第1卷，英译本，第451—452页。

一种意见的人译为 that they are，持后一种意见的人译为 how they are 或 the manner of their existence。老冈珀茨认为 hos 和残篇四一致，在大多数情况下都作引词 that 讲；若作 how 或 manner 讲，那么后半句——"也是非存在的事物如何不存在的尺度"或"也是非存在的事物的不存在的方式的尺度"就说不通了，因为既然是不存在，就无法去研究不存在的方式或如何不存在了。[①] 海因尼希（Heinich）和弗里兹（Fritz）持这种观点。策勒、翁特斯泰纳、焦耳认为希腊文 hos 包括 how 和 that 两种含义。伽罗吉洛认为在普罗泰戈拉的时代还没有将这两种含义区分开来，正像希罗多德还不能将逻各斯的讲话、论证、命题、定义等含义区分开来一样。我们以为伽罗吉洛讲的比较切近历史过程，希腊语的规范化到古典时代才开始，ὅτι（hoti）和 ὡς（hos）分家，前者作引词 that 讲，后者作 how 讲；而且 hos 一直都有几种用法，可以作关系代词、副动词，也可作联结词 that，译成中文："人是存在者〔如何〕存在的尺度，也是非存在者〔如何〕不存在的尺度"，如果删去"如何"，意思还是一样的。

第三，ἐστι（esti）的含义问题。格思里和许多学者一样译为"存在"（to exist）。卡恩（C.H.Kaln）认为 esti 或 estin 的基本意义不是 to exist，而是 to be so（是如此）或 to be the case（是这种情况），to be true（是真的）。柏拉图在解释普罗泰戈拉的命题时说："每样东西如此显现于我，对我而言它就是如此。"（as each thing seems to me, such is it for me）（《泰阿泰德篇》152A）卡恩认为这种理解是确切的，所以普罗泰戈拉的命题的从句可以译为："人是某物是如此或不是如此的尺度。"整个命题用中文表述就是："人是万物的尺度，既是'是如此'的事物之所以'是如此'的尺度，也是'非如此'的事物之所以'非如此'的尺度。"应该说这才是准确的表述，下面可以看到柏拉图关于两股风的释义就是以这样的公式表述的。但是这种表述法在中文中非常别扭，所以我们在阐明这个命题的含义的前提下仍采用传统的表述。

第四，χρήμα（chrema，复数 chremata，英文的 thing）的含义问题。这个字的本义是指同人的需要和物的用处相关的"东西"。《希英大辞典》译为 a

---

① 参见冈珀茨：《希腊思想家》第 1 卷，第 452 页。

thing that one needs or uses（人们需要的或有用的东西）；复数常指货物、财产。这个字可以引申为泛指一切东西、材料、事情，并进一步引申为 oracle（神誓、神的箴言），到后来还用这个字构成各种成语。① 英文用 thing，德文用 Dinge，意大利文用 cosa 来译 chrema，泛指一切东西、属性和样式。但是翁特斯泰纳的理解很特别，下面要提到。

第五，$\mu\acute{\varepsilon}\tau\rho o\nu$（metron）的译法和理解问题。柏拉图、亚里士多德和塞克斯都·恩披里柯都解作标准和尺度，亚里士多德在《形而上学》中解释 metron 时说除了度量尺度和标准外，还可以作知识、认识的尺度解。（1053ª31）近代一般都译为尺度、标准，但是翁特斯泰纳将它译为"支配者"（"拥有者"、"权衡者"）。

由于对上述几个词的理解和译法不同，因而近代出现下列几种译法：

第尔斯—克兰茨：Aller Dinge Maß ist der Mensch, der seienden, daß（wie）sie sind, der nicht seiende, daß（wie）sie nicht sind.（人是万物的尺度，是存在的东西（如何）存在的尺度，也是非存在的东西（如何）不存在的尺度。）②

弗里曼：Man is the measure of all things, of the things that are, that they are, and of the things that are not, that they are not.（人是万物的尺度，是存在者存在的尺度，也是非存在者不存在的尺度。）在西方语文中"人"和"个人"是同一个词，系动词也是单数，从行文中看不出来，所以几乎每人都作了注释，弗里曼就说明他所译的"man"是指各个人的感觉。格思里的译法也是一样。③

老冈珀茨强调"人类"整体和不存在这个词，认为人类是判断对象存在不存在的尺度，他译为：Man is the measure of all things, of those which are, that they are, and of those which are not, that they are not.④

柯费尔德反对将 hos 作 that 解，他译为：Man is the measure of all things, of

---

① 参见《希英大辞典》"chrema"条，第 2004—2005 页。

② 参见第尔斯—克兰茨：《苏格拉底以前学派残篇》第 2 卷，第 263 页。

③ 参见弗里曼：《苏格拉底以前的哲学家》，第 348 页；格思里：《希腊哲学史》第 3 卷，第 183 页。

④ 参见冈珀茨：《希腊思想家》第 1 卷，英译本，第 450 页。

things that are as to how they are, and of things that are not as to how they are not. （人是万物的尺度，是存在的事物如何存在的尺度，也是不存在的事物如何不存在的尺度。）他还特别作了两点解释：其一，作为尺度的人指的是每一个个体诸如你或我，肯定不是人种或作为一个整体的人类；其二，被权衡的东西不是它们的存在或不存在，而是如此存在的方式或非如此存在的方式，用现代术语说就是在主谓语陈述式中从属于主语的、作为谓词的东西，例如"蜂蜜是甜的"和"蜂蜜不是甜的"，被权衡的不是蜂蜜的存在与否，而是蜂蜜的存在方式，它是甜的或不是甜的；因为判断它是不是甜的只能以各个人的感知为标准。① 柯费尔德的解释可能是比较切合原意的。

意大利当代著名学者伽色达诺干脆用 ognuno（每一个人）来表达：di tutte le cose ognuno è misura, di quelle che sono in relazione al fatto che sono, di quelle chenon sonoin relazione al fatto chenon sono.（每一个人都是万物的尺度，既是存在的东西存在的尺度，也是非存在的东西不存在的尺度。）②

别具一格的是翁特斯泰纳，他将 metron 译为 dominator（支配者、拥有者、权衡者）；将 chrema 译为 tutte le esperenze（一切体验），他认为这一个词泛指"东西"，是指各个人体验或感知到的东西如冷热、甜苦等；别人译为"存在的东西"，他译为"呈现为真实的东西"，反之则是"呈现为非真实的东西"。他的全句译文如下：'uomo è dominatore di tutte le experienze, in relazione alla fenomenalità di quanto è reale e alla nessuna fenomenalità di quanto è privo di realtà.（人是一切体验的权衡者，既是显现为真实的体验的权衡者，又是显现为非真实的体验的权衡者。）③他在另一部论述性著作《智者》中作了解释：残篇第一和"任一论题都有两个相反的命题"一致，残篇第一的意思是：人是任两个相反命题的主人（权衡者），人根据自己的体验和感受权衡哪个命题更加有益，所谓知识就是关于两种论断的体验，确定哪一个是更好的体验从而追求

---

① 参见柯费尔德：《智者运动》，第85—86页。
② 参见伽色达诺：《哲学史》第1卷，第81页。
③ 参见翁特斯泰纳：《智者：证言和残篇》第1卷，第73—75页。

它。① 翁特斯泰纳的看法没有为学者所接受，但是也不能像格思里那样对它一笑置之，它的确有可取之处：作者将残篇第一和两个相反的命题的论述结合起来，说明二者之间并没有所谓的矛盾；同时作者从认识论角度分析 chrema 实质上不是外在于人的"东西"，而是同个人的体验相结合的感知；所以这个命题讲的不是指客观的外在于人的"东西"存在与否，而是指人的体验和感受如何。

这个命题的中译文也有几种不同的译法：

《古希腊罗马哲学》译为："人是万物的尺度，是存在的事物存在的尺度，也是不存在的事物不存在的尺度。"②《西方哲学原著选读》改译为："人是万物的尺度，是存在者存在的尺度，也是不存在者不存在的尺度。"③这是现在一般流行的译法。

严群在《泰阿泰德·智术之师》中译为："个人是一切事物的权衡；存在者之存在，不存在者之不存在，标准并存于个人。"④译者生前曾讲过：古人都将这 anthropos 理解为个人；"尺度"不如"权衡"贴切，权衡者权衡好坏和利弊而不重真假，尺度则偏重真实性，且易与 logos 作为尺度的意义相混，普罗泰戈拉恰恰不重事实之真假，他认为存在与否的权衡标准皆在于个人，由个人的感觉来衡量。他指出普罗泰戈拉的 metron 不是指尺量事实的真假而只是个人对于对象的好坏和利弊所作的权衡，是有道理的。

叶秀山将 hos 当"如何"解，译为："人是万物的尺度，如果万物存在，是怎样存在的，如果不存在，是怎样不存在的。"⑤

从以上这些说明，我们以为中文可以表述为："人是万物的尺度（权衡者），是存在者如何存在的尺度，也是非存在者如何非存在的尺度。""非存在"和"不存在"不同，它不是绝对的不存在——"无"，只是"不是存在"或"异于

---

① 参见翁特斯泰纳：《智者》，英译本，第41—49页。
② 北京大学哲学系编译：《古希腊罗马哲学》，第138页。
③ 北京大学哲学系编译：《西方哲学原著选读》，第54页。
④ 严群译：《泰阿泰德·智术之师》，第37页。
⑤ 叶秀山：《前苏格拉底哲学研究》，第318页。

存在"，如果冷的感觉是"存在"，则不是冷的感觉如热的感觉、温的感觉、硬的感觉等都是"非存在"。这个问题在柏拉图的《智者篇》中有详细论述，我们以后将专门讨论它。

那么普罗泰戈拉的"人是万物的尺度"的命题究竟是什么意思呢？我们先看看古人的解释。

柏拉图在《泰阿泰德篇》中说这个命题是普罗泰戈拉在《论真理》的开篇时讲的(160C)，他在引述这个命题以后接着说："他的意思无非是说，你我都是人，某物对我显得这样，它便是这样；对你显得那样，它便是那样。"(152A)以风为例，"有时候同一阵风吹来，你觉得冷，我觉得不冷；或者我觉得稍冷，你觉得很冷。"这不是风本身冷或不冷，而是"对感觉冷者说风就是冷的，对感觉不冷者说它就是不冷的。"(152B)柏拉图接着解释说：所谓"显得"就是"觉得"，因此"对各个人而言，万物是如何(或译如何存在)也就等于各人感觉如何"。"感觉总是对某物存在的感知。"(152C)那么感觉是怎么产生的呢？柏拉图作了三点概括：第一，人的不同的知觉起因于不同的知觉对象和不同状态的知觉者，所以此时此境的知觉者和彼时彼境的知觉者的知觉是不同的。第二，我在此时此境下对某物的知觉绝不同于彼时彼境下我对他物的知觉；引起我如此知觉的东西，如果和他人相遇绝不会产生和我一样的感觉后果，不会产生同样的性质。第三，"我不会自行产生这种感觉，物也不会自身产生这种性质"，这种感觉性质只能是在感觉者和对象相遇时产生的；"当我变成知觉者的时候，我必定是某物的知觉者，绝不可能有此感觉而无此物；同样对象成为甜的、苦的等时也必定是对某人而言是这样性质的，绝不可能有不涉及某人的甜性。"(159E—160B)最后柏拉图对普罗泰戈拉的这个命题的含义作了总结："我的知觉对我而言是真实的，此时此刻与我相遇引起我的知觉的对象就是相关于我的存在，如普罗泰戈拉所说，我就是对我而言的存在者的判断者，也就是对我而言非存在者的不存在的判断者。"(160C)对话人苏格拉底说："泰阿泰德，这就是我为你接下的新婴儿。"(160E)显然这里包含着柏拉图自己的推论，但从上下文看这个推论的前提是普罗泰戈拉《论真理》中关于感觉的学说，应该说是符合普罗泰戈拉的原意的。在《克拉底鲁篇》中柏拉图用类似的话重复了这一解释:"对于我来说,事物就是向我呈现的那个样子;对于你来说,事物就是向你呈现的那个样子。"(386A)柏拉图对此作出的分析批判,在本章第三节再来论述。

从柏拉图的解说中可以看到:第一,anthropos 指的是个人的感知和体验,而不是整个人类或个人的理性知识或别的什么东西。第二,是同一阵风而不是不同的风,也就是说 chremata 指的是同一阵风、同一种蜂蜜、同一件事、同一个论题、同一个政治问题等等,即是同一个存在物,所以"是存在者如何存在的尺度"是指个人所感受到的存在的状况和性质也就是存在的方式。同一阵风可能有冷热、干湿等不同的存在方式或状态,从而个人可能作出好坏、利弊的判断,都凭感知者的不同感受而定。同一阵风你感觉它是干燥的,对你有益的,你就权衡它是干燥的有益的;别人的感知不同,判定它是潮湿的有害的;二者都是真实的。第三,普罗泰戈拉这个命题阐明了他的认识论和真理观。普罗泰戈拉对真假和知识发表了他独特的见解:无论是论辩、诉讼、政治等等,双方的议论、命题或体验,如果从真假考虑,都是真实的,无所谓假,目标只是要寻求好的,对己有益的方面。所谓知识即智者传授的知识就是教人在相反的命题中发现、体察和追求好的、有益的命题。普罗泰戈拉的这个命题是同他的全部学说密切相关的,并不是泛泛讨论某种自然现象。柏拉图的解释是符合普罗泰戈拉的本意的。

亚里士多德对普罗泰戈拉的这个命题的理解和柏拉图是基本一致的,他在《形而上学》第 9 卷(θ)第 3 章提到麦加拉学派否认潜能的观点时说:"认为仅当事物在作用时才'能'这样,否则便'不能'这样,例如不是正在建筑的人便不能建筑,只有正在建筑的人才能建筑。"接着说到感觉,"除非我们正感觉到,否则冷、热、甜及任何感觉性质都不存在;这样他们就肯定了普罗泰戈拉的理论。如果没有感觉即不是感觉正在发生作用,就不能有感觉所感知的东西。"(1046^b27—1047^a7)仅当在感觉时(即柏拉图所说的和对象相遇时),对象的可感性质才存在,否则便不存在。很可能这就是普罗泰戈拉感觉学说中的重要思想,不然亚里士多德不会在批判麦加拉学派的思想时顺便又将普罗泰戈拉捎上几句。这和他在《形而上学》第 4 卷(Γ)第 5、6 章对普罗泰戈拉、赫拉克利特、恩培多克勒、德谟克利特等的感觉学说的批判是一致的。可能这是当时相当普遍的一种看法,亚里士多德是认为对象潜在地有冷、热、甜等性质的。

亚里士多德在《形而上学》第 10 卷(Ⅰ)第 1 章中谈到"一"这个范畴和度量问题时说:"我们也可以称知识和感觉是事物的尺度,理由是一样的,因为我们是借助于知识和感觉而认识某些东西的。然而事实上知识和感觉是被度量的而不是度量者。正像别人用腕尺来衡量我们,我们看到腕尺上有多少长就说自己有多少长一样。但是普罗泰戈拉却说人是万物的尺度,实际上是说正在认识或正在感知的人,因为他们有各自的知识或感觉,所以说知识和感觉是对象的尺度。这些思想家似乎说出了引人注目的话,事实上等于什么也没有说。(1053ᵃ30—ᵇ3)亚里士多德这个解释很重要,所谓"人是万物的尺度"是指各人的知识和感觉是对象的尺度,而亚里士多德认为知识和感觉并不是尺度,它们本身还应该是被尺度的,即它们是否具有真理性还应该有别的标准来衡量。在第 11 卷(K)第 6 章中亚里士多德又批评普罗泰戈拉这个命题将导致否定真理标准(1062ᵇ12 以下)。可见亚里士多德已经看到普罗泰戈拉这个命题的感觉主义、相对主义和怀疑论的问题。而后来的塞克斯都·恩披里柯大大发挥了这一点。

塞克斯都·恩披里柯正是从否认标准的角度来介绍普罗泰戈拉的这个命题的。他在《驳数理学家》的第 7 卷中说:怀疑论的一般特征在《皮罗学说概要》中已经说过,下一步要将它运用于哲学的各个部门。有些人认为哲学仅仅是一个部门,其中一些人认为它就是自然哲学,另一些人认为是伦理学,还有人认为是逻辑学;还有人认为哲学有两个或三个部门。他考察了这些说法(第 1—23 节)以后接着说:如果说哲学的各个部门都是寻求真理,那么首先就要研究辨认真理的可靠原理和方法,而关于标准和证明的理论是属于逻辑学科的,所以这两卷〔指第 7、8 卷〕定名为《驳逻辑学家》,分别讨论是否存在着真理标准以及是否有通过证明或感觉获得的真理知识问题。(第 24—28节)从第 29 节开始塞克斯都·恩披里柯讨论标准问题,他说"标准"有两个意思:一是指行动的准则即区分可做和不可做的行动的标准,二是区分存在和不存在、真和假的标准；现在要讨论的是后一种意义的标准。接着他分别介绍了斯多亚学派的看法以及否定标准的塞诺芬尼、塞尼亚得和阿那卡尔西的看法；从第60节开始讲了本节开始引证的普罗泰戈拉的这个命题。从塞克斯都·恩披里柯的前后文看，他认为普罗泰戈拉的命题的真谛是否认存在有区分真假的标准。在同卷第388—389节中他不仅重申了第60节的意思，并且指出：普罗泰戈拉说一切陈述都是真的，科林斯的塞尼亚得说都是假的，斯多亚学派、学园派、逍遥学派则认为有真有假，其实是无法下判断，只能将标准搁置起来。

　　分析柏拉图、亚里士多德和塞克斯都·恩披里柯三个人的材料，不难看出他们的观点基本上是一致的；普罗泰戈拉的这个命题的基本思想和意图，他们都已经看出来了。至于他们的说法的差异并未引起注意；自从近代巴克莱的学说出现以后，人们对"人是万物的尺度"的看法又重新出现了分歧。以《泰阿泰德篇》提到的风为例，就出现三种解释：

　　一种意见认为风本来就混有几种性质，所以不同的人会产生不同的感觉，根据是赫拉克利特、阿那克萨戈拉等都有万物混成的观点，认为对象本身就混合有各种不同的甚至相反的性质。一个人感知到热的性质，另一个人感知到冷的性质，它们都独立存在于对象——风之中，只是等待人们去感知它而已。康福德是这种观点的代表，他引塞克斯都·恩披里柯的《皮罗学说概要》第1卷第218节为证，那里塞克斯都·恩披里柯说："所有的现象的 logoi（根据）存在于质料之中，质料本身能向所有的人呈现所有的东西。"（DK80A14）这就是说质料（物质）本身混合有一切可感性质，不同的人能感知到不同的属性。所以康福德认为普罗泰戈拉是"素朴实在论"，弗里茨、彻尼斯、柯费尔德等也有类似的看法①。

　　第二种意见认为风本身并没有冷热等性质，可感知的性质并不独立存在于对象之中，它仅仅对感知者而言才是存在的。格思里说，康福德援引为据的

---

　　①　参见格思里：《希腊哲学史》第3卷，第184—185页，《美国哲学百科全书》第6卷第505页柯费尔德写的"普罗泰戈拉"条。

塞克斯都·恩披里柯的话是靠不住的,因为普罗泰戈拉时代还根本没有质料这个范畴。他认为根据上引亚里士多德《形而上学》第 9 卷第 3 章（即 DK80A17）及柏拉图《泰阿泰德篇》161C 的论述,在普罗泰戈拉看来存在就是被感知。格思里说:"我们可以作出结论,普罗泰戈拉持极端的主观主义的立场,按照这种意见在感觉背后不存在任何不依存于感知的实在;感觉和存在没有什么差别,人们是各自的印象的裁判者。"①

第三种意见认为本来就有两股风,你感觉到热的这股风,我感觉到冷的这股风,两种感觉都是真实的。柯费尔德在《智者运动》中转述了这种看法,但没有指出具体人物。②

我们认为普罗泰戈拉确实有"存在就是被感知"的观点,但没有"物就是感觉的复合"的思想。将声色气味等可感性质看做是主观的乃是这个时期普遍的看法,不仅是阿那克萨戈拉、德谟克利特以及智者们的思想,而且在欧里庇得斯、阿里斯托芬的戏剧中也都有类似的见解。③ 按照《泰阿泰德篇》,普罗泰戈拉认为 estin（存在）就是感知（aisthesis）（152B）;在另一处又说 estin 必须勾销,仅仅是由于习惯才用这个词（157A）。从前引大量资料可以看到,普罗泰戈拉是将个人的感知、见解和体验看做就是真实的存在,也看做是权衡真假、利弊的标准。所以应该说普罗泰戈拉是"存在就是被感知"的创始人,尽管是很原始素朴的。至于对象——物本身是不是感觉的复合,普罗泰戈拉还没有得出这个结论。按照《泰阿泰德篇》普罗泰戈拉认为对象和不同的人的感官相遇才产生各人不同的感觉。柏拉图将普罗泰戈拉的思想和赫拉克利特的万物皆流的学说结合起来,认为万物皆流皆变,运动总有动者和被动者（遭遇者和被遭遇者）,总是成对的;感觉有很多名目如视、听、嗅、冷热的感觉,还有快乐痛苦等等,它们都是感受者和被感受者相遇而产生的。例如关于颜色的感觉是由于眼睛和对象相遇而产生的,我们说"是白色的"或"是黑色的",

---

① 格思里:《希腊哲学史》第 3 卷,第 186 页。

② 参见柯费尔德:《智者运动》,第 86 页,参看弗里曼:《苏格拉底以前的哲学家》,第 348—349 页。

③ 这些材料参见弗里曼:《苏格拉底以前的哲学家》,第 252—253 页。

显然不是指遭遇者——眼睛,也不是指被遭遇者——物,而是这二者流动相遇所产生的东西。(153E—154B,参看156A—B)这同原子论者所说的由于原子的大小形状刺激感官引起感觉,带钩的原子引起苦的感觉,圆滑的原子引起甜的感觉的思想是比较一致的,而同巴克莱说的"物就是感觉的复合"却相去甚远。

尽管"人是万物的尺度"命题就哲学思想说是带有主观唯心论的色彩的,但是这个命题的含义及其历史作用却不是可以这样简单否定的。

在普罗泰戈拉以前甚至在他以后一段时间,希腊世界普遍将神看做是真假、善恶、正义和不正义的裁判者。柏拉图在最后著作《法篇》中讲到神—人关系时,针对普罗泰戈拉的命题说:"对我们来说应该是神是万物的尺度,而不是人";"只有对神虔敬,像神一样的人才能作为万物的尺度。"(716C—D)柏拉图这些话的意义我们在以后还要讨论,但他这番话正好从反面启示人们去思考普罗泰戈拉的命题的意义。它表示希腊人已经开始看到:人虽然像动物一样都生活在自然界中,但人高于动物因为他还生活在社会之中。在社会这个舞台上,神不是人的统治者、支配者和裁决者。究竟有没有神,神如何存在?人们还无法确定。(DK80B4)甚至认为神还是人们需要按nomos创造的呢。(希庇亚、安提丰、塞拉西马柯。)在人生和社会这个舞台上,人才是中心。人是一幕幕戏剧的创造者、演出者,而且还是裁判者。人为自己制定习俗、法律、伦理规范和城邦生活准则来约束自己、规范自己;人又是主动的,是这些规则的制定者、修订者;因而唯有人有资格对此发表意见,加以贬褒,作出裁决。这样以往的一切在拥有自我意识并且初步觉醒的希腊人面前就要重新加以审查了,以往一切准则和教义都要在人的审判台面前辨明自己存在的合理性。这不是世界末日来临时上帝的审判,而是人类觉醒以后对自己幼年时期规定的一切观念制度的重新审查。人类第一次意识到自己是自身所属的社会的审判者,自己有资格有力量也有权力重新规范自己和城邦的生活。这是人在原始宗教和自然统治下的第一次觉醒,因此我们有理由将普罗泰戈拉看做是人本主义的先驱。

就智者运动的整个理论和实践说,普罗泰戈拉所表述的原则正是智者运动的理论基础和指导思想,也是智者运动的实践概括。依这个意义可以说普罗泰戈拉以及下一节讲到的高尔吉亚为智者运动提供了哲学依据。普罗泰戈拉的这个命题从社会历史观来说,就是将人看做是人和社会、人和自然、人和神的中心;用人的利益、需要和体验解释人们的社会历史活动。从哲学世界观来说,这就是感觉主义和相对主义。关于社会史观的问题上一章已经加以论述,现在着重讨论普罗泰戈拉的这个命题所包含的感觉主义和相对主义问题。

普罗泰戈拉的《论真理》其实就是论"感觉就是知识"。"人是万物的尺度"是他的感觉论的中心命题。按照《泰阿泰德篇》的说法,普罗泰戈拉似乎还讲授过"感觉就是知识"的"秘传学说"(156A)。可惜这些学说现在已经只留下一些片段。第欧根尼·拉尔修说:"普罗泰戈拉经常说,灵魂不是别的,只是同感觉密不可分的。"①特尔图耳在《论灵魂》中说,普罗泰戈拉认为灵魂位于胸腔之中。"(DK80A18)亚里士多德在《形而上学》中说到可感知的线的"直"和"圆"和几何学家所规定的"直"和"圆"是不同的,普罗泰戈拉就是以感性知觉的真实性去反对几何学的定义,他常说直线和圆相交并不是一点而是一条线。(998ª1—3)辛普里丘在讲到谷物落地有无声音时说:芝诺以此证明感觉是不可靠的,而普罗泰戈拉却相反以此证明感觉是可靠的。他认为一粒谷子落地没有声音,这是真实可靠的;一袋谷粒落地有声音也是真实可靠的,你如果不信可以试试看。(DK29A29)

从这些记载可以看到普罗泰戈拉的"人是万物的尺度"确实是以各人的感受和体验作为判断的标准,正像亚里士多德说的,所谓"人是尺度"就是以各个人的感觉和知识作为尺度。这样必然导向相对主义。可以说古代的亚里士多德和塞克斯都·恩披里柯已经看到这一点。亚里士多德在《形而上学》第4卷第5章批判感觉论时说:"如果所有的意见和表象都是真的,那么所有的陈述必定同时既是真的又是假的;因为许多人所持的信念是互相冲突的,他们都以为与己不同的意见是错的。这样同一事物必然成为既是(存在)又不是(不存在)了。"(1009ª8—11)他接着指出:按照这种理论,连疯子的感觉、动

---

① 第欧根尼·拉尔修:《著名哲学家的生平和学说》第9卷,第51节。

物的感觉也是一样真实的,最终就没有理由说哪一个是真的,一切都是混同而没有区分的。(1009ᵃ12—37)用我们的话说这就是相对主义。塞克斯都·恩披里柯在《皮罗学说概要》中说得更为透彻。他说普罗泰戈拉讲的"尺度"就是"标准";"东西"或"万物"就是对象。因此,"人是万物的尺度"的命题可以换成另一命题"人是一切对象的标准"。结果他只肯定呈现于每个个体的现象,并且进一步导致相对性。(第216—217节)

普罗泰戈拉看到可感性质同主体的感觉有密切关系,还看到事物的相对性,特别注意到物的用途的多样性和相对性以及社会上人的价值判断和价值取向的多样性和相对性,这不能不说是人类认识史上一个伟大的进步。在《普罗泰戈拉篇》中对话人普罗泰戈拉回答苏格拉底关于好(善)是否有利的问题时发表了一通议论:

> 我知道许多东西——肉、酒、药物和许多别的事物,有的对人有害,有的对人有利;有的对人既无利也无害,而是对马有利,有的仅对牛有利,有的只对狗有利;有的对动物无利,却对树木有利,有的(如肥料)有利于树根却不利于树枝,……还可以举橄榄油为例,它用于植物简直是灾难,用于动物的毛一般也是有害的,但是对于人的头发和身体却是有利的。即使用于人,它对人的皮肤有利,对内脏却是有害的。因此除了少量作为内服药外,医生总是禁止病人进食橄榄油。(334A—C)

这段话不一定是普罗泰戈拉本人的原话,但是切合"人是万物的尺度"命题的本意,多少说明普罗泰戈拉对事物的相对性的深刻认识,也反映了普罗泰戈拉等智者同以往的自然哲学家的区别。他们不问"x是什么",而是问"x对人有什么价值和用处?"甚至还要问它对其他动物植物有什么用处。这种认识史上的进步显然同当时的商品经济和民主政治等社会活动有关,也同当时的医学和生物学的发展有关。但是如若仅仅从现实的利益和价值出发去观察自然问题尤其是社会问题,就会误入歧途,可能将事实和利益、真理观和价值观对立起来,只从眼前的实惠考虑问题,无视事实,蔑视真理,抹煞对象固有的质的规定性以及善恶、好坏、是非的界线。这正是在当时社会背景下智者们用感觉主义、相对主义以及下节说到的怀疑论去观察修辞、论辩、伦理、政治等问题的社会和思想的根源。普罗泰戈拉只是为此作了哲学上的概括,恰如黑格尔所说他是"一位深刻的彻底的思想家"①。其他的智者或是不自觉地按这个哲学准则行动,或是有些零星的不完整的言论。例如欧绪德谟和狄奥尼索多洛,塞克斯都·恩披里柯说:"据说他们二人也有这些观点,因为他们也把存在和真理看做是相对的东西。"②安提丰还专门研究了视觉、听觉和所谓不可见、不可感的问题,可惜只留下只言片语(DK87B4—B8)。生活在公元138—180年的爱菲索人阿尔特米多洛写过《梦的解释》共5卷,保存了下来,介绍了安提丰的释梦。他说安提丰认为人们能通过语言将自己的感知和体验告诉别人,影响别人的情绪,甚至为人们排忧解难,治疗疾病。他不相信有一个不变的基质(如疾病),相信只有人的体验和印象,而这些是相对的,可以改变的,改变的手段就是语言以及语言带来的情感和体验。阿尔特米多洛说,安提丰认为"没有什么真实的体验是无法命名也不能说出的","自然不仅仅是一个名称,它可以说是已经显现的和尚未显现的各种意义和各个方面的总和"。③ 也许第尔斯认为这些材料不可靠故未予辑录,但作为参考是有价值的;鉴于有关智者的资料保存得不多,中国读者能见到的更是太少,所以我们介绍这些以有利于研究。这种感觉主义和相对主义怎么样体现在智者的各方面学说中,我们在前几章中已经有所论及。它的积极的后果体现在智者们的政治、伦理、宗教、论辩等学说中,其消极后果将在本章第三节中论述。

第二节　高尔吉亚的三个命题

否定区分真假标准的另一种理论表现是高尔吉亚的三个命题。塞克斯都·恩披里柯在转述了普罗泰戈拉的命题以后接着说:

---

① 黑格尔:《哲学史讲演录》第2卷,中译本,第27页。

② 塞克斯都·恩披里柯:《驳逻辑学家》第1卷,第64节,即《驳数理学家》第7卷,第64节。

③ 转引自翁特斯泰纳:《智者》,英译本,第238页,全部意思见第234—239页及第258—261页的注。

　　林地尼的高尔吉亚属于放弃标准的同党,虽然他不采取普罗泰戈拉的方法。他在名为《论非存在或论自然》的著作中力图建立三个相互关联的命题:第一,无物存在;第二,即使存在某物,人们也不可能把握(akatalepton);第三,即使把握了,人们也无法加以表述,告诉别人。①接着塞克斯都·恩披里柯详细介绍了这三个命题(第 66—87 节),第尔斯—克兰茨辑录了全文作为高尔吉亚残篇第三(DK82B3)。它们同归于亚里士多德名下的伪作《论麦里梭、塞诺芬尼、高尔吉亚》(979ᵃ11—980ᵇ21)内容基本一致;近代学者在论证其为伪作的同时也指出作者看过高尔吉亚的原著,不失为一个重要的参考资料。此外伊索克拉底也提到这三个命题,赞扬高尔吉亚很有勇气,竟敢说"无物存在"(DK82B1)。奥林匹俄多鲁还说本文写于第 84 届奥林匹亚赛会(前 444—前 441 年)(DK82B2)。弗里曼在《导读》中仅按原意转述,没有译出全文,我们根据《洛布古典丛书》希英对照本并参照翁特斯泰纳的意大利译文加以介绍。

　　命题一:无物存在(οὐδὲν ἔστιν,ouden estin,nothing exists)。塞克斯都·恩披里柯说:

　　"(§66)无物存在。他〔高尔吉亚〕的论证如下:如果有某物,那么它或者存在,或者非存在,或者是既存在又非存在。但是他证明'存在者存在'和'非存在者存在'都不可能,'既存在又非存在'显然也不可能。因此无物存在。

　　"(§67)首先非存在并不存在,因为如果非存在存在,那么它必定是同时既存在又不存在。就它被认作非存在而言,它是不存在的;但既然它是非存在〔即 x 是 Ā〕,那么它又是存在的。可是某物同时既存在又不存在是荒谬的,因此非存在并不存在。再者,如果非存在存在,那么存在就不存在了,因为二者是彼此相反的,如果非存在拥有存在这一属性(sumbebeke),那么存在也就拥有非存在这一属性了。然而事实上存在不可能拥有不存在这一性质,所以非存在是不存在的(οὐδε τὸ μὴ ὂν ἔσται)。

　　"(§68)再者,存在也是不存在的(καὶ μὴν οὐδε τὸ ὂν ἔστιν)。因为如

─────────

①　塞克斯都·恩披里柯:《驳逻辑学家》第 1 卷,第 65 节,即《反理论家》第 7 卷,第 65 节。

果有存在,那么它或者是永恒的,或者是生成的,或者既是永恒又是生成的。我们能够证明三者都不是,所以存在是不存在的。因为如果存在是永恒的(我们必须首先作这一假设),它就没有开端。(§69)原因是一切生成的东西都有某种开端,永恒既然是非生成的,它就没有开端,既然没有开端,它就是无限。如果是无限,它就不在任何地方。如果它在某处,那么所处的地方应当不同于存在,因之存在就是被某物所包容,这样就不再是无限了。因为包容存在的东西必定大于被包容的存在,然而再没有比无限更大的东西了,所以无限是没有的。(§70)存在也不是被自身所包容,倘若如此,包容存在的东西和被包容的存在二者就是重叠的;这样存在的东西就变成两个——处所和物体,即安放存在的东西——处所,和被安放的东西——物体。然而这是荒谬的,所以存在也不在自身之内。因此如果存在是永恒的,它就是无限的;如果是无限的,它就是没有处所的;如果是没有处所的,它就是不存在的。所以如果存在是永恒的,它就根本不存在。

"(§71)存在也不可能是生成的。因为如果是生成的,那么它或者是生于存在,或者是生于非存在。但是存在不会生于存在,因为如果它是存在的,那就不是生成的,而是已经存在的。它也不会生于非存在,因为非存在不可能生成任何东西,凡生成的东西必定是分有真实的存在。所以存在不是生成的。

"(§72)同样道理存在也不会既是永恒的又是生成的,因为二者是互相排斥的。如果存在是永恒的,它就不是生成的,反之亦然。既然存在不是永恒的,也不是生成的,又不是既永恒又生成的,所以它就是不存在的。

"(§73)再者,如果它是存在的,它不是一就是多,然而我们可以证明它既不是一又不是多,因而它是不存在的。因为如果存在是一,那么它或者是可分割的数量,或者是连续的,或者是可度量的大小,或者是物体。可是不论是哪一种,它都不是一。因为如果是可分割的数量,它就是可分的;如果是连续的,它就可以分为各个组成部分;同样如果是可度量的,它就不是不可分的;如果是物体,它就有长度、宽度和高度。存在如果是其中的一种就是荒谬的,所以存在不是一。(§74)不过存在也不是多。它不是一,也就必定不是多,因为多是一的总和;如果取消了一,多也就随之荡然无存了。

"由此看到,存在是不存在的,非存在也是不存在的。(§75)这样,既存在又非存在是没有的,也就容易证明了。因为如果存在和非存在二者都是存在的,那么二者就等同了,都可以看做是存在。同样道理,二者也都可以看做是不存在的,因为既然承认非存在并不存在,而存在又是和非存在同一的,那么存在也就是不存在了。(§76)不仅如此,如果存在和非存在是同一的,那么二者就都不可能存在。因为二者如果同时都存在,它们就不是同一的;如果是同一的,就不再是两个。由此可以证明:无物存在。既然没有存在,也没有非存在,又没有既存在又非存在,而且没有别的选择可供思考,那么显然是无物存在。"

这是第一个命题的全部论证。伪亚里士多德的著作《论麦里梭、塞诺芬尼、高尔吉亚》全文共 6 章,其中第 5 章及第 6 章的一部分详细介绍了关于第一个命题的论证(979^{a}10—980^{a}9),论述和塞克斯都·恩披里柯大体一致,但更加详细,并附加一些别的论述,有一定史料价值。我们将有价值的部分摘译如下:

"高尔吉亚宣称无物存在;如果有某物存在,也是不可认识的;即使有某物存在而且认识了,也无法告诉别人。为了证明无物存在,他收集了别人的论证,这些人说了一些相反的意见。有些人试图证明存在是一而不是多,另一些人说存在是多而不是一;还有的人说存在不是生成的,而另一些人则认为是生成的。高尔吉亚的论证则反对这两种观点。他说如果有某物存在,它必定是一或是多,或者是生成的或者是非生成的。如果它不是一或多,也不是生成的或非生成的,那就什么也没有。……高尔吉亚首先阐述了自己特殊的证明:存在或非存在都是不可能有的;然后试图将其中一部分按麦里梭的方式来证明,另一部分则按芝诺的方式来证明。"(第 5 章 979^{a}10—25)

在第 6 章中指出以下是采取麦里梭的证明方法:如果是非生成的那就是无限的,无限的就没有任何处所;它不能存在于自身之中,也不能存在于他物之中。按照芝诺关于空间的说法它就是空无,因而不是非生成的。(979^{b}21—25)关于一和多,作者说是采用芝诺的论证。(979^{b}37)作者还补充了一个塞克斯都·恩披里柯没有讲到的论证即存在不可能是运动的,认为这是采取了留基伯的论证:若是运动的,那就不在同一处所,也就是可分的,不完善的。

$(980^{a}1—8)$

从命题一的这些资料可以看出：

第一，如《论麦里梭、塞诺芬尼、高尔吉亚》的作者所说，当时关于存在是一或多、生成或非生成、动或不动有各种不同的以至相反的主张和论证。高尔吉亚采取了麦里梭、芝诺、留基伯等人论证的一个方面，将它们结合起来组成几组二律背反的命题，再用芝诺的反证法证明二者都不可能，因而得出无物存在的结论。但是高尔吉亚确实也有他自己特殊的论证，这就是关于存在和非存在的三种可能存在方式的论证。既然三种存在的方式都不可能，当然就是不存在了。巴门尼德是证明唯有存在是存在的，非存在以及既存在又不存在是不可能有的。高尔吉亚则证明三种存在都不可能，显然是受巴门尼德的启发和影响，而他的结论是反对巴门尼德的。

第二，高尔吉亚讲的"无物存在"的"物"，同普罗泰戈拉用的是同一个字chremata，泛指一切东西、属性、性质或者是某种真相，海伦是否自愿跟帕里斯出走？帕拉墨得是否真有背叛希腊之罪？一场官司或一场城邦事务的论辩是否有什么事实真相？按高尔吉亚的说法，这一切我们无法确定它是有还是没有。一切都只能决定于雄辩，谁胜了便是真理，如果他写的《海伦颂》和《为帕拉墨得辩护》胜了，海伦和帕拉墨得的污点就被抹去。从哲学上说，显然高尔吉亚讲的"存在"已经不是巴门尼德讲的唯一的不可分的不动的抽象的"存在"，而是经过麦里梭、阿那克萨戈拉以及留基伯等人论证以后的个体化的多样性的"存在"了，用现代存在主义海德格尔的术语说是"在者"(das Seinde)。在语言的表述方面，用冠词加动名词 $\tau\grave{o}\ \check{o}\nu$ 表示"存在"，"非存在"也是否定式动名词加冠词 $\tau\grave{o}\ \mu\grave{\eta}\ \check{o}\nu$。这就是说"存在"和"非存在"都实体化、个体化了。

高尔吉亚的第二个命题是这样论证的：

"(§77)下一步必须指出，即使有某物存在也是不可认识的($\check{\alpha}\gamma\nu\omega\sigma\tau o\nu$，agnoston)，人们无法设想的($\check{\alpha}\nu\epsilon\pi\iota\nu o\acute{\eta}\tau o\nu$，anepinoeton，也可译为无法想象的，inconceivable)。高尔吉亚说，如果所想的东西是不存在的，那么存在就不能被设想。这点是这样论证的：如果'是白的'是所思想的东西的属性，'被思想了'就是白的东西的属性。所以如果'不存在的东西'是所思想的东西的属性,〔'被思想了'就是不存在的东西的属性,道理同上。——译者增补〕那么'不能被思想'必定就是存在的东西的属性。(§78)因此这是一个健全的、前后一致的推论——如果被思想的东西是不存在的,那么存在的东西就是不能被思想的。不过我们还必须进一步证明这个推论。被思想的东西是不存在的,事实上是显而易见的。(§79)因为如果被思想的东西是存在的,那么所有的东西只要人们思想到即便存在了。然而这是同常识违背的,如果某人想到一个飞人或一辆在海上行驶的四轮马车,并不能从而得出结论真有其事。所以被思想的东西是不存在的。(§80)再者,如果被思想的东西是存在的,那么非存在的东西就不能被思想,因为相反的东西的属性是相反的。因此如果'被思想'是存在的属性,'不能被思想'显然就是非存在的属性。然而这是荒谬的,因为斯基拉(Scylla)和希马依拉(Chimaera)①以及许多不存在的东西都被想到了。因此存在是不能被思想的。(§81)正如所见到的东西之所以被称为可见的,是因为它们确实被看见了;所听到的东西被称为可听的,是因为它事实上被听见了。〔这两句翁特斯泰纳的意大利译文比较准确:正如被看见的东西被称为真正可见的东西,那仅仅是对视觉而言;被听见的东西被称为真正可听的东西,也仅仅是对听觉而言。〕我们不能因为可见到的东西不能被听见因而就判定它不存在,也不能因为能听到的东西不能被见到就抹煞被听见的东西。(因为不同的对象应由自身特殊的感官来判断,不能由别的感官来判定。)所以被思想的东西也该由特有的标准来判定。(§82)因为这个缘故,如果一个人想到一辆海上行驶的四轮马车,即使他没有看见,他也仍然相信有这样一辆马车。〔意思是说:尽管视觉判定没有,但他仍然相信,因为他认为思想的特殊器官判定是有的。〕然而这是荒谬的。所以存在是不能被思想被想象的。"

以上第77—80节的表述比较清楚,第81—82就很含糊,许多译文也含糊不清,需要作些解释。高尔吉亚的意思是:某物或某种性质的存在,是相对于某种

---

① Scylla 是西西里岛一块大岩石的名称,石洞里住着 Cratais 的女儿也叫 Scylla,长得像狗有十二条腿,六个头,三排利齿,是很凶猛的妖怪;Chimaera 是在小亚西岸 Lycia 的吐火猛兽,头像狮子,尾巴像龙,身体像山羊,因为给 Lycia 及周围地区制造大灾难,后被 Bellenophon 所杀。

感官而言，即相对于某种感官它是存在的。我看见了某物因而称它为存在，仅是对视觉而言，不能用听觉来判断它是否存在。同样的，声音是对听觉而言，而所想到的东西也只能由思想器官来判定，不能由视觉或听觉来判定。现在许多事实证明思想到的东西如飞人、海上马车、Scylla 女妖和 Chemaera 吐火怪兽等都是不存在的。因此存在恰恰是不能被思想的，人们想到存在是一或多，是生成的或是永恒的等等，这些已经证明都是不存在的。所以凡是人们思想到的总是不存在的；凡是所谓存在（如果有存在的话）总是不能被思想，是无法想象的。

《论麦里梭、塞诺芬尼、高尔吉亚》的表述不全，但有参考价值。他说："所有的认识对象必须是存在的，如果实际上不存在，那么就谈不上认识了。但是高尔吉亚说，倘若如此，就不可能有虚假的东西了，甚至不能说马车在海上行驶。"（980ᵃ9—12）它实际上补充了一个论证：如果存在能被思想，非存在不能被思想，那么就没有假的东西；现在事实上有许多虚构的东西如海上行驶的马车等，所以说存在能被思想，非存在不能被思想，这种对应关系是不成立的。既然许多事实证明非存在的东西被想到了，那么根据相反的东西有相反的属性的道理，存在就是不能被思想的。

在形式逻辑形成以前，高尔吉亚的推论是不完善的，其中有些是违背思维规则的。翁特斯泰纳主张结合高尔吉亚的《海伦颂》和《为帕拉墨得辩护》等来解释，可以看到它确有可取之处。他认为高尔吉亚的意思是：人的感知体验和理智推论（logos）都不能证明某物存在，也不能证明即使存在它能够被人所把握。如神话和戏剧中那么多虚构，海伦所受到的欺骗和诱惑，帕拉墨得所遭遇的冤案等等，什么才是真相呢？即使有的话人们也无法认识。我们所看到听到的东西并不因我们看到听到了就成为真实，相反，感觉、经验、感情会欺骗人，诱惑人，就像海伦的经历一样；我们所思想的东西，我们靠 logos 作的论证也会是 ἀπότη（apote，陷阱或诡计），就像帕拉墨得的遭遇一样。我们可以想象帕拉墨得出卖了希腊，并且用 logos 证明的确如此，但并不因为我们思想到了它便是真实存在的事实。所以即使有所谓某物，所谓真相，也是无法思想的。①

① 参见翁特斯泰纳：《智者》，英译本，第151—156页。

高尔吉亚的第二个命题的实质还是否认有所谓存在即对象、事物、性质、真相等等。他的中心思想是:这些所谓真实的事物即存在是相对于某种特定的感官所说的。人们说有这种颜色是对视觉而言,声音是对听觉而言,思想到的东西是对思想这一特殊器官而言。用现代的语言说,这些是人们脑子里的东西,并不是真实存在的东西。什么理性、逻各斯创造出来的东西,事实说明恰恰是没有的;假如真有什么存在,那一定是无法想象的。只要你想出来了或用理性推论出来了,那就一定是非存在的东西。

第三个命题可以说是进一步否定存在。

"(§83)即使被人们认识了也无法告诉别人。因为如果存在的东西是在人以外的存在物,即视、听或其他感官的对象,可见的东西是由视觉来把握,可听的东西是由听觉来把握,而不是相反;如果这样,那么所视所听的东西怎么告诉别人呢?(§84)我们用来传达的手段是 logos(语言),但 logos 并不是真实存在的东西,因此我们告诉别人的仅仅是 logos,而不是真实的存在。正如可见的东西不会变成可听的东西,可听的东西不会变成可见的东西一样,外在于人的存在也不会变成我们的语言(logos)。(§85)既然语言不是存在的东西,它就不可能明白无误地传递给别人。再者,据说语言是由从外在对象即可感觉的东西所激起的印象中产生的,由于香味,我们产生了表达这种味道的语言;由于颜色的显现就产生了表达颜色的语言。高尔吉亚说,倘若如此,那就不是语言表现外在的对象,而是外在的对象表现了语言。(§86)还有语言的存在方式也不可能像可见或可听的东西那样。给予的东西或存在的东西只能由类似给予的或存在的东西来表达,所以他断言,即使语言是给予的也不同于其他给予的东西。可见的物体同可说的词大不相同,因为可见物是由某种感官感知的,而语言是由另一种手段感知的,所以语言不能够表现大多数存在的东西,正像这些存在的东西自身不能表现彼此不同的性质一样。

"(§87)这些就是高尔吉亚所提出的困难。如果我们遵照它,真理的标准就消失了,因为这样就不可能有存在的标准,也不可能有认识的标准,自然也就不可能有向别人表述的标准了。"

高尔吉亚的命题三在《论麦里梭、塞诺芬尼、高尔吉亚》中用另一种方式

作了更为清楚的表述:

"高尔吉亚问道,即使我们认识了,人们又怎么告诉别人呢?人们怎么能用嘴巴说出的话表现他所看见的东西?怎么能将他所看见的东西告诉给一个未曾看见的听者呢?正如视觉不能辨认声音一样,听觉也只能听见声音而不能听见颜色。说话的人说的是话而不是颜色或别的东西。因此如果一个人心目中没有此物,那么他怎么能靠别人的话或别人关于此物的言谈而得到此物呢?除非他看见了——如果是颜色的话,或者是听见了——如果是某种喧闹声的话。因为说话的人所说的是词,根本不是这种喧闹声或颜色。人们不可能思想某种颜色,而只能看某种颜色,也不可能思想而只能听某种声音。再者,即使人们能够知道并且能够用语言表述他所知道的东西,听者的心里又怎么能够拥有和说者一样的东西呢?同样的东西是不可能同时出现在不同的人的心中的。"(980^{a}20—^{b}11)最后《论麦里梭、塞诺芬尼、高尔吉亚》的作者将上述理由概括为两条:"首先是因为事物不是语词;其次是因为没有一个人的心里有同别人一样的东西。"(980^{b}19)这后一条理由是塞克斯都·恩披里柯没有明确提到的。

翁特斯泰纳将高尔吉亚的第三个命题归结为三层意思:第一,语言和外在事物是异质的,人们告诉别人的仅仅是语言而不是实在事物。第二,思想器官和感官也是异质的,视觉的对象——颜色不能用听觉来感知,反之亦然;同样不能用思想去感知听觉和视觉的对象。第三,各个人的思想和感知也是异质的,你心中的感知和体验不可能原样和盘托出传递给我。此外,如果说表述颜色的语言来自颜色的显现,那么就不是语言表现对象,而是外在的对象表现语言了。①

高尔吉亚的第三个命题的思想同《海伦颂》关于语言的欺骗作用以及《为帕拉墨得辩护》关于论证(logos)的作用是一致的。语言不仅不表述实在,而且可以起诱惑和欺骗作用,将海伦引入歧途;语言所体现的论证胜过对方便能取胜,人们无法追究是否符合事实。普罗克洛在论赫西奥德的《工作和时日》

---

① 参见翁特斯泰纳:《智者》,英译本,第156—159页。

中引用了高尔吉亚的话："存在除非同外表完全一致，否则是不可知的；外表除非同存在完全一致，否则是靠不住的。"（DK82B26）但是事实上二者是不可能完全一致的，人们只能感知到外表（现象、表象），背后是不是有个什么实在真相，是无法知道的。

以上对高尔吉亚的三个命题的译文和意思作了全面介绍。从 19 世纪以来关于高尔吉亚的三个命题有不少争议，主要是三个问题：第一，《论非存在或论自然》中的三个命题是高尔吉亚本人的思想，还是像《海伦颂》和《为帕拉墨得辩护》一样的修辞习作和范本？第二，如果是代表他本人的思想，那么他的矛头是针对爱利亚学派的，还是针对整个苏格拉底以前的自然哲学的？第三，它同普罗泰戈拉的"人是万物的尺度"有什么关系，它们是否是一致的？在这三个问题中关键是第一个问题，如果是不代表他本人的思想，仅仅是一篇修辞习作的话，就不存在后面两个问题了。因此我们主要介绍问题一，后面两个问题在论述中顺便作些介绍，并谈谈我们的看法。

近百年来西方学者的各种看法，翁特斯泰纳在《智者》中用将近三页的注释作了详细介绍，后来的格思里和柯费尔德大多沿用他所提供的资料。翁特斯泰纳说：众所周知，许多学者断言这篇著作不是一篇严肃的作品，其中最极端的代表是小冈珀茨的《智者和修辞学》（尤其是第 233 页以后），他认为纯属宣扬演说和论辩技巧的修辞习作。高尔吉亚力图以此证明，即使在哲学领域内，他也能靠他的技巧将不可信的说成是可信的。莱因哈德的《巴门尼德》不同意小冈珀茨的说法，认为高尔吉亚的目的是想表现他的 logos（论证和语言）的力量，力图证明靠他的 logos 能随心所欲地支配人们的思想；听众听后肯定会摇头，可是无力反驳。阿斯特尔（E.von Aster）在《古代哲学史》（1920，莱比锡，第 42 页）中将高尔吉亚的三个命题看做是"用爱利亚学派的武器批判爱利亚学派"。吉贡在《高尔吉亚》书中认为这是一部严肃的著作，古代没有一位学者将高尔吉亚的这篇著作看成是"游戏（paignion）之作"，我们没有理由否认从爱利亚学派到柏拉图这个发展过程中的重要的里程碑。布克斯（Bux）否认高尔吉亚的反巴门尼德的性质和怀疑论性质（《高尔吉亚》，第 403—404 页），认为芝诺用反证法保卫巴门尼德，麦里梭修正巴门尼德，而高尔吉亚则从巴门尼德命题的反题出来证明巴门尼德的论证方法。〔这倒是一种新鲜的观点!〕布克斯认为高尔吉亚既不是怀疑派,也不反对爱利亚学派,"我们不能从论文的内容,而必须从它的形式(方法)来判断它"。策勒肯定这部著作中的智者式的论证,尤其指出第三个命题接触到真正的困难,那个时代已经对知识的可能性提出怀疑。涅斯特尔进一步发展了策勒的见解,认为高尔吉亚的第三个命题最有价值。(《高尔吉亚》,第554页)格罗特反对将高尔吉亚这篇著作看做纯粹是修辞习作,认为其积极意义是高尔吉亚否认有超现象的存在。(《希腊史》第8卷,第331—332页)焦耳的看法和格罗特接近,认为高尔吉亚证明"绝对的超现象的存在是没有的,如果有的话也是不可理解不可言传的"。(《希腊哲学》,第76页)翁特斯泰纳还举了另外一些人的见解,不多赘述。①

在当代将高尔吉亚的三个命题看做仅仅是修辞习作的学者主要有弗里曼,他说:"写这篇著作很可能是为了练习而没有任何严肃的目的,换言之只不过为了证明他能够随心所欲地写出任何风格的著作。值得注意的是柏拉图在任何地方都没有涉及高尔吉亚的虚无主义的观点,他只把高尔吉亚看做是一个纯粹的修辞学家,而不是一个哲学家;然而柏拉图却严肃地对待普罗泰戈拉的观点。"②格思里也认为高尔吉亚的著作是"讽刺作品",但认为与严肃性不是不可调和的。他援引高尔吉亚的修辞规则之一:用幽默讽刺破坏论敌的严肃性,用严肃性破坏对方的幽默讽刺。(DK82B12,见本卷第二章)格思里认为高尔吉亚的目的是反对爱利亚学派尤其是反对巴门尼德,办法就是用讽刺破坏巴门尼德的严肃性。③ 当代研究高尔吉亚的知名学者柯费尔德则认为这篇著作完全代表高尔吉亚本人的见解。④ 1983年12月在高尔吉亚的故乡林地尼召开"高尔吉亚和哲学"国际研讨会,从会议看当前的趋势是肯定高尔吉亚的三个命题甚至《海伦颂》和《为帕拉墨得辩护》都代表他的思想,而且侧

---

① 参见翁特斯泰纳:《智者》,英译本,第163—165页的注。
② 弗里曼:《苏格拉底以前的哲学家》,第362页。
③ 参见格思里:《希腊哲学史》第3卷,第193—194页。
④ 参见柯费尔德:《智者运动》,第93—99页。

重从语言哲学和解释学的角度研究这三个命题。可以说将高尔吉亚这几篇著作仅仅看做修辞学习作的时代已经结束了,现在我们可以对这个问题作些反思。

同一部历史记载或著作,在不同的历史时期人们的理解和解释却相去甚远,甚至相反。20世纪刮过一阵"疑古风",许多史料都被看成伪作,后来的学者又出现另一种倾向,好像一切都是可信的。可见我们对古人著作的理解受时代限制和当时哲学潮流影响很大。对高尔吉亚的理解也是这样,现代潮流是普遍肯定这三个命题代表高尔吉亚的思想,这同当代语义学和语言哲学的兴起密切相关。但是我们以为对前一个时期学者提出的问题和进行的考证也值得深思,以便探求比较完善的答案。

我们认为,从智者的活动背景和高尔吉亚的一生业绩看,也从古代学者们的意见看,高尔吉亚不像巴门尼德、恩培多克勒、阿那克萨戈拉和后来的柏拉图、亚里士多德,甚至也不像普罗泰戈拉写的《论真理》那样。高尔吉亚写的《论非存在或论自然》(这个篇名是后人定的,翁特斯泰纳认为可能是两篇独立的著作)不是以阐述或论证自己的学说为目的,从行文看这三个命题的论证的确有修辞范本的迹象。本卷第一章介绍高尔吉亚的生平时说过,高尔吉亚喜欢显耀自己善于写各种题材作品的本领,也的确善于发表有关各种时髦问题的演说,而且很讲究时间和场合,他的《海伦颂》和《为帕拉墨得辩护》就代表两种题材。在高尔吉亚活动时期,爱利亚学派所引起的关于存在—思想—语言的关系问题很引人注目,讨论得很热闹,高尔吉亚抓住这个时髦问题写出这篇作品是完全可能的。普罗泰戈拉是以智者(哲学家)的身份写《论真理》的,目的就是阐述自己关于真理和知识的见解,从柏拉图的转述可以看到《论真理》讨论了许多感觉学说的内容。而高尔吉亚是以修辞学家的身份来写作的,柏拉图在《高尔吉亚篇》中根本没有涉及这篇著作及他的三个命题,只和他讨论修辞学的本质以及智者的道德、人生和政治哲学问题,可见柏拉图将他只当做修辞学家和一般的智者。柏拉图在《斐德罗篇》中说到高尔吉亚"放弃了真理的认识"(267A),但紧接着就说他代之以可能性,从前后文看还是谈修辞的技巧的。(见本卷第二章)亚里士多德曾经批判过怀疑论,讨论过思想和语言的问题,但在他的《形而上学》、《物理学》、《修辞学》等著作中从来没有从哲学角度批判过高尔吉亚。按照亚里士多德评论普罗泰戈拉和别人思想的习惯,理应捎上几笔评高尔吉亚的,他也没有这样做。第欧根尼·拉尔修说亚里士多德写过《驳高尔吉亚》①,但没有保存下来。第欧根尼·拉尔修本人在写著名哲学家的传记时也将高尔吉亚排斥在外。可见古代学者将高尔吉亚主要看成是一个修辞学家而不是哲学家。

但是像小冈珀茨和弗里曼那样将高尔吉亚的三个命题的论证仅仅看成修辞范文而不代表他本人的思想,也是不对的。这种情况和塞诺芬尼有点相似。塞诺芬尼是位咏游诗人,他咏唱荷马的作品同时又自编自演,而他自编的恰恰又是批判荷马的思想,谁都不怀疑这是代表塞诺芬尼的思想的。高尔吉亚写作修辞和论辩的著作和演讲词,可能有各种动机和用处,题材也五花八门,但不能说这些内容同作者的见解无关,因为毕竟不是替别人代写的东西,也不像以后一些智者收集编纂的修辞教材。如果他不熟悉巴门尼德的思想,不熟悉当时的争论,而且没有自己的亲切体验和思想,他是写不出这样好的作品的。如果从当时的相对主义和怀疑论的大背景考虑,高尔吉亚论证这三个命题显然是有深刻的思想根源和历史意义的。上面我们引述过伊索克拉底肯定地赞赏高尔吉亚敢于说出"无物存在"的话,很可能是:高尔吉亚写这篇著作的直接目的或者说他自己意识到的目的是要针对当时的哲学争议问题写一篇修辞范文,然而文中包含的思想却已远远超出修辞范文的范围。这就像庄子写的《逍遥游》和尼采写的《查拉图拉如是说》,既是优秀的文学作品又是不朽的哲学名篇,二者并不矛盾。在这个前提下我们可以进一步看《论非存在或论自然》在哲学发展史上的价值及其在智者运动中的地位。

巴门尼德提出了存在—思想—语言三者的关系问题。芝诺和麦里梭的注意力集中在论证存在是单一的、连续的、不动的、无生命的;对存在本身的意义、对存在—思想—语言三者的关系问题并未加以论述和发挥。和这两人同时代的恩培多克勒、阿那克萨戈拉和留基伯等的思想是:在承认存在和非存在

---

① 参见第欧根尼·拉尔修:《著名哲学家的生平和学说》第5卷,第25节。

的区别、承认对存在的巴门尼德式的理解的基础上解决存在和非存在、一和多、动和静的关系问题。他们用自己各自的方式论述存在着单一的、无生灭的、不可分的元素、种子或原子(存在),同时又阐明有多样的、生灭的现象(非存在)的存在;这样就为高尔吉亚准备了条件,他可以用巴门尼德和芝诺的论证去否认多、运动和非存在,又可以用恩培多克勒、阿那克萨戈拉、留基伯以及当时反对芝诺的人所提供的论证去否认存在、单一和静止。高尔吉亚的第一个命题正是巧妙地利用前人及同时代人的论证,将他们的互相反对的论证结合成二律背反的命题,它的价值主要是摧毁了巴门尼德的"存在"。柏拉图和亚里士多德正是在高尔吉亚的怀疑论的论证使旧的存在论已经终结的基础上开始新的思维的。前引弗里曼说"柏拉图在任何地方都没有涉及高尔吉亚的虚无主义的观点"[①],并不合乎事实,柏拉图在《巴门尼德篇》和《智者篇》中虽然没有指名讲到高尔吉亚,但其中的主要论证可以说就是针对高尔吉亚的虚无主义和怀疑论的。高尔吉亚的论证是要证明"存在"和"非存在"都不存在,柏拉图也采用他的论证方法,却反其道而用之,他将高尔吉亚使用的含糊不清的"非存在"辨别出两种不同的含义("相对的非存在"和"绝对的非存在"),从而论证"存在"和"非存在"可以相互结合,"存在"是非存在的,"非存在"也是存在的,由此证明"存在"和"非存在"都是既存在又非存在的,正是针锋相对地反驳了高尔吉亚的虚无主义;一和多、动和静的关系也是如此。这个问题在本卷第三编论述柏拉图的后期哲学思想时将要重点讨论。由此可见从爱利亚学派经过高尔吉亚到柏拉图,在有关"存在"的问题上正经历了希腊哲学史上第一次肯定—否定—肯定的阶段,高尔吉亚恰好构成中间的重要的环节;我们可以说如果没有高尔吉亚的怀疑论,恐怕很难产生像柏拉图那样的辩证论证。

高尔吉亚的论证确实起了重大的历史作用,他自己当然再也不会想到他对巴门尼德存在论的摧毁,实质上同时也摧毁了苏格拉底以前的自然哲学家关于本原的概念。他们中任何一个学派的学说都以承认某种实在为前提,高

---

① 弗里曼:《苏格拉底以前的哲学家》,第362页。

尔吉亚论证"无物存在",那么以前的一个个体系和学说赖以建立的基础也就随之倒塌了。这是西方哲学史上怀疑论对本体论的第一次毁灭性打击,后来的塞克斯都·恩披里柯就是继承怀疑论传统的。

高尔吉亚的第二个命题也不仅仅是针对巴门尼德的,尽管他自己也没有意识到;巴门尼德和苏格拉底以前的自然哲学家们都没有能从本质上区分思想和想象(即想到不存在的、假的东西);高尔吉亚的论证就是建立在混淆这两个概念的基础上的。在诗歌和想象力比较发达的古代,高尔吉亚的论证更容易为普通人所理解,而巴门尼德的"存在"反倒是难以想象的。这个命题最主要的意义就是在对象和认识、客观和主观之间划下了一道不可逾越的鸿沟。柏拉图在后期对话《泰阿泰德篇》中所以要区分真的意见和假的意见,用"鸟笼说"和"蜡块说"说明假的意见是如何产生的,亚里士多德在《论灵魂》第3卷以及短篇著作《论记忆和回想》中比较深入地研究了思想和想象的区别,可以说都是对高尔吉亚第二个命题的论证的反驳。

高尔吉亚的第三个命题在当代最引人注目,可以说是意义最为深远的。从当代语言哲学考虑,高尔吉亚最早提出词和物的关系问题以及名称的意义问题。巴门尼德说只有存在才能用 logos 把握,非存在是无法用名称把握的。克拉底鲁在客观上完成了巴门尼德论证的一个方面——变动不居的"非存在"是无法用语言和名称把握的。高尔吉亚则完成了另一个论题——即使是"存在"也是无法用言词把握的,从而摧毁了巴门尼德自己。这样整个名实关系就完全被破坏了;语义问题,词和物的关系问题一直到现在仍然是一个重大的争论问题,因而高尔吉亚的第三个命题更惹人注意。柯费尔德说:"高尔吉亚隐约地——我甚至可以说他是相当自觉地提出了整个意义和指称的问题。我们不要过于纠缠他研究问题的不恰当方式,重要的是他开始看到了一个可以说是相当严重的问题:如果词通常总是指称事物的,而且这似乎是人们使用语词的首要目的,那么一个词怎么正好就是我们所要指的事物,而不会是我们不要指的别的什么东西呢? 如果所指称的就是词本身,那就方便多了;如果词本身就能反映出所指称的东西的区别特征,那也简便多了。可是除了拟声词,除了用语音反映所指称的东西的某些词以外,事物的特征都不出现在词中。

我们不得不去研究附加在词上的语义,并且去发展语义的学说。……但是语义必定是不同于相应的词的语音的。……在认识活动中也产生了同样的问题:我们用词表述思想和感知,那么词、思想和事物之间又是什么关系呢?"①的确,语词不是所指称的对象,向别人转述的是语言,有什么根据确保语言和所指称的对象一致呢? 高尔吉亚的第三个命题提得很好,后来的麦加拉学派和柏拉图的《克拉底鲁篇》都讨论与此有关的问题,当然他们都不能解决这些问题。亚里士多德想用"解释"的办法来解决,虽然没有成功,但可以说他是当代解释学的先驱。时至今日,语言哲学还在研究这些问题,足见高尔吉亚的命题的历史意义了。

在智者运动中高尔吉亚的三个命题和普罗泰戈拉的"人是万物的尺度"起着同样的作用。普罗泰戈拉主要体现了智者运动的感觉主义和相对主义的哲学原则,高尔吉亚的三个命题则体现了它的怀疑论原则;如同塞克斯都·恩披里柯所说,他们属于同一营垒,都否认真理标准。因此我们将这两方面的命题摆在同一章中,作为智者运动的指导思想和哲学基础来讨论。这种哲学是当时整个时代的特征,也是整个时代的产物;这个时代的成就和弊病可以说都与此有关。在以上第三章中我们说过这种怀疑思潮在破除传统的神的观念以及道德风俗观念中所起的积极的启蒙作用,同时也提到它们的消极作用。在讲完智者的全部学说以后,现在我们可以综合起来研究智者的这些理论是怎样将他们自己引向灭亡的。

第三节 智者的历史命运

任何一种哲学学说、一个哲学学派都是在一定的历史时期产生的。对它所处的时代说,它的存在是合理的现实的,在现实生活和人们的思想中,在人们的行为准则和理想追求中都起过或大或小的、积极的或消极的作用。但它

① 柯费尔德:《智者运动》,第99—100页。

们既然是历史的产物,自然就有形成、发展和衰落的过程,既有兴盛得势的日子,也有失势的一天。研究历史上哲学学说或学派的兴衰荣辱,本身就是一个重要的哲学和哲学史的研究课题。哲学史的发展表现为学说或学派的更替,我们从这种更替中可以找到它们兴衰的标志。一般说来,一种学说或学派一旦它的基本原则动摇了,站不住了,或者是无法随着社会的前进、认识的提高而丰富自己的理论,修正过时的不确切的学说,或者是它失去了内在发展的机制,未能解释人们新提出的问题,回答对方的挑战,它便出现了危机。当出现危机时如果它的基本原则经过一些修改和补充,仍然具有内在的活力,能够适应形势的变化而发展自己,回答对方的挑战,那么它就可能以新的面目再存在一个时期。本卷第三编讲到柏拉图思想就有这样一个修正和发展的过程;以后讲到从柏拉图到新柏拉图主义又可以说是这样的过程。反之,如果它丧失了发展机制,自然而然地会被人们所遗弃。智者学说便属于这种情况。当然学说的死亡不像人的死亡,它所包含的某些合理的思想以及有价值的命题和思维方式会被后人所吸收,甚至会在另外某一方面或领域的思想基础上生长出新的学说或学派。在本书第四卷中我们将看到后期希腊的某些哲学流派是吸取了智者思想中的某些因素的。

公元前5世纪末到前4世纪时,在希腊和雅典社会曾盛极一时的智者运动明显地衰落了,这是公认的历史事实。它们为什么会衰落? 有过种种不同的解释。我们认为智者主要是被他们自己所奉行的原则打倒的,换句话说智者的衰落是它自身逻辑的必然结果。本编以上各章在说到智者的积极作用的同时都说到其消极的一面,但我们没有展开论述,因为只有在研究了他们的全部学说,认识他们的哲学指导原则以后才能理解这个现象,所以只有在本编结尾时才能说明这个问题。

智者学说的致命弱点是以个人的感知和体验作为权衡利弊、决定取舍的标准,这是他们所说的"真理"的标准,也是他们的全部理论和实践活动的出发点和基础。这种知行观和价值观在哲学上的表现就是上两节讨论的感觉主义、相对主义和怀疑论。它们在现实中曾经起过以上各章节谈到的积极进步作用,然而在哲学理论上讲它们的错误又是很明显的。因而这种理论很快就成为别人(甚至是他们的弟子)打倒他们自己的武器。

柏拉图在《泰阿泰德篇》中解释了"人是万物的尺度"命题以后,接着就发表了一通讥讽和评论:"普罗泰戈拉的学说——事物就是各个人所感知的那样——使我心往神移,可是令人迷惑不解的是,为什么他不在《论真理》中开宗明义就宣告猪、狗面猿或别的有感觉的怪兽是万物的尺度? 虽然我们对他敬若神明,但是他尽可以无视我们的意见,一开始就宣称他的智慧其实并不比蝌蚪强,更谈不上超过众人以上了。德奥多罗,你看这样不是更具有异乎寻常的效果吗? 假如真理只是感觉,唯有他自己,别人都无法判断其感觉的真伪,也没有人更有资格判明别人的意见是真是假。正像我们不止一次地说过的,每个人都是他自己的感受的唯一的判断者,他们的判断都是真实的正确的。那么我的朋友,普罗泰戈拉的智慧又在哪里呢? 我们凭什么要拜他为师,付给他学费,向他学习呢? 何以见得我们的智慧低下,需要尾随其后,屈膝求教于他呢? 我们每一个人不也同样是自己智慧的尺度吗?"(161C—E)

显然柏拉图的剖析是一针见血的。既然任何人的任何感觉都是真的,都可以作为标准,那么动物的感觉何以见得不是真的,不能当作标准呢? 既然每个人都是他自己的感受和见解的尺度,而且又都是真的对的,那么任何人也都可以是普罗泰戈拉的智慧及其学说的尺度。一旦人们领悟到这个真谛,普罗泰戈拉的学说就只能走向它的反面。正像塞克斯都·恩披里柯说的:和普罗泰戈拉相反的命题"人不是万物的尺度"甚至也可以是"人是万物的尺度"的证据。他是这样说的:

"即使是相反的陈述似乎也可以起到证明这个陈述〔指'人是万物的尺度'〕的作用。因为如果有人断言'人不是万物的尺度',可以说他也是在证明'人是万物的尺度'这个陈述。既然提出这个论断的人自己也是一个人,他也有资格确定相对于自己而言是如此的东西,那么他作出'人不是万物的尺度'的论断当然也是他自己的感受。这样疯子便是在疯癫状态下所发生的感受的真实性的尺度;睡着的人是睡眠状态中感受的尺度,幼儿是幼稚状态中发生的感受的尺度,老年人是年老状态的感受的尺度。以其中任何一种状态的感受去否定其他一种状态的感受都是不合适的,这就是说不能用神智正常状态下获得的感受去否定疯癫状态下的感受,不能用清醒时的感受去否定睡眠时的感受,也不能用老年人的感受去否定稚童的感受。因为正像后者的感受不出现在前者中一样,前者的感受也不出现在后者之中。因此如果疯子和睡眠人的判断由于他们所处的状况因而被认为是不可靠的,那么神智正常和清醒者的判断也同样可以说是不可靠的,因为他们也是处于某种不同的感受状态之中。既然任何印象都不能脱离某种状态而产生,而每个人又总是处于某种状态下感知的,那么显然相对于这种状态说,他的感受必然是真实的。正如有些人说的这个人〔指普罗泰戈拉〕是否认任何标准的。他看到设定标准的目的是在于辨认真假,验证绝对的实在;然而这个人恰恰是不承认任何绝对的真假的存在的。据说欧绪德谟和狄奥尼索多洛也有同样的观点,因为他们也将存在和真实看做是相对的。"①

塞克斯都·恩披里柯的意思是说:根据"人是万物的尺度"的命题,每一个人都以他自己的感受和体验作为衡量对象的存在和真假的标准,那么就没有理由说神智正常的人和醒着的人的感受是真的对的,而疯子和睡着的人的感受是假的不对的,老年人和稚童的感受是同样真实的,不能用这一个去否定另一个,因为每个人都同样是他所处状态的尺度。既然如此,如果有人认为"人不是万物的尺度",他的这个体验按照普罗泰戈拉的命题当然也是真的对的。这样就可以说每一个人都是"人是万物的尺度"这一命题的真伪的衡量者,有人认为它是真的,有人认为它是假的,两种看法都合乎"人是万物的尺度"这个命题。普罗泰戈拉可以用简单的枚举法列举同一阵风对不同的人会产生不同的感受等来证明"人是万物的尺度"的命题,推而广之对普罗泰戈拉的命题本身,不同的人也可以有不同的看法,说"人不是万物的尺度"和说"人是万物的尺度"是同样真实的;因此人们可以用"人不是万物的尺度"这一体验的真实性来证明"人是万物的尺度"这一命题本身。这就是塞克斯都·恩披里柯所作的推论。于是普罗泰戈拉也就被他自己创立的命题所打倒,别人可以按照自己的体验和感受否定普罗泰戈拉的全部学说和实践活动,而且当

① 塞克斯都·恩披里柯:《反逻辑学家》第1卷,第61—64节。

别人这样做的时候显然又完全是遵循普罗泰戈拉自己的理论的。

当普罗泰戈拉搬起石头砸了自己的脚的时候,高尔吉亚也同样在自掘坟墓。根据高尔吉亚的三个命题,人们可以究问:高尔吉亚有没有发表过这三个命题? 人们能不能知道高尔吉亚其人其事? 即使知道了能不能用语言告诉别人? 如此等等也都是无法确定的。"一切都是可以怀疑的",那么这个命题本身是不是可以怀疑? 如果它不是,便至少有一个是例外就不能说是"一切"了;如果包括这个命题本身,"一切都是可以怀疑的"这个命题本身也就成为怀疑的对象。在高尔吉亚以后不久的梅特罗多洛很快领悟到高尔吉亚这个命题的奥妙,将怀疑一切发展到极点,他说:"我们什么也不知道,甚至也不知道'我们是否什么也不知道'。"①这就是说按照怀疑论的原则,连对"怀疑一切"这个命题本身也不能下一个肯定的判断。这样高尔吉亚的三个命题以及其他智者的怀疑论原则不但动摇了以往的伦理规范、生活准则以及早期的哲学思想,同时也动摇了它们自己,否定了自己。而当别人否定他们的时候又完全符合他们自己确定的怀疑论原则。

梅特罗多洛是不是用怀疑论的武器反对过高尔吉亚? 现在已没有其他资料可循,但是普罗泰戈拉的弟子用他的老师的教导对付老师却是有确切的历史记载的。据说普罗泰戈拉和他的学生欧亚塞卢约定先付一半学费,待学生学满出师打赢第一场官司时再付另一半;可是欧亚塞卢学成后以尚未打赢第一场官司为由拒付另一半学费。普罗泰戈拉对学生说:如果我到法庭去告你,不管我是输是赢你都得付给我另一半的钱,因为如果我赢了,你败诉,按照法律你必须支付那一半钱;如果你赢了,因为你已经打赢了第一场官司,你也必须付那一半钱。欧亚塞卢回答说:不管你是赢还是输,我都不必付钱,如果我赢了官司,因为我胜诉了,按法庭判决我不必付钱;如果我输了,因为我还没有打赢第一场官司,按照我们的协议我还不必付钱。这个传说是记载在第欧根尼·拉尔修的《著名哲学家的生平和学说》中的,不过他记得比较简单,他说:"这个故事是说当普罗泰戈拉要他的学生欧亚塞卢付学费的时候,学生说'我

---

① 塞克斯都·恩披里柯:《反逻辑学家》第 1 卷,第 68 节。

还没有打赢第一场官司呢'。普罗泰戈拉说:'不然,如果我控告你而胜诉了,我肯定获得学费,因为我赢了;如果你赢了,我也肯定获得学费,因为你打赢了官司。"[1]后来的解释者按照古代传说复原了我们上面转述的整个故事。普罗泰戈拉师徒二人所提出的论证是一种悖论,和后来麦加拉学派的欧布里德提出的"说谎者的悖论"是同一类型的,本卷第二编讲到欧布里德时再来讨论这种悖论的意义。普罗泰戈拉的这个故事即使是虚构的,也符合普罗泰戈拉学说的道理。学生欧亚塞卢显然是精通老师的智术的:任何事物都有两个相反的命题,论辩中必须使自己的弱命题变为强命题,以达到取胜的目的。学生完全能遵循老师的教导拒付另一半学费。

智者破坏了传统的偶像,同时也破坏了自己的形象,给"智者"这个本来是美好的称号染上污点,显然这是他们自己的学说招来的后果。这种消极面在年轻的智者那里就恶性发展了,这些人将智者的智术完全当作赚钱的工具,将论辩技艺变成玩弄游戏进行诡辩的伎俩,欧绪德谟兄弟可以说是这类年轻一代智者的代表。柏拉图在《欧绪德谟篇》中揭露并嘲弄了这些人的拙劣诡辩术,机智的苏格拉底用他们自己的智术制服了欧绪德谟兄弟俩,他们的论辩情况将在本卷第二编中具体论述。如果说柏拉图在那篇对话中增加了戏剧性的夸张,不免有意歪曲,那么色诺芬的记载应该说是相当朴实。色诺芬在《回忆录》中记载了"苏格拉底如何对待那些自以为已经受到最好的教育并以智慧自夸的人",如欧绪德谟。他收集了大量智者的著作,潜心研究和摹仿,一心想出人头地,出入于市场和议事会等引人注目的场所;可是又高傲自大,生怕别人知道他是学习了老一代智者的著作,总是装腔作势,好像他是无师自通,天降大任于斯人也。苏格拉底故意招惹他,引他谈话。苏格拉底劝他要"认识你自己",知道了自己的名字并不真正认识自己,而是要知道"作为人的用处如何,能力如何"、"知道什么事对自己合适,并且能够分辨自己能做什么,不能做什么"。苏格拉底还告诫欧绪德谟:"那些不知道自己能做什么的人,他们选择错误,所尝试做的事尽归失败,不仅在他们自己的事务中遭受挫

---

[1]　第欧根尼·拉尔修:《著名哲学家的生平和学说》第9卷,第56节。

折和责难,而且还因此名誉扫地,受尽嘲笑,过着一种受人蔑视和揶揄的生活。"(第4卷第2章第24—29节)应该说这是苏格拉底活跃时代智者状况的真实写照。

智者的理论和实践活动的最恶劣的后果乃是助长了公元前5世纪末至前4世纪时希腊社会中蛊惑家的恶性发展,在希腊世界(包括南意大利和西西里)中凡是实行民主制的城邦普遍出现了煽动民众的蛊惑家(demagogus)。当然这种政治现象的形成首先是由于民主政制本身的蜕变,但是的确也同智者所提倡的理论和他们所赞赏的社会风气有密切关系。Demagogus 本来指公民大会上出现的平民领袖和演说家,他们往往接受智者的学说并付诸实践,用强的论证煽惑群众,达到个人的目的获取自己的私利。如同以上第四章中所说的,智者中反 nomos 的理论加速了法律、城邦生活准则和伦理规范的瓦解。如果用反 nomos 的观点去破除传统,为建立新的社会秩序扫清障碍,就可以起到进步作用;但是如果用反 nomos 的观点去否认任何社会准则和法律制度,可以任意颠倒是非,为所欲为,那么像苏格拉底那样维护法律和公认的生活准则的人就要遭殃;而那些毫无原则,没有真实本领,只会耍嘴皮,善于阿谀奉承,惯于投机钻营而又能讨下层公民之好,逞其辞锋的蛊惑家就能占领公民大会和法庭等政治舞台,从而青云直上执掌大权。这些人对于智者学说中关于修辞论辩的技巧和反 nomos 的观点有特殊的爱好。阿里斯托芬在喜剧《骑士》中无情地嘲笑了这批蛊惑家和平民;亚里士多德在《政治学》第4卷第4章和第5卷第5章中对他们也作了无情的剖析,限于篇幅现在不多赘述。

智者对希腊社会风气的败坏是负有责任的,不过像后来柏拉图和亚里士多德那样将希腊尤其是雅典社会的堕落和衰败完全归罪于智者,却是不公平的。希腊城邦政制和风气的败坏,并不是智者的几篇文章和几次演说所能奏效的,而是当时城邦政治经济制度发展导致的结果。就雅典的情况说,战争破坏了阿提卡的小农经济,瓦解了支撑雅典霸权的提洛同盟,摧毁了工商经济赖以存在的海上势力。伯罗奔尼撒战争以及战后的纷争造就了大批无业游民,破坏了雅典民主制的群众基础。即使是智者的失势本身也和此有密切关系,因为这个时代的公民们已经失去了学习智者所提供的知识的动力了。既然只要举手、呐喊、投豆子就能得到一天的津贴费(也就仅此而已,并没有在政治上显示才能的机会),那又何必耗费比两个俄勃尔还多的钱去学习知识呢?既然用欺诈撒谎蛊惑人心,阴谋诡计制造假案就能平步青云成为 demagogue,那么支持 nomos 的观点学习治理城邦的本领又有什么用处呢? 在 physis-nomos 之争中,支持 nomos 一派的势力远不及反 nomos 的势力,根源正在当时的社会本身。智者学说的积极方面后来得不到发扬,而消极方面却恶性膨胀,这不能不归咎于当时的社会环境。倘若没有希腊城邦蜕变这个社会条件,倘若不是社会上 demagogue 和 demos(平民)需要这样一种抛弃原则、我行我素的社会土壤,智者的消极作用就不可能这样恶性发展。因此说得全面些应该是:希腊城邦制的蜕变需要智者学说中消极的一面,而智者的理论本身正好又有膨胀消极面的内在基础。这样就不难理解,为什么后起的苏格拉底和柏拉图都将消除智者的危害、纠正智者的错误同改革雅典的政制、重建希腊社会的秩序这两个目的紧密地结合起来。一方面反对智者自封为"智慧大师",反其道而行之,以"认识你自己","自知其无知"为认识的起点,寻求增进美德和才能即 arete 的真正的知识,确立区分善恶是非和真假的固定的界线,追求绝对的不变的哲学原则、伦理规范和城邦生活准则,建立同相对主义、感觉主义和怀疑论对立的崇尚理性的哲学;另一方面则批判雅典社会的风气败坏,企图拯救雅典人的灵魂,医治希腊人身心两方面的创伤,改革政制,提出建立理想的城邦。这就是苏格拉底和柏拉图对智者思潮反思的结果,是他们的新的哲学使命,也是本卷以下两编的主要内容。

❈ 小 结 ❈

　　公元前5世纪后半叶雅典和希腊社会进入了古典时代的繁荣时期。随着商品经济和海外贸易的发展,伯里克利政制的建立,民主制在全希腊的扩展,以雅典为代表的希腊人无论在物质生活、政治生活还是精神生活领域都发生了急剧的变化。开放性的商品经济和贸易开阔了人们的眼界,提高了人的思维能力,产生了新的道德观念和生活理想;雅典帝国的兴衰,伯罗奔尼撒战争的进程打破了传统的正义观和神的地位;活跃的城邦民主政治生活提高了人的地位和能力,引起人们对神—人—社会三者关系的新的思考;手工制造业和当时在雕刻、建筑、绘画、音乐、诗歌和戏剧的杰出成就表现出人具有非凡的才能。社会生活各个方面各个领域的这些急剧变化使人觉醒了,认识到不是神创人而是人创神,创造世界的是人,应该由人支配世界。这种以人为中心的思潮要求一种新的哲学,因为传统的自然哲学已经无法满足他们的需要了。新的社会政治活动刺激公民们提高自己的素质和文化修养,确立新的教育方式和行为准则,于是在全希腊范围内出现了一批以传授论辩和演说技艺,提供治国安邦才能为己任的职业教师,这就是智者。

　　智者打破以往狭隘的学派界线,让哲学进入人们的日常生活之中,借以提高公民的实践能力。他们不以构思学说体系为目标,但是在长期的论辩和教学活动中毕竟形成了以人和社会为中心的新的学说。尽管每位智者不一定有完整的思想体系,甚至不一定作过理论上的概括和总结,彼此之间也不一定有一致的观点,在某些论点上还是互相反对的,但是他们属于同一个思潮,可以称为智者运动。他们中有的写过著作,有的可能没有写过著作,现在留存下来的他们的著作及残篇为数极少;我们只能联系他们的实践活动,从他们残存的著作和后人的记述中提炼出作为他们行动准则的基本学说。我们采取由表及里的方法将他们的学说划分为四个层次加以论述:首先是同他们的教育实践直接关联的修辞、论辩和语言的学说,这是最表层的理论;其次是他们的论辩、演说、教学必然涉及的有关伦理、法律、人神关系、城邦政制等社会学说和人生哲理;再次是观察这些社会问题的基本历史观,也就是 physis 和 nomos 的关系问题;最后是最深层次的,作为指导他们言行的哲学准则,即普罗泰戈拉提出的"人是万物的尺度"和高尔吉亚提出的三个命题。本编对这四个层次的思想分章作了剖析论述。

透视智者的学说,不难发现在他们那里希腊哲学的发展发生了一次重大的转折,那就是它终结了传统的以宇宙生成论为主体的自然哲学,开阔了以研究人和社会为中心的新的哲学领域。人是中心,普罗泰戈拉提出的"人是万物的尺度"的响亮口号喊出了希腊文化最繁荣昌盛的伯里克利时代的精神。人们的思想从传统束缚中解放出来,出现了一个百花争艳的局面,智者和反对他们的苏格拉底、柏拉图、亚里士多德都是这个时代精神的产物;人的才能在各个方面充分发挥出来,随着民主政治、海外贸易和商品经济的发展,希腊的雕刻、建筑、绘画、音乐、悲剧和喜剧、诗歌等等都展开了最光辉灿烂的一页。然而智者思想所起的社会进步作用不久就逐渐衰退了,随着雅典帝国的衰落,政治和经济方面的动乱日益加剧,智者思想的消极作用也就日益明显。因为智者所讲的"人"主要是指个人,而每个人是带着各自的动机和目的参与社会活动的,在认识人生的意义和社会时相当大程度上靠的是个人的体验和感受;因此个人的感受和体验的地位在智者看来是远远超过以往哲学中以认识自然为目的的理性的。每个人的感受和体验无论是涉及天人关系、生老病死、社会地位的浮沉,物质生活和精神生活的充实或危机,显然都同当事人眼前的利益和痛苦休戚相关。这样尽管当时人们还不懂得什么价值取向、价值标准、价值追求,但是现实已经教会人们这样做了。一般人的真理观和价值观往往是不一致的,所以追求荣誉、利益和地位的欲望往往掩没了追求真理的要求。智者提倡的感觉主义、相对主义和怀疑论正是符合这种价值观的,他们的哲学助长了社会的破坏和堕落,智者成为自己的掘墓人。当时需要一种清醒的理智,以追求绝对真理为目的的理性主义哲学来取代他们,这就是苏格拉底、柏拉图和亚里士多德哲学的历史使命。但是苏格拉底、柏拉图和亚里士多德也还是继承智者以人为中心的哲学思想的,不过他们以人的普遍理性取代个人的感觉和体验而已。这是本卷以下两编和本书第三卷所要讨论的主题。

智者虽然从历史上消失了,但是由他们表达的这种个人主义价值观在现实社会中还有深厚的生命力。在后期希腊以至罗马时期的一些哲学家看来,由苏格拉底和柏拉图提出的理性主义和理想城邦不过是一个空想,而智者提出的个人的感受和体验虽然不具备理想的魅力,然而却是现实的人生的动力。因而智者提倡的感觉主义、相对主义和怀疑论,经过小苏格拉底的犬儒学派和居勒尼学派的中间媒介以后,到晚期希腊和罗马时期的人生哲学和宗教哲学中又重新出现。本书第四卷我们将探讨这个历史进程。

第 二 编

苏 格 拉 底

和智者差不多同时的苏格拉底,一方面和智者一样顺应历史潮流主要研究社会和人的问题,特别致力于伦理道德问题;另一方面他坚决反对智者的感觉论和怀疑论,反对他们的相对主义,大力提倡理性。正是在他的影响下,他的弟子柏拉图和再传弟子亚里士多德构筑了博大精深的哲学体系,开创了古典希腊哲学最光辉灿烂的全盛时期。苏格拉底是将希腊哲学推向全盛高峰的开路人,由他倡导的理性主义传统成为西方哲学和科学的主流,一直影响着西方全部文明。苏格拉底在西方思想史上的地位可以和中国思想史中的孔子相比,当然他被推崇还由于他亲自遭遇的悲剧命运:公元前4世纪的第一年他作为思想政治犯被判处死刑,由他的学生留下的记录和其他历史资料表明,他终生不渝恪守哲学理想和道德原则,不惜为此英勇献身,因此成为后人仰慕的伟大哲人。

　　然而苏格拉底又是西方思想史中的"斯芬克斯之谜",研究他有相当难度。一方面他一生的哲学活动也像孔夫子一样"述而不作",忙于和人们论辩对话,传授他的哲学思想,他没有留下亲自写的著作;我们只能主要通过他的弟子们记述他的言行的思想资料来了解和研究他。其中最主要的资料又是他的声誉卓著的高足柏拉图写的对话篇,学生的巨大名声淡化了老师的形象,对话篇中的新思想属于谁难以明确界定,这就形成一种错觉,认为理论成就主要出自柏拉图。而且有些史料着重描写苏格拉底的坚贞崇高的品行和道德修养,他似乎只是一位雅典的"好公民",忠于使命的道德实践家,也容易使人忽略深入全面地考察他在哲学理论上的重要贡献。另一方面19世纪以来西方学者重新研究苏格拉底,在整理考释史料方面很有贡献;但也有不少人在疑古风的驱使下对传统的苏格拉底形象提出种种怀疑,甚至称历史上记述的苏格拉底只是一个并无真实性可言的"神话",这就给人们本来是依据第二手的资料的研究增加了新的困难。然而思想的历程毕竟有迹可寻,20世纪以来不少西方学者对苏格拉底从多方面作了细致研究,尽管仍有很不相同的见解,但资料日益丰富,探讨不断深入,为我们的研究提供了有利条件。

长期以来我们对苏格拉底缺乏具体切实的研究,以至他在人们心目中的形象就像苏联一本《哲学史》的论断,说他是"一群青年贵族以及这些贵族在政治上的同道者所组成的哲学小集团的领袖";他的哲学观点是"借用唯心主义来论证贵族的道德理论"。① 一言蔽之,认为他是一个"反动的奴隶主贵族思想家"。这种简单化的贴标签是对苏格拉底的曲解,不是实事求是的论评。20世纪80年代以来国内研究有新的进展,出现了一些重新评价苏格拉底的著述,如叶秀山著《苏格拉底及其哲学思想》(1986年)和杨适著《哲学的童年》(1987年)的第三部分第八章,不乏中国学者的独特见解。我们力图进一步搜集整理有关史料,汲取学术界有益的研究成果,将苏格拉底放到他所处的那个历史时代,从人类认识发展史的进程中去考察,全面探究他的哲学思想,还原他及其思想的本来面目。

总体而论,我们认为苏格拉底是在雅典帝国由盛趋衰、古希腊城邦奴隶制面临变革的历史转折时期,体现时代精神,倡导哲学变革,以图改革希腊社会维护奴隶制的根本利益的伟大哲人。他的思想和柏拉图的哲学既有难解难分之处,也有和后者相区别可以大体确定的独特内容。他的言行是偏重在道德领域,而他的哲学变革却不只是将人们的视线从自然哲学转向人间的日常生活,更重要的在于他将哲学的主题转向人自身,在人的本性中激扬出一种深蕴逻辑力量的理性精神。其意义已不限于更新道德价值,更在于促使古希腊的哲学、科学和文明进入一个新的历史时代,深刻地影响了西方的思想传统。

苏格拉底生前从学门生众多,难以计数,他的思想主要通过柏拉图发扬光

---

① 敦尼克等主编:《哲学史》,中译本,第106、108页。

大,但他死后其他一些学生也从其他角度修正和发挥他的哲学思想,创建了历史上所谓的"小苏格拉底学派"。本编论述苏格拉底并简述居勒尼学派、昔尼克学派和麦加拉学派,既可以了解苏格拉底哲学在当时的影响和嬗变,也可以为下一编论述柏拉图哲学提供衬映的思想背景。

第 六 章

苏格拉底其人及其史料

史料无疑是研究历史上哲学家的根据。有关苏格拉底的史料比较复杂，历来研究苏格拉底的著述往往先从鉴别史料入手，连篇累牍使这位机智幽默的哲人姗姗来迟。本章反其法而写之。我们认为苏格拉底不是伏案书斋的老夫子，他的哲学思想体现在他的哲学实践活动中。首先了解他的生平处世才能理解他的哲学思想的由来和表现形式，也才能更好地鉴别史料；特别是对中国读者这样做也许更为方便。本章先论述苏格拉底的身世和时代，使命和人格，他的悲剧命运，最后研讨史料及相关的所谓"苏格拉底问题"。

第一节 身世和时代

苏格拉底生于公元前 469 年，死于公元前 399 年。第欧根尼·拉尔修记载："他在阿帕雪丰任执政官时，生于第 77 届奥林比亚赛会第 4 年，塔尔盖利昂月的第 6 天*，当时正值雅典公民为本城邦做净化仪式"；"他死于第 95 届奥林比亚赛会的第一年，享年 70 岁。"① 又记载："如柏拉图在《泰阿泰德篇》中所记述，他是雕刻匠索佛隆尼司库和产婆菲娜瑞特的儿子；他是雅典阿罗卑

---

* 塔尔盖利昂(Thargelion)月是现在的 5—6 月间，它的第 6 或第 7 天是塔尔盖利昂节，是雅典献祭阿波罗的节日。

① 第欧根尼·拉尔修：《著名哲学家的生平和学说》第 2 卷，第 44 节。

克胞区的一位公民。"①

　　子承父业大约是当时希腊的习俗,传说苏格拉底的父亲让他年少时从学雕刻,他掌握了精湛的技艺;第欧根尼·拉尔修还说陈放在雅典卫城上的一组着衣美神雕像是苏格拉底的作品。② 但是这个传说很可疑,考古学家鉴定这组雕像的作者是一位比苏格拉底早的同名雕刻匠。说苏格拉底是雕匠之子最早出自公元前3世纪诗人蒂蒙,柏拉图和色诺芬都没有这种记载,在《泰阿泰德篇》中苏格拉底只谈到他的母亲(149A)而没有谈到他的父亲。③ 苏格拉底也不像是出身贫寒家庭,柏拉图在《拉凯斯篇》中说到苏格拉底的父亲索佛隆尼司库是一位最杰出的人。(181A)苏格拉底曾作为重装步兵参加伯罗奔尼撒战争,重装步兵要自己装备盾、矛、剑等一切军用物资,不是一般贫民所能负担的。但后来他生活潦倒,着旧大氅,赤脚周旋于公共场所,可能已经是战争后期,雅典已处于严重经济危机之中;他又不像智者那样收学费致富,他诲人不倦而不受分文,无暇顾及生财之道,所以他终生穷窘。

　　苏格拉底生当伯里克利的黄金盛世。他出生时埃斯库罗斯已写了爱国主义戏剧《波斯人》,悲壮的希波战争已趋向希腊获胜的结局。苏格拉底25岁时雅典和斯巴达订立30年和约,在和平时期伯里克利完善民主制度,建立强大海军在爱琴海地区扩展势力范围,统制提洛同盟诸盟邦,成为头等强悍的海上霸主。苏格拉底青年时代目睹这些壮丽成就,索福克勒斯和欧里庇得斯的动人悲剧,菲狄亚斯的优美雕像,波吕涅俄图的辉煌壁画等等都曾使苏格拉底心神陶醉。老年同伯里克利的儿子谈话时还满怀深情讴歌那已逝的盛世:"没有一个民族能像雅典人那样为他们祖先的丰功伟业而感到自豪,很多人受到激励和鼓舞,培养了刚毅果断的优秀品质,成为勇武著名的人";"他们不仅凭着自己的力量和整个亚细亚以及一直到马其顿的欧罗巴霸主们进行斗争……而且还和伯罗奔尼撒人一道扬威于陆地和海上。"(色诺芬:《回忆录》

---

① 　第欧根尼·拉尔修:《著名哲学家的生平和学说》第2卷,第18节。
② 　参见第欧根尼·拉尔修:《著名哲学家的生平和学说》第2卷,第19节。
③ 　参见泰勒:《柏拉图其人及其著作》,第40—42页。

第3卷,第5章)

当时的雅典是"全希腊的学校",在浓厚的文化气氛中少年苏格拉底接受良好的教育,获得丰富广阔的知识。记载他早年的史料较少,但不乏蛛丝马迹可寻;柏拉图的《克里托篇》中苏格拉底谈到他们这些子弟从小就在城邦获得文化和体育方面的教育。(50D)他曾向伯里克利的老师达蒙学过音乐。[1] 他修习过几何、算术和天文等学科,晚年还教导他的学生要为有意义的实用目的去熟悉这些科学知识。[2] 第欧根尼·拉尔修记述"他和欧里庇得斯都曾是阿那克萨戈拉的学生"[3],这并不可靠,因为苏格拉底19岁时阿那克萨戈拉已被放逐出雅典;并无史料表明他曾赴克拉佐美尼从阿那克萨戈拉学习。第欧根尼·拉尔修又记载:"他成为自然哲学家阿凯劳斯的弟子。阿里司托克森也说他和阿凯劳斯过从甚密。"[4]这比较可靠,因为阿里司托克森和塞奥弗拉斯特均为亚里士多德的学生,都曾断言苏格拉底17岁时即追随阿凯劳斯,相处时久,苏格拉底是阿凯劳斯学派中的一个成员。[5] 而同伯里克利、苏格拉底有交往的诗人伊翁也说"苏格拉底还很年轻时就同阿凯劳斯一起离开雅典去过萨摩斯。"[6]去干什么呢?萨摩斯是小亚细亚邻近米利都的一个岛邦,在苏格拉底29岁时发生叛乱,他们师徒两人是奉派去参加军事封锁的。本书第一卷曾说过阿凯劳斯是阿那克萨戈拉的学生,他注重伦理研究,对苏格拉底早年学说的形成和转变无疑具有重要影响。

苏格拉底青壮年时同当时雅典的学者名流已有较多交往,崭露他的杰出才智,声誉渐起。他同伯里克利的情妇、文化沙龙的主持人阿丝帕希娅有不少接触,后来对她屡有赞扬。据柏拉图《巴门尼德篇》记载,爱利亚学派的巴门尼德和芝诺访问雅典时和年轻的苏格拉底有过接触;苏格拉底对芝诺的"辩

---

① 参见第欧根尼·拉尔修:《著名哲学家的生平和学说》第2卷,第19节。

② 参见色诺芬:《回忆录》第4卷,第7章。

③ 第欧根尼·拉尔修:《著名哲学家的生平和学说》第2卷,第45节。

④ 第欧根尼·拉尔修:《著名哲学家的生平和学说》第2卷,第19节。

⑤ 参见阿里司托克森残篇第二十五,塞奥弗拉斯特《物理学残篇》第四;参看泰勒:《柏拉图其人及其著作》,第66—67页。

⑥ 第欧根尼·拉尔修:《著名哲学家的生平和学说》第2卷,第23节。

证法"很熟悉,称他是"辩证法的大师"。智者学说是当时希腊盛行的学说,苏格拉底和当时智者的一些重要代表都有交往。普罗泰戈拉在公元前444年左右访问雅典时会见苏格拉底,柏拉图的《普罗泰戈拉篇》描述了他们的论辩,普罗泰戈拉最后说:"在你的同龄人中,我确实从未遇见过像你这样令我称羡的人,现在我说,你如将成为我们当今领头的哲学家之一,我决不惊讶。"(361E)上一编中讲过苏格拉底曾听过普罗迪柯关于文法和语言的廉价课程。他同其他一些智者如自诩学识渊博的希庇亚,著名的修辞学家高尔吉亚、宣扬强权政治的塞拉西马柯,诡辩者欧绪德谟等都有过交往和论辩,柏拉图的不少早期对话是以这些智者的名字作为篇名,记述(还是虚构?)他们之间的论辩的。苏格拉底无疑是深悉智者的学说,以他们为主要论敌进行犀利抨击的。

伯罗奔尼撒战争爆发前后在苏格拉底周围已经聚集起一批雅典和来自外邦的追随者,如后来居勒尼学派的创建人阿里斯提波即是慕苏格拉底盛名从居勒尼赴雅典从学。①来自埃利斯、佛利岛、底比斯等地的门生以及毕泰戈拉学派中仰慕他的学者也都闻风而来,像斐多等人在苏格拉底被处死时都陪侍在场。他的热诚追随者凯勒丰跑到德尔斐神庙请求神谕:是不是有比苏格拉底更为智慧的人。* 柏拉图《申辩篇》中苏格拉底提到这一著名事件,表明他已经是当时知识界中的杰出人物。喜剧家阿里斯托芬在公元前423年上演的《云》剧中,被漫画化的苏格拉底已俨然是"思想所"的首脑,热慕的求知者接踵而来,这具有某种真实性。

苏格拉底的后半生几乎都是在长达27年的伯罗奔尼撒战争中度过的,这场大战是希腊社会历史的一个重要转折点,是雅典帝国从强盛走向衰落的关键,对苏格拉底的思想历程有重要影响,是研究苏格拉底的重要社会背景和思想背景。伯罗奔尼撒战争三个阶段的情况在本卷绪论中已经简要介绍,苏格拉底作为忠于雅典城邦的公民直接参加过军事行动。在战争第一阶段即雅典和斯巴达订立尼西亚和约以前,苏格拉底曾三次参军,身份是重装步兵;他在

---

① 参见第欧根尼·拉尔修:《著名哲学家的生平和学说》第2卷,第65节。

* 此事可能发生在伯罗奔尼撒战争发生初期,柏拉图在《卡尔米德篇》谈到苏格拉底参加公元前431—前430年远征归来后说凯勒丰的"言行举止像一个疯疯癫癫的人"。(153A)

征战中英勇果敢，吃苦耐劳，拯救落难战友，在柏拉图的一些对话中有所记述，《申辩篇》提到这三次战争的名称(28E)。

第一次是参加直接导致大战爆发的波提狄亚战争（前431—前430年）。波提狄亚原属雅典盟邦，但在科林斯和斯巴达支持下叛离雅典。雅典派卡利亚先后率领七十艘舰船和三千名重装步兵去镇压叛乱，围攻两年，"城内粮食没有了，饥馑带来了许多骇人听闻的事，事实上已经有人吃人的事情发生"①。终于迫使敌方投降，波提狄亚人全被驱赴外地。这场战争极其残酷，卡利亚也阵亡。苏格拉底和当时还是青年军人的阿尔基比亚德一起参战。在柏拉图的《会饮篇》中由阿尔基比亚德生动地叙述了苏格拉底的英勇事迹；在军队被围切断供应时他忍受饥苦，在酷寒中他人均以毛毡裹身，他却仍着旧衣赤足履冰面上；一次战役中阿尔基比亚德被敌军杀伤，苏格拉底单独杀开血路救出了他；后来将领们因为阿尔基比亚德勇敢向他颁发花环，阿尔基比亚德认为是苏格拉底救了他应该颁给苏格拉底，但为苏格拉底坚决拒绝（219E—220E）。

第二次是在公元前424年参加德立安战争。德立安是雅典北部邻近优卑亚的城邦，雅典在此与同斯巴达结盟的彼奥提亚人作战，双方各派出约七千名重装步兵先后进行两次战役。彼奥提亚人得到底比斯和科林斯的军队增援，最后以火攻大败雅典军队，雅典主将希波克拉底阵亡，溃败的军队取海道逃回。② 这场战争表明雅典已呈败势，柏拉图《会饮篇》中的宴饮场面就在此战后不久，阿尔基比亚德回忆从德立安溃退时目睹苏格拉底和拉凯斯将军在混乱的队伍中行走；他形容苏格拉底极为镇静，"高视阔步，环顾四周"，使战友们稳定情绪顺利撤回。（221A—B）在《拉凯斯篇》中的拉凯斯也盛赞苏格拉底为了城邦的荣誉表现得如此坚毅沉着，他说："要是人们都像苏格拉底那样，我们城邦的光荣就得以维系，大溃退也不会发生了。"（181A—B）

苏格拉底第三次参加的是公元前422年在色雷斯的安菲波利战争，这只

---

① 修昔底德：《伯罗奔尼撒战争史》，第1卷第5章，第2卷第7章。
② 参见修昔底德：《伯罗奔尼撒战争史》第4卷，第7章。

有在柏拉图《申辩篇》(28E)和第欧根尼·拉尔修的记述*中提到,语焉不详。

苏格拉底参加三次征战获得了丰富的军事知识,色诺芬《回忆录》第3卷中就以不少篇幅记述他同人们讨论军事问题,在柏拉图的对话篇中苏格拉底也常用军事实例论证他的哲学思想。苏格拉底在参战中的英勇表现增添了他的社会声誉。

战争使全希腊的政治秩序陷入极度混乱,霸主们公然宣扬血和火的杀伐,弱肉强食就是"正义"和"公道"。斯巴达打着"解放希腊,帮助诸邦摆脱雅典统治"的旗号,雅典则喊着"为帝国利益而战",实质上双方都赤裸裸地奉行霸权政治原则。苏格拉底致力于讨论"正义"问题,屡屡批驳智者的强权政治哲学,实质上乃是对当时现实政治的批判。

霸权利欲驱使攻城伐地,统治者们丧失理智的酷虐掠杀,必然使苏格拉底感到触目惊心,引起深思。欧里庇得斯的悲剧《特洛耶的妇女》就描写弥罗斯被侵陷后,全邦妇女被掠卖为奴隶的凄惨情景。各城邦内部民主派和贵族派的政治势力互施阴谋残酷杀戮是当时遍及希腊的政治行为,在党争中有以私仇或债务杀人的,有父子残杀的。生逢当世修史的修昔底德从"人性本恶"的观点评述:"每个城邦都有敌对的党派——民主派的首领们设法求助于雅典,贵族派的首领则向斯巴达求援。……在各城邦中这种革命常常引起许多灾殃,只要人性不变,这种灾难现在发生了,将来还会发生。"①苏格拉底毕生宣扬人性本善,主张扬善去恶的道德哲学,是针对这种恶劣人性的社会现象的。

社会政治动乱又使得希腊精神世界发生极大的混乱和危机:人性普遍堕落,生活行为准则乖变,狂热的野心和贪婪的私欲成为合理的动机和判断美德的标准,是非颠倒,黑白混淆。柏拉图在《第七封信》中说:希腊人的传统道德"以惊人的速度崩析堕落"。(325D)苏格拉底一生主要探讨伦理道德问题,说

---

*　第欧根尼·拉尔修在《著名哲学家的生平和学说》第2卷第22—23节中说,苏格拉底在这场战争中奋力救护从马上堕落的色诺芬。此说不可靠,因为色诺芬当时年少不能参战,柏拉图和色诺芬都没有提到过这件事。这一错误记述最早出自安提斯泰尼的残篇,他将苏格拉底在波提狄亚救阿尔基比亚德的事情错记为在安菲波里救色诺芬了。

①　修昔底德:《伯罗奔尼撒战争史》第3卷,第5章。

明他力图挽狂澜于既倒,想拯救奴隶制社会的精神支柱。我们引述一些修昔底德当时所作的精辟深刻的评述,可以看到苏格拉底所处时代的社会心态的概貌:

> 这样,一个城市接着一个城市爆发革命〔指党派斗争和政变〕……引起许多新的暴行,表现于夺取政权方法上的阴谋诡计和闻所未闻的残酷报复。为了适应事物的变化,常用辞句的意义也必须改变了:过去被看做是不瞻前顾后的侵略行为,现在被看做是党派对它的成员要求的勇敢;考虑将来而等待时机被看做是懦夫的别名,中庸思想只是软弱的外衣;从各方面了解问题的能力只表示他完全不适于行动。相反,激烈的冲动是真正丈夫的标志,阴谋对付敌人是合法的自卫;……阴谋成功是智慧的表示,但是揭发一个正在酝酿中的阴谋显得更加聪明一些……

> 由于贪欲和个人野心引起的统治欲是所有这些罪恶产生的原因。……许多城邦的党派领袖们虽然自命为公众利益服务,事实上是为他们自己谋取私利……他们既不受正义的束缚,也不受国家利益的限制,他们唯一的标准是他们自己党派的一时任性。所以他们随时准备用不合法的表决去处罚他们的敌人,或者利用暴力夺取政权,以报复他们的仇恨。结果虽然双方都没有正义的动机,但是那些能发表动人言论以证明他们那些可耻行为是正当的人,却更受到赞扬。……

> ……现在因为文明生活的通常习惯都处在混乱中,人性傲慢地表现出它的本色,成为一种不可控制的情欲,不受正义的支配,敌视一切胜过它本身的东西。因为如果不是为了这种嫉妒的有害影响的话,人们是不会这样重视复仇而轻视宗教,重视图利而轻视正义的。①

修昔底德是一位杰出的史学家,我们这样大段引用他的评述是因为他刻画当时的精神面貌真是入木三分,说出了那个时代的道德价值是怎样崩陷的,它是说明产生苏格拉底思想的很好的背景材料。

总之,伯罗奔尼撒战争造成希腊城邦社会及其精神生活的解体。这场战

---

① 修昔底德:《伯罗奔尼撒战争史》第3卷,第5章。

争同苏格拉底思想有深刻的内在联系,了解这场战争所体现的时代特征,有助于理解苏格拉底的哲学使命和悲剧命运,公正地评价他的思想贡献。

第二节 使命和人格

苏格拉底作为热爱雅典城邦的公民,作为奴隶主阶级中有远见卓识的思想家,他敏锐地透察到伯罗奔尼撒战争已给雅典带来深刻的危机。他当然还不可能认识到这种危机的真正根源,只是从精神道德和社会政治方面去作深刻的反思。在他看来,整个危机是道德和人性堕落、社会政治秩序混乱造成的,因此拯救社会的根本出路在于改善灵魂和人的本性,由此才能达到重振道德、改善政治以复兴雅典甚至全希腊的宏图。他将这奉为自己从事哲学活动的历史使命,集中地表述在《申辩篇》中他的一段自白中:

> 雅典人啊,我尊敬并且热爱你们,但是我更得服从神;只要我一息尚存还有能力,我决不会停止哲学实践,总要劝勉你们,为我遇到的每一个人阐释真理。我要以我通常的方式说:我的朋友,你是一位雅典人,属于一个以智慧和力量著称于世的伟大城邦;可是你却专注于尽力猎获大量钱财和声誉,而不关心和思考真理、理智和完善你的灵魂,你难道不以为耻吗?如果你们中有人就此争辩声称他是留意这些的,我就不让他走开,我将再三盘问他;要是看出他只是口头声称并非真实从善,我就要责备他忽略了最宝贵的东西而只关心细微末节。我要对每个我所遇到的人这样讲,无论是年轻人或年老人,外邦人或本邦人,但是特别要对你们这些本邦公民说,因为你们和我最亲近。我要你们确信这是神的命令,我相信在这城邦里再没有比我更好的服务于神降福于你们的事情了。因为我全力以赴试图说服你们,青年人和老年人,不应首先关注你们的身体和财产,而应关心你们灵魂的至福至善。正如我常说的,财富并不带来美德,而美德却会带来财富和其他一切福祉,这对个人和国家都是如此。(29D—30B)

苏格拉底借"神的命令"为自己设定的哲学使命,就是在雅典城内到处找人谈话,讨论问题,启迪理智,引导人们追求智慧和道德的善,改善灵魂;从而拨乱反正,批判愚昧、私欲、不义和邪恶,以振奋城邦社会。他的使命和哲学实践并不是一种迂腐的道学箴劝,而是一种对时代的哲学反思,对支配当时希腊社会生活的一些原则观念的深刻批判。他将自己比作一只神赐给雅典的"牛虻",在城邦飞来飞去,螫刺、惊醒雅典这个迷钝昏乱的庞然大物,刻意促其重新奋发。在法庭上他对审判官们说:

> 所以雅典人啊,现在我并不是像有些人想象的是为我自己申辩,而是为了你们;你们不要滥用神赐给你们的礼物给我判罪,如果你们处死我,将找不到人来取代我。用粗鄙可笑的话说,我是神特意赐给本邦的一只牛虻,雅典像一匹硕大又喂养得很好的马,日趋懒惫,需要刺激。神让我到这里来履行牛虻的职责,整天到处叮着你们,激励、劝说、批评每一个人……(30D—31A)

苏格拉底的哲学思想就在他的论辩、教诲、螫叮雅典这匹大马的实践活动中阐发。他的活动深入到雅典民间日常生活之中。从色诺芬的《回忆录》可以看出他教诲的对象有阿尔基比亚德等在政治上崭露头角的人物,有阿里斯提波这样的学子,也有雕刻匠、画师乃至妓女等等;他不仅讨论正义、节制、勇敢、友爱等道德修养问题,也讨论政治、法律、宗教、理财、修辞和技艺等等,涉及社会生活各个方面。强烈的使命感驱使他摩顶放踵,坚持不懈地进行启迪心智的活动,这样的哲学家在西方思想史中是少见的。从柏拉图的对话篇和色诺芬的回忆录中我们可以看到,他实践哲学使命的活动有以下一些特点。

第一,热爱母邦,反思雅典衰落的根源,力图奋发图强。在柏拉图《克里托篇》、《美涅克塞努篇》中他都表述了对养育他的城邦雅典的眷恋深情。色诺芬《回忆录》中记述他和小伯里克利谈话,后者讲到城邦党争中滋长大量罪恶,"经常怀着恐惧的心情生怕有忍受不了的灾祸降临城邦";苏格拉底却满怀信心地说:"决不可以为雅典人已经病入膏肓不可救药了"。(第3卷第5章第18节)当时雅典财富集中在少数人手中,本来是民主政制社会基础的大批自由民依赖帝国的殷厚收入过着闲散的寄生生活,战争中城邦经济崩溃,他们又不屑从事贱业与奴隶为伍,只好变成穷光蛋,在民主制度的蜕变中成为动乱因素,政客野心家利用的"工具"。苏格拉底意识到这种情况的危险性,色诺芬《回忆录》记载他引用赫西奥德的诗句"做工不是耻辱,闲懒才是耻辱",指斥自由民过闲懒的寄生生活。(第1卷第2章第56节)这种指责犯了大忌,后来成为控诉他的罪状之一。战争末期阿里司塔库向苏格拉底抱怨说他自己养活大群自由民亲属,窘困之极。苏格拉底劝他组织他们参加农业和手工业劳动,并批评说:"因为他们是自由民又是你的亲属,你以为他们就应该无所事事只是吃吃睡睡吗,你看到这样生活的自由民能比那些从事有用的技艺的人们生活得更愉快更幸福吗?"(第2卷第7章第2—7节)从色诺芬的《经济论》中可以看到,苏格拉底曾了解和总结波斯帝国的经验,向雅典提出要重视农业的建议。这正是雅典经济的致命弱点,它将奴隶们主要用于城市手工业和家庭劳动,忽视了生活必需基础的农业;战争中本就脆弱的农业区又屡遭蹂躏,一旦进口粮食断绝,雅典就民不聊生了。所以苏格拉底主张"耕作是百工之祖"是很有见地的。从《高尔吉亚篇》等可以看出,他对当时的强权政治,对民主政制下党派政客的操纵弄权都有尖锐的批判。他将雅典衰落的原因也归到伯里克利的政治,认为他使人们变得骄惰了,因为他不关注最重要的是改善人们灵魂的问题。下一章我们还要专门讨论这个问题。苏格拉底将雅典没落的根源归结为精神道德的危机,但还是和社会经济、政治的危机联系起来分析的。

第二,从哲学高度着重讨论伦理问题,谋求改善灵魂即人的全部思维方式,重建道德价值,以达到振兴雅典的目的。色诺芬在《回忆录》中说:"他时常就一些有关人的问题作辩论,讨论什么是虔诚的和什么是不虔诚的,什么是适当的和什么是不适当的,什么是正义的和什么是非正义的,什么是精神健全的和什么是不健全的,什么是坚忍和什么是懦怯,什么是国家,什么是政治家风度,什么是统治人民的政府,以及善于统治人民的人应当具有什么品格,还有一些别的问题。"(第1卷第1章第16节)从柏拉图的早期对话和色诺芬的回忆录中都可以看到,苏格拉底首要关注的是探讨伦理道德问题,但他总是上升到哲学高度,对人的本性作深刻反思,包含本体论、认识论和方法论的哲学内容；并且运用他的哲学和道德原则去探讨社会的政治、宗教、审美、语言等人生和知识领域的问题，企图通过改造希腊人的全部思维和精神生活，以克服社会的全面危机。

第三，运用哲学和道德原则针砭时政，着意培育俊才，企图振邦兴国。他自称神早就告谕他不要参政，他确实不是活跃在历史前台的政治家。他遵奉雅典民主制的法律，也主张研究斯巴达的治国经验，但并不支持贵族寡头政制；在党争中他独立不倚，但反对阴谋篡权的僭主统治。他认为治理城邦是"最伟大的工作"，必须培植一批富有知识，精娴治国才能的专家来复兴雅典。色诺芬《回忆录》中记载说他批评当时民主制的选举办法："用豆子拈阄的方法来选举城邦领导人是非常愚蠢的。"（第 1 卷第 2 章第 9 节）他既抨击贵族寡头统治也反对政客利用民主制度操纵弄权："君主和统治者并不是那些拥有大权和王位的人，也不是那些由群众选举出来的人，也不是那些中签的人，更不是那些用暴力或凭欺骗手段取得政权的人，而应该是那些懂得怎样统治的人。"（第 3 卷第 9 章第 10 节）他强调统治者就像船上的舵手、军队中的将领，如果没有驾驭的知识，"只会给那些他所不愿毁灭的人带来毁灭，同时使他自己蒙受羞辱和痛苦。"（第 1 卷第 7 章第 3 节）在他看来这正是当时城邦陷入危机的一个重要原因，因此他认为当务之急是要选拔有专门知识和德行的统治人才。色诺芬记述了不少他鼓励青年学习政治和军事知识，勇于从政的实例。当智者安提丰问他自己为什么不从政时，他坦白地剖明心迹："安提丰，是我独自一人参预政治，还是我专心致志培养尽可能多的人参预政事能起更大作用呢？"（第 1 卷第 6 章第 15 节）因此不参政的苏格拉底实际上深深地介入政治，他的活动起了现实的政治作用，必然触犯那些不学无术、无德无能的政治权贵，这实际上是他招致杀身之祸的一个重要原因，虽然他们还不敢在指控罪状中露骨地表达出来。

第四，苏格拉底喜欢和青年交往，他教育的对象以青年居多，他想用他的哲学塑造年轻一代，在他们身上寄托他的理想。他在雅典的街头巷尾、竞技场所谈论时周围常簇拥许多青年子弟；如何教育青年培养他们的美德常是他的谈话主题。他总是循循善诱启迪他们的心智。他告诫自负的青年欧绪德谟：

任何技艺不能只靠禀赋,只有愚人才会自以为无师自通;必须勤学苦练深加钻研,才能获得齐家治国的才能。(第4卷第2章第1—7节)他善于鉴别青年的才智品质,物色"烈性而桀骜不驯的良种马,从小培养成为最有用的千里驹。"(第4卷第1章第3节)苏格拉底意识到青年对城邦前途至关重要,事实上当时的雅典青年已经较早登上政治舞台,青年军人和政治家已很有势力,公元前411年粉碎雅典的寡头政变,他们起主要作用。老年苏格拉底将复兴雅典的理想寄托在青年一代,他对青年的政治影响日益增大,自然使当政者不安,招致他被控为"败坏青年"。

苏格拉底不仅有哲学教育的言教,而且有身体力行的身教,以他俭朴、刚健、正直、英勇的人格,在雅典公众前树立一种道德典范,使他的教义更具感召力。

苏格拉底长得很丑:脸面扁平,大狮鼻,嘴唇肥厚,挺一个大肚子,着一件褴褛外衣,光着脚到处走。他和人谈话时偏低着头,像条壮实的公牛;然而他目光炯炯似能贯透一切,使人感到一种超人的才智,内在的精神美。柏拉图《会饮篇》中描述他能豪饮,当众人喝得薰然酩酊时,他独清醒侃侃而谈;但他日常生活极为节制绝少饮酒。他以自制、俭约,刻苦追求学问和诲人不倦为生活准则,鄙视智者们贩卖知识作为生财之道。当时雅典贪婪敛财、奢靡淫逸之风甚盛,苏格拉底堪称是一位清廉自奉品格高尚的道德楷模。色诺芬在《回忆录》中描述他的品格:

> 苏格拉底不仅是一个最能严格控制激情嗜欲的人,而且也是最能经得起冷热和各种艰苦劳动,非常惯于勤俭生活的人;尽管他资财微薄,但他却能应付裕如。他本人既然具有这样高尚的品格,怎么会使别人成为不虔敬、不法、奢侈不能自制,过于柔弱经不起辛劳呢?正好相反,他制止了许多人的犯罪行为,引导他们热爱德行,给予他们希望:如果他们行为谨慎就会成为光荣可敬的人。当然他没有自己宣称是这样一位教师,但由于他显示出自己是这样的人,就使那些和他交游的人可以满怀希望,相信自己如果仿效他那样为人也可以成为像他那样的人。(第1卷第2章第1—3节)

他的实际行动比他的言论更好地表现出他是一个能自制的人,因为他不仅制服了身体的私欲,而且也战胜了与金钱有关的一切事情。他认为一个从任何人收取金钱的人就是给自己树立一个主人而使自己处于极其卑鄙的奴隶地位。(第 1 卷第 5 章第 6 节)

他的善良品格也表现在他处理家庭生活中。他有过两次婚姻:第一位妻子是不要陪嫁娶来的密尔多,法官亚里司提得的女儿,可能夭亡了。第二位妻子就是在他临死前在狱中捶胸顿足号啕大哭的克珊西普。① 他死时遗有三个孩子,一个 17 岁,另两个尚幼小。克珊西普平日饶舌撒泼,成为苏格拉底圈子中的笑谈,苏格拉底却能同她和善相处,感情真挚;他被处死时她哀伤万分。安提斯泰尼曾询问苏格拉底,他怎么能同"最惹人烦恼的女人"过日子? 苏格拉底俏皮地回答说:正如驯马师必须驯服最烈性的马而不是易驯的马一样,他自己的抱负是要能对付各种各样的人;他选娶克珊西普为妻,因为如果他能说服她,就没有人不能培训了。② 克珊西普性情暴躁惹得长子朗普洛克莱不满,苏格拉底对儿子循循善诱,向他诉述父母养育之恩,强调不可忘恩负义应恪尽孝道,因为国家"对于那些不尊重父母的人可处以重罚,不许他担任领导职务,认为这样的人不可能很虔敬地为国家献祭,也不会光荣而公正地尽其他职责。"(色诺芬:《回忆录》第 2 卷,第 2 章第 13 节)看来讲究父子伦常规范并以此作为齐家治国之道,是古代社会的普遍认识。

谈论苏格拉底的品格必然涉及当时希腊社会生活中的一种特殊现象即男子的同性恋问题。年长男人同青年男子之间的爱恋是荷马时代即有的古风,被认为是一种可以增进英雄主义的美德,是习俗允许的社会交往。这在雅典、玻俄提亚、埃利斯等地都流行,但在小亚细亚地区可能受波斯人的影响却是严禁的。苏格拉底和青少年交往甚多,有时也谈到青年人的俊美使人产生爱慕之情;但是他反对堕入身体的肉欲,他将爱看做是一种通达真善美的精神力量。他强调灵魂的爱,要将同性恋这种习俗改造成为对青年人进行道德熏陶

---

① 参见第欧根尼·拉尔修:《著名哲学家的生平和学说》第 2 卷,第 26 节。

② 参见色诺芬:《会饮篇》,第 2 章第 9 节。

的手段。柏拉图在《会饮篇》中论述了苏格拉底这方面的思想,并让阿尔基比亚德坦白地陈述他如何向苏格拉底求爱却遭到拒绝的经过。(218C—219D)色诺芬在《回忆录》中也谈到苏格拉底对那种肉欲追求作了严厉的批判,指斥那是"毒蜘蛛对人接吻,会使人感到极大痛苦失去知觉","至于苏格拉底本人,他对这类事情是非常有操守的,即使对最青春美貌的人,他也能泰然自若不为所动。"(第1卷第3章第12、14节)

苏格拉底本着"有教无类"的原则交游,他的周围确实聚集了各种各样的人,其中有些人后来成为希腊政治上和学术文化上的知名人物;但他们不是政治结社,没有共同的政治观点。他的圈子里鱼龙混杂,有后来成为三十僭主之一的克里底亚,有后来投向贵族派的卡尔米德,有后来朝秦暮楚的政治投机家阿尔基比亚德,但这些只是他社交圈子中的一小部分;这种情况成为他后来被控告的一种口实,我们却不能据此判断他的政治态度。实际上他结交人贫富不论,既有富人克里托,也有像中国的颜回那样的贫寒苦学之士埃斯基涅;他同温和的民主派首领尼基亚也相交甚好,同悲剧作家欧里庇得斯、阿伽松,喜剧家阿里斯托芬都很有交情。他的弟子中涌现一批学术英才,除柏拉图、色诺芬外,还有后来成为小苏格拉底学派三家的主要代表:昔尼克派的安提斯泰尼、居勒尼派的阿里斯提波和麦加拉派的欧几里德等人。他教诲学生有成功也有失败,弟子中甚至有像克里底亚那样掌权后反过来迫害老师的人,但总体看学生中在政治上堕落的只是极少数。他的人格和智慧对当时雅典政治生活有深厚的思想影响,也为后来希腊的学术文化培养了一批后起之秀。

苏格拉底无意直接参政,但历史事态也曾使他短暂地介入一些政治事件;面对复杂的政局,他表现出独立不倚、刚正不阿的品质,无论是民主派当权还是贵族寡头派当权时都一样。公元前406年雅典民主派执政时,其海军在阿吉纽西岛击败斯巴达舰队,但雅典海军也损失了二十五艘船舰和四千名军人;当时暴风雨阻碍将军们去拯救这些军人,也不能将阵亡者尸体打捞起来安葬。雅典当权者竟以此违犯习惯审判八位将军,当时适值苏格拉底代表胞区任议事会主席,一些人在会场鼓噪胁迫议员们同意投票处死这八位将军,并威胁苏格拉底如果他不赞同也要对他起诉。许多议员都胁从了,苏格拉底却毫不动容坚持认为这样做不合乎法律,"尽管群众向他发怒,许多有权势的人发言恫吓要他付诸表决,他还是拒绝了"(色诺芬:《回忆录》第 1 卷,第 1 章第 18 节),唯有他一个人投了反对票。苏格拉底面对这种局面的态度就像柏拉图《申辩篇》中他谈到这件事时所宣称的:"我决不因怕死而错误地屈从任何权威,坚决拒绝服从即使因而丧生";"面对险境也要站在法律和正义一边,这是我的职责。"(32A—C)公元前 404 年雅典战败投降斯巴达后,斯巴达在雅典扶持克里底亚等三十僭主政权实行残暴的恐怖统治,杀害了许多人。苏格拉底直言指责这种行径,色诺芬的《回忆录》中记述:"他感到惊异的是,当一个负责牧养牲畜的人,他牧养的牲口越来越少情况越来越坏的时候,这个人〔克里底亚〕却不承认自己是一个坏的牧人;更令他惊异的是一个人做了一邦首长,弄到人民越来越少、情况越来越坏时,却不自觉羞愧承认自己是坏的首长。这段话传到三十僭主那里,克里底亚等人就将苏格拉底召去,下令禁止他和青年人讲论"(第 1 卷第 2 章第 32 节),剥夺了他的施教和议政的权利。三十僭主又命令他和另外四个人去逮捕一位富有的雅典公民——逃往萨拉米的勒翁,以此胁迫苏格拉底和三十僭主同流合污;那四个人服从了,苏格拉底认为与法律不符坚决拒绝执行,径直走回家去。(第 4 卷第 4 章第 3 节,并见柏拉图《申辩篇》32C,《第七封信》324D—E)一年以后民主派推翻三十僭主,恢复雅典民主制。但是雅典民主制已经衰微,它的政权也失去理智;它不能领会苏格拉底的哲学使命和实际活动旨在维护奴隶社会的根本利益,却将他视为一种可怕的异己的精神力量。四年以后苏格拉底就遭受了他的悲剧性历史命运。

第三节 悲剧的命运

雅典民主派推翻三十僭主政权以后为稳定政局曾宣布实行政治大赦,对公元前 415 年污渎赫耳墨斯神像事件以来的政治犯实行宽大政策;然而在公元前 399 年他们却处死了坚拒和三十僭主同流合污的苏格拉底。这一西方思想史上的重大冤案是件费解的事情,历来史家作了许多探索,最终集中为两个方面的问题：一是控告和处死苏格拉底的真实原因究竟何在,二是如何理解苏格拉底之死的意义？这两个方面实质上涉及对苏格拉底的政治态度和思想活动的评价,历来见解纷纭莫衷一是；我们必须联系那个时代和苏格拉底思想的本质,才能澄清历史真相。

　　关于苏格拉底被控处死的最早原始资料,保存下来的只有两种：一是柏拉图对话中记述苏格拉底受审、囚狱和临刑的《申辩篇》、《克里托篇》和《斐多篇》,《欧绪弗洛篇》也提到他受审前被指控为"不敬神"的情况。苏格拉底出庭受审时柏拉图在场,前两篇对话写于苏格拉底死后不久柏拉图流亡麦加拉期间,第三篇要晚一些,柏拉图当留有清晰的记忆,对话的文字虽然刻意修饰,但内容是可信的。二是色诺芬的《回忆录》第 1 卷和《苏格拉底在法官前的申辩》。苏格拉底被审判处死时色诺芬不在雅典,他归来后听在场人报告作的记述也是可信的。对这案件的基本情节的记述柏拉图和色诺芬是一致的。看来这一重大案件在苏格拉底死后雅典社会中还很有争议,当时有一个名叫波吕克拉底的人散发了一本继续攻击苏格拉底的小册子,企图证明判他死罪是理所应当。色诺芬写回忆录为的是驳斥这种攻击,旨在从正面论述苏格拉底的高尚人品,为他辩护。但他写得比较沉闷,缺乏高屋建瓴的思想深度,流于被动地以正面事实作辩护,不够高明,反而使苏格拉底被控的真实原因变得隐晦了。伯奈特说反话："色诺芬为苏格拉底做的辩护是太成功了,如果苏格拉底真是那样,他是决不会被判死刑的。"①然而就被控告的内容说,色诺芬的记述也有比柏拉图的对话更为具体之处,他提供的史料还是很有价值的。

　　当时控告苏格拉底的有三个人：跳在前台的主控者是美勒托,是一个悲剧诗人,柏拉图在《欧绪弗洛篇》中形容他"年轻并不著名","长着一个鹰钩鼻,有细长的头发和稀疏的胡须。"(2B)在这以前他曾控告过修辞家安多基德"不敬神",他大概是个宗教狂热分子,曾在三十僭主当政时奉命逮捕勒翁。控告的实际主使人则是检察官安尼图斯,他是当时已恢复的民主政制的两位领导人之一,他倒曾为安多基德辩护并使他获释；在政治上他曾坚决同三十僭主斗

---

①　伯奈特：《希腊哲学：从泰勒斯到柏拉图》,第 149 页。

争,后来又是颁布大赦的主要促成者。他主使控告苏格拉底似乎有悖于他促成的政治大赦,因此看来有更深刻的政治性质。安尼图斯本来是个硝皮匠,当政后骄横不可一世,苏格拉底讥刺他:"这是一个非常自负的人,我因城邦给他很高的职位曾对他说:'不必再让你的儿子去做硝皮匠了',就因为这个缘故,他竟以为如果将我处死就是做了一件伟大高尚的事情";又说他不懂教育孩子,他儿子酗酒沦落。(色诺芬:《苏格拉底在法官前的申辩》)第三个控告者是没有名气的修辞家莱康,他只是个陪衬角色。

控告书的详细内容已不得而知,现存的几处记载表明控诉罪状有两条。柏拉图《申辩篇》记述:"苏格拉底犯有败坏青年之罪,犯有信奉他自己捏造的神而不信奉城邦公认的神之罪。"(24B)色诺芬《回忆录》第1卷第1章记述:"苏格拉底的违法在于他不尊敬城邦信奉的诸神,还引进了新的神;他的违法还在于他败坏青年。"第欧根尼·拉尔修根据法沃里诺记述当时有关材料,称美勒托控告"苏格拉底犯罪,因为他不信奉城邦崇拜的诸神而引入一些奇怪的神,还因为他败坏青年,他被处死了。"[1]这些材料是一致的,说苏格拉底不敬奉城邦之神而另立新神,和说他败坏青年。用来证明这些罪状的具体事实已经没有第一手材料保存下来,我们只能根据苏格拉底的申辩进行分析。色诺芬的回忆录中为苏格拉底辩护是针对当时的指控的,从中透露一些被控罪状的信息。

柏拉图的《申辩篇》是苏格拉底在法庭受审时当众发表的一篇真切动人,富有哲理性的演说词。受审时柏拉图在场,这篇申辩词在苏格拉底死后数年间就问世了,当时参与法庭审讯的苏格拉底的追随者和指控人以及法官们都会读到它,所以这篇申辩虽经柏拉图修琢文字,基本内容是可信的忠实记录,否则就会遭到当时有关人员的指驳。《申辩篇》中有不少苏格拉底阐述自己哲学思想的内容,我们将在下一章论述。就他答辩指控说有两方面内容。

第一,答辩公众舆论对他的偏见和非议。

苏格拉底一开始并没有针对美勒托等人的指控进行申辩,却指出:多年来

---

[1] 第欧根尼·拉尔修:《著名哲学家的生平和学说》第2卷,第40节。

有许多人对他早有非议和指责,说是"有苏格拉底这样一个智者,穷究天上和地下一切事物的道理,能以虚弱无理的诡辩击败强有力的论辩",并且教他人仿效他;这种舆论偏见更是可怕,因为正是它鼓励美勒托敢于提出控告。(18A—B,19B)苏格拉底所以首先着意纠正社会偏见,因为他作为思想犯罪被指控是有社会基础的。他巧妙地指出:他被描绘成阿里斯托芬喜剧《云》中的那个苏格拉底,坐在圆吊篮里在空中移行,说着一大堆胡话。对这种雅典社会生活中习常有的喜剧嘲谑他本不当一回事,但是社会偏见将他曲解成阿那克萨戈拉式的自然哲学家,是"一个无神论者",他深觉危险。(18C,19C)以不信神或渎神被判罪在雅典是屡见不鲜的,所以苏格拉底郑重剖明:他并非不尊重自然知识,但确实无意深入研讨它,也不和人们讨论它。接着又申述他不是高尔吉亚、普罗迪柯、希庇亚这样的智者,不像他们那样收费教学,他的声誉只不过出于他有一种智慧——"人的智慧",这种智慧就是"自知我无知"。(20C,21D)苏格拉底叙述了著名的特尔斐神谕的故事:他的朋友、学生,善良的民主派人凯勒丰曾赴特尔斐大庙问神,"是不是有比苏格拉底更智慧的人"?女祭司宣布神谕说"没有"。苏格拉底对此感到很困惑,就先后遍访一些著名的政治家、诗人和工匠,检验他们是不是比自己聪明,结果发现他们只是炫耀自己说是无所不知,实际上是无知;所以苏格拉底比他们聪明,因为他知道自己无知。他体会到这道神谕的实质是告诫人们,说真正的智慧是神的财富。接着他申述确有许多青年追随他,倾听他同别人论驳,并且仿效他去同别人辩论,非难他人自以为是其实根本无知;于是人们恼羞成怒,指责苏格拉底像瘟神一样给青年灌输错误观念。他们并不理解苏格拉底言词的真实意思,只好似是而非地谴责他不信神、惯于强词夺理。(23C—E)

苏格拉底的这番申述并不是在法庭上故弄戏谑,而是郑重严肃的辩诉。他知道已经形成的社会舆论偏见对他是最危险的,在当时民主制度下如果不能在舆论上煽动公众情绪就难以审判他。从他的申辩可以看出当时审判他的一个重要根由在于苏格拉底的哲学活动的思想影响,当时一般雅典人不能理解和接受它。苏格拉底早年确曾研究自然哲学,后来已经转向了;喜剧《云》描绘他像是只相信"气"的无神论者,并且像一些智者那样玩弄诡辩;这里有几分真实,但更多的是曲解。他后来到处论辩,像牛虻一样叮人,带动一批青年人指摘和暴露包括社会名流的人"无知",确实使他们恼火,实质上这已经撼动了当时的一些政治信条和传统道德观念。因此贵族寡头政权和民主政权都将他视为异端,不能容忍他;三十僭主曾在律法中加上一条"不许任何人传授讲演术",想以此侮辱苏格拉底。(色诺芬:《回忆录》第1卷,第2章第31节)民主政权则以相似的理由审判和处死他。

第二,驳斥美勒托等人指控他的两条罪状。

在《申辩篇》中苏格拉底揭露原告诉词在逻辑上陷入自相矛盾,不能成立:一是并不懂得什么是教育青年的美勒托也赞同认为法、陪审官和全体雅典公民都愿意教育青年人从善,承认人都不是"自愿有意地犯错误",因此他们指控苏格拉底"有意败坏青年"不能成立。(24D—26A)二是美勒托既指控苏格拉底是像阿那克萨戈拉那样主张"太阳是石头,月亮是土"的无神论者,又说他信奉新神,这是自相矛盾的。苏格拉底自称他既然相信有超自然的活动,也必然承认有超自然的神。(26C—27E)在全部苏格拉底同美勒托的当庭辩驳中,柏拉图没有提到任何表明苏格拉底犯罪的具体事实,它毋宁说是一种哲理性的答辩。

值得注意的是苏格拉底紧接着就自己的使命和活动作了长篇剖白,其中透露出他被控告是同政治生活有关涉的。他申述:他热爱智慧,面临死亡也无所畏惧;他遵奉神意,只要一息尚存就绝不终止哲学活动,因为他的天职是改善人的灵魂;他是神赐给雅典的牛虻,雅典人伤害他就是伤害他们自己。(29D—31C)他特别申明:从孩提时起"一种神圣的声音阻止我进入公众政治生活","如果我早已从事政治,我早就丧失生命了"。(31D—E)他一贯奉守法,但在民主制和寡头制时都无畏地从不错误地屈从当局;他还暗指克里底亚等人说:"我不帮助某些人,包括有人蓄意恶毒地称之为我的学生的人所作的那些为法律不容的活动";又称他乐于教诲人,不论贫富,但"如果他们中任何人成为好公民或坏公民,我都不能负责"。(33A—B)他还辩白他从不曾同他人在密室私下聚晤,并无秘传弟子,他的言论都是公开的;他要在场的弟子当庭作证。(33B—34A)他还声称:"我不关注绝大多数人关注的事情——敛财,建置安乐窝,谋求军事和其他公职以及其他一些活动即政治任职、秘密结社、党派组织等我们城邦盛行的事情。我自知我过于坚守原则所以不适宜做这些事情。"(36B—C)这些申辩无疑是有针对性的,从中可以找出控诉他的真实原因的蛛丝马迹。

和色诺芬《回忆录》第 1 卷第 2 章中记述的苏格拉底的申辩对照起来看,就可以得到比较清晰的印象。色诺芬谈到指控苏格拉底"败坏青年"的罪状有以下几点:(1)他批评用豆子拈阄的办法选举城邦领导人是非常愚蠢的,这使人"轻视现行法律","激起青年人对现行政府的不满"。(2)指控者说:"克里底亚和阿尔基比亚德同苏格拉底交往以后使国家蒙受大量祸害;克里底亚是寡头政权成员中最贪婪和最强暴的人,阿尔基比亚德则是民主政权中最放纵、最傲慢和最专横的人。"(3)指控者说:"苏格拉底教导儿童轻视他们的父亲,使他的追从者相信他们比自己的父母聪明,他说按照律法只要儿子能证明父亲有疯癫病,就可以将父亲拘禁起来;他利用这种情况论证一个比较无知的人受一个比较聪明的人拘禁是合法的。"(4)指控者还说:"苏格拉底引用诗人赫西奥德的最坏诗句'做工不是耻辱,闲懒才是可耻的'来教导他的学生做无赖汉和暴君",说他将这句诗解释成为"仿佛劝导人们无论什么样的事都可以做,不正义不光彩都没有关系,只要有利可图就行"。关于指控苏格拉底不信奉城邦诸神而引进新神的问题,色诺芬一方面辩述苏格拉底也向城邦诸神献祭,是虔敬神的,作了一番苍白无力的辩护;另一方面他倒道出了一点苏格拉底"引进新神"的真情,他说苏格拉底"往往照着心中的思想说话,因为他说神是他的劝导者";他反对事事都要占卜问神,认为一切人自己可以处理的事务,"完全属于学习问题,是可以由人的智慧掌握的","凡对这类事还要求问神的人就是犯了不虔敬的罪,他认为人的本分就是去学习神已经使他通过学习可以学会的事情"。(第 1 卷第 1 章第 4、7、9 节)

色诺芬的《回忆录》写于约公元前 393 年,很可能是为反驳波吕克拉底那本攻击苏格拉底的小册子而写的,上面引的"指控者说"的内容是不是一定写入对苏格拉底的控诉书中,不好断定,但它们无疑是属于指控者所罗织的罪状事实。尽管这些"罪状"有蓄意株连和曲解之处,但从苏格拉底的思想和实际活动说又是合情合理的,表明他受控告是同他的哲学思想和实际活动及其所起的社会影响相关。他重视知识,主张遴选懂得治国知识的贤人治邦,对当时民主制度的抽签选举办法和当权者不满,确实有所批评。他同克里底亚和阿尔基比亚德这两个野心勃勃的人,特别是同后者确实有相当多的交往。他死后伊索克拉底在驳斥波吕克拉底的小册子时也说"你以阿尔基比亚德是他的学生来攻击他",埃斯基涅也说过"你们将苏格拉底处死,因为他教过克里底亚"。① 色诺芬辩称这两人变坏是在离开苏格拉底以后,苏格拉底也辩称对学生变好变坏不能负责;但指控人却以株连术将苏格拉底同这两个雅典的公敌牵扯在一起,容易煽动公众情绪,给人们一种苏格拉底是意图推翻雅典民主制的敌人的印象,用他们指控的那两条主要罪状,在当时雅典是可以将苏格拉底送上法庭判刑的。苏格拉底宣扬知识即美德是比亲属伦常关系更为重要的,他启迪青年立身处事要独立思考合乎理智,这就动摇了当时雅典子女必须服从父母的传统伦常关系。他强调做工不是耻辱,鼓励自由民从事劳动,这同乐于过闲懒生活的雅典人蔑视劳动,视为不光彩的奴隶贱业也是格格不入、犯了众忌的。苏格拉底实质上主张理性神,批判传统的人格化的多神,限制神的势力作用范围,强调人自身的主观能动性,这在当时希腊也是人们不能理解,容易遭受谴责的。因此色诺芬记述的指控内容是可信的,恰可印证苏格拉底的申辩有针对性,也表明指控本身有深刻的政治和意识形态背景。

这里还要说明一点:指控苏格拉底不敬城邦诸神而引进奇怪的新神,这在当时雅典可是一条非同小可的严重罪状,而且可以使人将它同阿尔基比亚德的案件联想到一起,因而带有政治色彩。公元前415年阿尔基比亚德统率雅典军人远征西西里时,雅典城中发生了一起"神秘祭祀"大案:一个夜间雅典的神庙和私人住宅入口处的许多赫耳墨斯神像的面部被毁坏了;告密者向当局举报有一些年轻人在私人住宅从事异教的神秘祭祀庆祝,阿尔基比亚德也在内。一些觊觎政权的人夸大其事称它是为推翻民主政治建立寡头政权策划的阴谋,当政者逮捕了许多显要公民,雅典气氛极为恐怖;被捕者被迫诬攀他

---

① 参见泰勒:《苏格拉底其人及其思想》,第114页。

人,许多人被处死,当政者下令召回已向叙拉古进军的阿尔基比亚德受审,促使他叛逃斯巴达。① 这个案件很长时间没有了结,给雅典公众留下残忍印象,令人心有余悸。和苏格拉底差不多同时受审的修辞家安多基德被指控的罪名也是"不敬神",大约同这"神秘祭祀"案有牵连,因为他写过一篇演说词《论神秘祭祀》。苏格拉底被指控不一定同此案直接有关,但指控他不敬城邦诸神而另立新神,又加上他和阿尔基比亚德的私人关系,很容易使人将它们联想到一起。在雅典以这种罪名处死人是早有先例的。

控告者最后要求将苏格拉底判处死刑,根据当时雅典法律,被判罪的人可以请求宽恕从轻发落以流放代替死刑,这样也就达到要将苏格拉底这只令统治者讨厌的牛虻逐出雅典的目的。但苏格拉底恪守他的哲学使命和原则,不仅在法庭上严正地为自己辩护,而且继续针砭雅典时弊;在宣判他死刑后又表示绝不为老妻和幼子而请求宽恕,因为这样做等于承认自己有罪。他视死如归,对死亡无所畏惧,认为死亡不过是让自己的灵魂返回应去的安息处所;他的朋友和学生劝说并设法帮助他越狱逃亡,他坚决拒绝;柏拉图的《克里托篇》记述了这件事实,苏格拉底认为这是"以错对错",是不合法的。这样他就必然走向死亡,终于饮鸩就刑,终结这一悲剧命运。

关于苏格拉底被控处死,历来往往有人认为这是雅典人做了一件大逆不道的事情,将苏格拉底这样一位圣贤君子杀死了;连三十僭主都不敢向他下毒手,而在民主政权恢复以后却居然以"莫须有"的罪名诬陷他致死。这种见解是表面的、肤浅的。色诺芬的记述无疑表明对苏格拉底的指控有蓄意罗织罪状、刻意株连的特点,但从中也透露此案有政治性质,由于苏格拉底的思想和活动及其造成的社会影响是同当时雅典的统治原则及其精神支柱即传统的政治、宗教、道德观念冲突的。这表明在历史转折的进程中城邦奴隶主阶级内部有远见卓识的思想家,同缺乏自我危机意识的这个阶级及其统治集团之间的冲突。黑格尔以深刻的历史洞察力论述苏格拉底的悲剧性质,他指出:

> 他的遭遇并非只是他本人的个人浪漫遭遇,而是雅典的悲剧、希腊的

---

① 参见修昔底德:《伯罗奔尼撒战争史》第6卷,第2、5章。

悲剧,它不过是借此事件,借苏格拉底表现出来而已。这里有两种力量在互相对抗:一种力量是神圣的法律,是朴素的习俗——与意志相一致的美德、宗教——要求人们在其规律中自由地、高尚地、合乎伦理地生活,我们可以用抽象的方式将它称为客观的自由……另一个原则同样是意识的神圣法律,知识的法律,是主观的自由,这是那教人识别善恶的知识之树上的果实,它来自自身的知识也就是理性,这是往后一切时代的哲学的普遍原则。①

黑格尔固然以唯心史观将社会矛盾归结为思想矛盾,并且用他自己的哲学术语来表达那个时代的思想和政治冲突。但是他一反前人单纯从道德角度评价这一历史事件,并不认为苏格拉底只是无端受诬,却认为苏格拉底强调人这个主体自身的理性原则:"把真理放在内在意识的决定里面,他拿这个原则教人,使这个原则进入生活之中;因此他与雅典人所认为的公正和真理发生对立,因此他是有理由被控告的。"②黑格尔深入地剖析了说苏格拉底"引进新神"的指控,他指出:苏格拉底大讲"灵机",大讲"神意"就体现在人的主体意识之中;这实际上不再是外在设定的、受公众崇拜的城邦诸神,而是借新神之意宣扬一种人主体的内在意识的新道德原则,是一种"异于希腊宗教通行的方法",那就是实践"认识你自己"这条精神法则,"他使'认识你自己'成为希腊人的格言;他是提出原则来代替德尔斐的神的英雄:人自己知道什么是真理,他应当向自身中观看。……拿人自己的自我意识,拿每一个人的思维的普遍意识来代替神谕——这乃是一个变革。这种内在的确定性无论如何是一种新的神,不是雅典人过去相信的神"③。黑格尔指出,所谓苏格拉底引进的新神实际上就是用"认识你自己"代替神谕,人的自我意识、理性是能够明辨是非识别善恶的,应该将传统的政治、法律、宗教、道德等他称为"客观的自由"的东西都交由理性来审查批判,使之成为"主观的自由"即人的理性所认可的东西。这是苏格拉底所追求的理想,黑格尔说"这是往后一切时代的哲学的

---

① 黑格尔:《哲学史讲演录》第2卷,中译本,第44—45页。
② 黑格尔:《哲学史讲演录》第2卷,中译本,第90页。
③ 黑格尔:《哲学史讲演录》第2卷,中译本,第95—96页。

普遍原则";西方哲学从苏格拉底到黑格尔的确是遵循这条理性主义原则发展下来的,当然其中有过不少曲折反复。

苏格拉底提倡这种理性原则,倡奉和传统对抗的新的神,批判希腊传统的社会道德,这些都威胁了维系雅典城邦的宗教和伦理原则,因此他被判罪是毫不奇怪的。苏格拉底的悲剧命运既有这样深刻的历史必然性,同时也有他个人的品格和态度方面的原因。从柏拉图写的《申辩篇》可以看出他坚守自己的使命和哲学原则,甘愿赴死决不屈服。按照当时雅典的法律,被判有罪的人还有自己规定刑罚的自由,可以在认罪的前提下交付罚金或选择放逐,这是相当宽容的民主制措施。但是苏格拉底两袖清风,声称他没有钱也不愿意付罚金;他也决不携妻带子在法庭垂泪乞求同情和宽免;他缄口不提要求从轻判刑,也不让朋友们代提,他认为要是这样做"就是承认自己有罪"。他的倔强态度激惹了法官们,他仍表示"我宁愿选择死也不愿奴颜婢膝地乞求比死还坏得多的苟且偷生"(色诺芬:《苏格拉底在法官前的申辩》,第9节)。吵吵嚷嚷的法庭终于以多数票判处他死刑,他最后只提出一个要求,即监督他的遗孤在成人以后坚守他的哲学原则:"先生们,当我的儿子长大以后,如果你们看到他们将钱财或别的任何东西置于善之上,你们就抨击他们,像我惹恼你们这样惹恼他们;如果他们认为他们不应该受到责难,你们必须像我指责你们这样指责他们,因为他们忽视了最重要的东西,他们自认在某些方面是善的,其实一点也不善。"他结束申辩的最后的话是:"现在是我们各奔前程的时候了,我去死,你们活着,但是我们之中谁有比较幸福的前途,任何人都不知道,只有神才知道。"(41E—42A)

我们看到,苏格拉底对当时雅典的民主政制及其法律陷入一种矛盾状态:一方面他在自己的良知的法庭上宣告自己无罪,对雅典法庭及其判决采取完全蔑视的态度;另一方面他又根据自己的政治和道德原则认为正义必须遵守法律,刻板地表示严格遵从雅典法律,绝不逃避死亡的判决。柏拉图的《克里托篇》记述苏格拉底在狱中等待就刑的一个月期间,他的朋友和学生克里托多方劝说他听从朋友们的谋划越狱逃奔他邦。苏格拉底却声称决不能这样做,他说:"要是已宣布的法律判决没有力量,可以被私人取消和破坏,一个城邦难道还能存在而不被颠覆吗?"(50A—B)他认为如果逃亡就是"以错对错,以恶对恶"(54C)。他蔑视对他的司法判决,一直意图变革雅典的法律和社会秩序,但他又严格忠于现存的雅典法律;他是叮着雅典的牛虻,而又恋着雅典的法律甘愿被杀。他毕竟是从伯里克利时代生活过来的年届 70 高龄的老人,对雅典民主制的法律还有眷恋之情。他不能摆脱自己这种内在矛盾,只好以大义凛然赴死来解决它。所以泰勒推测说:要是当时还不到 30 岁的柏拉图处于这种情况,他会毫不犹豫地逃走的。①

要研究这场悲剧还必须考察苏格拉底本人的政治态度。从现存材料看,苏格拉底对寡头专制即僭主政制无疑是反对的,他对民主政制和贵族政制(少数优秀人物执政统治的含义)的态度并不明朗。他既批评民主制的抽签选举办法,又事实上忠于民主制下的法律;他既缅怀称颂伯里克利时代,企望复兴那个伟大的时代,但又尖锐批评伯里克利的政治;他对斯巴达的贵族政制有溢美之词,表示它有可以仿效之处(色诺芬:《回忆录》第 3 卷,第 5 章第 15 节以下),但他从来没有明确主张雅典要采用那样的贵族政制,也不曾介入贵族派的政治活动。由于这种种不甚明晰的记载情况,当代西方学者对苏格拉底的政治态度有种种分歧意见,其中有两种是截然相反的见解。

一种意见认为,苏格拉底主张建立贵族政权,是图谋推翻民主制的鼓动者,这是他被处死的真实原因。1957 年美国学者克鲁斯特(A.H.Chroust)发表《苏格拉底,人与神话》一书,力图推翻现存的有关苏格拉底被控告的史料。他根据一些间接转述材料作考证,企图重新构现公元前 393 年波吕克拉底的《对苏格拉底的控诉》这本小册子的主要内容,认为它"直接指控苏格拉底公开反对雅典民主制的活动",而柏拉图《申辩篇》所以没有提及这个内容,只是因为当时已经颁布大赦令,安尼图斯等要是直接指控这个罪名反而不能对苏格拉底判罪;等到公元前 393 年雅典的拜里厄斯长城已经修复,政治大赦法已不生效,苏格拉底本人也已经死去,波吕克拉底可以秉承安尼图斯的本意宣传对苏格拉底的直接政治指控。因此克鲁斯特认为,苏格拉底并不像后世学者

---

① 参见泰勒:《柏拉图其人及其著作》,第 168 页。

只根据柏拉图对话篇所描述的那样是一位哲学家,他也是一位政治活动家,他被控处死,"首要的是雅典贵族寡头制和民主制长期严酷斗争中的一个事件"。① 另外两位美国学者温斯派尔(A.D.Winspear)和雪伏尔贝格(T.Silverberg)早在1939年发表了《苏格拉底是谁?》一书,认为苏格拉底本来出身贫寒,同民主派在政治上和思想上都有紧密联系,并且献身自然哲学、唯物论和怀疑论哲学;但他后来同富豪贵族颇多交往,变得保守了。他们认为他所引进的新神乃是"毕泰戈拉盟会的神秘神灵,是一种国际性的军事保护神";他从事"一种反对雅典民主制的阴谋,对整个民主制生活方式作思想攻击"。②

另一种意见认为,苏格拉底是一位拥护民主制和思想自由的哲学家。当代英国著名哲学家波普尔认为:《申辩篇》和《克里托篇》表现了苏格拉底的临终意愿,他"不仅能为命运、名誉及另一些高贵事物而死,也能为思想自由和自我尊严献身"。他认为后来的柏拉图正如其舅父克里底亚所作的那样背叛了苏格拉底,私自给苏格拉底塞进毕泰戈拉派的东西,强加给他集权主义观念;而苏格拉底是热爱自由的民主派、人道主义者。"柏拉图的政治主张纯粹是集权主义和反人道主义的,他根本不是苏格拉底的继承人。"③

我们以为这两种见解各走极端,不是对苏格拉底政治态度的确切评价。克鲁斯特对许多史料作了勾微索隐的整理工作,但是波吕克拉底的小册子毕竟已经佚失,仅根据古代学者的一些间接转述难以准确具体地还原它的本来内容,难以确证苏格拉底究竟参与了什么样的政治活动;根据这样的推测并不能令人信服地确定苏格拉底参与颠覆民主政权的事实。温斯派尔和雪伏尔贝格主要根据苏格拉底从学弟子的出身和他们后来的政治倾向,去论证苏格拉底转向贵族寡头派,缺乏充足理由;当时毕泰戈拉派思想还在流行,他们崇奉的奥菲斯教义在雅典一直允许传扬,苏格拉底的学生中就有毕泰戈拉派的人,说他因传播毕泰戈拉派思想而获遣判罪,更没有说服力。波普尔强调苏格拉底和柏拉图两人的政治思想有区别,这是有道理的,柏拉图的集权主义思想比

---

① 参见克鲁斯特:《苏格拉底:人与神话》,第170—171、183页。
② 温斯派尔、雪伏尔贝格:《苏格拉底是谁?》,第76、84页。
③ 波普尔:《开放社会及其敌人》第1卷,第194—195、88页。

他老师浓;但是波普尔从自己的自由主义政治哲学观念出发,一味扬苏格拉底而贬柏拉图,将苏格拉底现代化,美化成自由派思想家,无视他对民主政治的批评和他主张的贤人政治也有某种集权要求,因此也不是对苏格拉底的客观论评。

我们认为对苏格拉底案件的社会政治意义应作具体的历史分析。诚然,民主政制和贵族寡头政制的斗争贯穿于希腊和雅典的城邦奴隶制的社会历史中,但它们的内涵却是有变化的。在希波战争前后这种斗争表现为代表从事商品经济的工商奴隶主和自由民利益的民主派势力,同固守封闭的自然经济的狭隘的氏族贵族势力之间的斗争,这是当时先进和落后的斗争。到伯罗奔尼撒战争以后,整个希腊的城邦奴隶制不论采取民主政制或贵族政制乃至寡头专制政制,都在经历危机,渐趋衰落。本卷绪论中已经介绍过,在雅典由于穷兵黩武、财富兼并、两极分化,大量自由民急剧贫困化,不能再依赖城邦供给为生;他们徒有"民主"权利,实际上已经变成一贫如洗的穷光蛋。民主政制的社会基础削弱了,它已不能再产生像梭伦、克利斯提尼、塞米司托克勒和伯里克利那样的政治家,当时所谓的"人民领袖"大多是一些政治投机家、蛊惑家,他们惯于利用公众的情绪进行煽动,谋取个人私利。公民大会的投票决策出尔反尔,已经不是理智的公共意志。雅典在伯罗奔尼撒战争中的惨败暴露出它的民主制已经不适应当时社会发展的要求,雅典人曾试图更换政制以挽回颓势。公元前411年发生政变由四百贵族寡头执政,当许多人叫喊反对变更民主政制时,这场政变的策动者庇珊德尔在公民大会上说:"好,如果我们没有一个比较完好的政体,把政权交在少数人手里使波斯国王相信我们,那么我们的国家是不能挽救的。目前我们应当考虑的是我们的生存问题,而不是我们政制的形式的问题;如果我们不喜欢它的话以后我们还是可以常常变动的。"[1]试图变更政制以求城邦出路的社会心理使雅典公民大会接受这次政变,但是新建的寡头政制也不能挽救雅典的惨败,很快又恢复了在雅典深有传统的民主制。另一方面,希腊不少城邦采取的贵族政制历经近一个世纪的历

---

① 修昔底德:《伯罗奔尼撒战争史》第8卷,第4章。

史沧桑,也不能再归结为氏族贵族势力执政,实际上它已演变为从比较富有的奴隶主权贵阶层推出少数政治代表,在城邦奴隶制格局内实行相对集权统治的一种政治形式。这种政制也不能挽救希腊城邦奴隶制的内在危机,在伯罗奔尼撒战争中获胜而成霸主的斯巴达实行的是贵族政制,它在奴隶和平民起义打击的情况下,在战后也一蹶不振走向衰落。以城邦奴隶制为基础的民主政制和贵族政制都变得过时了,亚里士多德在《政治学》中说:当时"人们不再企求平等了,而是或则谋求统治他人,或则宁愿在自己被战胜的情况下忍受他人的统治;这已成为许多城邦居民的成规定俗了"(1296^{b}1—2)。它反映了当时人们对城邦政治的危机心理。

从这样的社会历史背景来探究苏格拉底之死的政治意义,可能比较恰当。当时希腊城邦无论民主政制还是贵族政制都在衰变没落之中,因此只根据苏格拉底倾向于其中哪一种政制来判定他的政治态度是进步的还是保守反动的,并不符合历史主义的观点,也没有必要这样来评判。苏格拉底无疑对当时雅典蜕变中的民主制有所批判,因为他痛切感到这种制度已经不能产生有智慧的坚强领导来维护城邦统治。这种批判无可非议,算不得保守或反动,倒是表现了他有敏锐的政治洞察力;何况他并未全盘否定更没有蓄意要推翻这种政制,他只是希望改革它。究竟要改革成什么样的政治形式? 苏格拉底似乎并没有明确的主张,他还在上下求索之中。他对斯巴达的贵族政制的相对集权和道德凝聚力有好感,在色诺芬的《经济论》中记述了他认为雅典可以借鉴波斯帝国的某些管理政治、军事和农业的经验;但是他从来不曾主张雅典可以照搬斯巴达的贵族制或波斯的君主制。对雅典应该采用的政制形式,他还只能在理论上提出一种贤人政治原则,即主张选拔一些真正有专门的治国知识和才能的人,让他们建立强有力的统治;不能将国家权力交给没有治邦知识和才能的普通公民,因为他们很容易受蛊惑家的操纵。至于如何培养和选拔这样的专家,苏格拉底虽然在实践中努力尝试,却没有成功的经验,后来是他的学生柏拉图才将这些思想发展成为系统的理论。苏格拉底对雅典城邦的政治和法律制度虽然有所批判,但他还是谨守公民的义务,对城邦的立法和政治机构还是尊奉的。苏格拉底作为有敏锐见识的思想家,在社会演变中探求合适的政治统治形式;他的政制变革设想还比较笼统,但大体上还是符合古代希腊奴隶社会发展的要求。

苏格拉底的哲学和政治原则旨在维护奴隶主阶级的长远利益,基本上符合古代希腊奴隶社会的演进方向,但是它不能为雅典公民所理解,雅典公民已被战争、政变和政客争权弄得晕头转向意乱神迷,不能体察"牛虻"的使命和善意,也无力解救自己了。苏格拉底被他所苦苦眷恋的城邦处死,不仅是他个人的悲剧,也是雅典的悲剧,是城邦奴隶制趋衰的那个时代的悲剧。据说在苏格拉底死后不久,雅典人后悔处死了这位伟人,第欧根尼·拉尔修记载说:"雅典人不久就对他们的行为后悔了,他们惩处控告者,判处美勒托死刑;他们树立了一座由吕西普制造的铜像来纪念苏格拉底,放置在行进途中的山坡上。不久以后安尼图斯去访问赫腊克利亚,当地居民当天就将他驱逐出境。"①不论这段记载是否属实,雅典人迟早总会认识苏格拉底思想的价值。第欧根尼·拉尔修还说欧里庇得斯在他的《帕拉墨得》中谴责雅典人:"你们已经扼杀了全智的、无罪的缪斯的夜莺。"②苏格拉底以自己的死亡使他的精神和思想获得了真正的荣誉和永恒的价值。

第四节　史料和"苏格拉底问题"

苏格拉底没有写过著作,我们研究他只能依靠他的学生和其他古代学者的有关记述,而这些材料在内容和写作方式等方面又有不少差异,从而使史料问题显得突出,成为哲学史上产生所谓"苏格拉底问题"的主要原因。

从19世纪中叶以来西方学者对有关苏格拉底的史料作了许多考释,他们得出的结论意见分歧很大,从而引起论评苏格拉底的一系列争论如:怎样看待苏格拉底在哲学史上的地位,他只是一位道德实践家和政治活动家,抑或更重

---

① 第欧根尼·拉尔修:《著名哲学家的生平和思想》第2卷,第43节。
② 第欧根尼·拉尔修:《著名哲学家的生平和思想》第2卷,第44节。

要的是一位启导哲学思想变革的伟大哲学家？柏拉图对话篇中所讲的苏格拉底的思想究竟是谁的，如何确定苏格拉底和柏拉图思想的联系和区别？还有怎样评价柏拉图对话篇以外的其他资料等等。由于对待史料众说纷纭，人们似乎难以得到一个确定的苏格拉底的形象，例如列维（A.W.Levy）认为："我相信历史上的苏格拉底问题是不能解决的，只有探讨发现苏格拉底对我们自身的意义才是永恒持续的。……如同有人可以探求苏格拉底这样一位哲学家所主张的生活的意义，有人可以探求他关于感觉材料的本性的理论，有人可以探求他关于道德价值的客观性的信念是什么等等。"①这实际上是对历史采取虚无主义态度了，还是英国学者贝克尔（W.W.Baker）说得好："苏格拉底的伟大形象不是单方面的而是多方面的……因此很自然，有着不同旨趣的人们就会见到其不同的方面；他们抽取的画面虽然不同，却全是真的。"②我们以为苏格拉底是一位思想活跃、才智横溢，在多重领域中进行探索的哲人；我们只要对各种史料作合理的分析和综合，就可以获得一个大体确实的苏格拉底思想的全貌。

这样我们就可以进而讨论苏格拉底的史料问题。古希腊留下的有关苏格拉底的主要史料有四种：（1）阿里斯托芬的喜剧，主要是公元前 423 年上演的《云》。（2）色诺芬的著述，主要是《回忆录》和《苏格拉底在法官前的申辩》，约写于公元前 393 年，他写的《经济论》和《会饮篇》都是关于苏格拉底的记述。（3）柏拉图的对话，现在比较多数学者认为早期和一部分中期对话中记述的苏格拉底的思想大体上反映苏格拉底的思想。（4）苏格拉底的再传弟子亚里士多德著作中指名为苏格拉底思想的论述，大体是可信的。除这四种外，当波吕克拉底发表攻击苏格拉底的小册子时，苏格拉底的学生安提斯泰尼和埃斯基涅都曾写过忆述苏格拉底的对话为他辩护；色诺芬在《苏格拉底在法官前的申辩》开始时就提到"别人已经论述了这些事，而且都不谋而合地提到了他的崇高言论。"可惜这些对话都已经佚失，其中埃斯基涅所写的七篇以苏

①　列维：《19 世纪的苏格拉底》，见《思想史》1956 年，第 94—95 页。

②　贝克尔：《为色诺芬的回忆录作的辩护》，第 308 页。

格拉底为主角的对话还保留少数残篇,菲尔德(G.C.Field)在《柏拉图和他的同时代人》书中有英译。根据第欧根尼·拉尔修记载,埃斯基涅是雅典公民,卖香肠者之子,追随苏格拉底勤学苦读,苏格拉底称赞说:"只有卖香肠者的儿子懂得怎样尊敬我"。据说他的对话内容不少取材于苏格拉底之妻克珊西普,对话的结构比较松散。① 当时的演说家伊索克拉底的演说中也有为苏格拉底辩护,反击波吕克拉底的片断;亚里士多德以后直至罗马时代的哲学家和编纂史家讲到苏格拉底的内容不少。弗格逊(J.Fergerson)编的《苏格拉底史料》(伦敦,1970年)一书除摘选上述四种主要史料外,还汇集了其他历史记述、残篇以及希腊后期和罗马的资料,内容比较丰富可以参考。

我们以为上述四种主要资料基本是可信的,对研究苏格拉底有重要价值,分别介绍如下:

第一,阿里斯托芬的喜剧。

这是最早记述苏格拉底的资料,当时苏格拉底还在世,亲自看到过演出。戏剧是雅典社会生活的重要内容,希腊喜剧不但是重要的文学瑰宝,而且它以嬉笑怒骂讽刺揶揄的手法,刻画包括显要人物和重大事件的现实社会生活,有历史价值。伯里克利、克莱翁等政治名流以及订立尼西亚和约等历史事件都被搬上喜剧舞台。伯罗奔尼撒战争爆发以后年逾40的苏格拉底周旋于城邦生活各个角落,在雅典已经很有名气了;当时一些喜剧都以插科打诨的方式点到他,或径直让他的形象在舞台上亮相,这些喜剧作品大多没有完整保留下来,只有少数残篇;和苏格拉底同时的喜剧作家中,现在只有阿里斯托芬的一些完整作品,其中《马》、《蛙》、《马蜂》等偶尔点到苏格拉底及其追随者;而以苏格拉底为主角、最有研究价值的是他的喜剧《云》。

《云》剧将苏格拉底描绘成一个装腔作势狡辩骗钱的智者,极尽讽刺挖苦之能事。我们在下一章中将介绍它的主要内容。这部喜剧演的当然不是真事,作者将玩弄诡辩的智者、有无神论倾向的自然哲学家和禁欲主义道德家这三种形象都捏合在苏格拉底身上,当然不是一个真实的苏格拉底;但是通过这

---

① 参见第欧根尼·拉尔修:《著名哲学家的生平和学说》第2卷,第60节。

个剧本我们可以透视当时雅典的社会风尚和思想生活,了解苏格拉底和智者活动的社会背景。该剧对我们了解苏格拉底早期思想是有参考价值的。泰勒认为《云》剧曲折地反映了苏格拉底早期接受伊奥尼亚自然哲学的思想,他说剧本中的"思想库"是真实的,只是为喜剧效果变了形而已。① 伯奈特也指出《云》剧上演时苏格拉底才45岁,喜剧作者是以苏格拉底的早期思想为依据,而不是以学术上已经成熟的苏格拉底为根据的。② 他们的解释是有道理的。苏格拉底自己看过《云》剧演出,按照当时雅典的习俗,他对这样的嘲谑并不在意。不过《云》剧确实有对苏格拉底思想的严重曲解,给雅典民众留下长久持续的印象,它所形成的偏见成为苏格拉底晚年被控告的舆论基础。

第二,色诺芬的著作。

由于柏拉图的对话篇是研究苏格拉底哲学思想最主要的史料,过去有些学者认为色诺芬的著述理论价值不高,不予重视;其实色诺芬作为苏格拉底的亲近弟子以自己的眼界平实地记述苏格拉底的活动和思想,有重要的研究价值,现代西方许多学者也比较重视他留下的史料了。色诺芬同柏拉图年岁相近,约生于公元前430—前425年间,他们两人均在青年时代追随苏格拉底几十年光景。他是雅典公民,出身富有的世家,培养了较高的文化水平;曾从军远征,积极参与雅典的社会公共活动,有丰富的实际生活经历。他大约二十岁左右即从学于苏格拉底,据说他是一个俊美、谦和的人,苏格拉底在一条狭巷中遇到他,便用手杖挡住他的去路,问他在哪里可以买到生活必需品,他回答以后,又问他:"在哪里人们可以成为善和有美德的人?"色诺芬困惑了,苏格拉底就说"那么跟我来学吧"。他就成为苏格拉底的学生。③ 他很钦佩师长,怀念已故的老师:"当我想到这个人的智慧和高尚品格时我就不能不记述他,而在记述他时更不能不赞美他。如果在那些追求德行的人中间有谁能遇到比苏格拉底更有益的人,我认为他就是最幸福的了。"(《苏格拉底在法官前的申辩》,第34节)公元前401年雅典派兵参与波斯王居鲁士在小亚细亚的远征,

① 参见泰勒:《苏格拉底其人及其思想》,第73页。

② 参见伯奈特:《希腊哲学:从泰勒斯到柏拉图》,第144页。

③ 参见第欧根尼·拉尔修:《著名哲学家的生平和学说》第2卷,第48节。

苏格拉底认为居鲁士曾伙同斯巴达反对雅典,雅典同他交好有政治危险;色诺芬问他能不能随军远征,苏格拉底要他去求问特尔斐神谕,实有劝阻之意,但色诺芬还是参加了这次军事活动。[①] 因此苏格拉底受审和被处死时他都没有在场。他有关苏格拉底的记述当是自己回忆亲随的经历以及根据其他门生和朋友提供的情况撰写的,应当是可信的。他大约死于公元前 355 年左右。

色诺芬是一位多产作家,他的作品有阿提卡式那种清明平实的散文风格。他写的《远征记》一书留下了雅典军队跟从居鲁士出征安那托利亚(今属土耳其地区)的第一手史料;修昔底德的《伯罗奔尼撒战争史》只写到公元前 411 年止,《远征记》是续修以后一段希腊历史的重要典籍。色诺芬记述苏格拉底的著作现存四种:《回忆录》、《苏格拉底在法官前的申辩》(这两种有吴永泉的中译本,合称《回忆苏格拉底》,1984 年)、《经济论、雅典的收入》(有张伯健、陆大年的中译本,1981 年)和《会饮篇》。色诺芬的专长不在哲学而在历史和经济。他记述苏格拉底的日常言行以平实见长,其中有不少哲理内容但深度不如柏拉图的对话。他有些记述和柏拉图对话中的内容相似,有些西方学者甚至认为他的记述是抄袭柏拉图的,如伯奈特就认为他的材料主要来自柏拉图的著作。[②] 当然色诺芬可能读过柏拉图和其他人的有关著作,但要说当波吕克拉底继续谴责苏格拉底时,色诺芬这样一位大作家会以抄袭柏拉图的方式去反击,那是说不通的;何况在色诺芬提供的史料中还有许多内容是柏拉图不曾提到过的。既然两位学生都是忆述同一位老师,某些内容相似本来是自然的,恰恰可以起到相互印证的作用。柏拉图的对话篇固然哲理深邃、学术色彩浓厚而且很富文采,但总还有柏拉图本人所加修琢和发挥的成分;而色诺芬却以自己的亲身见闻平实地记述苏格拉底的日常言行,他的人格、活动和思想,更具真实度。从策勒以来不少西方学者对色诺芬的记述采取充分肯定的

---

① 参见色诺芬:《远征记》第 3 卷,第 1 章第 5 节,见弗洛逊编:《苏格拉底史料》,第 159—160 页。

② 参见伯奈特:《希腊哲学:从泰勒斯到柏拉图》,第 149 页。

态度,如格思里认为,色诺芬笔下的苏格拉底是"可信的真实的人的品格"①。

以下简介色诺芬的四种史料的主要内容和特点。

《经济论》记述苏格拉底和伊肖玛库(有人认为这就是色诺芬本人)关于管理农庄经济的对话,对于了解当时雅典农业经济的情况很有价值。苏格拉底不是农业和经济的专家,但他对这方面的问题有敏锐的见解。农村经济贫瘠本来是雅典城邦的一大弱点,苏格拉底强调不能只驱使奴隶从事城市小手工业和家庭劳动,而要重视生活最必需的基础农业经济,因为耕作是其他一切技艺的养育者。他认为农业是最健旺的工作,它能保证给人以闲暇去从事其他对城邦有益的事业;而且管理农庄可以训练人的领导才智,他宣称"土地也会教给人正义"。(第5章,第6章第9节)他还指出:光有土地如果种不好也不能养人,土地即使变成了钱如果不会使用也不是真正的财富;所以要有知识,在知识指导下土地和钱才有用才能成为财富。他认为以问答法启发知识是最好的教学方式,他说:"提问难道不真正是一种教学形式吗?我恰恰从中体察到你所有问题的要点,你引我循着熟悉的知识之路走,你向我指出了我所要知道的对象,使我相信我知悉了我不曾知道的东西。"(第19章第15节)对话中还有苏格拉底结合耕作实践谈到学习是回忆的内容,柏拉图在《美诺篇》和《斐多篇》、《泰阿泰德篇》中都谈到过学习知识就是回忆的问题,很可能是苏格拉底本人谈到过回忆的思想,而不是柏拉图和色诺芬二人之间是谁抄袭了谁的问题。

《会饮篇》是一篇较长的对话,和柏拉图中期写的一篇对话同名,主题也相近,但与会者和对话的风格不同。这篇对话大约写于公元前4世纪的80年代,因为90年代波吕克拉底攻击方盛,色诺芬不至于会抛出这篇记载苏格拉底放浪形骸的宴会,容易证明他"败坏青年"非难的作品。色诺芬的《会饮篇》不像柏拉图的《会饮篇》那样是严肃地讨论美与爱的主题,而是以粗放的白描手法描述苏格拉底和友人们饮酒欣赏歌舞的种种表现,不连贯地插入苏格拉底的提问和讨论;安提斯泰尼在这里表现得疯狂好辩,不甚得体。看来苏格拉

---

① 格思里:《希腊哲学史》第3卷,第335页。

底在其俭朴的生活中也间或参与这种不拘形迹欢乐自娱的活动。色诺芬在对话中自述其写作意图:"在我看来记述一位高尚人物的行为是值得的,不光记述他是严肃的人,也应记述他的欢快自娱。"①

宴会中舞蹈者的出色表现引起对话人讨论比较男人和女人的能力,表现苏格拉底有两性平等的看法。当舞罢的少男少女离席,准备祭庆酒神时苏格拉底突然提出如何赞颂"爱神"的问题,和柏拉图《会饮篇》的主题一致,看来这是当时雅典文人津津乐道的题目。这篇对话中谈到性的问题,比柏拉图的同名对话写得更为放纵露骨;苏格拉底笑谑调侃,最后仍是论证"灵魂的爱胜过肉体的爱",和柏拉图《会饮篇》一样。同色诺芬其他那些风格平实简朴的篇章不同,这篇对话为我们留下了苏格拉底的生动多姿的生活侧面和不加雕饰的言论。他赞颂爱和美,不是苍白干瘪的,而是富有激情动人心弦。他还谈论体格健美,力戒纵欲的养生之道,问答术(辩证法),功利性和适用性是美等等问题,和柏拉图的同名对话可以相互印证。

《苏格拉底在法官前的申辩》是色诺芬根据苏格拉底另一位学生赫谟根尼的转述写成的,篇幅很短。苏格拉底只从正面辩白自己"既没有对神不虔敬,也没有对人不正义";同时强调自己老态龙钟,死去比活着好,"他不但不想乞求免死,反而认为现在死去正是时候"。这同柏拉图的《申辩篇》中苏格拉底的犀利辩驳、侃谈哲理、为坚持真理慷慨赴难的高大形象相比,显然远为逊色。但也不能因此怀疑这篇申辩的真实性。因为它是第二手转述材料而且经过虔信神的色诺芬的折光,使申辩词显得平淡,也是自然的。但这篇申辩和柏拉图的有关对话在实质内容上有不少相通可以互相印证之处,如记述凯勒丰赴特尔斐请求神谕,苏格拉底拒绝越狱逃生的故事以及某些哲学思想,和柏拉图的记述相似,表明这些确是历史事实。又如它记述苏格拉底无畏赴死,他说:"你们岂不知道我从一生下来按本性早就注定要死的吗!"当然这篇申辩的哲学研究价值不高,远不能和柏拉图《申辩篇》相比。

《回忆录》无疑是色诺芬的关于苏格拉底的最重要最有价值的史料。全

---

① 弗格逊编:《苏格拉底史料》,第156—157页,格思里:《希腊哲学史》第3卷,第343页。

书4卷39章,根据作者追随苏格拉底的亲身见闻详细记载老师的言行,其可靠性毋庸置疑。这个回忆录写于公元前393年波吕克拉底散发小册子煽起谴责苏格拉底之风以后,色诺芬针对这种责难以回忆的方式正面辩护,保卫老师的形象。吉贡、克鲁斯特等西方学者仅仅根据他们所说此书"结构松散",断定它原是作者生前未发表的一些散篇著作,死后才由不细心的学者凑集而成。① 这种看法的根据不足。色诺芬在第1卷的前两章直接针对指控苏格拉底的两条罪名作正面辩护以后,就转入他回忆所知的苏格拉底的日常言行:"为了证明,在我看来苏格拉底如何通过他的为人以及同那些和他交游的人们谈话,使他们获得益处,我将把我所记得的有关这方面的事情尽量记录下来。"(第1卷第3章开始)表明回忆是针对指控和谴责而写的,色诺芬生前怎么会秘而不宣呢? 再说它不是为苏格拉底写完整系统的思想评传,只是各种片段事实的回忆,结构松散也是自然的。而且全书以对苏格拉底的指控罪名开始,以评述他的死结束,首尾照应;各卷论述也都有中心主题,是一个有机整体,也不像是许多散篇凑合而成的。

色诺芬的《回忆录》虽然文采不足哲理不深,但它是平直的实录,未经柏拉图着意作的那种词章雕饰,也不存在师生之间某些思想的首创权的争议问题,这就有它的独特性,比柏拉图的对话更具有可信的史料价值。《回忆录》的内容相当开阔,记述了苏格拉底谈到的一些哲学见解,以及他根据自己的哲学原则探讨政治、军事、经济、教育、审美乃至技艺、养生等各种问题,其中不少是柏拉图对话篇中所没有的,因此它是研究苏格拉底思想的重要史料。

第三,柏拉图的对话篇。

柏拉图的对话是我们研究苏格拉底哲学思想的主要史料,只有像柏拉图那样思想深邃的哲学家才能将他的老师的哲学思想娓娓动听地深刻阐发出来。柏拉图生于公元前427年,青年时代即从苏格拉底学习;即使算他18岁时开始追随已经60岁的苏格拉底,老师对他的直接教诲也只有10年时间。所以对话中记述的属于苏格拉底哲学思想的内容并不一定全都是他面聆的,

---

① 参见格思里:《希腊哲学史》第3卷,第346页。

有些可能是从其他学生和朋友处了解到的。柏拉图极为敬仰他的老师的人格和思想，苏格拉底的使命和精神一直铭刻在他心上，他一生的哲学活动也可以说就是继承和发展苏格拉底的事业。苏格拉底被处死对柏拉图震动很大，他离开雅典逃往麦加拉、埃及、居勒尼、西西里等地凡 12 年。在这期间他写了不少对话都以苏格拉底为主角，比较真实地记述苏格拉底的思想；这不仅是为了缅怀先师，也可能是为了回击波吕克拉底等人对苏格拉底的攻击。这些早期对话史称"苏格拉底式对话"。公元前 387 年柏拉图返回雅典创立学园，授徒执教达 40 年，其间有三次西西里之行；他的中期和晚期对话、多数信札以及没有写成文字的不成文学说都是在这时期形成的。这些对话中虽然大多数仍以苏格拉底为主角，但所阐述的思想中更多地有着他本人的发展和创造，缔建成柏拉图的庞大哲学体系；当然不能说其中完全没有苏格拉底的思想了，实际上苏格拉底的哲学精义已凝注在柏拉图哲学体系之中，是柏拉图相论的主要思想来源之一。柏拉图的早中期对话几乎都以苏格拉底为主角，在后期对话中主角的地位逐渐让给别人，以至到最后的《法篇》中苏格拉底不再出现；这也反映柏拉图逐渐意识到不再需要借用老师之口来阐述他自己的思想了。柏拉图让苏格拉底作为对话的主要发言人，除了表示崇敬和缅怀外，的确也表示对话中不同程度地反映了苏格拉底的思想，他们师生二人的哲学思想确有难解难分之处。柏拉图有卓越出众的文学才华，他写的对话特别是早期对话，不仅是深邃恢宏的哲理篇章，也是西方古代文学史上少见的瑰丽灿烂的精品杰作；人物形象栩栩如生，情词并茂富有魅力，明喻、隐喻、讽喻、神话、寓言等等俯拾即是，激情、幽默和学识交融一体，处处散溢才子气息。也只有这样的才笔才能再现苏格拉底这位伟大哲人的丰富多彩的人格和珠玑倾泻的思想。在本编中柏拉图的早期和部分中期对话是我们分析研究"述而不作"的苏格拉底的哲学思想的主要史料。

然而要通过柏拉图的对话篇研讨苏格拉底的哲学思想，我们必须澄清以下三个相互关联的、在学术界颇有争议的问题。

第一个问题，如何看待柏拉图对话篇中记述苏格拉底的内容的历史真实性。

　　柏拉图的对话是否真实地记述了苏格拉底的思想？西方学术界有两种截然相反的见解。19世纪末至20世纪初德国一些学者最早提出否定柏拉图对话内容的历史真实性,如阿斯特(G.A.Ast)仅根据文章结构以及没有明确论述灵魂不朽说,便否定《申辩篇》是苏格拉底出庭辩诉的真实记述。① 1913年梅耶尔(H.Maier)所著《苏格拉底:他的工作和历史地位》则认为苏格拉底本来就不是哲学家,他只在道德和论辩术方面有贡献,也只有在这些方面柏拉图的某些早期对话对研究苏格拉底有参考价值。② 以后瑞士伯尔尼大学教授吉贡(Gigon)于1947年出版《苏格拉底》一书,竟认为对话中苏格拉底只是传说中的人物,柏拉图全部对话中的主要思想只代表柏拉图自己。③ 还有上面提到的美国学者克鲁斯特1957年著作的基本倾向是要破除关于苏格拉底的传统"神话",全部推翻包括柏拉图对话在内的所有关于苏格拉底的直接史料,认为它们只是虚构了一个"传说中的苏格拉底"。④

　　以上这些否定倾向本身也遭到否定,1838年德国浪漫主义思想家、古典解释学的代表施莱马哈写了《论苏格拉底作为哲学家的价值》一文,同疑古风针锋相对,肯定柏拉图早期对话记述的苏格拉底的历史真实性,肯定苏格拉底在哲学史上的重要地位。在他以后策勒、冈珀茨等希腊哲学史名家在他们的著作中都发挥了这种主张。应当指出,英国学者泰勒和伯奈特在考释和论证柏拉图对话中苏格拉底的真实性方面也卓有贡献,泰勒在《柏拉图其人及其著作》中批评了19世纪德国学者认为全部柏拉图对话中的苏格拉底只是柏拉图自己的化身这种主张;他区分出一些柏拉图的早期对话,称之为"苏格拉底组对话",⑤对这些对话作了细致剖析,对研究苏格拉底思想很有价值。我们认为,柏拉图的不同时期的对话体现苏格拉底的哲学思想的程度和范围是不同的,不能说它们全是柏拉图自己构思出来的。柏拉图的早期对话基本上以

①　参见菲立浦生(C.Phillipson):《苏格拉底的审判》,第17—18页。

②　参见梅耶尔:《苏格拉底:他的工作和历史地位》,第103页。

③　参见格思里:《希腊哲学史》第3卷,第327页。

④　参见克鲁斯特:《苏格拉底:人与神话》,"前言"第xii页。

⑤　参见泰勒:《柏拉图其人及其著作》,第24—25页。

体现苏格拉底的哲学思想为主,这些对话的内容和亚里士多德所说的苏格拉底的思想基本一致;而且柏拉图写这些对话时,苏格拉底的弟子还大有人在,都会读到这些对话,因此对话中要虚构苏格拉底思想是不大可能的。柏拉图对话中不同程度地记述苏格拉底哲学思想的历史真实性是不能否定的。

第二个问题,怎样看待对话中苏格拉底思想和柏拉图本人的思想的关系。

在这个问题上西方也有两种截然相反、各走极端的见解。吉贡等人认为柏拉图的全部对话都是"借夫子自道",老师的嘴只不过是学生的话筒,对话中的苏格拉底只是柏拉图的代号。而另一方面,泰勒和伯奈特则夸大了柏拉图对话体现苏格拉底思想的范围和程度,主张他的早、中、晚期的全部对话中的苏格拉底都是历史上真有过的苏格拉底的言论和行动。伯奈特认为全部对话都精确如实地表现了苏格拉底;[1]泰勒认为即使像《巴门尼德篇》那种有高度思辨性的对相论的批评和讨论,也是柏拉图根据安提丰的转述所写的,全部内容都有历史真实性。[2] 这两种各走极端的见解现在已不再为大多数西方学者所接受,我们以为格思里在《希腊哲学史》第 3 卷中的论断比较客观,比较符合历史实际。他说:"在柏拉图的对话中,看来他将自己的思想同苏格拉底的思想如此融合在一起,以致二者难以区分开来",但是柏拉图实质上又不同于他的老师,"他借老师之口,常常阐述他自己成熟之年的研究成果,阐述更为开阔更有系统的思想";"展示有关全部实在的新眼界,涉及形而上学、心理学、宇宙论等等";然而柏拉图又是"立足于由苏格拉底的基本信念构造的理性规范的体系,捍卫和发扬苏格拉底的思想"。[3]

柏拉图在苏格拉底身边从学近十年,无疑对老师的教义有深刻领会;他对苏格拉底的哲学原则坚信不疑,他的全部对话都坚持贯彻这些原则。他写早期对话时尚未进入学术成熟之年,还很少自己的创造,基本上是反映苏格拉底的哲学思想的。在他写给叙拉古僭主狄奥尼修的第二封信札中,他说:"用心学习而不要写作是最安全的办法,因为写下来的东西不泄漏出去是不可能的。

① 参见伯奈特:《柏拉图主义》,第 39 页。
② 参见泰勒:《柏拉图其人及其著作》,第 351—352 页。
③ 格思里:《希腊哲学史》第 3 卷,第 325—326、353 页。

这就是为什么我不写东西,为什么没有柏拉图的著作的缘故;现在被认为是柏拉图的著作乃是被修饰过的适应现在需要的苏格拉底的著作。"(314B—C)对这第二封信札的真伪学者中是很有争议的,即使它不是柏拉图自己写的而是出于另一个古代人的伪造,也可以表明古代希腊人已有认为柏拉图的早期对话(都是在和狄奥尼修结识以前写的)是经他修饰过的苏格拉底的著作。柏拉图是一位才华出众,很有创造性的青出于蓝的学生,在苏格拉底死后五十年间他发展老师的基本哲学原则,演化成为一个严谨博大的哲学体系,在广度和深度方面都伸向老师尚未触及的方面,这也是无可置疑的。要是说在苏格拉底死后很长时间,乃至在柏拉图已届花甲之年他还只是在起整理记录他的老师的言论的作用,那倒是很难想象的。从《国家篇》那样提出一个成熟的相论体系,到《巴门尼德篇》对相论作自我批评并提出改革的学说,《智者篇》构建了相的范畴体系,以至《蒂迈欧篇》提出完整的宇宙创生论,《法篇》重新具体设计他的政治理想,这样不断地构建并发展庞大的哲学体系,是"述而不作"的苏格拉底不可能做到的。作为"牛虻"螫叮雅典的紧迫历史使命感和他当时的生活处境,不可能为苏格拉底提供这样的研究条件,只有柏拉图在漫长的学园生涯中才能达到这样的学术成就。

要判断苏格拉底和柏拉图二人的思想的主要区别,就是要判断在柏拉图对话中哪些主要是反映苏格拉底的思想,而哪一些则是属于柏拉图自己的思想。这种判断的根据何在呢?最可靠的根据莫过于亚里士多德的有关论述。不仅因为亚里士多德在柏拉图的学园中学习生活了20年,当然熟悉柏拉图的思想以及他和苏格拉底的关系;而且因为亚里士多德具有非凡的学识鉴别力,对他以前的各家学说都做过细致的分析并作出恰当的评价,是以后从古至今哲学史家研究和评论这些学说的主要依据;西方有些学者为了维护自己的偏见而有意抹煞和贬低亚里士多德有关论述的价值,提不出任何能令人信服的证据,是不足为奇的。亚里士多德在《形而上学》第1卷论述在他以前的各派哲学家的学说时,对苏格拉底确实讲得很少,只说了一句话:

苏格拉底忙于研究伦理问题而忽视了作为整体的自然世界,只在伦理方面寻求普遍的东西,开始专心致志寻求定义。(987^{b}1—3)

接着亚里士多德又说:"柏拉图接受他的教导,但是认为不能将它应用在感性事物上,只能应用于另一类东西;理由是可感觉的事物总是永远在变动中的,所以共同普遍的定义不能是有关感性事物的定义;这另一类东西他就叫作'相'"。(987^b3—8)在《形而上学》第13卷第4章谈到相论产生的历史时,亚里士多德说:

> 有两件事可以公正地归于苏格拉底,即归纳的论证和普遍的定义,这二者都是知识的出发点;但是苏格拉底并没有将这个普遍的东西或定义看做是分离存在的东西,而他们〔那些肯定"相"的人〕却将它们看做是分离存在的,这就是他们称为"相"的那种东西。(1078^b27—32)

亚里士多德的这两条论述,多数哲学史家认为是对苏格拉底哲学思想的最扼要的概括,同时也将苏格拉底和柏拉图二人的哲学思想区分开来了。这表现在以下几点上:(1)苏格拉底忙于研究伦理问题,只在伦理方面寻求普遍的东西,忽视了作为整体的自然世界的研究。当然苏格拉底年轻时期曾经研究过自然哲学并服膺阿那克萨戈拉的学说,但在《斐多篇》中自述他的思想历程时申明他已经放弃了对自然的研究,所以亚里士多德没有将这点概括在内,后来的苏格拉底确实只探讨伦理问题而忽视了对整个自然的研究。根据这一点,在柏拉图对话中凡是涉及以整个存在作为研究对象的本体论和研究整个自然界的宇宙论思想,都可以说是不属于苏格拉底的思想而是柏拉图的发展。(2)苏格拉底在哲学思想方面的主要贡献是他在探求伦理问题时提出的归纳论证和寻求普遍的一般的定义,亚里士多德认为这两点应当归功于苏格拉底,并且认为这两点是一切学问和知识的出发点,是很重要的。我们知道柏拉图所说的"相"就是从苏格拉底的普遍定义中引发出来的,亚里士多德将他们两人的区别说得很明确:苏格拉底虽然寻求伦理的普遍定义,但他并没有将这个普遍的东西看做是和感性事物不同的另一类存在;而柏拉图却认为这种普遍的定义不能应用于永远变动的感性事物,它是另一类东西,他称之为"相"。由此可见,苏格拉底所说的普遍定义虽然是柏拉图的相论的重要根源,但是苏格拉底并没有将他所说的普遍的东西说成是另一类存在的"相";是柏拉图才将"相"当作是在感性事物以外的另一类存在,并将它构建成为一个以本体论为主包括认识论、宇宙论等各个方面的庞大的相论哲学体系。至于"相"是不是和具体事物互相"分离"的问题，是柏拉图哲学中学者们有不同意见的问题，我们将在下一编论述柏拉图哲学时专门讨论。

根据亚里士多德提出的论述来判断，我们就可以将柏拉图对话中凡是主要讨论伦理问题，不涉及或很少涉及本体论和宇宙论等思想的归为苏格拉底，反之以讨论本体论或宇宙论等思想为主的则归为柏拉图；凡是只寻求普遍的伦理定义而没有将它作为另一类存在的"相"的可以归属于苏格拉底，反之凡是将之明确为另一类存在的"相"并提出一套相论哲学体系的则只能归为柏拉图自己的哲学思想。现在柏拉图的二三十篇对话经过西方学者近一百多年的努力，采用科学的方法确定它们可以分为早、中、晚三个时期的作品；他们采用的是比较对话的风格和语言的不同、其他历史著作以及对话中历史人物和事件的证据等方法，并不涉及对话的思想内容，但是他们研究得出结论认为是柏拉图早期和中期的几篇对话，恰恰和上面所讲的按亚里士多德提出的思想内容标准应归为苏格拉底的相同；不同的方法得出相同的结果，因此我们可以比较大胆地将柏拉图的早期对话和中期的几篇对话的内容归为苏格拉底，这些对话是我们以下分析论述苏格拉底哲学思想的主要史料。

第三个问题是如何具体区分柏拉图的早期和中、晚期对话，以便准确掌握研究苏格拉底的史料。

这个问题我们在下一编论述柏拉图哲学时要专门详细讨论，我们的意见是接受现在比较多数学者同意的看法，认为以下十一种对话属于柏拉图的早期对话：《申辩篇》、《克里托篇》、《拉凯斯篇》、《吕西斯篇》、《卡尔米德篇》、《欧绪弗洛篇》、《大希庇亚篇》、《小希庇亚篇》、《普罗泰戈拉篇》、《高尔吉亚篇》、《伊翁篇》，还有《国家篇》的第1卷一般也认为是柏拉图的早期作品。此外，我们列为中期对话的《欧绪德谟篇》、《美涅克塞努篇》和《克拉底鲁篇》等三篇对话，由于主要是论述苏格拉底和智者的论辩，或者没有明确提出相论的思想体系，也可以作为研究苏格拉底思想的史料使用。由于苏格拉底的思想和柏拉图的思想本来是难分难解的，即使是论述系统相论的《斐多篇》中的苏格拉底自述其思想变化历程，既可以看做是柏拉图的自述，也可以看做是苏格拉底的自述。

本编将紧密结合各个专题,对上述十四篇对话分别进行分析述评,既便于比较具体了解和研究苏格拉底的哲学思想,同时也介绍了这些对话篇的主要内容,这是写作希腊哲学史的一种新的尝试。

第四,亚里士多德著作中的有关论述。

亚里士多德著作中讲到苏格拉底思想的并不多,在《形而上学》中大概他认为可以归为他所说的"第一哲学"的苏格拉底思想很少,所以对苏格拉底讲得不多;但如上面所引述的,他所讲的几条是对苏格拉底思想最扼要的论述,是我们理解苏格拉底思想的重要关键。亚里士多德讲到苏格拉底思想较多的是在他的伦理学著作中,比较集中在《尼各马科伦理学》和《优台谟伦理学》中,在《政治学》中也有所论及,这和他认为苏格拉底主要探讨伦理问题的看法是一致的。此外在他的《诗学》、《修辞学》和有些残篇中也有一些论及苏格拉底的。

亚里士多德虽然没有和苏格拉底直接接触过(在柏拉图的对话中虽然也出现过和苏格拉底讨论问题的"亚里士多德",但不是后来成为大哲学家的亚里士多德,因为苏格拉底去世时亚里士多德尚未出生),但他在柏拉图学园中生活了20年,当然可以从他的老师那里得到许多有关苏格拉底的知识;他不但可以看到和听到柏拉图的著作和讲演,而且也会读到当时色诺芬、安提斯泰尼、埃斯基诺以及苏格拉底其他朋友和学生的有关著述。亚里士多德是一位严谨的学者,对他以前哲学家的思想他多从不同的角度作过许多评述,他的态度是严肃认真的,从不任意提高或者贬低,即使对他的老师也抱着"我爱柏拉图,我尤爱真理"的态度,对柏拉图的相论作过包括批评的恰当的评述。对于当代西方有少数学者认为亚里士多德没有直接见到过苏格拉底,因而他对于苏格拉底的思想并不了解的说法,英国著名的柏拉图和亚里士多德学者罗斯1933年在古典学协会的主席致词中驳斥说:"难道我们能认真设想,在20年的柏拉图学园生涯中,亚里士多德谙悉了大量我们无从发现的柏拉图的后期观点,他会不从柏拉图或学园中较老成员那里深悉相论的渊源么?"①

① 转引自格思里:《希腊哲学史》第3卷,第356页。

亚里士多德在《诗学》第 1 章中还说到过"苏格拉底式的对话"。他是谈到用语言摹仿事物的艺术,或是用散文或用各种不同的韵文,对这种艺术还没有共同的名称时举例说道:对索佛隆〔公元前 5 世纪中叶叙拉古的摹拟剧作家〕或塞那库斯〔索佛隆的儿子,也是摹拟剧作家〕的摹拟剧同苏格拉底的对话,我们也没有共同的名称来称呼它们。(1447^{b}10—11)这里所说的"苏格拉底的对话"是指当时人们写的苏格拉底和别人的对话,不但柏拉图写这种对话,其他人如色诺芬也写过,可能还有一些佚失的;亚里士多德认为这种对话和当时的一种称为"摹拟剧"(mimes)的戏剧很相似,现在辑为亚里士多德残篇第七十二说:"这样我们将不否定可以将'对话'的名称给予索佛隆称为摹拟剧的作品,也不否定以前写的那些'苏格拉底的对话'(Socratic dialogues)和提奥斯的阿勒克萨美尼的作品具有摹仿的性质。"[1]由此可见在古代早已有"苏格拉底的对话"这样的名称了,不过我们现在讲"苏格拉底式的对话"是专指柏拉图对话中其内容属于苏格拉底思想的那些对话。

古代有关苏格拉底的论述,可以参看上述弗格逊编《苏格拉底史料》。

近现代学者研究苏格拉底的著作很多。本书第一卷介绍希腊哲学的史料中提到的几部《希腊哲学史》中,策勒有专门一卷《苏格拉底和苏格拉底学派》;冈珀茨的《希腊思想家:古代哲学史》的第 2 卷是《苏格拉底和苏格拉底学派,柏拉图》;格思里的《希腊哲学史》第 3 卷《公元前 5 世纪的启蒙运动》中第一部分是智者,第二部分是苏格拉底,第 4 卷是《柏拉图,其人及其对话;前期》。此外比较重要,我们主要参考引用的专著有:泰勒:《苏格拉底其人及其思想》(1952),《柏拉图,其人及其著作》(1961);伯奈特:《希腊哲学;第一部分,从泰勒斯到柏拉图》(1928),《柏拉图主义》(1928);格罗特:《柏拉图及苏格拉底的其他友人》(1875),梅耶尔:《苏格拉底,他的工作和他的历史地位》(1913),菲立普生:《苏格拉底的审判》(1928),康福特:《苏格拉底以前和以后》(1932),埃克斯泰恩:《苏格拉底的死日》(1981),克鲁斯特:《苏格拉底,

---

[1]　弗格逊编:《苏格拉底史料》,第 184 页,参看牛津版《亚里士多德著作集》第 12 卷《残篇》,第 73—74 页。

人与神话》(1957),欧文:《柏拉图的道德论:早期和中期对话》(1977),桑塔斯(G.X.Santas):《苏格拉底,柏拉图早期对话中的哲学》(1982),还有一本美国著名希腊哲学史学者伏拉斯托斯(G.Vlastos)编的研究论文集《苏格拉底的哲学,批判论文集》(1980)。我国已出版的研究苏格拉底的专著有叶秀山:《苏格拉底及其哲学思想》(1986)。

❀ 第七章 ❀

苏格拉底的哲学变革

苏格拉底引起了哲学思想的一次重大变革,它在哲学研究的对象、内容和方法等方面都展示了新的内涵,表明希腊哲学开始进入一个全盛的新阶段。希腊哲学从研究自然转向研究人和社会的变化是由智者开端的;而苏格拉底的哲学变革不仅转向以对人自身的反思作为哲学的中心课题,而且也是人的思维方式的重大变革,哲学从对自然的直观和不自觉的逻辑思维转变为自觉地考察人的理性和认知能力,宣扬一种开拓人类知识大道的科学理性精神。所以这种变革是在继承智者又批判智者的情况下发展而成的。我们以下各章的论述力求从总体上展现苏格拉底的哲学思想,先总述他开创的哲学变革的基本方向,然后分述他的基本哲学观念,道德哲学,政治、宗教和审美思想,以及他的逻辑和语言哲学思想。论述的史料以柏拉图的早期和若干中期对话为主,由于这些"苏格拉底的对话"每篇虽然都有中心主题,但不少对话涉及内容相当开阔,各篇之间又有内容交叉和相互重合之处,所以我们在不同的章节或是综合几篇对话的有关内容作专题论述,或是结合专题评述有关的对话篇,形式不求一律。

本章企图从苏格拉底自己的哲学思想转变历程和他批判智者的主要问题,说明他的哲学变革是在什么理论背景下发生的,它的基本方向是什么,以及它的意义和价值何在。

第一节 喜剧中的苏格拉底

早期希腊哲学以探索自然的本原为主题,当时雅典正处在复兴伊奥尼亚哲学思潮的时期,阿那克萨戈拉长期在雅典活动,他的学生阿凯劳斯被称为第一个出生于雅典的哲学家,苏格拉底早年曾经是阿凯劳斯的弟子。另一方面当时雅典又是智者活动的主要场所,苏格拉底本人在当时往往被人看作也是一名"智者"。智者的思想混杂多样,他们提出的相对主义的感觉论最后陷入怀疑论,但是他们提出的一些否定的论证或悖论也动摇了早期自然哲学的逻辑基础。苏格拉底后来对早期自然哲学和智者的学说都有所批判,特别是后者更是他主要的论敌。然而在批判以前他先有研习,受到他们的感染,尔后才有脱胎换骨的转变过程。我们从古代希腊的喜剧中可以透视早期的苏格拉底。

在伯罗奔尼撒战争期间雅典城邦政治衰变,社会道德崩坏,精神生活斑杂陆离,思想文化界却很活跃。一些喜剧作家将活着的政治家、社会活动家、思想家搬上舞台,加以论评或嘲弄。当时进入中年的苏格拉底名声已经显露,他的活动为雅典公众所瞩目,也就被一些喜剧作家妙笔勾画,粉墨登场。

稍早于阿里斯托芬的克拉提努(前450—前422年)在一部以一位哲学家的绰号命名的喜剧《帕努拍脱》(Panoptae)中已经讥嘲自然哲学家希朋将天空看做是一个烧水的大锅炉,人则是炉中的渣滓。与他同时的忒利克莱德在喜剧中抨击苏格拉底对欧里庇得斯那些亵渎传统信仰的作品深有影响,不能辞其咎。阿美帕西阿在戏剧大赛中曾两次击败阿里斯托芬,他的一部以同苏格拉底有交往的音乐教师的名字为题的喜剧《孔努斯》和阿里斯托芬的《云》同时上演,将苏格拉底描绘成"冒着傻气,饿着肚子,衣衫不整,生来讨厌鞋子;可是他有极大的坚韧力,从不奴颜婢膝奉承谄媚",还嘲谑他偶尔披的一件斗篷也是偷来的。该剧的合唱队也全由"思想家"、"沉思者"组成,类似《云》剧中苏格拉底的"思想所"成员。和阿里斯托芬同时的欧波利斯捍卫传统,抨击新观念和新神崇拜,他在一部剧作中将智者同自然哲学家混为一谈,称普罗泰戈拉研究天体是在垃圾堆里挖食物的渎神者,将苏格拉底写成是一个偷汤勺的客人;并讥称"我讨厌贫困不堪而又夸夸其谈的苏格拉底,他的思想遨游于宇宙中,却不曾想到如何弄得一餐饭食"。[①] 这些喜剧有很多嘲谑戏弄成分,对苏格拉底既有讥刺也有称道;它们都没有完整留传下来,仅存一些残片。但从中可以看出在伯罗奔尼撒战争前期,苏格拉底在雅典人心目中的形象是自然哲学家和智者的混合体,并且强调他有反传统和流行宗教的倾向。而以喜剧形式最丰满地刻画苏格拉底,在当时造成较大影响的作家则是阿里斯托芬。

阿里斯托芬是古希腊一位伟大杰出的喜剧诗人,他比苏格拉底年轻一些,约生于公元前446年,死于前385年。他少年时代大约生活在农村,后来才移居雅典;他在剧本上显示对农业劳动和大自然的热爱,常将纯朴淳厚的农村生活同城市中的浮奢颓靡之风作鲜明对照。据说他曾写过四十四部剧本,留传至今只有十一部完整的作品,有罗念生中译本《阿里斯托芬喜剧集》。他相当开阔地展现了当时希腊在政治、经济和思想文化等各个领域的生活画面,揭示种种社会矛盾,机智犀利地针砭各种时弊,剖析社会危机,表达了他意图改革城邦的社会理想。他反对雅典同斯巴达争霸的战争,提倡希腊诸城邦和睦共处的泛希腊爱国主义。(《阿卡奈人》)他批判当时民主制度的蜕变,猛烈抨击克莱翁等政治煽动家蛊惑人民,玩弄权术图谋私利;但他决不是鼓吹寡头专制政治,而是主张将"德谟斯"(人民的化身)"重新煮一煮",以恢复马拉松战争和伯里克利时代的温和民主政治。(《骑士》)他还批判当时社会上一贯轻视妇女的思想,主张捍卫妇女的社会权利。(《地母节的妇女》、《公民大会妇女》)在战争末期他以喜剧方式提出建立一个没有压迫,人们共同劳动,平等生活的理想国。(《鸟》)这虽是个乌托邦,却表达了人民的意愿。他在战后的作品更深刻地揭露了财富分配不均、贫富急剧分化这个严峻的社会问题,表达贫民的愤懑情绪,主张实行社会改革,废除私有财产,将社会财富还给贫困的

---

① 以上资料均见菲立浦生:《苏格拉底的审判》,第169—171页;弗格逊编:《苏格拉底史料》,第172—173页。

好人。(《财神》)这是西方最早出现的一种"大同"思想。他还在喜剧中开展文学批评,对当时希腊的悲剧和喜剧作家都作了深刻的论评。(《蛙》)阿里斯托芬的喜剧对我们了解当时希腊的社会生活很有价值,据说柏拉图曾将《云》剧送给叙拉古王狄奥尼修,认为从这部作品可以了解雅典的社会实情。柏拉图很喜欢这位喜剧诗人,在《会饮篇》中让他作为苏格拉底的好友出场;诗人死后,柏拉图还给他写了墓志铭:"秀丽之神想要寻找一所不朽的宫殿,终于在阿里斯托芬的灵魂里找到了。"①

阿里斯托芬不只在一个剧本中揶揄过苏格拉底,但以苏格拉底为主角的喜剧只有在公元前423年上演的《云》。诗人自认为这是他的得意之作,要在参赛中争取头名,结果只得到三等奖,他认为失败了。后来他进行了修改但未能上演,现存的就是这个修改本。可见作者很重视这个剧本,在剧本中他说这是"我最好的喜剧"。(517行)

阿里斯托芬在《云》剧中描写一个富有资产的农庄主在战争期间贫困潦倒,全家流入雅典城内;儿子染上赛马赌博等恶习,使他负债累累。如何逃避债务摆脱困境呢?他想出了一个办法,要儿子到苏格拉底那个聚集了一批新哲学家即智者的"思想所"去求学,以便学得一番颠倒黑白的论辩术,能够击退那些讨债人。儿子却不愿同苏格拉底这帮赤脚哓舌者为伍,颠顸愚钝的老头子只好亲自出马去敲苏格拉底的门。开门的是苏格拉底的一位弟子,他抱怨造访者的打扰使得他正孕育的一个观念夭折了。老头子问是什么观念,他却秘而不宣;但他泄露了苏格拉底一些精深的研究,如刚才一只跳蚤咬了凯勒丰的眉毛又跳到苏格拉底头上,苏格拉底问凯勒丰它跳的距离是它的脚长的多少倍? 蚊子的嗡嗡声是发自它的口还是它的尾? 月亮的运行轨道如何测定? 等等。老头子急于会见这位智术大师。苏格拉底蛰居的屋顶低矮的"思想所"的门户打开了,里面有天文观测仪器、世界地图,还有另外一些新奇的玩意儿。弟子们在从事奇异的研究:一些人头伏地面试图探测地狱的秘密,他们的臀部却在研究天象。苏格拉底本人坐在一只悬空的大圆吊篮里,声称他

---

① 转引自《阿里斯托芬喜剧集》,第4页罗念生写的"序"。

在"逼视太阳",因为"我若不将心思悬在空中,如果不将我的轻巧思想混进同样轻巧的气里,便不能正确地窥探天体";要是站在地上就什么也窥见不了,因为地面的"浊气"会吸走他思想的精液。(第230—234行)

老头子求苏格拉底收他为徒,让他学会"唠叨顶嘴的本领"得以装聋卖傻拒付债款;他还凭神发誓愿交付学费。苏格拉底告诉他:入学要通过一种仪式。于是,苏格拉底手舞足蹈呼唤三位神:无垠无涯的"气"、光明灿烂的"以太"和庄严神圣的"云"。一阵雷响以后身着女服的云神合唱队入场。苏格拉底告诉老头子:这些女神养育着一批游惰的人即"一些先知、智者、天文学家、江湖医生、蓄轻飘长发戴碧玉戒指的花花公子和写酒神颂歌的假诗人",因为他们歌颂"云";而"天上的云是有闲人的至高的神,我们的聪明才智、诡辩胡说以及欺诈奸邪全都是她们赋予的"。(第315—333行)云神歌队长对苏格拉底说:"除了你和普罗迪柯两人外,我们从不肯听别人的誓言;因为普罗迪柯很聪明很有思想,而你则大模大样地走,斜着眼,赤着足,吃得苦,依靠你和我们的关系,装得那样骄傲庄严。"(第357—363行)苏格拉底又告诉老头子:新神"漩涡"作为自然的动力已经取代宙斯为王,它驱动云风雨雷运行;他又用自然原因解释:雷是载雨的云下降时互相撞出生成的,闪电是云中关闭的干风猛力冲破云层发生的火光,等等。(第371—384,397行)

苏格拉底迫使老头子经受入学考试,但他很愚钝,考他音节、韵律和文法,考他"鸡公"、"鸡婆"的阴阳词性分类,考他对自己经常事务的分类,都闹了笑话;又要他动脑子思考赖利钱赖债款的办法,他只想出一些稀奇古怪而无用的点子,苏格拉底对他失去信心,只好将这个笨蛋赶了出去。然而老头子听从云神建议要儿子代替他去求学,这个花花公子跟老头子去到苏格拉底那里。大师要他们在"正义因"和"非正义因"这两种逻各斯中作出学习的选择。他引来人格化的"正义因"和"非正义因",让他们进行一场对驳。二者在粗俗的对骂中围绕教育问题展开辩论:"正义因"称颂往昔的传统教育成功地给青年传授美德,使他们奉行正义和自制,懂得廉耻,崇尚俭朴,尊崇长者,有孝道,守纪律,会唱士气高昂热爱城邦的战歌;并有良好的体育锻炼使青少年身心健全。他指责"非正义因"的教育使年轻人不愿进学堂,滋长淫靡之风,不敬神,成天在市场游荡，专事奸诈的诡辩；还使青少年形体扭曲发育不全，懒怠娇惰沉沦堕落等等。而"非正义因"却自诩他发明的种种歪理能够"战胜正直的强者"，驳倒一切法令。他利用一些希腊神话故事批驳"正义因"为青年设置的清规戒律，讥嘲美德毫无用处，鼓吹青年人到市场去学习演说和辩论；提出应该摒弃节欲说，声称如果不享受感官快乐生命便无价值，因为情欲是人性所在，青年只有欢快放任才不会矫揉做作。辩论结果"正义因"竟被击败，只好认输。老头子要求苏格拉底一定教给他儿子"非正义因"这种逻各斯，苏格拉底保证将他儿子训练成一名成功的智者。

老头子兴冲冲地带回儿子，发现他确已有"抵赖和好辩风度"，有否定思想中"矛盾"的论辩术，例如他会论证希腊人将"还债日"称为"新旧日"是不成立的，因为"新日"不能同时是"旧日"，正如少妇不能同时是老太婆一样。儿子的巧捷辩才使他欣喜若狂，他正要设宴庆贺，两个讨债人和证人来了，父子俩胡搅蛮缠用诡辩术将他们赶跑了。然而老头子很快就尝到让儿子学诡辩的苦果，原来他和儿子在家宴中发生一场围绕诗歌和家庭伦理问题的争论。老头子关于诗歌和道德的看法还是因循传统旧说的，相信马拉松时代的西蒙尼德和埃斯库罗斯是真正的诗人，指斥欧里庇得斯是道德堕落者；而儿子却拒绝唱前两位诗人的诗歌，骂他们是"坏诗人"，并且大唱描述哥哥诱奸同母异父的妹妹的歌词。父子俩对骂起来，儿子用暴力殴打老子；他还在歌队面前用诡辩术证明：他揍父亲是对的，因为"儿子也是自由人"，而且父亲返老还童了，比儿子更年轻更应挨打；至于法律本来是"人为"的，制定"儿子回敬老子"的新法律也完全可以。垂头丧气的老头子指责云神将他的儿子引入歧途，而云神则称：你自己要作坏事，我的目的是要将爱好邪恶的人投入不幸，使他们懂得要敬畏神。老头子忏悔自己不应借了钱存心欺骗赖债；儿子却听任老头子"神经错乱"，管自走了。气疯了的老头子怒骂"这全是苏格拉底胡说八道害得我要发狂了"，决意"马上就去将那空谈者的屋子烧掉"。他爬上"思想所"的屋顶放起火来，弟子们问他干什么，他说"在和你们屋顶上的梁木分析巧妙的逻各斯"；苏格拉底也来问他干什么，他说"我在空中行走，逼视太阳"。在炽热的大火和一片喊打声中，苏格拉底及其弟子被赶下场。

从上述剧情可以看到,阿里斯托芬在《云》中借嘲谑苏格拉底及其"思想所"揭露当时雅典经历的精神危机,他特别指责智者的个人享乐主义和诡辩术起着败坏青年身心的消极作用,同时对当时的自然哲学家所作的无补世事的研究也提出了批评。19 世纪著名诗人莱辛和勃朗宁就认为这部喜剧是借苏格拉底作靶子来抨击智者,尤其指斥他们在教育青年方面的危害作用。①阿里斯托芬主张改造社会教育以求道德净化,同苏格拉底的哲学使命和道德理想本来目标一致,但因苏格拉底思想经历一个转变过程,他的哲学思想和道德理想又不同于传统思想,加之他好事辩驳又与智者相似,这些都使阿里斯托芬和一般公众不容易对他有真正的理解,于是喜剧家将他作为靶子在舞台上端了出来。

《云》剧上演于公元前 423 年,苏格拉底已经 47 岁,是他思想活动的鼎盛之年。凯勒丰去特尔斐庙求神谕称苏格拉底是最智慧的人,发生在公元前 431 年,由此可见当时的苏格拉底在雅典是已经很有名了。剧中的苏格拉底当然是已被漫画化了的,故事是完全虚构的。阿里斯托芬将苏格拉底写成是智者、自然哲学家和无神论者三位一体的代表,还夹杂有奥菲斯教徒的色彩。作者借此形象对当时的哲学、道德和教育思想作艺术概括并进行批评。苏格拉底其貌不扬,行动乖张,穿街走巷到处找人辩论而显露名声,本来就很适宜作喜剧角色。作者当时断未想到这样一位天生的喜剧人物,最终竟成为一场希腊悲剧的主角。作者的目的显然不是要攻击苏格拉底个人,而是为针砭社会时弊;苏格拉底对于剧本对他的嘲谑并不在意,据说该剧上演到苏格拉底上场时,观众席上的苏格拉底本人还站起来当众亮相。但是《云》剧的效果却加深了公众舆论对他的误解和偏见,直到他受审判时还被人视为无神论自然哲学家和诡辩家。后来有人说这个剧本间接害死了苏格拉底,这是夸大其辞;但它确实起了形成舆论偏见的消极作用,这是喜剧作家和主角原先都未曾料想到的。

作者将苏格拉底和普罗迪柯并提为智者的主要代表,他究竟如何看待苏格拉底和智者的关系?"智者"本是个指谓宽泛的名词,当时专事修辞论辩和

---

① 参见菲立浦生:《苏格拉底的审判》,第 188—189 页。

收费授徒的学者都可以称为智者。苏格拉底从思想上说恰恰是智者的强大对手和犀利的批评者，但当时的公众尚未能认识到这一点，因而阿里斯托芬将苏格拉底说成就是智者。从公众看这个怪人的思想和智者有许多相似之处：怀疑、否定传统思想和流行宗教，标新立异的哲学理论，弯弯绕绕的论辩，刻意分析概念的咬文嚼字等等。直到苏格拉底后期阿里斯托芬仍嘲谑他是一个惫怠说胡话的智者。（《蛙》，公元前 405 年）作者对苏格拉底颇有曲解，因为虽然从柏拉图的《会饮篇》可以看到苏格拉底和阿里斯托芬很有友情，但他们两人的社会道德理想毕竟是有分歧的，阿里斯托芬的目光只看到往昔，认为只要恢复传统的精华就可以拨乱反正；而苏格拉底则主张通过变革哲学，研究人的本性，改造人的思维方式来建立新的、合乎理性的道德价值体系。他这种惊世骇俗的哲学，阿里斯托芬既不能理解也不能接受，反而认为苏格拉底只是一位标新立异的"智者"。

但是阿里斯托芬将苏格拉底描绘成一位研究天象和种种客观事物的自然哲学家，却不能说他是完全虚构。直到公元前 5 世纪的 30 年代，在雅典复兴伊奥尼亚自然哲学的思潮还很有影响。阿那克萨戈拉在雅典活动了 30 年之久，苏格拉底是他的学生阿凯劳斯的学生，他在早年研习过自然哲学，在下一节中我们将介绍柏拉图《斐多篇》中苏格拉底的自白，说明他的思想转变过程。剧中那个研讨自然哲学的"思想所"无疑是虚构的，却很可能是由于当时苏格拉底还常同人谈论自然哲学问题，才使作者产生这样一个艺术构思让苏格拉底充当自然哲学的播扬者。但在色诺芬的《回忆录》中可以看到苏格拉底直到晚年还教诲学生作为"一个受了良好教育的人"，要熟悉有关自然的实际学问，要研究天文学、测量学、算学、养生学等等，认为这些"是一个善良和高尚的人所应该知道的事情"。（第 4 卷第 7 章）因此说苏格拉底在早年甚至中年时期研习过自然哲学，在《云》中得到某种喜剧折光的反映，这是合乎情理的。

《云》剧中写苏格拉底谈论自然哲学的一些基本观点和当时一些自然哲学家的观点一致，相当准确可信。例如："思想所"的学者叫人们"相信天体是一个闷灶，我们住在里面就像木炭一样"，这是讽指赫拉克利特的观点。"云神"是作为宇宙本原的"气"和"以太"，这是指阿波罗尼亚的第欧根尼主张的有理智特性的"气"。剧中的苏格拉底坐在圆吊篮中悬空窥察天体,为了使自己的思想处在高空纯净的"气"中,不被地面混浊的"气"所沾染而失去理智,这正符合第欧根尼的见解:"思想是由纯洁和干燥的气产生的",地面散发的潮湿的气"会阻滞理智","使理智消失"。(DK64A19,见本书第 1 卷第 814页)再如剧中的苏格拉底主张以"气"和"火"为宇宙本原,并指出气和以太的"漩涡"代替宙斯为王,它作为动力是宇宙万物的生成因,并且根据气的运动解释风雨雷电的成因,都相当准确地阐释了阿那克萨戈拉和第欧根尼的宇宙论和天文气象思想。它对苏格拉底研讨伊奥尼亚自然哲学不失为一种比较客观的描述。由于记载苏格拉底早期研习自然哲学的史料甚少,所以菲立浦生认为《云》剧对柏拉图、色诺芬的史料是有价值的补充。[①]

《云》剧无疑着力抨击智者,它将有些智者的思想栽在苏格拉底身上,诸如:"思想所"收学费,反对节欲,主张追求感官快乐,认为情欲是人性和生命价值所在,曲解语义玩弄诡辩,以致为了论证儿子可以打老子而主张法律是"人为约定"说,儿子说:"当初制定法律的人不就是和你我一样同是凡人吗?他的话居然能够使古时的人敬信,我为什么不能为后代儿孙制定一条新的法律,让儿子可以回敬父亲?"(第 1066—1082 行)阿里斯托芬将苏格拉底和智者混同,可能是他分不清楚他们二者的区别,也可能是他要抨击的目标本来就是智者,不过借用苏格拉底的形象而已。

局限于阿里斯托芬的理解水平和思想态度,《云》剧对苏格拉底的思想转变和哲学变革不可能作出具体描述和剖析,我们只能通过柏拉图的早期对话篇来了解和研究。

第二节　从自然到人

希腊哲学从研究自然转变到研究人和社会的重大变革是由智者开始的,

[①]　参见菲立浦生:《苏格拉底的审判》,第 180 页。

但是智者所说的"人"还只是感性的个人,以"我的"或"你的"好恶作为判断价值的标准,必然成为相对主义并且最后陷入怀疑论。因此必须将人这个主体作深入的研究,只有反思人自己的本性和理性思维,发掘自己的理智能力,才能回过来深入考察自然和社会存在的整体与各种细节,促进哲学和科学思想的发展。这个任务是由苏格拉底开始提出来的,他开辟了哲学研究的新的发展方向,开拓了研究领域,进入更高的理论层次,从而使哲学得以进入一个系统化的全盛阶段。

苏格拉底使哲学的主题从自然转向人,这是哲学史上的一种定论,古代学者早有论评。最早记述苏格拉底的哲学主题转变的还是色诺芬,他在《回忆录》中为了辩明苏格拉底并没有不虔敬、亵渎神明之罪,指出苏格拉底已经不像自然哲学家那样"辩论事物的本性",推想"宇宙是怎样产生的,天上所有物体是通过什么必然法则形成的";而是认为自然哲学的谬误是在于没有考察"很重要的人类事物"。他认为自然哲学家们老是互相争议:"在那些考虑宇宙本性的人中,有人认为一切存在就是'一',而另一些人却认为有无数个世界;有人以为万物是永远在运动着的,另一些人则以为没有东西是动的;有人以为万物都是有生成和消亡的,另一些人则以为没有东西是生成和消亡的。"他抨击他们这种玄奥哲学毫无实用价值,不能依靠他们发现的东西去"制造出风、雨、不同的节令以及他们自己可能想望的任何东西来"。苏格拉底则主要考察的是伦理和国家政治等人类事务问题,"认为凡是精通这些问题的人就是有价值配受尊重的人,至于那些不懂这些问题的人,可以正当地将他们看作并不比奴隶强多少"。(第1卷第1章第11—16节)由于色诺芬旨在辩护,他自己的哲学理解水平有限,所以对苏格拉底哲学转变的阐述并不准确全面,也缺乏深度。

有一个广泛流传的通俗说法,说苏格拉底将哲学从天上拉向人间;这个说法的始作俑者是希腊化时期斯多亚派的帕奈提乌。罗马时代的西塞罗根据这个说法描述苏格拉底的哲学转变:"苏格拉底受教于阿那克萨戈拉的弟子阿凯劳斯,在他以前的古代哲学研究数和运动,研究万物产生和复归的本原;这些早期思想家热衷于探究星辰和一切天体的大小、间距和轨程。是苏格拉底第一个将哲学从天空召唤下来,使它立足于城邦,并将它引入家庭之中,促使它研究生活、伦理、善和恶。"①

苏格拉底自己的思想也有这样一个转变过程,从开始研习自然哲学转变为研究人和社会伦理问题。这在柏拉图的对话《申辩篇》和《斐多篇》中说得比较清楚深入。

一 《申辩篇》中的自白

我们在前一章第三节中已经论述过《申辩篇》中说到的当时对苏格拉底指控的内容,学者们一般都认为柏拉图这篇对话写于苏格拉底死后不久,柏拉图曾在法庭亲自聆听苏格拉底的辩述,虽然他加了许多文字修饰,但内容是基本可信的。苏格拉底在答辩对他的指控中坦直地披沥了他的思想历程。

他首先针对在他看来是更可怕的公众舆论的偏见和流言进行申辩,指出这些偏见和流言时长年久,"当许多人还是孩子的时候便被注入对我的不真实的指责",就是说他研究天体和大地等自然事物并且搞诡辩;而"流言的散播者是我的危险的指控者,听信他们的话的人认为研习这类事物的人必然是一个无神论者。"(18B—C)苏格拉底指出:"他们指控我说苏格拉底犯有搅乱是非之罪,他探究天上和地下的事物,以弱理击败强理,并要他人效法他。这样的指控你们在阿里斯托芬的喜剧中可以看到,有一个苏格拉底在空中团团旋转,宣称他在踏气运行,说了一大堆我也不知道是什么意思的胡话。我的意思决不是指不尊重这种自然知识,如果确实有人精娴它的话……然而雅典人啊,事实俱在,我现在已经对这类自然知识没有兴趣了。"(19B—C)当时雅典公众将自然哲学家视为无神论者,阿那克萨戈拉因此险被处死。苏格拉底确实并非无神论者,他被控为研究自然不敬神,为了澄清这个可怕的罪名所以声称他对自然知识已经不感兴趣了。然而他的自白恰恰表明:他曾经研习过自然哲学,只是后来兴趣转变了,转而研究人;但他还是尊重自然知识的。

苏格拉底说,他所以被认为是有智慧的人,享有盛誉,是因为他具有"人

---

① 西塞罗:《在图库兰姆的谈话》,见弗格逊编:《苏格拉底史料》,第193页。

的智慧",但是他并不具有超人的智慧即"神的智慧"。(20D—E)于是他叙述了他的弟子凯勒丰去特尔斐求神谕的事情。凯勒丰是个民主派,在雅典恢复民主政权时起过作用,苏格拉底受审时他已经死去。苏格拉底叙述这件事情的经过:凯勒丰去特尔斐大庙求神谕,问是不是有人比苏格拉底更聪明?传达神谕的女祭司回答说:没有比苏格拉底更聪明的人了。苏格拉底知道后大惑不解,因为他认为自己大小智慧都没有,怎么会是最智慧的人呢?于是他走访各种以智慧著称的人,试图推翻神谕。他先找一位著名的政治家谈话,发现虽然他本人和公众都认为他很有智慧,其实他和苏格拉底一样并不真正知道美和善是什么;苏格拉底向他指出这一点,却遭到他和其他在场人的怨恨。于是苏格拉底反省到:他自己对所谈的内容自知无知,而政治家却自以为知,实际是强以不知为知,正是在这点上苏格拉底比他更有智慧。苏格拉底又找诗人谈话,发现他们写诗并非靠智慧,而只是出于天性和灵感;诗人却以为自己对诗以外的他完全无知的事情也有知识,所以苏格拉底在自知无知这点上也高于诗人。最后苏格拉底又去找手艺娴熟的工匠们,他们确实知道许多苏格拉底所不知道的事情,能从他们学习许多知识;但他们也犯和诗人同样的错误,即因自己有一技之长,便以为自己也知道其他许多重要的事情,这种错误使他们确实拥有的知识也变得黯然失色了。正因为苏格拉底到处揭露人们自以为知其实无知,引起许多人对他攻击和诽谤。(20E—23A)苏格拉底却在其中悟出神谕的本意:"真正的智慧是属于神的,神谕只是告诉我们,人的智慧微不足道,没有价值。在我看来神不是真的说我最有智慧,而只是用我的名字作例子,仿佛对我们说:人们中最智慧的就是像苏格拉底那样,认识到在智慧方面自己实际上是不足道的。"(23A—B)苏格拉底声称,他忙碌一生,四处奔走找人谈话,不理家事也不从政,以致一贫如洗,就是为了根据神的旨意去考察人的智慧,指明人实际上还处于无知的状态。(23B—C)

苏格拉底几次提到凯勒丰求神谕的事,这事情可能真的发生过。苏格拉底是借神谕说明他的哲学旨趣从自然转向考察人的智慧和德行,反思人的理智本性。他强调必须先自知无知,才能发掘自己的理性能力;他说同"神的智慧"相比,"人的智慧"低得没有价值,这并不是要贬低人的知识能力,而是对当时雅典人缺乏理智这种状况的批判。在柏拉图的《斐德罗篇》中苏格拉底说:"我认为'智慧'这个词太大了,它只适合于神;但'爱智'这个词倒适合于人"(278D);并认为"'爱智'是人的自然倾向"(279B)。他无疑肯定追求智慧应该是人的本性。在《申辩篇》中他批评政治家、诗人和工匠等种种人,目的是揭露公众所称的种种智慧还不是真正有价值的智慧,人们还不懂得什么是知识和美德的本质,还没有反思人的智慧本身,却自以为无所不知,其实是最无知。苏格拉底自知无知,就因为他已经对人的理智能力本身在作反思,并已忙于揭露人们的无知,就此而言他是最智慧的。他决意探索人们"爱智"之道,考察和发掘人的理智能力和道德本性,这就是他的哲学主题转向要首先着眼的根本点。

在《申辩篇》的第二部分苏格拉底反驳美勒托指控他的两条罪名时,美勒托当庭指责他说太阳是石块,月亮是一团土;苏格拉底讥刺他这是在控告阿那克萨戈拉,青年们只要花一个德拉克玛就可以在市场上买到他的书。(26D)但是苏格拉底声称自从他参加过三次征战以后,就根据神的指令肩负起"指导哲学生活,审察我自己和他人的职责"。(28E)这就是上一章论述过的他要螫刺雅典城邦,改善人的灵魂的哲学使命。他批评雅典"只专注于竭力获取大量钱财和声誉,却不关心思考真理、理智和完善你的灵魂"。(29D—E)他到处审察人,要人们关注"美德"、"理智"和"灵魂的至善"。(30B)所以苏格拉底的哲学主题的转向并不只是他个人哲学兴趣的转移,更重要的乃是社会现实的需要,体现了反思当时希腊的意识形态的时代精神。在苏格拉底看来,他的哲学转向和哲学使命乃是一种历史的必然,他说如果安尼图斯的指控得逞,一下子扑杀了他的话,雅典人将执迷昏睡直至生命终结,神也会指派另一个人来代替执行他的哲学使命。(31B)

直到法庭投票判决苏格拉底死刑,他依然沉着地侃侃而谈,申述他以改善人们的灵魂道德为毕生志向,至死不渝。他说:"我个人献身为你们从事最伟大的有益的服务,我力图规劝你们每个人不要多想实际的利益,而要多关注灵魂和道德的改善;或者说不要多想获利,而要多关心城邦的改善。"(36C)他说,奥林匹亚竞技会上的赛马冠军只能为城邦赢得表面的胜利,"而我却能够给你们实在的幸福"。(36D—E)这种实在的幸福就是体现人的生命价值的智慧和道德,人生的价值就在于通过审察人的生活而趋向至善。他说:"我告诉你们,不要打发日子而不讨论善及其他有关的题目,你们从我谈论和审察自己中听到的这些主题,确实是一个人能从事的最好的事情,没有经过这种审察的生活是没有价值的。"(38A)最后他愤激地对那些投票赞成判决他死刑的陪审官们声称:"我离开法庭,将被你们判决而赴死了,但陪审官们也将被真理本身判决为堕落和邪恶";"我死后不久报复将会落到你们头上,那种惩罚比你们杀死我更为痛苦",那就是他们将受到后代人无尽的谴责;而逃脱这种惩罚的办法只在于"不要堵塞他人的嘴,应该是你们自己做到尽可能的善"。(39B—D)给人以理性的自由,对人的思想和道德作理性的批判,这种态度才是善。他还对投票主张释放他的陪审官演说,说他坚信他的哲学事业,他审察人和人生价值有永恒的意义。他说判他赴死"是一种福祉,如果认为死亡是一种罪恶,那就大错了"。(40B—C)他认为死亡无非是两种可能的情况,一种是完全的虚空,一切都没有了,就如进入长睡,那也不错;而他更倾向于另一种状况,认为死亡是灵魂从一处转移到另一处,那里有许多已经死去的人,有奥菲斯、赫西奥德和荷马颂扬过的英雄们,那将是更大的幸福。"我将乐于在那里如同在尘世间那样度日,依然审察探究人们的灵魂,去发现在他们当中谁是真正有智慧的,而谁只是自以为有智慧的人。"(41B)

从《申辩篇》中苏格拉底的自白,可以看到苏格拉底的哲学转向或变革已不仅限于从研究自然转向人和社会,而且要深入地研究人本身。他要审察人,主要是将人从当时流行的也是智者们所肯定的物质利益和肉体欲望中解脱出来,去追求灵魂的善。在他看来这是匡正当时社会道德沦落的哲学使命,也是挽救雅典的根本途径。怎么样引导人们的灵魂向上呢? 苏格拉底在这里提出的一条重要原则是自知其无知,那些自以为有智慧的人其实并没有智慧,因此人应该对自己的智慧即认知能力和思维方式进行反思。这样他就将智慧和知识引进道德领域,认为它是判断是非和善恶的标准。这就是由苏格拉底大力开创的理性主义精神。在《申辩篇》中这个问题还没有具体展开,在柏拉图其他早期对话中讨论具体的道德问题时这一点就被强调突出了,我们还要反复谈到这个问题。

二　《斐多篇》中的自白

柏拉图在《斐多篇》中描述的是苏格拉底在狱中服毒受刑以前和他的朋友学生们围绕灵魂不朽问题进行的一场谈话，从《申辩篇》、《克里托篇》到《斐多篇》正是叙述了苏格拉底从受审到被处死的整个过程，因此较早的哲学史都将这三篇对话联在一起论述；近代学者研究的结果表明：前两篇对话是在苏格拉底死后不久写成的，而《斐多篇》的写作时间却远在以后许多年，学者将它列为柏拉图的中期著作。从内容上看《斐多篇》已经提出系统的本体论和认识论的学说，它和《国家篇》的内容基本相同，这两篇对话可以说是柏拉图前期相论的主要代表作，因此我们将《斐多篇》摆到下一编专门论述。但是《斐多篇》中有一段是苏格拉底自述他如何从研究自然哲学转变的过程，可以将它看成是属于苏格拉底的自白。因为柏拉图年轻时即从苏格拉底学习，在他的早年生活中并没有学习自然哲学的记录。在《斐多篇》中的这段苏格拉底的自白当然经过柏拉图的文字加工和修饰，也已经渗有柏拉图的思想；在对自然哲学的物质因果说表示怀疑，主张用善的目的论解释万物的生成问题上，柏拉图和苏格拉底是完全一致的，可以说是苏格拉底提出这个重要的思想，柏拉图则将它继承和发展了。因此这段自白既可以说是苏格拉底的也可以说是柏拉图的，它代表了当时的一种思想潮流。

在《斐多篇》中苏格拉底同他的学生和朋友讨论灵魂不朽的问题，苏格拉底反复提出许多论证说明灵魂是不朽的，参加讨论的人中有属于毕泰戈拉学派的西米亚和克贝却提出反驳，他们将灵魂和肉体的关系比作和音和琴弦的关系，琴弦断了和音也就消失，肉体死亡了灵魂便不复存在；又比作人和他所穿的衣服的关系，人一生可以穿破一件件衣服，但他最后还是要死的，灵魂也可以投生一个个肉体，但它最后还是要灭亡的。(85E—88B)他们的论点实质上是一种素朴唯物论的观点，将灵魂也看成是一种物质性的东西。苏格拉底看出要回答他们的反驳，使用一些具体的论证已经不够了，必须从哲学的根本问题谈起。他说："克贝啊，你提出的不是一件小事，关于产生和消灭的原因必须进行全面考察。"（95E）他自述了他早年研习自然哲学遇到了困难因而后来转变哲学研究方向的过程。他说：

> 克贝，当我年轻的时候非常想钻研那门称为自然研究的知识。我想这是很有趣的，可以知道每一事物的原因，知道它们为什么产生、消灭和存在。我一直在反复琢磨这样一些问题：是不是像有些人说的热和冷通过发酵作用产生出动物的组织？我们是用血还是用气、火来思想的吗？还是脑子提供听觉、视觉和嗅觉，由这些感觉产生记忆和意见从而产生知识的呢？我又试图找出这些事物是怎样消灭的，观察天地现象，直到最后我认定自己完全不适于进行这类研究。我要提出证据向你说明为什么我会得出这个结论。我被那些研究搞得头昏眼花，以致失掉自己和别人原来具有的知识；我忘掉了自己从前曾经认为知道的许多事情，连人生长的原因都忘了。我以往曾以为人人都知道人是由于吃喝而生长的，因为从吃的食品中，肉加到他的肉上，骨头加到他的骨头上，合适的东西加到他的别的部分上，于是小块变成大块，小人变成大人。这是我一直抱有的想法，你看不是挺合理吗？（96A—D）

这里所说他原来有的看法实际上是一般人通常的看法，即人从食品中得到补充，小块变成大块，小人变成大人，人便是这样生成和长大的。但在苏格拉底研究了伊奥尼亚的自然哲学以后，因为它们认为万物是由冷和热或水、气、火、土等元素组成的，所以他发生这样的问题：动物组织是不是由冷和热产生的以及我们是用血还是用气、火来思想的？他感到困惑不解，得出结论认为他自己不适宜进行这样的研究。他又作进一步考察：这个人比那个人高一个头，高的原因是这个"头"，十比八大二的原因是"二"加到八上去；还有一加一成为二的原因是"加"，将一分为二，这个成为二的原因却又是"分"了。如此等等，"我就不再相信用这种方法能够知道事物的生成、消灭或存在了"。（96D—97B）苏格拉底要寻求其他方法。

> 后来我听见一个人说从阿那克萨戈拉写的一本书里看到，是努斯安排并且造成万物的。我很喜欢这种关于原因的说法，觉得它是对的；我想如果这样，努斯在安排事物时就会将每件事物安排得恰到好处。如果有

人要想发现某个特殊事物产生、消灭或存在的原因，就必须找出哪类存在的状态对它最好。因此关于这件事物或其他方面，人需要考察的无过于什么是最好的、善的；这样他也必然知道什么是比较差的，因为认识好和坏、善和恶的是同一种知识。我高兴地认为我在阿那克萨戈拉身上找到一位老师，他使我在研究事物的原因方面大大开窍。我想他会告诉我大地是扁的还是圆的，并且说明它的原因和必然性；他会告诉我善的本性，以及大地为什么以这样最好；如果说地在中央，就是因为它在中央最好。如果将这些事情给我说清楚了，我就决心不再寻求别的原因。我认定像这样就会弄明白日月星辰，知道它们的相对速度、运转情况以及其他变化，并且知道它们各自的主动和被动情况都是最好的。因为我决不能想象他说它们出于努斯的安排，却会说出另外的原因，而不说因为这样对它们最好。所以我认为他给每件事物以及一切事物说出原因时会进而说明什么对每件事物最好，什么对一切事物都好。我认为这些希望有很高价值，所以尽快地读这本书，想知道什么最好和什么最坏。(97B—98B)

这里的"努斯"(nous)一般译为"心灵"(mind)，实际上它有"理性"(reason)的含义，因为由理性所作的安排必然是合理的、最好的。这就是苏格拉底标榜的理性主义的精神。所谓"最好的"就是"善"，这是苏格拉底哲学的最高原则。我们的一切行为都要求是善的，也就是好的和合理的，一定要避免恶的坏的和不合理的。万物既然是由努斯安排的，努斯一定要使它成为善的、好的，这才是一切事物的生成、消灭和存在的原因。这当然不是说一切现实存在的东西都是最好的，即"现实的就是合理的"；而是说一切存在都要以"善"为目的，努力从不善达到善，"善"是万物的真正的最后的目的。对于人的知识来说，最重要的知识就是要能认识和区别什么是善和什么是不善，也就是什么是好的和什么是坏的。这就是由苏格拉底倡导的"善的目的论"的思想，这种思想在西方哲学思想发展史上长期流传并占有统治地位，达尔文的进化论才将它推翻。在这里苏格拉底提出设想可以用阿那克萨戈拉提出的努斯说明宇宙万物的生成、消灭和存在的种种情况，也就是说要构筑一个善的目的论的宇宙论体系。但是这个设想是苏格拉底无法完成的，因为它还需要有长期艰苦的理论准备工作,直到柏拉图晚年写的《蒂迈欧篇》才得以实现。

阿那克萨戈拉虽然提出"努斯"这个重要的哲学范畴,但是他的思想体系还属于伊奥尼亚自然哲学的范围,不可能将努斯的思想贯彻到底,不可能成为苏格拉底的老师,所以苏格拉底读了他的书以后马上感到失望了:

我的朋友,我这个美妙的期望很快就落空了。读着读着我发现他并不用努斯,不用任何真正的原因来安排事物,只是提出气、以太、水以及其他一些莫名其妙的东西当作原因。(98B—C)

他举例说明阿那克萨戈拉自相矛盾的情况:先是说苏格拉底根据努斯做他的一切事情,然后解释具体行动的原因时却说他坐在这里是由于他的身体的骨头、筋腱、肌肉、皮肤等等这样那样活动的原因;说他们在这里谈话的原因是嗓子、空气和耳朵,却不提那真正的原因乃是雅典人认为将苏格拉底判刑是最好的,因此苏格拉底认为留在这里最好,在这里服刑是正当的。苏格拉底说他们分不清原因和条件,"如果有人说我要是没有骨头筋腱之类就不能做我认为恰当的事情,那是对的;可是说这些东西是我行动的原因,说我凭努斯行事却不根据最佳的选择,那就完全是无稽之谈了"。他说他们将那些物质的条件当做原因,所以只说地处在天底下,天绕着地旋转,也有人说地是一个扁平的槽,由气在下面托着等等,却不去寻求那种使事物处在自己最好位置上的原因和力量,那是神圣的力量。他说原来希望有人教他认识真正的原因,现在失望了,他不得不去进行思想的第二次航程。(98C—99D)这个第二次航程已经属于柏拉图的相论,我们留到下一编中论述。

由苏格拉底所举的实例可以看出,他所反对的自然哲学学说并不在于用水、火、气、土等物质元素的结合和分离去说明自然事物的生成、消失和存在,而是那种用骨肉、筋腱、嗓子、声音、空气等等物质活动的因果关系去解释人的种种行为活动。在古代自然科学还才是起步阶段,既缺少实验科学的证明又缺少理论分析的情况下,用这种物质的因果关系去解释自然事物的生灭和存在,还不失为一种朴素的直观的唯物论学说;但是要用这种物质的因果关系去解释人的种种行为和社会的种种活动,显然是完全不可能的,因为人的种种活动都是有目的、有意志的,是在理性指导下进行的;如果不看到这一方面,却将人和社会的复杂活动也归为简单的物质的因果关系,那就只能说是一种机械论了。我们在本书第一卷中论述的苏格拉底以前的自然哲学家的学说中,还不能说已经有这样庸俗的机械论出现,但因为现在哲学的主题已经转变,在研究人和社会的原因时如果一味坚持原来自然哲学家的学说就会得出这样的庸俗机械论的结果,所以苏格拉底的批评和反对也不是无的放矢。苏格拉底强调努斯的作用,倡导善的目的论思想,这是他的哲学思想的重要核心,也是柏拉图继承苏格拉底哲学思想并发展成为相论的重要内容,我们在以下各章及第三编中将反复讨论这个问题。

第三节　"认识你自己"——《卡尔米德篇》

苏格拉底的哲学转变突出了对作为认知主体的人的研究,他建立了一种融贯认识论和道德哲学为一体的人的哲学。他将这种思想归结为德尔斐神庙墙上铭刻的"认识你自己"这句箴言,那就是指"人必须先考察自己作为人的用处如何,能力如何,才能算是认识自己。"(色诺芬:《回忆录》第4卷,第2章第25节)所谓"认识你自己"也就是苏格拉底最重视的、作为人的本性的一种美德"自制",即要有自知之明,能实现自己的智慧本性。苏格拉底就在讨论"自制"这种美德中探索建立"认识你自己"的人的哲学,这集中表现在柏拉图的早期对话《卡尔米德篇》中。以往西方一些学者将这篇对话看做只是讨论某种狭义的行为美德,其实它讨论的"自制"并非只指一种节制情欲的行为美德,而是有更开阔的哲学涵义,包含了深刻的哲学思辨,对话的主题涉及哲学研究对象的转变,展示了苏格拉底意图建立人的哲学的思想探索过程。

希腊文 $\sigma\omega\phi\rho o\sigma\acute{\upsilon}\nu\eta$(sophrosyne)这个词有多种含义,在中文和英文中都很难找到一个能全面表达它的含义的译词,一般英译都译为 temperance,中文也随着译为"节制"。其实 sophrosyne 一词包含三重意义:一是指理智健全、稳健,同理智不平衡、愚妄而无自知之明、看问题褊狭等相反的意思;二是指谦和、仁慈、人道,尤其指少者对长者、位卑者对位尊者的谦恭态度;三是指对欲望的自我约束和控制，也只有在这重意义上才可译为节制。① 柏拉图在《国家篇》中将这种美德解释为以灵魂中的理性原则智慧战胜欲望成为真正的"自己的主人"（430E—432A）；在《法篇》中则讲到 sophrosyne 可以和智慧等同，是对欲望的自我节制（710A）。在《卡尔米德篇》中讨论 sophrosyne 显然同人的自知、自制紧密关联，有认识自己、明智自律、使灵魂健全的含义，所以我们将它译为"自制"。这是古代希腊人认为四大美德——智慧、勇敢、自制、正义——之一。

《卡尔米德篇》的成书年序虽然还有些不同意见，但一般学者多认为它属于柏拉图早期的"苏格拉底的对话"，早于《普罗泰戈拉篇》和《高尔吉亚篇》，大约和《拉凯斯篇》、《吕西斯篇》同时，这三篇对话的内容和形式都很相似，可以说是姊妹篇。

对话开始苏格拉底刚从波提狄亚的军旅归来，稍事休息就到竞技场和青年讨论哲学。经常同苏格拉底谈话的一些年轻人热烈欢呼他的归来，包括苏格拉底称为"像个疯子"的凯勒丰。同苏格拉底进行对话的两个青年是卡尔米德和克里底亚，他们都是柏拉图的亲戚。卡尔米德是柏拉图的堂舅，当时还是个谦虚羞怯而有诗才的美少年，苏格拉底称他属于显贵的梭伦家族的后裔；后来在三十僭主的寡头政权中他依附堂兄克里底亚，成为拜里厄斯地区的首领，于公元前 403 年在同民主派战斗中和克里底亚一起被杀死。克里底亚也是柏拉图的母亲的另一位堂兄弟，后来成为三十僭主统治的主要人物；在这篇对话中他还是同苏格拉底接近，颇为自信的青年。

早先苏格拉底曾见过卡尔米德，那时他还是个孩子，这次克里底亚引见时他已长成为一个令苏格拉底惊羡不已的俊美青年；克里底亚称赞他不仅有健美的身体更有高贵的灵魂，既是哲学家又是诗人。卡尔米德说他正患头疼，苏格拉底自称他能医病，因为他北上参战时从色雷斯一位医生那里学得一种能治病的符咒；这种符咒讲究"整体治疗"的原则，那就是不能治眼不治头，治头不治全身，治身不治灵魂。"希腊的医生还不懂得许多疾病的治疗方法，因为

---

① 参见《希英大辞典》的 sophrosyne 条目，以及泰勒：《柏拉图其人及其著作》，第 50—51 页。

他们忽视研究人的整体,不知道只有整体健康,部分才能健康。"(156B—E)我们知道这种整体治疗原则是恩培多克勒创建的南意大利医派提出来的,这个医派在奥菲斯教的发源地北部色雷斯地方也很有影响,古代医术同巫术(符咒)是分不开的。苏格拉底看来熟悉这个医派,但他在这里不过是借用这个医疗原则作个引子,他接着就说:一切善和恶都在灵魂之中,是从那里流出来的,"如果头和身体都好,你必须从治疗灵魂开始,灵魂是首要的本质的东西;而治疗灵魂可以使用某种符咒,这种符咒是一些美妙的言词,通过它们将'自制'这种美德植入灵魂之中"。(156E—157A)于是苏格拉底盘问卡尔米德的灵魂中有没有自制这种品德,如果有,他必定能说明自制是什么。对话就转入讨论如何定义"自制"。

卡尔米德先后为自制下了三个定义,都被苏格拉底运用使对方陷入自相矛盾的方法驳斥了。第一个定义:自制就是沉着有秩序地行事,自制就是沉着。苏格拉底驳道:自制是高尚和善的品德,并非只有沉着和从容缓慢行事才是善的,诸如角力、拳击、赛跑、学习都需要自制,但这些都以快速和敏捷为善,沉着缓慢地行这些事却是坏的,不是自制。(159B—160D)第二个定义:自制是要人怕羞、谦恭,自制就是谦逊。苏格拉底巧妙地推翻这个定义:自制是善,而荷马在《奥德修纪》中说过"谦逊对穷人说并不是好事",因此用谦逊定义自制也不能成立。(160E—161A)第三个定义:自制是做各人自己的事情,这是卡尔米德从克里底亚那里听来的说法,有各人只管自己利益的意思,即"各人自扫门前雪,莫管他人瓦上霜",如果插手管别人的事就是不自制。苏格拉底认为这个定义令人费解,一个人做事怎么能不涉及他人?读书、写字不能只写自己的名字,城邦立法如果规定每个人只能为自己纺织、制鞋、洗衣、医疗、建房,只能做为自己的技艺,这城邦如何会有良好的秩序?(161B—162A)

苏格拉底对三个定义的驳难使卡尔米德陷入困窘,克里底亚便上场同苏格拉底论辩。他将"做自己的事情"区别为两种不同的词义:履行自己的职责和产生自己的产品,鞋匠为他人做鞋是在从事自己合适的事情,所以履行自己的职责是光荣有益的。苏格拉底对他的补充并没有正面驳斥,却指出自制必定是从事善的行为,而克里底亚的说法并没有切中这个词的本义;鞋匠、医生无论为自己或他人工作时并不一定知道他的工作是善而有益的，就是说他并不知道他的工作是智慧的、自制的，对自制是无知的〔也就是没有"认识你自己"〕。（163B—164C）于是克里底亚撤回上述说法，提出第四个定义：自我认识就是自制。（164D）对话到此就从对一种美德的伦理探讨转入更开阔的对于人这个认知主体的认识论探讨，苏格拉底意图探索和确立一种新的哲学对象，这是这篇对话最重要最引人入胜的部分。克里底亚说：

> 我可以说自我认识就是自制，我赞同在德尔斐神庙题献"认识你自己"这句铭言的人。如果我没有弄错，那句箴言刻在那里是作为神向那些进入神庙的人致意的。通常那样说声"哈！"是不合宜的，"要自制"才是好的打招呼。如果我正确理解它的意义，那是神而不是凡人向那些进入神庙的人所说的话；每当一位祭祀者进来，他听见的第一个词是"要自制！"然而这话带有谜语的味道，是预言者的口气。"认识你自己"和"要自制"的意义是一样的，铭文这样说，我也这样想。（164D—165A）

德尔斐是科林斯湾北岸的福基斯的一个小镇，依山傍水，风景秀美；公元前6世纪初首次在这里举行纪念阿波罗的泛希腊匹西阿节后，它就成为全希腊的名胜地。这里有著名的德尔斐神庙，庙里有一批祭司，还有专门传达阿波罗神谕的女祭司叫匹西亚，她们定期接受朝拜者求问，以一些暧昧不明的语言预言未来的事情乃至预言国家大事。例如希波战争期间希腊将军塞米司托克勒就将神谕中的"木墙"解释为舟船，以海军击败波斯，可见德尔斐神谕在社会生活中的重要作用。神庙墙上刻有一些铭文，有为各城邦记事记功的，也有一些人生箴言。柏拉图的《普罗泰戈拉篇》中苏格拉底历数泰勒斯、梭伦等古代"七贤"，说他们有同样高的智慧，他们的语言简洁易记；说"他们在德尔斐神庙聚会，向阿波罗奉献他们首要的智慧之果，刻下了至今脍炙人口的铭言：'认识你自己'和'不要过分'"。（343A—B）由此可见这两句铭言是当时希腊人认为由最有智慧的"七贤"共同铭刻下来的，教人要有自知之明，而且不要过分，这也就是自制；所以"认识你自己"也就是"不要过分"，也就是"自制"，这三者是密切联系的。

按照克里底亚新提出的定义，"自制"就是"认识你自己"的智慧，或者说它是"自我认识"的知识,这种智慧或知识就是关于人自身的知识,就是关于人自身的一门学问(科学)。〔希腊文 episteme 有知识、学问、科学的意思。〕这样对话就进入探讨建立这种关于人自身的哲学的问题,苏格拉底提出了两个方面的问题:一个是这种自我知识的对象是什么,也就是自我知识是否可能的问题;另一个是这种自我知识对人的实践生活是否有益的问题。

先讨论第一个问题:任何一门学问或知识都有它自己的对象:医学以健康和疾病为对象,建筑术以造房为对象,算学以奇数和偶数为对象,这些对象和认识的主体是不同的东西。可是自制作为一种知识,却是要认识主体自己,分辨他是真的知道还是不知道;有能力去判断别的人虽然自认为他知道,实际上是知道还是不知道。这样的知识是否可能? 因为这样一种知识既是关于它自身的知识,又是关于其他知识的知识,同时又是关于缺乏知识的知识,即它是以知识与无知为对象。(167A—C)苏格拉底认为建立这样一门学问或知识是很困难的,因为人的理智活动总是指向某种对象,而不指向理智活动自身;比如视力总是观看某种颜色,而不观看视力自身;听力总是听某种声音,而不听听力自身;爱总是爱所爱的人,而不是爱"爱"自身;人总是对某种东西发生恐惧,而不是恐惧"恐惧"自身。所以说一种知识既是关于别的对象的知识,又是关于它自己的知识,正好像说一个大的事物既比别的事物大又比它自己大一样,是很难想象的。(167C—168B)苏格拉底认为:人是否有这种能力(dynamis)既可以应用于别的对象,又可以应用于他自身? 是不是有这样一门知识的知识? 这是他不能肯定的问题。(169A—B)这里苏格拉底已经明确地提出来要以人自身作为知识的对象,也就是要建立有关人的哲学;而这种有关人的哲学首先要考察人是不是能够认识他自己,就是要考察人的认识活动和能力等等问题,也就是苏格拉底开始将认识自己的问题看做是哲学中的重要问题提出来了。泰勒认为这实质上涉及理智活动能否成为自身的对象,能否考察人的认知本身,"如果有'认识论'这门科学,其对象就是'知识如何可能的条件'问题"。[①] 当然从苏格拉底和柏拉图提出以认识论作为哲学的重要部分

---

① 泰勒:《柏拉图其人及其著作》,第55页。

一直到康德在《纯粹理性批判》中提出研究的问题，中间还要经过一段很长的发展过程。

苏格拉底并没有将这个问题继续讨论下去，他只是说，即使有这样一门知识的知识，也要看它对人是否有益，"除非我能看出这样一门知识对我们有好处，不然我就不能承认它是智慧或自制，因为我理解自制是一种益处，是一种善"。（169B）这样他就转入讨论第二个问题，即有这种自我的知识或知识的知识有什么好处？如果按照克里底亚的定义，这种自制或智慧只是关于他是知道还是不知道的知识，只涉及知识的形式而没有涉及知识的内容，因为每一门学问都有各自的内容和对象，比如医学的对象是健康和疾病，政治学的对象是正义和不正义；可是自制的智慧却只能知道他是知道还是不知道，并没有这些具体的知识；要是不懂得具体的医学知识，又如何能判别谁是懂得医术的医生，谁是欺世盗名、强不知为知的冒牌医生呢？这是只有从事医生这种业务的人才能分辨的。（169D—171C）这里苏格拉底已经提出在知识领域内的一般和个别的关系问题了，如果只有普遍的、一般的知识，对我们认识具体的特殊的知识是否有用呢？

这个一般和个别的问题一直是希腊哲学家感到困难的问题，后来柏拉图和亚里士多德都在试图解决它，苏格拉底当然不能正确地说明它。他只能说：假定一个智慧的人能够有这样的能力去分辨他知道什么和不知道什么〔就是不但知道知识的形式而且知道知识的具体内容〕，就有最大的好处；在我们生活中就能正确地指导自己和别人，不要去做那些我们不知道的事情，而要发现知道它们的人，交给他们去做并且信任他们；不要交给那些做不好的人去做，只能让有知识能够做好的人去做，这样就能不发生错误。这样无论家务或是城邦事务都能安排得井井有条，这便是最大的利益和幸福。（171D—172A）但是这样的能够将一般的知识和具体的知识结合起来的"知识的知识"在实际上是很难找到的，于是苏格拉底退而求其次：如果有了这种一般的自我认识的知识，他就能很容易地学会他要学习的知识；因为除了所学的各种不同的知识以外他还有这种知识的知识，他就能看清楚，有更好的能力去考察各种知识；而那些没有自我认识的人在这种探究方面便要比他们差得多。这就是从自制这种智慧中得到的真正的益处。(172B—C)苏格拉底说他有这样的梦想:如果这种智慧支配人们,人的每一行为都根据这种技艺或知识进行,就不会发生这样的情况了,即不懂业务知识的领航员、医生、将军等冒充懂得这些知识,欺骗我们将我们引向歧途;我们的健康就能得到改善,我们在海上和战争中就能确保安全,我们的衣鞋等生活用品都能熟练地制作出来,因为工匠们也是用专门知识的。人们的预言也会是一种关于未来的真实的知识,是由智慧作出的,会震慑住欺骗家们,能真实地展示人们的前景。这样智慧就会监督和排除无知对我们的侵袭。(173A—D)

然而苏格拉底话头一转向克里底亚提问:究竟是什么知识能够给人最大幸福呢? 显然并不是缝鞋、铜匠、纺毛、木匠等技艺知识,也不是下棋和健康等知识;克里底亚回答说是分别善和恶的知识才能给人最大幸福。(173E—174B)这样就又得到另一种一般的知识,因为任何一种具体的知识都是和这种分辨善恶(好坏)的知识结合在一起的,如果将它和其他知识分开,医学就不能给我们治好病,鞋匠就不会给我们缝好鞋,舵工和将领就不能在海上和战争中给我们提供安全;如果没有分辨善恶的知识,任何别的具体的知识都不能给我们提供好处。(174B—D)但是分辨善恶的知识和上面所说的自制的知识是两种不同的知识,因为后者只是分辨知和不知的。这样就会得出自制这种知识没有益处的结论,克里底亚说:"怎么能说自制没有益处呢? 既然它是知识的知识,支配其他一切知识,就该控制那门关于善的知识,该对我们有益。"(174D—E)因为自制只是关于知识与无知的学问,而要给我们益处的只能是别的知识,只有医学才能给我们带来健康;克里底亚又只能承认:自制不能给我们益处。(174E—175A)

从以上讨论可以看到:苏格拉底实际上是在各种不同的具体知识如政治学、医学、航海以及各种技艺知识之外,提出了两门普遍的一般的知识,一门是自制的知识,它是分辨知和不知的;一门是关于善的知识,它是分辨善和恶即好和不好的。各种具体的知识都和一般的知识有关,用苏格拉底的话说,它们都是受一般知识支配的;苏格拉底认为一般的知识高于具体的知识,医生和工匠虽有具体的知识却不一定具备一般的知识。现在的问题是这两种一般的知识之间的关系如何？它们是彼此分开的还是互相包容的？善的知识和自制的知识是不是完全分开的，以至自制的知识就不能带来益处？在苏格拉底看来，这两种一般的知识之间还有一个谁高于谁的问题，是善决定自制，还是自制决定善？上面克里底亚说成是自制控制善了，苏格拉底的思想却是善决定自制，善是最高的最一般的。这个一般和个别的问题是苏格拉底念念不忘一直在探究的问题，也是柏拉图相论中的主要问题。苏格拉底在这篇对话中提出的这些问题要到柏拉图的《国家篇》中才得到初步的系统的解决。

《卡尔米德篇》是以讨论没有得出结果告终的，苏格拉底总结说：我们讨论"自制"是什么，现在是彻底失败了。我们提出许多假设，一个个都被逻各斯驳倒了；我们假定一种知识的知识，假定它能知道其他一切知识，却由逻各斯驳斥掉。我们认为自制的人能够知道他自己知道的，不知道他自己所不知道的；没有考虑到人不可能知道自己所不知道的东西，这是不合理的。无论我们将自制的本质规定为什么，总是会遇到一个无情的结论，就是自制没有什么益处。这个结论对于我倒没有什么，可是卡尔米德，像你这样的聪明人却不能从自制得到好处，我感到遗憾。大概是我不善于研究，自制的确是大好事，你已经有了它，越自制越幸福，就当我是只会说空话的废物好了。卡尔米德表示他愿意接受苏格拉底的符咒。（175B—176A）柏拉图写的"苏格拉底的对话"多是以这样没有结论而告终的。

在《卡尔米德篇》中苏格拉底讨论什么是自制，他认为自制就是"认识你自己"，能够知道自己知道什么和不知道什么。这样他将哲学从研究客观世界转向研究人自身，研究人的认识能力，开创了人的哲学和认识论的研究。他看到在人们具有的各种具体的知识以外还有更高抽象层次的一般的知识，那就是关于知和不知（知识和无知）的知识，他将它叫作"知识的知识"，也就是后来所说的"科学的科学"。然而苏格拉底注意的还是有关"善"的问题，他问这种关于知识的知识对人是否有益？因此又提出另一类一般的知识即关于善和恶的知识。这些是本体论、认识论和伦理学的问题，在苏格拉底的哲学中这三者是结为一体的。在《卡尔米德篇》中苏格拉底提出了一般知识和具体知识的问题，既谈到一般和个别的关系问题也谈到一般与一般的关系问题；在一般和个别的问题上纠缠不清,在这个问题上已经显露出后来柏拉图相论的雏形。

第四节　对智者的批判——《高尔吉亚篇》

苏格拉底的哲学变革有双重理论背景,他不仅批判早期希腊的自然哲学,使哲学的主题转向人自身;而且他在创建自己的哲学中更注重批判当时盛行于全希腊的智者思潮,认为它是使希腊的社会政治和思想文化陷入混乱的理论根源。他力图使哲学奠立在坚实的理性主义基地上,借以匡正陷于崩析和混乱的道德价值体系。他的这种批判不是简单的否定,而是否定中有肯定,对智者的思想和方法也有吸收和改造。可以说没有智者的思潮,不能产生苏格拉底和柏拉图的哲学,没有对智者的批判也不能建立苏格拉底的哲学。

上一编中论述过智者运动在雅典和其他希腊城邦的社会政治和思想文化的启蒙中起过重要的进步作用,智者思潮深刻地影响了希腊社会生活和意识形态的各个方面。他们提出"人是万物的尺度",以感性的活生生的"人"同传统宗教的神相对立;强调发挥公民个人的才智和个性,对旧的贵族世袭门阀和旧道德作了重大冲击。他们的人本主义思潮在城邦民主制发展中应运而生,当时希腊公民能够比较自由地参与讨论各类社会公共问题,从城邦立法、国事决策、民事纠纷到社会习俗和道德宗教等等,一大批智者在这里发挥越来越重要的作用。但是随着希腊民主制走向衰落,智者的人文主义思潮也在蜕变:它以相对主义感觉论看待人,人成为闪忽不定的形象,不可能真正建立一种人的哲学;它的素朴社会进化思想在城邦集团争霸和掠伐中,流变为论证霸权主义天然合理的强权政治论;在社会公共生活中,它的论辩术变成政客蛊惑民众、谋获权势的工具;它的个人主义的情感价值论侵蚀青年一代,滋长享乐奢靡的风气,使世风日下。智者变得声名狼藉,日益招致人们的怨恨。柏拉图在《普罗泰戈拉篇》中让老年的普罗泰戈拉说:一些智者害怕招怨,都伪装成为体育家、音乐家等等,用其他技艺为屏障,不敢承认自己是智者。(316D—317B)智者思潮越来越起消极作用,因此苏格拉底的哲学变革的主要目标之一就是要抨击和廓清这种思潮,拨正研究人的哲学的方向,不然就难以建立他的新哲学,实现他的哲学使命。

苏格拉底在哲学活动中经常和智者面对面论辩;柏拉图的不少对话篇都以智者为苏格拉底的主要论敌,而且用智者的名字作为对话的篇名,如《欧绪德谟篇》,大、小《希庇亚篇》,《普罗泰戈拉篇》,《高尔吉亚篇》等。从色诺芬的《回忆录》和柏拉图的对话篇可以看到,苏格拉底对于智者的思想,从基本哲学观念到社会政治、道德、宗教、审美乃至逻辑和语言等思想,展开了全面系统的批判。而且苏格拉底的批判不是简单否定,而是在论辩中让智者充分阐述自己的论点,然后他以充分的说理和层层深入的驳斥,揭露智者在理论上和逻辑上的错误,并且在批判中建树自己的哲学理论。在本编以后各章论述苏格拉底哲学的内容时,都会涉及他对智者思想的批判。他从总体上批判智者,最集中地表现在《高尔吉亚篇》。

对《高尔吉亚篇》的成书年代,西方学者中还有不同意见,主要分歧在于它是在公元前387年柏拉图第一次访问西西里以前还是以后写的。① 多数学者认为它属于柏拉图早期对话中较晚的作品,后于《申辩篇》和《卡尔米德篇》等,大约和《普罗泰戈拉篇》相近。

这一相当长篇的对话记述了苏格拉底同高尔吉亚等三位智者,围绕怎样评价智者及其修辞论辩术而展开的一场精彩辩论。设定这场论辩发生的时间因对话中有矛盾,难以确定:对话中苏格拉底提到他担任雅典议事会议员,但这不像是伯罗奔尼撒战争最后一年他第二次任职议事会反对处死海军将领的那一次,因为对话中谈到雅典的社会政治还比较平静,没有兵临城下的危急气氛;看来是在30年代苏格拉底首次任职议事会时,公元前427年高尔吉亚作为他的本邦西西里的林地尼的特使首次到达雅典,恰值对话中提到的伯里克利去世、克莱翁执政不久。高尔吉亚出使雅典曾名噪一时,许多青年人为之倾倒,苏格拉底于此时同他会晤并发生论辩,很可能有这样的历史事实,但对话

---

① 参见格思里:《希腊哲学史》第4卷,第284页。

中提到马其顿王阿凯劳斯阴谋篡夺王位的事情却发生在其后的公元前414—前413年。这表明柏拉图的对话毕竟不是历史实录，我们不能在这些问题上苛求。

参与这场和苏格拉底对话的有四个人：凯勒丰这个追随苏格拉底的鲁莽青年，在对话中只是个帮腔的陪衬角色。高尔吉亚已经是名声显赫的智者大师，正在雅典一展雄姿。来自西西里阿格里根特的波卢斯是高尔吉亚的门徒，已经写了修辞学和论辩术的著作。再一位是雅典的卡利克勒斯，柏拉图没有说明他的来历，但让他担任为智者辩护的最后也是主要的发言人。

对话开始，卡利克勒斯告诉苏格拉底说高尔吉亚正在雅典，苏格拉底急于会见这位大师。会见以后苏格拉底直接提问：高尔吉亚是做什么的？高尔吉亚回答说他精通修辞学，是一位伟大的修辞学家。（449A）在本卷第一编第二章中我们曾说过"修辞学"一词的希腊文原义就是在公众场合发表演说的技艺，当时的智者就是实践和传授这种技艺的，高尔吉亚是修辞学的大师。于是对话就围绕着智者的修辞术进行反复辩论，苏格拉底从认识论、道德学说和政治哲学这三个方面先后同高尔吉亚、波卢斯和卡利克勒斯交锋了三个回合，辩论了以下三个问题。

一　智者的修辞学的本质和价值

希腊人说的"技艺"（techne）是指专门知识，医疗、绘画、政治、修辞都是技艺。智者认为技艺来自经验，波卢斯说："人类有许多由经验产生的技艺，经验根据技艺指导人的生活，非经验便只能依凭机遇，不同的人以不同的方式享有不同的技艺。"他认为高尔吉亚的修辞术是最好、最高尚、最有用的技艺。（449C）苏格拉底便要求高尔吉亚为修辞术下定义，说明它是什么样的技艺。高尔吉亚先后下了三个定义，都被苏格拉底驳倒了。

高尔吉亚先提出：修辞术是有关使用逻各斯的技艺。但是有各种各样的逻各斯，医学用的是有关健康和疾病的逻各斯，体育是关于人体好坏的逻各斯；算学是关于偶数和奇数的逻各斯，这里的逻各斯有些英译本译为words（言词），实际上可译为"道理"。修辞学和它们如何区别呢？（449D—451D）

迫使高尔吉亚提出第二个定义：修辞学是最伟大、最崇高的人的事务。这个说法也太宽泛了，因为医生、体育教练和商人都从事人的事务，而且分别将他们致力于健康、健美和财富看做是最伟大、最崇高的事情，修辞术和它们难以区别开来。（451D—452D）于是高尔吉亚提出第三种说法：修辞术的本质就在于它是一种"说服人的技艺"，"它将自由带给人，带给每个在本邦统治他人的人"。他说修辞学就是"用你的逻各斯使法庭中的法官、议事会的议员、公民大会或其他公民集会中的民众产生信服的能力。只要具备这种能力，你就能使医生、教练成为你的奴隶，使商人弄钱不为自己而为他人，因为你能演说并说服多数人"。（452D—E）这里高尔吉亚坦白陈述智者的修辞学是一种谋取政治权力的统治术，有说服人使他人接受支配的能力。

苏格拉底区别两种不同的"说服人"：一是根据学得的知识，分辨正确和错误来说服人；另一种是只根据似是而非的论辩使人"相信"，好像也说服人了。他批评智者的修辞术只使人们产生某种信念，以貌似有理实无真理的论辩使人相信某种意见，并不能在法庭和公众集会上教给人们知识和真理，让他们区别正确和错误。他讥讽智者没有确实有用的知识，城邦议事会如果要选拔医生、舰船制造者或任用将领，请教智者毫无用处；智者教授青年只是培养出一批不能辨别正确和错误的修辞学家，对城邦没有什么贡献。高尔吉亚辩解说：修辞学家虽然没有那些专门知识，却具有更广泛的能力，比专家更能说服公众。民主派政治家塞米司托克勒和伯里克利就是掌握了这种修辞术，提议建造雅典的军事卫城和港湾设施，建筑师却做不到。高尔吉亚自己陪同他当医生的弟弟去看病人，是高尔吉亚而不是医生兄弟说服病人服药动手术的。高尔吉亚自诩智者的修辞学能对任何人、就任何问题驳难人，说服人；至于有的门徒错误地使用修辞术出了毛病，则不能归咎于智者及其修辞学。（454C—457C）

苏格拉底恪守一条原则，认为只有人的理性才能掌握知识，也只有确定的知识才能使人懂得真理，能够辨别正确和错误。他运用归谬法将高尔吉亚的上述辩护推到荒谬的地步：智者并无专门知识却能在无知的公众中比医生等专家更能说服人；那就是说在无知的人中，智者比有知识的专家更能使人信服。在他看来,智者的修辞术"无需懂得关于事物的真理,只要有一种说服的技巧,就可以在无知者中间显得比专家更有知识。"(459B—C)智者实际上并不"懂得什么是正确和错误、高尚和卑下、正义和非正义",也不教给弟子这类知识,却使他们在公众面前显得有这类知识;"他们实际上并不是善,却显得像是善"。(459D—E)

智者自诩学识渊博无所不知,以擅长教授知识自命。苏格拉底强调知识是寻求真理,将人引向正义,他指出智者如有真知,必定是正义的人,教人不做错事。(460B—C)而智者及其弟子往往凭借混淆是非的修辞学从事非正义的活动,可见他们的知识是虚伪的。总之,苏格拉底和高尔吉亚之间进行的第一回合的辩论表现为双方在知识观上的对立:智者认为知识来自感知经验,并以人的主观经验评判一切,他们的修辞术带有随意性,只是为了说服人使人相信,没有确定的真理标准。苏格拉底主张知识是靠理性求得的真理,能使人辨别正确和错误,有客观的真理标准,能引导人从善,合乎正义。

二 道德原则和道德信念

正当高尔吉亚支吾其词陷入被动时,波卢斯插进来同苏格拉底展开第二回合的论辩。他指责苏格拉底蓄意在论争中诱使高尔吉亚自相矛盾;他反问苏格拉底:你认为修辞学是什么呢? (462C)苏格拉底直率地回答,他认为智者的修辞术根本不是"知识"意义上的技艺,只是一种用来讨人喜欢的庸俗事务,同烹调术一样是并不值得赞誉的活动,实质上它只是一种奉承人的雕虫小技;它同政治活动的某些方面有表面相似,也是一种恶劣的相似。(462D—463D)

苏格拉底以人为知识的主要对象,人由身体和灵魂构成,他相应地提出学科知识的分类:关于人的身体有两种学科即体育和医学,关于人的灵魂的技艺统称政治,也有两种学科即立法和正义(道德)。体育和医学、立法和道德之间都是紧密联系互相渗透的,立法和体育相应,道德相当于医学。(464A—C)他指出生活中有一些同这些学科表面相似的冒牌技艺,如烹调师自称是最懂营养健康的专家,如果真是这样的话医生就无所事事要饿死了;智者的修辞术也是冒牌的关于灵魂的政治技艺。他认为这种修辞学和烹调术都不是知识而只是日常琐事,"因为它们不能提供活动的道德原则,不能说明它们的本性,也不能说明事物的原因;我对任何非理性的东西都不称它为技艺"。(465A)

波卢斯不甘愿承认智者的修辞术是冒牌知识,他高傲地宣称智者同僭主一样是城邦中最强有力的人,他们的修辞术能在法庭或公众集会上左右局势,甚至能按照自己的意愿处死人,剥夺人的财产或放逐人。苏格拉底针锋相对地指出:智者和僭主一样都是城邦中最没有能力的人,因为他们实际上并无知识,所以不能按照人的本性即真正的意愿行善;只有知识和能力是善,无理智的行为是恶。凡人行事都以善为目的,善的行为能带来利益,如安全航海、经商致富等;僭主任意杀人逐人,掠人财产,自称行善实为悖逆理智肆虐为恶,就违背了他自以为从善的意愿;如果没有能力实现自己的意愿,恰恰是最不幸最无能力的可怜虫。于是苏格拉底得出结论说:犯过错伤害人者比受害者更不幸,因为他沦入邪恶;他宁愿被伤害备受痛苦,也不愿当僭主去害人为恶。(466B—469C)

波卢斯进而围绕道德原则问题同苏格拉底辩论。他主张"幸福就是快乐"这种享乐主义的道德原则,认为苏格拉底主张的"知识即善"这种理性主义的道德原则倒是悖逆情理的。他举当时的政治事实证明犯过错的可以是幸福的:当时的马其顿王阿凯劳斯的母亲本来是他的伯父的奴隶,如果按照奴隶社会的"正义"行事,阿凯劳斯只能当奴隶,有何幸福可言。然而他以阴谋手段让他的伯父恢复了被他父亲篡夺的王位,又在宴饮中诱使他的伯父和堂兄大醉将他们杀害了;又将他的同父异母年才四岁的弟弟扔到井里溺死,谎称是失足落水的。按照苏格拉底的说法,这个恶贯满盈的马其顿王是世界上最不幸的人了,而实际上人们认为他戴上王冠是最快乐幸福的。(471A—D)

苏格拉底认为波卢斯是用错误的论据反驳他的道德原则。知识最高尚,而无知最可耻,知识与无知是幸福和不幸福的根源。(472C)作恶得到幸福根本不可能。他在任何时候都不会有幸福,在他没有受到正义制裁时比他受到神或人的惩罚时更不幸福,因为逃避惩罚是更大的恶和不幸。他指出有一条普遍的法则:在任何互相作用的行为中,"受作用者的经验的性质同主动作用者的行为的性质是相应的"。(476D)如果惩罚者的行为正当,符合正义和善,受罚者也能感应正义,回复高尚而受益,合乎善,因为他们在受惩罚中摆脱了灵魂的恶。(476E—477A)苏格拉底认为在贫困、疾病和非正义这三种恶中,非正义作为灵魂的恶最可耻;非正义、不自制、怯懦和无知比疾病、贫困更令人痛苦。(477C—D)惩罚犹如治病,使人摆脱最不幸的灵魂的恶,得到真正的利益、快乐和幸福。阿凯劳斯之流逃脱惩罚,不能清洗灵魂的恶,正像无知的病人讳疾忌医,是最不幸福的。(478D—479E)因此合乎知识和道德原则的修辞术应当使犯过错的作恶者勇于谴责自己,在光天化日之下暴露隐藏的恶,依法受罚,在灵魂中动手术治疗,以求恢复灵魂的健康,追求高尚和善,这才是有益和有用的。(480B—D)他抨击智者的修辞术曲意为犯过错者辩护,宣扬作恶得福,怂恿他们以逃脱惩罚为荣;这种行径于国于民无益无用,而且使城邦社会的政治和伦理生活陷入混乱,造成邪恶横行。

三 人生理想和政治哲学

卡利克勒斯是个重要角色,他介入对话将辩论推到高潮。他看出苏格拉底的哲学原则有撼动希腊社会生活的力量,说"如果你所说的是认真严肃的,那么我们人的生活确实必然要翻个身了,我们在做的一切明显地同我们应当做的正相反对"。(481B—C)

苏格拉底抨击智者冒称热爱民众(Demos),实际却只是阿谀奉承人,经常随风使舵,没有一贯的原则。卡利克勒斯是个坚定的智者,他认为智者的原则有一致性,是顺应"自然"合理正当的。他认为苏格拉底驳难波卢斯倒表明他自己采取了模棱两可左右逢源的方法,时而依据"约定"(nomos),时而依据"自然"(physis),而这是两种对立的原则。"约定论"只信奉人为俗成,例如说有的统治者迫害人是做了可耻的坏事,这不过是多数弱者为了抵御强者的统治和侵犯他们的利益而人为地构想出来的;动物和人类社会生活的实际却表明强者战胜并统治弱者是自然法则,强者侵占弱者利益是人的自然权利。他认为统治地位并不是天生命定的,应由自然能力强的人所拥有,弱肉强食合乎自然。天资强有力的人即使地位卑贱,甚至曾是奴隶也完全可以起来甩掉一切束缚，践踏一切非自然的人为约定，显示他是人群的主人，这才是自然的正义。（481D—484A）这种"自然法则"论表明：一方面智者在民主制生活中将贵族世袭等级观念视作人为约定要加以破除，主张人人都有靠自己的才能出人头地的自然权利；另一方面又主张恃强凌弱、弱肉强食的原始"生存竞争"观念，这正是迎合当时希腊动乱中强邦奉行霸权主义、仗势蹂躏弱邦的政治哲学。卡利克勒斯讥嘲苏格拉底的这种迂腐哲学只是哄骗小孩子的玩意儿，如果成年人一味追求这种哲学就会变成不懂城邦政治等高尚事业的傻瓜；要是老年人还成天咬文嚼字研究这种哲学，只能惹人恼火应该挨鞭子；如果苏格拉底真的无辜投入监狱，他的哲学绝不能帮助他逃脱死刑。（485A—486C）

苏格拉底赞许卡利克勒斯不但有知识和善意，而且态度坦率。但是问他如果主张他这种自然法则论，认为能力强的人统制弱者是合乎自然的，这里所说的能力强弱是指什么呢？是指体力弱者应服从体力强者吗？奴隶的体力强过主人，难道他们比主人优越？如果说能力、优越和强三者是同一的，多数人的能力总强过少数人，城邦多数人制定的法律更有能力约束少数人；那么多数人认为正义是"平均分配"财富，不应过分，因此说掠夺财富的作恶者比受害者更可耻，这不仅是根据"约定"原则，也是根据"自然"法则，"自然"和"约定"并不是对立的。（488B—489B）卡利克勒斯辩称他所说的强和优越不是就体力而论，乃是指更聪明、更有智慧的人。苏格拉底反驳说：医生、裁缝和鞋匠比其他人更有智慧，难道能占有更多食物、衣服和鞋子吗？卡利克勒斯又退而辩称：他说的强者是指治理城邦事务最有智慧、最勇敢的人，他们有能力成为统治者统辖属民，这才是正义。他们有能力最大限度地满足自己的欲望，能享有获得权势的快乐；而多数人充其量只能懦怯地谈论自制和正义，没有能力满足自己的欲望，只能处于不幸的屈辱地位。他认为不受限制地满足欲望就是美德和幸福，这才是真理；其他种种关于美德的说法不过是华而不实、违反自然的废话。（490A—492C）

苏格拉底从道德哲学高度批驳这种论调，他说你这是将人当做死人，肉体是坟墓，灵魂中欲望的部分在其中飘荡；实质上是将灵魂看成是一只永远注不满欲望的破罐了。（493A—B）他批驳了将快乐等同于善、痛苦等同于恶的思想,他提出一个论证:人满足欲望是一个过程,总是先有痛苦后有快乐,苦乐是紧密相连的;如渴是痛苦,饮水止渴才有解除痛苦的快乐。快乐和痛苦可以相随并存,善和恶却像健康和疾病一样是对立的,不能同时存在于一个人身上,因此善和恶并不等同于快乐和痛苦。(496E—497E)这里双方争论的实质在于应当做什么样的人,追求什么样的生活目的,是追求善呢还是追求快乐?(500D)苏格拉底认为人的一切合理行为都是为了从善,善是人生的最高目的。人为了达到善,必须寻求能明察事物的本性和原因的知识技艺,才能得到真正的快乐,才是美德和幸福。人不能只从个人经验出发,沉溺于日常事务,在满足欲望中觅取快乐,以为这就是善。在他看来,智者的修辞术就是根据这种道德信条,像哄孩子那样起着迎奉和蛊惑公众的作用,结果只是摒弃了公共的善,使城邦日趋邪恶。

卡利克勒斯又辩称:像塞米司托克勒、喀蒙以及刚逝世的伯里克利这些杰出政治家难道不正是运用智者的修辞术治理城邦,引导民众从善的吗?(503C)于是苏格拉底进一步阐述他的道德和政治哲学:灵魂和身体的善都表现为和谐有秩序,这是要经过知识训练才能达到的。运用法律使人的灵魂能够约束欲望严守法规,这就是正义和自制;灵魂的恶就是纵欲和不义。善通过正义、秩序和技艺知识植根于身体和灵魂之中;自制的人才是正义、勇敢、虔诚的真正的善。实际上没有人自愿犯错误,犯过错是违背人的意愿和本性的;可是为了避免错误而从善,必须有一定的知识教养。要是唆使城邦及其公众只在满足私欲中寻求快乐和幸福,一味追求强权,效法僭主,妒贤嫉能,滥用权力,掠夺他人他邦的财富,只能走入歧途,恶果累累。因此治理城邦的首要任务应该是改善公民的灵魂,给他们知识教养,使他们过理性生活追求善,这才是政治家的真正职责,只有这样的修辞学家才是真正爱人民的。(504A—513C)苏格拉底以这样的标准批评伯里克利等人,指责伯里克利通过发放津贴等手段使雅典人变得骄惰、贪婪、粗野了。伯里克利开始享有极高的声誉,到头来却自食恶果,在他晚年时雅典人反过来咬噬他、谴责他,骂他是恶棍,因为他培养了人的兽性而不是培育善。(515D—516B)

苏格拉底指责伯里克利等不注意使公民的灵魂从善,生活正直,富有价值,却热衷于建造船舰、军港、卫城等设施,因此他们对目前雅典的不幸和危机是负有责任的。(517C,519A)苏格拉底认为智者对这种社会危机也负有责任,一方面是智者的强权政治信条助长这些政治家穷兵黩武,另一方面智者自诩是使公民从善的教师,他们自己滥收学费,唆使人们一味追求满足欲望的快乐,使他们追求错误的生活目的,变得骄纵、贪婪,陷入不正义和邪恶,毒化了人们的灵魂。(519C—520B)苏格拉底不无自豪地宣称:"我以为在雅典人中,我不说是唯一的,也可说是为数甚少的从事政治术的人之一,现在只有我是在实现政治家的风范。"(521D)因为他在奉行改善公民灵魂、教化公民从善的使命,这是真正的政治技艺,是政治家应有的风度。针对卡利克勒斯威胁他这样做有被投入监牢的危险,他说:"如果我被带入法庭面对你所提到的任何危险,那也是恶人在指控我,因为善的人不会将一个无罪的人拖入法庭;要是我被处死,那也不必惊奇。"(521C—D)他坚称他从事教人为善的真正的政治技艺,绝不愿干智者的"肮脏玩意儿";他在法庭受审判,不过像一位医生在一群幼稚的法官面前受到一些专以甜食哄人的烹调师的指控;而这位医生本来是要给城邦动手术、吃苦药或用饥饿疗法,从而幼稚的病人变得嗔怒疯狂了。(521E—522A)这些话当然是柏拉图后来写进去以表示他对苏格拉底被审判处死所发的愤慨,但他确实是很生动而警辟地表达了苏格拉底的胸怀。

对话最后,苏格拉底作了关于灵魂不灭的冗长说教(523A—527E),其中大约也有不少柏拉图的发挥。他声称:他没有运用智者那种自炫欺人的修辞术而被处死,也会死得安逸。死亡是灵魂和身体分离,灵魂是不朽的。罪恶的灵魂在另一个世界中会受到神的惩罚,或因而得到解救,或如暴君的灵魂罪恶深重不可救拔;而苏格拉底那样的真正哲人的灵魂会在那里受到赞美,栖憩在幸福之境。他箴劝智者,要他们抛弃自炫欺人的修辞术,应该使修辞术和其他活动都用于达到正义和善,这样才能在生前和死后都有幸福。"生死不渝地追求正义和其他一切美德,才是最好的生活方式。"(527E)这是整篇对话的结束语。

从以上简介《高尔吉亚篇》的主要内容可以看出,这篇对话虽然不能囊括苏格拉底对智者思想批判的全部内容,但它确实具体表明:苏格拉底的哲学同智者思想在理论形态上是彼此对立而又相反相生的两种不同的观点,因此苏格拉底的哲学变革要以智者思想作为主要的批判对象。他们的不同观点主要表现为:

两种人的哲学。智者和苏格拉底都以人为主要研究对象,在西方哲学史上他们首次确立人在哲学研究领域中的中心地位,甚至都主张人要"认识你自己"。智者突出研究人,对苏格拉底有启迪。但是双方建立了两种对立的人的哲学。智者所说的"人"是只有自由意志的"自我"个体,只凭个人的感知经验和欲望、利益行事,只从个人出发评判存在,没有绝对的价值标准,这种"人"的形象是闪忽不定的。这种人的哲学在希腊民主制上进时期能起积极的启蒙作用,后来也会走到反面加速民主制的蜕变。苏格拉底要从根本上改造这种"人"的形象,黑格尔指出:"智者们说人是万物的尺度,这是不确定的,其中还包含着人的特殊的规定;人要把自己当作目的,这里面包含着特殊的东西。在苏格拉底那里我们也发现人是尺度,不过这是作为思维的人,如果将这一点以客观的方式来表达,它就是真,就是善。"①苏格拉底所说的"人"是理性的人,以智慧和知识为其本性。人应当凭借理性正确认识自己,并且在理智活动中确立坚实稳固的道德价值和整体和谐有秩序的社会生活准则。这两种对立的人的哲学对以后西方哲学的发展发生了深远的影响。

两种认识论。智者以相对主义感觉论去理解知识或技艺,囿于狭隘的个人感知经验,在知识观上缺乏建设性,不能形成系统的理论。他们的论辩术主要用于破坏传统观念和传统的哲学命题;他们在发展语言学、修辞学和逻辑学方面虽然有贡献,但不能反思人的理性思维,不能提供坚实的知识论或科学方法论,因此智者思想对后来希腊思想的发展起了消极的作用。苏格拉底在认识论方面对智者的批判表明古希腊人的认识能力已经进展到反思理性思维本身;他深刻地指出理性知识必当探求事物的本性、本质和原因,这是区别真伪知识的标准。他的认识论洋溢一种理性主义精神,着力于考察人的逻辑思维,为人类知识的长足发展和哲学的系统化提供了一种新的方法论。

---

① 黑格尔:《哲学史讲演录》第 2 卷,中译本,第 62 页。

两种道德观。智者以追求现实利益作为人生目的,以满足个人欲望和利益作为道德的自然法则,不承认个人应有更高的人生目的和价值追求,也不承认有稳定的社会整体的道德原则。这种道德观在反对传统束缚、发挥个人才能方面起过积极作用,是推动当时民主制发展的动力;但它也刺激个人为满足私欲,争权夺利,贪婪堕落,使社会道德沦丧,同时也为当时希腊城邦以强凌弱的霸权政治提供道德论证。苏格拉底主张人生的最高目的是追求正义和真理,他的哲学变革的一个主要目标是要在理性主义基础上进行道德"正名",探求人的道德本性,批判智者的个人主义道德观,企图确立和谐有序的社会整体的人的道德价值体系。他在理性基础上将道德观和认识论统一起来,在古希腊首次建立一种理性主义的道德哲学,对希腊伦理思想的发展是一个重要的贡献。

两种政治思想。智者强调神人分离,主张社会政治是人的事务,它有自然进化的过程,这对希腊城邦摆脱贵族统治和神权政治观念,建立民主制度起过积极作用。但是智者的修辞术没有为发展民主政制提供坚实系统的政治理论,它只求驾驭和迎合公众情绪,难免沦为政客弄权的工具;他们宣扬弱肉强食的"自然法则",迎合一些政治野心家的强权政治和霸权主义。苏格拉底对智者的政治主张及其修辞术的政治作用深恶痛绝,斥之为造成雅典危机的思想根源。他自己的政治思想则是他的道德哲学的延伸,实际上是一种道德政治论。他主张政治并非权术,而也是一种知识或技艺,强调在政治领域也要尊重知识,培养专门人才,政治统治应该着眼于弘扬知识和道德,使灵魂向善,这样才能挽救希腊社会和雅典城邦的衰落。当然他在这方面还只是提出一些原则主张,没有建立比较系统的政治理论,他的道德政治理想在现实中是难以实现的。然而在西方思想史上他首先提出政治应当是同知识论、道德论相互贯通的一门专门学科,是哲学的有机构成部分,这是一种卓见,为以后柏拉图和亚里士多德建立政治哲学作了思想准备。

最后,智者的修辞学和论辩术同苏格拉底的以对话为形式、以逻辑的矛盾分析为内容实质的辩证法也有相反相生的关系。苏格拉底批判了智者的修辞学和论辩术,但是他并没有全盘否定这种形式,他本人的哲学活动也采用论辩形式,并将智者的修辞学改造成为一种坚持理性原则、在思维的矛盾运动中求得确定知识的辩证法;他并且批判智者的诡辩,使辩证法和人的思维形式的严格的逻辑规范统一起来。因而苏格拉底对古代希腊的逻辑和辩证法思想都作出了重要贡献。

这些在以下各章中还要再作具体论述。

❀ 第八章 ❀

苏格拉底的基本哲学观念

苏格拉底的哲学活动似乎主要是为一些道德以及相关的概念正名,探求它们的合乎逻辑的定义,然而他的这种正名活动不仅有逻辑意义,更具有深刻的哲学本体论、认识论和方法论的意义。在这些哲学的根本问题上他已形成一些基本观念,成为他的哲学基本原则,贯穿在他的具体哲学活动和思想中,也为柏拉图构建庞大的哲学体系提供了直接的思想准备。本章概述苏格拉底的几个基本哲学观念:普遍性定义即"相"的雏形、理性和知识、辩证法。

第一节　普遍性定义即"相"的雏形

苏格拉底的对话往往是讨论为一些概念正名,如什么是勇敢、自制、虔诚、友爱、正义、美德、美等等,可以概括为一个公式:"×是什么?"这就是概念的定义。在早期希腊哲学家中,我们现在看到的只有德谟克利特在个别事例中讨论过这个问题;是苏格拉底首次通过考察定义,规范人的理性知识,探讨存在的本质,蕴涵着深刻的哲学意义。亚里士多德在《形而上学》中称赞探讨普遍性定义是苏格拉底的一大贡献,也是柏拉图相论的直接思想来源。(1078^{b}27—32)

所谓普遍性定义就是指概念的定义有普遍性、确定性和规范性。苏格拉底要寻求普遍性定义是直接针对智者的相对主义而发的,在智者看来这些概念都是人为约定俗成的,可以"公说公有理,婆说婆有理",并没有确定的意义。苏格拉底用逻辑方法对事物作出从现象到本质的分析,揭示一类事物的共同的本质属性,要求概念有确定的内涵和外延,从而阐明这类事物存在的因果本性,这就是苏格拉底所说的理性的知识。他建立这种普遍性定义也是针对早期希腊哲学中的直观思维和独断倾向,要求从人的理性思维出发来探究事物的本质。

他在定义活动中使用了种种推理和证明的逻辑方法,主要是一种归纳论证。他要求对话者提供某种美德的定义,对话人往往将特殊事例当做定义,或者提出一些过于褊狭或宽泛的表面说法;苏格拉底在比较分析中使对方陷入自相矛盾,放弃错误定义,然后引导从部分到全体,从特殊到普遍,归纳出一类事物的共同本质,达到多利安人常说的"辞事相称"(《拉凯斯篇》193E),使定义能揭明一类事物的"共同的质"(191E)。这种论证就是亚里士多德在《论题篇》中所说的从个别到一般的归纳论证,他以苏格拉底的定义方式举例:作为专门家的航海师是最好的航海师,作为专门家的驾车人是最好的驾车人等等,从而概括出专门家的定义是通晓本行业务的最好的人。(105ª10—19)苏格拉底的普遍性定义对古希腊逻辑思想的发展卓有贡献,以下将另章讨论。

苏格拉底在概念定义中探求的"普遍性",不是一类事物的表面的共同性相似性,而是一类事物的"本质特性"(《美诺篇》72B),他认为"我们要阐明的名词是指事物的本性"(《克拉底鲁篇》422D);这种共同的本质或本性是使一类事物成为这类事物的原因,它对事物的存在具有因果必然性。普遍的本质或本性是原因,这类事物的存在是其结果;事物存在的原因是它们的内部本质或本性,所以《斐多篇》中苏格拉底的自述批评早期自然哲学家错误地将外在条件当做事物存在的原因。他的普遍性定义并不限于道德概念的定义,而是有哲学本体论的意义,那就是以理性去把握一切存在事物的普遍本质即原因,这就是苏格拉底寻求的寓于一切善的事物中的绝对的善,寓于一切美的事物中的绝对的美等等。那么他所理解的普遍本质、内在原因即绝对的善、美等等究竟是什么,他的普遍性定义和柏拉图的相论又是什么关系呢?

通常将柏拉图的哲学译为"理念论",本书第一卷也采用了这个译名,其

实柏拉图所说的 $\iota\delta\acute{\varepsilon}\alpha$ (idea) 和 $\varepsilon\mathring{\iota}\delta o\varsigma$ (eidos) 既还不具有"理"的意义也不是主观的"念",所以从本卷开始我们将 idea 译为"相",eidos 译为"型",将柏拉图的哲学译为"相论",理由将在第三编中详述。苏格拉底的普遍性定义所指向的事物的普遍本质的内涵和柏拉图的"相"可以说是一致的,区别只在于论述它的存在方式上可能有些不同,因此我们认为苏格拉底的普遍性定义学说可以说是柏拉图相论的雏形,是相论的直接思想渊源。

有关苏格拉底的普遍性定义同柏拉图的相论的关系是一个在西方学者中有争议的问题,争论的关键在于如何理解亚里士多德在《形而上学》中两段有关的论述。

第一段话是在《形而上学》第 1 卷讲到柏拉图哲学时说的;柏拉图年轻时就熟悉克拉底鲁和赫拉克利特的学说,认为一切感性事物都永远在流动中,关于它们不能有任何知识。而苏格拉底忙于研究伦理问题,在伦理方面寻求普遍的东西,开始专心致志寻求定义。"柏拉图接受他的教导,但是认为不能将它应用在感性事物上,只能应用于另一类东西;理由是可感觉的事物总是永远在变动中的,所以共同的普遍的定义不能是有关感性事物的定义;这另一类东西他就叫作'相'。他说感性事物都是靠和'相'的关系,以'相'为名的;因为作为'多'的事物通过分有'相'而存在,它们就有和'相'共同的名字。"(987^{a}32—^{b}10)

第二段是在第 13 卷(M)谈到相论的发展史,在评论了毕泰戈拉学派的数论以后,亚里士多德说:"关于'相',我们必须首先考察相论自身,不是以某种方式将它和数的性质联系起来,而是以那些最早主张'相'存在的人所理解的方式来研究它。相论的主张者们所以那样理解是因为他们信服赫拉克利特学说的真理,相信一切感性事物是永恒变灭的;因此如果知识或思想有一对象,必然在那些可感事物以外还有某种别的永恒的东西;因为对于流动着的事物是不能有知识的。苏格拉底专注于研究美德,与此相连他成为第一个提出普遍性定义的人。在自然学者中只有德谟克利特曾触及这个问题,他追随时尚定义了热和冷;在此以前毕泰戈拉学派曾为少数东西如机遇、正义和婚姻下过定义,将它们和数联系起来。苏格拉底自然要研究本质,因为他正在探究演绎,而'事物是什么'正是演绎的出发点。当时还没有一种辩证的能力能够使没有本质知识的人去思索相反的东西,并探究同一门学科是否能研究相反的东西。有两件事可以公正地归于苏格拉底,即归纳的论证和普遍性定义,这二者都是知识的出发点;但是苏格拉底并没有将这个普遍的东西或定义看做是分离存在的东西,而他们〔那些肯定'相'的人〕却将它们看做是分离存在的,这就是他们称为'相'的那种东西。"(1078^{b}9—32)

　　对于这两段话,西方学者中有两种截然不同的见解。一种意见认为:根据亚里士多德的论述可以断定柏拉图才提出相论,苏格拉底只探求并无本体论意义的定义性知识,因此不应将"相"的思想混进苏格拉底的哲学中。策勒在《希腊哲学史》(《苏格拉底和苏格拉底学派》)中不承认苏格拉底有任何"相"的思想,只论述他的概念定义和知识理论。另一种见解以泰勒和伯奈特为代表,认为亚里士多德的论述带有"个人的猜测性",他们以为"相"已经是苏格拉底的主要哲学范畴,它已经是一种永恒的本性,具体事物"分有"它才存在,[1]认为苏格拉底已经基本上完成了相论。我们以为这两种见解都有片面性,后者断定亚里士多德的论述只是猜测性的,说他没有把握苏格拉底的思想,并且认为柏拉图中、后期对话中系统的成熟的相论是属于苏格拉底和柏拉图共有的,这种见解缺乏可靠的史料根据,多数学者不能接受。而前一种见解将苏格拉底的普遍性定义同"相"的思想完全分隔开来,看不到两者之间的内在联系,也是学者们不能赞同的。其实亚里士多德的论述已经准确地指出了苏格拉底的普遍性定义同柏拉图的相论之间既有区别又有内在联系。苏格拉底的普遍性定义探求存在事物的普遍本质,这是和现象中流动变易的事物有所不同的东西;但是他并没有将这二者分离开来,普遍本质是事物存在的原因,它就蕴含在感性事物之中,事物和它没有"分有"的关系。柏拉图的"相"却是另一种独立自存的本体,他将它和感性事物分离开了,成为两个不同的世界,才产生感性事物分有"相"的问题。然而亚里士多德这两段论述又恰恰说明了苏格拉底的普遍性定义同柏拉图的相论之间有必然联系,这种联系不仅在于普遍性定义为柏拉图形成相论提供了逻辑手段,更在于苏格拉底普遍性

---

[1]　参见泰勒:《苏格拉底其人及其思想》,第161—172页。

定义中所阐明的存在事物的普遍本质这种有绝对性的存在,同柏拉图的"相"是十分近似,可以一以贯之由此达彼的,因此这种普遍性定义能够直接激发相论的产生。亚里士多德在《形而上学》中又指出:"如我们以前所说的,苏格拉底以他的定义激发了这种理论〔相论〕,但是他没有将这些普遍的东西同个别事物分离开来;他不将它们分离开,是一种正确的思想。从后果看也是明白的,因为没有普遍的东西就不可能获得知识,但是分离恰恰又是对'相'产生异议的原因。"(1086ᵇ2—7)这里已经点明了普遍性定义同相论之间的区别和联系。我们可以从柏拉图的早期对话和色诺芬的有关论述来具体考察苏格拉底的普遍性定义的内容和性质:

第一,苏格拉底的定义所揭示的普遍本质被他认为是一种实在的东西。

普遍本质和感性事物的关系就是一般和个别的关系,在这个问题上后来中世纪哲学曾有唯名论和实在论之争,唯名论者认为一般只是个名字,实在论者却认为一般是客观实在的东西。苏格拉底的普遍性定义已经有实在论的意义,即他认为定义所揭示的普遍本质是一种绝对的实在,它们才是真理,是特殊事物存在的原因。这个问题在《克拉底鲁篇》中讲得最为明显。《克拉底鲁篇》叙述苏格拉底和青年克拉底鲁、赫谟根尼讨论语言问题,关于这篇对话中的语言哲学思想下文还将详细论述。在这篇对话中苏格拉底反对某些智者的观点,认为名字并不是约定俗成的,事物由它们的本性(自然)而有名字。苏格拉底说:"赫谟根尼,我要告诉你,取名字并不像你所想象的是一件轻易的事情,随便哪一个人都能做的;克拉底鲁说得对,他说名字是自然(本性)属于事物的,并不是任何一个人都能命名,只有那些认识事物本性的人才能正确命名";他认为只有辩证法家才能正确指导命名。(390D—E)他认为事物的本性保留并显示在名字中(393D),所以"名字按其本性而带有真理性"(391B)。在这篇对话中他还批判了赫拉克利特派主张万物永远处于流动状态的学说,认为这种学说会否定知识;他倒过来论证:既然在定义中获得的关于事物的普遍本质的知识是绝对恒定不变的,所以事物的本质是永远稳定而不变易的绝对实在;"事物中有永恒的本性",有"绝对的美或善以及其他一些绝对的存在"。(440B—C,439B—D)

苏格拉底的普遍性定义揭示的是一类事物共同的本质或本性,实质上已经是逻辑上的"类"了。在《拉凯斯篇》中他指出要定义的美德——勇敢——并不是这一种或那一种具体的勇敢行为,而是要探究它们的"共同性质,它在一切同类场合中都是共同的"。(191E)在《欧绪弗洛篇》中他论述定义"虔敬"是要揭示虔敬的本质或本性,它作为一种绝对的真理是一切虔敬行为的"标准"。(11A,15D,6E)在讨论其他美德的几篇对话中,他都拒绝用任何一种具体的美德行为来说明,而是要用这一类美德的共同的特征来定义,因为只有这种普遍的本质才是这一类特殊事物存在的原因。苏格拉底常常用"x自身"来说明这种"类",如《欧绪德谟篇》中说到人可以看到许多美的事物,它们从美来说是彼此相同的呢还是不同的? 苏格拉底说:"我确实感到困惑,我想只能说:它们和'美自身'是不同的,可是它们每一个中都伴有某些美。"(301A)美的事物和绝对的永恒不变的"美自身"不同,但每个美的事物中都包含有某些美("美自身")的因素。这样的"美自身"也就是柏拉图在其他(包括中后期)对话中经常使用的术语,"美自身"就是"美的相"。在有的对话中柏拉图虽然没有使用"×自身"或"×的相",但也说明它是另一种东西,如《大希庇亚篇》中说:正义的事物由于正义而成为正义的事物,所以"正义肯定是某种东西";同样由于智慧使聪明的人成为聪明,由于善使善的事物成为善,由于美使美的事物成为美,所以这些普遍性的智慧、善、美是"某种真实存在的东西"。(287C—D)这些普遍性的东西是真实存在的,它们是这一类特殊事物的原型。在这些论述中我们可以看到,苏格拉底所说的普遍的本性或本质实际上就是柏拉图的"相",不过苏格拉底还没有形成系统的相论而已。所以说它是相论的雏形。格思里说:苏格拉底的普遍性定义"在通向('相'的)完全实体化的道路上已经构成一个重要阶段"。[①] 说它还没有完全实体化,是因为这种雏形还蕴存于特殊事物之中,没有成为独立的实体从而使世界二重化;那是后来柏拉图的相论才完成的工作。

第二,苏格拉底已经开始用"相"——idea,eidos 这个范畴来指称他的定

---

① 格思里:《希腊哲学史》第3卷,第441页。

义中探究的那种普遍本质。

Idea 和 eidos 这两个意义相近的词在古希腊作品中并不是柏拉图才开始使用的。它们本来有"看"和"看到的东西"的意思，在荷马史诗中用来指人的形象（看到的东西），后来才有形式、形状、种和类、类型等抽象的意义。我们在下一编论述柏拉图哲学时还要讨论这两个词。在本书第一卷论述德谟克利特哲学时曾讲到原子具有形状、形式，因而德谟克利特也将原子叫作 idea。[①]直到苏格拉底和柏拉图才明确将这两个词指称客观实在的普遍本质。最早见于《欧绪弗洛篇》，也见于《克拉底鲁篇》。

《欧绪弗洛篇》是柏拉图的早期对话，它描述苏格拉底将赴法庭受审时同一位执意要控告自己父亲犯谋杀罪的宗教狂热分子欧绪弗洛讨论虔敬的定义问题。这篇对话的具体内容我们在论述苏格拉底的宗教思想时另有述评。苏格拉底问什么是虔敬，欧绪弗洛只举出一些具体的事实行为来说明，于是苏格拉底说了两段话，明确地使用 idea 和 eidos 这两个词。

> 你说的涉及谋杀和其他一些事例的虔敬和不虔敬是什么呢？难道在任何行为中的虔敬不都是同一的吗，而不虔敬总是和虔敬相反，和它自身相同；因此在每个不虔敬的事情中都可以发现有一个不虔敬的"相"（idea）。（5C—D）

> "好，记着我并不是要你告诉我在许多虔敬行为中的一两个事例，我是要你告诉我使一切虔敬的行为成为虔敬的那个虔敬的'型'（eidos）。我相信你会承认有一个'相'（idea），由于它，一切不虔敬的事情成为不虔敬，而一切虔敬的事情成为虔敬。你记得吗？""记得"。"那么请你准确地告诉我这种'相'（idea）是什么？我就可以注视它，以它作为标准（paradeigma），我能说你和其他任何人的任何行为要是和它相似的就是虔敬的，要是不相似，就否认它是虔敬的。"（6D—E）

从这两段话中可以看到：第一，idea 和 eidos 就是每一类事物的普遍共同的本性或本质，苏格拉底问"什么是虔敬"时，并不要人回答某一种具体的虔敬的

[①]　参见本书第一卷第 864 页。

事情或行为,而是要他说明这一类虔敬的行为所共同的虔敬的"相"。这就是苏格拉底的普遍定义所要探求的东西,它恰恰就是柏拉图的"相"。第二,这样的 idea 和 eidos 是自同一的,虔敬就是虔敬,它和不虔敬相反,这里承认既有"虔敬的相"也有"不虔敬的相"。第三,这种 idea 和 eidos 是这一类事物存在的原因,由于"虔敬的相"一切虔敬的行为才能是虔敬的。第四,这种 idea 和 eidos 又是判断事物的标准,任何行为只要和"虔敬的相"相似,它就是虔敬的,如果不相似,就是不虔敬的。这里"虔敬的相"是判断虔敬或不虔敬的标准,一个"相"可以判断一对相反的东西,这样似乎又不需要有"不虔敬的相"了。有没有否定的"相"(如"不虔敬的相"、"丑的相")一直是后来柏拉图相论中的一个问题,在这里可以找到它的起源。以上几点在后来柏拉图的相论中都得到展开和发展,从这方面也可以说明苏格拉底思想和柏拉图相论的关系。

在《克拉底鲁篇》中苏格拉底认为事物的名字不是约定俗成的,而是根据事物的本性命名。他以纺织用的梭子为例,论证有梭子的 idea 和 eidos 存在。他说,命名者为事物命名,名字是人辨识事物的工具,只能根据事物的本性命名;同样的,木匠制造梭子,它是辨别织线的工具,木匠也只能根据那种本性适合纺织的东西,他不能以某个残破的梭子为模本,而只能专注于梭子的"型"(eidos),根据它来制造,这才是真正的理想的梭子。无论梭子织造什么,它必须有梭子的"型",才能很好地发挥它的本性。(389B—C)他说:不同的铁匠只要是为同样的目的制造同样的工具,虽然他们所用的铁是不一样的,但必须根据同一的"相"(idea),即使是用不同的铁在不同的地方造出来的,也会是同样好的,不会有不同。所以命名者不论是在这里或外地,不论以哪种语言文字为事物命名,只要是根据这种事物的"型",他的命名就是正确的。(389E—390A)能够认识事物的"相"或"型"并以此为事物命名的,被他称为"辩证法家"。(390B,C)这里已经讲到人造的事物——木匠造梭子、铁匠造工具、命名者造名字都应该根据事物本来的"相"或"型",和柏拉图在《国家篇》中的思想接近。《克拉底鲁篇》被学者定为柏拉图的中期著作,因此这里(和其他早期对话如上述《欧绪弗洛篇》)使用 idea 和 eidos 这样术语的是苏格拉底还是柏拉图？因为这些对话都是柏拉图写的，他可以用他自己的词和术语来表述他的老师的思想，从这方面说要判断这是哪个人的用语是困难的。如果根据亚里士多德的说法，将这另一类存在称作"相"是从柏拉图开始的，也可以推论苏格拉底根本没有使用过这样的术语；但这一点不能绝对化，因为 idea 和 eidos 并不是柏拉图开始创造出来的新词，在他以前早就使用了，因此不能排除苏格拉底在某些场合也会有使用这些词的可能性。从这里也可以看到要将苏格拉底和柏拉图的思想绝对划分开来是很困难的。

亚里士多德讲到苏格拉底的普遍性定义同柏拉图的相论之间的区别主要在于分离。这个分离问题是柏拉图和亚里士多德的哲学中一个比较复杂的问题，我们以后还要详细讨论它。苏格拉底并没有将他在普遍定义中揭示的普遍本质或本性说成是在具体事物以外独立自存的本体或实体，正是在这个意义上亚里士多德说他还没有将普遍和特殊分离开来，普遍本质只是存在于具体事物之中，还没有二重化为两个不同的世界。

苏格拉底所说的普遍本质不但具有以上说到的普遍性即共同性，是永恒不变的即绝对性，而且它又是最好的，是这一类事物的模型、模范，是它们追求的理想和目的。因此苏格拉底提出一个"善"，认为它是一切普遍本质都应该具有的，是最高的最普遍的本质。苏格拉底所说的"善"不仅是伦理范畴，而且也是本体论范畴，适用于一切存在。这样的善既有目的性也有功能性。因此苏格拉底的普遍性定义是从人的理性思想出发探求万物存在的原因，最后归结到终极原因"善"，将它当做精神性的本体，实际上是开创了一种理性神学。关于苏格拉底的"善"的范畴和他的理性神学，下文将作专门讨论。

第二节　理性和知识

一　灵魂的本质是理性

苏格拉底要驳斥智者强调感觉、倡导相对主义的理论，便提倡理性，认为人通过理性认识的真理带有绝对性。他是西方理性主义的开创人。

在《阿尔基比亚德Ⅰ篇》中苏格拉底有一段论证,说明"认识你自己"是要认识自己的灵魂,而灵魂之所以是神圣的,就是因为它是理性和智慧的所在地。现存柏拉图对话中有两篇《阿尔基比亚德篇》,被分称"Ⅰ"、"Ⅱ"篇。较短的《阿尔基比亚德Ⅱ篇》已被学者们定为伪作,《阿尔基比亚德Ⅰ篇》的真伪问题在学者中也有争议。但是许多学者承认这篇对话论述的内容同色诺芬记述的苏格拉底的思想比较一致,据说在古代它被当作了解苏格拉底哲学的入门书,可能是在柏拉图学园中流行的读物,即使它不是柏拉图本人写的,作者也很可能是柏拉图学园中熟悉苏格拉底哲学思想的学生,我们可以通过这篇对话了解苏格拉底的思想。

《阿尔基比亚德Ⅰ篇》的副题是"论人的本性",全篇对话由苏格拉底和在雅典成为争议人物的阿尔基比亚德二人讨论人的本性也就是有关灵魂的问题,当时阿尔基比亚德还很年轻,尚未进入政治界,他非常自傲又富有野心,自称要忠告雅典人,在和平和战争问题上说服他们。但要辨别和平与战争的问题必须知道正义和不正义,苏格拉底问阿尔基比亚德他是怎么获得这种知识的?阿尔基比亚德说他既不是从哪位老师那里学来的,也不是他自己发现的,因为他并没有一个从无知到知的发现过程,他是一直都知道的。怎么会知道的呢?他说是从许多人那里学来的,正像他会讲希腊语,并不是从哪个人学的,而是从许多人那里学会的。但是苏格拉底指出:讲希腊语是人人一致的,各个人并没有不同,可是关于战争的正义和非正义问题却是不同的人有不同的看法,斯巴达人的看法和雅典人就是根本不同的。这样阿尔基比亚德就陷于困惑了,苏格拉底由此得出结论:"造成错误的既不是那些已经知道的人,也不是那些自己知道他不知道的人,而只能是那些并不知道却自以为知道的人。"(117E—118A)在苏格拉底继续讽刺阿尔基比亚德的自大并且讨论了政治家应该具有什么美德以后,对话的最后一部分专门讨论人如何认识自己的问题。

苏格拉底首先论证只有认识自己才能使自己好起来,正像鞋匠如果不知道鞋子就不能制造好的鞋子,我们如果不知道人自己,如何能使人变好呢?特尔斐神庙中刻的"认识你自己"看来是件容易的事情,是人人都应该做到的,实际上要认识自己是很困难的。(128E—129A)要认识自己必须认识那自同一的自身。苏格拉底首先将使用者和使用的工具区别开来:鞋匠用来造鞋的工具和使用工具的鞋匠是不同的,演奏竖琴的人和他演奏的竖琴也是不同的;鞋匠和奏琴者不仅使用工具和乐器,而且也使用他们的手、眼睛和身体,因此手、眼睛和身体作为工具和使用者也是有区别的,使用身体的是灵魂,因此灵魂是使用者,是统治身体的。(129B—130A)这样他就将灵魂和肉体区别开来,肉体是灵魂使用的工具,并不是那自同一的人的本质,只有灵魂才是,灵魂是统治肉体的。在《克拉底鲁篇》中苏格拉底解释"身体"的词义时说:"有些人说肉体($\sigma\tilde{\omega}\mu\alpha$, soma)是灵魂的坟墓($\sigma\tilde{\eta}\mu\alpha$, sema),可以认为灵魂埋在我们现在的生命体中;又说肉体是灵魂的指标,因为灵魂给肉体以指令。也许奥菲斯教诗人是这个名字的发明者,在他们看来灵魂正在遭受惩罚的痛苦,肉体则是禁闭灵魂的围场或监狱。"(400B—C)奥菲斯教认为灵魂高于肉体,肉体只是灵魂的监狱和坟墓,灵魂要从肉体中解放出来。这个思想被苏格拉底和柏拉图接受了,后来成为柏拉图相论的一个理论根据。

《阿尔基比亚德Ⅰ篇》中的苏格拉底进一步将人分为三个东西:灵魂、肉体以及由这二者结合而成的整体。他说肉体不能是统治原则,它不能统治它自身,它只能是被统治的对象。灵魂和肉体结合起来的东西,我们将它看做"人"的但也不能是统治的原则;因为其中之一是被统治的对象所以不能参与统治。这样我们就只能得出结论:肉体和这二者的结合都不能说是"人"〔自同一的人的本质〕,所以或者是根本没有"人",要是有"人"的话这个"人"就只能是灵魂。(130A—C)苏格拉底认为还要进一步考虑:我们这里说的是绝对的自同一的自身,但我们往往以个体事物的本性来代替它,要将这二者(灵魂和肉体结合而成的个体同灵魂自身)区别开来。现在我苏格拉底和你阿尔基比亚德在谈话应该说是和你的灵魂在谈话,是灵魂对灵魂的谈话。所以认识你自己应该是认识你的灵魂。有些人的知识只是关于肉体的知识,比如医生和体育教练,他们只知道有关人的事情,并不知道真正的人自身;工人和农民也是这样,他们那种实用的技术只能知道属于物体的东西,只能控制物体,离自我知识非常遥远。所谓自制就是能认识自己,有关于自我的知识;医生、教练和工农的技术都不能说是认识自我的知识。珍爱自己并不是爱自己的肉体，更不是爱钱财。我是真正爱你阿尔基比亚德的，但并不是爱你的肉体，因为肉体的美是会随青春消逝而丧失的，只有对灵魂的爱才能持续存在。（130D—131D）

柏拉图（或者是另一个人——这篇对话的作者）大约是有意为苏格拉底和阿尔基比亚德的关系作辩护，所以让苏格拉底对阿尔基比亚德讲了一段话："只要你没有被雅典人民所毁坏，我便不会抛弃你，我最害怕的就是你被人民钟爱从而被他们损害，许多有名的雅典人都是这样毁灭掉的。因此在你进入政治以前，应该先学习你必须知道的事情，可以作为防毒剂预防你自己受损害。"（132A—B）苏格拉底给他的忠告便是必须关心自己的灵魂，而不是去关心自己的肉体和其他财产等等。要关心自己的灵魂首先必须认识自己。于是话题又转到特尔斐神庙的那句铭文——"认识你自己"。苏格拉底以视觉为比喻说明这句铭文的意思：如果有人对眼睛说"看你自己"，这和对人说"认识你自己"的意思相似。眼睛在什么地方才能看到它自己呢？在镜子里。在我们的眼睛里有没有和镜子相似的部分呢？有的，那就是视觉器官被称为瞳孔的地方。眼睛可以在别人的眼睛的瞳孔里看到它自己，这是视觉的工具，是最完全的，是视觉作为视觉的 arete（长处）所在的地方。同样的，灵魂要认识它自己，也只有在灵魂作为灵魂的 arete 就是"智慧"所在的地方，那就是理智（phronesis）。灵魂中的这个部分是最接近神圣的，只有认识它并从而认识一切神圣的东西，才是真正认识了它自己。（132D—133C）

苏格拉底将灵魂中的理智部分即理性和眼睛中的瞳孔相比，是很有意思的。他指出瞳孔有两方面的作用：一是眼睛要看到它自己必须通过瞳孔，瞳孔是眼睛能够看到自己的工具；二是瞳孔像是一面镜子，眼睛在另一个人的瞳孔里可以看到自己的一切。这就是说眼睛作为眼睛的本质和长处（arete）就是在瞳孔里。同样的人要认识人自己，或者说灵魂要认识灵魂自己也只能通过灵魂中的理智部分即理性，只有以理性为手段才能认识自己；另一方面，理性是神圣的，一切神圣的东西都在它里面，灵魂只能在理性中才能认识自己。这就是说灵魂作为灵魂的 arete 就是在理性里，所以认识理性就是认识自己。这里苏格拉底对"认识你自己"提出了新的论证:认识自己并不是认识你的外表和身体,而是要认识你的灵魂;而认识你的灵魂也不是认识灵魂的其他方面,应该认识灵魂的理性部分,这才是灵魂作为灵魂的 arete,是完全神圣的东西。只有认识到这一点,才是真正认识了自己,才是真正的"自制"。(133C,131B)

当然苏格拉底并不停留在这样抽象的意义上,他是有实用目的的。他教导阿尔基比亚德:只有真正认识你自己才能知道如何正确处理城邦事务,必须给公民以智慧和公正;无论个人或城邦都不能以强权而只能以美德作为自己的目的;只有这样才能作自由人而不沦落为奴隶。(134A—135C)苏格拉底说的理性就是在《斐多篇》中他的自述提到的阿那克萨戈拉所说的"努斯",它不止有理论意义,更有实践意义,这点下文将专门论述。

苏格拉底提出理性是灵魂中的神圣部分,可以说是开柏拉图和亚里士多德将灵魂分为几个部分的先河。

二 新的"知识"概念

通过理性人能够得到确定不移的绝对的知识,这是苏格拉底的一个重要的基本思想。策勒在他的《希腊哲学史》中指出:"概而言之,知识观念的形成是苏格拉底哲学的一个中心。"[1]

从认识史的进程看,早期希腊自然哲学家的知识主要是通过对自然界的直观认识得来的,与此相应,他们考察人的认识能力也还比较粗浅,较多地探讨人的感知能力及其生理基础,对人的理性思维的自觉反思则较为薄弱。只有爱利亚学派的巴门尼德将思想和感觉、真理和意见区别开来,开始将理性思维提到首要的地位。在这方面苏格拉底和柏拉图是继承和发展巴门尼德的传统的;但是他们是在一个新的背景情况下提出这个问题的,那就是他们是为了反对智者的感觉论。当时的智者以教授知识自诩,但是他们的相对主义感觉论不可能形成一种确定的知识,相反的却造成了思想上的混乱。苏格拉底明确提出:感觉只能是流动变化的认识,不能得到确定的知识,只有常住的绝对

---

[1] 策勒:《苏格拉底和苏格拉底学派》,第 89 页。

的认识才是真正的知识,这是只有通过理性才能得到的。苏格拉底正是由此形成他的知识观念的,在《克拉底鲁篇》中我们可以看到这个论证。

《克拉底鲁篇》的副题是"论名字的正确性",对话人克拉底鲁和赫谟根尼讨论名字的性质:克拉底鲁认为名字是自然的(physis)而不是人为的(nomos),不是人们约定以某种声音去称呼某个东西;名字有它内在的正确性,无论希腊人还是野蛮人,虽然他们用不同的声音和字母称呼这个名字,但它的正确性都是一样的。赫谟根尼却认为名字的正确性只能说它们是由人们同意约定而成的。因此他认为给一个东西以任何名字都可以说是正确的;如果你将它换成一个新的名字,它也和旧名字一样正确,正像我们常给奴隶换名字,叫他新名字和老名字一样好;因为任何事物的名字都不是自然给予的,只能是由使用者的习惯约定的。他们要求苏格拉底判断到底是谁正确。苏格拉底说关于名字正确性的问题可不是一件小事情,他没有听过伟大的普罗迪柯的五十德拉克玛的课程,只听了他的一个德拉克玛的课,所以说不出真理。但是他不能苟同赫谟根尼的说法,如果对任何事物可以随便称呼一个名字,那么将人叫作"马"或者将马叫作"人"也都是正确的了,因此名字总有真假之分,并不是随便什么名字都是正确的。(383A—385B)

关于 physis 和 nomos 的争论原来是智者辩论中的一个重要问题,在上一编中我们曾专章讨论过。但是苏格拉底并没有循这个线索讨论下去,却很快将这个问题和普罗泰戈拉的"人是万物的尺度"联系起来。他说:"赫谟根尼,你是不是认为事物对于每个人都是不同的,就像普罗泰戈拉所说的'人是万物的尺度',我看来它是如此,它就是如此,你看来它是如彼,它就是如彼;还是你认为事物有自己的确定实在性?"(385E—386A)他说,如果普罗泰戈拉是对的,每个人都是尺度,人就没有智慧和愚蠢的区别,也没有好人和坏人、善和恶的区别了。(386B—D)所以任何东西都有它固有的本性,由此引出上节所说的梭子有梭子的"相"(389B)。至于说到名字的本性,苏格拉底不无讽刺地说,我们最好是向智者学习,因为他们享有智慧的盛誉;但是赫谟根尼不愿意,于是改向荷马和其他诗人学习,因为他们说到各种事物的名字(391B—D)。以下整篇对话讨论了各种名字,从史诗中的英雄和神、宇宙天地到人的灵魂和身体以及许多哲学概念。其中和我们现在的讨论有关的是他有一段话,专门对以下这些名字(词)作了论述: $\phi\rho\acute{o}\nu\eta\sigma\iota\varsigma$ (phronesis) , $\sigma\acute{v}\nu\epsilon\sigma\iota\varsigma$ (synesis) , $\gamma\nu\acute{\omega}\mu\eta$ (gnome) , $\acute{\epsilon}\pi\iota\sigma\tau\acute{\eta}\mu\eta$ (episteme) 。这些希腊词都有智慧、思想、理智、理性、知识的意思,很难严格划分,英文译本中将它们译成 wisdom, intelligence, understanding, thought, judgement, knowledge,往往由译者根据上下文意义选定。我们在本书第一卷讲到巴门尼德的"思想和感觉"时曾对有关"思想"的希腊文各个词的词义作过讨论。① 现在看《克拉底鲁篇》中的苏格拉底是怎么讲的。他说:

> 我相信最初取这些名字的人就像许多现在的哲学家一样,他们探求自然事物的本性,总是转来转去感到头昏眼花,便以为世界也是这样旋转不定,处于全方位的运动之中。他们以为这种现象并不是由他们内部产生的,而认为这就是自然的实在;因而认为没有永恒不变的东西,只有流动和运动,世界总是充满各种运动和变化。(411B—C)

他就用这种观点分析这些名词:他说 phronesis 是运动(phras)和流动(rou)的概念(noesis),或者说是赞美运动(phras onesis),总之是和运动有关的。gnome 可以说是对生成的思考(gones nomesis),因为这种理性(noesis)总是要求(esis)有新的(tou neou),而新的事物总是生成出的,因此将灵魂要求生成的愿望叫作 noesis。episteme 表示灵魂总是伴随着(epetai)在运动中的事物的,既不落在它后面也不抢过它前面。synesis 是从 synienai(跟它一起)来的,和 episteme 相似,是说灵魂总和事物一起。他还说到 $\sigma\phi\acute{\iota}\alpha$ (sophia,智慧)这个词也表示对运动的接触,他说这个字的意思晦涩,可能是外来的,有些诗人将开始迅速运动叫作 esythe(冲刺),有个有名的拉栖代蒙人的名字就叫 Sous,所以拉栖代蒙的这个字就是迅速运动;sophia 表示接触(epiphe)这种迅速运动,认为事物总是运动的。还有 $\acute{\alpha}\gamma\alpha\theta\acute{o}\nu$ (agathon,善),这个字的意思是赞美(agaston)一切自然的东西,既然所有的事物都在运动中,运动有快有慢,只有快的那部分才是被赞美的,所以叫它 agathon。(411D—412C)

---

① 参见本书第一卷第六章第三节以下。

《克拉底鲁篇》讨论这些名字的语言哲学问题,我们以后还要专门论述。上面的引述只是说明苏格拉底认为当时的许多哲学家(既包括自然哲学家又包括智者)所说的知识、智慧都是流动变化的,所以用流动变化的名字称呼它们;但是这样的知识不能明确判断正确与错误,不能是真理的标准。在这篇对话结束时苏格拉底指出:即使是正确命名的名字也只能是和那被称呼的事物相似的印象,从印象中不能得到真理,所以真正的知识不能从名字得来,而必须研究事物自身。他说,给它们命名的人有一个信念即认为万物都是在运动变化的,我认为这是一种错误的意见。他们自己已经陷进旋涡,还要将我们也拉进去。克拉底鲁,我问你:究竟有没有绝对的美,绝对的善,以及其他的绝对的存在呢? 克拉底鲁承认是有绝对存在的。苏格拉底说,我们要寻求的是那真正的美,并不是容貌美好,因为这些东西是会变化的,现在是这样后来又会变成那样。真正的存在总是在同一状态下的,永远也不会运动变化;运动变化的东西是任何人都不能知道的,因为当你去接触它的时候它已经改变了性质。(439A—E)他说:

> 如果万物都在变动,没有确定不变的东西,那便根本不能有任何知识〔这里用的是 gnome〕;因为只有知识本身没有改变它才能是知识;如果作为知识的"型"(eidos)变化了,它就不再是知识。如果这种变动总是继续下去,便不会有任何知识,这样便没有能知的人,也没有被知的东西;但是能知和被知的东西如美、善等等总是存在的,因此我认为它们不是刚才假定的流动的过程。究竟事物有没有永恒的本质,或者还是赫拉克利特及其追随者们说的才是真理? 这是个很难决定的问题;但是任何正常的人都不会将他自己和他的灵魂置于名字的控制之下,相信那些名字和名字的制造者,将他们自己和事物当作不健康不实在的东西,他们不会相信事物像有漏孔的壶,也不会设想世界是像一个患感冒的人所觉得的那样总是流动变化的。(440A—D)

现在多数学者认为《克拉底鲁篇》属于柏拉图的中期对话,因此这里所作的论证,所列举的名字的解释,以至所使用的语言都很难说是苏格拉底自己的。但是从这些论述中可以看到一点,就是苏格拉底开始形成了一个新的确定的"知识"概念,这是历史真实的。因为苏格拉底寻求普遍的定义,他的直接目的就是反对智者的相对主义感觉论;他认为智者的"人是万物的尺度"的理论将是非、善恶的界限都抹煞了,是造成社会上种种罪恶的原因;他认为智者虽然自称是教授和传播知识的,但他们所授的知识根本不是知识,因此苏格拉底必须提出一个确定的"知识"概念来和智者相抗衡。这里所讲的对有关"智慧"、"知识"的各个名字的字义解释也不一定是苏格拉底自己作的(当然也不能排除他可能作过),也可能是某个智者讲的(智者经常讨论这些问题),甚至可能是柏拉图自己杜撰的,我们这里毋需探究其来源;但这些解释确实说明了一个事实,那就是苏格拉底以前的哲学家主要是自然哲学家们所讲的知识都是与运动变化的事物有关的,因为他们的知识主要都是由对自然现象的直观中得来的,所以他们所讲的知识总有运动变化的方面,是苏格拉底不能认可的。正是以上这两种因素使苏格拉底要提出一种与前人不同的新的"知识"概念,他认为知识作为知识应该是常住不变的;如果知识是可以随时间地点而变化的,那么在此时此地的知识到彼时彼地就不是知识了,这个人的知识不能是那个人的知识,这样的知识怎么能叫作"知识"呢? 他认为知识作为知识应该有一种绝对的永恒的本质,在这里他说有一个"知识的型 eidos"。我们可以说苏格拉底形成了一个新的确定的知识概念。他还说如果没有这样的知识,便没有知识的主体和被知的对象;但是知识的主体和被知的对象如绝对的善、美等等总是存在的,因此应该肯定有这种知识存在。这里说的能知的主体和被知的对象并不是一般的认识的主体和认识的对象,而是有苏格拉底的确定的含义的;他明确地说知识的对象是绝对的美、绝对的善,也就是他所说的普遍的定义、本性或本质,能够认识这样的对象的当然只能是灵魂中的理性。由此可见《克拉底鲁篇》结论中有关知识的说法和苏格拉底的思想是一致的,而这种"知识"的概念确实又是柏拉图相论的一个重要的理论基础。

　　历史上的克拉底鲁是一个将运动变化推到极端的人,他认为一切都在不断地运动变化之中,没有任何一点静止的东西,因此人不能说任何东西,因为当他说到它时它已经不是那个东西了,人只能动动他的手指。亚里士多德说柏拉图是从克拉底鲁那里熟悉赫拉克利特的学说的。因此柏拉图需要写一篇对话来说明他对克拉底鲁的态度,在这篇对话中他对克拉底鲁表现出相当敬意,甚至还说:究竟是现在这种承认绝对知识的理论正确,还是赫拉克利特及其追随者的理论正确,是一个很难决定的问题。柏拉图当然是明确表示他是站在前者即苏格拉底方面的,但他并没有完全否定后者,只是将赫拉克利特的学说限制在事物的现象方面。

三　理性的目的是"善"

苏格拉底所说的理性不只是有后来康德所说的纯粹理性那种意义的理性,更重要的是一种有目的的实践理性,他将这种理性叫作"神"。色诺芬的《回忆录》第1卷第4章记述了苏格拉底和阿里司托得姆关于神的谈话,说的就是这种理性神。

苏格拉底问阿里司托得姆他佩服哪些智慧的人？阿里司托得姆回答说,在史诗方面他佩服荷马,悲剧方面佩服索福克勒斯,雕刻方面是波吕克莱托,绘画方面是宙克西。苏格拉底说这些人都只是塑造没有感觉不能行动的人的形象的,他们不如那些塑造有感觉、有生命的活的人的形象的人,那才值得钦佩。而且只有那些为了有益的目的而存在的事物才是智慧和理性的产物,那些不能确定为什么目的而存在的事物只能说是偶然的产物。苏格拉底说,神正是为了有益的目的而将那些使人识别不同事物的才能给予人:给人以眼睛能够看东西,给人以耳朵能够听声音,给人以鼻子能够嗅气味,使生物的门齿适于咬嚼,臼齿能够磨碎食物等等;还使生物有生育子女的愿望,强烈的求生愿望和怕死的心情。这些都是愿意让万物生存下去而精心设计的结果。这些都是智慧和理性的产物,但这种智慧不是个人的智慧。你这个人有的智慧只是无限理性中的一小点,正像水是浩瀚的,你身上的水只是其中很小的一点,你能将所有的智慧尽都攫为己有吗？这个广漠无垠、无限无量的事物的结合,难道能是由于某种没有理智的东西维系着的吗？你看不见这个万物的指挥者,但是指挥你身体的灵魂,你也是看不见的啊。应当尊重神,因为神是关怀人的。神关怀人类,在所有的生物中,神只让人能够直立,能看到很远,不易受到损害。他将脚赋予动物,使它们能够行走;也只有人才有手,所以有更大的幸福；一切动物都有舌头，但只有人的舌头能发出清晰的声音，表达情意。更主要的是他们在人里面放置了一个灵魂，这是人最重要的部分。有什么别的动物的灵魂能够理解到有使万物井然有序的神存在着呢？有什么动物比人有更好的灵魂能够预防饥渴与冷热、医疗疾病、增进健康，勤苦学习、追求知识，或者能更好地把所听到、看到或学会的东西记住呢？这岂不能清楚看出，人比其他动物，无论在身体或灵魂方面都生来就无比地高贵，像神一样吗？一个生物如果有牛的身体而没有人的判断能力，它就不能将愿望付诸实施；如果只有手而没有理智也没有用处。你这样一个具有这两种美好的天赋的人，难道会以为神不关怀你吗？最后苏格拉底说：

> 我的好朋友，你应该懂得，既然你身体中的努斯能够随意指挥你的身体；那么你也应当相信，充满宇宙的理智也可以随意指挥宇宙间的一切。不应当认为你的眼睛可以看到很远，而神的眼睛却不能看到一切；或者你的灵魂能够想到在这里或那里的事情，而神却不能想到这一切。如果你为人服务，就会发现谁肯为你服务，你施惠于人，就会发现谁肯施惠于你；通过向人征求意见，就会发现谁是聪明人，同样你可以用敬神的方法来试试他们，你就会发现，神具有这样的能力和本性，能够看到、听到一切事情，同时存在于各处，而且关怀一切存在。

这就是《回忆录》第 1 卷第 4 章的主要内容。色诺芬的哲学兴趣不高，他转述苏格拉底的谈话是为苏格拉底作辩护，说明苏格拉底并不是不敬神的，并且在苏格拉底的启发下，他的追随者们也都虔信神了。但是我们可以看到苏格拉底在这里所说的神并不是传统的神，而是理性，是努斯，他提出了理性神。

这里苏格拉底讲到人的本性也就是人和其他动物的区别在于人的灵魂中有理性（努斯）。人有灵魂，动物也有灵魂，但是人的灵魂高于动物的灵魂，人的灵魂能够知道预防饥渴和冷热，能够医治疾病增进健康，能够勤苦学习追求知识；人有判断力和理智，这才是人高于动物的本性。但是人的努斯即理性和无垠无际的宇宙理性（后来柏拉图称为"世界灵魂"）相比，不过是沧海中的一粟；他正是从人的种种理性活动推论世界是由宇宙理性有目的地精心设计制造出来的。神为了有益的目的赋予人以眼睛、耳朵、鼻子等感觉器官，为了使人高于其他动物,让人能够直立、有手,让人的舌头能够发出清晰的声音表达情意;更重要的是赋予人一个理性的灵魂。我们可以将色诺芬在这里转述的神创造人的事情和本卷第一编第三章中介绍的柏拉图在《普罗泰戈拉篇》中讲的那个宙斯创造人的神话故事作点简单的对比:当然,柏拉图那富有诗意和想象力的文学才能是色诺芬远远不能相比的,但更重要的是:二者都是说神创造人的事情,可是柏拉图是代表智者发言,他说的重点是在人而不在神,神命令厄庇墨透斯去装备动物和人时会犯错误,而人在得到理性的装备以后就能够主宰自己的一切了。色诺芬在这里转述苏格拉底的话,重点却是神而不是人,人的努斯和宇宙理性相比只是很小的一点点,只有神才能认识一切,知道一切,关心一切,将万物安排得井然有序,神是无所不在的。从表面上看好像是又从“人是万物的尺度”回复到以前的“神是万物的尺度”,实际上这里还是有根本区别的:以前的“神”是不受任何限制可以随心所欲的,可以做好事也可以做坏事,可以要人善也可以要人恶;而现在苏格拉底的“神”却是有限制的,他只能根据理性,以“善”为目的行事,因此他指导和安排万物都要合乎理性,合乎善,只有理性和善才是最高的绝对的真理标准。苏格拉底所说的神既不是传统意义的神,也不是任何宗教意义的神,而是理性的神。后来许多西方哲学家也讲这种理性神,将它当做最高的精神本体。苏格拉底的理性神还有它的特点,那就是它是以“善”为目的的,这个善不仅有伦理意义,而且是最高的绝对的价值,是后来常说的“真、美、善的统一”。所以我们可以说苏格拉底的哲学是“善的目的论”,后来柏拉图和亚里士多德继承和发展了他这方面的思想。

色诺芬在这里讲到的人的理性——努斯,可以和我们在上一章中讲到的柏拉图《斐多篇》中苏格拉底的自述联系起来。苏格拉底听说阿那克萨戈拉讲努斯,觉得很高兴,但是他读了阿那克萨戈拉的书以后却失望了,因为阿那克萨戈拉并没有将努斯的作用贯彻到底,仍旧用物质的机械论去解释万物的生成。因此苏格拉底必然要去考虑:如何用努斯去说明万物的生成,色诺芬在这里转述的可以说是苏格拉底对这个问题所作的回答(只是其中的一部分,《回忆录》第4卷第5、6、7章中还有这类内容)。苏格拉底将努斯理解为以

"善"为目的的理性,人应该根据努斯行事,人本性以及宇宙万物都是努斯创造出来的,即都是以善为目的的理性的产物。苏格拉底提出一种目的论的世界观,这种世界观在西方思想界一直统治很久,直到达尔文提出进化论才将它冲破。

柏拉图虽然在《斐多篇》中谈了苏格拉底的自述,但在他所有早期和中期对话中都没有再谈到这个努斯的创造问题,直到他晚期接近最后的对话《蒂迈欧篇》中才提出一个系统的、完整的由努斯创造世界和人的宇宙论体系。《蒂迈欧篇》中的思想和色诺芬在这里论述的苏格拉底的思想基本上是一脉相承的,但《蒂迈欧篇》中宇宙论思想的精致细密以及提出的许多新颖观点,又是色诺芬的简单的论述所远远不能相比的,由此可以看到柏拉图继承和发展苏格拉底的思想以及他们师徒的区别所在。

第三节　辩证法

苏格拉底使用的通过谈话寻求普遍定义、寻求真理的方法就是古代希腊最初意义的辩证法。

希腊文 $\delta\iota\alpha\lambda\varepsilon\kappa\tau\iota\kappa\acute{o}\varsigma$(dialektikos)这个词的前缀词 dia 是"通过"的意思,lek 的词根 lego 就是"说话"的意思,所以辩证法的最初含义是"通过说话、谈话"。柏拉图在《克拉底鲁篇》中说:"凡是知道如何提出和回答问题的人便可以称为辩证法家(dialektikon)。"(390C)苏格拉底是最善于提出问题和回答问题的人,他理应被称为"辩证法家",他所使用的提问的对话方法也就是"辩证法"。

但是后来亚里士多德却赋予"辩证法"以更深的含义。他在《形而上学》第 3 卷讨论他所说的哲学问题时,第五个问题是:我们只研究事物的本体,还是也要研究本体的本质属性? 他同时提到:如"同"、"异"、"相似"、"不相似"和"相反",以及"先于"、"后于"这类词是辩证法家企图探讨的。(995^{b}20—23)亚里士多德在第 13 卷第 4 章开始时讲了一段相论产生的历史,他说最初主张"相"的人是接受了赫拉克利特的学说,认为一切可感事物都在永远流动中,关于变动的事物是不能有真正的知识的,知识和思想只能以永恒的东西为对象。他说到苏格拉底专心致志于 arete,首先提出普遍的定义问题,接着又说:"苏格拉底寻求的是本质,因为他是探讨推理(三段论证,syllogize),而'事物是什么'正是三段论证的出发点;如果还没有能使人得到本质知识的辩证能力,就不能去思考相反的东西,也不能研究是否有同一门学问是研究相反的东西的。"(1078^b23—27)以下就是上文引述过的:有两件事情要归功于苏格拉底,即归纳论证和普遍定义。所以在亚里士多德看来,作为辩证法家是应该探讨"同"、"异"、"相似"、"不相似"、"相反(矛盾)"这类范畴的;而且他认为只有具有能认知本质的辩证能力才能思考相反的、矛盾的东西。他将辩证法和辩证的能力同认知相反即矛盾联系在一起,并且将这和苏格拉底的工作结合起来;由此可见他已经看到苏格拉底的问答谈话方法不是简单的提出问题和回答问题,而是在问答中揭露矛盾和认知矛盾,他看出了苏格拉底辩证法的实质。

在苏格拉底以前的自然哲学家中赫拉克利特是认为万物是不断运动变化的;但在古代希腊并没有人称赫拉克利特是辩证法家,可见当时并没有将运动变化作为辩证法的特征之一。根据第欧根尼·拉尔修记载:亚里士多德认为辩证法的创始人是芝诺。① 芝诺的论证的主要特点就是揭露对方论证中的矛盾,亚里士多德显然以此作为辩证法的主要特征,所以认为芝诺是辩证法的创始人,他看到苏格拉底也正是在问答中揭露对方的矛盾,他认为这就是辩证能力和辩证法。(柏拉图没有注重这一点,他对辩证法作了不同的理解,下一编中将专门讨论。)

柏拉图早期的苏格拉底的对话中充满了这样的实例,说明苏格拉底如何揭露对方论证中的矛盾从而逼使他们承认错误。不过这些对话经过柏拉图的精心雕琢,并且论证也比较繁复,现在我们从色诺芬的《回忆录》中选择一个例子,也许更接近苏格拉底的本色。《回忆录》中记载了许多苏格拉底和青年

---

① 参见第欧根尼·拉尔修:《著名哲学家的生平和学说》第 8 卷,第 57 节。

的对话,第4卷更多记载苏格拉底和当时的智者讨论问题,主要是欧绪德谟,还有希庇亚等人。其中有些问题在以下章节中还要论及。第4卷第2章介绍欧绪德谟是一个自以为已经受了最好的教育的人,但他又不承认他向任何人学过什么;苏格拉底讽刺他说:那些想学竖琴或骑马的人都向精于此道的师父学习,勤学苦练,而那些立志做有讲演和实践才能的政治家的人却以为不必向他人学习就能自动地忽然取得这些成就。欧绪德谟认为自己很有智慧,而且他的智慧不是要当医生、建筑师等等的智慧,乃是治理城邦,使别人和自己都得到好处的智慧。于是苏格拉底就和他讨论有关这种智慧的问题。

苏格拉底先指出:能够正确治理城邦和家庭的人必须是正义的人,他应该能分辨什么是正义和什么是非正义。他和欧绪德谟约定,将正义的事情摆在"d"(dikaios,正义)项下,将非正义的事情摆在"a"(adikos,非正义)项下。第一步,苏格拉底让欧绪德谟承认:虚伪、欺骗、做坏事、奴役人,这一类事情只能归于非正义一边。然后苏格拉底问:一位将领奴役一个敌国的俘虏,能说是非正义吗? 他在战争期间欺骗敌人,以及抢劫敌人的财物,难道是非正义的吗? 欧绪德谟认为这些都是正义的。这样,原来认为是非正义的事情也可以摆在正义这一边了。这就是揭发出来的第一个矛盾(第13—15节)因此要重划一个界限:只有对敌人虚伪、欺骗、做坏事、奴役人是正义的,如果将这些行为施诸自己人或朋友,便是不正义的。可是苏格拉底又问他:如果一个将领看到他的军队士气消沉,因而欺骗他们说援军快要来了,从而制止了士气的消沉;又如儿子不肯服药,父亲欺骗他让他将药当饭吃下去,从而恢复了健康;又如朋友意气消沉,为了怕他自杀,将他的剑偷走;这些都是为了自己人和朋友的好处而做了欺骗和偷窃,当然应该归于正义而不是非正义。这样就第二次将欧绪德谟划分的界限的矛盾揭发出来,欧绪德谟只能收回他已经说过的话,并且承认对他自己所说的已经没有信心了。(第16—19节)但是他又提出第三个论点,认为有意说谎要比无意说谎更非正义一些。苏格拉底将学习和认识正义的方法和学习和认识文字的方法相比,他问:是那有意写得或念得不正确的人,还是那无意写得或念得不正确的人更有学问呢? 欧绪德谟回答说,是那有意的人更有学问,因为只要他愿意,他能够做得正确;而那无意写错的人则是因为他不知道如何写得正确,才会写错的。同样的那有意说谎欺骗别人的人是知道正义和非正义的区别的,他才是有意欺骗别人,只有不知道什么是正义的人才会无意欺骗别人;那知道正义的人总比无知的人更加正义一些,所以又第三次揭发了欧绪德谟的矛盾,推翻了他原来的论点。无知,特别是对于美、善、正义这类问题无知的人只能当奴隶,不能成为自己的主人。最后欧绪德谟只能承认他不知怎么说才好了,他原来以为自己喜欢研究哲学,是很有智慧的人,现在却连一个最应该知道的问题都回答不出来,多失望啊;而且他自己对如何改善这种情况也都还不知道。(第19—23节)苏格拉底教导他:要认识你自己,要有自知之明,要能认识自己的无知。(柏拉图也写过一篇对话叫《欧绪德谟篇》,也是讽刺欧绪德谟的无知的,我们将专门论述。)

《回忆录》第4卷第5章中苏格拉底继续和欧绪德谟讨论自制的问题,认为智慧是最大的善,不但要能认识自己,并且能做最好的事情,才是自由。一个不能自制的人只是竭尽全力追求最大的快感(快乐),和愚蠢的牲畜没有什么区别;只有能自制的人才会重视实际生活中最美好的事情,对事物进行甄别,并且通过言语和行动选择好的,避免坏的。他说:

> 必须这样才能成为最高尚最幸福和最有辩证能力的人。他还说di-alegesthai(辩证推理)这个词就是人们聚在一起共同讨论,按照事物的本性进行dialegantas(选择)而得来的。因此必须作最大努力作好准备,进行充分的研究;因为这会使人成为最高尚最能领导和最能推理的人。
> (第12节)

这里用的dialegesthai和dialegantas都由dialego这个词演变而来,它有谈话、选择、推理等含义,也就是名词"辩证法"的原形动词。由此可知苏格拉底使用的"辩证法"还有选择、甄别的意思,要选择好的避免坏的。后来柏拉图在《斐德罗篇》中将辩证法定义为"划分"和"综合"的方法,显然是由此引申出来的。上面引述的要将人的行为划分为"正义"和"非正义"两类,就是这种划分或分类的方法。这种意义的辩证法在柏拉图(特别是他的后期思想)和亚里士多德的哲学思想中都占有重要地位。

现在我们可以来讨论苏格拉底的辩证法的哲学理论和它的历史意义了。

苏格拉底自认为他的哲学方法就是通过谈话问答寻求普遍的定义也就是探求真理的方法,我们看到,他实际上是在问答中不断揭露对方的矛盾,使对方承认并不断修正错误从而引导逐步认识真理。这大概是人类最早理解的辩证法。

关于矛盾,也就是相反和对立的问题,是希腊哲学从一开始就被哲学家注意和关心的一个重要问题。自从泰勒斯提出水是万物的本原,紧接着阿那克西曼德就觉得泰勒斯的说法中有矛盾,因为水是冷和湿的,从它怎么能产生出热和干的事物呢?于是他提出一个没有任何规定性的"阿派朗"来作为万物的本原;因为它本身不具有任何性质,所以它能包容和产生一切矛盾的东西。最早确认事物的本原是一对对相反的对立面的是毕泰戈拉斯学派的哲学家,他们提出的对立表中有关对立的数目和序列可能有不同的说法,但他们认为事物是从对立的本原中产生的。赫拉克利特第一个将矛盾对立和事物的运动联系起来,正因为万物都是不断运动变化的,所以充满了种种矛盾和对立;也正是由于有种种客观的矛盾和对立,事物才是不断运动变化的。从后来黑格尔意义的辩证法讲,赫拉克利特确实是辩证法的创始人。在他以后的早期希腊自然哲学家基本上是按这个思想线索发展下来,承认事物是运动变化的,但同时又接受了爱利亚学派思想的影响,肯定在运动变化的背后有不变的本原——元素或原子,他们以不变的元素或原子的排列组合解释事物的运动变化和自然界的种种矛盾对立的情况。以上所有自然哲学家所探讨的都是自然界的种种矛盾对立以及它们的运动变化的情况,可以说都属于客观辩证法的范畴。

爱利亚学派认为运动变化的事物都只是虚假的存在,真正实在的只是永恒不变的"一"和"存在"。芝诺为了坚持巴门尼德的观点,提出一系列论证反驳"多"和"运动";他的论证方法就是指出如果事物是"多"和"运动",必然会陷入自相矛盾,比如如果事物是"多",它必然既是"无限大"又是"无限小",这就违反了形式逻辑的不矛盾律,从而得出"多"是不可能的结论。正是在这样的意义上我们可以理解亚里士多德说芝诺是辩证法的创始人。在本书第一卷论述芝诺的辩证法时,我们谈到它有两个方面:从一方面看他提出了主观辩证法。赫拉克利特虽然是辩证法的奠基人,但是他对事物的观察一般还停留在感觉现象上;在这点上芝诺比他前进了,芝诺不仅看到一和多、运动和静止、有限和无限等等是相互矛盾的,而且看到多、运动、有限本身也包含着矛盾。更重要的是这种矛盾不是感官经验所能把握的,而是只有靠理论思维和逻辑推论才能认识。芝诺论证的最大特点就是诉诸理性的思维,这就是主观的辩证法。正是这种主观的辩证意识造成概念的运动和矛盾,引出了世代人都不易解决的难题;只有理论思维才能揭露对象本质中的矛盾,也只有思维才能认识和逐步解决这种矛盾。① 这就是由芝诺创始的主观辩证法的哲学意义,苏格拉底、柏拉图和亚里士多德正是循这条道路发展,为人类的辩证思维能力,为古代辩证法的发展作出了卓越的贡献。

但是芝诺的思想还有另外一个方面,我们在第一卷中也说过:他像康德一样,虽然在客观上已经揭示了运动、时间、空间、多的内在矛盾,而在主观上他却在矛盾面前退却了,得出否定性的结论,否定多和运动的真实性。他的论证已经触及运动的本质,然而他不懂得这就是运动的本质。② 所以芝诺的辩证法只能说是否定的辩证法。从表面上看苏格拉底的论证和芝诺的论辩有相似之点,他们都是揭示对方论证中的矛盾从而推翻对方的结论;然而在实质上他们却是根本不同的:芝诺是推倒对方的论证就达到了他的目的,所以他的辩证法只有否定的意义;而在苏格拉底推倒对方的结论仅仅是他的一种手段,他要达到的目的乃是要探求更高的认识普遍本质的真理。所以苏格拉底的辩证法是积极的,并不是否定的;虽然他进行的这种探索还很粗浅,并不很成功,但这种探索本来是人类认识长河中永恒的课题,它是由苏格拉底开始的,这就是苏格拉底的辩证法的伟大的历史意义。

还应该从另外一个方面来考察苏格拉底的辩证法,那就是他所使用的方法主要是反对当时智者的观点的。本书第一编第三章讨论智者的修辞学和论辩术时分析研究过智者的"双重论证"。从表面上看智者也不否认矛盾,他们

---

① 参看本书第一卷第 606—607 页。
② 参看本书第一卷第 609—610 页。

认为对于任一论证都可以提出一个相反的也就是矛盾的论证(逻各斯),这一对相反的论证都是真的,比如关于正义和非正义,有些人断言有些事是正义的而另一些是非正义的,所以正义和非正义是不同的〔正题〕,另一些人认为正义和非正义是一样的〔反题〕;关于真和假,同一句话(逻各斯)有人认为是真的,有人认为是假的,真和假是不一样的〔正题〕,但是有些人认为真和假是一样的,真也是假,假也是真,便无所谓真假〔反题〕。智者的逻辑实际上是肯定了上面所说的正题,即对任何一件事都可以有人说是正义的,有人说是非正义的,有人说是真的,有人说是假的;正如普罗泰戈拉所说,对于同一阵风,有人说它是冷的,有人说它是热的。从这方面说智者们承认有相反的矛盾的逻各斯。但是他们又得出了上面所说的反题的结论,即没有正义和非正义、真和假之分,因为每个人的逻各斯都是真的,这就是"公说公有理,婆说婆有理"。从这方面说智者们又在实际上取消了矛盾,他们的辩证法只能是消极的辩证法。所以产生这种情况是因为智者认为所谓真和假、正义和非正义、善和恶等等都是由个人的主观决定的,如黑格尔所说智者的思想"倒向特殊的主观性的一方面"①,他们只承认有特殊的个别的主观性,而否认有普遍的一般的主观性,必然会陷入相对主义。我们在论述智者的论辩术时讲过,智者虽然认为两个相反的命题可以都是真的,或无所谓真或假,但他们认为两个相反的命题并不是等值的,它们仍有好和坏、强和弱之分,他们论辩的目的和主要技艺就是如何使弱的论证变为强的论证,能够战胜对手,赢得听众的赞成。在矛盾论证的两个方面中,他们往往选取其中一个他们认为有利的方面,停留在那里。因此他们的论证不以追求客观的真理为目的,往往成为诡辩。

苏格拉底反对智者的消极的辩证法,反对他们的相对主义,不承认真理只具有特殊的主观性,而是主张有普遍的绝对的真理。他揭露对方论证中的矛盾也不是为了加强自己论证的力量,从而讨好群众战胜对方;他是为了让对方认识自己的矛盾,承认自己的错误,从而跟他一道去寻求那普遍的绝对的真理。所以他自称他的方法是一种助产术,是帮助对方产生真正的思想的孩

---

① 黑格尔:《哲学史讲演录》第 2 卷,中译本,第 8 页。

子——绝对真理的。他揭露对方的矛盾并不是要否定矛盾,也不像智者那样只停留在矛盾的某一方面,而是要通过不断地认识矛盾去逐渐认识普遍的真理,因此他的辩证法是积极的辩证法。

苏格拉底虽然提出了这个伟大的目标,但在如何达到这个目标的方面,他作出的贡献并不多。因为从揭露认识中的矛盾一步一步上升到认识普遍的真理,是一个无限复杂的过程,其中有本体论的问题,有认识论的问题,还有逻辑的问题等等,一直到今天也只能说人类还是处在这种认识的不断深化的过程中。我们看柏拉图的早期对话中苏格拉底和人讨论各种美德的定义,他将对方论证中的矛盾一个一个地揭示出来,使原来自以为掌握了真理的人只能承认自己无知;苏格拉底告诉他们应该从一个个特殊的美德行为上升到一般的普遍的美德,但一般的普遍的美德究竟是什么? 苏格拉底并没有作出具体的回答,因此早期的苏格拉底式的对话往往以没有肯定的结论而结束。苏格拉底只是说每类特殊的美德都有一个共同的"相",它是永恒不变的,对它的认识就是普遍的知识;他还说这种共同的"相"和普遍的知识有最高的价值,是"善",所以是具体事物追求的目的。我们能够确定可以归为苏格拉底思想的,大概就是这些。

这里可以看到要将苏格拉底的思想和柏拉图的思想区别开来,确实是非常困难的。苏格拉底的思想是柏拉图的相论的雏形,可以说相论的一些基本原则已经由苏格拉底提出来了,比如要在多样性的变动的具体事物背后发现那共同的永恒不变的绝对的普遍本质;但将这些基本原则加以深入补充并精心制作成为一个完整的哲学体系的,应该说还是柏拉图的工作。所以柏拉图中期对话中以《斐多篇》和《国家篇》为代表的柏拉图的早期相论基本上还在苏格拉底的思想框架以内。《国家篇》第7卷中柏拉图以洞穴的比喻说明什么是辩证法,他说:"一个人如果不依靠感觉的帮助,能用辩证法作出理性的说明,认识事物的本质,最终把握善自身,达到理智世界的顶峰。"(532A—B)将这个说明用于苏格拉底的辩证法是完全合适的;而在以下对辩证能力所作的几点解释(533A—537C)则应该归于柏拉图。

我们以为苏格拉底的辩证法只是指出了具体事物和普遍本质的对立,但他没有能将这二者有机地联系起来,后来柏拉图和亚里士多德的工作就是补充中间的环节,从本体论、认识论和逻辑学方面说明如何从具体的矛盾走向普遍真理的辩证过程;甚至也可以说以后哲学史上有伟大贡献的哲学家都是在做这方面的工作,不断地探索真理,想达到理智世界的顶峰。在这方面应该承认苏格拉底是一位开创者。

第九章

理性主义的道德哲学

道德哲学是苏格拉底哲学的主干部分。他建立人的哲学,着眼于探究人的道德本性。他突出伦理问题是为了从精神方面建立一种新的道德价值体系,以挽救雅典城邦的没落。他认为智者的相对主义的感觉论只能助长个人利己主义和享乐主义,是造成社会道德混乱的思想根源;因而他强调知识,贬低感觉,要以理性去探讨伦理观念和道德价值,确定普遍的绝对的善。这样他在古代希腊首次建立了一种理性主义的道德哲学。他的道德论贯穿他的基本哲学思想,也渗透到他的政治、宗教和审美思想之中,体现了一种实践理性精神。他的道德哲学产生了很大的影响,直接启发了他的学生们即小苏格拉底学派的伦理学说,又是柏拉图相论的直接理论根源;更重要的是由他开创,经过柏拉图和亚里士多德这两位哲学巨人,在西方哲学史上建立起了理性主义的哲学主流。苏格拉底在哲学史上的不朽声誉是建立在他的道德哲学基础上的。本章先论述苏格拉底的道德哲学的基本原则,然后结合柏拉图有关的早期对话篇和色诺芬的《回忆录》具体论述苏格拉底的伦理思想。

第一节 道德哲学的基本原则

一 美德即知识

这是苏格拉底的道德哲学的一个基本命题,它表明美德的本性是知识,人的理智本性和道德本性是同一的。

我们已经多次说过希腊文 arete 这个词的含义本来相当广泛,它不仅指人的优秀品质,也指任何事物的优点、长处和美好的本性。苏格拉底将人在生活行为中表现的所有优秀善良的品质,如正义、自制、智慧、勇敢、友爱、虔敬等等都称为人的 arete,一般将它译为"美德"(virtue)。这些都是高尚的、善的,体现了人的道德本性。"美德即知识"这个主旋律确定了苏格拉底的全部道德对话活动,他同人讨论种种美德的定义,经过往复辩驳,最终都归结到这个基本命题。他认为智慧或知识能力是神赋予人的灵魂的本性,这也就是阿那克萨戈拉所说的努斯;灵魂能够实现自己的本性就有知识,也就有美德。反之,人如果愚昧无知,不能认识美德,就必然堕入恶行。色诺芬的《回忆录》记载:"苏格拉底说,正义和其他一切美德都是智慧。因为正义的事和一切道德的行为都是美好的;凡认识这些的人决不会愿意选择别的事情;凡不认识这些的人也决不可能将它们付诸实践。所以智慧的人总是做美好的事情,愚昧的人则不可能做美好的事,即使他们试着去做也是要失败的。既然正义和其他美好的事都是美德,很显然正义和其他一切美德便都是智慧。"(第3卷第9章第5节)

苏格拉底说的"美德即知识"中的"知识"主要是指要能认识人自己的本性(physis)。他不同于以前的自然哲学家,他们是要探讨整个宇宙万物即自然界的 physis,而苏格拉底虽然早年也研究过自然哲学,后来却认识到首先要研究人,研究自己。所以苏格拉底的"美德即知识"首先提出的就是"认识你自己"。对于这个问题,在色诺芬的《回忆录》中记载了苏格拉底作的一次通俗的说明:"那些认识自己的人知道什么事对自己合适,能够分辨自己能做什么和不能做什么,而且由于做自己懂得的事情就得到了自己所需要的东西,从而繁荣昌盛;不做自己不懂得的事情就不至于犯错误,从而避免祸患。而且由于有这种自知之明,他们还能够鉴别他人,通过和别人交往获得幸福,避免祸患。但是那些不认识自己,对自己的才能有错误估计的人,对于别人和别的人类事情也就会有同样的情况。他们既不知道自己需要的是什么,不知道自己所做的是什么,也不知道他们与之交往的是怎样的人;由于他们对这一切没有

正确的认识,他们就不但得不到幸福,反而要陷于祸患。"(第 4 卷第 2 章第 26—28 节)

苏格拉底认为,既然美德的共同本性是知识,人的理智本性贯通在道德本性之中,美德就有整体性和可教性。正义、自制、勇敢、友爱、虔敬等美德都是同质的,都是由人的理智本性体现为道德本性,它们就不是零散破碎,可以有此无彼地孤立存在的,而是相互贯通有内在联系的整体。有智慧能认识正义、美德的人,也就会认识勇敢、友爱、虔敬等美德,不能设想不能认识自己、不自制、非正义的人会有勇敢、友爱、虔敬等美德。他不承认道德人格有内部冲突,认为它是由理性构成的内在和谐的整体,他的美德论是一种理性的道德价值学说。知识的可教性蕴涵着美德的可教性。他认为人可以通过学习获得美德,也可以通过教育改造社会状况。在苏格拉底看来,智慧和知识能力是人人皆有的天赋本性,有些人缺乏美德只是由于感觉的迷误和欲望膨胀以至扭曲了人的理智本性,所以通过知识教育和道德陶冶可以恢复他们的理智本性,培植美德。推广到社会,实行苏格拉底的改善人的灵魂的使命,可以通过理智的道德教育匡正祛邪,使城邦社会生活确立在有严整规范的理性道德价值的基础上。这正是他的道德哲学的宗旨所在。关于美德的整体性和可教性,以下第三节还要详论。

苏格拉底提出美德即知识,明确肯定理性知识在人的道德行为中的决定性作用,这就在古代希腊以至整个西方哲学中首次建立起一种理性主义的道德哲学,赋予道德价值以客观性、确定性和普遍规范性。这种道德哲学和智者的道德论是根本对立的。智者从相对主义感觉论出发,或者主张道德是人为约定(nomos)的,或者像反 nomos 的人所主张的将道德归为个人追求快乐的欲望的 physis,因此他们所说的美德是依个人意欲而转移的闪忽不定可以相互矛盾的碎片;道德价值也完全是主观的变化的,没有确定性可言,也就没有普遍的是非善恶的道德尺度和规范。这种道德论在实践上就表现为个人利己主义、享乐主义和强权道德。苏格拉底坚决批判当时流行的这种道德论,认为它们腐蚀希腊民族精神,败坏道德风气,是造成种种社会祸害的根源。苏格拉底要维护希腊民族在历史上形成的一些传统美德如崇尚正义、勇敢、友爱等,但他不是因循守旧,而是在探讨美德的定义中用他的辩证法使这些常识性的伦理思想转变、升华为一种有深刻哲学意义的道德理论。

对于苏格拉底的"美德即知识"这一基本原则,亚里士多德曾经提出过两点重要的批评。

第一,亚里士多德认为苏格拉底将美德只归结为理论性知识,不研究美德在人的生活行为中是怎样产生和实现的,这就抹煞了伦理学的经验性内容。他在《欧德谟伦理学》中说:"高年的苏格拉底以关于美德的知识为目标,常常探讨什么是正义、勇敢以及各种美德。他这样做是有道理的,因为他认为所有的美德不过是各种知识而已,所以知道了正义同时就是正义的人;因为当我们学会几何学和建筑学时我们也就是建筑师和几何学家了。所以他只探究美德是什么,而不探究美德是如何或从哪里产生的。就理论性知识说,他的看法是对的,因为天文学、物理学或几何学,除了知道和深思作为这些科学的主题的事物的本性外,没有其他部分,……但是生产性科学的目的不同于理论性科学,例如健康不同于医学,法律、秩序等类似的东西不同于政治学。知道某种高尚的东西本身诚然是高尚的,但是涉及美德,至少不只是要知道美德是什么,而且要知道美德从哪里产生才是最高尚的。因为我们不只是要知道勇敢是什么,而是要成为勇敢的人,不只是要知道正义是什么,而是要成为正义的人。"(1216^{b}1—23)亚里士多德在《大伦理学》第 1 卷提出建立伦理学的原则时开宗明义地说:"我们讨论美德,既要讨论它是什么,又要讨论它是从哪里产生的。如果不知道它是如何又是从哪里产生的,对认识美德毫无用处。因为我们不仅是要知道而且要使我们自己成为这样的人,除非我们知道它是从哪里产生又是如何产生的,不然就不可能做到这一点。"(1182^{a}1—7)亚里士多德认为伦理学不是一门纯理论知识的学问,而是一门实践性的行为科学;他认为美德不只是一种道德知识,更重要的是一种道德行为。我们不仅要知道什么是正义和勇敢,更重要的是要使我们自己成为一个正义的人、勇敢的人。而要做一个正义勇敢的人,当然最好是能知道什么是正义和勇敢,但单是知道还不够,知道了并不一定能够做到。亚里士多德正是在这一点上对苏格拉底进行理论上的批评的。我们知道在实践上苏格拉底正是孜孜不倦地劝导人们要做正义的人、有道德的人,他不但言传并且身教;但是在理论上,他在"知"和"行"这两方面中只片面强调知的重要性,认为只要知道了也就必然做到了。这样就产生了他自己的理论带来的矛盾:知道正义的人是不是必然做正义的事情? 如果他也做不正义的事情,他比那些不知道正义因而做不正义事情的人是好一点还是坏一点?

这就是在柏拉图的《小希庇亚篇》中苏格拉底提出的论点:自觉为恶优于不自觉为恶;自觉说谎骗人、犯错误乃至伤害人,都比不自觉为错为恶的行为好。(370E—372E)他列举一系列实例论证:有能力跑得快而故意跑得慢的人优于没有能力只能跑慢的人,故意乔装跛脚的人优于真正跛脚的人,等等,因此人们都愿意要有能力也曾有意犯过错误的奴隶,不愿要没有能力屡犯错误做傻事的奴隶。(373D—375C)他这个论点就是从"美德即知识"这个基本原则推出来的。他论证:正义是一种能力和知识,它作为灵魂的能力,应该是灵魂越强大有力便越是正义;它作为知识,应该是越智慧的灵魂便越是正义,越是无知便越不正义;所以有能力和知识的灵魂总是比较正义,无知便无正义。从能力和技艺方面说,自觉做错事也是属于正义的性质。有知识和能力的灵魂是善的灵魂,善的人自觉为错为恶仍是善人,而无知识、无能力的灵魂总是坏的灵魂。有善的灵魂的人说到底也比有坏的灵魂的人优越,即使他自觉做错事坏事也还是更为优越。(375D—376B)对于这个最后结论,对话人希庇亚表示无法接受,苏格拉底说他自己虽然也不满意,但只能推出这个结论,表明这是一个值得探讨的严肃问题。(376C)这个推论被学者看做是苏格拉底哲学中的一个道德悖论,对如何理解和解开它,西方学者中颇有争议,叶秀山认为"还没有一个满意的理论上的解决"①。

我们以为,既然有知识的灵魂是善,它怎么会去自觉做坏事即恶呢? 知道善去行恶,这才是真正矛盾的。希腊人说的善 agathon 既有善和恶的道德判断的意义,也有好和坏的事实判断的意义。苏格拉底举的实例是跑步、摔跤、弹琴等,他称为技艺上的有知识和无知识,有能力和无能力,这些都只能说是事

① 叶秀山:《苏格拉底及其哲学思想》,第149页。

实上的好和坏。一个可以跑得快的人跑慢了,一个可以摔跤取胜的人摔倒了,我们可以对他作出事实判断说他是好或不好,却不能因此对他作出道德价值判断说他是善或恶。道德判断不那么简单,比如说谎话就必须联系他的动机和目的来考察,柏拉图笔下的苏格拉底讲过不少事例,说明有好的动机和目的的说谎也是善的。柏拉图在《国家篇》中甚至让苏格拉底主张统治者为了被统治者的利益,可以对人民说谎,他认为这和医生对病人说谎是一样的;却又反对人民对统治者说谎,认为这和病人对医生说谎一样,是错误的。(389B,459D)苏格拉底提出的自觉为恶优于不自觉为恶的论点实际上是将事实判断的好或坏和道德判断的善和恶混淆起来了,亚里士多德在《形而上学》中已经指出这一点:"《希庇亚篇》对于同一个人可以既虚假又真实的证明会引向错误,它假定能够骗人的人(即有知识和智慧的人)是虚假的,由此引申出自觉做坏事的人是比较好的。这是由归纳法——人自觉跛脚优于不自觉跛脚——得出的错误结论,柏拉图所说的自觉跛脚不过是假装跛脚,如果是真正的自觉跛脚,从道德意义上说总是坏的。"(1025^{a}7—13)①

第二,亚里士多德批评苏格拉底的美德论否定了情感的作用,他在《大伦理学》第1卷中批评了毕泰戈拉将美德归结为数是不成功的以后,接着就讲到苏格拉底,他说:"苏格拉底对美德这个题目讲得比较好,有进展,但他也是不成功的。他惯于使美德成为知识,而这是不可能的。因为所有知识都涉及理性,而理性只是灵魂中的理智部分。在他看来所有美德都在于灵魂的理性部分,他遗弃了灵魂的非理性部分,因而也就遗弃了情感和性格。所以他研究美德在这方面并不成功。后来柏拉图将灵魂分为理性部分和非理性部分,并赋予各自相应合适的美德,他这样做是对的。"(1182^{a}15—26)亚里士多德指出苏格拉底和柏拉图在伦理思想上的区别:苏格拉底认为灵魂的本性只是理性,美德只是纯理智的,忽视了意志和情感对形成美德的作用;柏拉图则将灵魂分为理性和非理性的两部分,认为意志和情感属于灵魂的非理性部分,他将智慧归于理性,勇敢归于意志,节制(自制)归于情感。我们可以根据亚里士多德

① 译文根据罗斯的释义,见罗斯:《亚里士多德的〈形而上学〉》,第348页。

的这个划分去分辨柏拉图对话篇中哪些伦理思想是属于苏格拉底的,哪些是属于柏拉图的。亚里士多德批评苏格拉底抹煞了灵魂中的非理性部分,无视意志和情感在形成美德中的作用,是有道理的。理性知识对形成美德、规范道德行为无疑起有主导作用,苏格拉底以此批判智者主张个人的情感欲望支配一切行为,这是对的。但是人的意志和欲望也是形成道德品性和情操的重要因素,正当的欲望、坚韧的意志、良好的习惯、谦和或刚健的性格、高尚的情感、审美的激情等等都能陶冶美德。苏格拉底否认灵魂的非理性部分,排斥一切意志和情感的道德价值,他的道德哲学就成为一种纯理性的知识道德学,是有片面性的。

二　善是人生的最高目的

善是苏格拉底的最高哲学范畴,它既有道德意义也有本体论意义。他认为善是人生的最高目的,在《高尔吉亚篇》中苏格拉底说:"善是我们一切行为的目的,其他一切事情都是为了善而进行的,并不是为了其他目的而行善。"(499E)他所说的其他事情是指快乐、理性、自制等等,苏格拉底在这里是和卡利克勒斯讨论有关快乐的问题,所以他接着说:"正是为了善我们才做其他事情,包括追求快乐,而不是为了快乐才行善。"(500A)大而言之,善也是全部社会生活的目的,治理城邦的目的就是要使城邦和公民们尽可能成善。(513E)善是一切行为的目的,也是最高的道德价值。

但是苏格拉底所说的"善"究竟是什么? 这个问题从古以来就有不同的理解和解释,他的学生即我们下面要论述的小苏格拉底学派就对他的"善"作了不同的解释甚至提出了根本相反的意见,形成不同的学派。希腊文 agathon 这个词原来有好、优越、合理、有益、有用等含义,英文译为 good,中文译为善;但我们不能完全用中国哲学中的"善"去理解它,agathon 的含义要比中国哲学所说的"善"更加宽广,它还具有本体论的意义。

现在西方学者比较强调苏格拉底的"善"的有益、有用的含义。的确在色诺芬和柏拉图记载的苏格拉底说到善时往往是和有益、有用结合在一起的,我们在上一章分析色诺芬《回忆录》第 1 卷第 4 章的内容时,讲到苏格拉底认为神正是为了有益的目的将眼、耳、鼻以至理性、智慧、灵魂给予人的。《回忆录》第4卷第3章则讲到神创造万物——从太阳、动植物到人的各种能力——都是为了人的利益,使它们"为人类服务"。他还常说:"对于任何人有益的东西,对他来说就是善。"(第4卷第6章第8节,第3卷第9章第4节)在柏拉图的《卡尔米德篇》中苏格拉底强调关于善和恶(好和坏)的知识比其他各种知识都重要,如果没有这种知识作指导,医学未必能使人健康,制鞋、纺织等技艺未必能生产好的鞋子和衣服,领航员未必能保证航海安全,将军未必能打好仗,总之,如果缺少善的知识,这些事情都不能妥当有益地办好;他将关于善的知识称为"一种关于人的利益的学问"。(174B—D)《普罗泰戈拉篇》中说:"一切可以达到幸福而没有痛苦的行为都是好的行为,就是善和有益。"(358B)类似这样的说法比比皆是,因为 agathon 本来有有益、有用、有利的意思。但是西方有些学者却据此将苏格拉底的道德论解释成为一种实用色彩很浓的功利主义。菲立浦生认为苏格拉底的道德哲学的指导性思想是"有用性原则"、"一切机构、法律和学说的真正价值都用一种齐一的、一贯的标准来检验,那就是有用性。"①

我们以为这种看法不够确切,苏格拉底固然认为善是有益的有用的,但是不是一切有益的有用的东西,个人经验中认为是有益有用的东西,他认为都是善呢? 显然不是这样。在他看来善之所以为善是使事物成为有益和有利的原因,并不是事物的有益和有用就是它们成为善的原因。如果将苏格拉底的善归结为它的功利性,可能是倒因为果了。苏格拉底并不像中国哲学史中有些儒家那样将"义"和"利"完全对立起来,君子讲义不讲利,他是将善和利结合起来的。不过他讲的功利和智者讲的不同,他反对一般人的为满足个人的情感和欲望需要的功利观,认为这种利益是表面的、短暂变化的,不是真正的利益。他要求人们辨别和追求真正的最高的利益,这种真正的利益,就个人和社会的关系说,应该是个人服从社会和城邦的利益;但是他决不忽视个人的利益,只是他认为个人的最高的利益应当是满足灵魂需要的而不是满足肉体需

---

① 菲立浦生:《苏格拉底的审判》,第104—105页。

要的利益,所以他认为最高的善是和知识、真理、美相一致的,是真善美相统一的功利观。

但是这种真正的最高的"善"究竟是什么? 苏格拉底并没有提供一个具体的普遍性的答案。所以他所说的"善"也和巴门尼德所说的"存在"一样,是一个抽象的概念,是一个抽象的、绝对的道德价值标准。因此他的弟子们可以对"善"作出各种各样不同的解释,它也就成为伦理学永远要探讨的课题。

但是也不能说苏格拉底对于最高的善完全没有作过比较具体的积极的解释,就我们收集到的材料说他至少也指出过以下两点。

第一,他认为善就是有秩序的安排。在柏拉图的《高尔吉亚篇》中,苏格拉底认为快乐和善是不同的,不能说善的目的是为了快乐,只能说快乐的目的是为了善。当快乐出现时我们就快乐了,当善出现时我们就是善的;但是不是还有其他美德出现时我们也会成为善的呢? 苏格拉底认为是有的,他说:"任何事物的美德无论实现在身体、灵魂或其他任何生物中,都不是只凭任意偶然性而能最好地得到的,只能由通过适合于每一事物的秩序和条理性才能得到。任何事物的美德都是一种有规则有秩序的安排,所以正是这种适合于该事物的秩序的出现才能使任何事物成为善的。"(506C—E)他还说:"天和地,神和人都是由友谊和友爱、秩序、自制和正义联结在一起的,所以智慧的人称事物的全体为科斯摩斯(kosmos)——有秩序的宇宙。"他所说的智慧的人就是毕泰戈拉学派,他们认为这秩序也就是"具有数学意义的完善性"的"善",因此要懂得"几何学上的对称性在神和人中都有极为重要的意义"。(507E—508A)《高尔吉亚篇》属于柏拉图早期偏后的对话,很难说其中完全或主要是苏格拉底的思想了,特别是这里提到毕泰戈拉学派,更有理由认为是属于柏拉图的思想;但是认为善就是有秩序,这种思想可以说是苏格拉底和柏拉图共同具有的,因为他们面对的是动荡不安日趋衰落的希腊社会,为了挽救雅典城邦,他们提出秩序是善的看法是符合逻辑的。这和《斐多篇》中的苏格拉底的自述说他热衷于阿那克萨戈拉的努斯,认为努斯将宇宙安排有序的思想也是一致的。因此我们以为可以说这既是苏格拉底的思想,也是柏拉图的思想。

第二,他将善和自由、自制联系起来。色诺芬《回忆录》第 4 卷第 5 章记载苏格拉底对欧绪德谟的教导,他指出自由对于个人和城邦都是高贵而且美好的财产,能够做最好的事情即从事善就是自由,反之,受到阻碍不能从事善也就是没有自由。他认为凡是不能自制的人也就是没有自由的人。那些不能自制的人不仅受阻不能去做最好的事,还被迫去做最无耻的事情。那阻挡人去做最好的事同时还强迫人去做最坏的事的主人是最坏的主人,而那受制于最坏的主人的奴隶也就是最坏的奴隶,因此"那不能自制的人就是最不自由的最坏的奴隶"。(第2—5节)在奴隶社会里当不自由的奴隶或者被征服的城邦当然是最坏的事情,所以苏格拉底将善和自由联系起来是很自然的,值得注意的是他又将这种作为自由的善和自制、智慧联系起来。他说:"智慧是最大的美德,不能自制就使智慧和人远离,并且驱使人走到相反的方向去。"由于"不能自制使人对眼前的快乐留连忘返,常常使那些本来能分辨好坏的人感觉迟钝,以至他们不但不去选择较好的事情,反而去选择较坏的";所以"健全理智和不能自制这两种行为是恰好相反的"。(第6—7节)这样苏格拉底将道德自由归结到健全的理智,他将自由、理智和"善"联系在一起。

人根据智慧,遵循理智,能够自制,便能做最好的事情,实现善。由此苏格拉底得出一个重要的原则:无人自愿为恶,趋善避恶是人的本性。在色诺芬《回忆录》第4卷第5章上述引文以后,苏格拉底接着又说:如果人宁愿选择有害的事而不选择有益的事,这是最坏的;而那些不能自制的人以为吃、喝、性交、休息、睡眠能带来快乐,便尽量享受不加节制,结果不但没有快乐,反而带来祸害和不幸。"一个不能自制的人和最愚蠢的畜牲有什么区别呢?"因此他认为,"只有能自制的人才会重视实际生活中最美好的事情,对事物进行甄别,并且通过言语和行为,选择好的,避免坏的"。他还将这点和辩证法联系起来,说"dialegesthai 这个词就是由于人们聚在一起共同讨论,按着事物的性质进行 dialegantas(甄别、选择)而得来的"。(第7—12节)在柏拉图的《普罗泰戈拉篇》中苏格拉底说:"没有人会自愿趋向恶或他认为是恶的事情,趋恶避善不是人的天性(physis);当强迫你在两种恶之间进行选择时,如果可以选择小的,人决不会去选择那个大的。"(358C—D)苏格拉底从理性主义道德论的原则"美德即知识"出发,认为人的行为都是服从理性指导的。

苏格拉底的道德哲学同他的改善人的灵魂的哲学使命是一致的。既然美德即知识，知识是可教的，美德也是可教的；既然人皆根植有趋善避恶的天性，通过道德教育改善人的品性，进而改善城邦，就不仅是他的道德哲学的宗旨，也是现实可行的。因此他十分重视道德教育，他一生孜孜不倦和人辩论就是在进行道德教育。他认为道德教育是树人治国之本，是挽救雅典没落、重振城邦的主要途径。这就使他的道德哲学不只是理论思辨性的，而且有实践性的特色。

第二节　勇敢、友爱及其他

苏格拉底的对话主要是为各种美德正名，寻求它们的普遍性定义。因为经过伯罗奔尼撒战争社会大动乱，又经智者的大胆激烈的言论，希腊社会传统的伦理道德观念已经沦亡，社会缺乏共同的行为准则，苏格拉底正是想通过这些对话引导人们逐渐走上他所指向的道路，也就是他改革哲学、改善人的灵魂的具体表现。下面我们根据柏拉图的对话和色诺芬《回忆录》中有关内容具体介绍苏格拉底这些方面的思想。

当时希腊人注重的美德除了智慧以外还有正义、自制（节制）、勇敢、友爱、虔敬等五种。我们以上介绍《卡尔米德篇》时已经论述过他关于自制的思想；正义是有关政治的美德，虔敬是有关宗教的美德，将在下一章专门论述；本节主要讨论他有关勇敢和友爱的思想。在柏拉图的早期对话中有三篇都各自专门讨论一种美德，即《卡尔米德篇》讨论自制，《拉凯斯篇》讨论勇敢，《吕西斯篇》讨论友爱，从古代开始就将这三篇对话联为一组，近现代虽然有些学者提出意见认为它们并不是同一时期的作品，但多数学者认为这三篇对话无论就内容和风格讲都是相似的。它们既表现出柏拉图丰富多彩的文风，也体现了苏格拉底"自知其无知"引导没有得出结论的对话的那种辩证思想，本章主要论述《拉凯斯篇》和《吕西斯篇》。色诺芬的《回忆录》缺少柏拉图对话那种哲学思辨内容，但比较通俗地介绍了苏格拉底的思想。将二者对照起来，我们就可以大体了解苏格拉底本人的思想。

一 《拉凯斯篇》论勇敢

这篇对话的角色都是真实的历史人物。两位陪衬角色吕西玛库和梅勒西阿是雅典著名政治家阿里司提得和修昔底德（伯里克利的政敌）的儿子，他们两人名声不显，深怪他们的父辈倾心公务没有培养他们，于是期望自己的儿子能够出人头地，迫切要找到良师教育他们的儿子。对话开始，他们刚目击了一个叫斯特西劳的人当众表演兵器武艺，便请问当时最负盛名的老将军拉凯斯和尼西亚，如果让他们的儿子跟这个人学习军事是否合适。尼西亚是雅典著名的主和派政治家，曾在他力主下同斯巴达签订尼西亚和约；战争后期他反对错误的西西里远征，又不得不接受委任率军前往，终于惨败殒命。柏拉图描述他有理智讲谋略，也很赏识苏格拉底的才智。拉凯斯也是当时一位骁勇善战的名将，曾和尼西亚一起赴斯巴达议和，得罪过主战派阿尔基比亚德，公元前418年战死在曼提尼亚。他曾同苏格拉底一起经历了公元前424年雅典军队在德立昂的败退。对话的背景正是在德立昂战役后不久，拉凯斯竭力称赞苏格拉底在战争中英勇无畏镇定自若的气概。对话描述拉凯斯是一介武夫，刚勇过人而理智不足，行动至上，鄙薄军事理论。

两位老将接受咨询，要结合学习军事讨论教育青年的问题。拉凯斯立即举荐，认为应请教在场的苏格拉底，苏格拉底却谦逊地表示要先倾听两位将军的看法。尼西亚首先认为学习一切军事技艺都是光荣的有价值的，而学习体操、骑术和使用武器等是学习军事的入门科目，对培育青年很有用：能使他们体格刚健，在战斗中懂得如何进攻和防卫；有了这种初步训练才能进而学习军队列阵，鼓励青年进取的雄心，渴望去学习统帅全军的本领。（181E—182C）拉凯斯却持不同意见，他认为知识固然是好的，但这种军事知识不见得是真正有价值的，不然一生都在战斗中度过的斯巴达人都可以称为军事大师了。再说那些教武术的教师虽会表演，但在战争中的表现却并不好，刚才当众表演的斯特西劳在海军舰只服役时使用武器就十分笨拙，频频失手招得旁人耻笑；他们往往只有唬人的手段，青年人向他们学习武艺没有什么好处。（182E—

184C)吕西玛库要求苏格拉底对这些不同意见进行裁决。苏格拉底说好的抉择并不取决于支持者票数的多寡,而是取决于知识;我们要考察学习军事的目的,因为目的比手段更加重要。他认为学习军事的目的应当是改善青年人的灵魂,培植他们的美德,因此只有懂得美德的人才能为人师表。(185D—E)他自称家世贫寒,无钱就学于自命为道德教师的智者,两位将军富有资产和学识,请他们就美德问题发表意见,从而判定谁有资格作青年教师。两位将军欣然表示愿践履梭伦的名言"年高未必智慧,我愿活到老学到老",愿意和苏格拉底共同探讨。(188B)至此对话转入主题。

苏格拉底说,探讨美德涉及基本原则,即要研究事物的本性,它究竟是什么?正如医生要改善人的视力,必先懂得视力是什么;我们要给青年人培育美德改善灵魂,也必须先弄清楚美德是什么。但是要一下子弄清全部美德的本性并不容易,联系学习军事就讨论勇敢这种美德的本性是什么,然后才可研究青年人如何学习获得这种品格。(189E—190E)这样提出什么是勇敢的问题,也就是要寻求勇敢的定义。

拉凯斯和尼西亚分别作出他们的回答。先是拉凯斯,他根据参加重装步兵战斗的经验,说勇敢就是"坚守阵地,反击敌人"。(190E)这个定义太狭窄了,苏格拉底列举事例反驳:骑兵游弋击敌,希波战争中斯巴达军队在普拉蒂亚役中先撤退诱敌深入击败敌军,他们并不坚守阵地,难道不都是勇敢的壮举?他指出:探究什么是勇敢,不只指重装步兵的勇敢,应指一切军人的勇敢;不只指战争中的勇敢,也应包括人在经历航海风险、疾病、贫穷、政治生活以及经历痛苦、恐惧、欲望、快乐等情况时的勇敢。总之,我们是要究问什么是勇敢?在所有这些情况中有什么共同的东西使它们被称为勇敢?(191B—E)拉凯斯又提出第二个似乎很有普遍性的定义:"勇敢就是灵魂的坚韧性,这是它们显现的共同性质。"(192B)这个定义又太宽泛了,苏格拉底层层剥笋,使这个错误定义陷入无法自圆其说的矛盾:勇敢无疑是一种高尚的品德,但只有和智慧结合的坚韧才是高尚的,愚昧的坚韧只不过是顽固,是有害的恶。明智的坚韧也还不等于勇敢,明智的事情有大有小,治家坚持明智地花钱,医生明智地坚持不许病人吃某些食物,都算不上勇敢;将领有明智的计谋能以强大军势摧毁弱敌,不必用勇敢去称誉他,倒是开始缺乏明智计谋而后以弱势顽强抗击强大敌军者往往被誉为勇敢;泅水好手跳水救人未必被称为勇敢,倒是不识水性的人毅然跳水救人者被称为勇士。(192C—193C)这里苏格拉底并不是否定勇敢是和智慧密切相联的,他也指出不明智的冒险和固执是对人有害的"愚勇",并不是真勇敢,不是高尚的品质。(193B—C)他只是批评拉凯斯的定义,即使将勇敢定义为明智的坚韧性也不确切。

尼西亚从他赞成苏格拉底常说的"凡人之善在于他有智慧,坏在于他不学习"说起,认为勇敢的人是善的,所以必然是有智慧的人。(194D)问题是勇敢是一种什么样的智慧?尼西亚提出:勇敢是一种在战争和其他任何事情中使人产生畏惧和信心的知识。(194E—195A)拉凯斯反驳他说:医生和农场主、手工业者都深知他们事业中的危险所在,预言者晓人以生死和前途命运,他们都有使人产生畏惧或信心的知识,难道能因此说他们就是勇敢的人吗?尼西亚答辩说:他们虽然有关于疾病健康和生死前途的知识,但是如果他们没有关于为什么这些疾病健康和生死前途对人是好是坏的知识,也就是关于善和恶的知识,未必能使人产生畏惧或希望的信心。拉凯斯认为按照尼西亚的要求,除了神以外就没有人可以说是勇敢的了,所以是无稽之谈。(195A—196A)苏格拉底认为尼西亚的回答是严肃的,并不是为说话而说的,但他也提出质疑:尼西亚认为勇敢是关于为什么产生畏惧和希望的知识,那么所有的野兽都没有知识,狮子和麋鹿也就没有勇怯之分了?拉凯斯乘机讥嘲说:人们公认狮豹比人勇敢,难道它们比人智慧吗?尼西亚区别了动物的作为自然禀赋的不害怕和作为人的美德的勇敢,认为有理智的勇敢只是少数人才具有的品质,而无理智的勇猛、不害怕则是许多男人、女人、孩童和动物共有的品质;他以为勇敢的行为必定是有智慧的行为。苏格拉底不反对尼西亚所作的辩析,他称赞尼西亚在同达蒙和普罗迪柯的交往中学到许多智慧,普罗迪柯在分析词的意义方面是智者中最卓绝的;他还称赞尼西亚已经具有高度智慧。(196C—197E)但是苏格拉底又从另一方面提出质疑:勇敢如同正义、自制等都只是美德的一部分。一切事物在时间上有过去、现在、未来之分,畏惧和希望不涉及过去和现在,只和未来有关,畏惧是害怕未来之恶,希望和信心是期待未来之善。而所有的知识如医学、农事、军事等等都不只涉及未来,而是将知识对象的过去、现在、未来作为一个整体对待;因此如果说勇敢是一种知识,就不仅关涉对未来的畏惧和信心,而且也包括过去和现在,不仅涉及未来的善和恶,而且也涉及过去、现在以至任何时候的善和恶,这样才能涵盖勇敢的全部性质。苏格拉底认为"勇敢不仅是关于畏惧和希望的知识,而且是关于任何时间的善和恶的知识"。(198B—199D)尼西亚接受这个意见。苏格拉底进而指出:要是一个人懂得了全部的善和恶,懂得它们在过去、现在和未来是如何产生的,他就是一个完善的人,包括正义、自制等等在内的一切美德都不缺失了;他足以分辨一切自然的和超自然的勇敢和懦怯,能够处理一切同人、神打交道的事了。但是根据这样的说法,勇敢又成为全部美德,这和原先认定的勇敢是美德的一部分的见解又矛盾了。苏格拉底的结论是:三个人在讨论中都没有发现勇敢是什么。(199D—E)

拉凯斯和尼西亚在一番相互嘲谑后都同意苏格拉底的结论,赞赏他在论辩中的过人才智,要求他去当孩子们的教师。苏格拉底表示:在讨论勇敢的定义中他同他们二人一样都处于困惑中,他们像青年人一样需要好的教师,要再学习,他们都要关注自己的教育问题。(200E—201B)

从这篇对话中我们可以看到苏格拉底探讨美德定义的一些特点。

第一,当时一般人还分不清一般和特殊的区别,在柏拉图写的苏格拉底的对话中我们常常看到当人们被问到什么是美德时,对话人往往举某种特殊的事例来答复,苏格拉底指出他的错误,要求他作出带有普遍性的一般的定义。在这篇对话中拉凯斯提出的第一种答案说勇敢就是"坚守阵地,反击敌人",就是犯了这种以特殊代替一般的错误。但是他提出的第二种答案说勇敢是"灵魂的坚韧性"就不同了,因为它并不是某种特殊的事例,它是带有普遍性的一般;它的错误在于它太一般了,不能显示勇敢的特性。灵魂的坚韧性可以有智慧的和不智慧的,勇敢当然是明智的坚韧性,但并不是所有明智坚韧性的行为都是勇敢,其他美德如正义、自制也需要明智的坚韧性,所以这种回答并没有说明勇敢的特殊性。由此可见苏格拉底寻求定义不仅要在特殊中求一般,而且这种一般还必须能表明这种美德的本质即它的特点、特殊性,是和特殊相结合的一般。这个问题由苏格拉底提出以后,经过柏拉图在《智者篇》等中的探讨,直到亚里士多德认为定义是由"种"和"属差"相结合才得到比较完满的解决。

第二,尼西亚的回答肯定勇敢是一种知识,这是正确的,但是他将它说成是一种使人产生畏惧或信心的知识,却又有问题了。苏格拉底指出:使人产生畏惧或信心的知识只是有关未来的知识,而一般知识都是涉及过去、现在和未来所有时期的。尼西亚提出:要使人产生畏惧或信心,必须使他知道为什么会产生畏惧或信心,也就是产生畏惧或信心的根据是什么,他认为这是辨别好和坏的知识,即有关善和恶的知识。这就触及后来区别事实知识和关于道德本性的价值知识这个重要问题。一般科学知识可以说明事物的过去和现在,也可以预见将来,但这种事实知识还不是判断道德上善和恶的价值知识,而美德的本性总是体现善和恶的道德价值的。人们不称道泅水好手跳水救人为勇敢,倒将不识水性的人不避危险跃水救人称为勇敢,因为勇敢不只是由事实行为规定的,它涉及道德价值问题。事实知识和价值知识都需要智慧,但这二者有区别;事实知识也使人明智,这对形成人的行为美德是必要的,但必须进而有关于善和恶的价值知识规范事实行为才能真正形成美德。关于事实和价值、事实判断和价值判断、事实知识和价值知识的关系问题,当代分析哲学及其伦理学都很重视探讨。苏格拉底虽然没有用这类词,实际上却已经提出这个问题,这是很有意义的。

第三,尼西亚将勇敢和智慧、知识联系起来,这和苏格拉底的思想是一致的,所以苏格拉底盛赞他的智慧,说他的见解是认真严肃的。但是将勇敢定义为关于善和恶的知识又将发生全体和部分的矛盾,因为所有美德都是关于善和恶的知识,而勇敢只是其中的一部分。这也产生以上第一点说到的问题:善和恶的知识是美德一般,它不能显示勇敢的特殊性。然而根据苏格拉底的道德哲学的基本原则,这种说法又有其合理性,因为他主张美德是一个统一的整体,智慧、知识和善的普遍本性使各种美德成为有内在联系的有机整体,统摄为灵魂的善的知识,人的道德人格必定是完整的。因此勇敢和正义、自制等其他美德紧密联系协和一致,不能孤立地给勇敢作出精确定义,只有在规定美德的整体性中才能揭示勇敢这种美德的性质。下一节论述《普罗泰戈拉篇》将着重介绍他这种道德辩证法思想。苏格拉底这个思想还具有方法论意义,亚里士多德在《形而上学》第 7 卷第 10 章中说到定义即公式的全体和部分时说:"全体被认为先于部分,因为在公式中部分是从全体上来理解的;又从各自能够独立存在的观点看,全体应先于部分。"(1034ᵇ30—32)苏格拉底、柏拉图和亚里士多德都有全体先于部分的思想,认为全体先于部分也就是全体决定部分,一般决定个别。关于全体和部分的关系,同一般和特殊的关系一样,至今还是科学方法论重视研究的问题。

二 《吕西斯篇》论友爱

《吕西斯篇》讨论的主题是友爱,参加对话的是一些稚气未去的少年。这篇对话中的吕西斯和希波萨勒的身份已无从考证,柏拉图的其他对话中他们不再出现;从这篇对话中只知吕西斯出身名门望族,他的先辈们曾多次在竞技场上获胜。另外两位对话少年克特西普和美涅克塞努是叔侄关系,他们后来都成为苏格拉底的挚友,苏格拉底被处死时他们都在场。克特西普在《欧绪德谟篇》中出现过,柏拉图另外一篇论述雅典兴衰史的对话则以美涅克塞努的名字题篇名。

《吕西斯篇》讨论的主题是 philia,philo,有友谊、亲爱、倾慕、热爱等意思,英文常译为 friend 或 friendship,中文译为"友谊",不足以确切表达这个词的全部含义,我们以为译"友爱"比较妥切。在当时希腊这种友爱之情主要发生在男性的青少年之间以及他们和成年男性之间,成为社会交往的重要方式,它所起的感染和教育作用甚至胜过家庭教育。这种友爱还不是同性恋,eros 这个词才含有性爱的意义。

《吕西斯篇》的内容是苏格拉底自述他同一群天真活泼的少年对话的往事。一天苏格拉底在城墙边遇见希波萨勒和克特西普等一些少年,他得知希波萨勒正羞怯地想同美少年吕西斯交友,写了一些蹩脚的颂诗吐露他的倾慕之情。苏格拉底说写这样的诗不能获得友爱,希波萨勒问怎样才能得到对象的认同呢?苏格拉底说如果他能和吕西斯对话也许可以启迪他。于是少年们簇拥苏格拉底到一所新落成不久的体育场,那里有一群正在玩蹠骨游戏的少年,吕西斯和美涅克塞努都在。苏格拉底兴高采烈地和他们打招呼,问年龄,轻快地同他们讨论什么是友爱的问题。

吕西斯说父母很珍爱他,希望他生活得幸福。苏格拉底说,一个人能自由地做他想做的事才是幸福,受制于人的奴隶是没有幸福可言的。你的父亲不允许你驾车,倒让奴隶当驭者,要奴隶陪你上学,处处管着你这个自由人。为什么你被钟爱受关怀,却又处处被管束呢? 吕西斯答复说因为自己年龄还不够大;苏格拉底说这不是理由。父母在你年幼时就允许和鼓励你读书、弹琴等等,在这些方面给你充分自由,有朝一日还要将全部家产都传给你,因为那时你已经有智慧能管理它们了。波斯王要将王位传给儿子,但不信他懂烹调术,不允许他在食盘中擅自加一点肉汁。由此可知关键在于:任何人都不爱无知无用的人,如果对事物没有知识就会将事物弄糟,失去别人的爱,甚至父母的爱,只能处处受制于人;如果你获得知识,显得有用与善,所有人都会对你友爱。(207E—210D)苏格拉底通俗地说明了友爱这种美德同知识与善也是紧密相联的。

苏格拉底转而同美涅克塞努讨论。他说自己最珍爱友谊胜过爱大流士的全部金银财宝,但还没有得到真正的友伴;他称羡美涅克塞努这么年轻就得到吕西斯这样的好友,就向他请教一个人怎样才能成为另一个人的朋友? 他说,当某个人爱另一个人时,是爱人者还是被爱者成为朋友? 如果说要两个人一起才成为朋友,那么要是一个人单方面思慕,被爱者并不爱他甚至讨厌他,这个思慕者如何才能成为讨厌他的人的朋友? 儿童受父母惩罚,一时甚至恨父母,而父母是十分爱孩子的。所以常有这种情况,互相讨厌甚至仇恨的人却是朋友,然而朋友和仇敌是相反的。究竟是单方面的爱就有友爱呢,还是要双方面才有? 事实上有些人是爱他们的人的仇敌,或者是仇恨他们的人的朋友;但是作为仇敌的朋友或作为朋友的仇敌是不可能的,因为这二者是相反的。这样就很难说清楚友爱究竟是什么了。(212A—213B)

苏格拉底又评论另一种见解:“神总是引导相同者相聚”,只有好人是好人的朋友,坏人既不能是好人的朋友,也不能是坏人的朋友;只有同是好人才能彼此友爱,因为他们都是善,彼此有用。但是好人既然成善,他就是自我完善和自我满足的人,无需弥补什么缺失,不必有所求而爱他人,他们之间也未必有朋友关系了。(214A—215C)苏格拉底又提到另一方面,他引用赫西奥德的说法:"陶工和陶工相吵,吟游诗人和吟游诗人、穷人和穷人都相吵。"(《工作与时令》,第25节)两个东西越相似就互相妒忌、仇恨,越是不同倒越是相互需要,穷人需要富人为友,弱者需要强者扶持,病人需要医生治病等等,无知的人珍视有好教养的人因而爱他。但是如果相反相聚并且互相成为朋友的话,友爱和仇敌、正义和非正义、自制和不自制、善和恶也可以相互为友了,而这是不可能的。所以相同为友和相反为友这两种说法都是不能成立的。(215C—216B)"同类相聚"还是"异类相聚"的问题,在恩培多克勒和阿那克萨戈拉之间已经有不同意见的争论了;关于如何解释相反的东西和性质的问题,从希腊哲学一开始就已经引起许多不同的意见;苏格拉底在这里提出的意见实际上已经牵涉到具体的相反的事实和抽象的相反的概念之间的区别问题,具体的相反的人或事是可以相互结合的,富人和穷人、强者和弱者可以为友,但是抽象的概念穷和富、弱和强以至正义和非正义、善和恶等等却总是相反的,不能和谐共处。这也就是具体事实和抽象的"相"之间的关系和问题,苏格拉底这里提出的问题,在柏拉图以后的对话中还将不断出现,成为他的相论中一个重要问题。

苏格拉底又提出另一种意见:既然善不能同善友好,也不能同恶友好,是否可以设想它和另一种东西即非善非恶的东西相友好。这第三种东西本身是非善非恶的,它不能和同它一样的东西友好,因为那是"相同为友";也不能同恶友好,因为任何东西都不会同恶友好;它只能同善友好,那就是当这种非善非恶的东西沾染上恶时需要善来帮助它消除恶。他举的例子是:人的身体是非善非恶的,一旦它生了病就是沾上了恶,它就会希望医药这种善来治疗,就热爱善了。他还说一把金锁如果沾染上白铅,便显现出"白";正像老年人当"白"在他们身上出现时便呈现白色。同样的如果已经有了智慧,无论是神或人都不会再与智慧为友;如果人已经有愚昧或无知这种恶,他也不会去爱智慧;只有当他虽有愚昧这种恶习,但还不是愚昧无知,他还懂得他不知道那些他尚未认识的东西时,即他正是非善非恶时才会热爱智慧(成为哲学家)。这样我们似乎已经发现了无论是身体或是灵魂,只有当它是非善非恶,却又出现了恶时才会是善的朋友。(216D—218C)但是苏格拉底又立即推翻了这种说法。他说,一个东西要以另外一个东西为友,总是为了某种原因,要达到某种目的。病人要与医生为友是因为他有病,要想达到健康的目的。即使身体是非善非恶,但它有病就是恶,是仇敌,而健康是善,是朋友。这样说朋友之作为朋友不是为了达到善——朋友的目的,却是因为恶——仇敌,显然也是说不通的。(218D—219B)

于是苏格拉底又另辟蹊径提出一种说法:人总有欲望,由于饥渴想饮食之类的欲望既可伤人亦可有益于人;在没有伤人或益人时欲望是非善非恶的东西。人总是欲望爱他所要爱的,不会爱他所不愿爱的人和物,所以欲望似乎是友爱的原因。(221A—D)这其实是一般人的情欲道德论的主张,用欲望和情感解释美德。苏格拉底又予以驳斥:两个人如因欲望而互相友爱,总是爱对方所有而自己所缺的东西如灵魂的品质、性情、气质等,使它们也成为自己所有的东西。这样两个朋友之间就有由此达彼的纽带,使他们有了相同的东西才有友爱。这就又回到先前已经驳斥的命题即"同者相聚",仍然会得出荒谬的结论:非正义和非正义、恶和恶、善和善相友爱。而这正是原来已经抛弃了的观点。(222B—D)这里苏格拉底似乎在作抽象的思辨,实际上是他批驳认为美德是欲望的主张,它必然导致善恶不分,将善和恶的价值看成是等同的,否定理性的道德价值标准。

这篇对话最后也没有肯定的结论。苏格拉底说:虽然我这个老人和你们少年都认为彼此是朋友,却没能发现我们所说的友爱是什么。(223B)

表面上看《吕西斯篇》也和其他苏格拉底对话一样对友爱没有作出肯定性定义,但实际上苏格拉底运用他的辩证法着意破除流行的关于友爱的朴素常识观念,特别反对用早期希腊哲学的"同者相聚"、"相反相聚"这些解释自然的法则来说明友爱这种伦理美德的本性,因为人的道德生活比自然现象远为复杂;他也批判了流行的将美德归为欲望的主张,指出他们抹煞了美德应有的客观绝对的道德价值。苏格拉底实质上肯定了友爱美德是以知识、智慧、善为根据,是有确定的价值标准的。他没有得出精确的友爱定义,因为美德有整体性,只能在探究全部道德价值体系中才能规定友爱的本质。

值得注意的是在这篇对话中提出了和相论有关的思想。苏格拉底讲到非善非恶的物体,因恶在其中显现而与善相友爱。他举的例子是:金锁如果被白铅沾染,"白"就显现其中;如果只是局部显现还不能说锁是白的,要是"白"深入持久地显现,越染越深,就会改变金锁的性质,它就会改变性质成为白的了。要是非善非恶的东西深入持久地显现恶,它也会变成恶的东西。(217D—218A)在苏格拉底看来,白和黑、善和恶是截然对立不可混同的,但它们在具体事物中的呈现、深化或消褪却可以改变事物的性质,因而他认为在具体人生中扬善去恶是可能的。这里的"白"和"黑"、"善"和"恶"是绝对不变的,具有"相"的性质;泰勒认为苏格拉底说的"白"和"恶"的显现(parousia)就是《斐多篇》中所说的具体事物分有(methexis)"相",他说"苏格拉底已经熟练地使用了相论的术语",从而批评主张相论是在苏格拉底死后才由柏拉图发展形成的观点,说那是"奇谈怪论"①。泰勒认为柏拉图对话中所有苏格拉底说的话都属于苏格拉底本人,是苏格拉底的思想,因此相论也是苏格拉底已经提出的,并不是在他死后才由柏拉图形成的,《吕西斯篇》中所说的"呈显"也是他的一个论据。但是泰勒的见解并不能得到学者们赞同,《吕西斯篇》中的"显现说"最多说是相论的雏形,可以说是在相论形成过程中的一种预备工作,它和后来《斐多篇》等中有严密逻辑论证的"分有说"还存在一段很大的距离。

亚里士多德在《尼各马科伦理学》第8卷专门讨论友爱的问题,他虽然没有提出《吕西斯篇》的名字,但他所谈的问题显然是从《吕西斯篇》引申出来的。亚里士多德首先澄清了苏格拉底对话中关于友爱对象的混乱观念,认为友爱只同人相关,严格限定在人的生活范围,不涉及无生物或其他非人的对象,对无生物的喜爱不是友爱。他同苏格拉底一样认为恩培多克勒主张同者相聚和赫拉克利特主张相反相成都是讲的自然现象,不能用以说明同人相关

---

① 参见泰勒:《柏拉图其人及其著作》,第70—71页。

的友爱问题。（第1章）亚里士多德概括伦理生活经验，从目的方面区分三种友爱：因有用而生的友爱，因快乐而生的友爱以及因善而生的友爱。他认为前两种都是实用性的友爱，是带有偶然性的，只是由于利益和快乐情感而发生的友爱，它们是脆弱多变难于持久的，可以存在于无赖徒和无赖徒之间，也可以存在于善人与恶人或非善非恶人之间。只有第三种善的友爱仅存在于善人和善人之间，由于彼此自身的善才成为朋友，相互友爱，这才是完善牢固的友爱，同善本身一样天长地久。（第2、3章）由此可见亚里士多德的伦理思想是从苏格拉底（通过柏拉图）的伦理思想发展出来的，而且他将苏格拉底搞不清楚的问题加以分析和概括，发展成系统的伦理学说。

三 色诺芬《回忆录》论美德

色诺芬的《回忆录》不像柏拉图对话那样富有哲学思辨色彩，但它记述苏格拉底和人谈论各种美德，通俗浅显，富有人情味和生活气息，使人觉得苏格拉底的道德学说不只是高深的哲理，而是在生活中可以实践的道德修养学说。

《回忆录》中苏格拉底谈论到正义、自制、勇敢、友爱等，最后都归结为美德即知识，他说："正义和一切其他美德都是智慧。因为正义和一切道德行为都是美好的；凡认识这些的人决不会愿意选择别的事情，凡不认识这些的人也决不可能将它们付诸实践，即使他们试着去做也是要失败的。"（第3卷第9章第5节）一切美德都是真、美和善的，真美善都对人有益有用，因此苏格拉底认为："所有既智慧又能自制的人都是宁愿尽可能做最有益的事情，那些行不义的人，我认为都是既无智慧也不明智的人。"（同上第4节）当有人问他一个人应当努力追求什么最好的时候，苏格拉底回答"应当努力追求把事情做好"。这样的人就是最为神所钟爱的人，他认为："在农业方面是那些善于种田的人，在医学方面是那些精于医道的人，在政治方面是那些好的政治家们；至于那些不能把事情做好的人，既没有任何用处也不为神所钟爱。"（同上第14—15节）这样就将道德理论具体化到生活实际中来了。

在《回忆录》中苏格拉底多次谈到自制的重要性。他认为"自制是人的一个光荣而有价值的美德"（第1卷第5章第1节）。他说"自制是一切美德的基础","有哪个不能自制的人能学会任何好事并将它充分地付诸实施呢?"(同上第4节)"因为一个不能自制的人并不是损害别人而有利于自己,像一个贪得无厌的人掠夺别人的财物来饱自己的私囊那样,而是对人既有损对己更有害,的确,最大的坏处是不仅毁坏自己的家庭,还毁坏自己的身体和灵魂"(同上第3节)。色诺芬称颂苏格拉底的实际行动比他的言论更好地表现了他是一个能自制的人(同上第6节);他对别人也是首先要求他自制律己:"苏格拉底并不急于要求他的从者口才流利、有办事能力和心思巧妙,而是认为对他们来说首先必须的是自制。因为他认为如果只有这些才能而不会自制,那就只能多行不义和作恶多端罢了。"(第4卷第3章第1节)前面我们已经引述过苏格拉底同欧绪德谟谈论为什么自制是最重要的:因为智慧是最大的善,不自制就使人远离智慧,缺乏健全理智,沉溺于某些快乐,于是本来能分辨好坏的人感觉迟钝了,不择善而从恶,不做有益的事而做有害的事。他还认为能做善事才称得上自由,不自制就会受身体情欲支配,不择善行事甚至去做无耻的事,因此不自制的是不自由的,是"最坏的奴隶"。(第4卷第5章第3—6节)

苏格拉底并不否认人需要快乐,但是他反对享乐主义道德观将快乐说成只是满足欲望和情欲。他指出:不自制给人带来的唯一东西就是所谓快乐,但这不是真正的快乐,唯有自制才能给人以最大的真快乐。因为自制表现为以理智克服欲望,使欲望以适度的方式得到满足。由于自制人能忍饥耐渴,防止纵欲,在吃喝、性交等生活中才能给人以真正的快乐。在养生、治家、交友以及政治和军事等方面也都需要通过学习高尚美好的事情而有自制,才能做好事有真快乐。不自制的人摒弃理智,一味追求满足欲望的一时快感,这"和最愚蠢的牲畜有什么不同呢?"(第4卷第6章第9—11节)

在《回忆录》中苏格拉底谈论勇敢不多,但可以看出他认为勇敢不是指天生的勇猛,而是一种需要经受教育获得知识才能培养起来的美德,勇和智不可分。他认为各人的身体和灵魂的天生禀赋会有不同,有的人身体刚健,有的人灵魂坚强,但这些并不是天生的勇敢美德。人的勇敢和胆略是要通过勤学苦练才能树立起来的。(第3卷第9章第1—3节)勇敢出自智谋。不能简单地说勇敢就是对可怕的危险事情无所畏惧；如果对这类事情的性质无知而无所畏惧，这不是勇敢而是鲁莽。在大难临头时必须有知识有计谋，善于应付临危不惧，才是真正的勇敢。（第4卷第6章第10—11节）

交友是当时希腊社会生活的重要内容，苏格拉底很重视，他教诲人们要懂得友爱和友谊的价值，要懂得怎样择友待友。他自称不像别人那样喜欢声色犬马，"我所喜欢的乃是有价值的朋友"。（第1卷第6章第14节）他十分崇尚友谊的价值，说"一个真心的朋友比一切财富更宝贵"，因为友谊更持久也更有益有用。他批评当时多数人不知培养和爱护友谊这种"最丰厚的财宝"。（第2卷第4章）友谊的价值是相互的，不仅朋友对自己有不可用金钱估量的价值，而且要使自己对朋友有尽可能多的价值；不可将友谊当做奴隶这种财产那样甩卖掉。（第2卷第6章）他告诫人们要善于择友，不应找那些沉溺口腹之欲、挥金如土却赖债不还的浪荡子，找一味贪婪占便宜的精明鬼，找动辄吵架到处树敌和只进不出、不知报恩的人为友，而应当结交能控制情欲、忠诚公正、知恩必报的人为友。交友之道不可使用诱惑追逼，不可用虚浮阿谀的咒语，必须使自己的言行从善，有"善待朋友胜过朋友善待自己"的品格，言真意诚待友。就像阿丝帕希娅说的"好的媒人按真实情况介绍双方的美好品德"，才能结成真正的友谊；而那些说谎的媒人不论如何花言巧语，结果只会使"受了欺骗的人不仅互相憎恨，而且也同样憎恨做媒的人"。（第2卷第6章）苏格拉底甚至访问当时雅典名妓赛俄达特，告诉她为得到朋友和爱情不能只靠美的身体，而要靠灵魂，靠"一颗真诚善良的心"。（第3卷第11章第10节）

苏格拉底也谈到社会政治生活中的友爱问题，表现出他的道德理想同社会现实的矛盾。他认为友爱的本性是善，善和恶不能互相友爱，因此坏人和坏人、坏人和善人之间没有真正的友爱，友爱只能存在于高尚善良的人们之间。然而城邦的政治现实却是那些号称行为高尚的头面人物不但不结成朋友，反倒相互斗争不休，彼此仇恨更甚于"下等的人"；那些自称重视德行的城邦之间也互相仇恨以至交战。因此对话人克里托布卢绝望地问他："就连那些有德行的人也因在社会国家里争夺领导地位而互相仇恨，谁还能成为朋友，在什么样的人中才能找到友爱和信义呢？"（第2卷第6章第20节）这确实是当时希腊诸城邦内外关系的现实,苏格拉底用一种人性论解释:人有彼此同情合作而友爱的天性,也有因追求同样美好对象或意见分歧而产生竞争、嫉妒进而导致仇敌和战争的本能倾向;因此在这众多障碍中友爱只能迂回曲折地出现。苏格拉底主张道德救国和贤人政治,期待少数政治贤人会启迪良知,从善如流,恢复城邦内外部的友爱与和平。他认为这些热爱美德的人懂得宁可享乐于和平的小康生活,也比通过战争称霸于世好;只要这些能共同享受政治荣誉的人们结成真正的友谊,取代那些以强暴待人的不义之徒登上统治地位,他们就能使城邦友爱从善,和睦共处。(同上,第24—27节)苏格拉底的这些空想后来在柏拉图的《国家篇》中得到系统的理论发展,可见柏拉图的理想国思想最初也是和苏格拉底有关的。

第三节　美德的整体性——《普罗泰戈拉篇》

柏拉图的《普罗泰戈拉篇》写壮年时期的苏格拉底同当时最负盛名的智者大师普罗泰戈拉讨论道德问题的对话。这篇对话可以说是苏格拉底的道德哲学的一个总结,它已不限于讨论某一种道德的定义或某个道德问题,而是从总体上探讨美德是否可教入手,展开论述美德的整体性,这也是希腊社会生活普遍关注的道德教育和道德人格的完善性问题。对话中苏格拉底依据他的理性道德原则批判了智者的道德观点。这篇对话是柏拉图早期偏后的著作,它同《美诺篇》像是姐妹篇,两篇对话都讨论美德是否可教和美德的整体性问题,但它们的着重点却有所不同,《普罗泰戈拉篇》是在批判智者的同时阐述苏格拉底关于道德的思想,《美诺篇》则更多地从正面阐述相论的认识论——回忆说的思想,所以我们将《美诺篇》作为论述柏拉图前期相论的重要对话,放到本卷第三编中讨论。

这篇对话的时间设定在伯罗奔尼撒战争以前,当时苏格拉底年约四十岁,普罗泰戈拉则已年迈花甲,自称是在场人们的父辈;普罗迪柯和希庇亚的年岁同苏格拉底相仿。对话在著名的雅典青年富翁卡利亚家中进行,卡利亚常鼎力资助智者活动,在雅典一直有重要的社会地位,后来在公元前371年还率雅典军队赴科林斯作战,签订"卡利亚和约"。

对话开始,苏格拉底说他正在回想前一天和普罗泰戈拉所作的长时间对话,称赞这位大师是"我们这一代中最智慧的人"。应朋友的要求他自述对话情况。(309A—310A)昨夜破晓前一位叫希波克拉底的青年来叫醒苏格拉底,告诉他普罗泰戈拉又来访雅典,住在卡利亚家里,要求苏格拉底带他去会见普罗泰戈拉。苏格拉底先和他讨论要向普罗泰戈拉求教什么。这位青年说求教普罗泰戈拉因为他是智者,智者能传授知识,有造就聪明的演说家的本领。苏格拉底告诫他:人的灵魂比身体有更高的价值,不可轻率地将自己的灵魂托付给人。他讥嘲智者实为兜售冒称可滋养灵魂的知识的商贩,说他们奔走于各城邦批发或零售各种门类的知识,却并不知道他们兜售的货色对灵魂究竟是有益还是有害;所以购买他们的知识实在是冒险,因为知识不像其他货物那样可以先打开来品试一番,只要灵魂接受了它造成后果便无可挽回。因此向智者求学最好请高年的人帮同一起审察他们的知识才好。(312C—314B)

两人进入卡利亚家里,普罗泰戈拉正在回廊上漫步,后面跟着两行人:一边是卡利亚和他的同母异父兄弟即伯里克利的儿子帕拉卢,还有格劳孔的儿子卡尔米德;另一边是伯里克利的另一个儿子克珊西普,菲罗美罗的儿子腓力庇得以及普罗泰戈拉的学生安提谟罗;在他们后面还聚集一些从外邦追随来的求教者。希庇亚和斐德罗等著名智者则在回廊对面讨论天文学等问题;普罗迪柯还裹着毯子睡在一间屋里,苏格拉底称赞他是一位天才;他的床边椅上坐着鲍桑尼亚和阿伽松;英俊少年阿尔基比亚德和克里底亚也继踵而来。(314C—316A)这个场面可以说是伯里克利时代末期希腊知识界的一次群英会。

苏格拉底向普罗泰戈拉引见青年希波克拉底,代为申述求教之意;普罗泰戈拉说他这个异乡人来到雅典盛邦施教务须谨慎行事,因为很容易招致怨恨。他说:智者的技艺原很古老,由来已久,因为害怕被人怨憎所以不敢自称智者,荷马、赫西奥德、西摩尼德采取诗歌形式伪装,奥菲斯等用教义和预言作伪装,还有一些智者以音乐和体育作伪装,但是他们仍旧不能逃脱权贵们察觉而命运乖蹇。普罗泰戈拉宣称他公开承认自己是智者,是教育家,数十年以此为职业,现在垂垂老矣,可称在场人的父辈,不过他仍愿意向在场的人施教。于是所有在场的人都围绕普罗泰戈拉坐下,开始讨论。(316B—317E)

一　美德是否可教

苏格拉底请问普罗泰戈拉,希波克拉底要向他学习能有什么收益?普罗泰戈拉说能使他与日俱进,成为越来越好的人。苏格拉底追问他能在什么方面得到进步?普罗泰戈拉说他不像有些智者那样只教数学、几何、天文、音乐之类的褊狭技艺,他能教人成为娴熟治理家务和城邦公务的政治家和演说家,教人做好公民的政治技艺。苏格拉底认为从雅典公民大会的情况看政治技艺似乎是不可教的,公民大会讨论建筑、造船时会请教建筑和造船的专家,而讨论政治事务时,如果请某人作为专家来施教,只会招致轻蔑和哄笑,被嘘出会场。私人家教也是这样,伯里克利给他两个儿子良好的教育,使他们获得各种具体知识,但他自己拥有的政治技艺却难以传授给儿子。苏格拉底说他本来不相信美德可教,请经验丰富博学多才的普罗泰戈拉为他释疑。(318A—320C)

普罗泰戈拉讲了一个神创造人和人类社会进化的故事来回答这个问题。我们在第一编第三章中已经论述过这个故事的内容及其意义,现在只从普罗泰戈拉对美德的看法以及他对苏格拉底的回答来论述它。诸神撮合火和土创造了动物,又让普罗米修斯和厄庇墨透斯去装备它们让它们能够生存,厄庇墨透斯装备了所有其他动物,唯独没有装备人,普罗米修斯从宙斯那里偷来火,人因此有了神性并因此有了语言、造屋、织布等多种本领。他们为抵御野兽侵袭集结群居后,由于没有政治技艺而互相杀伐伤害。宙斯害怕人类会因此毁灭,便命赫耳墨斯给人带来互相尊重和正义的美德,并且使每个人都平等具有,城邦制定法律才有秩序、友谊和团结。普罗泰戈拉说,因此公民大会要听取每个人的意见,木匠铁匠都有权发言,无需什么政治专家来指手画脚。人人都有互相尊重和正义的美德,城邦才能存在,人才能成其为人。(320C—323C)按照普罗泰戈拉的社会进化论,人类早期处于自然状态,没有道德和法律;互相尊重和正义虽然是由宙斯带给人的,但由于人人具有这种本领,制定道德和法律,才进入文明社会。道德和法律是人约定而成的。这种思想影响了后来西方社会契约论的形成。

普罗泰戈拉认为既然美德不是天生的(physis)也不是自发产生的,而是约定的 nomos,它就是可教的。对于别人的天生缺陷如丑陋、弱小,没有人会去训斥他,但如果缺乏通过学习和教育就可以得到的美德,陷入不正义不虔敬等恶习,人们便会训斥和惩罚他,训斥和惩罚都是为了防止他重犯错误,由此可见美德是可以传教的。如果反抗这种教育和惩罚,甚至会被城邦放逐和处死。再从个人教育方面来看:在孩童时期父母和教师、保姆就告诉孩子这是对的,那是错的,这是光荣的,那是耻辱的,这是虔敬,那是渎神等等。儿童进入学校后无论识字和学习都是教他们行为从善,学习音乐和体育也是为了陶冶自制与和谐的性格使人能合理地调整生活。进入社会生活后城邦让他们学习古代立法者制定的法律,教导他们用法律规范生活,对违犯法律的人就通过惩罚来纠正。总之,城邦政治生活和公民个人教育都表明美德是可教的。(323C—326E)那么为什么好的父亲不能教出好的儿子呢? 普罗泰戈拉认为这并不奇怪,正像一个享有盛誉的奏笛天才并不一定能使他的儿子成为奏笛高手,因为每个人的天赋能力是不同的。但自然禀赋只能影响教学美德的程度,主张美德可教总比反对美德可教而使人成为野蛮人好。普罗泰戈拉认为他自己属于有超常的自然禀赋的人,能以教人从善为业,帮助人们获得善良高尚的品德,所以他收受学费是当之无愧的。(326E—328C)

对于普罗泰戈拉这篇马拉松式的谈话,苏格拉底并没有提出反驳,反而给以很高的评价,说他以前不相信由于人的努力可以使好人为善,现在信服了;只是他从普罗泰戈拉的谈话中发现有个小问题要向他请教。(328E)苏格拉底虽然说不相信美德可教,实际上他自己认为美德是可教的,在这点上他和普罗泰戈拉并没有不同,只是他不能同意普罗泰戈拉所讲的关于美德可教的理由。普罗泰戈拉认为道德和法律都是约定的,因此不同的城邦就可以有不同的道德和法律,道德没有绝对的标准,它们是相对的,所以"人是万物的尺度";苏格拉底不同意这种观点,他认为道德应该有共同的客观的绝对的价值

标准,美德出自人共有的理智本性,是一种知识,知识必然是可教的,在美德是
知识这个共同性上它们构成一个整体。所以他将话题引到讨论美德的整体性
问题。

二　美德的全体和部分

苏格拉底提出的问题是:美德像你常说到的正义、自制、虔敬等等是一个
单一的东西,这些不过是它的部分呢,还是所有这些乃是同一东西的不同名
字? 普罗泰戈拉回答:美德是单一的东西,这些是它的部分。苏格拉底再问:
作为部分,它们是像脸上有嘴、鼻、眼、耳这样的部分呢,还是像金子的碎块那
样部分和部分以及部分和全体之间除了有大小的差别外,没有什么不同的呢?
如果是前者,人可以有这部分美德而没有那部分美德,如果是后一种情况,有
一小块金子也就是有了金子,人具有某种美德也就有全部美德。普罗泰戈拉
认为它们是像脸上的嘴、鼻那样的部分,彼此是不同的,所以许多人勇敢而不
公正,有些人正义而不智慧。他承认勇敢和智慧也是美德的部分,而且智慧是
最大的部分。(329A—E)苏格拉底说,照你的说法,美德的各个部分智慧、正
义、勇敢、自制、虔敬等,它们自身以及它们的功能都是彼此不同的? 普罗泰戈
拉承认这点。(330A—B)

苏格拉底从几个层次驳斥普罗泰戈拉。首先,正义和虔敬极为相似,是相
互关联的,不能说正义是不虔敬,也不能说虔敬是不正义,不然就显得可笑了。
普罗泰戈拉辩解说,任何东西即使像白和黑这样相反的东西中也可以找出有
微小的相似点,但不能抹杀它们的差异;不过他也承认正义和虔敬的相似点并
不是微小的。(330C—331E)苏格拉底又说,愚蠢和智慧是相反的;而做得正
确有益的行为就是自制的行为,做得不正确也就是愚蠢,所以愚蠢和自制也是
相反的。强和弱、快和慢、美和丑、善和恶都是相反的,一个东西只能有一个相
反的对立面,愚蠢既是自制的对立面又是智慧的对立面,那就是说智慧和自制
是同一个东西了。(332A—333B)普罗泰戈拉很不情愿地接受它。苏格拉底
又进一步追问:人能自制地去做不正义的行为吗? 自制不是表现为善,而善总
是对人有益的吗? (333B—D)苏格拉底是想说明一切美德都和智慧、自制有

关,总是表现为善,是对人有益的;他想说明美德有共同性。但是普罗泰戈拉却被激怒了,他说:我知道许多事物如食物、饮料、药物等等,有的是对人有害的,有的是有益的;有的对人并无利害,却对动物有益或有害;有的是对植物有利害,如粪肥施在植物根部有益,施在茎叶上就有害,等等,叨叨不绝。苏格拉底打断他的冗长论述,要求他切题短论,普罗泰戈拉回答说:我有许多话要说,我不能采用对手选择的方式说话,不然普罗泰戈拉就不能闻名于希腊了。苏格拉底觉得讨论无法进行下去,要拂袖离去。这时在场的人纷纷出来劝解,阿尔基比亚德支持苏格拉底,克里底亚和普罗迪柯支持普罗泰戈拉,后来希庇亚出来劝大家互相容忍妥协,终于使他们坐下来重新讨论。(334A—338E)

这场争论表面上看来好像差别不大,各种美德之间本来是既有共同点又有差异性的,不过苏格拉底强调它们的共同点而普罗泰戈拉却强调它们的差异性而已。实质上这是两种根本对立的道德哲学的争论。普罗泰戈拉主张道德的相对主义,认为各种美德是约定而成,可以因人因事而异,发生有益或有害的作用。各种美德相互割裂,对立的道德可以共存一体;善也是相对的,可以对人有害;道德价值完全是不确定的,没有普遍绝对的标准,因此不能构成确定完整的道德人格。这种美德论和他的相对主义感觉论是吻合一致的。苏格拉底针锋相对地论争就是为了确立美德的有机整体性和道德价值的普遍确定性。他并不否认各种行为美德之间有差异,但更强调它们的有机联系即它们有同一性,那就是它们共同的理智本性,共同的使人获益从善的功用价值。这种本质上的同一性使各种美德内在联结,不能孤立存在,这就是美德的整体性,是他的理性主义道德体系的轴心。不过苏格拉底在阐述美德的整体性时只注重说明各种美德的同一性和它们的内在联系,没有同时也注重探究它们的特殊性,它们在道德体系中各自所处的地位,以及它们是怎样相互联系、制约和作用的,这个任务是后来柏拉图完成的。

普罗泰戈拉认为道德是相对的,没有绝对的价值,苏格拉底则坚持道德有绝对的价值,善和恶泾渭分明,不能混淆凑合在一起。在继续讨论时普罗泰戈拉引用古代诗人西蒙尼德的诗句为他自己的意见作辩护。他说西蒙尼德的诗篇中既说"要真正成为一个善人是困难的",后来却又说他不相信古希腊"七贤"之一的庇塔库斯所说"做高尚的人是困难的"是真的,不是同一个人说了相反的话,既承认这是困难的又不承认它是困难的吗?（339A—D)普罗泰戈拉的提问博得在场智者们的喝彩,以为这难倒了苏格拉底,因为这表明同一个诗人的道德价值判断也是相对的,可以前后不一致。苏格拉底说他在修辞学方面是普罗迪柯的学生,便邀普罗迪柯一起对西蒙尼德的诗句和庇塔库斯的原话作冗长的词义辨析。他们区别"变成"和"做（是)"的不同意义,认为西蒙尼德的本意只是要说明:要真正成为一个善人并不容易,不过这是可以达到的,因为凡人皆有趋善避恶的本性。他不相信做高尚的人是难的,原意并非指做高尚的人很容易,而是说要恒常地永远做一个善人不可能,因为人的智慧和能力有限,生活中难免有错误和恶,人不可能全智永善,那是只有神才能做到的。(339E—341E,343D—346B)在辨析词义中苏格拉底比普罗迪柯更为精明,而普罗泰戈拉则显得肤浅并有曲解。这部分讨论不但冗长而且涉及大量古希腊方言,我们只好从略。

这部分对话中有一点值得注意,苏格拉底表现出一种称慕斯巴达文化的倾向。他认为希腊哲学最古老和富饶的故乡是斯巴达和克里特岛,那里有许多智慧的人,他们大智若愚,常常掩饰自己的智慧,因此驱走外邦人也不让本邦青年外出,对外只以军事训练称雄于诸城邦,其实他们的哲学教育胜过军事训练。苏格拉底还说泰勒斯、梭伦和庇塔库斯等七贤都受过斯巴达文化的熏陶,说他们一起在特尔斐神庙会合,铭刻下著名的格言"认识你自己"和"不要过分"。(342A—343B)苏格拉底说的不是历史事实,"七贤"就不可能聚集在一起,苏格拉底只能说它是"隐藏的秘密"。但这确实反映当时人们的心情,雅典人面对本邦的败落,确实在思考斯巴达强盛致胜的原因。色诺芬《回忆录》中记述小伯里克利和苏格拉底探讨雅典衰落的原因时,将雅典和斯巴达对比,认为应当学习斯巴达的长处,如严格的传统道德、尊重前辈、严格锻炼、同心同德等等。(第3卷第5章第13—16节)知道当时雅典人的这种心情就容易理解为什么苏格拉底和柏拉图往往以斯巴达的制度作为他们理想的一种文化。

三　对情感道德论的批判

苏格拉底将讨论引回原来的话题:智慧、自制、勇敢、正义和虔敬这五个名词是指同一个东西呢,还是指五个各自有特殊功能,彼此分割互不关联的东西? 所有的美德是一片同质的黄金的部分呢,还是由各不同部分拼凑起来的一张脸?(349A—C)普罗泰戈拉修正他原来的观点,承认其中四种美德确实很相似,但认为勇敢和其他四种不同,他提出许多不正义、不自制、不虔敬的人都可以是异常勇敢的。他将勇敢定义为大胆而有信心,敏于应付使众人畏惧的危险。(349D—E)同《拉凯斯篇》相似,苏格拉底列举潜水、骑马、重装步战等实例,指出只有训练有素、娴熟有关技艺、对面临的危险以及勇敢这种美德确有理解和知识的人,才能做到有信心而无畏,才是真正的勇敢;而那种无知的自负和盲动并不是勇敢,只能说是疯狂。最智慧的人才是真正勇敢的人,因此勇敢即知识,它和其他四种美德也有相似的共同本性。(350A—C)普罗泰戈拉反对将勇敢和知识等同起来,认为按照这种逻辑也可以荒谬地推出摔跤是知识、体力强也是知识了,然而摔跤不仅要有技艺,也需要合适的体格和营养。他认为勇敢和自信是有区别的,正像强大和能力是有区别的一样,自信作为一种能力(dynamis)既来自技艺(知识)也来自狂热和激情等情感,勇敢则是灵魂的天赋(physis)。(350D—351B)于是讨论转入一个更深层的问题:美德和善的本性是知识还是情感? 这就展开了苏格拉底的知识道德论和以普罗泰戈拉为代表的情感道德论的争辩。

苏格拉底问普罗泰戈拉,他是否主张快乐生活就是善,痛苦生活就是恶? 普罗泰戈拉回答说不能一概而论,因为有些快乐是恶,有些痛苦是善,还有些快乐和痛苦是非善非恶的。但总的说,凡快乐的事情是善,痛苦是恶,快乐和善是同一的。(351B—E)苏格拉底揭示了两种根本对立的道德观:多数人主张不是人拥有的知识支配人的行为,而是激情、快乐、痛苦、爱或恐惧等等情感支配人的行为;他们将知识看作是屈从于情感的奴隶,甚至可以被情感抛到一边。另一种道德论则主张知识是最能支配人的行为的美好东西,因为它能使人辨别善恶,智慧是人最需要的援助。(352B—C)以教授知识自诩的智者大师不得不承认智慧和知识是人生活中最强有力的因素;当然,他从相对主义感觉论理解的知识同苏格拉底理解的理性知识其实是大相径庭的。

苏格拉底进而说,许多相信情感道德论的人往往这样论证:有些人明知好事而不为,有些人明知恶事而故犯,就因为他们的行为受快乐和痛苦等情感所支配,情感统治理智。(352D—353A)他从四个方面批判这种情感道德论。第一,情感道德论主张快乐和痛苦支配人,所以知善而不为,知恶而故犯;但同时又主张快乐即善,痛苦即恶;这两种主张是不一致的,不能自圆其说。除非这样解释:某些快乐为恶,如过度的饮食、性欲,因为这种快乐会导致未来的痛苦;某些痛苦为善,如体育训练、军事征战、医疗手术等,它们导致未来的快乐。但这样就不能将现时的快乐痛苦和善恶等同,而且也不能阐明快乐和痛苦的本质是什么。人的生活不能满足于这种浑浑噩噩地得到快乐,避免痛苦。(354A—E)第二,如果主张为了追求快乐,明知善而不为,明知恶而故犯,却又主张快乐和痛苦等同于善和恶,那在逻辑上可以作出荒谬的推断:这种行为是为了善而作恶,爱善的情感支配而作恶;然而善和恶是截然相反,互不相容的。(355A—E)第三,苏格拉底并不否认道德生活中有快乐和痛苦等情感表现,但认为它们往往是复杂的。因此道德行为中需要选择,面对各种现实的和可能的快乐和痛苦,人们总是选择较大分量或程度的快乐,较小分量或程度的痛苦;当面对快乐和痛苦交叉的事情时,总选择快乐超过痛苦的事情而避免痛苦压倒快乐的事情。人们对快乐和痛苦作选择时必须对它们作衡量和测度,这种测度本身就是知识,只有知识才能保证作出正确的选择,保证我们获得善的生活,使恶的生活得到拯救,因此恰恰是知识支配快乐和痛苦等情感。有些人明知恶而故犯,明知善而不为,并不是由于情感统治了知识,而是在测度快乐和痛苦作选择时缺乏正确的知识,作了错误的选择,是一种严重的无知。所谓情感支配乃是纯粹无知的结果,因此只有智慧才是人行为的主宰。(355E—358C)第四,既然由于无知才做错事为恶,因此可以推断:无人自愿为恶,明知恶而故犯的说法不能成立。自愿从恶避善不是人的本性,在面对大恶和小恶时也没有人愿意选择大恶。人的畏惧和恐怖这两种情绪可以理解为对恶的预见;人们所以会对预见的恶产生畏惧和恐怖,就是因为无人自愿遭遇恶、接受恶。情感道德论主张人会明知恶而故犯,就是主张人会自愿为恶,这是违反人的本性的;所谓明知恶而故犯,不过是在道德行为的选择中因无知而犯恶罢了。(358C—E)

根据这些分析,苏格拉底论证勇敢同其他四种美德都有相似的共同性,它们都根源于知识,而不是由情感支配产生的。勇敢是对可怕或不可怕的事情有知识,能够作出正确的高尚的选择,即使面对艰险也能充满信心去避恶从善,做光荣、善而快乐的事情;怯懦是由于无知,不能做高尚的事情。(359A—360D)勇敢同其他四种美德一样都是受知识支配的,这就是美德的整体性的根据。

苏格拉底和普罗泰戈拉的全部辩论得出一个戏剧性的结果,双方的论点都各自走向反面。苏格拉底总结说,全部对话是探讨美德的本性,现在有人会说:苏格拉底和普罗泰戈拉,你们俩真是怪物! 苏格拉底开始说美德是不可教的,现在却相反地证明所有的美德都同样是知识,这是最好的证明美德是可教的。而另一方面,开始时普罗泰戈拉认为美德是可教的,现在却说美德是非知识性的东西,这就使它们成为完全不可教了。苏格拉底对这种结果佯作惊讶,他表示关于什么是美德以及美德是否可教的问题还需要进一步研讨,这正是柏拉图在《美诺篇》讨论的主题。普罗泰戈拉最后称赞苏格拉底敏于论辩,说他是同代人中最令人佩服的,说如果他将来成为哲学界的领袖,他自己也不会感到惊奇,说希望将来还有机会和他讨论这些问题。(361A—E)

从《普罗泰戈拉篇》我们可以看到:

第一,这篇对话是苏格拉底道德哲学的总结。在其他苏格拉底式的对话中只是讨论某一种美德的定义,并且以没有得出肯定的结论告终;虽然可以看出苏格拉底的基本倾向,终究没有明确地表述他的全部思想。《普罗泰戈拉篇》却将美德作为一个整体加以考察。对古代希腊的几种主要美德——正义、自制、虔敬,还有勇敢——加以分析,认为它们有共同性,都和知识相联系,都受智慧的支配。这样既表明美德是一个有机联系的整体,又从正面阐述了苏格拉底的理性主义道德哲学。这种理性主义道德哲学强调知识和理性的作用,认为道德的善恶应由知识判断;它对后来西方伦理学的发展影响很大,在古代希腊它直接影响柏拉图、亚里士多德和斯多亚学派的伦理思想。这种伦理思想和中国古代的伦理思想是有很大不同的。

　　第二，苏格拉底以知识道德论批判普罗泰戈拉的情感道德论。普罗泰戈拉并没有标榜享乐主义，但是他将善和恶同快乐和痛苦的情感等同起来会导向享乐主义。这种享乐主义在当时希腊城邦很盛行，从阿里斯托芬的喜剧《云》可以看到奴隶主及其纨袴子弟们热衷于追求奢靡生活以满足快乐的情感需要，形成极为不良的社会风气。苏格拉底也没有否定快乐，他认为人总是选择较大分量或程度的快乐而舍弃较大分量或程度的痛苦。西方学者中也有人认为苏格拉底没有完全否定情感道德，也有享乐主义的思想因素。我们以为苏格拉底所说的快乐和痛苦主要不是指是否满足人的官能欲望，而是指理性的道德行为的某种价值表现，这是由知识来测度裁定的，所以和享乐主义根本不同。苏格拉底对享乐主义一贯持批评态度，将它看做是社会邪恶的渊薮，在色诺芬的《回忆录》中他批判了智者安提丰的"幸福在于奢华宴乐"的思想（第1卷第6章第10节），也批判昔勒尼学派创始人阿里斯提波主张享乐安逸的思想（第2卷第1章）。苏格拉底的道德哲学和享乐主义是根本对立的。

　　第三，普罗泰戈拉认为道德和法律都是约定俗成的，是 nomos，所以美德是可教的；至于有的人能教好、有的人不能教好则是由于各人的天赋和努力程度不同，他还承认 physis 的作用，不过仅是条件而已。但是普罗泰戈拉认为道德是相对的，善恶好坏的标准在于个人的感受和体验，这样又使道德成为不可教的。而苏格拉底认为道德有绝对的标准，善恶是非只能由知识来判断，知识出于理性，理性乃是人的天性，是 physis，所以美德必然是普遍的绝对的可教的。这是他的一贯主张，在对话开始时他只是将怀疑"道德是否可教"作为问题提出，并没有明确主张道德是不可教的。所以产生矛盾从而改变结论的实际上只是普罗泰戈拉，而不是苏格拉底。至于知识为什么是天赋的，为什么是可教的问题，在《普罗泰戈拉篇》中并没有论及，那是《美诺篇》主要讨论的问题，已经属于柏拉图的相论的重要组成部分了。

※ 第十章 ※

政治·宗教·审美

　　苏格拉底以道德为本观察社会政治、宗教生活和审美问题,在这些方面他没有构建系统的理论,但也有不少比较集中的论述。

第一节　道德振邦和贤人政治

　　我们在以上讲到苏格拉底的悲剧命运和述评《高尔吉亚篇》时已经概略涉及苏格拉底的政治思想;在色诺芬《回忆录》和柏拉图的其他一些对话中都有不少苏格拉底讨论政治的内容。总体说来苏格拉底面对希腊民主制衰落的时代,他将这种危机归咎于道德精神的沦丧;他建立理性主义的道德哲学是希冀匡正道德振邦救国,他希望有智德兼备的政治专家来治国平天下。

　　本节先主要根据色诺芬《回忆录》的记载以及柏拉图对话中的有关内容概述苏格拉底政治思想的基本原则,然后再分析论述柏拉图《克里托篇》和《美涅克塞努篇》的政治思想。苏格拉底的政治思想可以概括为四点。

　　第一,道德是政治的基础,道德沦丧是城邦政治危机的根源,改善灵魂、匡正道德是振邦救国的根本。在《高尔吉亚篇》中苏格拉底强调社会道德秩序的稳定是城邦兴盛的基础,他认为政治家的根本任务是改善人们的灵魂,培植好公民;他严厉批评伯里克利不懂得道德是政治的根本,将雅典公民培植得骄纵、怠惰和狂野,认为这是产生危机的根源。(515A—516C,519A)在《回忆录》和对话中他多次批判智者宣扬弱肉强食、满足个人欲望和利益的天然合理性,用这种错误的道德原则论证强权政治,适足以挑起党争酿成战乱。他认为自己是少数真正懂得政治技艺的人之一,以"牛虻"自命,时时叮螫雅典这具已经麻木的庞然大物,为它注射道德强心剂。他自己的哲学使命就是要使政治家和公民都懂得改善灵魂培植美德才能建立稳定的社会政治秩序,才能挽亡图存,振邦兴国。

第二,政治是知识,政治家应当是智德兼备的专门家。在《回忆录》中苏格拉底指出:治理城邦是"最伟大的工作","最美妙的本领和最伟大的技艺",治国平天下的政治家是"帝王之才";政治技艺"决不是一种自然禀赋","认为人们会自然而然地做出来,那就更加荒谬了";政治技艺不可能通过和那些自称知识渊博的智者交往而获得。(第4卷第2章)他主张政治家应培养精确深厚的知识和道德素养,不仅有引导灵魂从善的哲学修养,而且有丰厚博大的从政知识。他告诫跃跃欲试从政的柏拉图的兄弟格劳孔:从政前首先要从学,要娴悉国防军事、税务财政、农业经济等多方面知识,会理家才能治国,政治家应是"知识最广博的人"。(第3卷第6章第2—17节)政治家作为被"训练来统治人的人"和"适于统治的人",自身应有自制、正义等美德和吃苦耐劳的修养,才能以德教人,以德治人。(第2卷第1章)他强调政治家本身应受教育,勤学苦练钻研本领,尤其是美德方面的知识;他总是劝勉那些想步入政界的青年人首先要勤奋学习,获得广博知识,培植当政治家的基本功。(第4卷第2章第6—7节)他还指出让那些不懂治国之道的吹牛政客来治理城邦是很危险的,说这就像"一个没有必要知识的人却被任命去驾驶一条船或带领一支军队,他只会给那些他所不愿毁灭的人带来毁灭,同时使他自己蒙受羞辱和痛苦"。(第1卷第7章第3节)。苏格拉底理想的政治家后来就演变为柏拉图的哲学王。

第三,正义即守法。在古代希腊正义是一种重要的美德,特别是在政治上正义是政治行为的规范。然而在柏拉图的早期对话中,苏格拉底虽然多次强调正义这种美德,却没有一篇对话专门讨论正义的定义。柏拉图的《国家篇》才对正义作了全面深入的探讨,现在学者们公认《国家篇》的第1卷是柏拉图的早期著作，它原来是独立成篇的。在这卷中苏格拉底批判了智者塞拉西马柯的"正义就是强者的利益"的理论，指出正义就是善、智慧和有益，但最后他仍然以"我不知道什么是正义"没有作出结论而告终。这卷对话的风格和内容确实是属于柏拉图早期的苏格拉底的对话的。在《回忆录》第4卷第4章中苏格拉底和希庇亚讨论什么是正义，苏格拉底认为"守法就是正义"，他并且说明他所说的法就是"城邦的律法"，即"公民们一致制定的协议，规定他们应该做什么和不应该做什么"。（第12—13节）他也称赞莱喀古斯"在斯巴达牢固地建立了守法精神"（第15节）。希庇亚主张法律是人为约定的，因此他反问苏格拉底：既然制定这些法律的人们自身常常废弃或修改法律，又怎么能将守法看得如此重要，看成就是正义呢？苏格拉底回答得很笼统：不能因法律可变而轻看它的价值，只有遵守法律才能使人民同心协力，使城邦强大幸福。（第14—15节）苏格拉底所说的法也包括公认的传统道德即"不成文法"，如敬畏神明，不得撒谎、盗窃、杀人，要孝敬父母，不许乱伦，要以德报德，不忘恩负义等等，他认为这些是神为人制定的律法，如果违犯就会遭到各种谴责，这就表明"神也将正义和守法看作是同一回事"。（第19—25节）但是苏格拉底也认为对于城邦的现行法律，即使它很不合理，也必须遵守，这点到下文分析《克里托篇》时再来讨论。

第四，建立贤人政制。苏格拉底对伯里克利时代末期以来的雅典民主制政体的蜕变是很不满的，他批评用豆子拈阄的办法将不懂政治知识的人选出来管理国家有很大的危害，但是他并不全盘反对民主制，倒是强调遵守并至死躬奉民主制制定的一切法律。他明确反对僭主制政体，对由斯巴达势力支配的雅典三十僭主专政十分厌恶。对于斯巴达的贵族制，他只对它的严格的法治有赞美之词，并没有主张雅典要照搬这种政制。所以说他是反对民主制，主张复辟奴隶主贵族统治的代表是没有根据的。《回忆录》第4卷第6章中记载："在苏格拉底看来，君王制和僭主制是两种政体，它们很不相同。征得人民同意并按照城邦法律治理城邦，他认为是君王制；违反人民意志且不按照法律，而只是根据统治者的意愿治理城邦的是僭主制。凡是官吏是从合乎法律规定的人们中间选出来的，他认为是贵族政制；凡是根据财产价值指派官吏的是富豪政制;凡是所有的人都有资格被选为官吏的是民主政制"(第12节)。这和后来柏拉图在《国家篇》第8卷中的政制划分(544C—D)是基本一致的。苏格拉底反对僭主制,他认为根据政治地位和财产选拔官吏,以及不分贤愚任何人都可以为官吏的民主制都不符合他的理想。他的理想是君王制,但这种君王不是波斯帝国和后来亚历山大时代的专制皇帝,而是由人民同意选出的少数贤人根据法律进行统治。这就是柏拉图所说的 aristocracy,过去将这个字译为"贵族政制",苏格拉底和柏拉图便被说成是"维护反动的奴隶主贵族统治的代表",实际上它是指智德兼备的贤人即好人执掌权力,以法治邦。

我们再从柏拉图的两篇对话具体论述苏格拉底的政治思想。

一 《克里托篇》

这篇对话和《斐多篇》都是记述苏格拉底被处死以前在狱中的谈话。人们重视这篇对话,认为它的价值在于展示了一位思想伟人坚守道德信念,不愿越狱偷生而甘愿慷慨就义的崇高气节;我们以为它还比较集中地反映了苏格拉底对雅典城邦的政治态度和他的法治思想。

这篇对话叙述的内容有历史真实性,在色诺芬写的《苏格拉底在法官面前的申辩》中,赫谟根尼也说到苏格拉底的好友们想把他偷偷带出监牢,他执意不从。对话中在狱中和苏格拉底密谈的只有克里托一人,他是苏格拉底的挚友,当时雅典的巨富;他的儿子从苏格拉底学习,他在法庭和狱中多次表示愿意出资帮助苏格拉底逃脱被处死的厄运。

苏格拉底被判处死刑后,正值一年一度的德利阿节,雅典派朝圣团乘船去提洛岛献祭。〔德利阿节是在传说为阿波罗出生地的提洛岛举行的纪念阿波罗的节日,每年在雅典的11月即现在的5—6月间举行。届时雅典派一朝圣团携带祭品去提洛岛,以纪念古代英雄忒修斯杀死人身牛头怪物从而免除了要向它贡献七对童男童女的陋习。〕雅典城邦规定必须一个月后朝圣船归来才可对犯人执行死刑。破晓前克里托获悉朝圣船当天即归,赶紧买通狱卒来见尚在安睡的苏格拉底,劝说他越狱求生;他陈述许多理由劝苏格拉底听从他们的安排:如不逃走多数公众会说朋友们不义,不肯舍资援救;苏格拉底不必顾虑给朋友们添麻烦,朋友们有的是钱;出狱后许多地方都会欢迎他,提高他的声誉;如果不逃走,正中敌人要毁掉他的奸计,而且留下遗孤无人抚育成人;如果不逃走,苏格拉底和朋友们都扮演了怯懦者的角色,等等;竭力劝苏格拉底在这最后关头明智立断。(43A—44C,45B—E)

苏格拉底声称他从不放弃原则,总是根据理智决定是否接受朋友的建议。他认为不必根据多数公众的意见行事,因为意见有智愚对错之分,应当听取有专门知识的人的意见,在生活行为方面判断正义和非正义、光荣和耻辱、善和恶也应听从有专门知识的人的意见。对人最重要的不是活着,而是要活得好,光荣和正义地活着。克里托说的几条理由都只是凡夫俗众之见(46B—48C)。苏格拉底说:人皆非自愿为错作恶,以错对错的报复绝不可取,这是一条人生原则。他着重论述如果他越狱逃跑就是对雅典城邦作了毁法败邦的报复,是摒弃了自己对城邦的遵法承诺,违背了正义的生活原则。(49A—50A)

苏格拉底认为法是人们自愿遵守的,是城邦赖以存在的根基,如果不遵从法律判处就是背约违法,损害城邦;因为如果法律判决没有力量,可以被私人摒弃和破坏,就难以想象城邦能继续存在而不被推翻。(50A)泰勒认为苏格拉底这种主张是近代西方社会契约论的古代形式。[①] 我们以为苏格拉底说的只是指公民承诺服从由他们自己通过制定的法律,这和本来处于自然状态的人们相互间订立契约以建立国家和法律是有所不同的;社会契约论的古代形式如《普罗泰戈拉篇》所论述的,倒是发生在智者的素朴社会进化思想中。

在苏格拉底看来法就是普遍正义,是指导城邦政治生活的最高原则。他设想如果他听从克里托的建议逃跑,雅典法律就会向他提出长篇责难:要是合法的判决没有权威而被私人破坏,城邦怎么还能继续存在? 即使城邦作的判决是错误的,错待了你,也不容许破坏法律;因为是城邦这母土生育你抚养你,教育你成人,你和城邦犹如母子关系,母亲打骂儿子,儿子不得回嘴还手。对城邦错误的法律判决也不得以错对错,以坏法败邦来报复,只能服从处罚,就好像城邦命令你赴战场要受伤死亡,你都得听从一样。无论在战场、法庭或其

---

① 参见泰勒:《柏拉图其人及其著作》,第172页。

他地方,你都得服从城邦法令;你也可以劝说城邦修正法令以符合普遍正义,但不得违犯既定法令,抗拒法律是比忤逆父母更大的罪恶。(50A—51C)而且雅典法律规定:公民成年后如果不同意城邦法律,任何人都可以携财带口转往其他任何他愿去的地方。凡是住在这里看到我们如何执行法律治理城邦的人,就是已经同意接受我们的命令;如果你违背了,就是忘记了父母养育之恩,当我们有错误时你也没有说服我们改正错误,而我们是给你这种机会的。你苏格拉底如果犯了这种罪,将比其他雅典人更重,你在这里生活了70年,同意接受我们的法律,并没有到你经常称赞的斯巴达和克里同去,可见你是满意我们的法律的。如果你逃跑了就会玷污你的良心,你的朋友也将因此受罚。你如果逃到法律森严的麦加拉或底比斯去,会被视为法律的破坏者;反倒证明法庭陪审官对你的控告是正确的,因为违背法律的人总会被看做诱使青年堕落的人。你抛弃了雅典这个有良好统治的城邦,不觉得可耻吗?如果你逃到法律松弛的帖撒利去,最多只能讲讲你怎样伪装潜逃的故事逗人取乐,只会惹人冷嘲热讽。(51C—53E)它最后劝告苏格拉底:不要将孩子和生命看得高于正义;你作为错误判决的牺牲品并不是我们——法造成的,乃是你的同胞们的过错。要是听从克里托的劝告,不光彩地潜逃,那就是以错对错,伤害了不该伤害的你自己、你的朋友以及你的城邦和我们——法。你将终生受法的谴责,在你死后另一个世界也不会欢迎你接受你的灵魂。(54B—C)克里托无话可说,只能让苏格拉底遵法赴死。

这篇对话表明苏格拉底对于他生活了70年的雅典城邦满怀深情,鲜明地表达了他认为守法就是正义的思想,认为法是普遍正义,任何公民不能违背法律。他对当时雅典民主政制的某些方面虽有不满和批评,但对民主制的法治原则仍予肯定并竭力维护;他对自己被错误判处死刑并不归咎于民主制度及其法律,而是认为是某些当权者和其他人的错误;他并且认为这种民主政制及其法律是可以修正加以完善的。因此说他是"民主制的敌人"显然是不能成立的。但是他将"正义即守法"作为普遍原则加以宣扬和接受,对当时实行不同政制的诸城邦的各种法律内容不作具体的研究和辨析,必然只能得出保守的维护传统的结论,因此他的舍生赴义可以说是他自己那种顽固地因袭传统观念，绝对遵法守法思想的牺牲品。

二 《美涅克塞努篇》

这篇对话写苏格拉底忆述他从伯里克利的情妇阿丝帕细娅那里听来的一篇情文并茂慷慨激昂的在阵亡将士葬礼上的演说词，它赞颂了雅典城邦从希波战争以来抗击外侮的英雄业绩，寄托了苏格拉底复兴母邦的政治理想。19世纪一些西方学者曾经怀疑或否定它是柏拉图写的，主要理由是演说内容中有时代错误：它述评雅典历史竟一直写到公元前395年爆发直到前387年才结束的科林斯战争，而苏格拉底早在公元前399年已被处死，阿丝帕细娅逝世还更早一些，柏拉图的手笔似乎不该有这种年代错误。但是现代西方学者一般都肯定这篇对话是柏拉图的真作，因为亚里士多德在《修辞学》中有两处提到在这篇葬礼演说中苏格拉底所说的"在雅典公众面前颂扬雅典人是并不困难的"。（1367^{b}8，1415^{b}30）问题在于柏拉图撰写这篇并不长的对话为什么会发生这种明显的年代错举？有一种见解认为这篇对话的文体和风格都模仿伯罗奔尼撒战争初期伯里克利那篇著名的在阵亡将士葬礼上的演说，并且在对话中苏格拉底暗示伯里克利的演说稿出自其情妇之手，所以这篇对话本来就是一篇并不严肃的嘲谑作品，柏拉图有意无意地发生这种年代错误。[1] 我们以为这篇演说内容是严肃的，对雅典历史的叙述也是准确的，但是柏拉图写这篇对话是在科林斯战役以后，他要总述雅典人英勇抗击外侮的史迹就将科林斯战役也包括进去了；这也说明柏拉图写的对话并不完全有历史真实性，这篇对话中的基本思想可以说是苏格拉底和柏拉图师生共同的。

对话开始，青年美涅克塞努对苏格拉底说，雅典议事会正在物色人选到即将举行的阵亡将士葬礼上发表演说；苏格拉底说将士们为国捐躯是高尚的业绩，而赞扬城邦和阵亡将士的演说能够振奋人心，使人们沉浸在民族尊严的意识之中。美涅克塞努说难以找到演说的人选，苏格拉底说："在雅典公众面前颂扬雅典人并不困难"。他说阿丝帕细娅曾是他从学修辞学的老师，这位杰

---

[1] 参见泰勒：《柏拉图其人及其著作》，第41—42页。

出的女主人培养过不少演说家,包括全希腊最出色的演说家伯里克利,他在阵亡将士葬礼上的演说就出自她的手笔;昨天她还向苏格拉底朗读了她为葬礼写的一篇演说词。(234A—236B)应美涅克塞努的请求,苏格拉底复述了这篇洋洋洒洒气势磅礴的演说词。演说追溯雅典胞族的由来,回顾雅典经历希波战争和伯罗奔尼撒战争的历史,直到科林斯之战的严峻形势,赞扬所谓雅典救弱邦、抗强侮、捍卫正义和自由等高尚的民族精神,歌颂阵亡将士的爱国热情,勉励历经时艰的生者要勇敢地面对当前的乖蹇时刻,发扬祖先的光荣声誉,重振邦威以告慰死者,并教养遗孤,将希望寄托在下一辈身上。这篇演说词只在爱国激情和文体形式方面类似伯里克利那篇同名的演说,而在对雅典政治历史的评价和复兴城邦的政治主张方面,两篇演说迥然有别。综观这篇演说词内容,有以下一些特点。

苏格拉底满怀爱国主义激情颂扬雅典母邦,但在回顾历史时对希波战争和伯罗奔尼撒战争作了完全不同的评价。他热烈歌颂希波战争中的马拉松战役和萨拉米海战中雅典会同斯巴达盟邦抗击波斯 50 万入侵大军的种种英雄业绩,认为参战的希腊勇士是培植雅典民族精神的先师。(240A—241C)他认为希波战争是全体希腊人支持雅典抗击蛮族入侵,免除奴役争得自由的正义战争。对于伯罗奔尼撒战争,伯里克利将它描述为争取自由的正义战争;苏格拉底却认为这是希腊诸城邦由于争夺财富的嫉妒心理,导致以"自由"为名,实为不义的民族自相残杀的战争。(242A—C)雅典军队素有不可被征服的声誉,它在西西里远征以后的惨败覆灭并不是被他邦征服,乃是根源于雅典城邦自身的积弊,是被它自身的错误所征服,使得雅典这项自由王冠坠落了。在他看来这场希腊各民族间的自相残杀是不必要的,各城邦间应相互宽容和解了结。(243D,244C)这篇演说还流露出宣扬种族主义的雅典人血统优越论,认为雅典始终如一地站在弱者一边抗击蛮族,不像有些城邦胞族的血液中混有蛮族血统成分,因而常同波斯勾结;他认为雅典胞族有纯正的希腊血统,因此天生高贵,有健康的自由精神。直到科林斯战争中雅典军队虽然伤亡惨重,仍表现出英勇无畏的雅典精神。(244E—245E)苏格拉底虽然比较客观地指出伯罗奔尼撒战争的双方都是非正义的,但他将战争的根源归结为人的本能的嫉妒心理；他认识到雅典的失败是由它自身造成的，但只将这种失败的内因归结为道德的失败；他还鼓吹雅典种族血统优越论，这不过是伯里克利时代雅典帝国中心论的一种晚钟回响，但它对近现代西方的种族主义民族优越感是有影响的。

苏格拉底评述以往的雅典政制，他认为政府体现人的本性，好人的政府是好的，坏人的政府是坏的。雅典人历经善（好）的政府熏陶，因此过去和现在的雅典人本质上是善的。雅典政府虽然时有不同名称，有时称为民主政制，实质上都是经多数人赞同建立的最好的政府即贤人政制 aristocracy。这种政府的统治者最初是世袭的〔只在这个阶段可以译为贵族制〕，后来实行民选，权力主要在人民手中，经多数公众选出贤能的统治者，他们又将各级权力委托给那些胜任的智贤人士。遴选的唯一原则是统治者必须是既明智又善的人。这样建立雅典政府的根据是雅典公民是生而平等的，他们都是城邦所生的子女，这种自然的平等使人们寻求法律上的平等，认识到公民之间只有美德和智慧上的差异，别无任何优劣和主奴之分。而其他一些城邦认定人天生不平等，因而他们的政府也是不平等的，故有僭主政制和寡头政制，其中各党派集团有主奴之分。（238B—239A）在这里苏格拉底对雅典的民主制竭尽美化之能事，并且明确揭示民主政治的基本原则：人人天生（physis）平等，因而可以寻求 nomos 法律上的平等。但是他认为人们在智慧和美德上是有差异的，因此只能选出有智慧和美德的贤人实行统治，才能真正达到善。这是苏格拉底和柏拉图共同的政治理想。

苏格拉底宣称美德应是城邦公民生活的目标，鼓吹道德兴邦。演说最后部分追昔抚今，感怀时艰，对阵亡将士的儿子们指出：复兴道德是继承和发扬祖先的英雄传统、重振雅典城邦的根本。苏格拉底说，种种历史事迹证明父辈是勇敢的人；而对给自己种族带来耻辱的人来说，生活不复是生活，活着和死后都不会被神、人所钟爱。要牢记美德是生活的目的，没有美德则一切财富和追求便都只能是耻辱和罪恶。财产不会给怯懦的拥有者带来光荣，怯懦者身体有力量和美只会使他显得更为懦弱和丑恶。一切同正义和美德相分离的知识只是狡狯而非智慧。应当使美德成为人生始终不渝的追求目标。在追求美德方面要尽可能超过父辈,城邦未来才有幸福。你们的父辈在这场战争中是失败了,你们只要学习美德并以此规范生活,不摒弃祖辈的荣誉,懂得自尊的人是最光荣的,你们就将是胜利者。父辈的光荣美德是后辈最可宝贵的珍物。演说辞又劝慰阵亡将士的父母们要承受巨大的灾难,不过分哀伤,儿子们的英勇捐躯是他们已达到的最大的善;父母们勇于承受不幸才是勇敢儿子的勇敢父母。要牢记德尔斐神庙的格言"不要过分",人生不要过分快乐和悲哀,要安排好未来的生活。演说词要求城邦善恤死者的父母和遗孤,给后代良好的教育,让他们能秉承父辈的光荣美德,使雅典能东山再起,重振雄风。(246D—249D)苏格拉底将道德兴邦的责任寄托在下一辈身上,对雅典充满了热爱和希望。

第二节　理性神

苏格拉底是有神论者。他不可能完全摆脱那个时代宗教意识对社会精神生活的控制,他的目的论哲学也必须承认有最高的神主宰宇宙和人。然而他从理性主义道德哲学出发,悄悄地给宗教意识注入理性和道德的因素,破坏传统的人格化多神教,使它向理性神和世俗化的道德宗教嬗变,使宗教生活成为伦理生活的组成部分。

一　引进新神

色诺芬的《回忆录》中记载了不少苏格拉底有关神的思想。当时指控苏格拉底违法的首要罪状是说"他不尊敬城邦尊奉的诸神而且还引进了新的神"(第1卷第1章第1节)。尽管色诺芬举出苏格拉底常在家中的公共祭坛上向诸神献祭等表面事实,证明他是遵从城邦风俗敬神的,但这种辩护是苍白无力的,《回忆录》的其他内容恰恰证明苏格拉底确实在偷偷引进新的理性神。

当时希腊盛行拟人化的多神教,主要有两种:一种是希腊神话如赫西奥德

《神谱》所记述的崇奉奥林匹亚诸神的通俗宗教,另一种是崇奉酒神狄奥尼修斯,宣扬灵魂轮回和禁欲主义的奥菲斯教。它们都将自然力量和人的智能加以人格化使之成为凡人崇拜的神灵偶像,使诸神成为人世生活的主宰,贬抑了人世生活的主动精神。诸神具有非理性的人格,有狡诈、嫉妒、仇斗、逆伦等不道德的行为,这是希腊早期社会生活的折射。按照城邦风俗献祭诸神是当时希腊首要的一条不成文法,苏格拉底当然不敢违背,然而他内心深处对这种偶像崇拜很不满意。在苏格拉底以前,塞诺芬尼和恩培多克勒已经孕育了理性神的思想,但前者只留下简单的论断,后者则是在渲染奥菲斯教义中显露出理性神的思想闪光。苏格拉底可能受到他们的影响,但主要是根据他自己的理性主义的目的论哲学,明确地展开论述神即理性,理智是神的本性这种非人格化的理性神思想,以理性的一神代替人格化的多神。

《回忆录》第1卷第4章和第4卷第3章都集中论述了理性神。苏格拉底认为全智全能的神是宇宙万物中普遍体现的最高理智,这种神就像人身体中的努斯能随意指挥身体一样,"充满宇宙的理性也可以随意指挥宇宙间的一切"(第1卷第4章第17节)。在他看来这最高的神是普遍的无所不在的理性,他使宇宙万物合理地安排得有序,自身并无可见的形象,人只能通过理性思维,从宇宙万物的合目的设计中去体察这种理性神。他说:"唯有那位安排和维系整个宇宙(一切美好善良的东西都在这个宇宙里面)的神,他使宇宙保持完整无损、纯洁无疵、永不衰老,适于为人类服务;宇宙服从神比思想还快,而且毫无失误。这位神本身是由于他的伟大作为而显示出来的,他管理宇宙的形象却是我们看不到的"。他就像光耀夺目的太阳不容人精确窥视,否则就会使人丧失视力;也像支配人身体活动的灵魂一样是看不见的。(第4卷第3章第13—14节)苏格拉底认为人格化的诸神并不能以明显可见的东西降惠人类,倒是不可见的理性神合理安排宇宙万物造福于人。他主张人应通过理性去体察充满宇宙的理性,认识和敬畏理性神,反对盲目崇拜其实无补人世的拟人诸神。

苏格拉底认为是理性神为了人类,合目的地设计和创造了宇宙万物,万物都是"由一位愿意万物都生存下去的神特意设计的结果,是神凭智力造出来的"（第1卷第4章第7节）。这个神是最关怀人类的"聪明仁爱的创造者"，不仅创造了人，还为了各种有益目的计划造出人的各种器官，使人能生存和繁衍，而且给人安置了灵魂，使人能追求知识，比其他动物都高明。神"能够同时看到一切事情，同时听到一切事情，同时存在于各处，而且关怀万有"。（第1卷第4章）苏格拉底认为人是万物之灵，神最为关怀和眷顾人，是神设计安排宇宙万物的中心目的。理性神"为供给人们的需要而操心"，他的一切设计和作为"都是为了人类的缘故而发生的"。神为人的视力提供光，为人的休息提供黑夜，星月照耀使人能分辨昼夜时分和月令，提供土地和水使人能生产食物，提供火使人能为保全生命策划一切有益的事情，提供气使人维持生命和扬帆远航，使太阳运行近地又远离，"生怕向我们提供的热超过需要会伤害我们"，神使"其他生物的生长也是为了人类"。神更赋予人以同各种事物相适应的感官，使人能享受各种美好的东西；又在人心里培植语言表达和推理能力，使人能知道和利用美好的东西，并且能"制定法律，管理国家"。（第4卷第3章）我们可以说，苏格拉底在西方最早提出了一种理性神论和以人为中心的宇宙设计论，这种理论使古希腊哲学渗入宗教并改造宗教，超越人格化的多神教，进入理性的一神论。后来的柏拉图和亚里士多德都继续发展这种理性神的思想。苏格拉底论述理性神设计万物都是为了人，突出了人在宇宙万物间的中心地位；强调理性神的一切作为是为了人，而不是人膜拜、屈从于神，这在当时对破除传统宗教将人贬为只能听从神权主宰的可怜虫，突出人及其理智在宗教生活中的主动作用，是有重要的积极意义的。

苏格拉底将人的理智外化为抽象的理性神，肯定神赋予人追求知识、实现理智本性的主动性。他用"认识你自己"的原则代替神谕，突出了人在生活中的自主权，大大缩小了传统宗教的诸神支配和干预人世生活的地盘和作用。《回忆录》第1卷第1章中色诺芬为苏格拉底作辩护，说他并不是不敬神的，其中谈到苏格拉底对于人和神的关系的看法，很有意思。色诺芬说苏格拉底并没有否定向神占卜，他认为关涉治理家庭和城邦，关涉人生祸福的一些隐晦的事情，"神都为自己保留着"，可以通过占卜求神指示；"他将那些认为这种事情并不随神意而转移，而是一切都凭人的智力决定的人称为疯子"；但是他也把"那些对于神已经准许人运用自己的才能可以发现的事情,还要求助于占卜的人称为疯子"。因为在他看来,诸如"想要熟练于建筑、金工、农艺或人事管理工作,或想在这类技艺方面成为评鉴家,或者做一个精于推理、善于治家的人,或者想做一个有本领的将领,所有这类事情,他认为完全属于学习问题,是可以由人的智力来掌握的"。他指出如果对于人自己"可以通过计算、测量、权衡弄清楚的事情还要去求问神,就是犯了不虔敬的罪"。这里苏格拉底实质上批判了传统宗教中神对一切人世事务的绝对统治。他强调人凭借自身的理智可以自决主要的人世事务,这才符合理性神赋予人的主动精神和自我认识。色诺芬还将苏格拉底和那些占卜的人作对比,他说:"苏格拉底并没有比那些从事占卜,求教于异兆和祭祀的人们引进过什么更新的神;这些人并不认为异鸟或遇到它们的人会知道哪些事对人有利,而是认为神借它们作媒介,把那些预示吉凶的事显示出来;苏格拉底怀抱的见解也是这样。大多数人说他们之所以避开或趋向某一件事情,是由于受到异鸟或遇到它们的人的启示;而苏格拉底则依照心中的思想说话,因为他说神是他的指示者。他常劝告他的朋友去做某些事情而不做另一些事情,并且暗示这是神预先告诉他的:那些照他指点去做的人都得到好处,而不理睬他的指示的人都后悔了。"(第1卷第1章第2—4节)色诺芬将苏格拉底说得很神秘,其实这里说的就是人照着自己理性的思想说话,人的理智和神的理智是沟通的,这就是著名的苏格拉底的"灵机"daimon(此词本来有"精灵"的意思)。柏拉图的对话《会饮篇》中说这种"精灵"既不是神也不是人,是介乎二者之间的,是人和神之间的传话者和解释者,它将人的祈祷和祭祀传给神,将神的启示和意旨传给人,使人和神沟通起来。(202E)说苏格拉底经常处于一种出神状态,长久鹄立凝神默思求得内心的启示。在《申辩篇》中苏格拉底也说到早已有一种神的声音阻止他进入公众政治生活(31D)。这种灵机看来是理性神对人的神秘启示,实质上就是人主体自身的内心良知,神的声音就是人自己的声音,是人的内省智慧。黑格尔说"在苏格拉底身上,内心的认识方式采取了灵机的形式,这是很独特的";"被表象为一种独特的精灵",灵机就是人"自己独自决定什么是正义的,什么是善的……人对于他自己应当做的特殊事务是独立的决定者,自己迫使自己作出决定的主体",这是"以个人精神的证明代替神谕"①。苏格拉底所说的神就是最高的理性,神的理智也就是人的理智,在这点上他也是认为"天人合一"的,因此人可以根据自己的理智和智慧作出独立的决断。不过给它披上一层神秘的面纱而已。

二 《欧绪弗洛篇》

这篇对话比较集中地体现了苏格拉底在理论上批判传统的多神教,并且通过探讨虔敬这种美德的定义表现他使宗教转向理性化和世俗道德化的倾向。

对话记述苏格拉底在受到控告以后,出庭受审之前同热心宗教的欧绪弗洛讨论虔敬这种宗教美德是什么。施莱马赫、策勒等哲学史家认为柏拉图写这篇对话是在苏格拉底受审判以前,他想为老师作辩护而写的;但正如格罗特指出的:如果柏拉图当时这样做,只会使苏格拉底受审的处境更加糟糕②。欧绪弗洛其人只在柏拉图的《克拉底鲁篇》中提到他同苏格拉底讨论名字问题。从本篇对话看他对传统宗教怀着狂热的执迷,以致在公民大会受到讥嘲,自以为和受控告的苏格拉底同病相怜。

对话开始,苏格拉底在路上遇见欧绪弗洛,告诉他美勒托控告自己败坏青年,首要罪状是说他不信旧神,制造新神。欧绪弗洛说那是因为你常说自己有灵机这种精神兆示,所以被指控在宗教中引进新玩意。他说自己在公民大会上谈论宗教和预言竟被讥斥为疯子,他们两人都是被嫉妒而受害的。苏格拉底说他只是因为无偿地向人们传授知识,被认为侵扰了雅典公众的安宁,以此表明他受迫害不同于对方的宗教狂热。(2A—D)欧绪弗洛说他没有被控告,倒要去法庭控告自己的父亲犯了谋杀罪。原来他家农庄的一个佣工喝醉酒割断了另一个人的喉咙,欧绪弗洛的父亲就将这个佣工捆缚手足扔在沟里,然后派人去雅典问卜该如何处置;问卜者未归,佣工就冻饿死了。欧绪弗洛认为佣

① 黑格尔:《哲学史讲演录》第2卷,中译本,第86、89页。
② 参见格罗特:《希腊史》第4卷,第101页。

工固然杀了人,他的父亲也犯了对佣工的谋杀罪,他如果不去揭发控告父亲就是不虔敬;家里人则认为儿子控告父亲才是不虔敬;他说这些人根本不懂得什么是虔敬和不虔敬。苏格拉底听了大为惊愕,说他自己也被指控为不虔敬,要求欧绪弗洛帮他弄清楚究竟什么是虔敬和不虔敬,让他能在法庭上进行答辩。(4A—5C)于是两人展开了关于虔敬是什么的问题的讨论。

希腊文 $o\sigma\iota o\tau\eta\varsigma$ (hosiotes),英文译为 piety 或 holiness,中文译为虔敬或虔诚,是指人对神的态度和责任,是一种人神关系。苏格拉底一开始就指出:任何行为中的虔敬总是同一的,而不虔敬总是和虔敬相反,和它自身相同;因此在每个不虔敬的事情中都可以发现有一个不虔敬的"相"(idea);也有使一切虔敬的行为成为虔敬的那个虔敬的"型"(eidos)。(5D,6D)这是柏拉图对话中最早提出的 idea 和 eidos,我们在前面已经引用并讨论过苏格拉底已经开始使用这个概念并不是不可能的。苏格拉底寻求虔敬和不虔敬的普遍性定义就是要发现它们的"相"。

欧绪弗洛说,虔敬就是像他现在正要做的去控告犯有谋杀或劫掠祭品等各种罪行的人,不论是谁即使是父母,隐匿不举发就是不虔敬,这是一条宗教律法。他举通俗宗教的神话故事作例证:至高无上的宙斯神因为他的父亲克洛诺斯(时间)吞噬另一男子,将父亲铐锁起来;而克洛诺斯也以相似的理由阉割他的父亲乌剌诺斯(天)。苏格拉底不相信这种神话,说"每当人们告诉我这类神的故事,我总认为这是不善良不恰当的,看来正是因此他们指控我有罪"。他反问:难道真能相信诸神中会发生战争、仇恶、争斗等种种可怕的事情吗? 在他看来这些不过是诗人和艺术家虚构出来的故事。(5D—6C)他接着指出,欧绪弗洛不应用控告父亲这类特殊事例来作为虔敬的定义,应该说明那使一切虔敬的行为成为虔敬的本质的"相",以它作为标准或模型,任何和它相似的行为就是虔敬,和它不相似的,就可以否定它是虔敬。(6D—E)这里说的还是不能以特殊代替一般,不过已经将这个一般叫做"相"或"型",说它们是标准或模型。

欧绪弗洛给虔敬另下定义:让神喜爱的事情是虔敬,让神憎恶的事情是不虔敬(7A)。苏格拉底反驳说:无论神或人总因对是非、贵贱、善恶持不同见解而互相憎嫌。他们喜爱高贵、善良、正义的事情,讨厌卑贱、丑恶、非正义的事情;但不同的神的见解可以很不相同,因此同一事情在诸神中既可被喜爱也可被憎恶,例如对欧绪弗洛要惩处父亲的行为,宙斯会赞同和喜爱,克罗诺斯和乌剌诺斯却会反对和憎恶。因此按照欧绪弗洛的定义,同一件事情既虔敬又不虔敬;然而虔敬和不虔敬是截然相反的,所以这个定义自相矛盾,不能成立。(7B—8B)这里苏格拉底实质上批评多神教的诸神间没有严正的是非善恶的道德规范,也就不可能有宗教美德的准则,诸神不可能指导人世的伦理生活。

欧绪弗洛辩解说:所有的神至少有共同见解,即认为犯有谋杀等罪行的人应当受到惩罚。苏格拉底认为诸神对是非善恶的意见往往陷入纷争,不能定论,例如难以证明所有的神都会认为欧绪弗洛家佣工之死是被人不正义地谋害,也难以证明他们都认为儿子据此控告父亲是正确的行为。(8C—9B)于是欧绪弗洛将他的定义再修改为:所有的神都赞同喜爱的事情是虔敬,所有的神都反对憎恶的事情是不虔敬。然而苏格拉底认为这种定义陷入倒果为因的错误。他说:产生一种结果,并不是这个作为结果的东西本身产生这种结果,总是有另一种作为原因的东西导致这种结果的产生,如见和被见,喜爱和被喜爱,都是这种因果关系。人虔敬因而被神喜爱,被神喜爱是虔敬的结果,不能是用来定义虔敬的原因。如果将被神喜爱说成是虔敬的本质即原因,那就是以果为因,以因为果,并没有正确说明虔敬的原因即它的本质;他认为被神喜爱只是虔敬的一种属性。(9C—11B)苏格拉底在这里论述因果关系,有两点值得注意:第一,他认为事物的原因是使这个东西成为这个东西的本质规定,在这里他认为就是一般的绝对的"相";而由这种行为得到的结果,他认为只是带有偶然性的属性,因为对你这种行为,神可以喜爱也可以不喜爱,所以他说被神喜爱只是虔敬的属性而不是它的原因。后来亚里士多德正是以此划分本质和属性的。第二,他认为虔敬的本质不能从诸神的彼此矛盾的意见和情感方面去规定,即使他们对某一事件的意见和情感完全一致,那也只是人的行为的结果;因此虔敬这种美德的原因必须从人的行为本身去探求。这样虔敬的原因不在诸神方面而是在人的世俗生活之中,这里已经蕴涵着将宗教世俗化道德化的倾向。

接着苏格拉底又谈到虔敬和正义的关系。他说,一切虔敬的事情都是正义的,但不能说一切正义的事情都是虔敬的,因为虔敬只是正义的一部分,正义还有别的部分。(11E—12A)一切美德都可以说是正义,虔敬只是其中的一部分,自制、勇敢也是正义的,所以正义概念的外延比虔敬宽泛。他举例说:古诗说"哪里有恐惧,那里就有(对神的)敬畏",这个说法不对,只能说"哪里有敬畏,那里就有恐惧",因为恐惧的外延比敬畏大,敬畏只是恐惧的一部分,正像偶数只是数的一部分。同理只能说"哪里有虔敬,那里就有正义",不能说"哪里有正义,那里就有虔敬",因为虔敬是正义的一部分。因此关键是要探明虔敬是正义的什么样的部分。(12A—E)这里已经涉及逻辑问题了。

于是欧绪弗洛又提出另一种定义,主张虔敬是正义的宗教部分,指人对神的服务,而正义的另外部分则是对人的服务。(12E)苏格拉底驳斥他说:服务总是指对其他事物的某种照料,如牧人和猎人照料马、狗和家畜,照料的目的总是使对象有益,使它们变好;如果说虔敬是对神的服务和照料,它必然旨在使诸神获益和变得更好,难道能这样说吗?(13A—C)因为神是最好的,人怎么能使他们获益和变得更好呢? 于是欧绪弗洛辩解说,虔敬是一种奴隶对主人服务般的照料(13D)。苏格拉底不接受这种解释,他说任何服务或照料的技艺总要获得有益的结果或产物,如医生的技艺产生健康,造船的技艺制造出船,建筑师为建造房屋服务;那么对诸神的服务又能产生什么有益的结果呢?欧绪弗洛说好处很多,如将军可以在战争中获胜,农民能够获得好的收成等等。他认为如果人们懂得在祈祷和献祭中如何做取悦于神的事就是虔敬,这种行为能给人们带来家庭平安和城邦公益;反之做同取悦诸神相反的事就是不虔敬,会遭到毁坏。(13D—14B)这就是说,人做了取悦于神的事,人自己可以得到种种好处。苏格拉底指出,这是将虔敬定义为"一种献祭和祈求的学问",献祭是对神的奉祀,是给予,祈祷是人要求神有所给予;一个是给予,一个是被给予,这样"虔敬就成为神和人之间相互做交易的技艺"了。但是交易总是互惠的,如果说人能从神那里求得很多福祉,则神从人的祈祷和祭礼中又能得到什么好处呢?(14C—15A)欧绪弗洛回答说,诸神可以从人那里得到祭拜和崇敬这些使神喜爱的东西。苏格拉底指出,这样又是将虔敬定义为使神喜爱的事情;这场讨论绕了个大圈子,又回到欧绪弗洛起初提出的那个不能成立的定义,依然没有求得定义虔敬本性的真理。(15A—D)最后他对欧绪弗洛说,你还没有真正懂得虔敬和不虔敬,就为一个佣工之死去控告父亲犯谋杀罪,这是不可思议的。他要求欧绪弗洛继续帮助他探明虔敬和不虔敬的本性,以便他在法庭上能摆脱美勒托对他的指控。欧绪弗洛却佯称有急事,悻悻而去。(15D—16A)

我们以为这篇对话讨论虔敬这种宗教美德的定义,实际上是探讨宗教的本质。对话所批判的欧绪弗洛提出的种种虔敬的定义都是因袭传统多神教的见解,苏格拉底否定了这些定义,最终没有得出结论,就是说在他看来,传统宗教不能提供虔敬这种美德的规范,也不能阐明宗教和宗教生活的本质。苏格拉底是主张理性一神论的,但这篇对话的重点在于破,苏格拉底只是以理性的逻辑对传统多神教进行彻底的批判。

苏格拉底在批评虔敬是使诸神喜爱的事情和虔敬是一种祈祷和献祭的学问这两种定义时,对希腊传统多神教作了尖锐辛辣的抨击。在他看来,虔敬美德即宗教生活的本质应当是正确处理人神关系,求得对人的生活行为的合理规范,使之合乎正义。然而传统多神教的诸神自身的生活行为充满非理性的混乱,他们相互嫉妒、仇斗、杀戮、乱伦,并无严正的道德规范。他们对是非善恶的见解也截然相反,如果根据他们的意见和情感来规定虔敬,只会使人陷入是非不明、善恶难分的自相矛盾的困境。祈祷和献祭不过是习俗的宗教仪式,并不是虔敬和宗教的本质。传统宗教主张人屈从于诸神的统治,宗教生活只是人对神的献祭和祈求神的恩赐。苏格拉底极为辛辣地将这种宗教生活推到非常荒唐的地步,说宗教的虔敬竟是一种人神之间的相互交易,诸神和人都成为以货易惠的商贾。苏格拉底对传统宗教采取批判态度,因为他主张非人格化的理性神,他认为神人之间应是一种理智的沟通关系:神赋予人以理智本性,虔敬美德和宗教生活也应当是一种理性行为,是符合理智的宗教伦理规范。即使是人在某些隐晦的事情上求问神,也可以返诸人的内心认识,照着自己的思想说话,即他所说的通过内心良知这种"灵机"来沟通人神关系,获得神的启示。

苏格拉底虽然没有给虔敬作出一个精确的定义,但他反对根据神意即诸神的意见和情感来定义虔敬,也反对根据人屈从、服务于神即献祭和祈祷来理解宗教美德;实质上他是主张根据人自身的道德行为来规定虔敬这种美德。虔敬同正义、智慧、自制、勇敢这些世俗美德在本质上是同一的,它们互相联结成有机的美德整体;它们本质上的同一性就在于它们都是知识的善,都有对人有益有用的功用价值。因此虔敬也就表现在理智的世俗活动中,并不是对彼岸世界冥冥诸神的敬畏和祭祀。正如在色诺芬《回忆录》中记载苏格拉底已经指出的,既然神已赋予人以理智本性,人的本分就是学习可以学会的事情,凭借人自身的智力处理好各种世俗事务,以道德知识理智地规范自己的行为,达到灵魂的善,这就是虔敬;反之,事事屈从受制于诸神,都求问神,倒是犯了不虔敬的罪。（第1卷第1章第7—9节）苏格拉底实质上将虔敬这种宗教美德归结为人在世俗生活中发挥自己的主动性,实现神赋予的理智本性。敬神就是敬重人自身的理性,既不是人对冥冥诸神的服从,也不是超尘世的愚昧追求。他从世俗道德角度理解宗教生活的本质,力图使宗教理性化和世俗化。近代康德倡导的道德宗教,在苏格拉底那里已经可以见到草蛇灰迹的最早渊源。

第三节　美的本质和灵感

苏格拉底的美学思想在色诺芬《回忆录》中只有一些零散的言论,比较集中地体现他的审美思想的是柏拉图的早期对话《大希庇亚篇》和《伊翁篇》。

一　《大希庇亚篇》

19世纪有些西方学者认为这篇对话不是柏拉图的著作,因为其中某些语言运用比较呆板;他们怀疑是柏拉图学园中弟子写的,甚至认为它是希腊化时代的作品。但现在多数学者如罗斯、格思里等均认为它是柏拉图的原作,主要根据之一是亚里士多德《论题篇》第6卷中曾不指名地引用《大希庇亚篇》中一种定义的原文,即"美是由视觉和听觉产生的快感",并且和苏格拉底相似地批判这种定义,指出同一东西作用于人的眼睛和耳朵可以分别产生快感和不快感,这同一东西就是既美又不美了,因此定义不能成立。(146ᵃ21—32,对照《大希庇亚篇》297E,299C—E)

对话有一个嘲谑智者的开场。著名智者希庇亚再次来访雅典,对苏格拉底自诩他常被母邦埃利斯推为首屈一指的使节,派赴其他城邦执行重要使命。苏格拉底以挪揄的口吻恭维他才智杰出为母邦博得声誉,并能乘机对青年人演说,为自己赚得大笔金钱。他感叹道:智者的技艺比往昔那些既不知参加政务又不会弄钱的贤智之士从泰勒斯到阿那克萨戈拉,真是大有进步,能够将公共事务和追求钱财的私务结合起来;高尔吉亚、普罗迪柯都在出使希腊时侃侃而谈,从雅典人那里拿走大笔金钱,普罗泰戈拉也是这样。希庇亚并不以为耻,反而夸耀他去西西里时赚的钱比正在当地的老年普罗泰戈拉还多。苏格拉底讲反话:照你的说法,前辈思想家实在无知,阿那克萨戈拉放弃继承大量遗产而专心做学问,真是太不明智了;你希庇亚的成功证明现在这代人的聪明就是能为自己打算,智慧的标准竟是有大量弄钱的能力。(281A—283B)他问希庇亚前不久往访斯巴达的境况如何? 希庇亚抱怨在那里弄不到钱,因为斯巴达人恪守传统,不变动原来的律法,不准给青年以和传统习俗不同的教育,外邦教育在那里是不合法的;所以他在斯巴达不能讲他拿手的天文、算术、几何等,只能讲讲古代英雄们如何建立城邦的故事,这倒赢得斯巴达人的喝彩。苏格拉底笑道,斯巴达人利用你,像孩童利用老妈妈一样为他们讲故事取乐了。(283B—285E)

希庇亚说他在斯巴达讲过一篇特洛亚城失陷后古代英雄光荣献身的故事,后天他将在雅典再讲,请苏格拉底务必光临捧场。苏格拉底答应定去聆听,但现在他要向希庇亚请教一个小问题:近来他批评一些文章在某些方面是丑的,颂扬某些方面是美的;一些人反问他,你怎么知道什么是美、什么是丑呢? 这使他无辞以对,他请希庇亚尽可能精确地告诉他什么是美自身,以免他被人看做傻瓜。希庇亚慨然同意,于是对话转入讨论什么是美这个正题。(286C—287B)

当时希腊人所说的美（καλόν，kalon）有广泛的内涵，泛指优良、美好、精致、完善等意思，相当于中文的"美好"和英文 fine。它不仅指艺术作品的美，也指生活中一切精良、美好、完善的东西，如美的人、美的物乃至美的习俗制度等。苏格拉底首先指出，要讨论的是什么是美或美自身，正像使正义的东西成为正义的正义（自身），使智慧的人成为智慧的智慧（自身），以及使所有这些东西成为善的善（自身）一样，美（自身）也是使一切美的东西成为美的。他认为正义、智慧、善和美自身都是真实存在的；他问的不是什么是美的东西，而是什么是美（自身），美的东西和美是不同的。（287B—D）他将美自身同美的东西区别开来，强调正是由于美自身，一切美的东西才是美的。这里他没有用"相"（idea）这个词，他只用"美自身"（auto to kalon），这是"相"的雏形。

但是希庇亚并不能理解苏格拉底的意思，所以他的回答仍是说美是一些美的东西，他先后说美就是漂亮的小姐；美就是黄金，任何东西得到它点缀就显得美；甚至说家有很多钱财，身体健康，受人尊敬，长寿，能为父母举办隆重葬礼，死后子女也为自己厚葬备受殊荣等等就是美。苏格拉底对这些说法逐一驳斥：美的马、美的琴、美的陶罐都是美，并不只是漂亮的小姐才美；菲狄亚斯雕刻雅典娜神像不用黄金而用象牙和云石做她的眼和手足也很美；无论人或神，自己葬父母和让子女葬自己都有光荣和不光荣之分，并非都是美的。（287E—293D）苏格拉底指出，具体事物的美是相对的，像赫拉克利特所说，最美的猴子和人相比还是丑，学问渊博的人和神相比不过是猴子；最美的陶罐比小姐丑，最美的小姐比女神丑，因此具体事物总是可以既美又丑的；只有美自身是绝对的美，将它的"型"（eidos）加到任何东西上，它就显得美。（289A—D）"它无论对任何人都不会以任何方式显得是丑"。（291D）"这美自身加到石头、木头、人、神以及各种行为和知识上，那东西就具有美的性质"。（292D）而且这美自身过去是、现在是、将来也永远是美的。（292E）这里对于美自身既使用 eidos 这个词，又很具体明确地解释了它的绝对性——它对任何人不论以任何方式都不会表现为丑，以及在时间上它的永恒性，说明这篇对话在相论形成的过程中，比《欧绪弗洛篇》又前进了一步。

希庇亚又提出一种说法，对某个东西合适的就能使它成为美的。（290D）

他主张合适即美,是使事物成为美的东西的原因;比如其貌不扬的人穿上合适的衣服和鞋,外表就显得美。(293E—294A)将美归结为合适的表现形式只能是外在的形式的美,苏格拉底批判了这种观点。他说我们喝汤时用木汤匙比金汤匙更为合适,要是说木汤匙比金汤匙美,那就同希庇亚自己说的美就是黄金的意见相矛盾了。合适只能表明事物外表的美,往往使事物在外表上比它的实际美,就会产生错觉,隐瞒了美的本质。美自身应当使事物成为真正的实际的美,不论它外表上显得美或不美。正因为实际美不同于外表的美,所以一切事物包括习俗制度的真正的实际美最不容易鉴别,容易引起争议。合适产生的只是外表的美,并不是真正的美。(294A—E)这里苏格拉底区别了美的本质和外表现象的美,区别了实质美和形式美。他并不完全否认合适可以规定外表形式的美,但认为外表的合适并没有触及美的本质,只有深入理解实质美即美的本质才是重要的。

希庇亚搜索枯肠提不出新见解了,苏格拉底为他提出两种美的定义,都是当时流行的见解,作了深入的讨论和批判。

第一种定义,有用的就是美的。美的眼睛使视觉清晰,美的身体适于赛跑和决斗,我们考察任何动物、器皿、工具乃至制度习俗等,如果它们是有用的,可以实现某种目的,有效果,就是美的;如果无用就是丑的。(295C—E)我们已经一再提到苏格拉底认为知识、美德和善都有合目的的功用价值,是对人有用的;但不能因此认为苏格拉底主张有用就是美的本质,因为有用只是善和美派生的价值效果,而不是善和美的本质和原因。所以在这篇对话中他批判有用即是美的定义:有用就是有能力达到某种目的,如果说有用就是美,那就等于说有能力是美,无能力是丑。有知识才有能力,因此知识最美,无知最丑。虽然没有人自愿为错为恶,但人的一生中往往为了达到个人的目的而运用知识和能力,无意中做了错事恶事,这样的能力就不是美而是丑了。(296A—C)

希庇亚修正说:为了好的目的而有能力有用的就是美。(296D)苏格拉底说这等于说有益的是美,美和有益是一回事;有益就是产生好的结果,也就是善。这样美就成为善的原因了,似乎善由美产生,美是善的父亲了。可是原因和结果不是一回事,而是两个不同的东西;这就会推出"美不是善,善也不是美"或"美不善,善也不美"的结论,显然是荒谬的,所以主张产生有益的能力就是美的观点是错误的。(297B—D)这里苏格拉底并不是在玩弄文字游戏,实质上他主张美和善在本质上是同一的,并无高下和因果之分;有益有用都是美和善的效果和功用价值,如果用这种结果来为原因(美或善)下定义,那就颠倒了因果关系,并且会将美和善割裂开来,将二者的本质同一关系扭曲成"美生善"的荒谬的父子关系。这里苏格拉底还只是初步提到真美善的统一,这个问题在柏拉图的《会饮篇》和《斐德罗篇》才得到充分的论述。

第二种定义,美是快感,但只是通过视觉和听觉享受到的快感,不是指一切快感。例如美的人,美的装饰、图画、雕刻都经由视觉产生快感,音乐、诗和故事则经由听觉产生快感,都使人感到美。(297E—298A)这是从主观感觉方面去定义美的本质,不仅将美归结为某种感觉,而且将美感归结为视、听的快感即愉快的感受。这种理论同智者的相对主义感觉论是吻合的,但和苏格拉底一直主张的美自身是一种客观的真实存在,是绝对真理的主张不同,所以他对这种主张作了富有思辨色彩的批判。

在他看来,美的本质有普遍性,决不只限于产生视听快感的东西,他指出习俗制度的美就不是由视听快感产生的。(298B)再说为什么将美只限于视听的快感呢? 饮食色欲等方面也可以引起很大的快感,但人们并不认为它们是美的,甚至认为色欲的快感是丑的,不敢公开。所以在视觉和听觉中并不是由快感产生美,否则一切快感都是美了。那么在视听快感中有什么为其他感觉所没有的性质使它们成为美的呢? 既不能是视觉也不能是听觉;因为如果视觉是产生美的原因,听觉就没有成其为美的理由了,反之亦然。(298D—300A)苏格拉底进一步分析:如果主张视听的快感是美,就要在这两种快感中找到某种共同的性质,它使这二者分别是美,合在一起也是美。他在这里提出一种见解:事物的全体和部分的同和异的性质可以有不同的情况,某些事物的全体的性质并不是它的部分的性质的总和,例如两个人作为"一双"(偶数)并非每"一个"人的奇数性质的总和。而要使视觉和听觉中有美的共同性,就必须是另一种情况:这种共同性质既属于全体又属于各个部分,这样才能使视听的快感分开来各是美,合在一起也是美,就是说这美既在全体也在各个部分。

这种共同性质既在全体也在部分的类似情况是很多的,例如我正义,你正义,两人合起来也是正义;你健康,我健康,两人一起都健康;你有知识,我有知识,两人一起都有知识,等等。但是从视觉和听觉的快感中只能找到"快感"是全体和部分共有的性质,如果认为"快感"是美的原因,那就不限于视觉和听觉,应该承认一切感觉都可以有快感也就都是美了,这就不符合上面讲到的实际情况。如果修正说视觉和听觉的快感分开来或合起来都是好的、有益的快感,美即有益的快感,这就又回到上面已经驳斥的论题,即美生善、美非善,美善不同一了。苏格拉底得出结论说,主张美是视觉和听觉产生的快感,这种定义是不能成立的。(300A—304A)在这番冗长的讨论中苏格拉底并不是否定美感的存在,而是认为美感并不是美自身或美的本质,不能从人的主观感觉即快感方面去发现美的原因,否则会陷入种种不能自圆其说的自相矛盾。他主张美自身是一种普遍绝对的真实存在,不是一种共同的主观感觉,而是一种客观存在。可以说苏格拉底在西方思想史上最早挑起了美是主观的还是客观的这个重要的哲学美学问题的争论。

对话终了,希庇亚讥刺苏格拉底的讨论是琐屑的咬文嚼字和强词夺理,只会被人看做傻瓜。他说只要在法庭和议事会上能发表美妙动人的演说,赚到许多钱供自己享受,那就是美,是值得下功夫的事业。苏格拉底则说,如果对美的本质茫然无知就去发表演说,讲各种生活方式的美,别人会说你不知羞耻。这场讨论印证了一句谚语:"美是困难的"。(304A—E)

我们以为这篇对话是古希腊美学思想的重要文献,在对话中苏格拉底从哲学的高度探究美的本质,着力于批判当时流行的一些审美观念:将美的普遍本质混同于某些具体事物的美,主张美即合适,美即有用,美即视听快感等等。他在批判中已经触及美学理论中一系列重要问题,诸如超越美的现象来规定美这个哲学范畴的普遍本质,美是客观的还是主观的,形式美和实质美的关系,美的本质和美的功用性即审美价值的关系,美与美感,真美善的统一等等。这些都是后来西方美学思想演进中不断探究的重要理论问题,它们都是在这篇对话中提出来并开始讨论的。

这篇对话虽然以破为主,最终没有关于美的本质的精确结论,但实际上苏格拉底对美的本质有原则上肯定的看法。他认为美自身是一种超越现象和感觉的客观的真实存在和绝对真理,它是使一切美的具体事物成为美的原因。并且他将美同知识联系起来,主张智慧是美,无知是丑;美和善本质上是同一的,这就是真善美的统一。这些基本思想在柏拉图的《会饮篇》和《斐德罗篇》中得到充分正面的发挥,成为柏拉图相论系统的组成部分。

在《大希庇亚篇》中苏格拉底只是原则上讲到美和善的本质同一,没有展开论述。他无疑认为审美和道德紧密联系,既然美亦即善,就不可能离开道德作审美判断。在色诺芬的《回忆录》第 3 卷第 10 章中苏格拉底同艺术家们讨论艺术美问题时,特别注重艺术美中体现的道德美。他对雅典著名画家帕拉西亚说,画家"描绘美的形象时,由于在一个人的身上不容易在各方面都很完善,你们就从许多人物形象中把那些最美的部分提炼出来,从而使所创造的形象显得极其美丽"。(第 2 节)这里已经涉及艺术创造中塑造美的典型形象问题。他又指出:绘画的美不在于以色彩表现事物的外形和人的形体,而是要"描绘灵魂的性格",表现"高尚和宽宏,卑鄙和褊狭,自知和清醒,傲慢和无知"等等,使人热爱、憧憬善和美的可爱性格,仇视丑和恶的可憎形象(第 3—5节)。他还对雕塑家克莱托说,艺术创作中要使形体美和心灵美统一,而心灵美更为重要。栩栩如生的雕塑形象之所以美,不仅在于作品酷肖人物的形体姿态,更在于忠实描绘人的感情,"通过形式将内心的活动表现出来"。(第8—9节)总之,在苏格拉底看来智慧和美德既体现人生活实际的美,也是艺术美的本质所在。

二 《伊翁篇》

《伊翁篇》是柏拉图早期写的短篇对话,它写苏格拉底和一位职业诵诗人伊翁讨论诗歌创作是凭专门的技艺即知识呢,还是凭灵感,它体现了苏格拉底关于艺术创作和鉴赏的审美思想。古希腊的文学作品类型主要是史诗、抒情诗、悲剧和喜剧。剧作一般是诗体,由演员们在剧场表现,在雅典民主制生活中起有重要的社会政治作用。史诗和抒情诗则由诵诗人在祭典和宴会场合朗诵,有时还进行竞赛和颁奖。荷马和赫西奥德就是伟大的诗歌创作者,也是行吟诗人。诵诗人主要诵述荷马的史诗,梭伦曾颁令在雅典的诵诗人应能背诵全部《伊利昂纪》和《奥德修纪》。后来的诵诗人不仅背诵也对荷马史诗的内容自出心裁地作解说和评论,像是中国的"评书";他们可以说是"荷马学"的始作俑者,伊翁就是这类诵诗人。

这篇对话是古代西方最早论述艺术灵感的文献,在这以前希腊人通常认为诗歌也是一种技艺知识,同其他工艺、医术等相仿,诗人的地位类似工匠和医生,他们只是以吟诵的方式传授技艺知识。在苏格拉底以前只有西西里岛著名诗人品达曾断言诗人优于技匠,因为诗人凭借"天生的才智"即某种天赋的激情进行创作,但品达并没有展开论述。在《伊翁篇》中苏格拉底最早提出诗歌创作和鉴赏的本性不是技艺知识而是灵感即激情,这同《申辩篇》中苏格拉底说他走访诗人,发现"不是智慧而是一种本能或灵感使他们能写诗的"(22B—C)的观点是一致的。他提出的艺术灵感说从今人的眼光看并不新鲜,在当时却是一种新颖见解;表明苏格拉底虽然主张以理性主义哲学说明人和社会生活的各种问题,但他已经注意到艺术创作有独特的性质和功能,对此作了初步探讨。

小亚细亚城邦爱菲索人伊翁兴高采烈地对苏格拉底说,他参加了希腊南部埃皮道伦每四年举行一次的医神祭典,并在诵诗比赛中获得头奖。苏格拉底称颂荷马是一位最伟大、最神圣的诗人,并赞扬诵诗人伊翁能透彻理解和解说荷马思想的本领令人羡慕。但是伊翁无法说明他为什么尤其能解说荷马的史诗,一谈到荷马顿生情趣,文思源源不断;虽然赫西奥德及其他诗人的作品也和荷马相似地写战争、人神关系等题材,他却解说不好,谈到它们时顿生倦意要打瞌睡。(530B—532C)苏格拉底解释这种情况的原因:伊翁解说荷马的能力不是凭技艺知识,要是凭技艺就应该能解说其他一切诗人;因为作为整体的诗的技艺同其他任何技艺一样,各有同样的研讨方法可以用来评鉴一切诗人的作品;绘画和雕刻的技艺作为整体也有相同的研讨方法,不会使人只能判别波吕涅俄图〔公元前5世纪希腊大画家〕作品的好坏,而对其他画家的作品就会打瞌睡,茫然无绪;对雕刻、笛师、琴师和诵诗人的鉴评也是如此。(532C—533C)这里苏格拉底并没有否认艺术是有知识内容的技艺,各种艺术形式的全体作为一种技艺知识有共同性,有同样的研讨法则,有鉴别作品好坏的共同标准。但是他根据伊翁只擅长并陶醉于解说荷马史诗这种情况,指出艺术品的创作和鉴评有不同于一般技艺知识的特性和魅力,那就是其中有灵感即激情起重要作用。

苏格拉底认为可以解开伊翁之谜:伊翁擅长解说荷马的能力来自一种神圣的力量,就是灵感。它像欧里庇得斯所说的石头即一般人所说的磁石,它不仅能吸引铁环,还能将吸引力传给铁环,使它们也能像磁石一样吸引其他铁环,形成一条长的锁链,全部吸引力都来自这块磁石即灵感。诗神就像这块磁石,首先给诗人以灵感,然后使其他人分有激情也鼓起灵感,形成艺术感染的锁链。他认为凡是高明的诗人都不是凭技艺,而是因拥有灵感才能创造出优美的诗歌。这种灵感是一种沉溺于激情的似醉如痴的情感心理,就好像巫师祭酒神狂舞时的迷狂,抒情诗人做诗时的心理也是如此。(533D—534A)这里苏格拉底主张艺术作品的创作和鉴赏受灵感支配,不能将它归结为理性知识;灵感是一种艺术的激情,有强烈的艺术感染魅力,能发生锁链式反应。

苏格拉底接着从不同方面论述艺术作品中这种灵感的支配力,他认为诗歌创作是凭灵感的,正像女信徒凭着对酒神的迷狂心理竟会从河水中去汲取乳和蜜,抒情诗人创作时也同样受韵律支配,灵魂像蜜蜂那样飞到诗神的花园和幽谷里去酿蜜。诗人像是轻逸、长有羽翼的神,没有灵感,不失去平常的理性就没有能力做诗,吟唱出优美的诗句。诗人吟唱许多神和人的美好业绩,都不是靠技艺知识,而是靠灵感这种诗神驱遣的神力。因此诗人们都各有所长善于做某类体裁或题材的诗;要是做诗凭技艺,诗人就应当会做任何题目或体裁的诗了。苏格拉底将诗人失去平常理性、凭灵感创作诗说成好像是神给予的力量,使诗人成为神的代言人。(534A—E)

诵诗人则是代言人的代言人。他们对诗的解说和鉴赏也是凭锁链式反应的灵感的感染力,而不是凭技艺。苏格拉底指出,伊翁在朗诵荷马史诗的一些精彩段落时,"失去自主,陷入迷狂,好像身临诗所描述的境界",哀怜时"满眼是泪",恐怖时"毛骨悚然";听众同样如醉似迷,仿佛失去清醒的神智。这种感染力来自灵感,诗人的灵感是原始磁石,是最初的一环,诵诗人和演员是中

间环节,听众和观众是最后一环。伊翁擅长解说荷马,乃是因为为荷马的灵感所激奋,而不是凭技艺知识。(535B—536D)

苏格拉底并不否认荷马史诗中有不少具体的技艺知识内容,对它们只能由专门的技艺知识去评价;但他认为诵诗人能吟说和鉴赏史诗并不是靠这类知识,而只能靠诗人赋予的灵感。苏格拉底举例说:荷马《伊利昂纪》中写到驾车、医疗、渔猎等种种技艺,没有专门知识的人对它们不能作出正确的判断;因此只有驾车人、医生、渔夫、猎人才能正确评判这些有关技艺的描述,靠诵诗的技艺不能对它们作正确的判断。伊翁辩解说:诵诗人固然不懂这些技艺,但懂得男人和女人、自由民和奴隶、统治者和被统治者怎样说话,在这方面有专长是行家。苏格拉底反驳说:诵诗人并不懂得牧牛奴隶在驯服狂牛时如何说话,不懂得纺织妇女在织羊毛时说什么话,也不懂得将军的技艺,否则伊翁作为最高明的诵诗人也就是最高明的将军了,而伊翁在希腊到处吟诵,总是当不上将军。这一切都只能说明伊翁诵颂荷马的史诗,不是凭技艺而是靠灵感。(537A—542B)。这些论述表明,苏格拉底认为艺术作品的内容和对它的解说也牵涉到各种技艺知识,对它们的理解和评判也得靠各种专门知识,诗人和诵诗人并不是这类专门技艺知识的行家。但他认为,技艺知识不是艺术作品的特性和魅力所在,灵感即非理性知识的激情才体现艺术作品的特殊本性。

《伊翁篇》表述了苏格拉底关于艺术创作和鉴赏的审美思想。当时希腊人还没有将文艺作品同一般技术知识区别开来,诗人的地位类似技匠;苏格拉底也不否认文学艺术是一种技艺知识,在《大希庇亚篇》中他探讨美的本质也是要在个别中寻求一般。但是他也看到文学艺术作品有它独特的魅力,为什么有些伟大作家能够创造出扣人心弦的作品?为什么在朗诵或欣赏史诗时会对荷马的作品如痴似狂,而对别人的作品却兴味索然呢?他感到对于这种情况不能用普遍的一般的知识去解释,只能将它们归于灵感。灵感是一种激情,它具有激动人心的感染力,就像磁石一样。诗人从神那里得到灵感,由此感染了诵诗人又感染听众,成为一条激情的锁链,它不同于一般的理性知识,这就是艺术作品的特性的魅力。用今天的话说,他已经看到艺术创作和鉴赏不是凭抽象的逻辑思维,而是将激情融注入艺术形象,创造出美的意境,从而产生磁石般的艺术吸引力。因而苏格拉底的看法应该说是从实际出发,企图对事实作出合理的解释;尽管他所说的灵感带有某种神秘成分,但不能说它是违背理性原则,是反理性主义的。现代美学对灵感可以有各种赞成或反对的意见,但大多数美学家总会承认文学艺术有不同于一般理性的逻辑思维的特点。因此我们在讨论这种灵感说时不应过分夸大它的神秘性和反理性的方面。朱光潜先生1963年出版的《柏拉图文艺对话集》翻译了柏拉图所有有关文艺的对话,并作了解释和评述,对这方面的学术研究作出了重要贡献,我们对这些对话的论述都参考了朱先生的译文和意见。但是由于当时时代的烙印,朱先生所作的评述从现在来看是带有片面性的,他从"柏拉图是站在贵族阶级反动的立场上的"这个总的评价出发,说《伊翁篇》中的"灵感说基本上是神秘的反动的","此后尼采的'酒神精神'说,柏格森的直觉说和艺术的催眠状态说,弗洛伊德的艺术起源于下意识说,克罗齐的直觉表现说以及萨特的存在主义,虽然出发点不同,推理的方式也不同,但是在反理性一点上都和柏拉图是一鼻孔出气的"①。我们以为评价一位哲学家的某一方面思想时,首先要确定他的整体思想倾向;应该承认无论苏格拉底或是柏拉图的思想都是十分强调理性的作用的,他们是西方理性主义思想的创始人和最早的代表。他们最早提出灵感这种艺术特征试图给以解释,当没有办法完全用理性说明时他们借用了当时一般流行的神的观念作了一点神秘的解释;后来柏拉图在《会饮篇》和《斐德罗篇》中也讲到迷狂等问题,但是将它和知识、美德联系起来探讨真善美的统一问题,也就是企图以理性去解释艺术激情。怎么能将柏拉图推到近现代的反理性主义行列中去呢?我们以为苏格拉底的审美思想本质上仍是理性主义的,正是因此,尼采在《希腊悲剧的诞生》中将苏格拉底和欧里庇得斯作为崇扬理性的阿波罗精神代表而大加抨击。

我们以为在《伊翁篇》中苏格拉底将文学艺术同一般的技艺知识区别开来,最早论述了艺术创作不同于一般的理智活动,指出了艺术作品的情感性、形象性和意境美;这对于促使古代希腊人去认识文学艺术的特殊本性是有积极意义的。

---

① 朱光潜:《柏拉图文艺对话集》,"译后记"第356—357页。

第十一章

逻辑和语言

注重对人的理性思维作自觉的反思,这是苏格拉底哲学的一个显著特点。他要求的普遍性定义以及他的对话的辩证法都要求用比较严格的逻辑规范和清晰的语言意义来表达。他虽然还不可能建立系统的逻辑理论和科学,但是他在对话中已经涉及不少逻辑思想,对语言这种思维表达形式也作了初步哲学探讨。过去学者们对他的这部分思想研究较少,其实这也是苏格拉底的很有价值的思想贡献,它对于当时澄清智者在思维逻辑和语言方面造成的混乱,对于促进古希腊人的逻辑思维能力,以至为亚里士多德建立逻辑科学理论作准备都起了重要作用。

第一节 逻辑思想贡献

古代西方逻辑科学是亚里士多德写作逻辑论集《工具论》才真正建立的。所谓"工具"是指思想的工具,这个名称是亚里士多德的弟子定的,这部论集包含六篇著作:《范畴篇》、《解释篇》、《前分析篇》、《后分析篇》、《论题篇》、《辩谬篇》,苗力田主编的《亚里士多德全集》第1卷已将它们全部译出。然而亚里士多德能奠立这门思维科学有赖于前人逻辑思想的产生和日益发展与长期积累,他吸纳大量正反方面的思维素材,才能总结概括出正确的思维形式结构的法则和范式。因此我们应区别逻辑学理论和逻辑思维这两个不同的术语。早期希腊哲学家虽然还不知道逻辑理论和逻辑科学为何物,但他们却有不少有关逻辑的思想;在柏拉图早期对话中苏格拉底已经比较熟练地大量地进行合乎逻辑的论辩,其中有许多逻辑思想的自觉反思,为亚里士多德建立逻辑学作了直接准备。

西方古代的逻辑思想是同科学和哲学思想同时萌发的。古埃及人和希腊人在丈量土地中发现某些几何学原理,其中已经开始有逻辑证明的萌芽,泰勒斯就享有第一个证明几何定理的荣誉。哲学范畴的产生本身就是人类逻辑思维的一个飞跃。毕泰戈拉学派的数论和几何学贡献有力地促进了演绎推理和证明的思想。赫拉克利特提出的"逻各斯"已有逻辑这个词的词源意义,他强调要研究"健全的思想能力",并认为逻各斯是真理的裁判官。爱利亚学派的巴门尼德论证存在以及存在和思想的同一,芝诺提出的一些悖论都运用比较复杂的逻辑论证,表明逻辑思维能力有了重要进展;麦里梭为证明"存在是一",已经十分熟练地运用了假言判断、假言推理和选言推理等思维形式。德谟克利特在《论逻辑或规则》中区别了感性的"暧昧认识"和理智的"真理认识",指出"概念是研究的标准",他还在个别事例的范围内触及概念的定义问题。智者注重演说的技艺(修辞学)、论战的技艺(论辩术)和证明的技艺(辩证法),普罗迪柯已经是深入研究语词的专家,他甚至已编写了同义词和近义词的词源汇集,对发展逻辑和语言思想很有贡献。前人和同时代人的这些思想对苏格拉底逻辑思想的形成起了铺垫的作用。

在柏拉图写的苏格拉底的对话(以及色诺芬的《回忆录》)中,除《欧绪德谟篇》驳斥智者的诡辩外,没有专门讨论逻辑问题的对话。但是在对话中的苏格拉底相当自觉和熟练地运用多种逻辑思维形式和逻辑方法,甚至在不少地方已经阐述了有关思维形式的逻辑规则以及有关逻辑推理和论证的若干理论问题,有目的地引导人们超越常识进入比较严整的逻辑思维;特别是他驳斥智者的种种违反思维规律的诡辩,校正了逻辑思想进展的方向。凡此种种逻辑思想的贡献在对话中都跃然纸上,不应忽视;但以往的西方哲学史著作对此几乎很少论及,近来由于西方现代有些哲学学派重视逻辑和语言的分析,也有学者开始重视对这方面的古代思想的研究,美国学者桑塔斯(G.X.Santas)在

《苏格拉底—柏拉图早期对话中的哲学》(波士顿,1979 年)一书中对苏格拉底的逻辑思想贡献作了较为详细的探讨,值得参考。当然这里有个问题:这些思想是属于苏格拉底的还是柏拉图的? 它们是柏拉图记载苏格拉底的对话,但至少文字是经过柏拉图修饰的,这里已经很难区别哪些是谁的思想。因为有关形式逻辑的思想大多出现在柏拉图早期的苏格拉底对话中,我们将这部分思想集中归在苏格拉底名下论述,在柏拉图编中我们将主要论述他中、后期对话中的辩证逻辑思想。

苏格拉底的逻辑思想贡献主要有四个方面:第一,开始揭示形式逻辑的一些规律;第二,探讨有关概念定义的理论问题;第三,自觉运用各种形式的逻辑论证;第四,批判当时一些智者的违背正确逻辑思维的诡辩。其中第四项苏格拉底驳诡辩,我们在下一节专门论述。

一 揭示形式逻辑规律

苏格拉底的辩证法贯穿着一种分析理性的精神,即在论辩的思维矛盾运动中注重对概念的逻辑分析,注重合乎逻辑的推理和论证。思维形式的确定性是保证人的理性思维正确的必要条件,它表现了人的逻辑思维的连贯一致性。在亚里士多德建立的形式逻辑中这就是逻辑思维必须遵从的三个基本规律:同一律、不矛盾律和排中律;充足理由律是 17 世纪莱布尼兹才提出来的。几何学等演绎科学是根据这些基本规律从自明的公理推演出其他定理和推论。而同一律至今仍然是建立一门科学(包括现代逻辑)的公理系统必须遵循的基本法则。苏格拉底在论辩中已开始要求以这些基本逻辑规律规范思维活动,对这些逻辑规律作了初步阐述,这也是他的论辩富有逻辑力量的原因之一。

苏格拉底在对话中总是要求在同一思维过程中,概念必须保持同一、确定的意义(内涵)和外延,每一概念和判断必须与其自身保持同一性。他在讨论种种美德的定义时总要求明确限定概念的内涵和外延,这样才能准确地探求概念的定义。他指出"在同一时间内同一事物不能既是又不是"(《欧绪德谟篇》293D),即同一概念所指称的对象必须确定,不能既指这个又指那个。这就是同一律公式"A 是 A"或"A→A"的素朴表述。因此在论辩中一旦对方发生偷换概念即违反同一律的情况时,他就指斥其为逻辑错误。例如他已认识到语词不等于概念,同一个语词因有多义性而可表达不同的概念;当智者欧绪德谟利用"学习"这个词的双重意义进行诡辩,推断人不仅学习不知的内容,也学习早已知道的内容时,苏格拉底指出希腊文"学习"这个词既表达从无知求有知的"学习"概念,也表达领悟已有的知识意义上的"理解"概念。他批判智者玩弄偷换概念的游戏,就好像捉弄人时请人入座又偷偷抽走坐凳一样。(《欧绪德谟篇》277E—278C)

苏格拉底在论辩中要求同一思维过程中两个互相反对或矛盾的判断不能同时都真,其中至少有一个是假的,这就是 A 不是非 A。他要求思维过程不能自相矛盾,实质上已提出应遵守不矛盾律;如果推出自相矛盾的判断,表明这种思维过程是错误的。与此相关他也表述了排中律的内容,即在同一思维过程中两个互相矛盾的判断不能同时都假,其中必有一个是真的,不能有"两不可"的逻辑错误,应保持思维的明确性。通过揭露对方论述作了自相矛盾的判断而陷入逻辑错误,以之否定对方的论题,这是苏格拉底经常使用的方法。例如在《高尔吉亚篇》中他同高尔吉亚讨论修辞学的定义时,指出后者既主张修辞学是关于正确使用语词的学问,它应当是正义的而不是恶的东西;可是高尔吉亚又主张人们可以对修辞学作恶的使用,他就十分惊讶,认为这种说法是自相矛盾的。(460E—461A)苏格拉底在驳斥卡利克勒斯主张"善即快乐,恶即痛快"的看法会导致善恶不分时,举例指出同一个人或他的同一器官"不能同时既健康又有病,也不能同时摆脱这两种情况";他认为在同一时刻对同一对象作互相矛盾的判断时,不能同真,也不能都假。(同上,495E—496B)这里苏格拉底既要求遵守不矛盾律,又要求遵守排中律。

苏格拉底在探求普遍性定义中主张表述某种美德的概念必须是确定不变、具有同质即自身同一性,不容掺杂相对立的东西,是没有内在矛盾的。这就是"相"或"型",因此他确有将思维形式的同一律、不矛盾律扩大为宇宙万物的普遍本质的思想,从而得出关于"相"的一些形而上学的规定。但是苏格拉底并不否认同一论断可以表述现象世界中矛盾、对立的内容。例如在《高尔吉亚篇》中他同卡利克勒斯辩论善和恶不同于快乐或痛苦,认为快乐和痛苦作为人的经验现象,在同一个人同一时刻可以一起发生,可以判断人在口渴时喝水是既痛苦又快乐的;可是善和恶作为行为的本质是互相绝对排斥的,因此不能用快乐和痛苦来定义善和恶。(496E—497D)总之,苏格拉底确实将思维规律和"相"的形而上学意义混同了,强调"相"的绝对自身同一,否定事物的普遍本质可以包含内在矛盾的内容;但在现象世界生活经验范围内,他认为既遵守同一律、不矛盾律的要求,又表述现象事物的矛盾内容,那是允许的。

二 概念定义的逻辑思想

苏格拉底在探求普遍性定义的过程中不仅研究事物的本质,有了"相"的思想雏形,而且成为古希腊第一个从逻辑思想方面研究概念定义的思想家,这是他的主要逻辑思想贡献之一。归纳思想是他从事概念定义的一种逻辑手段,他研究了什么是定义,怎样作正确的定义以及概念定义的功用等等。概念定义和归纳论证作为科学的思维方式是科学研究的出发点。他的概念定义的思想对西方形成科学理性的传统和发展科学思想方面都有深远的影响。

从柏拉图的对话中可以看到苏格拉底同人们探讨过的概念定义是很多的,桑塔斯将这些定义项数分为两类:第一类是他和对话者提出的种种定义如勇敢、友爱、自制、虔敬、正义、修辞学、美等等,共计31项。苏格拉底在驳斥许多不正确的定义时阐述了他自己的概念定义的思想。第二类是苏格拉底本人肯定地下了定义的,如机敏、恐惧、形状、颜色、怯懦、勇敢、美德、正义等等共计10项。①苏格拉底同对话者探讨一些美德的定义往往最后没有得出结论,他说给这些美德下定义是困难的。他这样说并不是认为给这些概念下定义是不可能的,而是表明当时在道德领域中拨乱反正通过定义为美德正名不是一件容易的事情。他的重要贡献在于从逻辑思想方面提出了探求美德定义应该采取的正确方法。

总体看来,苏格拉底探讨概念定义的形式和方法有四个特点:第一,他使

---

① 参见桑塔斯:《苏格拉底—柏拉图早期对话中的哲学》中"苏格拉底式对话中全部定义项目单",第98—100页。

用归纳方法从考察具体事物出发，概括上升为普遍概念，这就是从个别、特殊到普遍一般的定义方式。在《斐多篇》中苏格拉底指出，"我们从何处得到我们的知识？难道不是从方才提到的特殊事例中获得的吗"；从看到的相等的木杆、石头等物体进而认识"等"的概念。（74B）这是苏格拉底和柏拉图共同使用的求定义和"相"的方式。苏格拉底认为定义对象不纯粹是名字或概念本身，而是揭示这一类具体事物的共同本性；概念的定义应同所涵盖的事物符合，即名实相符。他归纳事物的共同本性而形成的普遍性定义可被称为内涵定义。第二，他主要探究实质定义，不是语词定义。语词定义只是对表达概念的语词作出意义规定或语义说明，只表明语词可以表述什么概念，并不揭示事物的本质属性即概念的内涵，不涉及概念指称对象的真假问题。普罗迪柯在探讨这类语词意义方面做过许多工作，苏格拉底对此虽也有研究，但他主要致力于探究揭示事物本质、确定概念内涵的实质定义，这是科学研究中最普遍采用的定义。因此他主要讲的是后来亚里士多德称为"种加属差"的定义，其中属差是同"种"中这"属"事物和其他"属"事物区别开来的特殊的本质规定，如他定义"机敏"是短时多效的（属差）能力（种），"恐惧"是对未来的恶的（属差）期待（种），"怯懦"是对可怕事物和不可怕事物的（属差）无知（种），"勇敢"是对可怕事物和不可怕事物的（属差）智慧（种），等等。第三，苏格拉底在探究定义时对概念进行逻辑分析，探讨概念之间的逻辑关系。例如他探讨自制、勇敢、友爱的定义时，揭示这些具体美德和（一般）美德之间有概念的包含关系，具体美德的共同本质也就是美德的普遍本质即知识。他常从正反方面同时探讨一些相互矛盾或对立的概念如知和无知、虔敬和不虔敬，触及概念间的矛盾关系；他也探讨善和恶、勇敢和怯懦、大和小等概念，指出双方处于对立关系，不同于矛盾关系，可以有非善非恶的中间项存在。苏格拉底在探讨概念定义时使用的逻辑方法也较多，如从个别特殊事例的属性中概括共同本性的方法；在批评对方的定义项外延过宽时使用概念的划分和限定的方法，以求定义项和被定义项的外延相同。他对一些定义项还使用析取枚举和合取枚举的方法，如在《高尔吉亚篇》中探讨法律制度和学习等的"美"时，他枚举定义项的内容，"或是令人愉悦，或是有用，或是两者兼而有之"（475A），即是析取枚举;他剖析对话者提出的定义"正义是统治权和强者统治弱者的利益"（483D）以及在《美诺篇》中他探讨一种可能的美德定义"美德是对善的愿望加上获得善的能力"时均使用合取枚举法。第四，在苏格拉底的定义中被定义项往往既指一种抽象概念，又指关于一类事物的一般概念，还没有将这两种概念区别开来。例如在《欧绪弗洛篇》中探讨虔敬的定义，被定义项有时用"虔敬"这个抽象概念，有时又指"虔敬的东西"（11A，10B—C）；在《大希庇亚篇》探讨美的定义时，被定义项常用"美"这个抽象概念，有时也用"美的东西"这个一般概念。他对抽象概念和关于一类事物的一般概念不加区别的情况，正好印证亚里士多德的论评：苏格拉底还没有使普遍性定义成为分离的存在。他所理解的一般的"相"还是同具体事物结合在一起的。

从语义学角度看，苏格拉底探求概念定义有两个特点：第一，他的实质定义是探求一类事物的共同本性或本质，而不是一般事物的某些共同的偶性；这种共同本性或本质是使这类事物成其所是的原因，因此定义所揭示的普遍本质同这类事物的存在有因果关系，他的实质定义也可称为因果发生性定义，有深刻的哲学意义。在《欧绪弗洛篇》中当欧绪弗洛用是否使神喜爱来定义虔敬或不虔敬时，苏格拉底指出他只是说了依附于虔敬和不虔敬的"一种属性"，而没有说出它们的本质。他认为一类事物的存在作为结果总有其原因，而虔敬的本质正是使一切虔敬事物成为虔敬的东西的原因。（11A，10B—C）他探讨虔敬等美德概念的定义时，总要求这个类概念所包含的一切事例（子项）都有这个类概念所内涵的本质，由于有了它，这些子项才属于这一"类"，并且可以用这个类概念的名字去称呼这些事例。他探讨这种因果发生性定义是很有科学价值的，当代一些西方学者如夏佛（R.Sharvy）和柯亨（S.M.Cohen）认为苏格拉底的定义实质上是要探求一种形式因（即"相"的因），从语义分析说，所揭示的定义项和被定义项的关系不是同一关系而是因果关系，二者的位置是不可倒逆的。① 第二，苏格拉底探讨定义有真值或假值。《欧绪弗洛篇》

---

① 参见柯亨：《苏格拉底论虔敬定义：〈欧绪弗洛篇〉10A—11B》，见伏拉斯托斯编：《苏格拉底的哲学》；夏佛：《〈欧绪弗洛篇〉9B—11B：柏拉图和其他人的分析和定义》，《努斯》1972年第6卷。

中欧绪弗洛将虔敬定义为神所喜爱的东西,苏格拉底肯定这在形式上符合普遍性定义的要求,又说"然而我还不能确信这个定义是否是真的"(7A)。这就表明他认为定义不只是在于形式正确,更在于意义内容的真假。有时他也用正确和不正确的术语表述这种真假值,如《拉凯斯篇》中说拉凯斯用"明智的坚韧性"定义勇敢是"不正确的"(192B,193D)。苏格拉底用以检验定义的真假或正确与否的方法有两种,第一种是用归纳事实来证实或举出相反的事实来证伪。第二种是用逻辑分析来验证,如考察某个定义同其他对方已经肯定为真的陈述是否相容一致;如果所下定义同已有的真的陈述相矛盾,这个定义必假。再如他常指出定义项和被定义项的外延应相等,如定义项的外延过宽或过窄,这个定义就是不正确的。在《欧绪弗洛篇》中他说古诗说的"哪里有恐惧,那里就有(对神的)敬畏"是不正确的,因为从外延说恐惧大于敬畏,敬畏只是恐惧的一部分,所以只能倒过来说"哪里有敬畏,那里就有恐惧"。在他看来正义和虔敬的关系也是如此,虔敬只是正义的一部分,泛泛地用正义定义虔敬就不正,应该说明虔敬是正义的一个什么样的部分(12A—E)。以上用分析概念之间的逻辑关系来检验定义的真伪,用现代逻辑的术语说就是用判断逻辑的真假值来验证定义的正确与否。

从语用学角度看,苏格拉底认为定义是寻求知识和真理的一种必不可少的基本工具。他认为知识不同于日常经验或意见,应能说明事物的本质或原因,因此揭示事物本质的定义是人们寻求知识的根本手段,有重要的实用价值。桑塔斯归纳苏格拉底论述定义的三种功能:① 第一种是判别功用(diagnostic use)。定义可使人们根据具体事物或行为是否具有定义所揭示的本性,判断它是否属于某一类事物或行为。如《欧绪弗洛篇》中苏格拉底认为虔敬的定义就是虔敬的本质的"相",可以将它当作一种"标准",根据某一行为是否和它相似就可判别这个行为是否是虔敬的(6D—E)。第二种是揭示因果性的功用(aitiological use)。苏格拉底认为知识不同于意见,比意见更稳固更有价值,就因为知识由因果性推理形成定义,有确定性(同上,6D—E)。这

____

① 参见桑塔斯:《苏格拉底—柏拉图早期对话中的哲学》,第115—126页。

种揭示因果性的作用使概念定义成为人类探求知识的一种根本手段,这是概念定义最重要的功用。每门科学知识的形成首先靠对这门科学的主要范畴作出确切的定义,因此亚里士多德说苏格拉底的普遍性定义是"科学的出发点"。第三种是认识的功用(epistemic use)。通过概念定义可以认知普遍真理,或者说可以推断出新的普遍性知识,有推断新知的作用。如《拉凯斯篇》中苏格拉底说,知道了美德是什么和勇敢是什么,就可以根据它知道怎样培植青年人的美德,就可以决定应当请什么样的人当儿子的教师(190B—D)。又如在《普罗泰戈拉篇》中苏格拉底认为首先要定义美德的本性,可由此推知美德是否可教。

三 运用多种形式的逻辑论证

逻辑论证是从已知为真的判断,根据正确的逻辑推理,证明其他判断为真或为假;这是一种比较复杂的理性思维过程,常要使用多种推理形式。苏格拉底在对话论辩中或是为了证明自己提出的命题,或是为了反驳对方提出的命题,大量运用各种逻辑论证手段,几乎涉及形式逻辑所阐述的各种论证和推理形式,其复杂程度都是超过前人的。他虽然没有系统建立关于论证的逻辑理论,但是他自觉地大量从事合乎逻辑规范的论证,本身就是一种重要的逻辑思想贡献。他较多使用归纳论证,包括含有类比推理的归纳类比论证(arguments of inductive analogies)和以使用科学归纳推理为主的归纳概括论证(arguments of inductive generalizations)。他也使用了很多演绎论证,其中有直接论证也有间接论证或归谬论证;所使用的推理形式既有直言三段论推理,也有联言推理、选言推理和假言推理。苏格拉底的逻辑论证思想在实践上由柏拉图继承和发挥,在理论上直接影响了小苏格拉底学派中麦加拉学派的逻辑思想;后来亚里士多德和斯多亚学派关于推理和论证的逻辑理论的形成和发展,也得益于苏格拉底在这方面积累的许多思想资料。

归纳论证是从个别特殊事例推导出一般原理从而论证某个论题的思维形式,这是苏格拉底经常注重使用的。他的归纳论证有两种类型,即将类比推理和归纳推理相结合的归纳类比论证和归纳概括论证。类比推理本来不同于演绎推理和归纳推理,它是一种从个别到个别的推理形式,即从两个事物的某些属性相似或相异出发,根据其中某个事物有或没有某个属性进而推出另一个事物也有或没有这个属性,这样一种推论过程。苏格拉底往往首先使用类比推理推出某个事物有没有某些特性,然后再从个别上升到一般,归纳出这类事物的普遍性知识。这就是他的归纳类比论证。他常用人们熟悉的一些经验性技艺如制鞋、锻铁、体育、医疗等同伦理生活实例作类比推理,然后得出伦理方面的普遍性知识的结论。例如在《克里托篇》中克里托为了劝说苏格拉底越狱潜逃,提出凡事应听取多数人的意见这个立论;苏格拉底却主张处理问题只应听取有相关知识的人的意见。为论证这个论点,他首先将运动员训练身体同行为的正确和错误、高尚和卑下、善和恶这类人们改善灵魂的事务进行类比:运动员为获得体育训练以健全体格的技艺,不需要听取没有这种知识的多数人的意见,只应听取有这方面专门知识的教练员和医生的指教;而行为的正确和错误等是改善灵魂的知识,由此推断这类事务也不必听取没有这方面知识的多数人的意见,只应听取有改善灵魂知识的人的指教。综合类比这两个方面,他又归纳出一个普遍性结论:处理人的身体和灵魂的一切事务,不能听取没有相关知识的多数人的意见,只应听取那些有相关知识的人的指教。(46B—48E)这种将类比推理和归纳推理结合起来的论证是有说服力的,因为这里的类比推理不是两类毫不相关的事物的无类比附,而是关涉人的身体和灵魂这两类事物的类比,有可比性;它也不是根据两类事物的表面相似进行牵强附会的类比,而是举出两类事物的共同本性即都应有相关知识去指导行为,因此前提类和结论类之间是有本质的相似性的。综合类比双方进而归纳出处理身体和灵魂的一切事物都应听取有相关知识的人指教,这个普遍性结论也不是一种简单枚举的归纳推理,而是一种因果必然联系,从特殊上升到普遍,是一种科学的归纳推理。对于苏格拉底常用的这种归纳类比论证是否具有逻辑的确实性,现代西方学者也有一种看法,认为苏格拉底往往将经验技艺性知识同伦理知识作类比,前者属事实知识,后者属价值知识,两者的本性以及判别两者真理的标准和方式并不相同,因此苏格拉底的这种论证缺乏逻辑确实性。我们以为事实和价值的关系是当代哲学家才重视探讨的一个问题,众说纷纭,似可不必用现代观念去苛求古人。对苏格拉底的论证应该历史地评价,他作的类比正是为强调伦理同体育、医疗等相似,也需要有科学性的知识作指导,这在当时是既合理又合乎逻辑的。

苏格拉底的归纳概括论证又有两种不同的形式。第一种是审察一些特殊事例,运用完全归纳或不完全归纳的推理形式去论证某个普遍性论题。如在《小希庇亚篇》中苏格拉底论证有意为恶优于无意为恶,第一步论证是:考察算学、几何、天文等知识领域,最有能力有意讲错话的是那些最有能力正确述说这些方面专门知识的人,不是那些没有或少有这些知识的人;其他技艺知识领域也莫不如此。由此归纳概括出一般结论:在所有知识领域中最有能力有意讲错话的是最有能力讲真话的人。第二步论证:将上述结论再推广到审察社会生活行为方面,归纳种种实例概括推断出更普遍的结论:有意为错为恶优于无意为错为恶。(366C—375D)第二种论证形式是:以归纳为主,含有演绎,归纳和演绎结合使用。如在《高尔吉亚篇》中高尔吉亚既认为修辞家知道什么是正义,又认为修辞家可以做不正义的事。苏格拉底为驳斥这种论点,论证"正义的人绝不做不正义的事"就使用这种论证。第一步先用归纳推理审察学音乐技艺者成为音乐师,学医疗技艺者成为医生等,由此归纳出一个普遍性结论:凡学习某种技艺知识者就成为具有这种专门才能的人。第二步以这个普遍性结论作为大前提进行演绎推理:正义是一种技艺知识,学习正义知识者是正义的人;而正义的人总做正义的事,故正义的人绝不做不正义的事。(460B—C)苏格拉底的归纳推理虽然常采用列举实例的方式,它却不是或然性程度大的简单枚举归纳推理,而是有因果必然性的归纳推理。

苏格拉底也运用演绎论证。他已使用了直言三段论推理的多种形式,并且使用选言推理和假言推理,常常运用归谬法去推翻对方的论题。苏格拉底运用这些形式进行步骤相当复杂的论证;他先将总的论题分解成许多子题,步步推理证实,由浅入深,由偏及全,最后证实总的论题,其逻辑程序相当细致严密。例如在《普罗泰戈拉篇》中他主张美德的整体性,为反驳普罗泰戈拉认为勇敢不同于其他四种美德,无知者可以是勇敢的人的观点,他提出论题"勇敢是对可怕和不可怕事情的知识"。他用了多种格式的直言三段论推理和假言推理,分步证明九个子题:①恐惧是对恶的期待;②勇敢者追求可怕和不可怕的事情;③一切人皆追求他们敢于追求的事情;④勇于打仗是一种善的行为;⑤勇于打仗是快乐的事;⑥怯懦者不愿追求光荣、善良、快乐的事;⑦勇敢者追求光荣、善良、快乐的事;⑧对可怕和不可怕事情的无知是怯懦;⑨与此相反,对可怕和不可怕事情的知识是勇敢。其中对每个子题的论证都有严密的演绎推理。① (358D—360D)苏格拉底也常用选言推理形式来作演绎论证,如在《吕西斯篇》中他论证在什么样的人之间才有友爱,他指出:或是善人和善人之间,或是恶人和恶人之间,或是善人和恶人之间,或是非善非恶的人相互之间,或是非善非恶的人和善人之间。他将前四种情况都通过论证排除掉,最后得出结论,只在非善非恶的人和善人之间才有友爱。(216D—217A)运用归谬法,根据对方的论题演绎推出荒谬的结论或使对方陷入自相矛盾的结论,从而驳倒对方的论题,这也是苏格拉底常用的逻辑方法。例如在《欧绪弗洛篇》中欧绪弗洛定义虔敬是对神有所祈求和给予的技艺,苏格拉底据此推断虔敬是一种人和神之间做交易的技艺;但做交易总是双方获益,要是说神在这种交易中从人那里有所获益,却是荒谬的;要是说神的获益指人对神的崇耀、祭拜使神喜爱,则又回到对话中已被否定的定义即虔敬是使神喜爱。所以欧绪弗洛这个定义不成立。(14C—15B)

在柏拉图写的早期苏格拉底的对话中,苏格拉底和对话者论辩时使用了大量逻辑论证,这是在他以前的哲学家的资料(因为几乎都是残篇)中所少见的。亚里士多德在他的著作(不止是逻辑著作)中大量引用这些论证。研究这些论证可以帮助我们理解古代希腊的逻辑思想及其发展情况,也有助于我们理解苏格拉底和柏拉图的哲学思想,现代西方学者已经开始注意研究这些逻辑论证,国内对此尚未见应有的重视,所以我们在这里多做一些具体介绍。

应该指出,当时智者的活动推进了论辩术,也促使人们去探究和自觉运用逻辑思维形式,智者如普罗迪柯等在这方面也是有所建树的;但许多智者却没

① 每个子题的推理步骤可参见桑塔斯:《苏格拉底—柏拉图早期对话中的哲学》,第165—168页。

有从中得到正面的逻辑思想方面的成果,反倒热衷于诡辩。因此苏格拉底对智者的诡辩的驳斥,也是他运用逻辑思想的重要组成部分。

第二节　驳诡辩——《欧绪德谟篇》

智者的修辞学和论辩术对于当时希腊人活跃逻辑思维和研究语言表述都起有积极的作用,但是相对主义感觉论使他们的论辩术带有很大的主观随意性,他们的思维形式缺乏严格的逻辑规范;后来一些智者将这种倾向推到极端,使论辩术蜕变成为一种任意玩弄概念游戏的诡辩术,造成很坏的风气,严重阻碍理性思维的进展。苏格拉底的逻辑思想贡献的一个重要方面便在于以正纠谬,揭露智者诡辩术的种种逻辑错误,从而引导人们追求正确的逻辑思维,使论辩术成为追求真理的工具。亚里士多德的《辩谬篇》剖析种种逻辑错误,就用了不少苏格拉底驳斥智者诡辩的材料。苏格拉底驳斥智者诡辩,最生动集中地表现在柏拉图早期对话《欧绪德谟篇》中。

智者欧绪德谟和狄奥尼索多洛两兄弟是这篇对话中和苏格拉底辩驳的主要对话人,他们参加建立图里殖民城邦多年后因为党争被放逐,来到雅典以教论辩术谋生;阿尔基比亚德的堂兄弟克利尼亚当时还是一位俊美和羞怯的少年,他是欧绪德谟兄弟和苏格拉底双方争夺思想诱导的对象。

对话内容是苏格拉底向克里托(即劝说苏格拉底越狱的那个人)追述前一天他伴同一些年轻人和欧绪德谟兄弟论辩的情况。他说这两兄弟像是拳击冠军,善于在论辩中击倒对手。他们自夸只要收取学费就能在短期内将学习者训练成论辩能手。他们还对苏格拉底说,他们能通过问答论辩给雅典青年灌输美德。苏格拉底要他们对克利尼亚显示智慧,展示范例,教这位少年懂得必须热爱智慧和实践美德。(271A—274D)于是双方先后对这位少年进行问答诱导,表现了诡辩和正确思维的对立。

智者教人学习,不是教人从无知到有知追求真理,而是教人在论辩中玩弄语词。欧绪德谟问克利尼亚,学习的人是学他知道的东西,还是学他不知道的东西? 少年回答说学他不知道的东西。智者诘难说,你总是知道了怎样拼写字母后才跟教师学习听写的,难道不是学习他知道的东西,是有知识才学习的吗? 克利尼亚茫然不知所对,两名智者则洋洋自得。(275D—277D)苏格拉底当即指出,应当首先根据可敬佩的普罗迪柯的告诫,首先学习正确地使用语词。"学习"一词有双重含义,一是指从没有知识到获得知识,二是指已经获得知识者在使用中审查和检验知识,可以称为"理解"。(277E—278A)苏格拉底指出如果利用同一语词的双重含义偷换概念,就会得出错误的逻辑判断。

苏格拉底认为美德可教,启迪人的智慧和美德是严肃的事情,同欧绪德谟的诡辩正相对立。他诱导少年克利尼亚要懂得学习和使用知识的宝贵价值,指出人皆愿生活得好,将事情做好,这就应该懂得什么是善。富有、健康、自制、勇敢等等都是善;善总是一种好运道,但只有智慧才能使人有好运道,如有智慧的领航员才能平安驾船,无知的领航员则会使船和人都覆灭,所以只有智慧才能给人好处、利益和快乐。智慧和知识好比黄金,必须学会正确使用它才有价值,要用它正确地指导人的行为,不犯错误。真理就在善的事物和行为之中。苏格拉底用归纳、类比等各种逻辑方法循循善诱,使少年懂得应当正确学习和使用知识,实践美德,有善而美好的生活价值,懂得向父辈学习知识比继承财产更有价值。(278E—282C)

习惯于诡辩的狄奥尼索多洛认为苏格拉底这样教导克利尼亚懂得什么是智慧和美德,是拿青年人开玩笑。他说苏格拉底既然在教导少年通过学习从不知者变为有知者,就是要将少年变成不再是现在所是的那个人,这就是要将现在的这个少年败毁掉,也就是要将他现有的一切美好东西都抛弃掉,因此苏格拉底就像是一名败坏青年的教唆犯。(283B—D)这种包含着许多偷换概念和不合逻辑的任意推断的诡辩,激起在场少年克特西普愤慨地指责狄奥尼索多洛是在撒谎。欧绪德谟却抓住这个话茬反驳,竟提出一个命题:任何说谎都是不可能的。他的理由是:所谓说谎不过是说某种和实际应说的事实不同的另一种额外的事实;凡说事实的都是说真理,所以这并不是说谎。如果认为说谎是说某种不存在的东西,因为"说"是人做的一种活动,而人不可能"做"不存在的事情,所以说不存在的事情这种"说谎"也是不可能的。(283E—

284C)这里欧绪德谟首先将说谎的含义曲解为说另一种事实,由此推出说谎是说真理;他又将说谎的活动同"说"、"做"活动这两个概念加以偷换,由此推出说谎作为说不存在的事情也是不可能的。憨直的克特西普无法容忍却又难以驳斥这种诡辩,便讥责两名智者说无聊话。狄奥尼索多洛回嘴指斥他不懂理只能庸俗地"骂街",克特西普说对方将凡是"说反对的话都当做骂街"。狄奥尼索多洛竟又接过话茬,认为任何"说反对的话"也是不可能的(潜台词是:对方必须闭嘴,只能听他的),理由是:任何语词都描述某种存在的东西,任何人都不可能说不存在的东西;只有在述说同样的东西时才可能有彼此说反对的话,而实际上有不同的说法时总是你在说这一存在的东西,而我说的却是另一存在的东西,并不是说同一存在的东西,因此说彼此说反对的话是根本不可能的。(284E—286B)克特西普等人被这种高妙的诡辩惊愕得目瞪口呆,只能哑口无言。苏格拉底说,他早就听到一些智者惯用这类手法论证说谎是不可能的,这等于主张凡说话皆是说真理,不可能有错误和无知。既然人人都一样说的是真理,两位智者为什么又慨然以教师爷自居,要号召人们付钱向他们学习呢? 他们的说法是自相矛盾的。狄奥尼索多洛又玩弄相对主义,认为不可以将他们起初的说法同现在的说法对立起来。他实际上主张彼时一是非,此时一是非,可以允许逻辑上相互矛盾的判断同真。(286C—287B)

　　苏格拉底针对智者的诡辩再次正面诱导克利尼亚要懂得如何热爱智慧和知识,正确地使用它们才会得到有益于人的价值。他说制作技艺和使用技艺并不相同,制作言词也不同于使用言词。智者炮制言词就像巫师制作能发生毒蛊的魔法,他们教人在法庭和议事会上施展这种魔法,这不是正确使用言词和知识。猎人和渔夫渔猎动物是制作,交给厨师烹调则是使用。几何学家、天文学家和算学家制成各种知识,应当交给辩证法家正确使用才能使人幸福。(288D—290D)苏格拉底指出这种辩证法的技艺是统治者的政治技艺,即正确治理城邦使公众有知识、从善、富足和消除党争的保证。善总是知识,统治者应有使人民智慧和从善的知识。现在离这个目标还很远,需要努力在生活实践和学习中去追求实现它。(291A—293A)苏格拉底说明真正的知识应该是什么,戳穿智者的所谓知识不过是假的魔法。

智者认为他们的诡辩已经可以包括人的全部知识和真理,他们还用诡辩论证人无所不知,根本不必再去别求知识,只要学习他们的诡辩就够了。所以苏格拉底问欧绪德谟应当寻求什么样的知识使人从善和幸福呢?欧绪德谟却说你早就有了这种长期困惑你的知识了。他的逻辑是:你总知道某些事情,既然你在知,就是知道一切事物;如果你说还不知道许多事物,就是说你既在知又不知,而同一个人在同一时候对同一事物做两种相反的陈述,就是自相矛盾;因此你必定早已有你在探求的知识了。(293B—C)苏格拉底肯定了形式逻辑的这条不矛盾律,但是批判欧绪德谟的推断是错误的,因为他从我不能同时既知又不知,推出我既然知道某些事情,就必然知道一切事情,这是荒谬的。这种推断不仅不符合智者自己并不知道许多事情的实际情况,而且会得出荒谬的结论:人要么全然无知,要么全知一切事物。(293D—E)狄奥尼索多洛却坚持说,只要根据上述推理就可以认为他自己是全知一切的,甚至修鞋制革、星星和沙粒的数目,他都知道。克特西普讥讽地问智者两兄弟是否互相知道对方牙齿的数目?他们答不出来,却强词夺理地称反正根据以上推理,他们是一直知道一切事情的,而且他们在孩童时,在出生时,在孕育成胎时,在未形成生命时,甚至在天地产生以前,他们就知道一切了,将来他们也永恒地知道一切(294A—295A,296E—297A)。这是智者将形式逻辑的同一律、不矛盾律的内容抽象化绝对化,玩弄概念游戏,乱加推论得出的极其荒唐的结论,也是扭曲人的思维形式规律,作出既违背事实也违背推理法则的一个典型的诡辩。

苏格拉底指斥这种诡辩,说它们就像希腊神话中的多头妖魔,逮住话茬就疯长乱辩各种怪论,叫人简直无法同他们辩理。(297C)为了暴露他们的诡辩的思维方式在逻辑上的荒谬性,苏格拉底诱使两名智者作了一系列逻辑上极为荒唐的诡辩:

第一,任意扩大概念外延和任意周延判断宾词,并且将同一律内容绝对化而作出的诡辩。例子是:帕特洛克勒(P)和苏格拉底是同母异父兄弟,苏格拉底的父亲是索佛隆尼司库(S),P的父亲是凯瑞得姆(C)。因为C不是苏格拉底的父亲,所以不是父亲;S不是P的父亲,他也不是父亲。S不能同时是父亲又不是父亲,所以他不是任何人的父亲,因此苏格拉底根本是一个没有父亲的人。(297E—298B)再如:一个女人不能既是母亲又不是母亲,所以她是你的母亲,必定也是一切人的母亲,而且必定是一切动物的母亲;所以她也是狗的母亲,因此你就是小狗的兄弟,你的爸爸是老公狗。(298D—E)

第二,利用文字游戏偷换概念作诡辩。例如我们可以说:这是一支笔,它是蓝色的,所以这是一支蓝色的笔。欧绪德谟作诡辩推论:那条狗是(小狗的)爸爸,那条狗是你的,所以那条狗是你的爸爸。你养了小狗和老狗,老狗是小狗的爸爸,作为爸爸的老狗是你的,所以老狗是你的爸爸,你是小狗的兄弟,你打老狗就是打你的爸爸。(298E)

第三,从一个抽象的大前提出发,不论数量、时间、地点、条件和对象,任意推出荒唐的结论。如:喝药对病人有益,所以病人应尽可能多地喝药,因此碾碎一车黎草药给病人喝下去最有效。(299B)金子是好东西,多多益善,所以时时处处有金子是大好事,因此在你的肚子里面有三塔壬同金子的人是很幸福的。(299D)这种推论也可推出内容自相矛盾的判断,如沉默者在说话。因为如果你沉默,就是对一切事情都沉默;而说话包括在一切事情之中,所以沉默者在说话,而你在说话时也是沉默的。(300B—C)

第四,无类比附的诡辩。如苏格拉底既然说美自身不同于美的事物,事物因伴有美自身而是美的事物;由此可以推论:你伴有一条公牛,所以你也是一条公牛。(301A)又如你所有的牛羊是你自己的,你可以自由处置,将它们赶到市场上去出卖;牛羊有生命,是动物;而宙斯、阿波罗、雅典娜是雅典人的神,也是你的神;神有生命,也是动物;他们都是你的动物,所以你也可以自由地将这些神赶到市场去出卖。(302B—E)

苏格拉底最后批判智者两兄弟,说他们的论辩实在"高明",堵塞了通向真理的道路。这种诡辩虽然可以博得某些也热衷于诡辩的人喝彩,但它们抹煞了美和善,抹煞了一切事物的差异,实质上是要缝闭人们的嘴,但是也缝闭了智者自己的嘴。他告诫他们最好只在私下玩弄这种诡辩,或者同愿意付学费的愚人去玩弄,公众是很少有人会赏识这种诡辩的;要是到公众中去玩弄,小心人们也会用这种诡辩来回敬你们。(303D—304B)对话最后部分苏格拉底和克里托一起评论智者中的诡辩家。克里托指出这类人自诩是能运用辩证法的最聪明的人,贬斥认真探讨哲学是讲废话,攻击别人的哲学思想不值一提荒唐可笑,他们夸耀自己能编制最聪慧的演说。苏格拉底说他们自以为是最智慧的人,将从事哲学研究的人认为是阻碍他们博得声誉的唯一对手,所以他们要千方百计地贬斥哲学研究者。他们自诩既擅长哲学又擅长政治,其实很难使他们懂得什么是哲学和政治的真理;他们不懂得这方面的善恶是非,其实是最拙劣的。克里托说让这类人教育青年,实在令人担忧。苏格拉底指出人们不应被这类人困扰,而应精确细致地去考察事物本身的真理;应当同青年人一起驳斥和避免诡辩家的坏哲学,勇于追求和实践真正的哲学。(304E—307C)

由于当时希腊人既还没有建立逻辑学,对逻辑思维形式也还缺少自觉的反思和研究,所以对智者的这类诡辩不但不能从理论上驳倒它,而且许多人还不认识它是错误,野心家和蛊惑者用这种诡辩手段在论辩中战胜对方,抬高自己,欺骗公众。一些智者就以传授这类诡辩为能事,自诩他们的诡辩拥有全部真理,以此蛊惑人心,败坏青年人的正常心智,在政治和道德领域混淆是非善恶,并且阻碍了知识和哲学思想的进展。《欧绪德谟篇》比较系统地揭露了这种诡辩的真正面目,以大量实例证明诡辩的逻辑错误,这是我们现在能看到的古代希腊文献中最早的一篇驳斥诡辩的著作。

对话中的苏格拉底还没有从系统的逻辑理论高度驳斥诡辩,因为当时逻辑学还没有建立;他驳斥的主要方式是将他自己的正确的逻辑论证同诡辩相对照,暴露智者诡辩的论证和结论的荒谬性,使人理解这类诡辩既背逆事实又充满逻辑错误。驳斥这些逻辑错误,他并不停留在常识和直觉的水平,已经有一定的理论剖析,例如:他批判对方利用语词的多义性偷换概念的错误;他肯定在推理和论证中应当保持概念的同一性,但指出概念的同一性有确定的范围,如果任意扩充其范围即外延,就会得出"我知某一事物即是知道一切事物"这类荒唐结论;他最后引使智者展示一系列看来极其荒谬的诡辩论证,能够启迪人们去思考它们的逻辑错误何在,从而在正反比较中探究正确的逻辑推理和论证形式。因此苏格拉底是从批判诡辩的逻辑错误这个反面角度,促使人们去思索和探究逻辑理论问题;这对促进古希腊形式逻辑的诞生无疑是一种重要的贡献。亚里士多德后来在《辩谬篇》中用许多篇幅给多种诡辩勾画形相,揭露其逻辑错误,并评述驳斥诡辩的方法,就是继承和发展了苏格拉底驳诡辩的逻辑思想。

　　在苏格拉底看来,诡辩不合逻辑,不是真正的辩证法;正确的逻辑思维形式同他自己的辩证法是一致的,因为他的辩证法是合理的逻辑论证,所以正确规范的逻辑思维形式是他运用辩证法探求事物真理的不可缺少的思想工具。智者并不都搞诡辩,不能将智者说成就是诡辩派;普罗泰戈拉、普罗迪柯等著名智者研究修辞、语言和论辩术,提出一些悖论,也增进了古希腊的逻辑思想和主观辩证思维。形式逻辑不是形而上学,它只研究思维的形式结构,不论及思想内容。合乎逻辑的正确思维形式同古希腊的辩证法历来一致,相辅相成。芝诺作为主观辩证法的创始人提出的一系列悖论不是诡辩,他的论证在思维形式结构方面是合乎逻辑的,他的悖论的内容揭露了存在事物中关于动和静、有限和无限、间断性和连续性、一和多的矛盾,但是他不能使对立双方辩证地统一起来。可是像本篇对话中那些智者的诡辩却是任意歪曲思维形式结构,违反逻辑,所推出的一些结论如"沉默者在说话"等根本不触及存在事物的矛盾,而是包含严重逻辑错误的思维形式的自相矛盾,这不是有主观辩证法内容的悖论,而是十足的诡辩。苏格拉底的问答式论辩的主观辩证法体现了逻辑分析精神,要求在思维形式结构方面遵循严格的逻辑规范,才能有效地保证在论证的思维运动中消解片面、错误的论题,使人的知识从不知到知,从片面到全面,从现象深入本质,以达到对事物本性的认识。就这个意义说,形式逻辑思想在开始孕育的时候就并不同辩证法相对立,而是苏格拉底运用辩证法探求真理的必不可少的思想工具。后来亚里士多德的六篇逻辑著作被弟子们冠以《工具论》的总名,是十分恰当的。

第三节　对语言的哲学思考——《克拉底鲁篇》

　　在上一编第二章中我们介绍过从诗性语言到哲学语言的发展以及哲学的

思维方式和表述方式问题;正是在普罗泰戈拉和普罗迪柯等智者有关语言学的研究以后,苏格拉底提出"认识你自己",开展对人的哲学研究,同时也将语言当作是他的哲学研究对象之一。

西方哲学的历史发展表现出日益重视对语言的哲学研究。古希腊人最早使用"逻各斯"这个范畴就包含着言词、语言的意义,现存的德谟克利特的著作目录表明他曾写过语言方面的专著。智者的修辞学和论辩术已经探究了语言的本性及其应用,普罗迪柯则已细致研究了语词的意义问题,他们已经对语言的本性展开争论。亚里士多德的逻辑学和修辞学著作都大量涉及语言研究。中世纪唯名论和实在论的争论也是对语言的哲学理解问题的争论。19世纪德国哲学家施莱马赫和洪堡强调语言研究是重要的哲学课题,狄尔泰强调生命经验这个精神本体的语义性,重视从本体论角度研究语言现象。语言已成为现代西方哲学两大思潮共同研究的一个中心课题:分析哲学思潮将全部哲学问题归结为逻辑分析和语言分析,构建了多种语言哲学理论;欧洲大陆人文主义思潮从海德格尔到当代一些哲学派别也实现了向语言哲学的转向,对语言提出了多种不同的哲学解释。现代西方多派语言哲学贯穿了它们各自的基本哲学观点,我们并不苟同;但是语言哲学问题引起的广泛深入的探讨确也应该引起我们的重视,语言既然是哲学研究的重要课题,我们的哲学史研究也应根据具体材料研究各个历史时代的哲学家对于语言哲学问题的论述。

在古代希腊,智者对语言的本性已经有自然论和约定论的争论;而重视语言问题并联系人的哲学对语言作较为深入的哲学思考的思想家,当首推苏格拉底和柏拉图。在色诺芬的《回忆录》中苏格拉底没有提出语言哲学思想,但在他和青年讨论军事将领的才能时,他认为将领除了应该具有各种有关军事的才能外,还应该有演说和说话的本领,他说:"我们按照惯例学到的最好的东西,也就是说我们借以认识生活的一切事物都是通过语言学来的;我们学得的其他一些有用的知识也都是通过语言学来的;最好的教师是最会运用语言的人,懂得最重要道理的人都是最会讲话的人"(第3卷第3章第11节)。他已经指明了语言的重要性以及哲学(最重要的道理)和语言的联系。而在柏拉图笔下的苏格拉底则直接介入了当时关于语言本性的哲学论战,根据理性主义哲学的基本观点对语言的本质和历史发展、语用、语形等问题都提出了哲学见解,甚至开始对哲学范畴(语词即概念)作素朴的研究。这集中表现在柏拉图的长篇对话《克拉底鲁篇》中,这是一篇研究亚里士多德以前的希腊语言哲学的重要文献,但是因为它包含大量古希腊文词源释义的艰涩内容,研究它有一定难度。有的西方学者如泰勒认为这篇对话只是柏拉图"偶然写下的著作"①,显然忽视了它对语言哲学的创始的重要意义。

现在在多数学者都认为《克拉底鲁篇》是柏拉图中期偏早写的对话,柏拉图已经逐渐摆脱苏格拉底的影响而提出他自己的系统相论了。但这篇对话中的思想究竟全部或主要是属于苏格拉底还是柏拉图的? 实在很难辨明。因为对话中系统的相论思想还不多,所以我们摆在苏格拉底名下论述,这里的思想只能说是属于柏拉图笔下的苏格拉底的。

在这篇对话中同苏格拉底对话的有两个人,一个是他的好友赫谟根尼,他是雅典奉养智者的富翁卡利亚的一个贫寒兄弟,同苏格拉底结为至交,苏格拉底受审和被处死时他都在场;色诺芬根据他的转述写了《苏格拉底在法官前的申辩》。另一个是赫拉克利特学派的克拉底鲁,他的思想在本书第一卷中已有论述。② 亚里士多德在《形而上学》中说柏拉图在年轻时通过克拉底鲁熟悉赫拉克利特的学说,并且称克拉底鲁将这种学说推到极端,认为人一次踏进同一条河流也不可能,所以人根本不能说什么,只能简单地动动他的手指。(987^{a}32—^{b}1,1010^{a}10—14)克拉底鲁无疑有相对主义思想,但说他完全否认静止也是可疑的,泰勒认为这可能是亚里士多德过于认真地对待某种传闻,未必确实。③ 这种看法有道理,因为在本篇对话中克拉底鲁主张语言有它的自然本性,并不否认语言的确定意义和交往功能。克拉底鲁在苏格拉底处死以前同青年柏拉图已有交往,和苏格拉底的交往可能更早一些,在本篇对话中他和赫谟根尼都是年轻人。

这篇对话有不少往复论驳,但苏格拉底的正面论述比重较大;前面五分之

---

① 泰勒:《柏拉图其人及其著作》,第 75 页。

② 参见本书第一卷第 374—380 页。

③ 参见泰勒:《柏拉图其人及其著作》,第 76 页。

四部分主要同赫谟根尼讨论，后面五分之一部分主要同克拉底鲁讨论。我们根据对话论述顺序，归纳为以下五个问题述评。

一 语言问题上的 physis 和 nomos 之争

当时思想界在语言起源问题上有 physis 和 nomos 的争论，前一派主张语言是自然天生的，后一派主张语言是人为约定俗成的。本篇对话开始赫谟根尼就介绍这两派主张，他说克拉底鲁认为任何事物的名字都是自然有的，不是像有些人说的约定而成的，名字并不是人们同意使用的声音，它是有内在的正确性的；这对希腊语和蛮族语言都一样。"克拉底鲁"就是他自己的真名，即使所有的人都叫他"赫谟根尼"，那也不是他的名字。（383A—B）而赫谟根尼自己却认为任何名字中都没有正确性原则，一切名字都是约定俗成的；因此任何给定的名字都是对的，名字是可变的，对家里的奴隶可以任意改变他们的名字，新名和旧名同样适用；所以并没有自然的固定的名字，一切名字都是使用者的习惯。（384D）他请苏格拉底谈自己的看法。苏格拉底说"善的知识是难的"，他深知探究语言的知识很有难度。他因为贫穷听不起伟大的普罗迪柯收费五十德拉克玛的有关课程，只听过一个德拉克玛的课，因此对这类问题缺少知识，但是他很乐意和他们一起讨论。（384B—C）

苏格拉底主要批判约定论。他认为：语词中有真或假的意义，语词构成的命题也有真或假的意义，真命题正确表述存在的东西，假命题则说了并不存在的东西；真名字是真命题的构成部分，假名字是假命题的构成部分，因此名字也就有真或假的意义。（385A—C）希腊人和蛮族人对同一事物使用不同的名字，但是事物的名字的意义并不像名字的声音或字形那样因人而异。如果像普罗泰戈拉主张的"人是万物的尺度"，真理只是事物对个人显现的样子，并没有它固有的本性，那么名字就无真假之分，人也就没有智愚善恶之分了，所以普罗泰戈拉的判断是不正确的。（385D—386C）苏格拉底批判了约定论的相对主义哲学基础，指斥它抹煞了名字的意义所表达的事物本质的客观真理。

苏格拉底概述他自己关于名字的起源和本性的基本主张。他认为一切事物都有它自身固有的本质，它们不是相对于我们才存在，不被我们所影响，也不因我们的想象而变易不定;它们独立存在,按其本性维系着自然所规定的关系。(386D—E)他进一步指出:人的行为也像事物一样是按其本性而完成的,如切割东西不是随便用什么工具、爱怎么样切割就能做好的,只能用合适的工具按照切割的自然过程方能成功。说话和命名活动也是一种行为,有它们自身特殊的本性,要根据它们的自然方式,运用合适于它们的工具进行才能成功,如果只凭个人的爱憎去做就会失败。名字是用来传递信息和辨识事物本性的工具。(387A—388C)由此可见苏格拉底反对名字的约定论,在他看来名字所表述的是事物的固有本性,因此名字的意义是客观的,不依人的喜好和想象而转移,不能是任意约定的。但是他的主张也不完全同于名字的自然论,他认为说话和命名都是人的行为,不过这种行为不是由人随便任意进行的;而是必须根据说话和命名的对象的本性,选择适合于这种本性的方式和工具来进行,才能是正确的说话和命名。这样他就避免了这两种论点各自的片面性,提出了比较合乎实际的主张。

二　命名和意义

赋予对象以确切的名字即命名,是一种重要的知识活动,苏格拉底认为并不是人人都能命名的。他将名字制作者称作命名者即制造 nomos 的人,他说这种能熟练制造名字的人在人类中是很少的。(388E—389A)命名者怎样进行正确的命名活动呢? 他认为名字是人辨识事物的工具,因此只能根据事物的本性(physis)命名。这里他就提出有关"相"的思想了,他以木匠制造梭子为例,说梭子是纺织用的工具,木匠只能根据适合于纺织本性的即梭子的"相"或"型"来制造梭子;同样命名者也只能根据事物的"相"或"型"来为这事物命名。这一点我们在以上论述苏格拉底的基本哲学观念中有关"相"的雏形时已经介绍过。苏格拉底认为命名者命名时要观照理想的名字即事物的"相",才能将合乎每一事物的本性的名字用声音和音节表达出来。不同民族的名字制作者使用的声音和音节不同,因而有很不相同的语言,但是给同一事物命名所依据的"相"必定是相同的;因此不同声音的名字的意义相同,实为同一个名字。他还认为,要确定织梭是否合适,并不是靠制造梭子的木匠,而是只有在使用中懂得织梭本性的织工才能认定;同样,能确定名字是否合适的人也不是名字制作者,而是经常使用名字进行问答论辩的辩证法家(dialektikon)。(389A—390D)他所说的"理想的名字"即真实的"相"又是什么呢?这就引出命名的"意义"问题。

苏格拉底虽然认为名字是人制造的,制造名字的人也就是制造 nomos;但是他并不认为人人都能随意制造名字,他认为"只有那些能看到每个事物按其本性(physis)而有的名字,并在字母和音节中表述它们的'相'的人才是名字的制造者",所以他认为克拉底鲁说名字是"自然地属于事物"还是对的。(390D—E)这样他就将 physis 和 nomos 争论的两种观点结合起来,避免了它们各自的片面性,但是他的基本立场则是站在 physis 方面的。他认为由一定的字母和音节构成的名字要能表述事物的真实的"相",才能表示名字的自然的正确性。(391A—B)这种名字的自然的正确性就是名字的意义,也就是名字所表示的对象的本质即"相"或"型"。他指出,在制作同一名字中使用的字母和音节不论是否相同,"只要保留其同一的意义,就没有区别;只要事物的本质保留并表现在名字的涵义中,字母的多少增减并不使同一名字发生差异;只要我们赋予名字的意义没有差误和改变,字母的增减不会使整个名字失去命名者赋予它的价值。"(393D—E)例如希腊文中的"王"可以用 hector 和 anax 这两个不同的语词形式来表述,其意义都是指城邦统治者,实为同一名字(393A)。正好像同一种药物可以做成不同的颜色和味道,一般人不知道它们是同一种药物,只有熟悉药物本性的医生才知道它们是同一种药物。同理,对名字构成的些许变化,一般人难于理解,词源学家却不会由于同一名字的字母音节的增减变化而弄不清同一名字的同样意义。(394A—C,395B)

这是西方思想史上最早论述的命名中的"意义"问题,它正是当代西方各种语言哲学热衷讨论而见解纷纭的一个重要课题。显然苏格拉底—柏拉图的命名和意义的学说是同他们的普遍性定义和"相"的学说一致的。在他们看来,真实的名字必定是有意义的,名字的真理和正确性也在于这种"意义"。事物的本质即事物的真实合适的"相",也就是置于字母和音节中的名字的真实合适的意义;而名字的真实的意义归根结蒂是指名字所表述的对象事物的本性即"相",而不是指构成名字的字母音节等外在形式。这种名字的意义就是命名者赋予名字的价值,这是一种辨别认知事物本性的价值。苏格拉底在人的认知活动中考察命名和意义,强调正确的命名应赋予名字以确切表述对象本质的真实意义;命名和名字的意义不是任意约定的,应该符合事物的客观本性。他是针对智者的相对主义感觉论的约定说提出这种观点的,应该说是深刻的、合理的。

苏格拉底认为最初的命名者必定是有智慧的人,根据他们所理解的事物本性来命名;词源学家不难看出许多名字最初给定时的本来意义。在对话中以大量篇幅对许多名字的原初意义作了考释,以论证以上命名和意义的学说;由于涉及许多希腊古文字学和语音学内容,这里只能简单介绍一些例子。他说荷马是善于命名的诗人,将特洛伊战争中的一位英雄命名为"阿伽门农"(Agamemnon),这个词本有坚持耐久的意思,确切地表达了这位英雄完成事业时的坚韧刚毅的本性。(395A)苏格拉底说他曾同热心宗教的欧绪弗洛通宵达旦地讨论过诸神的命名问题,认为远古人们看到日、月、星、地总在动转,将它们称为"神",希腊文 theous 这个词本来意义就是"动者"。(396D—397D)"宙斯"(Zeus)的名字原来是一个句子,可以分为两部分,有些人根据这一部分叫他 Zena,有些人根据另一部分叫他 Dia,两者合在一起就表示他给予一切生物以生命(zen)。(395E—396B)酒神狄奥尼修斯(Dionysus)是酒(oinos)的给予者(didous)(406C);传话神赫耳墨斯(Hermes)和说话有关,是解释者(hermeneus)和传递者。(408A)〔"解释学"Hermeneutics 就是从这个神名衍变来的。〕而"人"(anthropos)这个词原来是由一个句子浓缩成一个词的,它表示和其他动物不同,人能思考注视(anathrei)他所看到的东西(opope)。(399B—C)苏格拉底关于诸神、人、日月星辰等词源意义的考释,论证了远古人们都是依据他们素朴地直观到的自然事物的本性来命名的。他指出:赫拉克利特重复了远古的智慧传统,主张万物皆动,无物静止,将万物比喻为一条河流,人不能两次踏进同一河流之中;认为远古的命名是符合赫拉克利特的思想的。(402A—B)

三　哲学范畴的词义

柏拉图笔下的苏格拉底在对名字的词源意义的考释中还探究了当时使用的一些哲学范畴在命名时的本来意义，这是西方哲学史上最早从词源学角度提出的范畴考释。苏格拉底认为最初给定这类名字的人，无疑也像近时的许多哲学家一样，在探究事物的本性时对万物的恒常转动感到眩晕，因而认为万物在不断地旋转和运动。他们将这种现象看做自然的实在，主张万物皆流动变化，没有静止不变的东西。（411B—C）他们将这种对自然现象的直观理解为万物的普遍本性，将这种看法渗透在他们所赋予的哲学名词的意义之中。他考释的哲学名词有三十六个，概括分为三类例述如下。

第一类是关于自然本原的名字，有水、火、土、气、以太、本质等。他认为气（aer）是将事物从地上升起（airei）或永远流动（aei rei），风就是气的流动。（410B）土（ge）可以正确地用 gaia（母）这个形式，土是万物之母。（410C）水、火可能是外来语，它们很难和希腊语联系起来。（410A）

第二类是灵魂和认知方面的名字，有灵魂、肉体、技艺、智慧、理解、知识、判断、意见、必然性、真理、错误、存在和非存在等。灵魂（psyche）是生命之源，给予身体以呼吸和复醒（anapsy-chon）的能力，在阿那克萨戈拉的学说中，灵魂和努斯是安排万物秩序的原则（399E—400A）。肉体（soma）是灵魂的坟墓（sema）或记号（sema），是奥菲斯教诗人命名的，它让原罪的灵魂受到痛苦的惩罚。（400B—C）智慧（phronesis）是运动（phoras）和流动（rou）的概念（noesis），也可以理解为对运动的赞美（onesis）。（411D）必然性（ananke）和自愿（hekousion）相反，自愿表示服从（heikon）按照意志的运动，必然则表示走过峪谷（anke），是很难超越的意思。（420D—E）真理（aletheia）是存在的一种神圣运动（theia ale），使事物去蔽呈现其本性；错误（psyeudos）则指同这种运动相反的，像睡着的人（eudousi）可以掩蔽事物的本性。（421B）〔海德格尔就是根据希腊文原意将真理规定为"去蔽"。〕

第三类是一些伦理名字，有美德、善、恶、美、丑、正义、非正义、勇敢、怯懦、有益、有害、快乐、痛苦、欲望、爱等。如正义（dikaion）有精细、高速地穿透（diaion)事物的能力,后来有万物生成的原因的意义。有人说太阳就是正义,因为太阳能穿透和燃烧(kaion)万物,因此正义就是火。阿那克萨戈拉认为正义就是努斯,因为它是穿透并且安排万物的秩序的能力。(412C—413C)美德(arete)是灵魂的流畅运行(aei reon),恶(kakia)是坏的运行(kakos ion)。(415B—E)

苏格拉底主要是从词源学角度考察这些哲学名词最初形成时的本来意义,当然不像后来亚里士多德从早期哲学思想史角度研究哲学范畴那样深刻;但是苏格拉底是探究这些名词在还没有被哲学家当作范畴提出来以前人们所认识的原来意义,可以说是哲学史前史的范畴研究,对我们了解早期希腊人的思想是很有意义的。

四 摹仿说和命名的真和假

苏格拉底进而论述命名的原则,即人们究竟是根据什么命名,并赋予名字以意义的。他指出:一个词可以分解为几个词,又可以将词分解为最基本的因素字母,但这样并不能成功地回答这个问题。他认为要考察名字的意义首先要考察最早的原生名字,后来的名字往往是由原生名字派生出来的。以上考释的许多名字的词源意义都表明原生名字是尽可能表述事物的本性的。(422B—D)由此他提出命名是以字母和音节对事物本性的摹仿。比如聋哑人常用手、头或身体的其他部分摹仿事物,如手指天表达"上",手指地表达"下",摆动双腿表达"跑步";音乐是以乐音摹仿对象,绘画是以颜色摹仿对象;命名是在字母和音节中表述事物的本质,也就是用音节和字母造成对事物本质的摹仿。(423A—E)这种摹仿并不是用手势动作、乐音、颜色去摹仿事物的外部现象,而是用声音和文字表述事物的本质。这种摹仿是如何进行的呢?苏格拉底认为:一方面是区别元音、半元音、辅音以及不发音的字母,将它们归类,用字母和音节组合成名字;另一方面更重要的是完成事物的分类,这样才能用某个名字去指称它所摹仿的事物。有时一个名字可以指称一个事物,也可以用几个名字指称同一对象。文字的构成是由字母合成音节,音节合成名词、动词等,再由名词、动词等构成完美的语言。这种古代早已形成的语言是尽其可能摹仿事物的本性的。他说：用字母和音节摹仿对象这种说法看起来是可笑的，但这是不可避免的，因为要解释最初的名字的真理没有其他更好的原则了。如果不根据这条原则，就会像一些悲剧诗人那样乞求于神说什么"神给了最初的名字，所以这些名词是正确的"。（424C—425E）苏格拉底反对神创说，主张名字和语言都是人造的，但并不是人任意制造或约定俗成的，而是摹仿事物的本性也就是根据事物的本性仿造的。因此他一方面要将字母、音节等分类，另一方面要将事物分类，使由字母和音节组成的名字和语言能够同事物相对应，符合事物的本性。这种摹仿说和后来柏拉图的摹仿说——事物摹仿本质的"相"——基本思路是一致的。

至此苏格拉底一直是在同赫谟根尼对话，在批判名字的约定论中论述他自己的关于命名应揭示事物的自然本性的思想。这表面上似乎有利于克拉底鲁的主张，得到后者赞同；其实苏格拉底的命名说同克拉底鲁的名字自然天生说也是迥然有别的。赫谟根尼提问：克拉底鲁经常说到名字的适切性或正确性，但不曾说清它的意思，应该如何理解呢？（427D）于是对话的以后部分，苏格拉底转入同克拉底鲁讨论。

命名是一种技艺，命名者命名有好有坏，苏格拉底主张命名有正确和错误之分。命名的正确性即名字指明了事物的本性，也就是名字的适切性。克拉底鲁却主张任何事物都自然地有名，这是名字的适切性；只要成其为名字便天然地是正确的，不可能有错误。因为错误是说"不存在的东西"，而用名字说不存在的东西是不可能的；如果将一些字母拼凑起来而无意义，不表述某种存在的东西，这种胡乱拼凑成的字便不能称为名字，只像是锤击铜罐发生的闹音而已。（429B—430A）苏格拉底反对克拉底鲁这种名字天然正确的理论，他认为名字有正确和错误即真和假之分。他从以下三点论证：第一，命名和绘画一样都是对事物的摹仿，绘画用色彩摹仿事物，有优劣之分；命名是将事物的共同本质或特性作为意义赋予名字，也有优劣之分。比如将男人的共同属性归于男人，将女人的共同属性归于女人；要是将和事物不同的性质作为意义赋予这个名字，如将女人的共同属性归结为"男人"这个名字的意义，就是错误的命名。他说："我能像绘画那样将名字赋予对象，正确的赋予可称之为真理，不正确的赋予便是错误。"(431A—B)第二,绘画摹仿事物要有合适的色彩和构形,正确的命名也要用合适的字母和音节摹仿事物的本性,才能产生好的影像,有好的名字。克拉底鲁认为一经命名,名字无论怎样用字母音节构成,都天然正确。苏格拉底指出这种见解说不通,因为就一般性质说名字不同于数字,9或10不可增减一分,否则不成其为9或10;名字则和绘画一样只能大体摹仿事物,不可能在每一细微点上都全同于事物,否则便等于再造这个事物了。既然是大致摹仿,原初名字使用的字母和音节会发生累赘、脱漏、错损等不合适的情况,破坏名字的美和形态,命名中是会有构形性错误的。(432A—433C)第三,苏格拉底指出:如果主张凡命名天然正确,只须按命名者的意图任意构成名字,称大为小或称小为大都是天然正确,这倒是将约定俗成作为命名的唯一原则,所以克拉底鲁的名字自然论同名字约定论又殊途同归了。(433D—E)总之苏格拉底主张命名有正确和错误之分,有双重含义:一是赋予名字的意义有真假之分,这类似现代逻辑中所说的意义的真值和假值;苏格拉底这里说的是事实的真假值,他不可能提出逻辑的真假值,他说的真和假是指要将事物的真实本性作为意义赋予相应的名字。二是指名字的构成形态是否合适完善,有没有增漏错损,这涉及语形学和语音学方面的问题。

苏格拉底进而认为在命名中字母和音节构成名字的情况极为复杂,也有人为约定的因素,并不只受事物本性自然制约。例如坚硬 skleros 这个词既用了硬音 r,也用了软音 l,同事物的坚硬本性并不相关。因此在命名中约定和习惯也是必须考虑的一种补充原则,它在决定名字的正确性方面也起重要的作用。(435A—D)苏格拉底的命名学说既主张以字母音节摹仿事物的本性(physis)而赋予名字意义,这是命名的主要原则;同时主张在字形和语音的构成方面,人为的约定也起重要作用。这种见解克服了关于命名的自然论和约定论各自的偏颇,在当时不失为一种比较全面和合理的命名理论。

五 命名的哲学指导原则

苏格拉底在考释许多名字的词源意义时认为古人最初命名时都直观地看到万物的运动变化,这种观点符合赫拉克利特的学说,所以克拉底鲁洋洋得意,甚至要说服苏格拉底皈依他们的学说。(428B)然而在对话的最后部分苏格拉底杀了个"回马枪",他论述命名既然涉及认识事物的本质,就应有正确的哲学指导原则。他批判赫拉克利特的学说,强调要研究万物的永恒不变、普遍绝对的本质即"相",才能保证命名的正确性。

既然名字的意义是摹仿事物的本性,人们知道名字就是知道它所表达的事物,名字的使用价值在于它是最好的一种信息传达。(435E)苏格拉底认为人们在使用名字探究事物时总要分析名字的意义,这就有受欺骗的危险,因为最初的命名者只是根据他自己对事物的概念赋予名字意义,如果他的概念是错误的,就会导致从最初名字到后来名字长期推演而生的一系列错误。因此人们应当主要关注思索他的第一原则。(435D—436D)在他看来命名中赋予意义正确与否关键在于命名的哲学指导原则,即命名者对万物的普遍本性的哲学理解;如果没有正确的理解便会造成命名中锁链式的意义错误。

苏格拉底指出:他已考释的大量名字的词源意义确是前后一贯的,都体现了一个哲学原则即直观到万物皆动皆流。但是后来也有一些命名者认为事物并不是处在动变中,而是处在和运动相反的静止中,有许多名字如知识(episteme)、探究(istoria)都表示事物的静止状态。(436E—437C)这无疑是指爱利亚学派的观点。在名字和知识的关系问题上苏格拉底提出一个问题:最初的命名者必定是具有关于对象的知识才能赋予名字意义,如果说事物必须通过名字才能被认知,那么在名字尚未产生的情况下,最初的命名者又如何能有知识呢? 这有点像是"蛋生鸡还是鸡生蛋"的难题。这也就是要判断主张万物皆动和主张万物皆静这两种对立的哲学原则孰是孰非的标准何在。苏格拉底反对克拉底鲁主张是某种超人的力量给事物最初的名字的,他认为关于事物的知识并不是源自名字,而是来自事物本身。(438A—439B)在他看来,名字的意义来自事物本身以及关于事物本性的认识,是先有实才有名的;有知识才有名字,知识的真假决定命名意义的真假。当然他不否认在最初命名以后,人们必须通过名字去进一步认知事物。

那么真实存在的普遍本性是什么呢? 他认为早先的许多命名者确实依据万物皆动皆流这种观念来定名,但这种观念是一种错误的意见,他们自己陷入这样一种"旋涡"之中,也就跟着旋转,而且将我们拖住跟他们一起旋转。(439C)他认为绝对美、绝对善等等绝对的存在才是事物的真正普遍本性,它们自身绝对同一,没有变动。真正的美自身是永恒不变的美,具体的美的事物才是流变的。这种真正的绝对的本性就是事物的"相"或"型"。这部分思想我们在以上论述苏格拉底的基本哲学观念谈到他形成一个新的知识概念时已经讨论过了,现在不再详细引述。在这个结论中苏格拉底认为应该有绝对静止的"相"作为命名的基本哲学原则,批判赫拉克利特学派的思想,说他们将事物当成是一只漏水的壶,或者像感冒病人一样认为事物总是流动变化的。虽然他也说到关于事物中是否有永恒不变的本性,赫拉克利特及其追随者的学说是否是真理确实是不易决定的问题。(440C)他要求青年克拉底鲁再好好研究这个问题,克拉底鲁还是认为赫拉克利特的学说更接近真理。他们就这样分手,对话结束。

《克拉底鲁篇》已经提到事物的"相"和"型",具有相论的基本形式,但在苏格拉底分析词源意义时大量采用的还是赫拉克利特的流动学说,只在最后结束时才提出绝对静止的"相",批评赫拉克利特的学说,但也没有作详细具体的理论论证。所以虽然它是柏拉图的中期偏早的著作,我们仍将它列在苏格拉底名下论述。这篇对话的重要价值在于它提出了一种独具一格的语言哲学理论。柏拉图笔下的苏格拉底最早对语言这种人的认知活动和生活交往形式作了深刻的哲学思考,他提出的命名摹仿事物本性说和名字意义的真假说都包含有合理的思想内容。在他对各种名字所作的大量词源意义的考释中,我们可以看到早期希腊人的素朴的辩证法思想,对我们了解古希腊一些哲学范畴的意义的由来是有价值的,可以说是对哲学范畴形成史作了最早的素朴的研究。他还从哲学高度对当时语言理论中的 physis 和 nomos 的争论作了比较合理的总结,对语言学理论的发展起了促进作用。

现代西方分析哲学对语言哲学作了大量深入细致的研究,形成许多不同的学说。比较古今,我们饶有兴趣地发现,今人所研究的一些基本理论,诸如命名理论包括名字和指称的关系这个当代语言哲学的中心问题之一,语义学中的意义理论和意义的真假值问题,语形学和语用学问题等等,在《克拉底鲁篇》中都已经开始讨论或有所涉及。苏格拉底的某些论述同当代西方语言哲学家的某些重要思想也有可以追溯比较的相似之处。例如当代美国著名语言哲学家塞拉斯（Wilflid Sellas）的"科学实在论"主张名字和知识是世界实在的一种"影像"，科学的知识表达"理论实体"这种真正的存在；苏格拉底也主张名字是摹仿事物本性的一种"影象"，而正确的命名所表达的事物本性实为"相"这种精神实体。关于名字的意义，穆勒等人的传统观念认为名字的含义即它们的内涵，表达指称对象的共同本质属性；弗莱格、罗素、维特根斯坦等人关于摹状词的理论实质上是将名字的含义从共同本质属性扩展为一组限定摹状词，即一个或一类事物的一组特性；而在苏格拉底的命名学说中，名字的意义或指共同本质属性，或指共同特性，两者兼及并无明确区分（后来亚里士多德才开始作这种划分）。当代美国著名语言哲学家克里普克（Saul Kripke）写了《命名和必然性》这部名著，对穆勒的传统观点和罗素等人的摹状词理论又提出挑战，提出命名的"历史的因果理论"，自成一家，在当代西方很有影响。他认为专名和通名的命名总是借助有关历史条件，按照对象的某些特征来指称它；这个名字及其特征意义会沿着历史"传递的链条"一环一环地传递下去；名字的含义在传递中是可变的，不同时代的人由历史条件所决定，对同一名字所赋予的意义会有历史的因果性变化。苏格拉底主张名字的意义即事物的本性，这当然不同于克里普克的见解；但是他考察了命名的历史过程，指出最早的原生名字演变出后来的派生名字，名字的意义在历史延续中有传递关系；并且认为随着人对事物本性的重新认识，同一名字的意义也会改变。这种见解同克里普克关于命名的"历史的因果理论"也有素朴的相似之处。所以从人类认识发展史的角度看，《克拉底鲁篇》中的语言哲学理论还是值得研究的。

❈ 第十二章 ❈

小苏格拉底学派

苏格拉底死后,他的弟子柏拉图和再传弟子亚里士多德继承和发展他的思想,无疑是当时最杰出的哲学大师,然而在这个时期苏格拉底哲学还影响了其他许多哲学家。苏格拉底生前没有建立固定的学派团体,但他汇聚的众多门生却形成种种以阐述苏格拉底哲学自命的学说。其中有些人谨守苏格拉底的教诲,专心致志于忆述苏格拉底哲学对话,可惜这些宝贵资料都已经佚失了。有些人则吸取并片面发挥苏格拉底思想的某些内容,或也糅合别的哲学思想自成学派,且有代代传人影响持久。它们主要是麦加拉学派、昔尼克学派和居勒尼学派,史称小苏格拉底学派。他们的思想对后期希腊哲学的某些学派有一定影响,我们必须作些介绍。

柏拉图《斐多篇》中记述的苏格拉底临刑前在场的许多学生,后来大多是传扬苏格拉底思想的学者。除了居勒尼学派的创建人阿里斯提波当时赴伊齐那不在外,麦加拉学派的创建人欧几里得和忒尔西翁,昔尼克学派的创建人安提斯泰尼等都陪侍在侧。第欧根尼·拉尔修在《著名哲学家的生平和学说》中对其中许多哲学家有所记述,并记载有他们的著作名称,可惜这些著作都已经佚失。近现代哲学史家研究小苏格拉底学派所能根据的资料大多出自第欧根尼·拉尔修的记载以及亚里士多德等古代哲学家的片段论述,我们也只能根据这些资料。以下凡引自《著名哲学家的生平和学说》一书的,行文中只注明卷数及节数。限于篇幅,我们只能作些简要的介绍和论述。

在论述这三个学派以前我们先概述其他一些学生。有一类是谨守并忠实记述苏格拉底教义的学生,如埃斯基涅是深受苏格拉底喜爱的忠实学生。他是雅典一位香肠制作者的儿子,矢志跟从苏格拉底学习,家境贫困但勤奋治学,苏格拉底称道"只有香肠制作者的儿子懂得怎样崇敬我"。他写了记述苏格拉底言论的七篇对话,据说文采焕发。(现仅存少数残篇。)当时就有人攻评他写的对话是从苏格拉底的遗孀那里窃取来的,此说似不可信。柏拉图似乎瞧不起他,阿里斯提波则同他友好,并将他引荐给叙拉古王狄奥尼修;但他并不得志,返回雅典后收费授徒终老其生。(第2卷第60—62节)曾劝说苏格拉底越狱的雅典巨富克里托始终热情追随苏格拉底,他的四个儿子也是苏格拉底的学生。克里托写了十七篇苏格拉底的对话,第欧根尼·拉尔修时尚存,集为一卷,总题为"人们并非单靠学识成善"。(第2卷第121节)还有一位雅典鞋革匠西蒙。苏格拉底常去他的作坊和他交谈,他尽其所忆作了许多笔记,写成三十三篇对话,时人戏称为"制革的对话"。据说他是在苏格拉底活着时最早用对话体裁介绍苏格拉底哲学思想的人。这位工匠哲学家颇有才智,伯里克利曾想出资请他去,他却说"我不愿为金钱而放弃我的自由谈论"。(第2卷第122—123节)从第欧根尼·拉尔修记载这三个人的全部对话篇名看,内容涉及存在、知识、道德、宗教、政府、法、美、艺术等等,相当广阔地记载了苏格拉底的哲学谈话,可惜它们失传了。

另一类是自立小学派的学生。他们本来是外邦人,因受苏格拉底哲学吸引到雅典从学,苏格拉底死后就自立门户。如埃利斯人斐多,原来出身贵族世家,母邦被侵陷后他被掠为奴隶等待发卖;他偷偷同苏格拉底圈子取得联系,苏格拉底让阿尔基比亚德或克里托赎救了他,从此追随苏格拉底学习。至少有《佐皮鲁》和《西蒙》两篇对话是他的真作。(第2卷第105节)西塞罗在《图瑟伦的论辩》(第418节)中曾讲到这篇现已失传的《佐皮鲁》的内容,说佐皮鲁是个观相家,声称他能从人的身体、眼、脸和前额看出人的本性;他根据苏格拉底没有开放的锁骨、颈部厚实,断言苏格拉底愚颟懒散又贪女色,阿尔基比亚德听了捧腹大笑。西塞罗转述斐多这篇对话讨论了肉欲官能可以通过哲学修养而被意志控制,强调应该以理性驾驭本能冲动。① 这同柏拉图和色诺芬

---

① 参见兰肯:《智者,苏格拉底派和昔尼克派》,第181—182页。

各自写的《会饮篇》的内容是一致的。斐多建立的埃利斯学派接近苏格拉底的教义,较少特色。他的继承人先是埃利斯人普利斯坦纳,后来是埃雷特里亚人美涅得谟和佛利岛人阿司克彼亚德,演变为埃雷特里亚学派。(第2卷第105节)它逐渐同昔尼克学派合流了。此外在《斐多篇》中同苏格拉底论辩的西米亚和克贝都是底比斯人,曾跟菲罗劳斯学习而接受毕泰戈拉学派的学说,后来又随苏格拉底学习。第欧根尼·拉尔修只记载西米亚写了二十三篇对话,克贝只有三篇(第2卷第124—125节),很可能是将苏格拉底的思想和毕泰戈拉学派的思想结合起来。

　　三个小苏格拉底学派则各具鲜明特色,有较大影响。苏格拉底的哲学变革原本具有拓创性和探索性,内容丰富却尚未形成十分严密和确定的哲学体系,他的最高哲学范畴"善"就还是比较抽象的规定,没有进一步作具体阐发,小苏格拉底学派得以撷取其不同的片面内容而自作发挥。麦加拉学派将他的"善"同爱利亚学派主张的"存在是一"结合起来,并致力于发展芝诺式的论辩法,在逻辑思想方面颇有贡献,直接影响斯多亚学派的逻辑思想。居勒尼学派吸收某些智者的感觉论因素,将"善"规定为快乐,虽有享乐主义的色彩,但还是重视理智规定的快乐,后来成为伊壁鸠鲁哲学的思想来源之一。昔尼克学派则主张"善"即顺应自然,满足于简单的自然需要,崇尚节制禁欲,后来转而演变成一种玩世不恭、放诞不羁的思想和生活方式;这个学派同后来的斯多亚学派也有直接的思想联系。三个小苏格拉底学派的哲学不同程度地包含一些有价值的思想内容,而且它们是从苏格拉底思想到晚期希腊哲学嬗变的中间环节,从中可以看到希腊衰落时期知识界中千姿百态的精神状态,因而值得重视研究。

第一节　麦加拉学派

　　麦加拉学派将苏格拉底的哲学和爱利亚学派的哲学结合起来,将苏格拉底的"善"理解为存在的普遍本质,规定为不动变的"一";他们否定动变和多,形而上学地发挥苏格拉底的善的学说。他们的哲学中道德实践的内容比较薄弱,形而上学的思辨色彩浓厚。为了否定变动和多,他们致力于发展芝诺式的论辩,提出了一系列著名的悖论。他们都是一些擅长辩论的高手,因此这个学派也被称为论辩派。后期的麦加拉学派研究模态命题和假言命题,在逻辑思想方面尤有贡献。我们按照这个学派的主要传人的历史顺序,分别论述他们的基本哲学思想。

一 欧几里得:最高的善是"一"

这个学派的创始人欧几里得是麦加拉人,不是后来那位写著名的《几何学原理》的同名者。他是一位热烈追随苏格拉底的学生,据说公元前 432 年雅典同支持斯巴达的麦加拉处于敌对状态时,欧几里得为了聆听苏格拉底的哲学谈话,常常冒着被捕处死的危险,穿了女人的衣服乔装打扮潜往雅典。① 柏拉图在《泰阿泰德篇》开头写公元前 369 年雅典和科林斯之战中欧几里得将负重伤的泰阿泰德从科林斯运回雅典,并说他曾记录苏格拉底早先同泰阿泰德的谈话,并向苏格拉底反复核对过这篇对话。(142A—143A)由此推算他年长于柏拉图,可能活了近 80 岁。据第欧根尼·拉尔修记载,苏格拉底死后柏拉图等门生因为顾忌三十僭主残暴肆虐,到麦加拉去避祸,欧几里得很好地接待了他们。又说他曾致力于钻研巴门尼德的著作,后来他的追随者们被称为麦加拉学派。(第 2 卷第 106 节)西塞罗在《学园问题》中说:麦加拉学派是很有盛名的;他说塞诺芬尼是爱利亚学派的创始人,其继承人依次是巴门尼德和芝诺,"以后有苏格拉底的学生欧几里得,是一位麦加拉人,他和另一些哲学家因是麦加拉人而被称为麦加拉学派。他们主张最高的善是'一',是连续一致,总是同一的。他们在许多方面也受柏拉图的影响"。② 西塞罗将欧几里得和麦加拉学派说成是爱利亚学派的继承人,指出他们的思想特点是将存在即"一"同苏格拉底的"善"视为一体。看来这个学派论述存在、一和善,同柏拉图的哲学特别是后期对话中的思想也是很有联系的。

---

① 参见奥拉·格列乌:《雅典纪事》第 6 卷,第 10 章,见黑格尔:《哲学史讲演录》第 2 卷,中译本,第 116 页。

② 西塞罗:《学园问题》,第 2 章第 129 节。

　　第欧根尼·拉尔修记载欧几里得写过六篇对话,均未留传下来。他记述欧几里得的基本哲学观点是:他主张最高的善真正是"一",虽然也用许多名字称呼它,有时称智慧,有时称神,有时又称努斯等等。他总是否定一切同善相对立的东西,宣称它们是非存在。(第 2 卷第 106 节)这同上引西塞罗的记载相吻合,可以从中剖析欧几里得从爱利亚学派的角度修正苏格拉底哲学的特点。

　　"善"是苏格拉底的最高哲学范畴,它不仅有伦理意义,而且有本体论意义。柏拉图在《斐多篇》中肯定阿那克萨戈拉的"努斯"是产生万物的原因,因为它就是追求善。(97C—98B)在《高尔吉亚篇》中认为"善"表现为宇宙万物的合理秩序。(506D—E)后来柏拉图在《国家篇》中将"善"规定为最高的"相",是本体论的最高范畴。然而苏格拉底对"善"的本体论意义并没有展开具体阐发。欧几里得主张最高的善是"一",无疑是根据爱利亚学派的哲学原则阐发苏格拉底的"善"。巴门尼德的"存在是一"是最抽象的同一性,是最空泛的规定。欧几里得将存在的"一"规定为善,也称它为智慧、神、努斯,就这方面说他既给巴门尼德的"一"以一定的规定性,又赋予苏格拉底的"善"以本体论意义。但是他主张最高的"善"是一,正像西塞罗所说,是强调它的连续一致,总是同一的;是片面绝对地强调自身同一的普遍共性或共相才是真实的存在,认为特殊、个别的变动的东西是不可规定的非存在。因此后来麦加拉学派有将一般和个别绝对割裂开来的种种论辩乃至诡辩。黑格尔评论说:"麦加拉学派是最抽象的,他们死盯着善的定义不放。麦加拉学派的原则就是单纯的善,单纯形式的善,单纯性的原则;……麦加拉学派的任务是认识规定、共相;这个共相,他们认为是具有共相形式的绝对,因此绝对必须坚持共相的形式。"①亚里士多德在《形而上学》中指出:"那些主张不变的本体存在的人,有些人说'一自身'就是'善自身',但他们认为它的本体主要在于它的'一'"(1091^{b}13),就是指欧几里得等人的观点。欧几里得认为人的理性所认识的普遍本质即共相才是最高的善,这种不变动的绝对自身同一的"一"才是真实的

---

　　① 　黑格尔:《哲学史讲录》第 2 卷,中译本,第 114 页。

存在。他否定一切同这种善相对立的东西,也就是将人所感知到的一切流动变化的现象都说成是无真实性可言的非存在,是无知和恶的渊薮,没有认识价值和道德价值。这种观点实质上是用巴门尼德将一般和个别、真理和意见绝对对立的观点去解释苏格拉底的"善"。

第欧根尼·拉尔修记载欧几里得进行论辩的逻辑方法:"当他反驳一种论证时,他攻击的是结论而不是前提。"(第 2 卷第 107 节)看来他也擅长使用苏格拉底常用的归谬法,将对方的结论推到荒谬地步来驳倒对方的论题。然而他却反对苏格拉底常用的类比论证。"他〔欧几里得〕否定类比论证,宣称这种论证或是根据似同性($όμοιος$,homoios)或是根据不似同性。如果它是根据似同性作论证,那么这些论证不是作类比,而是依据相同性;如果它是根据不似同性(差异性)作论证,将这些差异的东西作类比是没有理由的。"(第 2 卷第 107 节)homoios 兼有相似和相同的意义,欧几里得认为只能根据相同(同一性)作论证,这就不是类比;根据相似或相异作推论都是不可能的。因为在他看来事物的普遍本质即"一"自身是绝对同一的,A 就是 A,如果有些微差异就是两种本质不同的东西,是不容类比的。

总之,欧几里得和柏拉图相似都力图为苏格拉底的"善"提供一个形而上的本体论的说明。然而柏拉图并不否认现象世界,他力图拯救现象,所以能建树博大的形而上学体系。而欧几里得只是片面接受爱利亚学派的思想,将本质与现象绝对对立,完全否定经验世界,所以他的成就和影响不能同柏拉图相比。他的后继者的成就局限在悖论和逻辑方面。

二 欧布里德的悖论

第欧根尼·拉尔修记述:"米利都人欧布里德属于欧几里得学派,是以质疑形式提出的许多辩证论辩的作者。这些论辩是:说谎者、伪装者、厄勒克特拉、蒙面人、谷堆论证、有角人和秃头论证。著名演说家德谟斯提尼是他的学生。他同亚里士多德有过争辩,说过许多攻击后者的话。"(第 2 卷第 108—109 节)他和亚里士多德是同时代人。这七个论证似乎是十足的诡辩和玩弄语言游戏,其实大多是一些有深刻的哲理和逻辑意义的悖论。第欧根尼·拉尔修在记述欧布里德时没有提供这些悖论的内容,但从他记述斯多亚学派哲学家的部分以及西塞罗的著作中,我们可以大体得到了解;黑格尔在《哲学史讲演录》中对这些悖论作过分析。这些悖论表面看来都是由于语言歧义造成日常观念和判断中的矛盾,其实它们各自的含义并不相同。我们将这七个悖论分为四个类型论述。

第一种为说谎者论辩:如果有一个人承认他是在说谎,那么他是说谎呢还是说真话?① 无论怎样回答都会陷入自相矛盾:如果说他是说真话,就是肯定他承认自己在说谎;如果说他是在说谎,就是否定他承认的自己在说谎,他倒是在说真话了。这是一个典型的逻辑上的悖论,即一个陈述句自身包含着真和假的自相矛盾。从古至今有不少人为解开这个悖论而倾注心血。据说科斯人斐勒塔研究这个难题操劳过度竟得病死去;②著名的斯多亚学派哲学家克律西波就此问题也写过一卷答论。(第7卷第197节)现代哲学家罗素研究悖论也以这个说谎者论辩为范例。这个悖论的实质是:当一个陈述句的真或假同所陈述的内容的真或假正好相反时,便陷入思维自相矛盾的两难境地。黑格尔论述这个悖论时举出《堂·吉诃德》中一个相似的案例:一个富人在一座桥旁边设一绞架,行人必须说出他到何处去的真话方可过桥,如果说谎就得上绞架吊死。有一个人说他来此地是为了上绞架吊死,守桥人就不知所措了;因为如果他是说真话就应既放行又吊死他,如果认为他讲假话而吊死他,又等于承认他讲了真话而应该放行。③

对这类陈述句本身同陈述内容在真假值上相互矛盾的悖论,亚里士多德在《辩谬篇》中解释为应承认一般和个别的矛盾。他举例说:如果一个人发誓要破坏自己的誓言,并且又破坏了这一发誓本身,那么他只是在特殊情况下信守了自己的誓言,一般而论他是不信守誓言的。同理说谎者论辩是个棘手问题,因为在笼统而又无限定的情况下难以判断他是说真话或说谎话,"然而在无限定的情况下不能阻止说他是说谎者,尽管在某些特殊方面或关系方面或

---

① 参见西塞罗:《学园问题》第4卷,第29章;《论迷信》第2卷,第4章。
② 参见奥拉·格列乌:《雅典纪事》第10卷。
③ 参见黑格尔:《哲学史讲演录》第2卷,中译本,第121—122页。

他说的某些真理方面，他是说真话的"。（180ª35—ᵇ8）罗素在《数学原理》中提出他的著名的类型论来解开这类逻辑悖论。它的基本原则是："任何涉及一个集合的所有分子的东西，必须不是这个集合的分子。"①这就是说，关于一个集合的所有分子的那个陈述句，属于不同于此集合的另一种逻辑类型，应在另一个逻辑层次判断其正确性。如"某人承认自己在说谎"，这是关于"自己在说谎"这个集合的陈述句，这个陈述句不属于"自己说谎"这个集合，而属于另一个逻辑类型或层次，不应放到"自己说谎"这个集合中判断其正确与否，否则将两个不同的逻辑类型混同起来就会造成逻辑矛盾。罗素用现代逻辑的集合论，似乎比亚里士多德更为确切地解开了"说谎者论辩"之类的逻辑悖论。

第二种为蒙面人论辩："你说你认识你的父亲，但是刚才进来的那个头上蒙着布的人是你的父亲，你却不认得他。"②这个论辩使人的思维陷入一种自相矛盾的悖论：你不认识你所认识的人。"伪装人"和"厄勒克特拉"也是相似的论辩。厄勒克特拉是希腊神话中英雄阿伽门农的女儿，遇见她的兄弟俄瑞斯特时没有认出来，因此她不认识她所认识的兄弟。这种悖论之所以发生，一方面是由于"认识"这个词的歧义，另一方面是由于事物的普遍和特殊的对立表现为一种思维矛盾。我们说"认识"一个人，是指作为个别的这个人，如果他蒙面隐藏了其特殊性，就成为无特殊规定的一般的人，熟人反倒不认识作为个别的这个人了。这里认识和不认识的矛盾，表现了认识过程中一般和个别的矛盾。所以这种悖论并非语言游戏，它客观上揭示了人的思维认识活动中一般和个别的矛盾。

第三种为谷堆论辩和秃头论辩。前一论辩是：一粒谷能否造成一堆？不能。再加一粒呢？还是不能。再加一粒……最后加上一粒成为一堆。开始时否定一粒谷能造成一堆，最后却肯定一粒谷造成一堆。③ 相似的后一论辩是：你说一个人如果只有一根头发是秃头吗？是的。如果有两根头发是秃头吗？

① 罗素：《数学原理》第1卷，第37—38页。
② 琉善：《出售哲学》，第23节，见《琉善哲学文选》，中译本，第75页。
③ 参见西塞罗：《学园问题》，第4章第29节；《论迷信》，第2章第4节。

是的。……那么你在何处划秃头和不是秃头的界限呢？① 开始否定一根头发能使秃头发生质的变化，最后肯定加上一根头发就改变了秃头。这种悖论实质上表现了量和质的对立及其相互过渡的辩证法。在量变进程中一粒谷、一根头发的增加不能造成质变，但量变进到一定的关节点会引起质的改变，使事物过渡到反面去。麦加拉学派当然不能认识到量变和质变的对立统一，他们只是揭露了这种辩证法所表现的思维矛盾。

第四种论辩是有角的人："如果你没有丢失某样东西，你便仍旧有它；而你没有丢失角，所以你是有角的人。"（第 7 卷第 187 节）。② 这无疑是一种诡辩，但其逻辑意义却表明：要是对一般的前提缺乏限定，抽象地从一般推论个别，就会得出荒唐的结论。还有类似的例子，如第欧根尼·拉尔修记述后来麦加拉学派的阿勒克西努问美涅得谟，他是否停止打他的父亲了？如果回答是或否，都意味着他打过父亲。美涅得谟回答"我既没有打过父亲，也没有停止"。（第 2 卷第 135 节）

欧布里德提出上述论辩是为了论证麦加拉学派的基本主张：只有普遍一般的东西才是绝对真实的存在，而涉及个别特殊的现象和经验，便会使人的思维陷入难以确定的自相矛盾。然而他的论辩揭示了一系列不同形式的悖论，在逻辑史上是有意义的。

三　斯提尔波：共相是绝对独立的存在

第欧根尼·拉尔修记述：斯提尔波是麦加拉人，有说他是欧几里得的学生，有说他是再传弟子。（第 2 卷第 113 节）他生活在亚历山大大帝及其死后的一些年代，直到麦加拉被托勒密占领时他尚在世，当死于公元前 307 年以后。他是一位强有力的论辩家，"他的机智和辞令胜过一切人，以致全希腊人都要被他吸引加入麦加拉学派了"。（第 2 卷第 113 节）托勒密给他丰厚馈

---

① 参见西塞罗：《学园问题》，第 2 章第 49 节。

② 第欧根尼·拉尔修在这里将这个论辩归于克律西波，但他指出有人认为这是欧布里德的论辩。

赠,邀请他随赴埃及,斯提尔波拒绝不去。(第115节)据说他在雅典时几乎所有的人都从工作场所跑出来看他,有人说:"斯提尔波,他们观看你,将你当做一个怪物。"他回答说:"不,是观看一个真正的人。"(第119节)他有点反传统宗教的精神,公然宣称雅典娜不是宙斯的女儿,不是女神,因为她不是宙斯而是雕刻家菲狄亚斯造出来的。(第116节)第欧根尼·拉尔修记载他有九篇对话,并且说斯多亚学派创始人芝诺是他的学生。(第120节)

斯提尔波将麦加拉学派关于存在和善是"一"的观点推到极端,将一般和个别完全割裂开来,只承认普遍的共相才绝对独立的真实存在,完全否定个别的实在性。第欧根尼·拉尔修记述说,斯提尔波断言"人"(大写的 Man)的存在,而不是个别的人存在,他不说这个人或那个人,因为为什么要说这个人而不是那个人呢?再说"白菜"也不是指给我们看的这棵菜,因为白菜在一万年以前已经存在了,所以给我看的不是白菜。(第119节)在他看来作为一般的"人"、"白菜"是绝对独立的存在,是同个别的人和白菜完全分离的,因此甚至不能用一般名词指称个别事物。人们说人和白菜时只是肯定一般的人和白菜,并不肯定个别的人和白菜是真实存在。个别的东西根本不能用语言表述,因为语言表述都涉及一般,这和中国古代名家关于"白马非马"的论辩有相似之处。有一则轶事表明他在论辩中如何将一般和个别割裂:他同昔尼克学派的克拉特斯论辩中途,他匆忙离开去买鱼;克拉特斯指责他躲开论辩,他回答说:"我没有躲开,虽然我离开了你,但还保留论辩;因为'论辩'存在,而鱼是会很快卖掉的。"(第119节)

斯提尔波坚持只有一般才是真实的独立存在,将一切个别事物的诸多属性都分解为一般,从而认为个别事物并无真实的存在。辛普里丘指出他的主张是:一事物的各个规定(这是实在的东西)都是分离的,所以根本没有个体。由此可以证明每个事物都和自身分离。例如文雅的苏格拉底和聪明的苏格拉底是不同的规定,所以苏格拉底是和他自身分离的。[1] 这是说苏格拉底的"文

① 参见辛普里丘:《亚里士多德〈物理学〉注释》,第 26 页,见黑格尔:《哲学史讲演录》第 2 卷,中译本,第 129 页。

雅”和“聪明”是各自独立的两种一般规定,苏格拉底这个个体可以分解为这样不同的许多一般的规定,它们都和苏格拉底这个个体分离存在,只有这些一般的存在是真实的,苏格拉底这个个体反倒不是真实的存在。斯提尔波甚至主张,根本不能用和主词不同的宾词去称谓一个对象。我们不能说这个人是好的和这个人是一位将军,却只能简单地说:人只是人,好只是好,将军只是将军;我们不能说一万个武士,而只能说武士只是武士,一万只是一万。同理如果说“这人是好人”,“马在跑”也不行,因为如果“人”和“好”是同一的,“马”和“跑”是同一的,就不能说面包和药是好的,也不能说狮子和狗在跑了。① 斯提尔波用一般消解个体的主张也和中国古代名家“离坚白”的论辩相似。

四　狄奥多罗和斐洛:模态论和假言命题

后期麦加拉学派在逻辑理论上颇有贡献。爱索斯的狄奥多罗(昔尼克学派有一同名者,译为第奥多罗以示区别)是著名的论辩家,他的绰号是“克罗纳斯”,意为“老手”。他和他的学生斐洛都生活在公元前 4 世纪末托勒密执政时期至公元前 285 年左右。他们都深入研究了模态理论和假言命题,师生常因意见不同发生争论。他们的著作没有保存下来,第欧根尼·拉尔修也没有记录他们的事迹,只能从有关文献了解他们的论述。

模态逻辑研究有模态算子(可能、不可能、必然、不必然等模态词)构成的模态命题及其推理。波埃修斯在《亚里士多德〈解释篇〉注释》中记述狄奥多罗对不同模态的定义:“狄奥多罗把可能的东西定义为或者现在是或者将来是的东西,把不可能的东西定义为现在是假的、将来不是真的东西;把必然的东西定义为现在是真的、将来不是假的东西,把不必然的东西定义为或者现在是假的、或者将来是假的东西。”②他不是根据事物的内在本性,不是根据从潜能向现实转变的情况来定义各模态,他只是就“现在”和“将来”(排除了“过去”)这二段时态中的真假值来定义上述模态,各种模态值之间并无联系和互

---

① 参见普卢塔克:《驳科罗底》,第 22—33 章,见黑格尔:《哲学史讲演录》第 2 卷,中译本,第 130 页。

② 转引自威廉·涅尔、玛莎·涅尔:《逻辑学的发展》,中译本,第 152 页。

相转变。这种模态论实质上是静态的,有局限性。

狄奥多罗还提出了著名的"主论证"(kurieuon Logos,master argument)。罗马哲学家爱比克泰德在他的《论说集》中指出:"主论证似乎是用像下面这样一些出发点来表述的。下面三个命题是不相容的:'凡是过去的和真的东西是必然的','不可能的东西不是从可能的东西得来的','既非现在是也非将来是的东西是可能的'。由于看到这种不相容性,狄奥多罗利用对前两个命题的确信来建立下述论点:凡既非现在是真也非将来是真的东西不是可能的。"①从现代逻辑看只有第二个命题才是无可指责的,亚里士多德已经知道这个命题,他在《尼各马科伦理学》中是这样表述的:"用不着考虑过去发生的事,只需考虑将要发生和可能发生的事。因为过去的事情不可能不发生。阿伽松说得好:'让已经做成的事不做成,就是神也无能'。"(1139^{b}7—11)现代波兰著名逻辑学家卢卡西维茨受亚里士多德和狄奥多罗的模态论的启示建立了三值模态逻辑。

斐洛和他的老师不同,他已经主张根据事物的内在性质来规定模态。波埃修斯在《亚里士多德〈解释篇〉注释》中阐释他对四个模态词的定义:"斐洛说可能的东西是那种由于论断的内在性质容许是真的东西,例如我说我今天将再一次读德奥克利特的田园诗,如果没有外来情况阻止的话,那么就其自身而言这件事可以肯定是真的。用同样的方式,这同一个斐洛把必然的东西定义为是真的,而且就其自身而言永远不会容许是假的东西。他把不必然的东西解释为就其自身而言可以容许是假的东西,把不可能的东西解释为按照其内在性质永远不会容许是真的东西。"②斐洛按照论断内容自身的内在性质及其表现的真假值来定义四种模态,无疑比狄奥多罗的定义深刻而确切。

狄奥多罗和斐洛还开启了关于假言命题(条件句)性质的著名争论,后来许多斯多亚学派的逻辑学家也卷入这场争论,十分热烈。根据塞克斯都·恩披里柯的记载,古代有人写打油诗说:"甚至屋顶上的乌鸦也在叫嚷条件句的

---

① 转引自威廉·涅尔、玛莎·涅尔:《逻辑学的发展》,中译本,第154页。

② 转引自威廉·涅尔、玛莎·涅尔:《逻辑学的发展》,中译本,第159页。

性质。"①塞克斯都·恩披里柯还记述了他们师生二人的有关论点:"斐洛说,
一个完善的真的假言三段论是一种不是开始于真而结束于假的条件句,例如
'如果是白天,我谈话'。事实上白天我在谈话。但是狄奥多罗说,完善的条
件句是一种既非过去可能又非现在可能开始于真而结束于假的条件句。按照
他的说法,刚才所引的假言推理似乎是假的,因为当白天我是沉默时,它就是
开始于真而结束于假。"②斐洛对假言命题真假值的规定,可以说是最早提出
了现代逻辑所谓的实质蕴涵,即除了"前件真后件假则假言命题为假"的情况
外,在其他三种前件、后件取真假值的不同情况下,假言命题皆为真。狄奥多
罗实际上也肯定了这种假言命题的真假值关系,他只是要求在确定的时间限
度内,都必然不是前件真后件假,假言命题方为真。麦加拉学派关于假言命题
的讨论在逻辑史上很有价值,它直接影响了斯多亚学派在假言命题和假言推
理方面的逻辑理论的重大发展。

第二节　昔尼克学派

苏格拉底的学生安提斯泰尼是这个学派的创始人,因为他常在雅典郊外
称为"白犬之地"(Cynosarge)的运动场同人谈话教学,所以被称为"昔尼克学
派"(Cynic School),中文意译为"犬儒学派"。这个名字象征一种道德上的警
觉性,老是猎犬似地吠叫提醒人们节制禁欲,同时也表明这派人物宣扬和践行
一种最简单粗鄙的生活方式,像狗一样。昔尼克学派将苏格拉底的作为人生
最高目的的"善"解释为顺应自然,将个人欲望抑制到最低限度,摒绝一切感
性的快乐和享受,同主张善是快乐的居勒尼学派恰相对立。安提斯泰尼对善
和美德还有较多的理论阐述,从他的学生第欧根尼以后这派越来越演变成为

---

①　塞克斯都·恩披里柯:《反语法学家》第 1 卷,第 309 节。
②　塞克斯都·恩披里柯:《皮罗学说概要》,第 2 章第 110—112 节,见威廉·涅尔、玛莎·涅
尔:《逻辑学的发展》,中译本,第 166—167 页。

一种放浪形骸的处世态度和奇形怪状的生活方式,表现了希腊和雅典走向没落时期文人们愤世嫉俗的反常的悖逆自然的生活意趣。他们在学术理论上建树不多,但由于他们的主张表达了那个没落时代的社会心理,所以颇有影响吸引了众多成员。他们的顺应自然论和禁欲主义对后来斯多亚学派哲学有重要影响。我们按照历史顺序和思想演变过程,分别论述这派的几位主要代表。

一 安提斯泰尼

安提斯泰尼约生活于公元前 446 年至前 366 年。根据第欧根尼·拉尔修记载,他不是纯阿提卡血统的雅典人,他的母亲是色雷斯人;根据雅典法律他不能获得雅典公民权,但是他参加了公元前 424 年的唐格拉战役颇有功绩,取得了雅典公民资格。他对土生土长而自负的雅典人表示轻蔑,说他们并不比土壤中滋生出来的蜗牛和蝗虫强。(第 6 卷第 1 节)他起初跟随高尔吉亚学习修辞学,所以他的对话颇有雄辩风格;后来他接触苏格拉底获益良多,就带着自己的门徒一起跟从苏格拉底学习。他住在拜里厄斯港,每天长途步行到雅典去听苏格拉底讲学,学得性格刚毅,漠视情感,开启了犬儒派的生活方式。(第 2 节)他常在白犬运动场谈话讲学,自己也获得"纯种狗"的绰号。(第 13节)据说苏格拉底死后是他设计使控告苏格拉底的安尼图斯被流放,美勒托被处刑。(第 10 节)他是一位多产作家,第欧根尼·拉尔修记载了他写的 10卷书共 61 篇著作的全部篇名(第 15—18 节),并且认为他启发了后来的第欧根尼和克拉特斯等人的思想,斯多亚学派的哲学也渊源于他。(第 14 节)

色诺芬的《会饮篇》描述他是满足于最俭朴生活的人,并且认为追求奢侈的欲望像僭主那样是家庭和城邦败落的原因;还说他平易近人,同他谈话令人惬意。安提斯泰尼作为昔尼克学派的创始人,还表现出一种高尚有教养的形象,有比较严谨的哲学思想,较为接近苏格拉底的教义;但在普遍性定义和道德哲学方面已明显地表现出片面性和绝对化倾向。

第欧根尼·拉尔修说安提斯泰尼是第一个定义逻各斯(陈述)的人,他说逻各斯就是指出事物是什么。(第 3 节)但是他同麦加拉学派有某种相似,即认为事物的普遍本质是绝对自身同一的,以至认为 A 就是 A,不能用任何其他属性去陈述 A。亚里士多德在《形而上学》中有两处批评他的观点。一处是在第 5 卷即"哲学辞典"第 29 章分析"假"的歧义时指出：对一事物不仅可以用它的本质来陈述，也可以用它所有的属性来陈述，如苏格拉底和文雅的苏格拉底实在是同一个人；如果陈述了事物中并不存在的属性，那就是假的（错误的）陈述。"因此安提斯泰尼过于简单地声称，事物只能由一个关于它自身的陈述来指谓——一件事物只能有一个对应的陈述；根据这种观点就不能有矛盾，也几乎不能有错误的陈述了。"（1024^{b}32—34）安提斯泰尼同苏格拉底一样主张事物的普遍本质是自身同一的，并不包含差异和矛盾；但是苏格拉底并不否认事物有多样属性，认为对它们的陈述是必要的。安提斯泰尼则认为事物只绝对同一于它自身的本质，其他的属性都是虚幻不真实的，所以对一事物只能有一个陈述。亚里士多德批评这种观点过于简单，以至排除了认知过程中有矛盾和错误的可能性。安提斯泰尼片面强调陈述的谓语和主语应绝对同一，走向极端以至认为下定义是不可能的。亚里士多德在《形而上学》第 8 卷中指出："因此安提斯泰尼学派和另一些缺乏学养的人提出一个难题，颇合时尚。他们认为一事物是什么是不能定义的，因为所谓定义是一种长的陈述，只可能说明一事物像什么，例如银，我们不能定义它是什么，只能说它像铅。"（1043^{b}23—28）实际上事物的本质往往也有具体多重的内容规定，不可能简化为"A 是 A"这个公式。安提斯泰尼对存在事物的本质作形而上学的绝对同一的理解，以至于将苏格拉底的普遍性定义也否定了。

安提斯泰尼同苏格拉底一样崇尚理智。第欧根尼·拉尔修记述：他说"智慧是永远不会瓦解和背叛的最可靠的堡垒，捍卫之墙必须建立在我们自身的无坚不克的理论论证之中"；而且"对智慧的人来说，没有任何东西是陌生的或不可实践的"。（第 6 卷第 12—13 节）他将智慧、善和美德视为一体，认为美德是满足于节制、俭约和自律自足的生活。苏格拉底论述道德的善时对一味以感性快乐作为人生目的的有所批判；安提斯泰尼对此作了片面的发展，认为善和美德只是要节制生活中的享受和快乐，但是他似乎还没有摒绝一切快乐。第欧根尼·拉尔修记述他的教义："他证明美德可教，高尚只属于有美德的人。他认为美德是自足的，足以保证幸福，因为除了苏格拉底的品格力量外,其他什么都不需要。他主张美德是一种行为,不需要许多词藻和学识;智慧的人是自足的,因为他拥有一切其他的善的东西;缺乏名誉同痛苦一样是善的;智慧的人在公众活动中不受人为的法律指导,只受美德指导。为了有孩子他也愿同美丽的女人结婚,进而说他不蔑视爱情,因为只有智慧的人懂得谁值得被爱。”

由此可知他的道德教义还只是片面强调苏格拉底主张的美德是一种理性的节制行为,不像后来的第欧根尼等人主张践行一种粗鄙的生活方式。他也不赞成奥菲斯教义,第欧根尼·拉尔修记述:他被引去参加奥菲斯教的一次神秘祭祀,祭司说参加这种祭礼的人死后能享受许多好东西,他说:“那你为什么不现在就去死呢?”(第4节)苏格拉底并不否定善能给人快乐,安提斯泰尼却片面地否定善的这种功用价值,批判一切对感性快乐的追求。他说:“我宁可成为一个疯子也不追求感官的快乐。”甚至同前引言论不一致,当有人问他应同什么样的女人结婚时,他说:“要是她美丽,你别娶她;要是她丑,你就报以深深的爱。”(第3节)他在《赫拉克勒篇》中宣称,“按照美德生活”是人生追求的目的。他及其追随者蔑视财富、荣誉和高贵门第,奉行一箪食、一瓢饮的俭朴生活。(第104节)苏格拉底已经看出他的朴素生活是矫情做作,沽名钓誉,当安提斯泰尼翻开他的外衣的破烂部分给人看时,苏格拉底说:“透过你外衣的破洞,我看到你的好名之心。”(第8节)

安提斯泰尼和苏格拉底相似,以扬善祛恶、改善灵魂作为自己的使命,主张道德兴邦。他大约常向一些行为不轨的人作道德箴规,以道德医师自命。第欧根尼·拉尔修记载:有人责难他和恶人们混在一起,他答道:“嗯,医生总是同病人混在一起,自己并不感冒发烧。”(第6节)他对雅典的社会和民主制也有批评和讥刺,他说:“很奇怪,我们从谷物中剔除毒物,在战争中剔除劣者,却不在国家事务中剔除恶人”;他认为当不能区别好人和坏人时,国家就要灭亡。(第6节)他讥嘲当时雅典的民主选举不能选出真正好的官吏,据说他建议雅典人应当投票赞成驴子就是马,大家说这是荒谬的,他答道:“你们中间那些将军并没有经过训练,不过只是被你们选举出来而已。”(第8节)他根本不信任公意,有人对他说:“许多人都在赞扬你”;他说:“怎么,我做了什

么错事?"(第 8 节)

安提斯泰尼的道德论同后来斯多亚学派的主张相似,所以第欧根尼·拉尔修认为"这两个学派之间有紧密联系"。(第 104 节)

二　第欧根尼

据第欧根尼·拉尔修记载,第欧根尼(前 404—前 323 年,这是两个同名的人)出生于小亚细亚黑海边的辛诺普,他的父亲是当地的理财官员,因在制币中掺假全家被流放而到雅典;也有人说这是第欧根尼本人干的事。(第 6 卷第 20 节)第欧根尼在雅典一定要从安提斯泰尼学习,后者起初拒绝接收这位学生,要用手杖赶走他;第欧根尼伸出脑袋让打坚定不走,终于被纳为门徒。(第 21 节)据说他在赴伊齐纳的航程中被海盗俘虏在克里特作为奴隶叫卖,人们问他能做什么,他说能"治理人们";他要叫卖者喊"谁愿意买一个主人",真有一个富人买了他做儿子的家庭教师。(第 29—30 节)第欧根尼被人称为"犬",他建立了一种落拓不羁,最粗陋贫穷的生活方式,成为一个最著名的犬儒。一根橄榄树枝、一件褴褛外衣、一个讨饭袋、一床夜里当睡窝的被子和一只水杯,就是他的全部生活家当。他在雅典到处游荡,住在神庙、市场乃至木桶里,并且称"雅典人给我造了华丽的住所"。(第 22 节)他认为这种极少需求、最简单的生活方式就是顺应自然和个人自由,可以抵御文明和欲望对个人自由的损坏。他活得很长,直到亚历山大大帝时期还以其典型的犬儒生活方式和机智、辛辣、尖刻的诙论和辩驳吸引了许多追随者,很有影响。后期希腊和罗马的著作家记录了他的大量轶事,然而他仍是一位学者,写有不少论述昔尼克学派哲理的著作,并有文学创作。第欧根尼·拉尔修记载了他写的十四篇对话和七部悲剧的篇名(第 80 节),原作均已佚失;他的一些基本哲学观点则保存在一些史料中。

第欧根尼发挥安提斯泰尼的教义,认为"善"就是遵从自然,抑制一切人为的欲望追求。他将 physis 同 nomos 对立起来,但并不是简单地一概否定 nomos,而认为城邦及其一切立法和机构也曾一度是有价值的,不过文明已造成人的堕落和罪恶,所以要改造生活使它返璞归真,回复自然。他反对普罗泰戈拉等主张的素朴的社会进化论,认为原始人以智慧征服自然环境并不是通向文明的社会,只是通向罪恶和堕落。公元 1 世纪的昔尼克派学者狄奥·克律索斯托姆记载,第欧根尼认为:人类结合群居于城邦免于外部敌人的侵扰,但在这些城邦中人们犯有可怕的罪恶,他们构建城邦就是为了这个罪恶的目的。因而他认为在神话中宙斯因普罗米修斯盗火给人类而惩罚他,乃是因为这是造成奢侈堕落生活的根本原因。宙斯本来并不仇恨人类,也不会吝惜给人类任何善的东西。普罗泰戈拉认为人的身体柔弱,不像其他动物有皮毛羽翼保护,难以生存,所以需要文明。第欧根尼反对说:青蛙皮肉柔软也能生存,原始人没有火、衣服、皮革、盔甲等也同样能生存。一切文明和技术进步实际上已都用于邪恶。人类只将理智用来追求快乐,而不是促进改善道德和正义。普罗米修斯是文明和堕落的肇始人,应该被拴在山岩上让鹰啄食他的肝。① 不过他并不是全盘否定历史上的城邦文明和理智,第欧根尼·拉尔修记载说,他认为:"万物属于诸神,诸神是智慧的人的朋友,而朋友们是分享财富的,所以一切事物是属于智慧的人的。至于法,社会不可能没有法律而存在;没有城邦就没有文明带来的利益。但是城邦已经文明了,如果没有城邦就不会有法律带来的利益;所以法律也是文明的东西。"(第 72 节)他既承认理智、文明、城邦和法等 nomos 是一种历史的存在,又指责它们造成邪恶和堕落,认为"高贵的门第、声誉和一切显赫的东西是浮夸的罪恶装饰品",金钱是一切罪恶的渊薮。(第 72 节)他的社会理想是人类应返归自然,同自然联成一体。他说唯一真实的国家应像世界一样广阔,他称自己是"世界公民"。(第 63 节)他在斯多亚学派以前提出"世界主义"。他认为在自然中男女是平等的,甚至号召建立一种妇女不从属于男人,不同她所不赞成的男人结婚的"妇女社会",并且主张儿童由社会公有。(第 72 节)他所写的《国家篇》和有些悲剧可能就是构想有这些内容的乌托邦。

第欧根尼主张人应返归自然,以粗陋俭鄙的生活刻苦磨炼自己,才能有个

① 参见《狄奥·克律索斯托姆》,第 6 章第 205、207 节;兰肯:《智者、苏格拉底派和昔尼克派》,第 231 页。

人的心灵自由,实践美德达到道德的完善。第欧根尼·拉尔修记述,他认为人有灵魂的和肉体的两种磨炼,单有前者并不完全,后者肉体的磨炼是更本质的,能保证个人自由和美德行为;恰如体育锻炼能通向美德,工匠和笛手通过不断操作能练成一手超常的技艺。生活处事只有通过艰苦的锻炼,摒弃一切使人劳烦而无用的东西,才能使人活得幸福,否则只会给人带来疯狂和不幸。摒绝快乐本身是最快乐的,而一味追求快乐反倒会走向快乐的反面。他崇拜神话中大力神赫拉克勒刻苦磨砺自己,他本人身体力行,践履这种所谓符合"自然权利"的生活方式。他声称这样做是因为他要个人自由胜其他一切。(第70—71节)他主张人生活中只应取用自然的东西才是合理的,因为一切自然的东西是智慧的人的财富,研习音乐、几何、天文等学科都是无用不必要的;人应满足于最原始粗朴的生活。他在一部悲剧《堤厄斯特》中甚至认为从庙堂里偷取任何东西或生吃任何动物的肉都并非不当,以至吃人肉也并非不虔敬,在异族人中就有这种习俗。他利用阿那克萨戈拉的种子论中关于"一切包含一切"的见解论证吃人肉也并不违背自然。(第73节)这当然是一种惊人骇世的诡辩,表明昔尼克学派为了顺应 physis 反对 nomos,可以解释任一自然事物都有人所需要的一切,人对自然不必有选择有作为,浑浑噩噩过日子就是自由。因此第欧根尼鼓吹并践履一种不羁形骸的禁欲主义生活方式,其放任无为达到自暴自弃的畸形程度。

第欧根尼同柏拉图时常当面交锋,他讥贬柏拉图的讲演是浪费时间。(第24节)柏拉图谈论"相"时说到桌子的相、杯子的相,第欧根尼说:"我看到桌子和杯子,却绝没有看到你说的桌子的相和杯子的相。"(第53节)有人问柏拉图,第欧根尼是什么样的人? 柏拉图回答说:"一个发了疯的苏格拉底派"。(第54节)柏拉图称第欧根尼是一条"狗",他回答说:"很对,因为我一次次回到卖掉我的人那里去。"(第40节)他是讽刺柏拉图被卖为奴隶而后又返回西西里的事实。有一天柏拉图邀请第欧根尼来家,他踩踏那华丽的地毯说:"我践踏了柏拉图的虚荣。"柏拉图回答说:"第欧根尼,你用似乎不骄傲的样子表现得多么自傲。"(第26节)有人非难第欧根尼行乞,而柏拉图不行乞,他说:"是的,不过柏拉图行乞时缩紧脑袋,没有人听到他的乞声而已。"(第67

节)

第欧根尼·拉尔修记述了第欧根尼的许多生活轶事,表明他摒弃一切生活享受和快乐,目中无人,自甘贫穷,显示所谓精神自由。其实这种精神独立和自由很虚假,不过是依赖性和寄生性的表现。他这一派人像是摇尾乞怜的乞丐和狗,满足于精神胜利,有点像阿Q。有一次亚历山大大帝站在他对面说:"我是亚历山大,伟大的皇帝。"他回答说:"我是第欧根尼,昔尼克派。"亚历山大问他为什么被称为狗? 他说:"我向那些给我东西的人摇尾乞怜,向不给我东西的人张牙舞爪。"(第60节)有一次他在晒太阳,亚历山大大帝对他说:"你可以向我请求你所要的任何恩赐。"他说:"走开,别挡住我的阳光。"(第38节)有一次亚历山大大帝问他:"你不怕我吗?"他反问:"你是什么东西,好东西还是坏东西?"对方回答:"好东西。"他说:"谁会害怕好东西呢?"(第68节)他在市场吃早餐,很多人围观并叫嚷"狗",他喊道:"你们才是狗,围着看我吃早餐。"有两个人要溜走,他又喊:"不用怕,狗是不喜欢甜菜根的。"(第61节)意思是狗是喜欢被人斥骂的。

当时的希腊社会有一个致命的弱点,就是鄙视生产劳动和物质生产方面的技艺。自由民破产后宁愿流落街头以乞讨为生,也不愿与奴隶为伍从事生产劳动。犬儒的思想在一定程度上反映了这些破产自由民对当时财富分配不均、富人生活奢侈的反抗。

三 克拉特斯和希帕基娅等

第欧根尼以后的昔尼克派在哲理上已很少什么新东西,犬儒的生活方式则越演越烈,甚至放浪形骸到恬不知耻的地步;可以说是一些追随者以自暴自弃的方式,表现了某种对现实社会的不满和可怜的反抗,也提出一种犬儒式的乌托邦作为他们的理想。这股犬儒思潮的末流一直延伸到罗马帝国时代,逐渐同斯多亚派、怀疑论派合流。我们只简略介绍几位犬儒末流人物。

克拉特斯,鼎盛年是公元前326年,底比斯人。第欧根尼·拉尔修记载他曾从学麦加拉学派,后来却批判麦加拉学派的论辩是玩言词游戏,不能通达美德。(第2卷第118节)他到雅典后成为第欧根尼的弟子。他出身富贵家庭,追随犬儒派后就将家产变卖成钱分送旁人,自己穿上褴褛外衣,挟起行囊过流浪的犬儒生活;亲属们劝他返家归正,他用拐杖将他们赶跑。(第6卷第85,87,88节)他同追随他的女犬儒希帕基娅同居,所生的儿子长成少年后,他带孩子到妓院里去,告诉儿子他的父母是如何婚配的。在他看来一切性行为本来是同等自然的,他说私通成为悲剧,结果是被流放或杀害,而混迹妓院倒成为喜剧,不过是酗酒狂欢。(第88—89节)他描述了一个犬儒式的理想城邦叫"帕拉"(即犬儒的行囊),第欧根尼·拉尔修记载他的诗说:"一座叫做帕拉的城邦坐落在暗沉沉的薄雾之中,美丽富饶而没有财宝。到达此岸便没有愚蠢、马屁精、饕餮、奴隶和性刺激,它盛产麝香草、葱头、无花果和面包;人们不用为食物而相互争夺,也不为争夺金钱和名誉而建立军队。"(第85节)亚里山大里亚的克莱门也记述克拉特有诗描写居住在帕拉城中的人,说他们"不屈从、不迷惑于那只适合奴隶的快乐,他们热爱这不朽的城邦和自由"。晚期犬儒忒勒斯(约活动于公元前235年左右)则记述他批判关于快乐是生活动力的论调,主张在帕拉城中的人从婴孩起就应有严格的磨练,青年要接受军事训练,过严格的禁欲生活,才能实现美德。① 这似乎是将斯巴达生活犬儒化。这种没有金钱财富、享乐和战争,只有犬儒生活的乌托邦,虽然表现了对现实社会的不满,但它只是一种无益的空想。在现实社会中,他只沉溺于放浪形骸的生活。

希帕基娅。她本来也出生于富贵家庭,因倾慕克拉特斯的教义和生活,不顾双亲的反对和威胁,执意要和克拉特斯同居。克拉特斯劝说要她离开也无效,最后他脱下外衣对她说:"这就是新郎的全部所有,你决定吧;你不会是我的良伴,除非你分有我所追求的东西。"希帕基娅仍执意同他为伴,选择了犬儒生活。他们强调顺应自然,竟至放浪不羁地在公众场合性交。(第96—97节)在他们看来,人可以毫无羞耻地仿效狗的自然本性,没有隐私,这就是"自然"和"诚实"。不过也不能说希帕基娅仅仅是个放荡的女性,她也可以算是古代希腊一位颇有机智的妇女哲学家。据第欧根尼·拉尔修记载,在一次宴

---

① 参见兰肯:《智者、苏格拉底派和昔尼克派》,第236页。

会上,她同有无神论倾向的居勒尼学派的第奥多罗论辩,她说:如果你的行为都是不错的,你打自己也是不错的,那么我摹仿你的行为也是不错的。于是她打了他。第奥多罗无言以对,就去撕裂她的衣服,并引用诗句指责她不守妇道,放弃家务本分。她却镇定自若地说:我放弃织机追求教义,难道是错的吗?(第97—98节)

莫尼摩。他出生于叙拉古,本来服务于一个科林斯的钱庄主,这钱庄主同购买第欧根尼作家庭教师的主人相交甚好,所以莫尼摩能经常听到第欧根尼谈论,就成为十分钦慕他的弟子。他装疯卖傻,将钱乱扔,老板只能解雇他。别的犬儒只有一个行囊,他却带了三个,表示执意追求犬儒生活。第欧根尼·拉尔修记载他留下两卷著作《论本能》和《哲学箴言》。(第6卷第82—83节)塞克斯都·恩披里柯说他明显有怀疑论倾向,否定真理标准,认为一切言词都是虚浮的,一切理论都是废话,不相信有使人获得知识的判断标准,甚至"我们并不知道什么"这个判断也是我们不能确信的废话。在他看来关于世界的知识是不存在的,我们的一切经验都只是一种朦胧的形象,是梦境。[1]

皮翁。出身于米利都附近的波律斯提尼,家道中落后被卖为奴隶,成为一个修辞学教师的仆从,很受宠信;后来继承了主人的家业便赴雅典,在柏拉图和亚里士多德的学园中都从学过,但克拉特斯是对他最有影响的老师。他善雄辩,但由于为奴隶时的同性恋名声不佳。(第4卷第46,51节)他否认诸神存在,临死时也不愿去神庙忏悔自己渎神。(第55,56节)在他身上表现出一种分裂的人格:他既崇尚色诺芬笔下的俭约的苏格拉底,又说苏格拉底节制欲望是傻瓜。(第49节)他宣讲昔尼克派教义,本人却收取昂贵的学费,生活奢侈,好炫耀自己并蓄有娈童而不以为恶(第53节),他并且说"名望是美德之母"。同其他犬儒不同,他看重财富,声称"财富是成就的筋腱"。(第48节)他的教义和行为已浸透有居勒尼派的享乐主义成分。

凯尔基达。是公元前3世纪后半叶阿卡狄亚地区美伽洛波利城邦的政治活动家。统治城邦本来不是昔尼克派追求的目标,他却是政治家兼昔尼克派

---

[1] 参见塞克斯都·恩披里柯:《反逻辑学家》第1卷,第221节。

哲人,这表明犬儒思想也影响到上层政治统治者。他曾率领军队同斯巴达作战,失败后本邦沦陷逃亡他地;本邦恢复自由后他被任命为立法官,制定新宪法,后来又成为娴熟谈判事务的外交官。他尊称第欧根尼是"宙斯之子,一条天堂之犬"。(第 6 卷第 77 节)他是诗人,以诗歌形式宣扬昔尼克派的哲学。第欧根尼·拉尔修对他记载极少,1906 年发现了他的诗篇的纸草残篇,1911年公开发表。① 他在诗中诅咒脏猪般的金钱财富使人堕落,责怪诸神瞎了眼,漠视人的利益,使人间没有正义,要求人们切断一切追求财富的欲望。

在罗马帝国时代最著名的昔尼克派人物有两位。狄米特里乌是同塞涅卡同时代的哲人,约生活在公元前 4 年至公元 65 年。他因反对尼禄皇帝图谋恢复共和制而被流放。他用昔尼克派的所谓"自由"口号反对君王专制,毫无成效。另一位叫狄奥·科凯伊阿努,生活在公元 1 世纪,早期学习修辞,后来成为昔尼克派,因善于雄辩得名"金嘴"。他因参与党争被流放,游历希腊,成为昔尼克派,以干苦力或行乞为生;回罗马后成为皇帝处理希腊事务的顾问。保存下来的他的文集收有八十篇讲演,以恢复智者时期古典式希腊文风著称;内容大多宣扬昔尼克派关于崇尚自然、禁欲和美德的教义,鼓吹帝王应有调和臣民之道。他的一些讲演是"苏格拉底式的言论",可能是从安提斯泰尼那里辗转流传下来的,有史料价值。②

第三节　居勒尼学派

居勒尼学派因其创始人阿里斯提波出生于地中海南岸北非洲的希腊城邦居勒尼(今属利比亚)而得名。同犬儒派相似,他们也把善看做是个体的主观自由和独立;不过犬儒派将善消极地规定为节欲无为,而居勒尼派恰相对立,将善规定为个体的快乐,快乐以感觉为标准;他们主张寻求愉快的感受是人的

---

① 参见洪特(A.S.Hunt):《Oxyrhynchus 纸草Ⅷ1073—1165》。
② 参见兰肯:《智者、苏格拉底派和昔尼克派》,第 246—247 页。

天职和最高的善。智者的感觉论对这一学派思想的产生有影响,但不能将他们简单地说成是智者哲学的回归,因为居勒尼学派反对从形而上学和认识论意义去探究感觉的内容和来源。苏格拉底的"善"中包含着功利性的"快乐"效果,但缺乏具体规定;居勒尼学派则将这种快乐因素加以强调和扩展,主要从伦理意义将生活中的快乐和痛苦的情绪性的感受视为唯一对象。初期居勒尼学派的理论和生活方式中包含有一些享乐主义倾向,但是不能简单地将他们的"善即快乐"原则全部归结为一种追求贪欲和满足感官需要的享乐主义。这个学派的演变越益倾向寻求理智的快乐,寻求一种能避免痛苦和恶的不动心的宁静,后来直接影响了伊壁鸠鲁的哲学;同时因为面对社会的动荡不安,这个学派后来表现出某种否定知识标准的怀疑论因素。就西方伦理思想说,居勒尼学派最早系统地论述了快乐论的原则,具有深远影响。这个学派从公元前 5 世纪末一直延续到亚历山大时代,我们选择几位各有特色的代表人物作概要评述。

一 阿里斯提波

阿里斯提波约生活于公元前 435 至前 350 年间,据第欧根尼·拉尔修记述,他本是出生于居勒尼的公民,因受苏格拉底的名声吸引来到雅典,那时他已经是一位有教养的演说家或"智者"了。(第 2 卷第 65 节)他在居勒尼时很可能已经受到智者的影响,他跟从苏格拉底学习很久,但并不拘守老师的教义,有自己的独立思想,同苏格拉底多有争辩。在苏格拉底的学生中他是第一个向受教者收取学费的,他自己曾送学费给老师,苏格拉底拒绝接受。(第 65 节)他主张寻求现实事物所能给予的快乐,而不去费力追求实现不了的享受。他为人洒脱,"对各种场合、时间和人都能应付裕如,能在无论什么环境中都扮演适当的角色"。同柏拉图一样他也曾去西西里,在狄奥尼修的宫廷中比别人更受宠幸。这种寄生生活的快乐享受需要随机应变,据说有一次狄奥尼修啐了他一口,他忍受了,别人非议他时他说:"渔夫为了捕到一条小鱼不惜让海水溅身,我要捕一条大鱼,有什么不可忍受的。"(第 66—67 节)因此犬儒派第欧根尼称他是"国王的哈巴狗",蒂孟则讥讽他的"逸乐的本性是以感触去摸索错误"。(第66节)有一次第欧根尼在洗菜时看见阿里斯提波走过,就对他喊:"要是你学会做你的饭菜,你就用不着向国王献殷勤了。"阿里斯提波回嘴:"要是你懂得怎样同人交结,你就用不着洗菜了。"(第68节)这表明他同犬儒派在生活原则上的对立:犬儒派抛弃快乐和享受,以俭鄙顺应自然;居勒尼派则认为有理性的人应在现实的人事中千方百计地追求个人的快乐和享受。第欧根尼·拉尔修记载阿里斯提波写过一部三卷本的利比亚历史,是献给狄奥尼修的;还写了一部包含二十五篇对话的著作,记录了全部篇名(第83—84节),这些著作都没有保留下来。

阿里斯提波建立的居勒尼学派的哲学本质上是一种感觉论,这种感觉有情绪性感受的含义。个体的感觉是人所知道的一切,是判断一切的标准,也是生活的目的。塞克斯都·恩披里柯记述说:"居勒尼学派主张感觉是标准,只有感觉才是可理解的,不会错的;而引起感觉的事物都不是可理解的,不是确实可靠的。他们说,我们感觉白或甜是一种我们能确实无可争辩地陈述的东西,但是产生这感觉的对象是白或是甜却是不能断言的。"因为个人的感官状况很不一样,得黄疸病的人看什么都是黄色的,得眼结膜炎的人看什么都是红色的。因此他们认为感觉才是唯一真实的存在,透过感觉去判断、探究现实的对象事物的本性是没有意义的。关于判断对象事物,"他们断言并不存在人类的共同标准,而只有给予对象的共同名称",实际上每个人都只有他自己的特殊感觉。① 因此他们认为"对一切事物而言,感觉的存在就是标准和目的;我们遵循它生活,注意证据和认可——求联系其他感觉的证据,求联系快乐的认可"。② 由此可见阿里斯提波夸大了色、味等所谓事物的"第二性质",将这种对象事物和感官的相互作用中表现出来的特性只归结为个人感觉的特殊性,否认人可以通过感觉判断对象的客观性质,而将感觉视为唯一真实的存在,成为判断一切的标准。这已经有不可知论的思想倾向了。

阿里斯提波以及居勒尼学派所说的感觉并不是认知意义的感觉,主要是

---

① 参见塞克斯都·恩披里柯:《反逻辑学家》第1卷,第191—196节。

② 塞克斯都·恩披里柯:《反逻辑学家》第1卷,第200节。

指一种带有情感意义的内在感受。普卢塔克指出:居勒尼派"主张他们在自身中体验想象和情感,他们并不认为这些体验提供关于外在世界是现实的可信证明。他们将自己闭锁在他们自己的情感中,仿佛处在围场之中一样,只断言'它看起来是',并不进一步证明'它是什么'"。① 他们所说的感觉着重于指内在的情感体验。因此并不全同于智者的感觉论。西塞罗指出他们的区别:"普罗泰戈拉关于判断的根据的观点认为真理是对每个人看起来是真实的东西;居勒尼学派的观点却不同,他们认为任何东西都不能这样加以说明,而只能根据内在的情感说明;伊壁鸠鲁派则认为一切判断的根据存在于感觉以及对事件的知觉和快乐之中。"②智者注重感知,居勒尼派注重情感性的内在体验,伊壁鸠鲁派则将这二者统摄起来。阿里斯提波等只研究伦理生活的体验,不研究对现实存在事物的认识;他们认为研究辩证法是没有意义的,一切研究外界事物的学问也是没有价值的。第欧根尼·拉尔修指出:"他们肯定心灵的感觉是可知的,而产生感觉的对象是不可知的;他们否定研究自然,因为这种研究显然没有确实性。……只有学过善和恶的学说的人能合适地说话,能摆脱迷信和对死亡的恐惧。他们也主张任何事物并不按 physis 而只按 nomos 才有正义、高尚或卑下之分。"(第 92 节)亚里士多德在《形而上学》中指出:"有些智者如阿里斯提波讥笑数学,他们论辩说,甚至在最低级的技艺如木工和制鞋中也有理由说明它们是做得好或坏,而数学却不能说明善和恶。"(996ª32—36)他还批评他们说:"善和美是不同的,因为前者总实现于行为之中,而后者则体现在不动的事物中,所以那些认为数学不涉及美或善的人是错误的。"(1078ª31—34)

阿里斯提波的伦理原则是:快乐是善,痛苦是恶。第欧根尼·拉尔修记述:他认为感觉是人的身体和灵魂内在体验的两种运动状态,"有快乐和痛苦两种状态,前者是一种和谐平畅的状态,后者是一种粗糙难受的状态"。"快乐状态令人惬意,痛苦状态令所有的人反感。"快乐是一种内心体验,不能只

---

① 普卢塔克:《反科罗多》,第 1 章第 120 节。
② 西塞罗:《学园问题》第 2 卷,第 42、131 节。

归结为视听感觉,如我们愉快地听到摹仿呻吟的声音,而现实的呻吟是会引起痛苦的。(第87节)他认为有身体的和灵魂的快乐和痛苦,而灵魂的快乐和痛苦是从身体的相应部分来的,所以身体的快乐是生活的目的。人的本性就是要追求个人的特殊的快乐,人生的幸福就是以达到这种特殊的快乐为目的;这有事实为证:我们年轻时即本能地被快乐所吸引,获得快乐便别无所求,尽力避免它的反面——痛苦。快乐即善,即使它产生于不易察觉的行为之中,即使行为是不合规范的,也是善的。(第87—88节)总之,在他看来作为一种内在的体验,个人的"特殊的快乐"特别是身体的快乐合乎人的本性,这就是善和人生的目的。这种快乐论无疑有享乐主义的色彩,但也不能全部归结为享乐主义。他将快乐和幸福区别开来,认为作为人生目的的快乐总是个人的特殊的快乐,它是由其自身理由而被人追求的;幸福则是全部特殊快乐的总和,包括过去和未来的快乐;幸福不是由其自身的理由,而是因特殊快乐而被人追求;可是产生一定快乐的事情往往也带有痛苦的性质,所以积聚快乐得到幸福也是一种包含痛苦的烦心的事情。(第87—89节)这就是说幸福并非人生追求的直接目的,它是包含快乐和痛苦经验的总和。

阿里斯提波提出不同于昔尼克派以苦修臻善的个人理想,而主张凭借智慧求得快乐的效果为美德的"贤人论"。他认为现实生活中痛苦是不可避免的,并不是每个智慧的人都生活快乐,每个愚蠢的人都生活痛苦,只能说大部分是如此。个人只要享受特殊快乐就够了。行为不必注重动机,而要重效果;即使动机荒谬、不仁慈,只要能求得快乐也是美德,因此美德有时也可实现于愚昧的行为之中。慎重节俭固然是美德,但也只是因为它们能获得快乐的效果才是美德。人们追求财富并不是为了财富本身,而是因为它能产生快乐。因此贤人虽也感受痛苦和恐惧等自然情感,但总是努力避免嫉妒、虚情、迷信等空虚的意见,设法摆脱恐惧和痛苦,预见惩罚而不去做错事恶事。他认为这种凭借智慧实现快乐的智慧的人是现实存在的,可以通过研习哲学和正确处理事务而达到。(第91,93节)总之,他的贤人理想就是个人追求现实的快乐,避免痛苦乃至社会责任、义务而实现个人自由。这表现当时奴隶主知识阶层贪图安逸,不求进取的情绪,甚至因此对奴隶制度的必要性也发生怀疑。阿里斯提波就认为："要是一切法律都被废止，我们仍然会像现在这样继续生活。"（第69节）色诺芬的《回忆录》记述他和苏格拉底谈话，阿里斯提波只想过一种悠闲怡静的快乐生活，既不愿统治人，也不愿受人治理；因为被人统治要忍苦耐劳，而做统治者如果不能为人民提供必需的东西也要遭受谴责，给自己和别人都带来麻烦；他认为过这种劳碌的政治生活简直愚不可及。他不愿从政，也不愿把自己关闭起来做国家公民，而只愿安逸自由地到处周游做客（实际上是做寄生的门客）。他表示：我并不是一个拥护奴隶制的人，但我以为有一条我愿意走的中庸大道，这条道路既不是通过统治也不是通过奴役，而是通过自由，这是一条通往幸福的光明大道。（第2卷第1章第8—11节）这里他并不是真正批判奴隶制度，他也主张对懒惰的家奴要加以鞭挞使他们服从；只是他看到当时奴隶制内在矛盾激化以致给多数公民带来许多痛苦和羁束，他已经不图改善这种社会制度，只是幻想撇开它的约束，逃避本阶层为维护这个制度应尽的义务，只求个人的安逸"自由"。这恰恰说明当时这个阶层的没落情绪。

阿里斯提波本人的生活方式确实也体现了他贪求享受、安逸的所谓快乐精神。第欧根尼·拉尔修记载了他很多轶事，这里略举一些：柏拉图在西西里指责他生活奢侈，他说柏拉图既然认定狄奥尼修是善人，这个国王比他生活更奢侈，为什么他就不能生活得舒适一些呢？（第69节）有一次狄奥尼修问他为什么到这里来，他回答："我需要智慧时就去苏格拉底那里，我需要钱时就来到你这里。"（第78节）有一次苏格拉底问他："你怎么会弄到这么多钱？"他回答："你怎么会只有这么少的一点钱呢？"（第80节）他轻视钱财挥霍自如，一次旅行中他的奴隶扛一大笔钱实在太累了，他说："将大部分钱扔了，能拿多少就算多少。"（第77节）他享乐而不负任何责任，一个妓女对他说她由他而怀了孕；他说，你怎么知道是从我怀孕的？如果你走过荆棘丛，你能说得出是哪根刺将你刺了吗？（第81节）

二 赫格西亚

赫格西亚生活于公元前3世纪初。第欧根尼·拉尔修没有列专章记述他的生平,只在阿里斯提波章中有一节(第95—96节)专门论述所谓赫格西亚派的学说。他们也将快乐和痛苦看做目的,但是他们的哲学已经带上较多的怀疑论色彩,宣扬一种"漠不动心"的贤人论。

据第欧根尼·拉尔修的论述,赫格西亚派也将快乐和痛苦归为感觉,但他们认为"感觉是不可靠的,因为不能从感觉得到准确的知识,人只能做那些看起来是合理的事情"。既然人不能根据感觉作出精确的判断,获得真理,那么"犯错误是可以原谅的,因为无人自愿为错,只是被某种痛苦制约了;我们不应仇恨人,只能将他们教导得好一些"。既然感觉不能给人确实的真理,快乐和痛苦都是不可避免的,那么二者并没有绝对的分别。他们"否认有自然的快乐和痛苦;对同一对象,有些人感到快乐而另一些人感到痛苦,只是由于这对象的缺失、稀少或过分"。"贫富同快乐无关,富人或穷人都并不特别享有快乐。奴役和自由、出身高贵和低贱、荣耀和耻辱等等,在计算快乐上都一样没有什么不同。"因此他们抹煞一切伦理价值的区别,认为人的行为都从自身的利益出发,并没有伦理的目的和价值。所以他们认为"没有所谓感恩、友谊、仁慈之类的东西,我们并不因它们而去选择做有关的事情;只能是出于利益的动机,没有除此以外的行为"。总之一切所谓美德自身并无价值,它们都只是个人利益动机所支配的行为带来的结果。

赫格西亚派对人生采取一种带有悲观色彩的漠不关心的态度,他们认为"幸福是不可能实现的",因为"身体被各种各样的痛苦所侵扰,灵魂也因身体痛苦而受折磨,没有幸运,只有失望",人只是"轮次置身于生和死之间罢了"。所以他们主张对一切都不必认真对待,取无所谓态度最好,智慧的人的处世态度就是对一切都漠不关心。"生活对愚人说只是有利可图,对智慧的人说就是漠不关心。"这种漠不关心并不是不要利益,而是指满足于自己要求的利益,不贪求超过他人的利益。"智慧的人在一切行为中以他们自身的利益为指导,因为他们不认为别人有和自己同等的价值;如果他要从旁人那里获取再多的利益,也比不上他给予自己的东西。"他们又指出:"智慧的人在择善避恶中并不比他人有更多的利益,只能以没有身体和灵魂的痛苦,无忧无虑地生活作为自己的目的。"对任何产生快乐的对象不加区别,取无所谓态度,这就是他们的自然的利益。(以上均见第 2 卷第 95 节)赫格西亚鼓吹智慧的人应返回个人生活本身,对一切漠不动心,对当时和后来的希腊伦理思想和道德状况都是有影响的。据说就是因为他煽惑群众对一切漠不关心,厌倦生活甚至自杀,所以他在亚历山大里亚曾被托勒密王朝禁止讲学。①

三　安尼凯里

安尼凯里生活于公元前 4 世纪,约当亚历山大大帝时代,据说他曾赎救过被掠为奴隶的柏拉图。他的伦理思想有乐观祥和的精神,比较接近苏格拉底的思想。

第欧根尼·拉尔修将他的思想也摆在阿里斯提波章中作为一节论述,并称为安尼凯里派的思想。他们也主张快乐是最大的善,人应该根据善的原则追求快乐;善不是空泛不可企及的,而是表现为种种现实的美德。他和赫格西亚相反,认为"友谊、对父母的孝敬和感恩等等在现实生活中都是存在的,一位善人的行为有时也出于爱国的动机"。人不应只关注自己,美德也该关注他人。友谊包含着尊重别人的感情,"尊重朋友不只是因为他有用——不然的话没有用就会抛弃朋友——而是为了善良的感情,为此我们甚至宁愿忍受艰苦"。幸福在于培植美德,因此"智慧的人即使受苦恼,没有快乐之感,他也同样是幸福的"。培植美德不能只靠语言,也要靠行为实践,"言教本身还不足以鼓励我们自信并使我们优于多数人的意见,必须形成良好的习惯;因为坏的品性一开始就会在我们中间滋生"。(以上均见第 2 卷第 96—97 节)安尼凯里的道德论较少理论思辨成分,更多通俗性的道德教诲,崇尚美德实践,表现居勒尼学派内部的又一种倾向:摒弃享乐主义,又不囿于个人的漠不动心。这种比较平和的道德学说对晚期希腊和西塞罗的伦理思想都有影响。

四　第奥多罗

第奥多罗生活于公元前 4 世纪末叶,第欧根尼·拉尔修也将他摆在阿里

---

① 参见西塞罗:《杜斯古里问题》第 1 卷,第 34 节。

斯提波章中论述,表明他们都是同一学派的,但给予第奥多罗的篇幅较多。据说他是安尼凯里和辩证法家狄奥尼修的学生。(第 2 卷第 98 节)也有古代著作家说他曾从斯多亚派创始人芝诺及怀疑论创始人皮罗学习过。他不信神,为此被居勒尼放逐到雅典,他说"多谢居勒尼人将我从利比亚赶到希腊"。(第 103 节)后来又因不信神而被雅典放逐。据说他写过一本《关于诸神》的书,后来伊壁鸠鲁从中吸取了许多内容。(第 97 节)第奥多罗是一位精明的论辩家,周旋于托勒密王朝屡次充任外交使节;晚年退休返归居勒尼,享有盛誉。(第 103 节)

第奥多罗所以出名的原因之一是他否认诸神的存在而被逐出雅典。(第 102 节)我们难以断定他只是否定希腊通俗宗教中的人格化诸神而肯定理性神呢,还是否定一切神的存在。西塞罗只确认他说过诸神根本不存在。然而他抨击当时宗教的态度是明显的。他讥笑一位祭司长:"既然将神意泄露给未入道者是冒犯神意,而你的工作是向未入道者宣讲神意,那就是冒犯神意了。"(第 101 节)他同斯蒂尔波论辩时说,既然人可以自称为"人",他自称为"神"也是可以的。(第 100 节)意思是神不过是人为约定的名字罢了。

第奥多罗作为居勒尼派虽也主张善即快乐,但他较多地肯定理智的作用。"他认为快乐和忧愁是终极的善和恶,智慧生善,愚昧生恶。他称智慧和正义是善,它们的反面是恶,快乐和痛苦则居于善和恶之间。"(第 98 节)这就是说人生的目的固然以达到快乐为善,但善恶的根源在于是否有理智;快乐和痛苦的情感摆动于善恶之间,并不等同于善恶。他认为友谊既不存在于非智慧者之间,也不存在于智慧者之间,因为非智慧者的需求一改变,友谊便不复存在,而智慧者自给自足也不需要友谊。(第 98 节)他还有一些惊世骇俗的反传统见解。他主张有时也可以允许盗贼、铸假币者、渎圣者存在,因为不能说他们的行为本性上便是坏的,如果破除对他们的偏见,他们的行为也可以起到集结愚众的作用。(第 99 节)他还夸大苏格拉底所说的善的功利性方面,认为智慧的人应当开放自己的感情,不必顾忌环境;女人的美只要有用即可爱赏,为了有用的目的使用任何东西都不是做错事。(第 99—100 节)他还受昔尼克派的影响主张一种世界主义。"他说世界是他的国家"(第 98 节)。认为智慧的人不冒险去捍卫本国是合理的,因为不应该为造福不智慧的人而抛弃智慧。

第奥多罗的理智主义的快乐论和反传统的无神论倾向在当时较有影响,当时另一位居勒尼派成员欧厄麦罗就受他的无神论思想影响,提出一种惊骇当时公众的关于诸神起源的理论,认为诸神不过是远古时代的一些伟人,在蒙昧时期逐渐成为人们崇拜的对象,作为古代人格和成就的传统一代代留传下来了。他将这种诸神起源论写在《圣铭》上,此书后来被罗马时代诗人爱纽斯译为拉丁文。总之,居勒尼派思想通过第奥多罗影响了伊壁鸠鲁的哲学以至罗马时期哲学的无神论思想。

苏格拉底在古代希腊哲学发展中占有重要地位。从早期希腊的自然哲学转向研究人和社会的过程固然是由智者开始的,智者的思想在希腊民主制的确立和发展上起过积极的推动作用,但是他们强调个人的感觉,陷入相对主义和怀疑论。正是苏格拉底提出"认识你自己"的响亮口号,倡导哲学变革,将哲学建立在牢固的理性主义的基础上。在他的思想影响下,柏拉图和亚里士多德创立了宏大的哲学体系,形成希腊古典哲学的全盛时期。苏格拉底倡导的理性主义不仅是希腊哲学的主流,而且是整个西方哲学和科学的重要传统。

然而研究苏格拉底的哲学有个最大的困难即资料问题:他的哲学思想几乎都是在柏拉图对话中才得到系统的论述,因此如何将柏拉图对话中的苏格拉底的思想和柏拉图自己的思想区分开来,一直成为哲学史研究上争论不休的难题。有些哲学史著作撇开柏拉图的对话论述苏格拉底的哲学,便显得苍白无力。我们以为柏拉图早期的"苏格拉底的对话"是基本上表现苏格拉底思想的,将几篇虽属中期但尚未形成系统相论的对话中的思想也放在苏格拉底名下论述;并以公认为比较准确的色诺芬《回忆录》中阐述的苏格拉底思想加以印证,希望能为读者勾画一幅比较丰满的苏格拉底哲学思想的面貌。

苏格拉底亲身经历伯罗奔尼撒战争,目睹雅典民主政治衰颓,社会动荡;智者思想的消极作用日益明显,道德沦丧。苏格拉底力图挽狂澜于既倒,提倡道德振邦,自觉地想在哲学思想上进行一场变革。他的思想不能见容于当时雅典社会,特别是那些只知争权夺利的统治者们;因此他只能饮鸩服刑,成为希腊史上一大悲剧,苏格拉底是第一个为寻求真理而英勇献身的哲学家。

我们先概括论述苏格拉底的基本哲学观点,即:他寻求普遍性定义,是后来柏拉图的相论的雏形;他突出强调理性的作用,制定了新的"知识"概念,和智者传授的"知识"区别开来;以及他通过问答辩难揭露对方矛盾的辩证方法。然后根据柏拉图各篇对话的内容,结合色诺芬的有关论述,分别具体讨论苏格拉底的理性主义的道德哲学,他的政治、宗教和审美思想以及有关逻辑和语言的思想。

苏格拉底是以讨论伦理问题,探求美德的一般定义著称的,但是他标榜"自知其无知",以产婆自居只做启发诱导的工作,没有得出肯定的结论。可是在探讨过程中他着重谈论的是一般和个别的关系问题和从个别求一般的方法问题,以及美德是否可教和知识的来源问题等等,都是属于本体论、认识论和方法论的问题。苏格拉底将美德归结为知识,也就是将逻辑、认识论和辩证法三者在理性的基础上统一起来。

理性主义渗透在苏格拉底思想的各个方面。他不但开创了理性主义的道德哲学,在宗教观上他被控告的罪名是渎神和"引进新的神",他所引进的新神不是别的,正是理性神。在政治上他曾被指责为"反对民主制的奴隶主贵族的思想代表",其实客观地分析材料就可以看到他并不是反对民主制,只是看到当时民主制的种种弊端从而对它采取批判态度,梦想有智慧的贤人出来进行理性的统治。在审美问题上他讨论美的现象和美的本质,形式美和实质美的关系以及美是客观的还是主观的问题,强调美和善的统一,并探讨了艺术创作的特性。在逻辑和语言方面,当然不能说苏格拉底已经有关于逻辑和语言的系统理论,但因他经常和智者们进行辩驳诘难,深深感受到辩论中的逻辑和语言的混乱状态,因而不自觉地揭示过形式逻辑的基本规律,运用过多种形式的逻辑论证,并且讨论了语言中的命名和意义等问题,为后来亚里士多德建立形式逻辑提供了丰富的素材。总之,如果根据柏拉图的对话结合其他史料来研究苏格拉底的思想,内容非常丰富,是很值得研究的。

苏格拉底提出了最高的"善",然而他对善的概念并没有作出明确的规定,因而他的学生们对"善"作了不同的解释,形成不同的学派。在所谓"小苏格拉底学派"中只有麦加拉学派比较重视思辨,他们接受爱利亚学派的思想影响,将一般和个别割裂开来,只承认一般的独立存在,提出一些著名的悖论;后期麦加拉学派讨论了模态论和假言命题,在逻辑学说上很有贡献。至于昔尼克学派和居勒尼学派只注重道德实践。昔尼克学派主张顺应自然和节欲,后来流于一种俭鄙而又放任的犬儒的生活方式;居勒尼学派提倡快乐论,从带有享乐主义色彩的感觉论逐渐转向"漠不动心"的生活方式和比较强调理智性的快乐为"善"的伦理原则。他们提出的种种奇怪的生活方式,反映了在当时动荡衰微的希腊社会中知识阶层或者是想以消极逃避的方式以示反抗,或者是制造理论以求适应现实,谋求一己的私利。他们在哲学理论上的建树不多,但是他们的思想对后期希腊的斯多亚学派、伊壁鸠鲁学派和怀疑论都有直接影响,是向后期希腊哲学过渡的重要环节。

真正继承苏格拉底的理性主义传统,并将它发展成为庞大的哲学体系,焕发成为希腊古典哲学全盛时期的,是他的嫡传弟子柏拉图和再传弟子亚里士多德。这是本卷第三编和本书第三卷所要论述的内容。

第 三 编
柏 拉 图

现在我们开始讨论柏拉图。

说到柏拉图,无论在希腊哲学发展史还是西方的哲学和文化发展史以至世界文明发展史上,他都占有重要的地位。他个人写了大量著作,这些著作基本上流传了下来,直至今天还在世界各地发生影响。就这一点说,他大约是哲学家中的第一个人。所有以前研究过的古希腊哲学家,我们只能根据他们本人或多或少的残篇,以及别人记载的第二手材料来探讨他们的思想,难免片面,不可能将他们的思想完整地加以研究;而柏拉图因为有大量亲自写定的著作,我们可以按照他自己的逻辑比较完整地探讨他的思想及其发展过程。柏拉图的著作是包罗万象的,阐述了他的相论、辩证法、认识论、伦理学、政治学、美学以及修辞、语言和自然哲学等各方面的内容;不但提出了他自己的观点,同时也批判性地介绍了他以前以及同时代的哲学家、思想家的许多重要材料。这各个方面的思想在当时又是统一而没有分化成为一门门独立的学科的;柏拉图的著作又不像是以后哲学家那样写成为一本本专题著作,而是对话。虽然他写每一篇对话时都为它确定一个主题,但他对主题的区别和后来划分各门学科的标准并不完全相同;加以他在发挥主题思想时往往插入其他问题,它们的重要性在我们看来有时甚至超过了他所设定的主题。柏拉图的二三十篇对话是在几乎 50 多年的长时期中先后陆续写下来的,他的思想不会没有发展和变化,因此表现在各篇对话中的思想并不总是一致的,常常可以发现不同甚至矛盾。这些都给我们解释柏拉图哲学带来了困难。事实上我们看到两千多年来西方各种各样学者都在研究柏拉图,他们的解释却有许多不同甚至存在根本性的分歧。

关于柏拉图的历史地位,对他作总的历史评价,西方学者一般都持崇敬态度。黑格尔说:"哲学之发展成为科学,确切点说是从苏格拉底的观点进展到科学的观点。哲学之作为科学是从柏拉图开始而由亚里士多德完成的。他们比起所有别的哲学家来应该可以叫做人类的导师。"①原来是新实在论者的英国哲学家怀特海在其主要著作《过程和实在》中,甚至将西方二千多年来的哲学归结为对柏拉图的注释:"欧洲哲学传统最稳定的一般特征,是由对柏拉图的一系列注释组成的。"②现代很有影响的英国批判理性主义哲学家波普尔是极为贬抑柏拉图的,但他也认为:"柏拉图著作的影响,不论是好是坏,总是无法估计的。人们可以说西方的思想或者是柏拉图的,或者是反柏拉图的,可是在任何时候都不是非柏拉图的。"③可是,丹皮尔在《科学史》中却站在科学的立场上,认为德谟克利特的原子论更接近现代科学,它被柏拉图和亚里士多德的批判所压制,"从科学观点来看,这应该说是不幸。后来几个时代竟让各种形式的柏拉图主义代表希腊思想,这个事实实在是科学精神从地球上绝迹一千年之久的原因之一。柏拉图是一个伟大的哲学家,但是在实验科学史上,我们不能不把他算作一个祸害"。④ 20世纪三四十年代的苏联学者将两千年的哲学史归结为德谟克利特的唯物主义路线和柏拉图的唯心主义路线的斗争史,从而否定柏拉图,例如被日丹诺夫批判的亚历山大罗夫的《西欧哲学史》把柏拉图说成是:"他属于上层贵族奴隶主集团,整个一生都反对奴隶制国家的民主政体,并同唯物论学说进行了顽固的斗争。"⑤后来原苏联的希腊哲学专家阿斯穆斯在《古代哲学史》中,虽然也指责柏拉图创立了客观唯心论学说,把矛头指向唯物论思想家,但承认他是"思想中罕见的天才",说他和亚里士多德的影响,"远远超出了他们所处的时代"。⑥

① 黑格尔:《哲学史讲演录》第2卷,中译本,第151页。
② 怀特海:《过程与实在》,第53页。
③ 《国际社会科学百科全书》波普尔撰写的"柏拉图"条目,第12卷,第163页。
④ 丹皮尔:《科学史》,中译本,第62页。
⑤ 亚历山大洛夫:《西欧哲学史》,中译本,第60页。
⑥ 阿斯穆斯:《古代哲学》,第176页。

有关这些问题,我们以为只有认真分析柏拉图自己的著作,才有可能作出比较实事求是的解释。

第十三章

哲学家、政治家、诗人

第一节　理想主义者

一　哲学和政治

柏拉图的生平事迹，我们所能知道的要比他以前的哲学家多得多。主要资料来源有二：一是第欧根尼·拉尔修的《著名哲学家的生平和学说》，另一是带有自传性质的柏拉图的《第七封信》。

第欧根尼·拉尔修在《著名哲学家的生平和学说》中专门用一卷（第3卷）篇幅叙述柏拉图，共109节。（相比之下，苏格拉底只占30节，亚里士多德只占35节；只有伊壁鸠鲁也占第10卷整卷154节，超过柏拉图。）《第七封信》是流传下来所谓"柏拉图书信"十三封中最长的一封，占斯特方标准本将近30页（323E—352A）。像其他多数书信一样这封信的真伪在学者中也是有争议的，但现在多数柏拉图学者承认《第七封信》确是这位哲学家亲自写的，把它当作可靠的史料进行研究和引证。这封信是柏拉图写给狄翁的朋友和支持者的，详细地叙述了他自己怎样和狄翁结识以及他的三次西西里之行，为他自己和狄翁的行为作辩解。信中讲到的事实和第欧根尼·拉尔修的记载基本上是一致的，但较后者详尽。特别重要的是柏拉图在信中多次谈到他自己的志向、爱好以及他对所经历事件的态度，这在他的著作中是很少见的，他在对话中几

乎从来没有谈到过他自己的事情。因此《第七封信》可以说是西方哲学家中
第一份自传体的文献,是我们了解柏拉图为人的重要依据。

柏拉图生于第 88 届奥林匹克赛会(公元前 427 年)5 月 7 日,出生在雅典
附近的伊齐那岛。父亲阿里斯通,母亲珀里克提俄涅都是出自名门望族的雅
典公民。父亲的谱系可以上溯到雅典历史上最后一位君王科德鲁斯(据说是
公元前 11 世纪时人);但柏拉图幼年时父亲就去世了,从他的著作和有关记载
看,父亲和父系家族及其社会关系对他一生的影响并不大。母亲系出梭伦家
族,可以上溯到德洛庇达一世(公元前 644 年任雅典执政官),以及梭伦的兄
弟德洛庇达二世(公元前 593 年任雅典执政官),柏拉图属于梭伦的第六代后
裔。柏拉图的母亲的亲兄弟卡尔米德和堂兄弟克里底亚都是雅典"三十僭
主"的主要代表人物。有关克里底亚的情况本书第一编介绍智者人物时已经
叙述过了,卡尔米德的情况在第二编中也提到过。

柏拉图原名阿里斯托克勒(Aristocles),他的体育老师看到他体魄强健,
一说是因为他有宽阔的前额,让他改名柏拉图,希腊文表示宽广身体的意思。
柏拉图是他父母亲的幼子,他有两个哥哥阿得曼图和格劳孔,也都是追随苏格
拉底的青年,在柏拉图的对话中常有出现。柏拉图有一个姐妹波托妮,就是后
来柏拉图学园继承人斯彪西波的母亲。柏拉图的父亲去世后他的母亲改嫁给
她的堂叔皮里兰佩,又为柏拉图生了一个弟弟安提丰(不是本书第一编介绍
智者安提丰时提到的那几个安提丰),在柏拉图的对话《巴门尼德篇》中出现
过。皮里兰佩是积极支持民主政治的,和雅典民主派领袖伯里克利的关系密
切,是他的政策的重要支持者;他曾作为雅典的使节被派往波斯和其他亚洲国
家执行任务。柏拉图在早期对话《卡尔米德篇》中提到这件事,以颂扬的口吻
谈到他的这位继父。(158A)

柏拉图出生的那年伯罗奔尼撒战争已经进行到第四个年头,当时伯里克
利已经去世,正由阿美尼亚担任雅典执政官。柏拉图从小是在他继父家中度
过的,由于家庭和雅典的传统,他在青少年时期受到良好的教育。他还赶上希
腊戏剧黄金时代的尾声,有些著名的悲剧和阿里斯托芬的喜剧,柏拉图都是直
接看到它们演出的。他在青年时期热衷文艺创作,写过赞美酒神狄奥尼修的

颂诗和其他抒情诗,富有文学兴趣和才能。

柏拉图约二十岁时成为苏格拉底的学生。第欧根尼·拉尔修记载了一个传说:有一天晚上苏格拉底梦见有一只小天鹅飞来停在他的膝盖上,发出嘹亮美妙的鸣声后冲天飞去,第二天人们将柏拉图介绍给他,苏格拉底就把柏拉图看作是他所梦见的那只天鹅。[①] 这个故事说明他们俩的师徒关系是不同寻常的,苏格拉底很器重这位青年学生,柏拉图则非常尊崇这位老师。正是在苏格拉底的影响下柏拉图开始从事哲学研究,并为此贡献了毕生精力。在柏拉图写的对话中大部分以苏格拉底为主要发言人,柏拉图自己虽然从未在这些对话中正式出现过,但读过他的对话的人都会感觉到他对这位老师的学问道德一直是怀着深深的敬仰心情的。

柏拉图跟随苏格拉底学习不过七八年时间,但在这段时间里雅典发生了几件重大的事件:伯罗奔尼撒战争终于以雅典失败而告终;接着是"三十僭主"推翻了民主政制,但因为施行暴政,仅仅存在了八个月就被群众推翻了;雅典恢复了民主政治,但它又以莫须有的罪名处死了苏格拉底。这件事给柏拉图以终身难忘的印象。五十多年以后当他已经是七十多岁高龄时写的《第七封信》中,对他这段心情曾有过详细的叙述:

> 我年轻时有过和许多青年人大体相同的经验。我希望一旦成年便可以立即参加政治生活,当时的政治情况正好发生变化,给了我这样的机会。那时遭到广泛反对的政府被推翻了……一个三十人委员会建立起来,取得统治权力。恰巧其中有些人是我的朋友和亲戚,他们确实邀请我立刻参加他们的政府,认为我们是意气相投的。这也没有什么奇怪,我还年轻,我相信他们会将城邦的治理从不正义引向正义,因此我以浓厚的兴趣关注他们的行动。可是我看到仅仅在一个短时期内,这些人就使得人们重新怀念起以前的政府,认为比较起来那才是黄金时代。更重要的是他们要控告我的朋友年迈的苏格拉底,我毫不迟疑地认为他是所有活着的人们中最正直的一位。他们迫使苏格拉底和别人一起去逮捕并处死一

---

① 参见第欧根尼·拉尔修:《著名哲学家的生平和学说》第3卷,第5节。

个公民,不管苏格拉底是否愿意都要让他参加他们的政治活动。但是苏格拉底拒绝了,宁愿冒一切风险不愿和他们同流合污。我看到这些罪恶活动感到厌恶,就让自己离开这些弊端。不久三十人掌握的权力和他们的政府垮台了,我又感到有参加政治活动的愿望,尽管不那么热烈。那是乱世,是会遇到许多悲惨的事情的,在革命时期,在有些情况下对敌人报复过分了也不必惊奇;尽管如此,回来的被流放者还是做得比较温和的。但不幸的是有些掌权的人荒谬地指控并审讯了我的朋友苏格拉底,以不敬神的罪名处死了他——正是这个人,在他们被不幸流放时曾拒绝参与要将他们的一个朋友逮捕流放的事情。

因此我思考所有这一切,思考治理国家的人以及他们的法律和习惯;当我越来越年长时,我看到要正确安排国家事务实在是件很困难的事情。没有可靠的朋友和支持者是什么事情也办不成的,而这样的人很难找到。而且我们的城邦已经不依传统的原则和法制行事了,要建立一种新的道德标准是极为困难的。再说法律和习惯正在以惊人的速度败坏着,结果是虽然我曾经满腔热忱地希望参加政治生涯,但这些混乱的情况却使我晕头转向。尽管我没有停止思考如何改进这些情况,如何改革整个制度,但我推迟行动等待有利时机。直到最后我得出结论:所有现存的城邦无一例外都治理得不好,它们的法律制度除非有惊人的计划并伴随好的运气,不然是难以医治的。从而我被迫宣告,只有正确的哲学才能为我们提供分辨什么是对社会和个人是正义的东西。除非是真正的哲学家获得政治权力,或者是出于某种奇迹,政治家成为真正的哲学家,不然人类就不会看到好日子。这就是我初次造访意大利和西西里时所持有的信念。

(324B—326B)

由此可以看到柏拉图从年轻时起便是热衷于政治的,他希望参加政治事务是为了要公正地治理城邦,使它从不正义的统治走向正义,但是实际经验告诉他当时所有的城邦都不能做到这一点。最后他得出结论,只有在正确的哲学指导下才能分辨正义和非正义;因此他认为只有当哲学家成为统治者,或者出于某种奇迹政治家成为真正的哲学家时,城邦治理才能是真正正义的。至少在这点上柏拉图的哲学和政治可以说是紧密相联的:哲学指导政治,他学习和研究哲学,是想在现实的世界上建立理想的城邦。

了解了他这种心情便可以理解他在《国家篇》中提出"哲学王",让哲学家治理国家,完全是顺理成章的。柏拉图青年时期产生的这种志向实际上贯穿他一生,他后来三次西西里之行就是想实现他这个理想。在他的对话中有不少地方谈到政治问题,集中讨论有关政治问题的,除了《国家篇》以外还有《政治家篇》以及原计划和讨论宇宙自然起源的《蒂迈欧篇》同属一组的讨论社会国家起源的《克里底亚篇》。后一篇对话虽然仅写了一个开头,但柏拉图在其中提出一个理想的"大西洋岛",成为后来西方思想家们的乌托邦,近代哲学家培根就写过一本《新大西洋岛》。柏拉图将《克里底亚篇》要写的内容大加扩展写成他最后的一篇对话《法篇》。《国家篇》和《法篇》是柏拉图所写的两篇最长的对话。还应该提到,柏拉图后来建立的学园 Academy 和后来西方各国沿袭这个名称的各种纯学术研究团体也有不同,柏拉图学园的目的之一就是要为城邦培养治理人才,与当时许多城邦有政治联系。虽然柏拉图在实践中经过多次碰壁以后,他的政治理想也有所降低了,但他想按照哲学的正义原则治理城邦的思想却并没有放弃。他的一生虽然以主要的精力从事哲学研究,越来越少参加政治实践,但想以他的思想影响城邦统治者,俨然以"帝王师"自居,这一点倒是和中国儒家的传统相近的。

《国家篇》被许多人译为《理想国》,就其希腊原名 Politeia 而言,它没有"理想"的意思,所以我们还是译为《国家篇》;但就其内容说,柏拉图在那里确实是阐述了一个理想的国家,它是柏拉图的"理想国"。从柏拉图的 Idea 引申出来的 Idealism,一般译为"唯心论",但柏拉图的 Idea 本身就包含有它是具体事物追求的目的,有"理想"这样的目的论意义。不论是柏拉图的哲学或政治思想,都带有浓厚的理想成分,他主要当然是哲学家,但也可以说他是一位政治家,一位政治思想家,是西方最早的理想主义者。

二　外出游历和西西里之行

苏格拉底在狱中饮鸩去世时柏拉图因病没有在场,但根据他事后在《斐多篇》记载,苏格拉底当时曾经规劝在场的沮丧的弟子们外出游历,到全希腊,到其他民族那里去寻求智慧。(78A)第欧根尼·拉尔修记载说:苏格拉底去世以后,柏拉图结识了赫拉克利特学派的克拉底鲁和信奉巴门尼德哲学的赫谟根尼,然后在他 28 岁那年和苏格拉底的另一位学生欧几里得到麦加拉去。① 麦加拉是欧几里得的故乡,欧几里得是麦加拉学派的创始人,这在上一编中已经介绍过。麦加拉学派坚持普遍、一般而否认具体事物,和柏拉图思想有共同之点。柏拉图在早期对话《克里托篇》中称赞麦加拉是治理得良好的城邦(53B),后来的对话《泰阿泰德篇》中虚构的苏格拉底同几何学家塞奥多罗和泰阿泰德的对话就是由欧几里得转述的。(142A—143C)柏拉图和麦加拉学派以及欧几里得的关系密切,以致近代有些学者认为柏拉图哲学有段"麦加拉时期",将《泰阿泰德篇》和《巴门尼德篇》、《智者篇》、《政治家篇》列在一起,说它们充满辩证的、批判的精神。②

　　柏拉图大概到小亚细亚沿岸伊奥尼亚地区旅行过,可能还到过埃及,第欧根尼·拉尔修说他去看那些传达神谕的人,正是那些祭司用海水治疗了他的疾病。③ 斯特拉波记载说,柏拉图曾在当时埃及宗教活动中心的赫利奥波利住过相当长时期,和当地的僧侣广泛接触,接受他们的影响,特别是从他们那里学到天文学知识。④ 埃及这个古老民族的伟大文化给柏拉图以深刻印象,他在《蒂迈欧篇》中提到:一个埃及僧侣对梭伦说,和埃及比较起来,你希腊人在思想上都是未成熟的。(22A)埃及绵延数千年之久的传统,僧侣们牢固地掌握全国的文化和教育,高度发展的官僚政治制度,世代相传的等级森严的固定职业和职业分工,以及他们在天文学、数学等方面的成就都影响了柏拉图,这在他的《国家篇》、《法篇》以及其他对话中提出的政治、宗教、教育等理论和制度中多有所反映。柏拉图到过北非的居勒尼,它是当时希腊世界的经济文化中心之一,是居勒尼学派的根据地。柏拉图在这里结识了几何学家也

---

① 参见第欧根尼·拉尔修:《著名哲学家的生平和学说》第 3 卷,第 6 节。
② 参见肖里:《柏拉图说过些什么?》,第 27 页。
③ 参见第欧根尼·拉尔修:《著名哲学家的生平和学说》第 3 卷,第 6 节。
④ 参见斯特拉波:《地理》第 17 卷,第 1 章第 29 节。

是居勒尼学派的代表人物塞奥多罗,从他学习几何学。

重要的是柏拉图到南意大利。他访问了毕泰戈拉学派活动中心的塔壬同,结识当地民主政治领袖和毕泰戈拉学派主要代表之一的阿尔基塔,彼此结下深厚持久的友谊。阿尔基塔在哲学、科学和文学方面都有成就,又是杰出的政治家和军事家,我们在本书第一卷曾将他列为毕泰戈拉学派的代表人物简单介绍过。塔壬同当时推行的温和的民主政治,以及阿尔基塔的政绩和他受人民爱戴的情况都给柏拉图留下深刻的印象,成为他追求的哲学家和政治家相结合的一个雏形,格思里认为正是阿尔基塔在塔壬同推行的政治制度给柏拉图的《国家篇》提供了中心论旨。① 第欧根尼·拉尔修记载说柏拉图会见过和苏格拉底同时代的毕泰戈拉代表人物菲罗劳斯和欧律托斯②,但这点没有其他旁证;他还记载柏拉图买到或得到菲罗劳斯的著作,成为他撰写《蒂迈欧篇》的蓝本③,本书第一卷介绍菲罗劳斯时曾经提到过。总之,柏拉图这次南意大利之行结识了毕泰戈拉学派的成员,研究了他们的学说特别是有关数的理论,这对于柏拉图思想的发展是起了重要作用的。

接着柏拉图又从意大利渡海到西西里岛的叙拉古,在那里历尽艰难险阻才于公元前387年重返雅典创建学园。这些情况将在下面专门叙述。

从公元前399年离开雅典,相继到麦加拉、埃及、居勒尼、南意大利和西西里等地游历,到公元前387年告一段落,前后长达12年之久。其间他有否返回雅典情况不大清楚,可能有三次因服军役而中断游历,参加过雅典和外邦作战的几次战役。柏拉图在游历中考察了各地的政治、法律、宗教等制度,研究了数学、天文学、力学、音乐等理论以及各种哲学学派的学说。正是在这样广博的知识基础上柏拉图逐步形成他自己的学说,以及对改革社会的政治、法律、教育等制度的见解。也正是这场游历推动他建立学园,全面制定他自己的哲学体系,进一步传播他的学说,培养人才,期望实现他的理想。

公元前387年柏拉图在南意大利访问时,被邀请到叙拉古统治者狄奥尼

---

① 参见格思里:《希腊哲学史》第1卷,第333页。

② 参见第欧根尼·拉尔修:《著名哲学家的生平和学说》第3卷,第6节。

③ 参见第欧根尼·拉尔修:《著名哲学家的生平和学说》第8卷,第85节。

修一世(约前 430—前 367 年)的宫廷。狄奥尼修一世在他父亲赫谟克拉底(死于前 407 年)被害后不久成为叙拉古僭主,统治叙拉古大部分地方达 39 年之久。他曾征服西西里和意大利南部,使叙拉古成为希腊本土以西最强大的城邦,是希腊世界人口最多的城市,可与后来希腊化时期的亚历山大里亚城相比。古罗马历史学家狄奥多罗·西库卢在他撰写的世界史中,曾记载狄奥尼修一世和迦太基作战时,他的舰队和陆军都极其庞大。① 他推行各种政策鼓励叙拉古强大,人们曾将他同早在他以前的雅典的僭主庇西特拉图和塞米司托克勒相比,称狄奥尼修是希腊世界最吸引人的政治家。当时叙拉古在西方的地位几乎可以与波斯帝国在东方的地位相比。但为了推行侵略他对内实行掠夺政策,亚里士多德在《政治学》中曾经提到:"我们可以举叙拉古的捐输作为僭主城邦苛征暴敛的例子,在狄奥尼修僭主时,规定在五年以内按各家资产的全额分年捐输给国库。"(1313^{b}26—28)他所创立的帝国尽管保留了古老政制的形式,实际上却是一个军事独裁的君主国家。

柏拉图去叙拉古是要和这样一个僭主打交道。也许是柏拉图看到狄奥尼修在当时的地位和名望,想在他身上实现自己的理想,但真正促使他成行的还是狄奥尼修的姻弟和大臣狄翁(前 408—前 354 年)。柏拉图当时已经 40 岁了,狄翁还是 20 岁左右的青年,他受到柏拉图在南意大利讲学的影响。柏拉图在《第七封信》中是这样讲到狄翁的:"当我在那个时候和年轻的狄翁交往时,将我关于人类理想的学说告诉他,鼓励他努力实践,看来当时我还没有意识到我是在设计一种推翻暴君的方式。无论如何狄翁是很快理解我的教训的,他比我所遇到的别的青年人更快更热情地接受了它,并且决心在他一生中过某种和大多数在意大利和西西里的希腊人不同的生活,将道德看得比享乐和奢侈更重。"(327A—B)狄翁写信给柏拉图要他快点到叙拉古去,他想说服狄奥尼修一世给叙拉古制定新的政制,用最好的法律来治理这个国家,柏拉图也想给这位僭主的权力奠定一个牢固的基础。他和狄奥尼修一世会面时,柏拉图提出劝告:如果施政仅仅是为了统治者个人的利益,并不是最好的目的,

---

① 参见《洛布古典丛书》12 卷本《狄奥多罗·西库卢文集》第 2 卷,第 5 章第 6 节。

除非统治者本人在道德上是出类拔萃的。这样就触怒了这个僭主,他斥责柏拉图:"你讲起话来像一个老糊涂。"柏拉图也反唇相讥:"你讲起话来像一个暴君。"①狄奥尼修大发雷霆,只是由于狄翁和阿里司托美涅等人的规劝才没有处死柏拉图。但在事后仍然唆使当时在叙拉古的斯巴达使节波利斯将柏拉图当做奴隶出卖。波利斯将柏拉图带到他的出生地伊齐那岛上出卖,幸亏居勒尼人安尼凯里出资赎出,将柏拉图送还雅典。

柏拉图返回雅典以后便建立学园,讲学授徒著书立说,长达40年,他的许多对话大约都是在这时候写成的。到公元前367年狄奥尼修一世在被迦太基战败以后去世了,狄翁拥立他的儿子继位,是为狄奥尼修二世(生于公元前397年左右,前367—前357和前346—前344年曾两次成为叙拉古的统治者)。狄翁认为这是一个很好的机会,写信邀请柏拉图立即重返叙拉古。他提出在这个领导西西里和意大利的政府里,他自己是具有影响地位的;狄奥尼修二世虽然年轻,但对哲学和教育很有兴趣。"因此现在有可能实现我们的理想,看到同一个人既是哲学家,又是一个大邦的统治者。"对此柏拉图是有顾虑的,他觉得青年人容易冲动,彼此间会发生矛盾,狄翁虽然已经进入中年但性情固执,他预感到狄翁会有危险。但他最后还是决定自己应该去,"因为既然想在法律和政治上实现我的理想,现在正是一个很好的试验机会"。(《第七封信》327E—328C)

柏拉图初到时狄奥尼修二世受他的影响,宫廷中学习哲学和数学蔚然成风,狄奥尼修二世自己也写过一些诗篇和哲学论文。(后来柏拉图在《第七封信》中还从理论上专门批判过他的哲学论文)但是很快柏拉图预料的危险就发生了,狄奥尼修二世在他父亲的重臣菲力司图支持下和狄翁的矛盾日益尖锐,在公元前366年春他即位不过四个月时就以谋反叛国罪放逐狄翁。狄翁带着他的动产去雅典进入柏拉图学园,和其中有些成员过从甚密,并酝酿组织反对狄奥尼修二世的武装力量,他在学园里住了九年直到公元前357年才离开。狄翁被放逐后柏拉图等和他接近的人处境都很危险,当时甚至谣传柏拉

---

① 第欧根尼·拉尔修:《著名哲学家的生平和学说》第3卷,第18—19节。

图已被杀害。狄奥尼修二世为了表示自己的宽宏大量,而且他也知道如果伤害当时在希腊世界已经很有名气的柏拉图对他自己很不利,所以请求柏拉图继续留下来,对外装出他还宠信柏拉图的样子,实际上却将他软禁在城堡里,没有自由。(《第七封信》329C—330A)后来由于阿尔基塔写信给狄奥尼修二世要他让柏拉图回国,又正值叙拉古和迦太基再次发生战争,才允许柏拉图暂时返回雅典,但要他保证在战争结束后重往叙拉古。这样柏拉图才在阿尔基塔帮助下返回雅典。

公元前362年狄奥尼修二世敦促柏拉图重返叙拉古,并且允许可以在第二年让狄翁也回去;当时狄翁也怂恿柏拉图成行,柏拉图以六十多岁高龄第三次渡海去西西里。到叙拉古后他发现这个僭主无意让狄翁回国,还怀疑柏拉图阻挠他的政治活动,阻挠他要从迦太基统治下解放希腊城邦的事业。这样柏拉图事实上仍见弃于宫廷,结果还是在阿尔基塔的帮助下于公元前360年返回雅典,最后结束了西西里之行。以后尽管狄奥尼修二世仍和柏拉图通信讨论数学和哲学问题,柏拉图对他已经不感兴趣了。

当时狄翁在包含有柏拉图学园中人的支持下,积极从事以武力推翻狄奥尼修二世的活动。柏拉图第三次返雅典途中曾在奥林匹亚遇到狄翁,后者劝他参加反僭主的远征,被柏拉图拒绝了。叙拉古民众也欢迎狄翁回去,以摆脱僭主的暴政。经过三年筹备,狄翁征集了数千名雇佣军于公元前357年发动这场远征,其中有学园的成员参加;但柏拉图始终超然事外,他认为私人间纠纷不应以兵戎相见,这将导致叙拉古人流血,给西西里带来灾难。狄翁在远征途中不断得到庞大的补充兵力,那时候狄奥尼修二世正率领大军远征意大利,因此在没有多大抵抗的情况下狄翁夺取了叙拉古的政权。作为柏拉图的忠实信徒,狄翁既不能采取僭主政制又不能采取民主政制,只能是所谓贵族政制,政权落在以他为首的少数人手里,他自己成为"全权将军"。后来又同和他一起反对狄奥尼修二世的赫拉克利德发生矛盾,经济上又迫于财政困难而征收重税,这样便丧失了民众的支持,最后于公元前354年6月在其学园的朋友卡利普斯策划的阴谋中被暗杀。狄奥尼修二世到公元前346年又恢复对叙拉古的统治,两年后被希腊将军提谟莱翁战败投降退隐科林斯。

三次西西里之行的失败,特别是狄翁之死给柏拉图留下无法治疗的创伤。柏拉图一直对狄翁寄托厚望,他知道自己不能从事政治实践,而狄翁既热爱哲学又有实践政治的能力,柏拉图希望在他身上实现自己的政治理想。即使对于狄翁的失败他也为之辩护,《第七封信》中说狄翁本来可以为他的母邦带来正义的统治的,只是由于那块土壤中的邪恶太根深蒂固了,所以遭致失败。(335E—336B)狄翁的失败终于将柏拉图"哲学王"的梦想彻底粉碎了,他痛定思痛,接受实践的教训在政治思想上发生了一个大转变,从《国家篇》的"人治"转为最后《法篇》的"法治"。

三 学 园

公元前 387 年柏拉图第一次从西西里返回雅典以后,便在朋友们的资助下在雅典城外西北角的阿卡德摩(Academus)地方建立学园。雅典近郊的这块地方原来是纪念阿提卡英雄 Ἀκαδήμεια(或拼写为 Ἑκαδήμεια,Hecademus)的,据说是他的墓地,是附有花园的一座运动场。柏拉图的学园就以这位英雄的名字命名。这是欧洲历史上第一所综合性的传授知识、进行学术研究、提供政治咨询、培养学者和政治人才的学校。在此以前柏拉图的朋友伊索克拉底曾创建学校,但是按照当时智者的传统,主要传授修辞学和演说术,存在的时间远没有柏拉图学园那么长。柏拉图的学园建立以后园址长期未变,直到公元前 86 年罗马的统帅苏拉围攻雅典时才被迫迁入雅典城内,以后一直存在到公元 529 年东罗马皇帝查士丁尼出于维护基督教神学需要,下令封闭雅典所有传授异教哲学的学校时才被迫关闭,前后持续存在达 900 年之久。以后西方各国的主要学术研究院都沿袭它的名称叫 Academy。

学园的创立是柏拉图一生中最重要的事情。学园吸引了当时希腊世界大批最有才华的青年,他们聚集在柏拉图周围过着平静地研究和讨论学问的生活。柏拉图在后半生 40 年中除了上述两次短期去西西里外完全生活在这里,他的著作极大多数都是在这里写定的。但在他的对话里除了早期的《吕西斯篇》开头时曾将它作为地名提过一下外,其他地方都没有提到学园过,所以关于学园的具体情况我们现在所知不多。

当时的雅典已经和苏格拉底被害、青年柏拉图离开时的雅典有很大不同，它已经从伯罗奔尼撒战争的浩劫中复苏过来。雅典的经济情况虽然不如伯里克利时期那样繁荣，但比较其他邻邦则要好得多。阿提卡的土地得到精耕细作，奴隶主也注意到投资改良土地，拉乌利昂的银矿得到进一步开发。在对外贸易方面，虽然在西部失去了南意大利等地的殖民城邦，由于叙拉古的兴起雅典的西方航路也受到遏制，但在东部随着和黑海北岸等地的贸易得到扩张，阿提卡商人恢复了原先的地位。贸易的发展促进金融业的发展，雅典成为当时希腊的主要货币市场。

在政治上也出现了安定的局面。正像一场瘟疫以后获得免疫力一样，"三十僭主"的恐怖统治反过来成为好事，雅典人无论贫富都倾向接受现存的民主政治。这样公元前4世纪的雅典，比较公元前5世纪的情况反获得比较高度的政治稳定。文学艺术也得到有利的发展，阿提卡的戏剧在希腊到处上演，阿提卡的文学作品以书面的形式在希腊世界到处传播，阿提卡的方言成为有教养的希腊人普遍使用的语言，柏拉图的对话就是用这种语言写成的，它也在希腊世界到处传播。往昔伯里克利夸耀的雅典是"全希腊的学校"开始成为现实。也许可以说在公元前4世纪的前半叶，柏拉图的学园以及柏拉图的哲学就是雅典这所"全希腊学校"的代表和象征。

斯巴达虽然在伯罗奔尼撒战争中获胜，但它在希腊世界以霸主自居，形象并不好，雅典因此得益。除了继续受制于波斯的希腊城邦外，又逐渐组成了以雅典为首的海上同盟，包括开俄斯群岛、拜占庭、米提利尼、罗得斯岛、麦汀纳、底比斯、优卑亚岛等地。在公元前376—前375年反对斯巴达的战役中雅典的海军又所向披靡，那是伯罗奔尼撒战争以来从未有过的。这样雅典和其他城邦一起成功地抵制了斯巴达的侵略，保证了民主政治的稳定。雅典的人口也有所恢复，特别是奴隶总数到公元前323年已基本上恢复到伯罗奔尼撒战争开始时的数目。[①]　由此可见雅典在这段时间里出现了一段比较长的相对稳

---

① 根据戈姆（A.W.Gomm）的研究，雅典的奴隶和总人口数，在公元前431年分别为110,000和310,000，公元前425年分别锐减为80,000和217,000，公元前323年又分别上升为106,000和260,000。参见他所撰写的"希腊人口"条，《牛津古典辞典》，第717—718页。

定和发展的时期,柏拉图的中后期活动以及学园取得的伟大成果,正是在这种背景下取得的。①

柏拉图的学园和当时希腊的政治有密切关系,它为许多城邦的政治家提供政治咨询并帮助他们立法。柏拉图自己不但参与叙拉古的政治活动,由于他的名望也参与了其他城邦的政治。第欧根尼·拉尔修记载说:帕菲勒(罗马尼禄时代的历史学家)在《回忆录》中曾记录有:阿卡狄亚人和底比斯人建立美伽洛波利城邦时曾请柏拉图为他们立法,当他发现他们的所有权不平等时便拒绝了。他还讲了一个故事:柏拉图曾为卡伯里亚(死于公元前356年,曾两次领导雅典军队打败斯巴达的职业军人)辩护。卡伯里亚受审讯时雅典没有任何其他人出来为他辩护,当柏拉图陪同卡伯里亚走向卫城时,告发人克洛彼卢威胁他说:"你是要去为他辩护吗,难道你不知道苏格拉底服的毒酒正在等待着你?"柏拉图回答说:"正像为祖国服务时我临危不惧,现在为了尽朋友的责任我也将同样如此。"②

柏拉图还派遣学园中的学生出去参与各城邦的立法和政治活动。例如当时统治小亚细亚的阿索斯和阿塔纽的僭主赫尔米亚(约公元前355年执政)曾是学园的学生,柏拉图曾派遣学生科里司库和厄拉斯托去帮助他,按照他的哲学建立好的政制。③ 就是这个赫尔米亚,在柏拉图死后亚里士多德和色诺克拉底等人到他那里,亚里士多德后来和他的侄女结婚。普卢塔克还说到柏拉图派遣他的学生阿里司托尼姆、福尔米俄、美涅得谟到阿尔卡狄、爱利亚等地去改革他们的政制;派遣欧多克索和亚里士多德去为他们的母邦立法;到柏拉图死后亚历山大皇帝还向学园第三任领袖色诺克拉底请教治国术。④

这些事实都说明:柏拉图的学园培养政治人才,为各邦提供立法和政治服务;柏拉图将他那套政治哲学传授给学生,也希望他们带出去在现实政治中实

---

① 关于学园时期的背景材料,主要根据《剑桥古代史》第6卷有关部分;参看伯里:《希腊史》,第十三章"雅典的复兴和第二次联盟"。

② 第欧根尼·拉尔修:《著名哲学家的生平和学说》第3卷,第23—24节。

③ 参见柏拉图的《第六封信》就是写给赫尔米亚、科里司库和厄拉斯托,要他们同心协力的。

④ 参见格思里:《希腊哲学史》第4卷,第23页。

现他的理想。在这点上他和中国孔子的做法也是很相似的。但在另外一点上,柏拉图的学园和中国儒家传统大不相同,那就是他十分重视科学知识的传授和训练。

大家都知道,在柏拉图学园门前写着:

不懂几何学者不得入内。

现在知道这句话最早见于公元 12 世纪拜占庭人蔡策斯写的《历史》第 8 卷,编《希腊数学原始资料》的托马斯(I.Thomas)认为蔡策斯是位蹩脚的学者,对此不可轻信。① 但是不管学园门前是否写过这句话,柏拉图重视科学特别是重视数学和几何学,这是有充分的事实根据的。

柏拉图在青年时期随从苏格拉底学习时,主要注意力可能只是在人和社会、伦理道德和政治方面;但从他出游埃及特别是到南意大利结识了毕泰戈拉学派成员,熟悉了他们的学说以后,对数学研究就非常重视了。智者们认为所谓知识和真理都是因人、时、地而变化的,没有客观的必然的知识;苏格拉底反对这种观点提出要寻求普遍的定义,可是他只为伦理道德寻求定义,而伦理道德本身是一种价值的判断,要为它们寻求客观普遍必然的标准是并不容易的,这也许就是代表苏格拉底思想的柏拉图早期对话中,对道德问题的讨论几乎没有一篇达到明确肯定结论的原因。我们可以设想柏拉图正是在这样一种困境下接触了毕泰戈拉学派学说(当然还有爱利亚学派的影响),他发现数学、几何学的知识正是具有永恒不变的、客观的、普遍必然的性质。因此他将数学引入他的哲学,用它来为他关于"相"的学说奠立基础。在《美诺篇》中他用几何学证明回忆说,证明"相"是先验地存在的;在《国家篇》中他将数学定为人们从对具体事物的感觉经验上升到对"相"的真正知识之间必须经过的中间阶段,规定算术、平面几何、立体几何、天文学、谐音学是必修课程,是达到"相"以至最高的"善"的预备阶段。在他的许多对话中可以看出数学、几何学实际上是他建立相论的重要手段。一直到后期对话《蒂迈欧篇》,他竟想用几何学来构造整个宇宙世界。因此波普尔认为柏拉图可以说是提出几何的世界

① 参见托马斯:《希腊数学原始资料》第 1 卷,第 386—387 页及注 b。

图景的奠基人,换句话说,他成了以哥白尼、伽利略、开普勒、牛顿为代表的近代科学的奠基人。① 这和前面提到丹皮尔在《科学史》中的看法刚好相反。但我们也很难说他们两人中哪一个错了,因为丹皮尔是从实验科学方面说的,认为柏拉图是祸害;而波普尔是从世界的几何图景说的,所以认为柏拉图是近代科学的奠基人。

在柏拉图的学园里拥有当时最有成绩的数学家:泰阿泰德(前 415—前369 年)是立体几何学的创始人,是他第一个提出五种正多面体的;《几何原本》第 13 卷中所讲的(也就是柏拉图在《蒂迈欧篇》中讲的)五种正多面体中,正四面体(角锥体)、正六面体(立方体)、正十二面体是毕泰戈拉学派提出来的,而正八面体和正二十面体却是泰阿泰德提出来的。② 克尼杜的欧多克索(约前 408—前 355 年)是当时最杰出的数学家和天文学家,被认为是数学天文学的奠基人,他回答了柏拉图提出的天文学问题,即为了"拯救现象",为什么必须为诸行星设定种种均匀运动。他提出关于比例的新理论(《几何原本》第 5 卷),并用演绎法整理数学,建立了数学上以明确公理为依据的演绎系统。欧多克索的学生美涅克谟则是圆锥曲线的发现者。③ 从当时的科学发展史看,由毕泰戈拉学派提出的各种数学公设,面对芝诺的批驳发现它们都是彼此矛盾的,为了拯救数学必须加以整理和重建。这项工作是由学园中的欧多克索和泰阿泰德等人进行的,正是由于他们整理出数学和几何学的演绎系统,才能产生世界上第一部系统的数学著作——欧几里得(他活动在亚历山大里亚,鼎盛年约公元前 300 年,和麦加拉的哲学家欧几里得是同名的两个人)的《几何原本》。希思在《希腊数学史》中指出:如果没有欧多克索的新的比例学说,如果没有柏拉图时代的几何学和数学的那些内容,那么欧几里得的主题的形式和安排以及方法都可能不是我们现在所看到的这样。④

---

① 参见波普尔:《开放社会及其敌人》第 1 卷,第 319—320 页。

② 参见托马斯:《希腊数学原始资料》第 1 卷,第 378—379 页。

③ 参见克莱因:《古今数学思想》第 1 册,第 48—58 页。

④ 参见希思:《希腊数学史》第 1 卷,第 217 页;参看托马斯:《希腊数学原始资料》第 1 卷,第154—155 页。

此外学园还开展动、植物分类的研究,如试图给南瓜的"种"下定义。① 根据保存下来的斯彪西波的残篇,对动植物的分类研究可能是由他领导进行的。② 亚里士多德后来在这方面取得巨大成绩,可能是在学园内打下了基础。学园还在宇宙学、地理学等多方面进行研究,据说正是柏拉图本人对球面地理学的研究作了开创性的贡献。③

由此可见柏拉图的学园是十分重视科学研究的,对当时的自然科学,特别是数学和几何学都曾作出过杰出的贡献。不过他采用的方法主要是原理推论和演绎,对实验和归纳不够重视,这是由他的哲学思想决定的。丹尼尔在《科学史》中对他的攻击,主要正是由于这一点。

当然柏拉图的学园最主要还是研讨哲学问题,从他所写的对话也可以看出,他们探讨哲学问题开始大约也是采取苏格拉底的问答方式,也不排除由柏拉图或其他人作讲演的方式。对话中讨论的问题从内容到形式是否就是学园中讨论的实录?我们已经无法得知了,但是有一点是可以猜想得到的,即他在对话中所提出的问题和种种理论,大概都在学园中提出和讨论过。

从柏拉图的对话以及我们知道的一些历史情况,至少可以断言学园中的学术讨论空气是非常自由的,决不是老师柏拉图讲了以后,学生们只能唯命是从,至多也只能恭恭谨谨地提几个问题,像孔夫子的学生那样。柏拉图为什么对他自己原来已经确定的观点后来又发生怀疑动摇,改变为新的说法?这是柏拉图自己的思想发展,但其中恐怕也有由于学生诘难推动出来的因素。一个显著的例子是柏拉图在《巴门尼德篇》第一部分中对他自己原来的相论所作的批判,和亚里士多德在《形而上学》第1卷第9章以及第13卷第4、5章中对柏拉图相论的批判相比,它们的论证有许多是相似甚至相同的。能不能说是学生照抄老师的呢?有此可能,因为《巴门尼德篇》总是写于《形而上学》以前。但是从思想内容说,这些批判的思想与柏拉图自己早先的思想是不一致

---

① 参见弗里德兰德:《柏拉图》第1卷,第94页。

② 参见莱维:《柏拉图在西西里》,第71页。

③ 参见弗里德兰德:《柏拉图》第1卷,第261—285页。

的,而与亚里士多德的思想倒是前后比较一致的。虽然我们没有明确的证据,但如果我们猜想正是由于亚里士多德也许还有其他学生对老师的相论提出疑问和批评,柏拉图接受了从而改变和发展了他自己的思想,这种可能性并不是完全没有的。一直流传的亚里士多德的名言"我爱柏拉图,我尤爱真理",虽然没有直接的史料依据,亚里士多德只在《尼各马科伦理学》中讲道:"相"虽然是我的朋友发现的,尽管真理和友谊二者都是可贵的,但是作为哲学家,我们应该崇敬真理超过崇敬朋友。(1096ª12—16)这种可贵的性格只有在一种充分自由的学术空气中才能培养出来。但是有一点却是有确凿的材料记录的,亚里士多德在《形而上学》中记载:上述这位数学家欧多克索曾经提出过可以"相"和个别事物的混合来解释个别事物,从而解决分有问题。① 这就是一个由学生提出和老师不同意见的实例。由此可见在学园这种自由讨论的气氛中,是真正实现"百家争鸣"的。还有一个例子,主要是根据亚里士多德的记载:学园内后来形成一种没有写下来的理论——所谓"不成文的学说",主要是认为在一般的数学上的"数"之外,还有一种"相的数"。柏拉图和学园继承人斯彪西波和色诺克拉底主张这种理论,在学园内部引起各种不同意见的争论,亚里士多德是坚决反对的,这是他后来离开学园的原因之一。

柏拉图的学园是当时研究哲学、科学和政治的学术团体,虽然后来也迭经挫折,但它为西方开创了学术自由的传统。

柏拉图晚年在希腊世界享有崇高的荣誉。公元前347年他80岁高龄,在参加一次婚礼的宴会上无疾而逝,葬于他耗费了大半生才华的学园里,所有的学生都参加他的葬礼。尽管历史上一直流传着有关柏拉图和亚里士多德师生之间恶意的传说,当代亚里士多德学者耶格尔却在亚里士多德的《致欧德谟》中找到他对这位老师满怀崇敬的一首悼诗:

> 他来到凯克洛比亚②神圣的土地,
>
> 怀着一颗虔敬的心筑起庄严的祭坛,

---

① 参见亚里士多德:《形而上学》991ª17,参看陈康译注:《柏拉图巴曼尼德斯篇》第371页,耶格尔:《亚里士多德:发展史基础》,第17页。

② Cecropia,是雅典地区的古称。

献给一个纯洁无瑕的人，

献给他那崇高的友谊。

在众人之中他是唯一的也是最初

在自己的生活中，

在自己的作品里，

清楚而又明显地指出，

唯有善良才是幸福。

这样的人呵，如今已无处寻觅。①

第二节　对　话

一　优美的文体

柏拉图的著作都是写成对话体的。

这种体裁，第欧根尼·拉尔修记载："据说爱利亚的芝诺是第一个写对话的。但是根据法沃里诺的《回忆录》，亚里士多德在他的对话《论诗》第 1 卷中曾断言是斯替拉或提奥斯的阿勒克萨美尼第一个写的。我认为是柏拉图使这种写作形式得到完善，所以应该将发明并使之富有文采归功于他。"②我国研究西方美学史的前辈朱光潜认为："对话在文学体裁上属于柏拉图所说的'直接叙述'一类，在希腊史诗和戏剧里已是一个重要的组成部分。柏拉图把它提出来作为一种独立的文学形式，运用于学术讨论，并且把它结合到所谓'苏格拉底式的辩证法'。……在柏拉图的手里，对话体运用得特别灵活，不从抽象概念而从具体事例出发，生动鲜明，以浅喻深，由近及远，去伪存真，层层深入，使人不但看到思想的最后成就或结论，而且看到活的思想的辩证发展过程。柏拉图树立了这种对话体的典范，后来许多思想家都采用过这种形式，但

---

① 耶格尔：《亚里士多德：发展史纲要》，第 106—107 页，译文据苗力田发表在《西方著名哲学家传略》上卷的论文《亚里士多德》，见该书第 141 页。

② 第欧根尼·拉尔修：《著名哲学家的生平和学说》第 3 卷，第 48 节。

是至今还没有人能赶得上他。柏拉图的对话是希腊文学中一个卓越的贡献。"①

朱先生的说法是有道理的。作为两个人或几个人一起对话,在希腊史诗里当然出现过,在希腊戏剧中更是经常发生的,这里就很难说谁是第一个发明者了。至于用这种形式来阐述哲学问题,在柏拉图以前可能已经有人(如芝诺)写过,根据历史记载,苏格拉底的其他一些学生也写过类似的记载苏格拉底谈话的《对话》,但现在我们能够看到的,而且是写得这样完美成熟的,柏拉图不但是第一个人,而且两千多年来可以说没有任何人能和他相比。柏拉图的对话,尤其是他早期写的那些对话,不但是哲学著作,而且是文学上的杰作,和著名的希腊史诗和戏剧一样,既有非常优美的文采,又有极其感人的魅力。我们看:在《申辩篇》(虽然它是独白,不是对话,但这不正是苏格拉底面对法官和群众发表的一篇谈话吗?)中,柏拉图为苏格拉底慷慨陈词,把他公正不阿的品格发挥得淋漓尽致。在《卡尔米德篇》、《吕西斯篇》、《拉凯斯篇》,特别是《普罗泰戈拉篇》中,讨论那些道德问题,经过一番诘难的高潮以后,当你感到已经可以得出共同的结论时,突然笔头一转,想不到的辩驳又提出来了,于是再掀起一场辩论的高潮;就是这样一浪高过一浪,读者不知不觉地被柏拉图引向他那个没有结论的结论。特别动人的是《会饮篇》中那几篇对爱神的颂歌,还有《斐德罗篇》中那三篇讨论爱情的文章,真是写得一篇比一篇更美更动人。拿这些作品摆在无论是史诗、抒情诗,还是悲剧、喜剧中去,谁都不能否认这是第一流的文学作品。德国十八九世纪浪漫主义运动的主要代表之一,著名的文艺理论家和语言学家希勒格尔在他那部至今受到重视的《文学史讲演录》中指出:柏拉图在语言艺术上是希腊尤其是阿提卡文化的典范,"被古人认为是他们散文作家中最伟大的作家"②。

柏拉图写下这些对话,足以奠定他在世界文学史上的地位:他是古代希腊伟大的文学家、诗人。

---

① 朱光潜:《柏拉图文艺对话集》,"译后记"第334—335页。
② 希勒格尔:《文学史讲演录》,第48—49页。

　　用对话形式写哲学文章有它的好处,最主要的是可以将抽象深奥的道理讲得生动活泼,不至于干巴巴地使人念不下去。柏拉图常常用一些一般人容易理解的具体事例来说明抽象的哲学理论,还运用"苏格拉底式的幽默"增加风趣。他在对话中特别爱使用比喻或者类似比喻的文字,这类例子是举不胜举的,著名的就有:《美诺篇》中的数学童仆,《国家篇》中的太阳和洞穴,《斐德罗篇》中的灵魂马车,《泰阿泰德篇》中的蜡版和鸟笼,《智者篇》中的诸神和巨人之战,《蒂迈欧篇》中的创造者德穆革等等。用这样具体的比喻讲哲学道理,让一般不大懂哲学的人也容易接受,是使哲学通俗化的好办法。用对话形式写哲学文章还容易反复地将一个问题说清楚,遇到读者不容易理解的地方,将疑难问题由对话者先提出来加以解释;读者读到这些地方就容易心领神会,觉得将他的问题也解决了,或者可以帮助他进一步思考一些问题。讲道理时可以欲擒故纵曲折反复,给读者思路产生一些回旋余地,是比较能引人入胜的形式。所以在柏拉图以后有些哲学家也写对话,比较著名的如文艺复兴时期意大利哲学家布鲁诺写的对话,英国经验论哲学家贝克莱写的三篇对话,法国唯物论哲学家狄德罗写的《达朗贝尔和狄德罗的谈话》等,虽然比不上柏拉图的水平,但在通俗地传播他们的哲学思想上还是起作用的。现在也还有些哲学家在写对话,至少从使哲学通俗化讲是值得做的。

　　也要看到柏拉图写对话还有另外一个方面:当时还是人类思想从具体向抽象发展的阶段,许多抽象的问题提出来了,但还不能用准确的语言来表达它,才不得不使用一些形象的比喻来说明它。对于柏拉图来说,一个最显著的例子便是他在具体事物以外提出一个"相",可是这"相"又是什么? 它和具体事物是什么关系? 柏拉图实在没有办法确切地说明它,便不得不使用一个又一个形象的比喻,或者使用一些日常生活中通用的语言,例如"分有"。这些比喻和说法常常是经不起逻辑考验的,比如什么是"分有",怎么样"分有"?《巴门尼德篇》第一部分中一个问题接着一个问题地追问,将这个问题批得体无完肤。以至亚里士多德说:"分有"只不过是个"诗意的比喻"而已。亚里士多德后来就试图用抽象的逻辑的分析和语言来解决这类问题。在这个过程中我们可以看到人类思想怎样从具体到抽象的发展过程。这是我们在本卷和第三卷中主要阐述的一个问题,这里只是概括地指明它的发展线索。

二 对话的真伪

关于柏拉图的对话,最重要的还是它们的真伪以及先后次序编年的问题,这是二千多年来一直有争议的问题,我们要阐述柏拉图的哲学必须先将这个最主要的史料问题搞清楚。

第欧根尼·拉尔修在《著名哲学家的生平和学说》第 3 卷中以十五节(第 48—62 节)的篇幅介绍柏拉图的著作,其中比较重要的内容有:

第一,早在公元前 3 至前 2 世纪时,拜占庭的学问渊博的亚历山大图书馆馆长阿里斯托芬(约前 257—前 180 年,和著名喜剧作家阿里斯托芬是同名的两个人),曾将柏拉图的对话按三篇一组的次序,分成以下各组:

第一组:《国家篇》、《蒂迈欧篇》、《克里底亚篇》;

第二组:《智者篇》、《政治家篇》、《克拉底鲁篇》;

第三组:《法篇》、《弥努斯篇》、《厄庇诺米篇》;

第四组:《泰阿泰德篇》、《欧绪弗洛篇》、《申辩篇》;

第五组:《克里托篇》、《斐多篇》、《书信》。

其他对话则作为独立著作,没有规定次序。①

第二,公元 1 世纪时亚历山大里亚的塞拉绪罗(死于公元 36 年)说柏拉图的著作真的有五十六种,他将《国家篇》的十卷算成十种,十二卷的《法篇》算成十二种,实际上只有三十六种。塞拉绪罗给每一种加上两个标题,一个是对话人的名字,另一个是讨论的主题,还说明这对话是属于什么性质的。他按四篇一组(tetralogy)分为九组,全译如下:

第一组:《欧绪弗洛篇》,或论虔敬,试验的,《苏格拉底的申辩》,伦理的,《克里托篇》,或论责任,伦理的,《斐多篇》,或论灵魂,伦理的;

第二组:《克拉底鲁篇》,或论正名,逻辑的,《泰阿泰德篇》,或论知识,试验的,《智者篇》,或论存在,逻辑的,《政治家篇》,或论君王,逻辑的;

---

① 参见第欧根尼·拉尔修:《著名哲学家的生平和学说》第 3 卷,第 61—62 节。

第三组:《巴门尼德篇》,或论"相",逻辑的,《斐莱布篇》,或论快乐,伦理的,《会饮篇》,或论善,伦理的,《斐德罗篇》,或论爱,伦理的;

第四组:《阿尔基比亚德Ⅰ篇》,或论人性,助产术的,《阿尔基比亚德Ⅱ篇》,或论祈祷,助产术的,《希帕库篇》,或爱好获得者,伦理的,《竞争者篇》,或论哲学,伦理的;

第五组:《塞革亚篇》,或论哲学,助产术的,《卡尔米德篇》,或论自制,试验的,《拉凯斯篇》,或论勇敢,助产术的,《吕西斯篇》,或论友爱,助产术的;

第六组:《欧绪德谟篇》,或论诡辩,反驳的,《普罗泰戈拉篇》,或论智者,批判的,《高尔吉亚篇》,或论修辞,反驳的,《美诺篇》,或论美德,试验的;

第七组:《大希庇亚篇》,或论美,反驳的,《小希庇亚篇》,或论虚假,反驳的,《伊翁篇》,或论《伊利昂纪》,试验的,《美涅克塞努篇》,或葬礼演说,伦理的;

第八组:《克利托芬篇》,或异论,伦理的,《国家篇》,或论正义,政治的,《蒂迈欧篇》,或论自然,物理的,《克里底亚篇》,或大西洋岛故事,伦理的;

第九组:《弥努斯篇》,或论法,政治的,《法篇》,或论立法,政治的,《厄庇诺米篇》,或夜间议会或哲学家,政治的,《书信》,十三封信,伦理的。①

第三,第欧根尼.拉尔修在公元3世纪时已经指出:以下十篇托各柏拉图的对话,已被认为是伪作。它们是:(1)《弥冬篇》(Midon)或《养马人篇》;(2)《厄律克西亚篇》(Eryxias)或《爱拉西特拉图篇》(Erasistratus);(3)《阿尔孔篇》(Alcyon);(4)《阿凯法利篇》(Acephali)或《西绪福篇》(Sisyphus);(5)《阿克西俄库篇》(Axiochus);(6)《弗阿克人篇》(Phaeacians);(7)《德谟多库篇》(Demodocus);(8)《凯利冬篇》(Chelidon);(9)《第七天篇》或《赫伯多米篇》(Hepdomic);(10)《厄庇美尼德篇》(Epimenides)。② 这些在公元3世纪已经被肯定是伪作的对话,其中有些我们已经见不到了。

问题在于塞拉绪罗认为是柏拉图著作的那三十六种——三十五篇对话加

---

① 参见第欧根尼·拉尔修:《著名哲学家的生平和学说》第3卷,第59—61节。

② 参见第欧根尼·拉尔修:《著名哲学家的生平和学说》第3卷,第62节。

上十三封信算是一种,这些著作现在都完整地保留着——是不是真正的柏拉图原著? 近现代学者一直为此争论不休。

judge这个问题有权威力量的是亚里士多德的著作。亚里士多德著作中提到柏拉图的著作,有些是指出篇名并说明是柏拉图的著作,有些只提篇名未提柏拉图的名字,也有引柏拉图的话未提篇名,也有虽然未提柏拉图的名字和篇名,但从其内容一望而知是指柏拉图的某篇著作的。策勒在《希腊哲学史》中对这问题有详细的论述,他的主要结论是:亚里士多德提到柏拉图和篇名的有《国家篇》、《蒂迈欧篇》、《法篇》,他提到《斐多篇》是柏拉图的著作;提到《斐德罗篇》,并且将其中关于灵魂的定义作为柏拉图的思想引用,与此类似的还有《会饮篇》、《高尔吉亚篇》、《美诺篇》和《小希庇亚篇》;没有提到《泰阿泰德篇》,但将其中有些段落作为柏拉图的著作来引用,类似的有《斐莱布篇》;虽然没有直接指明,但在有些处所表明他认为《智者篇》和《政治家篇》是柏拉图的著作;在修辞学上表明亚里士多德是熟悉《申辩篇》的;没有提到《巴门尼德篇》,只有一小段可能是从它那里引用的;没有提到《普罗泰戈拉篇》,但亚里士多德显然知道它,并将它作为历史上真作来引用,《吕西斯篇》、《卡尔米德篇》、《拉凯斯篇》也是如此;有两段话可能和《克拉底鲁篇》、《大希庇亚篇》有关;亚里士多德的《欧德谟伦理学》确实和《欧绪德谟篇》有关。策勒认为亚里士多德著作中提供的这些事实,对于证明这些对话的真实性是很有价值的,因为亚里士多德终究跟随柏拉图有 20 年之久。① 策勒在这里提到的柏拉图对话共有二十二篇。

到公元 5 世纪新柏拉图学派主持下的柏拉图学园中,对柏拉图著作的真伪问题已经发生争论。当时著名的代表人物之一普罗克洛(410—485 年)不仅认为《厄庇诺米篇》和《书信》是伪作,甚至认为最重要的《国家篇》也是伪作。

近代 19 世纪也是疑古成风,许多哲学史家对柏拉图的这种或那种著作的真伪提出问题。当时有个情况就是将柏拉图的思想看成是前后一贯的严格的

---

① 参见策勒:《柏拉图和老学园》,第 64—72 页。

哲学体系,认为《国家篇》的思想是这个体系的总结和顶峰。他们用这种想法来安排柏拉图对话的先后次序,确定它们的真伪,那些和《国家篇》思想有明显不一致的对话就被他们认为是伪作。比如著名的哲学史家文德尔班在1892年出版的《哲学史教程》中认为:"在可疑作品中最重要的是《智者篇》、《政治家篇》和《巴门尼德篇》。这些作品也许不是柏拉图创作的,很可能是他的学派中和爱利亚学派的辩证法和论辩术有密切关系的人们写成的。"①哲学史家宇伯威格总结说:"如果我们把古代和近代的批评加在一起,那么塞拉绪罗提出的四种一组的三十六种著作中,只有五种从来没有遭到过怀疑。"②

但是进入20世纪以来经过许多古典学者的认真研究,获得了比较一致的共同意见,肯定其中绝大多数作品特别是那些重要著作都是真的,有些次要作品是伪作,可对有些作品的真伪问题还有争议。

除了第欧根尼·拉尔修记载的十种伪作外,在塞拉绪罗提出的三十六种著作中,下列六种已被公认为伪作:《阿尔基比亚德 II 篇》、《希帕库篇》、《竞争者篇》(又名《阿玛托瑞 Amatores》)、《塞亚革篇》、《克利托芬篇》和《弥努斯篇》。这些对话已被排除在柏拉图著作以外,一般编译的柏拉图全集中已不包括它们,只有少数如斯特方、伯奈特和《洛布古典丛书》等版本例外,在那里还保留这几种对话。我们研究柏拉图思想时可以不再考虑它们。

学者们还有争议的是以下六种著作:《阿尔基比亚德 I 篇》、《伊翁篇》、《美涅克塞努篇》、《伊庇诺米篇》、《大希庇亚篇》和《书信》。具体情况是这样的:

《阿尔基比亚德 I 篇》,泰勒认为是柏拉图弟子的著作,普雷希特认为它不可能是柏拉图本人的著作。比较多的学者认为是伪作,但它和柏拉图思想比较接近,可作参考。

《伊翁篇》,现在学者们越来越倾向它是柏拉图的原作,认为是柏拉图的早期作品。

---

① 文德尔班:《哲学史教程》上册,中译本,第142—143页。
② 宇伯威格—普雷希特:《古代哲学》,第195页。

《美涅克塞努篇》，19世纪许多学者怀疑它是伪作，现在几乎一致认为它是柏拉图的原作，因为亚里士多德在《修辞学》中两次（1367^b8，1415^b30）不指名地引述过这篇对话。

《大希庇亚篇》，现在也被认为是柏拉图的原作，因为亚里士多德在《论题篇》中几次（102^a6、135^a13、146^a22）不指名地引述它，而且直接引用了它的一句话："美就是由视觉和听觉产生的快感。"（146^a22，《大希庇亚篇》297E、298A）

《伊庇诺米篇》，耶格尔认为它是柏拉图学生的著作，泰勒、普雷希特等认为它是原作。实际上它只是《法篇》写成以后的综述性著作。

《书信》，这十三封信主要涉及柏拉图思想和实际活动的传记性记录，对于了解柏拉图的生平及其为人都很重要。专门研究过这些书信的波斯特（L. A. Post）说："这些柏拉图书信的作者，肯定是迄今存在过的伟大的历史小说家……在这些书信中，我们获悉柏拉图的风格，柏拉图的思想，柏拉图的真正灵魂。"[1]对它们的真伪，学者中有各种不同的说法，但大多数学者认为其中最重要也是最长的第七、第八两封信是真的；对第一、第二、第十二等三封信则认为是伪作的较多。

因此在塞拉绪罗提出的三十六种著作中，除了有六种已被公认为假的，有一、二篇对话及若干封信被怀疑为伪作外，可以说大体上有二十八种（包括书信）是柏拉图的原作，是我们可以用来研究柏拉图思想的第一手资料。

三　对话的次序

最重要的也是争论最多变化最大的，还是有关柏拉图对话的先后次序问题。

古代似乎还没有人要将柏拉图的全部著作按先后次序安排，只是有人将它们按照内容进行分类，如上面提到塞拉绪罗将柏拉图的对话分别定为伦理的、政治的、逻辑的……第欧根尼还记录了他们的分类法：将对话分为两大类：

---

[1]　波斯特：《柏拉图的十三封信》，第61页。

教授的和研究的,教授的又可以分为理论的和实践的,理论的分为物理的和逻辑的,实际的分为伦理的和政治的;研究的也可以分为两种,一种是训练心灵的,另一种是战胜论敌的;前者又分为助产术的和试验的;后者又分为提出批评反驳的和推翻论敌主要观点的。①

黑格尔在《哲学史讲演录》中根据他自己的哲学体系,将柏拉图哲学分为思辨哲学(逻辑)——辩证法、自然哲学和精神哲学三部分来阐述,②将各篇对话的内容按照他自己的理解分别插入这个体系中。显然他认为柏拉图像他自己一样有一个完整的哲学体系,只是分散在各篇对话中叙述而已。

19世纪一些哲学史家和古典学者提出有关柏拉图对话的分类和先后次序的看法,其中有代表性的是以下几家:

古典"解释学"的创始人、德国著名的柏拉图专家施莱马赫认为柏拉图从青年时代开始就意识到自己哲学的目的,有完整的系统框架,所以他撰写对话时有明确意识到的顺序。据此他将柏拉图对话分为三个不同阶段:第一,预备性的,主要是《斐德罗篇》、《普罗泰戈拉篇》、《巴门尼德篇》,作为辅助的有《吕西斯篇》、《拉凯斯篇》、《卡尔米德篇》、《欧绪弗洛篇》、《申辩篇》、《克里托篇》等。第二,间接探讨性的,主要说明知识和理智活动,它们是《泰阿泰德篇》、《智者篇》、《政治家篇》、《斐多篇》、《斐莱布篇》,作为辅助的有《高尔吉亚篇》、《美诺篇》、《欧绪德谟篇》、《克拉底鲁篇》、《会饮篇》等。第三,建设性的,主要是《国家篇》、《蒂迈欧篇》、《克里底亚篇》,作为辅助的是《法篇》。③布兰迪斯(Brandis)基本上同意施莱马赫的论断,但他和策勒一样,认为《巴门尼德篇》的写作时间应该是和《智者篇》、《政治家篇》紧接在一起的。④

阿斯特(G.A.E.Ast)的看法恰恰相反,从根本上否认施莱马赫的论断。他认为各篇对话之间没有任何内在联系,这些对话无论从内容和形式讲都是戏

---

① 参见第欧根尼·拉尔修:《著名哲学家的生平和学说》第3卷,第49节。

② 参见黑格尔:《哲学史讲演录》第2卷,中译本,第199页。

③ 参见施莱马赫:《柏拉图对话导论》,第1—47页;格罗特:《柏拉图及苏格拉底其他友人》第1卷,第172页。

④ 参见格罗特:《柏拉图及苏格拉底其他友人》第1卷,第171—173页;宇伯威格:《哲学史》第1卷,第108—109页;策勒:《柏拉图和老学园》,第99—100页。

剧性的,每篇对话都是一个哲学的剧本,它们的目的是多方面的,不可能设想有共同的哲学目的,绝大多数对话没有肯定的哲学结果。他认为柏拉图是融诗人、艺术家、哲学家于一身的人,根本不会提出任何肯定的见解,没有一个完整的哲学体系。他无非是推动学生们去思考研究,每篇对话都是独立的著作,每篇伟大的对话都像一个有生命的机体,是精巧完成的均衡的整体。① 他将柏拉图的著作分为三类:第一,诗和戏剧性占优势的,有《普罗泰戈拉篇》、《斐德罗篇》、《高尔吉亚篇》、《斐多篇》。第二,突出辩证法因素的,有《泰阿泰德篇》、《智者篇》、《政治家篇》、《巴门尼德篇》、《克拉底鲁篇》。第三,诗和辩证法因素相结合的,有《斐莱布篇》、《会饮篇》、《国家篇》、《蒂迈欧篇》、《克里底亚篇》。他还认为只有这十四篇对话是柏拉图的真作。②

赫尔曼(K.F.Hermann)和施莱马赫一样认为柏拉图的全部著作是一个有机发展的整体,但他不认为它们是事先设计的产物,而是他本人思想发展过程的自然产物。他以苏格拉底之死和第一次西西里之行结识毕泰戈拉学派这两件事实作标志,将柏拉图对话分为三个时期:第一,苏格拉底学派时期,都是短篇对话,主要有《吕西斯篇》、《卡尔米德篇》、《拉凯斯篇》、《普罗泰戈拉篇》、《欧绪德谟篇》,认为这些对话都写于苏格拉底被处死以前,目的是反对当时的智者的;苏格拉底死后接着写下《申辩篇》、《克里托篇》、《高尔吉亚篇》、《欧绪弗洛篇》、《美诺篇》。第二,麦加拉时期或辩证法时期,《泰阿泰德篇》、《克拉底鲁篇》、《智者篇》、《政治家篇》、《巴门尼德篇》。第三,成熟时期,从公元前385年到去世,受毕泰戈拉学派重大影响的著作有《斐德罗篇》、《会饮篇》、《斐多篇》、《斐莱布篇》、《国家篇》、《蒂迈欧篇》、《克里底亚篇》,最后是《法篇》。③

这些学者从不同的观点出发,对柏拉图的对话作了分类或分期安排,其中

① 参见阿斯特:《柏拉图的生平和著作》,第38—40页,引自格罗特:《柏拉图及苏格拉底其他友人》第1卷,第173—175页;参看策勒:《柏拉图和老学园》,第101页。

② 参见阿斯特:《柏拉图的生平和著作》,第376页,引自格罗特:《柏拉图及苏格拉底其他友人》第1卷,第175页。

③ 参见赫尔曼:《柏拉图著作的历史和体系》,第340、368页等,引自格罗特:《柏拉图及苏格拉底其他友人》第1卷,第176—178页;参看策勒:《柏拉图和老学园》,第102—104页。

有些观点是有价值的,但都带有主观成分。最突出的一点就是他们(也包括黑格尔在内)都将《国家篇》看做是柏拉图的中心著作,是代表他成熟的哲学体系的。文德尔班在《哲学史教程》中总结前人研究成果,认为柏拉图的著作可分为:第一,基本上未超出苏格拉底观点的早期著作,有《申辩篇》、《克里托篇》、《欧绪弗洛篇》、《吕西斯篇》、《拉凯斯篇》、《卡尔米德篇》等。第二,同智者论战的著作,有《普罗泰戈拉篇》、《高尔吉亚篇》、《欧绪德谟篇》、《克拉底鲁篇》、《美诺篇》、《泰阿泰德篇》。第三,陈述自己学说的主要著作,有《斐德罗篇》、《会饮篇》、《斐多篇》、《斐莱布篇》、《国家篇》。第四,晚年著作,有《蒂迈欧篇》、《法篇》和片段的《克里底亚篇》。他认为可疑作品中最重要的是《智者篇》、《政治家篇》、《巴门尼德篇》。[1]

　　这种主观性解释的最突出的例子是蒙克(E.Munk)。他认为柏拉图的对话是在苏格拉底死后将他当做真正哲学家的理想典范来写的,这样他主张一种完全不同的排列次序,认为这些对话展示了苏格拉底一生的哲学成长:从苏格拉底作为一个少年出现的《巴门尼德篇》开始,由巴门尼德将他引进哲学,直到苏格拉底一生的最后一幕,《斐多篇》是最后一篇对话。从《巴门尼德篇》到《斐多篇》,部分是艺术的顺序,是相继的历史剧;部分是哲学的顺序,是他学说的发展史,这形成了苏格拉底的圆圈。但他又自己解说这并不意味着他认为柏拉图第一篇写的是《巴门尼德篇》,最后才写《斐多篇》;他认为这两篇对话都是在柏拉图于公元前386年创设学园,他自己的思想已经成熟以后写的。[2] 他这种看法后来不再有人接受了。

　　从19世纪后半叶开始,学者们逐渐采取比较科学的方法进行研究,经过坎贝尔、卢托斯拉夫斯基、雷德尔、里特尔、维拉莫维茨—默伦多夫、伯奈特、泰勒、耶格尔、罗斯、康福德、克龙比、菲尔德等人的努力,有关柏拉图对话的先后顺序和分期问题基本上取得了比较一致或相接近的意见。重要的不仅在其结果而是在于它的方法,先介绍他们研究使用的方法:

---

①　参见文德尔班:《哲学史教程》上卷,中译本,第142—143页。

②　参见蒙克:《柏拉图著作的自然顺序》,引自卢托斯拉夫斯基:《柏拉图的逻辑学的起源和发展》,第51—52页。

第一,根据文体风格和语言检验。

柏拉图的著述活动前后经历半个世纪之久,他使用的词汇、文法、句子结构必然是有改变的。(我们自己就有这样的经验:现在一段时间内常使用的词汇和文法结构,和 10 年、20 年以前是有所不同的。)一些学者根据这个特点研究柏拉图的对话,最早是由英国著名的古典学者坎贝尔在他 1867 年发表的著作《柏拉图的〈智者篇〉和〈政治家篇〉:附修订的希腊语校勘和英语注释》一书中提出的。他根据亚里士多德在《政治学》1264^b26 说《法篇》是柏拉图晚年著作,后于《国家篇》;又根据第欧根尼·拉尔修记载《法篇》是柏拉图死后留在蜡版上未加修饰的著作[1],以此作为一个标准。又以一般接受的《申辩篇》、《克里托篇》是柏拉图的早期著作为另一个标准。考察柏拉图使用的词汇、文法、结构,考察文体风格的演变和大量语言现象,尤其是他所使用的小品副词(如"是"、"不是")、虚词、不变词(如冠词、副词、前置词、连接词等)的演变,可以看出《法篇》和《申辩篇》的区别很大。用这些标准去检查其他对话,发现《蒂迈欧篇》、《克里底亚篇》、《斐莱布篇》和《法篇》比较接近,可以将它们定为后期著作,而《国家篇》、《斐德罗篇》、《泰阿泰德篇》、《巴门尼德篇》等处于两个极端之间。[2] 这项成就在一定程度上也得益于阿斯特的著作《柏拉图辞典》。

坎贝尔的著作发表以后,有些德国古典学者或者是独立地进行类似工作,或者也利用了坎贝尔的成果而没有提他的名字,得到类似的结论,代表人物有迪坦贝格尔(Dittenberger)和绍茨(M.Schauz)。特别是里特尔在 1910 年和 1920 年相继发表的两卷本《柏拉图生平、著作、学说》以更慎重的态度从事同样的研究,虽仅限于分析副词等,但得出和坎贝尔大体类似的结论;他充分肯定坎贝尔的工作,尽管他的第一卷发表时对坎贝尔的工作还一无所知。1897年坎贝尔邀请伯奈特对他的成果进行鉴定,肯定他的成果是完全正确的。[3]

---

[1] 参见第欧根尼·拉尔修:《著名哲学家的生平和学说》第 3 卷,第 37 节。

[2] 参见伯奈特:《柏拉图主义》,第 8—10 页;坎贝尔为 1910 年第 11 版《不列颠百科全书》所写的"柏拉图"条目。

[3] 参见伯奈特:《柏拉图主义》,第 8—12 页。

波兰的卢托斯拉夫斯基于1897年发表的《柏拉图逻辑学的起源和发展，兼及柏拉图文体和著作编年解释》书中高度颂扬坎贝尔的工作，并责备德国学者长期对它忽视。他还进一步用数学统计的精确性去进行这项工作，试图建立文体品评学科。①

现在这种方法已经可以采用电子计算机进行研究了。格思里指出：在50年代电子计算机已经不仅用来编纂经典作家的精确的辞典和索引，而且可以用来解决写作的前后时间问题，甚至著作的真伪问题。他引用了在这方面工作的罗宾逊（T.M.Robinson）的话："甚至在柏拉图著作次序这样困难的问题上，学者如坎贝尔和卢托斯拉夫斯基的研究，已经可以满足大部分学者有关对话的一般的次序的要求，只有一些特殊困难（如《蒂迈欧篇》和《克拉底鲁篇》的位置）还不能解决。"②

第二，根据古代著作的直接证据。

古代著作中提到的柏拉图对话的先后材料是确定它们的次序的有力旁证资料，如上面提到过的亚里士多德说过《法篇》后于《国家篇》，以及第欧根尼·拉尔修提到《法篇》是柏拉图最后未加润饰的作品。但是这类材料不但不多，而且使用时必须慎重，不能认为凡是古书上记载的便必定是真的。比如第欧根尼·拉尔修记载过：有个故事说《斐德罗篇》是柏拉图写的第一篇对话，因为它所写的主题是富有年轻人的新鲜气息的。③ 这个说法并不可靠，许多方面可以证明《斐德罗篇》不可能是柏拉图早期写的对话，以至泰勒挖苦说要是这个分别前后的标准可以成立的话，我们应该说歌德的《浮士德》的第二部写得比第一部早了。④ 第欧根尼·拉尔修还提到过这样一个故事：当苏格拉底听到柏拉图诵读他写的《吕西斯篇》时惊叹说："神啊！这个年轻人说了我那么多的谎话。"因为在这篇对话中包含了许多苏格拉底从来没有说过的

① 参见卢托斯拉夫斯基：《柏拉图逻辑学起源和发展》，第3章。
② 格思里：《希腊哲学史》第4卷，第49—50页，罗宾逊的文章题目是《计算机和古典语言》。
③ 参见第欧根尼·拉尔修：《著名哲学家的生平和学说》第3卷，第38节。
④ 参见泰勒：《柏拉图其人及其著作》，第18页。

话。① 这则材料虽然没有受到学者们重视,但是关于在苏格拉底被处死以前柏拉图是不是已经开始写对话了这个问题却一直是一个争论的问题。一些学者认为在苏格拉底去世以前柏拉图已经开始写对话了,他们的理由是:如里特尔提出的像《小希庇亚篇》中描写的苏格拉底遭受智者们的嘲弄,很难设想是在苏格拉底死后柏拉图怀着无限崇敬时写下来的。② 费舍尔(J.L.Fisher)则认为:柏拉图在18岁结交苏格拉底以前,既然像第欧根尼所记载的已经写过诗歌,那么在他和苏格拉底交往将近十年期间,很难设想他会不写什么著作。③与此相反的意见认为柏拉图在苏格拉底去世以前不可能写对话,格罗特提出的理由是因为在柏拉图和苏格拉底结交时期,正是雅典陷入伯罗奔尼撒战争及由此引起的种种灾难之中,何况当时柏拉图自己还想积极介入政治活动,因此只有在苏格拉底死后,他对雅典政治的幻想已经破灭时才有可能积极转向从事哲学著作活动。④ 看来这场争论还将继续下去,因此要确定柏拉图写对话的最初时期,现在还没有比较一致的意见。

第三,根据对话中涉及的有关人物和事件。

这当然也是判断对话编年顺序的有效方法,可惜在对话中提到的这类事实也不多。一般都举《泰阿泰德篇》为例。这篇对话开始就提到参加科林斯战役的泰阿泰德因受伤和染痢疾被送回雅典,不久死亡。历史上发生过的科林斯战役有两次,分别在公元前394年和前369年,经过学者们仔细考证肯定泰阿泰德参加的是公元前369年的那一次,这样便可确定这篇对话写于这一年以后。又如《法篇》(638B)中提到叙拉古征服洛克利,这事情发生在公元前356年,是狄奥尼修二世干的,当时柏拉图已经超过70岁了,由此也可以证明《法篇》是柏拉图的晚年著作。但在使用这个方法时也要十分慎重。比如柏拉图在《巴门尼德篇》中讲的少年苏格拉底和老年巴门尼德的会晤,在《智者

---

① 参见第欧根尼·拉尔修:《著名哲学家的生平和学说》第3卷,第35节。
② 参见里特尔:《柏拉图哲学精华》,第28页、第39页注。
③ 参见费舍尔:《苏格拉底案件》,布拉格,1969年,引自格思里:《希腊哲学史》第4卷,第56页。
④ 格罗特:《柏拉图及苏格拉底其他友人》第1卷,第178—196页。

篇》和《泰阿泰德篇》又重提过。究竟历史上是否真实发生过这样一次会晤？学者们也一直有争论。有人认为这是符合历史事实的，并以此来推算巴门尼德的生年；有人则认为这是柏拉图的虚构，历史上根本不可能发生这样一次会晤。关于这个问题我们在本书第一卷叙述巴门尼德生平时已经介绍过了①，现在从略。

第四，根据对话中相互涉及的内容。

在一篇对话中提到另外一篇对话的有关内容，这当然是我们判断这些对话的先后次序问题的重要材料。上面提到的在《智者篇》和《泰阿泰德篇》中重述《巴门尼德篇》中叙述的那次苏格拉底和巴门尼德的会晤，许多学者据此认为这两篇对话后于《巴门尼德篇》。《智者篇》开始提出的问题是要讨论智者、政治家、哲学家这三种人的性质，要分别为他们下定义。由爱利亚来的客人和三个对话者塞奥多罗、少年苏格拉底、泰阿泰德分别讨论。《智者篇》是由泰阿泰德回答有关智者的问题，《政治家篇》是由少年苏格拉底回答有关政治家的问题。因此学者们公认《政治家篇》后于《智者篇》，二者是紧接着的一组；按照柏拉图原来的设计，本来还应该有由塞奥多罗回答有关哲学家问题的《哲学家篇》，可惜没有写成。这样《巴门尼德篇》、《泰阿泰德篇》、《智者篇》、《政治家篇》四篇对话的先后次序大致可以肯定，它们的内容和形式也是比较接近的。与此类似，在《蒂迈欧篇》开始柏拉图也安排了三个人——蒂迈欧、克里底亚和赫谟克拉底与苏格拉底对话。《蒂迈欧篇》由蒂迈欧主讲有关自然界、宇宙直至动植物的生成和构造问题，《克里底亚篇》由克里底亚主讲有关政治、社会和国家的生成问题，可惜只写了个开始（因此有人认为《法篇》便是将这些内容扩大而成的）；也有人由此推论柏拉图原来可能计划还有一篇由赫谟克拉底主讲的对话，主要内容可能是有关人、知识和哲学（或伦理道德）问题的。从《蒂迈欧篇》的形式——让蒂迈欧作主要发言人，苏格拉底只起提问者的作用——也可以看出这是一篇后期著作，虽然柏拉图在对话开始时故意提出《国家篇》中的一些内容，并且说是"昨天讨论的"。因此过去许多

①　参见本书第一卷第488—490页。

人将《蒂迈欧篇》紧接在《国家篇》以后,认为是同时期的作品;现在许多学者多认为不能再上柏拉图的当了,这两篇对话写作的时间有一段相当长的距离,分别代表柏拉图的中期和后期著作。由此可见这一条根据也是不能绝对化的。

除了以上四种方法和根据外,一般学者还使用另一种方法来判断柏拉图对话的先后顺序,即看苏格拉底在对话中的地位以及对话中戏剧性的多少来确定。在柏拉图的早期对话直到《国家篇》中,苏格拉底始终是主要发言人,一直由他领导讨论,重要的思想理论都是通过他的口来阐述的。讨论的形式也比较生动活泼,一问一答,长篇论述较少,经常有别人插话,讽刺幽默,戏剧性的场面较多。从《巴门尼德篇》开始,苏格拉底成为少年苏格拉底,原来他独占的主讲人地位被巴门尼德取代了。《智者篇》和《政治家篇》中,领导对话的是巴门尼德的同乡、从爱利亚来的客人,苏格拉底也只是少年苏格拉底,虽然在《政治家篇》中,他还是主要对话人。在《蒂迈欧篇》中苏格拉底仅只是个简单的提问题者,到《法篇》中便根本没有苏格拉底出现了。这些后期对话还有一个特点,就是原来戏剧性场面大为减少,对话往往由两个人进行,其中之一是主讲人,长篇大论地发表他的理论,另一个人不过简单提点问题而已。因此有人认为柏拉图年纪越大,年轻时的文学创作天才就越少了。但是我们应该看到问题的另一面,那便是柏拉图的哲学思想随着他年龄的增长越来越成熟和深刻了。当然这个标准也同样不能绝对化使用,在被认为是柏拉图的后期著作中,至少《泰阿泰德篇》和《斐莱布篇》是例外,这两篇对话的主要发言人仍是苏格拉底,对话的形式也比较活泼。其中《泰阿泰德篇》还是比较接近《国家篇》时期的著作,所以也有人将它列为中期对话。至于《斐莱布篇》,有人以为因为这篇对话是讨论伦理问题的,主要发言人当然非苏格拉底莫属。

这样西方一些著名的柏拉图学者如卢托斯拉夫斯基、雷德尔、里特尔、维拉莫维茨等人,根据他们各自采用的以上各种方法,提出各自有关柏拉图对话的编次顺序。罗斯在《柏拉图的相论》书中将它们总结概括排列成对照表。①

---

① 参见罗斯:《柏拉图的相论》,第 2 页;参看范明生:《柏拉图哲学述评》,第 44—45 页。

他们虽然各有不同,但大体上我们可以看出有以下一些共同点:

第一,《卡尔米德篇》、《拉凯斯篇》、《吕西斯篇》,这三篇都是讨论某个伦理问题——自制、勇敢、友爱的,从内容到形式都极其相似,从古以来被人摆在一起,加上讨论虔敬的《欧绪弗洛篇》,讨论美德和知识的《普罗泰戈拉篇》,讨论美的《大希庇亚篇》和《伊翁篇》,大体上都摆在一起,虽然先后次序各有不同,但都将它们归属于初期的苏格拉底的对话。

第二,《申辩篇》和描述他不愿越狱的《克里托篇》在时间和内容上都是相联的,都是记述苏格拉底为人的,也属于初期对话。凡是主张柏拉图是在苏格拉底去世后才开始写对话的学者往往将这两篇置于所有对话之首,认为《申辩篇》是柏拉图写的第一篇对话,凡是主张柏拉图在苏格拉底去世以前已经写过对话的则将这两篇插进以上初期对话之中。

第三,《斐多篇》虽然写的是苏格拉底服毒以前的情况,在时间上紧接《克里托篇》以后,但一般学者都认为《斐多篇》陈述柏拉图相论的重要思想,和《国家篇》并列,是柏拉图中期的主要对话。不过《国家篇》的第 1 卷一般认为是柏拉图初期写的,后来才写第 2 至第 10 卷。

第四,《美诺篇》、《欧绪德谟篇》、《高尔吉亚篇》、《美涅克塞诺篇》和《克拉底鲁篇》,一般都列在初期对话和《斐多篇》—《国家篇》之间。有人认为《美诺篇》讨论的问题可以属于初期,有人认为就它阐述的哲学思想讲,应该是和《斐多篇》、《国家篇》同样重要的中期对话。同样也有人将《克拉底鲁篇》列为后期对话。

第五,《会饮篇》和《斐德罗篇》是两篇内容和形式都非常接近的对话,一般将它们和《斐多篇》、《国家篇》列在一起。《斐德罗篇》后半部分所讲的内容——辩证法,已经和《智者篇》、《政治家篇》接近了。

第六,《巴门尼德篇》、《泰阿泰德篇》、《智者篇》和《政治家篇》这四篇对话,一般都连在一起,列在《国家篇》以后,已经属于柏拉图后期对话,也有人将前两篇对话归为中期的。

第七,肯定属于后期对话的,还有《蒂迈欧篇》、《克里底亚篇》、《斐莱布篇》和《法篇》。

这样当代柏拉图学者大体上已经可以说是得出了基本上比较一致的结论,虽然对某几篇对话应该摆前一点还是后一点,还存在分歧;但对主要对话的位置却基本上肯定了。其中最重要的一点就是不再认为《国家篇》是全部柏拉图哲学体系的总结,也就是最后的对话,而认为它只是柏拉图前期相论的总结。这就和19世纪以前的传统看法(我们中国则一直到前几年还是基本上持这种看法的)有根本不同。

西方学者有的将柏拉图对话分为四期,有的分为三期。分为四期的有泰勒、罗斯等。以罗斯为例,他是按照柏拉图的三次西西里之行来进行分类的,即:第一时期,在第一次西西里之行以前写的,有《卡尔米德篇》、《拉凯斯篇》、《欧绪弗洛篇》、《大希庇亚篇》、《美诺篇》;第二时期,从第一次西西里之行到第二次西西里之行之间写的,有《克拉底鲁篇》、《会饮篇》、《斐多篇》、《国家篇》、《斐德罗篇》、《巴门尼德篇》、《泰阿泰德篇》;第三时期,从第二次西西里之行开始,有《智者篇》和《政治家篇》;第四时期,从第三次西西里之行开始,有《蒂迈欧篇》、《克里底亚篇》、《斐莱布篇》和《法篇》。①

格思里说,主张分为三个时期的,具有代表性和被较多学者有保留地接受的是康福德在第1版《剑桥古代史》中提出的分期,即:早期,《申辩篇》、《克里托篇》、《拉凯斯篇》、《吕西斯篇》、《卡尔米德篇》、《欧绪弗洛篇》、《大希庇亚篇》、《小希庇亚篇》、《普罗泰戈拉篇》、《高尔吉亚篇》、《伊翁篇》;中期:《美诺篇》、《斐多篇》、《会饮篇》、《国家篇》、《斐德罗篇》、《欧绪德谟篇》、《美涅克塞努篇》、《克拉底鲁篇》;后期:《巴门尼德篇》、《泰阿泰德篇》、《智者篇》、《政治家篇》、《蒂迈欧篇》、《克里底亚篇》、《斐莱布篇》和《法篇》。②

格思里在写《希腊哲学史》时基本上按照康福德的划分,在第4卷中写早期和中期对话,第5卷写后期对话。不过格思里将中期对话的次序改动了一下,第4卷第5章写《普罗泰戈拉篇》、《美诺篇》、《欧绪德谟篇》、《高尔吉亚篇》、《美涅克塞努篇》;第6章写《斐多篇》、《会饮篇》、《斐德罗篇》;第7章专

---

① 参见罗斯:《柏拉图的相论》,第10页。

② 参见格思里:《希腊哲学史》第4卷,第50页。

门写《国家篇》。

　　柏拉图的对话写作时间先后至少相距50年,内容又非常庞杂且有许多不一致处,要从这些对话中整理出柏拉图的哲学体系显然是一件十分困难的事情。过去有些哲学史家认为柏拉图在写这些对话以前早已成竹在胸,先有一套完整的思想体系,然后按照系统的需要一篇一篇地写出他的对话来。菲尔德在《柏拉图和他的同时代人》中说:"早期学者企图用这种方法构筑体系,只能得出惊人的分歧结果而显示它的无力。确实这种方法是注定要失败的,因为它意味着不仅是试图为柏拉图构筑体系,而且是每一个人都在试图构筑他自己的体系。"①以前的学者认定《国家篇》是柏拉图最成熟的作品,是他体系的核心和顶峰,按照这个思想来描述柏拉图的体系;凡是不符合这个思想的便加以摒弃,以至像文德尔班那样怀疑《智者篇》、《政治家篇》和《巴门尼德篇》不是真正的柏拉图著作。这种方法和结果必然是主观的。

　　我们以为一位哲学家特别是像柏拉图这样年轻时就开始写他的哲学著作的哲学家,是不可能先有一套成熟的思想体系的。而且即使他自己原来有计划和体系,但因为任何人的思想不可能是永远定形不变的,总会由于某些内在或外来的原因,或者是发现了自己思想中存在问题和缺陷,或者是受到别人的批评和影响,从而修正自己原来的观点。这就是哲学家本人的认识发展过程。我们讲人类认识发展过程,不仅要看到各个不同时期、不同哲学家之间的发展,而且要看到同一个哲学家自己的思想发展过程。这就是以耶格尔为代表提出来的古典哲学史研究的发生学方法。对柏拉图以前的哲学家根本不可能进行这种发生学的研究,因为他们只留下一些断简残篇,不可能研究它们的发展变化;柏拉图留下了大量著作,才提供了这种研究的可能条件。但是要将这种研究建立在比较可靠的基础上,得先解决他这将近三十篇对话的先后次序。通过以上所讲的这几种比较客观也比较科学的方法,对柏拉图对话的先后次序,在研究柏拉图的学者中已经形成比较一致的看法。虽然这些看法还有分歧,对某些对话应排在什么位置还有争论,但主要的几篇(或组)对话的位置

----

　　① 菲尔德:《柏拉图和他的同时代人》,第64页。

已经可以确定了,如《巴门尼德篇》、《泰阿泰德篇》、《智者篇》、《政治家篇》、《斐莱布篇》、《蒂迈欧篇》和《法篇》都写在《国家篇》以后,可以算是他的后期著作。现在许多哲学史家都在试图按照这些对话的内容,说明柏拉图哲学思想的发展过程或他的哲学体系。我们也想在前辈学者提出的基础上,试图作出我们自己的解释。

我们基本上接受康福德和格思里的意见,将柏拉图的对话分为三期:

第一,早期对话:《申辩篇》、《克里托篇》、《拉凯斯篇》、《吕西斯篇》、《卡尔米德篇》、《欧绪弗洛篇》、《大希庇亚篇》、《小希庇亚篇》、《普罗泰戈拉篇》、《高尔吉亚篇》、《伊翁篇》。这些对话基本上多属于"苏格拉底的对话",它们的主要论题和方法,我们以为应该说是苏格拉底的,虽然经过柏拉图的加工当然有柏拉图的思想在内,在上一编讨论苏格拉底时已经讲过这个问题。这些对话的哲学内容,主要作为苏格拉底的(其中一部分则是智者的)资料论述和引用,在上一编中都分别论述过。

第二,中期对话:《欧绪德谟篇》、《美涅克塞努篇》、《克拉底鲁篇》、《美诺篇》、《斐多篇》、《会饮篇》、《国家篇》、《斐德罗篇》。这个时期柏拉图已经摆脱苏格拉底的影响建立自己的哲学体系相论了。但是我们是以建立系统的相论作为划分苏格拉底和柏拉图思想的界限的,所以尚未明确阐述相论体系的《欧绪德谟篇》、《美涅克塞努篇》和《克拉底鲁篇》仍归在苏格拉底名下,在上一编中已经分别论述过。这一时期的《斐多篇》和《国家篇》可以说是柏拉图相论的代表作,一般说的"柏拉图的相论"基本上就是这两篇对话中的思想。

第三,后期对话:《巴门尼德篇》、《泰阿泰德篇》、《智者篇》、《政治家篇》、《斐莱布篇》、《蒂迈欧篇》、《克里底亚篇》、《法篇》。这个时期柏拉图的思想已经有变化,和《斐多篇》、《国家篇》中的相论有所不同,我们将它们作为柏拉图的后期哲学思想来研究讨论。

柏拉图的哲学包含了他的本体论、认识论和方法论(辩证法),是逻辑、认识论、辩证法三者统一的具体体现,我们以此为主线研究他的哲学思想的发展;至于他的伦理学、美学、自然哲学以及逻辑思想都是围绕这个主线展开的,我们将在有关的对话中论述,不另列专题讨论。柏拉图的各篇对话之间很难说有严格的逻辑系统,就以他的认识论说,《美诺篇》和《斐多篇》中的"回忆说"就与《会饮篇》、《国家篇》中的认识论有所不同,即使同是回忆说,《美诺篇》和《斐多篇》的说法也有不同;只有具体分析每篇对话才能说明它们有什么不同以及为什么有这些不同。因为就一篇一篇的对话说,柏拉图的每一篇对话都是有相当严密的逻辑体系的。因此我们论述柏拉图的哲学思想采用将他的对话一篇一篇地分别分析研究,比较它们之间的"同"和"异"(这正是柏拉图自己在后期对话中教导要采用的方法),以看出柏拉图哲学思想中的一致性和差异性,后者可以说明柏拉图思想的变化和发展。我们将他的早期对话作为苏格拉底的思想已在上一编中论述;将中期对话作为柏拉图的前期相论来论述,后期对话作为他的后期哲学思想论述,各自分别小结。柏拉图的政治学说虽然和他的哲学思想密切关联,但因这个问题关涉对他的总评价,即柏拉图是不是反对民主制的"反动哲学家"的问题,而且他的政治思想前后有重要变化,所以单列一章论述。柏拉图还有所谓"不成文学说",和他的学园中其他人有关,也另列一章讨论。

第三节　史　料

关于柏拉图著作的古代编纂情况,上一节已经论及。近代西方对柏拉图著作的编译情况,我们在本书第一卷中已经作过简单介绍(第108—110页):最早是1483—1484年由斐奇诺在佛罗伦萨出版的拉丁文版;最早的希腊文版是由马努修斯在威尼斯出版的。1578年由斯特方在巴黎出版的希腊文版的页码和分段为以后各国学者广泛采用,本书注引文出处时也采用这种公认的页码。迄今公认为较好的柏拉图著作的希腊文版是由伯奈特校订的牛津版6卷本《柏拉图著作集》(1899—1906)。现在流传较广的柏拉图著作的英译本是:乔伊特1871年出版的牛津版5卷本,近年有人作个别修订后于1953年出第4版修订本;由伯里、肖里等译的12卷《洛布古典丛书》版,是希腊文和英译对照的;美国的汉密尔顿等将较好的各家译文汇编在一起,1963年出版了普林斯顿版的《柏拉图对话全集》。这三种英译本是本书主要参考用书。

现在对柏拉图全集的德文、法文、意大利文版情况作些补充：

德文译本有：施莱马赫译的 6 卷本，1804—1810 年柏林版；米勒译的 8 卷本，1850—1866(本书第一卷误写为 1860 年)莱比锡版；奥托等(W.F.Otto,E. Grassi,G.Plamböck)根据施莱马赫译本和斯特方编码于 1957—1959 年出版了 6 卷本的通俗柏拉图全集，叫 Rowohlt 版本；1974 年吉贡(Gigon)又重新出版了米勒的 8 卷本，苏黎世和慕尼黑版；1970—1983 年霍夫曼等(H.Hofmann,D. Kurz,P.Standacher,K.Schöpsdau)在施莱马赫和米勒版本基础上重新加工出版了《柏拉图研究版》，8 卷 9 册，是德希对照本，希腊文根据的是法国布德学会版。

法文译本有：库赞(V.Cousin)于 1825—1840 年编译的 13 卷本；罗斑等自 20 世纪初至三四十年代完成的布德学会版，一直享有盛誉，再版至今；还有苏依莱(J.Souilhé)译的全集，1926 年完成；尚布利(E.Chambry)和巴柯(R. Baccou)翻译的 8 卷本，自 20 纪世 30 年代至 50 年代巴黎版；70 年代以来一批中青年学者拉卡斯(A.Laks)，布利松(L.Brisson)等校订或重译尚布利和巴柯的译本，新译本在陆续出版。

意大利文译本，现在常用的有三种：马尔梯尼(E.Martini)译本，1915—1930 年第 1 版，1975 年第 2 版；瓦吉米利(M.Valgimigli)，札多洛(A.Zadro)，加郎多尼(Giannantoni)等 9 人合译的 9 卷本，1987 年最后完成；由阿多尔诺(F. Adorno)和冈比亚纳(G.Cambiano)合译的全集，1988 年完成。

值得高兴的是《柏拉图全集》的中文译本也已开始组织翻译，由王太庆主译，不久将陆续问世。

近现代西方学者对柏拉图的研究更是不可胜数，有不少著名的柏拉图学者和有影响的有关柏拉图的著作，现代西方主要的哲学学派也多有用各自的观点研究柏拉图哲学的专家。本书第一卷中已经简单介绍过黑格尔的《哲学史讲演录》和策勒、冈珀茨和格思里的三部《希腊哲学史》，现在再简要介绍一些著名的柏拉图学者和他们的著作。由于我们能够得到的资料有限，以下的介绍是很不完全的，主要是本书引用或涉及的一些著名学者。先从英语作家谈起：

格罗特(G.Grote,1794—1871)。著名英国古典学者,主要著作是 12 卷本《希腊史》,迄今仍受学术界重视;他所撰写的 3 卷本《柏拉图及苏格拉底其他友人》,是人们研究柏拉图的重要资料来源。

乔伊特(B.Jowett,1817—1893)。英国著名古典学者和柏拉图著作的翻译家,他翻译的 5 卷本《柏拉图对话集》以文体优美著称,至今还受到重视。他花 30 年时间编注的柏拉图《国家篇》,是在他死后由学生坎贝尔编定出版的。

坎贝尔(L.Campbell,1870—1908)。英国古典学者,主要贡献为编订柏拉图的对话篇,如《智者篇》和《政治家篇》,《泰阿泰德篇》等,根据柏拉图的文体风格演变和大量语言现象辨析柏拉图对话篇的分期,对这方面的研究起了深远影响。

伯奈特(J.Burnet,1863—1928)。英国著名柏拉图学者,他所校勘编订的希腊文《柏拉图对话集》至今仍被认为是较好的版本。在他编注的《柏拉图〈斐多篇〉》以及后来发表的《希腊哲学:从泰勒斯到柏拉图》和《柏拉图主义》中提出:柏拉图对话篇中出于苏格拉底之口的学说均是历史上苏格拉底本人的思想,柏拉图的学说只见于后期对话中非苏格拉底所说的思想以及亚里士多德的著作中。

泰勒(A.E.Taylor,1869—1945)。英国著名柏拉图学者,他对柏拉图对话篇内容的归属问题持和伯奈特类似的观点。他所著《柏拉图其人及其著作》一书受人重视;他译的《法篇》,特别是详细译注的《蒂迈欧篇》常为人引用,但他将这篇对话的内容归属于历史上的毕泰戈拉学派则引起许多不同意见。

康福德(F.M.Cornford)。英国著名柏拉图学者,他的主要贡献是对柏拉图中后期几篇重要对话作了译注,有助于对柏拉图哲学的理解,有:《柏拉图的认识论:〈泰阿泰德篇〉和〈智者篇〉》,《柏拉图的宇宙论:〈蒂迈欧篇〉》,《柏拉图和巴门尼德:巴门尼德的〈真理之路〉和柏拉图的〈巴门尼德篇〉》,《柏拉图的〈国家篇〉》。他所著《从宗教到哲学》以及他死后由其学生格思里编订出版的《鉴别原理:希腊哲学思想的起源》对希腊哲学的起源等问题作出了创造性的探讨。

罗斯(W.D.Ross,1877—1971)。英国著名的亚里士多德专家,他主持完成了牛津版 12 卷本的《亚里士多德著作集》的英译工作,并对亚里士多德的几种重要著作作了详细的注释和分析。由他的讲演改定的《柏拉图的相论》一书对 20 世纪前半叶的柏拉图哲学的研究作了概括,并着重对柏拉图的后期思想和不成文学说进行研究,受到普遍重视。

此外英美比较著名的柏拉图学者和专著还有:

菲尔德(G.C.Field,1887—1955)。他所著《柏拉图和他的同时代人:公元前 4 世纪生活和思想研究》,对了解柏拉图哲学的背景有帮助;他撰写的通俗读物《柏拉图的哲学》在读者中广为流传。

肖里(P.Shorey,1857—1934)。美国古典学者,他编订和英译的柏拉图《国家篇》受到重视,收入《洛布古典丛书》和汉密尔顿本;专著《柏拉图说过些什么》除介绍对话的基本内容外,还附有每篇对话的大量文献资料,有助于研究。

彻尼斯(H.Cherniss)。美国著名亚里士多德和柏拉图学者,所撰《亚里士多德对苏格拉底以前哲学的批判》、《亚里士多德对柏拉图和学园的批判》、《早期学园之谜》对一系列问题特别是对"不成文学说"提出了独特的见解。

芬德利(J.N.Findlay)。美国柏拉图学者,他的研究成果集中体现在《柏拉图的成文和不成文学说》以及此书的缩写本《柏拉图和柏拉图主义》;他认为不成文学说是柏拉图成熟著作的背景;该书有两个有价值的附录:(1)英译亚里士多德及古代作者关于柏拉图口头演讲的资料;(2)批判彻尼斯对这些资料的观点。

波普尔(K.R.Popper,1902—?)。英国著名科学哲学家,批判理性主义的代表人物,他所著两卷本《开放社会及其敌人》第 1 卷专门研究柏拉图,书名《柏拉图的符咒》,将柏拉图列入开放社会的主要敌人,甚至将他的学说和集权主义、法西斯主义联系起来。

当代英语国家流行分析哲学,影响世界各地。他们对古希腊哲学和柏拉图哲学的研究,不重视其哲学体系而着重于问题的研究,不重视哲学结论而更注意哲学论证,因而在方法上注重对论证的语言分析和逻辑分析,追求精确性。主要代表是弗拉斯托斯（G.Vlastos），他发表过两部有影响的著作《柏拉图研究》和《柏拉图的宇宙》以及一系列论文；主编两卷本的《柏拉图：批判论文集》，第 1 卷是讨论形而上学和认识论的，第 2 卷讨论伦理学、政治学、艺术哲学和宗教；收集了一些有代表性的论文。当代运用逻辑分析方法研究柏拉图哲学的学者很多，如 G. E. L. Owen, T. H. Irwin, R. E. Allen, J. L. Ackrill, M. Burnyeat, J.McDowell 等，他们的主要著作很多是以论文形式发表的。

近代德国学者在柏拉图研究上所作的贡献是并不亚于甚至先于英国的。德国的柏拉图研究是由和黑格尔同时的施莱马赫（F. E. D. Schleiemache, 1768—1830）及以后的策勒（E.Zeller, 1814—1908）开创的。施莱马赫编订和翻译了最早的德文《柏拉图全集》，至今仍受重视。他和阿斯特、赫尔曼、蒙克等人关于柏拉图对话的分期的见解已在上一节中介绍过。德国著名的柏拉图学者还有：

新康德学派中马堡学派对柏拉图的"相"作了康德式的解释，这个学派的创始人柯亨（H.Cohen, 1842—1918）在《柏拉图的理念论和数学》中接受洛采（H.Lotze, 1817—1881）在《哲学体系第一部分　逻辑学》中提出的对柏拉图的"相"所作的概念论的解释，认为"相"和具体事物并不是分离的，反对亚里士多德将柏拉图的"相"理解为独立存在的客观的东西。这一观点为马堡学派的另一重要成员那托普（P.Natorp, 1854—1924）所接受，在他的《柏拉图的理念论：唯心主义导论》和演讲集《关于柏拉图的理念论》中认为柏拉图的"相"是思想的纯命题，是将现象分类的方法和规律，是判断真理的标准；认为柏拉图用"分有"叙述事物和理念的关系是表明逻辑判断中的主、谓项关系。他们认为柏拉图的理念只存在于具体事物以内，和许多学者根据亚里士多德的说法，认为柏拉图的"相"是和具体事物分离存在的客观实在的观点（可以策勒为代表）相对立，这就是在柏拉图研究中一直存在的所谓"内在说"和"外在说"的争论，也可以说是概念论（观念论）和实在论的争论。

维拉莫维茨—默伦多夫（U.von Wilamuwitz-Moellendorff, 1848—1931）所著两卷本《柏拉图》在考订柏拉图生平事迹和对话篇编年方面提出了创造性意见。

斯坦策尔（J.Stenzel，1883—1935）是德国著名的柏拉图学者，撰写《希腊古代文化》、《教育家柏拉图》、《柏拉图和亚里士多德论数和形》、《柏拉图辩证法发展研究：从苏格拉底到亚里士多德》（英译本改名为《柏拉图的辩证方法》）、《古代形而上学》等。他对柏拉图的研究致力于"历史的批判"，认为不能只根据对话形式考察柏拉图的发展，更应研究其中的哲学内容；他根据柏拉图的口头学说和后期对话，创先提出柏拉图后期哲学的系统，特别强调其中的 diaresis 即二分的辩证方法。他既不同意以策勒为代表的对柏拉图的"相"作实在论的解释，也不同意那托普的康德式的概念论的解释，而是提出他自己的解释。

里特尔（C.Ritter）。德国著名柏拉图学者，著有《柏拉图新探》及两卷本《柏拉图：生平、著作、学说》以及后一部著作的缩写本《柏拉图哲学精华》（有英译本），对柏拉图的早期伦理学和中、后期的本体论、认识论和逻辑学等思想都作了系统的论述，受到重视。

耶格尔（W.Jaeger，1888—?）。德国著名古典学者，他所著《亚里士多德〈形而上学〉的形成》以及《亚里士多德：发展史纲要》提出用发生学方法研究亚里士多德思想的形成和发展，影响了西方对亚里士多德和对柏拉图的研究，虽然后来受到学者们特别是逻辑分析学派的批评。他所著 3 卷本《潘迪亚：希腊文化的理想》对整个希腊文化进行了综合研究，其中第 2 卷的极大部分和第 3 卷的一部分是从广泛文化背景上探讨柏拉图思想的，所以讨论了一系列在一般著作中不太重视的问题。

当代在德国流行的一些哲学学派的代表人物对柏拉图也都有研究著作，如解释学大师伽达默尔著有《柏拉图的辩证伦理学》、《柏拉图和诗人》以及由八篇用解释学观点研究柏拉图对话篇论文构成的《对话和辩证法》（有英译）等。存在主义的主要代表海德格尔讨论的"存在"、"逻各斯"、"真理"等概念都和柏拉图哲学有关，他还写过一部《柏拉图的真理论》。

弗里德兰德（P.Friedländer，1882—1968）。德国著名古典学者和柏拉图学者，他的代表作是 3 卷本《柏拉图》。他反对现代流行的或多或少地从近现代的哲学观点或体系去解释柏拉图，主张完全根据古代的前提去理解柏拉图的对话,所以他比较致力于柏拉图和近现代西方哲学思想的比较研究,就直觉和结构问题追溯柏拉图对柏格森和叔本华的影响;就真理问题和海德格尔展开讨论,和另一位存在主义的代表人物雅斯贝斯讨论柏拉图对话的"存在"问题;并且将柏拉图的自然哲学和当代自然科学进行比较。

此外德国还有"杜宾根(Tübingen)学派",代表人物是 Hans,J.Krämer,K.Gaiser 和 Szlezak,他们特别重视柏拉图不成文学说中提出的"相的数",认为"相的数"理论不仅是柏拉图哲学的最后阶段,而且是属于全部柏拉图哲学的。这种思想在西方法国、意大利等地有很大影响,一些学者热衷研究柏拉图的不成文学说。

在法国近现代最著名的柏拉图学者是罗斑(L.Robin,1866—1947)。他主持的《柏拉图全集》法文版(布德学会版)享有盛誉,由他写的该全集"导言"和专著《柏拉图》以及《希腊思想和科学精神的起源》(有中文译本)等著作中对关于柏拉图对话的前后重心转移问题提出创见,认为前期对话(包括《国家篇》)只是以优美的笔调表达了基本上属于苏格拉底的思想,后期对话才真正代表柏拉图自己的学说。他是重视后期对话的主要创始人之一。

当代法国研究柏拉图的主要代表是哥尔德施米特(V.Goldschmidt,1914—1981)。他首先在哲学史研究方法上采用当代结构主义提出的结构方法,认为一部伟大的哲学著作就好比一篇大的本文(text),它一定有它的内在秩序和逻辑一致性即结构性。他研究柏拉图哲学思想的代表作有《论〈克拉底鲁篇〉:柏拉图思想发展史研究》、《论柏拉图的对话:其结构及其辩证方法》、《柏拉图辩证法中的范式》、《柏拉图与现代思想》等。他认为如果对每篇对话的构成方式及过程加以剖析,就可以发现它们都贯穿着同样的辩证法程序,可以分为四个层次:第一步先通过常见的表象提出问题,第二步根据某些标准对问题进行初步限定,第三步探讨问题的本质并给出初步答案,最后达到对话者之间的共识,他称为"科学"阶段。他以这种结构主义方法具体分析柏拉图的对话。

意大利是古罗马哲学的诞生地,也是近代《柏拉图全集》的最早出版处,在柏拉图研究上虽然没有里程碑式的大师,但几乎关于柏拉图的每一种研究思潮在意大利都有重要的代表人物和著作出现,如:在英国的坎贝尔提出用文体辨析研究柏拉图的对话顺序以后,意大利学者铎科(F.Tocco)于1876年出版《柏拉图研究》一书,用同样方法提出了许多不同意见。19世纪末德国学者中产生了柏拉图的"相"究竟是内在本体还是外在本体的争论后,意大利的切帕里(A.Chiappelli)著《对柏拉图的泛神论解释》,主张柏拉图的学说是外在的形而上学,而寡斯达拉(C.Guastalla)则主张是内在的形而上学,代表作是《形而上学的哲学》,还有列维(A.Levi)写的《对柏拉图哲学的内在论解释》等。20世纪初意大利学者注重从永恒的哲学问题出发研究柏拉图的哲学,代表作有拢巴尔朵—拉地切(G.Lombardo-Radice)的《论柏拉图相论的进展》和珀尔达切(G.B.Bertazzi)的《柏拉图唯心论生成史》。20世纪五六十年代西方对柏拉图"相的数论"兴趣大增,意大利的代表作有夏伽(M.F.Sciacca)的两卷本《柏拉图》,还有抵亚诺(C.Diano)的《柏拉图哲学中的物质问题》,意欲重建宇宙的数学模型。杜宾根学派的思想也在意大利流行,它的代表人物汉斯(Hans),柯拉默尔(J.Krämer)和凯塞尔(K.Gaiser)都用意大利文在意大利出版著作,有柯拉默尔的《柏拉图和形而上学基础》和《柏拉图的新形象》,凯塞尔的《作为哲学作家的柏拉图》;意大利目前著名的亚里士多德学者列阿勒(G.Reale)也是该派代表人物,1984年出版《对柏拉图的一种解释》就是阐述杜宾根学派的观点的。

当前意大利最著名的柏拉图学者是阿多尔诺,他译注的《柏拉图政治对话》享有世界声誉,他和冈比亚纳合译的《柏拉图全集》是最受欢迎的意大利文译本;1978年他出版了《柏拉图哲学导论》。

在欧洲其他国家中著名的柏拉图学者还有:

波兰学者卢托斯拉夫斯基(W.Lutoslawski)他效法英国的坎贝尔的工作于19世纪末发表《柏拉图逻辑学的起源和发展,以及柏拉图的文体和著作编年的说明》,除阐明柏拉图是一个逻辑学家外又通过对柏拉图对话中的语言现象作分析比较研究,探讨了对话的真伪和编年问题,是这些研究方面的重要著作。

捷克柏拉图学者诺沃提尼(F.Novotny,1884—1964)用捷克文翻译了《柏拉图全集》,他所著《柏拉图的身后生命》(有英译本)以大量材料探讨了柏拉图哲学对古代、中世纪直到近现代哲学家的影响。

在俄国沙皇时代学者们对柏拉图的研究还是重视的,曾翻译和编定 15 卷本的《柏拉图全集》。十月革命后的 20 年代后期,柏拉图专家洛谢夫(A.Ф.Лосев,1893—?)还出版了专门讨论柏拉图范畴论和逻辑学的著作《亚里士多德对柏拉图学说的批判》和讨论柏拉图宇宙学的重要著作《古代宇宙和当代科学》,还有《柏拉图的数的辩证法》等书。

苏联著名哲学家阿斯穆斯(B.Ф.Асмус,1894—1975)于 1965 年撰写的《古代哲学》被认为是苏联对希腊哲学研究的重要成果;他写的《柏拉图》(1969)以及和洛谢夫合作编定的 3 卷本《柏拉图著作集》(1968—1971)对柏拉图进行了重新评价,推动了对柏拉图的研究工作。

中国柏拉图—亚里士多德学者陈康(1902—1992)于二三十年代在德国学习时师事斯坦策尔和尼古拉·哈特曼(N.Hartmann,1882—1940),对柏拉图研究既不同意以策勒为代表的实在论的看法,又不同意以那托普为代表的观念论的见解,主张严格根据柏拉图自己的论证作历史的批判的解释,代表作是他译注的《巴曼尼得斯篇》。他以大量详细的注释对这篇被认为是最难理解的柏拉图对话作出了独创性的解释,将柏拉图的 idea 译为"相"也是他在这本书里首先提出来的。他又接受了耶格尔的观点,用发生学的观点研究亚里士多德和柏拉图,研究成果表现在《智慧:亚里士多德寻求的学问》和论文集《陈康论希腊哲学》。*

以上只是就我们所能收集的资料作简单的列举,难免有重要的疏漏,仅供读者参考。还有一些具体资料在以下各章论述时再作介绍。

---

* 陈康的最后一部专著《"相"的知识的获得——柏拉图在〈斐多篇〉、〈会饮篇〉和〈国家篇〉中心诸卷中的方法论研究》是在他去世后于 1992 年在斯图加特出版的。

✣ 第十四章 ✣ ————————————————————

"相"和相论

　　柏拉图创立了一个庞大的哲学体系,一般称为相论(Theory of Ideas)。他认为一类事物之所以成为这类事物,是因为它们分有一个同名的"相"。典型出处是他在《斐多篇》中说的:由于"美的相",一切美的事物才是美的(100E)。任何具体的美的东西都是变动的相对的,只有"美的相"才是永恒不变的绝对的美,它是决定一切美的事物的原因。第欧根尼·拉尔修说柏拉图"常以不同的名称表述同一个东西,例如他将 idea 也叫作 eidos,genos(种),paradeigma(原型),arche(本原)和 aition(原因)"①。

　　在具体论述柏拉图的相论以前,我们先要说明"相"这个概念以及产生相论的思想渊源。

第一节　idea 和 eidos

　　现在通常都将柏拉图的哲学说成"理念论",其实理念一词是一个并不恰当的翻译,需要先将这个问题说明一下。

　　"理念"是用以译希腊文的 $\iota\delta\varepsilon\alpha$ (idea)和 $\varepsilon\iota\delta o\varsigma$ (eidos)的。这两个词是柏拉图经常使用的,有时甚至在同一句或同一段话中同时出现这两个不同的词,

---

① 　第欧根尼·拉尔修:《著名哲学家的生平和学说》第 3 卷,第 64 节。

其意义并没有区别,如果仔细推敲,好像又有点不同,柏拉图自己大约没有将它们严格区别。这两个词都有多种含义,先看《希英大辞典》的释义。

idea 有以下含义:①

1. 形式(form)、形状(shape),不但柏拉图这样用,德谟克利特讲原子的形状时也有用这个词的,如他的残篇第 141;

2. 和实在相对应的外观(semblance opp. reality)或外部现象(outward appearances);

3. 种(kind)、类(sort);

4. 修辞学上的文学形式(literary form)、风格(style);

5. 逻辑上的类(class)、种(kind),引申为分类的原理(principle of classification);

6. 其复数,柏拉图哲学中指理想的形式(ideal forms)、原型(archetypes);

7. 概念(notion)、观念(idea)。

eidos 有以下含义:②

1. 看到的形式、形状(that which is seen:form, shape);人的形象(figure)、外貌(appearance);人的秀美(beauty of person, comeliness)、体格(physique)、体质(constitution);

2. 一般说的形状(shape),如数的图形(pattern of figurate numbers)、装饰的图形(decorative pattern or figure)、音阶(of a musical scale);原子的各种形状、几何的各种图形;

3. 相似的形式、种或性质,如事物的位置、状态、行动的计划、政策,特殊的概念、意义、观念;基本的性质、类型(type)、文学风格等;

4. 类、种,特别是亚里士多德以之作为“种”(genus)下分的“属”(species)和质料相对的形式(form),引申为形式因、本质(essence);

5. 后期希腊还有各种不同货物(wares, goods)的含义。

---

① 参见《希英大辞典》,第 817 页。

② 参见《希英大辞典》,第 482 页。

　　罗斯在《柏拉图的相论》书中说到德国柏拉图学者里特尔在《柏拉图新探》中对柏拉图使用这两个词作了周密的研究,将它们区分为以下六种含义:

　　1. 外部现象(the outward appearance);

　　2. 构造或条件(the constitution or condition);

　　3. 规定概念的特征(the characteristic that determines the concept);

　　4. 概念自身(the concept itself);

　　5. 种或属(the genus or species);

　　6. 作为我们概念基础的客观实在(the objective reality underlying our concept)。

　　罗斯说,里特尔为了要将其中的2、3、4和6(这是客观实在)区别开来,分别提出一些例句(主要是《美诺篇》72C、D和《斐多篇》102A、104E)以证明他的分法。罗斯不同意他的看法,认为如果不只是看这些引文,而是注意到它们的上下文,你便可以相信柏拉图在每一处讲的都是同一样东西,他没有一处讲的是概念或概念的内容,在每一处他都认为是完全客观的东西,它自己有权存在,不依靠我们对它的思想。里特尔想将这四种含义区别开来,乃是19世纪概念论的产物,是远离柏拉图的单纯实在论的思想的。① 罗斯的话说出了一个历史事实:在20世纪以前一般学者大多认为柏拉图的idea或eidos是主观的精神性的东西,是概念、观念或理念。这种看法最早可以追溯到古代的新柏拉图主义者阿尔比努、普罗提诺、波菲利、扬布利柯、普波克罗等人,他们将柏拉图的"相"解释为存在于神之中的;经过中世纪唯名论和实在论的争论,将"相"解释为神的概念,由15世纪的斐奇诺等接受下来;以后新康德学派如那托普等将柏拉图的"相"作概念论的解释。但到20世纪,认识逐渐变化,越来越多的学者倾向于认为它们不是主观的,而是一种客观实在,是不依赖于我们的思想而存在的,虽然它们并不是具体的物质性的存在。这就是从古代就开始产生,到中世纪明确发生并一直沿袭到近现代的实在论和概念论的争论。里特尔是倾向概念论的,罗斯则是实在论者。但是我们以为这个问题也不能

――――――――――

① 参见罗斯:《柏拉图的相论》,第14—15页。

像罗斯说得那么绝对,认为柏拉图讲的每一处都只能作实在论的解释;应该看到柏拉图自己还没有意识到这种区别,因此他有时偏重实在论的看法,有时也将它看成是主观的概念性的东西,不过前者是主要的,后者是偶然的。这个问题是研究柏拉图哲学的一个重要问题,我们在以下分析各篇对话时将随时提出我们的看法。

idea 和 eidos 在早先的英文译本中一般都译为 idea,这种译法有缺点,因为英文的 idea 通常是指观念。伯奈特指出,如果译为 idea 就不可避免地会使人想起 idea 和 eidos 只是指我们自己的或神的概念,从而不能正确理解这种学说。① 现在的一般英文翻译和著作大多将柏拉图的 idea 和 eidos 译为 form;将他的理论称为 Theory of Forms,而不像以前那样称为 Theory of Ideas。

在我国早期一般都根据英文译为"观念",30 年代郭斌和、景昌极译的《柏拉图五大对话集》中译为"理型"或音译为"埃提",现在一般通行的译法是"理念"。1944 年陈康译注《柏拉图〈巴曼尼得斯篇〉》中专门提出这个词的翻译问题,他说:

"eidos、idea 是柏拉图哲学中最重要的术语,但在中文里至今还未有适当的翻译。已有的翻译,据我们所知道的有以下几种:'观念'、'概念'、'理型'、'理念'。

"'观念'之所以错误,因为它只是英文 idea 的翻译,是英国经验派哲学家所用术语的翻译,与柏拉图的 idea 无涉。和英文中这个术语比较类似的,在希腊文里是 aisthesis,phantasia 等等,却不是 idea 或 eidos。

"'概念'之所以错误,因为我们可以无疑地肯定:在西洋哲学史上至少直至亚里士多德尚无'概念'一词出现。'概念'是英文 concept(拉丁文 conceptus)的翻译,但直至亚里士多德,希腊哲学中尚无相当于 conceptus 的字。甚至直到斯多亚派的 koine ennoia 是否相当于 conceptus 尚是问题。

"'理型'、'理念'所以不当,因为它们既有共同的错误,复有各别的弊病。柏拉图、亚里士多德皆不讲'理',他们著作里的 logos,nous 和后世唯理论中的

---

① 参见伯奈特:《希腊哲学,第一部分:从泰勒斯到柏拉图》,第 154 页。

ratio 根本是不同的两回事。'理型'的特殊弊病是'型'，它只翻译了 paradeigma 这一方面，但柏拉图的 eidos，idea 不只是 paradeigma。'理念'的特殊弊病是'念'，因为它偏于意识一方面。柏拉图的 idea 在有些篇'谈话'里，比如《斐德罗篇》263E,《泰阿泰德篇》184D 诚然是主观方面的，但它在其他几篇谈话里却又是'型'。'理型'中的'型'之所失正是'理念'中的'念'之所得；'理念'中的'念'之所失正是'理型'中的'型'之所得。因此皆偏于一方面。

"但由此已足见柏拉图的这个术语之难译，因为我们没有相当的字可以统括这两方面。这个术语虽然在两个性质悬殊的范围内施用，但这字却有个原义。我们虽然不能翻译这个术语，但能翻译这字。我们在此处即采用这个办法。

"但 eidos，idea 的原义是什么？这两字同出于动词 idein。eidos 是中性的形式，idea 是阴性的形式。idein 的意义是'看'，由它产生出的名词即指所见的。所见的是形状，因此与 morphe 同义（参见《国家篇》380D）。但这只是外形，由此复转内部的性质。中文里的字可译这外表形状的是'形'或'相'，但'形'太偏于几何形状，'相'即无此弊病；又'形'的意义太板，不易流动，'相'又无这毛病。因此我们在未寻出更好的译名以前，即以'相'来译 eidos 和 idea。

"这样的翻译表面上看起来有一毛病，即是生硬不能让人望文生义；然而仔细考究起来，这点正是它的特长。因为人不能望文生义，必就这术语每一出处的上下文考求它的所指。欲确定一个广泛应用的术语在某处所指为何，本来只有一法，即是从它出处的上下文去确定，这生硬的译词却正逼人走这应当走的路。再者，术语的广泛应用皆由于从这字的原义演变而来；我们必先紧握着这个原义，然后方可就每一出处的上下文探求这演变的痕迹。"[1]他将柏拉图的 idea 和 eidos 译为"相"，将柏拉图的哲学译为"相论"。

---

[1]　陈康译注:《柏拉图〈巴曼尼得斯篇〉》注35,第39—41页,我们引用时将后两段的次序颠倒了一下。

吴寿彭在翻译亚里士多德的《形而上学》时对这个术语的翻译问题也提出了他的看法:"亚里士多德以 idea 为'意式'(理念),eidos 为通式;此两字在柏拉图书中互通互用,并无显著区别。idea 旧译'观念'、'概念'、'理型'或'理念'。其中'理型'颇切原义,'理念'已较为通用。陈康译柏拉图《巴曼尼得斯篇》改译作'相',并议论旧译诸失甚详。其改译根据是以 idea,eidos 出于原形动词 eideo(观看),故由视觉为联想而作'相'。但 eideo 本义为观看亦为认识;而柏拉图引用此字实已脱离官感而专重认识,故旧译亦无大误。本书中因亚里士多德有时将 idea 与 eidos 两字分别引用而又具有相联关系,故将其一译为'意式',另一译为'通式'。"①

罗念生在 1981 年 10 月《国内哲学动态》上发表《古希腊哲学术语译名管见》一文中也专门讨论了这个术语的翻译问题。他在引用了陈康和吴寿彭各自的看法以后提出他的意见:"笔者认为柏拉图哲学中的 idea 不是指'观念'、'概念',也不是指'形'、'相'或'共相',而是指'型',即'原型'(archetypes = prototypes)。'理念'一词虽已通用,但意思不明确。到底是指与'器'相对的'理'还是指'道理'、'事理'? 希望主张译为'理念'的人出来解释一下。如果能解释为'理想的观念'倒和柏拉图哲学中的意思有些相近。现在已有人改用'理式'一词,似乎比'理念'稍好,'理型'也比较好,此外还有人建议译为'范型'。'原型'一词并非笔者的创见,而是早已有人使用,如方书春译、苗力田校的《古希腊罗马哲学》第十一章'亚里士多德'中就有'形式或原型'一语(出自亚里士多德的《物理学》第三章 194b)。'原型'一词译得好,但解释'形式'为'原型',行文上未免累赘。至于 eidos 一词似可译为'模式',如果译为'形式'则将遇到上述的累赘。亚里士多德谈'形式'时,有时用 eidos,但更多是用 morphe,都是和 hyle(质料)相对。……此外,古希腊文中尚有 typos 一词,也见于柏拉图的对话中(如《国家篇》380C),意思是'榜样'。由此可见,idea = eidos = typos = paradeigma = eikon(单数)。翻译这五个词要用不同的中文,

---

① 吴寿彭译:亚里士多德《形而上学》,第 16 页注 3。文中的 eideo 是原形动词,上文陈康说的 idein 是按当时通例用现在时主动语态不定式,在希腊文中这种形式最接近词根。

而且要有别于'形式'。笔者建议采用'原型'、'模式'、'榜样'、'模型'、'式样'。"①

　　本书第一卷也将 idea 和 eidos 译为'理念',将柏拉图的哲学译为"理念论";但我们也说明这种译法并不恰当,只是因为约定俗成才采用它们。就"理"这个词说,如果作为中国宋明理学所说的"理",即与具体的"气"相对应的抽象的一般说,与柏拉图的 idea 有某些相似,但如果将"理"了解为法则、规律即西方唯理论所说的 ratio,则柏拉图的 idea 还没有这样的意义。至于"念"是主观精神的产物,西方经验论才形成明确的观念、概念的学说,柏拉图的 idea 是客观的存在,它虽然是高级认识的产物,但柏拉图认为它是认识的对象而不是认识自身。近代西方哲学的唯理论和经验论各自发展了"理"和"念"的意义,才有黑格尔逻辑学中的最高范畴——die Idee,指理性概念,一般译为"理念"和"绝对理念"。近几十年来国内研究西方哲学史实际上是以研究黑格尔为主,正是在这种影响下将柏拉图的 idea 也通行译为"理念"。"理念"译黑格尔的 die Idee 是正确的,译柏拉图的 idea 和 eidos 却并不恰当。

　　因此我们考虑再三,决定从本卷起放弃"理念"和"理念论"的译法,改译为"相"和"相论"。柏拉图的 idea 和 eidos 本来是同出于动词 idein 的两个不同形式,柏拉图使用时并没有什么区别,所以有时在同一句话或同一段落中可以同时出现这两个字,最明显的例子是以上第八章第一节中引用的《欧绪弗洛篇》6D—E 的一段话中用 idea,eidos 和 paradeigma 三个词表述同一个东西。但后来亚里士多德将 eidos 这个术语用为和"质料"对立的"形式"。在柏拉图后期对话中用 eidos 这个字比 idea 多,为了探寻从柏拉图的"相"到亚里士多德"形式"的转变,我们将 idea 和 eidos 译为两个不同的词,凡是柏拉图写为 idea 的译为"相",他写作 eidos 的则译为"型"。"相"和"型"在意义上没有明显的不同,但如果从整个发展看,后期哲学中所讲的"型"更近似亚里士多德的"形式"。柏拉图的哲学特别是前期的理论则译为"相论",不另立"型论"。

　　"相"、"型"和"式"、"形"一样,中文意义差别不大,正像陈康所说,它们

----

① 罗念生:《古希腊哲学术语译名管见》,《国内哲学动态》1981 年第 10 期。

有个好处即都没有确定的含义,可以避免望文生义,只能从上下文去确定它的意思,这正是我们以后分析对话时要做的工作。"原型"是事物摹仿的榜样,柏拉图在《国家篇》和《蒂迈欧篇》有这种学说,那里用的 paradeigma 可译为"原型"或"模型"、"榜样"。

第二节 相论的产生

柏拉图为什么会提出这样一个"相"? 它是从哪些前人的思想中发展出来的? 我们先看亚里士多德的论述。亚里士多德的《形而上学》第 1 卷(A)专门论述了他以前的哲学家的思想发展,其中第 6 章专门论述柏拉图的哲学。他说:

> 在我们已经提到的这些体系以后便是柏拉图的哲学,他在许多方面是追随这些思想家的,但又有不同于意大利学派的哲学的特点。因为他在年轻时就熟悉克拉底鲁和赫拉克利特的学说,即认为一切可感觉的事物永远处于流动状态,关于它们是不能有知识的。这些观点他一直坚持到晚年。苏格拉底忙于研究伦理问题而忽视了作为整体的自然世界,只在伦理中寻求普遍的东西,开始专心致志寻求定义。柏拉图接受他的教导,但是认为不能将它应用在感性事物上,只能应用于另一类东西;理由是:可感觉的事物总是永远在变动中的,所以共同的普遍的定义不能是任何感性事物的定义。这另一类东西他就叫作"相"(idea),他说感性事物是依靠它们并以它们为名的;众多的事物是由分有($\mu\varepsilon\tau\acute{\varepsilon}\chi\omega$,metecho)和它们同名的"相"而存在的。这里只有"分有"这个词是新的,因为毕泰戈拉学派说事物是由于"摹仿"数而存在,柏拉图则说由于"分有"而存在,只是换了个名词而已。至于怎样分有或摹仿"型"(eidos),他们留下了一个没有解决的问题。(987[a]29—[b]14)

以下还有一大段讲到柏拉图哲学和毕泰戈拉学派的关系,评述柏拉图的数论,属于柏拉图后期思想,和现在讨论的问题关系不大,留待最后讨论柏拉图的不成文学说时再来引述讨论。

在亚里士多德的这段论述中,柏拉图和苏格拉底的关系是很明确的:苏格拉底寻求事物的普遍定义,柏拉图看到这种普遍的定义不能归于感性的事物,因为它们是变化的;只能归为另一类东西,他就叫做"相"。所以苏格拉底的普遍性定义是柏拉图相论的雏形,柏拉图是继承苏格拉底思想的。在上一编中我们讲到苏格拉底可能已经提到"相"或"型"这样的概念,因为在柏拉图将"相"作为一个专门的哲学术语以前,idea 是一个通常的名词,已经为有些哲学家使用,如德谟克利特讲原子的"形状"也用过这个词。苏格拉底在讨论普遍性定义时必然涉及一般和个别的关系问题,在讨论美德是否可教时也必然要讨论到什么是知识以及知识如何产生的问题;这些有关本体论、认识论和方法论的问题为柏拉图建立相论作了准备。但正如亚里士多德指出的,苏格拉底专心致志于伦理问题而忽视了整体的自然世界,柏拉图便从寻求伦理定义扩充到寻求普遍的万物的"相",既包括自然界也包括人和社会,形成一个逻辑、辩证法和认识论统一的庞大的哲学体系。苏格拉底的思想是柏拉图相论的主要思想来源。

相论的另一个重要的思想来源就是亚里士多德在这里说的他在上面提到的那些思想体系。他说的柏拉图追随的那些思想家到底是谁? 是一个可以讨论的问题。亚里士多德在《形而上学》第 1 卷评述以前哲学家的思想时是将它们分别纳入他自己的"四因说"来论述的,第 3 章开始讲质料因,将凡是认为水、气、火等为万物本原的哲学家都包括在内;最后一段说阿那克萨戈拉讲"努斯",提出了动因的问题。第 4 章主要介绍以前哲学家有关动因的学说,最后讲到留基伯和德谟克利特的虚空和原子(这也是质料因)以及原子的形式区分问题。在这一章结束时亚里士多德说:"关于这两种原因——质料因和动因,早期哲学家的研究似乎推进到这里。"(985[b]20—22)第 5 章讲的是意大利学派,主要论述毕泰戈拉学派关于数的学说;中间插了一段说有人主张宇宙是不变的,是"一",是"存在",简单地论述了爱利亚学派的思想。最后总结时说:到意大利学派时哲学家对这些问题是不清楚的,他们只说了两种原因。毕泰戈拉学派也说到这两种原因,但他们还加上了自己特有的东西,认为"无限"和"一"是事物的本体,因而"数"是万物的本体。他们开始说明事物的本质和定义,不过他们处理得太简单了。(987ª10—22)这是说从意大利学派——毕泰戈拉学派和爱利亚学派——开始,在质料因和动因以外又加上了亚里士多德所说的本质因即形式因。

这就是亚里士多德在第6章以前评介以前哲学家思想体系的情况,几乎将智者和苏格拉底以前所有的哲学家的思想都谈到了。在第6章一开始就说柏拉图哲学的许多方面是追随以上所说的这些思想家的。能不能将此理解为柏拉图是追随所有苏格拉底以前的一切哲学家呢?大约不能这样理解。因为在第4章结束时亚里士多德已经将第3、第4两章中讲到有关质料因和动因的哲学家的思想作了总结,第5章开始他论述的重点是本质因,第6章是第5章的继续,亚里士多德认为柏拉图的"相"是事物的本质和形式,因此他说的"已经提到过的体系"主要是指意大利学派,柏拉图是追随他们的;所以下面接着说柏拉图"又有不同于意大利哲学的特点"。

我们可以将苏格拉底以前的哲学家分为两类:一类是承认事物的运动变化,要寻求它们的原因,找到的是亚里士多德所说的质料因和动因。伊奥尼亚的哲学家属于这一类,一般认为他们是唯物论哲学家。另一类认为我们看到的运动变化的事物只是现象,在它们背后还有根本的东西,不过不是具体的物质性元素而是抽象的原则,是不变的"数"或"存在",这就是亚里士多德所说的本质因即形式因,是意大利学派最初提出来的,一般将这种哲学称为唯心论。在这两类哲学家中亚里士多德将柏拉图归为后一类而不归为前一类,是很有见地的。后来由他的学生塞奥弗拉斯特开始,到第欧根尼·拉尔修在《著名哲学家的生平和学说》中的分类法却将苏格拉底、柏拉图和亚里士多德列在伊奥尼亚学派以后,而将从德谟克利特到伊壁鸠鲁列在毕泰戈拉学派和爱利亚学派(中间还夹有赫拉克利特)以后。这种分类法便显得缺少哲学素养了。

所以意大利学派的哲学思想即毕泰戈拉学派的数的理论和爱利亚学派的存在理论,应该说是柏拉图相论的重要思想来源。

柏拉图和毕泰戈拉学派的关系,有关的记载比较多。柏拉图去南意大利时结识了毕泰戈拉学派的阿尔基塔,可能还见到过菲罗劳斯和欧律托斯,他对毕泰戈拉学派的学说和活动都比较熟悉。在柏拉图对话中直接提到毕泰戈拉学派的虽然不多,只在《斐多篇》中提到毕泰戈拉学派有灵魂轮回转化的学说(86B);在《国家篇》中讲到毕泰戈拉本人的生活方式受人尊敬(600B),还提到毕泰戈拉学派的天文学与谐音学(530D);但在柏拉图对话中经常谈到的有关灵魂不灭、对立的和谐等,以及他那么重视数学和几何学,在《美诺篇》中以几何命题作为回忆说的证明,还有其他许多有关数的学说,都可以看做是受了毕泰戈拉学派的影响。特别是后期对话《蒂迈欧篇》更像是一篇毕泰戈拉学派的宇宙论著作,第欧根尼·拉尔修说它是以菲罗劳斯的著作为蓝本的。在上引亚里士多德的话中将柏拉图的"相"和毕泰戈拉学派的"数"对比,说事物"分有"相和"摹仿"数只是用词不同而已。可见在处理个别和一般的关系时,柏拉图相论和毕泰戈拉学派所采用的方式也是基本相同的。亚里士多德在第6章的后半部分更详细比较柏拉图和毕泰戈拉学派的学说,说柏拉图在他们的影响下发展了一种新的数论;这就是柏拉图后期所谓"不成文学说"的主要内容,是柏拉图学园中斯彪西波、色诺克拉底和亚里士多德等经常争论的问题。由此可见越到柏拉图晚年,他的学说中表现出的毕泰戈拉学派思想也越浓。

柏拉图和爱利亚学派的关系,有关的记载较少。前引第欧根尼·拉尔修只提到柏拉图在结识克拉底鲁的同时也结识了信奉巴门尼德哲学的赫谟根尼。在柏拉图的对话《克拉底鲁篇》中的一位主要对话人叫赫谟根尼,但他是持智者观点的,柏拉图说他是智者的保护人希波尼库的儿子(384A),看来并不是那个信奉巴门尼德哲学的赫谟根尼。在《斐多篇》中柏拉图列举去狱中看望服刑前的苏格拉底的朋友和学生中也有一个叫赫谟根尼的人,但他也不是苏格拉底死后柏拉图才在意大利结识的赫谟根尼。那个信奉巴门尼德哲学的赫谟根尼究竟是怎样一个人?没有可靠的资料。在柏拉图的对话中巴门尼德占有崇高的地位,特别是在《巴门尼德篇》中他取代了以前对话中苏格拉底的位置成为领导对话的人,少年苏格拉底在他面前简直像个小学生一样。在《泰阿泰德篇》中柏拉图借苏格拉底的口说:"巴门尼德在我眼里,正像荷马所说是可敬可畏的"。(183E)《智者篇》和《政治家篇》的主要对话人是一位来自爱利亚的客人,暗示和爱利亚学派有密切的联系;这两篇对话讨论的问题尤其是《智者篇》讨论存在和非存在的关系,一望而知和爱利亚学派的哲学有关,虽然柏拉图已经批判不变的存在的思想,但对巴门尼德还保持极大的敬意。柏拉图著作中对以往哲学家表示如此尊重的,除苏格拉底外就只有巴门尼德了。更重要的是柏拉图提出的"相"和巴门尼德所讲的"存在"基本上是一样的,在《会饮篇》中规定的"相"的几个基本特征和巴门尼德规定的"存在"的几个特征一模一样,它们唯一的区别是巴门尼德认为只有一个唯一的存在,柏拉图却认为每一类同名的事物都有(也只能有)一个"相",有无数类同名的事物就有无数个"相"。因此可以说柏拉图的"相"就是打碎了的巴门尼德的"存在",柏拉图的相论是直接从巴门尼德的存在论发展而来的。至于辩证法,不论它是不是像第欧根尼·拉尔修所说起源于芝诺,柏拉图使用的许多论证及其方法都和芝诺的论证有关,这也是很明显的。所以从总的发展看,我们可以说柏拉图在创立相论时基本上接受爱利亚学派的思想影响。后来他发现其中的问题,加以修正成为后期的哲学思想,这种变化是从《巴门尼德篇》和《智者篇》开始的,这两篇对话讨论的内容和爱利亚学派的思想直接有关。这是我们以后要讨论的一个大问题。

所以爱利亚学派的哲学思想是柏拉图相论的一个重要来源。这里有个值得探讨的问题:为什么亚里士多德在专门论述柏拉图哲学的《形而上学》第1卷第6章中竟一字不提爱利亚学派呢?格思里也看到了这个问题,他说:"如果没有高高屹立的巴门尼德的形象,柏拉图的哲学几乎是不可思议的;因此亚里士多德在论述相论的发生时竟没有提到巴门尼德,实在令人惊奇。"格思里对这个问题的解释是:可能因为亚里士多德在这里讨论的是关于运动的原因,而巴门尼德等却是根本否认运动的,因此亚里士多德认为和当前讨论的问题无关可以搁在一边。① 这个解释没有说服力,因为前面已经讲过:亚里士多德从第5章起已经开始讨论本质因即形式因了。亚里士多德在第5章中主要论

---

① 参见格思里:《希腊哲学史》第4卷,第35页。

述毕泰戈拉学派的哲学,讲到他们的数论和对立的思想时谈到"一"和"多"的对立,说古代思想家认为自然是由多元素组成的,但也有人认为自然是"一"。这时候他谈到爱利亚学派的哲学思想(986ᵇ10—34)。在整个《形而上学》第 1 卷中这是唯一讲到爱利亚学派的段落,全文在本书第一卷论述塞诺芬尼时已经引述过(第 538—539 页)。亚里士多德对爱利亚学派的思想讲得比较简单,而且带有轻视态度,他说他们是主张万物是一的哲学家,塞诺芬尼是第一个提出"一"的,但他不能分辨质料因、动因和形式因,只简单地说一是神;麦里梭说的"一"是质料,这两个人都太天真幼稚,可以存而不论。他只说巴门尼德是很有见地的,因为他讲的是逻各斯的"一"即作为万物本质的"存在"。在亚里士多德看来这是万物的本质因即形式因,正是在这点上他认为柏拉图是追随巴门尼德的。对于巴门尼德的学说,亚里士多德说他在关于自然的著作(即《物理学》)中说得比较清楚。《物理学》第 1 卷第 2 章开始讨论本原的数目和特性问题,亚里士多德指出有些哲学家主张本原是不变的"一",他举的就是巴门尼德和麦里梭主张存在是一。亚里士多德不赞成他们的学说,他认为"存在"有多种含义,"一"也有多种含义,爱利亚学派只讲其中的一种而不顾其他含义。所以在第 3 章开始时亚里士多德说:"如果我们这样研究这个论点,就可以看出'存在是一'是不可能的,他们用来证明的论证是不难驳倒的。他们两个人——我是说巴门尼德和麦里梭——的推理都是强词夺理。他们的前提是错误的,结论也不能推得。尤其是麦里梭的论证更为拙劣,他提出一个可笑的命题并由此推出其他论证,真太简单了。"(186ᵃ4—10)正因为亚里士多德对爱利亚学派的"存在是一"学说采取这样蔑视的态度,所以他在讲到柏拉图相论的思想根源时没有指名提到爱利亚学派。这是我们对于这个问题的解释。

对于巴门尼德,亚里士多德的态度和柏拉图非常尊重的态度截然不同;不过这种分歧只是表面现象,实际上无论是柏拉图还是亚里士多德的哲学都是从巴门尼德的存在学说中发展出来的。柏拉图的"相"是"存在"的继承和发展,亚里士多德的哲学也是看到"存在是一"的问题,加以修正才发展而成的。他分析存在的各种含义,首先是本体和性质、数量、关系等各种属性的区别,得出他的范畴论,然后提出哲学的主要对象是"作为存在的存在",其中分出形式和质料以及它们的现实和潜能的形态等等。所以如果说没有巴门尼德的"存在",柏拉图的相论的出现将是不可想象的;同样也可以说如果没有巴门尼德的"存在",亚里士多德的哲学也是不能想象的。巴门尼德的存在学说的确是改变了整个希腊哲学(还可以说是整个西方哲学)的进程。但这一点是后来可能是直到黑格尔才明确认识到的,古代人并不这样看,亚里士多德也还没有认识到这一点。

亚里士多德还指出:柏拉图的哲学有不同于爱利亚学派的特点,这就是他在年轻时就接受了赫拉克利特和克拉底鲁的学说,认为一切可感觉的事物永远处于流动状态,关于它们是不能有知识的。在运动和静止的问题上,柏拉图没有像爱利亚学派那样绝对地否认运动,他承认运动着的具体事物也是一种存在,不过不是真实的存在,而是低级的现象的存在;它们是感觉的对象,不是知识的对象,因为知识作为知识应该是不变的。在他的前期相论中不变的"相"高于变动的具体事物,知识高于感觉。但到他的后期对话,这种思想开始有了改变,他认识到完善的存在不应该是没有运动没有生命的东西;在《智者篇》中他据此批评了"相的朋友"(248A—249D),实际上是批评了爱利亚学派和巴门尼德,甚至还包括他自己的前期相论在内。在《蒂迈欧篇》以及《法篇》第10卷中他认为完善的存在应该是有运动、有生命、有理性、有思想的神,这是他的理性神学,也是唯心论的最高原则。所以亚里士多德说他直到晚年还坚持赫拉克利特的运动学说。

其他苏格拉底以前的哲学家对柏拉图当然有各种程度的影响,尤其是阿那克萨戈拉提出的努斯对柏拉图的影响很大。从《斐多篇》苏格拉底自述他听说阿那克萨戈拉的努斯引起思想转变开始,可以说柏拉图一直在研究这个努斯——理性的问题;后期对话如《巴门尼德篇》和《智者篇》中一直在讨论范畴的逻辑关系,终于在《蒂迈欧篇》中完成了一个由努斯创造的庞大的宇宙论哲学体系。在柏拉图的对话中唯一从来没有提到的是德谟克利特和原子论学说,第欧根尼·拉尔修说是由于柏拉图嫉妒德谟克利特;其实从他们的思想说,柏拉图的"相"和德谟克利特的原子虽然有根本区别:原子带有物质性,

"相"是非物质的;但从另一方面说原子也是从具体事物中抽象出来的本体或本质,和"相"一样具有巴门尼德所说的"存在"的基本特征。在这点上也可以说是柏拉图接受了德谟克利特的思想影响。

以上就是产生柏拉图的哲学相论的思想根源,我们还将在论述各篇对话的有关内容时具体讨论。

第十五章

《美诺篇》

　　柏拉图的中期对话主要是《美诺篇》、《斐多篇》、《会饮篇》、《斐德罗篇》和《国家篇》。他在这些对话中发展了苏格拉底的思想,形成了自己系统的哲学相论。

　　许多学者认为《美诺篇》是介于柏拉图的早期和中期对话之间的著作,因为它所讨论的问题和讨论问题的方式同早期苏格拉底的对话非常相似,所以较早的学者大多将它归在柏拉图的早期著作中。但有些学者已经看出《美诺篇》和早期对话有所不同的方面,如卢托斯拉夫斯基认为在柏拉图的逻辑发展中,一系列重大理论最先是在《美诺篇》中表述的,在这里他对先验知识作了形而上学的肯定,这是一种新的原理,根据这种理论苏格拉底的讽刺性的"自知其无知"正在消失。[①] 古莱(N.Gulley)在他专门研究柏拉图的认识论的著作中指出《美诺篇》标志一种过渡,柏拉图的早期对话大体是用来表现和评价苏格拉底的学说的,从《美诺篇》开始出现更为建设性的理论,回答包含在早期对话中提出的问题;但它还没有提供一种现成的形而上学理论,那是到《斐多篇》中才第一次提出来的。[②] 耶格尔也认为,柏拉图对逻辑和认识问题感兴趣是从《美诺篇》开始的。[③] 但是罗斯在《柏拉图的相论》书中对《美诺篇》却没有给予重视,他认为它没有将回忆说和相论结合起来;因为《美诺篇》

[①]　参见卢托斯拉夫斯基:《柏拉图逻辑学的起源和发展》,第207、209页。

[②]　参见古莱:《柏拉图的认识论》,第5页。

[③]　参见耶格尔:《潘迪亚:希腊文化的理想》第2卷,第93页。

中的童奴关于几何作图的回忆,在罗斯看来是一个"纯粹经验"的方法,所以它并不比早期对话更多地推进相论。① 对罗斯这个看法以下将专门讨论。

无论是从内容或形式看《美诺篇》都可以说是《普罗泰戈拉篇》的续篇,这是许多学者一致的看法。《普罗泰戈拉篇》讨论的问题是:美德是不是可以教的? 从而讨论到美德的本性和它的整体性,最后将美德归结为知识。这是典型的苏格拉底的思想,所以我们在上一编中讨论了这一篇对话。在《普罗泰戈拉篇》结束时,因为问题并没有圆满解决,苏格拉底要求重新开始讨论,普罗泰戈拉虽然称赞苏格拉底的智慧,但他当时却不想再继续讨论了,说是以后有机会再讨论吧。《普罗泰戈拉篇》的结尾就是《美诺篇》的开端。《美诺篇》一开始,美诺就提出问题:

> 你能告诉我吗,苏格拉底,美德是可教的还是由实践得来的,或者既不可教也不由实践来,而是人天然具有的,或是从别的什么方式得来的?
> (70A)

问题还是原来的问题,讨论的方式和内容虽然有一些是和《普罗泰戈拉篇》重复的,但《美诺篇》显然有它自己的特点。这表现在:第一,在问什么是美德时为美德下了几个定义,虽然这些定义仍被反驳了,并没有得出肯定的意见,但是柏拉图明确地指出来:虽然美德可以是各种各样的,但它们既然都是美德便表示它们有一个共同的东西,这个东西就是 eidos。寻求事物的定义便是要说明这个共同的 eidos。这样柏拉图便从苏格拉底的寻求定义出发,进一步提出他的相论。第二,苏格拉底一直宣称他自己无知,他不能以知识教人,他只是一个接生婆,用问答的方法使别人已经孕育的知识产生出来。在《美诺篇》中柏拉图让童奴解答几何学作图问题,从表面上看像是为苏格拉底的助产术提供了一个具体的实例,仅此而已;但是为什么在早期对话中苏格拉底引导别人探讨伦理问题的定义时都没有得出肯定的结论,而在引导童奴讨论数学问题时却可以得到正面的结果呢? 柏拉图用灵魂不灭,在人生前已经有这种知识——即回忆说来解释这个问题,他为苏格拉底的助产术提供了一个认识论

---

① 参见罗斯:《柏拉图的相论》,第19页。

的说明,提供了理论基础,从而发展了苏格拉底的思想。第三,柏拉图还提出了假设法,提出了真意见和思想的区别,特别是他提出所有的 eidos 是属于同一家族的,要用因果锁链将它们联系起来并固定下来。这些表明他在本体论和认识论上已经开始形成系统的相论思想了。

《美诺篇》中参加对话的一共有四个人,主要由苏格拉底和美诺讨论。美诺是帖撒利地区的拉利萨人,一个出生于富有的贵族,自负和傲慢的青年;他听过著名智者高尔吉亚的讲演,被智者们时髦的论题和见解弄得晕头转向。色诺芬在《远征记》中记载美诺是一个有野心和自私的人物,最后被波斯俘虏处死。乔伊特称他是"帖撒利的阿尔基比亚德"①。回答几何作图题的是一个童奴。再有一个对话人是安尼图斯,他是控诉苏格拉底的三个人中的一个,在这篇对话中柏拉图只让他参加了一段简短的讨论,他表示了对智者的不满。

第一节 寻求定义就是寻求"相"

当美诺提出问题美德是否可教时,苏格拉底回答说,我连美德是什么都不知道,怎么能知道它是否可教呢? 于是问题便转到讨论什么是美德,像别的早期对话一样讨论美德的定义。美诺很自负,说这有什么困难呢,男人的美德是安排好城邦事务,帮助友人损害敌人又能保护自己;女人的美德是好好处理家务,服从丈夫;小孩有小孩的美德,老人有老人的美德,自由民和奴隶各有自己的美德。苏格拉底讽刺他说:我真幸运,我要的是一个美德,你却给了我像蜂样的一群。就以蜜蜂来说,它们可以有各种各样大大小小的不同,但它们作为蜜蜂却总是相同的。我要你回答的,是那个它们共同的,而不是使它们不同的东西。

> 美德也是这样,不论它们有多少种不同,但它们成为美德,总有一种
> 共同的"型"(eidos tauton),要回答什么是美德的人必须着眼于这一点。
> 你懂得我的意思吗?(72C—D)

----

① 乔伊特译:《柏拉图对话集》第 2 卷,第 10 页。

美诺说他可以懂,但还不能很好掌握这个问题。苏格拉底再以健康、大小等为例:"只要是健康,不论是在男人或在任何别人身上,总是有一个相同的'型'(eidos)的。"(72D)本来问"什么是美德"时是要寻求美德的定义,现在问题却变成是要寻求它们的共同的"型"了。

苏格拉底要将健康的比喻应用于美德时,美诺表示异议说这是两个不同的问题,这样就再进一步深入讨论美德的问题。美德是治理,而这种治理必须是正义的,因此正义就是美德。苏格拉底问他:你说正义就是美德,还只是一种美德? 美诺又弄不清楚这种区别了。苏格拉底只能再举例说明,他说比如圆,我们应该说它是一种形,不能单说它就是形,因为还有许多别的形。美诺这才懂得:正义只是一种美德,因为除它以外还有智慧、勇敢、节制等也都是美德。(73A—74A)这和"白马非马"是同类的问题,柏拉图也举"白"只是一种颜色,而不是有颜色的东西的例子(74C)。由此可见古代人要在思想上将普遍和特殊区分开来,必须经过反复艰巨的过程。

可是原来是寻求什么是美德的,现在又得到了一堆美德——正义、智慧等等,这样又和上面一样了;不过上面是从不同的人具有不同的美德划分的,现在则是从美德本身具有的不同的类型区分而已。苏格拉底说,我们是要在这许多美德中找出那个贯穿一切的东西(74A)。他说我们总是得到许多个东西,而这并不是我所要得到的答案。既然你用同一个名字称呼这许多个东西,将它们每一个都叫作"形",它们甚至是彼此相反的,那么请你告诉我,什么东西可以既包含直又包含圆呢? ——你说直是形,圆也是形,你所说的形是指什么呢? 这也就是直、圆以及一切叫作"形"的事物所共同的东西。(74D—75A)

这是从"多"中求"一"的方法。这个"一"就是这类事物的 eidos,这个eidos 和这类事物的关系,柏拉图在这里只是说它是这一类事物的共同的特性或因素,英文译者一般将它译为 common character(如汉密尔顿本中格思里的译文)或 common nature(如乔伊特的译文),它还是在各个事物之内,并没有独立存在的。所以卢托斯拉夫斯基认为它还不是后来柏拉图所说的"相"。[①] 不

---

① 参见卢托斯拉夫斯基:《柏拉图逻辑学的起源和发展》,第 208 页。

过柏拉图在这里是认为"形"这种 eidos 既可以包含直也可以包含圆,而不是说在直、圆等不同的形状中包含有"形"这种共同的性质;所以不能将它理解为后来所说的"共性",只能说它是包含所有同类个体的"属",这是 eidos 这个词的原义。这一点下文还要进一步说明。

讨论到这里苏格拉底就提出一个关于"形"的定义,说形是总伴随着颜色的东西(75B),这样又插入了一段有关辩证法的对话。美诺说,你说"形"是总伴随着颜色的,可是如果有人说他还不知道什么是颜色,你又怎么说服他呢?苏格拉底回答说:"如果向我提问题的人是好辩论和善争吵的,我便会对他说我已经提出了我的说法,如果它错了,你可以来考察和反驳它。但是如果像你和我一样,我们是朋友,愿意在一起讨论,我们就应该心平气和地以更适合辩证法的方式来回答。我以为更为辩证的方式乃是不仅要作出正确的回答,而且要用让提问题的人能够承认的前提来答复,这正是我现在企图和你讨论的。"(75C—D)这里柏拉图是想将辩证法和智者们使用的论辩术区别开来。二者同样是采用问答讨论的方法,但智者们互相打岔找毛病,充满诡辩,而辩证法应该是心平气和地讲道理,使对方能够接受和信服的方法。柏拉图在对话中不止一次想将苏格拉底的问答方法和智者们的论辩区别开来,他现在说的辩证法是讲苏格拉底的方法,但像这样只从表面形式和态度上找二者间的不同,当然是不能说明辩证法的性质的,在以后的对话如《国家篇》中柏拉图就改变了对辩证法的这种解释。

苏格拉底用人们能够承认的前提来为形和颜色下定义:形有平面和立体,它们的界限便是形;至于颜色他采用了美诺和他的老师高尔吉亚都赞成的恩培多克勒的流射说,认为颜色便是从和视觉相应的形状中流射出来的,是视觉所看到的东西。(76A—D)从这个例子可以看出,无论是苏格拉底的或者是柏拉图的寻求定义的方法本来是科学的方法,是以当时的科学水平对这个问题所作的解释为前提的。他为形所下的定义是根据当时几何学的知识,而恩培多克勒的流射说可以说是当时对感觉及其对象所作的科学的解释。由此可见到公元前 5 世纪时人们不仅对各种自然现象能寻求它们的普遍的定义,即多中求"一";而且也开始要寻求各种社会现象如伦理和政治关系的普遍定义,这就是苏格拉底所做的工作。

苏格拉底要求美诺以相同的方法来回答美德是什么的问题。他说："现在该轮到你来履行诺言告诉我什么是一般的美德了，不要像滑稽人所说的那样将一块板打成碎片，将一个变成许多个，而是要将整个完全的美德告诉我。我已经给你作出了榜样（paradeigmata）。"（77A—B）从表面上看这是苏格拉底要美诺不要再以一个一个具体的美德来回答什么是美德的定义了，更深的意义却在于柏拉图在这里强调了美德的定义——它的 eidos 是整个的、完全的，它不是由分散在各个具体美德中的某种性质集纳（归纳）起来的共性，而是一个完全的整体。无论从存在的次序或认识的次序上讲都是从一到多，从"属"到个体，而不是从多到一的，所以柏拉图要美诺说出一个完整的美德来。

按照苏格拉底的要求，美诺提出了一个新的定义：美德是对美好事物的想望并要得到它。（77B）但是人们都想望美好的东西，即使他所想望的实际是恶，他也误以为善，没有人会想望恶的东西的，因此问题归结到如何去获得它。想获得美好的东西无论是健康或财富，或是金子或银子，必须是正当地即正义地获得，如果是非正义地获得便不是美德。这样在美德的定义中必须加上正义的规定，可是前面讲过正义像智慧、勇敢等一样，只是美德的一部分。苏格拉底说：我要你给我的是整体，你又将它切成碎片重复原来的错误了。这里柏拉图再一次强调指出：任何人如果不知道整个美德自身，他便不会知道它的部分。（79C）他认为必须先认识整体——"相"，才能认识它的部分——个别事物。他的这种认识论是和普通人的思维方法相反的。

美诺抱怨苏格拉底又将他引入迷途，说苏格拉底像一条电鳗，谁遇到他都会感到棘手，受到迷惑。苏格拉底说他自己也受到迷惑，因为他也不知道美德是什么？（79E—80D）美德的定义是什么？《美诺篇》像别的早期对话一样始终没有得到肯定的结果。但是《美诺篇》显然也有和其他早期对话不同的地方，它提出了在各种各样不同的美德中有一个共同的 eidos，这是所有不同的美德的共同的东西。我们要寻求美德的定义就是要寻求这个共同的 eidos。这样柏拉图便发展了苏格拉底的思想。关于 eidos 和各个美德的关系，柏拉图在这里将它们比作整体和部分的关系，eidos 是整体，各个不同的美德只是它的部分,我们要知道的是那个整体,而不是它的各个部分。并且柏拉图还认为,如果不先知道整体便不能知道它的各别部分,这已经从认识论上肯定了"相"在先的地位,至于"相"和具体事物还有其他方面的关系在《美诺篇》中还没有谈到。

第二节 学习就是回忆

《美诺篇》并没有将什么是美德的问题继续讨论下去,柏拉图转而论证美德的"相"的先验性。

针对苏格拉底说他自己也不知道什么是美德,美诺追问说:对于你自己也不知道它是什么的东西,你如何能寻求它呢?你能去寻求那个你不知道的东西吗?即使你找到了,你又如何能知道你所找到的正就是那个你所不知道的东西呢?苏格拉底说,我懂得你的意思了,你在耍一个巧妙的论证:一个人既不能去发现他所知道的东西,也不能去发现他所不知道的东西,因为既然他知道了便无需再去寻求;如果他不知道甚至连他要寻求什么也不知道,他怎么能去寻求?(80D—E)这是一个典型的诡辩的论证:凡是你知道的,你都已经知道了便无需寻求;凡是你不知道的,你根本不知道又如何寻求?这样的论证在当时相当流行,现在西方一些学者重视这个论证将它叫作"美诺悖论",作了一些讨论。我们以为所以产生这个问题是因为当时还缺少一个观念,现在常识都懂得:我们现在还不知道的东西,并不是根本不能知道,而是有可能知道的,只是现在还没有知道而已;我们研究它正是要将可能的知识变成为现实的知识。可能(潜能)和现实这对范畴是到亚里士多德才明确提出来的,柏拉图只能采用另外途径来解决这个问题,他采用的便是灵魂不朽说。

苏格拉底说,他听到男女祭司以及诗人如品达等都讲到灵魂是不朽的,是不断轮回的,所以,

> 既然灵魂是不朽的,可以不断重生,它已经在这个世界以及别的世界中获得一切事物的知识;所以它能回想起先前已经知道的有关美德和别

的事物的知识，这是不必惊奇的。整个自然是同类的，灵魂已经学习到一切事物，所以当人回想起某一件东西——通常便叫作学习——时，便没有理由怀疑他不能发现所有别的东西，只要他有足够的勇气去寻求；因此寻求与学习并不是别的，不过就是回忆（anamnesis）。

苏格拉底说美诺提出来的论证只能使人懒于学习，而现在这种学说却可以使人勇于探讨知识，寻求真理。（81C—E）

在这段话中有几个值得讨论的问题：

第一，西方有些学者讨论柏拉图的这种灵魂不朽说是从哪里来的，其实灵魂不朽以及灵魂轮回的思想几乎是较早期人类共同的幼稚的想法，西方有东方也有，不少相信宗教迷信的人至今还坚持这种看法。在希腊从古代宗教特别是奥菲斯教传到毕泰戈拉学派，以后甚至像恩培多克勒这样在科学上很有贡献的哲学家也相信灵魂不朽和轮回的思想。柏拉图采用这种学说是很自然的。

西方学者还争论柏拉图是否真正相信灵魂不朽和回忆说。有些学者持否定态度，如伯奈特认为这是用神话的语言来表达回忆说，因此我们不能太拘泥于字眼。① 里特尔认为在柏拉图身上的回忆说比在其他古代思想家身上包含更多虚构的成分，因此不能认为柏拉图是认真相信这种学说的。② 古莱认为这不过是神话的比喻，没有理由把它看做是代表柏拉图自己的理论。③ 另外一些学者则持相反的意见，如泰勒指出柏拉图相信灵魂不朽说是无可辩驳的，一直到他的后期著作《第七封信》（335A—B）和《法篇》（904C—905A）中仍坚持灵魂不朽说，甚至亚里士多德早期在柏拉图学园中写的对话《欧德谟篇》（又名《论灵魂》）中，也提倡过这种学说。④ 康福德在《柏拉图的知识论》中更竭力论证柏拉图是深信这种学说的，他认为知识的获得不是通过感官或教育，像传递信息那样从一个灵魂传给另外一个灵魂；而是由不朽的灵魂通过对生

---

① 参见伯奈特：《希腊哲学》，第157页。
② 参见里特尔：《柏拉图哲学精华》，第122—123页。
③ 参见古莱：《柏拉图的认识论》，第11页。
④ 参见泰勒为《不列颠百科全书》第18卷（1958年）所写"柏拉图"条目。

前获得的实在和真理的回忆得到的;既然柏拉图认为事物的真理是永恒的,永远存在于灵魂中,那么灵魂便是不朽的。康福德还指出,柏拉图的回忆说标志着和当时流行的〔指以德谟克利特为代表的唯物论的〕关于灵魂本性和知识源泉学说的彻底决裂。①

我们比较同意后一种说法。因为灵魂不朽说表面上看起来是一种神话的比喻和迷信,但是柏拉图接受它,是将灵魂当做永恒的认识的载体来构造他的哲学体系的。既然有永恒的认识对象——真理和实在也就是"相",便必须有一个永恒的认识主体来认知它。说这种主体是不朽的灵魂是最朴素最原始的唯心论,后来的唯心论哲学便都竭力避免这种天真的说法了,包括柏拉图自己也要用一些精巧的说法加以修饰。

第二,关于回忆。希腊文 anamnesis 词前的 ana 有由下向上和上升等意思,mneme 则是觉察、意识到、回忆。这个词的意思表示:柏拉图认为灵魂本来有某种知识,现在忘记了,成为不觉察的状态,要将它想起来,再提升到意识上来觉察它,也就是重新发现它,这就是回忆。② 就这种知识还没有被意识到这一点说,后来就被称为潜意识,从潜意识到意识也就是后来亚里士多德所说的从潜能到现实。不过柏拉图还没有这样明确的思想和术语,他的回忆说只是潜能和现实学说的萌芽。柏拉图的这种回忆说和后来经验论的认识论是根本对立的。唯物论经验论的认识论把灵魂看成是一块白板,一切知识都来自外部世界,是通过经验给予的;值得注意的是这种白板说最初也是柏拉图在《泰阿泰德篇》中提出来的。而柏拉图的回忆说却和白板说相反,认为灵魂本来就具有一切知识,知识并不是从外部世界得来的;人们对外部世界的感觉经验只能起推动灵魂回忆的作用,并不是真正知识的来源。知识不是从外部世界得来的,而是灵魂所固有的;可是灵魂又是如何得到这种知识的呢? 柏拉图还没有"天赋观念"这样的思想,他只能利用灵魂不灭和轮回的思想说知识是灵魂在降生以前已经学习到的。这不过是一个比喻的说法,如果要问灵魂在

---

① 参见康福德:《柏拉图的知识论》"引论"部分,第 1—13 页。

② 参见陈康:《论希腊哲学》,第 168 页以下。

生前是如何学习到的,是不是从外部世界学习到的呢？他当然否认这一点,仍然说是灵魂生前学到的,如此可以穷根究底地无限追问。柏拉图要坚持的只是真正的知识不是从外部世界的经验中得来,而是灵魂先前已经具有的。这就是先验论,是一种最天真朴素的先验论,在西方哲学史上可以说是从柏拉图的《美诺篇》正式开始的。

在认识论上,柏拉图的回忆说发展了苏格拉底的助产术。苏格拉底说他自己并没有知识,他只能运用问答的方法帮助别人,将他们心上已经孕育的知识接出来。但是人们心上的这种知识是如何孕育起来的呢？苏格拉底并没有提出过,当然也没有回答过这样的问题。在柏拉图早期的苏格拉底对话中也曾经出现过"回忆"这样的字眼,但只是一般意义上的使用,并没有像《美诺篇》这样构成一个完整的学说。柏拉图提出了这个问题,并且用回忆说解答了这个问题;在《美诺篇》中他并没有直接提到苏格拉底的助产术,将它和回忆说联系起来。这一点是不是可以说明:回忆说并不是苏格拉底的学说而是柏拉图的思想;他从毕泰戈拉学派接受了灵魂不灭的学说而创立回忆说,也就为苏格拉底的助产术奠定了理论基础,是在认识论上发展了苏格拉底的思想。

第三,需要注意的是在上引《美诺篇》81C—D 的这段话中柏拉图还说了一句重要的话:整个自然是同类的,所以只要人回想起某一件东西时便可以发现所有一切别的东西。所谓"整个自然是同类的",便是说一切事物都有像血缘这样极其亲密的联系,是同族的,因此我们只要回忆起其中的一件便可以触类旁通,由此推论出其他所有的一切,而无需对每一件事物都用回忆的方法去认识。这句话表明柏拉图力图对整个世界有一个完整的看法,形成一个完整的本体论的结构图景。不过他在这里还没有进一步说明,在《美诺篇》后半部分才能看清他的思想。

苏格拉底说学习就是回忆以后,美诺要求就这一点指教他。苏格拉底说我怎么能教你呢,因为我认为"教"只能是回忆,我怎么能和自己矛盾？美诺说你总得向我说明你所说的是真理。苏格拉底说这很容易,现在从你的随从中任意选出一个人,我可以证明给你看。于是美诺选了一个童奴,让他回答苏格拉底提出的几何作图题。苏格拉底在沙地上画图,按照童奴的回答又不断擦去重画,引导童奴提出正确的答案。格思里《美诺篇》英译文(汉密尔顿编:《柏拉图对话集》,第365—369页)对这次谈话过程叙述得比较详细具体。限于篇幅,我们只能参照希思《希腊数学史》第1卷第298页的几何图作简略的说明。苏格拉底先在沙地上画了一个正方形 ABCD,它的每边长2尺,它的面积是4(平方尺)。苏格拉底要求童奴回答:比这个正方形面积大一倍的正方形的边长是多少? 童奴不假思索地回答是4尺。苏格拉底照他的回答作正方形

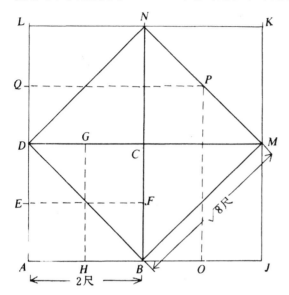

AJKL,可是这个正方形的面积是16(平方尺),它是正方形 ABCD 的四倍而不是两倍。可见所求正方形的边长应该比2尺大比4尺小。童奴立刻想到是3尺,苏格拉底因而作图 AOPQ,发现这个正方形的面积是9(平方尺),而不是原来正方形的两倍8(平方尺)。这样童奴就感到迷惑了,说他实在不知道应该是几尺。苏格拉底再作图 AJKL,说它是正方形 ABCD 的四倍,而现在要求的是它的两倍,只能是 AJKL 的一半。那么怎么取得这一半呢? 一个正方形只要从它的对角线切一下分为两半,就得到面积相等的一半。将正方形 AJKL 中的四个正方形各切一半,得到正方形 BDNM 恰恰是 AJKL 正方形的一半,面积是8(平方尺),正是苏格拉底所要求的,是正方形 ABCD 的两倍。BD 是它的一边,也就是苏格拉底所要求回答的正方形的边长。虽然童奴不知道√8这个虚数,但从苏格拉底不断画图的启发,他终于知道正方形 ABCD 的对角线 BD 正是苏格拉底所要求得的边长。当然童奴不可能知道这就是后来欧几里得编在《几何原本》第1卷的命题47,即直角三角形斜边的平方等于其他两边

平方之和,他也不知道这就是据传是毕泰戈拉所发现的著名的几何定理。当童奴作出正确的回答以后,苏格拉底说:美诺,你看怎么样? 他〔童奴〕原来说不知道,后来真正的意见却像梦一样地产生出来了;我并没有教他,只是向他提了些问题。可见这些真意见是他原来就有的,现在只是回忆起来而已。苏格拉底说:如果将同样的问题多次以不同的方式去问他,最后他便有精确的知识。这种知识并不是我教他的,而是他回答问题时自己重新发现的,这种重新发现就是回忆。(82B—85D)

这就是柏拉图回忆说的最典型,也是最著名的说明。关于这个例证,西方学者有许多不同的意见。我们选择最极端的罗斯的看法为代表。他认为柏拉图在《美诺篇》中没有将回忆说和"相"联系起来,在这段讨论中无论是明显地或是隐含地都根本没有提到"相"。他认为童奴发现正方形的边的方法纯粹是经验的,因为他得出这个答案靠的是视觉的证据,而不是靠任何对共相间关系的清楚理解。他承认正方形划分两半的两个三角形面积相等,这样四个三角形合起来构成所要求的正方形,并不是因为他已经看到它们必然如此,仅仅是因为他的眼睛看到像是如此。他认为只是到《斐多篇》柏拉图才建立起"相"和回忆说的联系,《美诺篇》中的相论并没有超出早期对话。① 所以在他的《柏拉图的相论》书中没有给予《美诺篇》以应有的地位。

因此《美诺篇》中苏格拉底启发童奴的回忆说,究竟是经验论的还是先验论的,还值得讨论。的确从表面上看童奴所以能得出这些认识完全靠的是经验,如果没有苏格拉底在沙地上这样或那样画图,他不可能得到这个答案,他靠的是视觉的证据,是经验;而且他也不知道几何学的必然性推理,只是通过视觉看到得出的结果。但是能不能说童奴所得到的认识完全来自经验,其中没有先验的成分呢? 也不能这样说。因为柏拉图在这里用作例证的是一个数学—几何学命题,它和经验事实、经验科学有所不同。一件事实,比如这个人叫苏格拉底,这个城邦是雅典,或他们正在讨论问题,这些事实如果不是自己直接经验到,或是由别人通过语言文字告诉你,单凭你自己的心灵是无法知道

---

① 罗斯:《柏拉图的相论》,第18页。

的。经验科学也是这样,水在什么温度下可以结成冰,什么温度下可以化成气,生物怎么样生殖、成长等等问题,如果不经过实验测试,人们根本不可能获得这种知识。但是数学却与它们不同,它只要有几条基本的公理便可以由此推演出许多命题来,这些命题无需经验验证,只要推演的方法和步骤没有错误,所得的结果必然是正确的。当时的希腊人对数学和几何学已经有相当的知识,他们已经能从一些基本公理推出许多几何定义和命题。所以在柏拉图以后不到一百年,在他的学园中学习过的欧几里得便编成《几何原本》,我们现在具有的几何学知识在那时已经基本上奠定了。诚然本书第一卷已经讲到几何学最初在埃及产生完全是由于实践的需要,也是从经验中得来的;但它到希腊人手上,运用抽象的手段逐渐掌握了科学的推理方法,发展了这门科学。用正确的推理方法得到的定义和命题并不是从经验中来的,相反倒是经验必须遵从它。正像尼古拉·哈特曼所说的:令人惊奇的是,他所发现的东西恰恰也是任何别人必然要发现的东西。[1] 如果我们一定要坚持经验论的立场,也可以说这些问题包括正确的推理方法,归根结底最初还是从经验中抽象出来的。但如果抛开这种"归根结底"的说法,便应当承认人类从一些简单的经验事实出发,能够逐渐形成精确的推理系统,并运用这种推理演绎得出复杂的科学结论;这里面应该承认有一种不能忽视的主观能动性存在,这便是人类思想中的联想、类比、分析、综合以及推理、演绎等能力。为什么能"人同此心,心同此理"呢?这个"理"并不是完全直接来自经验,应该说这就是所谓先验的因素。

以上是就已经具有几何学知识或训练的情况说的,现在和苏格拉底对话的童奴却是从来没有学习过几何学,他根本不知道什么几何学公理或推理方法,因此苏格拉底只能采用从头做起的办法,不住地在沙地上画这样那样的图来启发他,排除他的错误想法,将他引到正确的道路上去。在罗斯看来这就完全是经验的方法。但是罗素却指出苏格拉底这样提问题时,已经用了一些为任何法官所不能允许的诱导性的问题了。[2] 这就是说它已经超出了纯经验的

---

① 转引自格思里:《希腊哲学史》第 4 卷,第 255 页。
② 参见罗素:《西方哲学史》上卷,中译本,第 129 页。

范围。这个问题正像格思里引用的弗留(A.Flew:《西方哲学导论》,第404页)的话:即使承认有人教了美诺的童奴,却总没有人教过毕泰戈拉。[①] 毕泰戈拉能够根据一些几何学公理,运用正确的推理方法得出了这条著名的定理,难道说是有什么人教给他的吗? 要是说他是直接从经验事实中得到这条定理的,恐怕也是难以令人信服的。

还有一个罗斯提出来的问题,即《美诺篇》中的童奴回忆说和相论有没有关系? 从表面上看苏格拉底引导童奴讨论的是关于几何作图的问题,不是"相",讨论中的确没有直接涉及"相",也根本没有提到"相"。但是如果我们回溯整个《美诺篇》所讨论的问题,它从讨论什么是美德开始,苏格拉底提出要寻求美德的定义变成为要寻求它的共同的 eidos 即"型";为了说明共同的"相",苏格拉底举了"形"的例子,并且提出形的定义说它是平面的界限,苏格拉底和美诺都认可了这个定义。在这个基础上再回头讨论什么是美德和美德是否可教的问题,才引出这段回忆说的。回忆说举的是几何作图的例子,几何图也是一种"形",不过这里讨论的不是一般的形,而是一种和特殊的形——正方形有关的问题;尽管它不是直接讨论正方形的定义,但它讨论两倍于已给正方形 ABCD 的正方形的边长应该是多少,从某种意义上说这也是一种共同的"型"或"相"。因为这里讨论的正方形,尽管是苏格拉底画在沙地上的,实际上却已经不是沙地上画的那个相对的、可以变动的正方形,而是那个真正不变的、绝对的正方形,应该说它已经进入柏拉图的"相"的世界的领域了。

由此可以看到,数学对象在柏拉图的相论中占有重要的地位。从柏拉图的思想体系看来,我们写在纸上的数字、图形以及公理、命题、演算、推理等等虽然是可以看到的,是感觉经验的对象;我们画的正方形或圆形也是可以变动的,不是真正的绝对的正方形或圆形,但是它们代表的却是真正的不变的必然的东西。《美诺篇》中的几何作图题,那个童奴虽然不能运用正确的几何学推理方法,但是在苏格拉底的启发下他所得到的结果却具有必然性;无论什么人只要不是运用错误的方法,都必然会得出同样的结果。被询问的童奴当然不

---

① 参见格思里:《希腊哲学史》第4卷,第18页。

会懂得数学对象和经验事实之间的区别,也不知道这种必然性,但无论如何我们不能说柏拉图也不懂得这一点。柏拉图在《美诺篇》的回忆说正是要表明数学对象的这种绝对性和必然性;因此到《国家篇》中,数学对象在存在的线列中便占有较高的地位,成为仅次于"相"的第二级存在。

由此还可以看到,人类用来组织经验的分析综合的推理演绎能力如果是正确的,其结果便具有逻辑的必然性;但如果将这种必然的能力像柏拉图那样说成是灵魂天生具有的,也不符合事实。这种能力本身也是历史地逐渐形成和发展的。原始人最初连计算也不会,后来才知道两块石头加两块石头是四块石头,却还不能知道抽象的 $2+2=4$。埃及人已经知道许多具体的几何测量和计算,却不能得出抽象的几何学公理。只有到希腊人的这个时代才具有这种能力。这个数学童奴虽然能够正确地回答苏格拉底的问题,但他的认识能力显然大大低于苏格拉底和柏拉图的水平。当时也只有柏拉图才能提出这样的问题,而这个问题的意义也只有后来发展到康德才能阐述出来。

有人认为这里的回忆说和相论无关,还有另外一个原因,因为一般人总以为柏拉图所说的"相"是和事物同名的,即对一类大的事物便有一个同名的"大的相",对一类美的事物便有一个同名的"美的相";在《美诺篇》的几何作图回忆说中看不到有这个同名的东西,所以说《美诺篇》的回忆说中没有提到"相",和相论没有联系。其实"同名"只是"相"的一种规定性,柏拉图的"相"还有其他规定性,如共同性即普遍性、不变性即永恒性、绝对性即必然性等。《美诺篇》中的几何作图虽然没有"同名"这种规定性,但却具有其他这些规定性;因此能不能说它和"相"丝毫没有联系呢? 除非我们认为"同名"是"相"的唯一规定性,如果不是"同名"的就不能成为"相"。实际情况却不是这样,如果我们只说有同名的"相",正像中国哲学中说的"方有方之理,圆有圆之理",单说这样的"相"或理,实际上只是说了个空洞的名词,等于什么也没有说。必须说"相"是普遍的、永恒的、绝对的等等,这样的"相"才有意义。即使说明了"相"的这些规定性,人们也还可以问这个普遍的、永恒的、绝对的方或圆的"相"究竟是什么呢? 于是又要说出它的定义来,如"中心和周线上各点间距离相等"是圆的定义,是"圆之理"。不过这已经属于科学探讨的范围了,可是哲学家如果只说了普遍的、永恒的、绝对的"相"，是不是就够了，不再有困难了呢？这就是柏拉图所遇到的问题。他所以要在后期思想发生变化便是要想解决这个问题。他的学生亚里士多德所以要批判他的相论，并且创立自己一套哲学学说，也是为了解决这个问题。这是后话，现在我们只能指出这一点。

第三节　真意见和知识

数学、几何学虽然不是哲学，但哲学却可以从它们那里吸取一点有用的方法，柏拉图在《美诺篇》中提出了假设法。

既然已经肯定人可以研究他还不知道的东西，苏格拉底便提出重新研究什么是美德的问题。美诺却要他先回答美德是可教的呢，还是自然赋予人的礼物？（这是 physos 和 nomos 争论的问题，也已经出现了"天赋观念"的思想。）苏格拉底说，按照我的意思应该先讨论什么是美德，然后才能讨论它是否可教；但既然你要先讨论这个我们还不知道它是什么的东西，我也只能顺从你。但是，

在考虑美德是否可教时，请你允许我使用假设法（$\dot{v}\pi o\theta\acute{e}\sigma\iota\varsigma$, hypothesis），这是几何学家在研究问题时经常使用的。例如当一个几何学家被问到某个三角形能否内接于一个圆时，他会回答说我还不能告诉你，但我可以提出一个假设帮助解决问题。（86E—87A）

如果能满足这个假设便得到肯定的回答，不然便只能是否定的。

柏拉图从几何学借来了假设的方法。所谓假设，thesis 是"放"的意思，hypo 是"在下"的意思，hypothesis 就是放下一件东西，以它作为推论的基础，作为出发点去进行推理。[1] 柏拉图在对话中经常使用假设的方法，《美诺篇》是第一次出现这个词，它原来是从几何学借用过来的；以后我们将看到柏拉图的假设有许多种，成为他的辩证法的一部分。

为了解答美德是否可教的问题，柏拉图提出一个假设：如果美德是知识，

---

[1]　参见陈康：《论希腊哲学》，第 174 页。

它便是可教的;因为很显然只有知识才是可教的,如果美德是知识,它就必然是可教的。

但是这样并没有解决问题,还必须进一步究问美德究竟是不是知识? 以后在《国家篇》中我们将看到,柏拉图以此作为哲学和数理学科的区分点,数学可以从假设出发作出推论,而哲学却不能以假设为满足,还要穷根究底问它的终极原因。《美诺篇》这里便是一个例证。

对于美德是不是知识的问题,《美诺篇》实际上重复了《普罗泰戈拉篇》的论证。美德是善,而要判断善和恶、好和不好、有利和不利,必须依靠智慧。人的精神状态如正义、勇敢、自制等几种美德,以及心灵的敏锐、高贵的品格、很好的记忆等都需要智慧指导,还有财富、健康等如何用来对自己有利也需要由智慧来判断。智慧统率这一切,而智慧就是知识。由此应该得出结论:美德是知识,所以它是可教的。(87C—89D)

但是苏格拉底却不愿接受这个结论,他怀疑如果美德是可教的,便必然有教美德的教师和学生,那么谁是美德的教师呢? 苏格拉底让刚来和他们坐在一起的安尼图斯参加回答问题,他称赞安尼图斯出身高贵富有,是正派公民,很好地教育他的孩子,所以雅典人将他选为城邦高级官员。苏格拉底问他接受学费的智者是不是美德的教师呢? 安尼图斯轻蔑地说将孩子送给智者去教授只会毁坏青年,简直是发疯。(有些西方学者指出,柏拉图对安尼图斯的这番讽刺性描述,是为了说明正是这样的安尼图斯,后来会参与控诉苏格拉底败坏了青年。)关于没有人能教授美德的论证,《美诺篇》和《普罗泰戈拉篇》也是基本相同的。智者不是美德的教师,政治家如塞米司托克勒、伯里克利也不能将他们的儿子教好。所以结论是没有美德的教师,也就没有美德的学生,因而美德是不可教的。(89E—96D)

这样就遇到了另一个悖论:美德是知识,所以是可教的;没有教美德的教师,所以美德是不可教的。怎么解决这个问题? 柏拉图提出一个"真意见"来。他说真意见可以给我们提供正确的指导,但它还不是知识;好人包括政治家在内都只有真意见,还没有知识,所以他们不能教人。换句话说,他认为只要有真正知识的人(哲学家)还是能教美德的,因此美德还是可教的。不过后一层意思他在《美诺篇》中并没有明白说出来。

"真意见"（orthe doxa，正确的意见，或 alethe doxa，真的意见，或 doxa ara ale-thes，行将成为真理的意见）是柏拉图在《美诺篇》中开始使用的术语，后来在《泰阿泰德篇》（187A 以下）也专门讨论过。本来巴门尼德最初提出"意见"是和"真理"（aletheia）对立的，他认为意见不是真的，这种两分法显然是将人的认识简单化了。柏拉图的认识论便要修正这种简单的两分法，他在《美诺篇》中提出有真的、正确的意见；在《泰阿泰德篇》中则将真意见和假意见区分开来。

什么是真意见，它和知识有什么区别？我们且看柏拉图在《美诺篇》中的论述。

他说如果有人知道去拉利萨或其他任何你想去的地方的路，他带着别人去了，他是一个好的、正确的指路人。可是如果他从来没有到那里去过，虽不知道但能正确地判断（这也是 doxa）这条路，他不也是正确地指导别人了吗？可见在这点上，他虽然只有正确的意见，他只是相信（这还是 doxa）真理而不是知道真理，没有知识（episteme），他也仍然是一个好的指导者。所以在达到正确行动的目的上，真意见和知识一样可以提供好的指导。刚才我们讨论美德的性质时说只有知识才能为正确行为提供好的指导，显然是忽略了还有真意见；真意见和知识一样有用。讨论到这里，美诺说出了这二者的区别：

> 只是有知识的人总是能成功，而有真意见的人只能有时成功，有时失败。（97C）

苏格拉底说：怎么，只要他有正确意见的时候他不是总能成功的吗？美诺说，这样我就不知道知识为什么比真意见高明，它们二者的区别究竟在哪里了。苏格拉底说让我告诉你，你看到过代达罗斯的雕像吗？〔洛布古典丛书本在这里加了个注：苏格拉底假装相信古老的传说，说第一雕刻师代达罗斯在他的雕像中安装了一部奇怪的机器，使它能转动。〕如果没有将雕像缚紧它们便会跑掉，只有将它们缚紧了它们才会停在那里不动。真意见也是这样：

> 真意见是美好的，当它和我们在一起时它会做各种好事，但是它不会长期停在那里，它会从人心上跑掉。所以除非你用因果推理将它们拴牢，它们是没有多大价值的。我的朋友美诺啊，我们先前已经同意了这个

〔拴牢的〕过程就是回忆。真意见一旦被缚住了便变成知识，就稳定了。
这便是为什么知识比真意见更有价值的理由，将它们二者区别开来的就
是这种拴缚。（97E—98A）

苏格拉底还特别申明：我这里使用的是比喻，不是知识，但是有一点我要肯定，
即说真意见和知识不同，并不是一种猜想。我能够说我知道的事情并不多，但
无论如何这点是其中之一。柏拉图着重肯定的是：真意见和知识是不同的，这
一点他是真正知道的。

关于真意见和知识的区别，美诺提出来的那种说法，即知识是永远正确
的，而真意见却有时正确有时不正确，被苏格拉底否定了。因为只要它作为真
意见存在时，它便永远是正确的。但是它像代达罗斯的雕像一样，如果不缚住
它便会从我们心上跑掉。所以真意见和知识的真正区别在于：知识是永远留
在我们心上的，真意见却不稳定，有时在我们心上出现了，有时又跑掉了。那
些只有真意见的人有时会作出正确的判断，那是真意见在他心上的时候；有时
会作出错误的判断，那是真意见逃离掉的时候，并不是像美诺所说，真意见有
时会作出不正确的判断。因此真意见作为真意见，它始终是正确的。这是柏
拉图关于真意见本身性质的说明。

真意见和知识都是真的正确的，它们的区别在于：知识是在我们心上已经
固定下来了的，而真意见却是没有固定下来的，如果不将它紧紧缚住便随时都
可能跑掉。因此关键的问题在于如何才能将它缚住？柏拉图的回答是：用因
果推理将它们缚住。

因果推理（aitias logismas，乔伊特只译了前一个词"原因"，格思里只译了
后一个词"推理"，洛布古典丛书本中 Lamb 全译为 causal reasoning）。这也是
柏拉图在这里第一次提出来的哲学术语。它是什么意思？彻尼斯在论文《相
论的哲学经济学》中根据柏拉图后来又说到这种真意见是神赐的，因而认为
这里所说的因果锁链是目的因（最后因）的锁链。[①] 格思里则认为这里所说的
推理，正像数学证明一样是从逻辑推理得出必然的结论，而不是通常所说的动

---

① 该文收入弗拉斯托斯编：《柏拉图：批判论文集》，参见该书，第 19 页。

力因(作用因),①这也许是格思里所以没有译出"原因"这个词的理由,"原因"这个概念在柏拉图当时大概还没有确切的含义,所以后来亚里士多德将事物的质料、形式、动因、目的都说成是事物的原因。柏拉图在这里所说的"原因推理"显然不是指一般的因果联系。在这点上格思里说的是对的,这是指一种从逻辑推理得出的必然结论。但这种从逻辑推理得出的必然结论究竟是什么?柏拉图在这里并没有明白点出。如果我们从整篇对话来看,就可以知道这种从逻辑推理得出的必然结论,如《美诺篇》所说的从几何图形得出的结论,正就是柏拉图所说是一类事物所共同具有的 eidos 即"相"或"型"。"相"是具体事物的原因,在《美诺篇》中还没有直接论述,到《斐多篇》就展开论证了。这种原因不是动力因而是 eidos 即形式因。

由此可以知道,只有正确的意见却还没有认识 eidos 的人,只能有时正确,有时不正确,因为他还没有知道共同的普遍的"相";他还没有知识,只有认识了"相"才能说是有知识。

将真意见和知识作了区别以后,苏格拉底推论说:在指导我们的行动上真意见和知识都同样可以产生好的结果,有真意见的人和有知识的人同样有用。这种真意见和知识虽然是灵魂本来就有的,但人生下来时并没有,要通过回忆重新发现才能得到它们,好人也是这样,刚才说没有人能教美德,所以美德是不可教的。可是人们正确的行为不能都出自偶然,它必须要有正确的指导,而正确的指导如果不来自知识便必然来自真意见。这样就可以解释为什么聪明人如塞米司托克勒虽然能正确地治理城邦,成为城邦的领袖,但是他只有正确的意见却还没有知识,不能将别人和他自己的孩子教得像他自己一样。这些政治家和诗人们正像先知和说神谕的人一样,他们能说出许多真理,靠的是神圣的灵感,不是由于知识。这样的人被别人称为"神圣的"。如果有一个真正有知识的政治家,就能够教出一个像他自己一样的政治家来,可惜在这个世界上我们还看不到这样的人。(98B—100C)

对话结束了。从逻辑推论:如果有一个人有了真正的知识而不只是真意

---

① 参见格思里:《希腊哲学史》第4卷,第261页。

见,他便能教美德,他能做政治家的教师,能够教育出真正的有知识的政治家来。在《美诺篇》中没有进一步作出这个推论,到《国家篇》中才系统地说出来,由此看到《美诺篇》的讨论为《国家篇》作了必要的准备。

还可以将《美诺篇》和《普罗泰戈拉篇》作点比较。这两篇对话的主题基本上是相同的,讨论什么是美德以及美德是否可教的问题。但在《普罗泰戈拉篇》中除了同意智慧制约其他美德这一点外,在其他问题上几乎没有得到任何肯定的结果。而在《美诺篇》中除了提出要寻求共同的"相"外,还在认识论上提出了回忆说,提出了假设法,提出了真意见和知识的区别,以及如何从真意见转变为知识的方法等等。这些正面肯定的学说,实际上已经为《普罗泰戈拉篇》没有解决的问题提供了初步解决的方案。由此我们不但可以肯定《美诺篇》写于《普罗泰戈拉篇》以后,而且可以说它们在柏拉图的对话中,应该是属于两个不同时期的——《普罗泰戈拉篇》属于初期苏格拉底式的对话,柏拉图基本上还没有脱离苏格拉底的思想影响;而《美诺篇》已经属于中期对话,柏拉图开始创立他自己的哲学思想体系了。

还应该指出一点:《美诺篇》虽然是一篇以论述认识论思想为主的对话,但其中也有系统的本体论思想。《美诺篇》中的回忆说建立在灵魂不灭和轮回的基础上,肯定了一个永恒的认识主体。它的认识不是从外部世界的经验中得来的,而是本来就有的,柏拉图创立了最早的先验论的认识论。人的认识并不来自实践,相反是人的正确认识指导实践。在正确认识中,他又区分了正确的意见和知识,要将真意见变为知识必须运用因果推理,用因果锁链将零星的意见联结在一起,认识它们的普遍的"相",而"相"的世界是全面的系统的知识的网,我们只要掌握其中的一点便可以用逻辑的演绎推理方法推论其他一切知识,所以陈康指出这因果联系是《美诺篇》认识论的顶峰。①

但是为什么所有的"相"可以用因果推理的方法联系起来,成为全面系统的网?这就需要有一个本体论的假定,那就是柏拉图在以上 81D 中所说的那

---

① 参见陈康:《柏拉图〈曼诺篇〉中的认识论》,见《论希腊哲学》,第 7—30 页,本章一些基本论点吸收了这篇文章的思想。

句话——"整个自然是同类的"。整个客观存在是同一类的,它们血缘相通,可以通过逻辑推理由此及彼。这就是说整个客观存在的"相"的体系就是有因果联系的全面系统的网,所以我们的认识可以通过逻辑演绎的方法构成系统的知识的网。柏拉图所说的知识不是从外部通过感觉经验归纳得出的,而是可以由理性通过逻辑的演绎和分析推理得到的,这就是他所说的回忆。《美诺篇》中的认识论是以这种本体论的思想为基础的,不过这个思想在《美诺篇》中才开始萌芽,柏拉图在以后的对话中才逐步发展和明确起来。

🏵 第十六章 🏵 ────────────────

《斐多篇》

　　《斐多篇》在柏拉图的对话中占有重要的位置,通常说的"柏拉图的相论"就是指以《斐多篇》和《国家篇》为代表的学说。现在多数学者认为《斐多篇》是代表柏拉图中期哲学思想的重要著作。

　　关于这篇对话的真伪问题,公元前 2 世纪斯多亚学派的代表人物帕奈提乌(约前 185—前 109 年)曾怀疑《斐多篇》不是柏拉图的原作,近代有些西方学者也据此否定它的真实性;但绝大多数学者不同意这种意见,因为古代许多希腊语和拉丁语作者常引用这篇对话,足见它是柏拉图的原著,而且也可以看到它的重要性。①

　　现代柏拉图学者多将《斐多篇》列为他的中期著作,但在这篇对话和《会饮篇》、《斐德罗篇》两篇对话孰先孰后的问题上却颇有争议。我们以为如果从哲学思想内容去推论,《斐多篇》和那两篇对话之间,说这篇在先或那两篇在先都可以言之成理却又都缺乏有说服力的其他证据;这三篇对话写作时间大体相同,但讨论的对象不同,柏拉图的思想也有些变化,我们只需要说明这些思想变化而不必过分拘泥于它们一定的先后次序。

　　《斐多篇》讲的是苏格拉底在雅典狱中临刑服毒以前,和他的朋友及学生们就哲学家如何对待生死问题从而论证灵魂不灭进行的一场对话,所以它的副题是《论灵魂》。柏拉图在这里不是采取当时直接对话的形式,而是由参加

────────────────

①　参见卢托斯拉夫斯基:《柏拉图逻辑学的起源和发展》,第 259 页。

这场谈话的斐多对厄刻克拉底重述这次对话,这是柏拉图写作对话时常采用的一种方式。

泰勒认为这篇对话是真实的历史记载,是苏格拉底在临死前和他的亲密友人谈话的"准确记录"。① 我们不同意这种意见,因为亚里士多德所指出的柏拉图和苏格拉底的主要区别在于他肯定了另一类存在——"相",而这正是在《斐多篇》中最明确地阐述的。

斐多是埃利斯人,大约生于公元前417年左右。他被俘到雅典作为奴隶,由克贝(或说是他人)为他赎身取得自由,成为苏格拉底的忠实弟子之一。他参与了苏格拉底临终前的这场谈话,后来回到埃利斯。他自己的主要学说属于伦理方面,他是埃利斯哲学学派的创始人。② 厄刻克拉底是佛利岛人,毕泰戈拉学派的成员。柏拉图所以选择他作为这篇对话的听众,可能是因为他同情灵魂不朽的学说。

斐多介绍说参加这场临终前谈话的苏格拉底的亲密朋友和学生有下列这些人:法莱勒的阿波罗多洛,这是在柏拉图和色诺芬著作中几次提到过的苏格拉底的热诚崇拜者和亲密朋友;苏格拉底的老朋友、对话《克里托篇》中竭力劝苏格拉底越狱的克里托以及他的儿子克里托布卢都参加了;还有赫谟根尼,他可能是希波尼库的儿子,对话《克拉底鲁篇》的主要对话人;安提丰的儿子厄庇根尼;苏格拉底的有名的追随者埃斯基涅;犬儒学派的创始人安提斯泰尼;《欧绪德谟篇》和《吕西斯篇》提到过的青年克特西普;德谟封的儿子美涅克塞努,柏拉图曾以他的名字写过一篇对话;底比斯人斐多尼得;麦加拉学派创始人欧几里得;麦加拉人忒尔西翁;还有两位和苏格拉底讨论问题的主要人物是底比斯人西米亚和克贝,他们是苏格拉底的崇拜者,在《克里托篇》中曾提到他们愿意提供资财帮助苏格拉底越狱;他们原先和当时毕泰戈拉学派的主要代表菲罗劳斯关系密切,他们在《斐多篇》中就灵魂不朽的问题向苏格拉底提出诘难。这些人大约就是当时经常和苏格拉底在一起的朋友和学生。斐

---

① 参见泰勒:《柏拉图其人及其著作》,第176页。
② 参见《牛津古典辞典》"斐多"条目。

多特别提到：柏拉图因病没有参加这次谈话（59B），后世为此也引起种种猜测和议论。

这是苏格拉底临终前的最后一次谈话。苏格拉底虽然已经知道自己即将死亡，但是他表现得非常从容安静，因为他认为一个真正爱好哲学的人是不会害怕死亡而是视死如归的。（61C）虽然如此，他却认为不应该自己杀死自己，自杀是不合法的，因为有一种秘传的学说认为人生正如一个囚犯，自己没有权利逃脱。苏格拉底说他对于这种秘说并不理解，毋宁相信这种说法：我们人是属于神的，神是我们的主人，如果没有神的召唤，我们不能自己去死。（62B）对此克贝和西米亚诘难说：既然你认为神是我们最好的保护者，只有愚蠢的人才会想离开他取得自由，聪明人不应该想离开他去死亡，不应该想要离开我们。苏格拉底说：我知道了，你们是要我在法庭上为自己辩护，免被处死，但是我认为我死去是到更智慧、更好的神那里去，也是到更好的死去的人那里去，这是好事而不是坏事，所以我对死并不悔惧。（63B—C）西米亚便要求苏格拉底将他有关的思想留下来，不要随着死亡带走，苏格拉底同意了。以下整篇谈话就是他从几个方面论证灵魂不灭的思想，所以《斐多篇》中柏拉图的相论是以苏格拉底的遗嘱形式论述的。

第一节 灵魂和肉体的分离

为什么哲学家乐于死亡，而一般人对此又不能理解呢？苏格拉底认为这是因为他们不了解死亡的性质。什么是死亡呢？死亡就是灵魂和肉体的分离。灵魂从肉体中解放出来，自己单独存在，肉体也离开灵魂而单独存在，死亡不过是如此而已。（64C）

这里说的"分离"用的是 Χωρίς（choris），是当时希腊的常用词，这一件事物和那一件事物分离开，各自独立存在，这便是 choris。死亡就是灵魂和肉体的分离，这是古代人很早就有的看法，希腊神话以至世界各地神话几乎都是这样说的。但将 choris 当做一个哲学术语来使用,便发生一个对它如何确定界说的问题。灵魂和肉体分离,它们两个都成为独立的实体,各自单独存在。柏拉图将这个分离应用到他的相论中,便成为"相"和具体事物分离,各自独立存在。既然二者是分离的,它们是以什么方式分离的?它们之间有什么关系?"相"如何对具体事物发生作用?这便成为柏拉图"相"论中最令人困扰的问题,即哲学史上著名的所谓"分离问题"。柏拉图后来自己发现了这个问题,企图解决它,亚里士多德批判柏拉图主要也是围绕着这个问题,从此以后一直到现在它还是哲学史家争论不休的问题。

从《斐多篇》这一段论述中,我们可以看到"相"和具体事物的分离,最初是从灵魂和肉体的分离中逻辑地推论出来的。苏格拉底说:一个哲学家是不关心饮食、男女之乐的,对于漂亮的衣饰以及一切别的肉体享受的所谓快乐,他概不重视反而加以蔑视。这样的人当然不关心肉体,而是尽其可能专心致志于灵魂。所以在哲学家看来,只有当他的灵魂和肉体脱离开,他才能最大程度地离开物质享乐。苏格拉底又加上一句:在通常人看来,这种毫不追求肉体享受的人是不值得活着的,几乎可以说是等于死掉的人。(64D—65A)这里我们看到了在前两编中论述过的当时希腊两种伦理思想的对立:一种以为只有肉体的物质享受才是真正的幸福,另一种则认为肉体享乐是卑下的,只有精神上的善才是最高的幸福。柏拉图在这里和苏格拉底一样,是坚持后一种主张的。

柏拉图并没有从伦理学上去发挥,而是立刻转到认识论,从如何获得知识的角度去论证他的观点。他问在我们研究知识时肉体究竟是有帮助呢,还是起障碍作用?视觉和听觉能不能给我们带来真理?还是像诗人说的,我们看到和听到的东西都是不准确的。既然视觉和听觉都不准确,别的感觉更低于它们,当然更不能带来真理。灵魂和肉体在一起时只能遭受欺骗,只有纯粹的思想才能得到真理。所以只有视觉、听觉、快乐、痛苦等等不再扰乱灵魂,只有灵魂离开肉体越远才越能认识真理,如果还和肉体在一起,就不可能达到真正的实在。由此得出结论,哲学家的灵魂极端鄙视肉体,努力要避开它让自己单独存在。(65A—D)

柏拉图在这里将认识真理的思想和感觉对立起来,认为感觉会欺骗我们,使我们不能得到真理的认识,从而断言灵魂必须摆脱感觉,远离感觉,以此证明灵魂必须和肉体分离。这样将思想和感觉分为对立的两极,是一种简单化的做法,是并不正确的推论,却是柏拉图的前期相论的认识论基础。

所以柏拉图接着就提出:正义自身、美自身、善自身,还有大小、健康、有力这些东西的真正的性质都是眼睛看不到的,也不是肉体器官所能感觉到的,只有不受任何感觉的干扰的纯粹的思想才能获得真正的智慧。因此爱智的哲学家自然会得出结论,当我们在肉体中时我们的灵魂被肉体的恶所玷污,因为首先是肉体的无数需求以及疾病会妨碍我们寻求真理,其次是肉体给我们带来情感、欲望、恐惧以及各种幻想和蠢事,使得我们根本不可能思想。肉体及其欲望也是产生战争的根源,为了获取财富而发生战争,我们成为它的奴隶,这样我们便没有闲暇去从事哲学研究。只有得到闲暇进行沉思才是最有价值的,肉体带来的纷乱阻碍我们获得真理。我们必须从肉体中解放出来,只有灵魂单独存在才能认识真正的实在,因此只有死亡才能得到我们想要的智慧。灵魂和肉体混杂在一起便是不纯粹的,不纯粹的灵魂不可能得到纯粹的知识;只有在死后,当灵魂已经和肉体分离而独立存在的时候才能得到它。所以在生前我们应该避开肉体的干扰,保持自己灵魂的纯洁;一旦死亡来临我们便达到了目的,灵魂得到净化,灵魂的净化(katharsis)便是它和肉体分离,将分布在肉体各部分的灵魂集中起来,打破桎梏得到永生。哲学家如果害怕死亡便是最愚蠢的;他应该乐于死亡,从此才可以得到真正的智慧。(65D—68B)

柏拉图这段话看来只是在反复地论证他那个灵魂只有脱离肉体才能得到真正的知识的主题,值得注意的是他在这里提出了几个重要的观点:第一,他开始提出正义自身、美自身、善自身,还有大小、健康、有力等等的"相"是肉眼和其他感觉不能感觉到的,只有不受感觉干扰的纯粹思想才能认识它们,认为"相"是纯粹思想的对象。他在这里说到的正义、美、善等"相"都是属于价值判断的概念。第二,他指出肉体会玷污灵魂,肉体有无数物质需求和疾病,还有情感、欲望、恐惧等等,它们都是阻碍我们认识真理的,将知和情、意也割裂开来了。第三,他认为肉体的欲望,特别是金钱财富是一切争斗的根源,人成为财富的奴隶。在本卷绪论中我们已经说过这是反映当时希腊和雅典的社会实际情况的。第四，哲学家要从这些世俗事务中解脱出来，才有闲暇进行沉思。第五，灵魂和肉体结合在一起时是不纯粹的，因此要将灵魂和肉体分离开，这就是灵魂的"净化"，和恩培多克勒所说的"净化"是一致的，可以说是柏拉图发展了恩培多克勒的思想；katharsis 这个词是当时希腊宗教常用的术语，柏拉图使它有更多哲学思辨的意义。

然后柏拉图又夹了一段论证，证明只有哲学家才能掌握美德。他指出每一种美德都是和它的对立面结合在一起的，勇敢伴随着恐惧，节制伴随着放纵。勇敢的人敢于面对死亡是因为他害怕有更坏的后果，自制的人所以要在某些方面自我限制正是因为他要在他所希望的另一方面得到满足。他将这种行为比作交易。他说在美德的交易中，正确的方法是不要以快乐交换快乐，痛苦交换痛苦，恐惧交换恐惧，不要以大换小。在这种交易中唯一正确的货币只能是智慧，只有智慧才能判断什么是人应该奉行的美德。无论是正义、勇敢、自制，真正的美德只和智慧一起存在；如果不是智慧，而是和快乐、恐惧等等进行交换，便不是真正的美德，至多只是美德的影子。美德便是要从这些东西中净化出来，而自制、正义、勇敢和智慧自身便是一种净化。净化对于多数人只有象征的意义，只有少数人才能真正做到，这少数人便是真正的哲学家。(68C—69D)这样，柏拉图将他早期著作中论述的苏格拉底的伦理学说，即知识便是美德的学说，作了一个简洁的、更富哲学抽象的概述。最后苏格拉底说：这就是我乐意离开你们走向死亡的理由，如果我这番辩护辞能够说服你们，胜过说服雅典的法官，那便好了。

第二节　回忆说

苏格拉底的辩护辞说完以后，克贝开始诘难说：我对你所说的，除了有关灵魂的问题以外，其他一切都同意。人们认为当人死亡，灵魂离开肉体以后它就不再存在，而是像烟消云散一样地消灭了。如果像你所说，灵魂从那些罪恶

中解脱出来独立存在而且具有能力和智慧是真的,你必须提出有力的论证来证明这一点。(70A)

苏格拉底从以下两个方面论证灵魂不灭。

第一方面,从对立面的相互转化来论证。苏格拉底说,人死以后灵魂是不是在另外一个世界存在的问题,按古老的传说,人死了灵魂便从这个世界转入另一个世界;然后又从那里回到这里,这就是生。既然由生到死又由死到生,那就可以证明灵魂在人死以后还是继续存在的。(70C—D)对于这一点他又进一步详细作了论证:不但人是如此,其他一切生物、动物和植物也都是由生到死又由死到生;更普遍地说则一切生成都是由对立的一方转向对立的另一方,例如,美和丑、正确和错误等等都是如此。一个东西因为它原来是比较小一些才能变得较大一些。所以凡是对立的东西总是从它的对立面产生的。较大一些变得较小一些,较弱一些变得较强一些,较快一些变得较慢一些,较好一些变得较坏一些,等等,都是从对立的一方转为对立的另一方。而且他还指出,在每一种对立中都有两个相反的转变过程,从对立的这一方转为对立的那一方,又从对立的那一方转为对立的这一方,由 A 到非 A 和由非 A 到 A,例如在大一点和小一点的对象之间既有增大的过程,也有缩小的过程;分离和结合、变冷和变热等也是同样如此。在两个对立面之间有两个相反的生成过程。正像睡和醒一样,生也有它的对立面,那就是死。从生到死是我们都承认的确实的过程,那就必然有一个和它相反的过程,那便是从死到生,不然便违背了上述的规律了。这就充分地证明了死后的灵魂必然在另外的地方存在,从那里它又再生。克贝承认从以上论证必然要得出灵魂不灭的结论。苏格拉底为了加强说服力,又从另一角度进行论证。他说如果对立的两面不是有这种循环的、像圆圈一样的彼此相应的两种生成过程,而是像直线一样只从这一端向那一端进行,却没有相反的回复过程的话,结果只能是所有的事物都成为同样性质和同样状态,也就是停止变化了。如果只有睡着而没有醒来,那么〔长眠之神〕恩底弥翁就变得愚蠢了,因为他和所有别人一模一样;如果只有结合而没有分离,万物便将像阿那克萨戈拉所说的那样结合在一起,而混沌不分。如果万物只有死而没有生,死后又留在死的状态而不再重生,显然最终只能有死亡,再也没有活着的东西了。如果这个论证没有错误——苏格拉底说他是相信这点的——便应该承认生是从死来的,死后的灵魂继续存在。(70C—72D)

　　柏拉图如此自信的这个论证是不是没有错误? 当代西方学者对此进行过不少讨论。① 我们的看法是:灵魂的问题在柏拉图相论中是一个困难的问题。他在这里是想用灵魂不灭证明有永恒不灭的"相"的存在,实际上他将灵魂看做是生命和认识的原则,这是符合希腊哲学从泰勒斯和毕泰戈拉学派开始的传统看法的。可是柏拉图在这里说的不死的灵魂是属于一个个具体的人的,比如苏格拉底的灵魂虽然有它的前生后世,但在现在是属于苏格拉底的。有多少活着的人便至少有多少灵魂;这和他的相论是矛盾的,因为"相"是单一的,只能是多中之一。所以后期《蒂迈欧篇》中柏拉图要提出一个唯一的"世界灵魂"来。如果从这个角度看,可以说柏拉图在《斐多篇》中的灵魂不灭说的论证即使从柏拉图的相论看也是有问题的。所以现代解释学的重要代表伽达默尔在《柏拉图〈斐多篇〉关于灵魂不灭的证明》一文中,虽然认为《斐多篇》对苏格拉底个人人格的描述是令人信服的,可是它的论证却不能令人信服。但是他也不同意像18世纪学者那样将柏拉图的学说简单地说成是宗教的灵魂不灭和轮回思想。他认为这些论证表现了当时的时代已经要求用逻辑和科学的解释去代替原来传统的宗教神话了。② 柏拉图确实是在用逻辑论证去证明灵魂不灭和轮回,尽管在证明灵魂不灭这点上他并没有成功,因为灵魂不灭本来就是不能证明的。但是他提出了一个重要的哲学思想,就是事物的生成、变化、转化总是在对立的双方之间进行的,即由 A 到非 A 或由非 A 到 A。这个观点可能在赫拉克利特和当时的毕泰戈拉学派的学说中已经开始流传了,但却是在《斐多篇》中得到明确的表述的。柏拉图已经有这样的意思:在由生到死和由死到生的变化过程背后有一个不变的主体——灵魂存在着,所以灵魂是不朽的。后来亚里士多德将这一点更明确地区分出来,认为在事物的性质、数量、关系等等变化背后,有一个不变的东西,那就是本体。所以这

① 参见波士多克(D.Bostock):《柏拉图〈斐多篇〉》,第42—43页。
② 参见伽达默尔:《对话和辩证法》,英译本,第21—22页。

种对立变化的思想在柏拉图—亚里士多德哲学中占有重要位置。一直到现在在讲辩证法时都不能不讲到对立面的转化。

第二方面,用回忆说论证灵魂不灭。克贝说这是苏格拉底常常告诉我们的:学习不过就是回忆。因为现在回忆起来的东西必然是在此以前已经学习过的,所以除非是灵魂在生前已经存在,否则便不可能回忆,这可以证明灵魂不灭。克贝对这种方法特别作了说明:当回答问题时,只要提问题的方法正确便能得到完全正确的回答;如果不是回答问题的人先已有了某些正确的知识和逻各斯,他便不可能做到这一点。像作图这类问题都可以证明这种学说是正确的。(72E—73B)柏拉图以这种方式暗示《美诺篇》中的回忆说。

为了消除西米亚的怀疑,就要说明什么是回忆。回忆就是说当一个人回想某一事物时他必然在某个时候已经先知道了这个事物,回忆是以被回忆的内容业已存在为前提的。苏格拉底说,当一个人看到、听到或以别的方式知觉到某一事物时,他不仅知道了这个事物,而且也知道了某一其他事物,而关于它的知识是和前一事物不同的;这就是说他回忆起那个他想到的事物了。西米亚说他很难理解这一点,苏格拉底反复举实例说明它。他举了以下这些事例:

其一,对于人的知识和对乐器的知识是不同的,但是当一个人看到他所爱的人的弦琴、衣服或别的事物时,立即会想起这张弦琴的主人的像来。

其二,如果某人有克贝和西米亚这两个朋友,当他看到西米亚时便会想起克贝,这样的例子是很多的。

其三,回忆更经常发生在我们已经有一段时间没有看到从而已经忘却的时候,所以当看到一匹马或一张琴的图像时会想起那个人〔马或琴的所有者〕来。而且看到西米亚的像时也会想起西米亚本人来。

他又特别说明:所有这些回忆都是由相似的〔西米亚和西米亚的画像〕或不相似的〔人和弦琴〕对象引起来的,不论是完全相似或只有部分相似。(73C—74A)

柏拉图自己已经暗示《斐多篇》中的回忆说是继续《美诺篇》中的回忆说的,但我们看到这两篇对话中的回忆说其实有很多不同。从以上这段论述可以看出,这里产生回忆的双方——引起回忆的原因和产生的结果都是具体事物,这便和《美诺篇》不同。本来日常生活中的回忆通常都是由看到这个具体事物回想起那个具体事物,怎么样能由具体事物回想到"相"呢? 柏拉图在这里用了这样一种方法,即他强调引起回忆的那个具体事物和回忆到的另一个具体事物是两个不同的事物,从而是不同的知识的对象。所以他举的例子都是两个不同的认识对象,如人和乐器,这个人和那个人,人的画像和人等等。用后来柏拉图对知识作了区别的术语说,这两种认识都属于感性知觉,属于同一个范围,最多只能说前者是直接的感觉,后者则是间接的知觉。这类认识是不能上升为关于"相"的知识的。但是柏拉图在这里并没有对知识—认识作这样严格的区分,所以他用"两种不同的知识"这样笼统的说法,由感觉直接上升到对"相"的知识。

然后苏格拉底说我们现在要再进一步了。是不是有一个相等自身——不是这片木头和那片木头、这块石头和那块石头那样的相等,而是超过这些,和这些不同的绝对的等。如果承认有这样的等自身,我们又是怎样得到等自身的知识的呢? 还不就是从刚才说的这些实例,从我们看到这些相等的木片、石头等等得到了等自身。尽管它们之间有不同,但这就是回忆。(74A—B)

关于这种"等自身"——绝对的"等的相",它的特征以及它和具体的相等事物的关系,留待下一节再来讨论。现在只从认识论上讨论《斐多篇》中的回忆说。

第一,关于感觉在认识过程中的作用问题,柏拉图在《斐多篇》中的说法看来有点矛盾。这篇对话开始时柏拉图提出哲学家要使灵魂和肉体区别开,因为肉体的感觉妨碍我们认识真理(65A—B),而现在却又提出我们只有通过感觉认识具体事物的相等才能认识那等自身。他明确地说除非通过视觉、触觉或其他感觉,我们便得不到等自身的知识。(75A)正像古莱所说,可感事物在这里起了"提醒者"的作用,由可感物回忆起原型,从而获得原型〔"相"〕的知识。① 感觉对于我们认识真理——"相",究竟是有帮助还是只起阻碍作用

① 参见古莱:《柏拉图的认识论》,第34页。

呢？现代西方有些学者为柏拉图辩解,说他认为"相"的认识并不是从感觉来的,感觉只起提醒者或启发的作用。罗斯在《柏拉图的相论》中对这一点说得比较清楚,他说柏拉图在"论述我们得到知识的过程中,感觉和理性的合作是正确的。他主张感性事物所以能够启发我们认识'相',仅只因为我们先已经知道'相'的存在"①。罗斯的说法是有道理的,柏拉图认为我们并不是经由感觉才得到"相"的知识的,"相"的知识是早已有了,不过我们已经忘记,感觉仅只起启发的作用,促使我们回忆起"相"。感觉所起的作用不是直接的,而是间接的。由此可见柏拉图将灵魂和肉体、理性和感觉对立并分割开来,本来是继承巴门尼德的思想的,但他实际上又不像巴门尼德那样将二者截然对立,而是看到这二者之间存在着联系。关于感觉在认识"相"的过程中的作用,柏拉图的思想也是有变化的:在《斐多篇》中他认为感觉只起间接的启发作用,到《会饮篇》他却要说明如何由感觉直接上升到"相"的认识。

第二,《斐多篇》和《美诺篇》一样都是用回忆说来论证他的相论的,但这两篇对话中的回忆说却有一个重要的区别。回忆的主体都是灵魂,而回忆的对象——启发回忆的东西和回忆到的东西——却是不同的。在《美诺篇》中虽然仍用了一些感性的图形说明,但是启发回忆的是那个边长为两尺的正方形,要回忆的是面积为其两倍的另一个正方形;这二者之间的关系是一种数学上的根据和结果的关系,是逻辑上的前提和结论的关系。而在《斐多篇》中启发回忆的是那些感觉到的具体的相等的石块或木头,要回忆的是绝对的"等的相",这二者的关系不是数学和逻辑的关系,而是个别和一般的相似〔都是相等〕和不相似〔完全相等和不完全相等〕的关系。那么,《斐多篇》中的回忆说是不是先验论呢？如果说"等的相"是从相等事物的感觉中抽象得出来的,那便不是先验论,可是柏拉图认为"等的相"不是从感觉来,而是在感觉之前先已有这种知识,并且正是以这种绝对的"等的相"来判断具体事物是否相等,所以"相"是前提和根据,这便是先验论。要了解这种先验论的性质必须进一步分析《斐多篇》中的相论。

---

① 罗斯:《柏拉图的相论》,第25页。

第三节 "相"的特征

柏拉图既然提出了在相等的木片或石头等具体的等的事物之外还有一个等自身——绝对的"等的相"，他便要说明等的事物和"等的相"之间有什么区别，要说明"相"有什么特征。

首先他指出了这一点：等的木片或石头即使在它们自身没有发生变化的情况下，也会表现为有时在某些方面在这个人看来是相等的，在那个人看来却是不相等的；而绝对的等却不会发生这种既相等又不相等的情况。由此他得出结论说：这些相等的事物只是接近于等自身，在很大程度上不如它。这些相等的事物以绝对的等为目标，想尽量接近它，但无论如何却总不能达到真正的绝对的等，总是不如它。（74B—E）这个结论——具体的相等事物只能近似"等的相"，它们努力要达到绝对的等，但总是不如它——是柏拉图在《斐多篇》—《国家篇》中的相论的一个中心论点，由这点区别引申出"相"和具体事物之间的其他区别，引申出"相"的一切特征。

柏拉图的目的是要论证灵魂不灭，论证灵魂在看到这些相等的事物以前已经先有了"等的相"的知识。他是这样论证的：当我们第一次看到相等的事物，知道它们要追求绝对的等却总是不如它时，我们必然先已经有了关于绝对的等的知识；在我们看到、听到这些相等的事物以前我们必须已经有绝对的等的知识，才能以它为标准和相等的事物作比较，才能看出它们是不完全的，所以不如"相"。而这些认识是我们出生时就具有的，由此可以证明在我们出生以前已经先有"相"的知识，不过在出生以后忘记了，后来经感觉到这些相等事物的启发才回想起"相"的知识，这便是回忆。学习便是回忆，而这些永恒的"相"的存在便可以证明灵魂是在我们出生以前已经存在的。（74E—76E）他还特别指出不但有等自身，还有美自身、善自身、正义自身、神圣自身等等。（75C）他提到的都是伦理范畴的"相"，它们和数学范畴中的"等"一样都有程度高低的不同，所以有"不如它"的问题。

从柏拉图所作的具体事物和"相"之间的这种区别,以及从他所作的这些论证中都可以看到,这是继承巴门尼德关于思想和感觉、真理和意见的区分的。① 柏拉图的思想沿着巴门尼德的思想路线发展下来,只有在两点上修正和发展了巴门尼德的思想,那就是:第一,柏拉图将巴门尼德的唯一的"存在"分散为无数个不同的"相";第二,柏拉图并没有将思想的对象和感觉的对象绝对划分开来,使它们彼此没有联系,而是认为它们之间存在着联系。这种联系表现在认识论上便是感觉虽然不能认识"相",但如果没有感觉的启发,人们便不可能回忆起"相";在本体论上则是具体事物以绝对的"相"为目标,努力要达到它,但总是不如它。什么是"不如它",怎么理解这个术语? 究竟在哪些方面具体事物不如"相"? 是需要具体说明的。

柏拉图并没有直接回答这个问题,他采用另一方式来回答。在苏格拉底作了以上论述以后加了一段插话:西米亚和克贝对苏格拉底说,你的论证——回忆说只证明了事情的一半,即灵魂在人出生以前已经存在了,却并没有证明另外一半,没有证明灵魂在人死以后还继续存在,他们要求苏格拉底作出论证。苏格拉底说这个问题事实上我已经证明了,如果你们将以上的论证结合起来看:我们已经同意生是从死来的,如果灵魂在出生以前存在,在出生的时候它是从死来的,那它在死后也就必然是存在的,才能再生。所以你们要求的事情不是已经证明了吗? 但是我知道你们要求将这个论证进一步展开,因为你们像孩子们一样害怕灵魂离开肉体以后就会被风吹散。(77C—D)这样又引出一系列论证,证明灵魂是不会消灭的。

苏格拉底说我们要先问一问:哪一类东西是自然会分解消散的,哪一类东西是不容易分解消散的,灵魂是属于哪一类的? 他说,只有那些自然组合或结合在一起的事物才是容易分散的,而那些不是组合起来的、自身同一的东西便不会分散。经常同一而不变的东西便不是组合成的,经常变化的不是同一的事物是组合而成的。回到我们以上所讨论的那些绝对的自身、真实的存在,它们是经常同一的还是容易变化的呢? 等自身、美自身以及任何存在自身,那些

---

① 参见本书第一卷第 7 章第 3—4 节。

真正的存在能够容许任何种类的变化吗？它们每一个都是单一的、自身独立的存在，永远留在同一状态没有任何变化。至于那些多数的美的事物，如美的人、马、衣服等等，虽然和美自身、等自身等是同名的，却不是永恒不变的，无论它们自己或彼此的相互关系都不是相同的。这些事物是我们可以看到、触到、感觉到的，而那些总是同一的东西却是只有思想才能掌握的，是看不见的。这样就有两类存在，一类是可以看见的，另一类是看不见的；看不见的东西总是同一的，可以看见的事物则是经常变化的。(78B—79A)

在这段论证中柏拉图明确提出有两类不同的存在，一类是"相"，另一类是和它们同名的具体事物。他在这里指出"相"和具体事物二者之间有以下区别：

第一，"相"是单一的、同一的，不是组合成的；而具体事物是组合或混合成的，不是单一的、同一的。(78D—E)

第二，"相"是不变的，具体事物是经常变化的。(78C)

第三，"相"是看不见的，不能感觉到而只能由思想掌握的，具体事物是看得见的，可以感觉到的。(79A)

柏拉图将这种区别应用到灵魂和肉体上，说肉体是接近可见的事物，而灵魂像是不可见的东西，所以当灵魂通过肉体进行探索的时候，总是通过视觉、听觉或其他感觉，这样灵魂便被肉体拉进变动的领域，变得糊里糊涂，眼花缭乱像喝醉酒的人一样。只有当灵魂摆脱肉体，自己单独存在，它才能进入纯粹的、永恒的、不朽的、不变的领域，和它们相通，不受任何干扰，不再彷徨不定，留在永远相同、不变的状态。灵魂的这种状态便叫作智慧(phronesis)。(79B—D)

这样柏拉图将"相"的领域说成是纯粹的、永恒的、不朽的和不变的。除了不变的这一点是以上已经提到的以外，其他三点实际上是第一点的引申和概括，但柏拉图使用了不同的术语，我们也可以说是"相"的两个特征。这就是：

第四，"相"是纯粹的，具体事物是不纯粹的。

第五，"相"是永恒的，不朽的，具体事物不是永恒的，是要毁灭的。

柏拉图再将这种区别应用到灵魂和肉体上,说从以上推理可以得知灵魂更像是不变的,而肉体则是变化的;他又增添了一个区别,即当灵魂和肉体在一起时,自然认为肉体是被统治和服从的,灵魂则是统治和主宰的。所以灵魂像神圣的,肉体则是人世间有死的,因为神圣的东西自然是领导和统治的,而有死的事物则是服从和被统治的。(80A)柏拉图在《斐多篇》中所说的灵魂和"相"是不是等同? 这是西方学者一直在讨论的问题,我们在下文还要讨论。但无论如何柏拉图在这里又加了一个区别,即灵魂是神圣的,是统治和主宰者,而肉体则是被统治的,是服从的。

最后柏拉图将以上所说的作了一个总结,他说,灵魂是最像神圣的、不朽的、理智的、单一的、不可分的、不变的东西,肉体则相反,它更像人间的、有死的、杂多的、可以分解的、永远变动的事物。(80B)灵魂和"相"相似,也具有这些特征。

以上五点可以说是柏拉图在《斐多篇》中所规定的"相"的特征。我们将这几个特征和巴门尼德在残篇第八中所说的有关"存在"的特征比较一下。巴门尼德认为存在有五个特征:第一,它是永恒的不生不灭的;第二,它是连续的不可分的"一";第三,它是不变动的;第四,它像个球体;第五,它只能被思想所认识。[①] 除了其中第四点——存在是个球体——以外,其余的都由柏拉图继承下来了。他不过将巴门尼德的"存在"是连续的不可分的"一",分为两个特征即单一的和不可分的。他将巴门尼德的那个无所不包的、唯一的存在分裂为无数个不可分的"相",每一个都是单一的。柏拉图的相论主要是从巴门尼德的存在论哲学发展出来的。

"相"的这些特征之间存在逻辑关系,也正像巴门尼德的存在的几个特征一样,从其中任何一个特征出发都可以逻辑地推论出其他的特征来。柏拉图在《斐多篇》中的逻辑推论大致是这样的:他从这一点开始,即任何相等的具体事物总是在某一个人(或从某一时间、地点、方面)看来是相等的,而在另一个人(或从另一时间、地点、方面)看来是不相等的。(我们知道,这一点正是

———————
① 参见本书第一卷第562—564页。

赫拉克利特肯定万物流动的一个根本原则，也是智者们肯定"人是万物的尺度"的一个重要根据，而柏拉图却正是根据这一点断言这样的具体事物不是真实的存在。由此也可以看出他对赫拉克利特的哲学所抱的态度：在巴门尼德和赫拉克利特之间发生的静止和运动的争论中，柏拉图明显地站在巴门尼德一边。同样明显的是柏拉图站在苏格拉底一边，反对智者们的相对主义。）既然具体的相等的事物是既相等又不相等的，所以它们不是单一的、纯粹的，它们是复合的、混杂的。凡是复合和混杂的事物便是可以分解和消失的（结合和分解是一对对立），所以它们不是永恒的、不朽的。这样的事物是可以变化的、变动的，而不是经常不变的。它们都是感觉所能感知的，不是理性认知的对象。"相"的这五个特征在《斐多篇》中实际上就是这样逻辑地推论出来的。只有最后的那点区别，即灵魂是神圣的，是统治和主宰者，而肉体是被统治者这点不能直接推论出来。这个区别表面上借用了神和人的关系、统治和被统治的关系，实际上是指主动和被动的关系，指的是二者之间价值的高低。以上五个特征也有价值的高低，所以"相"有比较高的价值，具体事物的价值较低，这也就是柏拉图所说的"不如它"的意思。具体事物究竟在哪些方面不如"相"呢？以上所说的五个特征即"相"和具体事物的区别，可以具体说明在这五个方面具体事物都是不如"相"的。因此具体事物要以"相"为目标，企图努力达到它。这是柏拉图的目的论思想，下节将专门讨论。

《斐多篇》讨论的是有关灵魂的问题，论述灵魂不朽时谈到了"相"。柏拉图说灵魂是像"相"的，二者有亲似性，他有时谈的是灵魂，有时谈的是"相"，在这二者间跳来跳去相互论证；在这里他还说不清楚灵魂和"相"的关系。我们现在都知道灵魂是认识的主体，"相"是认识的对象，认识的主体和对象分别属于两个不同的领域。但在古代希腊直到柏拉图这时候，认识的主体和对象还没有明确区别开来，所以柏拉图将"相"的特征和灵魂的性质实际上是混淆在一起了。上面我们已经说过每一类同名的事物只能有一个同名的"相"，"相"是多中之一，是单一的唯一的，而人的灵魂却是每个个人都有一个，《斐多篇》中还没有提出"灵魂的相"或"世界灵魂"，所以不能说灵魂是单一的。而灵魂既然是认识的主体，它虽然不会像由生到死那样变动，但它既然在认识便是在运动,不过是主动而不是被动,也不能说它是不动的。柏拉图在这里是以"相"的不朽和灵魂的不朽互相论证,他只说灵魂和"相"的相似点而没有说它们的不同。

柏拉图从"相"的这些特征论证灵魂在人死以后继续存在。他说,人死以后留在这个可见世界中的可见部分即被人称为尸体的部分虽然很快分解消失了,但他的灵魂即看不见的那部分却上升到和它自己相似的光荣的、纯粹的、不可见的世界,和智慧的神在一起,是不会毁灭的。人越是追求智慧,研究哲学,越是不受肉体的污染,不受饮食男女等等欲望和喜怒哀乐等情绪的影响;灵魂越是能离开这些罪恶,便越能进入那个神圣的、不朽的智慧世界。这便是灵魂获得自由和净化。所以灵魂在死后是不朽的,哲学家不会害怕死亡。(80C—84B)

第四节　机械论和目的论

当苏格拉底在进行这段长篇论证时克贝和西米亚在一旁议论,被苏格拉底发现了便问他们:对我的这些说明你们有什么怀疑吗? 如果你们仔细考察不难发现其中是有许多疑点的,希望你们将问题提出来。于是西米亚和克贝相继提出他们的怀疑。西米亚将肉体和灵魂的关系比作琴、弦与和音的关系。他说:和音是某种看不见的无形的、壮丽的、神圣的东西,存在于琴和弦之中,而琴和弦却是有形的、尘世的,是和有生灭的事物同类的。所以如果有人打破了琴割断了弦,这些可灭的事物还能继续存在,神圣的和音却反而先于可灭的事物毁灭掉了。他说有一种关于灵魂的理论,认为肉体是热和冷、湿和干等对立元素按照某种张力结合起来的,灵魂则是由它们之间有比例的调和而成的和谐。一旦肉体的张力松弛或因疾病而过分紧张,那么灵魂尽管是非常神圣的,也会像音乐或其他艺术的和谐一样立刻消灭;倒是肉体在腐烂或被焚毁以前还可以保存一段时间。这不是灵魂先于肉体而死亡吗? (85E—86D)① 克

---

① 参见本书第一卷第 220—222 页。

贝说他不同意西米亚所说的灵魂比肉体较弱,会先于肉体消失,他还是相信灵魂比肉体较强,存在的时间也更长,但他将灵魂和肉体比作人和他所穿的衣服。衣服是人织造出来穿用的,它当然容易破损,比人的寿命要短得多。但无论怎样短,正像一个人在世时会穿破一件又一件的衣服,尽管他穿破了无数件衣服,但到他最后死亡时总还穿着他最后那件衣服,人是已经死了,最后那件衣服却还没有毁灭。灵魂也是这样,它是轮回的,当它所在的这个肉体死亡时又进入了另一个肉体,这样可以消耗无数个肉体。在这种轮回过程中它会衰弱疲倦,最后还是不免死亡,当灵魂最后死亡时,它所在的那个最后的肉体也就死亡了。除非能证明灵魂是绝对的永远不死的,否则任何人都会害怕死亡,害怕灵魂最终和肉体分离,最后毁灭。(87A—88B)

柏拉图接着写了很长一段插话,描述当时在场的人,以及后来听斐多转述这场对话的厄刻克拉底几乎都被西米亚和克贝的论证说服了;只有苏格拉底表现非常安静,毅然回答西米亚和克贝提出的问题。苏格拉底问他们:你们是否还承认以上说的回忆说,承认在肉体组成以前灵魂已经先行存在呢?西米亚和克贝都承认他们对此完全信服没有怀疑,但是苏格拉底指出,你们已经改变观点了,因为回忆说与和谐说是两种不同的根本相反的学说。和谐是一种组合,如果灵魂是和谐,它就是由肉体中的元素组合而成的。组合成的和音不可能先于组合它的元素而存在。最先存在的是琴和弦,然后是它们发出的声音,先是不和谐的,最后才是和音,所以和音是最后产生却最先消失的。"学习是回忆"和"灵魂是和谐"这两种学说是相反的,你们承认哪一种呢?西米亚回答我断然相信回忆说,这是已经证明了的学说,而和谐说虽然是多数人相信的,但它没有得到证明,只是似乎可信而已,不像回忆说是建立在确实可信的基础上的。(91E—92E)

凡是组合而成的事物必然不能是在先的,一定要先有组合它们的元素,这些元素组合起来才能产生这个组合物。但这二者之间不仅有时间上的先后问题,还有其他方面的关系问题,所以苏格拉底说还要将这个问题从另外方面考察。他论证说,和谐或任何组合成的事物都不能和组成它的元素有所不同;它起的作用也不能和那些元素不同;因此它不能领导或控制元素,而只能被元素

领导或控制,和谐的动作和声音都不能和组成它们的元素有矛盾。总起来说,
和谐作为和谐总是要根据和依赖组成它的元素的。〔用我们今天的话说组成
和谐的元素是第一性的,和谐是第二性的。〕这样的和谐可以有程度不同的区
别,有的比较完善些,有更多和谐,有的是比较不完善些,更少和谐。灵魂却不
是如此,灵魂作为灵魂都是一样的,没有一个灵魂比另一个灵魂更是灵魂一些
或更不是灵魂一些。但我们不是说有一种灵魂获有理性和善所以是好的,另
一种获有愚昧和恶所以是坏的吗? 如果说善和恶都在灵魂之中又如何能说灵
魂是和谐呢?〔请注意:和谐本来是对立面之间的调和,任何对立,热和冷、高
和低也包括善和恶之间的调和都可以说是和谐。但从毕泰戈拉学派以来,另
有一种说法认为和谐是善,不和谐是恶,所以和谐并不是善和恶的相互结合或
调和,而是绝对的善,这本来是属于两个层次的问题,柏拉图在这里是采用后
一种说法反对前一种说法,所以得出以下的结论。〕说灵魂是和谐的人是不是
认为在灵魂中既有和谐又有不和谐呢? 是不是有一个善的灵魂它本身是和谐
的,却又包含有一个恶的、不和谐的灵魂呢? 所以严格说,如果灵魂是和谐,它
便不能包含恶,因为和谐如果是完全的和谐便不能包含不和谐。一个灵魂如
果是完全的灵魂,它就不能有罪恶。既然灵魂作为灵魂都是同等的,那么所有
的生物的灵魂便都是同等善的。这个结论当然是不对的;但这个结论正是从
认为灵魂是和谐的说法中必然要得出来的。(92E—94B)柏拉图用逻辑论证
灵魂和谐说的错误,但是我们已经指出这个论证是建立在认为和谐是绝对的
善这种说法的基础上的,而这种说法本身是有问题的。灵魂究竟是不是一种
和谐? 以后我们将会看到柏拉图在《会饮篇》和《斐德罗篇》中实际上也认为
灵魂是一种和谐。灵魂和谐说原来是从阿尔克迈翁的“平衡”学说演化来的,
阿尔克迈翁从医学上认为人类疾病是由于人体内的各种能力的不平衡产生
的,只有得到平衡才能得到健康,这个“平衡”也就是和谐。① 因此灵魂和谐说
在当时希腊大概是一种相当流行的思想,柏拉图也说这是多数人认同的思想。
他在这里将灵魂与和谐作对比,说它们不同,也不恰当。他说和谐作为和谐有

---

① 参见本书第一卷第 308 页。

程度大小的区别,而灵魂作为灵魂是没有程度大小的区别的。我们立即可以看到,他认为灵魂是控制肉体的力量,显然灵魂控制肉体的能力是各个人不同的,有的大有的小,这就是柏拉图已经承认的一切生物的灵魂并不是完全相同的,只能抽象地讲灵魂作为灵魂是彼此没有区别的,(但如果抽象地讲,和谐作为和谐也是彼此没有区别的)如果具体到各个人以至生物的灵魂,当然是有区别的。所以西方有些学者指出柏拉图的这些推理是不正确的。

但是柏拉图的论证主要是想证明灵魂与和谐是不同的,和谐是由组成它的元素决定的,而灵魂却是统治肉体而不是由它的肉体决定的。他说和音发出的每一个音都只能和琴弦的紧张或松弛的振动情况一致,只能服从它们而不能领导它们。可是灵魂对于从肉体产生的感情、欲望、恐惧等等却可以压制和惩罚、统治它们。如果灵魂是和谐,它便只能被肉体的感情拉着走而不能引导和控制它们;由此可见灵魂比和谐神圣得多,灵魂不是和谐。(94B—E)柏拉图这个比喻并不恰当,因为音乐的和音是由奏琴的音乐家决定的,他调整琴弦的松紧振动发出和音,并不是全由琴弦的多少和长短决定的。波士多克在《柏拉图的〈斐多篇〉》中对此作了解释,他说柏拉图认为和音有程度的不同而灵魂却没有程度的不同,只能解释为如竖琴比七弦琴有更多的和音是因为竖琴的弦比七弦琴更多;而组成灵魂的物质元素却没有多少的不同,所以灵魂没有程度的区别。波士多克这个解释有道理,柏拉图在这里实际上认为和音完全是物质元素的组合,所以占统治地位的是物质元素,和音是完全被动的。柏拉图用这个比喻是要反对唯物论的机械论。对于这点波士多克的结论也值得引用,他说:"苏格拉底的论证并没有为我们提供任何好的对唯物论的驳斥。我要补充说,对于这种理论〔唯物论〕要作出任何赞成的或反对的好的论证都是不容易的,这问题还在热烈争论中。但有一点是值得指出的,即在一长列哲学家中柏拉图是第一个主张:在我们的活动中理性是'非肉体'的,它不能只用人的物质元素的活动来解释。"①的确,柏拉图的《斐多篇》是第一个站在唯心论的立场上反对唯物论的机械论的。

---

① 波士多克:《柏拉图的〈斐多篇〉》,第 127—133 页。

回答了西米亚的灵魂是和谐的说法以后,苏格拉底应该回答克贝的问题即将灵魂和肉体的关系比作人和所穿衣服的关系,一个人一生可以穿破许多件衣服,但最后人死时还是穿着一件不破的衣服,所以并不能证明灵魂永远不死,只是它比肉体活得长久。但是苏格拉底没有直接回答这个问题,他沉思了一阵以后说克贝提出的不是一件小事,必须对生成和毁灭的原因作一番完整的说明,我将谈谈我自己的经验,可能对此是有帮助的。接着苏格拉底就讲了那段著名的思想转变过程,说他少年时曾热衷研究自然哲学,感到困惑无法解决,后来听到阿那克萨戈拉讲努斯,他很高兴,但读了阿那克萨戈拉的著作后又感到失望,最后认为只有"善"才是事物存在和生存的真正原因。(96A—100A)

这个转变过程作为从研究自然哲学转变为研究人以及人的行为的目的,可以说是从苏格拉底开始到柏拉图一直进行的思想转变过程。这一方面为了叙述的需要我们在上一编中已经具体分析论述过了。但是这段话是柏拉图在《斐多篇》中讲的,这段长篇论证所要说明的根本问题就是苏格拉底所说的有关万物生成、毁灭和存在的原因问题,这是后来哲学家一直争论不休的问题。万物的生灭和存在是物质元素机械决定的还是自由生成的? 这也就是哲学上所谓决定论的问题,涉及人类活动便产生必然和自由的问题。这个问题曾被莱布尼兹称为人类理性常常陷入的"两个迷宫"之一的大问题,[1]在西方哲学史上这个问题最早是柏拉图在《斐多篇》中提出来并加以论证的。善的目的论思想是苏格拉底提出来的,柏拉图不但继承了它并且发展成为系统的相论。所以在这段思想转变过程中提出的论证,特别是其中举的那些具体实例应该作为柏拉图的相论思想在这里讨论。

万物存在和生灭的原因是什么? 他最初研究自然时探讨了这些问题:动物的生长是不是像有些人说的是热和冷发酵的结果? 我们是用血或是用气和火思想的,还是由脑子引起听觉、视觉和嗅觉,从这些知觉产生记忆和意见,然

---

① 参见莱布尼兹:《神正论》"序言",转引自陈修斋译莱布尼兹《人类理智新论》译者序言,第xix 页。

后才产生知识的？他说当他这样考察问题，又考察天上和地下的事物时，完全被这些问题迷惑了，认识到自己没有能力作这种研究。以至于连原来认为自己已经知道的事情也都忘掉了，例如说人是由于吃喝而生长的，由于食物消化，肉加到肉上，小人就变成大人。这些本来是合理的看法现在也模糊了。(96A—D)我们看到柏拉图在这里所举的这些例子本来是自然科学研究的对象，它们是只能用物质运动的必然规律来解释的，只是在古代希腊自然科学还刚开始，所以他感到迷惑。随着科学的进步，人们对这些物质原因的认识越来越深入，当然直到现在对这些原因也不能说是已经完全认识，科学还将不断发展。但对这些事实，我们总不能说它们是由某种非物质的原因造成的。

柏拉图又举出一些例子说是他所想不通的，如一个人或一匹马比另一个人或另一匹马高出一个头的原因是这个"一"吗？十比八大了二的原因是它多了个"二"吗；二尺比一尺长一尺原因是它超出自己长度的"一"吗？对这些问题人们很难理解。他又举了一个例子，作了详细分析，说明他的问题所在，这个例子便是一加一成为二。他说，我不了解究竟是前一个"一"还是后一个"一"成为二，还是两个"一"加在一起成为二？为什么它们分开时每一个都是"一"不是"二"，它们合在一起便成为"二"？这个"合"便成为它们变成二的原因吗？如果我们将"一"分开也成为"二"，那样不同的原因——一个是"分"，一个是"合"——却产生相同的结果。由此我就不能相信自己懂得这些东西产生、毁灭或存在的原因了。(96D—97B)为什么柏拉图不承认这样的原因，他认为真正的原因是什么？这些例子留待下一节再来讨论，因为他是用"相"来解决这些问题的，下文他将详细说明。

他说正当他遇到这些困难感到无法解决时，听说阿那克萨戈拉写的书上写着努斯是安排一切的原因。他听了觉得很高兴，如果努斯是安排者就会将一切都安排得最好。万物之所以会如此这般，就是因为如此这般对这事物说是最好的。所以他急于念阿那克萨戈拉的书，想知道什么是最好的，什么是最坏的。可是他完全失望了，发现这位哲学家并不用努斯而是仍用气、以太、水等等作为安排事物的原因。他又举了一个例子来说明：苏格拉底现在这样坐在牢房里，原来说努斯是他这样行动的原因，现在却改用一些别的原因来说明,说是因为他的身体是由骨和肉构成的,由于骨肉的物质构造和运动所以他弯着身子坐在这里。同样的用声音、空气和听觉来说明他们谈话的原因,却忘记了那真正的原因是雅典人认为惩罚他是对的,而他也认为接受惩罚比较好。如果不是因为这点他早就可以跑到麦加拉去了,他所以留在这里是因为认为服从法律是比较好的,比较高尚的。他指出人们所以产生这种混淆,是因为没有分清原因和使原因起作用的条件。诚然没有骨肉这些条件是不能实现我的目的的,但如果说骨肉这些条件就是我行动的原因,而不是努斯要选择最好的行为才是真正的原因,那就完全将原因和条件搞错了。(98B—99B)

他举的这个例子是有关人的行为,特别是人的自觉行为的。苏格拉底选择坐在狱中接受死刑是一种自觉的有目的的行为,他认为这样做最好。所以这种“好”的目的就是他采取这种行动的真正原因,身体的物质结构只能是达到这个目的的条件。人的实际活动是有目的的行为,在有关人的实践活动中将目的作为原因,和物质条件区别开来,应该说是正确的。如果忽视人的有意志的目的活动,将它仅仅归结为物质的机械组合运动,那便是一种机械论。近代法国哲学家拉美特利的“人是机器”的学说就是典型的机械论。如果一切都是由这种物质的机械规律决定的,人便只能受必然的束缚而没有自由,正因为人的活动是有意志有目的的选择,所以人的行动是有自由的。当然柏拉图在这里说苏格拉底认为服从法律接受死刑是最好的,以及哲学家认为死亡使灵魂脱离肉体得到净化是最好的,这些说法都是需要再讨论的。为什么苏格拉底接受死刑是最好的?如果他跑出雅典是否更好?当时的民主制下的法律和判决是否合理?再深入究问,究竟什么是社会的正义?如果这些问题没有弄清楚人们便没有达到真正的自由。这些问题也正是一代一代哲学家努力探讨的问题,这样的探讨永远不会得出最后的结论,这个自由和必然的问题将永远是哲学家所要研究的问题。正是柏拉图在《斐多篇》中第一次提出了这方面的问题。

在柏拉图所举的这三种实例中,第三种关于苏格拉底的行为是人的实践活动,是有目的的自觉活动。这种事例如果不考虑人要达到的目的,便不能真正地完全地说明它。目的因在人的实践活动中即使不是唯一的原因,也是一个极其重要的原因。人的有意志有思想的活动是不能完全用机械的原因来解释的。但是他所举的第一种实例是自然现象,如动物的生长和人的思想过程是自然的有必然规律的过程,当然人在认识了这种必然规律之后,可以按自己的目的改变使规律起作用的条件,但不能违反这种必然规律,否则便必然失败。对于这类自然现象,只有用科学发现它们的必然规律,才能认识它们的真实原因,目的因在这里至少也是不起主要作用的。可是柏拉图却将这两种不同领域的实例混淆了。因为当时的自然科学还处于原始状态,对许多自然现象还不能作出科学的解释,所以他感到迷惑,想用目的论来解释,但用目的去解释自然现象不免陷入歧途,这从他最后举的那个实例就可以看出。他批评以前那些自然哲学家关于天体的看法,说他们有些人认为天是一个旋涡绕着地转,地是固定不动的;又有些人认为地是扁平的槽支撑着天。他说他们从来没有想到,将天地等等安排成现在这个样子的,是一种要将它们安排得最好的力量,是神的力量。他们不在这些事物中找出这种神力,却把希望放在另一个更强大的阿特拉斯〔肩扛天宇的神〕上。(99B—C)柏拉图责备自然哲学家要找的另外那个阿特拉斯,正是他们要用物质元素的运动变化去说明天体的形成和结构。这里柏拉图所反对的正是科学(虽然当时的科学确实是令人不能满意不能信服的),而他所推崇的目的论说明——是神将天地等等作了这种最好的安排——却只是一种向宗教的复归(虽然这种宗教已经是哲学理性的宗教,近乎后来的自然神论)。从苏格拉底和柏拉图开始提出的这种目的论思想,在西方思想史上一直占据重要地位,直到达尔文的进化论出现才改变这种状况。进化论说明即使人类的起源也是按照物质发展的必然的,并非出自神的最好的安排。但一直到现在,我们能否说一切事实——自然现象、社会现象和人的实践——都完全可以用客观的必然规律来说明? 目的、自由意志在人类实践中是不是还起着重要的或一定的作用? 这仍是一个会无限争论下去的哲学问题。柏拉图在《斐多篇》中第一次提出这个问题和举出的这些例子,对于探讨这个问题还是有意义的。

第五节 分有和分离

在说明了"相"的特征和目的论思想以后,柏拉图便可以正面阐述他的相论了。

苏格拉底说:我很愿意向你说明这种最好的原因的性质,但是我自己既不能发现它,也没有别人能教我,所以我只能用次好的第二等方式来向你说明,他将这称作"第二次航行"。他说正像一个人如果在日食的时候直接去看太阳,很容易弄坏他的眼睛,只能从水里看太阳的影子。所以我想求助于逻各斯,通过它认识存在和真理。这个比喻也许不太确切,我并不认为这样能更清楚地认识存在;但是我只能采取这样的方法。(99C—100A)

柏拉图论述他的相论,但他一开始便申明,他现在采用的方法并不是第一等最好的方法,而只是第二次航行。他常说他讲的哲学只是用第二等、次好的方法来讲的,这是因为他本来要讲的是真实存在的"相本身",这是超越感性知觉的,可是我们要说明它,还是不能不应用感性知觉的东西;这样讲出来的"相"便不是柏拉图原来所想象的纯粹的"相",只能是它的影子。这表示柏拉图已经模糊地意识到他要讲的这套抽象的哲学道理,本来应该用一套严格准确的哲学语言才能说明白,可是他当时还缺少这样的哲学语言,不得不使用一些日常的词汇和语言来说明它,因而只能是近似的影子,还不是他原来想准确论述的相论本身。这就是说他已经模糊地感觉到近现代语言哲学所提出来的问题了;了解这一点,才能对他下文所作的各种比喻之类的说法有比较同情的了解,而不必像西方某些分析哲学家那样去孜孜寻求他的推理过程中的逻辑缺陷了。

柏拉图采用的方法实际上还是一种假设法。他说:我首先认定一种我认为最强的逻各斯〔有人译为"道理",有人译为"原则",有人译为"学说"〕,凡是合乎它的,我就认为是真的,凡是不合乎的便不是真的。(100A)柏拉图经常使用假设法,这是其中的一种。《斐多篇》的假设法的特点是:当遇到问题时,不是去研究事实,寻求答案,而是〔有人直接译成"回到心中"〕认定一种我认为是最强的逻各斯,以它为标准来判断事实是否和它相符合。下面他还说:如果有人攻击这个假设,你不要理他,只要检验结果是不是和它符合。如果你要证实这个假设,也应当采用同样方法,假定一个更高更基本的假设,直到你找到一个能满足你的最后最高的逻各斯。(101D—E)所以这种假设不是向外的、向下的,不是要用具体的事实来证实它;而是一种向内的、向上的,不断寻求更高的逻各斯,直到达到最高的逻各斯的过程。它是从结果推原因,直到最后的原因也就是最高的目的。这种假设法是寻求事物最后目的的假设法。用现在的话说,它不是从事实出发,要原则符合事实;而是从原则出发,要事实符合原则。

柏拉图所认定的逻各斯就是承认有绝对的"相"的存在。他说这并不是新意思,而是我多次讲过的原因和 eidos 是什么。我们要假定有这样一些东西如美自身、善自身、大自身之类存在,以它作为出发点。如果在美自身以外还有其他美的事物,这些事物所以是美的,只能是因为它们"分有"了美自身,其他东西也是这样。如果有人向我说,一件事物所以美是因为它有美丽的颜色、形状之类,我根本不听,因为这将我弄糊涂了。我只是简单、干脆甚至愚蠢地认定:一件事物之所以美,只是由于美自身出现在它上面,或者和它结合、联系,无论你愿意叫它什么都可以;我对于这种方式不作任何肯定,只是坚持这一点:美的事物是美〔自身〕使它美的。我认为这是最稳妥的回答,决不会被人驳倒。这个回答便是:由于美〔自身〕美的事物才美。(100B—E)

这是柏拉图在《斐多篇》—《国家篇》时期相论的标准论述。第一,先设定一个最强的逻各斯,和它相合的才是真的。这个逻各斯便是肯定绝对的美自身、善自身等的存在。其他美的事物所以是美的,是因为它们分有了美。"美的相"是一切美的事物所以是美的唯一真正的原因,如果说是美的颜色或形状等等是造成美的原因,只能造成混乱。所以他认为,只是由于"美的相",一切美的事物才能是美的。第二,要维持住这样的相论,一个最关键的问题是要说明美的事物和"美的相"之间究竟发生什么关系,美的事物如何能由于"美的相"而成为美的?柏拉图的回答是:美的事物分有了"美的相"。什么是"分有"（μετ εχω，metecho）？这是从柏拉图提出来以后他自己就纠缠不清的术语。这个词原来是当时的口语，和德文的 teilnehmen 相当，意即"取了一点"或"沾上一点"，译为"分沾"可能比较接近些。其实柏拉图在这里使用这个词时说得还是清楚的，它不过是表示"美的相"出现在美的事物上或和美的事物相结合，只是泛泛地表示"相"和事物二者的联系的意思。所以他说你愿意叫它什么便可以叫它什么，我并不坚持某种一定的方式。由此可见"分有"、"分沾"或"参与"不过是柏拉图借用了当时一个通用的词来表示"相"和事物之间的关系，他自己也不认为有一定的确切的含义。

接着柏拉图要用他的相论去解决以上所举实例中那两个还没有得到解决的问题。第一个问题是，当一个人比另一个人大〔高〕一个头或小〔矮〕一个头时，说他所以是大或小的原因是这一个头，那便会遭到反驳，因为大和小是相反的，同一个原因"头"怎么能造成两个相反的结果呢？而且头和人相比总是小的，那么人之所以是大，原因怎么能是那小的东西呢？所以柏拉图认为，一个人是大的原因只能是由于他沾上一点大，分有了"大的相"；一个人是小的，只是因为他分有了"小的相"。同样的，十比八大并不是由于"二"，而是由于"数"；二尺大于一尺也不是由于"一倍"，而是由于"大"。第二个问题是，一和一相结合成为二，或者将一分为二。"合"和"分"是相反的，相反的原因怎么能造成同一个结果二呢？柏拉图认为"二"的原因只能说是它分有了"二的相"，"一"的原因则是分有了"一的相"。（100E—101C）

这些问题属于上一节中论述的柏拉图为说明他的目的论思想而举的三种实例中的第二种。我们说明过他这三种实例中的第一种是纯粹自然现象，只能由科学研究它们的必然规律才能解释，是不能用目的论说明的；只有第三种实例即人的实践活动才不能不看到人的目的意志，可以用目的论说明。而这第二种实例无论是一个人比另一个人大或小，或十比八大，或一加一成为二等等，实际上都是和数学有关的问题。这些问题在上面提出来时柏拉图并没有作解答。现在当他一般地阐明了目的论的相论以后，便试图以同样的方式去解释数学问题。他说一个人比另一个人大一个头或十比八大了二的原因并不是"头"或"二"，而是它们分有了大自身即"大的相"，一加一等于二或一分为二,这两个"二"的原因也不是"加"或"分",而是它们分有了二自身即"二的相"。这种解释并不成功,因为用这种方式并不能帮助解决任何数学问题。值得注意的是柏拉图在这里不仅提出有"大的相",还说有"二的相"和"一的相"(101C)。根据亚里士多德的记载,在柏拉图的学园中有一种"相的数"或"数的相"的学说并为此争论不休,在柏拉图对话中说到这种"数的相"的就是《斐多篇》的这一段。但是"二的相"和"一的相"和数字"二"和"一"究竟有什么不同? 柏拉图在这里并没有说明。这一点留待以后讨论柏拉图的"不成文学说"时专门讨论。

这样的相论和分有说带来了难以解决的问题。在大家都承认有各式各样的"型"存在并且为事物所分有(102A—B)以后,柏拉图自己提出一个问题:西米亚比苏格拉底大却比斐多小,是不是西米亚既有"大"又有"小"呢? 他是这样解释的:这种说法并不像字面上那样确切,西米亚比苏格拉底大并不是因为他是西米亚而是因为他具有的"大";苏格拉底比他小也不因为他是苏格拉底而是因为他具有和西米亚相比的那个"小";斐多比西米亚大也不是因为他是斐多而是因为他具有和西米亚相比的那个"大"。所以说西米亚既大又小是他处于两个人之间,比其中一个人"大"又比另一个人"小"。他由此作出结论:不但大自身决不会既大又小,而且我们身上的"大"也不会容纳"小"或者允许被超过。当"大"和"小"这一对相反的东西相互接触时,并不是"大"变成"小"或"小"变成"大",而是其中一方退缩,另一方面却前进了。如果"大"接受或容纳了"小",它就变成异于它自己,不是"大"而是"小"。我还是原来的那个人,只是我原来分有的那个"小"离开了,现在分有了"大"。所以我们身上的"小"不会变大,它只是在变化中离开而已。(102B—103A)柏拉图在这里是用"大"和"小"为例说明他的相论和分有说的。"大"和"小"作为"相"是永远不变的,"大的相"不会变小,"小的相"也不会变大。我这个人可以从小变大,但这样变化时并不是我原来分有的"小的相"变大而是它退缩了,我不再分有"小的相"而是变成分有"大的相"了,所以我接受的即分有的"大"或"小"也是不会改变的,它自身只能离开,被相反的"相"所取代,并不是"大"或"小"的"相"发生了变化。

这终究是一种新的学说,不容易为当时的人们接受,所以这时候有一个人插话说:对话开始时你不是说过大是从小来的,小是从大来的,相反的是从相反的来的吗?苏格拉底回答说:你的记忆很好,不过你还没有能分别我们现在所说的和那时说的是两种不同的东西。那时候我们说的是相反的事物是从相反的事物产生出来的,现在则是说相反的自身即它们的"相"不会变成和它自身相反的东西。具体事物的相反性质或相反的事物是可以互相产生的,而相反自身即相反的"相"是永远不会相互产生的。(103A—C)"大的相"永远不会变成"小的相","生的相"也永远不会变成"死的相";但是具体的事物却可以从大变小,从生变死。这个事物原来分有"大的相",现在"大的相"离开了,改为分有"小的相",它就由大变为小;如果它原来分有的"生的相"被"死的相"所置代,这个事物就由生到死。这是柏拉图的相论对于具体事物的变化所作的解释。

但是柏拉图又举出另外一种情况:冷和热是相反的,雪是冷的,火是热的;雪和冷不同,火和热也不同。但是雪只能是冷的,不能是热的;如果它容纳热便融化了,不再是雪。所以不仅冷自身这种 eidos 自身永远是冷的,而且具有这种特性的事物雪也永远是冷的。柏拉图已经看到冷是雪的本性或特性,这是永远不能改变的,如果雪不是分有冷而是分有热,它就不再是雪。为了说明这点,他又举另一个例子,他说有一种东西叫奇数,它永远保有奇数这个名字;此外还有一些数虽然不叫奇数这个名字,但可以在它们原有的名称上再加上奇数这个名称,因为它们的本性永远不能和奇数分开,比如三和五就是这样的数。只要三还是三的时候,它便是奇,永远不会变成和它相反的——偶数。同样的,二和四虽然不等同于偶数,但是它们的本性是偶数,只要是二和四,便永远不会是奇数。(103C—105B)冷是雪的本性,奇数是三和五的本性,偶数是二和四的本性。这些东西的本性是永远不会改变的,如果改变了,它便不是这个东西。

柏拉图是以这些例子的类比来论证灵魂不灭的。他认为灵魂的本性就是生命,既然灵魂给身体带来的是生命,生命和死亡是相反的,所以灵魂不能容许死亡,不容许死亡的东西便是不死的,不朽的。凡是不毁灭的东西在遭到相反的东西袭击时也不会毁灭,不会变成和它相反的东西;三不会变成偶数,奇数也不会变成偶数,火不会变冷,在火里面的热也不会变冷。如果有人反驳说当奇数接近偶数时,为什么不可能变成偶数,而是消失不见由偶数取代呢? 我们只能回答说:因为奇数是不会毁灭的,所以当偶数接近时奇数就避开了。灵魂也是这样,当人死亡时他的有死的部分——肉体死亡了,不死的部分——灵魂则完整无损地避开了。因此灵魂这个生命的原则是不会毁灭的,是不死的,不朽的。(105C—107A)这就是柏拉图关于灵魂不灭的论证。我们在本书第一卷(第 141 页)论述泰勒斯的哲学时就说过,希腊文 psyche(灵魂)原来的含义就是呼吸、生命,只有能呼吸有生命的生物才能有灵魂;因此灵魂的原则和本性就是生命,没有生命也就不是灵魂了。柏拉图正是以此论证灵魂不灭的。他已经看到事物的固有本性和一般属性之间的区别。

但他是从具体事物分有"相"的角度提出这个论证的,抛开灵魂和"相"既有相同又有不同这点暂且不论,单以他所举其他例子的"分有"说,也可以产生许多问题,比如雪既是冷的又是白的、具有各种几何图形,它还可以或大或小,或多或少等等,雪是不是分有这各种各样的"相"呢? 雪是不是还分有"雪的相"? "雪的相"本身是不是冷的和白的? 数字"二"是不是既分有"二的相"又分有"偶数的相"等等。由分有说引出来的这些问题正是柏拉图后来自己要进一步探讨的问题,也是柏拉图学园中一直争论的问题。现在我们知道所有这些问题实际上都是一般和个别的关系问题。在古代希腊哲学中巴门尼德首先将一般从具体事物中抽象出来,将哲学大大地向前推进了;但是他将一般和个别完全割裂开,带来不少哲学难题。柏拉图是继承巴门尼德路线的,但是他不将抽象的"相"和具体事物绝对割裂,而是设法使二者联系起来,他提出"分有说"就是为了这个目的,这是一个重要的发展。但什么是分有? 正像亚里士多德在《形而上学》中说的:柏拉图并没有说清楚,只是留下了问题。(997ª13—14)

和分有问题密切关联的是分离问题。这在柏拉图哲学研究中一直是存在许多不同意见的问题。柏拉图在《斐多篇》中以灵魂和肉体的分离开始说到"相"和具体事物的分离。所谓"分离"(chorismos)是指"相"和具体事物是彼此分离的,是两种不同的独立的存在。上面所说柏拉图为"相"规定的这些特征,就是要说明"相"和具体事物是两种不同的存在。所以大多数柏拉图学者都认为"相"和具体事物是互相分离的。但"相"究竟是怎样一种性质的独立存在呢?这就有不同的看法。策勒在《希腊哲学史》中批评了两种看法,一种是将"相"看成是感性实体,另一种是将"相"看成是一种主观的思想。他认为将"相"看成是一种感性实体始于亚里士多德,他根据的主要是《形而上学》中以下这段话:

> 这种理论〔柏拉图的相论〕发生许多困难,最混乱的一点是在于它认为在自然世界之外〔这里用的是 $\pi\alpha\rho\alpha$, para, beside〕还有某种东西,除了它们是永恒的而后者是要毁灭的这点以外,它们和可感觉的事物相同。因为他们说有人自身、马自身、健康自身,而没有再作进一步说明;正像那些说神存在,并且是以人的形状存在一样,他们说的不过是永恒的人而已,肯定"相"的人也不过是将它当作永恒的可感觉事物。(997ᵇ5—12)

但是策勒也认为亚里士多德的这种说法并不是直接传达柏拉图自己的观点,只是从柏拉图的结论中反推出来的。他所说的第二种观点将"相"看成是主观的思想在 19 世纪甚为流行;当然没有人将"相"看做只是人类理性的概念,而将它们说成是神的思想。策勒认为这种看法在古代后期柏拉图学派,特别是新柏拉图学派中可以看到。① 策勒反对这两种意见。

在策勒作上述论断以后不久,新康德主义的马堡学派也将柏拉图的"相"作了概念论的解释。他们当然不会将"相"说成是神的思想,而是用康德《纯粹理性批判》中的观点解释柏拉图的"相",如那托普在《柏拉图的相论:唯心主义导论》中认为柏拉图的"相"是将现象分类的方法、规律和标准,是思想的纯命题,是判断的真理。他们认为柏拉图用"分有"说明事物的"相"的关系是表示逻辑判断中的主项和谓项的关系,所以在他们看来"相"和具体事物是并不分离的。(这就是关于"相"的"内在说",和认为"相"是独立存在于具体事物以外的"外在说"相对立。)正像罗斯所指出的,他们认为所谓分离的见解是

---

① 参见策勒:《柏拉图和老学园》,第 242—243 页。

亚里士多德强加给柏拉图的。罗斯正确地指出马堡学派的症结在于:"持这种观点的人们认为柏拉图应该是这样讲的,而不是认为他实在讲过些什么。"[①]这就是说马堡学派认为:"相"本来应该是我们认识事物的方法和标准,所以是主观的。但是柏拉图自己并没有将这种主观的东西和客观的东西区别开来,而是将"相"也看成是一种客观的存在,是更高级更真实的存在。

因此现代学者一般都不将"相"解释成为主观思想的概念或观念(这也就是反对将这个术语译为"念"的理由),不作概念论的解释而作实在论的解释,认为"相"是一种客观实在,这样比较符合柏拉图自己实际的说法。但在关于"相"和具体事物是否分离的问题上,现代研究者还是有不同的看法,格思里指出据他所知对亚里士多德归于柏拉图的分离说唯一持怀疑态度的是陈康。[②] 陈康的博士论文《亚里士多德论分离问题》对希腊哲学中的分离问题作了专门细致的研究。这篇论文是在尼古拉·哈特曼指导下完成的,哈特曼原来也属于马堡学派,后来转为批判的实在论者,他认为由抽象的范畴组成的精神的存在也是一种客观的存在,不过它们存在于时间空间之外,是在逻辑上先于具体事物的客观存在。陈康认为柏拉图的"相"和具体事物的对立是从巴门尼德的思想发展过来的,但当时还没有提出这个分离问题,这个问题是亚里士多德明确提出来的。陈康提出有各种各样的分离,如本体和属性的分离、"型"即形式和具体事物的分离,"属"和"种"的分离等等,不同的分离的含义也有所不同,他对各种分离都作了具体的分析。他认为上引《形而上学》997^{b}6中亚里士多德用的是 para 这个词,说的是在具体事物以外还有"相"存在,并没有直接用 chorimos 这个词说它们是彼此分离的。陈康认为只有《巴门尼德篇》中的少年苏格拉底主张"相"和具体事物是分离的;而《斐多篇》中的相论是一种目的论,柏拉图认为美的事物总是不如"美的相",美的事物以它为理想的目的,努力追求它,想达到它。所以他认为柏拉图在《斐多篇》中讲的只是完备和不完备之间的"距离",只是程度或性质方面的差别,而不是空间的

---

① 罗斯:《柏拉图的相论》,第226页。
② 参见格思里:《希腊哲学史》第5卷,第60页注1。

距离,因此他认为柏拉图的"相"和具体事物之间的关系,并不是像这件具体事物和那件具体事物那样是空间上分离的。① 凡是认为《斐多篇》中的"相"和具体事物分离的意见几乎都是从其中的回忆说推论出来的,比如康福德说:"显然灵魂在出生以前的分离存在也就意谓着它的知识对象〔"相"〕的分离存在。"②罗斯的态度比较谨慎,他认为直到包括《斐多篇》在内的相论,是否包括有"相"的分离存在的意思,在柏拉图的论述中是很少有证据可以证明的。柏拉图一再强调的只是"相"和可感事物不同而又出现在可感事物上。但是罗斯还是认为回忆说既然承认灵魂在生前存在,"它明显地包含有'相'分离存在的思想,'相'并不是以它的不完善性体现在可感事物之中,而是以它的纯粹性分离地存在的"③。

这个在哲学史上长期有分歧意见的所谓"分离"究竟是个什么问题呢?从以上列举的各种意见我们可以概括起来分析一下。

柏拉图既然在可感的具体事物以外肯定了另一类存在即"相",他便必须说明"相"是以什么方式存在的,它是存在于具体事物之中,还是在具体事物以外独立存在的? 后者就是"分离"。因此所谓分离问题的争论实际上是说"相"和具体事物究竟是以什么不同方式存在的问题。从上述各家的论述我们看到"相"的存在可以有以下几种方式:

第一,像这一个人和那一个人、这张桌子和那张桌子即这件具体事物和那件具体事物那样地分离(分开)存在着。这种分离表示空间上的距离。主张这种分离说的,实际上是将"相"看做和具体事物一样的东西,即将"相"物体化了。后面柏拉图在《巴门尼德篇》中所说的少年苏格拉底主张的相论便带有这种倾向。

第二,如罗斯、康福德、格思里,以及许多西方近现代学者多根据《斐多篇》中的回忆说,认为既然在人出生以前,还没有接触感性事物时灵魂已经先认识了"相";因此推论出"相"必然是和具体事物分离存在的。但是这种认为

① 参见陈康译注:《柏拉图〈巴曼尼得斯篇〉》附录一第4节,第373—375页。
② 康福德:《柏拉图和巴门尼德》,第75页。
③ 罗斯:《柏拉图的相论》,第25页。

"相"在具体事物之先已经存在的说法,说的是一种时间上的先后,是在时间上的距离。当然也可以从这时间上的距离推出空间上的距离,但是与其说这种时间上的先后是表示空间上的距离,不如像后来亚里士多德说的这种"相"(形式)在先,乃是从逻各斯说的在先即逻辑上的在先,①这就不是一种空间上的距离了。从《斐多篇》的逻辑讲应该说这比较符合柏拉图的意思。上面引用罗斯的话说"相"是以它的纯粹性完善性和不完善性的具体事物分离存在,说的实际上也是这种分离。

第三,陈康一再强调《斐多篇》中的目的论思想是很重要的。事物以"相"为目的,所以"相"和事物之间的区别主要是完善和不完善、纯粹和不纯粹之间的区别,是一种程度上的距离。当然如果将"相"说成是像巴门尼德的存在一样绝对不动的,而具体事物是有变动的,这种动和不动也可以说成是空间上的分离。还有如果将这种目的解释成是摹仿的原型,如柏拉图在《国家篇》中所说的床和"床的相",也可以说这二者在空间上是分离的。

第四,这种完善、纯粹、永恒的"相"并不是实际存在的,原来是思想从客观事物中抽象出来的,因此它是主观的。它们也不是某一个人的思想的产物,而是具有普遍必然性的,正是在这种意义上新柏拉图学派和后来有些唯心论哲学家说"相"是神的思想的产物。思想的产物是主观的,它们和具体事物的区别是主观和客观的区别。(在某种意义上目的作为理想也是思想产物,是主观的。)主观和客观的分别能不能说是空间上的距离呢?

第五,但柏拉图自己在《斐多篇》和《国家篇》中却确实没有将"相"当成是主观的概念或观念,而是将它们当做和具体事物相似的客观实在。所以实在论的解释比较符合柏拉图的原意,但这种客观实在的"相"和同样是客观实在的具体事物之间究竟处于什么关系呢? 柏拉图尽管使用了一个又一个的比喻,还是没有说清楚。他的学生亚里士多德将这点说清楚了:相(形式)就是事物的本质,它存在于事物之中,并不是在事物以外独立分离存在的。亚里士多德提出这种内在说纠正了柏拉图的思想,还尖锐地批判了他的老师。因此

---

① 参见亚里士多德:《形而上学》第9卷,第8章。

一般哲学史家都认为柏拉图不主张内在说,而是主张"相"是在事物以外独立分离存在的;认为柏拉图主张分离说,实际上是和亚里士多德的内在说对比而言的。

从以上简单的分析中,我们可以看到:所谓"分离",就其广义来讲可以有空间的分离、时间的分离、程度上的分离(距离)、逻辑上的分离等等不同;从分离双方来讲可以有主观和客观的分离、一般和个别的分离、这个个体和那个个体之间的分离种种不同。而在柏拉图当时这种种不同并没有区别开来,因此他所说的"相"和具体事物之间的关系,从我们现在来看有时可以是指这种分离,有时可以是指那种分离(或距离)。如果我们现在一定要确定他只讲这种分离而不讲那种分离(或距离)恐怕是很困难的,因为他自己还不可能清楚地意识到这种种区别。

这一点还可以从他在《斐多篇》中最后讲的那个神话来说明。柏拉图既然证明了灵魂是不灭的,死亡就是灵魂从肉体中分离和解放出来,只有这样才能达到最高的智慧和善。(107C—D)但是灵魂要进入另一个世界的道路也不是笔直的,不同的人会经历不同的遭遇:只有智慧的灵魂才能认清道路一直走到天国,被肉体欲望困扰的人便必须经过许多挣扎和痛苦才能进入另一个世界;而那些犯罪的人只能在地狱里徘徊,必须经过净化才能回到灵魂的所在。(107E—108C)以下他分别描述了天堂和地狱。值得注意的是,他描述天堂的时候因为他不得不用现实世界中的种种现象来描述它(不然他便无法说明它),所以用了一个比喻。他将我们看天堂比作在水底的鱼看我们的现实的天空。在水底的生物以为它们看到的便是真正的天空、太阳和星星,实际上在它们上面是水,它们通过水看到的天空并不是真正的天空;只有当鱼游出水面,在它上面的不再是水而是空气了,它们才能看到真实的天空,真实的世界。我们人类像水底的鱼一样生活在空气下面,以为我们看到的是真正的天空和真正的世界,其实这些都不是真正的。只有当我们超越这个充满空气的世界进入更上一层充满以太的世界,我们才能看到那个真正的世界,那里的一切要比我们现在看到的东西美好得多,真实得多,那里才是真正的太阳。(109A—111C)这个由以太包围着的世界和我们生活在其中的由空气包围着的世界,还可以加上那个在海底下的、由水包围着的世界，当然是三个不同的世界，可以说是三个在空间上相互分离的世界。正像《斐多篇》开始时所说灵魂和肉体的分离，也很像是空间上的分离。但是我们能将这种神话比喻的说法当作是准确的柏拉图的哲学思想吗？柏拉图自己在作了关于天堂和地狱的神话说明以后也特别申明：当然我在这里对你们描述的这些情况，任何一个正常的人都不会认为是准确的事实的。(114D)所以柏拉图一再申明：用通常的语言不能说明精确的哲学思想。我们也可以设想，正是因为他使用这种比喻的说法很容易使人得到"相"和具体事物是分离存在的结论，才发生后来《巴门尼德篇》第一部分批判少年苏格拉底的相论。

在作了这番天堂和地狱的描述以后，受刑的时间已经到了，苏格拉底实践他自己的理想，从容服毒，让他的灵魂升入天堂。

*　　　　*　　　　*

在《斐多篇》中表面上柏拉图是在论证灵魂不灭，实际上他已经提出了比较系统的相论。这种学说的要点是：

第一，肯定在具体的美的事物、正义的行为等以外还有另外一类不同的存在，他称之为美自身、善自身、正义自身，即和每一类具体事物同名的"相"。

第二，他明确地说明"相"和具体事物的不同在于："相"是单一的、自同一的，不是组合成的，而具体事物是复合、混合成的；"相"是不变的，而具体事物是经常变动的；"相"是不能感觉到而只能由思想认识的，而具体事物是可以感觉到的；"相"是纯粹的，而具体事物是不纯粹的；"相"是永恒的、不朽的，而具体事物是要毁灭的。由这些区别引出一个问题，即"相"和具体事物是不是互相分离存在的，或以什么方式分离存在的？这个问题从亚里士多德以来一直成为哲学史上一个有争议的问题。

第三，柏拉图并不认为"相"和具体事物是绝对割裂的，而认为二者有联系，他认为这种联系是"相"出现在具体事物上，具体事物是由"相"派生和决定的，他将这种关系叫做"分有"。但什么是分有？他并没有进一步解说，反而说如果你喜欢也可以将它叫作别的名字，我并不坚持。所以亚里士多德说分有不过是个比喻的说法，后来从柏拉图自己就开始被这个分有问题所困扰。

第四,《斐多篇》中柏拉图强调以目的论反对机械论。他的相论是目的论的,上述"相"和具体事物的不同实质上都是价值高低的不同,具体事物不如"相",要以"相"为目标努力追求它,但永远不能达到它。所以"相"是事物的目的,也就是它们的理想。柏拉图在《斐多篇》中只提到两类"相",即伦理方面的和数学方面的"相",因为只有这两方面能明确分出价值的高低。

第五,柏拉图在《斐多篇》中并没有说"相"是能活动的,没有给它以动力因的含义。虽然他肯定"相"是原因,只能说它是目的因和形式(本质)因。但在柏拉图讲到灵魂时,他一方面说灵魂具有上述"相"所具有的一切特征,从这点上说,灵魂和"相"是相同的;另一方面又说灵魂是主动的统治者,它控制肉体给肉体以生命,所以灵魂是动因,从这点上说,灵魂和"相"又是不同的。《斐多篇》中关于灵魂的说法还存在一些问题,需要进一步发展。

第六,我们如何认识"相"?《斐多篇》也采用回忆说。但这里的回忆说和《美诺篇》中的回忆说有很大不同,《斐多篇》不是数学逻辑推理式的回忆,而是通过具体事物来回忆"相"的知识。在这个回忆过程中,并不是像柏拉图在对话开始时所说的感觉对认知"相"没有帮助而只起妨碍作用,实际上正是由于感觉的启发和帮助我们才能回忆起"相"来。但是如何从感觉回忆起"相"?柏拉图并没有解决这个问题,也有待以后的发展。

第七,既然承认感觉的启发作用,《斐多篇》的相论是不是先验论呢?我们以为它还是一种先验论,不过和《美诺篇》中的先验论不同。《斐多篇》中的先验论主要在于它的假设法:当我们认识判断一件事情是否正确时,不是在客观事实中寻求判断的标准,而是首先回到自己心上设定一个好的逻各斯,如果事实符合它便是正确的,倘若不符合便不是正确的。要是对这个逻各斯发生怀疑,也不是要从客观上去寻求解决,而是去寻找更高更好的逻各斯,一直找到最后最高最好的逻各斯。这大概是最早提出的从原则出发,事实必须服从原则,而不是原则必须服从事实的理论,这是一种典型的先验论。但是柏拉图的学说不是独断论,他认为如果原来的假设不正确便应该去寻求更好更高的假设,这体现了一种难能可贵的探索真理的精神。正是在这种精神指导下,我们看到柏拉图后来的对话都是在不断修正他原来的说法。

❀ 第十七章 ❀ ━━━━━━━━━━━━━━━━━━

《会饮篇》

　　西方学者一般认为《会饮篇》写于《美诺篇》和《斐多篇》以后,大约和《国家篇》同时,它和《斐德罗篇》无论在内容或形式上都可以说是姐妹篇。《会饮篇》中提到斯巴达人分割阿卡狄亚的事(193A),这样的事情在公元前385年曾经发生过,但当时苏格拉底早已死去,这篇对话中提到的应该是指公元前417年斯巴达解散阿卡狄亚同盟的事件,那时苏格拉底大约五十岁左右,和对话中的描述是符合的。

　　会饮是当时希腊社会普遍流行的一种习俗,用宴会上歌颂诸神和饮酒来举行庆祝。塞诺芬尼在残篇第一中曾绘声绘色地描写过这种会饮:①中央是祭坛,满盖着鲜花,屋中洋溢着歌声和节日的欢笑。首先由参加人用神圣的歌词和纯洁的语言赞颂神明,然后奠酒祈请神明赐予力量,使人们能够做事允当,并且要赞美那个饮酒之后仍然清醒,心里不忘美德的人。这篇对话所描写的是悲剧家阿伽松的剧本上演得奖,邀请几位朋友会饮庆祝。参加者有修辞家斐德罗和鲍桑尼亚、医生厄律克西马库、喜剧家阿里斯托芬和哲学家苏格拉底等。他们决定不用通常的方式吟颂神,而由在座的每个人依次轮流对爱神厄洛斯(Eros)作一番礼赞。整篇对话主要就是六篇对厄洛斯的颂辞。当他们依次作了颂辞以后,当权的青年政治家阿尔基比亚德带着一些人来祝贺,众人请他也作一次礼赞,但他颂扬的却不是厄洛斯而是苏格拉底。后来大家都睡

────────────

①　参见本书第一卷第452页以下。

的睡走的走了,只有阿伽松和阿里斯托芬还在喝酒辩论;到天亮的时候只有苏
格拉底还清醒着照常工作去了。整篇对话是在事后多年由阿波罗多洛转述
的,他并没有参加那次会饮,也是听参加那次聚会的阿里司托得姆转述的。柏
拉图的对话常采取这样辗转叙述的方式以拉长间隔时间的距离,好像是苏格
拉底生前的实事,同时也可以像转述人所说的,因为相隔时间长了,对于当时
的谈话不能完全记清楚,只记得其中最重要的部分。(178A)使几篇颂词显得
简明扼要。

在所有柏拉图的对话中,《会饮篇》可以说是艺术性最高,在形式上写得
最美的著作之一。也许正是因此,对它的内容的理解也就产生了很大的分歧,
乔伊特在分析这篇对话时说:"如果说在柏拉图的《会饮篇》中包含的东西比
任何注释家所想象的要多得多,这是真的,那么同样真实的是:许多被想象出
来的东西在这篇对话中实际上是找不到的。有些著作并不比音乐曲调更容易
解释,每个读者都可以从他听到的乐曲中作出他自己的思想上或感觉上的
伴奏。"①

事实上从柏拉图写出这篇对话时起就已经产生了对它的误解。和他同时
代的色诺芬也撰写了另一《会饮篇》,讨论性爱,颂扬婚姻生活的快乐。泰勒
说它是对柏拉图《会饮篇》的"拙劣的摹仿"。② 柏拉图的《会饮篇》对后来西
方的美学和文艺理论的影响是很大的。新柏拉图学派的奠基人普罗提诺在他
的著作《九章集》中多次提到和引述《会饮篇》,歌德在《关于文艺的格言和随
想》中就明显体现了普罗提诺的影响。柏拉图的文艺思想对近代西方两大文
艺运动都是有影响的,即:第一,文艺复兴运动中的人文主义运动,代表人物有
意大利的米开朗琪罗、费奇诺,法国的杜·伯勒和英国的西德尼等;第二,18
世纪和 19 世纪上半叶在欧洲兴起的浪漫主义运动,其代表人物是德国的歌
德、赫尔德、席勒、施莱格尔兄弟,以及英国的雪莱等,他们都在不同程度上受
到柏拉图和新柏拉图主义的影响。本书限于篇幅,不能多讨论这方面的有关

① 乔伊特:《柏拉图对话集》第 1 卷,第 524 页。
② 参见泰勒:《柏拉图其人及其著作》,第 209 页。

问题。

但是谈到《会饮篇》中的哲学思想，意见分歧就很大了，有些专门研究柏拉图相论的专著，如斯图尔特的《柏拉图的相论》（1909）和罗斯的《柏拉图的相论》（1951）中都没有专门章节讨论《会饮篇》的相论，只在有些地方附带提到它。有些著作则强调《会饮篇》的其他主题，如弗里德兰德的《柏拉图："相"、潘迪亚、对话》（1928）中强调这篇对话是讨论友谊（爱情）的本性，是要寻求爱情的最高对象，达到"自为的善"而不是"为它的善"，即上升到观照 eidos 的境界。① 耶格尔在他的巨著《潘迪亚：希腊文化的理想》中将教育看做是希腊文化的理想，将国家主要看做是一种教育力量，又认为柏拉图自己宣称他的政治活动缺少可靠朋友的帮助，所以将《会饮篇》关于友谊的讨论说成是柏拉图政治理论的核心。他并且认为其中七篇颂辞是当时杰出人物间的一场演说比赛，他们各自代表一种希腊文化类型。② 也有些著作则比较深刻地阐述《会饮篇》在柏拉图哲学发展中的地位，如乔伊特在他的英译本分析中强调这篇对话的主题是歌颂"理性的热情"，认为这是哲学创造的动因，是对美和善的神秘的沉思。他认为前面几篇颂辞是为苏格拉底的颂辞开辟道路、提供材料的。③ 凯尔德在《希腊哲学家中神学的演化》中提出《会饮篇》和《斐多篇》、《国家篇》属于同一思想阶段，对相论的发展都很重要。他认为《会饮篇》和《斐多篇》是相互补充的，在讨论个别和一般的关系上，《斐多篇》偏重于从消极方面看，认为感觉和意见是上升到真理的障碍；《会饮篇》则从积极方面看，认为它们是上升到真理的垫脚石，但他以为在这两种看法之间并无本质上的不一致。④ 康福德在论文《柏拉图〈会饮篇〉中的厄洛斯学说》中也主张将《会饮篇》和《斐多篇》紧密结合起来理解。他认为《斐多篇》描绘的是禁欲主义的苏格拉底的肖像，苏格拉底热衷于追求智慧，要使灵魂摆脱肉体的囚室，当时正是苏格拉底临死的薄暮黄昏时节，他追求净化灵魂所需的尘世乐园。

① 参见弗里德兰德：《柏拉图》第 1 卷，第 51 页。
② 参见耶格尔：《潘迪亚：希腊文化的理想》第 2 卷，第 174—176 页。
③ 参见乔伊特：《柏拉图对话集》第 1 卷，第 525—526 页。
④ 参见凯尔德：《希腊哲学家中神学的演化》第 1 卷，第 112 页。

而《会饮篇》提供的是苏格拉底的另一幅肖像,饮酒庆祝洋溢着青春和欢乐的气氛,致力于歌颂对爱情的智慧。他还指出:《国家篇》阐明的是认识的"向下之路",《会饮篇》则致力于阐述认识的"向上之路",并且提出了认识的两个阶段之间的中间环节。① 后一类学者的意见对我们理解《会饮篇》的哲学内容是有帮助的。

为了理解《会饮篇》,有几个问题必须说明:

第一,关于"Ερως(厄洛斯)。这个词在希腊文中一般作爱情和渴求解,作为专有名词就是爱神,在《会饮篇》中是作这样的双义使用的。希腊神话中的爱神厄洛斯相当于罗马神话中的丘比特神,他的形象也是有演变的。在荷马史诗中尚未神化成为神灵,它只是表示求婚者强烈追求的一种渴望。在赫西奥德的《神谱》中他是混沌的儿子,是最原始古老的神。后来逐渐演变,他成为司性爱的美貌女神阿佛洛狄忒同宙斯或战神阿瑞斯所生的儿子,他的主要伴侣是波索斯和希美洛斯(渴求和欲求)。后世的作者认为有许多厄洛斯。在亚历山大的诗歌中他演化为一个淘气的孩子。在古代艺术作品中将厄洛斯描绘成长着翅膀的美貌少年,但到希腊化时代已演变成为一个婴儿。

在宇宙生成的神话中厄洛斯起着将黑夜和混沌区分开来,生成为大地和万物的力量的作用。在奥菲斯教派的文献中把厄洛斯说成是结合一起从而产生不朽神族的神灵。② 赫西奥德的《神谱》中说厄洛斯是从混沌中最初产生出来,并将所有其他东西结合起来的最古老的神。③ 根据斐瑞居德记载:当宙斯想从事创造时就变为厄洛斯神。④ 所以自然哲学家在宇宙演化论中将厄洛斯根据性的模式,当作婚姻和生育的力量,看做是"第一推动者"。恩培多克勒将"爱"和阿佛洛狄忒女神说成是结合对立、结合万物为一体的力量⑤,《会饮篇》中医生厄律克西马库所致的颂辞说的就是这种思想。

① 参见弗拉斯托斯编:《柏拉图:批判论文集》第 2 卷,第 119—126 页。

② 参见阿里斯托芬:《云》,第 700—702 行。

③ 参见赫西奥德:《神谱》,第 116—120 行。

④ 参见普罗克洛:《柏拉图〈蒂迈欧篇〉注释》第 2 卷,第 54 节,转见《希腊哲学术语:历史辞典》,第 62 页。

⑤ 参见恩培多克勒残篇第 17;DK31A28。

第二,关于同性爱。《会饮篇》中所讲的爱情既有精神上的爱好真、善、美,也有肉体上的爱即性爱。性爱既有男女之间的异性爱,也有男和男之间、女和女之间的同性爱。同性恋在现代是大有争议,为一般人所不齿的;但在古代希腊生活中特别是男人间的同性恋,对美少年的爱情是普遍流行并且为人津津乐道的。在《会饮篇》中的阿伽松和鲍萨尼亚、苏格拉底和阿尔基比亚德之间都存在这种爱情关系。这种情况的产生可能和希腊社会中妇女地位低下有关,色诺芬在《经济论》中记载:当时少女未出嫁时在家中被严加管束,出嫁后也只能从事家务,完全被排除在社会生活以外,①因此爱情和友谊只能在男人间相互存在。同时也可能和古代频繁的军事活动有关:在军队中没有妇女,缺少性的满足,在战争和向外开拓过程中为摆脱危险而产生的保护人和被保护人之间的信任,对勇敢的钦慕,对年轻人和弱者的关怀,使爱情成为一种凝聚的力量。正像《会饮篇》中斐德罗的颂辞所说的:如果一个城邦或军队全由情人和爱人〔朱光潜将爱人的人译为"情人",被爱的人译为"爱人",一般都是少年男子。本书从朱译〕组成,人人会互相竞争,避免羞耻,趋求荣誉,这是最好的统治。(178E)后来由于艺术和思想论辩的发展,精神上的智慧和美德也成为同性恋所渴求的目标,这便是这篇对话主要阐述的内容。

第三,希腊文艺思想的发展②。我们在第一卷中已经说过,希腊文字是在公元前7世纪时逐渐形成的,那时写定的荷马和赫西奥德的史诗是辉煌的代表作。荷马史诗中常常呼吁诗神缪斯授他以灵感去吟唱英雄们的业绩,赫西奥德在《神谱》序曲中也讲到他在山上牧羊时神教他歌唱。到公元前6世纪哲学兴起,有些哲学家如塞诺芬尼指责荷马和赫西奥德,说他们将偷盗、奸淫等人间丑行加到神灵身上,强调要用神圣的歌词和纯洁的语言去崇敬神灵,但不要歌颂泰坦诸神、巨人或半人半兽的怪物的斗争。文艺的任务是娱乐还是教育的问题已经提出来了。公元前6世纪后半期抒情诗兴起,诗人品达提出了天才和技巧的相对价值问题,强调人的灵感来自天赋,但也并不否认修养的重要性。希腊戏剧

①　参见色诺芬:《经济论》,第3、7节。
②　参见缪朗山:《西方文艺理论史纲》,第1章第1节"古希腊文艺理论的萌芽"。

起源于对酒神狄奥尼修的祭礼。奠祭者喝得酩酊大醉,载歌载舞唱出即兴的诗歌,从而人们推想诗歌是在迷狂状态中创作出来的,由此产生"迷狂说"。我们在上一编中讨论过的《伊翁篇》中的灵感说即是由此发展而来的。阿里斯托芬在喜剧《蛙》中描写两大悲剧诗人埃斯库罗斯和欧里庇得斯在冥界互争首席诗人的位置,冥王请酒神狄奥尼修裁判。他认为理想主义者埃斯库罗斯继承了荷马的优良传统,人物性格反映出希腊人的英雄品质,可以培养观众的勇敢、正义、节制等美德,从而被判回到阳间去教育雅典人;而现实主义者欧里庇得斯的人物性格都是当时希腊人的丑行,他所描写的人物充满激情、狡猾、凶狠、花言巧语和钩心斗角,难免对观众产生坏的影响。因此冥王裁决,只能由另一位悲剧诗人索福克勒斯代理冥界首席诗人。凡此种种涉及文艺的认识作用,文艺创作和天赋、灵感的关系,文艺的教育功能和社会功能,文艺对现实世界的关系,以及文艺的审美功能等等问题和主张,都是柏拉图考虑到的,在《会饮篇》特别是《斐德罗篇》中有所反映,和他的哲学相论也都是有关系的。

现在我们可以讨论《会饮篇》的主要内容,即由斐德罗、鲍桑尼亚、厄律克西马库、阿里斯托芬、阿伽松和苏格拉底所发表的对厄洛斯的六篇颂辞了。前面提到:耶格尔认为它们是各自代表一种不同的希腊文化类型。他说的也许有道理,我们在这方面没有研究,不敢妄加评论。但从哲学思想上看这六篇颂辞却是可以相互补充的,因此我们接受另一些学者的意见,认为前五篇颂辞是为最后的苏格拉底的颂辞作准备,这六篇颂辞合起来构成柏拉图一个重要的系统的思想,即真美善的统一。柏拉图继承苏格拉底的思想,认为在一切美德中智慧是最高的,这是西方思想中理性主义的主流。但是柏拉图也发现了在获得真理的过程中情感和意志占有一定的地位。这就是知、情、意三者的关系问题。《会饮篇》表面上的主题是讨论爱,实际上却是讨论真、美、善的统一问题。

第一节　情感和意志

第一个致颂辞的是斐德罗,他是雅典人,在《普罗泰戈拉篇》和《会饮篇》

中都出现过,柏拉图还以他为名写了《斐德罗篇》,是《会饮篇》的姐妹篇。他是苏格拉底同时代人,属于苏格拉底圈子中的人物,但不一定是他的学生,在《会饮篇》中是作为一个善于修辞的人出现的。

斐德罗对厄洛斯的歌颂可以分为三层:

第一,厄洛斯在所有诸神中是最古老的,从来的诗和散文中都没有提到过他的父母。斐德罗列举赫西奥德《神谱》:"首先出现的是混沌,接着出现的是宽广的大地,……接着是不朽的神中最可爱的爱神厄洛斯……";①也提到巴门尼德在《论自然》中所说的创造女神首先创造了厄洛斯。② 后来亚里士多德指出他们共同认为爱情和欲望是万物的本原,③将爱情—感情提到这样高的位置,大约是从他们开始的。

第二,厄洛斯又是我们最高的幸福——善的源泉。他说一个人要想过美满的生活,只有靠爱情才能做到,别的像家世、特权、财富都比不上它。爱情是什么呢? 他说是崇敬善和羞于为恶。如果没有这种羞恶和崇敬,无论是国家和个人都做不出伟大优美的事情来。一个人在做一件坏事或者怯懦不敢抵抗的时候如果被人看到,他会觉得羞耻;但是被父亲或其他朋友看到,不如被爱人看到更加无地自容。一个军人如果放下武器逃离岗位,当然怕被别人看见,但他宁死也不愿被他的爱人看见;也没有人会怯懦到看见爱人在危险境地时而不去营救,即使最懦怯的人也会受爱情鼓舞作出最英勇的事情来。所以他说:如果一支军队全由情人和爱人组成便将是最英勇的,只要这样一支小小的军队也可以征服世界。荷马说这是厄洛斯赐给情人的一种英雄的"狂热的勇气"。(178C—179B)希腊人最崇拜的是趋善羞恶的英雄精神,在这里斐德罗将这种英雄精神的产生归之于爱情的神圣力量,认为它就是人类最高的善的来源。

第三,厄洛斯还能为相爱的人提供献身的勇气和意志。斐德罗也提供了几个神话例子:阿尔刻提的丈夫临死前,阿波罗同意可以由他的父母或妻子代

---

① 赫西奥德:《神谱》,第 116—120 行,参见本书第一卷第 63—64 页。
② 巴门尼德残篇第 13,参看本书第一卷第 547 页。
③ 亚里士多德:《形而上学》,984^{b}23—27。

他去死,他的父母虽然年老却不愿替死,只有妻子阿尔刻提却勇敢地献身替死,神也钦佩她,让她复活。欧里庇得斯为此写了一部悲剧《阿尔刻提》。另一方面奥菲斯因为没有为爱情献身,所以神让他死在女人手里。再一个神话故事是:著名英雄阿喀琉斯虽然已经知道,如果他杀了赫克托耳自己一定会死,只有不杀死赫克托耳才能平安回家,但他为了给情人报仇,还是牺牲自己杀死赫克托耳,自己也随之而死,死后受到神的优待,让他去到幸福岛上。为了爱情不惜牺牲自己的生命,可见爱情是一种多么伟大的情感和意志。

斐德罗最后结论说:"所以我认为厄洛斯在诸神中是最古老、最神圣、最值得尊敬的,对于人,无论是生前还是死后,厄洛斯都是带来美德和幸福的。"(180B)

下一个致颂辞的是鲍萨尼亚。关于他的情况没有更多的记录和说明,只知道他和阿伽松是情人和爱人的关系,这在《普罗泰戈拉篇》315D 中也提到过,在色诺芬的《会饮篇》中也说到这一点。① 鲍萨尼亚首先指出斐德罗所致的颂辞中的缺点,即他没有说明所颂扬的究竟是哪一种厄洛斯,因为厄洛斯不止一种,所以先要确定颂扬哪一种爱神。他说厄洛斯和女爱神阿佛洛狄忒是不能分开的,可是阿佛洛狄忒有两个,一个是天神乌剌诺斯的女儿,我们将她叫做"天上的女爱神";另一个比较年轻的是宙斯和狄俄涅(大洋女神)的女儿,我们叫她"人间的女爱神"。和他们作伴的厄洛斯也应该有两个,一个是天上的,另一个是人间的。他说凡是神当然都应该赞扬,但我们也要看他所起的作用。一切行为本身并没有美、丑的区别,正像我们现在饮酒、唱歌、谈话,它们本身无所谓美和丑,要看这种行为是以什么方式做的,做的方式美行为就美,做的方式丑行为就丑,只有使人以高尚的方式相爱的厄洛斯才是美的,值得赞扬。(180C—181A)

怎么区别这两种不同的爱呢?他说人间的爱的对象可以是年轻人,也可以是女人,它所爱的只是肉体而不是心灵,它只选择愚蠢的对象,只求达到目

---

① 参见色诺芬:《会饮篇》,第 8 章第 32 节。

的而不管方式的美和丑。因为人间的女爱神年纪较轻,她是由男人和女人生出来的。而天上的女爱神只是由男人生出来的,她的年纪较长,她爱的对象只是年轻男子,他们强壮而聪明。情人一定要等爱人达到一定年龄后才去爱他,因为年幼的孩子无论在精神上或身体上都还动摇不定,不能利用他年幼无知去欺骗他,要得到的是真正的、永久的爱情。他又举希腊城邦的不同法律,说有些城邦规定允许这种爱情(男人的同性恋),而有的城邦受到外族人的影响禁止这种爱情,这表示那城邦的道德标准很低,表现统治者的专制和被统治者的懦弱。雅典的法律鼓励这种爱情,人们把追求爱情的胜利看作光荣,失败看作耻辱。为争取胜利允许人们可以做种种事情,但目的必须是为了爱情,而不是为了金钱和官职等等;如果为了那些目的,便会遭到人们的谴责。(181B—183C)

他说真理就在于:爱本身无所谓美和丑,而是要看行为的方式。丑的做法是以卑鄙对付卑鄙的对象,美的方式是以高尚对付高尚的对象。所谓卑鄙的对象就是爱肉体胜于爱心灵,他所爱的东西不是始终不变的,肉体的美色是要衰败的,这样的爱情也不能始终不变;只有爱优美心灵的人的爱情才能始终不变,因为他所爱的对象也是始终不变的。(183D—184A)由此可知如果能将对青年的爱情和对智慧与其他美德的追求二者结合起来,爱情便是一件好事。(184D)为金钱爱人是不光荣的,但如果是想在道德上进步而去爱人,便是很光荣的,这是天上的阿佛洛狄忒所启发的爱情,无论对城邦或个人都是可贵的,其他的爱情都属于人间的阿佛洛狄忒,是庸俗的。(185A—C)

这就是鲍桑尼亚的颂辞。他主要区别了两种厄洛斯:一种是人间的,它只是爱肉体的美,爱金钱和官职,这种爱情是卑下的,因为所爱的对象是经常变化的,情况变化了爱情也就改变。另一种是天上的,它主要是追求智慧和其他种种美德;这种爱情是高尚的,因为所爱的对象是不变的、永恒的。柏拉图所说的这种区别同他为"相"和具体事物间所作的区别是相同的,可以说和他的相论有联系,但不能说这里谈的已经是相论了,因为主要说的是对道德(智慧是其中主要成分)的爱,还将它归于感情和意志方面。这是一种精神的爱,认为精神的爱高于肉体的(物质的)爱,就是通常所说的"柏拉图的爱情"。

第二节 寻求自我完善的动力

医生厄律克西马库接着致颂辞。他同意鲍桑尼亚对两种爱的区别,但要作一点补充,他认为这种区别对于万事万物都是普遍适用的,爱的力量对于人和神的一切活动都是伟大的(186A)。

厄律克西马库是医生,他说这是普遍适用的道理,首先从医学说起。他说对身体机构也有两种不同的爱情,即爱健康状态和爱疾病状态,正像鲍桑尼亚所说的爱好人是美事,爱坏人是丑事,医生的职责就是要爱护健康防止不健康。高明的医生能够诊断在哪种情况下这种爱情是好还是坏,他能用身体中应该有的爱情去代替不应该有的爱情,这样才可说是一位专家,一位熟练的医生。(186B—D)厄律克西马库所说的理论实际上就是恩培多克勒明白提出来的学说:爱就是能将相反的因素合在一起的力量,这可能已经是当时在自然哲学家和医生中普遍流行的理论了。他说医生就是要将身体中相反的、彼此冲突的因素,用爱将它们结合在一起。最相反的因素便是冷和热、苦和甜、干和湿等等。他说医神阿斯克勒普所以能成为医学的创始人,就是因为他能使相反的东西和谐一致。(186D—E)接着(187A—C)他专门批评了赫拉克利特所说的"和谐就是相反"这句话,认为只能说本来是相反的现在却已经协调一致了。① 他认为只有先区别天上的爱和人间的爱,才能保持高尚的爱情,防止卑下的爱情。医生重视饮食的正确运用,享受美味而又不致生病,再推广到整个自然界:冷和热、干和湿等相反的因素,如果有一种有秩序的厄洛斯将它们结合在一起,产生有节制的和谐,对人、动物和植物都有好处;相反,如果由另一种无节制的厄洛斯统治季节,便会带来不幸和毁灭。天文学就是要研究这些现象,占卜术便是要区别这两种爱情,崇敬有节制的厄洛斯,使人和神取得一致。他最后说:厄洛斯作为一个整体,具有广阔的、强大的、完全的力量,但只

---

① 参见本书第一卷第392—393页。

有在他是正义和自制,无论在天上或地下都以善为目的时,才能发挥最大的威力,使我们彼此相爱,并且和神友爱相处,得到最高的幸福。(188D)

厄律克西马库的这篇颂辞像是代表了当时自然哲学家对爱的看法,他强调了厄洛斯是将对立的因素结合在一起的一种强大的力量,为下一个阿里斯托芬的颂辞作了准备。

阿里斯托芬是著名的喜剧诗人,他在《云》剧中对苏格拉底讽刺得淋漓尽致。《会饮篇》中他的这篇颂辞是柏拉图对话中最为人们熟悉的段落之一。泰勒认为它只是阿里斯托芬的幽默讽刺文章,没有什么严肃的意义。① 但是别的专家却不如此看,他们又有各种各样的解释。我们还是先看看阿里斯托芬自己的思想。

阿里斯托芬在喜剧《鸟》中曾经说到过厄洛斯。他认为宇宙生成时开始只有混沌、黑夜、黑域和冥府,最先生出虱蛋,然后是渴望着的爱情——厄洛斯生出来了。她背上有灿烂的金翅膀,与黑暗无光的混沌交合产生了我们,并将我们带进了光明。② 可见阿里斯托芬的看法实际上是当时许多自然哲学家的思想,认为厄洛斯——爱情是生殖,从混沌中产生了人,产生了万物。

但是柏拉图在《会饮篇》中却让阿里斯托芬说了一段离奇的神话故事。他说在我看来人们对于厄洛斯的力量还是没有真正认识,不然人们便会建造最漂亮的庙宇来祭祀他了。在一切神中厄洛斯是对人最友好的,他替人们医治疾病,给人类带来最大的幸福。(189C—D)什么是人类最大的幸福呢? 他讲的故事是:原来的人和现在的人是不一样的。原来的人除了男人和女人以外,还有第三种亦男亦女的阴阳人,这种人现在已经绝迹了。原来的人和现在的人的形体也不同,他们的腰和背都是圆的,头也是圆的,头上有两副面孔分别朝前后方向。每人有四只手、四只脚和四个耳朵。他们走路时也可以直着身子随意向前向后,但也可以像翻筋斗一样很快滚动。他们所以如此,因为男人是太阳生出来的,女人是大地生出来的,阴阳人是由月亮生出来的,太阳、大

---

① 参见泰勒:《柏拉图其人及其著作》,第 210 页。
② 参见阿里斯托芬:《鸟》第 697—703 行;参看本书第一卷第 64 页。

地、月亮的形状和运动都是圆的,所以它们的子女也是如此。这样的人非常强大有力,因而骄傲自大,敢于反抗神并阴谋反叛,于是宙斯和诸神商量怎么对付他们。诸神不敢灭绝人种,因为如果没有人,神也就失去了崇拜和祭祀者;宙斯终于想出了一个办法,他提议将每个人截成两半,这样既削弱了人的力量,又可以使侍奉神的人和祭献的礼物也成倍增加。宙斯就用这样的办法将每个人都一分为二,加以手术便成为现在这样的人了。原来的人被截成两半以后,这一半想念那一半,苦苦思恋甚至懒死饿死。为了避免人类灭绝,宙斯就让男女交媾生殖子女。所以人和人(男人和女人,男人和男人)彼此相爱的情欲就深深植根在人心里,人们要想恢复原来的状态将两个人合成一个。因此我们每个人只是人的一半,像比目鱼,像"符"①,要两个人合在一起,每个人都在寻求自己的另外一半。如果他恰巧遇到另一个正是他自己的另一半,他们立刻互相爱慕,相亲相爱,共享爱情的乐趣。两个人紧紧相抱,宁愿死也不肯分离,因为这正是他们渴求的事情,就是和爱人熔成一片,使两个人合成一个人。(189D—192E)

他最后说:"这一切的原因在于:我们原来的形式是完全的、完整的,追求这种完整便叫作厄洛斯。"人本来是一个整体,由于自己的罪过,神将人分割开来了,只有在厄洛斯的庇护下人才能得到幸福。如果我们能和他友好相处,我们便能碰见恰好和我相配的爱人,这样的福气是很稀罕的。"全体人类不论男男女女,他们的幸福就是实现爱情,找到和自己配合的爱人,回复人原来的本性,达到完全。我们必须这样做。在当前的情况下次好的事情便是将我们的爱情放在和我们最情投意合的性质上。所以厄洛斯是最值得我们尊敬的,他能使我们回复原来的完整状态,得到最大的幸福。"(192E—193D)

由此可见,阿里斯托芬的颂辞并不是简单地幽默说笑话,他是说了一个相当深刻的道理,说爱神厄洛斯是使人恢复自我完善的力量。人原来是一个完善的整体,由于有罪而被分裂了,失去了自己的另一半;每个人都在渴望寻求自己的另一半,希望自己重新完善。爱情便是这样一种力量,他能够使人自我

---

① 相当于symbolon,中国古代的"符",一块竹木或金属截成两半,彼此相合才证明是真的。

完善从而达到最高的幸福。

这一点还需要摆到当时思想发展的阶段来认识。智者运动开始将哲学从天上拉回到人间。作为哲学家注意和认识中心的，不再是自然界而是人了，人成为万物的尺度。但人究竟是什么呢？这个过去并不被人重视的问题现在逐渐成为研究的中心。最初是苏格拉底强调要认识自己，现在柏拉图又更进一步从苏格拉底的自我认识发展到自我完善。人本来是完善的，由于过失和错误，失去了自己的另一半，变成不完善；现在要去寻求那失去的一半，重新获得自我完善。柏拉图最初用神话故事的形式将这个严肃的主题表达出来，显得有些可笑。但如果我们想一想：以后世世代代的哲学家、思想家一直都在考虑这个问题，即人如何才能达到自我完善？人缺少的是什么，他需要的又是什么，怎样才是自我完善？人和客观世界是什么关系，如何能从客观世界中得到完善？特别是人和人是什么关系，如何能从人际关系即社会关系中得到自我完善？自我完善的标准又是什么？这些问题不正是几千年来许多有理想的哲学家、思想家孜孜以求所探索的问题吗？柏拉图在这里提出的"自我完善（或完全、完整）"，至少在西方是一个创始，我们不应该忽略了这一点。

第三节　美和善

下一个是宴会主人、悲剧诗人阿伽松致颂辞。他首先申明，他认为以前几位的颂辞都不是在颂扬爱神，而只是歌颂人类从他那里得到的幸福，却没有一位谈到这位造福者本身的性质。所以要颂扬厄洛斯首先要说明他是什么，然后说明他赐给我们什么。（194E—195A）

他说在所有诸神中厄洛斯是最值得赞美的，因为他是最美的（最可爱的），也是最好的（最善的）（195A），以下他就分别论证这两个方面：

第一，厄洛斯是最美的最可爱的。他列数了几点：

1. 厄洛斯在诸神中是最年轻的。因为爱情总是厌恶老年人而爱和少年混在一起，他自己就是一个少年。他说我对于斐德罗所说的话大部分同意，只

有他说厄洛斯在诸神中是年老的这一点不敢苟同。我的看法正相反,厄洛斯
在诸神中不但是最年轻的,而且他永远年轻。至于赫西奥德和巴门尼德所说
的古代神们之间的纷争,那是由"必然"〔ananke,朱光潜译为"定命神"〕造成
的,而不是由于厄洛斯,如果那时已经有厄洛斯,神们便不会互相残杀,只会有
和平和友爱了,正像现在厄洛斯统治以后的情况这样。(195A—C)

2. 厄洛斯是最娇嫩最敏感的。因为厄洛斯年轻所以他娇嫩,正像荷马形
容阿忒〔宙斯的女儿,她不能区别行为的是非,能使人和神失去理智而发狂,
是道德上盲目性的神化〕女神,说她实在娇嫩,她的脚不在地上行走而是在人
类头脑上走路。① 阿伽松说,这是说她不能在硬的地方走只能走在软的地方,
他认为厄洛斯既不在地上走也不在头脑上走,因为那也不是柔软的地方,他是
在最柔软的东西即在心上走,而且也不在硬心的人心上走,只能在软心的人心
上走。她住在最柔软的东西的最柔软的部分里,所以她最娇嫩。(195C—E)
他认为爱情不是在头脑里而是在心里,这就将情感和理智区别开来了。

3. 厄洛斯是最柔韧最随和的。所以她能随时随地在每个心中神秘地溜
进溜出,人们也不会发觉。可以证明他的柔韧的便是他的美貌,美貌是厄洛斯
的特征,这是人人都公认的。厄洛斯和丑永远不能合在一起,他只能住在鲜花
丛中。如果心灵、身体或其他地方的花萎谢了或是没有花,厄洛斯就不会住在
那里。(195E—196B)

年轻、娇嫩、柔韧、美貌,这便是阿伽松所说的厄洛斯的"美"。他只是用
艺术的语言说明了爱情的"美",离他自己所设想的要说明厄洛斯的本质或本
性还差得很远。

第二,厄洛斯是最好的,是最高的善。他是从爱和四种美德的关系说的:

1. 厄洛斯是正义。他既不损害人和神,也不被人和神所损害。暴力与他
无关,他既不忍受暴力也不使用暴力,因为爱情都是出于自愿的。这是正义
的,也是法律所规定的。(196B—C)

2. 厄洛斯是自制。自制便是对快乐和情欲的控制。任何一种快乐和情

---

① 参见荷马:《伊利昂纪》第19卷,第90行等。

欲都比不上爱情,都被厄洛斯所征服,厄洛斯是它们的主人,他本身当然也就是自制了。(196C)

3. 厄洛斯是勇敢。甚至战神阿瑞斯也抵挡不过厄洛斯,从来没有听说过阿瑞斯征服厄洛斯,反是他被阿佛洛狄忒所征服。征服者总比被征服者强,爱神既然能征服最勇敢的战神,他自己当然是勇敢的。(196D)

4. 厄洛斯是智慧。阿伽松说,在这点上我必须尽力将它说得充分。首先,爱神是一位卓越的诗人。任何人要成为诗人都要受到他的启发,即使他原来没有和诗神结合,只要被厄洛斯掌握马上就能成为诗人。可见厄洛斯对诗和音乐都很熟练,不然他便不能教人。(196E)其次,一切生命的创造和产生,难道不都是厄洛斯的功绩吗?再说一切技艺〔希腊文技艺和艺术是同一个字〕只有在爱神指导下才能有光辉的成就。阿波罗发明射击、医药和占卜,缪斯在音乐上,赫费司图在金属工艺上,雅典娜在纺织上,宙斯在统治神和人上,所有这些神的工作,都应该归功于厄洛斯。这都是由于对美的爱好,他们是不要丑的。像我以前说的,从前由"必然"统治的时候发生过许多奇怪可怕的事情;自从爱神产生以后,人们爱好美,就产生了使神和人享受的一切幸福。(197A—B)阿伽松在这里所说的"智慧"(sophia),指的只是生产的技术和艺术的精巧熟练,还不属于真理和知识。

所以他认为厄洛斯就是最高尚的美和善,后来神和人的一切美和善都是由他开创的。爱给我们带来了和平,使苦痛沉睡,他给我们带来友好和欢乐。没有得到他的人渴望他,已经得到他的人珍惜他。他是欢乐、文雅、温柔、优美、希望和热情之父,无论神和人都要跟随他、赞美他、歌颂他。(197C—E)

阿伽松的颂辞使用了美丽的词藻,但并没有说出什么深刻的道理,但是他将爱情和道德、美和善结合起来了。

第四节　真美善的统一

阿伽松的颂辞得到与会者的一致赞赏,现在轮到苏格拉底了,他佯装自叹弗如，难以为继，但是接着就提出批评说：我以为对于所颂扬的东西应该说真话，以真理为基础；所以我自信能说得顶好，因为我知道真实的东西。现在我发现所谓好的颂辞不过是将一切最优美的品质都加到所颂扬的对象上去，不管是真是假，即使是假的也没有关系；我不能作这样的颂辞，如果你们愿意听老实话，我可以来试一试。（198B—199B）苏格拉底一开始便提出真和假的问题，表明他要说的是有关厄洛斯的真理，而不是虚夸的颂扬。当斐德罗等人接受了他的请求以后，他就向阿伽松提出两个问题。

第一，厄洛斯有没有对象？那时候一般人对爱和所爱的对象往往是分不清楚的，从以上几个人所致的颂辞就可以看到，其中有的是讲爱的主体，有的是讲爱的对象，经常将二者混在一起，所以苏格拉底需要反复用实例说明这一点。他说比如说爱的是父亲或母亲，这点也许还不够清楚，那么说父亲是子女的父亲或母亲是子女的母亲，哥哥是弟弟或妹妹的哥哥，这样主体和对象的相互关系便可以清楚了。阿伽松承认厄洛斯是对某些对象的爱情。（199D—E）柏拉图实际上将厄洛斯归为爱情的主体，什么是爱情的对象呢？这问题正是下面要讨论的。暂先不谈。

第二，厄洛斯既然是对他想得到的东西的一种欲望，那么在他想得到他所爱的东西时，是不是已经得到或占有了那个东西呢？当然还没有。一个已经大的人就不再想要大了，已经强的人就不再想要强了。如果强者还想强，健康者还想健康，富有者还想富有，那是他们想到将来也能永远有这些东西。所想要的对象对于想要的人说总是他所缺乏的，是他还没有得到的。阿伽松不得不承认这一点。（200A—E）

苏格拉底根据这两点批评阿伽松的颂辞：既然如此，厄洛斯所爱的当然是美而不是丑，因此厄洛斯所缺少的也恰恰就是美，既然他缺乏美他也缺乏善，可是阿伽松却将厄洛斯说成是尽善尽美的。阿伽松不得不承认他对自己所说的实在是毫无所知。（201A—C）

柏拉图并没有让苏格拉底和阿伽松继续讨论下去，而是让苏格拉底转述他以前和阿卡狄亚地区曼提尼亚城的女先知狄奥提玛（Diotima）的一次类似的讨论。苏格拉底说他自己当时的说法和现在阿伽松的说法一模一样，却遭到了狄奥提玛的反驳。

这位狄奥提玛,据苏格拉底介绍,她对许多问题都有真知灼见,她还教雅典人祭神,使瘟疫的发生推迟了 10 年,但有关她的事迹没有历史旁证。柏拉图为什么要在《会饮篇》中让她来代替以前对话中的苏格拉底成为谈话的主人呢? 对此学者们有各种不同的说法。最为普遍的看法是:柏拉图虚构这个人物和这场对话,为的是戏剧创作的需要,使整篇对话显得更为生动和丰富多彩。康福德认为这场讨论本来是对阿伽松的颂辞的批判,为了避免人们将阿伽松看成一个蠢货,而苏格拉底则是自诩高明,所以作了这个虚构。① 耶格尔也认为这是苏格拉底表示他的见解不是出于他自己高超的智慧,而是出于贤哲的启示;他还将狄奥提玛的讲话和当时的宗教仪式联系起来。② 只有一贯主张柏拉图对话中所提到的全是历史真实的泰勒,主张狄奥提玛并不是柏拉图虚构的人物,认为公元前 440 年左右狄奥提玛来到雅典,启发年方 30 的苏格拉底思考灵魂的神秘沉思和上升的学说。他还认为《会饮篇》中的这段描写就是柏拉图眼中看到的苏格拉底灵魂的内在生活。③ 我们不能赞同泰勒的意见而认为《会饮篇》中狄奥提玛的谈话实际上是代表柏拉图自己的思想的。

一 厄洛斯——爱美的主体

由狄奥提玛阐述的学说是《会饮篇》的主要内容。它主要说明两个方面:一是关于厄洛斯本身的问题,另一是关于厄洛斯的对象的问题。

苏格拉底说,他原来也像阿伽松一样说厄洛斯是一位伟大的神,又美又善,狄奥提玛反驳他,也像现在苏格拉底反驳阿伽松一样,说厄洛斯是既不美又不善的。苏格拉底说,难道厄洛斯是又丑又恶的吗? 狄奥提玛说,你认为不美便必然是丑吗? (201E)于是她谈到有一种处于美和丑之间的中间状态,它是既不美也不丑的。

---

① 参见康福德:《柏拉图〈会饮篇〉中的厄洛斯学说》,见弗拉斯托斯编:《柏拉图:批判论文集》第 2 卷,第 122 页。
② 参见耶格尔:《潘迪亚:希腊文化的理想》第 2 卷,第 187 页。
③ 参见泰勒:《柏拉图其人及其著作》,第 224—225 页。

她首先提到的是在智慧、知识和无知之间有一种中间状态,那就是正确的意见。它不是真正的知识,因为它不能说出道理,作出推理,但它也不是无知,因为它碰巧也能说出一些真理。所以说它是介于知识与无知二者之间的。(202A)在这里,和《美诺篇》中提出的真意见与知识的区别相比,柏拉图将正确的意见规定得更加明确了,它既有知识的成分但又不是知识,既有无知的因素却又不同于无知,它只是偶然地能说出一些真理,所以是介于二者之间的。

这样便谈到厄洛斯。厄洛斯是不美不善的,但他也并不因而必然是丑的恶的,他是介于二者之间的。因为他不美不善,所以他也不是神,凡是神总必然是又美又善的。厄洛斯不是神,更不是伟大的神,但他也不是凡人,狄奥提玛说他是介乎神人之间的一种精灵(daimon)。(202B—E)这个 daimon,乔伊特和洛布古典丛书本都译成“a great spirit”,汉密尔顿编的《柏拉图对话全集》中 M.Joyce 的译文译为“a very powerful spirit”,总之是一个精神性的东西或力量。

狄奥提玛说明这种精灵的作用是作为人和神之间的传话者和解释者,将人的祈祷和祭祀传给神,将神的启示和意旨传给人,使人和神互相补充结合起来。神和人本来没有交往,但通过精灵人和神在醒时或梦中可以互相交往。熟悉这类事情的人就是一个有精灵(精神)的人,这样的人可以在其他事情上如技术和工艺上有精灵,那就是能工巧匠。这些精灵是多种多样的,厄洛斯是其中之一。(202E—203A)由此可见狄奥提玛所说的精灵,实在是指人的精神能力,在人身上相当于“灵感”,说他能够和神交通,也就是说他能够从神那里接受某种智慧技巧即“灵巧”,成为某一方面的专家或巧匠。因此他所说的这种精灵,不正是作为认识和行动的主体——人的主观能力吗?

柏拉图又杜撰了一个神话故事:当阿佛洛狄忒降生时,聪明神的儿子丰富神喝醉了,贫乏神〔这些译名从朱光潜〕想和他生一个孩子,乘机和他睡在一起怀了孕,生下的便是厄洛斯,所以厄洛斯是丰富神和贫乏神的儿子。他既像他的母亲,永远是贫乏的,一无所有,又像他的父亲,总是在千方百计地追求美和善的东西。他是一个勇敢的精力旺盛的有力的猎人,是技艺和发明的主人,渴望得到智慧,终身寻求真理。(203B—D)这确实是对于苏格拉底也是对一切爱好智慧的人的精神生活的一幅绝妙的写照,他们自认一无所有,终生孜孜地追求真理。

厄洛斯既不是人,也不是神,他可以时而很丰盛,时而又萎谢,丰富的资源不断涌来又不断流走,所以他永远既不贫穷,也不富裕。他也是介于智慧和无知之间,神都是不寻求智慧的,因为他们已经有了智慧便不必再寻求它。无知的人也不寻求智慧,因为他已经沾沾自喜,不认为自己缺少智慧了。只有厄洛斯热爱智慧,因为他爱美,而智慧是最美的东西,所以厄洛斯必然热爱智慧,是智慧的爱好者。〔这个词原来就是"哲学家",但在这里还没有这种专门名词的意思,柏拉图不说厄洛斯就是哲学家。一般外文翻译译为"智慧之友"或"爱好智慧者"。〕他的父亲是智慧和富有的,而他的母亲却是不聪明和贫乏的,这就是这种精灵的本质。(203E—204C)这里柏拉图将智慧和厄洛斯明确结合起来了。在阿伽松的颂辞中也讲到智慧是厄洛斯的一种性质,但他是将智慧当作美德中的一种来讲的,他着重的是厄洛斯是美的、善的,现在苏格拉底的颂辞却将智慧着重突出了,他说在一切美的东西中智慧是最美的,所以厄洛斯必然是智慧的爱好者,这样智慧就和美、善处于同等的,甚至更高的地位。整篇狄奥提玛的颂辞就是说明如何认识厄洛斯,获得有关美(的"相")的知识。

柏拉图将厄洛斯说成是介乎神人之间的精灵,它既不美也不丑,但是一种想获得美的能力,它既不是智慧也不是无知,但是一种热爱智慧的力量。这样的精灵是什么呢? 现在我们可以看出这就是认识、情感、欲望、意志的主体。只有这样的主体本身才既不美也不丑,既不是智慧也不是无知,正因为他本身不是这一切而是可以获得这一切的能力,所以他能够时而得到它时而又失去它。在希腊哲学中早已有将灵魂看成是认识和其他主观活动的主体的思想,但是在此以前关于主体和客体(对象)的对立并不是很明确的,《斐多篇》中将灵魂和"相"常常混淆起来;《会饮篇》将厄洛斯说成不是任何一种对象,而是追求美和知识的力量,说明柏拉图已经认识到有这样一种能力的主体,将主体和对象区别开来了。

希腊哲学的这个时代已经发展到要认识人,认识自我。自我是什么呢?

柏拉图在这里提供了一个答案:自我是知、情、意的主体。在柏拉图那时候还不可能用哲学的语言表达这一点,他只能采用神话比喻的说法将他说成是非神非人的精灵。

但是单纯说这样一个主体并不等于厄洛斯,因为一个主体可以追求美、爱好智慧,但他也可以追求和爱好相反的东西,所以还必须说明厄洛斯是有一定目的和作用的主体。柏拉图进一步指出:厄洛斯是追求幸福的那种欲望。他还批评了阿里斯托芬的看法即认为爱情是追求自己的另外那一半,想达到完整的全体。他说除非那部分是好的,如果是不好的,人宁愿砍去自己的手脚;所爱的也并不是原来属于自己的某一部分,除非属于自己的都是好的,凡是坏的都不是属于自己的。要区分好的和坏的,人只能爱好的东西,有希望它们永远归自己所有的这种欲望。(204D—206B)智慧以好—善为目的,这样,真、善、美即智慧、欲望、情感三者就统一起来了。

狄奥提玛将这种对幸福的欲望——要把好的东西永远归自己所有进一步具体化,说这就是不朽。她说:"生育是一件神圣的事情,它使可朽的人具有不朽的性质。"(206C)通过生殖使自己不朽,这又可以有肉体上的不朽和精神上的不朽。凡是有生殖力的人遇着美的对象便欢欣鼓舞,要凭美来孕育生殖,通过生殖,有死的人可以一代一代永远流传下去达到不朽,这样每个个人虽然不是不朽的,但整个人类却可以绵延不绝。柏拉图在这里对于个人也运用赫拉克利特的思想作了解释,他说一个人从小到老虽然都是原来那一个人,实际上他的身体、精神、性格、欲望等等都是时时在变化的,有些生长也有些毁灭。他特别指出即使我们的知识也是如此,每一种知识都是在不断地生灭流转,原来的知识离开了,我们叫做忘记,新的知识又产生了,代替了原来的知识,我们叫作回忆,它使得知识联系起来,前后像是相似的。凡是可朽的东西都不能始终不变,我们只能以这种不断变化的方式来分有不朽。(206C—208B)

狄奥提玛在这一点上从肉体的不朽转到精神的不朽。她说精神生育什么东西呢?它生育智慧和其他美德,一切诗人和各行技艺的发明人都是这类生育者。而最高最美的智慧是统治城邦和社会的,这种美德就是自制和正义。这类人是接近神圣的,从小就富有这种美德,成年时期起了这种生育的欲望,四处寻找美的对象。一旦发现一个美好的高尚的心灵,他立即产生丰富的思想,和他讨论好人应该有的和应该追求的美德,对他进行教育。他这样和他的爱人生育的精神的子女,要比肉体的子女更美更加不朽。所以荷马、赫西奥德和其他诗人留下的孩子不但自身不朽,还替他们的父母留下不朽的英名。像莱喀古斯在斯巴达、梭伦在雅典所留下的法律都是为全希腊人造福的,还有许多其他例子,不论在希腊或其他地方产生了伟大的作品或功德,他们永远受人爱戴。后人建造庙宇祭祀他们,这是一般的肉体子女不能为他们的父母取得的。(209A—E)

柏拉图在这里讲的是:爱是要生育,生育的目的是不朽。男女结合生育子女"传宗接代"是一种肉体上的不朽,它使可朽的人也分有了不朽。但更重要的是心灵上的不朽,当遇到一个有良好品质的爱人(一般指青年男子),能够互相讨论智慧和美德,由此得出精神产品无论是诗、法律、哲学,使产生它们的人获得不朽的名誉,受到后人崇敬,这才是真正高尚的。值得注意的是柏拉图在这里并不像在《国家篇》中那样贬低诗人,而是将荷马和赫西奥德摆在崇高的位置上,也许这才是柏拉图的本意。

二 "美的相"——厄洛斯追求的对象

狄奥提玛对苏格拉底说,以上所讲关于爱的种种事情你能够领会,但是现在要进入最深的启示了,我怀疑你能否跟随。不过我还是要从头告诉你。(209E—210A)这里所说的"最深的启示",不同的译者有不同的翻译,有的指出它的宗教意义,它和古代希腊的一种神秘宗教有关,①与此相联系的是由神启示的"迷狂"即灵感状态,后一点在讨论《斐德罗篇》时再来论述。我们认为,柏拉图在这里所以使用这样的字眼是为了说明他在下文所说的有关"美的相"的学说,在当时是一般人所不易了解的,是最深刻的,因而带有神秘的意义。

---

① 参见马科斯(R.A.Markus):《柏拉图〈会饮篇〉中厄洛斯的辩证法》,见弗拉斯托斯编:《柏拉图:批判论文集》第2卷,第140页。

以下柏拉图谈了两个问题:一个是如何认识"美的相",另一个是"相"有哪些特征。

第一,如何认识"美的相"。

柏拉图在《会饮篇》中不像在《美诺篇》和《斐多篇》中那样用"回忆说"认识"相",而是用另一种方法叫 $\dot{\epsilon}\pi\alpha\gamma\omega\gamma\dot{\eta}$(epagoge)。它的原义是"向上引导",即从最下层的具体事物开始,一级一级向上引导,最后达到认识"相"。

狄奥提玛具体地讲这个过程是这样的:人开始爱一个美的形体(肉体),从这个美的形体认识了美的道理(逻各斯);进一步他认识到这一个形体的美和另一个形体的美是一致的,从而可以在一切美的形体中看到它们的共同的形式〔这里柏拉图用了 eidos 这个词,但不能说它已经是柏拉图所说的"相"了〕,到了这一步就不会否认一切形体的美是相同的,他便可以爱一切美的形体而不必专注于某一个美的形体了。下一步他就应该掌握灵魂的美是高于肉体的美的,即使是形体上不甚美的人,只要有美的灵魂便值得去爱他,这种美可以在他心中诱发讨论,以建立高尚的性情;进一步他便可以看到法律和制度的美,他会发现这些美彼此都是一致的,不会再执着于只爱一个美的肉体;再进一步他从制度转向学问,认识到每一种知识的美,这样他就看到了广泛的美的领域,不会再像奴隶一样只爱一个美的少年、美的男子或美的制度了。这时候他的眼光注视着美的宽广的海洋,在富有成果的讨论和崇高的思想中得到哲学的丰收。一个人如果这样一级一级地上升,最后便会突然跳跃($E\xi\alpha\iota\phi\nu\eta\varsigma$,eksaiphnes)而见到一种奇妙无比的美,他以往的一切探求都是为了这个最后的目的。(210A—E)这个过程柏拉图后来又重复概述了一遍:

> 从个别的美开始,好像升梯一级一级逐步上升,直到最普遍的美。从一个美的形体到两个美的形体,再到每一个美的形体;从美的形体到美的制度,从制度到学问知识,最后一直到美自身——他认识到了美是什么。(211C)

柏拉图所说的似乎可以分为这么几个阶段:最初是认识美的形体,然后是美的灵魂、美的法律、制度、美的学问智慧,直到最后才达到认识美的"相"即美自身,自下而上是按价值高低划分的。在以前几个阶段中均有无数个个体,人的认识是从这个个体到那个个体以至一切个体,统观全体以后认识到它们的共同形式,然后再向上一个阶段上升;只有最高的美的"相"是单一的,只有一个。这就是《会饮篇》中的从具体事物上升到认识"相"的向上引导的过程。这种认识"相"的方法和《美诺篇》、《斐多篇》中的回忆说是有不同的,那里的回忆说明确肯定人先天已经有关于"相"的认识,经验中的具体事物只能起帮助启发我们回忆的作用,因而是一种简单的先验论的认识论;而在《会饮篇》中认识是从具体的经验事物开始的,它符合从个别到一般、从具体到抽象的认识过程,看起来它不像是先验论而更像是经验论的认识论,所以有些学者将他的这种方法说成是归纳法。但是归纳法只能从许多个性中概括出它们的一般的共性,而"相"并不等于一般的共性,它比一般的共性有更高更超越的性质和特征。epagoge 实质上是从个别上升到一般,但是柏拉图并不作如此解释,他所说的"相"本身就是超越经验的,它不可能直接从经验中得来,所以柏拉图在最后达到"相"时用了"突然跳跃"这样的字眼,说明必须经过一个"飞跃"才能达到"相",但这样的"飞跃"是什么? 柏拉图并没有具体说明。不但柏拉图不能说明它,就是以后使用同样字眼的哲学家也不能具体说明这种产生质的根本变化的"飞跃"是一种什么样的认识。无论如何,柏拉图在《会饮篇》中所讲的认识论,比他原来的回忆说更接近于人的认识过程。

第二,"美的相"的特征。

接着狄奥提玛明确地说明这种"美的相"有以下几个特征:(211A—B)

其一,它是永恒的,是不生不灭不增不减的。

其二,它是绝对的,不是在这部分美那部分丑,不是在这一时美那一时丑,也不是在这一方面美那一方面丑,也不是对这些人美对那些人丑。

其三,它是单一的(一类中只有一个),自身存在的,既不表现为某一个面孔、某一双手,或是身体的某一其他部分,不存在于某一篇文章或某种知识中,也不存在于另一个本体如一个动物,或大地和天空中。柏拉图在这里提出的这个特征很容易导致"相"和具体事物的分离,既然"相"并不表现为或存在于任何一个具体事物之中,而是自身存在的,由此可以得出"相"和具体事物分离的结论。卢托斯拉夫斯基指出:柏拉图在《会饮篇》中第一次发现并讲到的那种"美的相",肯定不是内在的,而是同具体事物分离开的①。我们以为,由于柏拉图将"相"和具体事物作为两种不同的存在区分开来,永恒的绝对的"相"当然不能存在于任何一个具体事物之中,这样就使"相"具有外在的分离的性质。《会饮篇》并不明显地具有像《斐多篇》那样强调具体事物以"相"为目的的目的论性质,因此在《会饮篇》中"相"和具体事物分离的特点也较为明显。

其四,具体事物分有"相"。具体事物都是有生有灭的。而"美的相"却并不因此有所增减,在《会饮篇》中柏拉图对于分有问题只是在讲"相"的特征时附带提到,并没有作更多的论述,但是在这里柏拉图至少暗示了这一点:是"相"影响具体事物,而不是具体事物影响"相",所以"相"高于并决定具体事物。

这便是柏拉图在《会饮篇》中列举的"相"的四个特征。一般哲学史著作在讲到柏拉图的"相"时常常举《会饮篇》的这四个特征,因为它简明扼要又集中在一起论述。将它们的《斐多篇》中所讲的"相"的特征加以比较,可以看出它们基本上是一致的,学者们由此认为这两篇对话写作时间大致相近。从内容上讲,由于两篇对话的主题不同,《斐多篇》论述灵魂不灭,所以对"相"的性质和作用讲得比较详细;《会饮篇》主要是歌颂厄洛斯,只是在讲到美时才谈到"相",所以比较简略,但二者还是可以相互补充的。

整个《会饮篇》讲的是真、善、美的统一,狄奥提玛最后也要回到这个问题上来。她说了对于"美的相"的认识和"美的相"的特征——这些既是美也是智慧——以后,接着说:苏格拉底,如果一个人有运气看到那美自身,看到那个纯粹的、不掺杂任何东西的、不受人间皮肤色泽浸染的美,他将会如何呢? 他面对的是神圣的美自身,静观它,永远拥有它,他的生活还能说是可怜的吗? 只有当人通过那些可见的东西领悟了美自身时,他才能被真正的、不是看起来似乎是美德的东西所激动——因为能激励他的是美德自身,而不是那些看来似乎是美德的东西——只有产生和树立美德自身的人才能得到神的恩宠,才

---

① 参见卢托斯拉夫斯基:《柏拉图逻辑学的起源和发展》,第 237 页。

能获得不朽。（211E—212A）这样在真正的智慧指导下，美自身和善自身结合起来才能获得不朽。这就是狄奥提玛教给苏格拉底的最后结论。在西方思想史上这是最初企图将真美善三者结合在一起的尝试。

正当苏格拉底结束了他转述的狄奥提玛的颂辞时，喝得酩酊大醉的阿尔基比亚德闯来了，众人要他继续致颂辞，他说他只能颂扬苏格拉底。他对苏格拉底的颂扬主要有三个方面：第一，他说苏格拉底外表最丑陋，但是内心充满了智慧，他的辩才甚至超过了伯里克利。第二，他说了他自己和苏格拉底的爱情关系，当他向苏格拉底求爱时却遭到拒绝，使他感到侮辱又赞扬苏格拉底的自制。第三，他赞扬苏格拉底在和他共同作战时的勇敢，还救过他的命；也赞扬苏格拉底在战时还进行哲学沉思的不倦。（215A—222B）

阿尔基比亚德的颂辞并没有提出多少哲学思想。为什么柏拉图要加上这段颂辞？学者们有不同的看法，多数人认为阿尔基比亚德以颂扬苏格拉底代替对厄洛斯的颂扬，表示苏格拉底就是厄洛斯的具体化；在柏拉图心目中苏格拉底便是活的厄洛斯，所以他借阿尔基比亚德的口歌颂他的老师的美德。但是有些学者认为这是柏拉图有意借此机会为苏格拉底辩护，因为阿尔基比亚德是苏格拉底的学生和亲密朋友，他们甚至是爱人关系，而阿尔基比亚德后来在政治上反复无常甚至叛国，苏格拉底被控蛊惑青年，他与阿尔基比亚德的关系就是主要依据之一。比苏格拉底稍后的雅典雄辩家伊索克拉底在他的小册子《部西里斯篇》中，就嘲笑苏格拉底曾经是阿尔基比亚德这样一个人物的老师。[1] 柏拉图以苏格拉底拒绝阿尔基比亚德的爱情等事实为苏格拉底辩护。耶格尔就这样指出过：苏格拉底是爱神厄洛斯的体现，厄洛斯就是爱智慧，就是哲学，而阿尔基比亚德对苏格拉底的爱是一种悲剧，他追随苏格拉底而又从他那里逃开，由于野心而堕落成为自私自利猎取权力的人。柏拉图在这篇对话中回答了人们的指控，说明苏格拉底为什么会有阿尔基比亚德这样的学生。[2]

---

[1] 参见伊索克拉底：《部西里斯篇》，第 5 节。

[2] 参见耶格尔：《潘迪亚：希腊文化的理想》第 2 卷，第 196—197 页。

❀ 第十八章 ❀

《国家篇》

凡是知道柏拉图名字的人几乎都知道《国家篇》(《理想国》或《共和国》)是他最著名的代表作。西方大体在 20 世纪以前的哲学史著作几乎都认为这篇对话是柏拉图哲学体系的大成,是他的哲学的顶峰,并以此为标准去衡量判断其他对话的先后次序以及真伪问题。这种看法直到最近数十年才逐渐有了改变。

在某种意义上这篇对话确实也可以说是一部"哲学大全"。在柏拉图的时代哲学和其他学科没有分化,还是一门包罗万象的学问,这篇对话便具有这样的性质。因此它的主题是什么,一直是各种学者争论的问题。政治学家当然认为它是西方第一部系统的政治学著作,它评论了当时各种政治制度的得失,并且提出他自己理想的政制。在伦理问题上,他以前的对话讨论了许多道德问题,但都没有得出积极的结果,而在这篇对话中他对正义以及有关的道德作了积极而且有系统的阐述,因此在伦理学说发展史上占有重要的位置。以耶格尔为代表,近现代西方有些学者十分重视希腊文化中的教育思想。法国著名的启蒙思想家卢梭早就说过:"《国家篇》不是一部关于政治学的著作,而是迄今撰写的有关教育的最好论文。"[①]学者们看到教育在国家建设中的重要作用,想从这篇对话中研究柏拉图教育思想的根本精神。柏拉图的伦理和教育思想是以对人的心理特征的分析为基础的,因此这篇对话又在心理学史上

---

① 转引自耶格尔:《潘迪亚:希腊文化的理想》第 2 卷,第 200 页。

占有重要位置。在艺术和诗的问题上,这篇对话提出的摹仿说一直是美学中的一种重要学说。当时的希腊思想已经从面向自然转为面向人和社会,柏拉图在这篇对话中就当时有争议的有关人的各种问题都提出了自己的看法,著名的英国学者巴克(E.Barker)说他从形而上学、道德哲学、教育学和政治学等四个方面,"制定了关于人的完整的哲学"①。而且他对以前的自然哲学也没有完全忽视,在他制定的高等教育的课程表上依次列举算术、几何学、立体几何、天文学、谐音学,可以说概括了当时自然研究的科学成果,所以说它是当时各门学科的综合是并不过分的。

我们主要从哲学的角度来讨论这些有关的思想。柏拉图的政治思想需要专门论述,本章暂不讨论。就哲学思想说,《国家篇》也可以说是一篇总结,但不是柏拉图全部哲学思想的总结,而是对他前期的相论——本体论、认识论和辩证法的总结。我们将可看到,正因为在他的前期思想中存在一些困难和问题,才修正和发展成为后期的哲学思想的。

《国家篇》原来的篇名是 *Πολιτεία*(politeia),这个希腊字原来的含义有:公民的条件和权利、公民权(权力)、公民生活;政府形式、行政机关、国家制度等,②包括国家的全部事务,也就是政治,亚里士多德的《政治学》原名就是 politeia,和柏拉图的这篇对话是同名的。后来拉丁译名《De Res publica》,是译希腊文的 polis(城邦国家),英文照译为 The Republic,因此早期的中文翻译按照英文现在的含义译为《共和国》,但古代希腊文 politeia、polis 和近现代"共和国"的意义显然是不一样的,所以我们认为还是按 polis 原义译为《国家篇》较好,德文译本也一般译为 Der Staat。柏拉图在这篇对话中拟订了一个他所理想的国家,所以从前吴献书以及近来郭斌和、张竹明的中译本都意译为《理想国》,严群曾拟译为《造邦论》。这篇对话的副题是"论正义,政治的对话",这是后来塞拉绪罗所加的。

根据第欧根尼·拉尔修的记载,这篇对话的开始部分柏拉图曾经修改和

---

① 巴克:《柏拉图和亚里士多德的政治思想》,第81—82页。

② 参见《希英大辞典》,第1434页 politeia 条。

重写了若干次,他又说〔亚里士多德的学生〕阿里司托克森认为这篇对话的内容几乎全部包含在普罗泰戈拉的《辩驳》中①(意指柏拉图剽窃了普罗泰戈拉的思想),前面的说法是可信的,后面的则不可靠。《国家篇》中许多主张和普罗泰戈拉的思想是针锋相对的。

《国家篇》篇幅之长在柏拉图所有对话中仅次于《法篇》,有近300标准页,全篇分为十卷,但这可能不是作者自己划分的,因为从内容讲这种分法并不妥当,有些该分开的没有分,而不该分的地方反倒分开了,所以可能是古代某个人为了保持卷帙的平衡而划分的。这么大的篇幅看来不是柏拉图在一个时候写定的,所以内容并不前后一致贯通,有前后倒置以及重复出现的情况。因此关于这篇对话的写作时间,在西方学者中曾有过不少争议,现在比较公认的意见是:第1卷无论从文字风格看,或就其内容(苏格拉底和智者等人讨论什么是正义,要为正义下一普遍的定义,最后以无结论告终)说都属于早期苏格拉底式对话,后来柏拉图对于正义已经有了明确肯定的看法,才选这篇早年写的对话作为长篇对话的引言。也有些学者认为第10卷可能是较晚的作品,是柏拉图后来补上去的,但也有些学者不同意这种说法。

《国家篇》的内容繁杂,很难按十卷划分,有些学者试图打破十卷的框架根据内容分段。康福德的英文译本(1941年初版)便不是分为十卷而是分为六个部分:第一,有关正义的某些流行观点(第1卷327A—354C);第二,国家和个人的正义(第2、3、4卷357A—445B,而以第4、5卷445B—471C论妇女的地位和消灭家庭作为附录);第三,哲学王,包括两个世界的划分、存在和认识的四个阶段、善的理念、教育课程、辩证法等(第5、6、7卷471C—541B);第四,社会和灵魂的退步,论各种政治制度(第8、9卷543A—592B);第五,哲学和诗之争(第10卷595A—608B);第六,不朽,回到正义(第10卷608C—621D)。②这种分法可以让读者了解全篇概要,实际上只有第二、三、四这三个部分才是全篇主要内容,第五部分只能算一段插话,第六部分则是全篇的总结。本章主

---

① 参见第欧根尼·拉尔修:《著名哲学家的生平和学说》第3卷,第37节。
② 参见康福德译:《柏拉图的〈国家篇〉》,第XI—XIII页。

要讨论第二、三两个部分,第四部分将在政治思想章中专门论述。

第一节　什么是正义

什么是正义? 这是《国家篇》讨论的主题,其他问题都是由此引申出来的。作为伦理道德范畴,"正义"(dike)要比"勇敢"、"自制"、"虔诚"等更为抽象,属于较高层次。这从本篇对话柏拉图所作的解释中就可以看到。

对话第1卷像其他柏拉图早期写的"苏格拉底对话"一样,苏格拉底批评了几种当时流行的关于正义的观点。他采用的批评方式就是指出对方论点中的矛盾,从而推翻该种定义。他批评的第一种观点是对话场所的主人凯发卢提出来的,正义是言行都要诚实,要讲真话和偿还宿债。苏格拉底指出,对于一个变成疯子的朋友,你还能将武器还给他吗? (331B—D)第二种观点是凯发卢的儿子波勒玛库提出来的,正义是要帮助朋友损害敌人,"以善酬友,以恶对敌"。讨论结果是:为了要损害敌人也可以背信弃义,甚至偷窃,但这是不正义;而且损害敌人便是使他变坏,也不是正义的人所应做的。(331E—336A)最后一种观点是智者塞拉西马柯提出来的,正义便是强者、统治者的利益,而且做不义的事情比做正义的事情更为有利。(336B—354C)对于这种观点我们在本书第一编中已经讨论过了。最后苏格拉底和对话者得出结论:我不知道什么是正义,不知道它是不是道德,也不知道它使人快乐还是痛苦。从内容和形式看,这一卷都是属于柏拉图早期的作品。

从第2卷开始直到全篇对话结束,和苏格拉底谈话的主要是柏拉图的兄弟格劳孔,他的另一兄弟阿得曼图偶而也插几句话。第2卷开始格劳孔便提出问题,他说我要知道的是:正义和不正义究竟是什么? 它们在灵魂里产生什么力量? 至于它们会带来什么后果可以先不去管它。(358B)他为什么不讨论正义和不正义的后果呢? 因为在社会现实生活中他们看到的无数事实表明凡是行正义的人总是吃亏,而得利的总是那些行不义的人。所以格劳孔认为正因为人们一方面遭受不正义的害处,另一方面又从不正义得到利益,往往害大于利。为了趋利避害,人们开始订立契约和法律,凡是遵约守纪的就叫作正义。他认为这就是正义的本质和起源。(358E—359A)因此他认为行正义的人并不是心甘情愿的,只是不得已而为之。阿得曼图为他补充说,凡是掌权的人都要尽量作恶,他们表面行正义实际上是为名为利,像智者所说的,不过是一种假象。所以他要求苏格拉底不要简单地论证正义高于不正义便算了事,而要说明正义和不正义自身是什么,以及对它们的所有者有什么好处和坏处。(367B)

苏格拉底说:要进行这样的讨论并不容易。既有个人的正义,也有整个城邦国家的正义。正像看字时看大字比看小字容易,所以还是先探讨国家的正义,才容易看清个人灵魂中的正义。(368D—E)苏格拉底虽然早就提出要探究什么是正义,但在苏格拉底式的对话中实际只是讨论正义带来的后果;在《斐多篇》中也只是提出有正义自身或"正义的相";但究竟什么是正义,所谓正义自身究竟是什么? 这就是柏拉图在本篇对话中试图说明的问题。

一 国家的正义

苏格拉底先从城邦国家的产生谈起:任何个人不能独立生活,需要许多人在一起组成城邦。首先是要有食物、住房和衣服,因此要有农民、瓦匠和纺织工人,每个人专干一行工作分工负责。他是以分工来说明国家的起源的,既然有分工,便发生贸易,还需要有商人,需要有大大小小的老板以及靠出卖劳力以工资为生的人。人的物质生活需要是多种多样的,但是能满足这种物质需要的国家还是初级的,他称为"猪的城邦"。(369B—372D)人的生活还有进一步的要求,需要各种艺术,要有医生,还要发生战争,需要有保卫城邦和人民财产的军人、卫士和警犬一样既要有敏锐的感觉又要凶猛勇敢,对自己人温和对敌人凶狠,因此他们还应该爱好智慧。对卫士要进行教育,课程是体操和音乐,用体操锻炼身体,以音乐陶冶精神。(373A—376E)

然后柏拉图以大量篇幅讨论音乐和体育。当时的音乐教育主要是传诵荷马等人的神话诗歌,柏拉图对这些诗人描写神的种种恶行大肆攻击。他认为神是单一的,神就是善,不可能产生恶,也不能变成恶。(377E—383C)诗的作

用在于改造人性培育美德。(386A—392C)诗是一种摹仿,应该摹仿优美的人
和事以净化城邦,总之音乐教育的目的应该是培养有节制地和谐地爱好美的、
有秩序的事物。(392C—403A)体育是要锻炼身体,但也要培育好的精神,不
是使人粗暴野蛮,应该将音乐和体育配合起来,使激情和理智达到和谐。
(403C—412A)

接着柏拉图提出如何选择统治者的问题。他说要选择那些真正关心国家
利益的人担任统治的职务,他们必须接受严格的教育并在工作中经受锻炼,还
要选择一些卫士,服从统治者的法令,成为他们的辅助者。他们都要通过教育
培养,但也有天赋的性质。他们虽然同是人,是兄弟,但神在有些人身上加进
了金子,这样的人便适于当统治者;加进银子的充当卫士,加在工人和农民身
上的则是铜铁。柏拉图提出这种为统治者服务的天赋血统论,他自己也感到
并不理直气壮,所以是吞吞吐吐以故事的方式说出来的,而且他也没有将这种
血统世袭绝对化。他说这种品质虽然是可以父子相承的,但有时也会有金子
的父亲生了银子的儿子,或者银子的父亲生了金子的儿子。统治者如果发现
自己的孩子是铜铁,便应该将他们摆到恰当的位置上去;并且要注意如果发现
在铜铁的子弟中有带金或银的,就要将他们提升到统治者或卫士的位置上来。
(412B—415C)他还提出为了防止统治者变成压迫人民的主人,应该规定他们
不得有任何私有财产;因为在他们灵魂中已经有了金银,这是无价之宝,便不
应该再有物质的金银,那是罪恶之源。(416A—417B)

在第4卷的前半部分柏拉图谈了他对法律的看法。在《国家篇》中他是
主张人治而不赞成法治的,这个问题以后在政治思想章中再专门讨论。

从第4卷的后半部分427D开始,柏拉图才正式回来讨论当初提出的问
题:在国家中怎样才是正义和不正义,它们有什么不同,究竟是哪一个能使人
幸福?

他认为一个好(善)的国家应该具有智慧、勇敢、自制、正义这四种美德,
他一一讨论它们。首先是智慧,说一个国家是智慧的,当然不在乎它具有某类
技艺的知识,而是它有治理整个国家的知识,能够考虑国家大事改善内外关
系,只有少数人才具有这样的智慧。(428A—429A)国家的勇敢属于保卫它的

卫士即能够在战场上为国作战的军人,这种勇敢不是兽类或奴隶的那种凶猛,而是必须教育培养而成的。(429A—430C)自制是一种和谐。在一个国家里多数人包括小孩、女人和奴隶的苦乐欲望是低级的,要受少数人的理性和正确意见的指导。因此如果多数人愿意接受统治,少数人能正确统治,统治者和被统治者能和谐一致,这个国家便是能自制的,可以成为自己的主人。因此,自制和智慧、勇敢不同,并不专属于某一个阶级,而是要由国家中全体人民包括统治者和被统治者都能自制才能做到和谐一致。(430E—432B)

现在一个国家的四种美德中的三种已经找到,还有最后一种——正义也就容易发现了。苏格拉底认为正义就是:每个人就各自有的智慧、自制和勇敢为国家作出最好贡献,也就是各人做分内该做的事情而不干涉别人,这就是正义的原则。相反如果木匠去做鞋匠的事情,或者工人、商人因为有钱,操纵选举,企图登上军人甚至立法者的地位,那便是不正义。(433A—434C)

由此可见正义并不是在智慧、勇敢和自制以外的、和它们并列的另一种道德,而是在这三者之上,是比它们更高一个层次的对它们普遍适用的道德。无论是智慧、勇敢或自制的行为,都有做得是否合适,做得对不对的问题,这就是正义和不正义的问题。柏拉图在《国家篇》中第一次提出正义的这种性质。

二 个人灵魂中的正义

弄清楚大的国家的正义可以帮助我们理解小的个人的正义。苏格拉底说以上得到的关于正义的定义,还要看它能不能适用于个人;他说从正义的"型"(eidos)说,个人的正义和城邦的正义是没有什么不同的。(434D—435B)

就个人和国家的关系说,当时因为智者突出强调个人,以个人的私利压倒社会和国家的公利;苏格拉底和柏拉图反对他们,比较强调国家的整体利益;但是他们并不忽视个人,相反他们认为国家的道德品质来源于个人。柏拉图明确地说国家的这些形式和品质都可以在我们每个人身上找到,它们没有其他来源只能来自个人。国家和智慧、激情、欲望等等都只能从个人身上找到根源。(435E—436A)

因此他认为人的灵魂具有这三个部分,即智慧、激情和欲望,他以相当篇幅论证这个问题。首先,他论证同一事物的同一部分不能同时有相反的动作,比如一个人站着不动而他的头和手在摆动,我们不能说这个人既动且静,只能说是他的一部分在动而另一部分静止;陀螺也是这样,它的轴心不动周围旋转,我们不能说整个陀螺是既动且静。(436C—E)接着柏拉图又对相反的(opposite)和相关的(相对的,relative)问题作了分析。我们已经看到几乎从希腊哲学一开始每个哲学家都讨论到有关这方面的问题,可见这是一个在思想上容易令人困扰的问题,柏拉图作了比前人远为细致的分析。他说赞成和反对、争取和拒绝、吸引和排斥都是灵魂中的相反的状态。灵魂中的欲望有它的对象,饥要吃,渴要饮,欲望和对象是彼此相关的,或者要它或者不要它。有一般的欲望,还有某种特殊的欲望,如饥或渴,它们又有各种不同的具体情况,如渴和热结合就要冷饮,和冷结合就想喝热的;有的要喝得多,有的要喝得少等等。欲望都是希望达到好(善),这是它们的共同方面,具体的东西是相对的,如大和小、较大和较小、很大和很小以及现在的大对现在的小、将来的大对将来的小,还有加倍和减半、较重和较轻、较快和较慢、热和冷等等,都是彼此相对的。知识也是这样,它和被知的对象是相对的。有一般的知识,还有特殊的知识,比如建筑术便是以建筑为知识的对象。所以在有相互关系的两个词中,如果一个是单一的,另一个也是单一的,如果一个是复合的,附有其他属性的,另一个也是如此。但这情况也不能绝对化,例如健康和疾病是相反的,却并没有两种相反的知识——健康的知识和疾病的知识,只有一种医学知识,它是同时研究健康和疾病的。(437B—438E)这长段插话对当前的论证似乎没有直接联系。可以看出这是柏拉图在反复说明一般和特殊的关系,因为这正是他立论的基础,而且是当时一般人很容易混淆的问题。后来亚里士多德据此将相反和相关明白区分开来。①

然后他继续论证:在人的灵魂中有一种欲望的力量,要想得到某种东西,同时还有一种阻止欲望的力量,要拒绝得到这种东西。这是两种不同的东西,

———————

① 参见亚里士多德:《形而上学》第5卷,第10章。

后者是灵魂中的理智（logistikon），前者是欲望（epithymetikon），它是非理智的（alogistikon）。现在还剩下第三种激情（thymoeides）了。格劳孔最初认为激情是属于欲望的，但苏格拉底指出每当人们的欲望不服从理智时，激情往往会表示愤怒站在理智的一边；而且如果一个人做错了，他不会因自己受到痛苦而感到愤怒；只有当他认识到自己所受的痛苦是错误的时候他才会忿恨激动起来，所以与其说激情属于欲望还不如说它接近理智，不过它也不是理智；年轻的孩子很容易激动，可是他还没有理智，动物兽类尤其是这样。由此可见激情是灵魂中的第三个部分。正像在国家中有统治者、卫士和工农群众一样，个人的灵魂也有三个部分，即理智、激情和欲望。理智是智慧的，起着领导的作用，激情服从它，成为它的助手。音乐和体育的教育可以加强理智并且平稳激情。欲望在灵魂中占据最大部分，它是贪得无厌的，必须受到理智和激情的控制。能使快乐和痛苦服从理智控制的激情便是勇敢，能够识别这三个部分各自利益的便是智慧。这三个部分和谐相处，理智起领导作用，激情和欲望服从而不违反它，这样的人便是能自制的人。这三个部分各起自己的作用，能够合在一起协调和谐，使灵魂能够自己主宰自己，秩序井然，这便是个人灵魂的正义和健康。如果它们相互斗争，都想争夺领导地位，便造成灵魂的不正义。（439D—445A）这样柏拉图说明了个人灵魂的正义和国家的正义，它们的基本原则是一致的。

在第 4 卷结尾处苏格拉底正要以灵魂的不同说明五种不同的政体时，第 5 卷开始阿得曼图却要求他先讨论妇女和儿童的问题，于是柏拉图又插了一大段关于共妻共子的理想。他承认男人和女人的天赋是平等的，凡是男人能做的事女人也能做，只是比较弱一些而已。因此男女应该接受同样的教育，共同生活，不要一夫一妻的家庭。要注意培养优秀的人种，最好的男人必须和最好的女人相配。孩子公共养育，不是"我的"。统治者和被统治者互相以"公民"相称。担任护卫的统治者不应该有私人的房屋、土地和财产，他们只能从公民那里得到报酬共同消费，在财产方面也没有"我的"。他们需要的一切都由公民供给，活着受全体人民敬重，死后获得哀荣，决不能利用权力为自己谋私利。这样的护卫者从小便要接受战争的教育训练。（449C—471C）

但是这样的国家只是一个理想,它能不能成为现实是很成问题的。要使它成为现实,柏拉图认为只有一个办法,那就是让哲学家为王。第5卷的后半部分就转而讨论哲学王及其有关问题。

第二节　灵魂的转向

柏拉图将灵魂分为理智、激情和欲望三个不同的部分,这对他以前的哲学家的灵魂学说以及他自己以前所写的对话中关于灵魂的论述都是一个重要的发展。在《斐多篇》中所说的灵魂只是理智部分,它是不朽的,那里认为激情和欲望都来自肉体,它们是变化的要毁灭的,必须受灵魂的控制。在《国家篇》中柏拉图认为理智、激情和欲望是灵魂的三个组成部分,激情和欲望应该服从理智。虽然这三个方面的相互作用并没有变化,但它将激情和欲望认为是灵魂的组成部分,就修正了《斐多篇》的灵魂学说,在心理学的发展史上具有重大意义。他认为在灵魂的这三个部分中理智应该占据统治地位,正是据此在国家学说中他提出应该由享有最高智慧的哲学家为王,完全是顺理成章的。但是这种主张在当时终究是没有人会同意的怪论,因此柏拉图对他的主张还必须详加说明,特别是要说明如何才能培养真正哲学家的道路,这就是他在本篇对话中所讲的"灵魂的转向"(periagoge)。

一　两个世界

让哲学家做王便是要使政治权力和哲学智慧结合在一起(473D),因此必须为哲学家下一个明确的定义。哲学家是爱好智慧的人,他不是爱好智慧的某一部分,而是爱好全部智慧;但这也并不是说他对任何学问都要去涉猎一下,那种对任何事情都好奇的人并不是真正的哲学家,只有热忱于寻求真理的人才是哲学家。(474B—475E)这样就要讨论有关真理的问题,引出两个世界的学说。

他说美和丑是相反的一对,它们是二,但它们自身却各自为一。同样的,正义和非正义、善和恶等类似的"型"（eidos），就它们本身说都各自为一。但它们可以和各种行为、各种事物相结合，又可以彼此互相结合，便成为多。（475E—476A）一方面是美和丑、正义和非正义等自身，它们是单一的"型"；另一方面是由这些"型"和其他东西相结合的具体事物，它们是多，这样将两个世界划分开来了。在讲到这两个世界的关系时，柏拉图并没有提到分有说，只提到"型"或"相"可以和具体事物、行为相结合，没有进一步说明如何结合。值得注意的是柏拉图在这里是明确指称丑、非正义、恶等具有负价值的东西也有自身的"型"，对这一点他后来不再谈及并且加以否定了。

那些只爱好具体事物如美的声调、色彩、形状等等的人，只有意见并无知识，不是真正的哲学家，只有那些认识美自身而且能将美自身和美的具体事物区分开来不互相混淆的人才是有知识的人，才是哲学家。（476A—D）怎么区别知识和意见？柏拉图说：一个有知识的人总是知道了某些东西，这某些东西是存在还是不存在（有些英译本译为 is or is not，有些则译为 real or unreal）？当然是存在，因为不存在是不可知的。这样完全存在的〔"相"或"型"〕是完全可知的〔知识的对象〕，完全不存在的是完全不可知的〔无知的对象〕，只有那些介乎二者之间既存在又不存在的东西才是意见的对象。所以意见是介乎知识和无知之间的。知识和意见都是一种能力（dynamis）。意见的对象是具体事物，在美的事物中包含有丑，正义的事物中包含有非正义，大的事物中有小，对它们的认识不是永恒的不变的绝对的知识，所以只有意见这种认识的人不是真正的哲学家。（476E—480A）到此为止柏拉图所作的两个世界的划分基本上还是继承爱利亚学派巴门尼德的思想，也没有超出他在《美诺篇》、《斐多篇》中所说的范围。但是他将两个世界从本体论和认识论的角度划分开来：一方面是真正的存在即"相"的世界，是知识的对象；另一方面是介乎存在和不存在之间的现象世界，它是意见的对象。这样明确的划分在希腊哲学史上还是第一次，在本篇对话中柏拉图还要再详细阐述。

从第 6 卷开始柏拉图又长篇大论地讨论哲学家的本性。他说哲学家就是那些能够认识真正的存在，认识绝对真理的人，因此他们能够制订并保卫美、善和正义的法律，应该成为国家的统治者。他们爱好真理，爱好真实和智慧的东西,不追求肉体的快乐和物质的欲望,不怕死,不贪财,心境宽广;他们敏于学习,有良好的记忆。他的这种本性很容易认清事物的"相"(idea)。应该可以将城邦托付给具备这样性质的人,可是在一般人心目中,他们却被认为是怪物,是无用的人,这是因为通常人不懂得真正的治国的技术,由于那些自称为哲学家的人〔智者〕给哲学带来了坏名声。上面所说的这些哲学家的本性如果得到好的教育培养,便可以发芽成长,如果遇到坏的教育,会变得比谁都坏。败坏青年的是智者和诡辩家,他们在公众场合煽动蛊惑青年,当言词不能说服时便用剥夺公民权、罚款和死刑来惩治对手。那些被称为智者的收取学费的私人教师传授这样的"智慧",将这些恶人所喜欢的称为"善",他们不喜欢的称为"恶"。他们向那些具有哲学家本性的青年献媚,诱惑他们走向歧途;出身高贵、富有财产的年轻人的野心被他们鼓动起来,妄自尊大,便不可能继续研究哲学。另外一些不具备哲学天赋的人却进入了哲学的神殿,他们不能产生哲学只能制造诡辩。在这种情况下,一个真正的哲学家只能脱离现实保持沉默,但求自己能避开罪恶。所以只有在合适的国家里哲学家才能充分成长,而当前所有的政治制度都是不适合于哲学的成长的。(484C—497B)这一长段议论并没有讲很多哲学理论,柏拉图只是说明哲学之所以被人们认为无用,是因为当时社会愚昧无知,不适合哲学的成长,因此必须创造理想的政治制度让哲学真正发挥作用,这说明了为什么柏拉图要提出理想国的道理。

二 "善的相"

怎样才能使一个国家受哲学统治而不腐化呢? 柏拉图认为最根本的是要让具有哲学才能的人很好地接受哲学训练。他的设想是:当孩子幼年时要施以适合他们年龄的教育,长大成人时要注意锻炼身体准备为哲学服务,一旦灵魂成熟便应该加紧理智训练,担负严重的任务;当他们体力转衰时便不再担任政治军事工作,只埋头从事哲学研究,只有这样才能生活幸福。(498B—C)他认为只有由极少数的哲学家出来统治国家,或者是国王当权者以及他们的儿子真正爱好哲学时,国家才能达到完善。(499B—C)因为他们能看到永恒的事物和不变的秩序,按照这些原型塑造个人和国家。他们一面看着正义、美、自制等自身,另一方面要在人类中制造出它们的摹本,这样的哲学家便是最完善的哲学家。要造就这样的哲学家需要经过一段很长的曲折的路。(500C—504C)

但是柏拉图提出:在讨论漫长的教育路程以前,还有一个更大的问题需要讨论,那便是关于"善的相"($\grave{\alpha}\gamma\alpha\theta o\hat{\upsilon} i\delta\acute{\epsilon}\alpha$, agathou idea)的问题。这是最需要学习的问题,因为正是由于它,正义等等才是有用的和有益的。关于"善的相",我们知道得很少,可是如果我们不知道它,即使知道了许多别的东西也没有意义,正像我们占有了任何事物却没有占有它的善,也是没有用的一样;如果我们不知道一个东西有什么好处,对这个东西就没有真正的知识。(505A—B)

"善"原义是指一个东西的好处和用处,在本卷绪论中已经说明。"善"是苏格拉底哲学的一个核心问题,也是和柏拉图同时的小苏格拉底学派争论的中心问题,这在上一编中已经讨论过了。柏拉图在《国家篇》中的发展在于:他将"善"纳入他的相论体系,不但提出一个"善的相",而且认为这是其他一切"相"的原因,是最高的"相"。首先,作为一个伦理范畴,善高于正义等其他范畴,正像柏拉图在这里说的,由于善,正义等等才是有用的和有益的;他还说一个人如果不知道正义和光荣如何能是善的,他也就不可能充分理解正义和光荣。(506A)上一节中我们说过,和其他伦理范畴如勇敢、自制等比较起来,正义是更为抽象、更高一个层次的,因为无论如何勇敢或自制,都有一个对或不对(即正义或不正义)的问题。善或不善的问题,用通常的话说便是好或不好的问题。从柏拉图的目的论思想看来,对不对的问题还要由好不好的判断来决定,因此他认为善比正义更高,是最高层次的伦理范畴。从以下的论述中我们还可以看到:善不但是伦理范畴,在柏拉图看来它还在本体论和认识论中成为最高的范畴。他发展了苏格拉底的"善"的学说,使它系统化了。

接着柏拉图说:每一个灵魂都追求善,以它作为自己一切行动的目的,朦胧地感到它存在,但又没有把握不能清楚明白地认识它的性质,像相信别的东西那样地具有充分的信念。(505E)善是一切行动(和思想)的目的,这是继承苏格拉底目的论思想的,但究竟什么是善,它有哪些性质? 这也是从苏格拉底以来一直争论不清的问题。柏拉图简单地批评了两种当时流行的关于善的学说。一种是认为善就是快乐,这可能是当时社会中最流行的思想,他们认为享乐就是人生的目的。一般人这样看,有些智者也这样主张,最突出的代表则是居勒尼学派的阿里斯提波等人。柏拉图的批评很简单:即使认为善是快乐的人也不得不承认有些快乐的事情是恶(坏)的,那便是承认善也可以是恶了。(505C—D)另一种是比较高明的人的看法,认为善是知识。这可能是指麦加拉学派的思想,其实应该说这是苏格拉底也是柏拉图自己的看法,所以他在这里并没有批评这种思想本身,只是指出这种思想还没有解决问题。他说如果有人问所谓"善是知识"的"知识"又是什么,他们只能回答说它是指善的知识。这等于没有回答,因为人们要了解的是什么是善。(505B—C)

阿得曼图要求苏格拉底说明究竟什么是善,苏格拉底回答说这点我办不到,现在要说明什么是善的问题是太难了,我还是先对你说善的儿子吧。(506D—E)所谓善的儿子,就是在现象世界中的善。相对于一组组美的事物、善的事物,我们都设定一个美自身、善自身,它们是单一的"相",是真正的存在。每个个体是看得见的,是感觉的对象,而"相"是看不见的,是知识的对象。现在我们不能说明"善的相",只能以现象中的善作为比喻来说明它。(507B—C)这就是有名的太阳的比喻。

他说我们看东西的时候,一方面是眼睛中有看的能力,另一方面有被看到的对象——颜色,但如果没有第三种东西存在,人的视觉便什么也看不见。这第三种东西就是光,正是光将视觉和对象联结起来。光是从天上的太阳来的,有了太阳的光,我们的眼睛能够很好地(善)看见,对象也能很好地(善)被看见。在所有感觉器官中视觉是最像太阳的,但眼睛和视觉都不是太阳,它们的能力是从太阳流射出来的。太阳不是视觉,却是视觉的原因,同时又是被看到的对象的原因,因此说太阳是"善"在可见世界中产生的儿子。太阳同视觉和可见事物的关系,正好像在可知世界中的善本身同理智和可知对象的关系一样。(507E—508C)在这个比喻中,"善的相"相当于太阳,灵魂中的理性能力和它所认知的对象——真正的存在即"相"——相当于视觉能力和它所感知的具体事物,这些都是容易理解的。但是和光相当的东西是什么呢?柏拉图说是真理和存在,这个"存在"显然是上面划分两个世界时所说的存在和不存在的那个存在,是真实的存在。他说人的灵魂好像眼睛一样,只有当它注视被真理和存在照耀的对象时,它的理性才能知道它们,如果它转而去看暗淡的变化世界时,便只有意见了。所以是"善的相"(通过真理和存在)给知识的对象以真理(和真实的存在),同时又给知识的主体(灵魂)以知识的能力,"善的相"是真理和知识的原因,是在这二者之上的。真理和知识只是像善,还不是善自身,善比它们高贵。(508D—509A)柏拉图进一步说明善比真理和知识高贵,不仅因为它是这二者的源泉,而且它也像太阳一样,太阳既能使对象被看见,同时又是事物产生、成长和得到营养的原因。同样,知识的对象不仅从善得到它们的可知性,还得到它们自己的真实的存在。(509A—B)太阳促使万物成长,同样善也是知识的对象——"相"产生和成为真实的存在的原因。所以"善的相"作为可知世界的根源,既有认识论的意义,又有本体论的意义。从认识论讲,它既是主体——灵魂中的理性能具有认知(知识)的能力的原因,又是客体——存在即"相"能被认知的原因。从本体论讲,它是所有存在("相")能够存在的原因。这个关系可以用下图表示:

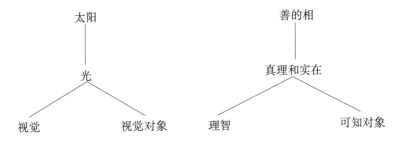

他最后作出结论:善自身虽然不是存在,但在尊荣和能力上超过存在。(509B)这就是说,在所有的"相"中"善的相"比其他"相"高一个层次,是最高的,但它只是在尊荣和能力上高于其他"相",它和其他"相"的差别只是价值程度上高低的差别,并不是空间上的分离。陈康曾以这一句话作为柏拉图在《斐多篇》和《国家篇》中的"相"和具体事物不是空间分离的证据之一。①

_____

① 参见陈康译注:《柏拉图〈巴曼尼得斯篇〉》,第376页。

这就是柏拉图关于"善的相"的全部论述。他只是用了一个比喻，将它比作太阳，太阳是人人都能看到的，知道它是什么；但这个看不到的太阳究竟是什么呢？柏拉图似乎并没有作出肯定的回答。早在古代阿里司托克森便有这样的记载："亚里士多德常常说凡是听过柏拉图'论善'的讲演的人几乎都有这样的经验，他们每个人都以为他将得到一个公认为人类的善，如财富、健康等最幸福的东西，但柏拉图却转而讨论数学——数、几何学、天文学，一直到说善是'一'。在他们看来这是无法理解的，有些人轻视它，有些人则批评它。"①近代的格罗特也说：柏拉图虽然提出了什么是善的问题，但不幸的是"它被搁着没有回答"②。波普尔说得比较全面，他认为柏拉图所说的"善的相"实际上是空洞的，"他并没有向我们指出在道德意义上善是什么，即我们应该做什么？就柏拉图讲，善在'相'的王国中是最高的，是'一种超级的相'；其他的'相'均由它产生并获得存在。由此可以认为善是不变的、在先的和原初的，是整个的一。这是不能言说的，正如他自己在《书信》中所说的，这种学说不能为一般人理解，写出来必然引起误解（314B—C）"③。的确从伦理观点看，柏拉图并没有说明善是什么，也没有说明我们应该做什么。这样的问题正是当时各家——智者和小苏格拉底学派争辩的一个中心问题，柏拉图当然有他自己的看法，他是继承苏格拉底的，认为一切道德行为应该由知识指导，道德即知识，是伦理上的理性主义。

因此他既不赞成居勒尼学派的快乐主义，也不同意犬儒学派的苦行，他认为应该将善作为一门知识来研究。但是他又不满足于说"善的知识就是善的知识"，那是同义反复，是空洞的说教，他要给善的知识以内涵。从这方面说他的工作并不是空洞的，他在理论上作出说明是有贡献的。首先在伦理学上他明确提出善是最高层次的道德范畴，即使像正义这样高层次的范畴也要服从于善。更重要的是他将善和相论结合起来，认为它在"相"的王国中是最高的，是一种超级的"相"，使善在认识论和本体论上也具有最高的位置。它是所有其他"相"

① 被罗斯辑入"亚里士多德残篇"，见牛津版《亚里士多德著作集》第12卷，第115页。
② 格罗特：《柏拉图及苏格拉底的友人》第3卷，第241页。
③ 波普尔：《开放社会及其敌人》第1卷，第274—275页。

的原因,所有其他的"相"都由它产生并获得存在。但说"善的相"是原因,它是一种什么性质的原因? 亚里士多德说它是目的因或最后因。但这就要触及"善的相"和神的关系了,这也是近代一些学者发生争论的问题。

宇伯威格认为柏拉图将"相"特别是"善的相"看成是动力因,因而象征性地将它称之为神,说它是世界的创造者(the Demiurgos)。他认为在《国家篇》中作为存在和认识的原因的最高的"相"是"善的相",它是"相"王国中的太阳。柏拉图似乎将"善的相"和至上的神等同起来了。[1] 柏拉图在讲太阳这个比喻时确实讲到过太阳这个神(508A),阿波罗便是希腊神话中的太阳神。柏拉图还说太阳不仅使万物产生,而且还营养了万物,使它们成长(509B),太阳所起的作用当然是一种动力的作用,可以说它是动力因。柏拉图认为"善的相"也起同样的作用,它使别的"相"得以存在(509B)。如果这样说"善的相"当然也就等同于创造者——至上神了。但是比喻终究只能是比喻,我们从经验中认识到,如果没有太阳生物(最明显的是植物)便不能产生也不能成长。但"相"本身却是不变的,不能产生也不能毁灭,怎么能说它们有动力因呢? 所以柏拉图在说到"善的相"时,并没有说到它使其他的"相"产生、成长和得到营养,相反他还加了一句"虽然太阳自身不是产生的"(509B)。他只是说"善的相"是使其他"相"得以存在的原因,并没有明确说出它是动力因。

凯尔德在《希腊哲学家中神学的演化》书中对这个问题讲得比较全面。他从三个方面讨论柏拉图"善的相"的含义:其一,指我们灵魂总在寻求的那种可以得到最后满足的东西;其二,以类比方式说明"善的相"是万物的存在和认识的原因;其三,根据它和其他"相"的关系来解释"善的相"。他认为在《斐多篇》中柏拉图已经用倒退的假设法从一个"相"回溯另一个"相",一直达到终结的和自足的原理。在《国家篇》中也使用同样的方法,理性从各门特殊科学推到最后是哲学,结果"善的相"成为苏格拉底的目的论原理,不仅应用于个人生活,而且应用于整个宇宙,是万物内在的终极目的,从而它超出一切有限的差别,超出认识和存在的差别,超出理智及其对象的差别,结果,"善

---

[1] 参见宇伯威格:《哲学史》第 1 卷,第 116—117 页。

的相"成为超出其他一切原理并成为其他原理的最后根据的那个原理。他认为这才是柏拉图"善的相"的真正目的和意义。① 凯尔德这个分析是比较深刻的,"善"本来是苏格拉底提出的目的论原理,柏拉图发展成为"善的相",这个"善的相"与其说它像太阳一样是万物的外在的动力因,不如说它是万物的内在的目的因。它并不在任何事物或动作之外独立分离存在。而是就在事物或行动之内,是它们要想达到的最高和最后的目的。所以它只在尊荣和能力上超出其他的"相",当然也超出一切具体事物或行动。它不但在伦理学上是最高最后的原则,其他伦理原则都要服从它,以它为最后根据;同时它又超出存在和认识的区别,超出主体和客体的区别,因而无论在本体论和认识论上,它都是最高最后的原则,是其他一切原则的最后根据。从这个意义讲柏拉图在《国家篇》中的相论可以说是善的一元论,但"善的相"所以能统率一切,主要因为它是所有"相"和万物想达到的最后最高的目标,无论"相"或万物都想达到"善"(好),这是目的论的一元论。

凯尔德也提出这个问题:"善的相"是不是等于神呢? 他的回答是这个问题必须从存在的统一上看,将"善的相"看成是"绝对的自我意识"或"有创造力的心灵",整个宇宙不过是这种心灵或自我意识的显现。如果这样看也可以说"善的相"就是神。凯尔德认为在《国家篇》中柏拉图并没有达到这一点,他是从对象开始的;不过他认为对象是可知的对象,本质上就是"对象的思想",因此非人格的"相"就开始接近意识或心灵,"善的相"离"理性神"只有一步之差。凯尔德由此得出结论:"柏拉图是思辨神学的奠基人。"②

我们一再说过希腊哲学是从神话转化过来的,赫拉克利特和塞诺芬尼等人批评了神话中的人格神,将神话中神创造世界的作用和力量逐渐改造成为一些抽象的思辨原则,哲学才丰富发展起来。但在古代人的思想中神和哲学的界限是并不明确的,即使是唯物论者如德谟克利特的著作甚至卢克莱修的《万物本性论》中也经常提到神。当时人们也还没有将思维和存在、精神和物

---

① 参见凯尔德:《希腊哲学家中神学的演化》第 1 卷,第 161—166 页。
② 凯尔德:《希腊哲学家中神学的演化》第 1 卷,第 171—172 页。

质、主体和客体明确地区分开来,因为存在的原则总是要通过思维才能认识的,容易将客观的原则和主观的思想混淆,所以哲学的思辨容易向神学复归。特别是哲学最初提出的问题就是万物的最初根源究竟是什么,人们总想追问世界是如何产生的。这个问题如康德所说是人类的知性永远不能解答的,可是人们偏要问它,便不免陷入神学。柏拉图的"善的相"便是一个明显的例子。他要探究的是存在和思想的最高最后的原则,虽然在《国家篇》中他竭力避免将它说成就是神,但它和"理性神"确实只有一步之差。只要将作为目的因的"善的相"赋予一点动力的作用,它便是一个创造世界的神。这点在《国家篇》第 10 卷中的模型说中已经可以看见,到《蒂迈欧篇》便十分明显。亚里士多德将它发展成为"不动的动者",达到希腊哲学中理性神也就是思辨神学的顶峰。到新柏拉图学派的普罗提诺将"善的相"再提高为"太一",哲学又向神学复归了。从这个发展历史看,柏拉图提出"善的相"确实是一个关键,凯尔德说他是"思辨神学的奠基人"是有道理的。

三 存在和认识的结构

柏拉图对以上所说的两个世界又作了进一步划分,认为存在和认识两个系列都可以各自分为四个阶段,这就是所谓线的比喻。他说有两种力量,一种〔"善的相"〕是统治理智(也可译为可知)领域的,另一种〔太阳〕则统治可见的领域。如果我们用一根线代表它们,将线划分为不相等的两段,一段是可见的另一段是理智的;对其中每一段都按相同的比例各划分为两小段,表示它们清楚和不清楚的程度(509D),如下图:

$$AB:BC = AD:DB = BE:EC$$

然后他分别说明这四个阶段,从最下一段说起。

第一,(4)是影像(eikonas,images),如影子和水面或别的平面上反映出来的东西。(509E—510A)

第二,(3)是影像所像的实物,包括我们在内的动植物、各种自然物和人造物。可见世界的这两个部分的不同比例表示它们的真实性不同。(510A)

第三,理智世界中也分为两小段,在其中一小段(2)中,灵魂将前一大段的影像的实物〔即(3)〕作为影像来研究。〔即(4)是(3)的影像,(2)也是(1)的影像。〕这种研究只能从假设出发,而且不是由假设上升到最后原理(arche),而是由假设下降到结论。而在第二小段(1)中却是相反,灵魂从假设上推到第一原理;它不再使用影像而是使用"相",只用"相"来作系统的研究。(509B—C)正像(4)是(3)的影像一样,(2)也是(1)的影像,但这种说法也只是一个比喻。柏拉图说明它们的区别有两点:一是(2)的研究只能使用假设,而且不能由假设向上推到第一原理,只能向下达到结论。二是在(2)的研究中只能使用(3)的那些具体事物作为影像;在可见世界中(3)是影像(4)的原本和实物,但在可知世界的(2)中,具体事物(3)自己只不过起影像的作用。这两点柏拉图在511A中说明了。

但是格劳孔对这种说明不能理解,柏拉图又进一步具体说明。他说我们研究几何学、算术等时,先要假设偶数和奇数、各种图形、三种角(直角、锐角、钝角)等等,将它们当作是已经知道的东西,用作假设,认为它们是自明的东西,毋需对自己或别人再作说明。从这些假设出发,通过没有矛盾的首尾一致的推论得到结论。(510C)这是他对以上第一点所作的解释。原来他所说的假设就是如算术中的奇数和偶数以及几何学中的各种图形和三种角等等,他将这些假设当作自明的东西,不再说明。这是很奇怪的,我们知道在算术和几何学中对这些所谓假设实际上是作了说明的,如奇数是成单的数,偶数是成双的数,大于直角的叫钝角,小于直角的叫锐角等等。柏拉图在这里所说的说明(logos)显然不是指这类解释,他所说的逻各斯是向上推到第一原理即本原。《洛布古典丛书》中肖莱(P.Shorey)的校译本中对此作了一个解释,说这是严格地表示柏拉图关于真理的思想,后来亚里士多德将这种第一原理说成是逻辑上的矛盾律和排中律以及其他原理。肖莱还举例说,这正像几何学教师拒绝讨论关于空间的概念,化学教师不允许提问物质是否实在一样。① 具体科

---

① 参见《洛布古典丛书·柏拉图文集》第6卷,第111页。

学是不追问即不说明这些第一原理的,它们只以那些一般公认的原理即公理为满足。

柏拉图又对第二点作了解释。他说虽然(2)利用各种可见的图形来讨论,但是他们心中想的却是这些图形的原本,即正方形或对角线自身,我们见到的那些特殊的具体的正方形或对角线不过是它们的影象和摹本。在可见世界中这些具体的事物是原本,有它们的影象;在理智世界(2)中,这些具体事物便只是影象,那里要研究的乃是只有用思想才能看到的实在。(510D—511A)由此可见柏拉图在这里所说的(2)就是一般具体科学所研究的对象。因为任何一门科学的研究都是要从具体事物中得出普遍的原理。由于柏拉图在这里举的都是算学和几何学的例子,所以一般都将(2)说成是"数理对象(methematika)"。其实当时希腊所说的数学或数理科学的范围远比后来被称为"数学"的要大得多,它可以包括算学、几何学、天文学以至谐音学,实际上等于当时的全部自然科学。(在柏拉图时代,生物学等还没有发展成为独立的学科。)但是柏拉图特别重视数学,他认为数学对象最明确地具有以上两点特性,是介乎"相"和具体事物之间的。

第四,理智世界的另一阶段即(1)是逻各斯〔理性〕自身凭着辩证力量所认识的东西。它将假设只当作假设而不是第一原理,以假设为出发点,超越它们达到不要假设的领域,达到整体的第一原理。并且在达到这点以后,又以这个原理为根据,从它引申出来向下得出结论。它不使用任何感觉对象,而只使用"型",通过一系列步骤从"型"到"型",最后归结到最高的"型"。(511B—C)这里柏拉图所说的(1)的特性都是和以上(2)对比而言的。其一,(1)也有假设,但不是以假设为第一原理,而只认为它是假设,从这假设向上追溯它们的第一原理,达到第一原理以后再向下推出结论。所以它是必须向上追溯第一原理然后再向下推出结论的复杂过程,不像(2)那样以假设作为第一原理,直接向下推出结论那样比较简单的过程。其二,(1)不使用具体事物作为认识的手段,而只使用"型",从"型"到"型"最后达到最高的"型"。在柏拉图看来,(2)是以假设作为第一原理直接推出结论,而(1)却必须从假设追索第一原理,这真正的第一原理就是从"型"到"型"达到最高的"型"。用后来的话说,(1)就是抽象的哲学思维,它必须探求真正的第一原理;(2)是用和具体事物有关的假设直接推出结论,这就是一般的科学思维的方法。柏拉图提出的这种区别实际上是人类认识史上最早提出的哲学和科学的思维方式的区别。

对于柏拉图的这番解释,格劳孔表示他明白了,但并不完全懂,因为这是一件十分艰巨的工作。格劳孔还为他作了补充说明,他说:你是要将辩证法所研究的更精确更真实的东西和一般人称为"技艺"所研究的东西区别开来。〔这就是哲学和科学的区别。〕尽管后者也必须使用理智而不是使用感觉来思考,但因为他们从假设出发并不回溯第一原理,所以你认为他们并没有真正知道那些对象,虽然这些对象自身只要和第一原理联系起来时是可以知道的。我以为你是将研究几何学或其他类似技艺的人的心理状态称为理智而不称为理性,理智是介乎意见和理性之间的。(511C—D)

柏拉图最后说,相应于对象的这四个阶段,灵魂的状态也可以分为四个阶段:最高的是理性($\nu\acute{o}\eta\sigma\iota\varsigma$,noesis,英译 reason 或 intelligence),其次是理智($\delta\iota\acute{\alpha}\nu o\iota\alpha$,dianoia,英译 understanding 或 thinking),第三是信念($\pi\acute{\iota}\sigma\tau\iota\varsigma$,pistis,英译 belief 或 faith),第四是想象或猜测($\varepsilon\acute{\iota}\kappa\alpha\tau\acute{\iota}\alpha$,eikasia,英译 imaging、illusion 或 conjecture)。可以将它们按比例排列起来,其清晰性和精确性依次递减,和它们的对象之真理性和实在性的程度一一相应。(511D—E)〔也有些译本将(1)译为知识,将(3)译为意见的,但我们以为按照巴门尼德—柏拉图的划分,这里的(1)(2)都属于知识范围,(3)(4)都属于意见范围。〕

在这四个心理阶段中,最难分清楚的是(1)和(2)究竟有什么不同。柏拉图虽然反复作了解释,但我们看来却像格劳孔所说的并不能完全理解。西方学者各自发表过许多不同意见,就我们看到的而论,以康福德写的《〈国家篇〉第6、7卷中的数学和辩证法》一文(载艾伦编《柏拉图形而上学研究》书中)论述较为详尽,他从对象、进行的方法、思想的运动和心灵状态四个方面分析了noesis 和 dianoia 的不同。但是他主要根据的还是以上柏拉图自己所作的论述以及亚里士多德后来对有关问题所作的分析和发展。不过康福德提出了一个有趣的问题,他认为理性的对象就是"相"的世界,而柏拉图是同时既承认道德的"相"又承认数的"相"的,因此怎么能将数学中的数摆在"相"和具体事物之间呢？他认为数的"相"和道德的"相"之间并没有高低程度的不同,而只是两类性质不同的"相"。道德的"相"是没有看得见的影像的,它们在这个世界中的 eikones 乃是灵魂的某种不可见的特性即某种特殊的正义的活动或品格。这种特殊的正义活动和正义本身的关系,同两个苹果和数目2的关系很难说有什么不同。他认为柏拉图所以将数学当作走向理性世界的桥梁,只是为了方便,容易使研究走向道德的"相"。这种区别就我们的目的说是不重要的。① 康福德正确地看到道德的"相"和数的"相"在实质上是一样的,都是从个别到一般抽象得来的。他又想为柏拉图作解释,所以说特殊的正义活动虽然也是在这个世界中的活动,但它是看不到的,不属于物质世界只属于精神世界,这和两个苹果之为2不同,因为两个苹果是看得到的。可能柏拉图说这些话时心里也曾想到这种区别,但是可见和不可见的区别也不能绝对化,精神活动并不是完全不可见的,苏格拉底为真理慷慨就义难道不是通过可见的活动表现出来的吗？我们以为柏拉图的相论当然是既承认有道德的"相"又承认有数学的"相",但问题是他在这里所说的理性的对象(1)和理智的对象(2)是不是一样的都是"相"？如果它们都是"相",它们在价值程度上当然没有高低的不同。柏拉图所说的在(2)中当作出发点的假设,他举的例子奇数和偶数、各种图形如正方形、圆形以及三种角等是不是数的"相"？一方面,它们具有"相"的性质,它们不是看得见的具体的某个数或图形,而是抽象的、永恒不变的存在。但另一方面,在柏拉图看来它们又有不同于"相"的性质,它们不是单一的,不是在一类中只有一个而是有许多个。如奇数有1,3,5,7……许多个(每一个都是抽象的,不是具体的),长方形、三角形、钝角、锐角也都可以有不同形式的许多个。因此柏拉图认为这些假设的原理并不就是"相",而是"相"和具体事物之间的中间物。它们一方面和"相"相似,是永恒不变的;另一方面又和具体事物相似,在一类中有许多个。所以它们不是"相"却能在"相"和具体事物之间起桥梁作用。这也就是通常提到的"不成文学说",即柏拉图及其学园中人要在数学的数以外再设想一个"相的数"即数的"相"的原

----

① 参见艾伦编:《柏拉图形而上学研究》,第62—63页。

因,在本编最后将专门讨论它。

我们以为所以产生这类问题还是因为没有搞清一般和个别、抽象和具体的缘故,因为一般和个别是有各种不同层次的,正像后来亚里士多德提出种、属以及下面的各种次属之分,如图形可以分为正方形、长方形、三角形等等,三角形又可以分为直角三角形、等边三角形、等腰三角形等等。这个问题我们以后适当时机再来讨论。

总起来说,柏拉图所说的认识阶段上(1)和(2)的区别就是后来所说的哲学和科学的区别,也就相当于康德所说的理性和知性的区别。当然柏拉图自己是没有这样明确认识的,但他所说的辩证法就是哲学,他认为只有(1)才是辩证法的对象。

这样柏拉图已经将灵魂即认识的能力分为四个阶段,它们是:

(1)理性,(2)理智,(3)信念,(4)想象;

它们各自的对象即存在方面也有相应的四个阶段,它们是:

(1)"相",(2)数理对象,(3)具体事物,(4)影像。

这就是柏拉图在《国家篇》中提出来的存在和认识的结构。这种四个阶段的结构比他自己以前(包括《国家篇》第5卷)所说的两个世界是复杂多了,这是他的思想的发展。

柏拉图为了让读者容易理解他的意思,在第7卷开始时又作了一个洞穴的比喻,以生动的实例说明存在和认识的这四个阶段。他说设想有一个很深的洞穴,有些人从小就被捆绑在洞穴的底部,全身都被锁住,头部不能转动,眼睛只能看着洞壁。在他们背后,洞中燃烧着一堆火,在火和那些囚徒之间垒起一道墙,沿墙有些走着的人举着用木头和石头制成的假人假物像演傀儡戏,火光将这些傀儡的影子照在洞壁上。囚徒们只能看到这些影子,他们以为这就是最真实的事物,一旦解除他们的束缚让他们回过头来看到火光,便会感到闪耀眩目产生剧烈的痛苦,所以他们看到那些实物时会认为他们原来看到的影子比这些实物更为真实,因为他们分不清影子和实物的关系。如果将他们拉出洞外让他们看到真正的太阳,他们一定会眼花缭乱,什么真实的事物都看不清楚。因此需要给他们一个逐渐习惯的过程。先让他看人物在水中的投影,然后再看这些事物本身,先让他在夜里看天空中的月亮和星星,最后才能看到太阳本身。只有到这时候他才能认识到正是太阳造成了四季和年度,主宰着可见世界中的一切,它是万物的原因。(514A—516C)他说:已经看到太阳和真实事物的人是决不会愿意再回到洞穴去作囚犯了,如果他们回到洞里去,会因为黑暗而什么都看不见,可是那些在洞穴里的人却反认为他们到洞外去了一趟,将眼睛弄坏了。(516D—517A)

柏拉图最后说,这个洞穴的比喻可以和以上所说的整个学说联系起来,可以将洞穴囚室比作可见世界,其中的火光就是现实世界中太阳的能力;如果将上升到洞穴外面看到真实事物比作灵魂上升到理智世界就没有错。至于这解释是否正确,那就只有神知道了。〔柏拉图自己也意识到这终究只是一种比喻。〕但无论如何他认为在理智世界中最后看到也是最难看到的乃是"善的相",一旦认识了它便可以知道它是万物所以正确和美的原因,它是可见事物的光明的创造者,同时也是理智世界的真理和实在的源泉。任何要能智慧地处理公共和私人事务的人必须认识"善的相"。(517B—C)在以上讲存在和认识的四个阶段时,柏拉图没有讲到"善的相",因此在洞穴比喻中他特别强调了"善的相"——太阳的作用。这也还是比喻的说法。

由此柏拉图指出,眼睛所以迷茫是由两种相反的原因引起的,一种是由光明到黑暗,另一种是由黑暗到光明。前一种情况是不幸的,后一种才是幸福。所以当灵魂遇到迷惑时,人应该先考察一下,这是哪一种原因引起的。(518A—B)

柏拉图接着便批评了智者的教育观,说他们认为教育就是将灵魂中原来没有的知识灌输进去,这好像将视力放进瞎子的眼睛中去一样。柏拉图认为灵魂本身具有一种认识的能力,教育只是使这种固有的能力能够掌握正确的方向,使它从黑暗转向光明,从变化的世界走向真实的世界。柏拉图将这叫做"灵魂的转向"($\pi\epsilon\rho\iota\alpha\gamma\omega\gamma\widehat{\eta}$,periagoge)(518B—D)。这就是在教育学说中的灌输和启发的不同。柏拉图的灵魂转向学说和回忆说是一致的,都是反对知识全由外来说,但回忆说讲的是灵魂有先验的知识,灵魂转向说却是讲灵魂固有的认识能力的提高。就这一点说,柏拉图在认识论和有关灵魂的学说上已经有了发展和进步。

四 教育课程

柏拉图所说的灵魂转向就是要使人从专注于现实可见世界的种种变动事物转变到去认识真正的存在,一直达到最高价值的"善的相"。这种灵魂转向并不是城邦中每一个人都能实现的,但作为城邦的统治者(包括卫士)却应该做到,因为柏拉图理想的统治者——哲学王必须能认识"善的相",才能按照这种价值观将国家安排得最好。这种心灵转向只有通过教育才能实现,因此教育思想是《国家篇》的一个重要主题,柏拉图设想了一套理想的教育课程,目的是为了培养国家的统治人才,促成他们的心灵转向。

在伊索克拉底和柏拉图以前,古代希腊还没有像后来这种专门设置的学校,但为了培养城邦需要的人才和对青少年进行必要的训练,广义的教育却是早就有了。希腊的教育制度在本卷第一编"智者运动的兴起"章中曾作过概述。大体说来当时希腊各城邦的教育可以分为两类。一类是某些多立斯人城邦如斯巴达和克里特等,它们为了战争的需要,对青少年只进行军事训练和严格纪律的教育。相传纪元前9世纪莱喀古斯为斯巴达制定法律时就规定了严格的禁欲主义教育。凡初生的婴孩都要抛到泰革托山上经受生死考验;只有幸存者才交由母亲抚养。男女儿童从7岁至18岁一律接受体育训练,进行严厉的鞭笞惩罚,将失败的耻辱看得重于死亡。他们居住在国家设立的营帐中过严格的集体化生活,实行共餐制,限制他们过奢侈的生活。〔前面提到的柏拉图在第4卷中设想的消灭家庭实行共妻共子,其中一部分思想来源于斯巴达的实践。因为在伯罗奔尼撒战争中斯巴达战胜雅典,柏拉图认为斯巴达的这部分教育制度还是值得学习的。〕斯巴达对公民不实施文化技术等智力方面的教育,以致伊索克拉底说斯巴达人不能阅读,普卢塔克则说他们只能为实用而阅读。①

---

① 本节所用材料引自亚里士多德:《政治学》,普卢塔克:《莱喀古斯传》,《剑桥古代史》第5、6卷,科尔(P.R.Cole):《教育思想史》,洛奇(R.C.Lodge):《柏拉图的教育理论》,陈康:《柏拉图〈国家篇〉中的教育学说》(载《陈康论希腊哲学》)等,不一一详细注明出处。

另一类是爱奥尼亚人的教育制度,他们除了体育训练外,比较注意文化智力方面的教育。雅典的教育制度是由小亚细亚的伊奥尼亚的殖民城邦流传过来的。他们对青少年进行的就是《国家篇》第2、3卷中所讲到的初等教育,主要是体育和音乐。随着雅典民主制的兴起和需要,产生了一批收取学费的私人教师——智者,苏格拉底的活动和智者相似,但是他不收费,他的教育思想和智者是针锋相对的。柏拉图发展了苏格拉底的思想,他认为智者们的教育只能将人引向歧途,教人去争权夺利;他提出一张课程表,目的是引导人们灵魂转向,认识"善的相",成为理想的统治者。

柏拉图提出的课程表是在体育和音乐这两门初等教育课程之上,还必须学习五门课程:算术、平面几何、立体几何、天文学、谐音学。按照这个次序将灵魂从可见世界逐步上升最后达到辩证法——哲学。

第一,算术。

算术是和任何技艺和学问都有关系的知识。统帅军队的将军必须能计数,在特洛伊战争中帕拉墨得比阿伽门农高明之处就在于他能计数。计数能提高我们的思想,在感性知觉中有些东西是毋需借助思想的,单是感觉自身便可以作出适当的判断,这就是那些不会同时引起相反的感觉的东西;可是有些东西却是会同时引起矛盾的感觉的,这就需要由思想来考虑了。例如这里有三个手指:小指、无名指和中指,它们每一个看去都是一个指头,无论它在中间还是在边上,在明处还是在暗处,是粗的还是细的,没有什么是需要思想再去考虑的,因为作为一个手指就不会和手指相矛盾。但是说到手指的大小,视觉便会觉得它既大且小,同样触觉会觉得这个手指既粗又细、既硬又软,或者说轻的东西是重的而重的东西又是轻的,这类矛盾的问题促使灵魂去研究它们,这便要求助于理性和计数的能力。首先要考虑那是一个还是两个,如果感觉到的是两个,是彼此不同的,它们每一个是一个可是合在一起便是两个,理性要将它们分开来考虑,不然它们便不是两个而是一个了。视觉看到大和小,但它们是合在一起而不分开的,所以会得到模糊的印象;理性便要采取相反的方式将它们分开来,首先要弄清楚什么是大,什么是小。我们要将可见事物和可知的对象区分开来。(522C—524C)感觉对象是矛盾混合的,作为理性便要将它们区分开来,这便需要计数。这是由可见世界向可知世界前进的第一步,在这里柏拉图已经提出分和合的问题了。

柏拉图进一步指出现在需要思考数和"一"的性质了,如果"一"是感觉能够看清楚的,像手指那样,便不需要理性再去研究实在了;但我们看到的常常是矛盾的结合体,它显得是这一个又是相反的那一个,我们又常常看到同一事物既是一同时又是无限多。这样便要研究"一"究竟是什么。其他的数也具有和"一"同样的特性,因此必须学习算术。学习它不是像商人那样为了做买卖,而是为了战争以及将灵魂从变化的世界转向真理和实在,这便是将灵魂往上拉,迫使它去研究数自身。〔肖莱的译文在这里加了一个注:这"数自身"就是"相的数"或"数的相",这可以说是后来那个弄不清楚的处于"相"和具体事物中间的"数学的数"的来源之一。①〕他们不愿讨论可以感知的事物的数,如果有人要在理论(logos)上将"一"分成部分,他们会设法将它恢复原状,决不让"一"成为是由许多部分组成的,不成其为一。这样的"一"——任何一个"一"都和别的"一"相等,没有一点不同,"一"也不包含有部分——只能由思想掌握,不能由别的方式去认识。所以算术能迫使灵魂通过纯粹思想去认识真理自身,那些天性擅长算术的人学习其他课程也比较快,算术可以使迟钝的心灵变得敏捷起来。(524D—526B)

柏拉图认为学习算术的目的是为了引导心灵转向而不是实用,从古希腊开始西方便有了重视理论科学的传统。柏拉图认为算术和广义的数学研究是将灵魂从感知具体事物引向上升,达到可知世界的最好的方法。它从感知到的具体事物中的数开始,但达到的却是抽象的数。这种抽象的"一"是单一的没有任何部分的,它们彼此间也没有任何不同的"一"。本来这样抽象的"一"只能有一个,它是唯一的;但在这里我们看到柏拉图认为"一"本身有无数个,这个事物的"一"和那个事物的"一",虽然它们是相等的,没有任何不同,但终究是两个"一"。同样一个事物可以分成许多不同的部分,其整体是"一",每个部分也是一个"一",它们是许多个"一"。所以柏拉图认为数学对象——这

---

① 参见《洛布古典丛书·柏拉图文集》第6卷,第164页。

样的"一"是居于"相"和具体事物之间的中间体,它既是不可分的,可是同一类中又有许多个。他再要在这许多个"一"中找出它们的共同体,那就是"一的相"即"相的数"。所以产生这样的问题还是因为柏拉图分不清一般和个别、抽象和具体的缘故。

第二,平面几何。

学习几何学虽然对军事也有用处,如安营扎寨、排列队形等等,但这些实用方面只是附带的,只需要算术和几何学知识中的一小部分,柏拉图认为几何学中大部分高深的知识都是帮助人们用来把握"善的相"的。虽然他们说"化为平方"等等好像是实用的,实际上却是为了纯粹的永恒存在的知识,而不是为那种一时产生一时又消失的知识。它能使灵魂认识真正的实在,不是去认识生灭的世界;它将灵魂向上引到真理,引到哲学的理智,而不是错误地引向下面。学过几何学的人也容易学习其他课程,因此将它列为第二门课程。(526C—527C)这里柏拉图并没有谈到几何学的具体内容,只是谈到几何学的真正对象是永恒不变的知识,属于理智阶段,是心灵转向中必须学习的课程。

第三,立体几何。

当苏格拉底提出要将天文学定为第三门课程时,格劳孔很赞成,他说天文学对认识年、月和四季,对农业、航海、行军都有用处。苏格拉底对他说:你总是在担心理论科学没有用处,这是因为许多人都不懂得在每个灵魂中都有一个器官,它比一万只眼睛都重要,因为只有它能够看到真理;当它的光被干扰而暗淡时,这样的学习便能净化它使它重现光芒。这才是最有用的。(527D—E)柏拉图明确指出灵魂中的这个器官——它的作用便是理性和理智——的重要性,它比感觉器官贵重万倍。灵魂中的这个器官就是理性,也就是《斐多篇》中所说的统治肉体和感觉、欲望的那个灵魂。可以认为柏拉图所说的灵魂有广义和狭义之分,狭义的灵魂指理性,广义的灵魂则包括理性、激情和欲望。

柏拉图提出在讨论了平面几何以后讨论天文学以前,还应该加上立体几何作为第三门课程,不然便是从平面直接进到圆周运动的立体了,应该从二维进到三维,那就是有厚度的立体。(528A—B)他是将立体几何看成平面几何和天文学之间的桥梁的,因为天文学是讨论立体运动的天体的。可能正是研究天体运动的需要,在柏拉图时代古希腊已经开始将立体几何当做一门独立的学科来研究,立体几何的研究正是在柏拉图的学园内开始兴起的,一般认为柏拉图的朋友和学生泰阿泰德和学园中的其他一些人是立体几何学的创始人。柏拉图写《国家篇》时立体几何作为一门独立的学科还才开始,所以他接着就说了立体几何没有得到发展的两个原因:一是学习它很困难,没有一个城邦认为值得重视而学习它;二是学习它需要有人指导,而当时很难找到这样的教师,即使找到了也没有人肯虚心学习。因此他号召人们要重视学习立体几何。(528B—C)

第四,天文学。

一说到天文学,格劳孔立刻就想到这门学科是引导人们的灵魂向上看的。苏格拉底指出他的错误:如果这样看待天文学,应该说它是将灵魂的眼睛引向下方的。因为"看上面的东西"并不是要你用眼睛去看天上的事物,那些事物虽然在天上却还是属于可见的世界,它们还不是真实的存在。真实的东西乃是这些天空中的星体所承载的真正的数和图形中的快慢运动以及它们彼此间的相互关系,这些东西只能用理智和思想(logos)去把握,眼睛是看不到的。我们看到天空中的图画正好像看到画家精心的作品一样,可以说它很美,但是要是想从它那里研究出相等、成倍或其他数的绝对比例关系,那是荒谬的。当天文学家看到天空星球的运动时,他会赞美它的创造者制造出这样完美的构造,但是他还不懂得要从这些可见的星球的昼夜之间,日夜和月、年之间,以及其他星体和太阳、月亮以及它们彼此之间中可以发现永恒的没有变化的严格的比例。因此我们研究天文学也应该像研究几何学那样,运用灵魂的理智力量提出和解决问题,而不要管天空中那些可见的事物。格劳孔说:你给天文学这样的任务要比现在所做的困难多了。(529A—530C)

柏拉图一方面是正确地认识到:研究天文学不止是看到天体诸星球在如何如何运动,而是要发现这些星球运动彼此间以及由此产生的白昼和黑夜、日、月、年等等的确定的数的比例关系。这本来是天文学应该完成的任务。由此也可以看出:在柏拉图时代天文学的研究已经开始超出早期自然哲学那种幼稚的猜测和描述的阶段,进入寻求天体之间数的比例关系,即去发现在现象背后的规律了。但是当时对这种天体运动的规律不可能有精确的认识,反会发现它们之中存在许多不规则(没有一定的比例关系)的地方,本来科学的发展应该是从这些不规则的地方去进一步发现隐藏在它们背后的规律,这样科学才能不断前进。但是柏拉图却不是这样看,他认为这些天体星球运动的比例关系所以不是永恒不变的、不精确的,乃是因为天体星球本身是属于可见世界的,不是永恒不变的。因此他便得出错误的结论,要求天文学研究可以不顾实际天体运动的情况。可是如果不顾实际的天体运动,天文学也就成为一门纯思辨的科学了,这又如何可能呢? 这里可以看出柏拉图将两个世界绝对划分开来的错误,也可以看到他片面地重视理性,轻视实际、轻视感觉所带来的荒谬结果。

第五,谐音学。

柏拉图说天文学是研究运动的,有一门和它对应的姐妹学科便是谐音学,不过它是研究耳朵听到的运动的,天文学是研究眼睛看到的运动的。谐音学是毕泰戈拉学派创始的,但柏拉图认为不必再去向他们征询意见,只要坚持我们自己的原则,即不要让学生去研究那些不完善的高音和低音,只用耳朵去听在琴弦上打击出来的声音,免得浪费了许多时间去计量这些音调的高低。这些人却像天文学家一样只寻求可以听到的音调之间的数量关系,而不再上升一步去研究哪些数的关系是本来和谐的而哪些不是,不再究问为什么如此。所以只有当它的目的是为了美和善,我才认为这门学科是有用的。(530C—531C)

这里柏拉图对于理智和理性的区别,即当时一般自然哲学家的思维方法和他认为最高的辩证法之间的区别,又提出了一个看法。他认为一般谐音学家只研究音调之间的数的比例关系,而不再进一步究问这些比例关系中有哪些是本来固有和谐一致的,哪些不是,以及它们为什么是和谐一致的即合乎善和美的。用以上线的比喻中的道理来解释便是:前一种人(自然哲学家实际上相当于以后所称的科学家)以数的比例为假设,只要寻求到事物运动的数的比例关系便可以得到结论,以此为满足;而后一种人即真正的哲学家还要进一步究问这些比例关系中哪一些是真正(即作为内在本质讲)的和谐,还要究问为什么它们是真正的和谐——一直到往上推到美和善,即是认识到最后原理,才达到学习的目的,同时也是对象自身的目的。这便是柏拉图将要讲到的辩证法。

柏拉图在讲了上述五种课程以后说,研究这些学科还必须弄清楚它们彼此间的相互关系以及将这些学科合在一起需要有一个总的认识,才能达到目的不白费力气。因此学习这些课程仅仅是一个导言,只是进一步学习辩证法的准备,你总不能将学习过这些课程的人称作辩证法家吧。(531C—E)

柏拉图将可感世界和可知世界划分为两个对立的世界以后,总想从认识论上说明它们的联系;想说明从个别上升到一般的认识方法。在《会饮篇》中他提出 epagoge 的认识方法,《国家篇》中的 periagoge 可以说是想用这几门科学知识比较具体地说明这种灵魂转向也就是从个别上升到一般的认识过程。

五 辩证法

什么才是辩证法呢? 柏拉图是这样说的。首先他说:如果一个人对于讨论中的意见不能说明其理由(logos),便不能说他已经具备了应有的知识即辩证法。虽然它属于理智世界,但我们是在视觉中看到它的摹本,正像在洞穴比喻中,人们在洞外先看到动物和星星,然后才能看到太阳。如果一个人不依靠感觉的帮助,能用辩证法作出理性的说明,认识事物的本质,最终把握善自身,便达到了理性世界的顶峰。这个思想过程就是辩证法。在洞穴比喻中说的从将囚犯由锁链下解放开始,一直到最后在洞外看到真正的太阳,这整个程序便是引导灵魂转向上升到最好(善)的实在的能力作用的过程。(531E—532)格劳孔同意这个真理,他认为这是令人很难接受然而又是很难反对的,所以还需要不断反复讨论。格劳孔提出问题要求回答:这种辩证能力是什么? 它可以分为几个部分? 它的方法是什么? (532D—E)对于这些必须回答的问题,柏拉图却表现得犹豫了,他让苏格拉底说:格劳孔呵,你恐怕不能再跟我前进了,虽然我尽量想不用比喻向你说明真理,但我不能肯定我所说的就是真理,不过总是和真理相似的东西。(533A)柏拉图理想的辩证法是完全不需要感性知觉的,但实际的认识包括他所说的这几门学科却又不能完全摆脱感性知觉。这就是柏拉图认识论中的矛盾,所以格劳孔要求对辩证法作出理论的而不是比喻式的说明时,柏拉图觉得很困难,只能勉力为之。

他对辩证法的真理说了这几点:第一,他认为只有辩证能力才能做到以上所说的灵魂转向,也只有按照以上所说的课程进行训练的人才能做到这一点;没有人能够反驳这一点,因为除此之外没有别的道路可以达到这个目的。一切其他技术学科都涉及人的意见或欲望,是和生成的或组合成的事物有关的。〔它们并不是真理的知识。〕至于以上说到的几何等学科,虽然对真实的存在有些理解,但也只是像做梦似的,如果不对它们所用的假设作出说明,它们永远不能清晰地把握实在。(533A—C)这里说的是达到真理的道路。除了以上说的几何等五门课程以外的其他技艺学科都只涉及可见世界,不能认识真理,因此必须经过这五门课程的训练;但这五门课程本身也像做梦似的只能认识真理的影子,因为它们也不能完全脱离开感觉,虽然它们是达到真理的必需途径,却还并不是真理本身。

第二,为什么几何学等本身还不是真正的知识呢?因为它们的前提(假设)是某些并不真正知道的东西,因而它的结论和中间步骤也是一连串并不真正知道的东西;虽然它的推论可以是一致而不矛盾的,但怎么能成为真正的知识呢?只有辩证方法才能去掉假设上升到第一原理,在那里找到确定的一致性。当灵魂的眼睛陷入无知的泥坑时,辩证法能细心地将它拉出来,转向上升。在这个转向过程中,以上列举的这几门学科是辩证法的助手。(533C—D)这里又重复说明算术、几何学等和辩证法的区别。前者虽然还不是真理,因为它们还需要假设,但在帮助灵魂转向过程中却是辩证法必需的助手。

第三,对于几何学等课程,我们虽然累次说它们是知识的分支,但应该给它们一个明确的称呼,表明它们比意见清楚比知识模糊,我们已经将它叫作"理智"。这样以前所说的四个部分中,第一部分是知识(episteme),第二部分是理智,第三部分是信念,第四部分是想象或猜测。前两部分合起来叫理性(noesis——柏拉图常将这个词和 episteme 混用),后两部分合起来叫意见。意见是关于生灭世界的,理性是关于真实存在的。真实存在和变动事物的关系就同理性和意见的关系一样;而理性和意见的关系也就同知识和信念、理智和想象的关系一样。至于它们的对象——可知世界和可见世界的划分等等关系以后再谈,因为这需要漫长的探索。(533D—534A)这里实际上是重复了以上关于认识和存在的四个阶段的论述,但从中可以看出柏拉图重点论述的还是关于认识的四个阶段,对于存在的四个阶段他认为需要另作专门论述。这一点对我们理解他以后的对话如《巴门尼德篇》、《智者篇》和《蒂迈欧篇》是有用的,因为在这几篇对话中,他重点讨论的是有关存在的结构的问题。

第四,因此,一个能对每个事物的真实存在作出说明(logos)的人,便可以称他为辩证法家,而对他自己或别人都不能作正确说明的人便是对此缺乏理性。对于"善"也同样如此,除非一个人能将"善的相"和其他东西区别开来,并为它作出解释(logos,许多译文都译为"定义"),在论战中对付各种批评,每一步都根据实在和真理,而不是根据现象和意见,没有失误。否则他便既不知道"善的相"也不知道任何善的事物,他只是抓到某些善的影子,只是处在梦游状态,到死还没有清醒过来。(534B—D)能够认识"善的相"才是辩证能力的顶点。柏拉图在这里指出,不知道"善的相"的人也就不能知道任何善的具体事物,它不但是理智世界中的太阳,而且它的光芒也照亮了可见世界,它是超越这两个世界之上的,正像上面所说它是超越存在和认识这两个系列之上的。因为它是一个价值概念,所以能够应用于任何一类存在(东西)上。

第五,辩证法是在别的课程之上的顶石,整个学习课程到辩证法就完成了。(534E—535A)后来柏拉图又补充说:一个人要能将以前学过的各种课程总起来看(synopsis),看到它们的相互联系以及它们和实在的联系,这样的知识才能够在心里生根。能不能将事物联系起来看,这是有没有天赋辩证能力的主要试金石。(537C)他特别强调了辩证法便是能看到事物的相互联系,能有一个总的看法。

以上几点就是柏拉图在第7卷后面部分论述辩证法时提出的看法,这几点实际上是对以前的比喻说法作了些理论上的说明,虽然在个别点上有些新的补充,但实际上并没有提出重要的新的内容。这说明柏拉图在《国家篇》中虽然将辩证法说成是认识的顶峰,但对于什么是辩证法他还不能作出明确的理论说明。

对于柏拉图在《国家篇》中所讲的辩证法究竟是什么? 西方学者中也是有分歧意见的。最常见的一种意见便是将它和《斐德罗篇》中所讲的辩证法——综合(synagoge)和划分(diairesis)相等同。如韦德伯格在《柏拉图的数学哲学》书中讲到辩证法的"上升"和"下降"(511B—C)作用时说:柏拉图的心目中可能已经出现《斐德罗篇》和《斐莱布篇》中区别开的辩证法的"综合"和"划分"的两个方面了。① 罗宾逊也认为《国家篇》中所讲的"上升",相当于后期对话中的"综合或概括","下降"相当于"划分或分类"。② 斯坦策尔不同意他们的意见,认为《国家篇》中所讲的 synopsis 和后来讲的 synagoge 不同,后来讲的 diairesis 和前期讲的"分有"也不是一回事。③ 我们以为柏拉图在《国家篇》中所讲的辩证法,虽然强调了联系,认为要有总的看法(以上第五点),从这方面说当然有以后所谓"综合"的思想,但总的说在《国家篇》中还没有明确提出后来的"综合"和"划分"的思想,他所说的"下降"还没有后来"划分或分类"那样明确的意思。我们只能说柏拉图的辩证法思想也是有发展过程的,从《国家篇》到《斐德罗篇》有了一个较大的转变,可能是柏拉图自己对《国家篇》中关于辩证法的解释也感到不满(所以说只是"和真理相似的东西"),才提出新的比较明确的"综合"和"划分"的思想,当然这也和他对原来的相论感到困难有关。

柏拉图接着又谈了应该选择什么样的人来学习这些课程,他认为应该选择那些坚定勇敢、具有合适的天赋条件,特别是不怕艰苦的人来学习。对于自制、勇敢等美德,他们要能够分辨真假,比如对于什么是正义,什么是荣誉,他们原来已经有习惯的看法,也服从并尊重它们;但由于时代风气有人用享受快乐等来蛊惑灵魂,年轻人容易在辩论中发生动摇,误将可耻的东西当做荣誉,所以不应该让青年参加〔智者们的〕论辩,学会用华而不实的语言去咬人等

① 参见韦德伯格:《柏拉图的数学哲学》,第41—44页。
② 参见罗宾逊:《柏拉图的前期辩证法》,第162页。
③ 参见斯坦策尔:《柏拉图的辩证法》,英译本,第81—82页。

等。柏拉图还为学习辩证法按年龄制定了一个时间表:凡是有公民权利的（即将奴隶排除在外）十岁以上的儿童就由城邦公众负责培养。康福德在这段译文以前简单地整理出这张时间表,即:(1)在17或18岁以前进行文学和音乐训练,并尽可能强迫进行初等数学的学习;(2)以后到20岁进行身体和军事训练;(3)从20到30岁,选择少数人学习算术几何学等高级课程;(4)然后再进一步挑选合适的人完整地学习辩证法;(5)从35岁到50岁是实践时期,掌握了辩证法的哲学家在最高的统治地位上为公众服务;(6)到50岁时最好的人已经认识了"善的相",他们既可以从事哲学研究,在轮到他们时也可以在最高会议上统治城邦。① 等他们培养出继承人可以接替他们时,便可以辞去职务,安度晚年了。柏拉图特别申明女人也可以和男人一样参加各种活动,成为统治者。（540C）这就是柏拉图在第7卷最后(535A—541B)提出的学习辩证法、培养哲学王的道路。

第三节　摹仿和诗

在《国家篇》第8和第9两卷中柏拉图主要评论四种政体的得失,我们将在政治思想章中专门论述。第9卷后半部(576B—592B)讲到正义和不正义的生活,将在本节中简要介绍。

《国家篇》第10卷开始又突然提出讨论诗歌的作用问题,看来和第9卷没有直接联系,而且早在第2至第3卷中柏拉图已经谈过对诗（音乐）教育的看法,第10卷像是对那些看法的补充,特别是在第10卷中柏拉图强调了摹仿说,和其他对话(除了《蒂迈欧篇》)中相论的思想有所不同,因此有些学者认为第10卷是后来写的,略早于《蒂迈欧篇》,但有些学者不同意这种意见。关于这个问题还没有比较一致的定论。

---

① 参见康福德英译:《柏拉图〈国家篇〉》,第256页。

一 三种床

亚里士多德在《形而上学》中谈到柏拉图主张具体事物分有"相"时说:只有"分有"这个词是新的,因为毕泰戈拉学派说事物"摹仿"数而存在,而柏拉图说它们是由于"分有"而存在,只是换了一个词而已。(987ᵇ10—13)似乎柏拉图和毕泰戈拉学派在这个问题上的不同就在于:毕泰戈拉学派主张摹仿说,而柏拉图主张分有说。的确,柏拉图前期的相论从《美诺篇》到《斐多篇》等主要主张具体事物分有"相",但他也并不是不讲摹仿。在早期对话中他讲到音乐、图画、雕刻等,认为它们是摹仿实物的,在《国家篇》第 3 卷 394 以下也专门分析过诗歌的摹仿,但是说到具体事物摹仿"相",则主要是从《国家篇》第 10卷开始的。

我们需要对"摹仿"这个词作点探讨。说音乐摹仿自然界的某些声音或图画和雕刻摹仿某些形体,是很容易理解的,即一般人所说的"摹仿",也就是像或不像某个事物的"像"。但用这种解释去说明毕泰戈拉学派所说的事物"摹仿"数,便会发生困难,因为任何音调或其他事物都不会"像"数字 2 或比例 2∶3 等等,所以这个"摹仿"和我们通常说的"摹仿"并不完全一样。μίμησις(mimesis)这个希腊词原来有两个含义:表现(或表象,representation)和摹仿(imitation)。① 康福德的英译本中主要译为 represent,他还作了一个说明,认为通常译为 imitation 容易引起误解,因为我们总不能说莎士比亚摹仿了哈姆雷特的性格。但他也认为,从另一种意义上说艺术是一种摹仿,即它们是外部现象的仿本(copy)。② 实际上柏拉图在《国家篇》第 10 卷中所说的倒更接近后一种意义 imitation,所以我们仍译为"摹仿"。

柏拉图说在我们理想的城邦中要排斥诗歌戏剧,因为它们只是摹仿。这样便提出问题:什么是摹仿? 柏拉图是这样说明的:对于具有同一名称的许多具体事物,我们认为它们只有一个单一的"型"(eidos,以下有时也用 idea)。

---

① 参见《希英大辞典》,第 1134 页。

② 参见康福德英译:《柏拉图〈国家篇〉》,第 32 页。

有许多具体的床或桌子,却只能有一个床或桌子的"型"。木匠在造我们使用的床或桌子时,在他心里总是望着那个床或桌子的"型",而"型"自身却不是任何工匠所能制造的。但是总有一种工匠,他不但能制造一切人造物,而且能制造一切植物和动物,包括他自己,还能制造天、地和神以及一切天上的和地底冥间的事物。这样万能的工匠从一个意义上说是有的,从另一个意义上说是没有的。其实你自己也是能制造出这一切东西来的,你如果拿一面镜子到处去照,便能照出太阳、天空和大地上的一切以及你自己。格劳孔说:这些不过是影子,不是真实的存在。苏格拉底说:对了,我认为画家制造出来的也就是这一类东西,他造的不是真的床,而是床的影子;木匠造的虽然是真的床,但不是真正的床的"型",只是一张张具体的床,所以他造的也不是真正的存在,不是完全真实的东西,只是和真正存在相像的事物,他造的实在的床和真正的存在相比,也不过是个影子。这样我们便可以说明谁是摹仿者了。这里已经有三种床:一种是天然存在的床,我们只能说它是神造的,一种是木匠造的床,再一种是画家画的床,画家、木匠和神分别造了这三种不同的床。(596A—597B)值得注意的是柏拉图在这里说:"床的相"只能说是由神制造的。可是柏拉图既然认为"相"是永恒的,怎么能说它是制造出来的呢?康福德作了解释:因为柏拉图在这里举的例子是人造物,而且他要说艺术家是双重摹仿者,所以他为"相"——天然的床也设想了一个制造者。康福德认为这里所说的神和《蒂迈欧篇》中所说的神圣的德穆革一样,只不过是神话的人物。① 我们以为康福德的说法是有道理的,柏拉图的"相"本来是永恒的,没有产生或被制造的动因问题,但在这里他是将"床的相"和木匠造的床、画家画的床联系对比讲的,所以为"床的相"设想了一个制造者——神。

柏拉图认为神只能造一张床,如果他造了两张,这两张必然还有共同的"型",于是有第三张床出现,只有这第三张床才是真正的"型",前两张床都不是,并且可以无穷倒退得出无数个"型"来。因此神只能造唯一的一张真正的床(的"型")。(597C—D)这便是后来《巴门尼德篇》(132A)提出的批评相论

---

① 参见康福德英译:《柏拉图〈国家篇〉》,第322—323页。

的所谓"第三者"的最初论述:床的"相"只能是唯一的一个。

神和木匠都是床的制造者,画家却不能说是制造者,他只是前两种人所造的床的摹仿者,他画的床和天然的床隔着两层。(597D—E)他所摹仿的不是天然的床而是木匠所造的床,这还不是真正的存在,而只是存在的影象。因为对于一张具体的床,你如果从不同的角度去看它,它便会显得不一样,并不是床本身有不同,而只是看起来不同。所以画家摹仿的并不是事物本身,而只是看起来像是如此的样子。它所摹仿的只是事物的影象。摹仿和真实差得很远,它所把握的只是事物的一小部分,只是事物的印象,他们只是拿这些印象来骗人,如果有人说他精通一切技艺,我们千万不要上他的当。(598A—D)柏拉图在这里表面上是批评画家,实际上是讽刺智者。

这就是柏拉图所讲的摹仿术,他是用三种床来具体说明的,神制造了唯一的天然的床,即床的"型";木匠造实在的床时,心里先有床的"型",他是以床的"型"为模本摹仿它制造的,(这种摹仿在这里讲得不多,《蒂迈欧篇》才加以发挥)画家又以木匠所造的床为模型,所画的只是片面的印象,离开真实的床的"型"最远。

二 哲学和诗的"争吵"

柏拉图对于诗——艺术的评价,是从它和哲学的对比角度谈论的。他是这样提出问题的:人们以为悲剧诗人和他们的领袖荷马知道一切技艺,知道一切有关人间善恶以及神的事情,他们是不是真正知道他所描写的这些事物呢?他的回答是:如果一个人既能制造那些被仿造的事物又能制造它们的影象,他当然宁可制造真正的东西而不愿去制造假象的东西了;可是荷马虽然讲了许多治理城邦、战争和教育的事情,但是他曾经将哪一个城邦治理好了,像莱喀古斯和梭伦那样有功呢?他既没有指挥和打赢过战争,也没有像泰勒斯那样有过精巧的发明,他也不像毕泰戈拉那样建立过学派受到后人的尊敬,甚至不像普罗泰戈拉和普罗迪柯那样被青年人热爱。由此可见这些诗人只是美德的摹仿者,并不知道真正的东西,在实际上他们和真理隔开两层(598D—600E)。

柏拉图是以实践的效果来评价诗人的工作的,虽然他也承认诗人用的语言、韵律、曲调这些音乐性的魅力是巨大的，但是认为他们只知道事物的表面现象，只能摹仿制造印象。他说和一件人造的事物如马的缰绳或笛子有关的有三种人：制造它们的工匠、使用它们的主人以及摹仿它们的诗人。他认为在这三种人中使用它们的主人是最有经验，能知道这事物的好坏的；如吹奏笛子的人知道笛子性能如何，他告诉制造笛子的匠人应该怎样制造；制造者只能听从使用者的吩咐，所以只有使用者才有真正的知识，制造者仅能有正确的意见。摹仿者——诗人则是既无知识也无正确意见的人，无论他用什么诗体写作都只不过是一个摹仿者。（601B—602B）

对于这种摹仿柏拉图又从认识方面加以说明，他说对于同一件事物，近看和远看是不一样的，在水里看和不在水里看也不一样，艺术家正是利用了我们感觉中的这个弱点制造假象。在感觉中有些事物既是"大些"又是"小些"，既是"重些"又是"轻些"，可是同一事物不能同时有相反的情况，所以感觉属于灵魂中低下的部分，和灵魂中高级部分——理性相离很远。诗人、画家只是打动了灵魂的低下部分。（602C—603C）

灵魂是有不同的三个部分的，这在《国家篇》第4卷（434D—441C）中专门讨论过，在第9卷后半部分讨论什么是正义的和不正义的生活时，又重复论述了这个问题。他说每个人的灵魂都有三个部分：第一部分是理性，它是用来学习的，它爱好的是真理和智慧；第二部分是激情，用来表现喜怒哀乐，它爱好的是名誉和胜利；第三部分是欲望，它爱好的是利益和钱财。要看每个人的灵魂是被哪一部分统治的，被理性统治的就是哲学家，只有他们具有经验和知识，能够判断应该做什么和不应该做什么。（580D—582C）如果灵魂被欲望统治着，理性受奴役，这样的灵魂也是受奴役的，这种生活是最不幸的。（577C—578B）由此他得出结论：只有当灵魂中爱好名誉和爱好利益的那两个部分能够接受知识和理性的指导，选择追求智慧的快乐，这才是真正的快乐，这样在灵魂内部便没有争吵，三个部分和谐相处，这样的生活才是正义的。如果灵魂由其他两个部分统治着，追求的是假快乐，那样的生活就不是正义的。（586D—587A）柏拉图实际上回答了《国家篇》第1、第2卷中智者们提出来的正义就是利益，就是快乐等说法，指出有不同的利益和乐趣（爱好），只有理性爱好智慧才是真正的快乐和利益。智慧和理性是最高的,只有哲学家才懂得真正的快乐和利益,所以应该由哲学家统治城邦,正确地引导和教育人民。

在第 10 卷中柏拉图根据以上的思想,认为诗人和艺术家主要是满足我们灵魂中的情感,激发爱和怒、苦和乐以及各种欲望。(606A—D)柏拉图在这里说的是情欲,而不是以前所说的灵魂中的激情;这就是理性和情欲的冲突,是久已存在的哲学和诗歌的"争吵"。(607B)柏拉图以社会效果为标准,将理智和情感完全对立起来,抬高哲学而贬低诗和艺术。不过他也留了一点余地,说如果诗能证明自己的善和真,能为自己辩解说它对生活和社会是有益的,那还可以保留。(607D—608B)朱光潜指出:亚里士多德在《诗学》中回答了柏拉图在这里提出的问题,他说历史写已经发生的事情,诗写当然发生的事情;因此诗比历史更富有哲学性,诗描写的是一般,历史描写的是个别。(《诗学》第 9 章 1451^{b}1—7)①柏拉图显然还没有看到艺术表现典型的意义。

三 灵魂不灭

尽管柏拉图认为遵循理性、爱好智慧才是正义的生活,对人是最有益的;但在现实生活中却总是那些依靠权势钱财过不正义生活的人得益。如何解决这个理想和现实的矛盾,使人们乐意去追求真正的正义呢? 柏拉图也不得不求助于宗教的办法,主张灵魂不灭和灵魂轮回,不过他尽可能赋予它哲学的意义。

柏拉图提出,对于美德所能给与的最大奖励就是灵魂不朽。(608C—D)在《斐多篇》中柏拉图已经论证了灵魂不朽,现在他又提出一个补充的论证。他是这样论证的:"恶"是起破坏和毁灭的作用的,而"善"是有益的,每一事物都有它所特有的善和恶即好和坏,比如身体的疾病、粮食的霉烂、树木的枯朽等就是这些事物的恶,会使这些事物毁灭的。显然善不会毁坏这些事物,不善不恶也不会毁坏它们,只有恶才能毁坏它们。如果我们发现一种东西,它的恶虽然会损害它,却不能使它灭亡,那么我们便应该承认这种东西是不会灭亡

---

① 参见朱光潜:《柏拉图文艺对话集》,第 322 页。

的。现在我们发现这种东西便是灵魂。灵魂也有它特有的恶，如不正义、不自制、懦怯、无知等等，这些灵魂内在的恶，虽然是恶的，却不能毁灭灵魂使它死亡和离开肉体。灵魂也不会被外来的恶所毁灭，比如身体的疾病或被刀杀死都不能使灵魂毁灭。灵魂既然不会被它内在的和外来的恶所毁灭，它必然是永恒存在的、不朽的。（608D—611A）

但是这样论证和前面所说的灵魂有三个部分的理论容易产生矛盾，所以柏拉图又进一步论证。他说既然灵魂是不朽的，它便既不会减少也不会增加，而且它内部也不能有不同和不一致。可是刚才我们说灵魂是由多种部分组成的，又不是和谐地组织在一起的，这样的灵魂要不朽是很不容易的。因此我们要了解灵魂的真正的本性，便不能像现在这样在有肉体和其他的恶与它混在一起的情况下考察它，而应该用理性去分辨它在纯洁的情况下是怎么样的，就像将海上的石头、贝壳和杂物去掉以后才能看到海神的真面目一样，我们必须专门注意到灵魂的爱好智慧的方面，才能看到灵魂的（不管它是复杂的还是单一的）真相。（611A—612A）柏拉图认为灵魂尽管有三个部分，但只有理性才能代表它的本性，理性的灵魂是不灭的。这就是他所说的狭义的灵魂和广义的灵魂的关系，实际上他认为只有狭义的灵魂—理性才是不朽的。

这样柏拉图最后证明了：只有正义才是最有益于灵魂的，行正义的人在生前和死后可以从人和神得到最好的报酬。神是爱好正义和憎恶不正义的，一个正义的人即使陷入贫困、疾病或是别的不幸，神也不会忽视他，而不正义的人即使开始得到好处，最终必然得到惩罚。（612B—613E）柏拉图最后讲了一个长长的故事（614B—621B），说的是一个战士阵亡以后十二天时又复活了，他讲述了在另一个世界看到的情况。那里有两个口子通往地下，两个口子通向天上，灵魂到了这里，凡是正义的便从右边升天，不正义的便从左边下地。有一些灵魂从天上下来，清净纯洁，告诉别人天上的美丽和幸福；从地底上来的灵魂污秽不堪，他们在生前做的坏事，死后要受到十倍的惩罚，被捆打剥皮抛入地牢。这些灵魂出来以后，走到一个地方可以看到天地光柱。然后由"必然"的女儿命运女神让各个灵魂选择自己愿意的生活，有各种社会地位和职务、贫富强弱以及智愚等的不同。如果已经学会分辨善恶便可以选择合乎灵魂本性的正义生活,不然即使是从天上下来的灵魂也可能作出错误的选择。他描述了各个不同的灵魂按照自己的性格选择不同的生活,他们经过"必然"的宝座,喝了"忘记"(Ameles)河里的水,向各方散去重新投生。最后柏拉图告诫说,如果我们相信这个故事,它便能帮助我们使灵魂不被玷污。我们应该相信灵魂是不死的,它要忍受一切善恶,我们应该走向上的路,在智慧的指导下寻求正义。这样才能和神、和自己和睦相处,在今生和死后获得美好的报酬。(621C—D)

这种灵魂轮回、转世报应的思想,在世界许多地方都有,我们中国也不陌生。它是由哪里传下来的? 康福德认为:柏拉图在这里所讲的灵魂生死循环、死后裁判、罪恶受罚、忘记河的水等等神话都来自奥菲斯教和其他秘密宗教。① 柏拉图在《国家篇》中详细讨论了正义和不正义的问题,但他也知道理想和现实是不一致的,所以最后只能以"善有善报,恶有恶报"来鼓励人们向善。不过他告诉我们:必须有真正的智慧才能分辨真正的善恶、真正的正义和不正义。这就是伦理学最根本的课题。柏拉图强调的是理性主义。

值得注意的是柏拉图在这个神话中还讲了一段天地光柱(616B—617B),说天体像一个纺锤,太阳、月亮和行星、恒星都绕它旋转。这个问题我们将在《蒂迈欧篇》讨论柏拉图的宇宙论思想时再来论述。

*　　　　*　　　　*

《国家篇》是对以前几篇对话——《美诺篇》、《斐多篇》、《会饮篇》——中哲学思想的概括和发展。在这篇对话中柏拉图明确地将认识和它的对象——存在分为两个不同的系列,又将每一系列分为高低不同的四个阶段,彼此一一对应,而高踞这两个系列之上的则是最高的"善的相",它是这两个系列存在以及彼此发生(认识和被认识)关系的最后原因。这样柏拉图完成了一个目的论的存在和认识的结构图式。

在本体论方面,柏拉图将原来的"相"和具体事物对立的两个世界发展为存在的四个阶段:"相"、数理对象、具体事物和它们的影象。关于它们之间的

---

① 参见康福德英译:《柏拉图〈国家篇〉》,第 349 页。

关系,他只是比喻地说后一个是前一个的影子(用后来的话说即现象或假象)。《斐多篇》中强调的具体事物分有"相"的分有说,在《国家篇》中几乎没有提到。《国家篇》提出的是摹仿说:影象是摹仿具体事物的,具体事物则摹仿"相"。摹仿除了原型和摹本外还必须有个第三者——仿造的工匠;柏拉图既以此贬低了诗人的作用,却同时提出了创造"相"和一切自然物的神,开创了思辨神学。

在认识论方面,《国家篇》也将原来的知识和意见(即理性和感性)的二分法发展成为理性、理智、信念和想象四个阶段。他特别着重反复论述了理性和理智这两个阶段的区别和联系,将理智从理性中分别出来成为一个独立的认识阶段;这是后来康德所说的知性和理性区别的先导,也就是科学和哲学的区别。柏拉图据此制定了一张课程表,规定学习算术、平面几何、立体几何、天文学、谐音学,通过这些科学学习的理智认识阶段,将灵魂逐步引向上升直到最后认识真理,认识"善的相",这便叫"灵魂的转向"。和《美诺篇》、《斐多篇》等所讲的回忆说不同,和《会饮篇》所讲的类似归纳的方法也不同,《国家篇》讲的认识方法是这样一种由认识具体事物逐步上升到认识"相"的方法。柏拉图将由此认识最高真理的方法叫作辩证法。《国家篇》中讲的辩证法实际上只是"哲学"的同义词,柏拉图只说它是对万物有一个总的看法,能认识最高真理,并没有给它规定更多具体内容。

《国家篇》对灵魂有很多论述,它确认灵魂是认识的主体而不是认识的对象;并且提出灵魂有三个部分:理性、激情和欲望,只有这三个部分各司其职并接受理性指导时,才是正义的。柏拉图将个人灵魂的正义扩大到国家的正义,从而提出哲学王这样的政治理想。《国家篇》讲的灵魂不灭也只是灵魂中的理性部分不受其他干扰时才能不灭。这是对苏格拉底的理性主义伦理学说作了系统的理论说明。

这便是柏拉图在《国家篇》中作出的主要哲学贡献。

❋ 第十九章 ❋

《斐德罗篇》

柏拉图的许多篇对话都引起后人种种不同意见争议,《斐德罗篇》也是其中之一。早在古代第欧根尼·拉尔修就说道:传说《斐德罗篇》是柏拉图写的第一篇对话,因为它描述的主题是年轻人的勃勃生气,可是〔亚里士多德的学生〕狄凯亚尔库却谴责它的整个风格是拙劣的。① 所以从古代一直沿袭到19世纪多认为这篇对话属于柏拉图的早期著作,施莱马赫根据他认为的《斐德罗篇》在哲学上的贫困,对辩证法解释的不成熟以及它使用的诗意的语言,坚持主张它是柏拉图写的第一篇对话。② 当时很多学者同意他的主张。但从19世纪后期许多学者认真研究,推翻了这种说法。1989年国际柏拉图哲学讨论会主要讨论有关《斐德罗篇》的问题,对本篇在柏拉图对话中的序列问题学者仍有不同意见。③ 我们以为从文体方面说,《斐德罗篇》像是柏拉图的前期著作,但从内容看似乎开始进入后期著作的行列。所以将它摆在《国家篇》以后,作为由前期向后期过渡的对话来论述。

对于《斐德罗篇》的主题也有许多争论,这篇对话写的是苏格拉底和斐德罗相遇,后者正带着一篇当时大演说家、修辞学家吕西阿斯写的文章,文章是论证被没有爱情的人所爱要比被有爱情的人所爱好。斐德罗极力推崇这篇文

---

① 参见第欧根尼·拉尔修:《著名哲学家的生平和学说》第3卷,第38节。
② 参见施莱马赫:《柏拉图对话导论》,第48页。
③ 关于这次会议的情况,可参见余纪元:《第二届国际柏拉图讨论会纪事》,《哲学动态》1989年第11期。

章的美妙,苏格拉底强求他念了这篇讲话以后却批评说吕西阿斯这篇文章虽然词藻华丽,可是条理不清。他自己以同样的题目也作了一篇讲话,先说明爱的定义是什么,再分析有两种不同的爱情,以此论证为什么被没有爱情的人所爱要比被有爱情的人所爱好。但在作了这番演说以后苏格拉底发现这两篇演讲辞的说法是渎神的,于是又作了第三篇演说,是对前两篇所作的翻案文章,说明爱情的真正本质是一种迷狂,灵魂要能按照理智克服欲望,认识真正的美自身,才是真正的爱情。《斐德罗篇》的第一部分就是这三篇演说辞。显然只有第三篇才是柏拉图的真意,其中虽然简略地,但却说明了他的相论的几点重要思想。前面两篇演说辞只是为他在第二部分讨论修辞术提供论据。在第二部分中柏拉图和斐德罗进行了讨论:为什么吕西阿斯的修辞术是不正确的,苏格拉底认为正确的方法应该是采用综合($\sigma\upsilon\nu\alpha\gamma\omega\gamma\acute{\eta}$,synagoge)和划分($\delta\iota\alpha\acute{\iota}\rho\varepsilon\sigma\iota\varsigma$,diairesis)的方法,柏拉图说这就是辩证法。

因此西方学者对《斐德罗篇》的主题有种种不同的意见,其中有一些说法是我们不能同意的,比如像上述施莱马赫所说《斐德罗篇》中柏拉图的哲学思想贫乏;有人认为它的主题只是讲爱情和美的,有人则认为它只是讲修辞学的;有人也像施莱马赫一样以为《斐德罗篇》中讲的辩证法和《国家篇》中讲的不同,从而认为它是不成熟的等等。第二届国际柏拉图哲学讨论会上对《斐德罗篇》的主题也有相似的不同意见。我们比较赞成乔伊特的意见,他认为《斐德罗篇》的主题是多样的,这在柏拉图的对话中并不罕见,其他一些对话如《国家篇》的主题就不止一个而是多样的。① 我们以为《斐德罗篇》的主题可以说有下列几个方面:第一,和《会饮篇》一样,《斐德罗篇》主要谈了爱情的问题;它提出爱情是一种"迷狂"的学说就对《会饮篇》有了发展;但最终还是归结到认识"美的相",达到真美善的统一。从它们的思想内容和文字的华丽说,《斐德罗篇》和《会饮篇》确实可以说是姊妹篇。第二,《斐德罗篇》提出综合和划分就是辩证法,这和《国家篇》中所说的辩证法有所不同,但不能因此说《斐德罗篇》的思想属于不成熟的阶段,因为《国家篇》中虽然将辩证法的地

---

① 参见乔伊特:《柏拉图对话集》第1卷,第403—404页。

位定得很高,可是它的内涵却是不够具体的。现在柏拉图将辩证法规定为综合和划分,使它成为一种可以具体运用的方法,在柏拉图的后期对话中经常使用这种方法。应该说这是柏拉图关于辩证法思想的一个发展。第三,《斐德罗篇》确是主要讨论修辞学的问题。本书第一编论述智者运动时已经详细阐述过当时因为社会政治生活的需要,修辞学实际上已经成为一种新兴的时髦的学问,虽然 rhetoric 这个词最早是在柏拉图著作中才出现的。[①] 智者便是以教授修辞学或论辩术为业的,但在苏格拉底和柏拉图看来,智者们的修辞学是主观任意地断章取义和强词夺理的,苏格拉底要求先寻求事物的确定的定义。在《斐德罗篇》中柏拉图批评吕西阿斯就采用先为爱情下定义的方法,也就是先行综合后再划分的方法,将辩证法具体运用于修辞学。正是柏拉图的思想激励了亚里士多德,后来他创立了这门新的修辞学科。

第一节 哲学的迷狂

我们的讨论从第三篇演说辞即苏格拉底所作的第二篇演说辞开始,因为它表述了柏拉图的重要哲学思想;前两篇演说辞是为讨论怎样才是正确的修辞术作准备的,留待下一节再来论述。

苏格拉底演说辞开始便为迷狂作辩护,他说前两篇演说辞中说接受没有爱情的人的爱情要比接受有爱情的人的爱情好,因为前者是清醒的而后者是不清醒的——迷狂的。如果迷狂是绝对坏的,这还可说,但是苏格拉底认为有些迷狂是神圣的禀赋,许多造福人类的事情都是通过迷狂得到的。(244A)

"迷狂"$\mu\alpha\nu\iota\alpha$(mania)是和清醒、神智清楚相对而言的,指的是一种神智不清楚的状态,许多英译本译为 madness,有疯狂的意思,朱光潜先生译成"迷狂"是恰当的,它相当于艺术家的激情即"灵感"。柏拉图最早是在《伊翁篇》中说到诗人的灵感的,在上一编中我们已经评述过这篇对话。为什么伊翁能

---

① 参见《牛津古典辞典》,第 766 页"希腊修辞术"条目。

够将荷马的史诗解说得那么动人呢？苏格拉底认为这是因为他的本领已经像著名的诗人一样,不是一种技艺而是一种灵感,是一种神圣的能力。这种神圣的能力像磁石一样可以吸引铁环,从而串成一条锁链。诗神缪斯将灵感传给诗人,诗人只有从缪斯那里接受灵感,就像蜜蜂采蜜一样酿成他们的诗歌,这时候只有失去平常的理智,才有能力创造出各种优美的诗歌。(《伊翁篇》533D—534E)这是西方美学史上最早谈到的灵感说。柏拉图在《伊翁篇》中将诗人的灵感和一般的技艺区分开来。西方现在用的"艺术"(art)这个词,在古代希腊是和一般工匠的技艺如炼铁、驾马、打鱼以及军事等并列,都是指一种专门的技艺知识(techne);所以诗人、画家也和雕刻匠、铁匠、马夫一样是一种专门技术人才。柏拉图在《国家篇》中对于艺术家、诗人就是这样看的,说他们都是工匠,只是摹仿者,所以社会地位低下,这是符合当时的实际情况的。但是柏拉图自己也是诗人,他当然知道诗和艺术的魅力,他也经验过诗、艺术以至哲学思想有时会源源涌出如有神助,所以他提出了有关艺术思想的灵感说。

柏拉图在《斐德罗篇》中发展了这种灵感说。他让苏格拉底说,在他讲这篇演说辞时就像是神灵附在自己身上,所以滔滔不绝。他将灵感说成是一种"迷狂",带上一种神秘的色彩。他说有几种迷狂是能降福于人的:第一种就是像德尔菲神庙的女先知所作的预言,是在迷狂状态下作出的,"迷狂术"manike 加上一个字母"t",就成为 mantike"预言术"。第二种是宗教的迷狂,可以找到禳除灾祸的秘诀。第三种迷狂是由诗神缪斯凭附而来的,她可以将高贵纯洁的心灵引到兴高采烈神飞色舞的境界,产生杰出的诗歌,这是任何诗人在神智清醒时单凭诗的技术再也做不到的。由这些可以证明,正是因为神要赐给人最大的幸福才赐给他迷狂。(244B—245C)他将诗人的灵感和宗教预卜并列在一起说成是迷狂,这在古代宗教影响很浓的情况下还是比较容易理解的,可是柏拉图为了证明这一点,将哲学认识真美善的"相"也说成是第四种迷狂,由此讨论了灵魂的本性和不朽等等问题,便值得重视。柏拉图将他的哲学思想说成是迷狂的产物,与其说他是想给他的相论蒙上一层神秘的色彩,不如说他意识到不能完全用逻辑的语言说明他的思想,有时不得不借用比喻和神话,不免带上神秘的气氛。

一　灵魂的运动和不朽

苏格拉底的论证是从灵魂不朽开始的。在《斐多篇》中柏拉图曾经花了很大的力量论证灵魂不灭,现在《斐德罗篇》又论证同一个问题,但论证的方法却是不同的。他说:

> 凡是灵魂都是不朽的,因为永远运动的东西都是不朽的。那些能使另外事物运动也会被另外事物运动的东西,一旦不动了也就停止存在。只有那自己运动的东西才不会停止它的运动,它不会放弃自己的本性。所以这种自己运动的东西是一切别的被运动的事物的运动的本原。本原不是产生的,因为任何产生的东西都从最初的本原产生,而本原自身却不是从别的事物产生出来的,如果它从别的事物产生它便不是本原了。它不是产生的,所以它也不会毁灭,如果本原毁灭了,它既不能再从别的事物产生出来,别的事物也无法由它产生,因为万物都只能从本原产生。所以只有自己运动的东西才是运动的本原,它不可能产生也不可能毁灭;不然的话整个宇宙和一切生成的事物都将不再存在,也没有东西可以使它们再动起来。现在我们既然已经看到自身运动的东西是不朽的,我们便可以毫不迟疑地肯定灵魂的本质和逻各斯(定义)便是自我运动。由他物引起运动的都可以说是无灵魂的,只有由自己内在运动的才是有灵魂的,因为这是灵魂的本性。如果这是正确的,自己运动的东西就是灵魂,它当然是不生不灭的。(245C—246A)

这段话在后来哲学思想的发展上很重要,它是亚里士多德的"第一动者"的最初表述,对以后唯心论思想的发展起过重要作用,所以全文引述。

说灵魂是自我运动的,这是柏拉图以前许多哲学家早已有的思想。亚里士多德在《论灵魂》第 1 卷第 2 章中对这个问题作过历史的回顾。他说以前的哲学家都认为灵魂的两个主要特征是运动和感觉,所以德谟克利特将圆形的原子叫作火和灵魂,因为它们到处渗透,并且以它们自己的运动使得别的事物运动。动物的呼吸就是生命的标志,动物身体中的圆形原子是永不停止的,它们由于呼吸而被挤出来,使整个身体运动。毕泰戈拉学派也是如此,他们有些人认为空气中的微粒就是灵魂。亚里士多德概括起来说:

> 所有那些将灵魂定义为自身运动的人似乎都认为运动是最接近灵魂本性的;其他一切都被灵魂推动,只有灵魂是自己运动的。因为他们从来没有看到过任何产生运动的东西不是首先自己运动的。(404ª21—24)

接着亚里士多德提到阿那克萨戈拉以及那些同意他说努斯是使整体运动的人也都认为事物的动力因是灵魂,不过阿那克萨戈拉的观点和德谟克利特不同,德谟克利特断然肯定努斯和灵魂是同一的,因为他认为显现出来的〔感觉到的〕东西就是真实的,他并不认为努斯是一种特别处理真理〔理智〕的能力,所以灵魂和努斯是同一的。阿那克萨戈拉对此说得更为含糊,有些地方他说美和秩序的原因是努斯,有些地方又说是灵魂。他说在各种动物中,作为理智的努斯并不属于一切动物,甚至也不属于所有的人。(404ª26—404ᵇ7)亚里士多德这里说的就是在柏拉图以前阿那克萨戈拉提出了努斯,可是哲学家们分辨不清努斯(理性)和灵魂的关系的情况。

亚里士多德在这一章中还讲到泰勒斯、赫拉克利特、阿尔克迈翁等人都主张灵魂是产生运动的能力,是自己运动并且永恒运动的,所以是不朽的。古代希腊人认为圆形的运动是既没有终点也没有开始,所以是永恒的,阿尔克迈翁以天体星球的圆形运动比拟灵魂的运动,认为它们都是永恒的运动。① 灵魂的运动主要在于它的认识能力,灵魂的认识已经被区别为感觉和理性两种,后者便是努斯。柏拉图区分两种不同的存在,在认识论上也将理性和感觉对立起来,在他看来只有努斯能认识真理,能永恒地自己运动,而感觉是不能永恒运动的,所以灵魂的永恒是以努斯的永恒运动为根据的,从这意义上说灵魂和努斯也是同一的。柏拉图认为只有努斯能认识永恒的"相",作永恒的运动。

柏拉图在《斐德罗篇》的以上论证中还没有谈到这方面的问题,他只是讲到灵魂是自己运动的,运动是它的本性,所以它不会停止运动。它是一切运动事物的本原——起源、原因或第一原理。它永远不会停止,所以它是不朽的,

---

① 参见本书第一卷第309—310页。

如果它停止运动,整个宇宙以及一切生成的东西将不再存在,而且也没有别的东西能使它们再运动起来,再产生出来。这样的灵魂后来便被称为世界灵魂。

希腊思想认为灵魂是生命的原则,生命由灵魂和肉体组成,其中灵魂是自动的、主动的,而肉体则是被动的,所以灵魂是肉体运动的本原。凯尔德认为柏拉图在这里所讲的运动,不仅是指一般的运动和变化,而且是指主动性和能动性;他认为《斐德罗篇》中所讲的"灵魂"已经替代了《国家篇》中最高的"善"的地位,实际上已经将它看做第一推动者了。① 他的意见是有一定道理的。

二 灵魂马车

在论述《会饮篇》时我们说过,柏拉图将厄洛斯说成是介于神和人之间的"精灵",实际上是提出一个爱美的主体。他已经看到要将主体和对象区别开来,但是这种主体与其说是厄洛斯,更不如说是灵魂。在《斐德罗篇》中他便明白地说灵魂就是这样的主体,并且对灵魂所起的作用作了一番描述。他说:关于灵魂的性质以及它的形式,要说起来很长,而且只有神才能说明,他现在只能以人力所能做到的作一近似的说明。他将灵魂比喻作两匹飞马和一个御车人的组合。他说凡是神所使用的马和御车人都是好的,他们的血统也是好的;其他一切生物所使用的马和御车人则是复杂不纯的。人类灵魂的御车人驾驭着两匹马,一匹驯良,一匹顽劣,所以驾驭它们是件麻烦的工作。如果灵魂是完善的,羽毛丰满,它就能往上飞,并且控制整个世界;如果它失去了羽翼便往下落,停留在一个坚硬的东西上,以它作为肉体,便成为可朽的动物。为什么灵魂会失去它的羽翼呢? 因为羽翼的本性是带着沉重的物体向上飞升直到神的境界,所以它是最接近神圣的。所谓神圣就是美、智慧、善等类似的品质,灵魂的羽翼靠着它们培育生长。一旦遇到相反的丑、恶等品质,羽翼就要遭到损毁;如果马是顽劣的,或者没有受到好的训练,就会将他们拖到地面,灵魂感到痛苦。(246A—247C)灵魂是一个御马人驾着两匹马,这是一个著名的

---

① 参见凯尔德:《希腊哲学家中神学的演化》第 1 卷,第 213—215 页。

柏拉图的比喻。只有神的灵魂是完善的,人的灵魂是复杂的,不朽的灵魂上升到天上便可以看到真实的存在即"相",这部分思想留待下文论述。值得注意的是柏拉图在这里将灵魂上升的羽翼和神圣的美、智慧和善联系在一起,说灵魂的羽翼是靠着真善美培育生长起来的,这种说法和《会饮篇》是相似的,即将真美善联系在一起,灵魂是由这些神圣的品质培育生长从而上升为不朽的。

真美善是怎样影响灵魂的羽翼的? 苏格拉底在演说辞中讲了智慧——对"相"的认识和回忆(这些在下文论述)以后,专门讲了一段美和迷狂的问题,也是采用神话和比喻的方式来说明的。他说美是最光辉灿烂的,人们只能通过视觉才能看到它,因为视觉是最敏锐的感觉,用智慧是看不到美的;如果智慧能让眼睛得到这样清楚的印象,便会引起不可思议的爱了。只有美才是最看得清楚最可爱的。但是他说有两种人,一种人不能上升到另一个世界看到美自身,只能像野兽一样放纵情欲不顾羞耻;但是另一种新接受秘传的人,已经看到过真实的存在,当他看到表现美的面孔或形体时他便战栗了,将这种美的形式当做神来尊敬。他全身出汗发热,美通过眼睛流射进入他身中,灵魂的羽翼受到滋润,在长久闭塞之后又苏醒过来。这种放射体灌注进来,羽毛便从根胀大起来布满灵魂。这时候灵魂沸腾发烧,像小孩长牙齿一样又痒又痛。他说这就是从他爱人那里放射出的美的微粒注入他的灵魂里,使他产生一种迷狂状态,让他坐立不安,只有看到这种美的人才享受到甜蜜和快乐。这就是苏格拉底所说的爱的迷狂,他说人们将这种情感叫作厄洛斯。(250D—252B)这当然是神话和比喻的说法,但却是柏拉图企图说明美怎样引起灵感和迷狂,他采用了当时的自然哲学(科学)成果即恩培多克勒的流射说来说明这种状态。

苏格拉底后来又专门讲了灵魂中这两匹马的问题,他说御车人驾驭的这两匹马,一匹驯良,一匹顽劣。在右边的那一匹长得美好,它爱好荣誉、谦虚和自制,要驾驭它不需要鞭策,只要劝导就行;另外的那匹却是又顽固又骄横,乱蹦乱跳不听使唤。当御车人看到他所爱的对象时,整个灵魂充满了感情和欲望,那匹驯良的马知道羞耻不冒然行动,那匹顽劣的马却要带着它的主人去追求欢乐。直到御车人来到所爱的美少年面前,回想起美的本性,能够自制,才拼命约束劣马,让它丢掉野性俯首帖耳地听命。这时候情人的灵魂才肃然起敬地去爱他所爱的人。(253C—254E)柏拉图用这样的比喻说明灵魂内部的冲突,理智必须战胜情欲,这个比喻是后来西方人经常引用的。这里所说的灵魂就不单是努斯,而是也包含情欲(劣马)和意志(御车人)在内,而且它们是互相斗争的,但只有在努斯占上风时才能认识真正的美。

由此可见灵魂的自我运动不只是一种简单的位置移动,而且包含灵魂内部的冲突即理智和情欲的斗争。柏拉图在这里已经包含有辩证法思想。

三 天上的存在

灵魂的不朽。灵魂要驾车上升,目的是要到天上去,所谓"天上"原文就是在天空以上的地方。苏格拉底说人世间的诗人从来没有歌颂过天上的情景,所以我现在要将它讲给你听,因为这是真理。他说在天上的是真正的存在,那是没有颜色、没有形状、不可触摸的,只有御车人的灵魂即努斯用真正的知识才能认识它。每个灵魂的理智是由努斯和真正的知识滋养的,它们在天上看到的不是像人世间那种变化杂多的现象,而是真正的正义、自制和知识自身。凡是接近神的灵魂就能看到这些真正的存在;有些灵魂由于不能完全驾驭劣马,所以有时上升有时下降,它们只能看到一部分真正的存在;还有些灵魂羽翼损坏上不了天,便只能由意见来营养。(247C—248B)这里柏拉图将《斐多篇》和《国家篇》中的相论用一种简单通俗的比喻描述出来,《国家篇》中关于存在的线和认识的线的划分现在也结合起来了,他将努斯和意见说成是灵魂的两种不同的营养物,前者能促使灵魂认识"相",后者只能帮助认识具体事物。

将"相"说成是在天上的,具体事物则是在地上的,像这样明确地将二者划分开来是《斐德罗篇》相论的一个特点。许多学者认为这就表示柏拉图认为"相"和具体事物是分离的,而且是在空间上的分离。罗斯认为这段话表示"相"和具体事物之间的极端的分离。① 不过这终究只是个比喻,柏拉图是不

---

① 参见罗斯:《柏拉图的相论》,第81页。

是真的认为"相"是在天上存在的呢？亚里士多德在《物理学》中讨论"无限"
时曾说过："毕泰戈拉学派和柏拉图都认为'无限'是本体，……不过毕泰戈拉
学派将无限置于感性事物之列（他们并不将数和感性事物分离开），并认为无
限是在天以外的；而柏拉图却主张没有什么东西在天以外，（'相'也不在天以
外，因为它们不在任何地方，）在感觉对象和'相'之中都有无限。"（203ª5—
10）亚里士多德说得很清楚：柏拉图所说的"相"不在任何地方，即不占空间；
说它在天上，只能说是一个比喻。

柏拉图将"相"和具体事物比作天上和地下的两个世界，为的是要将它们
和灵魂轮回以及回忆说联系起来。在这点上《斐德罗篇》和《斐多篇》相似，不
过《斐德罗篇》将灵魂不灭和必然与自由的问题联系起来。苏格拉底说这是
命运女神阿德拉斯特亚〔Adrasteia，这个词希腊文原义是指奴隶不能做自己想
做的事情，有些外文译本直接译为"必然性"〕的规定：凡是灵魂能紧随神辨明
真理的，便可以不受伤害，保持原来状态；如果不能做到这样，便会失去羽翼堕
落到地上。这样必然（命运）将灵魂（人）分为九等：第一等是爱好智慧、爱好
美、爱好诗神缪斯的；其次是守法的君王、战士和统治者；第三是政治家和理财
者；第四是爱好体育训练或治疗身体的人；第五是预言家或掌宗教仪式的人；
第六是诗人或其他摹仿的艺术家；第七是工人和农民；第八是智者或蛊惑者；
第九是僭主。（248A—E）这种等级的划分并不是当时希腊社会流行的等级标
准，而是柏拉图按照自己的价值判断定下的标准，他是根据真善美来划分的，
越爱好真善美的越高，爱好丑和恶的最低。值得注意的是他并没有笼统地贬
低诗人，像《国家篇》那样将诗人都贬为摹仿的工匠，而是认为有一些真正爱
好美、爱好诗神缪斯的人，他们像爱好智慧的哲学家一样是属于第一流的。他
将政治家也分列为几等：守法的君王属于第二等比哲学家差一级；一般的政治
家、统治者属于第三等，而专制独裁的僭主暴君属于最低的一层。这是从他的
政治思想中引申出来的。可是他将智者和蛊惑群众的人却列在一起，成为倒
数第二等，仅略高于僭主，足见他对于智者痛恨之深。

然后他又讲了灵魂轮回的问题。苏格拉底说，凡是照正义生活的人便可
以向上升一级，相反便要下降。灵魂要一万年才能恢复羽翼，只有爱智慧的哲

学家是例外,他们如果连续三千年不变,便可以恢复羽翼高飞上天。其他的灵魂在第一生终了时便要受审,或到地底受罚或因正义上升。但到一千年终了时这两批灵魂都要回来选择下一生的生活,这种选择是完全自愿的,人可以转为兽,兽可以转为人,但是从来没有看到过真理的灵魂便不能投身为人。(248E—249B)这里讲的灵魂轮回的情况和《国家篇》(614B—621B)讲的大体相同,表明这两篇对话的写作时间比较接近。这种灵魂轮回学说是许多原始民族都一样的,但中国的灵魂轮回强调的是善恶报应,柏拉图却更加强调是不是爱好智慧和认识真理,这也反映了两种文化的区别。

为什么哲学家的灵魂可以恢复羽翼?柏拉图将原因归于回忆说。他说:

> 原因在于人类理智能够运用"型",在杂多的感觉中凭借推理将它们集合成为"一"。这是一种回忆(anamnesis),回想起当灵魂随神周游时,将凡人认为是存在的东西提升到真正的存在。因此你可以明白,只有哲学家的灵魂能够恢复羽翼,因为他能尽其所能,凭借回想和使神成为神圣的东西相交往。……但这样的人不免被一般人看成是疯狂的,他们不知道这是从神得到的灵感。(249B—D)

我们看到:关于如何认识"相"的问题,《美诺篇》和《斐多篇》都采用回忆说,《会饮篇》却采用了一种类似归纳的方法,从具体的美的事物一层一层上升达到最高的一点便是认识了"美的相"。现在《斐德罗篇》又回到回忆说,但这不是简单的回复,而是以前的几种说法的综合概括。《美诺篇》中讲的回忆是一种数学的推理,《斐多篇》讲的是从一件具体事物推想另一件事物,《会饮篇》讲的是从杂多的事物集合成"美的相";现在《斐德罗篇》中既说要运用"型",又讲将杂多的事物集合成为一个单一的东西,也就是"型"或"相"。柏拉图说这便是 anamnesis,显然这已经不是简单的回忆,而是一种比较复杂的心理活动,它是灵魂已经先认识一个"型",运用它将杂多的事物的共同特性集合在一起,从而认识到统一的"相"。这里虽然没有像《会饮篇》那样一个层次一个层次地上升的过程,但它说明是将杂多的东西集合成为一个单一体,从多中得到一,这便是《斐德罗篇》后面所讲的辩证法的"综合"。所以能进行这样的综合还是因为原来思想中已经有一个"型",运用它才能通过综合认识事物的多中之一,认识事物的"型",所以这是回忆。

只有哲学家才能回忆,因为只有哲学家的灵魂已经认识了"型"。苏格拉底说:我们已经说过每个灵魂就其本性说都能够认识真正的存在,但并不是所有人的灵魂都认识了真正的存在("相"),因为有些灵魂在天上时对真正的存在只是约略看了一下;有些灵魂则在下到地面以后不幸沾染了恶习,以致忘记了他们一度看到过的神圣的东西;只有少数人才能回忆,当他们看到在这个世界中出现的另一个世界的东西的影像时,他们感到惊喜,但又分辨不清,因为他们的知觉是不够清楚的,这是因为正义、自制以及别的为灵魂所珍视的东西在地上的影像是黯淡的;仅仅有少数人可以凭借昏暗的器官,费大力气才能看到原来的真相,这样的人便是哲学家。他说我们在天上追随宙斯时所看到的美本来是完善的、单纯的、静穆的、幸福的,因为那时候我们自己还没有被束缚在肉体这个坟墓里,我们是用纯粹的眼光观照它的。(249E—250C)这里的说法和《国家篇》中洞穴的比喻很相似,只是柏拉图明白地区分了灵魂也有高低,只有哲学家的灵魂在天上已经认识了真正的存在,进入肉体后又能够孜孜不倦地寻求真理,才能够回忆到真正的存在——"相",大多数人的灵魂都不能做到这点。

柏拉图在苏格拉底的第二篇演说辞中借用灵魂不朽和灵魂轮回的神话比喻,既讲到了天上的"相",又讲了对"相"的认识——这里的回忆说是说灵魂在生前已经认识了"相",所以也是一种先验论;但已经不是简单地重复《美诺篇》和《斐多篇》中的思想,而是将《会饮篇》中的归纳认识也融合在一起,提出要从具体的杂多中综合出一个单一体。由此可见这篇演说辞是表述了柏拉图的重要哲学思想的。柏拉图将这种追求智慧的活动和追求美自身的爱情看成是相同的活动,也将它叫作"迷狂",当然是最高级的迷狂,可以说是哲学研究中的灵感。

第二节　辩证法和修辞术

讲完三篇演说辞以后,在《斐德罗篇》的第二部分苏格拉底和斐德罗讨论如何才能写好文章的问题,也就是修辞术的问题。在讨论中柏拉图提出了他关于辩证法的新思想,即辩证法乃是综合和划分的方法。

一　修辞术和诡辩术

柏拉图批评吕西阿斯的演说辞,实际上是攻击智者。斐德罗指出苏格拉底所批评的就是高尔吉亚和塞拉西马柯,甚至将爱利亚学派的芝诺也批评在内。(261C—D)过去许多哲学史都说智者要弄诡辩术,以至将智者称为"诡辩家"。关于这个问题本书第一编中已经作过讨论。柏拉图是追随苏格拉底的,他也以批评智者为己任,他的许多对话都是从不同的角度批评智者的,《斐德罗篇》是从修辞学方面批评智者。我们在论述智者的修辞学时曾经说过,古希腊人所说的修辞学并不是现代说的关于语法和用词的修辞理论,而是关于如何使用语言的技艺,包括发表演说和进行论辩的才能和技术,以下就是讨论这方面问题的。

苏格拉底和斐德罗要对以上三篇演说辞作出评价,所以讨论开始就提出如何判断说话、演说和写文章的好和坏的问题。苏格拉底认为说话要说得好,必须是说话人心中对他所说的题目的真理已经有了认识。斐德罗不同意这意见,他说演说的人并不需要知道真正的正义,只要能说得让作判断的群众认为是正义就行;他也不需知道真正的善和美,只要群众认为是善和美就行,只要让群众认为是正义、善和美,便可以说服群众了。(259E—260A)他们争论的问题实质上就是:柏拉图追随苏格拉底认为有客观的绝对的正义、善和美,以此反对智者们认为这些真理乃是相对的,只要大多数人认可的便是真理。

苏格拉底争辩说,如果不知道真理,一个人可以将驴说成是马,将坏事说成是好事;如果他研究了群众的意见,用这种手法去说服群众,这种修辞术当然会收到不好的效果。也许有人会说:尽管你知道真理,但如果没有修辞术仍不能说服人。但苏格拉底认为如果不知道真理,只有技巧,只能是个骗子,他引用斯巴达人的一句话:"没有掌握真理的说话便不是真正的技艺。"(260B—E)柏拉图主张真理性高于艺术性,他是反对"艺术第一"的。苏格拉底接着指出:修辞学是这样一种技艺,无论在法庭、公共集会上或是私人谈话中,用言辞来影响人心。无论讨论的问题是大是小，只有正确地运用它才能受到尊敬，可是有些人却不是这样，他们运用修辞术可以将同一件事情对一些人说成是，对另一些人说成非。这里他就提到高尔吉亚和塞拉西马柯，他特别提到芝诺，说芝诺运用修辞术使听众觉得同一事物既相似又不相似，既是一又是多，既是静止又是运动。真正的修辞学便应该能够指出他们的错误，必须能准确地分辨相似和不相似，才不至于受欺骗。为此他必须知道事物的真正性质，要知道真理而不能只追求意见，不然他的修辞学便是可笑的，根本不是技艺。（261A—262C）柏拉图区别了正确的修辞学和错误的修辞术，后者便是诡辩。

明确了这种区分以后，柏拉图便把吕西阿斯所作的第一篇演说辞和苏格拉底所作的第二篇演说辞当做实例进行分析。

这两篇演说辞都是论证被没有爱情的人所爱要比被有爱情的人所爱好，但它们采用的论证方法却完全不同。吕西阿斯的演说辞中只是随意地列举了一些他认为可以说明没有爱情的人比有爱情的人好的理由，如：1. 有爱情的人一旦欲望得到满足便会追悔，没有爱情的人却不会这样。2. 有爱情的人会以为自己对爱人给予太多了，没有爱情的人不会去计较得失。3. 有爱情的人自己不能控制自己。4. 没有爱情的人数目要比有爱情的人多得多，可供选择的机会就多。5. 有爱情的人爱夸耀自己的胜利，妒忌心重，没有爱情的人不会这样。6. 有爱情的人只爱容貌，不顾爱人的性格，一旦欲望达到就不要友爱，没有爱情的人先有友爱，达到目的以后友爱仍可长期保持下去。7. 有爱情的人怕得罪爱人，对他一味赞扬，没有爱情的人却决不只顾目前欢乐，还要照顾未来的利益。因此，他认为宠爱不能给那些只在口头上讲爱的人，而应该给那些真正值得爱的人。（231A—234C）

苏格拉底对吕西阿斯的演说辞进行批评，他指出几点：第一，有些事物如银和铁的性质是确定的，大家的看法不会有不同，但有些东西如正义和善，各人有不同的看法。爱情也是有争议的问题，要讲爱情，应该明确它的性质，先为它下定义，而吕西阿斯并没有这样做。（263A—E）第二，吕西阿斯的文章的各个部分好像是随便拼凑在一起的，没有明白的理由使它们摆在一定的地方，没有开头、中段和结尾，部分和部分、全体和部分之间也没有一定的联系。

(264B—C)后来他还加上第三,说吕西阿斯像高尔吉亚等人一样将近似真理的或然性看得比真理还重,凭借言词将小的说成是大的,大的说成是小的,将新说成旧,旧说成新,并且将所有题目都说得很长。(267A—B)看看吕西阿斯的演说辞,就可以知道苏格拉底的批评是正确的,它既没有说明什么是爱情,又随便找些事例堆砌在一起,将不能说是爱情的行为说成是爱情,将爱情说成不是爱情,实际上它确实是诡辩。

苏格拉底的第一篇演说辞所要论证的主题和吕西阿斯的完全一样,但是论证的方法完全不同。他开始便提出什么是爱情,要为它下一个公认的定义。他指出爱情是一种欲望,但欲望有两种:一种是天生的追求快感的欲望,另一种是后来习惯获得的追求至善(最好)的欲望。这两种倾向有时调和,有时冲突,如果合乎理性的求至善的欲望占据上风,就是"自制",如果违背理性,求快感的欲望占上风,就是"纵欲"。只有当求肉体美的快感欲望压倒了理性求至善的欲望时才叫作"爱情"。(237B—238C)由于他对爱情下了这样的定义,便很容易证明有爱情的人比没有爱情的人坏,因为:1. 有爱情的人成为快感的奴隶,要设法从爱人那里取得最大程度的快感,因此他要贬低爱人,他妒忌,他希望爱人愚昧,不让他接近哲学。2. 在身体方面,只顾快感的人希望他的爱人是娇嫩脆弱而不是强壮魁梧的。3. 有爱情的人因为妒忌,不希望他的爱人有父母有财产,还希望他爱人不结婚没有儿女,以便他永久将爱人占为己有。4. 有这种爱情的人自己年老了却要在年轻的爱人身上寻求快感,使人生厌。5. 这样的情人在有爱情的时候已经够麻烦讨厌了,一旦爱情消失,他就背弃过去成为负心的仇人。由此最后得出结论:这种人爱他的爱人就像是狼爱羊一样。(237B—241D)

苏格拉底的这篇演说辞从修辞学讲(也就是后来所说的从逻辑上讲)显然比吕西阿斯所讲的正确。他先为爱情下了一个统一的定义:爱情是一种欲望,然后又分析有两种欲望,一种是对肉体美的欲望,另一种是对精神美的欲望。在这两种欲望中他肯定只有前者才算爱情,后者不是,这样他便很容易证明有爱情的人比没有爱情的人坏。这种结论很容易得出,但它却是错误的,关键在于他将对肉体的美的欲望算作爱情。苏格拉底和柏拉图当然都是反对这种思想的,因此必须让苏格拉底再做第三篇翻案文章。这种翻案文章并不难做,只要将对这两种欲望的评价颠倒一下:对于肉体美的欲望并不是真正的爱情,只有对于精神美的追求才是真正的爱情,整个立论和结论就都完全颠倒过来了。苏格拉底的第三篇演说辞就是这样做的,它才真正代表了柏拉图自己的哲学思想。但是《斐德罗篇》第二部分并没有从这方面去发挥,柏拉图却从这两篇演说辞的不同写法中提出方法论问题,也就是提出他的新的辩证法思想。

二 辩证法——综合和划分

柏拉图在评述吕西阿斯和苏格拉底的演说辞以后,指出从这些修辞术中,我们可以学到两个原则。这就是:第一,要将杂多的个别事例统一到一个"相"(idea)之下,对我们要说明的事情得到一个精确的定义。正像现在讨论爱情时,我们说明它是什么,给它下了定义,无论做得是好是坏,总可以使我们的讨论清楚和前后一致。第二,要按自然的关节再将事物分类,却不能像笨拙的屠夫那样将任何部分弄破。苏格拉底刚才的两篇演说辞便首先将迷狂看作是一个整体,然后又将这个全体分为左右两部分。这两篇演说词中有一篇〔苏格拉底的第一篇演说辞〕分析左面的部分,分到不能再分,发现有一种左面的爱情,对它加以谴责。另一篇〔苏格拉底的第二篇演说辞〕分析右面的迷狂,发现有一种和前者同名的爱情,它是神圣的,我们颂扬它是给我们带来最大福祉的根源。苏格拉底说:我爱这两个原则——综合和划分,它们可以帮助我们说话和思想。凡是有这种能力的人就能分辨自然中的一和多,我将像追随神一样地追随他,无论这个名称对不对,我将称他们是"辩证法家"。(265D—266C)

柏拉图这里讲的综合和划分是后来西方哲学和科学中最普遍使用的综合和分析方法的开始。最初明确提出这种方法的便是柏拉图《斐德罗篇》中的这一段话,这里有两点值得注意:

第一,柏拉图强调这种划分和综合必须按照自然的关节,也就是说无论划分或综合都必须根据事物的本性,而不能主观随意地进行。这一点是苏格拉底、柏拉图同智者的根本区别,在柏拉图看来也就是辩证法和诡辩论的根本区别。

第二,柏拉图将善于运用综合和划分方法的人称为"辩证法家",但在《斐德罗篇》中他对这个称呼还是不敢确定的,所以他说"这个称呼对不对,只有天知道"(266B)。因为在《国家篇》中柏拉图将最高级的哲学思维称之为"辩证法",但在那里对辩证法的内涵柏拉图并没有作正面的论述;《斐德罗篇》开始正面论述综合和划分是辩证法,这个思想在他的后期对话中还将继续发挥。所以如果因为《斐德罗篇》中所讲的辩证法和《国家篇》中所讲的不同,便认为《斐德罗篇》是柏拉图的早期著作,这是缺乏根据的;柏拉图后期对话中讲的辩证法恰恰主要是《斐德罗篇》的综合和划分的方法。这是柏拉图辩证法思想的发展。罗斯认为这表示柏拉图从肯定"相"的存在发展到深入研究"相"形成的等级结构。① 这意见是有道理的,我们将在讨论后期对话的有关章节时再来论述。

接着苏格拉底评论当时流行的修辞术,主要就是攻击智者,普罗泰戈拉、高尔吉亚和塞拉西马柯等人都被他点名提到了。苏格拉底说他们这些人在有关修辞术的著作中说写一篇文章应该有序论、论述、证据、引证、结尾等等,这只能说是传授修辞术的一些技巧,并不懂得真正的修辞术,正好像一个学习医术的人虽然学会了治疗发热、发冷以及吐泻的方法,实际上并不了解真正的医道;也像一个才学会悲剧或音律的初步知识的人,和真正的悲剧家和音乐家还差得很远,因为这些人不懂得辩证法,所以不能拿真正的知识去教人。(266D—269C)

斐德罗问怎样才能成为真正的修辞家呢? 苏格拉底回答说要得到完善的修辞术,像别的事情一样是有条件的。首先是要有天赋的才能,然后再加上知识和实践,如果缺少其中任何一个便不能达到完善的程度。(269D)耶格尔指出,在这三个条件的问题上柏拉图的意见和当时著名的修辞学家伊索克拉底是有些不同的,伊索克拉底也讲这三个条件,但他认为修辞术是一种创造活

---

① 参见罗斯:《柏拉图的相论》,第81页。

动,因此强调天赋是更为重要的,而将知识和实践置于比较次要的地位。① 柏拉图在这里赞扬伯里克利,说他是最完美的修辞家,比较强调学习知识,他说伯里克利除了有天赋才能外,更重要的是他从阿那克萨戈拉学习了有关自然的知识。(269E—270A)

苏格拉底又说修辞术和医学是一样的,它们二者都要研究自然,不过医学是研究肉体,用药物使身体健康的;而修辞术是研究灵魂的,应用言词和训练培植灵魂的信念和美德。他说如果不将灵魂作为一个整体便不可能理解它,正像医圣希波克拉底所说的,如果不将身体作为一个整体,也不可能理解它。然后他又指出,关于自然,希波克拉底和真理是这样说的:

> 你要认识无论什么事物的本性,首先,如果你要有真正的知识并将它传授给别人,便必须知道它是单一的还是杂多的。其次,如果它是单一的,便要研究它怎样作用于别的事物或被别的事物所作用,这些主动或被动又是通过什么方式进行的。如果它是复合的杂多的,便要分析列举每一个,像以上单一事物那样说明它怎样主动和被动以及用什么方式作用的。(270B—D)

这是柏拉图对综合和划分方法的进一步说明:要研究事物的本性是单一的还是复合的,如果是单一的,便要研究它和其他事物间的相互作用关系;如果是复合的杂多,便要将它再划分为一个个的单一,然后研究每个单一和其他事物间的相互关系,以及通过什么方式发生这些主动和被动的关系。从《斐德罗篇》开始,柏拉图在后期对话中经常使用这种方法。

接着他便以修辞术为实例具体说明这种方法。他说:如果塞拉西马柯认真地传授修辞术,他便首先应该精确地描述灵魂,让我们看到它是单一的,本性一致的,还是像肉体一样是杂多的,这就是说明它的本性。其次要说明它有什么主动能力可以作用于什么东西,以什么方式,它又被什么东西所作用。第三,他应该将逻各斯和灵魂加以分类,然后说明每一个和其他东西的因果关系,以及为什么某种灵魂必须由某种逻各斯才能说服,而不能由别的逻各斯去

---

① 参见耶格尔:《潘迪亚:希腊文化的理想》第3卷,第63、191页。

说服。(271A—B)所以他再三强调要了解听众是属于哪种类型〔性格〕的人，对于某种人，只能用这种逻各斯去说服他，使他产生这种信念。(271D—E)耶格尔认为，柏拉图所强调的这种修辞术训练完全是心理学的。①

其实，这个问题还是亚里士多德说得比较清楚。亚里士多德的《修辞学》第1卷第2章开始将修辞术定义为："在任何给予情况下辨认说服的有效方式的能力。"他解释说：任何别的技艺不具有这种功能，每种别的技艺只能传授或说服它自己特殊的主题，例如医学只能传授或说服健康和疾病，几何学只能传授或说服比例和大小，算术只能传授或说服数，别的技艺学科也都如此，唯有修辞学几乎对任何我们遇到的主题都有辨别说服方式的能力，所以它并不是只关于任何特殊的或一定的主题的。(1355ᵇ25—35)这是从修辞学作为一门学科所研究的主题说的，别的学科如医学、几何学和算术等各有自己研究的对象，唯有修辞学(当然还有别的类似的学科)却对一切技艺都有用，因为它是用道理(逻各斯)说服人的。要能说服人，当然首先要掌握真理，这是柏拉图最重视的，他提出的综合和划分的辩证法也就是掌握真理的方法。但是单是掌握真理还不够，既然要说服人，而人是有不同的类型和性格的，对于不同的人就得考虑使用什么方法才能最有效地说服人。这里确实牵涉到心理学的问题，但古代希腊还没有现代意义的心理学，苏格拉底、柏拉图只是从实践中体会到这方面的问题，泛泛地指出学习这些知识要能辨别什么时候应该说话，什么时候应该沉默，什么场合应该说得简要或者说得悲痛说得激烈。(272A)

苏格拉底再一次指出一般修辞学家并不考虑什么是真理、正义和善。他们认为，在法庭里人们关心的并不是真理，只考虑怎么能说服人，而这是带有或然性的，主要的是能迎合大多数群众的意见。(272D—273A)他说群众所以能接受这种带有或然性的说法，是因为它像是真理；只有认识真理的人才能发现这不过是像真理的东西。因此演说人一方面要了解他的听众的各种不同性格，另一方面又要将事物按照它们的本性分为不同的"型"，将许多个体统一在一个"相"之下。要做到这点是艰难的，但只有这样做才能达到目的。

① 参见耶格尔：《潘迪亚：希腊文化的理想》第3卷，第192页。

(272D—274A)这就是运用综合和划分的辩证法,使修辞学接近真理。

柏拉图已经发现写下来的文字和真实的思想之间是有距离的,所以他接下来提出写作是否适当的问题。他先讲了一个古代传说:据说最早发明文字的是埃及的塞乌司,他为此自夸说文字的发明可以使埃及人增长记忆,变得更加聪明,但是国王萨玛斯却不同意,他认为发明文字只会使人们容易忘记,因为他们不再去努力记忆了,他们只相信外在的书写符号而不依靠内在的记忆。他们教给学生的只是近似智慧的东西而不是智慧,从文字中以为学到许多东西,实际上对其中大多数是无知的。(274C—275B)柏拉图进一步解释说文字只能使人知道和所写的有关的一些事情。他说文字好像图画,画的好像是活的人,但如果你向他提问他只能一言不发;写的文字也是这样,讲得好像很聪明,但如果你向它请教解释它却只能重复原来的话。还有,文字写出来以后要传给各种各样的人,有的能理解,有的可能产生误解,文字自己是不能辩解的。(275D—E)本书第二章论述智者的修辞学时我们分析过柏拉图讲的这个故事的意义。

柏拉图提出有另外一种逻各斯,它是和知识一起写在学习者的灵魂中的,它能保卫自己,知道对谁可以讲对谁应该保持沉默。这是有生命的逻各斯,写下的文字不过是它的影像而已。(276A)他说这就是一个人已经有了真善美的知识,他不会将它们随便形于笔墨以致遭人误解,但他也可以将它们写下来,以便到自己老年善忘的时候可以回忆消遣,从中得到乐趣。(276C—D)

柏拉图说:在灵魂中对真善美的知识和用文字写下来的东西之间,还有一种逻各斯,那就是相互讨论。这种讨论出来的道理比写下来的文字高明,因为它找到一个合适的灵魂,运用辩证法在它里面播种理智的种子;在讨论中还可以进行辩护解释,使道理流传下去,这是最大的幸福。(276E—277A)在这里柏拉图又重提他上面说的综合和划分的辩证法。他说:

> 首先,你必须知道你所说的或写的题目的真理,必须为它们个别地下定义。然后又必须知道如何将它们划分为"型",直到不能再分为止。
> (277B)

这段话中和以前所说的不同之处在于最后的"直到不能再分为止。""不能再分的"(atomon)就是"原子",柏拉图所讲的当然不是德谟克利特所讲的那个有形体的原子,而是不可分的"型"atomon eidos。"相"或"型"本身是可以划分的,分到不能再分的"型"为止。这种思想显然和《斐多篇》、《国家篇》中的相论有所不同,因为那里强调的是"相"的单一性和绝对性,柏拉图的后期对话便强调要对"相"进行划分或分析。在《斐德罗篇》中苏格拉底将爱情划分为物质的和精神的两种,然后对它们进行分别研究。分到什么程度才是"不可再分"的呢? 斯坦策尔将这种 atomon eidos 和回忆说联系起来,认为这就是从感觉上升为抽象的最低一级的"属"。[①] 我们可以将动物分为人和其他禽兽,人则有张三、李四等一个个具体的人,但他们都是感觉对象,柏拉图(后来亚里士多德也如此)不讲一个个具体的人的"相",他所说的不可再分的"相"便是"人"这个抽象的概念,后来亚里士多德称为最低的"属"(eidos)。希腊哲学到普罗提诺才讲一个个具体的人的"相"。

这样柏拉图实际上将逻各斯(说话或文章)分为三等:头一等是写在灵魂中的关于真善美的知识,第二等是在讨论中说的逻各斯,第三等才是写成文字的逻各斯。为什么说讨论中的逻各斯比写的高呢? 因为在柏拉图看来当两个人进行讨论时,如果发生问题或误解还可以进行解释和辩护,因此它是活的,通过讨论容易将真理传授给别人;而写成的文字则是死的,因为它不能辩护和解释。由此可见为什么苏格拉底喜欢进行对话而从不写作,柏拉图的写作也都采用对话体。许多哲学史家认为:这些对话只是柏拉图哲学思想的一部分,甚至是一小部分,他的更大量更深刻的思想是没有写下来的,只在他的学园内对弟子传授。这部分思想被称为柏拉图的不成文的秘传学说,在亚里士多德的著作中有所反映,下面将专章讨论。

最后苏格拉底说他的目的是要将真美善培植到听者的灵魂中去,只有这样的人可以称为"爱智者"或"哲学家"。

＊　　　　　＊　　　　　＊

《斐德罗篇》是《会饮篇》的姐妹篇,都是讨论爱情和艺术问题的。但是柏

---

① 参见斯坦策尔:《柏拉图的辩证法》,第 150 页。

拉图在这里发展了关于灵魂的学说：一方面说灵魂是自己运动并推动其他东西运动，它自己不受任何东西推动，所以它是永恒地自己运动的；另一方面他将灵魂比成马车，说是理性同意志和情欲的矛盾统一和斗争的关系。这样的灵魂是认知的主体，说明柏拉图在"认识你自己"的道路上又前进了一大步。

《斐德罗篇》还提出了新的认识方法，即综合和划分，柏拉图称之为辩证的方法。他在后期对话中经常使用这种方法。

柏拉图前期的相论

《美诺篇》、《斐多篇》、《会饮篇》和《国家篇》中的哲学思想基本上是一致的,它们构成柏拉图前期的相论。《斐德罗篇》也是属于这一时期的著作,但其中的辩证法思想已开始向后期转变。

柏拉图所说的"相"或"型"是和巴门尼德所说的"存在"一脉相承的。他也认为我们感觉到的具体事物都是变化无常的,因而不是真正的存在,它们不能构成真正的知识;知识的对象必然是一种真实的存在,他称为"相"或"型"。柏拉图继承和发展了苏格拉底的思想。苏格拉底追问每一类伦理的东西究竟是什么,寻求它们的定义,却都以无结果告终;柏拉图将问题从伦理范围扩展到所有的存在从而作出了本体论的回答,他认为任何一类同名的东西的定义和本质就是它们的"相"或"型"。巴门尼德的存在是唯一的,柏拉图却认为每一类同名的东西都有一个同名的"相"。

"相"或"型"具有什么性质呢? 根据《斐多篇》和《会饮篇》的论述可以将"相"的特征简要概括为:第一,"相"是一,具体事物是多。这个"一"有两重含义:一是一类同名的东西只有一个单一的"相",一是这个"相"不是组合而成而是不可分的"一",就后一种含义可以说它们也是一种原子,不过是非物质性的。第二,具体事物是有生灭变动的,"相"是不变不动因而是永恒不朽的。第三,"相"是纯粹的完全的绝对的,这就是说"美的相"是绝对纯粹的美,它不包含一点儿丑,而具体事物则是美中有丑、大中有小的。第四,具体事物是感觉的对象,"相"却只有思想(努斯、理性)才能掌握,是知识的对象。可是这些特征只能说明"相"和具体事物是两类不同的东西(存在),一个是一般,一个是个别,并没有说明这一般的"相"究竟是什么。说一类美的事物有一个同名的"美的相",实际上只是同义反复(tautology),人们还是要问这个"美的相"究竟是什么? 正像说"圆有圆之理,方有方之理"时,人们可以要求说明圆之理和方之理究竟是什么,如果没有回答则说了也等于没有说。所以问题一深入柏拉图便必须对"相"作具体论述,在《国家篇》中他从国家的正义和个人灵魂的正义这两个方面来具体说明"正义的相"是什么;但当他这样说明时上述特征便显出破绽来了。由此可见柏拉图提出相论是要从个别中发现一般的本质,这在认识发展史上是一次飞跃;但如果满足于这个阶段是不够的,所以他的思想会有后期的发展。

但是柏拉图的相论还有一个很重要的特征,即他认为"相"和具体事物之间有价值高低的不同,"相"在尊荣和能力上高于事物,所以它能够制约事物。在《国家篇》中他将"善的相"置于最高位置,所有一切"相"都因为分沾"善的相"的光才成为"相","相"是善的好的,因此事物都以"相"为目标努力想达到它,"相"成为事物追求的理想。柏拉图前期相论可以说是善的一元论,是一种目的论,它反对机械论也就是反对当时的唯物论。

从本体论说,柏拉图的相论实际上主张有两个世界,在我们看到的具体世界以外还有一个"相"的世界,因此产生所谓分离问题即这两个世界是不是互相分离的,它们是空间上的分离还是价值程度的高低或是逻辑上的先后不同,便一直成为哲学史上争论不休的问题。柏拉图自己对于这两个世界的关系并没有确定的看法,在《斐多篇》等对话中他提出分有说,但他申明所谓分有只是一种比喻,并没有作精确的说明。在《国家篇》中他主张哲学王应该根据"国家的相"(理想的国家)来治理国家,同时又提出摹仿说,认为具体事物不过是摹仿"相"的仿本,"相"是它们的原型。但要摹仿原型制造仿本必须有工匠,正是在这种意义下柏拉图一方面贬低诗人和艺术家的作用,另一方面又认为"相"只能由神制造从而开创了思辨神学。在《国家篇》中柏拉图又提出影像说,认为"相"是真实存在的,具体事物不过是它们的影子。他将两个世界划分为存在的四个阶段:在具体世界中有实物和它们的影子,在理智世界中他将"相"和数理对象区分开,认为后者也是前者的影子;这也许是柏拉图发现"相"和具体事物之间存在一道鸿沟,想以数理对象作为沟通二者之间的桥梁。柏拉图接受毕泰戈拉学派的影响重视数的研究,但"相"和"数"的关系一直成为他的学园中争论不休的问题。

柏拉图和巴门尼德一样将人的认识也分为知识和意见两截,只有知识才能认识真理,因为它是以"相"为对象的,对具体事物的认识是变动不定的,所以只是意见而不是真理。问题在于我们对"相"的知识是从哪里来的?柏拉图认为它不能从感觉经验得来,因为感觉是变动不真的;在《美诺篇》和《斐多篇》中他提出回忆说,认为在感觉以前灵魂已经先认知了"相",只是在出生之后忘记了,感觉起的是启发回忆的作用。这是一种典型的粗鄙的先验论,但是《美诺篇》中的回忆说却提出了数学的逻辑推理和因果联系等重要的认识论问题。在《会饮篇》中他提出从认识一类具体事物的共同性开始,一级一级逐步上升,最后产生一次突然飞跃认识了"相"的过程,这种认识论比较符合人类认识从个别到一般的过程。在《国家篇》中柏拉图以洞穴的比喻说明人是怎样从只能认识影像一步一步地最后达到认识阳光下的真理。他将认识也分为四个阶段:从想象到信念同属于意见领域,再进入理智到理性则同属于知识领域。他将这整个认识逐步上升的过程叫作"灵魂的转向",认为教育的任务就在于促成这种转向。他设计了一张课程表引导人从认识具体事物转向认识"相",他所开列的课程就是当时的数学和自然科学。值得注意的是他花了很大力量企图说明认识这些学科的理智阶段和认知"相"的理性阶段有什么不同,虽然他的说明并不精确,但却表明他已经意识到哲学和科学的不同,在哲学史上这是将理性和知性区别开来的最初尝试。

和认识有关的是灵魂问题。在《斐多篇》中柏拉图以"相"的不朽论证灵魂的不朽,实际上还没有将灵魂和它的认识对象"相"明确地区分开。在《会饮篇》中他提出要区分主体和客体,认为灵魂(他称之为介乎神人之间的精灵)是智慧、意志、情感和欲望的主体,它所追求的就是要将真善美三者统一起来以达到不朽。在《国家篇》中他将认识和认识对象明确区分,各自分为互相对应的四个阶段;同时又将灵魂分为三个部分即智慧、激情和欲望,只有在由智慧统治,激情协助、欲望服从的情况下,个人的灵魂才是合乎正义的。因此只有理性才能代表灵魂,灵魂的不灭就是理性的不朽。《斐德罗篇》认为灵魂是自己运动而不被其他东西推动的,所以它永远运动不会停止,因而是不朽的。灵魂的运动就是认识,这样将认识的主体和对象区别开来了。柏拉图还将灵魂比作一个御车人驾驭着两匹马,一匹驯良另一匹顽劣,二者不断冲突,必须让理性战胜情感,只有哲学家的灵魂认识了真正的存在才能做到这一点。柏拉图开始认识灵魂是智慧、意志和情欲的统一体,并且它内部是存在矛盾冲突的。通过这样一些发展变化,柏拉图说明了作为认识主体的灵魂应该是真善美三者的统一体。

柏拉图前期思想中所讲的辩证法实际上就是哲学。他在《国家篇》中是这样概括论述的:如果一个人对于讨论中的意见不能说明它的逻各斯(理由),就是他还没有具备应有的知识;当他不依靠感觉的帮助而可以作出理性的说明,能够认识事物的本性,最终把握住"善的相"从而达到可知世界的顶峰时,这整个思想过程便是辩证法。这样他对苏格拉底讨论问题的辩证方法作了理论说明,但这辩证方法究竟是什么? 他在《国家篇》中只是说它是对事物的总的联系的看法,并没有作更具体的解释。到《斐德罗篇》中柏拉图将辩证法具体化,说它是综合和划分的方法。他认为这种综合和划分必须按照事物的本性进行,一方面要用"型"将杂多的个别事例统一为"一",另一方面又要按自然环节将事物分类分到不能再分的"型"("属")。这种综合和划分的辩证方法是柏拉图后期思想的重要内容,后期几篇重要对话对此作了比较具体和深入的论述。从这方面看,《斐德罗篇》可以说是柏拉图思想从前期向后期转变的过渡性对话。

我们认为从以上简单的分析可以说明:柏拉图的哲学思想并不是一开始就已经有一个完整的体系,从而他的各篇对话内容是前后一贯的;相反,他在许多重要问题上是不断进行探索,有所前进有所发展的。但总的说来他的前期思想已经构成一个相当完整的相论哲学体系,这种相论对后来的希腊哲学以及整个西方哲学都发生过重大影响,它是过去的许多哲学史著作以及一般人所熟知的柏拉图的哲学。可是这个哲学体系内部存在不少问题,柏拉图自己逐渐意识到了,在后期对话中作了许多修正和补充,这就是我们即将论述的柏拉图的后期哲学思想。

第二十章

《巴门尼德篇》

现在一般公认属于柏拉图后期的对话有:《巴门尼德篇》、《泰阿泰德篇》、《智者篇》、《政治家篇》、《斐莱布篇》、《蒂迈欧篇》、《克里底亚篇》和《法篇》,它们构成柏拉图的后期哲学思想。其中《巴门尼德篇》和《泰阿泰德篇》孰先孰后还有不同意见,我们先讨论《巴门尼德篇》,因为它的第一部分批评了相论,标志柏拉图思想的转变。

后世对柏拉图各篇对话的解释中,关于《巴门尼德篇》的意见是最为分歧的,陈康说"柏拉图的著作几乎每篇都是一个谜,或至少包含一个谜,而《巴曼尼得斯篇》是所有谜中最大的一个"①。《巴门尼德篇》明显地分为两个部分,在第一部分(126A—135C)中柏拉图借爱利亚学派哲学家巴门尼德之口批判了少年苏格拉底的相论,指出这种理论将遇到许多不可克服的困难;然而如果人们因此而否定"相",也将毁灭辩证研究的能力。(135B—C)因此必须转变研究的方式,这样就转到了第二部分(136A—166C)。第二部分由巴门尼德引导少年苏格拉底进行思想训练,提出八组假设推论,得出不同的结果。

从这里已经可以发现三个问题:第一,第一部分所批评的少年苏格拉底的相论是不是柏拉图自己原来的相论? 第二,第二部分的哲学训练的八组推论究竟是什么意思? 第三,第一部分和第二部分是什么关系,它们是如何联在一起的? 从古至今许多哲学家和哲学史家围绕这三个问题作了许多不同的解

---

① 陈康译注:《柏拉图〈巴曼尼得斯篇〉》,第7页。

释,企图猜这个谜。对于第一个问题,现在多数学者认为被批评的就是柏拉图自己的相论,但也有些学者持保留意见,如陈康在《少年苏格拉底的相论考》中详细分析了少年苏格拉底的相论和柏拉图在《斐多篇》、《国家篇》中相论的区别,认为少年苏格拉底的相论只是代表当时柏拉图学派中有些人的观点①。对于第二个问题,康福德在《巴门尼德和柏拉图》(这本书是对巴门尼德的残诗和柏拉图《巴门尼德篇》的译注)一书的"前言"中曾对它的历史发展情况作了介绍:公元5世纪的普罗克洛在他对《巴门尼德篇》的注释中讲到,古代对这篇对话的第二部分便有两种不同的解释,即逻辑的解释和哲学(形而上学)的解释。逻辑的解释盛行于中学园时期,以阿尔比努(约前315—前241年)为代表,认为第二部分不过是柏拉图使用三段论形式、假设论证以及范畴进行逻辑训练,用来和芝诺争辩的。主张哲学解释的人认为在这八组推论中可以发现柏拉图自己的形而上学学说,肯定"一"存在或不存在。据说从柏拉图的继承人斯彪西波开始将第二组假设中的"存在的一"和努斯等同起来,认为整个推论是"最神秘的学说"。新柏拉图学派的主要代表普罗提诺则认为第一组假设中的什么也不是的"一",就是《国家篇》中最高的"善的相",它无论从哪一方面说都是无法表述或言说的,这就是后来中世纪流行的"否定神学"。新柏拉图学派的这种观点一直影响到近代,莱布尼兹和黑格尔也认为《巴门尼德篇》中的"一"和"存在"是神,是"绝对理念";黑格尔所讲的"存在"和"非存在"的辩证法也得益于这些推论。近现代学者依然保持这两种分歧的意见。主张逻辑解释的人认为第二部分是幽默的争辩,想将爱利亚学派的"一"和"存在"通过它的创立者巴门尼德之口归为荒谬。这种学说是由 Tennemann 提出,由 Apelt 精心构成的,他们认为第二部分的大部分论证都是有意错误的,是诡辩。反对这种观点主张作哲学解释的代表是 M.Dies 和 Max Wundt,他们的研究显然受新柏拉图学派和黑格尔的思想影响,A.P.Speiser 赞成黑格尔的评价,认为《巴门尼德篇》是古代辩证法最伟大的杰作。② 由此可见对

① 参见陈康译注:《柏拉图〈巴曼尼得斯篇〉》,第380页。
② 参见康福德:《巴门尼德和柏拉图》,第 v—viii 页。

《巴门尼德篇》第二部分的解释之分歧复杂,确是远远超过柏拉图的其他对话,格思里在《希腊哲学史》中论述这篇对话的结论说:要理解《巴门尼德篇》的目的实在是很困难的,各种可能性都可以提出来,也都可以被驳倒,因此,任何一种解释都必须小心从事。① 所以在他那部大著作《希腊哲学史》第 5 卷中对《巴门尼德篇》的第二部分一共只写了三页,并没有作认真的解释。对于第三个问题即第一部分和第二部分的关系问题,学者因对第二部分解释的不同而有不同的说法,有些学者因无法说明这两部分之间的联系,便认为它们是两篇不同的独立的著作,甚至有人认为第二部分是在第一部分以前独立写成的,Apelt 和 Wundt 都是这样推测的。② 但许多学者不同意这种意见,如法国学者 J.Wahl 强调如果不将这两个部分结合起来便不可能作出令人满意的解释。③

现代对《巴门尼德篇》作了详细分析并提出系统解释的主要有两本书:一是康福德的《巴门尼德和柏拉图》(1939),一是陈康的《柏拉图〈巴曼尼得斯篇〉》(1944)。它们都是翻译了这篇对话全文,并且作了解释,陈康更作了详细的注释。对于第二部分的八组推论,他们不像以往许多解释者那样任意选取其中一部分建立自己的论点,将那些他无法解释的部分斥之为"诡辩",而是对八组推论进行全面的分析比较,提出自己的看法。在八组推论中,他们共同认为第二组推论是主要代表柏拉图的哲学思想的。康福德比较重视词(范畴)的歧义,认为第二部分主要是对爱利亚学派的主要范畴如"一"、"存在"、"非存在"等的歧义分析;第二组推论则是柏拉图以新的形式恢复毕泰戈拉学派的"发展"说,即通过数和几何形状的"有限"和"无限"的统一,从"一"发展到具有有限形式和无限质料的感性事物。这样柏拉图便为所有后期对话中的本体论奠定了基础。④ 他实际上认为第二组推论是一个发展的本体论。陈康对于所谓"分离问题"作过专门研究,他的博士论文《亚里士多德论分离问题》对于柏拉图和亚里士多德哲学中的"相"和具体事物是否分离,以及"相"(范

---

① 参见格思里:《希腊哲学史》第 5 卷,第 57 页。
② 参见康福德:《巴门尼德和柏拉图》,第 viii 页。
③ 参见弗里德兰德:《柏拉图》第 3 卷,第 501 页。
④ 参见康福德:《巴门尼德和柏拉图》,第 245 页。

畴)相互之间如何结合或分离的问题作过细致的辨析。他认为《巴门尼德篇》
第一部分中所批评的少年苏格拉底的相论就是主张"相"和具体事物是分离
的。在第二部分的八组推论中,柏拉图表示如果"一"和"存在"分离,则"一"
和任何相反的范畴都不能结合,甚至"一"也不是一(第一组推论)。如果
"一"和"存在"结合,则可以和任何相反的范畴联系,这样形成的范畴集体便
是具体事物。① 由此可见陈康和康福德的出发点虽然不同,但他们所得的结
论却是相当接近的。这个结论——范畴和范畴之间的联系、相和具体事物的
联系——还可以从和《巴门尼德篇》写作时间很近的《智者篇》中的"通种论"
得到证明。有些学者也持这种看法。如较早的里特尔在《柏拉图哲学精华》
(1931)中关于这篇对话的结论是:如果认为"相"是分离的,和其他东西无关
的,它们便是不能认知的;如果"相"是和感性事物相联系而存在的,则它们的
存在和它们的真正实在性便是可以思议的。②

我们基本上同意这种看法,以下的论述主要根据陈康和康福德的译注,在
有些观点上提出我们自己的意见。

《巴门尼德篇》主要是爱利亚学派哲学家巴门尼德、芝诺和少年苏格拉底
之间(第一部分)以及巴门尼德和少年亚里士多德之间(第二部分,这个亚里
士多德不是柏拉图学生的那位大哲学家,有人说是雅典三十僭主之一的亚里
士多德)的对话。柏拉图不是采取直接记载对话的形式,而是采用三重转述,
即由克拉佐门尼的凯发卢转述柏拉图的同母弟安提丰的报告,安提丰又是转
述皮索多罗的报告,只有皮索多罗是听到那次谈话的。柏拉图以这种方式表
示那次对话是发生在几十年以前的事情。关于巴门尼德、芝诺和少年苏格拉
底的这次会见究竟是历史的真实记载还是柏拉图的虚构,学者中有不同意见,
本书第一卷讨论巴门尼德生平时曾作过介绍。③ 不管历史上是否有过这次见
面,这篇对话中无论是巴门尼德或芝诺还是少年苏格拉底所说的话,都不能代

---

① 参见陈康译注:《柏拉图〈巴曼尼得斯篇〉》附录二《论柏拉图〈巴曼尼得斯篇〉》。

② 参见里特尔:《柏拉图哲学精华》,英译本,第 166—167 页。

③ 参见本书第一卷第 488—490 页。

表历史上那些哲学家本人的思想,只能是属于柏拉图自己的说法。我们看到在这篇对话中苏格拉底所占的地位也改变了:在前期对话中苏格拉底总是主要发言人,由他引导对话,而在这篇对话中的苏格拉底却是个年轻人,他的意见遭到巴门尼德的批评,由巴门尼德引导全篇谈话,代替了原来苏格拉底的地位。为什么这篇对话以巴门尼德为主角?因为这篇对话所讨论的主题和爱利亚学派的哲学有关,不但第二部分推论的假设"一"和"存在"最初是巴门尼德提出来的,而且许多论证的内容与形式都和巴门尼德、芝诺所作的论证相似,都是讨论有关存在的问题,属于本体论思想。

第一节　对相论的批判

正式对话是少年苏格拉底等在听芝诺念他的著作已经快要结束时开始的。少年苏格拉底重述芝诺的论证:如果事物是多,它们必然既类似又不类似,但这是不可能的,因为不类似的不能够类似,类似的不能不类似,由此证明事物不能是多。少年苏格拉底说:巴门尼德主张一切是"一",芝诺反对事物是"多",你们两个人一个肯定"一",一个否定"多",实际上是同一个意思。芝诺同意这个意见并且指出更深一层的意义:那些反对巴门尼德的人认为如果一切是"一"便要产生自相矛盾的结果,所以他现在要以其人之道还治其人之身,用同样的论证方法说明,如果事物是"多"将会产生更可笑的结果。(127E—128D)

芝诺反对事物是多的论证是为了保护巴门尼德所说的存在是一。柏拉图的记述是符合历史情况的,但是西方学者对此也有不同意见,本书第一卷论述芝诺的思想时已经作过介绍。[①]　由此可见《巴门尼德篇》中讨论的问题是从爱利亚学派的思想中延续下来的。陈康认为:芝诺论证中说的不类似的不能够类似,类似的不能不类似,就是说凡是极端相反的东西(类似和不类似)不能

---

① 参见本书第一卷第575—577页。

相互结合。不能结合就是相互分离,这就是分离(chorismos)问题,即极端相反者之间是相互结合还是彼此分离的问题。陈康认为这是本篇对话的中心问题,以下所有讨论都从这个问题产生,只有依照这个线索才能了解全篇对话。① 而泰勒却强调了芝诺所说的以其人之道还治其人之身,是以芝诺的悖论去反对少年苏格拉底假设的"相",他认为无论是肯定"相"或是否定它,一种聪明的形式逻辑都可以迫使你承认:或者所有的肯定都是真的,或者相反它们都是假的。泰勒因此认为《巴门尼德篇》只是柏拉图以这样的论辩对一元论者"开点玩笑"而已。② 可见学者们由于注意重点不同可以得出完全不同的解释和结论。

以下少年苏格拉底提出他的相论。他说:有一个自在的"类似的型"(eidos)和一个与它相反的"不类似的型",我、你和其他称为杂多的事物分有它们。分有类似的成为类似,分有不类似的成为不类似,分有到什么状况和程度也就类似(或不类似)到什么状况和程度。他说类似和不类似是相反的,但一切具体事物却可以因为分有它们而具有相反的性质即既类似又不类似。比如我——苏格拉底有右边和左边、上面和下面、前面和后面,因而是多;但我又是现在七个人当中的一个,是一,一和多是相反的,但具体事物如石头、木块可以既分有一又分有多,所以它们既是一又是多,这又有什么可惊奇的? 如果有人说那个一自身是多,或多自身是一,才是值得惊奇的。但如果有人将自在的"型"如类似和不类似、多和一、静和动区分开,又说它们能相互结合和分离,那才使我感到困惑。(129A—E)

少年苏格拉底的相论比较简单,他说有两类存在,一类是具体事物如木、石、人等,另一类是"相"或"型"即"某某自身",如类似和不类似、一和多、动和静的"型"。这些"型"是彼此相反的,它们彼此分离而不能相互结合,类似不能是不类似,一不能是多,动不能是静。但具体事物却可以同时分有这种相反的"相",它们可以既类似又不类似,既是一又是多,既是动又是静。相反的

---

① 参见陈康译注:《柏拉图〈巴曼尼得斯篇〉》,第35—36页。

② 参见泰勒:《柏拉图其人及其著作》,第350—351页。

"相"是不能结合的,具体事物却可以分有相反的"相"因而具有相反的性质。换句话说,如果这"相反的"是抽象的一般的"相",它们是不能相互结合联系的;如果"相反的"是具体事物的性质,它们是可以在具体事物中结合联系的,原因便是具体事物可以分有相反的"相"。少年苏格拉底提出的这种相论,在基本观点上和柏拉图前期相论是一致的,可以说是它的简明概括。

少年苏格拉底的相论是为了解决爱利亚学派的巴门尼德和芝诺提出的问题,他们认为只有存在而没有非存在,只有一而没有多,因而无法说明既是一又是多的现象。哲学不但要能说明一般的存在,还要能解释个别的现象。爱利亚学派只肯定存在,而否定现象,柏拉图和少年苏格拉底的相论的任务就是要"拯救现象",他们用个别事物分有"相"的理论解释现象。

少年苏格拉底的相论显然和爱利亚学派的思想不同。巴门尼德要对他的相论进行批评,先对他提出一个问题,问他是不是真的认为一方面是分离（Χωρίς,choris）的"型"自身,另一方面是分有这些"型"的事物,它们是和"型"分离的,在我们具有的类似的性质以外还有分离的类似自身,以及一自身、多自身等等。苏格拉底回答说我是这样想的。（130A—B）柏拉图在这里强调的是"相"或"型"是和具体事物分离的,在短短三行（130B3—5）中接连用了三个 choris。"分离"有几种不同的含义,少年苏格拉底相论中的分离是什么意思,只有分析了他以下的论证以后才能说清楚。

巴门尼德接着就对少年苏格拉底的相论进行批判。批判分为以下几个问题。

第一个问题是问有哪几类"相",即要苏格拉底开列一张"相表"。

巴门尼德举出各类不同的东西,问苏格拉底是否承认有它们的"相":

1. 上面已经提到过的那些相反的东西,如类似和不类似、一和多、静和动、前和后、上和下、左和右等等,苏格拉底认为这些都是有"相"的。

2. 正义、美、善等伦理方面的东西,苏格拉底完全肯定有它们的"相"。

3. 对于人、水、火等具体的东西是不是有"相",苏格拉底说他常在困难之中,感到没有把握。关于这类具体事物,在柏拉图的前期对话中只有《克拉底鲁篇》提到"梭子的相"和《国家篇》提到人造物如床有"床的相",别处没有谈到过。

4. 对于那些没有价值的丑恶的东西如头发、污泥、秽物等是否有"相"，苏格拉底说如果要肯定有这些东西的"相"实在太荒谬了，但如果要否定它们也有困难。因此他遇到这些问题时只能逃避，只去讨论那些有"相"的东西。（130B—D）

在以上四类东西中，第一类是柏拉图在前期相论中常常提到，在后期思想中主要讨论的问题。第三类具体事物的"相"，如果按照柏拉图前期相论认为"相"是多中之一，便应该承认有"人的相"、"马的相"、"火的相"等等，一般对于柏拉图哲学也都是这样理解的；但"相"是永恒的绝对不变的，那么永恒的绝对不变的人以及永恒的绝对不变的火究竟是什么呢？柏拉图在前期相论中实际上也避开了这个问题。在后期《蒂迈欧篇》51B 中他也是勉强承认有"火的相"，可以看到当时对这问题是有争论的。

使柏拉图从前期思想向后期思想转变的关键在于这里所说的第二类和第四类东西。对于第二类有伦理价值的东西的"相"，是柏拉图前期相论最主要讨论的问题；按照他的前期伦理目的论的思想，当然绝对否认有第四类东西的"相"，因为任何事物决不会以追求丑、恶为目的。可是现在少年苏格拉底在这个问题上感到不安，想要逃避，这又是为什么呢？可以看出，这是因为如果不从目的论而从本体论的观点看，任何存在不论它的价值高低，不论它是好是坏，是美是丑，它们既然都是存在，作为存在讲它们都是一样的，既然承认有"美的相"便同样应该承认有"丑的相"。柏拉图接受爱利亚学派的本体论思想又加上苏格拉底的目的论思想才构成前期的相论。但如果抛开目的论纯粹从本体论来看，他的相论又应该如何呢？这就是柏拉图在写《巴门尼德篇》时所想解决的问题，所以他以巴门尼德代替苏格拉底成为本篇对话的主角。巴门尼德正是通过上面这张"相表"让少年苏格拉底看到他自己的矛盾：既然承认有第二类东西的"相"，又怎么能否认第四类东西的"相"呢？他对少年苏格拉底说：因为你还年轻，哲学还未抓紧你，现在你还顾虑别人的意见；当你深入研究哲学的时候便不能忽视这里所说的每一类东西了。（130E）这就是说真正的哲学不应该顾虑别人的意见，只承认"善的相"而否认"恶的相"，应该对所有的存在一视同仁地作出解释——这就是本体论的要求。柏拉图在这点上对他原来的相论产生了怀疑。

第二个是有关分有的问题。

巴门尼德是这样论证的：事物分有"相"只有两种可能，或者是分有整个的"相"，或者分有"相"的一部分。如果每一事物都分有一个整个的"相"，因为事物是多数的，便必须有许多个"相"，这和肯定"相"是单一的（即多数个同类事物只能有一个同名的"相"）不合。如果事物分有"相"的部分也将遇到困难，他说了三种情况：1. 如果分有"大的相"的部分，因为部分小于整体，它分有的便是小而不是大了。2. 如果分有"等的相"的部分，由于部分小于等自身，所以分有者所分有的便不是等而是小了。3. 如果分有"小的相"的部分，因为整体大于部分，"小的相"就是大而不是小了。因此结论是既不能分有整个的"相"也不能分有它的部分，所以分有是不可能的。（131A—E）

巴门尼德的论证是典型的芝诺式的论证。他以"整体——部分"、"大于——等于——小于"这两组相反（对立）的范畴来论证分有是不可能的。假设 A 和 B 是一对对立的范畴，如果要分有，必然是 A 或 B，但现在既不能是 A 也不能是 B，所以分有是不可能的，这就是说分有不能和 A 与 B 这对相反的范畴相结合。芝诺就是以这种方式论证"多"和"动"是不可能的。"整体——部分"、"大于——等于——小于"都表示空间关系，只有具体的占空间的事物才具有这样的空间关系，抽象的"相"是没有这样的空间关系的。现在说具体的事物分有抽象的"相"时会具有这样的空间关系，实际上是混淆了抽象和具体、一般和个别之间的区别，也就是将抽象的"相"当作是具有空间大小的事物，是将"相"物体化或实体化了。本书第一卷讨论芝诺的论证时我们谈到过这个问题。① 这表示当时柏拉图也不能分清一般和个别的区别。所以在巴门尼德讲到事物如果分有整个的"相"，"相"不能是单一时，少年苏格拉底便举"日子（一天）"为例，它是单一的却可以同时在每一个具体的日子里。这个回答本来是对的，因为"日子"是抽象的，它可以既在这一天也在那一天里同时

————————

① 参见本书第一卷第 585 页。

整个地存在,自己并不和自己分离。巴门尼德却立刻将"日子"改变为具体的帆篷,当它遮盖着许多人时,每个人只能盖着它的一部分,他以此证明"相"是可以分割成许多互相分离的部分的。(130B—C)柏拉图笔下的巴门尼德用具体的帆篷代替了抽象的"日子"。

第三个是有关对立的问题。

巴门尼德是这样论证的:有许多事物在一起,看到它们都是大的,你认为它们有一个同一的"相",就是"大的相";再将这个"大的相"和其他的大的事物放在一起,又看到它们有一个共同的"相",这就是第二个"大的相";这样的过程可以无穷倒退得到无数个"大的相",决不止一个。(132A—B)这就叫"实在世界的重叠"。"大的相"本来是从许多大的事物中抽象概括出来的它们的共同性;但如果将它自身也看成是一个和大的事物一样的物体,是和它们分离存在的,即"大的相"在众多大的事物之外和它们并列地存在着,便可以从这样的"相"和事物间找出第二个"相"来,并且同样地可以找出第三、第四以至无数个"大的相"。这样存在的世界便不止柏拉图原来设想的那两个,而是有无数个世界一层层地重叠着,这就卷入后来亚里士多德称为"第三者"的论证的困难中去了,①如果同一类事物之外有一个同名的"相"独立存在,便可以在"相"和事物之外出现一个"第三者"即第二个"相",并可以无穷倒退。

苏格拉底看出这个问题,他说每个"相"只是思想,它们只存在于我们心里,这样便可以避免上述困难,巴门尼德却回答他说思想总有所思即有思想的对象,思想以存在为对象,这个存在就是在这一类事物中的"相",也就是它们的共同的"型"。再者如果像你所说"相"是思想,一切分有"相"的事物岂不都分有思想,它们都能思想吗,还是说它们都是思想却不能思想?(132B—C)苏格拉底说出了正确的一面,即抽象的"相"只有在思想中才能得到;但他又有错误的一面,即他没有认识到思想的内容即"相"本身是从事物中抽象出来的,有它的客观根据。巴门尼德抓住苏格拉底的"相是思想"这样简单的说法,从分有上批评他,认为分有思想的东西本身就是有思想的。这里也可以看出柏拉图已经将思想

---

① 参见亚里士多德:《形而上学》,990ᵇ16。

和思想的对象区别开来了;但对于思想本身虽是主观的,而它的内容却有客观性这点还不能明白地区分开;这就是思想作为一种精神的能力和作为这种精神能力产物的思想二者的不同,柏拉图也还没有区分开,所以他说:它们都是思想(这是精神的产物)却不能思想(这是精神的能力和活动)。

苏格拉底又提出另外一种解释即模型说。他说"相"是模型,事物是它的摹本,所谓分有就是被制造得和模型相似。他想用这种说法避免"第三者"的困难,但是巴门尼德又用论证将他拉回到原来的地方。巴门尼德并没有批评模型说(柏拉图不但在前期的《国家篇》中提出模型说,在后期《蒂迈欧篇》中更强调模型),只是在"类似"这点上批评他:摹本和原型类似,原型即"相"又和摹本类似,所以原型和摹本二者彼此类似,即它们又分有一个共同的"型",这就是第三者即第二个"相",又可以无穷倒退。巴门尼德最后说如果我们肯定"相"是自己存在(独立分离存在)的,将会遇到这么大的困难。(132C—133A)

这个论证的意义是:如果认为"相"和事物是对立的,就像这个具体事物和那个具体事物如这个人和那个人的对立那样,是彼此分离独立存在的,则在"相"和这类事物之外还可以找到独立分离存在的"第三者",并且可以无穷倒退。这里错误的根源还是在于将"相"看成是和具体事物一样的分离独立的存在,即"相"的实体化。

第四个是有关分离的问题。

巴门尼德说如果你肯定自在的"型",并且将它和具体事物分开,你便会遇到最大的困难,因为如果"相"是像你所说那样的,人便根本不能认知它。他分两步论证,第一步论证是:如果"相"是独立自存的,任何"相"都不在我们中间存在,这就是两个分离的世界,在"相"的世界中"相"和"相"彼此发生关系;在我们的世界中这个事物和那个事物相互发生关系,但是我们世界中的任何事物不能和相的世界中的任何"相"发生关系。我们世界中的奴隶不是"主人的相"的奴隶,主人也不是"奴隶的相"的主人;"主人的相"只和"奴隶的相"发生关系。(133A—134A)

这步论证的结论是正确的,现实的奴隶当然不是"主人的相"的奴隶,他只能是某个现实的主人的奴隶。但如果将这个论证运用到认识问题上,立刻就显出它的荒谬了,这便是巴门尼德的第二步论证。他将认识也截然划分为两个独立的世界,它们的主体与对象彼此不能发生关系,结果便是现实世界中的知识以现实的存在即具体事物为对象,认识的主体是我们——人;相的世界中的知识以"相"为对象,认识的主体是神。这两个世界截然分离,彼此不能发生认识关系,便会得出荒谬的结论:一方面是我们——人不能认知"相",另一方面是神不能认知具体事物。人不能认知"相",无论善自身或美自身对我们说都是不可知的。(134A—E)这个结论对于相论当然是致命的,因为"相"若是不可知的,便根本不能有什么相论。

所以产生这样荒谬的结论,原因还在于将两个世界截然对立,认为"相"和具体事物一样都是独立分离的存在即将"相"实体化造成的。由此我们可以回顾柏拉图前期的认识论。为什么《美诺篇》和《斐多篇》要提出回忆说呢?因为他认为我们人的认识只能通过感觉认知当前的具体事物而不能认知"相",所以"相"只能是灵魂在生前已经认知的。这种回忆说实际上是以两个世界的绝对对立为背景的,柏拉图为了解决这种对立引起的困难才提出回忆说。在《国家篇》中柏拉图发现认识是从低级到高级的发展过程,他提出灵魂的转向,认为通过教育可以使人从认识具体事物上升到认识"相",两个世界的截然对立才被打破,但柏拉图对于如何从低级的感性认识转变为高级的理性认识,如何将认识具体事物和认识"相"联系起来,并没有能作出明白的说明。因此这个问题对柏拉图说还是没有解决的问题,《巴门尼德篇》开始他后期的认识论便是企图找出解决这个问题的办法。

分析了以上这几个批判的论证之后,我们可以来讨论这个问题了:巴门尼德所批判的少年苏格拉底的相论究竟是谁的理论,是不是柏拉图自己的相论?

如果仔细研究,的确可以找出少年苏格拉底的相论和我们以上分析的柏拉图前期相论是有不同的。其中最主要的一点就是以《斐多篇》、《国家篇》为代表的相论主要讨论伦理道德问题,"相"是具体事物追求的目的和理想,它和具体事物的区别主要在价值的高低。这种理论主要是继承和发展苏格拉底的目的论思想的。而在少年苏格拉底的相论中目的论的思想已经动摇了,这表现在他对第四类丑恶的东西如污泥等是否有"相"感到怀疑。——如果从目的论看,应该坚决否定它们有"相";但如果承认它们也是一种存在,作为存在,每一类同名的事物都可以有一个同名的"相",这就是从本体论看应该承认丑恶的东西也同样有"相"。少年苏格拉底处于矛盾状态,只能采取逃避的态度。到后面谈到分有、对立和分离问题时,他便将"相"和具体事物平等看待,它们之间不存在价值的高低,同样都是存在,因而二者的对立和分离的问题也就明显突出了。(将"相"作为事物追求的目的,可以解释为"相"是在事物之内的,即"相"的内在说,可以避开对立和分离的问题。)强调对立和分离就是认为"相"是在具体事物之外独立存在的本体,即将"相"实体化,这种理论就是"相"的外在说。关于柏拉图的"相"究竟是内在的还是外在的,在西方哲学史家中是一个长期争论的问题,如果偏重目的论,容易将"相"解释为内在的;如果偏重本体论,可以将"相"解释为外在的。

承认少年苏格拉底的相论和柏拉图前期的相论有这点不同,并不等于说《巴门尼德篇》中柏拉图借巴门尼德之口批判的少年苏格拉底的相论一定不是柏拉图自己前期的相论。任何人的思想都不会终生一成不变的,何况是柏拉图这样伟大的哲学家,他以追求真理为目标,当他发现自己的理论中存在缺点和漏洞时为什么不可以批判自己修正缺点呢? 柏拉图前期深受苏格拉底影响,致力于将苏格拉底寻求普遍的定义制定为系统的相论时带着明显的目的论色彩。到他后期更多地受爱利亚学派的影响,从本体论考虑问题,发现只承认一部分东西有"相"而另一部分东西却没有"相",在逻辑上是矛盾的,因而想修正原来的观点。我们以为这样解释柏拉图思想的发展也许是比较合理的。

将这个问题摆到人类认识发展的过程中来看就比较清楚:人的认识总是从个别到一般,是在许多具体事物中看到它们共同的一般的东西即后来称为"共相"或"概念"的。(柏拉图还没有提出"共相"或"概念"这样的名称,所以我们不用这样的词翻译 idea 和 eidos。)本来从人有抽象的思想特别是哲学思想起就已经在运用这种一般的概念,但哲学家明白意识到这种一般的存在并且想在理论上加以说明却是由柏拉图的相论开始的(爱利亚学派早已经提出抽象的一般,但他们所说的"存在"只是最抽象的一般,和通常说的"概念"还有层次的不同),所以柏拉图的相论在哲学史上占有重要地位。我们现代人不难理解概念是反映事物的共同性质或本质的,因此只要是事物的共同性质或本质都可以在人脑中形成概念,不论它是好的或坏的、美的或丑的;而且作为抽象的概念,作为另一逻辑层次的类概念,它们并不必定具有它们所表示的那种特性,"大的概念"不是大的,"美的概念"不一定是美的,恶的和丑的概念本身也并不是坏的和丑的;再说概念是我们用思想从具体事物中抽象出来的,它只能在人的思想中独立存在,在实际上它只是反映具体事物的某一方面的特性或本质,决不能是在具体事物以外独立地实体性地(像具体事物一样地)存在着的。但是这些道理是人类逐渐才能认识清楚的,柏拉图和亚里士多德的哲学正处在这些问题从模糊走向逐渐清楚的过程中。柏拉图提出有一般的"相"或"型",并且指出它们和具体事物有哪些不同,到此为止他基本上是正确的;但他认为"相"具有永恒性纯粹性绝对性等,所以和具体事物有价值高低的不同,"相"只能是善的美的而不敢承认有丑恶的"相",这说明他在这一点上还分不清一般的概念和具体事物的区别。为什么只能承认有"善的相"而不能承认有"恶的相"呢?巴门尼德提出的这个问题实际上是柏拉图对自己提出的问题,表明他的思想要向前发展了。

柏拉图看到"相"和具体事物是两类不同的存在,但是它们是以什么样的不同方式存在的呢?上面论述《斐多篇》时我们分析过可以有几种不同意义的"分离",或者是像具体事物一样在空间上独立分离存在,或者只是在思想上作出的逻辑先后的不同。柏拉图自己并没有意识到这种区别,他只是笼统地说"相"是在具体事物以外存在的,这便很容易被理解为在空间上的分离(chōris);而且柏拉图自己也明确认为灵魂和肉体是分离的,这也很容易推出"相"和具体事物的分离。是柏拉图自己或者是他的学园中其他人推出这样的结论,我们无法断定,但是《巴门尼德篇》中少年苏格拉底的相论的主要特点正就是认为"相"和具体事物是在空间上分离的。柏拉图批判少年苏格拉底的相论至少表示他意识到原来的相论有产生这种分离的危险,在这点上他也想修正自己原来的学说了。① 所以我们认为《巴门尼德篇》第一部分批判的

---

① 在这个问题的解释上,我们接受王太庆提供的看法。

少年苏格拉底的相论,除了目的论这点以外,可以说是代表柏拉图自己前期的相论。但也可能是柏拉图学园中一部分人共同的思想,后来亚里士多德以类似的论证批判了"那些主张'相'的人"。(《形而上学》,990^b1)

批判相论只是批评这种理论带来的困难,并不是要根本否定它,所以巴门尼德说:"型"必然带来这些以及其他许多困难。能够了解每一类事物都有一个自在的"型"的人真了不起,能够发现这一点并且将它教给别人的人更了不起。可是苏格拉底呵,如果有人因为考虑到这种种困难便否认有事物的"型",或者不去分辨每一类事物有永远同一的"型",他便不能固定地思想了,这样将完全毁坏辩证的能力,我想你是会认识到这一点的。(134E—135C)他反复说明虽然相论会带来这许多困难,但如果因此怀疑和否认"相"的存在,那是错误的。否认"相"便不能固定地思想,将完全毁坏辩证的能力也就是哲学思维的能力。柏拉图为了维护辩证思维的能力,便要修正和完善这种理论,这就是对话的第二部分所要做的工作。

第二节 范畴的结合和分离

从 135C 以下是本篇对话的第二部分。《巴门尼德篇》的第一部分批评少年苏格拉底的相论还是比较容易理解的,但第二部分的八组推论是什么意思,它和第一部分又是什么关系,在学者中一直是争论不休的问题。早先有些学者认为既然第一部分批判了相论,而柏拉图是坚持相论的,所以第二部分的推论是对第一部分的批评提出的反驳。但研究这些推论实在看不出它们是反驳;因此 Apelt 和 Max Wundt 等猜测第二部分是一篇独立的著作,写于第一部分以前。[①] 这样将两个部分割裂开来也是缺乏根据的。我们以为第一部分批判相论只是指明原来相论中存在缺点和问题,并不是要根本否定它,因此柏拉图必须另觅比较合理的途径,使他的哲学建立在完善的基础上。这就是第二

---

① 参见康福德:《柏拉图和巴门尼德》,"前言"第 viii 页。

部分的任务,也就是柏拉图后期哲学思想对前期相论所作的修正。

所以紧接上文巴门尼德立即指出:那么怎样研究哲学呢? 你必须知道了这一点才能前进。他对少年苏格拉底说,这是因为你在进行基本训练以前过急地去规定美、正义、善等的"型"。我注意到那一天你和别人对话时的论证有很大进步,你还年轻,应该努力用这种谈话的方式训练自己,免得真理离开你。苏格拉底问怎么训练呢? 巴门尼德说,用像芝诺进行推论那样的方式训练。只是我赞成你的意见,不要从可见的事物去论证,而要从只有逻各斯才能把握的最可以称为"型"的东西去论证。苏格拉底说:我以为用这种方式容易说明事物既类似又不类似等等的性质。(135C—E)这里柏拉图借巴门尼德之口说明:要用芝诺的论证方式进行训练,是研究哲学的方法。这种论证不是讨论可见的事物,而是讨论只有逻各斯才能把握的"型",这样才能说明事物既类似又不类似等等性质。第二部分进行的正是这种推论的训练。柏拉图认为在规定美、善、正义等等的"型"以前,必须先进行这种训练。

一 "一"和"存在"

怎么进行这种哲学的推论训练呢? 巴门尼德是这样提出问题的:

> 如果你要进一步训练,你不仅应该假设如若"一"存在,研究它将产生什么结果;还要假设这同一个"一"不存在〔它将产生什么结果〕。
> (135E—136A)

柏拉图经常使用假设的方法,《巴门尼德篇》的第二部分是由八组假设推论组成的,这种推论方式是从爱利亚学派来的,这里的假设前提实际上就是巴门尼德的学说——只有"存在是存在的","存在是一"。这个"存在"($\dot{\varepsilon}\sigma\tau\acute{\iota}\nu$, estin)是动词 $\varepsilon\dot{\iota}\mu\acute{\iota}$(eimi,相当于英文 be)的现在陈述式第三人称单数(相当于英文 is),可以译成"是"、"有"和"存在",我们为了读者容易理解都译为"存在"。关于这个范畴的意义,我们在第一卷讨论巴门尼德思想时作过比较详细的分析。[1] 对于这样的词可以译出来,也可以不译出来,几种英译本的译法

---

[1] 参见本书第一卷第 498 页以下。

不同。乔伊特就没有将它译出来，他译为：" … Consider not only the consequences which flow from a given hypothesis, but also the consequences which flow from denying the hypothesis;"〔不仅要考虑从一个已给的假设会得出什么结果，而且要考虑否定这一个假设会得出什么结果;〕《洛布古典丛书》福勒的译文也是这样：" you must consider not only what happens if a particular hypothesis is true, but also what happens if it is not true." 〔不仅要考虑如果一个特殊的假设是真的将会如何，还要考虑如果它不是真的将会如何。〕康福德将这个字译出来了：you must not merely make the supposition that such and such a thing is and then consider the consequence; you must also take the supposition that that same thing is not. 〔不仅要假设如此一个东西存在，考虑其结果；还要假设这同一个东西不存在。〕陈康将 estin 译为"是"，他的译文是"不应当只假设：如若每一个是，以研究由这假设所生的结果，但也必假设：如若同一个不是。"他对这译文专门作了解释：这里的"是"代表一个抽象的范畴，设以"甲"表示"每一个"，它可以是"子"、"丑"、"寅"……，但现在"甲"不是其中任何一个，即是一个抽象的、没有具体化的范畴。"每一个是"即"甲是"表示"甲"加"是"即两个抽象范畴的结合。①

少年苏格拉底不能理解这意思，巴门尼德作了具体说明，他说以芝诺的论证假设"如果事物是多"（就是"如果多存在"），由此研究"多"以及和它相反的"一"（也就是"A"和"非 A"）之间的关系。可以研究四种关系，即：1. 对于"多"的，有(1)相对于"多"自身，(2)相对于"一"；2. 对于"一"的，有(1)相对于"一"自身，(2)相对于"多"。然后再假设"如果事物不是多"（"如果多不存在"），也可以研究同样这四种关系，这样就可以分别研究八组不同的假设推论。他说可以用同样的方法去研究一对对相反的范畴，如"类似"—"不类似"，"动"—"静"，"生"—"死"等等，都要选择这个范畴的存在或不存在（是或不是）作为假设，去推论这个范畴和与它不同的（即异于它的）范畴之间的关系。（136A—C）

----

① 参见陈康译注：《柏拉图〈巴曼尼得斯篇〉》注 149，第 107—108 页。

所以这里的推论方式实际上就是芝诺惯用的推论方法,不过芝诺原来的反对"多"的论证比较简单:如果事物是多,则它既是无限大又是无限小,这是矛盾的,因此事物不能是多。① 现在巴门尼德提出的训练要复杂得多,要考虑"多"和"一"(这是和"多"不同的,异于"多"的,而且和"多"是相反的)的各种关系。他列举了:

如果"多"存在,则:

　1. 对于"多",要考虑(1)相对于"多"自身,
　　　　　　　　　　　(2)相对于"一";
　2. 对于"一",要考虑(3)相对于"一"自身,
　　　　　　　　　　　(4)相对于"多"。

还要从反面考虑:如果"多"不存在,则:

　1. 对于"多",要考虑(5)相对于"多"自身,
　　　　　　　　　　　(6)相对于"一";
　2. 对于"一",要考虑(7)相对于"一"自身,
　　　　　　　　　　　(8)相对于"多"。

由此可以得出八组不同的推论,这就是《巴门尼德篇》第二部分八组推论的基本形式。但是巴门尼德提出的假设并不是芝诺的"如果多存在",而是用原来爱利亚学派的巴门尼德的思想——"存在是一",他的假设是"如果'一'存在"和"如果'一'不存在";和"一"相反的也不是"多"而是"其他的"。用"一"代替上面的"多",用"其他的"代替上面的"一",便是第二部分中八组推论的前提假设。

"如果一存在",希腊文 ἓν εἰ ἔστιν(hen ei estin)几种英译本的译法是:乔伊特译为"if one is",《洛布古典丛书》译为"if the one exists",康福德译为"if there is a One",可见英译也有"存在"和"是"两种译法;陈康译为"如若一是"。这些译文在字面意义上区别不大,但各家的理解和解释不同。陈康和康福德都作了比较详细的解释。陈康是这样解释的:第一组推论的假设和第

---

① 参见本书第一卷第 578 页以下。

二组推论的假设都是"如若一是",表面看来似乎没有分别,仔细研究即知其不然。第一组的假设虽是"一是",但着重点只在"一"不在"是"。因此这一组推论的前提实际上乃是在这组推论中另一处(137D)明白讲出的:"如若一一"(ei hen hen)。在"如若一是"中,"一"的意义和"是"的意义是互为消长的。第一组假设突出的重点是"一",不是和"是"结合的"一",而只是"一"的"一"。"如若一一"乃是假设一个锁闭在它自己里的"一",它不是和"是"相结合的,乃是隔离了孤立了的"一"。① 第二组推论的假设"如若一是",表示"一"必然分有"是"。"一"所分有的"是"或"一"的"是"是和"一"自身不同的。这里着重的乃是"是",因此这个假设不能化为"如若一一",它乃是由两个不同的成分组成的,它表示"一"和"是"的结合。它事实上假设的不是一个隔离了的孤立的"一",乃是所谓"是"的"一",是由"一"和"是"合成的集体。② 陈康是从范畴间的结合和分离来考察这个问题的,他认为第一组假设的是孤立的"一",不和"是"结合而是分离的"一",第二组假设的则是和"是"结合的"一"。

康福德认为:理解第二部分的关键在于找出"如果一存在"("如果是一")这个假设的歧义。柏拉图将第一组和第二组的假设的不同意义区分开,在不同的情况下得出的结论当然是不同的。巴门尼德应对此负责,因为是他将不同的意义混淆了,他所说"存在的一"可以推出它只是一个"单一",在任何含义上都是"一"而不是"多";从另一种含义也可以推出它是一个有许多部分的整体的"一"。柏拉图将这两种不同的假设区分开,严格地说明每一个,说明不同含义的假设可以引出相反的结论。康福德说即使最单纯的词如"一"和"存在",它们的意义也是惊人地含混的,柏拉图如果不弄清这些歧义就不能确定个别的"相"如"一自身"和"存在自身"等等,它们每一个都是"一个存在",他必须首先肯定它们的"一"和"多"是不矛盾的,要说明它们在什么意义下是不矛盾的。他说柏拉图的同时代人和智者一样不能辨别这些歧义,

① 参见陈康译注:《柏拉图〈巴曼尼得斯篇〉》注 171,第 120 页。
② 参见陈康译注:《柏拉图〈巴曼尼得斯篇〉》注 237,第 167—168 页。

所以常纠缠于争辩无意义的矛盾并陷入二难推论,因此柏拉图要辨明这些歧义;后来亚里士多德从《巴门尼德篇》得到启发,注意区分"一"和"存在"的各种不同含义。康福德还指出如果先设想这里假设中的"一"是指同一个东西,即巴门尼德的"一个存在",或新柏拉图学派的"太一"、黑格尔的"绝对理念"、柏拉图的"相",则以后所作的论证便是错误或没有意义的。他说我对它们的研究使我相信,要让这些论证有意义便必须认定柏拉图是在说明"一"和"存在"的各种歧义。有八组推论就有八种不同的意义,可以发现在每一组假设开始或后来演绎时,柏拉图都指出那里的"一"和"存在"指的是什么。① 他认为第一组推论的假设是:如果"一"被规定为绝对的〔即孤立的〕一,它就决不是"多"或"诸部分的整体"。② 第二组推论的假设是:如果"一"是存在的,它便是"一个实体"(hen on,One Entity),既是"一"又是"存在"。③

由此可见,陈康和康福德从不同的理论出发——陈康从范畴间的相互结合和分离,康福德则从分辨字的歧义出发,但得出的结论却几乎是一样的。他们都认为第一组假设中的"一"是绝对的、孤立的,不和"存在"相结合的"一",第二组假设中的"一"则是和"存在"相结合的。他们的这个结论已经为一些学者所接受,还有《智者篇》中的"通种论"可以作为有力的旁证。我们也接受这个意见用来解释第二部分的八组推论。

我们知道,"存在"作为一个最普遍的抽象范畴,最初是由爱利亚学派的巴门尼德正式确定下来的。巴门尼德说"存在"是不生不灭、不可分、不动的,都只是从否定的意义上说明它不是什么,而不是从肯定的意义上说明它是什么,唯一的肯定是说它是"一"而不是"多"。这样的"存在"实际上是空洞的,甚至是人们无法把握和说明的,因为当你要说它是什么而必须把某个形容词或名词加到它上面去时,它便不是那个"存在"了。所以巴门尼德的"存在"带着很大的绝对性和形而上学性;但它在哲学思想发展上占有很重要的地位,因为它使人从感觉上升到纯思维的领域,要去发现现象背后的本质。柏拉图的

---

① 参见康福德:《柏拉图和巴门尼德》,第109—112页。
② 参见康福德:《柏拉图和巴门尼德》,第115页。
③ 参见康福德:《柏拉图和巴门尼德》,第136页。

相论可以说是巴门尼德的存在论的继承和发展，但在柏拉图发展相论的时候也就会不可避免地发现巴门尼德的矛盾，比如他在肯定这个"相"和那个"相"的时候，虽然每一个"相"都是单一的，但要是讲到所有的"相"时就是"多"而不是"一"了。加上他又继续苏格拉底的事业要探讨什么是"美的相"、"善的相"等等，他不能只是说这些"相"不是什么，必须说出它们是什么，这样便必须将"相"和许多形容词、名词联系起来。从他前期对话的许多论证中可以看到，任何一个"相"往往可以和许多相反的范畴（如既知道又不知道它，它既有利又没有利）相互联系。这样，事实逼使柏拉图必须打破巴门尼德的框框，他要研究"存在"不但能与其他范畴联系，而且能和一对对相反的范畴联系，只有证明这一点，他的相论才能建立在可靠的基础上。如果我们从这条发展线索来看，可以认为《巴门尼德篇》不但修正他自己前期的相论，同时也是修正巴门尼德的存在论。由此可见他选择历史上的巴门尼德作为这篇对话的主角，并且用巴门尼德的中心学说——"存在是一"作为以下推论的假设，都不是偶然的，是逻辑发展必然的结果。

"存在"和"一"是巴门尼德提出来的最抽象的范畴，柏拉图在这里用它们作为推论的假设前提，实际上是用它们代表任何抽象范畴；后来亚里士多德肯定"一"和"存在"是最普遍的抽象范畴，认为第一哲学便是要研究"作为存在的存在"（Being as Being），由此分析"存在"的种种含义，哲学本体论正是这样正式建立起来的。所以《巴门尼德篇》讨论"一"和"存在"，也可以看做是亚里士多德本体论学说的前导。

二 孤立的"一"和否定神学

第一组推论的假设"如果一存在"，这个"存在"实际上是表示绝对的孤立的"一"，即与"存在"没有联系的"一"，也就是"如若一一"。由这个假设得出以下一系列推论结果。这些推论的细节，陈康作了细致的分析，我们从略了，只写出它们的结论：

1. "一"不是"多"。

2. "一"不是"多"，所以它既没有"部分"，也不是"整体"。

3. "一"没有部分,所以它没有"开端"、"末端"和"中间";因此它没有界限,是无限的。

4. "一"没有界限,所以它没有形状,既不是"圆",也不是"直"。

5. 因此"一"不能在任何地方,既不在"它自身中",也不在"其他的里"。

6. "一"不在任何地方,所以它既不"变动"——变化和运动,也不"静止",即不在同一中。

7. 这样的"一"既不"同"于其他的,也不"同"于它自身;既不"异"于它自身,也不"异"于其他的。——"一"既不是"同",也不是"异"。

8. 这样的"一"既不和任何东西"类似",也不和它自身以及其他的"不类似"。——"一"既不是"类似",也不是"不类似"。

9. 这样的"一"既不"等于"它自身和其他的,也不"不等于"它自身和其他的;也不"大于"或"小于"它自身和其他的。——"一"既不"等于"也不"大于"、"小于"。

10. 这样的"一"在时间上既不能和任何东西"同年龄",也不能比它们"年老些"或"年少些"。

11. 这样的"一"不分有任何时间,既不在"过去"和"将来",也不在"现在"。

12. 既然这样的"一"不在任何时间中,它也就不以任何方式分有"存在"。——"一"不是"存在"。

13. 不是存在的"一"就不是"一"。——"一"根本不是"一"。

14. 对于这样的"一",既不能用任何"名字"称呼它,也不能有逻各斯,不能有"知识"、"感觉"和"意见"——"一"是不能认识的。(137C—142A)

这组推论告诉我们:如果是绝对的孤立的"一",便可以得出一系列否定的结论。这样的"一"不能和一对对相反的范畴联系,最后导致这样的"一"并不存在,它甚至不是"一",人不能称呼它,也不能认识它。这些结论看起来十分荒谬,但却是从它的假设可以必然地逻辑推论出来的。

如何理解和解释这组推论? 前面说过从古代新柏拉图学派开始将这一组假设的"一"解释为神,普罗提诺所说的"一"("太一")就是绝对的神,是万物的本原,它超出一切存在和思想之上,是不能用任何物质的或思想的属性去说明它的,不能说它"是这样"或"不是这样",它是不能用语言文字描述的。这就是从新柏拉图学派一直到中世纪所说的"否定神学"(negative theology)。近代学者中也有人重提这种主张,代表人物是 Max Wundt。他认为这里假设的"一"是超越一切的神,它是不能认知的,只能用否定的方式去描述它。因此他认为否定神学的创始人不是普罗提诺而是柏拉图。他认为这里的"一"就是《国家篇》中的"善的相",也就是《斐莱布篇》中所说的"原因",是"超验的神"。康福德在介绍了这些观点以后明确表示他不同意这种主张,他说在这篇对话的本文中找不到这样神秘的学说,巴门尼德和少年苏格拉底并不是在讨论什么至高无上的东西。他认为新柏拉图学派的解释是假定:柏拉图说"一"没有任何肯定的属性,因而不能在任何意义下"存在",这就是说它"超越"了存在和其他一切属性,康福德认为在对话本文中并没有丝毫这样的暗示。[1] 陈康也不同意这种解释,他认为"否定神学"乃是表示:人唯有从否定有限事物的一切性质中寻求理解神;它只否定我们所知道的一切其他的性质,并不否定神是神。但这里的结论却是"一"不是"一"。[2] 我们同意他们的结论,并且以为"否定神学"乃是在怀疑论盛行以后才产生的一种非理性的神秘主义思潮,它不可能在柏拉图身上产生,因为柏拉图是真正肯定理性的哲学家。

在这组推论的结尾,巴门尼德问:"难道'一'可能是这样的吗?"和他对话的亚里士多德回答说:"我以为不能。"(142A)这就明白地表示:柏拉图认为这样的"一"是不可能的,不真的。

我们以为,这一组推论的意义只能是陈康和康福德所说的:如果"一"是绝对的孤立的,它便不能和一对对相反的范畴相结合,它不存在,"一"不是"一",它也不能被认识。这个结论和上面批判少年苏格拉底的相论所得的结果一样:"相"是不能被认识的,因此"相论"也就失去了存在的基础。

① 参见康福德:《柏拉图和巴门尼德》,第131页。
② 参见陈康译注:《柏拉图〈巴曼尼得斯篇〉》注228(3),第160页。

三　范畴的相互结合

孤立的"一"既不存在，也不能被认知，这样便须另觅途径，第二组的假设仍旧是"如果一存在"，但巴门尼德立即说明这样的"一"像是有部分的。他的推论是：如果"一"存在，它就是分有了"存在"；这样存在的"一"是存在的，它和"一"有不同；如果它等同于"一"，它就不是存在的"一"，就不分有"存在"，就只能是"一是一"了，可是我们现在的假设并不是"如果一是一"，而是"如果一存在"。（142B—C，这段话各种译文有不同，这里根据的是《洛布古典丛书》的福勒的英译文，可以看出他的理解和上面所引陈康、康福德的理解基本是一致的。）由此可见第二组假设中的"一"和"存在"是两个不同的范畴，"如果一存在"表示"一"分有"存在"，也就是"一"和"存在"相结合。这里说的"分有"不是具体事物分有"相"的那种分有，而是指范畴和范畴间的联系即结合。

从这样的假设出发也可以推出一系列结论。这些推论步骤，陈康都有详细的注释，有些我们从略了，但其中有些推论和我们理解柏拉图后期学说有关，必须作些说明。

1. 这样的"一"既是"整体"，又是"部分"，"一"和"存在"就是它的部分。（142D）

2. 它的每一个部分又是由"一"和"存在"组成的，而且可以不断分下去，每一个部分又都有"一"和"存在"这两个部分。所以，这样的"一"是无限的"多"。（142D—143A）

柏拉图又从另一角度推论：这样的"一"，如果丢开它所分有的"存在"，单思考"一"自身，它和"存在的一"是不同的，即相"异"的。它们所以相"异"，既不是由于"一"也不是由于"存在"，而是由于"异"；所以"异"既不同于"一"也不同于"存在"。（143A—B）"异"是在"一"和"存在"之外的第三个范畴，"异"这个范畴在柏拉图后期相论中占很重要的地位，它是在这里开始提出来的。

由此可以推出一切数：在"一"、"存在"和"异"这三个范畴中的每一个都是"一"，任意选取其中一对就是"二"，再将其中一个加到一对上去就是"三"。"三"是奇数，"二"是偶数。"二"是两倍于"一"（2），"三"是三倍于"一"（3），由此可以有"二"的两倍（4）和三倍（6），"三"的两倍（6）和三倍（9）。这样就有偶倍偶数（4,8）、奇倍奇数（9）、奇倍偶数（6）、偶倍奇数（6），其他数可以由此推论出来。（143C—144A）这就是柏拉图的数论，后来《蒂迈欧篇》（35B—36B）作了重述和发挥。

3. 每一个数都既是"一"的部分也是"存在"的部分，有多少"一"的部分也就有多少"存在"的部分。而"一"是单一的，它只有分为许多部分才能和"存在"的部分相结合，所以不但"存在的一"是多，而且"一"自身也是"多"。（144A—E）这就是说"一的型"也可以和"多"结合。

部分是整体的部分，"一"是整体，它是有限的；它的部分被整体所包围，包围就是限制，被包围就是被限制，所以部分也是有限的。从以上的几个论证得出：如果一存在，它既是"一"又是"多"，既是"整体"又是"部分"，既是"有限"又是"无限"。（144E—145A）

4. "一"既然是有限的，它就有开始和终结；"一"是整体，它就有"开端"、"中间"和"末端"。（145A—B）

5. "一"既然有中间和各端，它便有"直"、"圆"或其他任何形状。（145B）

6. 部分——无论是每一部分或所有部分——都在整体之中，"一"既是它自身的部分又是整体，所以"一"在它自身之中。但另一方面"一"又不在它自身之中，因为整体不在它的部分之中，（1）如果整体在所有的部分之中，它必然要在其中的一个部分之中，但（2）因为整体大于部分，所以它不能在一个部分之中，也不能在几个部分之中，不然大的就在小的之中了，所以"一"不在它自身之中，即是在其他的之中——"一"既"在它自身中"，又"在其他的之中"。（145B—E）

7. "一"在它自身中，即表示它在同一个处所，便是静止；但它又在其他的之中，即不是在同一个处所，便是变动。——"一"既"静止"又"变动"。（145E—146A）

8. 这样的"一"既同于它自身又异于它自身，既同于其他的又异于其他的。柏拉图分以下几步论证:第一,任何两个东西 A 和 B 的关系只能有四种不同:(1)同,(2)异,(3)整体,(4)部分。他说,"一"既不是它自己的部分又不是它自己的整体,它也不能异于它自身,所以它必然同于它自身。第二,"一"既然同时在自身中又在其他的之中,就是"一"异于它自身。第三,"异于"就是"不同于"也就是"非",所谓 A 异于 B,就是 B 不同于 A,是"非 A"。"一"和"其他的"就是这种关系,"其他的"异于一,是"非一"。"同"和"异"是相反的,"同"不能在"异"中,"异"也不能在"同"中。但任何一个东西(存在)本身都是"同"(自同一),如果"异"不能在"同"中,它就不能在任何东西之中,它既不能在"一"中也不能在"非一"中;"一"和"非一"都不能分有"异",它们便不能彼此相异,"一"和"非一"("其他的")就是"同"了——"一"既同于它自身又同于其他的,它既异于它自身又异于其他的,就是说,"一"可以和"同"、"异"相结合。(146A—147B)这组推论值得重视,因为"同"和"异"是柏拉图后期相论中一对极重要的范畴。以上第二个论证中提出的"异",到这里作了明白的解释:说 B 异 A,就是说它不同于 A,不是 A,是"非 A"。A 和 B 的不同,也可以是相反的,如"多"不是"一",就是"非一"。柏拉图在《智者篇》中用这个道理解释爱利亚学派的巴门尼德所说的"非存在",他说"非存在"并不是绝对不存在,它只是异于存在,不是存在,是"非存在";这种"非存在"从广义上讲也是一种存在,所以它不是绝对的不存在,只是相对的不存在。这个问题以后还要多次遇到。

9. "一"既然同于它自身又异于它自身,同于其他的又异于其他的,它就和自身既"类似"又"不类似"。(147C—D)

10. "一"既接触又不接触它自身,既接触又不接触其他的。——"一"可以和"接触"、"不接触"相结合。(148D—149D)

11. "一"既等于也不等于(即大于和小于)它自身和其他的。柏拉图是这样论证的:第一,如果"一"不是等于而是大于或小于其他的,显然不是由于"一"是一,也不是由于它是存在,因为"一"和"存在"自身都不是大或小的,而是在这二者之外还有大或小的"型"(eidos)。如果没有这样的"型",它们便不能是大或小,不能是相反的。第二,如果"一"是小的,便是"小"在"一"

之中,它只能在"一"的整体或部分中。如果"小"在"一"的整体和所有部分中,它将是等于或大于(即包围)"一",这样的"一"便不会是小的。所以"小"不能在任何东西之中,即除了"小自身"外,没有任何东西是小的。第三,如果"一"是大的,这也不可能,因为如果"大"在"一"之中,"一"就比"大"更大。而且"大自身"只和"小自身"是相对的,"大自身"只能比"小自身"大,不能比其他东西大,"小自身"也只能比"大自身"小,不能比其他东西小。总之,"一"和"其他的"都不具有大和小,它们只能等于它们自身,"一"等于它自身又等于其他的,"其他的"等于它自身又等于"一"。柏拉图再从另一方面论证:前面说过"一"在它自身中,这就是"一"包围"一",它既是包围者又是被包围者,而包围者大于被包围者。所以"一"作为包围者,它大于它自身;而"一"作为被包围者,它小于它自身。同理"一"也在其他的之中,所以它也可以大于和小于其他的。——"一"既"等于"它自身和其他的,又"大于"和"小于"它自身和其他的。(149D—151E)

这个论证的重要性在于柏拉图在这里明确论证了有大和小的"型"或"相"。陈康指出:柏拉图的哲学虽然以相论为中心,但他只是肯定有某某的"相",却很少论证有某某的"相",这里是一个论证,因此值得注意。[1] 康福德也认为这里论证的大和小的"型",就是《斐多篇》中所说的大和小的"相"。[2]

12. 这样的"一"在数量上不但是等于、大于和小于它自身和其他的,而且将要是等于、大于和小于它自身和其他的。这里他运用了语言的时态即现在式和将来式,因此推论"一"分有时间,它和"现在"、"过去"、"将来"相联结($\varkappa o \iota \nu \omega \nu i \alpha$,koinonia)(151E—152A)。这里说"一"分有时间,也就是它和时间的三种不同形态——"过去"、"现在"、"将来"相联结。"联结"就是"结合",也就是后来《智者篇》的"通种论"中的"通"。范畴间的相互结合问题,是柏拉图后期哲学的重要问题。

13. 时间是前进的,"一"随着时间前进,所以推出:(1)"一"变得比自己

---

[1] 参见陈康译注:《柏拉图〈巴曼尼得斯篇〉》注 295,第 222 页。

[2] 参见康福德:《柏拉图和巴门尼德》,第 172 页。

年老些和年轻些;(2)"一"比自己年老些和年轻些;(3)"一"和自身同年龄;(4)"一"比其他的年老些和年轻些;(5)"一"和其他的同年龄;(6)"一"不变得比其他的年老些和年轻些;(7)"一"变得比其他的年老些和年轻些——"一"和"同年龄"、"年老些"、"年轻些"相结合。(152A—155C)这组论证很复杂,陈康有详细注释和专文研究,①可以参看。

14. 既然"一"分有时间,并且可以变得年老些和年轻些,它便可以是"过去存在"、"现在存在"、"将来存在";并且是"过去变"、"现在变"、"将来变"。(155C—D)这个论证本身比较简单,从"一"分有时间,推论它在不同的时间中存在并且在不同的时间中变化。但这个结论却是值得注意的。按照柏拉图原来的相论,"相"是绝对的永恒不变的,它是不在时间中存在的,但现在的"存在的一"却不但在时间中存在,而且在时间中变化。前面第七个推论中已经说它既静止又变动,现在说得更明确,说它是在时间中变化的。这表示什么意思? 只有两种可能:或者"存在的一"不是"相",或者是柏拉图修改了原来的相论,"相"不止是静止的,而且也是变动的。究竟是哪一种意义,留待下文讨论。

15. 对于这样的"一",可以有关于它的知识、意见和感觉,以及有它的名字和逻各斯(即可以命名和言说的)。(155D—E)这个推论和上一个推论一样值得注意。因为按照柏拉图原来的认识论,知识和意见(主要是感觉)是对立的,知识以不变的"相"为对象,感觉以变动的事物为对象,二者区别分明不容混淆;而现在"存在的一"却既是知识的对象又是感觉的对象,它究竟是什么呢?

在此以下的一大段(155E—157B),也是从假设"如果一存在"作出的几个推论。有人如 Wundt 认为是第一组推论和第二组推论的结合或中介,陈康和康福德都认为是第二组的附录,因为既然以上第二组推论已经得出和"存在"结合的"一"是在时间中存在和变化的,便需要进一步说明它是怎样变化的,有几种不同的变化形式。因此这一大段可分以下几个推论:

---

① 参见陈康:《柏拉图年龄论研究》,见《陈康论希腊哲学》。

1. 如果"一"是像我们所说的,它既是一又是多,既不是一又不是多,它又分有时间。它必然有时分有存在,有时不分有存在。但分有不能同时是不分有,它只能是在这一时间中分有,另一时间中不分有;即有时得到(分有了)存在,有时又放弃存在。当它得到存在时便是产生,放弃存在时便是消灭——"一"可以和"产生"、"消灭"相结合。(155E—156A)

2. "一"既是一又是多,既能产生又能消灭;当它变为一时(一的产生)是多的消灭,变为多时(多的产生)是一的消灭。从一变多便是划分,从多变一便是综合。当它变为类似时便是类似化,变为不类似时便是不类似化。当它变大时便是增长,变小时便是萎缩,变为等时便是等量化——"一"可以和"划分"、"综合"、"类似化"、"不类似化"、"增长"、"萎缩"、"等量化"这些不同的变化形式相结合。(156B)值得注意的是他这里说的从一变多是划分,从多变一是综合,从《斐德罗篇》开始提出的划分和综合是柏拉图后期相论中的辩证法思想,在这里得到解释。

3. 从运动变为静止或从静止变为运动都有一个"转变"。从静止变为运动的这个转变既不是仍在静止,也不是已经变为运动。柏拉图将这个转变点叫作"突变"(eksaiphnes),说它具有奇怪的性质,它处于动静之间却不在时间之内;凡运动变为静止或静止变为运动都要进入它之中,再由它那里出来。一切相反的范畴相互转变时都要出现这种突变,如从一转变为多或多转变为一时要经过一个既不是一又不是多,既不是划分也不是综合的突变点;产生和毁灭的转变等都有这样一个突变点。(156C—157B)柏拉图在这里讲的"突变点",就是在《会饮篇》210E 中讲认识"美的相"过程中最后的那个"突然跳跃",用的是同一个希腊词。在那里我们说过这个突变就是"飞跃",柏拉图对此没有作更多解释;现在《巴门尼德篇》作了解释,说这个突变既不是静也不是动,处于动静之间却不在时间之内,这就是说它是非常短促的一瞬间,几乎可以说是不占时间的。这就相当接近我们现在对"飞跃"的解释了。

最后柏拉图说:"如果一存在",它便要遇到所有这些情况。(157B)这是整个第二组推论的总结。

现在我们可以讨论第二组推论的意义以及它和第一组推论的关系了。

第一组推论从假设"如果一存在"出发,得出"一"不是任何一对相反的东西,既不是 A 也不是非 A,最后得出:"一"既不存在也不是一,它不能被认识。这成为新柏拉图学派"否定神学"的根据,他们说这种什么都不是的"一"便是最高的神。这种主张在近现代学者中很少有人同意了。第二组推论从同样的假设"如果一存在"出发,却得出相反的结论:这样的"一"既是 A,又是非 A,它可以和任何一对相反的范畴相结合;它不但在时间中存在和变化,而且可以被认识——它既是知识的对象又是感觉的对象。这样两组推论,一组否定,一组肯定,它们是什么关系? 有些学者认为这两组推论同样有效都是真的,它们合起来便是康德的"二律背反"。但许多柏拉图学者不同意这种意见,康福德引用泰勒的话说:我们在《巴门尼德篇》中既找不到黑格尔的辩证法的训练,也找不到康德的二律背反的推演。康福德自己认为,第一组推论表示从那个否定任何多样性的赤裸裸的(孤立的)"一"是推论或引申不出任何东西来的。他认为第一组推论是无效的,并且将这样的"一"和爱利亚学派的思想联系起来,他说历史上的巴门尼德主张绝对的、不可分的"一",必然逻辑地推论出任何其他的东西——"其他的"、实在事物的多样性以及感性现象世界——都是不存在的。而第二组推论却是从存在着的"一"开始,表明这样的"一"不是绝对的单一不可分的,所以它可以有各种不同意义的"其他的",而且有空间的大小和形状,也有时间上的运动和变化。因此我们可以想到它是在时间和空间中存在的"实体"(One Entity),是多样性的物体,是能够运动变化也能被感觉所感知的具体事物。康福德还认为这样就否定了芝诺所说的同一事物不能具有相反的属性的论证,因为从假设的"存在的一"可以推论出具有相反属性的感性物体。他认为这就是恢复和证明了毕泰戈拉学派所说的从"一"到感性物体的发展。这种发展是将一个一个属性按照逻辑秩序增加上去——这样一种推理训练中完成的。他认为这种方法和新柏拉图学派所说的从超越的"一"(太一)流射出现实存在的感性世界是不同的。①

陈康是从研究分离问题出发的,他认为:第一组推论的假设是"一是一",

---

① 参见康福德:《柏拉图和巴门尼德》,第 202—204 页。

是隔离的孤立的"一",由此得出这个"一"什么都不是的结论。第二组推论从"一"和"存在"的结合出发,得到以上十几个肯定的结论。他认为柏拉图的意思显然是:如果"一"和其他的"相"或"范畴"结合,它便在过去、现在、将来存在。如果像第一组推论那样,"一"和其他的"相"或范畴分离,结果乃是它在任何样式里都不存在,甚至"一"不是一。由此可以发现柏拉图的结论中主要的一点:"一"只有在它和其他的"相"或范畴的相互结合中才能存在,它的不存在却渊源于"一"和其他的"相"或范畴的分离。"一"乃是一个"相"或范畴,它是代表一切"相"或范畴的。这样一个范畴和其他范畴的分离毁灭了这个范畴自己;反之它和它们的结合构成它自己的存在。范畴不仅是相对的,而且是由范畴间的关系组成的,因此没有一个范畴是孤立的,如果有了一个范畴就可以有一切范畴,因为一切范畴互相蕴涵组成一个系统,因此无论从这系统的哪一点出发结果都可以回到这一点来。① 他也认为这些"相"或范畴的结合就是"相"的集体或"范畴集体",就是个别事物即具体感性事物。② 在这点上,他和康福德的结论是极其相似的。

我们同意他们的这个意见:第一组和第二组的推论并不是同样有效的。上面我们看到在第一组推论的结束处柏拉图明白表示这组推论是不真的,这就是说:"一"不能是绝对的孤立的。只有第二组的推论是真的,即和"存在"结合的"一"可以和其他范畴相结合,可以和一对对相反的范畴相结合,可以在各种时间形式中存在,也可以被各种认识方式(理性知识和感性知觉)所认识。

但这样的范畴是什么? 它们是不是柏拉图所说的"相"? 这些范畴相互结合的集体是不是具体的感性事物? 这是值得我们讨论的。

四 范畴的意义

柏拉图在《巴门尼德篇》第二部分中讨论的这些范畴是不是他原来所说

---

① 参见陈康译注:《柏拉图〈巴曼尼得斯篇〉》注 339(2)、338(2),第 262 页。
② 参见陈康译注:《柏拉图〈巴曼尼得斯篇〉》注 393(1),第 309 页。

的"相"？我们要看他讨论的是些什么范畴。先将他在第二组推论中提出的各组相反的东西列表如下：

1. "一"——"多"；

2. "整体"——"部分"；

3. "偶数"——"奇数"（并推出其他数）；

4. "有限"——"无限"；

5. "开端"——"中间"——"末端"；

6. "圆"——"直"；

7. "在它自身中"——"在其他的中"；

8. "静止"——"变动"；

9. "同"——"异"；

10. "类似"——"不类似"；

11. "等于"——"不等于"（"大于"——"小于"）；

12. "同年龄"——"年老些"——"年轻些"；

13. 时间："现在"——"过去"——"将来"；

14. 存在："现在存在"——"过去存在"——"将来存在"；

15. 变化："已经变"——"正在变"——"将要变"；

16. "名字"——"逻各斯"——"知识"——"意见"——"感觉"；

17. "产生"——"消灭"；

18. "综合"——"划分"；

19. "增长"——"萎缩"——"等量"。

柏拉图前期思想中所说的"相"并没有列过表,我们只能将这和本篇对话第一部分中少年苏格拉底提到的那几种"相"加以对照。可以看出这里所说的范畴只相当于那里所说的第一类"相",如"一"和"多"、"类似"和"不类似"等。那里所说的第二类即伦理价值的美、善、正义的"相",是柏拉图在前期相论中主要讨论的,也是少年苏格拉底完全肯定的,在这里却完全没有出现,甚至《国家篇》中认为是最高的"善的相",这里也没有提到。虽然这些范畴也有相反的如"善"和"恶"、"美"和"丑",这里却都撇开了。那里所说的第三类即人、水、火等具体事物的"相"在这里也没有提到,甚至连具体事物的性质,希腊哲学中经常提到的"冷"和"热"、"干"和"湿"这些相反的东西在这里也没有提到。

从这对照中可以看到两点:第一,柏拉图不再以伦理思想目的论为主讨论问题,这是和他前期思想不同的一个重要方面。第二,他不讨论经验的具体事物以及它们的具体性质,不仅不提人、水、火等,也不提冷和热、干和湿。即使他谈"整体——部分"时也不谈是什么样的整体和什么样的部分;谈"同年龄——年老些——年轻些"时,也不是指二十岁、三十岁这些具体的年龄,因为具体年龄是经验中的事物;他所说的时间"过去——现在——将来"也不是说具体的某一个时间。柏拉图讨论的范畴都是直接经验以外的东西。

即使说这些范畴和少年苏格拉底所说的第一类"相"相当,也不能说这些相反的范畴就是"相"。因为在第二组第十一个推论中柏拉图讨论"大于——小于"时,他明确说到只有"大的相"才是永远不变的大,"小的相"才是永远不变的小,而且它们的大和小也是彼此相对的(相关的),而和"存在的一"相结合的"大于"和"小于",也是可以和"静止——变动"相结合的,它们是可变的,不是永远不变的。所以柏拉图在这里讨论的这些相反的东西并不是原来意义的"相"。阿切尔-辛特指出过这一点,他认为原来的"相"的绝对不变动性使它们成为只是空洞而无生命的抽象,在本体论原则上说是无效的。他说《巴门尼德篇》和《智者篇》有关"通种论"的推论说明这类关系并不是自存的"相",它们只是表述的形式(forms of predication),我们可以叫作范畴。① 说范畴是"表述的形式",是后来亚里士多德才明确提出来的,这个问题我们将在本书第三卷中讨论。柏拉图还没有提出"范畴"这个术语(《智者篇》中他用了"种"这个名字),但他在《巴门尼德篇》第二部分所讨论的一对对相反的东西和他原来所说的"相"有不同,我们还是称它们为"范畴"比较恰当。那么这种范畴有什么性质? 它们和"相"有什么不同? 上面我们已经提到两点,即它们不含有伦理价值的意义,以及它们不是直接经验的。

———————

① 参见阿切尔-辛特译注:《柏拉图〈蒂迈欧篇〉》,"导言"第22页。

我们还可以将这张范畴表和其他哲学家的类似思想作对照,首先是和毕泰戈拉学派的对立表对比。柏拉图的哲学无疑是深受毕泰戈拉学派的影响的,许多柏拉图学者在研究这方面的问题,泰勒的《巴门尼德篇》的译文就是要将柏拉图的论证和毕泰戈拉学派的思想联系起来。康福德在《柏拉图和巴门尼德》一书的"导言"中也先谈到毕泰戈拉学派的宇宙论,认为和《巴门尼德篇》的思想是一致的;他也列举毕泰戈拉学派的对立表,但他着重说的是它和《巴门尼德篇》的范畴的相同点,而不是它们的不同点。① 我们却要全面地对比。毕泰戈拉学派的对立本原表是:

1. 有限——无限;

2. 奇——偶;

3. 一——多;

4. 右——左;

5. 雄——雌;

6. 静——动;

7. 直——曲;

8. 明——暗;

9. 善——恶;

10. 正方——长方。

这里的 1、2、3、6 是《巴门尼德篇》中同样提到的,7 的直和曲,就是那里的直和圆。这些都是相同的,可以说是柏拉图接受了毕泰戈拉学派的影响。但还有五对即右——左、雄——雌、明——暗、善——恶、正方——长方却是在《巴门尼德篇》中没有提到的。为什么没有提到? 因为《巴门尼德篇》中所提到的对立范畴都是可以从"一"和"存在"这些范畴逻辑地推论得到的,而右和左这几对对立却不是能从那些范畴直接逻辑地推论出来的,必须再增加一些经验事实才能推到它们,其中的善和恶则必须加上伦理价值判断才能得到。由此可见《巴门尼德篇》中的那些范畴都是逻辑推论即演绎出来的。(只有认识即知

---

① 参见康福德:《柏拉图和巴门尼德》,第6页。

识和感觉是不能直接演绎得出的,这点下文再谈。)

我们再将柏拉图的这张范畴表和亚里士多德的范畴表对比。亚里士多德在《范畴篇》第五节中说:每个单一的词总是表示下列各种不同情况的:

1. 本体,如"人"、"马";

2. 数量,如"二尺长"、"三尺长";

3. 性质,如"白的"、"懂语法的";

4. 关系,如"二倍"、"一半"、"大于";

5. 地点,如"在市场里"、"在某个地方";

6. 时间,如"昨天"、"去年";

7. 姿态,如"躺着"、"坐着";

8. 状况(具有),如"穿鞋的"、"武装的";

9. 动作(主动),如"开刀"、"烧炙";

10. 遭受(被动),如"被开刀"、"被烧炙"。①

亚里士多德说的是单一的词的分类,但这种词都是表述客观对象的不同情况的,所以是不同的表述形式,这就是亚里士多德所说的"范畴"。范畴所表述的东西也是存在,范畴就是存在的分类,十个范畴就是说有十种存在。亚里士多德的范畴不像柏拉图在《巴门尼德篇》中的范畴那样是从逻辑推论(演绎)出来的,而是从经验事实中概括(归纳)出来的。他举的例子都是经验事实,他将每一类相同的经验事实概括出一个抽象的词就是范畴。范畴虽然是从经验事实中概括出来的,但既已成为抽象的范畴便具有普遍性,可以用来表述一切已知的和未知的经验事实。将两张范畴表加以对照,可以看出柏拉图所说的范畴大体可以归入亚里士多德的前六个范畴。但柏拉图所说的仍是抽象的范畴而不是经验事实。如属于本体的是"存在"而不是"人"、"马";属于数量的是"奇数"、"偶数"而不是"二尺长"、"三尺长";属于时间的是"现在"、"过去"、"将来"而不是"昨天"、"明年"。亚里士多德所说的姿态和状况都是经验的事实,是不能从范畴中演绎出来的。柏拉图没有将主动和被动区分开,他

---

① 参见亚里士多德:《范畴篇》,1^b25—2^a4。

只谈到一般的抽象的运动如"产生"、"消灭",不谈"开刀"、"被开刀"这类经验事实。柏拉图和亚里士多德都讲抽象的范畴,但抽象的层次是有不同的,如亚里士多德讲的"数量"可以概括柏拉图讲的"偶数——奇数"、"整体——部分"、"有限——无限";"关系"可以概括"同——异"、"类似——不类似"、"等于——不等于"等等。在第一部分批评少年苏格拉底的相论时,少年苏格拉底分不清哪些东西有"相"、哪些东西没有"相",其中一个很重要的原因就是柏拉图没有能够将"本体"和它的"性质"、"数量"、"关系"等区别开来,所以既有"火的相",又有"热的相"、"红的相"、"光的相",混淆不清了。亚里士多德看到这个问题,将"本体"和"数量"、"性质"、"关系"等区别开来,认为本体是中心,其他范畴都是依附于本体的,是本体的"属性"。他的哲学在这点上比柏拉图的相论前进了。这个问题我们将在第三卷中详细讨论。

亚里士多德除了《范畴篇》中提出的十个范畴外,另外还有一张范畴表,那是在《形而上学》第 5 卷(被称为"哲学辞典")提出的。那里一共列了三十个范畴,它们是:

1. 本原(开端);

2. 原因;

3. 元素;

4. 本性(自然);

5. 必然;

6. 一、多;

7. 存在;

8. 本体;

9. 同、异、不同、类似、不类似;

10. 对立、相反、属的不同、属的相同;

11. 先于、后于;

12. 潜能、能、不能、可能、不可能;

13. 数量;

14. 性质;

15. 关系:数的关系、主动和被动的关系、认识和被认识、计量和被计量的关系;

16. 完全;

17. 限制;

18. 由于它、由于自己;

19. 安排;

20. 具有;

21. 禀赋;

22. 缺失;

23. 持有、在于;

24. 从;

25. 部分;

26. 整体、全体;

27. 截去;

28. 种、种的不同;

29. 假;

30. 偶然。

将亚里士多德这张范畴表和柏拉图的范畴表对照一下便可以看到:第一,柏拉图表中的一、多、存在、同、异、类似、不类似等,在亚里士多德的表中同样出现了。第二,亚里士多德表中的先于、后于、数量、关系等范畴是将柏拉图表中的某些范畴加以概括而成的更为一般的范畴。第三,亚里士多德增加了一些范畴,其中一些是很重要的,如原因、必然、偶然、潜能等,这可以说是亚里士多德的发展。由此可以看到这两张范畴表是有联系的,但是这两张表的形成方法是根本不同的:柏拉图的范畴完全是逻辑推论即演绎出来的,从前一个(对)范畴经过逻辑推理得出后一范畴,因此这些范畴间形成逻辑系统,从其中一个可以推出其他范畴。亚里士多德的这些范畴却不是从逻辑推论得来的,在《形而上学》第5卷中他只是对每个范畴的各种歧义一一加以分析。康福德认为柏拉图《巴门尼德篇》第二部分的意义主要在于分析词(范畴)的歧义,但是我们看到柏拉图在那里是谈到一些范畴的歧义,主要的如"存在"和"非存在"的不同含义,但在《巴门尼德篇》中他并没有将这些歧义明白分辨("非存在"的歧义是在《智者篇》中才分析清楚的);相反,在他的一些论证中使人感到他是混淆了一些范畴的歧义才推出相反的结论的。亚里士多德是有感于以前的哲学家(其中也包括柏拉图)在使用这些范畴时常常混淆它们的不同含义,才专门分析它们的各种歧义的。

亚里士多德的这些范畴究竟有什么意义? 他在《形而上学》第5卷分析范畴歧义时对此并没有作任何说明,但在第4卷讨论哲学对象问题时谈到了这个问题。他认为哲学的对象是"作为存在的存在"即最一般的存在。他将"存在"分类成为他所说的本体、性质、数量、关系等范畴,以本体为中心。他又提到最普遍的范畴,首先就是"一"和"存在",他指出这些最普遍的范畴都是一对对相反的,如"一"和"多"、"存在"和"非存在"、"类似"和"不类似"等,以及由此引申的"相反"、"对立"、"矛盾"等范畴。他认为这些都是哲学研究的对象,他说除哲学家外还有谁去研究苏格拉底这个人和坐着的苏格拉底是不是"同"的,以及什么是"相反",它有多少含义等等问题呢? 他说这些普遍的范畴存在于特殊事例中,并不和具体事物分离存在;可是各门特殊科学并不对它们进行专门研究,比如几何学家并不研究什么是"相反"、"完全"、"一"、"存在"、"同"或"异",只是假定它们,并以它们为出发点去进行推理,只有哲学家才专门研究它们。① 我们以为亚里士多德提出的这点思想对我们理解柏拉图《巴门尼德篇》是很重要的。他讲"一"和"存在"是最普遍的范畴,它们恰恰就是《巴门尼德篇》第二部分八组推论的假设;他谈到的普遍范畴除了"相反"、"对立"、"矛盾"等柏拉图还没有专门谈到外,其他都是《巴门尼德篇》中讨论到的。这些普遍范畴是哲学研究的对象,是本体论所要讨论的问题。

为什么它们是哲学研究的对象? 因为它们是最普遍最一般的范畴。任何科学都有它们研究的范畴,比如医学是研究疾病和健康的,"疾病"和"健康"

---

① 参见亚里士多德:《形而上学》第4卷,第2章。

也是一对相反的范畴;疾病可以分为各种各样的,它们之间又有相反的、相同的、相异的。各种疾病是从经验中归纳出来的,医学中也有一般的范畴如"中毒"、"传染"等,也是从经验中概括出来的,它们都是医学这门经验科学研究的对象。即使这些范畴是从经验中概括出来的抽象的一般,哲学也不研究它们。哲学研究的是那些具体科学共同使用,然而它们并不专门研究的一般范畴。这些范畴比具体科学研究的范畴有更大的普遍性,因为它们是各门科学共同适用的;同时哲学的范畴不是直接经验的,凡是直接经验的范畴都是经验科学研究的对象,不是哲学研究的对象。举一个简单的判断:"这朵花是红的"。哲学不研究有关"这朵花"和"红"的种种具体问题,但"这朵"作为"一个存在","花"作为"本体","是红的"作为"性质",这些抽象范畴就是哲学研究的对象;因此可以将"这朵花"作为 p,"是红的"作为 q,这个抽象的"p﹣q"就可以是哲学研究的对象。从这个意义上可以说哲学研究的范畴是超验的。

但是我们要对经验事实作表述、下判断时都离不开这些范畴。我们作"这是一朵花"、"这朵花是红的"或"这朵花不是红的"等判断时,实际上都离不开"本体"、"性质"、"存在"、"非存在"、"同"、"异"这些范畴。所以亚里士多德说范畴是"表述的形式",用近代西方哲学的术语说,范畴是组织经验材料的"形式"。这样我们应该提到康德所说的先天的感性形式——时间和空间,以及先天的知性形式——十二范畴。康德的范畴表是:

1. 量的范畴:单一、众多、全体;

2. 质的范畴:肯定、否定、限制;

3. 关系范畴:本体和属性、原因和结果、主动和被动;

4. 样式范畴:可能和不可能、存在和不存在、必然和偶然。

我们将康德的范畴表(加上时间和空间)和柏拉图、亚里士多德在《形而上学》中的范畴表加以对照,便可以看到它们之间的关系:柏拉图和亚里士多德提出的范畴几乎全部可以概括到康德的范畴(加上时间和空间)之内,康德则是将柏拉图和亚里士多德提出的范畴加以整理、概括、发展和系统化了。康德在《未来形而上学导论》中曾经批评亚里士多德在《范畴篇》中的十个范畴是"拼凑"出来的,说它"不能算是一种正规阐发了的思想,不值得赞扬";但他也承认:它"能启发后来的研究者",①承认他自己的范畴表受了亚里士多德的启发。用逻辑推论将这些范畴的相互关系一一演绎出来,便成为逻辑体系。黑格尔根据康德提出的范畴,将它们作了逻辑演绎,建立起他自己庞大的逻辑学体系。就其将范畴作逻辑推理使之成为系统这点说,黑格尔的《逻辑学》如果前有古人的话,那就只有柏拉图的《巴门尼德篇》了。② 从这个意义也可以说《巴门尼德篇》是西方哲学史中最早提出的系统的范畴论,它主要是本体论的范畴论。

对于这个问题可以作专门的研究,那就是"范畴学说史"了,我们在这里只是提供一点材料线索,希望能说明《巴门尼德篇》在范畴学说发展中的地位。

五 "其他的"

第三组和第四组推论的问题都是"如果一存在,则'其他的'又是什么或有什么性质呢?"这里所说"其他的"($\tau\overset{\sim}{\alpha}\lambda\lambda\alpha$, talla, the Others,也有译为 the other things)就是"不同于一的"或"异于一的"(talla tou henos, the Others than the One,也有译为 the things other than the One)。上文讲到在这八组推论以前巴门尼德讲到要作这番练习时举的例子是"如果'多'存在,则要问'一'将如何","一"和"多"是彼此相异的,这个"多"就是异于"一"的,所以这里的"异于一的"可以说就是"多"。但是这个"多"可以作两种理解:一种是将"一"作为抽象的"相"或范畴的代表,则"多"就是具体事物;另一种是将"一"看作就是"一的相"或"一"这个范畴,则"多"就是"一"以外的其他的"相"或范畴。因此学者们对这个"其他的"也有两种解释:一种认为"其他的"就是异于一切"相"的,就是具体的个别事物。③ 另一种认为"其他的"是指和"一"不同的其他的"相",比如伯奈特认为这里讨论的都是有关"相"和"相"之间的关系问

---

① 参见康德:《未来形而上学导论》,第 39 节。
② 参见陈康译注:《柏拉图〈巴曼尼得斯〉》,"序"第 14 页。
③ 参见陈康译注:《柏拉图〈巴曼尼得斯篇〉》注 361(2),第 281 页。

题,因此他坚决反对说这个"其他的"就是感性事物。① 康福德采取调和态度,他说对于这个"其他的",无论我们说它只是"一个实体",或者说它是"数的单位"或"整个数",或者说它是别的"相",或者说它是"几何量",或者说它是"在时间空间中存在的感性物体",都是可以的。他认为这样就可以避免单纯将它们解释为只是"别的相"或只是"感性物体"所带来的困难。② 因此格思里将"其他的"说成是"一张空白的支票",可以随便填入什么内容。③

为什么会将这个"其他的"解释成为具体的感性事物? 因为在第二组推论中,我们看到"存在的一"既是静的又是动的,既是理性知识的对象,又是感性知觉所能感知的。可是能被感性知觉感知的只能是具体事物。"一"是"相"或范畴,它本身只能被理性认识所认知,但当它和其他的"相"或范畴相结合时便成了"相的集体"或"范畴的集体",就是具体事物,可以被感觉所感知。尤其是当时麦加拉学派的斯提尔波曾将具体事物分解为一些共相;那么反过来也可以将这些抽象的范畴组成的集体说成就是具体的个别事物。但是我们以为单是抽象的"相"或范畴的结合是不可能组成感性事物的。苹果是由红的颜色、圆的形状、香的气味等等组成的,但它首先必须是植物的果实——作为质料即物质的本体,它具有红、圆、香这些可以感觉到的性质,才能成为具体的苹果;如果只有抽象的"红的相"、"圆的相"、"香的相"的结合,或者只有抽象的本体、性质、数量等范畴的结合是不能成为可以感觉到的苹果的。而且如果按照柏拉图原来的两个世界的划分,"相"只是理性知识的对象,具体事物只是感觉的对象,所以无论是"相"还是具体事物都不可能既是理性知识同时又是感觉对象。只有像以上所说,这里讲的这些范畴是表述的形式或组织经验的形式,才可能既是理性知识同时又具有组织感觉对象的作用。比如"存在","相"是存在,具体事物也是存在,因此我们既可以用"存在"这个范畴去认识"相",也可以用它去认识具体事物(当然,后一种认识并

① 参见伯奈特:《希腊哲学:从泰勒斯到柏拉图》,第262页。
② 参见康福德:《柏拉图和巴门尼德》,第205页。
③ 参见格思里:《希腊哲学史》第5卷,第54页注1。

不是感觉)。又如"同"或"异",这一个"相"和那一个"相"之间有同和异("存在的相"和"一的相"是不同的,但它们作为"相"又是相同的);这一个具体事物和那一个具体事物之间也有同和异(这一朵红的花和那一朵不是红的花,就它们都是花说是相同的,但一个是红色的另一个不是红色的,所以又是不同的)。因此,用"存在"、"同"和"异"这些范畴既可以认识理性对象,又可以认识感觉对象,可以将这两个不同的认识领域即两个对立的世界沟通起来。柏拉图认为既然"存在的一"是静的又是动的,因此推出"存在的一"既是理性知识的对象又是感觉的对象。他在《泰阿泰德篇》中讨论了感觉和逻各斯的问题,在其他对话中逐渐认为理智和感觉是灵魂的功能;最后到《蒂迈欧篇》中明确提出"同"和"异"是存在于灵魂中的努斯,灵魂既可用它们认识理性世界中的同和异,又可以用它认识感性世界中的同和异,这样灵魂便能将"相"和具体事物结合起来。(35A—B)而《巴门尼德篇》还没有经过这样的认识论的探索,所以将理性和感觉摆在和"存在"、"一"、"同"、"异"等同样的位置上了。

第三组推论的假设"如果一存在",和第二组推论的假设是一样的,即是和"存在"结合的"一"。从这样的"一"可以推出"其他的"的性质:

1."其他的"不是完全没有"一",只是在某种形式下分有"一"。因为"其他的"所以不同于"一"是由于它有部分,如果它没有部分,它就是"一"了;而部分是整体的部分,整体是由所有部分组成的;所以"其他的"既是部分又分有整体即分有"一"。这样"其他的"既是"部分"又是"整体"。(157B—E)

2. 每个部分都是独立存在的,也是"一"。每个部分分有"一",因此它不同于"一",如果它就是"一",它便不会分有"一"。而异于"一"的就是"多"。因此,"其他的"既是"一"又是"多"。(157E—158B)

3."其他的"必然在数量上是无限的,因为我们的思想从它那里抽取最小的,所见必然是多,在数量上必然是无限的;但它作为部分,在部分和部分之间以及部分和整体之间都有界限即有限制。这样"其他的"既是"无限"又是"有限"。(158B—D)这里值得注意的是柏拉图说到"思想(从对象中)抽取",已经接触到"抽象"的问题了。

4. 所有"其他的"都既是无限又是有限,即它们具有类似的性质;而每一个"其他的"既是无限又是有限,便是它自身具有相反的即不类似的性质。所以,"其他的"既类似又不类似。(158E—159A)

5. 由此可以推论"其他的"既是"同"又是"异",既"变动"又"静止",以及其他一切相反的性质。(159A—B)

第三组推论和第二组推论的结果是一样的,不过第二组推论得出的结论是:如果"一"和"存在"相结合,"一"可以和一系列相反的范畴相结合;而第三组推论的结论是:如果"一"和"存在"相结合,"其他的"也可以和一系列相反的范畴相结合。

第四组推论的假设虽然仍是"如果一存在",但柏拉图立刻作了解释:这是表示"一"和"其他的"是相互分离的。这样的"一"是绝对的、孤立的,因此"其他的"既不是整个地也不是部分地分有"一"。所以"其他的"既不是"一"也不是"多"。"其他的"既不是"一",它也不是"二"、"三",不能分有任何数。"其他的"既不是"类似"也不是"不类似",既不是"同"也不是"异",既不"变动"也不"静止",既不"产生"也不"消灭",既不"大于"、"小于"也不"等于"。(159B—160B)总之,"其他的"不能和任何相反的范畴相结合,这个结论和第一组推论的结论是一样的。

对于第四组推论的意义,康福德是这样看的:他认为如果"一"像《斐多篇》那样是和别的"相"分离的,它就只能是"一"而不能是任何别的东西,和历史上的巴门尼德的"一"是一样的。如果"相"和一切别的东西分割开,它也可以和别的组成个别事物的因素割开,那样就没有作为具体的感性事物的"其他的"了。① 他实际上还是将"其他的"看成是具体的感性事物,将这里提到的范畴说成是组成个别事物的因素,这些观点是可以讨论的。我们也可以说这里所说的"其他的"乃是指"一"以外的其他的"相"或范畴,那末这一组推论的结论是:如果"一"是和别的"相"分离的,则任何别的"相"也是和其他的"相"分离的,是孤立的。

———————————

① 参见康福德:《柏拉图和巴门尼德》,第217页。

六 "如果一不存在"

后四组推论的假设和前四组推论的假设"如果一存在"相反,是"如果一不存在"。所谓"如果一不存在"并不是说绝对没有"一",而是说"一"和"非存在"这两个范畴之间的关系即"一"和"非存在"是否结合的问题,正像前四组推论的假设"如果一存在"就是"一"和"存在"是否结合的问题一样。

关于"存在"和"非存在"这对范畴的哲学意义和语言学渊源,我们在本书第一卷论述巴门尼德的哲学思想时已经作过讨论。巴门尼德所说的"非存在"并不是绝对的不存在即虚无,而是一种和他所说的"存在"具有不同的相反的性质的东西。"存在"是不生不灭、不动、不可分的"一",是只有思想才能认知的;"非存在"则是有生灭的、运动着的、可分的现象,是只有感觉才能感知的。所以"非存在"只能说是一种不同于"存在"、异于"存在"的东西,只能说它不是"存在"。但不是"存在"的东西并不就是绝对虚无,当我们说它是可以感知的现象时,我们仍旧用了联系动词"是",因此它仍旧是一种"存在",不过这种"存在"不同于巴门尼德所说的"存在"。巴门尼德所说的"存在"只限于思想对象,可以说是一种狭义的"存在";将感觉对象也包括在内,便是广义的"存在"。而且当我们说现象是动的、可分的等等时,已经是一种知识,成为思想的对象了。下文我们将看到柏拉图正是在这个意义上说"非存在的一"也是可知的。这样我们看到有两种"非存在":一种是绝对的"非存在",它连任何广义的存在都不是,既不能被思想也不能被感觉,乃是绝对不能言说的"无",是绝对的虚无。另一种是相对的"非存在",它只是不同于"存在"、异于"存在"、不是"存在",从另一个意义上说,它仍是一种存在,不过它不是这种存在、这个存在,而是那种存在、那个存在而已。"存在"和"非存在"这对范畴不过是其他相反的范畴的代表,其他的相反的范畴比如"大"和"小"也有同样的关系:"小"不是"大",也就是"非大",所以,"小"对于"大"说就是一种"非存在";同样"大"对于"小"说也是一种"非存在"。"同"是"异"的"非存在","异"是"同"的"非存在";"一"是"多"的"非存在","多"是"一"的"非存在"。任何相反的范畴"甲"和"非甲",都彼此成为"非存在"。陈康将 estin

译为"是"而不译为"存在",他将这种意义的"非存在"叫作"相对不是"。① 康福德也承认"非存在"有不同的含义,他认为柏拉图提出这种解说,主要是因为历史上的巴门尼德的命题"不能证明非存在是存在的"被后人用作诡辩,说"非存在"根本是无,对它不能言说,因此任何智者所说的都是"存在"而不是"非存在",它们都是真的。柏拉图提出"非存在"的不同歧义就是要反驳这种诡辩。② 柏拉图的《智者篇》就是要完成这个任务,所以这种相对的"非存在"在《智者篇》(256D—259E)有详细论证。这个论证是从《巴门尼德篇》开始的,这里虽然没有详细论证,但为了理解这里的推论我们只能提前解释这种思想。

因为柏拉图在这里提出的是一个新的思想,和原来从爱利亚学派流传下来的关于"非存在"的看法不同,所以他必须先说明这种思想;可是这种思想还在刚提出时期,不可能像后来的《智者篇》那样阐述清楚。因此他在第五组推论中解释这个问题时,对我们来说是比较费解的。

他首先说明:这个假设"如果'一'不存在"和另一个假设"如果'非一'不存在"是不同的,它们不但不同而且相反。(160B—C)这就是说"一"和"非一"的关系就是不同即"异于"的关系,是相反的关系。由此推论说"大不存在"或"小不存在"时,也不是说绝对没有大或绝对没有小,只是说"不是大"或"不是小"。说某个东西不是大,就是说它是小的或是别的不同于大的或异于大的东西。因此"非存在"只是表示不同或相异,这样说"一不存在"时,"不存在"即"非存在"不过就是相异。这是我们可以懂得可以知道的。所以当讲"一"时,这是可知的;在"一"后面无论加上"存在"(如第二、三组推论)或"非存在"(如本组推论)时,只表示"一"异于其他的东西(范畴),仅此而已。(160C—D)这是说:这里的假设"如果一不存在"和前面第二、三组推论的假设"如果一存在"并没有根本性质的不同。"如果一存在"表示"一"和"存在"相结合,"如果一不存在"表示"一"和"非存在"相结合,它们同样可以推出

---

① 参见陈康译注:《柏拉图〈巴曼尼得斯篇〉》注 395,第 315—316 页。

② 参见康福德:《柏拉图和巴门尼德》,第 218 页。

"一"异于其他范畴,从而可以和其他范畴相结合的结论。第五组的推论是:

1. 如果"一"不存在,这样的"一"是可以被知道的,知道它不存在。它是知识的对象。(160D)

2. 这样的"一"还有"异"的性质,因为它和"非存在"结合,就是说它是异于其他的(范畴)。(160D—E)

3. 非存在的"一"也分有"那个"、"一些"、"这个"以及和"这个"、"这些"有关的范畴,因为我们说它时总得使用这些范畴,不然它便成为不能说的了。如果"一"不存在,"存在"不属于"一","一"仍可以是许多其他的东西(范畴)。如果"一"是非存在,其他的也都可以是非存在,"一"就可以是许多其他的。(160E—161A)

4. 非存在的"一"和其他的不类似,却和自身类似,所以它是既"类似"又"不类似"。(161A—C)

5. 非存在的"一"和其他的不相等,如若相等就是类似了。不等就是大于或小于,而在大于或小于中间的就是相等。所以,"一"分有"不相等"、"大于"、"小于"和"相等"。(161C—E)

6. "非存在"的"一"必然是以某种方式分有"存在"的。陈康分析这个论证包括两个方面:一是认识论方面的论证,当我们说"一"非存在时,这个"非存在的一"必然是存在的,我们所说才是真的,如果它不存在我们说的便是不真的;因为如果我们说的是真的,所说的必然是存在的。(161E—162A)这个真和假的问题后来《智者篇》中作了专门讨论。那里举例说"泰阿泰德坐着"是真的,因为这是存在的,而"泰阿泰德在飞"是假的,因为这是不存在的。(263A—B)另一方面是本体论的论证:"一"是"非存在",它必然有"非存在"的"存在",将"非存在"束缚住;正像"存在"也必然有"非存在"的"非存在"〔"存在"和"非存在"相互束缚住〕,才是完全的。"存在"要是完全的存在,它一方面要分有"是存在的"的"存在",另一方面要分有"是不存在的"的"非存在"(不是);同样的"非存在"一方面要分有"不是存在的"的"非存在"(不是),另一方面要分有"是不存在的"的"存在"(是)。这就是"存在"分有"非存在","非存在"分有"存在"。"如果一不存在",它必然既是"存在"又是"非存在"。（162A—B）这个论证看起来很抽象深奥,其实如采用一个通俗的例子说:"甲是甲"就是说甲的"存在",它必然也是"甲不是非甲",这是说甲的"非存在",这二者必然是联结束缚在一起的。我们说"人是人"时必然就是说"人不是非人",说"大是大"时必然就是说"大不是非大"。由此可见"存在"和"非存在"总是结合在一起相互束缚住,才是完全的。陈康说:"二者存,俱存;不存,俱不存"。若是后一种情况,既没有"存在"也没有"非存在",二者都是绝对的"无"了。①

7. 非存在的"一"既然既存在又不存在,就是由存在向不存在或由不存在向存在的转变。但它又不能在任何地方运动,也不能变得和它自身不同,不然便不能说它是什么了——因为它自身已经不是它自身了。所以"一"既"变"又不变——"静止"。（162B—163A）

8. 因此非存在的"一"既又生又灭,也不生不灭。（163A—B）

既然"存在"和"非存在"只是相对的关系,"存在"（是甲）＝"非存在"（不是非甲）,则"如果一存在"和"如果一不存在"这两个假设并没有根本意义的区别,前者表示"一"和"存在"这两个范畴的结合,后者表示"一"和"非存在"这两个范畴的结合,它们都可以推出一系列同样的结论,即它们都可以和一系列相反的范畴相结合。所以第五组推论的意义和前面第二、第三两组推论的意义是一样的。陈康说它们是"殊途同归"。② 康福德却强调这一组推论是对爱利亚学派的教条——对于"非存在"什么也不能说——的有力驳斥。他认为柏拉图对于"非存在"成功地作出了许多真正的判断,当我们说到"非存在"的时候,对于所说的东西是有许多知识的。柏拉图用巴门尼德自己的原则——凡是能够思想的便必然是存在的——来反对巴门尼德。③ 我们以为柏拉图的论证确实有针对爱利亚学派特别是巴门尼德的思想这一方面。由于巴门尼德提出"只有'存在'是存在的,'非存在'是不存在的"的论点在当时被智者们用来作为诡辩的根据,使柏拉图认为有需要辨明"非存在"的不同含

---

① 参见陈康译注:《柏拉图〈巴曼尼得斯篇〉》注 414,第 327—328 页。

② 参见陈康译注:《柏拉图〈巴曼尼得斯篇〉》注 424,第 337—338 页。

③ 参见康福德:《柏拉图和巴门尼德》,第 230 页。

义。这一点在《智者篇》中他作了明确说明。在这方面可以说柏拉图是修正并发展了巴门尼德的思想。他提出了"存在"和"非存在"这一对范畴的辩证关系。

第六组推论的假设也是"如果一不存在",可是柏拉图解释得很清楚：这个"不存在"是表示它根本不是存在，是在任何方式任何情况下都不是"存在"，也不分有"存在"。（163B—C）由此推论：

1. 这样的"一"是不存在的，也不在任何方式下分有"存在"。

2. 因此，它既不"产生"也不"消灭"。

3. 它没有"变动"也没有"静止"，因为静止就是同一的存在。

4. 任何东西都不能归属于这样的"一"，它既不是"大"、"小"和"相等"，也不是"类似"和"不类似"，也不是"同"和"异"。

5. 这样的"一"既不能是"这一个"和"属于这一个的"，也不能是"那一个"和"属于那一个的"；它不是"过去"、"现在"或"将来"的；它不能有"知识"、"意见"、"感觉"或"名字"；它也不能是任何其他的东西。因为它在任何情况下都是不存在的。（163C—164B）

这组推论中的"非存在"就是绝对的不存在。和这样的"非存在"结合的"一"就不能和任何一对对相反的范畴相结合，它什么也不是，只是绝对不存在的"无"。第六组推论的结论和前面第一、第四组推论所得的结论是相同的。康福德认为：历史上的巴门尼德混淆了"非存在"的两种歧义，柏拉图将它们区别开来了，他认为这两种歧义是：一种是可以作为真的表述的主词的"非存在"〔例如"非存在是有生有灭的"〕，另一种是绝对不存在的"无"。① 这种看法和以上所说的"相对的非存在"和"绝对的非存在"是可以相互补充的。

第七组和第八组推论的假设都是："如果一不存在"，"其他的"具有什么性质？由于"非存在"有相对的和绝对的两种解释，所以"不存在的一"有两种不同的含义，由此推出这两组的结论便是完全相反的，和以上第三、第四组推论的结果一样。

———————

① 参见康福德：《柏拉图和巴门尼德》，第231页。

第七组的"如果一不存在",并不是绝对的不存在,而是相对的"非存在"。由此得出:

1."其他的"就是"异的",但并不是异于"一"的,只能是"其他的"和"其他的"彼此相异。这样"其他的"必然是"多",它们每一个又是"一"。(164B—D)

2.因此"其他的"有数,有些表现为偶数,有些表现为奇数。(164D—E)

3."其他的"可以表现为"小的"、"大的"和"相等"。(164E—165A)

4.每一个"其他的"对另一个"其他的"有界限,对它自己却无界限——"其他的"可以表现为"有限",也可以表现为"无限"。从远处看它是"一"、"有限",从近处看是"无限"、"多"。(165A—C)

5.从远处看"其他的"是"同"、"类似",从近处看它是"异"、"不类似"。(165C—D)

6."其他的"既"接触"自身又和自身"隔离",既有一切"变动"又在一切方式中"静止",既又生又灭又不生不灭。(165D—E)

这里得出的结论和第三组推论的结论一样:"其他的"可以和任何相反的范畴相结合。

第八组推论的假设"如果一不存在",是说"一"绝对不存在。由此推出:

1."其他的"既不是"一"也不是"多",因为"多"的每一个必然是"一",而"一"却不存在。"其他的"也不能表现为"一"和"多",或被想象为"一"和"多"。(165E—166B)

2."其他的"既不"类似"又不"不类似",既不"同"也不"异",既不"接触"也不"隔离",它们不表现为任何相反的。即如若"一"不存在,任何其他的都不存在。(166B—C)

这里得出的结论和第四组推论的结论一样:如果"一"是绝对的不存在(第四组推论的假设是如果"一"和"存在"是不相结合的),则"其他的"和任何相反的范畴都不能结合。

最后,柏拉图作了一个简短的总结:如果一存在或者如果一不存在,则相对于一自身或相对于其他的,既完全是一切又不是一切,既表现为一切又不表

现为一切。（166C）

前四组推论的假设都是"如果一存在",但实际却有两种不同的含义,一种是如果"一"和"存在"相结合,另一种是"一"不和"存在"结合,只是孤立的"一"。所以,这四组推论乃是:

1. 如果是孤立的"一","一"不是一切（第一组）；

2. 如果是和"存在"结合的"一","一"是一切（第二组）；

3. 如果是和"存在"结合的"一","其他的"是一切（第三组）；

4. 如果是孤立的"一","其他的"不是一切（第四组）。

后四组的假设都是"如果一不存在",但有两种不同含义的"非存在",即相对的非存在和绝对的非存在,后者即是绝对的无。所以这四组推论是:

5. 如果"一"是相对的非存在,"一"是一切（第五组）；

6. 如果"一"是绝对的非存在,"一"不是一切（第六组）；

7. 如果"一"是相对的非存在,"其他的"是一切（第七组）；

8. 如果"一"是绝对的非存在,"其他的"不是一切（第八组）。

在这八组结论中,四组是肯定的,四组是否定的。这四组否定结论的假设前提都是绝对的——或者是绝对的孤立的"存在",或者是绝对的"非存在"。而四组肯定结论的前提都不是绝对的,或者是和"存在"结合的"一",或者是相对的非存在,也就是仍是某种存在的"非存在"。这就是说只要"一"和"存在"有联系,它可以和任何相反的范畴有联系。

我们看到,爱利亚学派的巴门尼德肯定"存在"是一,它是不生不灭、不可分的、不动的、完整的、是只能被思想的。他的"存在"的这些特征被柏拉图接受了,成为他前期相论中"相"的基本特征。但是芝诺为了维护巴门尼德的学说,却以他的论证否定"多"和"运动"。否定"多"和"运动"也就是否定现象,而柏拉图的相论是承认多和运动的现象的,因此就产生了拯救现象的问题。而智者高尔吉亚却要表明:芝诺的论证不但可以应用于"多"和"运动",同样可以应用于"一"和不动的"存在"。如果对象是"一"和不动的"存在",也同样可以按芝诺的方法推出两个相反的结论,即:存在是存在的,同时又是不存在的;非存在是不存在的,同时又是存在的。而任何东西既存在又不存在是荒谬的,从而证明"一"、不动的"存在"也是不真实的。这种否定的结论导致诡辩论和怀疑论,这是柏拉图所坚决反对的。因此柏拉图用同样的论证方法得出和高尔吉亚完全相反的结论,论证"存在"既是存在的又是非存在的,"非存在"既是不存在的又是存在的;这样的"存在"(和"非存在")既是一又是多,既是动又是静。这些都是可以逻辑地推论出来的,以此反驳高尔吉亚。我们也可以从这样的线索去理解《巴门尼德篇》在希腊哲学发展史上的位置。

*　　　　*　　　　*

《巴门尼德篇》标志着柏拉图哲学思想从前期向后期的转变。其中第一部分批判的少年苏格拉底的相论基本上和柏拉图前期相论是属于同一类型的,柏拉图批判自己原来的相论,表明他已经看到伦理目的论(只承认有价值的东西的"相",否认无价值的东西的"相")不能解释有关一切存在的问题;而且如果将"相的世界"和现实世界对立起来,便会发生分离、分有等问题,最终将导致"人不能认识'相'",这是一个从根本上毁灭相论的结论。然而柏拉图并不认为因此就要抛弃相论,他只是想对原来的理论作一些重要的修正;对话的第二部分可以说是他另觅途径的一种尝试。

第二部分由八组假设推论组成,它们的前提是"如果一存在"和"如果一不存在",得出的结论是:如果"一"是绝对的孤立的,它不能和一对对相反的范畴相结合,它既不分有"存在"也不能被认知。柏拉图否定这样的结论,他认为"一"是和"存在"相结合的,它可以和一对对相反的范畴结合,也可以被理性和感觉所认知。

从这个结果可以看出柏拉图已经开始打破他原来的两个世界对立的思想了:原来的"相"是静止不变的,是知识的对象,具体事物是变动的,是感觉的对象;现在却认为动和静是相互结合的,它们既是知识的对象又是感觉的对象。可见柏拉图对前期相论作了重大的修正。

柏拉图在这里讲的"一"、"存在"以及一对对相反的范畴是不是原来的"相"? 至少有一点不同:这里既没有柏拉图以前着重讨论的各种伦理的"相",也没有各种直接经验的事物和性质的"相",而是一些比较抽象的本体论和认识论的基本概念,将它们叫作范畴比较合适。但就它们是抽象的一般说,也可以认为它们就是原来的"相"。不过柏拉图原来认为"相"是绝对的,没有讨论"相"和"相"之间的联系;现在认为"相"和"相"是相互结合的,彼此对立的"相"也可以相互联系,从而打破了原来的"相"的绝对性。

《巴门尼德篇》采用逻辑论证的演绎方法将一对对相反范畴的矛盾关系一一推论出来,开创了辩证逻辑的研究工作,在辩证法的发展史上占有重要地位。

❋ 第二十一章 ❋

《泰阿泰德篇》

现在一般柏拉图学者都将《泰阿泰德篇》看做是和《巴门尼德篇》、《智者篇》、《政治家篇》差不多同时写成的一篇对话,是柏拉图后期思想的重要著作。由于《泰阿泰德篇》和《智者篇》中都提到《巴门尼德篇》中年老的巴门尼德和少年苏格拉底的那次对话,便将这两篇以及《政治家篇》(它明显是与《智者篇》同时稍后的)列于《巴门尼德篇》之后。但是《泰阿泰德篇》对话开始时的那段导言,无论从内容或形式讲都像是柏拉图的早期对话,因此,有些学者认为这篇对话可能不是一次写成的,而是柏拉图先写下了其中的一部分,后来在写成《巴门尼德篇》之后才将它全部写完。据说在公元 1 或 2 世纪的一位匿名作者写的《泰阿泰德篇》注释中曾说到这篇对话原来有一种"更为乏味"的序言,是这样开始的:"孩子,你有没有带来关于泰阿泰德的对话?"后来因为泰阿泰德的不幸死亡,柏拉图才改写为现在这样的序言。[①] 泰阿泰德是在科林斯战役中负伤致死的。历史上有关的科林斯战役有两次,第一次发生在公元前 394 年,第二次发生在前 369 年,现在一般学者认为泰阿泰德负伤是在公元前 369 年,不久他就去世了,那时他将近五十岁。由此推算公元前 399 年苏格拉底被处死时,泰阿泰德才十五六岁,这和对话中说他"不过比小孩子稍大一点"(142C)是符合的,但这并不能说明《泰阿泰德篇》中叙述的这次对话是历史上真实发生过的。柏拉图不但选用泰阿泰德作为《泰阿泰德篇》中的

---

① 参见康福德:《柏拉图的认识论》,第 15 页。

对话人(这里的主要发言人仍是苏格拉底),而且在《智者篇》中又让泰阿泰德作对话人(那里的主要发言人已经是那位从爱利亚来的客人了)。在《智者篇》和《政治家篇》中苏格拉底退居次要地位,在《政治家篇》中苏格拉底又成为"少年苏格拉底",是一个接受教导的对话人,像《巴门尼德篇》那样了。可见这几次对话都不是历史上真实发生过的,只是柏拉图为了说明他自己的思想而编写出来的。但是《泰阿泰德篇》显然有悼念不久前逝世的泰阿泰德的意思,一般学者认为它大约写于公元前 369 年以后不久,可能在柏拉图第二、三次西西里之行前后。

这篇对话又是采用双重叙述的方式:由麦加拉学派的倡始人欧几里得将他多年以前听到的这次谈话记录念给忒尔西翁听。欧几里得和忒尔西翁都是接近苏格拉底的人,《斐多篇》记载苏格拉底临死时他们两人都在场。直接对话人是苏格拉底、塞奥多罗和泰阿泰德。塞奥多罗大约生于公元前 460 年,是居勒尼人,原来是普罗泰戈拉的朋友和学生,后来成为数学家,是柏拉图和泰阿泰德的教师。在本篇对话(147D)中柏拉图说他发现了从 $\sqrt{3}$、$\sqrt{5}$ 一直到 $\sqrt{17}$ 是无理数($\sqrt{2}$ 是无理数,早已知道了)。[1] 泰阿泰德(约公元前 414—前 369 年)是雅典人,柏拉图的学生和朋友,是学园中重要的数学家,他的贡献主要是为后来欧几里得的《几何原理》第 10 卷中的无理数及第 13 卷中五种有规则的多面体作了理论说明,并发现了作图方法,[2]所以他是立体几何的重要奠基人。在本篇对话中,塞奥多罗一直推说自己年事已高,竭力让年幼的泰阿泰德回答苏格拉底的问题。

《泰阿泰德篇》讨论的主题是什么是知识,这个问题在柏拉图的对话中一直是一个重要的研究题目,早期对话如《普罗泰戈拉篇》中就讨论到美德是否可教,涉及什么是知识的问题。到《美诺篇》和《斐多篇》建立相论时,他认定只有"相"才是真正的存在,认识"相"才是真正的知识。这种知识不是任何感觉能够向我们提供的,它们是不朽的灵魂在生前已经获得的,感觉只能使我们

---

① 参见《牛津古典辞典》,第 1055 页"塞奥多罗"条。

② 参见《牛津古典辞典》,第 1051 页"泰阿泰德"条。

回忆起这种先天的知识来。他的这种回忆说将永恒不变的"相"和变化无常的感觉对象绝对对立和分割开来,论证如何才能认识"相",获得真正的知识。《会饮篇》讨论如何认识"美的相"时,开始提出从认识具体事物逐步上升到最后认识"相"的过程。《国家篇》将这个认识过程分为知识和意见两大段落,知识的对象是"相",意见以变动的事物为对象,它们仍然是分属于两个不同的世界的。柏拉图在这些对话中讨论知识问题,主要是论证如何认识"相",讨论什么是真正的知识以及如何才能得到它的问题;而对于这个问题的另一方面即为什么感觉和意见不能是真正的知识,他并没有进行过认真严肃的讨论。可是正是这种认为感觉和意见就是知识的看法,不但是当时一般人都接受的,而且是当时智者们竭力倡导的一种基本观点,这就迫使柏拉图从这个方面专门写一篇对话来讨论什么是知识的问题。我们还可以从柏拉图自己哲学思想的发展来看,他在前期对话中将静止的"相"和运动的具体事物绝对对立起来,从而将理性知识和感觉意见也完全分离开来;但在《巴门尼德篇》中他却逻辑地论证了运动和静止、感觉和理性也是可以相互结合的。所以他原来的认识论——那种简单的将运动和静止、感觉和理性对立的二分法——也需要比较细致的修补了。这就是《泰阿泰德篇》的工作。

对于《泰阿泰德篇》的解释,柏拉图学者们的分歧意见不大。苏格拉底提出问题——什么是知识?泰阿泰德先后提出三种答案:第一,知识就是感性知觉;第二,知识就是真意见;第三,知识就是真意见加上逻各斯(说明或解释)。对这三种答案一一进行研究考查,终于都被推翻。这篇对话也是以不作正面回答而结束的。我们将分别介绍和论述这三种答案及其论证。康福德于1935 年出版的《柏拉图的认识论》一书是《泰阿泰德篇》和《智者篇》两篇对话的译文和他作的解释,西方学者经常引用;汉密尔顿编的《柏拉图对话全集》中这两篇对话也是采用康福德的译文。我们的论述主要根据康福德的译文和解释,并参考其他学者的意见。但对于这整篇对话的看法,以及在和《巴门尼德篇》有关的问题上,将说明我们自己的意见。

对话的引言是欧几里得对忒尔西翁说,他刚在港口遇到人们将在科林斯受伤的泰阿泰德护送回雅典去,他们热烈地赞扬他在战争中的勇敢行为,由此回想起苏格拉底去世以前曾经和当时还年幼的泰阿泰德进行过一次有意义的对话。应忒尔西翁的要求,欧几里得将他写下的对话记录念给他听。(142A—143C)

对话开始是由苏格拉底和已经年老的数学家塞奥多罗谈话。苏格拉底说他想知道居勒尼的青年是不是有专心致志学习几何学和其他学科的,其中有没有超群的人。塞奥多罗竭力推举刚走过来的泰阿泰德,说他虽然长得和苏格拉底一样丑,但却有异常的才能和智慧。苏格拉底说学习是为了使人智慧,智慧和知识是同一的,从而他提出这篇对话的主要问题:什么是知识? 塞奥多罗要泰阿泰德来回答苏格拉底的问题,对话便正式开始。

对于什么是知识的问题,泰阿泰德开始提出的回答是:像从塞奥多罗学到的几何学,以及从鞋匠或别的工人那里学到的技艺就是知识。苏格拉底说:你真爽气,人家向你要求一件东西,你却给了他一大堆。我不是问你有多少种知识,我不想列数它们,我问的只是知识自身是什么。正像问泥是什么时,你不能说是造陶器的泥、制砖瓦的泥,而应该回答泥是水和土的混合,不管它是哪一种泥。(146C—147C)到此为止泰阿泰德的错误和《美诺篇》开始时的讨论是一样的,即分不清一般和个别的关系。但是泰阿泰德接着说:我懂得了,你问的问题和我不久以前和与你同名的苏格拉底〔有些学者认为这就是《巴门尼德篇》、《政治家篇》中出现的少年苏格拉底。① 如果这个说法能够成立,则柏拉图对话中的苏格拉底和少年苏格拉底应该是两个不同的人。〕讨论过的问题是一样的。他们讨论的问题是关于数的,认为有两类数:一类是由一个数的自乘得出的,叫做正方数;另一类不是由一个数的自乘而是两个因子的乘积,其中一个因子大于另一个,所以叫长方数,他已知道从 3、5 直到 17 的不尽根。泰阿泰德说,关于数的问题我可以作出这样的回答,可是对你提出的知识是什么的问题,我却不能作出满意的回答来。苏格拉底说难道你不知道我是接生的吗? 你在思想上已经怀了孕,需要我来接生,但是我和一般接生婆不

---

① 参见康福德:《柏拉图的认识论》,第 22 页注。

同,她们对付的是女人,关心的是肉体的生育;我要对付的是男人,关心他们灵魂生产上的苦痛。我的最高本领是要鉴别人们思想上产生的孩子是有生命力的真理呢? 还是只是虚假的幻象。所以你可以接受我的效劳,尽可能大胆地回答我的问题,让我们来考察它是不是真正的孩子。(147C—151D)我们看到:《泰阿泰德篇》的这段导言,无论从内容或形式讲都和柏拉图早期对话相似,所以有些学者认为它写得较早。这里谈到知识和接生术的问题,也和《美诺篇》相似,但《美诺篇》得到的结论是"知识就是回忆",而《泰阿泰德篇》以下的论述却是不同的。这两篇专门讨论认识论的对话有什么不同? 为什么不同? 这是本章要讨论的问题。

第一节　知觉就是知识说

什么是知识? 泰阿泰德给的第一个答案便是:知觉就是知识。

在我看来,只有当一个人知觉到他要知的东西,才是知道了它;所以我以为,知识不是别的,不过就是知觉。(151E)

这里要说明两个词:一个是知识,希腊文 episteme 和现在外文如英文的 knowledge 以及汉文的"知识"一样,既可以指主观的认识能力,也可以指认识的内容。柏拉图使用这个词时,也有时指的是主观能力,有时指的是认识的内容。另一个是知觉,希腊文 aisthesis 一般英文都译为 perception,我们也译为"知觉",它的含义较广,既包括视觉、听觉等感觉,也指对于事实或对象的觉察,也可以包括快乐和痛苦等感情,以及欲望和恐惧等情绪。在柏拉图看来这些都属于灵魂中比较低下的即和肉体不能分离的部分。柏拉图在本篇中使用这个词,主要还是指感觉,特别是用于视觉,但有时也指感情和情绪。

一　普罗泰戈拉和赫拉克利特

苏格拉底在判断泰阿泰德这个回答是否正确前,首先要将"知觉就是知识"的意义弄清楚。他首先就指出泰阿泰德的这个意见和普罗泰戈拉的"人是万物的尺度"的观点是一致的,他将普罗泰戈拉的观点解释为:某物对你呈现为如此,它就是如此;对我呈现为如彼,它就是如彼,你和我都是作为个别的人。他举的例子就是:一阵风吹来时我们中一个人感到冷,另一个人却感到不冷。他提出问题:在这种情况下我们说这风自身既是冷的又是不冷的呢,还是应该像普罗泰戈拉所说的:对那个感到冷的人,它是冷的;对那个感到不冷的人,它是不冷的? 泰阿泰德同意后一种解释。"呈现"就是知觉,对于每一个人,他所知觉到的也就是对象本身是如此存在的。所以知觉作为知识,它是不会有错误的。(151E—152C)

这段话是我们现在能够看到的关于普罗泰戈拉的"人是万物的尺度"的最详细的解释。关于普罗泰戈拉的这个命题,我们在本书第一编第五章中已经作了详细讨论。对于《泰阿泰德篇》中这段话学者们也作了不同的解释,泰勒将它解释为:这是否认有一个公共的实在世界,每一个人只能生活在个人的世界里,各个人的世界没有共同的成分,因此每个人所说的都是真的。[①] 这实际上已经是后来巴克莱的观点。康福德不同意泰勒的意见,他认为在普罗泰戈拉那个时代还不可能得出这样的看法,而且苏格拉底说的是"同一的风",不是说有两个"个人的风"。他认为普罗泰戈拉主张的可能还是前一种——风自身既是冷的又是不冷的,这是朴素的实在论,这也和与他同时的阿那克萨戈拉的观点相符合。阿那克萨戈拉认为相反的性质如冷和热既在事物中相互结合,也在认识主体——人——中相互结合,以我的热觉察到对象的冷,以我的冷觉察到对象的热。康福德认为柏拉图在这里讲的普罗泰戈拉的说法,即认为风自身在和知觉者接触以前是既不冷也不热的,和人接触以后才产生冷和热,乃是柏拉图自己构造出来用以解释普罗泰戈拉的思想的。[②]

第二步,苏格拉底又将泰阿泰德的回答——知觉就是知识——和赫拉克利特的变动学说联系起来,并且将它说成是普罗泰戈拉的"秘藏学说"。他说普罗泰戈拉是个很机敏的人,会不会他以这种晦涩的说法困惑我们,却将真理

---

① 参见泰勒:《柏拉图其人及其著作》,第 326 页。

② 参见康福德:《柏拉图的认识论》,第 32—36 页。

当做秘藏的学说去教他的学生呢？所谓秘藏的学说就是：它宣告没有一件东西可以仅仅由于它自身便确定为某件东西，不能用确定的名字去称呼它，甚至不能用确定的名字去说它。因为当你说它是"大"时会发现它也是"小"的，说它是"重"时会发现它也是"轻"的。所以没有确定的固定的存在，因为一切都在变动和结合着。他说除了巴门尼德以外，一系列哲学家如普罗泰戈拉、赫拉克利特、恩培多克勒以及诗人们如荷马等都是这样主张的，他们认为存在和变化都是由运动产生的，静止只会产生"无"和毁灭。这是可以由许多方面证明的：如热和火是产生并控制其他一切的，它们本身就是由运动和磨擦产生的；一切生物也是如此，人的身体和灵魂都要不断锻炼和学习才能保持健康和进步；从天上到地下，只有运动才能保持新鲜，停滞便要毁灭。（152C—153D）

值得注意的是虽然泰阿泰德的回答最终遭到反驳，但柏拉图并没有直接对这段认为万物都是变化的，只有运动变化才能带来事物的健康发展的观点进行驳斥。就这一点说是不是和他前期认为只有不变的"相"才是真正的存在的思想有所不同呢？有些学者如康福德将这一点解释为：《泰阿泰德篇》讨论的是认识的低级阶段——感觉，不涉及"相"的问题，在感觉范围内他当然可以承认变动的学说，因此他认为在这点上柏拉图并没有修改他原来的相论。[①] 我们以为在上面这段话中，当柏拉图说你认为这件东西是"大"时会发现它也是"小"的，这点如果和《巴门尼德篇》的讨论联系起来，便可以看到它的深刻意义。所以当他说到运动不但可以使肉体健康，而且可以使灵魂进步时，应该承认柏拉图这种说法是认真的，因为绝对静止不变的东西是没有生命力的。柏拉图前期思想认为"相"是绝对不变的，这对于反对智者的相对主义说是必要的；但将"相"说成是绝对静止的，便会使它成为僵死的东西。因而柏拉图改变了对运动和静止的看法，也就从这方面修改了他原来的相论。在以后几篇对话中还可以更看清这一点。

二　感觉学说

将泰阿泰德所说的知觉和普罗泰戈拉以及赫拉克利特的学说联系起来，

---

① 参见康福德：《柏拉图的认识论》，第28页。

柏拉图让苏格拉底提出了一种感觉学说。他以视觉为例,他说你所称为白的颜色并不是在你的眼睛以外独立存在的,也不存在于你的眼睛里面,你不能认为它在任何固定的地方,不然它就会在某个地点持续存在,而不是在变化中了。而且任何东西都不是由它自己而存在的,任何一种颜色乃是我们的眼睛和一种相应的运动彼此遇合时才产生的,它既不是那个遇到运动的眼睛,也不是被遇到的那个运动,而是某种在这二者之间产生出来的东西,它是每一个人所私有的。正像呈现给狗的颜色和呈现给你的颜色是并不一样的,呈现给你的和呈现给别的人的颜色也不是一样的,甚至呈现给你的颜色前后也不是一样的,因为你自己也在变化之中。(153D—154A)这里说的是感觉的主体(不论是同一个或是不同的人或动物)和感觉的对象都是在不断变化,所以得到的知觉是不同的,是个人所有的。可是这里的说法和巴克莱的主观唯心论不同,因为它还是承认有客观对象,并且这种客观对象在感觉过程中还是起重要的(虽然不是唯一的)决定作用的。

但是柏拉图并没有在这点上停住,他又提出一个他认为是困难的问题来。他说:如果一个东西是大的、白的或热的,当它自身没有变化时即使遇到不同的人,它也不会变得不同。可是当你将六颗骰子和四颗骰子相比时,它是"多",但将它和十二颗骰子相比时,它又成为"少"了。但是任何一个东西如果没有增加或减少、变大或变小,它自身在大小或数目上总是同一的;六颗骰子自身并没有变化,它怎么会从"多"变成"少"呢?又如我这个人在一年之前是比你高的,一年以后却比你矮了,我自身并没有由高变矮,只是因为你长高了;同类的例子很多,你如何解释呢?泰阿泰德说这些问题使我困惑,我感到惊异。苏格拉底说这就表示塞奥多罗对你的评价是正确的,因为惊异正是哲学家的特征。〔这句话后来就被亚里士多德接过去成为一句著名的话了。〕(154B—155D)对于这样一些被认为是"哲学家的特征"的惊异问题,实际上并没有得到解答,后来就被搁置一边。康福德想以《斐多篇》的分有说来解释,实际上并不能自圆其说。① 我们以为如果以我们提出的对《巴门尼德篇》

---

① 参见康福德《柏拉图的认识论》,第43—45页。

第二部分的范畴学说来解释,可以说明这些困难问题的意义:我们感觉到一个事物是大的、白的、热的,这是我们可以直接感觉到的事物的性质;柏拉图认为只要这些性质不变,一个人的感觉也不会变。但是六颗骰子比四颗多,比十二颗少;苏格拉底现在比泰阿泰德高,一年以后却比他矮。这个"多"和"少"、"高"和"矮"在这里虽然有直接感觉的成分,但单靠直接的感觉是不能得出这样的结论的。它们是关系的范畴,牵涉到的不只是一个认识对象而是两个以上的对象,需要运用比较和分析的方法才能得出正确的结论。因此,这类范畴就是属于《巴门尼德篇》第二部分专门讨论和论证的范畴。《泰阿泰德篇》没有可能和必要来专门讨论它们,所以柏拉图只是作为一类困难问题提出来,表示它们和当前讨论的感觉问题是不同的问题。

柏拉图立刻又转回分析论述他的感觉学说。他说这种学说是秘密的,不能让外行人即那些认为只有他们能够用手抓得住的事物才是真实的人听到。〔说明他不是讲给一般人听而是讲给多少有点哲学知识的人听的。〕这种学说的根本原则是认为万物都是运动的。运动有两种,一种是主动的能力,一种是被动的能力,这二者的接触产生出孩子,数目有无限多,都是一对对双生的。其中一个是被知觉到的东西(对象),另一个便是知觉,它们是彼此相应的。关于知觉,有视觉、听觉、嗅觉等,还有冷和热的感觉、快乐和痛苦以及欲望的感觉等等,和它们相应的是各种知觉对象,如和视觉相应的颜色,和听觉相应的声音等等,它们是同时产生的。他又再进一步作说明:运动是有快有慢的,有些慢的运动如眼睛的看只在一定范围之内运动,不发生位置的变动,但它所生育的孩子却是较快地从这一点向另一点发生位置的变动,所以当眼睛和某个相应的事物接触时便产生白色和白的知觉,这时候从眼睛来的"视力"和从产生颜色的对象来的"白"在二者之间运动,眼睛充满了视觉,现在看了,它不再是视觉,而是正在看的眼睛;而那产生颜色的事物也充满了白色,而且它也不再是"白",而是白的石头、白的木头等白色的东西,其他硬、热等等也都如此,它们中没有任何一个是可以只由它自身而存在的。只有当它们彼此接触时作为运动的结果才产生出来。对其中任何一个,无论是主动的或被动的,要说它是固定的存在是不可能的,因为没有和受者相接触时就没有这样一个动者,未曾和动者接触时也没有受者。一个事物当它和这个事物接触时它是动者,但另一时间它和另一事物接触时也可以成为受者。最后他又总结起来说:没有一件东西能够仅仅由于它自身就是这件东西,只有在变化过程中相对于某一个人才能这样说。他认为应该铲除"存在"以至"某物"、"某人"、"我的"、"这个"、"那个"或任何别的表示静止状态的字眼,因为这些都是不能这样说的;按照它们的本性只能说它们是"在变"、"被产生"、"毁灭"、"变化"等等。正是这些东西的集合体,人们给它们以"人"、"石头"、任何动物或"型"等名称。(155D—157C)

这种视觉学说需要解释。一方面是作为感觉主体的眼睛,它具有视觉的能力;另一方面是作为感觉对象的物体,它具有产生颜色的能力。在这二者接触以前它们也不是静止的东西,而是在自己的范围内缓慢地运动着的;一旦二者发生接触才产生出一对双生子即视觉和白色,这二者哪一个主动哪一个被动是无关重要的,因为主动和被动不是绝对的,可以随时随人而变动。这对双生子在主体和对象之间作快速的运动,只有到这时候主体才成为正在看的眼睛,对象才成为白色的石头或木头等等,因此无论对象或主体,也无论在它们相互接触以前或以后,它们都不是静止不动的,而是在作缓慢的或快速的运动。所以柏拉图认为不应该用表示静止的字眼如"存在"、"这个"、"那个"去称呼它们,而应该用表示变动的字眼如"在变"、"产生"、"毁灭"等称呼他们。而"人"、"石"等"型",他认为不过是这些东西(各种知觉以及"变化"、"生灭"等)的集合体。这里将人、石这些具体事物的 eidos 说成是变化着的知觉的集合体,是很值得注意的思想。如果柏拉图是认真说的,那就表示他原来的相论已经发生了很大的变化。可惜他在这里并没有再作任何解释和说明,我们不能根据这点作任何进一步的判断。

这种感觉学说究竟是谁的学说?有些学者说是居勒尼学派的观点,但缺少根据。柏拉图自己将它说成是普罗泰戈拉的"秘藏学说",也是不可信的。如果要在柏拉图以前的哲学家中寻找一种比较相似的学说,则恩培多克勒的"流射说"倒有点近似,但根本点也是不同的,因为柏拉图不承认有物质因子。所以许多学者包括康福德在内认为这种感觉学说是柏拉图自己创造的,是将赫拉克利特和普罗泰戈拉的学说综合改造而成的。① 我们以为,这里还应该加上恩培多克勒的"流射说"的因素。

可是苏格拉底接着就声明:这些思想并不是他的,而是泰阿泰德自己怀的孕,他不过帮他生育出来。他接着又说既然一切都是永远变动的,没有不变的存在,那么美、善以及我们提到过的任何东西不也都是如此吗?泰阿泰德认为这是合理的,接受了这个看法。(157C—D)他将美、善这些原来认为是最重要的"相"也说成是变动的,不是不变的存在,泰阿泰德并没有因此感到不安,苏格拉底对此也没有反驳。这是一个值得注意的地方,是不是柏拉图对原来不动的"相"有所修改了呢?可是一般学者只是将这里的"美"和"善"说成也是知觉的对象——美的事物和善的事物——便轻易放过去了。

既然承认呈现于我的知觉就是那样的,不会有错误,那就牵涉到病人、疯子和在睡梦中人的知觉了,一个正常的人喝酒说它是甜的,可是病人却认为它是酸的;我们在睡梦中所看到的东西当时认为它们是真的,和醒着的时候一样。我们现在是醒着,还是在睡梦中呢?究竟哪一种意见是真的呢?(157E—158E)在这里 aisthesis 这个字用得更广泛,甚至包括梦中和疯子的幻象。但柏拉图还是掌握分寸的,他在讲到做梦的人和疯子时用的不是一般的"知觉到"或"显得是",而代之以"认为"、"想到"或"相信"那假的东西,不过他并没有在直接的知觉和这类意见之间作出区别。② 可是他这个新的感觉学说还得维持,按照这种学说,知觉的主体和对象都是不断变动的,所以他说健康的苏格拉底和有病的苏格拉底是不同的,醒着的苏格拉底和睡梦中的苏格拉底也是不同的,由他们产生的孩子——他们的知觉当然也是不同的。柏拉图由此得出三个结论:第一,因为知觉的主体和对象都是变动的,不同的,所以没有一个知觉者能够两次得到同样的知觉。第二,没有两个知觉者能从同一对象中得到完全一样的知觉。第三,知觉者和知觉对象都是不能互相离开而独立存在的。知觉者和对象总是彼此缚在一起,因此无论我们说某个事物

---

① 参见康福德《柏拉图的认识论》,第 48—49 页。
② 参见康福德《柏拉图的认识论》,第 53—54 页。

"存在"("是")或"变"时,必须说它是为(或对)某一个人或某一个东西才"存在"或"变"的,任何东西都不能由它自身便是如此。凡是作用于我的都只是为我而不是为任何别人的,只有我(不是任何别人)才能知觉到它是这样。这个在变化中的对象在任何时候都是实的,所以像普罗泰戈拉所说的那样,我是判断者,凡对我是如此的,它就是如此。这就是由泰阿泰德〔实际上是柏拉图自己〕在荷马和赫拉克利特等人主张的万物流动说和普罗泰戈拉主张的人是万物尺度的学说的基础上建立起来的知觉就是知识的学说。泰阿泰德完全同意苏格拉底所作的这些解释,苏格拉底已经将他思想中孕育的孩子接生出来了。(158E—160E)

柏拉图精心构筑出来的这种感觉学说,看来不但是超出他以前所有哲学家提出的各种感觉学说,而且即使从近代认识论的角度看,甚至从科学的角度来看也不是没有道理的。每一个人当下的知觉只要限制在直接感知的范围内,对他(不管是疯子、病人或是在梦中)总是真实如此的。这种学说的理论基础是不论知觉的主体或对象都是在不断变动中的。这种学说承认感觉对象的存在及其在感觉中不可缺少的作用,当然不同于巴克莱的"存在就是被感知"。虽然后来洛克的"第一性质"和"第二性质"的学说以及巴克莱的主观唯心论可能都受到柏拉图这种感觉学说的影响,可是柏拉图的这种感觉学说却不能简单地说是唯心论的。

但要是将这种学说应用的范围扩大,不限于直接感知的领域而要将它说成就是全部知识,那便得受批驳了。

三 反 驳

现在轮到苏格拉底来执行他的接生婆的任务了,他要来检查接下来的孩子是不是真实的。柏拉图的反驳集中在以下两个问题上。

第一个问题是:如果每一个人都同样地是万物的尺度,那就没有一个人可以说是比别人更加智慧了。苏格拉底开始提出三个诘难:第一,既然对任何主体说,他看到是怎么样的,对象也就是怎么样的,对于动物也应该是如此,那么普罗泰戈拉在他的《论真理》开始时为什么不说猪猡、狒狒,以至更粗野的动物也是万物的尺度呢？第二,既然我们都承认普罗泰戈拉是一位比任何人都智慧的人,是智者,可是又认为每一个人都是他自己的知觉的判断者,每个人的意见都是同样真实的,那么又怎么能证明普罗泰戈拉最智慧,而我们却比较愚蠢呢？第三,如果每个人都是万物的尺度,人将和神一样了,说泰阿泰德和神一样智慧,泰阿泰德接受得了吗？（160E—162C）

第二个问题是:知识和知觉是不同的。苏格拉底从两方面论证:我们可以通过感觉知觉到某些东西,但不能说我们已经知道了它,它已经成为知识。比如某种我们没有学过的外国语,当那些外国人说话时,我们听到了声音也看到他们写的字母,却不知道它们是什么意思,这就是说感觉到的东西并不一定是我们知道的。另一方面,有些东西是我们已经看到过的并且已经知道了它,闭起眼睛也能回想起它,可是现在我并没有当面看到、听到或通过别的感官感觉到它,这就是说知道了的东西并不是当时直接感觉到的。由此可见知觉和知识是有所不同的。（163A—164B）

柏拉图将这两个问题交叉讨论,我们将它们分开来论述。

先谈第一个问题。苏格拉底提出以上三个诘难之后立即代表普罗泰戈拉作了辩解,他说这是歪曲,因为是将神引进来了,而关于神是否存在的问题,普罗泰戈拉无论在说话或著作中都是拒绝讨论的;至于说动物和人一样智慧更是离奇,提不出任何证明。（162D—E）智者普罗泰戈拉提出"人是万物的尺度"原来是为了反对传统将神看成是万物的尺度,他对神是否存在的问题拒绝讨论。这些在本书第一编中已经分析过,那里提到的普罗泰戈拉对神的看法主要就是根据柏拉图在这里的叙述。柏拉图用这样简单的方式（这里并没有任何论证）将神和动物是不是万物尺度的问题撇开而集中讨论人的问题:既然认为一切人都是万物的尺度,能不能说有人比别人更为智慧？

智者当然自认为比别人有更多的智慧。苏格拉底为普罗泰戈拉解释说智慧或聪明的人当然是有的,所谓智慧的人就是能将呈现于人以及对他存在的东西,从坏的变为好的,比如食物对有病的人呈现为苦的,对健康的人则呈现为相反的,这些对事实的判断对他们来说都是真实的,不能因此说健康的人智慧而有病的人愚蠢;但是医生能用药将病态转变为健康的状态,就是将坏的变为好的,他便是智慧的人。智者在辩论问题上也是如此。任何人都不能将假的想象为真的,因为不可能想那不存在的东西或没感觉到的东西;人只能将坏的条件引起的坏思想变为好的条件引起的好思想,无知的人认为这是较真,我却认为这是较好而不是较真。医生能这样对待人体,农民能这样对待农作物,智慧的、好的智者能使他的城邦从坏的变为好的。我以为凡是一个城邦认为是正义和光荣的,对它就是正义和光荣的,可是智者能将对城邦不好的东西变为好的。教师如果能这样教导学生,他不仅是智慧的,而且应该接受学费。正是在这个意义上可以说有些人比别人更加智慧,虽然每个人所想的同样都是真的。我的学说就建立在这样坚固的基础上,这是你无法反驳的。(166D—167D)

柏拉图为普罗泰戈拉所作的这番辩护词的根本点是将真和假同好和坏(善和恶)分别开来。真和假属于事实判断,从各个人的感觉说则无论健康人和病人的感觉都是真的,因此每个人都是尺度,没有智慧和愚蠢的区别;但是真和假并不等于好和坏,对你是真的不一定就是好的,病人感觉食物是苦的,这是真的却不是好的,而是坏的,要像健康人那样感觉食物是甜的才是好的。医生能使病人健康,使坏的感觉变成好的感觉,智者所以是智慧的人,是因为他能将城邦治理得从坏的变成好的,并且教育学生从坏的变成好的。

柏拉图从以下这些方面批判普罗泰戈拉的理论。他首先指出,按照普罗泰戈拉的理论,凡对各个人呈现得是真的对他便是真的,我们就来看看各个人是怎么看的。他说每个人几乎没有例外都会认为他自己在某些方面比别人智慧,而在另一些方面则别人比自己智慧,所以在战争、有病或航海中遇到危险时总想有比自己更有知识的人来援助自己。由此可见他们是相信人有智慧和无知的区别的,智慧的人有真的思想,无知的人只有假的意见。人的意见不能都是真的,只能有真有假,总是有人认为别人的意见是假的,是无知。普罗泰戈拉认为他自己的学说是真理,但是许多人认为他的意见是假的,不是真理。这样,普罗泰戈拉的学说只对他自己是真的,而对反对他的人说却是假的,他写的《论真理》只是他自己相信是真的,许多人却认为是假的。他既然认为每个人的意见都是真的,便不得不承认反对他的人的意见也是真的;反对者认为他的意见是假的,他也就得承认自己的意见是假的。因此普罗泰戈拉的《论真理》不但被别人所反对,甚至对他自己说也不是真理了。(170A—171C)这是对普罗泰戈拉的"人是万物尺度"的著名的批判,在本书第一编中已经讨论过了。

柏拉图进一步指出普罗泰戈拉的学说只有在这一方面是可以站得住的,即关于热、干、甜这类东西,对他呈现为这样的它就是这样的,这是真的。至于说到健康和不健康,妇女儿童不能分辨什么才能是好的,他们不知如何医病,便得承认有些人比他们智慧。同样的关于公共事务,哪些是值得赞美的和不值得赞美的、正义的和不正义的、虔敬的和亵渎的等等,一个城邦认为是值得赞美的并且定为法令,对它就是如此,没有一个人或一个城邦比别的人或城邦更加智慧。但是说到制订的法律对城邦是有利还是有害,普罗泰戈拉也承认有的制订者比别的制订者更好更接近真理,决不能说任何城邦认为对它有利的就一定是有利的。有些人认为像正义和不正义、虔敬和亵渎这类事情都不是自然的,不是由于本性如此的,而是人为的,只要普遍认为如此它便是真理。这种说法和普罗泰戈拉的学说并不完全一样,却是同类的。(171D—172B)柏拉图指出了他和普罗泰戈拉的辩论实在就是关于是非善恶等等是 physis 还是 nomos 的问题。但对这一点他没有再展开讨论,只是发了一长篇议论,说明以追求真理为目的的哲学家和只知以言语取胜、哗众取宠的智者是有根本不同的。(172C—177B)

柏拉图再回到原来的问题上:当一个城邦制定的法还在继续实行时,对于这个城邦说它是正义的,但要是说到它是不是好的,就没有人敢肯定地说了。因为一个城邦制订法律的目的是为了它自己的最高利益,而这种法律对城邦是不是真正有利,这是要在将来才能作出判断的。如果说"人是万物的尺度",是不是每个人都同样能对将来作出判断呢? 比如一个人将来是不是会发烧,只有医生才能作出正确的判断,酒将来是不是甜的,只有酿酒的人才能正确判断,音乐是不是会和谐,也只有音乐家才能正确判断。关于将来的事情只有受过专门训练的人才能作出正确的判断。一个国家制订的法律常常是不能达到符合它自己最高利益的目的的,因此必须承认有的人比别人更有智慧,也只有智慧的人才能是万物的尺度,像我这样愚蠢的人是不能作为尺度的。

连普罗泰戈拉的老朋友塞奥多罗也不得不承认这番议论击中了普罗泰戈拉学说的致命弱点。（177C—179C）

这样就驳倒了"人是万物的尺度"的说法。因为各人的智慧有高低不同，在分辨一个东西是好或坏，是有利或无利即作价值判断时，受过专门训练的人所作的判断比其他人正确，只有智慧的人才能作这样的尺度，并不是每个人都能成为万物尺度的。在辩论这个问题时实际上已经超出知觉的范围，判定一个东西的好坏和有利无利都不是直接感觉所能做到的，这里已经显示出知觉和知识是有不同的。这就牵涉到以上所说的第二个问题。

关于知识和知觉有不同的问题，前面已经举了学习外文等两个例子驳斥"知觉就是知识"的论点。对此苏格拉底又为普罗泰戈拉辩护说：你们将知觉和知识区别开来，如听到外国人说话是知觉到的东西却并不知道，而有些已经知道并且记得的东西现在却没有直接知觉到；如果说知觉就是知识，则这种情况便是既知道又不知道，这不是矛盾吗？但是我可以回答说，人是能既知道又不知道的，比如遮住你的一只眼睛，只有另一只眼睛能够看到，这就是既看到又没有看到，你看到了某个你没有看到的东西。如果看到就是知道，这便是既知道又没有知道。实际上这类情况是很多的，知道还有清楚与模糊的区别，隔开一段距离时不知道的东西靠近一点是不是知道呢？对于类似这样的许多问题，普罗泰戈拉可以回答说，因为认识的主体和对象都是在不断变化的，所以对于过去印象的记忆和当前的印象是不同的；一个人可以既知道又不知道，因为他在变化，变化以前和变化以后当然会有不同，虽然是同一个人，也是可以不断变化的。因此每个人都有他个人所有的知觉，凡呈现给他的就"是"这样，如果一定要用"是"这个词的话。〔意思是本来只有"变化"，并没有"是"（存在）。〕（164D—166C）

因此要驳倒普罗泰戈拉的学说必须批判赫拉克利特的万物流动说，但是柏拉图并没有批判赫拉克利特本人的学说，而是批判赫拉克利特的故乡爱菲索中那些将赫拉克利特的学说推到极端的人。① 他借塞奥多罗之口说他们是一群疯子，不能安静地回答问题，无论如何也抓不住他们，因为他们不让任何

① 参见本书第一卷第375页。

东西确定下来。(179E—180B)苏格拉底指出除了这一派以外,还有另外一派即巴门尼德主张万物是静止的"一"。我们处在两派之间需要考查哪一派比较合理。(180D—181A)实际上他主要是批判那种极端的万物皆流的学说。他说变动有两种,一种是地位的变动,从这一点移动到那一点,或在同一地点旋转;另一种是性质的变化,如由白变黑,由软变硬。主张万物变动的人除非是承认任何事物都同时处于这两种变动之中,不然他便得承认事物只在这一方面变动,而在另一方却是静止的。如果知觉和对象都不断变动,当我们说对象是白色时,它已经不是白色了。我们不能用任何一个固定的名字来称呼它,即使是知觉,当说它是"看"时它已经不是看了,因此说它是"知觉"和说它是"非知觉"都同样是不对的,同样的说它是"知识"和说它是"非知识"也是不对的。我们对任何东西都不能说它是"如此"或"不如此",除非专门为这种学说制造出一种语言来,用我们现在的说话是无法表述它们的。这样无论是"人是万物的尺度"或者"知觉就是知识"的学说也都不能存在了。(181B—183C)这就是后来亚里士多德在《形而上学》中说的,克拉底鲁最终认为人根本不能说什么,只能简单地动动他的手指。(1010^{a}12—14)既然什么都不能说,任何学说也都不能建立。

本来应该批判另一方面即主张静止的学说,苏格拉底却拒绝这样做,他说麦里梭那样主张静止的人是不值得讨论的,而巴门尼德却是他尊敬的长者。他提到《巴门尼德篇》中的那次会晤,说他担心还不能理解巴门尼德的思想。而且如果要讨论,这个题目显得太大了,会打断和挤掉当前讨论什么是知识的问题。(183C—184B)在这里拒绝讨论的这个问题到《智者篇》才提出来讨论。

最后柏拉图将知觉和知识区别开来,彻底驳斥"知觉就是知识"的学说。他说我们是通过眼睛看到颜色,通过耳朵听到声音的,有没有一种知觉能同时包括这二者呢?没有,眼睛不能看到声音,耳朵不能听到颜色。那么是不是有一种东西能将这些知觉统在一起,无论将它叫作灵魂或别的名称都行呢?它能通过各种感官认识到热、硬、轻等,还能够想到颜色和声音二者共同的东西,比如说它们两个都是"存在",每一个都"异"于另一个而"同"于它自身;它们两个合在一起是"二",每一个是"一";还可以问它们彼此是"类似"的还是

"不类似"的,还有"奇数"和"偶数"等等,这些都不是哪一个感官所能感觉到的,只有灵魂自己才能认识这些共同的东西。还有"光荣"和"耻辱","好"和"坏"等也只有灵魂看到它们的相互关系,将过去、现在和将来加以比较之后才能认识。他又说事物的硬和软都是由感官知觉到的,但它们二者都是"存在",它们彼此是相反的,是相反的"存在",这些却只能由灵魂比较、回想才能判定。通过感官得到的知觉不但人有,动物也有,这是自然赋予的。但是关于它们的"存在"以及"有用"等等,却只有通过长期艰苦的教育才能认识到。视觉、听觉、嗅觉等只是知觉,不能认识真理和实在,它们不是知识。所以知觉和知识是不同的,不能说"知觉就是知识"。(184B—186E)

柏拉图将知觉和知识明白区分开来,最终推翻"知觉就是知识"的学说。从他对知觉和知识的区分中可以看出他以为认识过程是这样的:人通过不同的感官得到不同的知觉,这一种感官不能得到那一种知觉,比如眼睛只能看到颜色不能看到声音。只有将不同的知觉集合起来才能认识事物,他认为将不同的知觉集合起来的是灵魂,灵魂通过不同的感官得到各种不同的知觉,并且能将它们集中起来。但柏拉图并不是说比如灵魂将红、圆、甜等知觉集中起来认识到这是苹果,他是说灵魂可以认识到各种不同的知觉的"共同的东西"。他举的例子是认识到颜色和声音这两个知觉都是"存在",它们彼此相"异"又"同"于自己,有"类似"和"不类似"的关系,它们合起来是"二",每一个是"一",等等。他在这里说的这些"共同的东西"恰恰就是《巴门尼德篇》第二部分讨论的那些范畴。有些学者认为这些就是柏拉图原来所说的"相",康福德就是这样看的,他说将这些公共的名词叫作"范畴"是错误的,他还加了一个注说:这种将柏拉图的"共同的名词"和亚里士多德的"范畴"二者毫无意义地混淆起来,可以追溯到普罗提诺;现代人又加上了另一层混乱,将它和康德及别人完全不同用法的"范畴"又混淆起来,比如坎贝尔说它们是"思想的必然形式,与知觉和推理都分不开的。"可是柏拉图的"共同名词"并不是思想的形式而是思想的对象,它们与知觉是可以分开的。[1] 康福德提出的这个理由

---

[1] 参见康福德:《柏拉图的认识论》,第106页。

是不够充分的。诚然柏拉图的"相"是客观的思想对象,但是柏拉图并没有将对象和形式严格区分开来,他所说的"相"本来就包含有"形式"的意思,康福德自己就将"相"译为 Form,和"思想的形式"的"形式"能说是完全没有关系吗? 康福德似乎过于注重《泰阿泰德篇》等对话和柏拉图前期相论之间的共同点,他处处企图解释《泰阿泰德篇》中的认识论和前期的回忆说没有矛盾,说因为《泰阿泰德篇》是讨论感觉的问题所以没有提到"相"这个词,认为这里的"共同名词"就是"相"。我们认为如果按照柏拉图自己的教导,他后期认为辩证法就是综合和划分,综合必须看到事物的共同点,划分则要根据它们的不同(异)点,我们不但要看到对象的"同",也应看到它们的"异";只有看到后期对话和前期对话的不同才能看出柏拉图的思想有哪些变化和发展。柏拉图在这里提出的"共同的东西"如存在、同、异、类似、不类似等,就它们有确定的含义说和原来的"相"有共同点,但它们也有不同。柏拉图原来的"相"是从一类同名的事物中得出的一个同名的一般东西,如一类大的事物有"大的相",一类美的事物有"美的相",许多具体的床有"床的相",因为它们是同名的,所以亚里士多德批评他只是在具体事物后面加上"它自身"而已。而现在的"存在"、"同"、"异"却是从颜色、声音等知觉中经过比较抽象出来的,不是从一类同的事物直接得出"同的相"。在柏拉图前期相论中"存在"本身已经是高级的知识的对象,只有"相"才是真正的存在,所以没有提"存在的相",也没有提到"同的相"、"异的相",因为"同"、"异"不是单个事物的性质,而是事物和事物之间的关系。柏拉图现在说的是从不同的知觉中概括出"存在"、"同"、"异"这类共同的东西来,和他以前所说的从美的事物得出"美的相"、从大的事物得出"大的相"等显然是不一样的,这就是他后期认识论胜过前期认识论的表现。柏拉图开始意识到抽象在概念形成中的作用,同时他也看到这些"共同的东西"(范畴)的形成是和感性认识有关系的,如果问这些"共同的东西"和知觉是不是分离的,因为这些共同的东西是组成知识的重要因素,它们和知觉不同,从这个意义上可以说它们是分离的;但它们是从知觉的比较分析中得出来的,我们不能感觉到"存在"、"同"和"异",但它们是从颜色、声音等知觉中经过抽象的比较和推理得出来的,我们是用"存在"、"同"、"异"等将不同的知觉综合在一起得到知识的。正是在这点上可以说它们和知觉与推理是分不开的,我们用这些共同的东西将各种知觉组合起来,可以说它们是组织经验的形式,是范畴,和柏拉图原来所说的"相"有所不同。

我们在第一编中讨论过普罗泰戈拉看到事实认识(关于对象的知识)和价值认识的区别,现在又看到柏拉图指出价值认识和事实认识的关系,但是他将价值认识(善恶、好坏)归于智慧,这和他的"美德即知识"的基本思想有关。其实普罗泰戈拉的思想也有正确的一面,善恶、好坏的价值判断也是同主体的需要、爱好、感受等有关的,所以从小苏格拉底学派开始,希腊伦理思想一直围绕着善究竟是知识还是利益的问题展开争辩。

第二节 真意见就是知识说

什么是知识? 泰阿泰德给的第二个答案是:真的意见就是知识。

希腊文 doxa 这个词有许多含义,本书一般译为"意见",有时按上下文译为"看法"、"见解"。巴门尼德认为它是不可靠的虚假的知识,将它和"真理"对立。这个范畴的原义及其变化在本书第一卷中已经作了论述。① 柏拉图基本接受巴门尼德的用法,将它当做比"知识"低一层的认识,在《国家篇》中将二者明确划分开。《美诺篇》说到"对的意见"(ortho-doxia,right opinion),它有时正确有时不正确,所以还不是知识,只有用因果推理将它拴住才能成为可教的知识。(97E—98A)《会饮篇》中说这种对的意见是介于知识与无知二者之间的。(202A)《国家篇》说完全的存在("相")是完全可知的,是知识的对象,完全的不存在(无)是完全不可知的,是无知的对象,那些介于二者之间的既存在又不存在的东西便是意见的对象。(477A—B)可见他所说的"对的意见"就是见解、看法,也有判断的含义,它可以有时正确有时不正确,介于知识与无知之间,实际上就是对于现象的认识。

---

① 参见本书第一卷第 540—543 页。

苏格拉底再问什么是知识，泰阿泰德回答：知识就是"提出意见"（这里用的是动词现在时不定式 $\delta o\xi\acute{\alpha}\varsigma\epsilon\iota\nu$，doxazein 康福德将 doxa 译为"判断"，这里就译为"下判断"，以下柏拉图讨论的确实都是有关判断的问题）。但他立即指出意见有真假之分，只有真的意见（alethes doxa，true opinion）才是知识。从巴门尼德开始认为"真理"（aletheia）和"意见"是对立的，现在将这两个词联在一起了，可以说是"真理性的意见"。但什么是"真意见"？柏拉图并没有正面说明，以下讨论的是什么是假意见以及假意见如何可能的问题。因为真和假是相对的，讨论清楚什么是假意见也就知道什么是真意见了。

一 假意见如何可能

本卷第五章讲到高尔吉亚的三个命题，命题二是"即使有某物存在，也是不可认识不可思想的"。他的主要论证就是：如果被思想的东西是不存在的，那么存在的东西就是不能被思想的。而大量事实证明人们可以想到一个飞人或一辆在海上行驶的马车，以及 Scylla 怪物和 Chimaera 吐火兽等，这些都是不存在的（假的），由此证明存在是不能被思想的。高尔吉亚这个论证的根本错误就是他没有分清思想（应该说是想象或意见）有真假之分，他仅仅根据人们有些意见是假的（不存在的），就得出人们所有的意见都是不存在的，从而推论存在是不能被思想的。我们记得高尔吉亚的这个推论，便可以认识到以下柏拉图论证假意见如何可能并不是无的放矢，而是有很强的针对性的。

苏格拉底首先提出的问题便是如何可能有假意见的问题。他分析：如果两个人对同一件事情有不同的意见，其中一个可以是真的意见，另一个是假的。对于任何一个东西，你或者是知道它或者是不知道它。当一个人在思想的时候，他或者是想那个他所知道的东西，或者是想那个他所不知道的东西。对知道的东西不能不知道，对不知道的东西也不能知道。〔这里是将"知"和"不知"简化成为形式逻辑的相反关系。这种分法和《美诺篇》中的所谓"美诺悖论"即"凡是你知道的你已经知道了，凡是你不知道的你就根本不知道"（80E）是一样的；但在这里柏拉图却打破了这个悖论，分析了认识的复杂情况。〕所谓提出假意见便只有四种可能：其一，将他所知道的某个东西认为是他所知道的另一个东西,这是不可能的。〔因为两个都是他知道的。〕其二,将一个他不知道的东西认为是另一个他不知道的东西,比如他既不知道泰阿泰德也不知道苏格拉底,却将泰阿泰德认为是苏格拉底。这也显然是不可能的。其三,将一个他所知道的东西认为是一个他不知道的东西,或其四,将一个他不知道的东西认为是一个他知道的东西,这二者也是不可能的。〔因为知道的不能不知道,不知道的也不能知道。〕这四种情况都不可能,那么假意见从何而来呢?(187E—188C)这是讨论最简单的情况,说的只是像"泰阿泰德是苏格拉底"这种简单的判断形式。

苏格拉底提出第二种可能:所谓假意见乃是对于"不存在"的东西的思想。他想某个东西,这个东西却是不存在的,这样他的意见当然是假的。但苏格拉底对此又加以辩驳:一个人可以看到或感觉到任何存在的东西,但是他不能看到或感觉到那根本不存在的"无"。同样他所思想的只能是存在的东西,不能想那绝对不存在的"无",想到"无"便是根本没有思想,这也是不可能的,假意见也不是由此产生的。(188C—189B)这里说的"不存在"就是上一章中谈到的非存在,是指绝对的非存在,是"无",它既不是感觉的对象也不是思想的对象。

苏格拉底又提出第三种可能:所谓假意见乃是在人心里将一种存在的东西错当做另一种存在的东西了。泰阿泰德立刻同意这种看法,说这就是以丑为美,以假为真。苏格拉底说,这样你必然是在心里同时(或前后相继)想到这两个,并且作出判断。意见就是发出声音说话(逻各斯),断定这一个是那一个。但是如果他在心里已经掌握了它们即知道了它们,怎么可能将这一个错当做另一个呢?你既然知道真的和假的,怎么可能将"真"当做"假"呢?即使在梦中人也不会将"偶数"说成是"奇数",正像人不会说"牛"必然是"马","二"必然是"一"一样。人如果知道了这两个,他不会将这一个当做那一个;如果他只是知道这一个而没有知道那一个,他也不可能将这一个当做那一个。所以说假意见就是将这一个错当成那一个,也是不可能的。(189B—190E)

显然我们可以看到,以上这三种假的(错误的)意见(判断)实际上都是存在的,只是柏拉图在这里将它们作了一定的规定。对于第一种和第三种情况,柏拉图将它们限制在同等的当下的认识（它们都是直接感知到的、想到的或是知道的）的条件下；对于第二种情况，他将它限制在绝对不存在即"无"的条件下。在这种限制的条件下不可能产生假的错误意见，只要超出这些限制便会产生假意见，这就是柏拉图在下面提出来的。

二　蜡板说

应该承认有假意见存在。苏格拉底说，如果承认一个人不能够将一个他知道的东西想作是一个他不知道的东西，那是要上当的，在某种情况下假意见是会发生的。泰阿泰德立刻举出例子：我是认识苏格拉底的，现在远远看到一个陌生人，我以为他就是苏格拉底，这就是错误的意见。如何解释这种情况呢？柏拉图提出蜡板说：

> 让我们想象心里有一块蜡，在这个人心中的和在那个人心中的蜡可能有大有小，有的纯粹些有的不纯粹些，在有些人那里硬一点，另一些人那里软一点，有些人则软硬适宜。（191C—D）

他说这是记忆女神内莫绪涅赐给我们的礼物，任何时候只要我们希望将看到、听到或意识到的东西在心中保留下来，便将它们印在蜡上，正像印刻在指环上一样。只要印在蜡上面，它的像还保留着，我们总可以记起它知道它；而那些已经擦去的或是没有好好印在上面的，我们便忘记掉不知道了。（190E—191E）柏拉图提出蜡板说，主要是打破了以上所说的当下直接的感知或认识，而提出了"记忆"这种认识因素。

由于人可以将已经知道了的东西摆在记忆里，然后将它应用到当时看到或听到的东西上，便可能产生假的意见——将一个他知道的东西当做另一个他所知道的东西或一个他所不知道的东西。以下他详细列举了各种不可能产生错误意见（判断）的情况。他实际上是列了一张表，但192A—C这段话很难读，各种译文也有不同，康福德没有直接译这段话，而是作了一段分析解释。他将认识对象分为四种：第一，知道的、认识的（现在记得的）；第二，完全不知道不认识的；第三，现在感知到的；第四，现在没有感知到的。它们可以彼此组合（甲是乙），有许多不同的组合方式。但在下面三种情况下是不可能产生错误判断的:第一,如果两个对象现在都没有感知到,我不能将一个认识的东西错当做另一个认识的东西,也不能将它错当做个不认识的东西,也不能将两个都不认识的东西混淆起来。第二,如果只有感知,我不能将两个正看到的东西混错,也不能将一个已看到的和另一个没有看到的东西混错,也不能将两个都没有看到的东西混错。第三,如果既包含认识又包含感知,我不能将两个既都看到又都有正确的记忆印象的东西混错;也不能将一个现在看到又有正确记忆的东西和一个不认识的东西混错,或和一个现在看到却不认识的东西混错;也不能将两个都完全不认识的东西混错,无论我现在看到它们或是没有看到它们。① 然后苏格拉底指出产生错误判断的只能是以下三种情况:第一,将一个知道的东西当做是另一个既知道又现在感知到的东西。第二,将一个知道的东西当做是另一个不知道却现在感知到的东西。第三,将两个既都知道又都感知到的东西混错。对于这些抽象的分析,年轻的泰阿泰德不能了解,苏格拉底举实例说明,比如他是认知泰阿泰德和塞奥多罗两个人的,在蜡板上已经保留下他们的印象,现在远远地看到他们两个人,但将这一个人的印象配到对另一个人的知觉上去了,像将脚错误地伸进另一只鞋子,也像是在镜子中的映象从右边换到左边一样〔以上的第三种〕。还有是我知道这两个人,现在只看到一个,却将对这一个人的知觉和对另一个人的(记忆中的)印象配起来了〔以上的第一种〕。还有就是上面举过的例子:泰阿泰德认识苏格拉底,现在看到一个陌生人,误以为他就是苏格拉底〔以上的第二种〕。他总结说,对于既不知道又没有感知的对象是不可能产生错误判断的,只有在既知道又感知的对象间才可能产生假和真的问题——如果将这个感知到的知觉安到它本来的印象上去便是真的,如果错安到另一个印象上去便是假的。而所以会产生这种情况,便是因为心里有块蜡板。荷马的诗中所说的灵魂中的"心"($\kappa\acute{\varepsilon}\alpha\rho$,kear)和"蜡"($\kappa\eta\rho\acute{o}\varsigma$,keros)是相似的。如果是块好的、光滑而适度的蜡板,印象清楚便不容易调错,这样的人可以说是有才能的;如果只有"粗糙的心",是由不纯粹的蜡造成的过硬或过软的板,印象不清楚便很容易忘记或调错。所

---

① 参见康福德:《柏拉图的认识论》,第 122 页。

以应该承认假的判断和真的判断都是存在的。(191E—195B)在这长段论述中柏拉图用蜡板说将记忆引进认识之中,然后对知道(认识,包括记忆)和感觉的各种情况进行了细致的分析,指出只有在知道和感知结合的情况下才可能产生错误的判断。留在蜡板上的是已经认识的东西,是想(知)的对象,只有当它和当前感觉到的东西相结合时才会产生错误,如果二者都只是知的对象或感觉的对象,是不可能产生假的意见的。(195C)

但苏格拉底立刻纠正了自己。他说我们当然永远不会将一个只有想到而没有看到的人想作为一匹也是没有看到的马,但是却可以将一个只有想到的十二想作是十一。泰阿泰德却以为如果他看到或拿到十二个事物,错当做是十一个,这是可能的;但不可能将思想中的十二错当做思想中的十一。苏格拉底回答说,比如五和七,我说的不是五个事物和七个事物,而是记录在蜡板上的"五"和"七"自身,关于它们每一个是不会搞错的,但如果说到五加七,便有的人认为是十二,有的人却认为是十一。这就不是产生于知识和知觉之间的错误配合,而是由思想本身产生的错误意见。(195B—196C)在这里我们看到康德那个著名的例子中的"五"加"七"的最早出处。苏格拉底特别申明这不是五个和七个事物,而是在思想中的"五"和"七"自身。这表明柏拉图讲的是纯粹思想中的错误。康福德认为蜡板是只能接受外来印象的,而按照《美诺篇》,数的知识和"相"的知识一样是永远潜藏在灵魂中的,怎么会将数的知识也认为是记录在蜡板上的印象,是不是柏拉图已经放弃了他的回忆说呢?他认为不是,因为蜡板说主张只有感觉才是知识的唯一源泉,这种机械论是建立在经验论的基础上的,柏拉图不会接受这种假定。① 我们以为康福德指出蜡板说是建立在经验论基础上的,和柏拉图原来主张的回忆说根本不同,这是正确的。可以说柏拉图的蜡板说正是洛克白板说的最初雏形,(不过柏拉图还是认为各人的蜡板有纯粹和不纯粹、光滑和粗糙之分,就是说人的天赋认识能力有高下,所以有聪明和愚蠢的不同。)现在的问题却是:柏拉图在这里是仍然坚持回忆说,提出蜡板说仅仅是作为批判的对象呢,还是为了修正他以前

---

① 参见康福德:《柏拉图的认识论》,第129—130页。

的回忆说？答复应该是后者而不是前者。柏拉图原来将知识和感觉绝对割裂开，知识是永远正确的，因为它是先天得来的知识。这种学说是经不起事实考验的，实际上知识和感觉是不能这样绝对分开的，知识不一定完全正确，感觉也不见得不是真的。从《巴门尼德篇》和《泰阿泰德篇》，我们已经看到知识和感觉之间是有各种各样联系的，柏拉图已经承认感觉对于感觉者说总是真的；而知识却可以是有错误的，不但在知识和感觉结合时会有错误，即使知识本身也会产生错误。某人可以认为 7+5＝11，如果是复杂的数学命题，这类错误将会更多。现在正是在讨论这种错误是如何产生的。尽管《泰阿泰德篇》开始时曾经暗示回忆说，但实际上《泰阿泰德篇》中讨论的认识论，已经超出了他早期的回忆说，应该说是柏拉图修正了他前期的认识论。

三 鸟笼说

为了解答在思想上将十二错当做十一的问题，柏拉图又提出鸟笼说。

苏格拉底说，我们的对话从开始起就假定我们不知道什么是知识，从而去研究知识的性质。可是我们又无数次地说"我们知道"、"我们不知道"、"我们有知识"、"我们没有知识"，以及说"无知"、"理解"等等，好像我们有权利使用这些字眼似的，这不显得可耻吗？泰阿泰德说要是完全不用这些词，又如何进行讨论呢？苏格拉底说如果我是一个雄辩家也许可以讨论，但是我不能；不过我想试试说明知识像是什么。接着他便做了说明：人们常说的"知道"是什么呢？就是"有知识"，但应该说是"获得知识"。他认为"获得知识"和"有知识"是不同的，如果一个人买了件衣服，是得到了它却并没有穿它，我们说他是得到了这件衣服却不是〔现在直接〕有它。知识也是这样一种东西，你可以得到它而并不有它，像一个人捉到了一些鸟，将它们养在笼子里，并不直接掌握在手上。我们说他已经得到它们但并不是有它们。当然在一种意义上也可以说是有了它们，即当他需要的时候可以从笼子里任选一只抓在手上。刚才我们说心里有一块蜡板，现在说心里有个鸟笼，其中贮藏着许多鸟，有的是一小群一小群的，有的是单独的，它们在笼子里到处飞翔。他说，当人是孩子的时候，这个笼子是空的，后来他得到知识，将它们一片一片地关在笼子里，这就

795

是发现或学到了知识,就是"知道"。现在需要从笼子里去取出一片知识来,这种猎取和前一种猎取是不同的,他举了一个例子:有一门学问叫算术,它是关于一切数——奇数和偶数的学问,人可以用来和各种数的知识联系,也可以将它传授给别人;他传递知识便是"教授",别人向他"学习"。这样获得的知识就是"知道"。一个完全的算学家心上是有一切数的知识的,他有时计算在他自己头脑里的数自身,有时则计算外面的特殊的数是多少。由此产生了一个难题:我们承认这个人已经知道一切数,可是他还要去寻求他所知道的东西,好像对它还没有知识似的,这就是说他不知道他所知道的东西。为了说明这种矛盾,必须区别两种不同情况的"取得":第一是在你的笼子里还没有鸽子的时候,为了要得到它而去猎取,第二是在你已经得到以后,有时候为了要拿在手上使用而将它从笼子里再取出来。那些在着手计算的算学家可以说是在再学习他已经知道的知识,却不能说他是在计算他所不知道的东西。(196D—199A)

这就是"鸟笼说"的全部内容。这里有几点值得注意:第一,如果说"蜡板说"带有经验论的痕迹,因为总是外来事物的印象刻印在蜡板上的,那么"鸟笼说"的鸟本来也是从外界获得的,但柏拉图却将它解释成也可以撇开直接经验,因为算学家虽然可以计算外在事物的数,但他也可以只计算自己头脑里的"数自身",而这正是柏拉图从来也不否认其为真正的知识的。第二,柏拉图明白宣称:在幼年的时候知识的笼子是空的,后来才得到知识,把它们一片一片地装进去,这里他并没有说笼子里原来就装满了永恒的知识。第三,在早期对话中,苏格拉底——柏拉图一直反对知识是可教的,认为人的知识本来是自己产生的,他们只是将已经孕育的知识接生出来,而现在他明白肯定知识是可以传授和学习的。从这几点也可以看出《泰阿泰德篇》的认识论和以前的认识论是有不同的。

柏拉图提出"鸟笼说"是为了解答不包括直接感知在内的知识间如何会产生错误判断的问题。现在这问题容易解决了:比如问七加五是多少? 他本来应该取出十二却错取了十一,抓了一只斑鸠代替鸽子,如果他取了那片真的便是真意见,取了假的便是假意见。这样便可以避免掉"人不知道他所知道的东西"的矛盾。(199A—C)这就是在《美诺篇》中提出来的那个巧妙的论证:一个人既不能去发现他所知道的东西,也不能去发现他所不知道的东西,因为既然他知道了便无需再去寻求,如果他不知道,甚至连他要寻求什么也不知道,他怎么能去寻求?(80D—E)西方学者将它称为"美诺悖论"。在《美诺篇》中柏拉图用回忆说解决这个问题:人的灵魂本来有关于"相"的知识,只是在出生以后忘记了,所以学习就是回忆。现在《泰阿泰德篇》的蜡板说和鸟笼说也是回忆,不过它和《美诺篇》的回忆说有根本不同:在《美诺篇》中灵魂所有的"相"的知识是先天具有的,是先验论的回忆说,而在《泰阿泰德篇》中无论是印在蜡板上的印象或是关在记忆笼中的鸟都是在出生以后灵魂从经验中得到的,所以不是先验论的。(不过他还认为人有自己头脑中的"数自身",这个"数自身"是从哪里来的?他没有作出解释。)由此可见柏拉图的认识论已经发生了根本变化。

但苏格拉底对此还要进行反驳:人既然有关于某些东西的知识,怎么又能不认识这个东西呢?泰阿泰德说也许他抓住的不是一片知识,而是一片"无知"。苏格拉底回答说抓住这片东西的人当然不会认为他的意见是假的,而是认为他的意见是真的,他一定认为他抓住的不是无知而是一片知识。这样我们是不是要在"无知"和"知识"之外去寻求一片〔可以决定它们的〕知识呢?岂不是绕了一大段路又回到原来的困难了?因为我们本来是讨论什么是知识的,然而我们的讨论却将"知识"搁在一边,先去讨论假意见是如何产生的问题,结果是错了,还是需要先解决什么是知识的问题。(199C—200D)这段话的意思是不大清楚的。康福德认为苏格拉底的反驳意义是暧昧的,这里有文字上的原因。①

我们以为这里的问题主要还在于柏拉图的认识论思想。自从泰阿泰德提出第二个答案——真的意见就是知识以后,柏拉图细致地分析了发生真、假判断(意见)的各种可能情况,以后又提出了蜡板说,并且补充以鸟笼说,对于产生各种真或假的思想——从一般判断到数学知识——的情况作出了解释。从

---

① 参见康福德:《柏拉图的认识论》,第136—137页。

认识论的发展来看,柏拉图这些思想远远超出了他以前的哲学家,以后对亚里士多德一直到近代的认识论都有重要影响。但是柏拉图自己由于原来将知识和意见作为高、低两个阶段的认识,他要否认"真意见就是知识"这个结论。按理他应该将这里所说的"真意见"和他所说的"知识"明确地区分开来,便应该对这里提出的几种学说进行认真的批判。可是他对这些学说没有提出一点批判,仅仅只是抓住"意见"这个词包含"相信"、"认为"的意思,指出那些实际上提出假意见的人也可以认为他自己的意见是真的,从而便简单地断定即使是真意见(包括真的知觉、判断和数学知识)也不是知识。

最后的批判结论便是这样下的。泰阿泰德说,经过这场讨论我只能得出一个结论:真的意见就是知识。苏格拉底否定这个结论,却不是从认识论来论证,而将矛头指向智者。他说,那些被认为智慧的人要弄技巧让人们相信他,正像一个法官只听信一个证人提供的证词,接受了真的意见,虽然可以作出确实的判断,却并不是由于知识,而是他被正确的意见说服了,由此可见真意见和知识是不同的。(200D—201C)这样还是要区别真意见和知识的不同,泰阿泰德便提出第三个答案。

第三节　真意见加逻各斯就是知识说

什么是知识? 泰阿泰德给的第二个答案被否定了,他再加以修正作出第三个答案:真意见加上逻各斯就是知识。

希腊文 logos 这个词有许多含义,我们在论述赫拉克利特的哲学时已经介绍过了。[①] 这里的"逻各斯"是哪一种含义? 乔伊特的译文和《洛布古典丛书》的译文都译为"理性"(reason)和"合理的解释"(rational explanation),康福德译为"说明"(account)或"解释"(explanation),严群译为"带有理由的"和"有理可解的"。这里本应该有"理由"、"理性"的意思,但从后面所作的实际

————————

① 参见本书第一卷第 380—385 页。

解说看,又并没有强调"理"的意义,也许康福德因此将它只译为"说明"或"解释",较新的如J.McDowell 的译文也是依康福德的。我们以为主要还是应通过上下文理解它的含义,所以音译为"逻各斯"。

泰阿泰德提出:凡是带有逻各斯的真的意见就是知识,不带逻各斯的意见则应该排除在知识圈外。一个东西如果是不能给逻各斯的就是不可知的,只有能给逻各斯的才是可知的。苏格拉底说这样我们就要区别可知的东西和不可知的东西了。接着他插了一大段话批评了一种观点,他说我做过一个梦,梦中有人告诉我,凡是组成事物的基本因子(stoicheion,元素、字母)就是不能给逻各斯(说明、解释)的,只能用一个名称去称呼它。我们不能将任何东西归给它,不能说它"存在"或"不存在",甚至不能说"它自身"、"每一个"、"单个"、"这个"或这一类可以在各处乱跑、加到任何东西上的词,因为因子和加上去的词是有不同的。因子只能有一个名称,不能有它的逻各斯,只有由因子组成的东西本身是组合体,它们的名词组合起来成为一个逻各斯。因子是不能解释不能知道的,它们只能被知觉到,只有由因子组成的集合体(syllabas,音节)才是可以知道的,可以说明解释的,对它们能有真的意见。所以一个人如果有了真意见却没有逻各斯,他还没有知识,只有当他有了逻各斯时他才有知识。(201C—202C)这种主张柏拉图说他是听来的,一般学者认为这是犬儒学派安提斯泰尼的学说,后来亚里士多德也采用过这种说法。①

苏格拉底讲的因子和集合体实际上想到的是字母和音节,他说比如Socrates 的第一个音节"so"是什么呢?回答说是 s 和 o,难道这是作了一个逻各斯(说明)吗?什么是 s 呢? s 只是由舌头发出嘶嘶的声音,其他字母也是这样,它们都是只能被感知而不能作说明的。这就是说字母(因子)是不能知道而音节是可以知道的,但可以反过来问:如果他知道了 so 却不知道其中的因子 s 或 o,这不奇怪吗?只能解释为音节虽然由字母组成,但它有自己统一的性质,所以和字母不同。由许多因子(部分)集合而成的整体和这些部分的总和有所不同,比如"六"这个数既是 3×2 又是 1×6 又是 4+2 或 3+2+1,这些

---

① 参见亚里士多德:《形而上学》,H,1043ᵇ23—32。

不同的部分的情况表现同一个整体——六。但前面说过字母所以是不能知道的就是因为它是单一而不可分的,如果音节是整体,所以与部分的总和不同,则它也是单一而不可分的,岂不也是不可知的吗?而且我们学习文字时首先是要分辨字母,不要搅乱它们的次序;正像学音乐时必须首先了解每一个音符,知道它属于哪一根弦一样。由此可以说有关因子的知识比有关集合体的知识更为重要。如果有人说集合体是可知的而因子不可知,那是在玩弄我们。(203C—206B)这里讨论的是整体和部分的关系问题,这是希腊哲学在柏拉图特别是后来亚里士多德重点谈到的问题。

为什么柏拉图要反对认为因子是不可知的观点呢?从《斐德罗篇》以来,柏拉图认为辩证法就是划分和综合的方法,综合是看到对象的整体,划分是将对象分析到它的组成元素或因子。既然他认为这就是辩证法,他当然要认为整体和部分都是可知的,因此,他对当时流行的这种看法必须作出反驳,认为这是在"玩弄我们"。这就是这里插进这段话的原因。

在进行了这一长段插话之后,苏格拉底正式讨论泰阿泰德提出的第三种答案,即认为真意见加上逻各斯就是知识的说法。他指出关于这逻各斯是什么,有三种可能:

第一,人将他的思想用名词、动词等发出声音表现出来,像在镜子里或水中的"像"一样地表现出来。这是一件任何人都能做到的事情,除非他是聋子或哑子。承认这样的逻各斯,怎么能说是知识呢?(206C—E)这就是取逻各斯作为"说话"这种意义,将想到的意见用语言说出来当然不会变成知识。

第二,说逻各斯就是列举对象的基本因子,比如有人问什么是车子,你列举车轮、车轴、车身、横木、车辕等,即使你将所有的部分全部列举出来,你的意见可以说是正确的,也还不能说对车子已经有专门的知识。当有人问到你的名字是什么时,你只能一一列举组成你的名字的音节和字母,正像学校里的孩子可以将组成"泰阿泰德"(Theaetetus)的各个字母都正确地写下来一样,他有正确的意见却不能说他已经有了确定的知识。所以将列举组成因子的逻各斯加到真意见上也不能说是知识。(206E—208B)虽然上面讨论过对组成事物的因子和对整体一样可以有知识,但这里是说:将组成一个事物的因子一一列举出来,并不就是我们对这个事物所要得到的知识。这两种情况是不同的。

第三,许多人认为逻各斯就是能举出对象的某些特征,将它和别的东西区别开来,例如说太阳乃是所有围绕大地的天上的星球中最光亮的那一个。这里的要点是必须把握住这个对象和别的东西的不同点,而不能只把握它和别的东西的共同点。例如如果我这样想:泰阿泰德是一个人,他有鼻子、眼睛、嘴等等,我这样想的可能是泰阿泰德,但也可能是塞奥多罗或别的人,因为鼻子、眼睛等是所有的人共同具有的。只有当我想到像你这样一个有凹鼻子、凸眼睛的人我才有关于你的意见。只有当我认识到你这种凹鼻和别人的凹鼻、有所不同,也能看到其他方面的不同以后,将这种特殊的凹鼻和凸眼铭刻在心里,明天再遇见你时才会引起我的记忆,给我一个正确的意见。(208B—209C)这里的逻各斯就有"定义"的意义了,柏拉图指出这是多数人会提出的看法,就他所举的太阳的例子说,也是一般人的常识,是即使当时的自然哲学家也能接受的看法。这里说到在看到一类事物的共同性之外,还要看到每个事物的特殊性,就是后来亚里士多德所说的"种"和"属差"的思想。值得注意的是,柏拉图在前期相论中强调的是"相"的普遍性、一般性,是像《会饮篇》讲的那样从众多具体事物一层层地上升认识到共同的"相"。现在强调的却是要认识对象的特征,不但要看到它和别的事物的共同点,而且要看到它的不同点才能认知它。这是不是表示柏拉图思想的转变呢?

当然柏拉图在这里还是批评了这种观点。我们看他是怎样批评的。他说,因为任何事物的正确意见本身已经包含了它的不同点,我们主张将说明不同特征的逻各斯加到正确的意见上去还有什么意义呢?它不过就是将认识对象的不同特征加到已经认识了它的不同特征的意见上去,这不是最坏的循环论证吗?这不过是要我们去得到一些我们已经有了的东西,去知道一些我们已经知道的东西。而且这样解释的逻各斯实际上就是关于不同特征的知识,因此泰阿泰德对于"什么是知识"这个问题的回答,实际上成为知识是正确的意见和关于不同特征的知识了。原来的问题是什么是知识,回答却是知识是某一种知识,还有比这更愚蠢的吗?所以第三种逻各斯的说法也不能成立。(209D—210A)这里我们看到:柏拉图对这种思想——逻各斯(可以译为"定义"）就是去认知这对象不同于别的东西的特征——本身，并没有提出任何批评，他只是从"正确的意见"、"知识"等词的字面意义相同提出了批评，应该说这种批评并不是认真的严肃的。柏拉图虽然还没有达到后来亚里士多德那样将"种"和"属差"作为事物的"定义"的思想，但是他认为辩证法便是综合和划分，既要看到事物的共同点又要看到它们的不同点，他已经在向这个方向前进了。以下即将讨论的《智者篇》中，柏拉图要为智者下定义，他下定义的方法也是分析法，由一层层分析得出智者不同于别的人（政治家、哲学家）的特征。这样得到的当然不能不承认它是知识。我们只能这样说：柏拉图虽然在表面上否定了这种逻各斯，实际上他是在对这方面的问题进行探索。

关于什么是知识的问题，泰阿泰德提出的三种答案——经过讨论，都被否定了。苏格拉底最后说：现在可以宣告我所接出的都是假胎，没有一个是值得养育的。但是他还对泰阿泰德说：我相信今后你会作新的思考，经过今天这番考查，你将孕育更好的思想。（210B—C）这篇对话以这种否定的结果结束，但也暗示了：沿着这些线索发展下去，将会得到更好的结果。

＊　　　　＊　　　　＊

《泰阿泰德篇》是一篇阐述柏拉图后期认识论的对话，他在这篇对话中批判了普罗泰戈拉的感觉论，认为知觉不是知识，在这点上他仍旧坚持原来的基本观点。但是我们看到他在这里已经不再是简单地将知识和感觉绝对对立起来，认为只有知识才是真的认识，而感觉是变化无常因而是不可靠的。他现在承认当前的感觉对于感觉者说都是真的，虽然它们不能成为真理性的知识。他具体分析了感觉、记忆和知识的种种不同组合的情况，并且提出了蜡板说和鸟笼说，这些都表明柏拉图对认识论的研究已经走上比较切合实际的方向，对以后西方认识论的发展起的影响也较大。

❀ 第二十二章 ❀

《智者篇》

　　《智者篇》是柏拉图后期著作中一篇重要的对话。现在一般学者都认为它的写作时期是和《巴门尼德篇》、《泰阿泰德篇》、《政治家篇》同时的，因为在这篇对话中谈到《巴门尼德篇》中所讲的少年苏格拉底和巴门尼德的那次对话，所以它被认为后于《巴门尼德篇》，大约也后于《泰阿泰德篇》。《智者篇》的开头和《泰阿泰德篇》的结尾是相联的。

　　在古代，塞拉绪罗给《智者篇》加了两个副标题：论存在，逻辑的。从这篇对话的内容看这两个标题还是比较合适的，它主要讨论有关"存在"的问题，并且提出了许多重要的逻辑论证；但康福德却强调这篇对话的认识论意义，将《泰阿泰德篇》和它合在一起加以翻译和解释，定书名为《柏拉图的认识论》。我们以为《智者篇》中的确有许多重要的认识论思想，但它并不像《泰阿泰德篇》那样是专门讨论认识问题的，应该说它主要是讨论存在即本体论思想的。《智者篇》中的主要哲学思想即通常所称的"通种论"和《巴门尼德篇》第二部分的内容有密切联系，它们是柏拉图后期思想的重要部分。

　　《智者篇》讨论的主题是什么？是智者，整篇对话就是要为智者下一个定义。它并不是一篇单独的对话，在它的开始部分就表明它是想讨论智者、政治家和哲学家这三个名词是指同一种人呢还是不同的三种人。因为当时的智者们大多称自己既是政治家又是哲学家，柏拉图反对这种意见，认为这是三种不同的人，所以他要为这三种人分别下定义，说明他们的不同特征。学者们因此认为柏拉图原来是要写一组三篇对话即《智者篇》、《政治家篇》和《哲学家篇》,但他只写了前两篇,没有写《哲学家篇》。这是一件令人遗憾的事情,如果他留下《哲学家篇》,我们就可以完整地了解柏拉图晚年的哲学思想了。但也可能是因为当时所谓的哲学还是包罗万象的知识,柏拉图觉得要再写一篇像《国家篇》那样可以表现他整个哲学思想的对话比较困难,所以后来改为写专门谈伦理思想的《斐莱布篇》和谈自然哲学为主的《蒂迈欧篇》。从我们今天对哲学的理解看,这些对话中都包含了他的哲学思想,而最能代表柏拉图的后期哲学思想的,应该说是《巴门尼德篇》、《智者篇》和《蒂迈欧篇》。

对话开始,塞奥多罗对苏格拉底说,应昨天之约我们来了。这是指《泰阿泰德篇》结束时苏格拉底对塞奥多罗说的"明天我们在这里再见",表明这两篇对话紧密相联,而且是《智者篇》写于《泰阿泰德篇》之后。塞奥多罗说他带了一位从爱利亚来的客人,并且介绍说此人是属于巴门尼德和芝诺学派的,是一位爱好智慧的人。以后整篇对话便由这位爱利亚来的客人作为主讲人,他取代了以前对话中苏格拉底的位置,他提出问题引导对话并作出结论。为什么柏拉图要选这样一位无名氏来作主讲人呢?罗斯认为柏拉图虽然被巴门尼德的理智所吸引,但却拒绝他的一元论,因此他不选巴门尼德也不选像芝诺这样的绝对一元论者作为主讲人,而是选了一位开明的爱利亚人,此人可以像批评别的哲学家一样地批评他的教父巴门尼德。① 在《智者篇》中柏拉图让这位客人批评了巴门尼德的思想,和这位客人对话的是年轻的泰阿泰德。在《政治家篇》中仍由这位从爱利亚来的客人主讲,和他对话的则是少年苏格拉底。

《政治家篇》中主要论述柏拉图在这一时期的政治思想,这方面我们将专章讨论;但在这篇对话中也有一部分涉及柏拉图的哲学思想,主要是有关下定义时如何分类的问题,是柏拉图后期辩证法和相论中一个重要问题,对《智者篇》中分类的思想作了一些修正,我们放在本章中作为附录阐述,不另设专章讨论。

以下对《智者篇》的解释主要参考康福德的译文和解释,中文译名参考严群译的《智术之师》。

---

① 参见罗斯:《柏拉图的相论》,第104页。

第一节　二分法

《智者篇》讨论什么是智者,要为智者下一个明确的定义(有几处便用"逻各斯"这个词,如219A)。苏格拉底为了反对智者的诡辩和相对主义,所以要为事物下定义,但他主要是为伦理的如正义、自制以至知识等抽象的名词下定义。柏拉图从早期到中期的对话都是发挥苏格拉底这方面的思想,实际上是以和事物同名的、一般的"相"作为事物的定义,这种"相"主要是通过综合事物的共同性得来的。可是现在要定义的对象不是某个单一的名词,而是某一种人物如智者、政治家之类,不能再用《会饮篇》中的向上引导(epagoge)的综合方法,而是采用一种划分的方法即将一个总的东西划分为二,再将其中的一个划分为二,这样继续分下去一直分到所需要的定义。这种划分的方法就是二分法。

在给智者下定义以前,这位客人先用二分法给较小的事物——渔夫下定义。他说渔夫是有技艺的人,不是没有技艺的,而技艺可以分为两种,一种是将原来没有的事物创造出来,如种植、制陶等,可以叫生产的技艺;另一种是将已经有的东西拿过来占为己有,如学习知识、贸易赚钱、渔猎等,可以叫获得的技艺,渔夫显然属于后一种。获得的技艺又有两种,一种是以礼物、工资等自愿交换得来的,另一种是用言语或行动强取得来的。强取又有两种,一种是公开的竞争,另一种是暗地猎取。猎取又有两种,一种是猎取无生物,另一种是猎取有生物。猎取有生物又有两种,一种是猎取陆地上的生物,另一种是猎取在水中的生物。水中的生物又有两种,一种是有翅能飞的,另一种是常在水里的。渔夫是猎取常在水里的生物的。但渔夫的猎取也有两种,一种是使用筐、网等工具的,可以叫"围渔",另一种是使用钩、叉等工具的,可以叫"抓渔"。抓渔有在白天进行的,也有在夜间火光下进行的,叫作"火渔"。用叉抓渔也有两种,一种是用叉由上往下扑住鱼身的,另一种是用叉上的钩钩住鱼头往上拉上来的。将以上的二分法综合起来:在获得的技艺中,用强取的猎取得到常在水里的生物，并且是用抓渔中的钓鱼法的人，这就是我们要求得的对象——渔夫的定义。（219A—221C）这是个二分法的具体例子。我们看到这种划分的方法有主观随意性，一会儿按技艺的方法划分，一会儿按处理的对象划分，一会儿又按采用的工具划分。虽然柏拉图在《斐德罗篇》（265E）中曾提出要按自然的关节划分，但什么是事物的自然关节，他并没有说清楚。从这里可以看到他自己也许认为是按自然关节划分的，但划分标准并不一致，实际上可以根据划分者的主观目的来划分，以便达到他所想得到的结论。

柏拉图运用这样的二分法，一连给智者下了六个定义：

定义之一。智者和渔夫一样都是猎取生物的，但渔夫猎取水中的生物，智者猎取陆地的生物。陆地的生物有两种，一种是驯服的，另一种是野兽。人是驯服的生物，智者是猎取人的。猎取人也有两种，一种是用暴力进行的，如抢劫、拐卖、战俘，另一种是用法庭的辩论、公开演说或私人谈话进行说服的。说服又有两种，一种是说服个人，另一种是说服团体。说服个人也有两种，一种是要送礼给对方的，如恋爱追求，另一种是从对方得到财物报酬的。智者就是后一种受雇于富豪子弟的教师。（221C—223B）

定义之二。获得的技艺也可以分为这样两种，一种是猎取，一种是交易。交易也有两种，一种是互相送礼，一种是买卖。买卖又有两种，一种是出卖自己的产品，另一种是贩卖别人的货物。贩卖也有两种，一种是在固定地方的坐商，另一种是在各地流动的行商。行商中有的是贩卖身体需要的用品的，如食品饮料，有的是贩卖精神需要的用品的，如音乐、绘画等。贩卖精神需要用品的人中有的是表演艺术的，有的是贩卖知识的。贩卖知识的也有两种，一种是贩卖技艺知识的，另一种是贩卖德行知识的。后一种人便是智者。（223C—224D）

定义之三。智者是零售知识的商人。（224D）

定义之四。智者是自己制造知识出卖又贩卖别人知识的商人。（224D—E）

定义之五。上面讲过获得技艺的一种方式是竞争。竞争又有两种，一种是用武力进行搏斗，另一种是用言语进行争论。争论又有两种，一种是公开的辩驳,另一种是私人间的辩论。辩论也有两种,一种是不按规则任意进行的,对这种人还没有名称,我们也不必勉强给他们命名;另一种是按照辩论规则讨论"正义"和"不正义"性质的,通常叫 eristikos(论辩者)。为了论辩而荒废自己的事情,又使听众感到乏味的,应该说是饶舌,这种人是花钱的,而另一种人是在私人论辩中赚钱的,他们就是智者。(224E—226A)

定义之六。我们的奴仆所做的有些工作如筛、簸、滤等都是划分的技术,划分就是要将好的东西和坏的东西分开,将类似的东西互相区分开,这是一种"净化"(katharmos),有心灵上的净化和身体上的净化。身体上的恶有两种,一种是疾病,另一种是与生俱来的残疾。为了驱除它们前者需要医学,后者需要体育锻炼。精神上的恶如意见和欲望、快乐和愤怒、理性和痛苦的对立,都是一种不调和。精神上的坏东西也有两种,一种是邪恶,相当于疾病,另一种是出于无意的愚昧,相当于残疾;对邪恶要惩罚,对愚昧要教导。有一种愚昧是无知,即以不知为知从而产生错误,对这种无知便要进行教育。粗暴的教育是训斥,比较温和的教育是辩驳(elenchos)。辩驳是用问答的方法将意见进行比较,指出对于同一事物和同一事物的关系、在同一方面,这些意见是自相矛盾的,这样让他知道他所知有限,不能自视太高,这种人可以说是高贵的智者。(226B—231B)

在提出这样六个定义以后,他又问智者能够教人什么呢?他们自称能够教人辩论看不见的神圣的东西,又能教人以看得见的天上和地下的各种事物的知识,还能谈一般的生成和存在的问题,以及法律和政治问题。总之,所有一般的和特殊的技艺,他们都能应付辩论。他们使年轻人相信他们在各个题目上都是最智慧的,显得无所不知;但这是不可能的,一个人不能知道所有一切。我们已经证明智者的知识并不是真正的知识,他们自己说能制造一切,实际上却只是摹仿,制造的是实物的摹本,用幻象迷惑年轻人,因此可以将智者归为魔法师和摹仿者。但摹仿术又可以分为两种,一种是对原物逼真的摹仿,大小尺寸都和原物一样,另一种造象只求看起来显得好看而不求其真。智者究竟属于哪一种?我们没有把握判断,可是我们现在已经遇到一个困难的问题:这些看来像是存在的东西却并不是存在的,他们说的一些存在的东西却是

假的。这不是自相矛盾吗？（231B—237A）

这里实际上是提出了有关智者的第七个定义，说智者是制造幻象的魔法师和摹仿者。制定所有这些定义的方法是二分法，可是这种划分的方法并没有确定的前后一致的标准，带有主观任意性，可以抓住一点进行划分，为的是达到预想的结论。柏拉图将智者定义为猎取富豪青年的教师、知识的贩卖者、辩论的能手、净化精神的人等等，目的是要说明智者传授给青年的并不是真正的知识，只是像似知识的幻象，所以他们是制造假象的魔法师和摹仿者。这是苏格拉底和柏拉图对智者的一贯看法。但是这种看法要能成立，必须解决一个难题，即有关"存在"和"非存在"的问题。智者制造的是幻象，并不是真正的存在，乃是一种"非存在"。按照巴门尼德的思想，"非存在"是不存在的，而智者却制造了非存在，那就是说我们要肯定智者制造的是幻象，便得承认"非存在"这种假的东西也是存在的，这是一种自相矛盾的悖论。关于"存在"和"非存在"的关系问题，以上论述《巴门尼德篇》中的"如果一不存在"的假设时已经作过解释。其实柏拉图在《巴门尼德篇》中对于"非存在"并没有详细论述，他是在《智者篇》中讨论这个问题的，因为他要为智者下定义，必须断定智者所讲的是一种"非存在"，便不得不肯定这种"非存在"不是绝对的"无"，它在某种意义下也是一种"存在"。所以"存在"和"非存在"的关系问题成为《智者篇》讨论的一个主题。

第二节 "非存在"和"存在"

一 两种"非存在"

从爱利亚来的客人开始提出"非存在"是否存在的问题。他是这样说的：我们从小就听到伟大的巴门尼德的教导，"不要让这种说法——'非存在的东西存在'——流行，在你进行探究时要将你的思想避开这条路"。（DK 28B7）现在先来研究这个问题。我们能不能说完全的绝对的"非存在"呢？如果可以的话，"非存在"这个词应用到什么东西上？总不能将它用在任何存在的东西上,也不能说它是有些东西。因为说它是一个存在的东西或有些存在的东西时,总得说它是一个、两个或者几个〔存在〕;所以只能说它根本没有,是"无"。可是说"无"的时候除了口中发出"无"的声音外,什么都没有说。而且还有一个更为根本的困难:我们可以将一个存在加到另一个存在上去,但是不能将存在加到"非存在"上。而数——一或多也是一种存在,当我们说"非存在"时,无论说它是单数或多数的,总是将数加上去了,也就是将"存在"加到"非存在"上了,这是不合理的。因此"非存在"是一个不能说不能想的东西,我们对它不能有任何正确的说法。(237A—239B)

关于巴门尼德哲学中的"存在"和"非存在"这对范畴的含义,我们在本书第一卷中已经作过详细讨论,我们说不能将他所说的"非存在"了解为绝对的"无"①。现在是柏拉图要重新考虑巴门尼德所说的"非存在"的含义,他首先指出的就是不能将"非存在"了解为绝对的不存在即"无";并且他提供了论证,说这样的"非存在"是根本不能说、不能想的。希腊语和许多西方语言一样讲到名词时有单数和复数之分,因此你要讲或想到"非存在"时不是用单数便是用复数,而数也是一种存在,所以说是将存在加到"非存在"上去了,是不合理的,因此这样的"非存在"是不能说不能想的绝对的"无"。

那么什么是"非存在"呢?爱利亚来的客人继续说:我们说智者是魔术师,是制造幻像(eidola,image)的。智者会反问我们什么是"像"?我们说就是镜中或水中的映像以及刻像、画像,它们是摹仿真事物的摹本。它们不是真事物,只是类似真事物的;它们不是真的存在,但却是一种像是真的存在。所以智者逼使我们承认"非存在"也是一种存在;他们要我们承认一种假的意见,认为不存在的东西也是一种存在,或者认为存在的东西却是一种不存在,这样便将刚才认为不可说的东西说出来了。这种假意见或假语言便是将"存在"加到"非存在"上,使我们陷入自相矛盾。为了反驳智者,我们必须将巴门尼德的话重新估量,要承认"非存在"是一种"存在",而"存在"也是一种"非存在"。我们似乎必须冒这个险。(239C—242B)

---

① 参见本书第一卷第501页。

即使说智者是制造幻像的,而"像"是一种不真实的虚幻的东西,是非存在,但既然说它是"像",也就承认它是一种存在了。巴门尼德认为变动的现象世界是不真实的,从而提出一个真实的"存在",而将现象世界称为"非存在"。可是现象世界即使是不真实的,它也仍然是一种存在。这样,巴门尼德划分"存在"和"非存在"的绝对界限被打破了,我们必须既承认"存在"是非存在的,同时又承认"非存在"是存在的。

柏拉图说是智者逼使我们承认这一点的。他没有说是哪一个智者,但我们立刻可以想到高尔吉亚。本卷第一编第五章第二节中我们分析的高尔吉亚的三个命题,是他在《论非存在》这篇著作中提出论证的。他的第一个命题就是论证"无物存在",他的论证就是从"非存在"开始的。他说:"首先非存在并不存在,因为如果非存在存在,那么它必定同时既存在又不存在。就它被认作非存在而言,它是不存在的;但既然它是非存在,那么它又是存在的。可是某物同时既存在又不存在是荒谬的,因此非存在并不存在。"[①]接着他又论证存在既不是永恒的又不是生成的,既不是一又不是多,从而得出结论:存在是不存在的,即"无物存在"。柏拉图在这里虽然没有点名驳斥高尔吉亚,但他对当时流行的这种怀疑论思潮不能坐视不顾,所以他说我们必须冒这个险,要承认"非存在"是存在的,而"存在"也是非存在的。他承认的办法就是我们在上一章论述《巴门尼德篇》第二部分"如果一不存在"的假设时所说的:所谓"一不存在"可以解释为"一"是绝对的无,也可以解释为"一"不同于存在,异于存在,即是"非 A"($\bar{A}$)。前一种理解"非存在"是绝对的"无",由此可以得出一系列否定的推论;后一种理解"非存在"是相对的,它也是一种存在,由此可以得出一系列肯定的推论。这就是陈康的"绝对不是说"和"相对不是说"。近代逻辑分析学家也得出同样的结论,就此可以介绍欧文(G.E.L.Owen)的论文《柏拉图论"非存在"》(载弗拉斯托斯编:《柏拉图:批判论文集》,第 223—267页)中的观点。他认为联系动词 verb to be 在希腊文中从语义上说有两种不同的用法:一种是完全的或实义的用法,即英文的"X is"或"X is not",表示 X 的

---

① 塞克斯都·恩披里柯:《反逻辑学家》第 1 卷,第 67 节。

存在或不存在,表示 to exist,英文可以译为 to be real 或 to be true。另一种是不完全的用法,表示一种主宾词式即英文中的"X is Y"或"X is not Y"。后者就是说 X 不是不存在,只是说它不是 Y;只是相对于 Y 说 X 是不存在。

由此我们可以看到有两种"非存在",即绝对的和相对的;其实"存在"也同样有这两种之分。绝对的"非存在"和绝对的"存在"是绝对对立(分离)的,不能互相包容(结合);相对的"存在"和"非存在"则是可以互相包容的。巴门尼德所说的"存在"是绝对的,他所说的"非存在"本来不是绝对的"无",但是他将它当做是绝对的了,这是由于他的形而上学的思想方法所导致的矛盾。高尔吉亚看到"非存在"既有绝对的也有相对的意义,但他也不能摆脱形而上学的思想方法,所以得出怀疑论的否定结论。可能是得到高尔吉亚的启发,柏拉图将"非存在"的两种不同含义分别开来,从而得出辩证法的结论。这在当时来讲,确实是一种大胆的"冒险"行为。

二 巨人和诸神的斗争

柏拉图要进一步探讨究竟什么是存在的问题,他先从历史上回顾以前的哲学家有关"存在"的看法,批评他们的意见是"太轻率了"。他说过去有人说存在有三个,其中有些有时互相斗争,有时又结成朋友或互相婚配生育孩子。有人说是两个——干和湿或热和冷,它们结合在一起。〔以上这两种说法,有些学者认为是代表斐瑞居德和早期伊奥尼亚学派的。〕而爱利亚学派认为万物只是一。伊奥尼亚的赫拉克利特和西西里的恩培多克勒却将这两种说法合在一起,认为存在既是一又是多,由爱和憎将它们结合和分离。激进者(赫拉克利特)认为分也是合,温和者(恩培多克勒)认为分和合不断更换,一时由爱合成为一,一时又由于斗争而分成为多。但他们说"一"、"二"或"多"存在,已经存在或正存在,又说冷和热结合在一起,又提出"结合"和"分离"。这些是什么意思,他们并没有说清楚。我们不但对"非存在"不了解,对"存在"也不了解。我们可以问那些主张万物是"热"和"冷"这样一对对的存在的人:你们是说这对立的两个都是"存在",还是只有其中一个是"存在"? 或者"存在"是在这两个以外的第三个东西? 如果是第三者,一切就不是"二"而是

"三",你总不能把两个中一个说成是存在,同时又说两个都是存在,这样就只是一个存在而不是两个存在了。如果把对立的两个都说成是存在,它们又只是一个而不是两个了。所以关于究竟什么是存在,我们越来越糊涂。(242C—244B)这是对一般自然哲学家讲的,以"冷"和"热"这对对立的本原为代表说它们是存在,无论说这两个都是存在,或者说只有其中一个是存在,都可以得出它们是一个(存在)而不是两个的结论;这样,便只能说"存在"是在"冷"和"热"之外的第三者。"冷"、"热"和"存在"成为三个不同的范畴,但属于不同的层次。"冷"、"热"以及自然哲学家认为是本原的其他范畴如水、火等,是比较具体的(但对具体事物讲,它们又是一般),而"存在"是更为抽象和一般的范畴,所以这里柏拉图提出来的问题还是一般和个别的关系问题。

接着就转向批评巴门尼德的"存在是一"的思想。柏拉图用了两个论证。第一,说"存在是一",就是说对同一个东西,你既叫它"存在"又叫它"一",是对同一个东西给了两个名字。那么名字和被命名的东西是一个还是两个?如果是不同的两个,那就是"二"而不是"一";如果它们是同一个,那么对象就是"名",名就是"名的名"而不是别的任何东西的名。第二,说"存在的一"是整体,像巴门尼德所说的存在是一个圆球,这样的球就有中心和边际,就有部分,作为部分的整体就不是单纯的"一"而是"多"。真正的"一"是不可分为部分的,所以作为整体的存在就不是"一",不是"存在"而是"非存在"。

但反过来,如果不是整体的存在也就不能存在,不能成为"存在"和"生成",也没有确定的数,没有大小。所以无论你说"存在"是"二"或"一"都会遇到无数困难。(244B—245E)"一"和"存在"是两个最普遍的范畴,但终究是两个不同名称的范畴,当巴门尼德说"存在是一"时,便发生将两个名字加到同一个东西上去的问题,发生名和实的关系问题。如果像巴门尼德那样认为存在是圆球,也会像麦里梭批评他所说的那样"存在"将是多而不是一。但如果否认存在是统一的整体,也无法说它是"存在"或"生成"。这里我们看到在《巴门尼德篇》中作为论证假设的"如果一存在",现在作为巴门尼德原来提出的命题"存在是一"来讨论,指出这个命题带来的困难,需要进一步讨论。

究竟什么是"存在"? 柏拉图将以前对这个问题的各种不同主张概括为

两大派,他称之为巨人和诸神之间的斗争。他说有人将天上的和不可见的东西都拉到地上来,抓住树木、石头这类东西,坚持只有这些可以触摸的东西才是存在。他们将存在定义为形体。当反对他们的人说没有形体的东西也是存在时他们根本不听,对不同的意见置若罔闻。因此他们的对手便小心翼翼地站在看不见的高处保卫自己,他们坚持只有理性的、不具形体的"相"才是真的存在,并且在理论上将对方所说的存在弄得粉碎,说那些并不是真的存在,只是一种变化的运动过程。在关于存在的问题上这两派争论不休。(245E—246C)

这是柏拉图对于以往哲学家的不同观点所作的基本概括。一派认为只有可感知的形体才是真正的存在,另一派认为只有无形体的、理性的"相"才是真正的存在,而形体只不过是一种运动变化的过程。这种概括确实是把握住了唯物论和唯心论的根本特征的,是西方哲学史上最早提出的唯物论和唯心论的对立和斗争的思想,这是由柏拉图提出来的。

但这里所说的唯物论者是指哪些人呢? 我们看柏拉图是怎么批评他们的。他说这些认为只有形体才是存在的人总得承认有生命的动物也是存在,而有生命的动物就是有灵魂的形体,这样就得承认灵魂也是一种存在。灵魂有正义的也有不正义的,有智慧的也有愚蠢的,这就是说,正义、智慧等可以在灵魂之中,因此它们也是一种存在;而这些东西是不可触摸的,不具形体的。这不是和他们所说的矛盾吗? ——对于这种责难,他们承认灵魂本身也是一种形体,至于智慧等等,却不敢大胆地说它们不存在,也不敢说它们是形体。他们总得承认有一部分存在并没有形体,这就违反了他们原来的意见了。(246E—247D)这样的唯物论者认为除了有形体的可见的事物外,灵魂也是一种形体,可是像正义、智慧等抽象的东西,他们既不敢说它们不存在,也不敢说它们是形体。这些唯物论者是谁? 学者们有分歧意见,那托普、策勒等认为是安提斯泰尼,坎贝尔认为是安提斯泰尼和原子论者,施莱马赫认为是原子论者和阿里斯提波,康福德和冈珀茨认为是原子论者,伯奈特认为是麦里梭。[1] 一

---

[1] 参见范明生:《柏拉图哲学述评》,第 209 页注。

般倾向认为柏拉图主要是指原子论者德谟克利特,当然也包括其他自然哲学家在内的唯物论者。

柏拉图说为了让他们避免这种困境,我们可以建议他们,不如说真正的存在只是一种"能"(dynamis)。它是能作用于别的东西也能被别的东西作用的,即使作用程度很小,即使只有一次。我建议他们说存在不是别的,只是一种"能"。柏拉图只是说他们(唯物论者)没有更好的办法,也许只能接受这种建议,他没有再说下去便将这问题搁下了。(247D—248A)将物质说成是一种"能"或"能力",这是一种很重要的思想。康福德对这点作了详细的论述,他指出认为物质和物体具有主动和被动的能力,这是一种原始的常识,希波克拉底就将药品、食物和"能"联系起来。柏拉图前期对话中已经出现过这种思想,以后的《斐莱布篇》和《蒂迈欧篇》还要发挥这种思想。[①] 其实我们可以更加扩大视野:后来亚里士多德说质料(物质)是潜能,也是 dynamis,就是接受和发展了柏拉图这里的思想,甚至近代西方的唯能论也可以说是受柏拉图这里思想的影响的。

三 "相"的朋友

然后,柏拉图转向另一方面——诸神,他称之为"相的朋友"。他们的主张是将生成、变化的东西和存在分离(choris)开。他们认为身体通过感觉和生灭的东西相结合(koinonein),灵魂通过思想和存在相结合,存在是不变的,生灭是变化的。可是什么是"结合"呢?不就是我们刚才所说的"能"吗?两个东西之间相互作用,一个主动一个被动。但"相的朋友"不能承认这一点,他们认为只有生灭的东西才有主动和被动的能力,存在是和这种能力无关的。可是他们又承认灵魂是能知的,存在是被知的,这样存在就是一种被知的能力,他们岂不自相矛盾了?他们认为"存在"是静止不动的,不能有主动的作用。我们能相信完善的存在是没有变动、没有生命、没有灵魂、没有思想的吗?因此必须承认"存在"是有理性、有生命、有灵魂、能主动和被动的。但是

---

① 参见康福德:《柏拉图的认识论》,第234—239页。

另一方面,如果一切都是变动不居的,又是将理性(努斯)排除在存在之外了。因为如果没有静止,便没有相同的性质、条件和关系,而这些正是理性认识的对象;如果没有这种静止的、同一的对象,理性也就无从产生和存在。我们必须反对这种抹煞知识、理智和理性的人。结论是哲学家必须一方面要反对一切皆静的主张,无论他们说"相"是一个还是许多个;另一方面也要反对一切皆动的主张。他们应该像小孩子一样举起双手说一切都是既变动又静止的,这才是真正抓住了存在的意义。(248A—249D)

这些"相的朋友"认为"存在"——他们所说的"相"和变化的事物是分离的,"相"是不变的,它们没有主动和被动的作用。这样的"相的朋友"是谁?罗斯在《柏拉图的相论》中介绍说,学者们有四种不同的看法:第一,施莱马赫、策勒、波尼兹认为是指麦加拉学派。罗斯认为我们对麦加拉学派所知甚少,不能确定他们是否持这样的观点。第二,从古代新柏拉图学派的普罗克洛开始,直到近现代的伯奈特和泰勒都认为是指意大利学派,即毕泰戈拉学派和爱利亚学派。泰勒认为"相的朋友"将存在和具体事物完全对立起来,是一种极端的二元论;这不是柏拉图在《斐多篇》和《国家篇》中的相论,乃是从毕泰戈拉学派的数的学说中发展出来的思想。① 第三,坎贝尔认为这是柏拉图学园中某些人的思想,他们根据他们并不完全理解的柏拉图前期学说,恢复到毕泰戈拉学派和爱利亚学派的思想,从而主张后来被亚里士多德经常批评的那种相论。第四,格罗特、宇伯威格、康福德认为这是指柏拉图自己的前期思想。罗斯自己同意最后这种意见,他认为对于柏拉图在这里批评他自己的早期思想,我们毋需惊讶,因为在《巴门尼德篇》第一部分中他已经这样做过了。②

我们以为柏拉图这里所说的"相的朋友"的主张确实比较简单和极端,但我们看到他所说的巨人和诸神,都没有提到哪一个人或哪一个学派;他只是对以前的思想作了一个概括,指出有两种根本对立的思潮,一种只承认变动的具体事物是真实的,另一种认为只有不变的存在才是真实的。按这种基本特征

---

① 参见泰勒:《柏拉图其人及其著作》,第385—386页。
② 参见罗斯:《柏拉图的相论》,第105—107页。

来划分,以德谟克利特为代表的自然哲学家都可以归为前者,而毕泰戈拉学派、爱利亚学派以及柏拉图自己的前期相论都可以列入"相的朋友",是柏拉图这里批判的对象。

柏拉图在这里批判"相的朋友",主要是说他们将"相"这样完善的存在说成是没有主动能力、没有运动、没有生命、没有灵魂、没有思想的东西,确实是击中了柏拉图前期相论的要害。阿切尔—辛特指出过这一点。他认为柏拉图前期相论说"相"是绝对不动的,否认它们有任何的主动和被动,这样的"相"不过是空洞的没有生命力的抽象,从本体论原则说是无效的。[1] 柏拉图前期相论中所说的"相",如果撇开它们的伦理价值意义,单从本体论考察,只能说它们是僵死的空洞的抽象。柏拉图现在提出这点来批判,说明他已经认识到自己前期相论的弱点。正是在这点上他的后期相论进行了修正,认为完善的存在应该是有变动有生命的。在《巴门尼德篇》中他已经提出"存在的一"是既静止又变动的,一直到《蒂迈欧篇》中认为宇宙和它的原型都是有生命的东西。但是他并没有完全放弃原来的相论,认为必须承认有静止不变动的东西,不然便没有知识、理智和理性了。这种完善的存在虽然是静止不动的,但又是运动的。这显然是矛盾,他是用它们之间的相互结合来解决这个矛盾的。这种结合也可以说是一种运动,不过不是在时间空间中的变化运动,而是一种逻辑上的运动。可以相互结合的存在便不是孤立的绝对的,而是互相联系的,是相对的。从这个意义上说柏拉图修改了他原来的相论,在《巴门尼德篇》中已经作了这种相互联系的论证,但只是以一种假设推论的形式出现的,《智者篇》要对这种联系作正面的论述,这便是"通种论"。

第三节　"通种论"

所谓"通",就是彼此结合。康福德解释说,"结合"(koinoein)这个词只是

---

[1]　参见阿切尔—辛特译注:《柏拉图〈蒂迈欧篇〉》,"导言"第22页。

表示彼此有关系,柏拉图用过几个同义词如"联系"(prosaptein)、"混合"(symmeignysthai)、"合在一起"(synarmottein)、"一致"(symphonein)、"相互接受"(dechesthai)、"相互分有"(metalambanein, metechein),它们都是和"划分"、"分离"相反的。"种"(γένος, genos,英译 kind 或 class)一般认为是"型"(eidos)的同义词。① 我们以为,就"种"本身的抽象意义说,它是不动的,在这点上和原来的"相"或"型"相似;但它又是可以和别的"种"联系的,所以不是孤立的绝对的,在这点上和原来说的"相"或"型"不同,它就是我们所说的"范畴"。在《巴门尼德篇》中讨论的十几对相反的范畴,到《智者篇》只留下三对"最普遍的种",即"存在"和"非存在"、"动"和"静"、"同"和"异",柏拉图要说明它们的相互关系。

从以上批评"相的朋友"的结论开始,柏拉图说应该像孩子一样举起双手承认"存在"既是静的又是动的,这样就有了三个东西:"存在"、"动"和"静"。就"存在"的本性说,它是既不动又不静的,但另一方面又很难设想一个既不动又不静的、在这二者之外的东西。所以,关于"存在"也和上面所说的"非存在"一样有许多困难。怎么解决这个难题? 柏拉图举了个例子:比如"人",我们可以将许多名词加到他身上如颜色、形状、大小、好坏等,这样他是一,又是多。但有人〔指麦加拉学派的斯提尔波〕却以为一不能是多,多也不能是一;他们认为人只能是人,好只能是好,自以为这才是完全的智慧。(250A—251C)这里讲的还是具体和抽象、个别和一般的问题。正像《巴门尼德篇》开始时提出来的,具体的苏格拉底这个人既是一又是多,这是没有什么可惊异的,但如果说抽象的"一"是"多",就值得惊异了。(129C—130A)所以要说明这些抽象的"种"是不是相互结合以及如何能相互结合的问题。

《巴门尼德篇》只是说明在什么假设条件下相反的范畴可以相互结合的问题,《智者篇》却抛开了假设要讨论哪些"种"可以相互结合,哪些不能结合的问题。柏拉图指出,这只能有三种可能性:

第一,任何一个东西都不能与其他任何一个东西相结合。如果这样,动和

① 康福德:《柏拉图的认识论》,第 255—256 页。

静都不是存在的部分,它们都不能和存在结合。因此主张一切存在皆动或主张一切存在皆静的学说,以及主张一切存在有时合有时分的学说都站不住;而且我们说任何一个东西时必须使用的"存在"、"分开"、"从其他的"、"由它自身"等等也都不能再用了,对任何对象都不能说什么。(251E—252C)正像克拉底鲁所说的绝对的动是什么也不能说的一样,绝对孤立的(和其他东西都不结合的)东西也是不能说的。

第二,如果一切都能相互结合,那么动自身可以是完全静的,静自身也可以是动的,这是最不可能的。(252D)要注意柏拉图这里的说法是加了限制的,他反对的是说"动自身"可以是静的,或者说"静自身"可以是动的,因为动是动、静是静,要承认这种不变性,如果说动自身是静、静自身是动,那就没有动和静的区别,也就不能说动和静了。

第三,有的能结合,有的不能结合。像字母一样,有些字母可以拼在一起,有些不能。在字母中母音是结合能力最强的,往往由它将别的字母拼在一起。(253A)

我们既然承认"种"是可以相互结合的,便需要有一门学问来研究哪些"种"可以结合,哪些不能。要研究是不是有些"种"能将它们结合在一起又能将它们分离。这可是一门最伟大的学问,在我们探讨智者的问题时却遇到哲学家了,因为按"种"划分,不要将"同"的"型"(eidos)看成"异",或将"异"看成"同",正是辩证法的工作。他说懂得辩证法的人应该能清楚地分辨:在彼此分离的"多"之中有一个贯穿它们的"一的相(idea)",彼此不同的"多的相"包含在"一的相"中;"一"是由"多"结合的统一体,"多"是相互分离的。这就需要知道如何将"种"(genos)和"种"区分开来,知道它们在什么方式下能够结合,在什么方式下不能,这是辩证法的工作。能够掌握这门学问的是哲学家而不是智者。智者只能在"非存在"的黑暗中徘徊,只有哲学家能够通过理性思维认识"存在的相"。(253B—254B)

这是一段很重要的话,因为柏拉图讲的是哲学家要做的辩证法的工作。他在《斐德罗篇》中提出辩证法是综合和划分的方法,在那里他说要将"多"统一到一个"相"中,又按自然的关节分类,将事物分为不同的"相"。(265D—

E)现在他说要按"种"划分。这里他同时用了"型"、"相"和"种",这些词在这里并没有根本区别,如果一定要区分的话,似乎可以理解为:"种"比"型"或"相"更普遍些,它是将"一"和"多"的"型"或"相"综合和划分的根据和原因,所以将它们叫做"普遍的种"。他不再讨论前期著作中提到过的"善的相"、"美的相"或"大的相"、"小的相"以及"床的相"等等,而是讨论在抽象层次上更高一级的东西,如这些"相"都是"存在",它们每一个都"同"于它自身而"异"于其他的等等。正是这类"存在"、"同"、"异"等普遍的"种"可以将有些"相"结合在一起或将有些"相"划分开。"通种论"就是讨论这些普遍的"种"是如何结合和划分的。从这个意义上也可以说这些普遍的"种"是组织不变的"相"或"型"的形式。有的学者认为通过这些"种"可以将"相"或"型"联结成"网",也就是体系,可惜柏拉图在《智者篇》并没有向这方面做,他只是讨论这些普遍的"种"是如何结合的。

柏拉图先提出三个最普遍的"种":"存在"、"动"和"静"。其中两个——"动"和"静"是彼此不能结合的;"存在"却可以和这两个结合,因为"动"和"静"都是"存在"的,所以它们是三个。而这三个种每一个都同于它自己,异(不同)于其他两个。这样"同"和"异"又成为第四和第五个"种"。因为"动"和"静"既不是"同"也不是"异"。如果它们两个都是"同",那么"动"就是"静","静"也就是"动"了;如果它们两个都是"异",那么"动"就不是(异于)"动","静"也不是"静"。同样的,"存在"和"同"也不是一个东西,如果它们是同一个东西,那么因为"动"和"静"都是"存在",它们也就都是"同",而这是不可能的,所以"同"是第四个种。同样的,"异"是第五个种,因为存在的东西有的是相对于它自己,有的是相对于其他的。相对于自己的就是"同",相对于其他的就是"异"。"异"总是相对于其他的东西才是"异"的,"异"是贯穿于一切"种"的,它使它们得以区分开来,这一个不是(异于)那一个。(254D—255E)

这样,柏拉图得出了五个最普遍的种:存在、动、静、同、异。他还要得出第六个种——"非存在"。他是从分析"动"得出来的。他的论证是:

第一,"动"不是"静",它是异于"静"。(255E)

第二,"动"是"存在",它分有"存在"。(256A)

第三,"动"不是"同",它是异于"同";但它分有"同",所以它又是"同"。这样"动"既是"同"又不是"同"。说它是"同",因为它"同"于自己,所以它分有"同";说它不是"同",因为它和"同"是分开的两个不同的东西,它是异于"同"。(256A—B)

第四,因此柏拉图说,如果说"动"在某种情况下分有"静",便说"动"是"静",也并不荒谬。(256B)对于这句话,因为他主张在某种意义下可以说"动"也就是"静",有些学者是有怀疑的。康福德根据 Brochard 的校勘,认为以下有脱漏,他补上了"但在事实上,'动'根本不能分有'静'"。他反对第尔斯的解释:比如圆球在同一地方旋转便是"动"分有"静"。他也反对里特尔的解释:运动是可以计量和描述的,所以它分有"静"。康福德认为"动"和"静"是根本不相容的。① 杨适在《哲学的童年》中对此作了解释,他认为"动"异于"静"而自身相同,从自身相同说,"动"就是"动",它不变成别的;而不变、自身相同的意思就是停止和静。所以"动"在某种特定的意义下分有"静",是"静"。他认为柏拉图讲这点只是从概念上说的:"动"这个概念要确定下来,这确定性本身就包含着"静"的意思。人的一切概念都有确定性,都有相对静止的成分,否则不会有任何明确的概念或共相。② 我们以为杨适的解释是有道理的,他是从一般和个别的区别讲的,"动"的概念是一般,所以它是静止不变的。但这只是事情的一个方面,"动"是"静"的;如果人们从另一个方面问"静"是不是"动"的呢? 这就不能用一般概念的相对静止性来说明了。柏拉图在上文对"相的朋友"的批评就是指出他们将完善的存在说成是绝对静止的东西;"静"是普遍的"种",也是一种完善的存在,显然他认为"静"并不是绝对的静止,"静"和"动"并不是根本不相容的。按照柏拉图在这里的逻辑,是应该承认在某种意义下"静"也可以分有"动"的,这就是柏拉图下文要证明的。

第五,"动"也不是(异于)"异",正像它不是"同"也不是"静"一样;但是

① 参见康福德:《柏拉图的认识论》,第286—287页。
② 参见杨适:《哲学的童年》,第578页。

正因为它和这三个(异、同、静)不同,所以在这个意义下它是不同,分有了异,所以又是"异"。(256C)

第六,"动"不是"异",不是"同",不是"静",它也不是"存在";但上面(第二)说它分有"存在",所以"动"不是"存在"又是"存在"。(256C—D)

由此可以得出:不仅"动"而且别的"种"也都不是"存在"(异于存在)又是"存在"。因为"异"的性质使它们每一个都和"存在"不同,成为一个"非存在",可以说它们都不是"存在";但是它们又都分有"存在",所以说它们又是"存在"。因此每一个"种"都有许多的"存在"和"非存在"。而且"存在"自身只是单一的自存在,它不是(异于)任何别的存在,从这方面说"存在"分有了"非存在",也是"非存在"。〔按照这种逻辑,"静"不是动,它是"非动";在这个意义下"静"也分有了"动","静"和"动"可以相互结合。所以静止不变的"相"或概念的运动不是在时间空间中的运动,而是逻辑的运动,认识的运动,所以说它们是有运动有生命有思想的。〕这样我们可以大胆作出结论:"种"的本性是可以相互结合的。(256D—257A)

因此,"存在"既是存在又是非存在,而"非存在"既是非存在又是存在。"存在"和"非存在"在一定意义下是相通的。在什么意义下呢? 柏拉图作了明确的解释:

> 当我们说"非存在"时,并不是指和"存在"相反的东西,而只是指和"存在"不同的(相异的)东西。(257B)

所以"非存在"并不是绝对的不存在,并不是根本的"无";它也是一种存在,只是一种相对的存在,是一种和"存在"有所不同的,异于"存在"的东西。它不是绝对的"无",所以也还是一种存在,是一种相对的"存在";而相对的"存在"也就是相对的"非存在",因为它在一种意义下是存在,在另一种意义下又是非存在。

我们知道:巴门尼德最早提出"存在"和"非存在"的对立时,他所说的"非存在"实际上并不是绝对的无,而是指有生灭的、运动着的现象世界,它是感觉的对象,不是思想的对象,不是理性认识的对象,①在柏拉图前期相论中将

---

① 参见本书第一卷第 509 页。

相的世界和现象世界对立起来,基本上还是遵循巴门尼德的思想,认为有生灭的、变动的现象世界不是真正的存在。在《国家篇》(477A)中,他也承认有绝对的非存在(无),现象世界是介于存在和非存在之间的。现在这里所说的"非存在"却并不是只有感觉才能知觉的运动变化的现象世界,而是"种",是"相"或"型",是范畴。柏拉图运用逻辑论证来证明"非存在"的存在。由此可见他关于"非存在"的思想已经发生了根本的变化。这个"非存在"范畴是由逻辑论证推论出来的,是理性认识的对象,不是感觉的对象;因此它具有普遍性。

柏拉图又举例说:比如"非大",并不是和"大"相反的,只是和"大"不同(异)的,如相等、中、小都是"非大"(不是大)。又如"非美"并不一定都是"丑",而是所有异于"美"的都是"非美"。他说这个"异"(非、不是)正像"知识"一样,知识只有一个,但对于各种不同的事物便有各种不同的知识。"异"也是这样,对于任何东西都有和它相异的,如对于"正义"就有"非正义"。所以:

> 我们可以大胆地说"非存在"毫无疑问是存在的,有它自己的特性。正如"大"是大,"美"是美,"非大"是非大,"非美"是非美一样,"非存在"是非存在,也是存在的,是许多存在的"型"(eidos)的一种。(257B—258C)

因为这是对于"非存在"所作的新的解释,所以柏拉图不嫌其烦反复加以说明。他还指出这是违背了巴门尼德的教导的,因为巴门尼德认为绝不可听信说"非存在"是存在的,你的心灵应该躲开这条道路。① (258C—D)在《泰阿泰德篇》中柏拉图对巴门尼德的学说不敢置评(183E—184A),在《智者篇》中他却公然提出不同意见了。

但柏拉图为了免得引起误解,又专门说明:我们说"非存在"是存在的,这个"非存在"并不是指"存在"的反面即那个绝对不存在的"无";那样的"不存在",已经在前面(238C)说过,我们不去谈它是否存在。至于我们所说的"非

---

① 参见巴门尼德残篇第七。

存在",人们尽管可以反驳,如果不能反驳便应该承认我们所得出的这个结论,那便是:"种"是可以相互结合的。(258E—259A)关于这个问题,柏拉图又专门作了两点说明:

第一,在所有的"种"中他特别提出"存在"和"异"这两个,说它们是渗透(结合)一切的,并且是彼此相互渗透的。所有的"种"都分有"存在",它们都是存在的。"异"也分有存在,所以也是一种存在;但是它又不是它所分有的"存在",是异于"存在",所以它又是"非存在"。(259A—B)由此可见柏拉图在这里所说的"异",实际上是代表"非存在";他认为"存在"和"非存在"是可以和一切"种"相结合的。反之,他说"存在"既然分有"异",便异于其他所有的"种";它既不是它们中间的任何一个,也不是它们合在一起,〔这就是说,对于其他的"种"说,"存在"也是"非存在",〕它只是"存在"自身。因此"存在"不是别的任何"种",而任何别的"种"无论是单独一个或是合在一起,也都是这样。〔每一个就它自身说,都是"存在",就它对别的"种"说都是"非存在"。〕所以它们都是"存在"又都是"非存在"。

第二,这里说"存在"也是"非存在","同"也是"异",柏拉图警惕会被诡辩者乱用,所以特别指出不能对此东拉西扯模棱两可地乱用。我们说"异"在某种状况下是"同","同"在某种状况下是"异",一定要说明它的确定含义,在哪一方面可以这样说,哪一方面不能这样说。如果笼笼统统地随便说"异"就是"同","同"就是"异","大"就是"小","类似"就是"不类似",这不是真正的辩论,只是和"存在"初次接触的孩子。(259C—D)不要将辩证法用作诡辩论,这是最早提出辩证法思想的哲学家开始注意到因而提出的警告,可惜后来不少人往往忘记了这个忠告。

第四节　错误的说话和思想

《智者篇》提出"通种论",指出一切普遍的抽象的范畴——"种"都是可以相互结合的,或者是肯定的结合,说它存在(是),或者是否定的结合,说它非存在(不是),不但从本体论上说明它们既存在又不存在,批判了巴门尼德的形而上学,奠定了辩证法的基本思维方式;而且又从认识论上说明了错误的说话和思想是如何产生的问题,这也是对巴门尼德思想的一个重要修正。巴门尼德将理性思维和感觉绝对对立起来,认为感觉只能带来虚假的认识,因为它的对象不是真正的存在;而理性思维以存在为对象,所以必然是真的,他完全否认了假的错误思想的存在。柏拉图前期相论的认识论,无论是《美诺篇》和《斐多篇》中的回忆说或是《国家篇》中的认识阶段论,只是将理性的知识和感觉对立起来,认为知识是认识真正的存在,是正确的,没有对假的错误的思想作出说明,他实际上还是继承爱利亚学派的思想。但错误的思想是现实的存在,柏拉图继承苏格拉底反对智者,最主要的一点是指出智者自命无所不知,能教给人真正的知识,实际上他们所教的知识并不是真知识,只是仿造品,是假的。所以柏拉图的认识论现在必须说明假的错误的认识如何产生的问题。《泰阿泰德篇》提出这个问题,在他区别真意见和假意见时实际上已经打破了知识和意见即理性和感性的对立,认为假意见是由当前的知觉和记忆中的印象的不一致而引起的,这就是蜡板说;或者是将记忆中的这一片印象(知识)错当做另一片印象造成的,即鸟笼说。但讲到这里还有个问题需要解决,即关于“存在”和“非存在”的问题。如果将“存在”和“非存在”绝对对立起来,认为只有“存在”才是存在的,以“存在”为内容的思想都是真的,只有以“非存在”为对象的思想才是假的,然而“非存在”却是绝对的“无”,它不是任何思想的对象,则所有的思想包括智者的思想在内都只是以“存在”为对象,都是真的,这样便无所谓假的思想认识了。智者可以以此为他们自己辩护,普罗泰戈拉的“人是万物的尺度”可以解释为对我是这样的东西就是这样的“存在”,因此我的认识都是真的。《智者篇》为智者下定义,必须在这点上驳倒智者,说明智者所说的是一种“非存在”,但这种“非存在”不是无,也是一种“存在”,是假的存在,关于“非存在”的思想便是假的错误的思想。

柏拉图是从“通种论”的结论开始论证的。他说既然“种”是互相联结的,想将它们彼此分离开就是不合理的,是违反哲学精神的。如果将任何东西和别的东西完全分开,最终将毁灭逻各斯,因为只有当“型”组合在一起时,我们才能有逻各斯产生。(259E)这里的"逻各斯",严群的中译本译为"言语",康福德和洛布古典丛书本的英译为 discourse,乔伊特译为 reasoning 和 discourse of reason,我们还是音译为逻各斯,可以看出这和《泰阿泰德篇》中提出的有关知识的第三个答案是有联系的,它们讨论的都是有关逻各斯的问题。《泰阿泰德篇》对逻各斯提出了三种可能的解释:第一,将想到的思想用语言说出来;第二,列举组成对象的基本因子;第三,举出对象的特征,将它和别的东西区别开来。(206C—209C)对逻各斯的这三种解释柏拉图都否定了,认为真意见加上这种意义的逻各斯不能构成知识。现在他提出关于逻各斯的第四种解释,说逻各斯是"型"(或"相")彼此相互结合在一起。柏拉图对于逻各斯的这种解释并没有否定,而是给予肯定。他说:

> 必须肯定逻各斯是存在的一个"种",如果剥夺了它也就是剥夺了哲学,这可是非常严重的事情。现在我们必须对逻各斯的性质取得一致的看法,如果根本没有它〔逻各斯〕,那就什么都不能说了。如果根本没有彼此的结合,这种情况是可能发生的。(260A—B)

康福德将这种"型"的相互结合解释为对事物所作的判断或陈述(他将《泰阿泰德篇》中的"逻各斯"译为"判断"),他认为在每一个判断中至少包含一个《泰阿泰德篇》(185C—D)中所说的"共同名词"即"存在"和"非存在"、"同"和"异"等中的一个,这就是"型"。他认为这很重要,因为只有在考察判断或陈述的意义中得到"型"或"相"的认识,才能解决错误的说话和思想的问题。[①] 康福德的解释和下文柏拉图的解释是一致的。我们可以这样理解:柏拉图说逻各斯是各个"型"彼此结合在一起,实际上就是将逻各斯看成是一个判断或陈述。即使是一个最简单的判断"甲是乙"也不是一个孤立的"型",它至少已经将"甲"和"乙"(无论它们是感性知觉或抽象的"型")结合在一起,并且用一个共同名词"是"("存在")将它们结合起来。这样的判断才是有意义的,才有真或假的问题。

　　柏拉图为什么要反对孤立的彼此分离的"种"或"型",认为必须将它们彼

---

① 参见康福德:《柏拉图的认识论》,第 300—301 页。

此结合起来呢？我们看到柏拉图前期相论中所说的"相"或"型"便是绝对的、孤立的、彼此分离的(姑且不论"相"和具体事物是不是分离,这里说的是"相"和"相"的分离)。比如"美的相"便是绝对的美,它既不是丑也不是任何别的"相",因此它只是一个空洞的抽象。苏格拉底本来是要回答"什么是美"的问题,要寻求美的普遍定义,得出的回答实际上是美就是美(的"相",或"它自身"),这是同义反复,等于没有回答,也无所谓真或假。因此柏拉图现在反对孤立的"型"或"相",主张它们必须相互结合组成判断。要回答"什么是美"的问题,寻求它的普遍定义,至少必须说明美是什么和它不是什么,必须和其他的"型"或"相"结合起来,才能鉴别这个答案是真还是假。从这方面看也可以说柏拉图已经修正了他原来的相论。

柏拉图向这个方面引导泰阿泰德讨论。泰阿泰德听了以上(260A—B)的话后说,我不理解为什么现在我们必须对逻各斯取得一致的看法。爱利亚来的客人说,最容易的方法是从这方面入手:我们已经发现"非存在"是许多"种"中的一个,分布于一切存在,现在要研究"非存在"是不是和意见、逻各斯结合。如果它们不结合,则所有的意见和逻各斯都是真的(正确的),只有和"非存在"结合的意见、逻各斯才是假的,想或说"非存在"才是假的,才是欺骗。智者可以说有些"型"是和"非存在"结合的,有些不是,而逻各斯和意见则属于不能和"非存在"结合的,因此他们所说的都是真理而不是幻象。(260B—E)这样便必须探究逻各斯和意见是不是和"非存在"结合的问题。以前用字母说明结合和不结合的情况,现在用词来说明:有些词可以联结在一起,是有所指的;有些词即使凑成一串也毫无意义,所以是不能结合的。有些词是名词,有些是动词,名词如狮、鹿、马,动词如走、跑、睡,如果名词只和名词结合,动词只和动词结合,便没有意义,不能构成逻各斯;只有名词和动词结合在一起,如"人学习",才是逻各斯;这样才能说明事物的过去、现在或将来的存在或变化,才是逻各斯。(261C—262D)现在有两句话,一句是"泰阿泰德坐着",另一句是"泰阿泰德在飞",前一句是真的,后一句是假的。说它是真的,就是它所说的东西是这样存在(实在)的;说它是假的,就是它所说的东西不是这样存在(实在)的,并不是它所说的根本是无,而是它所说的是异于存在

的,即"非存在"。这就是以"异"为"同",以"非存在"为"存在",所以是假的逻各斯。(263A—D)

柏拉图由此得出结论:思想(dianoia)、逻各斯、现象(phantasia)这三者都是有真有假的。他说思想和逻各斯是相同的,不过思想是灵魂内部不发出声音的对话,将它发出声音来就是逻各斯(说话、判断)。逻各斯中有肯定和否定,灵魂中无声思想的肯定和否定就是意见(doxa),通过感官知觉得到的意见便是现象。所以思想是灵魂自己对话,思想的结果产生意见,和感觉结合的意见就是现象,它们都和逻各斯一样,其中有一些在某种情况下是假的。(263D—264B)

柏拉图举的例子——"泰阿泰德坐着"和"泰阿泰德在飞"——是最简单的,单靠感觉就可以判断它们是真或假。但他立即将这扩充到思想、意见和现象,认为它们也都有真有假。他在这里说的 dianoia 就是《国家篇》中说的认识的四个阶段(511D—E)的第二级(在那里我们译为"理智",柏拉图认为它是处于第一级"理性"和第三、四级"意见"之间的中间阶段,它的对象是数),属于"知识"范围,和"意见"对立。对具体事物的感觉属于第三级,对具体事物的影子的认识叫"印象"或"想象",属于第四级,三、四两级合起来称为"意见"。所以《国家篇》中严格划分的这些认识等级,特别是"知识"和"意见"的对立,现在却是除最高的"理性"以外都合在一起,说它们都是有真有假的。这表明柏拉图对于认识分类的看法也和他前期思想有所不同,将知识和意见,理智和感觉绝对对立的界限打破了。

柏拉图将这类判断叫作逻各斯,提出要分辨它的真和假,后来亚里士多德将这一方面发展成为逻辑学。

柏拉图发现假的逻各斯,承认"非存在"也是"存在"的,目的是为了说明确实有仿本、印象、幻象这一类假的东西。他说有人否认这类东西的存在,因为如果承认这类东西的存在,便可以证明有造假的摹仿和欺骗。(264C—D)这样就达到了柏拉图这篇对话的最终目的,他从理论上证明智者所做的不过就是制造假的摹仿和欺骗,从而最后为智者下了一个他认为是完全的定义。

在这篇对话开始时柏拉图为智者下了六个定义,他最后指出:智者并没有真正的知识,实际上只是摹仿,是用幻象迷惑年轻人。(234B—C)但对于什么是摹仿,什么是幻象,为什么会产生假的意见和思想? 这些问题应该说是柏拉图继承苏格拉底反对智者的根本问题。在《国家篇》中柏拉图反复用各种比喻说明真的知识和假的幻象的区别,但一直没有能从理论上说明这些问题,现在柏拉图用"通种论"来解释这些问题:所谓摹仿和幻象都是假的意见和思想,而所以产生假的思想,就是因为人们将不应该结合在一起的"种"(范畴)结合到一起了,以"异"为"同",以"非存在"为"存在"。用我们通常的话说就是人们将不是这样的东西说成是这样的东西了,将坐着的泰阿泰德说成是在飞的泰阿泰德,将不是正义(非正义)说成是正义。所以产生这种错误的认识,从方法论上讲便是不懂得哪些"种"可以彼此结合,哪些"种"不能结合而应该分开。因此"分"和"合"的问题即如何划分和综合的问题便成为柏拉图最关心的问题,他称之为辩证法。在《斐德罗篇》提出这个问题以后,《巴门尼德篇》、《智者篇》和《政治家篇》都着重讨论了这个问题。这是本体论的问题,也是认识论的问题和辩证法的问题。

柏拉图仍旧用二分法为智者下定义。他说创造有两种,一种是由神造的,另一种是由人造的。无论神造物和人造物都有两种,一种是造成原物,另一种只是制造原物的摹本或像。如神既制造了自然界种种事物又造出它们的影子——在阳光下的、水中的以及梦中的幻像;人既建造房子又画了它的像。造像又可分为造肖像的和造幻像的;造幻像的又可分为用工具的和摹仿的;摹仿者有的是有知识的,有的是没有知识的;无知者又有两种,一种是简单天真的无知,另一种是装作有知识的骗子。骗子又有两类,一类是能在大庭广众中发表长篇大论的蛊惑者,另一类是在私人场合中以言谈逼使对方陷于自相矛盾的。这后一类人便是智者。(265A—268D)这才是柏拉图对智者的真正看法,说他们不过是一群用假象蛊惑青年的骗子。至此柏拉图为智者下定义的任务完成了。

〔附〕 《政治家篇》的"按'种'划分"

《政治家篇》和《智者篇》是姊妹篇。《智者篇》为智者下定义,《政治家篇》则为政治家下定义,因此它主要阐述柏拉图在这一时期的政治思想,我们将在柏拉图的政治思想专章中来讨论它。但在《政治家篇》中柏拉图也提出了很重要的纯哲学思想,即"按'种'划分"的思想,虽然篇幅不多,但在认识发展史上却起了承先启后的作用,因此附在本章作为一节单独论述它。

《政治家篇》中为政治家下定义的方法和《智者篇》中为智者下定义的方法相同,主要用的是二分法。但是在《智者篇》中我们已经看到柏拉图用来一分为二的标准是带有主观任意性的,一会儿按这点划分,一会儿又按那点划分,完全根据他所要达到的目的而定,这种二分法实际上是很不科学的。柏拉图自己意识到这一点,所以在《政治家篇》中他有两处专门讨论这个划分的标准问题。

第一处大致在 261—268 标准页。当对话的主持人从爱利亚来的客人和他的对话者少年苏格拉底讨论到政治家是下命令的管理者时,他问是管理有生命的还是无生命的东西,回答是管理有生命的东西。有生命的东西又可以一分为二,少年苏格拉底将它分为人和兽类。客人说你的分法很大胆,但是有错误,因为你将事物的一小部分和其余大部分划分开来,却在划分中忽视了"型"(eidos)。你很快作出这个划分,因为你知道一定要分到"人",但这样做并不正确。划分一定要找到适当的中点,那便是要发现"相"(idea)。只有这样才能将一切差异区分开来。这个问题虽然在目前还不能完全搞清,但我们可以努力使它比较清楚些。(262A—C)他说比如将"人"一分为二,我们希腊人常将自己希腊人作为一类,而将所有没有血缘关系也没有共同语言的别的种族人们作为另外一个"种"(genos),称为"野蛮人",和"希腊人"划分开来,这是不正确的。正如将"万"当做一个独立的"种"和所有别的数划分开一样。正确的分法只能将数分为奇数和偶数,将人分为男人和女人,只有当它们可以

829

划分为两个构成"种"的部分时这种划分才是正确的。(262D—E)少年苏格拉底问我们如何能知道这个"种"和部分,知道它们的区别和不同,客人说这个问题回答起来会离题太远,将来有空时再来讨论吧。我现在只要说明:"型"和部分是有不同的。"型"一定是事物的某一部分,但并不是事物的所有部分都是"型"。比如你刚才将"生物"分为人和兽类两个部分;如果由鹤来划分,它一定会将鹤当做一类,而将鹤以外的一切生物包括人在内当作是另一类。(263B—D)正确的划分应该是将动物分为驯服的和野蛮的两类,在驯服的动物中又分为在陆地行走的、水中游行的和空中飞行的;政治家只管在陆地行走的驯服动物,再将这种动物分为两类,才能得出人和其他驯兽。所以有两条划分的方法:一条是尽快地将其中一小部分和其余极大部分分开;另一条是按照正确的适中的方法一步一步地划分,尽管时间要长一些,但这才是正确的分法(265A)。

这里说的就是关于划分的方法。任何事物都可以分割为许多部分,如果任意截取其中一部分,将它和其他部分对立起来,这样的一分为二是不客观不正确的;因此必须选择一个恰当的中间的标准才能作出正确的划分。这就是柏拉图在《斐德罗篇》中所说的按自然关节划分的问题,关于什么是自然关节,他到这里才作出明确的回答,就是要按照各类事物的不同的"种"来划分。"种"genos,柏拉图有时也用"型"eidos 或"相"idea 这两个他最常用的词,这三个词在这里表示同样的意思。从这里可以看出"通种论"和"相论"的关系,前者是从后者发展出来的。不过在柏拉图前期相论中,他注重的是从一类事物中综合地找出它们共同的"相"或"型";而现在他注重的是划分,认为要按照事物本身的"种"、"型"或"相"来划分。用后来的哲学术语说就是要按照各类事物的本质特征来划分,而不是根据一些次要的、附属的偶性来划分。(这是柏拉图还不能认识清楚的。)所以他接着又举了一个例子:动物可以分为两足的和四足的,而两足动物又有无羽毛的和有羽毛的区别,人就是无羽毛的两足动物。(266E)这个定义后来就被亚里士多德接受了。亚里士多德将"种"genos 或"属"eidos 区别开来,认为在上的"种"可以分为许多"属","属"又可分为许多"亚属",由此发展出一套系统的分类理论,并将它应用于生物等具体科学部门。所以柏拉图在《政治家篇》中提出的按"种"划分的学说,可以说是科学分类理论的最早表述。

这种学说在当时是一种崭新的理论,柏拉图为了引起人们的重视和理解,在278—287标准页又作了一番解释。

为了要说明政治上的统治者——王的作用,爱利亚的客人以小的例子来说明大的政治,他以纺织为例,纺织是一种生产技术,生产技术也有两类,一类是制造工具,是为纺织作准备,提供辅助工作的;另一类是直接进行纺织的。(281E)而纺织就是一种既综合又划分的工作,它首先要将羊毛纺成线,线又有两种:比较坚实的是经线,比较疏松的是纬线。将经线和纬线交织在一起,成为网状,便是纺织。(282D—283A)〔柏拉图最后要说明聪明的政治家要将勇敢的人当作经线,自制、谨慎的人当作纬线交织在一起,成为和谐的社会。(309A—B)〕

少年苏格拉底问:为什么要绕这样的圈子来论证这点呢? 爱利亚的客人回答说要到最后才能回答这点,他说现在让我们先考虑过分和不足、大和小的计量问题。这种计量也可以分为两种:一种是相对的,"大"只是大于小的,不是大于别的,"小"只是小于大的。如果只有这种相对的计量,便没有真正的"大"和"小",在社会上也无法区别真正的好人和坏人,正像我们讨论智者时承认"非存在"也是存在的一样。可见除了这种相对的计量标准以外,还要有一种恰当的正常的规范标准,才能正确地判断真正的过和不足、大和小、好和坏。不懂得这种标准,无论是政治术还是纺织术都要被毁坏。(183C—184E)这里说的实际上就是反对相对主义的问题。智者认为人是万物的尺度,一切真理都是相对的,无所谓客观的绝对的真理。苏格拉底和柏拉图反对智者们的相对主义,要寻求事物的普遍的定义和"相",就是客观的绝对的真理。柏拉图后期的思想虽然承认对立的范畴是可以相互结合的,因而他也承认在某种意义上"非存在"也是存在的,但是他决没有因此陷入相对主义,他还是坚持有客观的绝对的标准和真理,而这种客观的标准只有通过综合和划分,真正把握住事物的客观的"种"才能认识到。

所以他说有些自命为博学的人以为他们已经掌握了这种可以用于一切技

术的计量术,但是他们并没有接受过这样按照"型"划分的训练,他们分不清这两种不同的计量,不能按照真正的差异去区分它们,因而弄错了。正确的方法应该是这样:当他开始从多样的事物中看到它们的统一性时,不应该停止而应继续探究在这统一性中包含着的形成各类不同的"种"的一切差异。反过来,当他在各组不同的类中发现了互相不同的"种"时也不应该停止,而应该在这种差异中去探究它们共同的性质。(285A—B)这就是说:哲学家要比较事物的"同"和"异",既要能从"一"中看到"多",又要能从"多"中看到"一",前者是划分,后者是综合,无论是划分或综合都要根据事物的本质特征——"种"。这是对分和合所作的哲学概括:从"一"中见"多"和从"多"中见"一",这对以后哲学思想的发展起了很大的作用。

柏拉图接着又指出作为政治家要能懂得这些道理,但要学会这些并不容易。他说有些人似乎忘记了有些事物是可以感觉到的,因而容易认识它们的存在,对它们作出逻各斯也不困难。但是那类高级的重要的存在却是看不到的,不能通过感性知觉来满足我们的要求。因此我们必须训练自己对存在能作出理性的逻各斯,因为只有无形体的存在才是最高贵最重要的,它只能用理性去证明,是不能用其他方法认知的。我们现在的讨论正是训练我们去认知这种高级的存在。(285D—286A)柏拉图似乎有意提醒我们:不要忘记以上所说的综合和划分的方法以及发现事物的"种"等等,都不属于低级的感性认识范围,只有理性才能认识、解释和证明它们。在划分这两个认识阶段上,他还是坚持前期的看法,不过没有将二者分得那么绝对而已。

最后他总结说:我们在有关纺织等问题上作了这样冗长的讨论,主要是发现了一个可以适用于所有一切技艺的原则,那就是在计量时要用一个适度的标准。所谓"适度",并不是它能使我们快乐,那是次要的。他说:

> 真正有价值的、重要的在于方法本身,这就是要按"种"划分。

(286D—E)

他还说:如果我们只作简短的讨论,能使我们的听众成为好的辩证法家吗?(287A)由此可见,柏拉图在这里反复讨论的划分和综合的方法就是他所说的辩证法。辩证法本身是复杂的,柏拉图在这几篇对话中反复举各种例子来说明,其目的主要是给听众以辩证法的训练。

＊　　　　＊　　　　＊

《智者篇》继续和发展《巴门尼德篇》的思想；它不是以假设,而是直接逻辑推论三对最普遍的"种"——范畴:存在和非存在、动和静、同和异,以及它们之间相互结合的辩证关系。

柏拉图既反对巴门尼德和芝诺的形而上学思想,又反对高尔吉亚的怀疑论,主张存在和非存在是可以相互结合的:在一定意义下存在也是非存在,非存在也是存在,从而给智者下定义,说他们讲的只是非存在,不是真理。

在动和静的问题上,柏拉图一方面批评了"相的朋友",说他们将完美的"相"说成是没有运动、没有生命、没有思想的僵死的东西；另一方面又从逻辑论证:虽然动不是静,静不是动,但动是"非静",静是"非动",从这个意义讲动和静是可以相互结合的,从而打破了动和静的绝对孤立分离的界线。

柏拉图用二分法为智者下定义,强调要按照事物的不同(异)进行划分,又要根据它们的同进行综合；在《政治家篇》中又提出按"种"划分的思想。分辨事物间的"同"和"异"便成为他后期辩证法——划分和综合的主要思想,这就是多中求"一"和一中求"多"的思想。

第二十三章

《斐莱布篇》

现在一般学者都承认《斐莱布篇》属于柏拉图的后期对话,并且将它列在《智者篇》和《政治家篇》之后。这篇对话的形式和前期对话有些相似,它让苏格拉底作为主要的对话人,不像其他后期对话那样苏格拉底退居次要地位或甚至根本不出现,因为这篇对话主要讨论的是伦理问题:什么是善,它是快乐还是智慧? 这是苏格拉底在生前经常讨论的问题,也是柏拉图写的苏格拉底的对话中常见的主题;所以让苏格拉底充当主要对话人是顺理成章的,也可见柏拉图即使到了晚年仍保持对这位老师的崇敬之心。

和苏格拉底对话的斐莱布是个在历史上不见经传的人,有人认为他是柏拉图编造出来的一位快乐论的代表人物。另一位对话人普罗塔库斯据说是卡里亚的儿子,智者高尔吉亚的追随者。有人认为历史上有这样一个人,亚里士多德在《物理学》(197[b]10)中提到过这个人。

"善"究竟是快乐还是智慧,在柏拉图时代已经是一个重要的争论问题,本书第二编中已经介绍过,自从苏格拉底提出最高的"善"以后,他的门徒们即所谓"小苏格拉底学派"已经发生分歧并展开了激烈的争辩:麦加拉学派和昔尼克学派倾向于善是智慧,反对快乐论,昔尼克学派甚至在生活上实践苦行,而居勒尼学派的有些人则主张极端的快乐论,认为善就是享乐。苏格拉底和柏拉图都是推崇理性和智慧的,柏拉图写的苏格拉底的对话中将伦理道德归结为知识的问题,认为精神上的理性(努斯)高于肉体上的享乐。在《斐莱布篇》中对于这个问题采取了比较复杂的分析态度,承认"善"既包含智慧也包含快乐,应该是这二者的结合。虽然他的最终倾向还是认为智慧高于快乐,并没有改变他原来的观点,但他更多地采用了辩证的方法,从哲学观点上说是和其他后期对话一致的。

第一节　原则和方法

对话一开始苏格拉底就说:我们的观点和你们(斐莱布和普罗塔库斯)的观点是相反的。概括起来说,你们认为一切生物都以享受、快乐、高兴是善,而我们却认为智慧、努斯(理性)、记忆是善,是真正的幸福,正确的意见和推理是比快乐更高更有益的。究竟是谁胜利呢? 或许有比这二者更高的第三者才是善,但如果这第三者更像是快乐,我们就失败了;如果它更像是智慧,你们就失败了。斐莱布说,很好,我相信我们是胜利者,可以女神的名字作证。他所说的女神就是当时希腊人普遍崇拜的爱情和美的女神阿佛洛狄忒,她的真正名字应该是快乐女神(ʽΗδονή)。(11A—12B)

一　"一"和"多"

苏格拉底接着便开始论辩。他说快乐虽然统一在这位女神的名义下,但实际上是多种多样的,纵欲的人以为他的生活是快乐,自制的人则认为节欲是快乐,愚人以愚蠢的意见为乐,聪明人以智慧为乐。这些相反的东西难道是一样的吗? 普罗塔库斯回答说,它们的不同是由于别的根源,作为快乐其自身是一样的。苏格拉底说颜色作为颜色是相同的,但谁都承认白色和黑色不但不同而且绝对相反;形状也是这样,各种形状作为一个"种"(genos)它们是相同的,但是有许多不同的完全相反的形状。即使承认绝对相反的东西作为快乐是同一的,不能说快乐不是快乐;但是你认为一切快乐都是好的,都是善,我却认为虽然有些快乐是好的,多数却是坏的,你怎么能说它们都是善呢? 这样我们就得被迫承认完全不类似的东西却是完全类似的。当我说智慧、知识、理性是善时似乎可以避免这样的矛盾,但知识也有各种各样,甚至有相反的,怎能说它们都是善呢？我们承认有不同的快乐和不同的知识，因此当我们争辩究竟善是知识还是快乐时遇到了困难。我们应该寻求真理，而不是为了逞强好胜。（12C—14B）这里柏拉图提出问题：无论说知识或说快乐是善时都遇到矛盾，即知识作为知识和快乐作为快乐虽然是同一的，本身是"一"，但知识和快乐又都有多样性，其中有些是相反的，怎么能说它们都是善呢？这里谈的还是一和多即一般和个别的问题，可是他提问题的方法和前期对话迥然不同。在前期对话中他主要是寻求同一类事物的共同性，从"多"中求"一"，得出的"相"或"型"都是撇开了其中的不同和差异的；而现在他却要在看到它们的共同性时又要找出它们的差异，他更着重的是后一方面。

苏格拉底说：现在有一条逻各斯是许多人感到困惑不解的，即说"一"是"多"，或"多"是"一"。普罗塔库斯问是不是像有人说我是一，同时又有大小轻重等等所以又是多呢？苏格拉底说这样的一和多是大家都看得见的，将一件具体事物分为许多部分，说它们合起来是一个整体，这种有生灭的事物的统一是没有必要辩驳的。但当我们说人是一、美是一、善是一时，这个"一"便会引起争议：首先是不是有这样的"一"存在？其次为什么它们每个是一，总是同一，既不生成也不消灭，永远是"一"？还有它们怎么能分散出现在无穷的变动事物中呢？它们是分为许多部分还是整个地和自身分离出现在许多事物中呢？后者看来是不可能的，因为它作为"一"怎么能同时既在一又在多中呢？这才是关于"一"和"多"的问题。（14B—15C）这里提出的问题和《巴门尼德篇》第一部分提出的问题实际上是同样的：说任何一个具体事物既是一又是多，这是人人都能接受的；但是不是有一个永恒不变的"一"，以及它如何能和自己分离又为许多事物所分有？这才是柏拉图现在想要讨论的问题。

柏拉图先说明按照理性"一"和"多"是同一的，无论何时我们说的一句话中这二者总结合在一起。接着他就批评说有些年轻人对这点略有所知，便以为自己得到了智慧，随心所欲地将多合成一又将一分为多，使自己陷入困境，将他人导入迷途。他认为这是必须避免的。他说正确地处理一和多乃是普罗米修斯赐给我们的一件礼物（智慧）。要承认一切存在都有一和多、有限和无限。但要认识它们却要按一定的步骤，这就是无论什么事物都有一个"相"（idea），要先找到它，找到以后如果它有两个的话，就找二，再找三和其他数；还须以同样的方式对待每个"相"，直到我们看到原来的"一"不仅是一、多和无穷，而且知道它有多少个。只有在看到一和无穷之间所有的中间数时，才能将无穷的"相"用于多。这样才能让每个"一"毫无阻碍地进入无穷。这是神教给我们研究学习的过程，既不能太快也不能太慢，他说辩证法和诡辩术的区别就在这里。（15D—17A）然后他举了两个例子说明：一是音乐要分析声音，有高音、低音以及居间的中音；单知道这些还不能成为音乐家，必须学会这些音程的数目和性质、它们的界限和比例，以及由它们组成的整体——和谐，用数目测量它们的节奏。只有用这种方式去掌握一和多，你才成为一个音乐家。再一个例子是字母：声音是无限的，其中的元音也不止是一而是多，还有一定数的半元音，各种音还可以分为几个，要确定它们的数目，分别给以字母的名称。要知道它们全部以及将它们结成一体的纽带，成为一门学科称为语法。（17A—18D）柏拉图原来的相论是只要在一类同名的事物中找到一个同名的"相"就达到了目的。而现在他却认为任何东西（不论是具体事物还是抽象的善、快乐、知识以至音、字母等等）都不止有一个一般的"相"，而是可以有两个、三个以至无数个"相"或"型"。这些都是一般，是"一"，但它又是"多"。这种"一"和"多"的关系就比较复杂。所以我们可以看到这里讲的虽然还是《智者篇》和《政治家篇》中所讲的二分法即划分和综合的方法，但是已经不是简单的二分，而是要按照对象的本性分为二个、三个或更多个"相"。这样的"相"就有"种"或"类"的含义了。

二　善是智慧和快乐的结合

原来是要讨论智慧和快乐谁更好些，谁是善？现在看到这二者每个都是一和多，在它们进入无穷以前先要看到它们有一定的数。因此先要探究快乐有没有许多种，有多少种，它们有什么性质；对智慧也应这样。除非我们知道了它们每一个的一、类似和相同，以及和这些相反的（多、不类似和不相同），否则便没有用处。普罗塔库斯抱怨苏格拉底以这样冗长的讨论打断了原来的问题，要求他自己来划分快乐和智慧的种。苏格拉底没有这样做，却说他以前在梦中听到一种学说,说善既不是智慧也不是快乐,而是一个和它们不同的第三者,比它们更好。因此不必去划分快乐的种,可以先讨论善。(18E—20C)

他问善是完全的还是不完全的? 当然是最完全的,在充分自足这点上它超过其他一切。因此善是理性希望、追求、想得到的东西。用这个标准考察智慧和快乐的生活,如果其中有一个是自足的,不需要其他的,那便是善,如果还需要其他的便不是善。普罗塔库斯以为,既然生活在享乐之中便有了一切,快乐不再需要别的东西,它是自足的。苏格拉底反驳他说如果你没有理性、记忆、知识和意见,完全离开了智慧,你根本不能知道是否享受了快乐;如果没有记忆,就不能回想起已经有过的享乐;如果没有信念(意见),便不能知道你在享乐;如果没有计算,就不能预计将来的享乐。这样的你就不过是个软体动物牡蛎,不能算是人。再来考察智慧的生活。如果只生活在智慧、理性和知识之中,没有多多少少的快乐和痛苦,也不是任何人所希望的。因此快乐的生活和理性的生活都不是完全自足的,它们每一个都不是善。善只能是这二者的结合。苏格拉底虽然承认努斯不等于善,但他还是认为理性的生活比快乐的生活更高,它是善的原因,比快乐更接近善。因此,快乐不能摆在第一位、第二位,只能摆在第三位以后。(20D—22E)

这里柏拉图提出了一个识别善的标准:善是完全的、自足的,即不依赖或无所求于别的东西的。智慧和快乐却都不是这样完全的、自足的,它们每一个自身都不能成为善,只有和另一个结合才能成为善。这个划分标准很重要。柏拉图以前的伦理学说只讲智慧和快乐的对立,认为善是智慧,智慧是完全自足的;现在他认为智慧和快乐不能截然分开,而是需要相互结合的。这显然和前期的伦理学说有很大不同。但在根本点上柏拉图还是继承苏格拉底,认为智慧高于快乐。为什么智慧比快乐更高呢? 柏拉图提出一种新的存在分类的学说。

三 四类存在

苏格拉底说我们要为讨论找出一个新的起点,那便是将存在分为两类或三类。一类是无限(apeiron),一类是有限(peras),第三类是这二者的结合。

〔我们用"无限"译 apeiron 这个词,但柏拉图这里讲的无限和有限并不是我们现在通常了解的意义,它们还是毕泰戈拉最初提出这对范畴的含义:无限是指无规定性,有限是指有规定性。参看本书第一卷第 274 页以下。〕他说还需要有个第四类,即将这二者结合起来的原因(aitia)。(23C—E)以下就分别讨论这四类存在,讨论的方法也是分析它们的一和多,先将每个一划分为多,然后又将它们统一起来考察。

所谓无限,他选冷一点和热一点(较冷和较热)为例,是指它们没有界限,因为它们可以多一点或者少一点(较多或较少)。这是指还在变化中的东西,它们可以向两方面变,变得多一点或少一点,在两方面都没有终点(有了终点便是有了界限),我们平常说的"多一点"、"少一点"、"很强"、"轻微"、"极强"等都是表示这些变动的东西,它们没有确定的量。干一点或湿一点、快一点或慢一点、大一点或小一点等等都属于这一类。它们处在变动之中没有稳定性,是不定的。第二类就是和它们相反的如相等、等同、双倍,以及任何数和数的比例,尺度和尺度的单位,可以归为"一"。它们都是有定量的,属于有限这一类。(24A—25D)这里所说的冷一点和热一点、多一点和少一点、大一点和小一点等等,就是柏拉图后期在他的学园中流行的学说"不定的二"的标准出处,《斐莱布篇》只告诉我们它是一种在变动中的没有定量的东西。第二类有限即有规定性,按照柏拉图前期相论,对具体事物加以规定的是"相",现在柏拉图说的只是数的规定性,如等同、倍数、比例、尺度等。这种有限和无限的说法很接近毕泰戈拉学派的思想。

至于第三类,柏拉图这样解释:在不定的相反的存在中加上确定的量如相等或成倍等,使它们成为和谐和一定的比例,这便是第一和第二类混合,也就是将有限加到无限上得到的结果。他举例说,在疾病中相反的因素结合成为谐和便产生健康;在高和低、快和慢的音中加进一定的量的比例,便产生和美的音乐;气候的季节以及一切美的事物如美、健康以及灵魂的美等都是由无限和有限结合而成的。他还说和谐女神正是因为看到纵欲和快乐没有界限,邪恶盛行,才设立法律和秩序作为界限来限制它们,拯救了世界。他说:第三类是前两类产生的后裔,将没有限制的东西加以尺度限制,使变动的东西进入存

在。(25E—26D)

最后要讨论第四类——原因。他说任何产生的东西总有产生它们的原因,没有原因便不能生成。产生者即主动者是原因,被产生者是结果,主动者或原因在先,被动者或结果在后。原因和被它产生的东西是不同的,被它产生的结合物已经归入第三类,因此产生它们的原因可以说是第四类。(26E—27B)柏拉图这里所说的原因是后来亚里士多德所说的动因。将产生和被产生、创造和被创造、主动和被动明确说成是原因和结果的关系,最早应该推到柏拉图在这里的论述。将原因作为存在的一类专门加以讨论,在西方哲学史上也是从柏拉图在这里的论述开始的。

在前期相论中柏拉图以存在的真实程度为标准,将存在分为"相"和具体事物两类;现在却以存在的作用和地位的不同将它们分为这样四类。从这里也可以看出他对存在的基本看法已经发生了改变。

四 努斯是原因

划分了这四类存在以后就要判断快乐和智慧属于其中哪一类。善是这二者的结合,当然属于第三类,快乐和痛苦,他很快就将它们划入第一类,说它们在数量上程度上都是可以多一点或少一点的,属于无限这一类。(27C—28A)但说到努斯、智慧、知识属于哪一类,却要认真地冗长讨论了。他说聪明人都承认努斯是天地之王。宇宙万物究竟是由非理性的盲目力量所控制,只是由偶然决定的呢,还是像先辈所说是由努斯和智慧控制的? 回答当然是后者。努斯安排宇宙的一切,包括日月星辰以及整个天体运动。还要讨论组成生物体的元素——火、水、气、土。我们身上的元素都是小的、贫乏无力的,我们身上的火当然不如组成宇宙的火,由这些元素组成的我们的身体也不如由这些元素组成的宇宙的形体。我们的身体有个灵魂,宇宙的形体也有个灵魂。在四类存在中属于最后这类"原因"的乃是灵魂,它在身体受损害时给予治疗和医术,并且提供各种适当的安排。同样宇宙的灵魂也以努斯和智慧安排年、季度和月日,显得最好最高贵。如果没有灵魂也就无所谓努斯和智慧,可以说在宙斯的本性中,神圣的灵魂和神圣的努斯是作为原因的能力而存在的。这就是早先的思想家所说的努斯统治万物。所以我们的结论是:努斯属于我们称为万物的原因这一类,而快乐只属于无限那一类,它现在和将来都没有开始、中间和终结。(28C—31A)

说努斯是统治万物的思想家,当然是指阿那克萨戈拉,柏拉图在这里解决的问题实际上和在《斐多篇》中提出来的问题有关:苏格拉底和柏拉图开始听到阿那克萨戈拉主张努斯是万物的原因时非常高兴;但后来看到在阿那克萨戈拉的书上仍旧用物质元素的机械运动解释事物生成和变化的原因时感到失望。这个问题在《斐多篇》以后的对话中都没有再正面提到,现在由于将原因作为存在中独立的一类,柏拉图才用自己的话提出主张努斯是存在的原因。为什么努斯是原因? 它怎样起原因的作用? 他在这里的论证还是很简单的,在本篇对话的后半部分还将进一步论述;至于从宇宙的生成方面说明努斯的作用还得留待《蒂迈欧篇》。

西方学者讨论这样一个问题:柏拉图原来所说的"相",在现在这四类存在中是属于哪一类的? 除了没有人主张"相"是第一类——无限外,别的各种说法都有:有人(如罗斯)主张"相"是第三类——组合物,有人主张它是第二类——限制,有人(如策勒)认为"相"是第四类——原因;也有人认为这四类存在都是"相",相反也有人认为它们都不是"相";格思里论证这里所说的原因是动因,而不是原来作为形式因的"相"。[①] 我们以为除了第一类——无限显然不是"相"外,其他三类都是具有柏拉图所说的"相"的某一方面特征的,如第二类的限制或规定,第三类即组合而成的"善",以及第四类原因就是"相"作为统治和主动的方面。但原来柏拉图所说的"相"是这些特征综合而成的统一体,现在却将各特征分别归于存在的某一类,显然,无论其中哪一类都不完全等同于原来的"相"。原来是具体事物和"相"作为两个对立的世界而存在的,现在却是无限和有限组成事物这样一个统一的世界。这也说明柏拉图后期的哲学思想已经和前期不同了。

---

① 参见格思里:《希腊哲学史》第 5 卷,第 213 页及注 2、3。

第二节 快乐和知识

以上的论述只是提出一些原则,为讨论快乐和智慧究竟哪一个是善的问题提供了哲学根据和方法论,用柏拉图自己的话说则是为这场讨论提供了新的出发点。(这也表明他想把当时围绕这个问题发生的各种不同意见的争论引向一个他认为是正确的方向。)但这些原则如何具体运用来解决有关快乐和智慧的问题,比如:快乐和智慧如何划分为多样的"种"又如何统一,它们彼此如何结合成为善,以及为什么努斯是原因,它高于快乐等等问题还需要具体分析,这就是《斐莱布篇》后半部分的工作。

一 快乐和痛苦的产生

苏格拉底说我们首先要讨论快乐的"种",但快乐和痛苦是不能分离的。快乐和痛苦都是从以上所说的第三类——由有限和无限组合而成的健康、和谐中发生的。生物体中的和谐一旦被破坏便产生痛苦,恢复和谐产生快乐。饥饿是一种空虚,是痛苦,进食使之复原便是快乐;渴是痛苦,饮水是快乐;热得使人头昏是痛苦,清凉是快乐。一般地说当无限和有限的统一被破坏时产生痛苦,回到它们的自然状态便是快乐,没有这种破坏和恢复就不会感到痛苦和快乐。(31B—32B)

但是希望得到快乐不要痛苦,这是灵魂的事情,与身体无关。是不是所有的快乐都是我们希望得到的呢?快乐和痛苦是不是像冷和热一样,只在有时候是受欢迎的,有时却是不受欢迎的呢?是这样,因为它们自身并不是善,只在有些时候有些情况下快乐才是好的。再说在快乐和痛苦以外还有第三种——既不快乐也不痛苦。智慧的人往往选择这种既不快乐也不痛苦的生活,一般人以为神就是过这样的生活的。(32B—33B)他说快乐和灵魂发生关系也有个过程:首先是感觉,感觉总是先作用于身体的;有些感觉在作用于灵魂以前已经消失,有些感觉在作用于身体以后又作用于灵魂,并且在灵魂中保存下来,就是记忆。他说:记忆(mnemes)和回忆(anamnesis)不同,只有在和肉体分离开的灵魂自身中唤醒了灵魂和肉体共同感受到的经验才是回忆;或者是灵魂已经失掉了这个感觉的记忆或它曾学习过的某些东西,现在由灵魂自身单独(不和肉体结合)恢复了才是回忆。这样我们便可以清楚理解和肉体分开的灵魂对快乐的关系。快乐是一种欲望,饥和渴也是欲望。为什么将它们都叫作欲望,它们有什么同一性呢? 欲望是人感到某种空虚,要以和它相反的东西来满足,他希望得到满足的东西并不是当时他身体直接感觉到的那种情况(如饥饿),而是和这感觉相反的情况,这只在灵魂的回忆中存在,只有灵魂才能向我们指出欲望的对象。他说由此可以证明:生物的一切刺激、欲望的决定力量是灵魂。(33C—35D)柏拉图在这里对快乐、欲望的心理过程作了分析:人要得到快乐,必须经过记忆、回忆、〔他所说的记忆和回忆的区别是:灵魂和肉体结合在一起感受到的经验在灵魂中保存下来的是记忆;而灵魂和肉体分开,单独唤醒了记忆中的经验或学习到的知识时便是回忆。回忆到的东西不是当时直接感受到的,但柏拉图没有像《美诺篇》的回忆说那样将它完全说成是先验的,与感觉绝对无关。〕欲望等过程,在这些过程中灵魂即理性是起决定作用的。人不同于其他动物,其他动物只有直接的感觉和反应,人是理性的动物,只有人才能分辨快乐和痛苦并能有记忆和希望。他又进一步指出灵魂的期望、欲望和身体的感觉是不同的,当人痛苦时他希望得到快乐,可是这时候快乐尚未来到,所以他说这时候人是处在两种感觉(已经存在的痛苦和尚未来到的快乐)之间的。普罗塔库斯说这样的人就得忍受双重痛苦,既在身体上感受痛苦,又要在灵魂上忍受期待与渴望的痛苦。苏格拉底纠正他说一个感受痛苦的人有时有得到满足的希望,有时却没有这种希望,前者可以使他快乐,所以他既痛苦又快乐,只有后者既痛苦又没有希望才是双重痛苦。(35E—36C)

　　柏拉图具体分析了快乐的产生,说明从感觉到记忆到欲望的心理过程。对伦理道德行为作这样的心理描述(这也是广义的认识活动),也可以说是早期的心理学。柏拉图不像前期那样将灵魂和肉体对立,理性专属于灵魂,快乐专属于肉体那种简单的二分法,而是比较具体地分析了二者相互联系相互结合的过程,同时又注意到二者的相互区别,目的还是要说明精神的理性是指导和统治肉体的快乐和痛苦的,所以努斯是结合的原因。在这点上他既坚持又发展了原来的观点。

二 真快乐和假快乐

为了说明快乐和痛苦必须受理性的指导,柏拉图又提出一个问题:像有真和假的期待、真和假的意见一样,快乐是否也有真假之分?普罗塔库斯只承认有真和假的意见,却不承认有真和假的快乐、痛苦以及对它们的期待。苏格拉底说一个人在睡梦中或在神经错乱发疯的时候感到的快乐和痛苦难道不是假的吗?(36C—E)以下就是关于是否有真假快乐问题的大段讨论。柏拉图的论证不但是冗长的,而且像格思里所说的它们是长了翅膀到处任意飞翔[1],因此只能将他的主要意思概述如下。

第一,他说为什么只承认意见有真假之分,而不承认快乐也可以有真有假呢?意见是对某个对象的意见,快乐和痛苦也是由某个对象引起的。真和假是加在意见上的一种属性,快乐和痛苦也可以有它们的属性,如以前说过的它们有大小强弱之分。不论是意见还是快乐,如果它有坏的属性就是坏的意见或坏的快乐。如果一个意见的内容错了,我们说它是不正确的意见;如果快乐和痛苦是将它们的对象弄错了,不也就是不正确的、假的快乐和痛苦吗?普罗塔库斯不能同意,他说人们都会同意有假的意见,但没有人会说有现实的假的快乐。(37A—38A)意见的真假是由是否符合对象决定的,这在《泰阿泰德篇》和《智者篇》中有所论述。现在说快乐的真假也由对象决定,可是快乐和意见是有不同的,情感不同于认识。柏拉图却要用认识来说明情感。普罗塔库斯说没有现实的假的快乐,因为他认为快乐是当前直接的感觉,感觉是无所谓真假的。这是当时颇为流行的观点,是智者的重要论据,柏拉图在《泰阿泰德篇》中曾经说过。苏格拉底对普罗塔库斯的驳斥就是说快乐不仅仅是当前直接的感觉,而是必须作出一定的判断,正如我看到远处一个事物时我必须判

---

① 参见格思里:《希腊哲学史》第5卷,第201页。

断它是什么东西。灵魂好像是一本书(就是《泰阿泰德篇》所说的"蜡板"和"鸟笼"),感觉和记忆一起就像是写在书上的字,如果所写是真的就成为真的意见和判断,如果所写是假的就是假的意见和判断。再说我们直接由视觉或其他感官得到的感觉在我们灵魂中成为印象,就像是画家所画的画,也有真假之分,真的印象是真的,假的印象是假的。(38A—39C)所以快乐和痛苦可以有真的和假的。

第二,从时间上说,快乐和痛苦不仅和过去、现在有关,而且是对于将来的期待和希望。灵魂所感到的快乐和痛苦总是先于身体感受到的快乐和痛苦的,这就是说我们对将来的快乐和痛苦有所预期,充满了希望。好人灵魂中的快乐是真正的快乐,坏人灵魂中的快乐只不过是真正的快乐的摹仿,像是快乐却是假快乐。正确的意见是以过去、现在或将来的实在的东西为根据的,但有些意见却不是以过去、现在、特别是将来的实在的东西为根据,它们就可能是假的。害怕、恐惧等也是如此,它们有时候也是假的。(39C—41B)

第三,说到欲望,灵魂的欲望和身体的欲望有时是伴随一起的,有时则是分开的,灵魂所期望的和身体所期望的相反。这样相反的一对快乐和痛苦可以同时存在,而且,快乐和痛苦都是可以多一点或少一点,它们属于"无限"这一类,因此我们要确定快乐和痛苦以及它们相互反对的大小和程度。可是正像我们看东西时由于距离远近可以得出错误的判断一样,在判断快乐和痛苦的比较程度时也可以得出错误的结论。(41B—42C)

我们看到在《泰阿泰德篇》讨论认识论时,柏拉图承认感觉如果限制在当前直接感觉的范围内,它是不会有假的,但如果超出这个范围,要对感觉作出某种判断时便有真有假。现在《斐莱布篇》讨论伦理问题时也得出同样的看法:快乐和痛苦如果作为当前直接的感受,它是不会假的;但快乐和痛苦不只是简单的直接感受,它总要作出判断,判别其大小程度,而且这种判断往往是对于未来的预期和希望,这样自以为是快乐和痛苦的便可以是假的。

三 快乐和痛苦的结合

上面说过生物体的自然状态如果发生组合和分解、充满和空虚、生长和毁坏的过程,便产生痛苦,如果保持自然状态的和谐就是快乐。按照赫拉克利特的学说这种变化的过程在生物体内总是不断发生的,但变化的程度却有强烈、温和与微细的不同。生物只能感受到强烈的变化过程,对不强烈的过程不一定能感受到,这时候便不会感到快乐和痛苦。因此有三种生活:快乐的、痛苦的以及既不快乐又不痛苦的生活。但有人认为最大的快乐就是没有痛苦,没有痛苦就是快乐。这样以上三种生活变为只有两种,即痛苦,它是恶;解脱痛苦就是善,就是快乐。这是昔尼克学派的主张,他们认为快乐是根本不存在的,这些人可以说是(快乐论者)斐莱布的敌人(42C—44D)

要反驳这种意见,为了说明有快乐存在,需要认识快乐的本性。柏拉图认为要认识快乐的"种"和"相",只能从最大最强的快乐中去发现。一般认为最大最明显的是身体所感受的快乐,最大的快乐是能够使最大的欲望得到满足的东西。一个发烧的病人比别人感到更多的渴和冷,他比别人有更多的欲望,如果这些欲望得到满足,他会得到更大的快乐。难道这不是真正的快乐吗?可是这种快乐是常常和疾病的痛苦结合在一起的。再说纵欲的人得到的快乐总是超过能够自我节制的人所得到的快乐,所以最大的快乐和痛苦并不是在好的灵魂和身体中发生,而是在坏的灵魂和身体中发生的。快乐和痛苦的结合有几种:有的只和身体有关,有的只和灵魂有关,有的则是属于身体和灵魂二者的。比如冷得发抖时得到暖和,或者热得焦躁时得到凉爽,都是痛苦和快乐的结合。在这种结合中有时苦和乐是相当的,有时这一方面超过另一方面。灵魂的感受和身体的感受又往往是相反的,灵魂以身体的快乐为苦,以身体的苦痛为乐。但这还不过是快乐和痛苦的一种简单的结合。(45A—47D)

还有一种快乐和痛苦的结合是只出现在灵魂中的,比如愤怒、恐惧、悲哀、爱情、妒忌、羡慕等等,都是在痛苦中又结合有快乐的。人们在观看悲剧时是在痛苦中又感到乐趣,观看喜剧时又往往是在快乐中又感到痛苦。对旁人的痛苦感到乐趣,对别人的无知——他不能"认识自己",或是对自己的智慧、财富、美貌等想得过分,就显得滑稽可笑。无知是一种痛苦,嘲笑它时却得到快乐。这就是在我们观看悲剧和喜剧时,以及在人生的悲剧和喜剧中都可以发现的快乐和痛苦的结合,它们都是在灵魂中出现的。许多事实说明离开灵魂

的身体,或者离开身体的灵魂,或者在这二者的混合中,都有各种各样的快乐和痛苦结合的例子。(47D—50D)

柏拉图是要反对昔尼克学派所说的没有什么快乐,所谓快乐不过就是没有痛苦而已的论点。他要说明快乐是存在的,可是以上不过是证明了有些快乐只是表面的而不是真实的,另外有些快乐虽然是很大的却是和痛苦结合在一起的。他现在要说明还有一类快乐是纯粹的、不和痛苦结合在一起的,他认为这种纯粹的快乐来自美的颜色或形状,很多是从声音和气味中感觉到的。它们的特点是:缺少它们时我们并不感到痛苦,但有了它们时我们便感到快乐,比如由直线和圆组成的某些平面或立体,它们的美并不是像别的美的事物那样是相对的,它们的本性总是美的,它们给我们带来的快乐不像别的快乐那样是混有痛苦的。有些颜色也具有这种性质,有些声音柔和而清楚,产生完整的纯粹的音调,它们的美就不是相对的,不是从和其他事物的关系来的,而是由它们自身给我们快感。有些嗅觉也是这样,虽然它们并不崇高,但它们不和痛苦相结合,是纯粹的。(51A—52A)

柏拉图虽然认为快乐必须得到理性的指导,才是真正的快乐,但他对快乐并不是简单地否定或贬低,而是对它作了具体的分析。他在指出大多数快乐总是和痛苦结合在一起的以后,还提出有纯粹的快乐。他在这里所做的,就是分析快乐的"种",指明快乐有多种多样。他的划分已经不是简单的二分法或三分法,而是根据实际经验作了多样的划分。这和《泰阿泰德篇》中对待感觉的分析态度是相似的。可以看出这两篇对话是在大致相同时期写作的,属于柏拉图后期思想。还有一点可作证明的是他在这里所说的引起纯粹快乐的东西,本身不是相对的美而是自身成为绝对的美的东西,并不是他以前所说的"美的相",而是某种具体的颜色、声音、气味和形状,这也和他前期相论有明显不同。

四 分析知识

柏拉图认为学习得到知识也是一种纯粹的不混有痛苦的快乐,不过这不是多数人而是只有少数人才能有的快乐。为了识别纯粹的快乐和知识,要将有尺度和没有尺度区别开来。他认为可以延长和增强（变得大一点）的快乐属于"无限"这一类，是不纯粹的，只有有尺度有规定性的一类快乐才是纯粹的。例如白色，并不是由于它的量大，而是由于它不和别的颜色混杂在一起才是纯粹的，即使一小点纯粹的白也比大量混杂的白更好更真实。要区分两类东西，一类是自己独立存在的，另一类是依别的东西而存在的，前者高于后者。还要区分另外的一对，即"变化"和"存在"。是变化为了存在呢，还是存在为了变化？当然是变化为了存在。所有的工具和材料是为了创造和产生，就是要生成为某种存在。快乐只是一种变化而不是某种存在，因此快乐不是善；因为善是一种目的，是一种存在。他认为快乐论者的一些说法是站不住的，如认为在灵魂中只有快乐才是善，其他如勇敢、节制、理性都不是善；认为当他感到痛苦而不是感到快乐时就是坏的，虽然他本来是最好的人，只有当他感到快乐时才是好人，才是有道德的人。（52A—55B）

　　关于什么是纯粹和不纯粹的问题柏拉图提出了几项标准。第一，将有尺度有规定性的和没有规定性的区别开来。没有规定性的就是可多可少，可大可小的"无限"，这是不纯粹的，只有那有规定性的东西才是纯粹的，即使是一小点纯粹的白色也比一大块混杂的白色更为纯洁。第二，要将自己独立存在的东西即前面讲到过的自足的充分的东西（20D以下）和只能依别的东西而存在的东西区别开来。第三，要将变化、生成的东西和存在区分开来，变化是为了生成为某种存在，所以变化是为了存在，存在是变化的目的。按照这三个标准，他认为快乐是一种无限，可以多一点或者少一点，因此快乐是一种变化，它本身是不能独立自足的，必须依赖别的东西。用我们现在的话说就是不能"为快乐而快乐"，快乐本身不是目的，它还要为了更高一层的目的。他正是从这点上批评快乐论的。快乐论者认为快乐就是一切，只要有了快乐，也唯有快乐才是好的，才是善，没有快乐便是恶。为了说明比快乐更高的东西，柏拉图进一步分析努斯和知识，他认为只有从这里才能发现真正最纯的因素。（55C）

　　他将知识分为两类，一类是技术和制造的知识，另一类是教育文化的知识。在技艺知识中也有两部分，一部分比较更接近纯粹的知识如计数、测量、称重等,除此以外便是靠经验和猜测得来的知识。他认为音乐的音符高低与和谐主要是由感觉的实践经验得来的,它的准确性很小,其他如医学、农事、航海、军事也是这样。而建筑术却有较高的准确性,无论造房或造船都要使用规尺测量,有确定性。他认为最精确的应该说是计数的技艺。数学也有两种,即普通人的数学和哲学家的数学。普通人计算的是不相等的单位,他们所计算的"二"可以是两支军队、两头牛等等大大小小的事物;而哲学家不计算这些东西,他们计算的每一个单位都是相等的。在建筑和贸易中的计算和哲学家的几何、算术是两类不同的计数。这样我们原来认为是可以用一个名字去称呼的同一种东西,如技艺,现在却可以由它们的准确度和纯粹性的不同而分为两类;数学和计算也可以分为这样的两类。(55D—57E)这就是关于知识的"一"和"多"的问题,关于实用的知识和纯粹理论知识的区别。柏拉图指出不要忘了还有最精确的辩证法。任何有理性的人都会承认关于存在、永恒不动的东西是最真实的知识。普罗塔库斯插话说:我听高尔吉亚说过,说服别人的论辩术是最伟大最有用的。苏格拉底说我不是问哪一种学问伟大有用,而是说一种学问可能用处最少,却是最明白准确,最有真理性的,正如说一点很小的纯白比大而不纯的白更为纯洁,我们要寻求的是灵魂的能力,那只是为了追求真理的最纯粹的努斯和知识。那些研究自然的人只是在意见的领域中研究我们周围的世界,它们怎样产生以及如何活动等等,他们不是研究永恒不动的东西,只研究那些过去、现在和将来生成和变化的事物。真正准确的真理不是关于这些事物的,而是关于永恒的、同一的、没有变化和混合的东西的。其他一切都是第二等的、低级的,最好最光荣的努斯和知识就是对于真正存在的沉思。(57E—59D)

柏拉图将知识分为两类:生产技艺的知识和有关文化教育的知识。这种区分在《国家篇》中已经开始有了,现在说得更为明确,这为后来亚里士多德区分实用知识和理论知识作了先导。技术知识作为一种知识(episteme),也含有纯粹知识的成分,那就是计数,测量事物的大小重量等。柏拉图开始以这种数量的规定性作为判断知识准确性的标准,因为只有认识了事物在数量上的规定性,这种知识才能说是准确的。这是柏拉图接受了毕泰戈拉学派的思想,对后来西方科学的发展是很重要的。柏拉图用这个标准判断当时希腊各种学科的精确(纯粹)程度。在技艺知识中,他认为音乐、医学、农事、航海等准确性不高,它们对于事物的数量规定性都是靠实践经验猜测得来的,只有建筑术(还有贸易)需要比较准确的计数和测量,它们的知识的纯粹性较高。他认为最精确的技艺就是计数,但是他将数学又分为两类,一类是普通人的数学,是用来计算具体事物的,他认为这种计算的单位(即每个"一"unit)是不相等的,如两匹马的单位和两头牛的单位不同;而哲学家(数学家)计算的单位却是相同的。将应用数学和纯数学区分开来是对的,但说它们的区别是在于使用的单位是否相等,显然是没有分清一般和个别的关系。计算两匹马和两头牛的单位,并不是牛或马,而是一般的"一"。可是这里所说的"不相等的单位",对我们理解柏拉图后期的不成文学说却是很重要的。对于教育知识即理论知识,柏拉图没有再作分析,但如果将这里所说的和《国家篇》中柏拉图拟定的教育课程表——那些课程应该说都属于教育知识而非技艺知识——对比一下,可以看到是不同的。在那里柏拉图将算术、平面几何、立体几何、天文学、和音学这几种课程由低向高依次排列,而在这里,柏拉图对于研究天文的自然哲学家评价不高,说他们只研究变动世界的产生和变化,不是永恒不变的真理(他实际上是将研究的对象和研究得到的知识二者混淆了)。他还说音乐的准确性很低。如果按照这里的标准,应该将《国家篇》中的那五项课程的次序颠倒一下才对,要将数学摆在首位。因为柏拉图现在强调的又是永恒不变的、同一而不是混合的真理,他将这称为辩证法。这种意义的辩证法好像又回到《国家篇》中的辩证法,和《斐德罗篇》以来所说的辩证法——综合和划分——不同。如果我们为柏拉图解释,只能说《斐德罗篇》以来所说的辩证法是达到真理的方法,而《国家篇》和《斐莱布篇》所说的辩证法却是指真理自身。真理就是善,柏拉图在这里分析知识,目的是为了要划分善的等级。

五 善的等级

也许柏拉图自己意识到他在《斐莱布篇》中讨论的问题头绪较多,人们不大容易把握,所以到结尾时他又将全篇主要论点作了概述,这在柏拉图的对话中是少见的。

他说斐莱布认为快乐是所有生物追求的目的,所以善是快乐而不是别的东西,快乐和善这两个名词说的是同一个东西;而苏格拉底却主张快乐和善是两个不同的东西,智慧比快乐更好,更是善。我们都承认善是完全自足的,不需依靠其他任何东西,如果将智慧和快乐分开,发现它们每一个孤立起来都不是自足的,因此任何人都不愿意选择没有快乐的智慧或者没有智慧的快乐,我们只能在它们的结合中去寻找善。可是将任何一种快乐和任何一种智慧结合起来并不能成为善,因为有些快乐比别的快乐真实,有的技艺比别的技艺精确;有的知识以生灭变化的事物为对象,有的却以永恒不变的东西为对象,后者比前者真实。那么是不是只能将真实的快乐和真实的知识相互结合呢? 也不能这样。从知识和技艺方面说,我们不但需要知道纯粹的尺度,而且也需要知道如建筑术那种不那么纯粹准确的技艺,音乐即使不那么纯粹但也不能排除它。所以各种知识都有用处,当然必须有第一种最纯的知识。可是快乐却不是这样,并不是所有的快乐都是有益的;激烈的疯狂的快乐会扰乱人的灵魂,只有真正纯洁的快乐或健康有节制的快乐才能和知识结合成为善。在这种结合中有一点是必不可少的,那就是真理,没有它就没有真正的生成和存在。这样我们便进入善的领域,可以看到它究竟是和快乐相近还是和智慧相近。造成这种结合的最主要的因素就是尺度和比率;如果没有尺度和比率,就不是好的结合而是一个纷乱的杂凑。可是这样善的力量就进入"美"里面去了,因为尺度和比率与美和德行是相同的。(60A—64E)

柏拉图讲明了一个道理:一切知识不论是高级的还是低级的,都是有用的,都是好的;但并不是一切快乐都是有益的,有些快乐是有益的,有些却是不但无益反而有害。这里已经可以看出知识高于快乐,更接近于善。但他还要再进一步分析,他说我们不能用一个单一的"相"(idea)去把握善,只能分为三个——美、比率和真,这三者合在一起才能组成一个好的(知识和快乐的)结合,成为善,由此才能判断快乐和智慧究竟哪一个更接近最高的善。(65A—B)这里他认为最高的"善"已经不是《国家篇》中所说的单一的"相"了,他将它分为三个:美、比率和真。以下他分别讨论这三者。第一,关于真理。快乐和努斯二者中哪一个更接近真理？普罗塔库斯也不得不承认，快乐像是骗子，它往往像孩子一样缺乏理性，所以是努斯接近真理。第二，关于比率。快乐和努斯中哪一个的比率较多？当然是快乐没有节制，努斯和知识却总是适度地和谐的。第三，关于美。快乐和努斯二者哪一个享有更多的美呢？努斯和智慧无论在任何时候任何情况都不会变得不好看的；而快乐，即使我们享受到最大的快乐，也有些可笑的成分使我们会觉得可耻，要尽可能将它隐藏起来，放在晚上人们看不到的时候进行。（65B—66A）柏拉图在《会饮篇》和《斐德罗篇》中讨论爱情问题时，都谈到过真、美、善统一的问题，现在《斐莱布篇》讨论快乐问题时，又谈到这三者的统一。在那里讲的爱情，如果不是指精神上的爱而是指肉欲的话，就是这里所说的坏的快乐，柏拉图认为这是不美的。从这方面说他的思想是前后一致的。但《斐莱布篇》突出了其中的一个方面，即尺度和比率，他认为这是高于一切的，因为它给予一切事物以规定性和准确性。

通过以上的讨论，最后柏拉图认为"善"可以分为五个等级：（1）尺度、适度等不朽的东西；（2）比率、美、完善、满足；（3）努斯和智慧；（4）知识、技艺、真正的意见；（5）没有苦痛的灵魂的纯快乐，它有时伴随知识，有时伴随感觉，即对美的颜色、形状的纯快感。在这样的序列中，快乐不是第一位的也不是第二位的，而是最低的。他说所以一切动物都追求快乐。（他的言下之意是：人是有理性的动物，不能像动物那样单纯寻求快乐。）（66A—67B）对于这五个等级，西方学者提出一些问题，如（1）和（2）怎么区别，（3）和（4）又怎么区别？因为在整篇对话中柏拉图并没有将它们明白区分过，他常常将（1）和（2）、（3）和（4）合在一起讲。还有这里讲的（1）和（2）是不是柏拉图所说的"相"？我们以为这里的（1）和（2）讲的乃是善的性质和标准，（3）和（4）讲的是对于善的认识和能力，这两个方面本来是不能排在一起评判它们的高低等级的。这种等级的划分和柏拉图在其他对话中的思想不一致，应该说（1）和（2）都是理性（努斯）所认识和创造的东西，这才符合《斐莱布篇》以上说的"努斯是原因"的思想。柏拉图这样排列，表明他还没有将认识和认识的对象完全明白分开，仍是将二者混淆了。（1）和（2）都属于善的内涵，柏拉图将和数有关的尺度和适度列在首位,说明他后期思想受毕泰戈拉学派影响较深。这一点也影响后来亚里士多德的伦理学说,将适度或中道作为道德的重要标志。(1)和(2)就其具有不朽、完善等性质说,和柏拉图原来的"相"相似,实际上却比原来那种一类事物的同名的"相"是高一个层次的抽象,只能说是原来的"相"所具有的性质,并不是那种"相"自身。按照原来的相论,"相"是善的,但以前柏拉图对"善"没有作过具体分析,只笼统地提出"善的相"是最高的,现在他对"善"作了分析。

*　　　　*　　　　*

《斐莱布篇》讨论的主题是:什么是善,它是智慧还是快乐? 这是当时小苏格拉底学派热烈争论的一个中心问题。柏拉图不像早期对话中那样将知识和快乐对立起来,认为只有智慧和知识才是善;而是认为善应该是知识和快乐的结合。说明在伦理学说上他的后期思想也和前期思想有所不同。不过他仍旧认为智慧高于快乐,更接近善;他还是坚持苏格拉底提倡的理性主义原则的。

《斐莱布篇》划分了四类不同的存在以及五种不同等级的"善",说明柏拉图在有关"存在"和"善"的问题上都对前期的思想有所修改和发展。

第二十四章

《蒂迈欧篇》

《蒂迈欧篇》是柏拉图仅有的一篇专门讨论自然哲学的对话,他借蒂迈欧之口系统地论述了有关宇宙(包括人)的形成及其结构的思想。

早期希腊哲学是以自然哲学为主的,自从智者和苏格拉底转向研究人和社会以后,有关宇宙和自然的问题在哲学文献中便较少出现。在色诺芬的著作中还记载有苏格拉底对自然的一些看法,但没有形成系统的学说。在《蒂迈欧篇》以前的柏拉图的对话很少讨论自然问题,本卷第二编中介绍《斐多篇》中苏格拉底叙述他少年时期的思想转变过程,说他对以前自然哲学家的解释不能满意,因而转向阿那克萨戈拉所说的努斯,但阿那克萨戈拉并没有将努斯的思想贯彻到底,使他感到失望。(96A—100A)此后一段时期柏拉图没有再重提这个问题,他以全部精力去研究"相"即本体论、认识论和伦理学等方面的问题了。一直到他晚年可以说对于努斯已经形成一套比较成熟的系统思想以后,他才拣起当年曾期望于阿那克萨戈拉而没有成功的工作,由他自己尝试用努斯即理性来解释宇宙、自然和人的生成等等问题。这样他就提出了与以前的自然哲学有根本不同的宇宙论,它的主要特征就是强调宇宙是由理性有意安排而成的目的论思想。我们以为这样理解《蒂迈欧篇》的主题以及它在柏拉图哲学中所处的地位,也许比较恰当。

《蒂迈欧篇》既解释了宇宙和人的生成、结构和作用等问题,又说明了努斯(宇宙理性和人的理性)的巨大作用,形成了一个庞大的自然哲学体系。因此在相当长的时期中人们都认为《蒂迈欧篇》是代表柏拉图的哲学思想的;在他所有对话中《蒂迈欧篇》在历史上起过的作用可能最大。亚里士多德著作中指名引用柏拉图的对话以《蒂迈欧篇》的次数为最多,①其中有些直接写作"柏拉图在《蒂迈欧篇》中说"（如《论生成和毁灭》325ᵇ25,332ᵃ29）,可见亚里士多德认为《蒂迈欧篇》是柏拉图自己写的,也是他自己的思想。根据古代文献记载,在柏拉图学园中他的继承人色诺克拉底等已经对《蒂迈欧篇》的某些重要段落发生争论,古代很早就有思想家写著作讨论或注释这篇对话。新柏拉图学派的主要思想如普罗提诺所讲的"太一"——努斯——灵魂的学说,显然是从《蒂迈欧篇》中引申出来的。新兴的基督教哲学明显接受《蒂迈欧篇》中的"创造者"（Demiurgos）创造宇宙的思想;一直到公元 12 世纪西方基督教世界接受的仍是《蒂迈欧篇》的思想。哲学著作能够在社会历史上长期发生这样大的影响和作用的,恐怕莫过于此了。近代开始,由于自然科学的发展将它的研究建立在经验事实的基础上,要和宗教目的论区别开来,人们责备《蒂迈欧篇》是科学发展的障碍。但到了现代,有些科学家对柏拉图在这篇对话中提出的世界几何结构理论重新发生兴趣,如一贯贬低和反对柏拉图的波普尔也认为这种几何结构理论是从哥白尼和开普勒经过牛顿到爱因斯坦的现代宇宙论的基础;海森堡则认为现代物理学的倾向与其说是接近德谟克利特的,不如说更接近《蒂迈欧篇》。② 对于这个问题,现代科学家和哲学家还是有许多不同意见在争论中。

　　《蒂迈欧篇》在柏拉图对话排列中的位置是有过变化的。因为这篇对话开始时苏格拉底讲到前一天他们曾经讨论过国家的统治者必须接受音乐和体育训练,不能有私有财产,孩子要由国家抚养教育,这些问题都是在《国家篇》中阐述过的,所以古代编纂柏拉图著作的人开始将《蒂迈欧篇》列在《国家篇》之后,当作它的续篇。近代一些哲学史家也将这两篇对话联系起来,当作柏拉图的社会和自然哲学的完整体系。现代学者则大多同意《蒂迈欧篇》是柏拉图的后期著作,可能仅略早于《法篇》。但现代也有学者如 G.E.L.Owen

---

① 参见波尼兹:《亚里士多德索引》,英译本,第 126 页"柏拉图"条。
② 参见格思里:《希腊哲学史》第 5 卷,第 241—242 页。

又重新主张《蒂迈欧篇》写于《巴门尼德篇》以前。

《蒂迈欧篇》中参加对话的有四个人。苏格拉底是表面上的主持人,他只在开始时引导一下讨论,随即指定蒂迈欧主要发言,以下全篇是蒂迈欧独自讲述他的自然哲学,苏格拉底和其他两个对话者都不再出现了。这是柏拉图后期对话才采用的方式。原来和苏格拉底一起讨论的有三个人:第一个是克里底亚,一般认为他是柏拉图的舅父,雅典三十僭主之一,在对话中苏格拉底介绍他说是"我们都知道他在这个讨论问题上不是生手"(20A)。第二个是叙拉古人赫谟克拉底,他曾领导叙拉古人打败雅典的侵略,修昔底德在《伯罗奔尼撒战争史》中多次记载他的功绩和演说,对他推崇备至,苏格拉底介绍时说"他的天赋和教育证明他是完全能够参与思考这类事情的"(20A)。第三个是蒂迈欧,苏格拉底说"他是意大利的洛克利人,那是一个有很好的法律的城邦;蒂迈欧自己无论在财产或等级上都不低于其他公民,他在政府中担任高级官职,享有很高的荣誉,我认为他在哲学上也有高深的造诣"(20A)。如果真有这样一个人理应在历史上有所记载,但除柏拉图的对话外他的名字不见经传。(希腊有同名的蒂迈欧,却不是柏拉图所说的这个人。)所以许多学者认为蒂迈欧是柏拉图虚构的人物。当时的洛克利是毕泰戈拉学派活动的城邦,柏拉图虚构这样一个人来阐述他自己的带有毕泰戈拉学说色彩的自然哲学。但是一贯将柏拉图对话看成是历史真实记录的泰勒认为蒂迈欧是一个真实的历史人物,考证他约生于公元前 500 年左右,不是毕泰戈拉的嫡传弟子而是受嫡传弟子影响的人;泰勒认为《蒂迈欧篇》中的自然哲学是蒂迈欧的思想,不是柏拉图的。[①] 泰勒的考证都是从别的材料引申出来的,没有提出直接的证据,相反从亚里士多德以来的证据都可以证明这是柏拉图自己的思想,学者们一般都不接受泰勒的意见。

《蒂迈欧篇》的内容复杂难懂,从古代柏拉图学园开始就有争论,有人为它作注释。据说最早的注释是老学园色诺克拉底的学生克冉托尔(前335—前275年)写的,以后历代有不少学者作过解释。近现代比较常引用的注释有

---

① 参见泰勒:《柏拉图〈蒂迈欧篇〉校释》,第 17—18、10 页。

三种:一是阿切尔—辛特写的《柏拉图〈蒂迈欧篇〉》(译注本,1888 年),他认为创造者和他根据的原型以及他所创造的宇宙都是同一个东西——努斯,客体就是主体,给《蒂迈欧篇》的宇宙论作了绝对唯心论的解释。二是泰勒的《柏拉图〈蒂迈欧篇〉注释》(1927 年),他认为这篇中的宇宙论是毕泰戈拉学派中人蒂迈欧的思想,尽力发掘它和毕泰戈拉学说的联系,特别重视其中有关数学和科学的思想。三是康福德的《柏拉图的宇宙论——〈蒂迈欧篇〉的翻译和释义》(1937 年),他认为《蒂迈欧篇》中的宇宙论是柏拉图自己的思想,但不同意阿切尔—辛特的解释,他认为创造者和原型以及创造的宇宙是三个不同的东西,原型和宇宙都是客观独立的存在。这三部著作代表了三个不同的观点,它们是我们以下论述的主要根据,对其中一些主要分歧将在论述中提出我们的意见。

《蒂迈欧篇》开始,苏格拉底和克里底亚、蒂迈欧、赫谟克拉底共同回忆前一天的谈话,他们讨论如何将城邦建设好的问题,认为在工匠和农民以外要有一个专门保卫城邦的阶级,他们必须接受良好的教育,不能有私有财产;妇女可以和男人一样担任公职,孩子由公共抚养,只有天赋好的孩子才能接受教育等等。(17A—20C)这些讨论的问题和《国家篇》相似,但不是同一回事,因为参加对话者不同。柏拉图以此作为引子表明它和《国家篇》有联系,柏拉图想对这些问题作更深一层的考虑,这就涉及宇宙、人生和社会的起源问题。因此对话中的苏格拉底要求再进一步讨论有关问题,赫谟克拉底推荐克里底亚讲一个古老的故事。克里底亚说那是和他同名的祖父老克里底亚讲给他听的,老克里底亚又是听雅典著名政治家梭伦讲的。梭伦去到埃及和庙宇中的祭司交谈,发现自己和雅典人对古代历史像孩子一样无知。雅典人只知道最后一次大洪水以后的事情,其实在此以前还有几次大洪水。祭司告诉他雅典城已经有九千年的历史,在最近这次大洪水以前,雅典是当时最大最好的城邦,它有最好的法律,女神给他们选择了最佳的气候,使人们成为智慧和战争的爱好者。雅典人最大的历史功绩就是领导希腊人战胜大西洋岛(Atlantic)的侵略。大西洋岛有巨大的土地和力量,由神圣的大帝统治着,不断侵扰希腊人,最后被雅典人战败。后来发生洪水和地震,大西洋岛沉入海底,雅典则在废墟中重新建设起来。克里底亚说我重新想起这个故事,你昨天描述的城邦和公民安知不是我们祖先的实在情况呢。(21A—26E)柏拉图想将他的理想社会说成是被遗忘的历史事实,是古已有之的。这个大西洋岛有人认为是柏拉图自己想象出来的,有人认为可能是当时腓尼基水手中流传的故事,它经过柏拉图在《政治家篇》中描述以后,便成为人们想望的乌托邦,一直到近代培根还写《新大西洋岛》。

苏格拉底要求克里底亚将这个故事继续讲下去,克里底亚却推荐蒂迈欧先讲,因为蒂迈欧是"我们这里最好的天文学家,专门研究宇宙的性质,他可以从宇宙的生成开始一直讲到人的产生。"然后由克里底亚继续讲已经创造出来的人,他们的教育和法律等等。(26E—27B)这就是柏拉图写《蒂迈欧篇》和《克里底亚篇》的主题。后来《克里底亚篇》只写了一个开头,就是从大西洋岛的故事开始;可能柏拉图改变了主意,最后改写为最长的对话《法篇》。有些学者认为这里和苏格拉底对话的有三个人,除蒂迈欧和克里底亚外还有赫谟克拉底,按照柏拉图的惯例他往往写三篇一组的对话,很可能他还想写《赫谟克拉底篇》,内容大概是关于哲学的,可惜也像他写了《智者篇》和《政治家篇》以后原定的《哲学家篇》一样没有写成。这只是猜测,但不是毫无根据的。

以下全篇对话几乎都是蒂迈欧一个人在讲述他的自然哲学。分为两大部分,第一部分讲由理性创造的宇宙和人;第二部分讲宇宙和人中那些不是由理性创造的,而是由他所说的必然性构成的方面,不过它们还是由理性决定和安排的。

第一节　理性创造的宇宙

蒂迈欧说我们要了解宇宙是如何创造生成的,或者它并不是创造成的,而是永恒存在没有开始的;为此必须:第一,要区分那存在而不变动的东西和变动而非存在的东西；凡是由理性和逻各斯认知的东西总是自己同一存在的，凡是由意见借助感觉认识的事物总是会变化消灭的。第二，一切变动的东西总是由某种原因作用于它才能变化生成，没有原因就不能生成。第三，创造者要构造事物的形状和性质时，必须以不变的东西作为原型，才能造出美好的东西，如果以变化的事物为原型，造出来的东西便不能是好的。（27C—28B）根据这三条原则，蒂迈欧阐述宇宙——"科斯摩斯"，他也称为"天"（乌剌诺斯），也就是这个实在的世界——的形成。

他说：整个天或宇宙，不管叫它什么名字，我们总要问它是始终存在没有开始（本原）的，还是由某些东西开始生成的？我认为它是生成的。它可以看到、摸到，是有形体的，这些都是可以感知的。它们只能由感觉和意见所认识，是变动的、能够生成的。再说凡是生成的东西必然由某种原因作用而生成；但要发现宇宙的父亲和制造者是十分艰巨的任务，即使发现了他也不可能告诉所有的人。尽管如此我们还要探究宇宙的创造者是以哪一种东西为模型的——以自己同一的不变的东西，还是以变化生成的东西为模型？因为宇宙是最好的创造物，创造者又是善良的，他必然以永恒的东西为模型，以理性的逻各斯和智慧所理解的东西为模型，这样宇宙必然是某种东西的摹本。说到原型和摹本，如果说原型是某种永恒的只能为理性把握的东西，关于它的论述（逻各斯）也是永恒不变的，不能为论辩所驳倒，是没有任何缺陷的；但如果说是摹本，它只像似原型带有或然性。这就是存在和变化、真理和意见的区别。所以我们在论述神和宇宙的生成时不能提供前后一致十分精确的说法，请不要见怪，因为我们都是凡人，请你不要进一步追问。（28B—29D）柏拉图肯定了几点：第一，宇宙是我们感觉得到的，是生成的事物。第二，凡是生成的事物总有生成的原因，柏拉图认为这原因便是创造者，但他是很难认识和说明的。第三，创造者要以某种东西为模型，宇宙的原型是永恒的只有理性才能认识的东西；宇宙只是像它的摹本。在这三点中，认为宇宙是生成的只是摹本；有它的原型，那才是永恒的。这种说法是柏拉图原来的相论的根本思想，他一直坚持着。但他在模型和摹本之间加上了一个创造者，说它是摹本生成的原因。创造者的思想在《国家篇》中曾经出现过，但将它说成是生成的原因则是《斐莱布篇》才正式提出的思想。柏拉图在那里区分四类存在,即有限、无限、这二者的组合物、原因。这个有限就是现在所说的原型;无限不属于理性,是《蒂迈欧篇》后面所说的接受器——空间;宇宙万物都是有限和无限的组合物;那里所说的原因就是这里所说的原因,不过那里说原因是努斯,这里则将它化为创造者。由此可见《蒂迈欧篇》和《斐莱布篇》的本体论思想是一致的,它们的写作时间接近,可以说《蒂迈欧篇》将《斐莱布篇》中关于四类存在的思想具体发展了。

值得注意的是柏拉图在这段话的最后特别声明:因为我们现在要论述的宇宙不过是一个摹本,摹本只类似原型,带有或然性,因此我们对它的论述只是一个带有或然性的故事,不能前后一致,请你不要进一步追问。(29D)他在《蒂迈欧篇》中几次采用这种口气,对自己所说的是不是确定的真理感到没有把握。本来既然他认为宇宙或这个世界是生成变化的,是可以感觉到的,按照他原来的相论,宇宙便只是意见的对象,这里所说的一切便只能是意见而不是知识。但是他又认为宇宙是按照理性(原型)构筑的,是理性(创造者)的产物,他当然不会认为这里所说的宇宙论不是知识仅仅是意见。这便表示它本身存在矛盾,柏拉图自己也意识到这种前后不一致的情况,只能作这样的申明。因此许多注释家认为《蒂迈欧篇》讲的只是一个神话故事;但是谁也不能否认它是严肃的哲学思想,是柏拉图经过深思熟虑才提出来的宇宙论思想。我们必须将这两个方面都记在心上,才能理解这篇对话。

一 创造者和模型

蒂迈欧在阐述宇宙的生成以前先说明它的创造者和原型,他说让我们从创造宇宙的原因(创造者)说起。他是善的,没有丝毫嫉妒,他希望万物都尽可能像他自己一样只有善没有恶。这是宇宙生成变化的最高原则。当神看到可见的东西处于不静止状态,在混乱无秩序的运动中时,他使无秩序变为有秩序,他认为这是好的。因为他是最好的,过去和现在都不会做不是最好的工作。他看到可见的事物从整体说,非理性的总不如理性的好,而理性是不能离开灵魂的,所以他在构造宇宙时,将理性放入灵魂中,将灵魂放入躯体中,这样

创造的东西才是最完善的。用带有或然性的话,我们可以说宇宙是带有灵魂和理性的生物,这些都是神提供的。(29D—30C)

宇宙的创造者即德谟革的思想是在这里正式提出来的。柏拉图也将他叫作神、父亲或创造者。在《国家篇》第 10 卷中,柏拉图区分三种床:一种是自然的"床的相",他说是神造的;一种是实在的床,是由工匠摹仿"床的相"造的;一种是床的画象,是由画家摹仿具体的床画出来的。(596B—597E)他将制造"相"的神和制造具体器物的工匠都叫作创造者或制造者,但对于神是如何制造"相"的他从来没有论述过。在那里他也曾提到是不是有能制造一切动物、植物、天体、诸神的工匠呢? 他认为既可以说有这种工匠,也可以说不能有。所谓有,他是以拿一面镜子可以照出太阳、天空和大地上的一切,以镜子中的影象比喻画家的画象;他认为画家只是摹仿者而不是创造者。(596C—E)所以我们可以说在《国家篇》中他还没有形成宇宙的创造者的思想,这是在《蒂迈欧篇》才正式出现的。上面他也说明,宇宙的创造者是很难发现和认识的,即使发现了也很难将他告诉给别人。现在这段话中关于这位创造者他也只说了三点:一、他是善的,没有嫉妒,希望万物都像他自己一样只有善没有恶;二、他将混乱无秩序的运动安排得有秩序,因为这样是最好的,这也就是宇宙的创造;三、他看到理性比非理性好,所以将理性放入灵魂,将灵魂放入躯体,他将宇宙造成一个带有理性和灵魂的生物。从第一点看,创造者是一种意志一种目的,想将万物造得最好。第二点说明他创造宇宙并不是从无到有凭空创造,只是将本来无秩序的东西安排成有秩序的宇宙。这说明柏拉图的创造者和基督教的创世主是不同的,创世主是随心所欲从无创造一切的。柏拉图的创造者是创造宇宙的原因,因此他是动因,但这种动因实际只是目的因。这就是柏拉图继承苏格拉底在《斐多篇》和《国家篇》中发展的目的论思想,在《巴门尼德篇》和《智者篇》中由于强调本体论思想而暂时被放弃以后,到《蒂迈欧篇》的宇宙论又重新强调了。柏拉图的目的论是以理性(努斯)为最高原则,根据理性创造宇宙,并将理性赋予宇宙使它成为有理性有灵魂的生物。

根据这几点我们可以讨论《蒂迈欧篇》中的神学问题:这个创造者是不是神,或者它是一个什么样的神? 这个创造者当然不是传统希腊神话中的拟人的神,柏拉图认为天上诸神也是这位创造者所创造的。他也不是后来基督教信仰崇拜的那个神。现代有些学者企图否定《蒂迈欧篇》的神学意义,如解释学大师伽达默尔在《柏拉图〈蒂迈欧篇〉中的"相"和实在》一文中认为:柏拉图所说创造者的"希望",并不表示他在某个时间作出了决定,也不说明这就是创造世界的理由,它只是像新柏拉图学派的流溢说一样对宇宙的生成作了一个纯本体论的非神学的解释。①《蒂迈欧篇》和新柏拉图学派的流溢说当然有重要的本体论意义,但不能说它们因此是非神学的;不过它们的神学不是希腊的传统神学,也不是一般的宗教神学,而是理性神学。希腊的理性神学是从爱利亚学派的先驱塞诺芬尼开始的,他提出单一的不动的神,是从传统神话的抽象化转向理性神学的开始,本书第一卷中对此曾作了比较详细的分析。②柏拉图的创造者比塞诺芬尼的神更为抽象,他抛弃了塞诺芬尼还避免不了的一些形象化的说明;另一方面柏拉图的神却比塞诺芬尼的神更多了一点人格化,他是宇宙的创造者,是有目的有意志的(伽达默尔有意贬低这一点),后来便为基督教哲学所利用。在《斐莱布篇》中柏拉图将组成万物的原因作为一类独立的存在,并且认为努斯和智慧以及神圣的灵魂就是宇宙生成的原因,是安排宇宙天体——日、月、星辰的力量。(28C—30D)那里的努斯和智慧就是《蒂迈欧篇》中的创造者,创造者本来就是努斯即理性,但这里却将它说成是创造宇宙的工匠,是他将理性放入灵魂,将灵魂放入躯体,从而形成整个宇宙的。《蒂迈欧篇》不同于《斐莱布篇》的就是将努斯比喻为创造者——神,更加表现了柏拉图的神学。柏拉图自己也意识到作为哲学,这种说法是不精确的,他承认这是以带有或然性的话说出来的。

既然宇宙是一个有理性有灵魂的生物,它是按照什么模型造出来的呢?柏拉图认为这个模型也必然是一个生物,不能是没有生命的东西。蒂迈欧说现在我们可以进一步讨论:创造者创造宇宙是使它像什么生物的? 当然不能是只列为部分的生物,因为那是不完全的,它们的摹本便不是好的。我们只能

---

① 参见伽达默尔:《对话和辩证法》,英译本,第163页。

② 参见本书第一卷第466—485页。

说宇宙摹仿的是这样一种生物,别的各种不同的生物都是它的部分,它自身中包含了一切理性的生物;正像我们这个宇宙包含了一切可见的生物一样。神希望这个宇宙尽可能像那个最好最完善的理性的东西,便将它造成一个包含一切和它类似东西的可见的生物。(30C—D)

关于原型,柏拉图只说了两点:第一,它是一个理性的生物;第二,它不是部分而是一个整体,其他一切理性的生物都作为部分包含在它之中。如果将这个原型看成是唯一的完全的整体,便相当于巴门尼德所说的存在。但它和巴门尼德的存在有不同之处,即:第一,它不是静止不动的,而是有生命的东西;第二,它有部分,它的部分是其他一切理性的生物。这些理性生物是什么?柏拉图并没有说明。但关于它的摹本——宇宙,柏拉图说它是一个完整的可见的生物,它也将其他一切和它类似的可见的生物作为部分包含在它之中。这些可见的生物,柏拉图下文曾经指明有四种,即:天上的诸神和星体、空中飞行的生物、水中存在的生物和在陆地上行走的生物。和这些可见的生物相对应的理性的生物是什么呢? 一般学者都根据传统的说法,认为柏拉图所讲的原型就是"相"。康福德认为这个宇宙的原型就是"相的集体"或"相的体系",它作为一个最高的"种",包括一切在下的"属"即各种"相",包括各伦理的"相"、数学的"相"以及火、水、土、气的"相"等。他认为这个原型就相当于《国家篇》中的"善的相"。① 泰勒也认为它是"相的完全的体系",但他更着重数学的"相",如几何学上的圆以及 $3+2=5$、三角形内角之和等于二直角之类。②

这个宇宙的原型是不是柏拉图原来所说的那些"相"或它们的集体或体系,是一个可以研究的问题。柏拉图在《蒂迈欧篇》中只有一处提起了他原来所说的"相",是在后面第二部分讲到接受器——空间时,说空间接受火、水、土、气的摹本,他说让我们将这问题考虑得更周密些,是不是有"火自身"或其他我们同样称为"它自身"的实在呢,还是只有我们看到的或用其他器官感觉

① 参见康福德:《柏拉图的宇宙论》,第40—41页。
② 参见泰勒:《柏拉图〈蒂迈欧篇〉注释》,第80—82页。

到的事物才是实在的,除此没有别的? 当我们说每种事物都有一个理性的"型"时,这种说法是无聊的或仅仅是一个空洞的字眼吗? 对于这个问题,将它不加考察地取消掉或者简单地说它就是如此都不恰当,而现在要作长篇讨论也不合适。我只能简单谈我的看法:如果理性和意见是两类不同的东西,那就确实有自己存在的"型",它们不是感官所能感知的,只能是理性的对象。应该说它们是两类不同的东西。我以为意见是所有的人都能有的,理性却只有神和少数人才能有。因此我们必须承认有一种自身同一的"型",它既不生成也不毁灭,既不接受其他东西进入它之中,也不进入其他东西中;它是不能看到或感知的,只是思想的对象。第二种和前一种同名,和它相似,但是可以感知的,是产生出来永远变动的,可以进入某处又从那里消失,只能为意见(包括感知)所认识。(51B—52A)柏拉图在这里作出的简单结论表示他还是坚持原来的相论,认为任何一类事物都有一个同名的"相",它只有理性才能认识,没有生成和毁灭,是自身同一的"它自身"。值得注意的是他提到承认有"相"存在的说法是不是"无聊的","相"是不是一个"空洞的字眼"? 表明当时已经有人提出这样的批评。他认为对于这个问题既不能不加考察地取消掉也不能简单地肯定"相"的存在,需要作长篇讨论,但现在由于对话的主题不是作长篇讨论的时机。实际上他的结论也只是简单地肯定了"相"的存在。由此可以推想柏拉图对于"相"的问题本来是想作长篇讨论的,只是这个计划后来没有实现。自从《巴门尼德篇》第一部分对他原来的相论作了批评以后,他始终没有直接回到这个问题上来,因此有人猜测他可能写的《哲学家篇》或《赫谟克拉底篇》大概是讨论这个问题的最好场合,可惜没有写成,因此我们对他的后期相论的某些问题只能根据现有资料作些猜测性的判断。这里讨论的问题可以说是一条重要的资料。从柏拉图的简单结论看,他是坚持前期相论的基本观点,肯定有作为理性对象的"相"存在的。从这个方面考虑,我们可以接受一般学者的意见,认为柏拉图所说的宇宙的原型就是"相"的集体或体系,这就是《巴门尼德篇》中所说的范畴的结合和《智者篇》中的"通种论"所说的内容。但为什么柏拉图将宇宙的原型说成是"理性的生物",它的组成部分(如果说就是原来他所说的"相")也被说成是理性的生物呢? 他原来所说的"相"尽管是事物追求的目的即理想,但柏拉图并没有说它们是有生命的,他再三强调"相"是没有生成和毁灭、没有变动的,怎么说它们是生物呢?

阿切尔—辛特从《智者篇》中找到根据。柏拉图在评论"相的朋友"时说过:完善的存在不能是不动、没有生命、没有灵魂和智慧的。(248E—249A)阿切尔—辛特认为《蒂迈欧篇》中的原型——最高最普遍的理性是有生命的,自己能够发展,多样化成为有生命的宇宙以及人的理性等等。他认为理性的生物也就是创造者,所以创造者、原型和宇宙灵魂实际上是同一个东西。他认为柏拉图后期思想和前期相论不同,前期相论中所说的那些"相",除了"关系的相"(如同和异的"相")以外,都已经放弃了。所以他认为对上引《蒂迈欧篇》51B所讲"火的相"那段话不必重视,因为那是柏拉图"旧的理论的遗迹,他早就应该将它放弃掉"①。阿切尔—辛特引用《智者篇》的话有片面性,因为柏拉图在说了完全的存在应该是有生命的以后,接着又说了另一方面:也不能说一切只是动,否认静止的存在,不然就没有理性和知识的对象了。(249C)所以存在又动又静,因此我们不能说柏拉图已经放弃了他原来的相论;但应该承认他确实已经作了修正,那就是他注意到理性或"相"应该是有生命的、能动的。这个问题在《法篇》第10卷的神学中还要进一步说明。

创造者和原型究竟是同一个东西,还是两个不同的东西? 从根本上可以说它们都是理性即努斯,是同一个东西;但在《蒂迈欧篇》中柏拉图虽然认为原型是有生命的,却还没有说它具有创造的能力,应该说柏拉图认为创造者和原型还是两个不同的东西。

二　宇宙的躯体和灵魂

首先柏拉图说明:这样造出来的宇宙只能是一个,不是许多个,更不是无限个。因为它的原型虽然包含一切其他理性生物,它本身却是一个完整的生物,只是一个不是两个,不然的话就要有另一个〔更高的〕生物来包括这两个了。我们这个世界应该像它的原型一样是单一的,这才是最好最完全的。

---

① 阿切尔—辛特:《柏拉图〈蒂迈欧篇〉》,"导言"第22—39页。

(31A—B)柏拉图主张只有一个完整的可见世界,是针对原子论者的观点的,德谟克利特认为原子的漩涡运动可以产生无数个大小不同的世界。① 原子漩涡运动是盲目的,现在的原型是理性,理性认为单一的整体是最完善的,所以只能有一个。如果有两个便要在它们之上有一个更高的包括这两个的单一的整体了,这也是一种"第三者"的论证。我们知道按照柏拉图原来的相论,"相"是一,摹仿它的具体事物则是多,"一"和"多"是分开属于两个层次的。但是现在作为原型的是单一,它的摹本也是单一,可是这两个单一本身却都包含了多:在原型中包含一切其他的理性生物,在摹本中则包含一切其他可见的生物,它们都既是一又是多,一和多不是分开的。这个在《巴门尼德篇》第二部分中出现过的论证也可以看作是柏拉图对他自己原来的相论的一种修改。

这个宇宙是由灵魂和躯体两部分组成的。柏拉图先讲宇宙的躯体。他说这个世界既然是生成的,它一定是看得见摸得着的,一定要有火才能看见,只有固体才能摸到,没有土就没有固体;因此世界躯体首先是由火和土组成的。但单有这两个还不能联在一起,必须有第三者将它们结合起来。最好的联结方式是连续的自然比例:首项和中间项、中间项和末项成一定的比例,倒过来也一样;所有的项可以互相转变,才成为一个统一体。如果世界是平面的,只要一个中间项就够了;我们的世界是立体的,需要两个中间项,神将气和水摆在火和土的中间,它们彼此都按相同的比例结合。这样联结起来的统一体是和谐友好的,任何东西都不能将它们分开。(31B—32C)柏拉图也接受自然哲学家所说的由火、气、水、土四种元素结合成为宇宙的思想。但他在这里并没有讨论这些元素本身的问题,他认为这些属于物质的必然性,要到第二部分才详加讨论。他现在只讲创造者为了使这个宇宙成为完美的可见的整体,才用这四种元素构造宇宙;他强调的是这四种元素必须按照一定的比例安排,即:火:气=气:水=水:土,反过来也一样,因为这样才成为一个完整的统一体,一个和谐的圈,它是不会分解的。这些都属于理性的安排。

柏拉图继续说:创造者是用这四种元素的全部构造宇宙的,不让它们的任

---

① 参见本书第一卷第896页。

何部分或力量留在宇宙之外。为的是第一,这个生物必须是包括所有部分的完善无缺的整体;第二,不留下任何部分在宇宙之外,便不能再产生另一个宇宙;第三,使它保持年轻和健康,因为如果有冷、热等力量从外面攻击它,给它带来疾病和年老便会使它分解和死亡。(32C—33C)由理性这样安排的宇宙不但是单一的独一无二的,而且是可以永恒存在的——它虽然有开始,是被创造产生的,却永远不会终结。

柏拉图说这样安排的宇宙是最适合宇宙的本性的。宇宙的躯体只能像圆球一样从中心到各边的长都相等;它的表面光滑没有任何器官,因为在它外面没有任何东西,它既不需要用眼去看用耳去听,也不需要饮食和呼吸。它的动作完全是在它自己内部的动作,自足的存在要比依靠别的存在更好;它也不需要手足四肢,它的运动是在同一地点作圆形旋转,这是属于理性和智慧的运动,是最完美的。(33B—34A)这就是宇宙这个可见的理性生物的躯体。它是可见的,像一个圆球,说它是生物,但它的生命并不在于感觉、饮食、呼吸等等,只是在于它永远在同一地点作圆形旋转,是理性和智慧的运动。从摹本推想原型,宇宙的原型也是理性和智慧的运动,所以说它是理性的生物;但原型是看不见的,既不能说它是圆球,也不能说它是圆形旋转的运动。它的运动只能是抽象的理性运动。

以下柏拉图转入讨论宇宙的灵魂——即后来所谓"世界灵魂"的问题。

柏拉图首先说创造者将灵魂放在宇宙的中心,它贯穿并包围宇宙使它成为一个作圆形旋转的球。但他立即加以说明:虽然我们现在将灵魂的生成放在后面讲,但并不是说神造灵魂是在他造宇宙的躯体以后,这只是我们说得不精确。灵魂是先于躯体的,它在生成和尊荣上都先于躯体,所以能统治躯体。(34B—C)柏拉图在这里说了两个方面:一是灵魂在宇宙的中心,但这并不是说灵魂在空间上处于宇宙的中心,因为下文可以看到,柏拉图认为处在宇宙中心的是地,其他日、月和行星都绕地旋转。说灵魂在宇宙的中心也只是一种抽象的比喻的说法,说它占据统治地位,所以灵魂能既在中心又能贯穿并包围整个宇宙,也就是说在整个宇宙中灵魂是无所不在的。另一个方面是灵魂先于躯体,它在生成上先于躯体,在价值上高于躯体,灵魂是第一位的,躯体是第二位的,所以灵魂统治躯体。

以下讲到灵魂的结构。下面这段话很重要,但很难理解,注释家的解释也有很大分歧,我们准备就此作些分析。他说创造者是在不可分的、同一的存在和躯体中变化的可分的存在之间结合起第三种存在的形式,这是由同和异结合而成的,他将不可分的和可分的结合起来。〔泰勒认为这后半句话是前半句的同义反复,他认为不可分的就是同,可分的就是异;康福德认为这是第二次结合,理由见下文。〕他靠着存在用力将很难结合的异和同结合在一起,将这三者结合成一个,又将它分为许多部分,每一个部分都是同、异和存在的结合。(35A—B)

康福德认为上文所说不可分的、同一的存在是指原型——“相”,在躯体中变化和可分的存在是具体事物;灵魂是在这二者中间的东西。从它是永恒不朽的单一的讲它和“相”相似;但它是有生命的,又和“相”不同。所以灵魂作为存在,它低于“相”又高于具体事物,是一种中间的存在。他认为《智者篇》中将存在、同、异列为不同的“种”,所以在灵魂中的同和异也和存在一样是一种中间的同和异。灵魂是由中间的存在、同、异三者混合而成的。他将灵魂的组成列表如下:①

康福德作了纯粹本体论的解释。他是从灵魂是中间的存在这点推论出来的,但说同和异也有不可分的、可分的、中间的这样三种区别,却提不出有力的根

---

① 参见康福德:《柏拉图的宇宙论》,第61页。

据,是很难令人信服的。

对于这个问题不能不从认识论来讨论。阿切尔—辛特是这样解释的:正像个人的灵魂既有纯粹思维的能力又有感觉的能力,二者在大脑中结合起来一样,宇宙的理性必然意识到它自己是一个整体,它以"同"理解它自己的统一性,以"异"理解自己的多样性,这是同一个主体(宇宙灵魂)的两种思维活动。"同"和"异"只是逻辑的抽象,不是存在,它们在灵魂中结合起来,才成为具体的存在。①

泰勒花了 30 页(106—136)篇幅注释这句话,因为他认为《蒂迈欧篇》中的宇宙论是属于蒂迈欧而不是柏拉图的,所以他对任何企图从蒂迈欧的说法中找出柏拉图自己的学说的尝试都表示怀疑。但在他的注释中对古今许多有关这个问题的解释作了介绍和评论,给我们提供许多资料。比如我们可以知道曾经有人将这不可分的存在说成就是"一",可分的存在是"多和少"即"不定的二",将《蒂迈欧篇》和《斐莱布篇》的学说联系起来。引起我们注意的是泰勒介绍的克冉托尔的解释。克冉托尔是老学园中色诺克拉底的学生,他离柏拉图的时代最近。他的观点是在公元 1 至 2 世纪的学者普卢塔克的论文《论〈蒂迈欧篇〉中灵魂的产生》中保留下来的。克冉托尔认为灵魂的工作是对认识的对象作出判断,无论知识对象和感觉对象都一样,在这两类对象中都可以找到同和异——相对于它们自己以及彼此相互关系。② 克冉托尔和阿切尔—辛特一样,都是作认识论的解释,但阿切尔—辛特将宇宙灵魂的认识局限于理性方面,克冉托尔却认为宇宙灵魂既有理性认识也有感觉,因此它可以同和异去认识这两类对象自身以及它们相互间的同和异。

我们以为这里所说的不可分的、同一的存在应该就是指原型,它是自身同一的,从本质上说就是同;在躯体中变化的可分的存在即具体事物,因为是变化的多样的,所以是异;灵魂是处于原型和躯体之间的第三种存在。灵魂是由同和异结合而成的存在,因为它既是同又是异,所以可以将自同一的原型和它

---

① 参见阿切尔—辛特:《柏拉图〈蒂迈欧篇〉》,第 106—107 页。

② 参见泰勒:《柏拉图〈蒂迈欧篇〉注释》,第 113 页。

的摹本即多样性的事物结合在一起，后者就是很难结合的异。这就是同类相知：以灵魂中的同去认识原型的同，以灵魂中的异去认识具体事物的异。但从《智者篇》的通种论可以看到：同和异不是绝对分开的，原型或"相"就其本身讲是同，但就其不同于具体事物讲它又是异；具体事物本身是异，但就其和"相"都是存在而言，它又是同。这就是克冉托尔所说的"相对于它们自己以及彼此相互关系"说，原型和具体事物都既是同又是异。因此认为原型就是同、具体事物就是异的说法也有片面性。不可分的存在就其本质说是同，但对于具体事物说它也是异；可分的事物是异，但对它自身说也是同。正因为两类对象都有这种复杂的同异关系，所以宇宙灵魂中的同和异能够认识它们，分辨它们，并将这两类不同的对象结合在一起。我们看到柏拉图前期相论中一直苦恼不易解决的"相"和具体事物的分离问题，现在通过灵魂中的同和异，将它们联系在一起了。

如果我们将这段话和上文柏拉图说过的"创造者将理性放入灵魂中，将灵魂放入躯体中"联系起来考察，更可以看出以上 35A—B 这段话的重要意义。因为柏拉图虽然一再提到理性（努斯）的决定作用，但对于什么是努斯，他一直没有作过正面的说明。现在我们看到：灵魂是由同、异、存在组成的，即同、异、存在是在灵魂中的东西，至少可以说它们是努斯的组成部分或能力。这样我们可以回过头去理解柏拉图为什么要在《巴门尼德篇》和《智者篇》中花费这么多的力量去讨论存在、同、异这些范畴和"种"；因为他认为这些就是理性。这些范畴在他以前没有得到应有的重视，是柏拉图才开始重视它们的。为什么柏拉图在讲宇宙灵魂时要突出同和异这对范畴，认为灵魂就是由同和异组成的呢？难道不值得我们深思吗？下文还要讨论这个问题。

宇宙灵魂和个别灵魂的关系本来是一般和个别的关系，但柏拉图也将它们看成是整体和部分的关系。他认为宇宙灵魂是由存在、同、异结合起来的整体。这个整体又可以分割为许多不同的部分，每个部分也都是存在、同、异的结合。这些部分就是个别的灵魂；人的灵魂也是个别的灵魂，但在人的灵魂中除了理性以外还有别的东西，这是柏拉图后面要讲到的。

柏拉图是深受毕泰戈拉学派思想的影响的，特别是在访问意大利以后。

毕泰戈拉学派思想在柏拉图对话中表现最突出的就是《蒂迈欧篇》。所以柏拉图所说的理性除了同、异和存在等外,还有数的关系如比例、和谐等方面。他在讲宇宙灵魂划分为部分时,立即讲到这种划分是按照数进行的:第一,从整体中分出一部分(1);第二,再分出它的一倍(2);第三,比二又多一半,是一的三倍(3);第四,二的两倍(4);第五,三的三倍(9);第六,一的八倍(8);第七,一的二十七倍(27)。(35B—C)这就是一的双倍数(偶数)和三倍数(奇数)。这是柏拉图的数论,在《巴门尼德篇》143C—144A 中开始提出,这里作了引申和发挥。克冉托尔开始图解为:

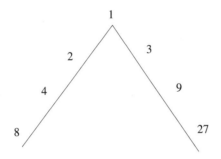

然后又在这两个系列的每两个相邻数之间各插入两个数,使它们以相同的比数比前一个大,比后一个小。(36A)这点各家解释比较一致:

双倍数:$(1),\dfrac{4}{3},\dfrac{3}{2},(2),\dfrac{8}{3},3,(4),\dfrac{16}{3},6,(8)$

其中,$1:\dfrac{4}{3}=\dfrac{3}{2}:2=2:\dfrac{8}{3}=3:4=4:\dfrac{16}{3}=6:8$,它们的比数都是 $3:4$。

三倍数:$(1),\dfrac{3}{2},2,(3),\dfrac{9}{2},6,(9),\dfrac{27}{2},18,(27)$

其中,$1:\dfrac{3}{2}=2:3=3:\dfrac{9}{2}=6:9=9:\dfrac{27}{2}=18:27$,它们的比数都是 $2:3$。在双倍数的两个中间项之间的比例是:$\dfrac{4}{3}:\dfrac{3}{2}=\dfrac{8}{3}:3=\dfrac{16}{3}:6$,它们的比数都是 $8:9$(三倍数两个中间项的比数是 $3:4$),所以柏拉图说 $8:9$ 填补 $3:4$ 的间隙。康福德将这两个系列连接起来,得出:

$$1,\dfrac{4}{3},\dfrac{3}{2},2,\dfrac{8}{3},3,4,\dfrac{9}{2},\dfrac{16}{3},6,8,9,\dfrac{27}{2},18,27$$

并且用音调表示:①

---

① 参见康福德:《柏拉图的宇宙论》,第 71 页。

所以灵魂的划分是按照数的和谐的，这也是理性。

柏拉图说，这样这个由同、异、存在结合成的结合体就分割完了，然后创造者又将整个结构分为两半结成一个"+"字，又将它们各自连接为两个圈在同一个轴上连续旋转。一个圈在外是同的运动；一个圈在内是异的运动；同的运动向右，异的运动向左。同的运动是统治的，单一而不可分的；在内的异的运动则在六处（相应于双倍数和三倍数各占三处，即2、4、8和3、9、27）分为七个不等的圈，构成七个星体的运动。其中三个〔太阳、金星、水星〕按同等速度运动，其他四个〔月亮、火星、木星、土星〕的运动速度既和前三个不同，它们自己彼此也不相等，但都是按比例运动的。（36B—D）对于柏拉图这里的这种天文学说，学者们作了许多猜测和推算，这里不能细述。从下文柏拉图说必须借助一个模型才能说明这些情况（40D），可以推测当时柏拉图的学园内已经有中国称为"浑天仪"的那种仪器，对天体运动的不同速度已经有初步了解了。

这里所说的同的运动和异的运动是宇宙灵魂的运动呢，还是宇宙躯体的运动？这是不清楚的。从文字上说这里还在讲宇宙灵魂的问题，但从内容上说讲的是天体星球的运动，应该属于宇宙躯体，也许只能说它们是灵魂加给躯体的理性运动。柏拉图接着讲：创造者构造了宇宙灵魂以后构造它的躯体，使它们中心对着中心结合在一起。灵魂伸展在天上，从中心到外围无处不在；它在自己中转动，开始了神圣的在所有时间中永恒的理性生活。天（躯体）是可见的，灵魂是看不到的，它分有理性与和谐；它是用理性和永恒的东西造成的，所以是所有创造物中最好的。它由同、异和存在构成，这三者按一定的比例分和合。它自己周而复始地运动着，当它接触到不可分的和可分的存在时，它便作出判断：它们和什么东西、在哪一方面、如何、何时、以何种方式是相同的或相异的，无论对变化的或不变的存在都一样。它的判断是在无声的自我运动中产生的,无论对同或异都是真的。当它相对于可感事物时,异的圈给灵魂带来意见和信念;当它相对于理智的东西时,同的圈产生理性和知识。如果有人说它们和灵魂不同,就不是真理。(36E—37C)

这段话要和前面的35A—B那段话联系起来看。可以看出柏拉图在这里讲的同和异不仅有本体论上的意义,同时也有认识论上的意义。不但认识的主体——宇宙灵魂是由同、异组成的,而且客体——整个天体也是按着同、异运动的。所以可以用主观的同和异去认识对象的同和异。不但可以"同类相知",即以主体的同认识对象的同,以主体的异认识对象的异,所得是"同";而且可以"异类相知",即以主体的同认识对象的异,以主体的异认识对象的同,所得都是"异"。① 不仅这样,柏拉图还提出要具体地分辨它是和什么东西、在哪一方面、如何、何时、以什么方式是相同的或相异的。它既可以此去判断变化的事物,也可以判断不变的存在,可以将变化的具体事物和不变的存在("相")联系起来;对于具体事物它产生感觉和意见,对于理智的东西则产生理性和知识。灵魂中的同和异就将意见和知识也结合在一起了。通过这里的具体论述,我们可以回头理解《巴门尼德篇》第二部分的第二组推论,为什么柏拉图说和存在结合的"一"会既是动又是静、既是同又是异、既是理性和知识又是感觉和意见。能够将可分的具体事物和不可分的存在、感性认识和理性认识联结起来的,就是"同"和"异"这样的范畴。由此我们看到为什么柏拉图后期所说的范畴的数目逐渐缩减——《巴门尼德篇》有十几对相反的范畴,《智者篇》还剩下三对,到《蒂迈欧篇》实际上只突出了"同"和"异"这对范畴。因为柏拉图后期思想认为辩证法就是综合和划分,而根据什么进行分和合呢?主要只能根据对象的同和异,凡是相同的就可以合在一起,凡是相异的便可以分开。所以同和异可以表示柏拉图后期思想的本体论、认识论和辩证法的一致。即使现在我们要说明某一事物的本质特征时也还是只能将它和别的东西作比较,说明它们有什么相同和不同之处,实际上也离不开同和异这对范畴。

---

① 参见陈康:《柏拉图认识论中的主体和对象》,见《陈康论希腊哲学》,第40—43页。

三　时　间

柏拉图提出时间这个范畴,认为它是创造者创造的宇宙的永恒运动的尺度。他说:创造之父看到他创造的宇宙活着也就是运动着,很是高兴,他要使它尽可能像它的原型。原型是永恒存在的生物,但正是在永恒这点上宇宙不能和原型完全一样,因为它是生成的。他决心造一个永恒运动的摹本。他安排天的秩序,使它永远统一地存在,按照数不断运动。我们就将这叫做时间(Χρόνος,chronos,希腊神话中的时间神就叫克洛诺斯)。(37C—D)

时间是创造者创造出来的,所以属于理性这部分。它和后面柏拉图说的空间不同,空间(接受器)不是创造者制造的,反而是对创造者活动的一种限制,所以属于必然性部分。时间和空间是柏拉图最初在《蒂迈欧篇》中同时提出来的,但是柏拉图将它们看成是两种性质完全不同的东西,这是值得我们注意的。创造者为什么要创造时间呢? 因为他要使宇宙成为永恒的原型的摹本。原型是永恒的,宇宙却是创造生成的,它不可能永恒。(生成的东西是有开始的,所以不是永恒的。)创造者创造了时间,时间本身是一种永远不断的运动,从这点说它具有永恒性;宇宙在时间中运动也就带有永恒性,成为永恒的摹本。这就是说宇宙是创造出来的,但一旦创造出来以后它也具有永恒性,不过它的永恒不如原型的永恒。同时时间又是按照数进行的运动,这种数的运动成为宇宙的秩序。所以时间和宇宙都是理性与和谐,柏拉图说它们都是创造者摹仿原型造出来的摹本。因为它们都是摹本,而创造者不可能创造两种不同的摹本,有些学者以为时间就是宇宙,二者是同一个东西;多数学者是不这么看的。但时间和宇宙有什么不同? 这也是值得我们注意的问题。

柏拉图继续说明时间的产生以及它和原型与宇宙的关系。他说:在天产生以前,没有白天和黑夜、年和月,它们是和天同时生成的,都是时间的部分。"已经是"和"将来是"只是时间生成的形式,将它们归于永恒的存在是错误的。我们说它(永恒的存在)"已经是"、"现在是"或"将来是",严格说来只有"现在是"才是合适的用语;"已经是"和"将来是"是表示在时间中的变化。那永恒同一不变的存在是不会被时间变得年老些或年少些的,也不会已经变成如此、正在变成如此或将要变成如此的。这些都属于感觉世界变化的条件，是时间的生成形式，它们是摹仿永恒的，永远按照数作圆形旋转。此外我们还有这样一些说法如：已经变的"是"已经变，正在变的"是"正在变，将要变的"是"将要变，非存在"是"非存在。这些都是不精确的，不过现在还不是讨论它们的时机。时间是和天一起产生的，如果它们要消失也将一起消失。天要尽可能像原型，因为原型是不朽的存在，天也要贯穿所有的时间，已经是、现在是和将来是。（37E—38C）

白天加黑夜就是一日，时间是以年、月、日计算的。所以它们是时间的部分。在时间中存在的东西就是"已经是"、"现在是"、"将来是"，这些都是表示变化着的时间的形式。原型（无论说它是"相"或理性）是永恒的，它不在时间中存在，不能说它"已经是"或"将来是"，只能说它"现在是"〔我们用中文表达说它"现在是"，还是一种时间；希腊文的现在式有一种用法是表示超时间的存在状态，相当于中文说的"一直是"〕。原型当然不在时间中变化。所以时间与原型无关，不是原型的存在形式。柏拉图又附带提到：变化不是存在，所以不能说变化（和非存在）"是"，这个"是"就是不变的存在。柏拉图还是坚持将变化的和不变的存在区别开，不过现在不是讨论这问题的时机，他没有再讨论下去。

尽管时间不是原型，但时间以"过去—现在—将来"的形式运动，这三者是循环不已的，呈圆形的运动。圆形运动被希腊人认为是完全的运动，是无始无终的，所以也是永恒的。这种永恒和原型的永恒不同，原型的永恒是超时间的，这种永恒是在时间中的，所以它只是原型的摹本，只是类似永恒而已。从柏拉图在这里的论述看，时间和天（宇宙）虽然是同时生成的，如果要消失也将同时消失，但终究还是两个不同的东西。

时间是用天体星球的运动计算的，所以柏拉图继续说，神为了时间的产生，造出太阳、月亮以及五个被称为行星的星，用以规定和维持时间的数。他让每个星体作异（不同）的运动。七个星体有七条轨道：最靠近地的是月亮的圈，其次是太阳的，再次是金星和水星的，它们和太阳的运动速度相等，力量相反，所以这三者能够有规则地互相制约。至于其他的星因为比较次要，说起来也困难,留待以后再说。(38C—E)这些星体在《国家篇》中曾经说起过。《国家篇》第10卷讲灵魂轮回时说到正义的灵魂来到一个地方,看到天地光柱。这根光柱像纺锤一样,在它的圆拱上有八个圆圈,从中心(地)算起依次为:月亮、太阳、金星、水星、火星、木星、土星和最外层的恒星。柏拉图在那里描述了它们的不同颜色和速度。(616B—617B)

柏拉图继续说:这些行星和产生的时间相结合,各自进入自己不同的轨道从事异的运动。它们又同是倾斜的,所以它们又是穿过同的运动,被它所控制。轨道有大小,在较小的圆周上运动得比较快,在较大的圆周上运动得比较慢。由于同的运动,那些旋转较快的看来是被较慢的所超过,实际上是快的超过慢的,因此需要一个尺度确定它们的快慢。神在地以外的第二轨道上点燃了火,照亮了整个天,我们称它为太阳;这样人们便可以从同的统一的运动中学到数。白天和黑夜由此产生,这是最单一的理性旋转。月亮完成它的旋转是一个月,太阳完成旋转是一年,至于其他行星的周期人们还不能用数计算,因为它们太复杂了,不过它们总是时间。但无论如何不难看出这八个快慢不同的旋转,用统一的相同的运动衡量,它们都是在一年中同时完成的。这样整个天体便像那个完全的理性生物,摹仿了它的永恒性。(38E—39E)

因为要使宇宙成为永恒的摹本,所以创造了时间;然而柏拉图又说为了要产生时间,创造者又创造了太阳、月亮和行星,用来计算时间。时间和宇宙——天体运动,究竟谁是谁的尺度呢? 本来时间是运动的尺度,可是我们要计算时间只能按年、月、日计算,只能以天体的运动为尺度,这样就使柏拉图将时间和天体运动分不开了,使人产生这二者是同一个东西的印象。直到亚里士多德才将它们明确区分开,他在《物理学》中说:时间不是运动,但它不能离开运动。($219^{a}1—2$)为什么柏拉图将时间说成是理性的创造物(正是在这点上,时间不同于空间)呢? 亚里士多德对此也作了解释,他说有人会问:如果没有灵魂,是不是有时间呢? 这是因为如果没有计数者也就没有被计数的东西,也就没有数了。(《物理学》,$223^{a}21—23$)所以柏拉图说人们是从天体运动中认识到数学上的数的。可能这是反映了早期人类的认识情况,最初的人是通过计算年、月、日的时间开始学习数学和天文学的,因而认为时间是理性所创造的。

　　对于柏拉图在这里所说的天体运动,西方学者作了许多有关数学和天文学的研究和猜测,内容过于复杂,我们只能从略。对于这里说的"同的运动"和"异的运动",他们也作了各种不同的解释。我们以为柏拉图使用这两个术语只是表示天体运动既有相同的方面,又有不同的方面。他说七个行星各自以不同的速度、轨道运动,所以是在进行异的运动;但它们又都是围绕着中心作永恒的圆周运动,都符合一定的数的比例,这就是它们的同的运动。这不是两种不同的运动,而是同一个运动的不同方面;异的运动只是说它们各自的特殊性、个别性,同的运动是说它们的共同性、一般性,个别服从一般,所以说异的运动被同的运动所控制。这样我们就可以理解宇宙灵魂如何以自身中的同和异去认识客观对象的同和异,天体的"同的运动"和"异的运动"即属于后一方面。

　　柏拉图说,宇宙这个理性的生物的整体包含四种生物,第一种是在天上的神圣的生物,他是指天上的诸星和希腊神话中那些拟人的神,第二种是空中飞翔的生物,第三种是居住在水中的生物,第四种是陆地上行走的生物。接着他对天上的星体又作了补充说明。他说它们大部分是用火造成的,看起来明亮美好。它们摹仿崇高的理性,进行圆的运动,分散在天体四周,从上面监察整个天体。它们每一个都有两种运动,一种是在同一地点按同一方式运动,像对同一事物总是作同样的思想一样;一种是向前进的运动,属于同的运动。它们不被其他五种(向后、向左、向右、向上、向下)运动影响,所以是完美的。这样不动的星(恒星)产生了,它们是神圣的永恒的生物,永远在同一地点按同样方式旋转;至于那些四处游荡的行星,是按以上所说的方法创造的。地是我们的保姆,它绕宇宙的轴旋转,是日和夜的设计者和保卫者,在内部诸神中是最先产生、最年长的。关于这些星体的复杂错综的运动情况,只有借助一个模型仪器才能说清楚。现在可以结束关于可见的、生成的神的讨论了。(39E—40D)由此可知柏拉图已经知道在许多行星以外还有不动的恒星,它们也不是完全不动的,而是在同一地点作同一运动,而且是只能向前的,更接近于理性的同的运动。他也看到地是绕轴旋转的,白天和黑夜是由地规定(设计)的。

虽然他没有直接说地在宇宙的中心,实际上他是将太阳、月亮说成都是绕地旋转的。西方学者对此作了许多天文学的猜测,不能细述。总之,柏拉图已经具有相当精密的天文学知识,他将天体运动归结为具有一般性的同的运动和具有特殊性的异的运动,将宇宙运动中的一般和特殊和宇宙灵魂中的同和异的范畴联系起来,认为这些都属于理性,是理性的创造,所以他将它们放到第一部分来论述。

四 人的灵魂和肉体

在讲了天上诸星以后,柏拉图又讲到天上诸神——神话中拟人的神,因为希腊人是以神的名字称呼星的。他说讲到其他的神,他们是如何生成的,是很难的任务。我们只能相信古人的话,因为他们自命是神的后裔,当然了解他们的祖先,虽然他们提不出证据,我们也只能相信他们。照他们的说法,乌剌诺斯(天)和该亚(地)生下了俄刻阿诺(大洋神)和忒提斯(万物之母),他们又生了克洛诺斯和瑞亚及他们那一代神,他们又生了宙斯和赫拉以及他们的兄弟姐妹等等。(40D—41A)对于这种拟人的神,柏拉图既不完全肯定他们,也不完全否定。他在《克拉底鲁篇》中说:对于(像宙斯这样的)神,我们既不知道他们的性质也不知道他们的名字,只能说他们自己称呼的名字是真的。(400D)在《斐德罗篇》论证了灵魂不灭以后,他说至于不死的神,那是缺乏理性推论的根据的。我们既没有看到过神,也不能正确地思想它们,只能将他们想象为一种灵魂和肉体永远结合在一起的生物。(246C—D)柏拉图只承认理性的神,至于拟人的神,他们既不是感觉的对象也不是思想的对象,只能将他们想象为和人一样的,是灵魂和肉体结合的生物。他们和人的不同只在于灵魂和肉体结合的时间比较长,他们的生命可能是永恒的。柏拉图自己也许并不相信他们的存在,所以只能相信古人和一般人的说法。

创造者造了诸神以后便对他们说:我是你们的创造者和父亲,我造的东西除非得到我同意是不会毁灭的。虽然缚在一起的东西是可以分开的,但只有恶才会将好的和谐的东西分开。你们是生成的,所以不是不朽的和不可分的,但是你们不会分散和死亡,因为我的意志比将你们缚在一起的带子更为有力,更有权威。现在听我的命令:还有三种生物没有生成,这样的天是不完全的。如果用我的手创造它们,它们就和神一样了,可是它们应该是有死的,所以只能由你们摹仿我创造你们的力量,按照你们的性质去创造它们。在它们中有一部分是不朽的,是神圣的统治力量,由我自己播种,其余的工作交给你们。你们要将有死的和不朽的结合在一起,产生它们,喂养它们,在它们死亡后又将它们收回。(41A—D)

天上的诸神也是创造者造的,他们是生成的,所以不能是永恒的。他们所以能不朽,完全是由于创造者的意志,这和上文论证宇宙和天体的不朽不同,那是由于时间的永恒运动才能不朽的,可见时间和创造者的意志起着类似的作用。整个宇宙是包括四种生物的一个整体的理性生物,除了天上的星体和诸神外,还要有其他三种生物才是完全的。创造者只创造天上的生物,其他三种生物只能交给天上诸神去创造。以下实际上只说了人的创造。在人之中有一部分属于理性,这也是创造者亲自播种的,是不朽的神圣统治力量,其余部分都是有死的,是非理性的,实际与创造者无关。

说了这些话以后,创造者在掺和宇宙灵魂的杯子里搁进同样的成分,不过没有以前那样纯洁,是第二流、第三流的。完成了整体以后,将它划分为许多个灵魂,数目和星体的数目相等,将每个灵魂分配给一个不同的星,就像乘坐的车一样。创造者给它们显示宇宙的性质并宣布命运律。所有灵魂的第一次肉身都是一样的,没有一个处于不利的地位;以后就要在时间中接受各自遇到的命运,成为最畏神的。人的本性是双重的,好的后来就被称为"男人"。由于必然性,灵魂被植入肉体中,在那里流进流出,而且必然发生由强烈的作用产生的感觉,这是共同的;还有和快乐与痛苦结合的欲望、恐惧和愤怒以及各种不同的情绪。如果理性征服它们便是正义的生活;如果理性被它们征服便是不正义。生活得好的灵魂可以回到原来的星上去过幸福的生活;如果不好,第二次便降生为妇女,倘若再不能避开恶,会降生为兽类。只有回到灵魂中同的运动,以理性克服归附于它的火、气、水、土引起的混乱,才能回到最初最好的生活。(41D—42D)

人的灵魂中的理性也就是宇宙灵魂中的理性,这是创造者培植和给与的;

只是人的灵魂中的理性的纯洁度较差，是第二、第三等的。因为在人的灵魂中除了理性还有感觉、欲望和情绪，这些都是由外面的火、气、水、土引起的混乱，已经属于柏拉图所说的必然性的范畴，第二部分还要详细说明。值得注意的是柏拉图在这里提出"命运律"。他认为每个灵魂在第一次降生时都是平等的，没有一个处于不利的地位；在这之后每个灵魂由于不同的遭遇和机会（即所谓命运）而上升或下降，灵魂轮回时可以成为好的或坏的生物。这个命运律就是灵魂轮回的理论基础。但是命运律也不是偶然发生作用的，它是灵魂中理性和非理性斗争的结果，理性克服非理性的混乱便可以过好的生活，如果相反理性被压抑便不能正确地生活。灵魂轮回以及灵魂中理性和非理性的斗争等问题，是柏拉图初期对话以来的伦理学说中常见的话题，《蒂迈欧篇》不过为它们作了宇宙论和本体论的说明而已。

创造者作了这样的吩咐以后便坐着不管了，对以后发生的罪恶不再负责。他的子孙（诸神）服从他的律令，从他那里接来生物的不朽原则（理性），并且从宇宙的躯体借来了火、气、水、土（这些债务将来是要偿还的）的部分，将它们捆在一起，不过不是用不可分的带子，而是用许多小得看不见的钉子将它们钉在一起，成为许多个别的肉体，不朽的灵魂在其中流进流出。灵魂被捆在强大的激流中不能自主，整个生物都在无秩序无理性地进行向前、向后、向左、向右、向上、向下的六种方向的乱动。火、气、水、土各以自己的方式打动灵魂，这就是感觉。这种激流强烈地动摇了灵魂的旋转，既阻碍了同的运动的运行和控制，又扰乱了异的运动。原来的双倍数和三倍数的联系比例 3：2、4：3、9：8 也被弄得变形了，成为不规则的颠倒的倾斜的运动。像一个人的头足倒立，左右面就颠倒过来。灵魂的运动也是这样，当它遇到外间的同和异时说得和实际相反，这就是错误和愚蠢，是灵魂运动失去控制的结果。因为灵魂在装进肉体时开始是缺乏理性的；后来外来的运动减弱，灵魂逐渐平静，它按照自己的方式运动，能够正确地分辨同和异，它又有理性了。只有教育才能使它避免缺陷和弊端，如果忽视教育只能糊里糊涂走完一生回到冥府。（42D—44C）

人的肉体是诸神从外部世界借来火、气、水、土这些物质元素组成的。外部的火、气、水、土进行不规则的（非理性的）运动，它们影响灵魂成为感觉。

这时候灵魂的理性运动即同的运动和异的运动都被扰乱了,对客观的同和异的感觉会和实际相反,是错误的。这也是对他原来的感觉学说作了本体论的说明,从这里也可以看出柏拉图所说的理性主要就是正确的同的运动和异的运动,也就是正确地辨别同和异,才能正确地进行综合和划分,也就是后期所说的辩证法。值得注意的是他在这里所说的理性在人的灵魂中出现的情况。上文说理性是创造者培植到人的灵魂中的,那便是天赋的;现在又说灵魂装进肉体时开始是缺乏理性的,后来一方面是灵魂逐渐克服了外来的运动恢复原有的平静,另一方面也是更重要的则是通过教育使灵魂恢复理性。这也可以和他在《美诺篇》和《斐多篇》中的回忆说联系对比。柏拉图重视教育,他必须强调教育的作用;但他又继承苏格拉底认为教育不是灌输,将灵魂所无的东西灌进灵魂中去,教育是一种启发,将灵魂中已经有的东西唤醒过来。早期的回忆说认为灵魂原来已经有关于各种"相"的知识,是比较粗鄙的先验论;现在认为灵魂原来有的是理性的能力,在这点上可以说是比回忆说有了很大的进步,成为一直到近现代都能接受的认识论。但有一个问题柏拉图没有能说清楚,即原来是天赋的理性能力为什么在灵魂最初进入肉体时却没有呢?这是后来亚里士多德分析"能力"(dynamis)这个范畴,指出它的"潜能"性质时才能说清楚的。

以下谈了人的肉体构造。他说人的身体是这样构筑的:摹仿圆形的宇宙,神将这两种运动(同的运动和异的运动即理性运动)也安置在一个圆球里,叫做头,这是身体中最神圣的统治部分,整个肉体都是为它服务的。头颅不能自己滚动,所以要有身躯和四肢,让它可以在各处走动。神认为前面比背后高贵,所以将许多部分都安在身体的前面。首先是在头这个球体前面安上面孔,它有各种器官可以为灵魂提供帮助。第一个是眼睛,它可以带来光,这种火不是燃烧的火,而是产生白天的柔和的光的火;我们身体中的纯粹的火是眼睛视觉流的原因。眼睛的中心瞳孔组织光滑严密,粗糙的东西不能通过,只有纯粹的火才能滤过。日光流动时视觉流和它结合在一起,形成直线的同素体进入灵魂,成为我们称作视觉的感觉;到了晚上外面的气中不包含火,它们便不能结合,眼睛看不到火,只能睡眠。保护它的眼睑关闭了,将内在的火幽禁起来,抹平内在的运动归于安静。安静延长下去便很少有梦,如果残留有强烈的运动便会产生一些印象(梦境),这是我们醒时从外部世界得来的,从镜子或别的光滑的平面上的影像可以理解这点。内在的火和外在的火相互结合的结果,在镜子或平面上产生的像可以有各种变形,如将右边的看成左边,左边看成右边。(44D—46B)人体虽然是由作为必然性的火、气、水、土等物质元素构成的,但它们都是按照理性的要求和目的构造的。这些都是柏拉图用目的论思想解释人体物质结构的表现。对于感觉,他只提出视觉学说,他的解说基本上接受了恩培多克勒的流射说;他用镜子作比喻也是一种朴素的反映论,他指出在这种反映中是可以产生错误的感觉的。

但是柏拉图立即指出有两种不同的原因。他说产生感觉的东西(由火、气、水、土组成的事物)不过是一些辅助的原因,是神用来达到尽可能最好的目的的;可是许多人却将它们当做是产生像冷和热、稠密和稀疏的唯一原因,可是这些东西并没有达到任何目的的计划和理性;我们必须承认只有灵魂才具有理性,它是看不到的,火、气、水、土则是可见的物体。爱好理智和知识的人应该首先去发现属于理性的原因,作为第二位的才去发现那些既受别的东西作用又必然促使别的事物运动的原因。我们必须将两类原因区别开:一类是以理性产生善的愿望的原因;另一类是缺乏理性,只能产生各种混乱无秩序作用的原因。(46C—E)柏拉图对这两种原因作了两点区别:一点是理性原因是自我运动不受其他原因制约的,即它是自足的;而另一类他称为必然的原因乃是受别的原因的作用(归根到底是受理性原因的作用)然后自己才能作用于其他事物的。另一点是理性原因是有目的的,它能产生善的愿望,使万物臻于至善;而必然的原因缺乏理性,只能产生混乱和无秩序的作用。因此只有理性原因能将事物安排有序,才是最终的唯一原因,这就是亚里士多德所说的最后的目的因。《蒂迈欧篇》中柏拉图始终以理性的目的因解释宇宙和人的产生与结构,反对以前自然哲学家用物质的必然原因作为唯一原因解释这一切。

柏拉图还要说明感觉也是有目的的。他说眼睛的视觉能力除了说明它的第二位原因外,还要说明它们是对我们有益的,神才将它赐给我们。如果我们看不到星、太阳和天,便不能探讨宇宙,正因为看到白天和黑夜,月和年,春分、秋分和夏至、冬至等等,我们才发现数并且得到时间的观念,从而能研究宇宙推出全部哲学。应该说这是天赐给我们的礼物,是视觉的最大好处,谁要是看不到这一点便是愚蠢的。视觉能够观察到天上的理性运动,这对我们自己的理性运动(它和天上的理性运动相似,只是比较混乱和不安定而已)是有益的,我们可以从中学会计算的能力,并且按照神的完善运动去为我们自己的混乱运动安排秩序。说话和听觉也是天赐给我们的类似的礼物。说话是为了达到这种高级的目的;听觉则是为了听到和谐的声音,它的运动和灵魂的运动是相似的,它可以为我们灵魂中的不和谐带来秩序和节奏。所以它们都是有益的。(46E—47E)这样的感觉就不再是只会产生错误认识的活动,它也不仅是达到高级的理性认识的一个低级阶段,它本身就有崇高的目的:我们是通过感觉去认识并学习理性与和谐,从而为我们灵魂的运动作出合乎理性与和谐的安排的。这是以目的论思想对感觉所作的解释。

以上第一部分说明柏拉图以理性的目的论解释了从宇宙到人的灵魂和躯体的生成和作用问题,实现了柏拉图在《斐多篇》中提出的希望,用努斯的作用解释宇宙和人的生成问题。

第二节　宇宙和必然性

如果一切都听从创造者按照理性的目的安排,整个宇宙和人将是最完善最美好的,但实际情况并不是这样,宇宙和人中充满各种缺陷和病态。柏拉图将这归为第二位的辅助原因,他称之为必然性。对话的第二部分转为讨论这种必然性对宇宙和人的作用。

柏拉图说,在我们以上的讨论中除少数例外都是讲理性的创造活动,现在必须说明有关必然性的东西。因为宇宙是由理性和必然性相互结合而成的。理性统治必然性,说服它让大部分事物向好的方向变,因此宇宙在开始阶段显得是理性战胜了必然性。但我们也必须说明作为这种迷误原因的形式,它是如何成为运动的原因的。所以我们的讨论又必须从头开始,像以上的讨论一

样说明同样这些事物是如何从这个第二原则产生出来的。(47E—48B)他说
必然性(anankes,Necessity)是产生迷误的原因(planomene aitia,Errant Cause,
这个词有彷徨不安的意思,乔伊特译为 variable cause 变化无常的原因,也有
人译为偶然的原因)。究竟他所说的必然性是什么意思? 西方学者有各种不
同的解释,仍以阿切尔—辛特、泰勒和康福德三人的观点为例:

阿切尔—辛特给《蒂迈欧篇》作绝对唯心论的解释。他认为柏拉图所说
的宇宙不过是绝对思想(理性)的自我发展,理性与物质没有区别,因为一切
都是理性,物质只是理性发展出来的多样性形式。他认为神就是必然性的创
造者,必然性等于自然律,它表示从理性产生出来的物质的力量,是全部统治
物质世界的物理规律,他认为这些规律统治的不过是以多样性形式存在的理
性而已。① 泰勒的意见和他相反,他认为不能将柏拉图所说的必然性和"科学
的必然性"或"规律的统治"混淆起来,因为柏拉图将必然性称为"混乱的、没
有目的的、不负责任的"原因,所以它并不是必然性而是偶然性。他以为如果
我们要理解蒂迈欧所说的必然性,既要看到它并不表示任何内在的无规律性
或无理性,也要看到它没有任何和规律相一致的意义。我们只能将这种必然
性看成是帮助理性、隶属于理性的一种力量,它也永远不会是"坏"的,只是它
对于它所产生的结果的价值完全采取漠不关心的态度。在某种意义下它就是
康德等人所说的"机械因"。② 康福德认为以上两种观点都走了极端:阿切
尔—辛特完全避开了"迷误的原因",泰勒则完全避开了"必然性"。但这两种错
误的根源是一样的,即误认为柏拉图所说的创造者是真正全能的。康福德认为
古代希腊人还没有全能的造物主的观念,他以为柏拉图的创造者像人间的工匠
一样。木匠不能凭空创造出一张桌子,他只能在木头这种质料上制作,而木头并
不是他能创造的,他只能在木头上实现他的目的。创造者只能为没有秩序的宇
宙(这是原来有的)安排秩序。这样的质料限制创造者,使他永远达不到他所想
象的那样完善。所以理性必须去说服这种必然性。康福德引用后来亚里士多

① 参见阿切尔—辛特:《柏拉图〈蒂迈欧篇〉》,第 28、166 页。
② 参见泰勒:《柏拉图〈蒂迈欧篇〉注释》,第 300 页。

德的分析:比如天下雨是必然的,它既可以使谷物生长也可以使谷物霉烂,究竟达到哪种目的却是偶然的。又如人的门齿锐利适合于咬东西,臼齿宽大适合于磨碎食物,但它们的产生并不是为了这些目的,完全是一种巧合。(《物理学》,198^{b}17 以下)所以必然性是和目的相反的,可以列入自动性、巧合、机遇。①

我们比较赞同康福德的观点。创造者按照理性创造宇宙和人,但他不能完全达到他预期的那么完善,因为他是在已有的质料(后面即将说到的接受器——空间)上制作的。必然性是属于质料的运动形式,它只能成为达到目的的障碍,所以柏拉图说它是“迷误的原因”。柏拉图的宇宙论是理性的目的论,他认为理性的目的是最高的,不过理性还受必然性的限制,所以创造者还不能是全能的。后来发展到基督教的哲学,认为造物主是全能的,宇宙和人间的罪恶和缺陷也是神为了某种目的创造的。这是由目的论到宗教的世界观,与此相反的是承认有客观规律即必然性的世界观。必然性作为明确的哲学范畴最初是由原子论者留基伯和德谟克利特提出来的,他们认为事物的产生都有一定的因果关系。德谟克利特孜孜不倦地探寻事物的原因,他所寻求的原因属于亚里士多德所说的动因而不是目的因。唯物论的原子论者是反对目的论的。② 事物存在因果关系的必然性,这种思想和目的论思想的斗争,在西方思想史上就是科学和宗教的斗争。直到近代达尔文的进化学说出现,才给目的论的宇宙观以致命的打击。柏拉图的《蒂迈欧篇》必须摆在这样大的背景中来理解。它是古代目的论的宇宙论的一篇代表作,我们看到柏拉图在肯定理性目的具有最崇高地位的同时,也不得不承认还存在有客观的、非理性所创造、反而成为限制理性的必然性,说明他还没有成为像阿切尔—辛特所说的那样的绝对唯心论。因此在分析柏拉图的论述时,必然性和理性之间究竟存在什么关系,是我们应该注意的问题。

在柏拉图以前有关必然性的问题主要是由德谟克利特论述的,可惜德谟克利特的原著都已经佚失了,连有关这些问题的残篇也没有留下来,现在我们

---

① 参见康福德:《柏拉图的宇宙论》,第 165—166 页。

② 参见本书第一卷第 12 章第 5 节。

据以讨论德谟克利特自然思想的只是从亚里士多德以来的一些第二手记载资料。在柏拉图的对话中没有提过德谟克利特的名字,但在历史记载中却说柏拉图视德谟克利特为最强大的敌手,说他尽可能收集德谟克利特的著作并将它们烧毁,甚至说他剽窃德谟克利特的著作。在柏拉图的对话中和德谟克利特思想最有相似之处的就是《蒂迈欧篇》中讲到必然性的部分,以下我们将看到柏拉图所讲的和历史上认为是德谟克利特的思想的确有许多相似之点,因此比较这二者的同和异也是我们讨论的一个重点。

一 接受器(空间)

柏拉图说:首先我们必须思考在天产生以前火、气、水、土的性质以及它们所处的条件。虽然许多人认为它们是宇宙的本原或元素,但从来没有人说明它们是如何生成的。现在我们要来说明万物的本原——无论叫它什么名称,总之是一件艰巨的任务,我将尽我所能说明它。但也像以前的解释一样,不免带有或然性,只能说是大概如此,让神保佑我们吧。(48B—E)

在阿那克萨戈拉以前希腊的自然哲学家一般都认为火、气、水、土或其中的一种、两种是万物的本原,但是没有人讲过这些元素是如何生成的。(只有毕泰戈拉学派将它们归结为数,爱利亚学派将它们归结为存在,但如何由数或存在生成这四元素,他们也没有说明。)德谟克利特将元素归结为没有性质差别的、不可分的原子,火、气等元素是由原子组成的,原子是比四元素更为根本的本原。原子为什么会成为火、气等不同的元素呢? 他说这是由于原子的形状、大小、排列的不同而引起的。他也没有说明火是如何生成的,但他的说法却给柏拉图以启发,柏拉图正是以火、气等四元素的形状不同而去推论有一种比它们更为根本的本原。

柏拉图是这样推论的:他说为了说明这个宇宙必须再进一步分类,我们已经划分了两类东西,一类是被设定为模型的理性的不变的存在,另一类是它的摹本即变化和可见的事物。原来以为只要这两类就够了,现在看来还需要有第三类,虽然是不大清楚的。它是什么呢? 可以说它是接受器($\upsilon\pi o\delta o\chi\acute\eta$, hypodoche, Receptacle, 也有译为"容器"或"载体"),它是培育一切变化发生的保姆,要将它讲清楚是很困难的。对于火或水这种东西,要是用精确的语言说,说它是火也可以说它是水或其他任何名字,将它们合在一起或分开说都一样。因为我们称作水的东西凝聚起来便成为土和石头,稀散开便成为风和气;气燃烧成为火,反过来火又变成气,气凝结成雾和云,又变为水,再变为土和石头,它们之间互相像转圆圈那样转化。因此无论哪一个都不是同一常住的东西,我们看到的是一个在不断变化的火,不能说它是"这个"或"那个",只能说它像是"如此"(也有译为"有如此性质的东西"),表示在整个循环状态中它处于这样一种状态。对于一直处在类似状态中的某种东西我们将它叫作"火",对其他生成的东西也是这样。实际上只有接受它们(这些不断变动的东西)在其中生成、出现、又从那里消失的那个东西,才可以叫它"这个"或"那个";至于有任何性质——白、热或任何相反的性质以及它们的组合——的东西,都不能叫它"这个"或"那个"。(48E—50A)

柏拉图为什么要提出"接受器"这个范畴,并且以它作为比火、气、水、土更为基本的本原呢? 他自己的论证是:这些元素并不是生而如此的,它们也是生成的;它们也像其他万物一样,是永远运动变化的(这是赫拉克利特的学说);而且这四种元素一直在相互循环变化之中(这是阿那克西美尼和阿那克萨戈拉的学说)。因此,它们不是永恒存在的"这个"或"那个"。所谓"这个"或"那个"是指固定存在的东西,后来亚里士多德据此造了一个术语"这一个"($\tau \acute{o} \delta \varepsilon \tau \iota$,tode ti),从《范畴篇》开始,以此作为"变中的不变"的本体的一个特征,表示本体的个体性。(《范畴篇》,3[b]10)柏拉图还没有使用"本体"范畴,但"接受器"已经包含后来"本体"范畴所具有的某些特征。如四元素是相互循环变化的,它们所在的接受器却是没有变化、固定存在的,这就是"变中的不变"。又如柏拉图说接受器是可以接受一切变动的东西,在其中生成、出现和消失的,即这些变动的东西都可以"存在于它之中",这又是亚里士多德规定的本体的另一个特征。(《范畴篇》,2[a]13)由此可以看出亚里士多德的本体思想受柏拉图"接受器"学说的影响。[①]

———————

① 参见陈康:《从柏拉图的"接受器"到亚里士多德的"质料"》,见《陈康论希腊哲学》。

柏拉图认为无论四元素或其他自然物都是变动无常的,我们只能说它在变动中,有"如此"的性质或状态,并根据这种性质或状态将它叫作"水"或别的东西;但严格说不能将水说成是"这个"或"那个"。柏拉图认为在这些性质或状态的背后有一个固定存在的接受器,它可以接受这些性质或状态在其中生成、出现和消失,它才是"这个"或"那个";要是说到本原,这个接受器比四元素更具有第一原则或最后原则的意义。我们知道德谟克利特也是认为四元素不是本原,他要找比四元素更为基本的东西,他认为那是原子和虚空,柏拉图却说那是接受器。接受器与原子和虚空有什么同和不同,还得看柏拉图是如何说明接受器的。

柏拉图首先以金子为比喻解释接受器。他说如果有人用金子塑造各种形状的器物,而且不断地从这一种改成那一种,当人指着其中的某一种问你它是什么时,最安全的答复是它是金子,不要说它是三角形或其他任何形状,因为这些都是在变化的。只有那个接受这些形状的东西才总是一样的,它不会离开它自己固有的特性。虽然它可以接受一切进入它里面的东西,但无论如何它总不是那个进入它里面的东西。它只是一个母体,被进入它里面的东西所触动,在不同的时候可以表现为不同的性质。进入它里面并从那里出来的东西可以说是永恒存在的摹本,至于它们是以什么奇怪的方式摹仿的,我们以后有机会讨论。(50A—C)金子当然不是接受器,但柏拉图用金子比喻接受器,因为他看到可以用金子塑造成各种形状的器物,这些器物的形状和用途等等是可以改变的,只有金子始终是金子。从这个意义讲接受器有点像德谟克利特所说的原子,所以后来发展为亚里士多德所说的质料。我们知道金子就是塑造各种金器的质料(材料),正像木头是制造各种木器的材料一样;柏拉图还没有"质料"这个范畴,但他用金子比喻接受器时显然有质料的含义,后来亚里士多德正是据此提出"质料"这个范畴的。

柏拉图再作进一步说明,他说我们认识了三种东西:第一是变动的东西,第二是在它里面进行变动的东西即接受器,第三是变动的东西所摹仿的原型。我们可以将接受器比作母亲,将模型比作父亲,它们生的孩子就是变动的事物。那些摹仿物有各种各样的形状,接受它们的东西却不能具有任何形状,因为如果它有其中任何一种形状,就不能接受与此相反的形状了。能够接受任何形状的东西本身不能有任何形状,正像要制造各种香味的液体本身不能有任何气味一样;要在它上面打上各种印记的软板本身必须是平坦光滑的,不然便不能打上相反的印记。〔这里柏拉图想到《泰阿泰德篇》中的蜡板说,他在那里没有考虑蜡板本身应该具有什么特性,现在提到这个问题了。〕因此这样的接受器决不应叫做火、气、水、土或它们的复合物,我们只能说它是一种不可见的,没有形状的,能接受一切的,并以神秘的方式分有理性的东西,这就比较正确。(50C—51B)

这样讲的接受器是变动的处所,相当于德谟克利特所说的虚空。但它和虚空又有不同,德谟克利特所说的虚空是绝对的空无,只是原子运动的场所;而柏拉图却认为接受器并不是绝对的空无。他接着说:接受器的某个部分燃烧时便是火,潮湿时便是水,当它接受某些类似的东西时便是土或气。(51B)接受器可以有它的部分,它的某一部分接受了某种形式时便可以成为某种事物。就它的某些部分可以成为某种事物说,接受器又和原子相似,不过原子本身是具有形状的,而接受器本身不具有形状,它只能接受形式才能成为事物。所以接受器可以发展成为质料。

接受器所接受的是什么东西? 就是"相"。接受器的某个部分接受了"火的相"便成为火,接了"水的相"便成为水。因此柏拉图要问是不是有自己存在的火自身即"火的相",讨论这问题的一长段话(51B—52A),我们在以上讲到创造宇宙的原型时已经分析过了。他得出的结论是:承认有"火的相",这是永恒存在的思想的对象;但进入接受器又从那里消失的只是和它同名的运动着的火,那是摹仿"火的相"的。

上面柏拉图所说的三种东西中,变动的东西即燃烧着的火和变动的原型即"火的相"都已经说明,还留下第三种在其中进行变动的东西即接受器,现在柏拉图给了它一个新的名字 $\chi\acute{\omega}\rho o\varsigma$,chros。这个词有的英译文译为 place,有的译为 space;按原来词义说译为"处所"比较合适,它就是最早出现的"空间"概念,为了和以上所讲的"时间"作对比,我们将它译为空间。柏拉图说这种接受器即空间的性质是:它是永恒的,不会毁灭;它为所有生成的事物提供位置,只能被一种没有感觉帮助的假的理性所认识,是相信的对象。我们只能像在梦境中一样认为凡是存在的事物总要占据某个地方,那既不在地上又不在天上的事物只能说是无。因为是在梦中,我们不能明白清楚地说明它。那变动的东西作为影象,没有像它所摹仿的东西那么实在,它只能是某种其他东西的影子,所以只能在某种别的东西中生成,依附于某种别的存在,否则便什么也不是了。另一方面凡是真正存在的东西总是可以严格说明的,只要是两个不同的东西,便不可能这一个在另一个中同时存在,因为这样便会使同一个东西同时既是一又是二了。(52A—D)

这是柏拉图最先提出的也是人类最早提出的空间概念,所以他自己意识到像做梦一样说不清楚。他所以要提出空间这个概念的理由是:因为变动的事物不像"相"那样是真正的存在,它只是影子,只能在别的东西之中生成,依附于别的东西存在。这"别的东西"就被他叫作 choros,由此可见它和德谟克利特所说的"虚空"以及后来所说的"空间"是有所不同的,因为柏拉图将它看成是一个"东西",具体事物在其中生成并且是依附它存在的。因而发生这二者(choros 和在其中生成的东西)①是同一个东西还是两个不同的东西的问题。

康福德对于柏拉图所说的空间概括了三点:第一,从空间的存在方式说,它是永恒的,不会毁灭的;它不是由于创造者才存在的,而是作为限制创造者活动的必然条件而存在的;空间和时间不同,时间是理性的创造物,有它的原型,它本身只是摹本,空间却没有原型,它和"相"一样有自己存在的权利;承认空间是独立永恒的存在,它是变动世界的必然条件。第二,从对空间的认识说,它不是感觉的对象,但它又是可见世界的一种因素;它又是永恒不灭的,只有思想才能理解它。这便产生困惑,柏拉图说只有坏的理性才能认识它。康福德认为,柏拉图心中想到的就是我们称为"抽象"的过程,即将变动中所有肯定的可感知内容都抽掉,剩下的便只有变动发生的"场所"。说它是"相信"

---

① 关于这"两个东西"究竟是哪两个,学者有不同的意见,这里是从泰勒的说法,参见《柏拉图〈蒂迈欧篇〉注释》,第 349 页。

的对象,表示是在感觉意见和理性知识以外的一种认识。第三,从空间和"相"及其摹本的关系说,空间和"相"不同,"相"是从不接受别的东西进入它里面的;它也和摹本不同,空间自身是从不进入任何别的东西里面的。摹本或影象没有真实存在的"相"那样的实体性存在,它需要一个中介体,让它们在它里面出现或消失,像在镜子里那样;空间就是这个中介体,摹本即具体事物依存于它而存在。①

我们可以将这样的空间和柏拉图在上文所说的时间作一对比:第一,时间是创造者创造的摹本,它以永恒的存在为原型;空间却不是创造者创造的,它是客观独立的永恒的存在,它没有原型。第二,时间是创造出来的,它有开始而没有终结,所以只是类似永恒的;空间却没有开始和终结,它自己是永恒存在的。时间是用来计算运动的尺度,它有年、月、日这样的单位划分;空间是接受运动的场所,柏拉图没有说它的大小和单位,但它应该是没有边际无穷大的,否则便成为一个有一定形状的有限的东西了。第三,对于空间,柏拉图说它是看不到的,不是感觉的对象,也不是真正理性的对象,只能是坏的理性的认识对象,什么是坏的理性,他也说不清楚。对于时间怎么认识,他没有说过,但时间是理性创造来学习数的,应该是理性认识的对象;同时他又说是通过太阳、月亮的运动认识时间的,它也可以说是感性认识的对象。为什么对空间和时间的认识会有这样大的不同呢? 只能够说柏拉图是首次从哲学上提出时间和空间的问题,对认识它们的问题感到困惑是很自然的。直到后来康德将时间和空间看成是先天的感性直观形式,而这种形式本身也是只有通过理性的抽象才能认识的。第四,空间和时间有一点是相同的,即在它们之中存在的只是摹本,是运动着的事物;永恒不变的"相"或真正的存在是不在空间和时间之中的。

现在我们一般说时间和空间都是事物存在和运动的形式。柏拉图将时间说成是事物运动的形式这点比较清楚,不过他说时间是理性创造出来的,因此他将时间摆在理性创造宇宙这个范围内论述。对于空间,柏拉图一方面认为

①　参见康福德:《柏拉图的宇宙论》,第 192—194 页。

它是事物存在和运动的场所,也可以说是事物存在和运动的形式,在这点上和德谟克利特所说的虚空相似;但另一方面他又将空间看成是和"相"一样客观独立存在的东西,它接受某种形式便成为某种事物,它有点像《泰阿泰德篇》中所说的蜡块,不过它既不是蜡也不是块,它是还没有任何性质和形状的东西。下面我们将看到:这样的接受器,由神(理性)赋予它们以三角形、多面体等几何形状便成为水火土气等基本元素,从而组成种种事物。一个个具有不同的几何形状的空间便相当于德谟克利特所说的原子。所以柏拉图所说的空间既具有虚空的性质又具有原子的某些性质;将原子的种种不同形状抽象掉,便是柏拉图所说的空间。它相当于阿那克西曼德所说的"阿派朗",它和"虚空"、"空间"的不同点就在于它是产生种种事物的最后的质料。在柏拉图看来,创造者创造宇宙等具体事物时,一方面要有原型,另一方面要有空间,原型是万物之父,空间是万物之母。原型本身就是理性,空间却不是理性;空间是和理性(包括创造者的意志和原型)相对立的属于(物质的)必然性的基础。所以他讲宇宙的必然性时,首先要提出空间——接受器这个范畴,认为它是比四元素更为根本的物质性本原。

二 四元素的生成和转化

有了接受器即空间以后,柏拉图说明必然性宇宙的构造,他首先要说明四元素是如何生成的,为此他描述了宇宙原始时的混沌状态。他说在天产生以前,存在、空间和变化已经有了,接受器可以燃烧、潮湿或接受土和气的某种性质,呈现多种多样的情况,但由于它充满不相似、不平衡的力量将它们向四面摇动,接受器像筛子那样不断震动,将不同种的东西分离开,相同的结合在一起。在宇宙被安排秩序以前,它们都处于无比例无尺度的状态,只有火、气、水、土的痕迹,这是它们的自然状态。神开始以形式和数将它们区别开来,将它们组织得尽可能完善,这是我们必须肯定的,我将从此解释它们的生成。(52D—53C)认为宇宙最初是处于混沌杂乱的状态,这是古代希腊一般的看法,柏拉图只是说明这种混沌状态是无比例无尺度无理性的,只有由神用理性和数组织安排它们才成为天即宇宙。在神将理性加给它以前接受器已经在运动,它具有各种力量(dynamis,后来亚里士多德发展为"潜能")能进行筛选,已具备火气水土的痕迹。亚里士多德批判他,说留基伯和柏拉图认为有永恒的运动,但他们没有说明运动的原因。(《形而上学》,1071^{b}31—34)① 接受器自身的运动是没有理性没有秩序的,它要接受理性的制约,但它本身也成为理性的限制,成为产生错误和缺陷的原因,柏拉图认为它是和理性对抗的必然性。

柏拉图说明四元素所以生成的原因就是神赋予它们最好的几何图形。他说火气水土是立体,它们有深度,必然被面所包围,面是由三角形组成的。神选择两种最好的三角形,一种是将正方形从对角分为两个等腰三角形,另一种是将等边三角形分为两个不等腰的直角三角形,如图:

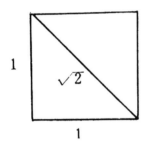 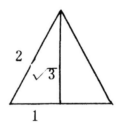

每个三角形都有一个直角和两个锐角。由这两种三角形的不同组合可以产生五种正多面体。由第一种等腰三角形可以组成正立方体,分派给土。由第二种不等腰的直角三角形可以组成四面体、八面体和二十面体。其中四面体是最小最会动的,给予火;二十面体是最大最不会动的,给予水;中间的八面体给予气。② 此外还有十二面体,柏拉图说是神用来装饰宇宙的。正立方体是最稳定的,所以分给土;四面体的面最少,每个方向都有最尖的点,而且最轻,所以分给火。柏拉图说这种体的最小单位因为太小了,是我们看不到的,只有当它们集合到一定体积时才能看到。它们的数目、运动,以及一般的能力,神都

① 参见本书第一卷第867页。
② 这几种图形可参见范明生:《柏拉图哲学述评》,第354—356页。

按照比例安排;在每个细节上都依必然性所能允许的严格完善状态来安排。(53C—56C)

柏拉图学园中泰阿泰德被称为立体几何的创始人,他证明正多面体不能多于这五种。柏拉图利用这个最新的科学发现说明四元素的生成。火、气、水、土四种元素就是神将这些几何形式加到接受器上造成的,由于这些几何形式的加入,原来的接受器中出现了有秩序有比例的四元素。所以四元素的"相"是父亲,接受器是母亲,元素是根据理性安排的,但这种安排只能在接受器的必然性所能允许的范围内进行。理性统治必然性,但必然性也反过来限制理性。

柏拉图讲四元素的相互转化,就用这两种三角形的不同形状以及它们组成的多面体的不同数目来说明。他认为土(代表固体)的粒子即使被火、气、水所包围,也只能漂浮着,只有它自己的部分互相补充合在一起又变为土;它不会变成其他那种三角形的火、气、水。四面体的火的角和边是最尖锐的,可以切割其他元素。二十面体的水如果被气和火分为部分,就能变成一个四面体的火粒子和两个八面体的气粒子($20=4+2\times8$)。当一小块火被气、水、土所包围打成碎片时,两个火粒子成为一个气粒子($2\times4=8$)。气被打成碎片时,两个半气粒子成为一个水粒子($2.5\times8=20$)。(56D—E)柏拉图以这种三角形和多面体的形状和数目说明四元素的相互转化。

柏拉图说过组成元素的三角形太小了,是我们看不到的,但即使如此他还是认为三角形是有大小不同的,有的大些,有的小些,因此当它们混合时就有无限多样性。(57C—D)原子论者认为原子只有形状、大小和排列的不同,认为火的原子细小、圆形、光滑,所以活泼易动和明亮,土的原子大而粗糙,所以凝重灰暗。[1] 柏拉图采取了原子论者的观点,但是他给它们加上了几何图形和数,这是理性创造的结果,便不同于原子了。

为了说明元素间的转化,柏拉图又专门谈了一段运动和静止的问题,他要说明在什么条件下才能产生运动。他认为运动总有运动的东西(主动者即动

---

① 参见本书第一卷第 862 页。

因)和被运动的东西,二者缺一不可。这二者总是不同的,因此他认为在相同的东西(同素体)中不会产生运动,它们只有静止;只有不同的东西(异素体)之间才会有运动,四种元素正是由于它们的大小形状不同才发生变动的。整体既然是由四种元素混合成的球体,它们自然要紧紧聚合在一起不留下任何虚空。在这四种元素中火是最容易渗透进别的东西的,其次是气、水等。由大的粒子组成的东西留下的孔隙最大,小粒子组成的东西的孔隙最小,所以在聚集时便将小的物体挤进大的孔隙中。当小的和大的在一起时,小的分裂大的,大的使小的集合在一起;当大小转变时也就转变了原来的种;同时也防止了不断出现异素体,发生只有运动没有停止的情况。(57D—58C)柏拉图实际上是以元素的几何结构的大小和形状说明它们的运动,这种运动和理性目的没有多大关系,是必然的机械运动。

柏拉图还讲了这四种元素的各种变形。他说,火有火焰、火焰的流出物——它不燃烧,却可以给眼睛以光亮,还有燃烧后剩下的发热的烬。气中最明亮光洁的叫"以太",最混浊的是阴暗。他认为水(实即液体)有流体和可熔物二类,流体如水、油、酒等是由小一级的水的部分组成的,它们大小不一可以自由流动。可熔物是比流体更大、更硬、更重的粒子组成的,它们被火作用时,统一性松弛了可以流动,这叫"熔化";火的消失就是冷却,使可熔物又成为固体状态。水和火混合是最好的流体,当它和火、气分开以后更为统一;它自己压缩成为固体,从天空落到地面的是雹,在地上凝结的是冰,只有一半冻结的是雪,由露水凝结的是霜。有几种水(流体)是包含火的:一是酒,它可以使灵魂和肉体发热;二是油,它是光滑发亮的;三是蜜,它会产生甜;四是辣汁,它会烧舌头。土(固体)也有许多种:石和陶是土失去了水而形成的,不能再溶于水;碱和盐不那么坚固,可溶于水;玻璃和蜡则是由土和水混合成的,不能被水只能被火分解。(58C—60A)柏拉图还对这些情况作了解释,比如泥土不能被气或火分解,因为气和火的粒子比土中的孔隙小,可以穿过它们而不分解土;水的粒子比较大,用力压过土的孔隙便弄松并分解了土。当土被压紧时它的孔隙缩小了,只有火才能穿过并分解它。(60E—61A)这种分类和解释如果说是原子论者作出的,也不是不可能的。这是对自然界作出的机械论的解释,是凭假设与猜想作出的,但却代表了当时科学发展的水平。

柏拉图接着解释和感觉相联系的性质:为什么我会感到热和冷等等呢?他说火的粒子微小,有尖锐锋利的角,运动迅速,能很快穿透渗入我们的身体产生热的感觉。我们身体外面的流体粒子进入体内压迫比它小的粒子,因为它们的不相等而产生斗争就是颤抖,使我们感到冷。硬的东西有坚实的基础能抗拒我们皮肤的接触,软的东西的基础弱,只能屈从皮肤。(61D—62C)说到重和轻时,柏拉图说只能用"在上"和"在下"表示,但宇宙是个圆球形,中心和周围不能说其中哪一点在上哪一点在下。我们只能按习惯的说法说当两个物体被同样的力量往上提升时,较小的没有抗拒容易上升被称为轻,较大的容易下坠被称为重。(62C—63C)

柏拉图在《泰阿泰德篇》中的感觉学说认为感觉是由主体和对象接触时产生的,主体在运动中,对象也在运动中,两种运动相互接触便产生了感觉。在《蒂迈欧篇》中他也从这两方面来说明感觉。他说在我们身体内有些器官本身是动的,比如视觉和听觉器官大部分是由火和气组成的,它们能很快接受外部作用,立即传播到其他部位;有些组织却是不动的,只能接受影响不能再行传播,骨头和头发就是这样的,它们主要是由土组成的。(64A—C)他用这种理论解释情绪和感觉。他说如果外部来的强烈作用突如其来地破坏了身体的正常状态,便感到痛苦,逐渐恢复正常就是快乐。(64D—E)他先说味觉,认为舌头上有许多小的筋脉是味觉器官,由于它们的收缩和膨胀以及同外来食物的粗糙和光滑程度的接触产生各种味道,如果食物刺激甚至烧焦筋脉便是辣,食物和口中的水溶解发酵便是酸,如果进入口中的流体粒子和舌头的正常情况适合便是甜。(65B—66C)气味的纹理比土和水窄,比火和气宽,它们是在水和气的互相变化中发生的,比水稀比气稠,所以只能通过气渗透。气味没有许多固定的名称,只能将它们分为引起快感和不快感的两种,粗糙和强烈的气味引起不愉快的感觉,光滑并且使它恢复原来状态的便是愉快的气味。(66D—67A)声音是气的激动,通过耳朵进入脑和血中,传递到灵魂;它的运动从头部开始终止于肝区。运动快便产生高音,慢的运动产生低音;有规律的运动产生光滑和谐的声音,不规则的运动产生噪音;大范围的运动产生的声音强大,小范围的运动产生的声音弱。(67A—C)颜色是从各种物体流出来的火焰的粒子和视线相结合而成的,这些粒子有的比视线大有的小,有的同样大小,同样大小的粒子是看不到的,我们说它"透明"。大的粒子使视线收缩便是黑色;小的粒子使视线膨胀便是白色。在这二者中间还有许多颜色都是外来的火和眼球中的潮湿结合而成的,不过它们都不发光。带有血的颜色的便是"红",红与白混合成为黄色,红与黑成为深红或紫色,黄与灰成为赭色,灰是黑和白混合成的,白和黄结合为栗色,白色和光亮的黑色结合成暗蓝色,暗蓝再和白色结合成亮蓝,栗色和黑结合成为绿色。(67C—68C)以上这些讲的主要是感觉对象以及它们和主体接触时的必然性结构。这些是古代人对现象所作的猜测,和当时科学发展的水平一致,如果用原子论来解释也许会得到相似的结果。德谟克利特有关这方面问题的著作早已佚失了,从古代人的一些记载看与柏拉图的解释有很多类似之处,①所以有人认为柏拉图抄袭德谟克利特的思想。但是柏拉图立即在这方面将人和神区别开来,他说如果有人企图尝试做这些事情就表示他对人和神的不同是无知的,只有神才有充分的知识和能力将多结合为一,将一分解为多,而人则无论在什么时候都不能做这项工作。(68D)这样就可以回到理性和创造者去。

柏拉图最后作出结论说:以上这些都是由必然性组成的。创造者在创造自足的最完善的宇宙时将这些作为辅助的原因,他自己则设计创造者,所以我们要区分两种原因,神圣的原因和必然的原因。我们必须寻求神圣的东西,过可以赞美的生活;必然的东西是为了神圣的目的,但是如果离开了这些必然的东西,我们对所寻求的神圣的东西也就不能理解、不能接受、不能参与了。(68E—69A)他又一次阐述了这二者之间的关系。

三 人的构造

康福德在《柏拉图的宇宙论》中将《蒂迈欧篇》分为三个部分:第一部分"理性的工作"即本章第一节的内容;第二部分"必然性所引起的"即本章第二

---

① 参见本书第一卷第878—883页。

节以上两段的内容;他将以下的内容列为第三部分:"理性和必然性的合作"。他这种划分方法使人得到一个印象,好像第二部分都是讲的必然性,到第三部分才讲到必然性和理性的合作。其实从47E以下柏拉图开始讲必然性,但在讲了接受器即空间是本原以后,说到四元素的产生是由于理性将三角形的比例和数加到空间上的结果时已经是理性和必然性的合作,所以他最后还要申明理性原因和必然原因的关系。我们以为柏拉图在讲理性创造的工作时先讲宇宙灵魂和躯体,接着就讲人的灵魂和肉体。古希腊的自然哲学是要解释宇宙和人是怎么产生的,所以在第二部分讲到必然性时他也要讲必然性是如何辅助理性既构造了宇宙又构造了人的。因此以下并不是和第二部分并列的第三部分,而是第二部分的延续,在讲了宇宙(主要通过四元素)的构造之后专门讲人的构造。

柏拉图是这样开始以下的论述的:他说现在建筑材料已经在我们手上整理好了,两种原因也已经区别开来,可以进行以下的构造。先简单回顾一下:最初是没有秩序的,除非出于偶然没有什么东西可以叫作水、火等等,创造者为它们安排了各种尺度、比例和秩序,造成宇宙,这是一个包含一切(神圣的和有死的)生物的总的生物。创造者创造了天上神圣的生物,将创造有死的生物的任务交给他的子孙——诸神。诸神摹仿他,从他那里取得灵魂的不朽原则时就用有死的肉体包围它,作为它的车辆,造成另外一种形式的灵魂——可朽的灵魂。这是受必然性的作用影响的。这种影响首先表现为快乐,它是罪恶的最强烈的诱惑;其次是痛苦,它使灵魂飞离善;鲁莽和恐惧则是一对愚蠢的顾问;情绪和希望容易走向迷误,它们和非理性的感觉和欲望结合在一起,在必然性中形成可朽的因素。(69A—D)宇宙灵魂是创造者创造的,是纯粹理性;人的灵魂则是诸神摹仿创造者制造的,其中有不朽的原则即理性,这是从创造者那里来的;还有可朽的部分即灵魂中的情绪、欲望和感觉,这些都和包围灵魂的肉体有关,它们都属于必然性方面;可是它们的构成又都是有目的的,属于理性的安排。这就是理性和必然性的合作。以下柏拉图论述人体构造时,讲的是必然性的机械作用,但处处显露出理性有目的的安排,必然性是受目的制约的。

他说为了害怕亵渎灵魂中的神圣部分（这是在头和脑中的，见44D），诸神将可朽部分摆在身体的胸腔中。可朽的灵魂也有两部分，一部分比较高贵，一部分比较低下，它们被用隔膜分开。高贵的部分住在颈和隔膜之间靠近头的地方（即心和肺），它们能听到理性的声音，当欲望不愿服从理性命令时可以限制它。心是血管的集结点、血液的源，它通过所有肢体建立起防卫。当精神被愤怒激动，由内外的欲望做出错误动作时，心可以将理性的信息传遍全身使它们服从，所以它是高贵的。当由火的作用引起的恐惧和愤怒使心激烈跳动时便求助于肺。肺是软而无血的，它像海绵一样可以吸收，能使炽热的心冷却放松，起缓冲器的作用，为理性服务。（69D—70D）可朽灵魂的低下部分位于隔膜和肚脐之间，是管身体的营养的，它们离开理性较远，听不到理性的声音，只能看到它们的影子。他说肝所以造得光滑，就是使它像一面镜子可以照出影子。在肝旁边的脾像是一块抹布，经常拭洗肝使它清洁。（70D—72D）最后他讲了以上我们说的灵魂的神圣部分和可朽部分是如何分开、为什么分开、又如何摆在一起的。只有神才知道我们说的是不是真理，这种说法带有或然性还需要研究。（72D）

柏拉图认为骨头和肌肉的本原是精髓。精髓是生命的纽带，它将灵魂和肉体紧紧缚在一起，是人类的根和基础。神用不同的三角形造成火、气、水、土，又将它们按不同的比例结合成为精髓，是各种可朽生物的种子。他将它们种在不同的灵魂中。他根据它们的数目和形状分别造成不同形式的精髓，接受神圣种子的成为圆球叫作脑，在头上。其余的也有呈圆形或延长的，都叫做精髓，像网一样将全部灵魂紧紧缚住，又缚住整个肉体，首先是用骨头组成防御网。（73B—D）他认为骨头是这样构造的：选出纯粹光滑的土捏进精髓中，将它扔进火里又浸入水中，反复几次以后便不会被土分化了，他用这构筑人体。首先是造一个圆球将脑包住，只留一个狭窄的出口让精髓通过，又绕着颈和背造成脊骨，成为中枢从头穿过整个躯干。为了保护种子，他将骨头造成坚固的环状，并且用"异"的力量将它们连接起来，让它们可以运动和弯曲。因为骨头容易碎，又会被外部的冷热毁坏，所以用肌肉和腱将它们保护起来。肌肉是由土、水、火混合起来又和酸、碱作用而成的；腱则是骨头和肌肉合成的，处于二者之中,所以是黄色的,它比肌肉韧比骨头软。神用它们遮蔽骨头和精髓,用腱将它们联在一起再遮以肌肉。在常常活动的骨头上覆盖薄薄的肌肉,不大活动的骨头上则覆盖厚的肌肉,在骨头的连接处则盖以一层皮肤使它容易运动,也不会妨碍感觉。凡是缺少理性的如大腿、屁股的骨上盖满了肌肉,有理性的地方就少,只有一些例外如舌头是完全由肌肉组成的,目的是产生感觉,但这是一种例外。在必然生成的事物中由密集的骨头和大量肌肉组成的部分便不可能产生敏锐的感觉。如果头上遮着许多肌肉,人可以健康快乐地活得比现在长几倍,但创造者却认为与其长寿而低级的生活,不如活得短却更好一些,所以给头的遮盖最少。头是弱的,但有较多的感觉和理智。创造者给口装备了牙、舌和唇,是必需的也是最好的。头上如果只有骨头便不能抵御冷热,所以给它遮上皮肤,皮肤孔中长出头发。神给手指和脚趾装上指甲,这是为了将来,人可能变成兽类需要指甲保护自己。(73E—76E)

柏拉图认为凡是有生命的东西都是生物,植物和种子也是生物,它们的灵魂既没有意见也没有理性,是第三种形式的灵魂,只有感觉和食欲;这种灵魂位于人体内隔膜和肚脐之间。植物本来都是野生的,经过农民驯化才能为人所用;它们只能被动而不能自己运动,所以用根扎在土中不动。(76E—77C)

讲到呼吸、循环和营养系统时,他说神在人体内构造了一个导管系统,像小溪中的流水一样,分左右两支可以来回循环流动。这里的原则是:小粒子可以透过大粒子,大粒子不能透过小粒子。所以我们吃进去的饮食可以留在腹内,呼吸进去的火和气却不会留在那里。神用火和气织成网和通道将腹部和血管联结起来。口就像漏斗一样,由此进去的东西分为两部分,一部分送进肺(鼻孔是它的进口),一部分送进腹部。前者一进一出,便是呼吸。身体本来是冷和潮湿的,当呼吸时火跟着进出,并且在腹部中将吃进去的食物切成很小的碎块,流进血管通过全身,人得以营养和继续生存。(77C—81B)

以下谈到老死和疾病的问题。他说如果整个人体组织还年轻,组成身体的三角形还新鲜,连接得很紧密,整体柔软,比组成外来的食物的三角形年轻,便能战胜它们,营养自己长大起来。如果体内的三角形的根因为使用过多松弛下来,不能同化食物反被它们分割,便进入老年,最后将精髓的三角形结合在一起的纽带松散了,灵魂也就飞走。如果是自然去世的便是快乐的死亡,因伤病而死是痛苦的。(81B—E)产生疾病的原因是:组成身体的火气水土如果过多或不足,它们的位置和比例错误了,发生原来冷的变热、干的变湿、重的变轻等变化,便是有病。直接致病的原因是:精髓、骨头、肌肉、腱和血都是由四元素组成的,它们有各自组成的方式,如肌肉和腱是从血产生的,腱来自纤维,纤维分散成块便是肌肉;腱和肌肉又产生胶体和油质,将肌肉粘在骨头上,营养它让它生长,骨头包裹精髓。如果组成它们的三角形是光滑的,按照自然的秩序,身体便健康;但如果这个秩序颠倒混乱了,产生各种痰和黏液,它们便要受到各种损害。在身体中如果只是肌肉有病,它的基础稳固那是容易治愈的,当连接肌肉和骨头的腱有病时就比较严重,更危险的是骨头腐烂或坏疽;最后如果精髓有病那便是致命的。(81E—84C)他说有三类病是从三种不同方式产生的,第一种是由于肺的呼吸,如果它被分泌物堵塞了通道,破坏了秩序,会产生抽风等难治的病。第二种是白色的黏液如果像气泡一样堵住了也是危险的,酸性和碱性的黏液可以产生各种黏膜炎的病。第三种是各种热病,是由胆汁引起的发烧。胆汁如果有对外出口便形成各种肿块,如果关闭在体内便产生各种热病。它和血液混合,如果变冷可以引起冷颤;进入腹部可以产生痢疾。(84C—86A)

接着讲到灵魂的疾病,说灵魂的无秩序有两种,即疯和呆。灵魂如果在快乐或痛苦方面过分了,发生狂乱不能正确推理,便是疯狂,缺少感觉意识便是呆。没有人希望自己灵魂变坏,所以变坏是由于身体的坏习惯和不好的教育带来的结果。他又用酸、碱、黏液等来解释这些疾病。(86B—87A)

医治灵魂的疾病需要教育锻炼。他说美好的东西都是合比例的,可是我们只看到和计算那些浅薄的比例,对真正重要的比例反倒忽视了。灵魂和肉体是否合比例,是健康还是有病,是好还是坏,乃是最重要的。灵魂太强或身体过大都是不好的,所以数学家和拥有知识的人都进行体育锻炼,有强健身体的人要接受文化教育。身体要摹仿宇宙的母亲和保姆,不能静止不动。至于运动,最好是自己产生的运动,因为它最像宇宙的理性运动;由别的东西产生的运动是低下的,最坏的是身体躺着不动,完全由外力来推动。(87C—89A)

说到灵魂，最好是训练它按照理性生活。我们的灵魂有三种不同的形式，各有自己的运动；如果哪一部分不动便将变为最弱，所以必须让它们互相保持一定比例运动。人类灵魂中最高的部分是神给的，它居于身体顶上，使整个身体向上。如果人要满足他的欲望和野心这些有死的部分，他的思想便不能不朽；只有他热爱知识和智慧才能参与不朽。最接近神圣的运动是理性和宇宙的转动，人可以从此学到和谐，纠正灵魂中的错误，现在和将来可以达到最好的生活。（89D—90D）一个人如果不好好生活，下世便要变成妇女。神制造了性欲，男人和女人有不同的本能。饮进体内的流汁穿过肺、肾进入膀胱，压进气，然后穿过小孔进入从头、颈、脊髓下来的精髓，叫做"精子"，它们有放射的欲望。女人的子宫有生育孩子的欲望，只有当男女结合在一起才能满足生殖的欲望。（90E—91D）

天上的鸟是由单纯的人变成的，他们一心想望天空，以羽毛代替头发。地上的动物是那些没有哲学思想、不考虑天上事情的人变的，他们只受在胸中的灵魂的指导，将头和前肢向着地下，成为四足或多足的。其中最愚蠢的则没有脚，只能在地上爬行。第四类是水中的生物，它们是最愚蠢的。它们的灵魂被各种罪恶污染了，神认为它们不需要呼吸纯粹的空气，让它们生活在很深的污水中。得到智慧或是丧失了智慧便是所有这几类生物相互转变的原则。（91D—92C）

最后柏拉图为全篇对话作了一个极简短的总结。他说我们关于宇宙的讨论现在可以结束了。既然有了不朽的和有死的生物，这个宇宙也就成为一个完满的可以看见的有生命的东西；它包括一切可见的东西即理性的影象，成为一个可见的神，是最伟大最优美最完善的。这就是唯一的天。（92C）

柏拉图在《蒂迈欧篇》中关于人的灵魂和肉体的构造、性质、变化的许多思想，是古代希腊心理学、生理学和病理学的重要材料。柏拉图这些思想既受他以前许多自然哲学家的思想影响，更和当时希腊各种医学学派的思想有关。在这方面，西方从古代到现代的学者作了不少考证和研究，限于篇幅本书只能从略。我们只想从哲学上说明：在对人体组织结构等许多问题的解释上，柏拉图实际上是根据当时科学所能达到的水平，作了物质的机械论的解释，这就是他所说的必然性;然而他又赋予它目的论的意义,认为它们归根结底是神按照理性用以达到最好的目的而创造的。对于宇宙和人的生成和性质,他提供了一幅从我们今天看来不免是粗陋的,但在当时的哲学和科学水平说却是相当精密完整的系统学说。

〔附〕 《法篇》中的神学

《法篇》是柏拉图最后也是最长的一篇对话,共 12 卷。在这篇对话中柏拉图为想象中的克里特殖民城邦提供一套系统完整的法律制度,包括政治、经济、教育、文化和婚姻生活的各个方面。它主要代表柏拉图晚年的政治思想,其中主要内容将在以下政治思想章中论述。现在只介绍《法篇》第 10 卷中的神学思想,它是《蒂迈欧篇》中神学思想的继续和发展,代表柏拉图晚年最后的哲学世界观。

第 10 卷开始柏拉图说对于年轻人的不法行为要规定法律加以禁止。不法行为的第一条就是不信神,反对普遍崇拜的神圣的东西。他们认为:第一,神不存在;第二,即使有神也不关心人的事情;第三,神很容易满足,只要向他们作点祈祷便可以了。(884—885B)以下针对这三点进行辩驳,主要是对第一点,柏拉图论证神的存在。

他说希腊人原来都相信天、地、日月星辰以及季节的秩序等等可以证明神的存在。但是现在的年轻人中却有人不相信这点了,有些自以为智慧的人认为日月星辰等等不过是土和石头而已。(886A—E)现在有一种学说认为万物变化的原因有三种:一是由于自然,二是由于人为的技术,三是由于机遇。(888E)他们认为最伟大最好的东西是由自然和机遇造成的,其次才是人为技术造成的。(889A)具体说就是:火气水土都是自然和机遇造成的,不是人造的,这些元素造成天、地、日、月、星辰,又结合而成热和冷、干和湿等等对立的性质,从而产生整个天体季节和动植物等等。这些都是从元素产生的,不是由于理性的活动,不是任何神造的,也不是人为的,只是自然和机遇造成的。人为的技术是后来才有的,它们自身不是不朽的,只有很少一点真理,只能像音乐、图画一样产生影象。有些技艺如医药、农业、体育也有严肃的目的,政治和法律则很少出自自然,大部分是人为的。他们认为神的存在也不是由于自然,而是出于人为,由于习惯,所以各地有各自不同的神。一些神圣的东西如正义也不是出于自然,而是人们常常争辩不断变更的,这些变更又是由当时的权威和权力决定的。这就是我们的年轻人从学者、散文作家和诗人那里学来的思想。年轻人染上这种不敬神的瘟疫,产生混乱。(889B—890A)柏拉图指出的不信神的根源实际上有两种:一种就是唯物论的自然哲学家,他们认为天地万物是自然形成的,不是神造的,也不是人造的。他在这里所说的"自然"和"机遇",相当于德谟克利特所说的"必然性"。另一种就是智者。关于智者对神的看法在本卷第一编中已经作过专门讨论。柏拉图将智者中怀疑神存在的思想和自然哲学家的唯物论思想联在一起,认为是反对神存在的理论根据。

柏拉图认为这种不信神的行为是城邦中许多罪恶的根源,但是立法者对他们不能采用惩罚手段,只能用有力的论证去说服他们(890C)。他以此开始论证神的存在。

他说那些将火气水土认为是万物本原的人,将它们叫作自然,认为灵魂是后来产生并由它们组成的,这种糊涂观点不仅错误而且有害。他们的错误根源在于将万物生成和毁灭的第一原因看成是第二位的派生原因,将第二位的原因认为是第一原因。他们对于灵魂的本性和力量尤其是它的起源几乎是一无所知,他们不知道灵魂是先于所有物体而存在的,是物体运动变化的本原。既然灵魂在先,意见、思想、理性、技艺、法律都是先于那些软硬轻重的物体的;最伟大和首要的工作乃是这种理性的技艺工作,至于所谓自然的东西或自然本身——这种称呼是错误的——则是第二位的,它们是来自技术和理性的。为什么说称它们为"自然"是错误的呢?因为"自然"是开始生成的东西,而最先生成的是灵魂,不是火或气,只要能证明灵魂先于躯体而不是相反,便可以承认这一点。(891C—892C)柏拉图提出的这个问题,就是物质和精神、肉体和灵魂究竟谁是第一性,谁是第二性的这个哲学基本问题。用这样明确的方式提出这个问题,应该说柏拉图的《法篇》是第一次。他是经过了长期探索才认为意见、思想、理性等各种思维活动以及人的技术创造和活动如法律等等，都属于灵魂即精神范围，是第一性的，而有软硬轻重等性质的物体则是第二性的。柏拉图提出这个论断已经到他晚年，上距希腊最早的哲学家泰勒斯的活动时间大约有二百五十年。哲学家们经过这样长的时期才比较明确地认识和提出这个问题。

柏拉图是以运动和静止的关系来论证灵魂在先的。他说如果有人问所有的东西都是静止的还是运动的？我将回答说有些东西运动有些东西静止。运动有两种，一种是在中心点静止，只在一个地方动，即圆周运动；它的圆圈有大有小，运动有快有慢，都按照一定的比例。另一种是从一个地方移到另一个地方，叫位移。一个运动着的事物如果碰到一个静止的事物便发生分裂；两个运动着的事物碰在一起产生结合；结合时事物增大，分割时事物减小。事物是如何生成的呢？如果由出发点到第二阶段再到第三阶段〔一般解释为从点到面再到体〕可以被感知到了，便是事物的生成；但如果它再变成别的东西，它便毁灭了。（893B—894A）柏拉图在这里一共说了八种运动形式，即：圆周运动、位移、分离、结合、增大、减小、生成、毁灭。

他说此外还有两种运动：一种是能使其他事物运动而自己又是被别的事物运动的，另一种则是既能自己运动又能使别的东西运动——使它们结合和分离、增大和减小、生成和毁灭——的。他将前一种即既使其他事物运动，自己又被其他东西所运动的列为第九种；将那既能自己运动又能使其他事物运动的列为第十种，这是具有一切主动和被动形式，属于真正存在的运动和变化的。（894B—C）这两类运动也就是《蒂迈欧篇》中所讲到的，一种是既能运动别的事物又被别的东西所运动的，另一种则是能自足地进行自我运动又能运动其他一切东西的。（46D—E）显然这两类运动和前面八类运动是属于不同层次的。前八种是不同的运动形式，后两种则是从对自己和对其他东西以及主动和被动考虑的：一种是虽然能使其他东西运动，但本身还是只能被动的，另一种才是能够自己主动的。它们比前八种高一个层次。

在这些运动形式中，哪一个是最强有力作用最大的呢？他的回答是：逻辑地说（按照逻各斯），只有那个能自己运动又能使其他一切东西运动的，才是第一位的,原来列在第九位的则是第二的。我们可以为一个运动的事物找到使它运动的原因,然后再找这个原因的原因,这样不断找下去直到最后的原因,那就是能够自我运动的东西。假设万物原来都是静止不动的,那么首先出现的必然是自我运动,因为除此以外的任何运动都要靠他物推动才能运动。所以只有自我运动才是最强大的、第一的。能够自我运动的东西被我们认为是充满活力的东西,灵魂就是这种充满活力的东西。(894D—895C)他说对任何一个东西都要想到它的三个方面:一是这个本质(他用 ousia 这个词),一是它的逻各斯(定义),一是它的名字。或者以它的名字求定义,或者以定义求名字。比如可以分为二的数的名字叫"偶数",它的定义是"可以划分为两个相等部分的数",我们无论说哪一个都是指同一个东西。以"灵魂"作为名字的东西,它的定义就是"能自我运动的运动",这样我们就可以充分证明灵魂是一切已经存在、现在存在、将来存在的事物、以及和它们相反的事物变化的第一原因,它是最后的原因,是万物运动的本原。而没有灵魂的事物自身缺乏运动的力量,只能由他物推动,是第二位的。因此按照自然的规定,灵魂先于物体,物体是后来的第二位的;灵魂统治物体,这是完全正确的。(895D—896C)柏拉图是从事物的运动论证灵魂先于物体。他认为物质的东西是不能自己运动的,只有灵魂才能自己运动,所以灵魂是决定物质的最后的动因。

既然灵魂先于物体,一切和灵魂有关的东西如心情、性格、愿望、计算、真的意见、思考、记忆等等都是先于长、宽、高、深的物体的。而且既然灵魂是万物的原因,它也就是一切善和恶、好和坏、正义和不正义等相反的东西的原因。这样灵魂至少有两个,一个造成善,一个造成恶。灵魂以它的活动使天地万物运动起来,这些活动就是期望、思想、预见、忠告、真或假的判断、快乐、痛苦、恐惧、恨和爱等等,由于这些类似的活动才产生第二级的物体运动,使万物分离和组合、增加和减少,以及随之而来的冷和热、重和轻、软和硬、黑和白、干和湿等等性质。当灵魂和理性结合时能够正确地治理万物,使它们幸福;如果它和非理性结合便得到相反的结果,这是确定无疑的。既然天地万物的运动和理性的旋转、运动、计算是一致的,显然是最好的灵魂关心宇宙,引导它走上这条正确的道路,坏的灵魂只会引上混乱的没有秩序的道路。(896D—897D)柏拉图将一切和灵魂有关的即精神的东西和物质的东西区别开,肯定精神先于高于物质。但是精神的东西也有善恶好坏之分,这是因为灵魂有理性的和非理性的两种,理性灵魂是善和有秩序的原因,恶和无秩序是由非理性灵魂造成的。

柏拉图提出这样一个问题:理性运动的本性是什么? 他说:正像不能用眼睛直接去看太阳一样,对于理性运动我们也不能直接知道它,只能认识它的影象。在上面所说的十种运动中,找出一种和理性最相似的便是它的影象,那就是圆周运动,它只在一个地方,围绕一个中心,和同一个东西联系,并且按照同一个理性的比例和顺序运转,像圆球一样旋转。——这就是我们能够说出来的关于理性运动的最好的影象。而另一类运动既不在同一个地方,也不按同一方式围绕和联系同一个东西,也没有秩序和比例,那就是和理性运动相反的非理性运动。只能由最好的理性灵魂引导天体旋转,给它们安排秩序。(897D—898C)理性和理性运动是什么? 这当然不是容易说得清楚的问题,我们也可以说哲学家的主要工作就是要说明理性运动的性质。柏拉图的对话无论是前期的《美诺篇》、《斐多篇》和《国家篇》或是后期的《巴门尼德篇》、《智者篇》和《蒂迈欧篇》等,都是在探讨理性运动的性质,随着问题的深入发展他对理性运动的认识也有变化和发展。要用简单的辞句说明它,显然是不可能的。柏拉图又用《国家篇》中的老办法拿一个简单的比喻来说明理性运动的影象,说它就像是上面所说的圆周运动。古代希腊人认为圆周运动是最完善的运动,不但如此,柏拉图(也包括他以前的哲学家)还赋予圆周运动以其他性质,如它是既运动又静止(在同一地方或同一轴上转动),它是无始无终的永恒运动,可以无需外力推动,它又是有比例有秩序的运动;因此这种运动不单是感觉对象(可以看到的)又是理性认识的对象,等等,都可以说明圆周运动是我们所能见到的各种各样的运动中最完全最美好的运动。再从柏拉图在本段中的说明看,他强调圆周运动是在同一个地方、围绕和联系同一个东西的运动,可以认为它就是《蒂迈欧篇》中所说的"同的运动",而非理性运动就是"异的运动"。当然这种同和异不是绝对的,而是同中有异、异中有同的。前面说过同和异就是一般和个别的关系,因此理性运动也就是一般的运动,在个别中寻求一般正是人类理性和哲学的任务。

灵魂统治太阳、月亮和星星,每一个星都有它的灵魂。可是我们只能看到太阳的躯体,没有一个人能看到太阳的灵魂。任何生物的灵魂都是我们看不到的,但我们有理由相信这个我们感觉器官感觉不到的东西确实在我们周围,只能为理性思维所把握。(898D—E)他说的"有理由相信"的理由最根本的就是一条:他认为物质本身是不能运动的,即使能运动也不能作有比例有秩序的运动,而整个宇宙以至人都在有规律有秩序地运动着,这必然是非物质的灵魂即理性工作的结果。这就是柏拉图的唯心论的基本出发点。

灵魂又怎样使太阳运动呢? 柏拉图认为只能是下列三种方式之一:第一,它存在于圆的太阳的躯体中控制着使太阳运动,像我们的灵魂使我们运动一样。第二,像有些人说的,太阳为自己提供由火或气组成的躯体,以外部力量推动它。第三,灵魂自己是没有躯体的,它以一种神秘的力量引导物体。他说不论太阳的灵魂以哪一种方式运动——是坐在太阳的车中还是从外部或以其他方式推动,总之它给我们带来了光明,我们每个人都尊它为神。对于所有的星、月亮和年、月、季节等都同样可以说至善的灵魂就是造成它们的原因,这些灵魂无论是像生物一样住在躯体中指挥宇宙的或是以别的方式活动的,它们就是神。相信这点的人便不会否认"万物充满神"的说法,除非认为以上所作的论证都是错误的,不然,如果提不出更好的论证,就必须承认神是存在的。(898E—899D)

这就是柏拉图证明神存在的全部论证。神就是万物的最后动因,这种原因是能够自我运动又推动其他东西运动的,不是被其他原因推动的。它就是最完善的理性运动,就是在物体中的灵魂。太阳的灵魂能使太阳发光,天体星球的灵魂能使天体有比例有秩序地运动,这种理性、精神或灵魂就是神。这样的神并不是希腊传统宗教信仰的神,也不是拟人的神。在《蒂迈欧篇》中那个创造宇宙的神还被说成是创造的工匠,在《法篇》中的神则是自我运动又推动其他事物运动的原因,是理性的思辨的神。这就是在《法篇》中明白论证的神学。

开始(885B)提出的三个问题中,第一个关于神存在的问题已经解决了,还要解决后两个问题。第二个问题是即使有神,他也不关心人的事情。因为世界上还存在许多坏人坏事,他们往往得到荣誉生活幸福,这不是可以证明神并不关心人的事情吗?（899D—900C）柏拉图再三论证神是完全的善,对万物承担普遍的责任,即使对小事也不疏忽。他认为神将万物安排得井井有序,要使每个部分都适合整体的善,即使是最小的部分也要造得最好。个人是属于整体的,是整体的部分。只能是部分服从整体的善,不能是整体为了部分。你所以感到困扰,是因为作为个人你不知道对于你和宇宙什么才是最好的。（903B—D）每个人的灵魂要受欲望和情绪的影响,从而受命运律的支配,有的上天堂有的下地狱。年轻人以为这表示被神忽略了,其实是善有善报恶有恶报,这就是神的正义,是任何人不能避免的。你抱怨坏人得福是因为没有看到整体的利益,不能分辨真正的幸福和不幸福。（904C—905D）这样他就证明了神是充分关心人的。这是从目的论论证的,神要将宇宙和人生的一切安排得最好,无论大事小事他都一样重视。世界上所以有许多坏事存在,责任并不在于神和理性,而是因为在人的灵魂中除了理性部分外,还有非理性的情绪和欲望,它们是灵魂中低下的部分,坏事是因它们而起的。这些属于《蒂迈欧篇》所说的必然性范围。必然性就其起好的作用说是理性的辅助和补充;就其起坏的作用说是理性的限制和阻碍。对于人的灵魂中非理性部分所作的坏事,神只能以灵魂轮回,“善有善报恶有恶报”来惩治它。

第三个问题是神会不会接受贿赂? 这是那些做坏事的人的想法:即使做了坏事,只要向神祈祷一下,送点礼物,便可以无罪了。柏拉图说世界上有许多好事和坏事,恶多于善,永远在斗争中;神是我们的同盟者,他以正义、自制、智慧来解救我们。有些人的灵魂中有不义的精神,像野兽一样对他们的主人阿谀奉承祈祷献礼,求得免去他们的罪恶。这种行为本身就是不诚实,是一种疾病,神难道能宽恕这种行为吗? 如果狼抛一片肉给狗,狗会接受这点礼物而去撕裂羊群吗? 神像船长和医生,船长会接受酒肉放弃职守,使船和水手毁灭吗? 医生会接受贿赂使病人死亡吗? 神是最大的守护者,他决不会不保护最高的利益的。（905D—907A）

柏拉图针对当时一般人怀疑神存在的问题,扼要地说明了他的神学理论。

＊　　　＊　　　＊

《蒂迈欧篇》是柏拉图唯一的一篇讨论自然哲学即宇宙论问题的对话。在《斐多篇》中苏格拉底和柏拉图提出他们早年就产生要用努斯——理性解释宇宙万物的生成变化的愿望,柏拉图经过多方面探索以后,直到晚年才提出这样完整的理性创造宇宙的学说,提出系统的目的论的宇宙论。柏拉图在指出这种理性的目的因以外又指出有机械的物质因,它是理性的补充又是阻挠理性的力量。但理性是第一位的,它安排宇宙秩序成为指导的力量。

在《法篇》的神学中,柏拉图论证精神是第一性的,物质是第二性的,明确地阐述了他的唯心论世界观。

早期希腊哲学虽然有过丰富的自然哲学思想,但因为那些哲学家的著作都已经佚失了,我们现在了解的只是他们的一些零星片段的思想。《蒂迈欧篇》是我们现在所能见到的最早的系统完整的宇宙论著作,我们可以从中看到当时希腊哲学和科学发展的实际水平。

柏拉图后期的哲学思想

　　《巴门尼德篇》、《泰阿泰德篇》、《智者篇》、《政治家篇》、《斐莱布篇》、《蒂迈欧篇》和《法篇》属于柏拉图后期对话,其中论述的哲学理论和他的前期相论有所不同,可以说是柏拉图后期的哲学思想。

　　由于对这些对话篇的内容的解释还存在很大分歧,现今西方柏拉图学者对于究竟是否有柏拉图的后期哲学思想,如果有的话它和前期相论究竟有什么不同等问题还是人言言殊。有些学者如罗斯、康福德等虽然试图说明柏拉图的后期哲学思想,但又往往囿于成见认为柏拉图思想虽有变化发展,但他的相论的基本框架还是贯彻始终的,所以将后期对话中许多内容仍旧摆到前期相论系统中求解释,尽量发掘它们的共同点,我们以为只有先不抱任何成见,具体分析这些对话篇中的重要论证,分辨它们在哪些点上和前期相论的思想是相同的,在哪些点上又有不同。即使这些同属后期的对话,在各篇之间的论证也有许多相同的和相异的思想,并且是同中有异、异中有同的。只有辨明这种同和异才能找出柏拉图思想变化发展的线索方向,才能说明柏拉图的后期哲学思想和前期相论有什么重要的不同。而辨别事物的同和异,正是柏拉图在后期对话中不止一次谆谆教导我们必须掌握的辩证方法。因为柏拉图自己对后期哲学思想没有作过总的论述,我们根据以上对各篇对话内容的分析,尝试对他的后期哲学思想作一番管窥。

　　《巴门尼德篇》第一部分对少年苏格拉底相论的批判,可以说是柏拉图对自己前期相论的反思。批判集中在两个方面:第一,柏拉图的相论原是为每一类事物肯定一个同名的"相"，但由于他的相论具有目的论性质，只能承认有价值的东西如善、美的"相"，不能承认负价值的丑、恶的"相"，陷于自我矛盾。揭露这种矛盾表明柏拉图要以更广泛的存在论取代目的论观点，考虑有关存在的问题。第二，他主要批判"相"和具体事物的对立，说明如果"相"和具体事物是两个分离的世界，不但具体事物不能分有"相"，而且这样的"相"最终将是不能被人认识的。后一点特别重要，它表明柏拉图已经认识到如果将"相"和具体事物截然对立，使理性知识和感觉意见也截然分开，哲学将陷入困境。由此可见打破这两个世界的对立是柏拉图后期对话的一个主题。

将存在和现象、真理和意见绝对对立起来，原来是从爱利亚学派的巴门尼德开始的，柏拉图前期接受巴门尼德的思想，将唯一的"存在"打碎成为无数个单一的孤立的"相"。所以打破这两个世界的对立，不但修正柏拉图前期的相论，也要修正巴门尼德的存在学说。在前期对话中几乎没有出现的巴门尼德和爱利亚学派的思想，在后期对话中却占据很重要的地位。柏拉图在表面上尊崇巴门尼德的同时，不断地批判和修正他的学说，甚至使用芝诺的论证以其人之道还治其人之身。因此柏拉图后期对话的思辨性和逻辑性大大超过前期的对话。

《巴门尼德篇》第二部分的八组假设推论采用芝诺的论证方法证明：如果"一"和"存在"结合，它便可以与一对对相反的范畴结合，它既是动的又是静的，既可以为知识所认知又可以为感觉所感知；相反，如果"一"不和"存在"结合，只是孤立的"一"，它不能和任何相反的范畴结合，这样的"一"既不存在也不能被认识。显然柏拉图反对的是绝对孤立的"一"。他前期相论中的"相"是孤立的，不但和具体事物截然对立，而且"相"和"相"之间也是彼此隔开没有联系的。现在柏拉图要将这样孤立的东西联系起来。他在这里讲的"一"、"存在"和十几对相反的范畴，就它们各自具有确定不变的性质说，和原来的"相"相同，它们是柏拉图原来提到的诸"相"中的一部分；但它们又不同于原来的"相"，它们可以相互联系，不是孤立的。特别值得注意的是：柏拉图既没有提伦理价值的"相"，也没有提具体事物的"相"，也没有提可以直接感知的性质如红、热、湿的"相"，他所提到的都不是可以直接经验的东西，但又是可以普遍运用于陈述经验、组织经验的逻辑范畴。柏拉图以逻辑论证说明这些范畴的相互联系,实际上表明这些以"存在"为中心的本体论范畴可以自成为一个逻辑体系,开西方系统哲学的先河。柏拉图这部分学说在西方哲学范畴发展史上占有重要的地位,它直接影响亚里士多德的以"作为存在的存在"为中心的"第一哲学",奠定了希腊以至整个西方哲学本体论范畴体系的基础。

《智者篇》从《巴门尼德篇》中的十几对相反的范畴中选取了三对——存在和非存在、动和静、同和异,称它们是可以普遍应用的"种",逻辑论证它们之间的相互联系,这就是"通种论"。"存在"和"非存在"本是巴门尼德提出来的,他认为只有"存在"是存在的,不能说"非存在"存在,这样就将"存在"和"非存在"绝对割裂了。柏拉图要为智者下定义,说智者兜售的不是真理,只是幻象,是"非存在"。如果"非存在"是绝对的无,这个定义便不能成立。柏拉图辨明"非存在"不是绝对的无,它也是一种存在。所以"存在"和"非存在"不是绝对对立的,它们可以相互联系,在某种意义下"存在"是"非存在","非存在"也是"存在",它们的对立是相对的。

《智者篇》将唯物论和唯心论的斗争称之为巨人和诸神的斗争。柏拉图批评早期希腊唯物论者只承认变动的具体事物才是存在,看不到理性、灵魂也是存在,并且是更高的存在。另一方面他又批评了"相的朋友",说他们虽然正确地肯定永恒的"相",但又将这种完善的存在说成是绝对静止,没有运动,没有思想,没有生命的东西。他认为主张存在是绝对运动或绝对静止都是错误的;在某种情况下,静也是动,动也是静,它们是可以相互联系的。这样就将划分两个世界的绝对界限打破了。

自从《斐德罗篇》提出辩证法是综合和划分的方法以后,柏拉图一直致力探讨这种辩证方法。《智者篇》用二分法为智者下定义,但它划分的标准还带有主观任意性;《政治家篇》纠正这一点,提出必须寻求正确的分类方法,要按照自然的"种"进行划分。任何东西或"种"都是"同"于它自身又"异"于其他的东西,都是既"同"又"异"的。所以只有根据它们具有的共同点,才能将多综合为一,也只有根据它们的不同(异)点,才能将一划分为多。"同"和"异"成为柏拉图后期十分重视的一对范畴。

在认识论上柏拉图也打破了知识和意见两种认识绝对对立的界限。《泰阿泰德篇》虽然仍旧否认感性知觉和意见是真正的知识,但是柏拉图承认知觉对于感觉者总是真的;并且提出蜡版说和鸟笼说,企图说明人的认识如何从感性知觉开始,通过记忆作出判断,以及如何辨别真假判断的问题。这种认识论和前期先验论的回忆说显然是有不同的,柏拉图已经比较实在地研究认识过程、认识主体和认识客体的关系等等问题。

在伦理思想上柏拉图也修正了他前期的看法。《斐莱布篇》讨论什么是善,它是知识、智慧呢还是快乐? 他不像前期那样简单地将知识归于灵魂,快乐归于肉体,将二者绝对对立起来,认为判断道德的标准只能是知识。在《斐莱布篇》中他认为是真快乐还是假快乐当然得由智慧和理性判断,但知识和智慧也包含有快乐和痛苦,所以善应该是知识和快乐二者的结合。他具体分析从感觉到记忆到欲望的心理过程,提出要分辨真假快乐。《斐莱布篇》的"善"也不像《国家篇》那样只是一个最高的空洞抽象的"善的相",而是对"善"进行具体分析:认为"善"的标准是尺度和适度、比率和完美,它既有知识、智慧、技术和真的意见,又包含没有痛苦的纯快乐,为以后西方伦理学研究开辟了比较实在的道路。在他所列的善的不同等级中,以和数有关的尺度和适度为最高的一级,说明他后期思想是更受毕泰戈拉学派影响的。

《斐莱布篇》中将存在划分为四类,不是原来的"相"和具体事物的对立,可以说明柏拉图已经修正了他原来两个世界的学说。他将没有确定量的可以发生多一点或少一点变化的东西(即"不定的二")叫作"无限";给它们以量的规定的同、相等、尺度、单位等叫作"有限";"有限"限制"无限",使变动进入存在,二者的结合是第三类即各种事物以及健康、美、和谐等等;第四类是原因,他认为原因是努斯,努斯安排宇宙的一切。这种"无限"和"有限"的学说是接受毕泰戈拉学派的影响的。《蒂迈欧篇》的宇宙论是这四类存在学说的具体运用。柏拉图将"无限"说成是没有任何形式的接受器——空间,它可以接受三角形和多面体的各种形式,成为火、气、水、土四元素,构成万物。"无限"即接受器的思想后来发展为亚里士多德的质料学说。从柏拉图原来的两个世界对立的学说到亚里士多德的形式和质料相结合形成一个统一世界的学说是一个很大的转变,这个转变实际上是从柏拉图自己开始的,他的后期学说已经体现出这种转变。

在前期《斐多篇》中柏拉图曾以阿那克萨戈拉没有能将作为原因的努斯学说贯彻始终而感到遗憾,到《斐莱布篇》他将原因专门列为存在的一类。他认为万物都有产生它们的原因,这原因不是非理性的盲目力量,只能是理性和智慧,这是灵魂的能力,没有灵魂就无所谓理性。灵魂和理性是作为产生万物的原因而存在的,它将宇宙万物安排得最好最完善。在《蒂迈欧篇》的宇宙论中,他又提出一个宇宙"创造者",说他是善,没有嫉妒,希望万物只有好没有坏,将无秩序安排为有秩序,这是宇宙的最高原则。创造者在构造宇宙灵魂时,将努斯放在灵魂中,将灵魂摆进躯体里。宇宙是带有灵魂和努斯的生物。《斐多篇》中提出来的任务,到《蒂迈欧篇》的目的论的宇宙论中才最后完成。

宇宙是创造者按照原型制造的摹本。宇宙的原型是什么?许多柏拉图学者认为就是"相",但柏拉图自己却强调:宇宙是一个有生命的生物,它的原型必然也是一个有生命的东西,是理性的生物。就这一点说柏拉图已经修改了他原来的不动的没有生命的"相"了。理性既是原型的生命,又是摹本的灵魂,这样的理性究竟是什么?《蒂迈欧篇》关于灵魂的构成讲了两个方面:一方面他说灵魂是由"同"、"异"和"存在"组成的,以认识主体的同和异去认识对象的同和异,可以将不可分的同一的存在("相")和变化的可分的存在(事物)二者联系起来,因为它们也是由同和异构成的。这样我们看到《巴门尼德篇》中十几对相反的范畴,在《智者篇》中只剩下三对,到《蒂迈欧篇》只突出同和异这一对。这样的逻辑范畴在认识论上起联系主体和客体、"相"和具体事物以及"相"和"相"之间的作用,同时又是后期辩证法综合和划分的根据。这样的范畴体现了逻辑、认识论和辩证法的统一,是理性的一个重要方面。由此也可以看到柏拉图后期本体论在他的宇宙论中的地位。理性的另一个重要方面是数。柏拉图深受毕泰戈拉学派的影响,《蒂迈欧篇》中的宇宙论吸收了当时数学和几何学的研究成果,他不但认为灵魂是按照数的比例划分为部分并构成和谐的整体的,而且认为组成事物的接受器最先也是接受三角形和多面体等几何图形成为元素才构成万物的。所以数及其比率关系也是理性的重要方面。

按照理性创造的宇宙本该是最完善的,但实际世界却存在许多缺陷,这是为什么? 柏拉图在《蒂迈欧篇》中最早提出自由和必然的哲学问题。他说,创造者在创造宇宙的过程中受到阻力和限制,这是来自物体世界的必然性,他称为产生迷误的原因,是居于第二位的辅助原因。宇宙是由理性和必然性结合而成的,神圣的理性统治必然性,必然性又给理性以限制。柏拉图在讲了宇宙和人的理性灵魂以后又讲它们的躯体结构和机械运动。

按照理性创造宇宙的创造者就是神,柏拉图的宇宙论是神学目的论。《蒂迈欧篇》的创造者虽然有拟人的意义,但是高于希腊诸神的、不具形体的唯一的神,是理性神。《法篇》中的神学撇开创造神,完全用逻辑论证证明神的存在。他批评唯物论的自然哲学家,说他们认为火、气、水、土是万物的本原,灵魂也是由它们组成的,这是将产生万物的第一因和第二位的派生原因颠倒了。他们不知道灵魂先于形体,它是物体运动的本原。因为灵魂在先,意见、思想、理性、技术、法律等精神的东西都是在先的。柏拉图第一次提出精神和物质谁是第一性的问题,他明白地站在唯心论立场反对唯物论。他是从分析运动得出精神在先的。他在列举各种具体的运动形式之后又区分两类不同的运动:一类是能推动其他事物运动,但是自己不能运动只能被别的东西推动的;另一类是既能自我运动又能推动别的事物运动的。我们寻求事物运动的原因,一个一个地推下去,最后一定要达到一个能自我运动却不被别的事物推动的东西,这才是运动的最后因即第一因。他认为只有灵魂和理性才是自我运动的东西,物体是只能彼此推动而不能自我运动的,所以灵魂和精神在先,是第一因。而灵魂既可以造成善也可以造成恶,只有理性的灵魂是至善的,它就是神。这个至善的神和《国家篇》中的“善的相”遥遥相应,柏拉图将二者都比作太阳,但《蒂迈欧篇》中的至善神比“善之相”的内容要丰富得多。这说明柏拉图的后期思想是继承前期思想的,但又大大发展了。

从总体上看,虽然柏拉图在后期对话中并没有否定前期的“相”,他认为只有肯定不变的存在才能有真正的知识,但在实际上他已经从各个方面打破了原来相论的框架。在本体论上他破除了动和静的绝对对立,接受赫拉克利特的思想,认为只有能运动有生命有思想的存在才是真正完善的;也打破了存在和非存在的绝对对立,认为在某种意义下非存在也是存在的,从而提出一对对相反的范畴也是可以相互结合的"通种论"。在认识论上他打破了理性和感性的绝对对立,看到由感觉、记忆和理性结合起来能够认识真理。在伦理学上也将智慧和快乐的绝对对立打破了,认为善应该是智慧和快乐的结合。在下一章中还将看到他的政治思想也由人治转向法治。总之,柏拉图的后期思想比他的前期相论接近实际,也比较符合辩证法。

当然柏拉图的后期哲学思想还需要深入研究,我们只是提出这点初步看法请学者教正。

第二十五章

从人治到法治
——柏拉图的政治思想

我们在开始介绍柏拉图时说过,他不仅是一位哲学家,同时也是一位决心献身于政治的人物。三次西西里之行表明他已深深卷入政治漩涡之中。他对雅典的现实政治感到失望,想在叙拉古大展宏图的希望又成为泡影,在理想和现实的深刻矛盾中他不得不退而著作,探讨如何才能治理好国家的学问,提出他的政治蓝图。他是西方政治思想史上第一个提出系统学说的人。

过去有些哲学史根据柏拉图出身贵族,他对当时的民主制度又持批评态度,便将他定为反对民主制的反动奴隶主贵族的代表。这种评价是否科学,我们以为只能用柏拉图著作中的思想来加以评判。柏拉图的政治思想主要见于《国家篇》、《政治家篇》和《法篇》,其中《国家篇》和《法篇》是柏拉图写得最长的两篇对话,几乎占他全部著作四分之一以上,由此可见政治思想在他整个思想中占有重要位置;在这三篇对话中我们可以看出他的政治思想也是有发展变化的,我们将他的政治思想单独列为一章专门论述。

第一节 《国家篇》

我们已经专章讨论过《国家篇》中的哲学思想和伦理思想、教育思想。从《国家篇》的主题说,其中的哲学、伦理思想可以说是政治思想的理论基础。

918

相论是为了论证有一个"国家的相"——即理想国;以个人灵魂的正义论证国家的正义;制定教育课程是为了培养国家的统治者——哲学王。他提出选择统治者的标准,主张统治者不能有私有财产和私人家庭,提出共产共妻共子的理想等等,都是其中政治思想的组成部分。现在只讨论《国家篇》中第 8、9 卷中所论述的有关几种政制的问题。

在第 8 卷开始,柏拉图指出在他所提出的理想的政治制度之外,现实存在的有四种政治制度。按他评价的高低依次为:第一,受到广泛赞扬的克里特和斯巴达的制度,他称之为"荣誉政制"(timocratia, timocracy);第二,寡头政制(oligachia, oligarchy);第三,民主政制(dymocratia, democracy);第四,僭主政制(tyrannis, tyranny)。他说在这几种政治制度之外还有世袭的王国和可以买到高级官位的国家以及处于中间状态的各种政治制度,不过它们多半存在于希腊以外的地方。(544C—D)

柏拉图将他所讲的由哲学家担任统治者的理想国家叫作 aristokaratia, aristocracy(544E)。希腊文这个字的意思是由好出身的人担任统治。① 在本卷绪论中已经讨论过这个词。简单说来,所谓好出身,如果理解为出生于高贵的家族,这个词便可以译为贵族政制;但也可以理解为赋有好的品格,便可以译为贤人或好人政制。柏拉图使用这个词,从他所有的解释看显然是指后一种意义而不是前一种意义,所以他将世袭的王族制度作为其他的政制另外提出来。因为一般将它译为贵族政制,有人就望文生义说柏拉图是将反动的贵族统治说成是最好的政制,因此得出他是反动的奴隶主贵族的思想代表的结论。

从 aristocracy 以下依次变成四种政制,一代不如一代,是一种退化的历史观。但是这种退化表面上看是时间上发生的先后次序,实际上柏拉图是用这种变化来说明后一种政制是如何产生的,它和前一种政制有什么不同,所以逻辑的意义高于实际的意义。正像前面柏拉图将国家的正义归为个人灵魂的正义一样,他将这几种政制也归结到统治者个人的性格以及由此产生的全社会的倾向。(544D—E)

———————

① 参见《希英大辞典》,第 241 页。

一　荣誉政制

在 aristocracy 以下,最靠近的是荣誉政制。它的特点是好胜争强、贪图名誉,柏拉图说它相应于斯巴达的政制(545A)。他说由最好的政制变为这一类政制是因为错误地生育和选择了不适当的统治者〔他说是违反了毕泰戈拉学派的神秘的数论(546B—D),可参看康福德英译《柏拉图〈国家篇〉》第269页注3,此处从略。〕而产生的矛盾冲突。原来属于铜铁阶层的工农生产者企图占有土地房屋和金银财宝,原来属于金银阶层的统治者无法将他们引入正途,只能妥协,将土地房屋分成私有,将原先的自由民变成边民和奴隶。本来是从事战争保护人民自由的卫士现在变成压迫他们的人了。(547B—C)这种制度还保存着前一种制度的一些优点,即尊敬统治者的权威,实行公餐,卫士阶层不从事工农商业,专门进行体育锻炼和军事训练。它和前一种制度的根本不同在于它不让有智慧的人统治,而宁愿选单纯而勇敢的人治理国家。他们崇尚战争,轻视音乐教育,轻视艺术和哲学。他们秘密地拥有财富和女人,寻欢作乐。这是一个善恶混杂的政治制度,最突出的是勇敢精神、好胜和爱好荣誉。(547D—548C)

和这种制度相应的性格特征便是非常好胜。这种人比较自信但又缺乏文化,他们服从长官,爱掌握权力和荣誉,但他们是依靠战争功绩达到这个目的的。他们在年轻时并不重视钱财,随着年龄增大便越来越爱财了。这种性格的形成是由于受到外界的影响,增强了他的欲望和激情,战胜了父辈培育的理性,使他由自制变成好胜,成为一个傲慢而热衷于荣誉的人。(548D—550B)

柏拉图所描述的这种荣誉政制大约就是当时斯巴达的实际写照,在当时存在的各种政制中,柏拉图是比较欣赏斯巴达的一些制度的,比如重视体育锻炼和军事训练,实行公餐,崇尚战功等等。他在理想国中便吸收了斯巴达的这些制度精神。

二　寡头政制

这种制度是建立在财产资格的基础上的,政权掌握在富人手里,穷人不能享有权力。(550D)由少数富人掌握统治权,所以也可译为富人政制。

柏拉图认为荣誉政制是被私有财产败坏的。统治阶级的人获得大量财富,更想发财,他们挥霍浪费,违法乱纪,无恶不作;越是尊重钱财,便越看不起美德。道德和财富总是相反的,一边上升另一边便下降,这样好胜的爱荣誉的人变成了爱钱财的人。他们颂扬富人,鄙视穷人。他们用法律规定最低的财产限额,凡是没有达到限额的人便不能当选公职。限额的多少决定于这个国家寡头制程度的高低。这项法律是靠武力推行实施的。(550D—551B)柏拉图指出这种制度的特点和缺点是:第一,这种制度的决定标准是错误的。富人虽然有钱,却不一定有治理国家的能力;如果用财产标准选择船长,富有航海技术的人因为穷而不能当选,却让不懂航海的富人去当船长,当然是错误的。第二,这样的城邦必然会分成两个部分,一部分是富人的国家,另一部分是穷人的国家,二者互相对立斗争。统治者是少数,他们要进行战争便得依靠广大的人民,他们又害怕穷人胜于害怕敌人,这样连战争也无法进行了。第三,这种制度又违背了以上所说的分工原则,一个人既做农民又做商人,还要当战士;而且当一个人由于奢侈浪费出卖了全部家产以后,便既不是工人或农民,又不是战士,只是一个依附在城邦的穷人。第四,在这样的国家里有些人变得很富、有些人变得很穷,有些富人名义上是统治者,实际上只会花费钱财成为国家的祸害,像有刺的雄蜂一样。而穷人却成为乞丐,也有沦为小偷盗贼的。这些都是由于缺少良好的教育和培养的结果。(551C—552E)这些问题都是从经济上贫富两极分化产生出来的。

和寡头政制相应的个人的性格特征,柏拉图认为是这样产生的:在荣誉制度下的统治者由于在政治上失败,财产也被没收;他的孩子灵魂中的荣誉和好胜心因而动摇,转向贪婪地聚敛财富。贪财的欲望成为他们的神圣原则,理性和激情都得服从它,理性计算如何赚钱,激情用来赞美财富和富人。他们的第一个特征是财富至上,第二个特征是节约和勤劳。他们也有能自我克制的方面,就是在贸易签订契约时比较诚实,小心谨慎地保护财产;这时候他的善性多少还能战胜恶性,但是永远不能达到灵魂和谐一致的最高的善。由于他们吝啬,只想保全财富,是很难取得胜利和荣誉的。(553A—555A)

三　民主政制

当时的民主政制的基本特征是:城邦中每个成年的公民都有同等的权利可以担任公职,官职通常都由抽签决定。(557A)这和近代的民主制度由多数人选出的代表进行统治是不同的。demos 本来就是平民,吴献书和郭斌和、张竹明都将它译为"平民政制",是有道理的。康福德的英译本也专门指出这种区别,并且指出这种类型的民主政治只能在像雅典这样小的城邦才能存在,其中几乎占一半以上人口的奴隶是没有公民权的。①

怎样从寡头政制转变为民主政制? 柏拉图是这样说的:寡头制的统治者极端重视财富,往往养成他们的子弟骄奢淫逸,懒惰放纵;被统治的贫民看到富人统治者的无能便起来革命,往往发生内战,将反对派放逐或处死,建立起民主政治。(555B—557A)由此建立起来的政制,只要是成年的公民,不论财产多寡也不管才能高低,都可以担任公职成为统治者。由谁来担任则用抽签决定。因此每个公民的权利是完全平等的,这样担任统治的便是极大多数的平民。当时雅典的民主制至少在理论上是如此的。

在这种民主制度下生活,柏拉图认为有两个特点。第一是自由,行动和言论都是自由的,每个人想做什么就做什么。这样的生活可以多种多样,五彩缤纷,许多人认为是最美的,各人可以选择自己喜欢的模式。但这种自由也可以产生相反的结果:要你掌权时可以不掌,可以不服从命令,要你作战时可以不去,别人要和平时你可以要战争,等等。甚至被判了刑的罪犯也还可以自由自在地生活。其次是宽容,不顾一切琐碎的考虑,蔑视我们提出的建立国家的最好原则。民主制践踏所有这些理想,不问一个人原来的品质如何,只要他自称是人民的朋友就能得到荣誉。他说这些看来是会使人乐意的无政府(anarchos,anarchic)的形式,将平等加给一切平等和不平等的人。(557B—558C)可以看出柏拉图也承认这种自由和平等是多数人所喜爱的,问题只在于将它们做得太过分了,产生极端自由的无政府状态,以及将柏拉图认为是不

———————

① 参见康福德英译:《柏拉图〈国家篇〉》,第 279 页。

平等的人(各人天赋不同)给予完全平等的权利。这才是他反对的。

和这种民主制相应的个人性格是这样形成的:寡头制的统治者是节俭的吝啬的,他要儿子也能控制欲望。柏拉图区分两类欲望,一类是生活必需的如衣食等,是有利于生活和工作的;另一类则超过必需的欲望,是一种浪费,既有害于身体又不利于心灵达到智慧和自制。这两类欲望在年轻人心中不断斗争,如果前一类欲望占上风,便会恢复灵魂的和谐与秩序;如果外力影响,发现他的灵魂中既没有知识又没有理想,虚假的理论和意见便去占领它。他们称傲慢为有礼,放纵(anarchy)为自由,浪费为慷慨,无耻为勇敢,完全沉溺在不必要的欲望之中。他想干什么就干什么,生活没有秩序和节制,却自以为这是自由和幸福。这种人的生活是多种多样的,是许多人所羡慕的。柏拉图将这样的人叫作民主的人。(558C—562A)这样的人大概就是柏拉图心目中的雅典民主制下的个人,在他看来这些人都是放纵自己的欲望,不受理性制约的。

四　僭主政制

本书第一卷绪论中曾经说过,古代希腊的"僭主"的意义和作用是有变化的,初期的僭主在历史上曾起过进步作用,后期则成为专制暴君。[①] 柏拉图在《国家篇》中列为最劣的"僭主政制"已经是专制暴君、独裁者当政了。

由民主政制变为独裁的僭主政制,柏拉图认为正像寡头政治建立的基础是财富,而过分追求财富便是它失败的原因一样,民主政治的最大优点是自由,而过分追求自由却破坏了它的基础,导致专制政治,二者都是由于过度而产生的反动。他说在民主制度下人民渴望自由,如果执政者不给他们自由,他们就要反对他,称他为寡头,服从政府的人则被称为奴隶,只有当政的人和人民一样才被人尊重。这样的国家中自由走到极端。在家庭也是这样,父亲和儿子平等,甚至怕自己的儿子。儿子和父亲平等,外来人和本国公民平等;甚至教师害怕学生,老年人顺从年轻人;女人和男人平等,奴隶和主人一样自由。柏拉图讥讽说,在这种城邦里牲畜也可以任意撞人完全自由。谁要是想稍加

① 参见本书第一卷第39—40页。

约束,人们便不能忍耐,他们不愿受法律的束缚。这就是产生僭主政制的根源。(562A—563E)他将民主政制下的人分为三类。第一类比作有刺的雄蜂。他们在寡头政制中是被轻视的,到民主政制中掌了权。其中有能力的包办了演说公事,国家的事情都掌握在他们手里,能力较少的人只能随声附和。第二类人是富翁,他们是向雄蜂供应蜜汁的人。第三类人是平民(demos),他们自己不工作没有多少财产,不参加政治活动。但他们人数最多,集合起来力量最大。平民的领袖常常掠夺富人的财产分给平民,而这些领袖自己则占有其中大部分。这样便形成平民和富人寡头两派的斗争。平民的领袖像是尝过人肉的狼,他控制着平民,诬告别人,或将人流放,判以死刑,掠夺财产,瓜分土地。这种人害怕被仇人杀掉,要求建立卫队来保护他;他打倒许多反对者,夺取国家的最高权力,成为僭主暴君。(564C—566D)对这类僭主,柏拉图还作了具体的描绘:在任职初期他要讨好平民,豁免穷人的债务,分给他们土地。当他已经站稳脚跟不再有内患之忧时总要挑起一场战争,自己成为领袖。使人民忙于军役不再起来造反;同时也可以将那些思想自由,不服从他的统治的人送去作战,借刀杀人。对那些他原来的伙伴,现在持不同意见的人,他总要千方百计将他们清除掉,以保持自己的权力。好人被他清洗,坏人则保留着。他要驯养一批忠实于他的卫士,要扩充军队,而这些都要由平民来供养。人民将僭主抬举起来,本来是想保护自己的自由的,结果反而受他的奴役;本来应该是人民的奴隶的僭主却采取暴力来反对人民。这就是僭主政治的本质。(566E—569C)

从第9卷开始柏拉图描述僭主暴君的个人性格特征。他说在不必要的欲望中有些是非法的,属于兽性和野性的欲望。当这部分激情被激发起来,人便成为万恶的带刺的雄蜂,成为淫棍、醉汉和疯子,成为一个十足的暴君。(571A—573C)这些欲望一部分是外来的,受了坏伙伴的影响,一部分是由内部自身的恶习散放出来的。他们为了满足自己的欲望,强夺骗取,当小偷强盗、抢劫神庙、拐骗儿童,以至告密受贿。这些还是小的,如果这样的人在国家中占了多数,拥有力量,便利用群众的愚昧将自己的一个有最大暴君心灵的同伙拥为僭主,把国家置于他的奴役之下。(575A—E)这样的僭主掌握的专制权力越大,掌权的时间越长,他的暴君性质也越强。柏拉图认为这样的僭主的不幸也就越大,因为一个被僭主统治的国家本身是受奴役的,不是自由的;虽然在它里面也有主人和自由人,但只是少数,而其整体和优秀部分则是处于不幸的奴隶地位。个人也是这样,他的最优秀的理性部分受着奴役,而那个小部分即最狂暴的部分则扮演暴君。这样的灵魂也是受奴役不自由的,它永远在疯狂的欲望驱使下,充满了混乱和悔恨。在暴君统治下的城邦也是这样,永远处于贫穷痛苦和忧伤之中。僭主自己也担心被奴隶推翻,永远处于恐惧之中。他不能控制自己却要控制别人,他只能巴结恶棍,更加妒忌、不忠实、不正义、不敬神。这样的人不是最不幸的人吗?(576B—580A)柏拉图将这五种人:贤人王者、爱荣誉的人、寡头、平民和僭主依次排列,认为贤人王者(即他理想中的哲学王)是最善最正义最幸福的,而僭主暴君是最恶最不正义最不幸福的。(580B)

*　　　　　*　　　　　*

柏拉图在《国家篇》中提出来的这几种政制,除了贤人政制(即所谓贵族政制)纯属他自己的理想外,其余四种即荣誉政制、寡头政制、民主政制和僭主专制政制,看来都是在当时希腊世界实际存在着或存在过的,是他亲自看到和经历过的情况,他不过在理论上为它们作了一个总结。他将这五种政制的标准分别定为:智慧、荣誉、财富、自由和专制,他认为它们是依次下降的。对于民主政制的自由,他认为是国家内大多数没有财势的平民所需要的,因而承认在大多数人看来自由是比较好的。他所拼命攻击的,只是将这种自由和平等发展到极端变成无政府状态,那样就必然带来反动,产生僭主的独裁专制。这在柏拉图一生中是不止一次地遇到过的。他对这种平民政制表示不满,所以将它列为第四种。这就是他在《国家篇》中对民主政制的基本态度。他在评价这几种政治制度时,都将它们和统治者的个人品格对应地联系起来,实际上是认为由个人的品格决定国家制度,他期望出现智慧的哲学王来统治国家。可以说这时候他是完全主张人治的;在《国家篇》中他轻视法律,认为法律是没有用的(参看424E—425E)。

第二节　《政治家篇》

《政治家篇》是《智者篇》的姐妹篇,《智者篇》为智者下定义,《政治家篇》为政治家下定义。《政治家篇》中的哲学思想(主要是"划分"的辩证法)已经在《智者篇》章中附带介绍过了,现在专门论述它的政治思想。

一　历史观

要给政治家下定义,也像给智者下定义一样必须使用划分的方法。首先,政治家必须是有知识的人。但他应具备哪一种知识呢? 在这里柏拉图将知识分为两类:一类是木匠和一般工人具备的实用的知识,另一类则是如数学这样的理论知识,他称之为纯粹的知识。政治家的知识属于后一类,因为他不是用手和身体而是用灵魂去治理的。正像建筑师不同于工人,他不是以劳力而是以知识去管理工人一样。政治家是以他的治国术去管理人群的。(258B—260C)但是用什么方式管理以及管理的对象是什么,也需要进行划分。这里柏拉图插入一段对话,说明这种划分不能是主观随意地进行的,必须按照事物原来的形式或"种"(eidos)来分(262A—266E),我们已经讨论过这种思想了。可是即使用这种方法将人定义为没有毛的两足动物,也只是说明了人的自然属性。这样的人是政治家和医生、教师、商人共同对待的对象,作为政治家统治人群应该有他特有的知识。它的特点是什么呢?

由爱利亚来的客人讲了一个古老的克洛诺斯的故事:古代的世界是由神统治的,宇宙由神推动,它们运动的方向和现在相反,太阳和月亮都从西方升起。后来神放弃推动,宇宙由自己运动(即《蒂迈欧篇》所说的按必然的命运转动),才转为现在的方向。在神统治的时候,人和动物不是互相交配生长的,而是由土里生长出来的,是由老变少的,从白发变为黑发,由成年变为幼年,最后变为精子消失于土地之中。后来变成由人统治,人和动物才彼此相生,不从土里生长出来了。(269B—271C)由神统治的时候没有暴力,没有战争,不需要政府,不私有女人和孩子。富饶的果实都是土地自然产生的,不是人种的。人们裸体住在露天里,睡在草上。他们有许多闲暇时间,是从事哲学研究和学习还是只吃吃喝喝讲讲故事,我们现在不知道了。当转到相反方向时,发生了大地震,毁坏了一切生物,然后宇宙自己运动,又转入正常生活。由于其中混杂了物质因素,不那么有秩序了,便产生了恶,而且越来越多。神担心这种无秩序状态会使世界毁灭,便要普罗米修斯带来火,赫费司图带来技艺,雅典娜带来植物和种子,让人们生活下去。这时候便不是由神,而是由人来统治。这时候的统治者便是政治家,他统治人群正好像牧人统治羊群。但这种统治即看守管理也需要再划分。(271D—276D)接着柏拉图对于划分又再作了一段哲学说明,将统治者的技术比作纺织,要将经线和纬线织在一起;而且测度不能只有相对的标准,可以"公说公有理,婆说婆有理",一定要有一个正常的绝对的标准。这就是要用理性去认识 eidos,按照它来划分。能够做到这一点的才是辩证法家。(278A—287A)这些我们在《智者篇》章中已经讨论过了。柏拉图指出社会上各种人分别对社会作各种不同的贡献,政治家所作的贡献既不同于各种工匠所提供的各种用具,也不同于农夫、猎人、医生所作的贡献。在埃及统治权属于僧侣祭司,在希腊则属于执政官或王。我们就要考察这些统治者和他们的助手的工作。除了他们以外,还有一些人像各种野兽一样时常变换形式,忙忙碌碌地从事国家事务。这些人就是智者,他们也是我们要研究的对象。(287D—291C)

对于这个虚构的神话故事,西方学者也有不少讨论。[①] 我们以为如果将它看作是柏拉图的历史观,可以说是一种倒退的历史观。它和《国家篇》中描述的五种政制的转变过程一样,都认为人类最初是生活在最美好的理想社会里,然后逐渐退化成为现在这样纷乱争斗的社会。历史不是由低级向高级发展,而是由高级向低级倒退的。这种倒退的历史观不但在古代希腊有,在其他古老的民族传说中也有。中国先秦诸子中也不乏这样的看法,如老子。实际上是一些思想家看到他们当时社会中的种种弊端,因而提出一个理想的社会。

---

① 参见格思里:《希腊哲学史》第 5 卷,第 182—183 页。

为了要使他们的理想为一般人所接受,便说这种理想不是他们的空想而是古已有之的,不过后来衰落倒退了,所以现在不过是要恢复原初已经存在过的美好社会而已。

二 法和政治制度

柏拉图说有几种不同的政治制度。他先按统治者人数多少来划分:有由一个人统治的(monarchia, monarchy),由少数人统治的和由多数人统治的三种。而这种统治又可以分为使用暴力的和自愿接受的、贫的和富的、不守法的和守法的。以上三种又可以按好坏各分为二:由一个人统治的可以分为王制(basilik, basilicy)和专制僭主,由少数人统治的可以分为贵族(贤人)制和寡头制,由多数人统治的也有好坏两种,都叫作 democracy(有些中文译本将好的译为共和制,坏的译为民主制)。这样一共有六种政治制度。(291C—292A)

统治是一种知识,只有由一个人统治的王制才能具有这种知识。因为在一个城邦中大多数人都没有这种知识,只有少数人才能有。正像医生一样,只要他有知识,不管他使用什么手段,只要能使我们身体健康,便是好的医生。一个政治家,只要他有真正的治国知识,能使国家富强,不管他使用什么手段,他可以处罚甚至处死公民,或者将他们流放出去,也可以招收外邦人,只要他能按正义的原则治理国家,他便是真正的政治家,由他统治便是好的政治制度。(292B—293E)

这时候少年苏格拉底提出一个问题:我可以同意你的这些意见,但你将法律置于什么地位呢? 如果说不需要法律统治,我就很难接受了。于是柏拉图让爱利亚的客人和少年苏格拉底就法律的作用问题展开了一段冗长的讨论。他承认法治是统治术的一部分,但认为最好的并不是法治,而是由有知识有能力的人来实行统治。因为法律不管是成文法还是习惯法,总是不能轻易改变的,而社会中每个人的个性和活动都是多样变化的,因此不可能有适合于一切时间和情况的法律。不过法律还是需要的,正像体育运动必须有一定的规则,虽然不能详细规定每个细节,但作一般的规定还是必要的有益的。同样法律虽然不能准确照顾到每个人的细节,但对大多数人作出一般的规定还是需要的。一个真正的政治家一旦发现情况改变,原来的法律已经不适用时,应该毫不踟躇地将它改变,正像医生发现原来的处方不适合病人时会立即加以改变一样。所以知识比法律更有权威。一个真正的政治家应该更有知识更有智慧,可是在一个国家中真正有政治知识的只是少数人,由这样的政治家统治的城邦也只是少数。多数城邦只能摹仿它们,以它们的法律为榜样仿效它们。这样的国家实行法治,不许违法,可以说是第二等好的国家。正如船长或医生是否很好执行自己的任务,要由外行人根据法律去审查,如果违犯法律便要受处分。这当然比没有监督审查要好;但如果医术、航海、打猎、建筑等等都只能按照死板的法律行事,而不考虑技术本身的知识,这些技术也就要失效了。可是反过来,如果统治者不按照法律办事,也不根据任何知识,而是按自己的野心进行偏私活动,这样的国家不是更坏的吗? 因此应该承认法律是经验的总结,从有知识的人那里学来写出的法律,只是对真理的摹仿。如果他们对所做的事情没有真正的知识,便会既摹仿真理也摹仿错误;如果他们有这样的知识,便是真理而不是摹仿了。(293E—300E)

通过这场讨论,对以上所说的六种政治制度就可以分出它们的高低来了。因为真正的政治知识是只有少数人才能有的,大多数人不论是富人或群众都没有这样的知识。所以柏拉图认为最好的政治制度是由一个人——王(basilea)进行统治,不论他是根据知识还是正确的意见,总是不违背法律也不违反习惯的。但如果一个人的统治是放纵私欲、滥用权力、违反法律的,那便是最坏的政治——僭主专制。少数人统治居于一个人统治和多数人统治之间,也居于好和坏的中间。按照法律的好的少数人统治是贤人政治,违反法律的坏的少数人统治便是寡头政治。在柏拉图看来多数人是不可能有真正的知识的,因此他们的统治不如一个人和少数人的统治。从好的方面说,如果民主政治是守法的,它不如王制和贤人政治那样好;从坏的方面说,如果民主政治是不守法的,它也不如僭主政治和寡头政治那样坏而是比它们好。可以将它们依次排列如下:

守法的:王制→贤人制→民主制

不守法的:民主制→寡头制→僭主制

柏拉图明确指出:民主制由于将统治权力分给许多人,所以在好的三种政制中它是最坏的,而在坏的三种政制中它却是最好的。(300D—303B)

现在我们看到:柏拉图在《政治家篇》中对几种政制的分类和看法,特别是对民主政制的看法,和《国家篇》相比显然有不同了。第一,他在这里所说的由一个人统治的王制,实际上就是他在《国家篇》中所说的由哲学王统治的理想国。不过现在他说得没有那么明显,似乎已经意识到由哲学家当王是不可能的,只能希望一个好的王,即使他仅有正确的意见也可。第二,在《国家篇》中称为荣誉政制的斯巴达式的政治形式,现在没有提到。第三,现在柏拉图认为民主制不但优于僭主制而且也优于寡头制,至少他已将民主制和寡头制的高低次序颠倒过来了。此外我们还应该看到,柏拉图所讲的那种摹仿真正的法律,按照这种法律统治的王制和贤人制(也包括守法的民主制在内)实际上都是他的理想,在当时的现实世界中并不存在。在柏拉图看来,当时希腊世界中现实存在的都是不守法的政治,不是民主制便是寡头制或僭主制。所以我们可以这样说:在柏拉图看来,当时希腊世界中的各个城邦制度都是不遵守真正的法的(他将最后的希望寄托于叙拉古,也失望了),在当时现实存在的各种政治制度中,他承认民主制还可以算是最好的。如果我们将他的理想和现实区别开,便可以分析得出这样的结论。这就是他在《政治家篇》中对于民主政制的实际看法,所以他对民主制并没有像在《国家篇》中那样提出批评和攻击。

当然他也希望民主制能够遵守他所理想的法律,这样便可以从不守法的行列转入守法的行列。柏拉图在《政治家篇》中虽然还是认为人治比法治好,但他也认识到像他所理想的那种政治家在实际上是很难产生的。他说因为在人群中没有像在蜂群中那样有天生的蜂王,在身体和心灵方面都是最好的,因此只能退而求其次,制定法律使尽可能接近真正的政治形式。(301D—E)实际上他已经意识到真正的人治是很难实现的,只能实行法治。现实存在的政府都不是根据真正知识而是依靠法律和习惯统治的,所以他用守法和不守法来区别和评价这些政治制度。他说要是别的技术不依靠知识只根据习惯,早就失败了;只有这样的政府却还继续存在下去,只是在风雨飘摇之中,不时有某些城邦破灭。（301E—302A）这很可能是他在政治实践中碰了壁，接受教训，从主张人治逐渐转向法治。

因此柏拉图将制定和执行法律的技术、说服人的雄辩术以及应付战争与和平的军事技术这三种技术都隶属于政治术之下，它们三者不能互相控制，只能统一由政治家控制。（303D—305E）换句话说，有关法律的技术和知识，像军事和修辞术一样，是政治家必须具备的本领。

《国家篇》中对于几种德行的看法，在《政治家篇》中也有些改变了。《政治家篇》最后讲到在国家中有两类人，一类人天性勇猛敏捷，属于勇敢类型；另一类人谨小慎微，属于自制类型。这两类人是彼此矛盾的，政治家的任务便是要将这二者结合起来，将勇敢的人作为经线，自制的人作为纬线，将相反的人织在一起，这就是政治家的纺织术。将这两种德行和性格结合起来，国家才能兴旺发达。（305E—311C）

我们可以说《政治家篇》中对于民主制和法制的看法是《国家篇》向《法篇》的过渡阶段，它标志着柏拉图的政治思想已经开始转变。

第三节　《法　篇》

《法篇》是柏拉图写的最长的一篇对话，它的篇幅大约占全部柏拉图对话的五分之一；同时学者公认它也是柏拉图生前写下的最后著作。它像《国家篇》一样，也讨论到国家社会的各个方面，包括政治、经济、教育、文化、婚姻、生活等，实际上是柏拉图提出的一套系统完整的法律制度，以为想象中要建立的克里特殖民城邦提供一个理想的蓝图。（702C—D）柏拉图的学园并不是只培养思辨哲学家的，它同时也培养实践的政治家，他经常派他的门徒到各地城邦去制定或修改法律；因此他写下这样的著作并不奇怪，有些学者认为它是为参与制定法律的学生写下的范本。这篇对话虽然也保留了《国家篇》中的一些重要思想如教育、人性等方面的思想，但它和《国家篇》有很大的不同：

在《法篇》中较多的是对一个个实际问题作具体的探讨,而没有将它们系统地归结到一个根本的理论观点上去,哲学思辨较少。所以一般哲学史对《法篇》不大重视,我们在论述他的哲学思想时也只介绍过《法篇》第 10 卷中的神学思想,那是柏拉图思辨神学的顶峰。再者这篇对话的文字也和柏拉图其他对话不同,它并不优美,冗长乏味,甚至有许多重复和不一致的地方,令人难以卒读。因为第欧根尼·拉尔修说过《法篇》是柏拉图的学生奥布斯的菲力浦从蜡版上抄下来的,而且传说菲力浦就是《柏拉图书信》的伪作者,[1]古代辞书《苏达》也记载说将《法篇》分为 12 卷的就是菲力浦,[2]因此有些学者认为《法篇》至少被菲力浦补充修改过才成为现在这样的面目。

但是《法篇》在政治思想史上的地位是丝毫不容怀疑的。亚里士多德的《政治学》虽然对《法篇》提出过批评,但其中许多思想都是以《法篇》而不是以《国家篇》为根据进行讨论的。现代许多学者都认为不仅罗马法许多思想源自《法篇》,而且近代资产阶级启蒙思想家如洛克、孟德斯鸠等提出的代议制、分权制即三权分立和相互制衡的学说都可以上溯到《法篇》,由此可见《法篇》的重要性。

《法篇》分为 12 卷,和《国家篇》分为 10 卷一样,各卷的划分也不是明确恰当的。大体说来,第 1、2 卷讨论立法的基本原则,第 3 卷谈到国家的起源,第 4、5 卷比较各种政体,第 6 卷讨论官吏的任命,第 7 卷谈教育,第 8 卷谈爱情,第 9 卷谈惩罚,第 10 卷谈宗教和神,第 11 卷谈贸易和遗产继承,第 12 卷谈军事和外交。本节主要论述前 6 卷的思想。

《法篇》还有一个很大的特点,便是在这篇对话中苏格拉底看不到了。柏拉图的大多数对话特别是前期对话中苏格拉底都是主角;后期对话中的苏格拉底虽然往往不是主要对话人,但仍以少年苏格拉底的名义参加讨论。而在《法篇》中参加对话的是三个老人:一位是无名的来自雅典的客人,他是主要的发言人,篇中主要思想都是由他提出来的,他取代了原来苏格拉底的位置,

---

① 参见第欧根尼·拉尔修:《著名哲学家的生平和学说》第 3 卷,第 37 节。

② 参见格思里:《希腊哲学史》第 5 卷,第 321 页。

应该说就是柏拉图自己。另外两个都是多立斯人,一位是来自克里特的克利尼亚,他正奉命要去开辟建立克里特城邦,另一位是斯巴达人麦吉卢。柏拉图所以选用这两个人,是因为这篇对话正是要讨论克里特和斯巴达的法律,并将它们和雅典的法律进行比较。

一　法的原则

对话开始便提出:法是由人还是神制定的? 回答是由神制定的,克里特人说是由宙斯制定的,斯巴达人说是由阿波罗制定的。雅典来的客人问:为什么克里特的法律要规定实行公餐、体育训练和军事装备呢? 克利尼亚回答:因为我们的立法者总是为战争考虑。如果我们战败了,城邦将一无所有,所谓和平不过是和其他城邦处于不宣战的状态,所以好的立法的原则便是要在战争中战胜其他城邦,斯巴达人也是如此。不但城邦对城邦在战争,而且部落对部落、家庭对家庭、人对人也在战争;可以说任何人都是任何人的敌人,一个人就是自己的敌人。人首先要战胜自己,失败了就是丢脸;个人如此,城邦也是如此。在一个城邦中或者是好人战胜坏人,或者是坏人战胜好人,立法者就是要让好人战胜。这样的立法完全为了战争,勇敢便是它唯一重视的美德。但是雅典来的客人却指出这种立法原则并不是最好的,战胜自己是必要的,正像人病了需要医治,医疗是必需的,却不是最好的。对于人来说最好的是健康而不是疾病;对于城邦来说最好的是和平友好相处而不是战争。所以立法者无论对城邦或个人,都只能以战争作为达到和平的手段,这才是最好的,而不能是相反以和平作为战争的工具。(625C—628D)勇敢只是美德中的一部分,此外还有正义、自制和智慧。立法不能只注重美德中的一部分,必须重视全部美德。(630E)美德也有两类:人的美德和神的美德。在人看来,首先是健康,第二是美,第三是强壮,第四是财富;而在神那里占第一位的是智慧,第二位是自制,这二者与勇敢相结合便是正义,是第三位,最后才是勇敢。人的美德是依靠神的美德的,所以立法者应该按照神的美德的次序,将智慧和理性看作最主要的。(631B—D)柏拉图在这里显然是批评了斯巴达和克里特的法律,它们只服务于战争,只重视勇敢。柏拉图认为城邦最好的状况是和平而不是战争,因此应该重视全部美德,而不是其中的一部分。在四种美德中,他认为理性——智慧是高于一切的,这还是继承苏格拉底的理性主义的传统的。

正因为重视理性和智慧,所以在制定法律时教育是头等大事。教育能引导孩子的灵魂转成完全的公民,成为好的统治者和被统治者。(643D—E)他将法律的这种作用比作"黄金的绳索"。他将每个人比作神的木偶,被各种绳索捆绑着,把他拉往不同的方向,有好的有坏的;法律应该是神圣的金子般的绳索,能将人引到最好最正确的方向。(644D—645B)勇敢不但要能战胜痛苦和恐惧,而且也要能战胜快乐和欲望;被快乐压倒的人比被痛苦压倒的人更加可耻。(633D—634A)法律既要使人害怕,又要使人不害怕;要能够正确地害怕那些可耻的事情,克服它们,同时又充满自信,敢于面对困境。既要勇敢,又能自制。(647C—D)在第2卷中他主要谈了教育,说孩子在未受教育时只能感觉快乐和痛苦,还不能分清善恶的逻各斯,在得到教育以后感觉与逻各斯才能和谐一致。灵魂的和谐就是善和正义,能够恨那些应该恨的,爱那些应该爱的。(653A—C)神通过节日的音乐歌唱对人进行教育。如果认为音乐只给人以快感,那是错误的,是渎神;音乐应该以教育青年人为目的,所以好的法律不允许诗人随便拿什么去教育青年。柏拉图认为埃及的音乐形式和音调已经有几千年的历史,将它们的内在价值固定下来了;而在意大利和西西里却盲目跟随群众,群众认为好的便是好的。让诗人迎合群众,实际上是毁坏了诗人,使戏剧衰落,人们并不能得到真正的快乐。法律应该强迫诗人用美的形式去表现人的美德。(654A—660A)因为柏拉图认为艺术的主要作用是教育,文以载道,他对当时艺术的看法是保守的。对当时伦理学上争论最多的问题——快乐和正义的关系问题,他实际上是让快乐服从正义即艺术服从道德,他认为这二者是一致的不矛盾的,而法律就是要将这二者统一起来。(662D—663B)由此可见柏拉图还没有将法律和道德区别开来,在他看来法律应该为道德服务,所以他认为法律不能只靠强制,也要靠说服,只有同时使用二者才是好的法律。(720A—E)

二 国家的起源

《法篇》第3卷开始谈到国家的起源。

在《法篇》以前,柏拉图写过一篇没有完成的对话《克里底亚篇》,它是《蒂迈欧篇》的姐妹篇。《蒂迈欧篇》谈的是天上的事情,讨论宇宙的生成;《克里底亚篇》要谈人间的事情,讨论国家的起源。其中说到大西洋岛的故事,前面已经介绍过了。有些学者认为柏拉图没有将《克里底亚篇》写下去,是因为他觉得需要讨论的问题很大很多,因此改变计划扩大规模写成了《法篇》。《法篇》第3卷讲的国家的起源,可以说是将《克里底亚篇》中的故事继续讲了下去。

《法篇》是这样提出问题的:我们看到许多城邦出现了,又有许多消失了,它们是向好的方向变化还是向坏的方向变? 我们只有说明城邦的起源,找到变化的原因,才能回答这个问题。(676A—C)以下便说到城邦的起源和发展变化。根据古老的传说,洪水和瘟疫将绝大部分土地和人口毁灭了,只有少数人留在山顶继续生活下来。他们生活在被洪水隔绝的山顶上,不能交往,生活也很简单,没有贫富的区别,因此也没有争吵和斗争。他们没有法律,只按照前人的习惯生活;但他们也有一种政治制度,那就是首领制(dynasty)。各个家族往往单独居住,由家长统治。他认为这种统治是最正义的。(677A—680E)后来人口增加,洪水也消退了,人们从山上来到山下从事农业,为了保卫自己防御野兽而建造城墙。居住区扩大,矛盾也增多了,开始需要法律。同一氏族的人在一起选出他们认为最好的人作为仲裁者,就是氏族首领。这时候的政治便是贵族制或王制。然后是第三阶段,人们移居到更大的平原上,建立了许多城邦,彼此进行战争,这就是荷马所描写的特洛伊战争时的情况。最后出现斯巴达和克里特这样的第四种城邦,一直延续到今天。我们就要从这些变化中去研究使城邦幸福或毁坏的原因。(681A—683B)

柏拉图进一步具体说明法制变坏的原因。设想在伯罗奔尼撒分别建立了阿戈斯、美赛尼亚和斯巴达三个城邦,它们发誓要互相帮助。统治者必须按照群众接受的法律进行统治,在他们没有违反法律时被统治者不能推翻他们。这时候人们的财产是平等的,没有人要破坏土地所有权或废除债务,没有人为争夺利益而发生争执。但是这样的法律在其他两个城邦很快就破坏了,只有斯巴达还保留着。为什么会破坏呢? 这是值得探讨的。因为人类有一些共同的欲望,希望得到巨大的财富和荣誉,然而这些并不是每个人能够同样得到的,因此欲望需要由智慧控制。这两个城邦之所以失败,并不是因为他们胆怯缺乏勇敢,而是因为他们不知道什么是人类最重要的事情,无知才是城邦毁灭的原因。最大的无知乃是苦乐的感觉和理性判断的不一致:讨厌那些正义的事情而爱那些他明知是不义的事情。在个人灵魂中如果苦乐爱憎和知识理性相违背便是愚蠢,在城邦中便是不服从统治的法律,不懂得这个道理的人就不能将权力交给他。(683A—689D)

他说在一个城邦里统治的原则是多种多样的,正像在家庭里由父母管教孩子一样,在城邦里由高贵的统治卑贱的,年长的统治年幼的,主人统治奴隶,强者统治弱者;而最大最重要的应该是由智慧的人统治无知的人,这才是合乎自然的;可是有些人却是由于偶然性,运气来时便成为统治者,不幸的人便成为被统治者。正因为统治的原则有这么多,它们还是彼此相反的,这就是城邦动乱的根源。(690A—D)

接着他指出阿戈斯和美赛尼亚所以毁坏的原因主要是由于他们的王违背了立法的誓言,生活奢侈骄傲,看起来聪明,实际上是最大的无知,要防止这类罪恶的发生,需要有更多的智慧。柏拉图指出这里最大的教训便是不能给统治者以过分大的权力,正像不能给身体以过多的食物,船只不能过度航行一样,任何事物都必须考虑适度,超过一定的度量便是不正义的。年轻人不能避免权力的诱惑,如果有过多权力不免会干许多愚蠢的事情,国家便会颠覆,权力最终完全丧失。正是在这点上斯巴达采取了一些措施,避免这样的危险。首先是有两个王彼此限制权力;其次是有二十八个长老在重要事情上有和王同样大的权力;第三是为了控制政府还设立了民选长官(ephors)。由于这些措施斯巴达才保留下来,没有因过分的权力而转化成为暴政。(691B—692B)

柏拉图由此得出结论说:政治家和立法者应该分析他们失败的原因,找到他们应该如何做的方法。比如刚才所说的不能给统治者以过分庞大的权力,应该适当分散。一个城邦应该是自由的、智慧的、和谐的,这是立法者的目的。(693B—C)

我们看到柏拉图在这里讨论城邦的起源和变化时不再像《国家篇》和《政

治家篇》那样将各种政制依次排列,逻辑地推论它们发生变化的原因和优劣了,而是采取比较现实的态度,分析研究实际政治的情况,从而得出一些重要的结论。他看到政治的核心问题是统治权力的问题。应该由谁统治谁? 实际上存在各种不同的意见和做法。柏拉图当然还是坚持他原来的意见,认为最好是由有知识的人统治没有知识的人。但他也已经认识到不论什么样的统治者都不能给以过大的集中的权力,对统治者的权力必须加以限制和监督。这就是近代政治学所说的关于权力的分散和制衡原则,对后来西方政治和法律思想的发展起了很大作用。

三　不同政制的比较

克利尼亚问:为什么立法者要以友谊、智慧、自由为目的呢? 雅典的客人也以具体的实例来回答他。他说现在的各种城邦有两种基本的形式,即王制(monarchy)和民主制,其他的都不过是它们的变种。王制的典型例子是波斯,它老在自由和奴役中徘徊。在居鲁士统治时代波斯人是自由的,统治者对他们平等相待,允许他们自由发表意见,智慧的忠告还可以得到奖励;将军和士兵和睦相处。那里自由、友爱,相互在理性的基础上交流。居鲁士是伟大的将领,但是没有受过正确的教育,没有注意教育孩子,将他们交给妇女去抚养所以宠坏了。他的儿子冈比斯杀死了自己的兄弟,酗酒残暴,使波斯亡于米地亚。后来大流士恢复波斯,接了王位,将国家分为七个部分,实行普遍平等,使所有波斯人都感到友爱和谐。他的军队取得胜利,征服了比居鲁士还大的领土,但对他的儿子薛西斯也没有注意教育,以致陷入和冈比斯相似的命运。直到现在波斯没有伟大的王,虽然他们都称为大帝。这都是由于对王族子弟没有好好教育的结果。(693C—696A)柏拉图认为波斯变得越来越坏,是因为他们过多地取消人民的自由,实行过多的专制,他们损坏了公众的友好感情。他们的统治不是为了人民的利益,而是为统治者私人的利益;他们被人民所憎恶,人民不愿意为他们的利益而战斗,所以他们是最愚蠢的。(697C—E)

民主制的代表是雅典。它和波斯的过分专制相反,雅典有太多的自由,缺少权威;只有当薛西斯来进攻时雅典人才万众一心起来自卫,他们害怕耻辱才服从法律。柏拉图认为雅典本来并不是这样极端自由的,在古代雅典人自愿成为法律的奴隶;那时的法律是音乐,各种各样的颂歌由权威判定,群众安分守己遵守秩序。后来出现了各种诗人,他们自命为天才,却不知道什么是正义和守法。他们认为音乐并不表现真理,它的好坏只能由是否引起群众的快乐来判断。因此产生迎合群众的放荡行为和自以为知道一切的自大狂;没有任何恐惧便产生无耻和过分自由。人民不服从统治,要避免父母、长者以至法律的控制,并且反对神。(698A—701C)柏拉图认为雅典民主制产生的极端自由,完全是由诗人和智者们造成的。

由此柏拉图得出结论说:在这两种制度中,一种是专制,一种是自由,我们应该选择哪一种呢? 他认为应该在这二者的中间找到合适的比例,既不是极端专制也不是极端自由,才是最好的制度。所以立法者的目的应该是使城邦自由、和谐统一又合乎理性。(701D—E)这就是柏拉图在《法篇》中提出来的理想的中间的政制。一方面是绝对专制,没有自由;另一方面是极端自由,没有权威。他认为二者都是不好的,既有一定的自由又有一定的权威才是合理的制度。对于波斯的王制,他认为在居鲁士和大流士的统治下给人民以自由和平等,这是好的;后来走向极端专制才是坏的。对于雅典的民主制,他认为原来在自由中还服从权威,这是好的;后来走向极端自由才是坏的。由此可见,他反对的既不是王制也不是民主制,他只反对将专制和自由推向极端。即使是王制,他也认为应该给人民以自由和平等。所以他将自由作为立法者的目标之一,与统一和谐(也就是自制和平等)、合乎理性三者并列。他对雅典的民主制已经采取分析的态度,不像《国家篇》那样片面地批评了。

在第4卷中柏拉图谈到这样一个完善的国家,最好是在一个年轻聪明的僭主〔这里他说的僭主,并不是指专制暴君,而是指如创立殖民城邦时由群众推举的首脑〕统治下产生,他既能自制又敏于学习,具有勇敢和高贵的品格。如果这样的僭主碰巧和一位值得赞美的有知识的立法者在一起,便能建立起理想的城邦。其次是王制,再次是民主制,最后是寡头制。因为由多数人统治的效果总是不好的,只有将最高的权力和智慧、自制结合起来,才能产生最好的法律制度,而这是很难做到的。(709E—712A)他说无论由哪一种人统治的政府,如果统治者只想满足自己的私欲,将法律践踏在脚下,这种政府是毫无希望的。(714A)他又批评了智者们提出的法律是维护强者利益的说法,指出不论是由一个人统治还是民主政制,如果统治者总以保护他们自己拥有的权力作为法律的最高原则,他们垄断政府的权力拒绝别人参加,害怕别人起来反对他们,这样的政府是不正义不合法的,只能说他们是党派。我们可以将政府交给任何人,不论他是否富有、强健或出身好。只有服从城邦法律的人才能赢得这种荣誉,获得统治席位。所以统治者应该是服从法律的奴仆。他说我这样说并不是为了标新立异,而是因为我相信城邦治理得好或坏主要决定于这一点。最后他得出结论:如果在一个城邦中法律是无能的,屈从于统治者,我看这个城邦即将毁灭;相反如果城邦的法律高于统治者,统治者服从法律,这个城邦便可得救,神将降福于它。(714B—715D)

这样,柏拉图完成了从主张人治到法治的转变。在《国家篇》里他认为应该由懂得治国知识的哲学王来统治,法律是无关重要的;在《政治家篇》中他已经开始重视法律,认为政治家应该具备制定和执行法律的技术;到了《法篇》他认为统治者能不能服从法律乃是决定国家成败的关键问题。必须是法律的力量高于统治者,决不能让统治者的权力高踞于法律之上。他已经是主张实行法治而放弃人治了。只要统治者能够守法,治理国家便可以走上正确的轨道,不论统治者是一个人、少数人还是多数人,都是一样。因此在柏拉图看来,实行哪一种政治制度,是王制、寡头制还是民主制,事实上并不十分重要。无论实行什么制度,只要统治者守法,国家便可得救,反之国家便要失败。当然这里还有一个关键问题,便是法律必须是正确规定的。

四　法律的典范

在第3卷的结尾处克利尼亚说他正奉命要去建立一个克里特的殖民城邦,希望雅典的客人为他提供一个立法的蓝图。(702B—D)从第4卷以后柏拉图实际上从城邦生活的各个方面勾划他理想的法律。

柏拉图认为理想的法律决不是像智者们所说的是由人的好恶利害决定的,而是神圣的,只能和神的要求一致,紧紧地跟随神。因此他明确提出"神是万物的尺度",不同意普罗泰戈拉主张的"人是万物的尺度"。(716B—C)立法者不允许诗人随意说话,因为他们的话是违反法律、违反真理、损害城邦的。(719B—C)

第5卷主要讲到人的灵魂。对人来说灵魂是最神圣的,但人的灵魂有高级的和低级的两部分,要让高级的统治低级的,好的统治坏的。有些人想靠言语和礼物给灵魂带来荣誉,实际上是损害了自己的灵魂。(727A—B)自私是一切罪恶的根源。(731D)我们的城邦只能建立在公民不贪婪、没有争执,而且感到满足的基础上,因此他认为最好的法律应该是像古话所说的"朋友共有一切",妇女、孩子、财产全是公有的,个人私物全从生活中消失。当然这能否实现是可疑的;退而求其次,第二等好的办法是让公民分配土地和房屋,但要让他们知道他们所有的这一切是属于整个城邦的。(739C—740A)柏拉图一直到最后还是反对私有制,坚持公有制的理想。

法律规定任何人除了日常使用的钱币以外,不得拥有金银。(742A)人们应该关心将灵魂摆在第一位,其次是身体,最后才是财富。(743E)最好是每个人所得都是平等的,而这是不可能的,这个人所得会多于那个人,要保持平等会带来危机。(744B)一个城邦要避免扰乱,就不要过穷或过富,二者都会产生罪恶。立法者要确定贫富的限制,不要让多数人遭受损失。可以按财富的多少分为四个等级,依次为最低财富的四倍、三倍和二倍;如果有人超过这个份额,应将多余的部分交还城邦,不然便要受处罚。各不同等级的人应保持在本等级中,只有在个别情况下才可以由富变穷或由穷变富。(744C—745A)让人们这样生活在一起,财产有限制,共同幸福地生活。这好像是立法者在说的一个梦,虽然在现在是不可能实现的,但它是将来的一个典范的公正的真实的计划,应该允许立法者去完成它。(746A—C)柏拉图提出的这个梦,实际上成为以后多少思想家憧憬和追求的理想。

第6卷讨论政府官吏的任命以及为此立法的问题。他说虽然立法是重要的,但如果执行法律的官吏不合适,有好的法律也没有用处,反而会引起损害。可见选择适当的官吏是很重要的。选举人也很重要,他们必须受过法律的熏陶,能够做出正确的判断,才能选出合适的官吏。(751B—752C)选举法律的保卫者是最重要的。城邦先选三百人,从其中再选一百人,最后选出三十七人。他们的任务是保卫法律和登记财产,凡是超过规定数目的财产都要没收。法律保卫者任职不能超过 20 年,当选时不能少于 50 岁,70 岁以后便不能再担任。将军和统帅由官兵选举产生。议会由十二个部落各选举三十人共三百六十人组成,四个等级各选举九十人。柏拉图认为这种选举办法是在王制和民主制之间的中间状态。(752D—757A)他认为如果给本来不平等的事情以平等,结果反而是不平等。有两种平等,一种是从大小、重量和数目上说的平等,那是很容易看到的;另一种是更好、更高的,由宙斯规定的平等,这就是按天赋的比率给有更多美德的人以更多的荣誉,这才是真正的正义,是建立城邦的真正原则。(757A—D)整个城邦分为十二个部分,每个部族各选举五个管事共六十人轮流管理国家对内对外大事。他们在两年服务期间内要在一起居住,过简朴的生活,不能让奴隶为他们服务。(760B—763A)最重要的是选举管理青年教育的官吏,他不能小于 50 岁,这个职务是城邦官职中最伟大的;因为人是文明的动物,如果接受好的教育他便是动物中最神圣的;如果教育不好他可以成为最野蛮的动物。所以为了国家最高利益,应该选举最好的人来管理教育,他的任期是 5 年。(765D—766B)各级法庭职员也由选举产生。(766D—768C)

法律是神圣的,柏拉图提出一个神圣的数字——5040。一个城邦分为十二个部落就是由此来的。$5040 \div 12 = 420$,而 $420 = 21 \times 20$;所以 5040 可以被从 1 到 12(除了 $11,5040 = (11 \times 458) + 2$)所除尽。(771A—C)这里我们又可以看到毕泰戈拉学派的数论对柏拉图的影响。

在婚姻问题上柏拉图认为应该考虑城邦的利益,最好是富人和穷人结婚,如果富人只和富人结婚,整个城邦居民在财产和地位上便太不相等了,但法律对此只能建议,不能强迫人们接受。(772E—773E)

柏拉图也认为在有关财产的问题上最困难的是奴隶问题。对于希腊的奴隶制是最有争议的,有人赞成有人谴责。他说我们都同意最好的奴隶比自己的亲兄弟和儿子更好,因为他们会搭救主人的生命和财产;但我们也认为奴隶的灵魂是已经损坏了的,不能相信他们。他说奴隶是一种麻烦的财富,许多罪恶都是从奴隶制产生的。如何对待奴隶？他认为最好采用两种办法,一是不让奴隶来自同一民族说同一语言,以免他们联合起来;二是我们不要用暴力损害他们,要在奴隶中播下善德的种子。但他又认为应该处罚奴隶,对奴隶要用命令的语言,不能和他们开玩笑。(776B—778A)总之,他认为城邦有了法律和秩序,便是众善之因,没有法律和秩序就会损坏一切。(780D)

限于篇幅,第7卷以后的内容不再一一介绍了。柏拉图非常细致具体地考虑了各个方面的法律规定。如在第9卷对犯罪者的惩罚中,对杀人犯就根据各种不同情况分别加以规定:在运动比赛场上或军事训练中以及医生医病时杀死人的无罪;主人杀死自己的奴隶可以赦免,但如果奴隶没有错误,只是因为主人害怕他会揭露自己的坏事因而杀死他的,便要像杀死公民一样受罚;如果杀死了别人的奴隶便要按双倍价值罚款;奴隶杀死自己的主人必须处死;如果杀死别的自由民则交给死者的亲属去处死他;父母杀死子女或子女杀死父母,丈夫杀死妻子或妻子杀死丈夫,兄弟姐妹互相残杀,都有不同的处刑办法。杀人者要区别有意预谋杀人和无意杀人,后者判罪较轻;教唆犯与杀人犯同罪,等等。(865—872)这些规定已经很接近后来的法律条文了。伯奈特指出:随着近年纸草的发现已经可以证实《法篇》的大部分内容是以当时希腊的法律条款为基础的,而罗马法是起源于柏拉图制定的这些法律的。①

＊　　　　　＊　　　　　＊

从《法篇》可以看出,柏拉图到晚年时考虑问题更多注重实际了,它不像《国家篇》那样从抽象的原则出发去评价各种政制的优劣,而是从现实的制度出发比较它们的优劣,然后才得出原则。这种方法比较接近后来亚里士多德经常使用的方法。这里也可以说明从柏拉图向亚里士多德思想的过渡。

《法篇》突出了柏拉图对法律的重视。他原来理想中的哲学王已经在实践政治生活中破灭了,这在他的《第七封信》中有所陈述。他原来寄希望于叙拉古王狄奥尼修和狄翁,希望他们能进行哲学的统治,结果完全失望了(334C—337E)。他开始认识到无论什么样的统治者必须受到法律的约束。

---

① 参见伯奈特:《柏拉图主义》,第88页。

只有法律的权力高于统治者的权力时国家的治理才能走上正确的轨道。从《国家篇》到《法篇》，柏拉图完成了从人治到法治的过渡。

对于雅典的民主制，我们也可以看到柏拉图从《国家篇》中主要持批判反对的态度转到《法篇》的比较同情的理解，虽然西方有些思想家还是坚持认为在反对雅典民主制这点上《法篇》和《国家篇》并没有多少差别。这种观点的代表人物是波普尔，他将柏拉图看作是开放社会的敌人，所以认为柏拉图在《法篇》中比在《国家篇》中更加敌视重视个人自由观念的民主精神。① 许多学者都不同意波普尔的意见。实际上我们看到柏拉图在《国家篇》中虽然已经说到民主制的主要特点是自由，但并没有将自由看成是重要的政治原则；而在《法篇》中柏拉图已经将自由列为国家的三个主要目标和原则之一。怎么能说《法篇》比《国家篇》更加反对民主制呢？

当然柏拉图终究是个奴隶主的思想家，他生活在那个很不成熟的雅典民主制中，那种民主制不但给柏拉图也给雅典人带来不少苦恼和灾难，因而柏拉图对它主要持批评态度。在柏拉图的政治思想中确实有许多保守的方面，这是我们必须看到的；但同时我们也应该看到柏拉图提出来的一些政治思想，也确实吸引了后世许多思想家，包括一些空想社会主义者在内，把它们当作人类美好的目标而努力追求。将柏拉图说成是"反动的奴隶主贵族的思想代表"终究是不科学、不恰当的。

---

① 参见波普尔：《开放的社会及其敌人》第1卷《柏拉图的符咒》，第219页。

第二十六章

不成文学说和老学园

要谈到柏拉图晚年及其逝世后一段时期的学园——通常称为"老学园"，继承柏拉图主持学园的是他的学生斯彪西波和色诺克拉底——的情况，便不得不涉及所谓的柏拉图的"不成文学说"（$\mathring{\alpha}\gamma\rho\alpha\varphi\alpha\ \delta\acute{o}\gamma\mu\alpha\tau\alpha$，agratha dogmata，Unwritten Doctrines）。因为柏拉图除了写下公开发表的对话之外，据说还有一部分学说是在学园内只对少数学生讲授、没有写成文字的口头秘传学说。这种学说最早是在亚里士多德著作中提到并加以批评的，而亚里士多德讲到这种学说时又往往将柏拉图和他学园中的一些人——主要就是斯彪西波和色诺克拉底——联在一起，说是"那些主张相的人"，简称"他们"。斯彪西波和色诺克拉底的著作根本没有保留下来，古代学者和注释家大多沿袭或发挥亚里士多德所提到的那些内容。因此我们现在要分析区别柏拉图和老学园中斯彪西波和色诺克拉底在这方面的思想，实在非常困难，近半个世纪西方学者在这方面做了大量研究工作，也远没有能得出比较一致的意见。

亚里士多德讲到的这方面学说都是有关"数"的理论，很明显，这是和毕泰戈拉学派有关的理论。柏拉图深受毕泰戈拉学派菲罗劳斯的影响，他在西西里之行时又和该派的阿尔基塔有密切关系，在柏拉图的著作特别是后期对话如《蒂迈欧篇》中带有浓厚的毕泰戈拉学说的色彩。当时柏拉图学园中大概非常重视数的研究，特别是斯彪西波的思想带有浓厚的毕泰戈拉学派的色彩。从19世纪开始西方一些科学家和科学史家重视发掘古代希腊的数学思想；20世纪一些哲学史家专门研究柏拉图的数论，"不成文学说"的研究成为热潮,形成了许多不同的甚至对立的意见。

限于篇幅,本章只能概括介绍"不成文学说"的由来及其简要内容,以及西方学者提出的一些主要问题和我们的看法。对于老学园,只能简单介绍其代表人物。

第一节　不成文学说

一　不成文学说和对话

为什么认为柏拉图有尚未写成文字的学说? 一个原因是柏拉图曾经不止一次地表示过,写下来的文字和真实思想之间是有距离的。以上提到过,在《斐德罗篇》中他讲过一个古代传说:最早发明文字的埃及国王萨玛斯认为写下来的文字只是外在的符号,它并不能教给人真正的智慧,只能讲一些近似智慧的东西;因为文字是死的,它不能回答人们对它提出的问题,对于读者发生的误解文字自己也无法辩解。(274C—275E)还有在被称为带有柏拉图的自传性质的《第七封信》中柏拉图批评叙拉古王狄奥尼修二世,说他写了一篇哲学论文,其内容是柏拉图教过他的,但他却说是他自己发现的。柏拉图说:这是我自己专门研究的题目,无论是我教他的、别人教他的、还是他自己发现的,我可以说他并没有真正理解它。我确实没有,将来也不会写关于这题目的文章。因为它不像别的研究那样是可以用文字表达的,只有经过长时期研究,它才突然在灵魂中像火花一样燃烧起来。(341B—C)而在被多数学者认为是伪作的《第二封信》中,这点意思就被简单化为:最安全的办法是要用心学习,而不要写作,因为写下来的东西不泄漏出去是不可能的;这便是为什么我不写东西,为什么没有柏拉图著作的原因(314B—C)。对于这些材料,如果理解为柏拉图是说写成文字的东西终究比较死板,不可能像思想和口头对话讨论那样生动活泼,这也许是比较符合原意的;柏拉图最尊崇的苏格拉底一生只和人讨论哲学问题,没有留下任何书面著作,这种精神当然影响了柏拉图。但是有的西方学者却片面夸大柏拉图这些话,以至得出这样的结论,认为所有柏拉图写下的对话都是不足道的,他的真正深奥的哲学思想只存在于他的不成文学说之中。针对这种倾向,格思里在《希腊哲学史》第五卷论述柏拉图的不成文哲学时一开始就提出:凡是承认柏拉图是伟大的哲学家的读者最好避开这一章,避开柏拉图学者间的这场争论,以免降低对话的价值。①

最早提到"不成文学说"的是亚里士多德《物理学》第四卷第二章,他在那里讨论空间的问题。他说:如果我们认为空间($τόπος$,topos,space,也有人主张译为place)是量的大小的话,它就是质料了。接着又说:

> 因此柏拉图在《蒂迈欧篇》中将质料和空间〔$χώρος$(choros),这是柏拉图在《蒂迈欧篇》中用的词,也有人译为"处所"place〕当作是同一的,因为"接受器"和空间是同一的。可是在"不成文学说"中关于接受器的说法却有不同,不过还是认为 topos 和 choros 是同一的。所有的哲学家都说确有空间(topos)这个东西,只有他〔柏拉图〕才说明它是什么。(209^b11—17)

公元5至6世纪的注释家菲罗波诺对此作了解释:柏拉图在《蒂迈欧篇》和不成文学说中给质料的名称是不同的,在不成文的学说中将质料叫作"大和小",在《蒂迈欧篇》中叫它"接受器",它分有"型"。亚里士多德将柏拉图没有写下来的研究写出来了。② 稍后的注释家辛普里丘也作了同样的解释。③ 这就是"不成文学说"名称的由来。

柏拉图在学园中作过一些讲演,却并没有写成文字,古代有些记载,如亚里士多德的学生阿里司托克森记载说,亚里士多德常说许多听过柏拉图关于善的讲演的人都有这样的经验:每个人都以为他将被告知的善是财富、健康、权力这些惊人的乐事,但柏拉图说的却是数学、数、几何学和天文学,并导向说明善是"一"。听众被他的怪论所困惑,有些人嗤之以鼻,有些人觉得受了侮辱。④ 辛普里丘则提出了另一种说法:亚里士多德说柏拉图在关于善的演说

---

① 参见格思里:《希腊哲学史》第5卷,第418页。
② 参见芬德莱:《柏拉图——成文的和不成文的学说》,附录 I,32。
③ 参见芬德莱:《柏拉图——成文的和不成文的学说》,附录 I,33。
④ 参见芬德莱:《柏拉图——成文的和不成文的学说》,附录 I,2。

中认为"一"和"不定的二"是可感事物的本原,但他又将"不定的二"置于理性的领域,认为"大和小"是那里的原则,说它们就是"无限"。亚里士多德和赫拉克莱德、赫司提埃俄以及柏拉图的其他朋友都听过那次讲演,并且将柏拉图含糊不清的话记录下来。波菲利在关于《斐莱布篇》的注释中引述了他们的记载。[①] 由此学者们认为柏拉图曾经作过关于善的讲演,却没有用文字写下来,他的学生亚里士多德等将它用文字记录下来。柏拉图所讲的"善"不但不是指财富、健康、权力,也不单纯是伦理价值的善,实际上是讲哲学上最基本的问题,〔一般听众听不懂了,只能嗤之以鼻〕所以也有人将他的讲演题目"论善"叫作"论哲学"。在第欧根尼·拉尔修记载的亚里士多德著作目录中既有《论哲学》也有《论善》,但多已经佚失了,不知是不是记录的柏拉图的讲演;后人根据古代著作收集了一些残篇,其中有些已经分辨不清是柏拉图的还是亚里士多德的思想,有些学者将它们定为是亚里士多德早期接受柏拉图影响时的思想,本书第三卷将讨论这个问题。

关于不成文学说的内容,现在可靠的根据只有亚里士多德的著作。亚里士多德在《形而上学》第1卷(A)第6章介绍柏拉图哲学时曾提到有关数的理论;第13(M)、14(N)卷主要论述和批判关于数的理论,但批判对象已不限于柏拉图本人,而是包括柏拉图学园中人主要是斯彪西波和色诺克拉底。历史记载亚里士多德因为和学园中人在学术意见上有分歧,所以在柏拉图死后便离开学园的。他们的意见分歧主要就是在有关数的问题上,亚里士多德对斯彪西波等将柏拉图学说数学化(毕泰戈拉化)不能同意,所以对这部分学说持批评态度,西方学者说他没有给予同情的理解。他并没有正面系统地阐述这些学说,只是作为批判对象加以论述,因此他讲得零碎不全面,也难免有主观曲解的地方。但是现在我们研究柏拉图及其学生的不成文学说,只有亚里士多德的这些著作是可靠的根据;还有就是公元5至6世纪注释家们提供的材料,但这些材料也都是在注释亚里士多德著作时提到的,他们根据的主要还是亚里士多德的论述。这就是现在研究不成文学说时遇到的不可克服的困难。

---

① 参见芬德莱:《柏拉图——成文的和不成文的学说》,附录I,7。

　　最近半个世纪西方学者争论一个问题:柏拉图的对话和他的不成文学说,究竟哪一个代表真正的柏拉图哲学思想? 最早重视亚里士多德论述的这部分哲学思想的是法国哲学史家罗斑的《亚里士多德论述的柏拉图关于"相"和数的学说》(1908),后来一些学者逐渐认为不成文学说比柏拉图写的对话更为重要;为了反对这种倾向,美国学者彻尼斯写了两本书:《亚里士多德对柏拉图和学园的批判》(1944)和《早期学园之谜》(1945),竭力论证柏拉图并没有什么不成文学说,亚里士多德有关柏拉图的观点都来自对话,他所说的和对话有不同的思想都是由于他对柏拉图著作的误解。他说:"柏拉图并没有任何超出《蒂迈欧篇》的自然哲学,他并没有对他的学生作过任何对话所没有的解释。"①他对有关的古代文献作了分析和辨证,但他的观点也太绝对了,遭到一些学者的反驳。英国著名学者罗斯在《柏拉图的相论》(1951)中以相当大的篇幅论述柏拉图不成文学说的内容,主要说明亚里士多德讲的有些内容确实是和柏拉图对话有所不同的;在他注释的《亚里士多德的〈形而上学〉》一书的"引论"中对此也作了具体的论述。芬德莱的《柏拉图——成文的和不成文的学说》(1974)也是反驳彻尼斯的,它的价值主要在两个附录:第一个附录收集和翻译了古代有关不成文学说的重要资料,主要是亚里士多德的著作摘录以及古代注释家对这些著作的解释,共五十条,为我们研究不成文学说提供了必需资料;第二个附录是对彻尼斯就古代文献提出的论证的反驳。罗斯和芬德莱的这些著作是本章以下论述的主要资料。现在西方学者仍有两种对立的观点,一种认为必须重视柏拉图的不成文学说,只有数论才是真正的柏拉图哲学;另一种则反对这种观点,认为应该重视柏拉图的对话,格思里在《希腊哲学史》第5卷中一再呼吁不能贬低柏拉图对话的价值。②

　　亚里士多德论述的柏拉图思想和柏拉图自己在对话中阐述的思想究竟有没有不同,有多少不同? 我们可以将二者进行对照研究。亚里士多德集中论述柏拉图的哲学思想主要是在第1卷第6章,其中前一半是论述柏拉图的相

――――――――――

① 彻尼斯:《早期学园之谜》,第72页。

② 参见格思里:《希腊哲学史》第5卷,第421—422页。

论的,我们已在"'相'和相论"章中全部引述并作了分析讨论;后一半则是论述柏拉图有关数的理论的,现在可以分析讨论了。全文如下:

他〔柏拉图〕还将数学对象置于感性事物和"型"之外,是二者之间的东西;它们和感性事物的区别在于它们是永恒不变动的,和"型"的区别则在于它们同一类的数目众多,而每一个"型"自身却是单一的。

既然"型"是其他事物的原因,他认为构成"型"的元素也就是一切存在的东西的元素。作为质料,"大和小"是本原,作为本质则是"一";正是"大和小"分有"一"便产生数。但是他说"一"是本体,不是表述其他东西的,认为数是其他事物的本体性原因,在这些点上他是同意毕泰戈拉学派的;他的特有之处在于认为无限不是单一的,而是"不定的二"($\delta\nu\acute{\alpha}\delta$,dyad,也可译为"双数"或"倍数")即"大和小"。此外他认为数是在感性事物以外的,而他们〔毕泰戈拉学派〕却认为事物本身就是数,并且不把数学对象摆在"型"和感性事物之间。他〔柏拉图〕和毕泰戈拉学派的不同在于他认为"一"和数是在事物以外的。他引进"型"是因为他研究逻各斯(定义)的问题,(在他以前没有人接触过辩证法)。他在"一"以外又设定"不定的二",是因为他相信一切数,除了最初的以外,都能容易地从作为易塑质料的"不定的二"产生。

可是结果恰恰相反,这种学说并不合理,他们〔这里用的是多数,指柏拉图学派中人〕使许多事物都从质料产生,而"型"却只能生产一次;但是我们看到:一块质料只能生产一张桌子,如果用"型"便可以造出许多桌子。正如雄性和雌性的关系,雌性一次交配怀孕,雄性却能多次授精,这可以和这类本原相比。

柏拉图对这些问题就是这样解决的。显然他只用了两种原因:事物是什么〔本质〕方面的原因和质料的原因。("型"是事物的本质因,"一"又是"型"的本质因。)显然作为基质的质料,在感性事物中是表述"型"的,而在"型"中是表述"一"的,这就是"不定的二"即"大和小"。他还把这些元素当做善和恶的原因,在这方面他是追随以前的哲学家恩培多克勒和阿那克萨戈拉的。(987^{b}14—988^{a}17)

亚里士多德在《形而上学》第 1 卷概述以前哲学家的思想时,将他们的哲学思想都归属于他自己所说的四种原因(形式因即本质因、质料因、动因、目的因),他认为柏拉图只谈了两种原因即质料因和本质(是什么)因。这是亚里士多德的解释,柏拉图自己并没有这样明确说过。但是亚里士多德的解释还是正确的:认为"一"和"型"是本质因,"不定的二"即"大和小"是质料因,至少在后期对话《斐莱布篇》和《蒂迈欧篇》可以找到根据。《斐莱布篇》中所讲的四类存在,由无限和有限结合而成具体事物;无限就是冷一点和热一点(较冷和较热)等,它们可以向两个方向变,变得多一点或少一点,(24A—B)这就是"大和小"即"不定的二",虽然柏拉图自己没有用这个词;有限便是有数的规定性,可以归为"一"。(25D)在《蒂迈欧篇》中,作为事物的模型的"相"和"数"可以说就是事物的形式或本质,而接受器或空间就是可以大一点或小一点的,它接受"相"或"型"便成为变动的事物。从上文所引亚里士多德在《物理学》(209^{b}11)中说的也就是质料,柏拉图自己实际上也是这样解释的,虽然他还没有用"质料"这个词;上引菲罗波诺和辛普里丘的注释中便说"接受器"就是不成文学说中所说的"大和小"。因此在这个问题上亚里士多德的论述和柏拉图的对话之间并没有实质性的不同,只有"不定的二"即"大和小"这个名词在对话中没有当作一个专门术语,可能在口头讲演中才专门论述过。

但是在亚里士多德的这段论述中,我们可以发现一个问题,就是他所说的柏拉图讲的"数"究竟是什么东西? 数和"一"、"型"是什么关系? 它们和感性事物又有什么关系? 分析亚里士多德这段话,可以看到有以下几种说法:

第一,他说柏拉图认为数学对象或数理对象(这数学对象不但指一般的数如 2、3、4 等,也包括几何对象如点、线、面、体以及方形、圆形、三角形等)是在"型"和感性事物以外的、居于二者中间的东西。在《国家篇》中将存在分类时,柏拉图是这样说过的。(510C—D)但是为什么说数学对象是在"型"和感性事物以外的居于二者中间的东西? 亚里士多德在这里回答了,说因为它们具有两重性,它们一方面是永恒不变动的,在这点上和"型"相似,和感性事物不同;另一方面它们同一类的数目众多,在这点上和感性事物相似,和"型"不同,每一个"型"自身只是单一的。但数无论是 2、4 等数字或点、线、三角形等,怎么会是同一类数目众多,而不像"型"那样是单一的呢? 这些数学对象也是抽象的,应该像"相"、"型"一样是多中之一,为什么说它是数目众多的呢? 这是一个引起困惑的问题。

第二,他说"型"是其他事物的原因,因此构成"型"的元素也就是一切存在事物的元素。按照柏拉图原来的相论,"相"或"型"是单一的,并不是由其他元素构成的;现在却提出有构成事物的元素。从下文看构成"型"的元素就是作为质料的"大和小"和作为本质(形式)的"一"。"大和小"分有"一"便产生数,而"型"也是由"大和小"和"一"这两种元素构成的,这样数和"型"也就是一样的了,但柏拉图自己并没有明显地将"型"和数说成是同一的;而且构成"型"的元素也就是构成一切存在物的元素,因为感性事物也是由"一"与"大和小"组成的。柏拉图在《蒂迈欧篇》中是有这样的意思,认为从宇宙到人都是由数和接受器即空间组成的。如果这样看,数、"型"和感性事物都是由"一"与"大和小"组成的,它们又如何区别?

第三,他说柏拉图相信一切数,除了最初的以外,都可以容易地从"不定的二"这种可塑的质料中产生出来。这里说的"最初的"数,从古代注释家到现代学者作了不少猜测和解释;①如果将它理解为"先于2"的,那就是"一"。"一"在古希腊不仅是一个数字(甚至不将它当作数字),而且有多种含义:它表示唯一的东西,如爱利亚学派所说的"存在是一",也表示将许多成分综合起来的统一体,又可以表示一个东西和一个单位等等。因此凡是"存在"都是"一","一"和"存在"同样是最普遍的范畴。亚里士多德说柏拉图以"一"为"形式"("型"),质料"大和小"分有"一"便产生数,因此"一"是形式,不是从质料"不定的二"产生的。但是从2以后的数都是由质料"不定的二"(大和小)产生的。如果这"大和小"就是《蒂迈欧篇》所说的接受器或空间,就是有广延的,以它作为可塑性的质料,由此造成的数便成为有空间广延的东西。几何对象可以说是有广延的,而2、3、4等数怎么能具有空间广延? 再说如果数字2是由作为质料的"不定的二"组成的,便会有两个"二",一个是作为质料

---

① 参见罗斯:《亚里士多德的〈形而上学〉》第1卷,第173—176页。

的"不定的二",另一个是由它组成的数字 2,它们究竟是什么关系？有什么不同？

第四,在上引最后一段,亚里士多德说:"'型'是事物的本质因,'一'又是'型'的本质因。"(这句话大约是亚里士多德的解释,不是柏拉图的原话。)说"型"是事物的本质因,是符合柏拉图对话中相论的原义的;但现在又在"型"、"相"之上加了一个"一",说"一"是"型"的本质。这样柏拉图的存在就不是两重的世界,而是三重的。"一"和"存在"是最普遍的范畴,《国家篇》中将所有的"相"归到一个最高的"相"即"善的相"。上面说柏拉图的口头讲演的题目就是"论善",则将所有的"型"归到一个最高的"善"即"一"也是顺理成章的。任何一个"型"都是"善"也都是"一",因此说"一"是"型"的本质,也可以说是"型的型"。同样"一"也是组成数的形式(每一个数都是一个"一",又都是由不同数的单位——"一"组成的),也可以说它是"数的型",这就产生了不成文学说中所谓"数的型"的问题。

通过以上四点简单分析,我们想说明:一方面,亚里士多德的论述在基本点上并没有超出柏拉图对话的内容,大多可以在对话中找到根据,也不能说他误解或曲解了柏拉图的对话;另一方面,亚里士多德确实是以自己的方式去解释柏拉图的思想。亚里士多德是最善于分析的,经过他缜密的逻辑分析,柏拉图对话中带有诗意朦胧的阐述中的矛盾便被揭发出来,这就是"一"、"型"、"数"、"不定的二"和具体事物彼此间存在难以说清的矛盾关系。很可能是柏拉图和他的学生在学园中讨论这些问题,提出各种不同的学说来解决这些矛盾,这便是我们现在所说的"不成文学说",亚里士多德对它们是持批评态度的。以上是我们对西方学者长期争论的这个问题的基本看法。

二 "型"和数

柏拉图的不成文学说包括老学园中斯彪西波、色诺克拉底等人的思想,主要集中在"型"和数的关系上。研究这个问题只能根据亚里士多德的著作和古代作家的注释,主要是亚里士多德的《形而上学》。《形而上学》第 1 卷(A)第 9 章批评柏拉图的哲学,前一半批评他的相论,后一半批评他有关数的理论,可以说是将不成文学说作了提纲挈领的评述;第13(M)、14(N)两卷对这些问题展开了分析批评,但批评的对象不限于柏拉图,主要是针对斯彪西波和色诺克拉底的。现在先介绍第1卷第9章中亚里士多德的有关论述。

亚里士多德在提出不同的论证批评柏拉图的相(型)论以后接着说:如果"型"是数,它们如何能成为原因? 因为存在物是不同的数吗? 比如,某个数是人,某个数是苏格拉底,某个数是卡里亚。为什么前一列数是后一列数的原因呢? 即使前者是永恒的,后者不是,也没有什么不同。如果因为这里的〔现象的〕东西像和音一样是数的比例,那就必然有某些成为比例的东西,这就是质料;而数自身只能是这个东西和那个东西之间的比例。例如,如果卡里亚是火、土、水、气间的数的比例,他的"相"便只能是这些东西的数的比例,它本身并不是一种数。(991ᵇ9—2)这里亚里士多德批评那将"相"或"型"说成就是数的思想。即使说卡里亚是由火和土等质料按一定数的比例构成的,也只能说他的"相"是这个数的比例,不能说"相"本身是一种数,更不能说某个数是卡里亚,另一个数是苏格拉底。因为亚里士多德将事物的本体和属性区别开,数只是事物的数量关系,是属性而不是本体。所以他认为事物的"相"或"型"不是数。

他又说:一个数可以由许多个数构成,而一个"型"怎么能由许多个"型"构成呢? 如果不是由数构成而是由数的单位(单元、一)构成,像一万是由一万个单元构成,那么这些单元的关系是什么? 如果这些单元是同类的,会引出许多荒谬的结论;如果它们是不同类的(无论是一个数中的诸单元互不相同,或者是这个数的单位和别的数的单位互不相同),因为它们没有性质的规定,怎么会有不同呢? 这是不合理的。(991ᵇ21—27)柏拉图原来说的"型"是单一不可分的,不是由许多"型"组成的,而数却可以由许多个数构成。如果"型"是数,它像数一样是由单位("一")构成的,那么这些单位彼此发生什么关系? 只有两种可能:(甲)这些单位是同类的,即彼此可以相比相通(像数学的数的单位一样可以加减乘除),但这样就是不同的"型"是由同类的单元所构成,显然是荒谬的。(乙)这些单位是不同类的,或者是同一个"型"即数的单元彼此是不同类的,或者是同一个"型"即数的单元虽彼此同类,但不同的

"型"即数的单元彼此不同类,这样虽符合"型"的情况却不符合数的情况。这就是说,作为数,它们的单位应该都是同类的,都是单元"一";而作为"型"却不能由同类的单元构成。就这一点说,"型"和数是不同的。亚里士多德在这里指出了"型"和数的不同:作为数,不同数的单位都是相同的,它们之间只有量的区别;可是作为"型",不同的"型"之间有质的区别,它们的单位应该是不同的。所以如果"型"是数,这种数便得由不同类的单位构成,因此有些人提出在"数学的数"以外还有一种"型的数",它们是由不同类的单元构成的。

因此亚里士多德说,如果"型"是数,则除了"型的数"外,还得承认有一种用来计算的"数学的数"。有人说它们是"中间者",它们的本原是什么?为什么它们是这里的感性事物和事物自身("型")之间的中间者呢?而且如果"二"的每个单位都要由一个在先的"二"来,这是不可能的。(991^{b}27—992^{a}1)他在前面批评柏拉图的相论时曾说过,如果"型"和分有它们的事物有同一的"型",它们有共同点,那么为什么可以毁灭的二和那是永恒的却是多数的(即数学的)二是同一个"二",而"二自身"和特殊的二却不是同一个"二"呢?(991^{a}2—5)可见如果认为数是"型"和分有"型"的感性事物之间的中间者,便会有三个"二":一个是二的"型"即二自身,一个是特殊的即可以毁灭的二(感性事物),还有一个是居于这二者之间的永恒的却是多数的即数学的二。作为中间者的数(数学的数)的本原就是"数的型"。这就是说,在作为中间者的"数学的数"以外还有另外一种"数的型",它也就是作为"型"的数。而数是由单元构成的,"数的型"也由单元构成;"数的型"是数的本原,它先于数,它的单元也先于数的单元,所以亚里士多德说"二"的每个单位都要由一个在先的"二"(二的"型")来,他认为这是不可能的。

亚里士多德又作进一步的说明。他说为什么数合在一起便成为统一的"一"呢?如果它们的单位是不同的,就应该像那些说有四个或两个元素的人那样,不管这些元素有没有共同的东西例如"物体",他们不将这些元素叫作物体,而将它们分别称为火和土。现在有人却说"一"是像火和水一样的"同素体",是由相同的部分组成的。这样的数就〔只能是数学的数〕不是本体。显然如果有一个作为本原的"一自身","一"就不止有一种意义,不然这种学说便是不可能的。(992ª1—10)他在这里谈到作为统一体的"一"的问题。一个数要能成为"一",它的组成部分必须有共同性,如果它们的单位是同类的,便是数学的数而不是本体——"型的数"了。现在主张"型的数"的人却一方面认为它的单位是不同类的,另一方面又说"一自身"是同素体。这样的"一"显然有多种不同含义。亚里士多德批评柏拉图学派的人混淆了"一"的多种含义,将它说成是最高的形式本原。亚里士多德自己在《形而上学》第5卷(△)第6章和第10卷(Ⅰ)第1章中区分了"一"的多种含义。

亚里士多德说:我们想将本体归为它们的本原,说线来自长和短(即一种"大和小"),面来自宽和窄,体来自深和浅。可是宽窄和深浅是不同类的,所以面如何能包含线,体又如何能包含面和线呢?因为多和少又和它们(长短、宽窄、深浅)不同,所以数也不在它们之中,较高的种更不属于较低的种,宽的种并不包含深,不然立体就是某种平面了。再说线中的点又是从哪里得来的?柏拉图认为这种东西不过是几何学的虚构。不过他也承认有线的本原,他常常说点是不可分的线,是线的极限,因此从线的存在也可以证明点的存在。(992ª10—24)这里亚里士多德说到几何上的点、线、面、体,这些也被称为是"数以后的东西"。从毕泰戈拉学派开始将具体事物归为体、面、线、点,说这些是事物的本原;但它们各自的单位(深浅、宽窄等)是不同的,和数的单位(多少)也是不同的,它们如何能彼此相包含成为高一级的"种"和低一级的"属"呢?这里,亚里士多德是以线、面、体为不同的"型",说明它们的单位是不同的,面的单位是宽窄即平方,体的单位是深浅即立方,既然单位不同怎么能彼此包容呢?

亚里士多德提出这些批评以后概括起来说:智慧要求我们探寻现实事物的原因,我们却只是在这类本体以外假设了另一类本体,说的只是一些空话。我们所说的事物的原因,没有一个是本原,"型"与此毫不相干。现在一些思想家将哲学变成数学,而数学本来是应该研究别的东西的。至于有些人说是基质的质料〔即"大和小"〕也太数学化了,与其说它是本体和质料,不如说是范畴和属差。例如,"大和小"就像自然哲学家所说的疏和密,只能说是基质的差别,是某种过多和过少。(992ª24—ᵇ6)他又说这样整个对自然的研究就要被毁掉。证明万物是一，看起来容易，实际上却做不到。列举所有事例也不能证明万物是一，只能证明有个"一自身"；如果不承认普遍的东西是一个"种"，连这个结论也得不到。（992ᵇ8—13）在《形而上学》第1卷中亚里士多德虽然批判柏拉图的相论，但他还以柏拉图学派中人自居，所以说是"我们"。他着重反对的却是柏拉图学园中人，即斯彪西波和色诺克拉底等，说他们将哲学变成数学，而数学本来应该研究另一种对象，和哲学有所不同。亚里士多德将事物的本体和属性区别开，他认为哲学是研究事物的本体即本质的，数只是事物的一种属性，所以不能以数学代替哲学。他批评柏拉图等所提出的两个本原——"一"与"大和小"，他认为说"大和小"是事物的质料也太数学化了，它只是事物的属性，是一种差异，并不是事物的本体和质料。即使列举所有事例也不能证明万物是"一"，不能说"一"是万物的本体（本质），至多只能说有一个普遍的"一自身"。

在《形而上学》第13、14卷中，亚里士多德将他的这些批评作了比较详细的论述，限于篇幅，不能在此介绍。① 现在只抽取和不成文学说有关的几个问题作概括论述。

第一个问题："型的数"或"数的型"。

从以上亚里士多德的论述中可以看到：（1）如果"型"是数，因为各个"型"的性质是彼此不同的，所以构成它们的单位也应该不同，"型的数"是由彼此不同的单位构成的，这种数和数学的数不同。（2）如果数是居于"型"和具体事物之间的"中间者"，数也必然有它的"型"；这一点柏拉图在《斐多篇》中已经提到：无论是1+1＝2的2，或是一分为二的"二"，都是由于它们分有了"二"（101B—C），"二的型"也就是"数的型"。由这两点理由可以认为柏拉图或他的学园中有些人认为除了作为数学对象的数以外，还有另一种数，叫作"型（相）的数"或"数的型"（εἰδ' ἀριθμούς, eid arithmous, ideal or eidetic number，过去译为"理念数"）。正式见于亚里士多德的《形而上学》："那些最

_____

① 可以参见汪子嵩：《亚里士多德关于本体的学说》，第15—17章。

初肯定有两种数——‘型的数’和数学的数——的人既没有说明数学的数是什么，也没有说明它们是如何构成的。”（1090[b]32—35）

亚里士多德在《形而上学》第 13 卷（M）第 6 章中说：如果数是一种和具体事物分离存在的东西，〔请注意：亚里士多德对柏拉图相论的批评，主要点是在他认为柏拉图的“相”是和具体事物分离的。〕便可能出现以下几种不同的数：第一种数的各单位都是不同类（“属”）的，无论是同一个数中的各单位或不同的数的各单位都不同类，不能相联相通，即不能相互加减乘除。第二种数中的各单位都没有例外地是相联相通的，像数学的数那样，其中的各个单位都是同类的，彼此没有不同。第三种数中的单位，有些是相通的，有些是不相通的。数 1,2,3 是彼此相联的，其中每个数内部的各单位是彼此同类可以相通的，但不同的数中的单位却是彼此不同的。比如 2 由两个单位组成，它们彼此相等相通，3 由三个单位组成，它们彼此也相等相通；但是“二自身”的单位和“三自身”的单位却彼此不同不能相通。所以数学的数是这样计数的：1，然后是 2，它由前一个 1 加上另一个 1 构成，然后是 3，它由前两个 1 加上另一个 1 构成，其他类推。而“数自身”（“数的型”）却是这样计数的：1，然后是一个不同的 2，它是不包括第一个 1 的，然后是一个不同的 3，它是不包括前面的 1 和 2 的。（1080[a]12—35）

亚里士多德接着指出：没有一个人主张数的单位都是不能相通的，即以上所说的第一种数可以排除掉。他指出当时存在以下几种不同的数论：（1）有人认为第二和第三种数都存在，那有在先在后的就是“型”（“型的数”），数学的数既不同于“型”也不同于具体事物。他们认为数学的数和“型的数”这两种数都是和具体事物分离的。（1080[b]11—14）一般认为这一类思想家中就包括柏拉图。（2）有些人认为只有数学的数存在，它是第一实在，是和感性事物分离的。（1080[b]14—16）这就是斯彪西波的思想。（3）毕泰戈拉学派也只承认有数学的数，但他们认为数学的数和具体事物是不分离的，正是数学的数构成具体事物，他们以数构成宇宙。但他们认为组成数的单位是有空间大小的，可是第一个“一”如何由空间大小组成，他们就说不清楚了。（1080[b]16—20）（4）有些思想家认为只有第一类数即“型”（“型的数”）存在。（1080[b]20—22）

（5）有些人说数学的数和"型"（"型的数"）是同一的。（1080^{b}22—23）这是指色诺克拉底。

在第 13 卷第 9 章批评这些数论时，柏拉图概述了它们的错误。他说这些不同观点的分歧表示它们对事实本身的看法是不正确的，从而带来理论上的混乱。（1）那些认为只有数学对象是和感性事物分离存在的人〔指斯彪西波〕是由于看到了虚构的"型"所造成的困难，所以放弃了"型的数"主张只有数学的数。（2）但是那些想要"型"同时也是数的人〔指色诺克拉底〕没有看到如果肯定这样的原则，数学的数如何能和"型的数"分离存在？因为"型的数"和数学的数在逻各斯上是同一的，这实际上就是毁灭了数学的数，因为他们所假设的并不是数学的原则。（3）而那第一个主张"型"存在，"型"就是数以及有数学对象存在的人〔指柏拉图〕，自然是将这二者〔数学的数和"型的数"〕分开来了。所以可以说他们都只是在某个方面正确，但从整体上说都不正确。他们自己证明了这点，因为他们的说法都不一致并且相互矛盾，原因在于他们的假设和原则都是错的。（1085^{b}36—1086^{a}16）我们看到：柏拉图后期有一种倾向要将"型"归为数，可是又认为在"型"以外有一种作为数学对象的数，它是"型"和感性事物之间的"中间者"，那便得主张在数学的数以外还有一种"型的数"，这二者都是在感性事物以外独立存在的。这是亚里士多德所说的柏拉图的主张。在柏拉图的对话中找不到这样明确的论述，最多只能说对话中某些论点可以作这样的理解和解释。但是如果说有这两种数同时存在便要产生一个问题：究竟哪一种数是最根本的？在柏拉图的后继者中立刻产生了分歧。一种以斯彪西波为代表，他看到相论产生的困难，因而放弃"型的数"而认为只有数学的数才是本原。他实际上是将柏拉图的学说完全数学化也就是毕泰戈拉学派化了。另一种以色诺克拉底为代表，认为"型"就是数，"型的数"和数学的数在逻辑上是同一的。亚里士多德指出：因为色诺克拉底所肯定的原则实际上是"型"的原则而不是数的原则，所以表面上他将两种数等同了，实际上却是毁灭了数学的数。可以说色诺克拉底实际上是在"型的数"中更强调了"型"的一面，和斯彪西波各执一端。这是我们从亚里士多德的论述中得到的有关这三种不同观点的理解。亚里士多德认为这三种观点虽然都有正确的方面,但从整体上说都是错的,因为他们假设的原则是错的。亚里士多德认为他们的错误在于认为"型"和数是和感性事物分离的独立存在的本体。他认为在这点上毕泰戈拉学派是对的,他们说数是万物的本原,但数是在事物之中,并不是在事物以外独立存在的。

亚里士多德在《形而上学》第 13 卷第 7 章批评了数的各单位可以有不同的观点,他的结论是:无论以何种方式说数的单位是不同的,都是荒谬的,只是为了满足虚构的假设而杜撰出来的。(1082^{b}1—4)亚里士多德认为,凡是数,它们的单位必然是相同的。他实际上否定了有不同单位的"型的数",认为这只是为了虚构而作的假设。他的这个观点显然是我们现在可以接受的。对于柏拉图学派提出的"型"和数的两个本原——作为形式因的"一"和作为质料因的"不定的二"即"大和小",亚里士多德在第 13 卷第 8 章和第 14 卷第 1 章中都提出批评,认为无论是"一"或"不定的二"都只是事物的数量关系,不是事物的本体,所以不能说它们是本原(原则)。他所说的道理比较复杂,限于篇幅不能在此分析介绍。

第二个问题:点、线、面、体。

亚里士多德在《形而上学》第 1 卷第 9 章中批评了柏拉图关于数的理论以后,接着说:

> 它〔这种理论〕也不能解释线、面、体这些在数以后的东西是如何存在的,以及它们有什么意义;它们既不是"型"(因为它们不是数),也不是中间者(因为中间者是数学的对象),也不是可毁灭的事物。显然它们只能是第四种东西。(992^{b}13—18)

这里亚里士多德说线、面、体这些在数以后的东西,既不是"型"也不是中间者,也不是具体事物,认为它们是在这三者以外的第四种东西。这是不是柏拉图的主张?看来是有问题的,因为在第 13 卷第 6 章中他在说到柏拉图和斯彪西波等人的不同观点时又说:线、面、体的情况也一样。(1)有些人认为它们是数学的对象,和来自"型"的东西不同;(2)有些人却只以数学的方式谈论数学对象,既不讲"型的数"也不讲"型"存在;(3)还有些人不用数学方式谈论数学对象,他们说并不是每一个空间量度都可以划分为大小的,也不是任意取两个单位便可以造成"二"的。(1080^b23—30)一般学者都认为这里说的三种观点,第一种是柏拉图的,第二种是斯彪西波的,第三种是色诺克拉底的。可见作为几何学对象的线、面、体是不是同时也作为数学对象,在当时就已有分歧意见,柏拉图自己可能也没有确定的看法。本来当时所谓数学包括范围很广,不但几何学,甚至天文学都可以包括在内;但几何对象终究和单纯的数有所不同,几何对象是有空间量度的而数却是不占空间的。

前面引用过:亚里士多德说可以将线、面、体这些东西归为它们的本原,即线来自长和短,面来自宽和窄,体来自深和浅。可是长短和宽窄、深浅是不同类的,则面如何能够包含线,体又如何能够包含面和线? 而数的本原是多和少,又如何能包含在线、面、体之中? (992^a10—18)如果这里说的长短、宽窄、深浅是线、面、体的单位,这些单位是不同类的即不能相通的,则它们可以说是不同的"型"即"线的型"、"面的型"、"体的型",它们和"数的型"有相似的性质,却是不同类的,彼此不能相通。但如果作另一种理解:长短、宽窄、深浅作为线、面、体的质料性本原,都是有空间量度的"大和小"。数虽然没有空间量度,但也是由"大和小"构成的。体归为面,面归为线,线又可归为点,点就是没有空间量度的。所以"大和小"即"不定的二"作为质料,既可以是点、线、面、体的本原,又可以是数的本原。在这点上西方学者也是有不同看法的,比如罗斯就比较强调"不定的二"只能是构成有空间量度的具体事物的质料,而有些学者却认为它也是构成"型"和数的质料。上面也引用过亚里士多德认为可以有三种"二":作为"型"的"二自身",作为感性事物的可毁灭的"二"和作为中间者的数学的"二"。(991^a2—5)作为"型"的"二自身"是不是也可以作为构成"型"的质料呢? 由此可见这些问题在当时柏拉图学园内可能也是争论不清的。亚里士多德批评他们说这是由于不懂得"抽象"的缘故。这点下文再谈。

可以将线、面、体归为数。亚里士多德提到,那些相信"型"的人认为空间量度是由质料和数组成的,线由 2 组成,面由 3 组成,体由 4 组成。(1090^b20—24)数是它们的形式因,2 是组成线的形式,因为线可以向两个方向发展，面可以向三个方向发展，体可以向四个方向发展。点的形式是1，它是不可分的，"一"是数的本原。这是毕泰戈拉学派的观点，本书第一卷论述毕泰戈拉学派哲学时对此有比较详细的讨论。① 柏拉图学园中人接受了毕泰戈拉学派的观点，亚里士多德这里讲的"相信'型'的人"，学者们认为是指色诺克拉底，可能柏拉图也同意这个观点。

亚里士多德在《论灵魂》中有一段话：

　　柏拉图在《蒂迈欧篇》中认为灵魂是由元素组成的，他主张相似的认识相似的，事物是由本原构成的，灵魂也是如此。在他的《论哲学》讲演中也这样讲，认为生物自身〔宇宙〕是由"一的相"和基本的长、宽、高组成的，别的事物也是这样。他有另一种说法：努斯是"一"，理智是"二"（因为它只能从这一点到那一点），意见是面的数（即"三"），感觉是体的数（即"四"）。他认为数就是"型"自身或本原，是由元素组成的。事物是由努斯或知识、意见、感觉认识的，这些数也就是事物的"型"。（404^{b}16—28）

柏拉图在《蒂迈欧篇》中说灵魂是由存在、同和异组成的，宇宙事物也是由同和异组成的，所以能同类相知，以灵魂的同认识事物的同。按照亚里士多德在这里所说，柏拉图在不成文的《论哲学》中认为宇宙和一切事物是由"一的相"和基本的长、宽、高（也就是二、三、四的"相"）构成的，因此事物可以归结为数，数就是事物的"型"。一方面认识的对象是数；另一方面灵魂即认识也是数："一"是理性，"二"是理智，"三"是意见，"四"是感觉。灵魂认识对象就是以数认识数，是同类相知。柏拉图将认识和认识的对象都归为数。但这种说法只出自亚里士多德，柏拉图在《蒂迈欧篇》并没有这样说，可能是在《论哲学》讲演中说的。

　　第三个问题：事物的"型"和数。
　　要将具体事物归为数，也就是说要从数量上确定事物的规定性，这是西方

---

① 参见本书第一卷第244页以下。

科学从古至今一直在从事的工作,在不同的时代由于科学发展的水平,得到的认识也就不同。早期毕泰戈拉学派主要是从音的比例,也许还有当时的天文学和商品交换等而猜想一切事物都可以归为数;因此,有许多不能用数说明的事物只能用神秘的宗教迷信来解释。到柏拉图时代,由于数学特别是几何学的发展,已经可以用一种新的比较科学的方法来说明这个问题了。从《蒂迈欧篇》我们可以看到柏拉图是用这种方法将事物归为数的:他接受以前自然哲学家的看法认为万物是由火、水、气、土这四种元素组成的;他将这四种元素的不同归为它们是四种不同的立方体,而这四种立方体又都是由两类不同的基本三角形(这是"面")组成的;所以体的差异可以归结为面的数量的不同,而面的差异又可以归为线(三角形的边线)的数量和比例的不同;线的差异可以归为它们的长短的不同,也就是各条线所包含的单位即点的多少数量的不同。这样从体到面到线都有数量的不同,这种数量的不同最后都可以归为单位的不同,有多少个单位便有多少数;每个单位都是一个"一",所以"一"是最后的也是最高的形式因。在"一"以下,数和数以后的东西——线、面、体也都是事物的形式即"型",成为高低不同序列的形式因。这些形式因必须和事物的质料——可大可小的空间即"大和小"、"不定的二"相结合才成为具体事物,宇宙万物是这样生成的。以上虽然并不完全是柏拉图的原话,但这样理解《蒂迈欧篇》的宇宙论大体上是可以的。

由此可以看到柏拉图的思想方法是:将一切具体事物归结为也就是抽象为体,从体抽象出面,从面抽象出线,将线抽象为点也就是单位,从体、面、线都可以抽象出数,这样便将具体事物归为数了。这种推论过程也就是抽象的过程,这种方法应该说是科学的抽象。古代希腊还没有化学,不可能将事物分析为不同的元素再进行定量分析,柏拉图只能用物理学和几何学的方法将具体事物归结为数。这种学说显然比早期毕泰戈拉学派的学说更为精确和科学,代表那个时代的科学认识水平。柏拉图和他的学园是深受毕泰戈拉学派影响的,而和柏拉图同时或稍早的毕泰戈拉学派的菲罗劳斯和阿尔基塔等没有完整的著作流传下来,《蒂迈欧篇》和毕泰戈拉学派的关系在西方学者中是个争论不决的问题,我们可以说《蒂迈欧篇》中关于数的思想当然是柏拉图的创造,但也代表公元前4世纪毕泰戈拉学派的观点和水平。

但是亚里士多德却一再强调要将毕泰戈拉学派关于数的学说和柏拉图学派的学说区别开来,他认为柏拉图学派是将数或"型"和具体事物分离开的,而毕泰戈拉却没有将二者分离,认为事物是由数构成的,数就在事物之中。柏拉图学派怎么将数或"型"和具体事物分离的呢? 柏拉图的相论认为具体事物的本原是"相","相"或"型"本来是从具体事物抽象得出的一般(共相),但他却认为这个一般是先于具体事物而存在的,是更高级的存在。这样他就将抽象的一般看作是具体的存在物,它们和具体事物分离而独立存在于另一个世界中。这种错误的根源就在于分不清一般和个别、抽象和具体的关系,将一般等同于个别。在后期对话《蒂迈欧篇》中,柏拉图将具体事物归为体、面、线、点,最后归为数时,本来是打破了原来的两个世界对立的思想框架的,但因为并没有明白认识和纠正原来的错误,所以柏拉图,更可能是他的弟子们又重蹈覆辙,将体、面、线、点和数都看成是和具体事物一样,是独立分离存在的本体,越是抽象的东西其本体性也越高,最后的数和"一"便成为最高的本体。

最初看到这个问题并提出批评的是亚里士多德。他在《形而上学》第13卷第1章指出有几种不同的数论;在第2章中他针对这种将数与线、面、体看作是和具体事物分离的本体的学说,提出七个论证进行批判;在第3章中他具体分析这种错误的根源在于混淆了抽象的一般和具体的个别事物之间的区别。他接着说:数学上的一般命题是研究大小的量和数的,但它们研究的不是那些我们可以感觉到的、有空间广延的大小和数,而是作为某种特殊的〔抽象的〕大小和数来研究。正如研究运动,我们可以不管是什么东西在运动,不管它还有什么其他属性,专门将运动分离〔抽象〕出来进行研究,可以得出有关运动的科学。同样,也可以将运动的事物不作为运动,而只作为体、面、线、点和单位来研究。正是在这个意义上我们不但说那些实际上独立分离的事物〔一个个具体事物是彼此独立分离的〕是存在的,而且那些不独立分离的东西〔抽象的一般〕也是存在的。我们是在这样的意义上说数学的对象是存在的,数学家要研究的就是这些东西,其他科学也有各自研究的对象。几何学也是这样,它并不将感性事物当作可感觉的具体事物来研究〔而只将它们的体、面、线、点等抽象出来进行研究〕;所以数学不是研究感性事物的科学,另一方面它也不是研究和感性事物分离开的别的事物的。(1077^{b}17—1078^{a}5)数以及几何对象线、面、体等都是在具体事物之中的,是事物在某一方面的固有特性,只能由我们的思想将它们抽象分离出来进行研究。这就是抽象和具体、一般和个别的关系,柏拉图及其弟子有关"型"和数的理论的根本错误在于混淆了这二者的关系,他们说"型"、数是和具体事物分离存在的,就是将抽象的一般当成具体的东西。毕泰戈拉学派虽然认为数存在于事物之中,但他们仍然认为数是组成具体事物的本体,他们也混淆了一般和个别的区别,所以亚里士多德的批评同样适用于毕泰戈拉学派。[①] 亚里士多德虽然提出这个问题并对柏拉图及其弟子进行了批评,但他自己的学说有时却仍然混淆了一般和个别的关系,我们将在本书第三卷论述。一般和个别的关系问题不但贯穿整个古希腊哲学,而且在中世纪以至近现代哲学中都是贯彻始终的一个中心问题。

柏拉图所说的"相"或"型"原来是对事物的本质特性所作的一种抽象,后来他又对事物的另一种特性即量的特性作了抽象,这就是数。这样就产生这两种抽象是什么关系的问题,也就是在柏拉图学园中一直争论不休的"型"和数的关系问题。他们既然将"型"和"数"都看成是独立存在的本体,而且二者又是彼此发生关系的,于是就产生了所谓"数的型"或"型的数"问题。有些人偏重数,认为只有数学的数才是最根本的,斯彪西波持这样的观点;有些人偏重"型",认为只有"型的数"才是最根本的,数学的数也就是"型的数",据说这就是色诺克拉底的观点。既然知道"型"和"数"不过是对事物所作的两种不同的抽象,便可以对这些问题谈谈我们的看法。

柏拉图所说的"相"或"型"本来只是将事物的质的方面作了抽象,无论是"人的相"、"床的相"、"善的相"、"正义的相",都是指它们具有质的差别;"大的相"和"小的相"可能具有量的意义,但因"大"和"小"没有确定的数的规定性,实际上也还可以说是一种质的差别。在这一种"型"和那一种"型"之间只有质的区别,不是量的差异,所以它们没有相同的单位,彼此不能相通相约。

---

① 参见本书第一卷第244—257页,那里的论述可与本节相互补充。

因此他们认为有一种作为"型的数",它们和作为数学对象的数是不同的,作为数学对象的数有相同的单位,是可以相通相约的。这就是他们提出在数学的数以外还有一种"型的数"的理由。但是他们不只停留在这一步,还要进一步追问:在同一个"型"的内部是不是像数一样有相同的单位?这就是要将"型"归为数,找出不同质的"型"所具有的量的规定性。将不同质的事物归结为不同的量,在当时希腊的科学和哲学中已经在作这样的尝试。恩培多克勒认为万物是由火、水、土、气四种元素组成的,不同的事物就是由四种元素的不等的量混合成的。他认为肌肉是由四种元素各自同等的量混合而成的,神经是由火、土和双倍的水结合而成的,骨头是由两份水、两份土和四份火混合而成的。① 柏拉图接受了恩培多克勒的思想,在《蒂迈欧篇》中说:神用不同的三角形造成水、火、土、气,又将它们按不同的比例结合成为精髓,是各种生物的种子。(73B—C)不但这四种元素可以按不同的量结合成为不同的事物,而且这四种元素自身也可以由于量的不同而相互转化。《蒂迈欧篇》认为火元素是正四面体,气元素是正八面体,水元素是正二十面体,因此它们可以根据不同的量而相互转化,比如一个二十面体的水粒子能变成一个四面体的火粒子和两个八面体的气粒子($20 = 4+2 \times 8$);两个火粒子能成为一个气粒子($2 \times 4 = 8$);两个半气粒子能成为一个水粒子($2.5 \times 8 = 20$)。(56D—E)这些都是没有科学依据的猜想,特别是后一个例子企图以简单的算术解决这样复杂的问题,现在看来显得幼稚可笑;但如果我们认识到这是人类最早试图从事物的不同的质中找出它们的量的规定性,便应该承认这是一种天才的猜测。

我们从这样的人类认识发展的角度来看,则柏拉图等人是要在数学的数以外提出一个"型的数",认为它们可以有不同的不相通的单位;并且认为有这样一种数,它的有些单位可以是相同相通的,有些单位却可以是不相同不相通的;他们还为此争论不休。我们不能简单地说这些观点是荒谬的,近代科学的分子和原子结构学说可以证明他们的想法是有道理的。

---

① 参见本书第一卷第 681 页。

第二节　老学园的代表人物

根据第欧根尼·拉尔修的记载,柏拉图著名的学生有:雅典人斯彪西波、卡尔西冬人色诺克拉底、斯塔吉拉人亚里士多德、奥布斯人菲力普、佩林苏人赫司提埃俄、叙拉古人狄翁、赫腊克利亚人阿密克拉、斯帕苏人厄拉斯托和科里司库、库齐库人提谟劳、兰萨库人欧埃翁、爱努斯人皮松和赫拉克利德、雅典人希波萨勒和卡利普斯、安菲波利人狄米特里乌、本都人赫拉克利德等等,还有两位女性即曼提尼亚人拉斯提尼亚和佛利岛人阿克西塞亚。① 在这张名单中还应该加上数学家泰阿泰德以及著名的天文学家欧多克索,他们都是柏拉图的朋友和学生。公元前347年柏拉图死后,继承他担任学园领导人的有:斯彪西波(前347—前339年)、色诺克拉底(前396—前314年)、波勒谟(前314—前276年)、克拉特斯和阿尔凯西劳(均在公元前3世纪时担任领导),以后就转入中学园时期。

限于资料和篇幅,本节只能扼要介绍斯彪西波和色诺克拉底的思想。他们本人的著作都没有保留下来,有关他们的思想主要出自亚里士多德的论述以及古代注释家在解释亚里士多德著作时提到的有关他们的片段材料。由于亚里士多德对他们的观点采取严厉的批判态度,他的论述不可能是客观的公正的,但我们却只能以此为根据。

一　斯彪西波

第欧根尼·拉尔修记载说斯彪西波(约前407—前339年)是雅典人,柏拉图的姊妹波托妮的儿子,柏拉图逝世后由他担任学园首脑直到去世有8年之久。据说他的性格和柏拉图不同,容易激怒。狄奥尼修写信嘲笑他说:"柏拉图免收学生的费用,而你却不管他们是否愿意,一律收费。"他还列举斯彪

---

① 参见第欧根尼·拉尔修:《著名哲学家的生平和学说》第3卷,第46节。

西波的著作,有回忆录和对话共三十种,①可是都佚失了。亚里士多德著作中讲到斯彪西波的思想时有时是指名的,有时是不指名的,说"有些思想家"或"他们",罗斯曾将亚里士多德在《形而上学》中讲到的有关柏拉图、斯彪西波和色诺克拉底三人的思想的段落作了区别。②

亚里士多德著作中有几处指名提到斯彪西波的思想。一处是《形而上学》第 7 卷讨论本体时说,有些思想家认为在感性事物以外还有其他永恒的本体,柏拉图认为有两种即"型"和数学对象,它们和感性事物一样都是本体;接着说:

> 斯彪西波设定了更多种本体,以"一"开始,并且为每种本体设定了它的本原,有数的本原、空间大小的本原、灵魂的本原等等,这样他就将本体的种类多重化了。(1028^{b}21—24)

由此可见斯彪西波认为在感性事物以外独立分离存在的本体有:"一"、数、空间大小即线、面、体和灵魂等;这些本体都可以归为数,而没有一般的柏拉图所说的"型"。所以一般认为亚里士多德说的那个放弃"型"而只有数的意见就是斯彪西波的,如上引 1080^{b}14—16、25—28,1086^{a}2—5 等处。可以说他的思想是更接近毕泰戈拉学派的,所以亚里士多德将他和毕泰戈拉学派并提。在《形而上学》第 10 卷(Λ)第 7 章,亚里士多德讨论最高的"不动的动者"即神也就是善和理性的问题,他认为这个最高的善就是目的,就是本原。接着他说:

> 毕泰戈拉学派和斯彪西波却认为最高的美和善不是本原(开端),因为作为动物和植物的起端的是原因,美和完善乃是它们的结果。他们的意见是错的。(1072^{b}30—34)

亚里士多德的思想是目的论,他认为只有成熟的完全的个体才是在先的,才是本原,他说先有人然后才有种子;毕泰戈拉和斯彪西波却认为先有种子才有完

---

① 参见第欧根尼·拉尔修:《著名哲学家的生平和学说》第 4 卷,第 1 章。
② 参见罗斯:《柏拉图的相论》,第 152 页。

全的个体,善是发展的结果而不是原因。① 所以斯彪西波认为"一"不是善,多("大和小")也不是恶;亚里士多德在《形而上学》中说有一个思想家避免将善说成是"一",因为相反相生,这样便要说恶是"多"的本性了。(1091ᵇ32—35)学者们认为这个思想家就是斯彪西波。格思里认为这表示斯彪西波的思想是一种发展观,和亚里士多德的目的论思想是对立的。②

在第欧根尼·拉尔修开列的斯彪西波的著作目录中有许多是讨论伦理问题的,如《论快乐》、《论正义》、《论友谊》等,亚里士多德在《伦理学》中也指名提到斯彪西波。那是在《伦理学》第7卷讨论快乐是不是善时,他列举了当时认为快乐不是善的几种思想,其中提到斯彪西波。亚里士多德说:如果痛苦是恶,是必须避免的,则和痛苦相反的快乐便必然是善。

> 可是斯彪西波却认为快乐既和痛苦相反,又和善相反,正像较大既和较小相反,又和相等相反一样;他这种说法并不成功,因为他总不会说快乐在本质上是一种恶。(1153ᵇ4—7)

斯彪西波用数的关系("大"既和"小"相反,也和"相等"相反)解释伦理关系(快乐既和痛苦相反,又和善相反),可以看出他对数的十分重视。

近现代西方有些学者对斯彪西波作了专门研究,如彻尼斯在《早期学园之谜》中十分赞扬斯彪西波的"独创性",企图再造他的学说,③但终嫌资料不足,难以令人信服。

二 色诺克拉底

色诺克拉底(前396—前314年)是黑海边的卡尔西冬人,从小就跟柏拉图学习,曾伴随柏拉图访问西西里。柏拉图死后他和亚里士多德一起离开学园,接受阿塔尔纽城邦僭主赫尔米亚的邀请去到那里。斯彪西波临死前写信请他回去主持学园,从公元前339年直到他去世,色诺克拉底领导学园长达

---

① 参见汪子嵩:《亚里士多德关于本体的学说》,第83—84页。
② 参见格思里:《希腊哲学史》第5卷,第462节。
③ 参见彻尼斯:《早期学园之谜》,第33—43页。

25 年。据说伊壁鸠鲁和斯多亚学派创始人芝诺都是他的学生,所以他被认为是希腊哲学转入后期希腊化时期的桥梁。第欧根尼·拉尔修说他是一个拘谨的人,说柏拉图曾将他和才华纵横的亚里士多德对比,说"这一个需要用马刺来踢动,那一个则需要一根缰绳"。他又被描述为一个正直的人:据说他被奉派出使马其顿,国王菲力普说他是唯一不肯接受贿赂的人。在叙拉古,当狄奥尼修威胁柏拉图说要砍下柏拉图的头颅时,在场的色诺克拉底指指自己的头说:"除非砍掉我的,不然谁也别想动他的。"由于这种种故事,他深受当时雅典人的崇敬。①

　　第欧根尼·拉尔修列举的色诺克拉底的著作有七十多种,总行数是斯彪西波著作行数的五倍;涉及方面很广,从哲学到自然、灵魂、伦理、政治都有,对"相"、"型"、"存在"都有专门论述,《论辩证法》有 14 卷,还有专门论数和数学、天文学的著作,也有关于巴门尼德和毕泰戈拉学派的著作,可惜都已失传,我们现在只能看到保留在古代作家和注释家中的少数残篇。亚里士多德在《形而上学》中没有指名提到过他,只是不指名地论述他的观点。最明显的是在第 7 卷第 2 章中,亚里士多德说了柏拉图在感性事物之外设定"型"和数学对象两种本体、斯彪西波则设定更多种本体(见上引)以后,接着说:

　　　　有些人说"型"和数是相同的,别的东西——线和面直到天体和感性事物都是从它们来的。(1028^{b}24—27)

根据其他古代著作,学者们断定这里的"有些人"是指色诺克拉底和同意他的思想的人;1069^{a}35、1076^{a}20、1080^{b}22 所说主张"型"和数同一的人都是指色诺克拉底。亚里士多德对他的评价很低,他说在柏拉图学派有关数的理论中,第三种即认为作为"型"的数和作为数学对象的数是相同的这种观点最坏,因为它不但犯了一般将"型"说成是数的错误,而且数学的数也不能是"型"这样的东西,这是一种特有的假设。(1083^{b}1—8)并且说他们在实际上是毁掉数学的数。(1086^{a}9—10)近现代有些学者认为色诺克拉底是个道德高尚的人,也忠

---

① 参见第欧根尼·拉尔修:《著名哲学家的生平和学说》第 4 卷,第 2 章。

诚于柏拉图的哲学,但他的理解力不高,在哲学思想上没有多少建树。①

亚里士多德只在《论题篇》中三次指名提到色诺克拉底,都是作为逻辑说明的例证提出的。一是第2卷第6章中说到辩驳时要使词的含义更加适当、更易把握时说:幸运一词应该是指某人的命运好,正如色诺克拉底所说,"幸运就是他有个美好的灵魂。"(112ᵃ37—38)二是第6卷第3章讲到不要同义反复,说正像色诺克拉底所说"智慧是对存在的规定和深思熟虑",因为规定(下定义)就是一种深思熟虑,所以再加上"深思熟虑"是将同一个意思说了两次。(141ᵃ7—9)再一处是第7卷第1章说到在考察事物的同和异时要从相同的含义上去看,正像色诺克拉底所说"幸福的生活和善的生活是同一的",因为在所有的生活中善的生活是人们最希望的,也就是最幸福的生活;"最希望的"和"最大的"可以应用于同一个东西。(152ᵃ7—11)亚里士多德只引了色诺克拉底的三句话,虽然不能由此推知他的思想,但这三句话都是有关伦理问题的,从第欧根尼·拉尔修所列的著作目录看色诺克拉底对伦理学是很重视的。根据古代注释家的记载,色诺克拉底追求的幸福的生活就是保持精神上的安静,顺乎自然。这和据说是他的学生伊壁鸠鲁、特别是和斯多亚学派的伦理观点是一致的。

*　　　　*　　　　*

柏拉图的不成文学说以及由此引起老学园争论中的几种不同意见,统名之曰柏拉图的数论,是现代西方柏拉图学者研究的一个热门题目。他们的研究很难得出比较一致的结论,因为所能根据的资料不多,主要是亚里士多德的带有偏见的评述,以及古代作家留下的断简残片,学者们对它们作了各种解释,意见非常分歧。我们既限于学识又限于篇幅,不可能在此作比较详细的论述,以上只简略介绍了一些主要的资料,并谈了我们对这个问题的基本看法。

柏拉图在前期相论中虽然也讲有数的"相",如《斐多篇》中讲到"大的相"、"二的相"等,在《美诺篇》中更以几何作图题论证人有先验的知识,但他并没有将数看成是万物的本原;在《国家篇》中他将数学对象说成是在真正的

---

① 参见格思里:《希腊哲学史》第5卷,第470页。

存在——"相"和具体事物之间的中间的存在。到后期著作中,他在着重讨论爱利亚学派的"存在"问题的同时,毕泰戈拉学派有关数的哲学的影响也显著增加了。他在《巴门尼德篇》的推论中企图从"一"的存在推论其他数的产生,到《蒂迈欧篇》他将宇宙万物的生成归结为四元素的不同的多面体,又将多面体归结为两种直角三角形,归结为不同的数,实际上已经将万物的本原归为数了。从认为"相"或"型"是事物的本原转变为说数是事物的本原,当然会发生一个问题:数和"型"是什么关系?

当时人们的认识是:这个数和那个数的差别是量的不同,可是这个"相"和那个"相"之间却有质的不同。不同质的"相"或"型"如何能归结为数?实际上就是质和量的关系问题。《蒂迈欧篇》所说的多面体和三角形只能解决具体物质的数量结构的问题,不能解释非物质的"相"。因此他们认为如果要将"相"或"型"说成是数,便应该是一种和数学的数有所不同的数,这就是"型的数"。这两种数有什么不同?他们看到数学的数相互间的差别在于它们各自包含的单位只有多少的不同,而它们的单位本身却都是相同的,是"一":3是由三个"一"组成的,4是由四个"一"组成的。因此他们想到"型的数"是由不同质的单位组成的,组成这个"型"的单位和组成那个"型"的单位有不同,所以这两个"型"不同。所谓"具有不同单位的数",似乎是不可想象的,但我们现在说氢的原子不同于氧的原子,这原子就是组成氢和氧的单位,可以说氢和氧就是由不同单位的数组成的。不过现在我们可以计算出各种不同的原子的量,即将不同的质最后归结为量,而古代人做不到这一点,不能将质归为量,所以他们提出了一种不同质的量,就是具有不同单位的"型的数"。如果从人类认识发展的历史看,这是在当时科学水平下企图将质归为量的有意义的尝试。

既然认为有两种数,便会产生何者在先的问题。当时学园中似乎有两种相反的意见,一种认为数学的数是第一位的,以斯彪西波为代表,另一种认为在先的是"型的数",以色诺克拉底为代表。当代数学哲学争论的一个重要问题:数学的对象是量还是结构?似乎可以从柏拉图的学园中找到最早的根源。但在学园内部已经出现了另外一种意见,那就是亚里士多德根本反对这种数的理论。他认为数只是事物的一种属性,人们可以将这种属性从事物本身抽象出来进行研究,但不能以这种研究代替对事物本身即它的本质的研究,他攻击学园内部的这种倾向是以数学代替了哲学。亚里士多德指出这种理论的根本错误是不懂得抽象的作用,将抽象的一般当作具体的存在。就这点说他的批评是正确的;但是他将哲学和数学绝对划分开,就这点说可能对欧洲科学的发展起了消极作用,一直到文艺复兴推翻了亚里士多德的权威地位,科学和哲学的重新发展都是和数学有密切联系的。

附　录

　　这里所列仅限于本卷直接引用和参考了的主要书目。外国作者的书刊,统一按作者或书名的拉丁字母排列;我国作者的姓氏或书名,按汉语拼音列入。

第一类　工具书

A Greek-English Lexicon, Oxford, 1978, Lidell-Scott-Jones.

《希英大辞典》,利德尔—斯科特—琼斯,牛津,1978 年重印本。

The Oxford Classical Dictionary, Oxford, 1984.

《牛津古典辞典》,1984 年重印本。

Peters, F. E., *Greek Philosophical Terms : A Historical Lexicon*, New York, 1967.

F.E.彼得斯:《希腊哲学术语:历史辞典》,纽约,1967 年版。

Plato Dictionary, Edited by M.Stockhammer, New York, 1963.

M.斯托克哈默编:《柏拉图辞典》,纽约,1963 年版。

An Index to Aristotle, Edited by Bonitz, translated by T.W. Organ, Princeton, 1949.

波尼兹编:《亚里士多德索引》,奥根英译,普林斯顿,1949 年版。

第二类　苏格拉底以前哲学家和智者残篇资料，
以及苏格拉底资料

Diels,H.,*Doxographi Graeci*,Berlin,1965.

　　H.第尔斯:《希腊学述》,柏林,1965 年
　　重印本。

Diels,H.und W.Kranz, *Die Fragmente der
Vorsokratiker*, Griechisch und Deutsch,
Weidmann,1974.

　　H.第尔斯和 W.克兰茨:《苏格拉底以前
　　学派残篇》,希德对照本,1974 年重
　　印本。

Ferguson, J., *Socrates-A Source Book*, The
Open University Press,1970.

　　J.弗格逊编集并部分英译:《苏格拉底
　　史料》,开放大学出版社 1970 年版。

Freeman, K., *The Pre-Socratic Philosophers*:
*A Companion to Diels, Fragmente der
Vorkratiker*,2nd Edition,Oxford,1959.

　　K.弗里曼:《苏格拉底以前哲学家:第尔
　　斯的〈苏格拉底以前学派残篇〉导
　　读》,牛津,1959 年第 2 版。

Freeman, K., *Ancilla to the Presocratic Phi-
losophers*,translated of the Texts in Diels-
Kranz,Harvard.1978.

　　K.弗里曼:《苏格拉底以前哲学家的辅

　　助读物》,第尔斯—克兰茨原编《苏
　　格拉底以前学派残篇》部分英译,哈
　　佛,1978 年版。

Kirk,G.S.& J.E.Raven & M.Schofield, *The
Presocratic Philosophers*:*A Critical History
with a Selection of Texts*,Cambridge,1983.

　　G.S.基尔克、J.E.拉文和 M.斯科菲尔
　　德:《苏格拉底以前的哲学家:附有原
　　始资料选编的批判史》,剑桥,1983
　　年第 2 版。

苗力田主编:《古希腊哲学》,中国人民
　　大学出版社,1989 年版。

北京大学哲学系外国哲学史教研室编
　　译:《古希腊罗马哲学》(原始资料选
　　辑),三联书店 1957 年第 1 版。

北京大学哲学系外国哲学史教研室编
　　译:《西方哲学原著选读》上卷,商务
　　印书馆 1981 年第 1 版。

Untersteiner, M., *I Sofisti, testimonianze e
frammenti*,Firenze,1967.

　　M.翁特施泰纳:《智者,证言和残
　　篇——附导论、翻译和注释》,佛罗伦
　　萨,修订版 1967 年重印本。

第三类　柏拉图原著

Plato, *The Collected Dialogues of Plato, Including the Letters*, Edited by H. Hamilton & H. Cairns, 1973.

　柏拉图:《柏拉图对话全集,附信札》, H.汉密尔顿和 H.凯恩斯编,普林斯顿大学出版社 1973 年重印本。

Plato, *The Dialogues of Plato, translated into English with analytics and Introductions*, by B. Jowett, 5 volumes, Third Edition 1892, Impression of 1931.

　柏拉图:《柏拉图对话全集》(英译,附有析义和引论),B.乔伊特译,五卷, 1892 年第 3 版,1931 年重印本。

Plato, *Plato*, The Loeb Classical Library, Harvard University Press, 12 volumes.

　柏拉图:《柏拉图文集》,十二卷,《洛布古典丛书》(希英文对照本),哈佛大学出版社。

Platon, *Sämtliche dialoge*, Band 1—7, In Verbindung mit Kurt Hildebrandt, Constantin Ritter und Gustav Schneider, herausgegeben und Enleitungen, Literatur übersichten, Anmerkungen und Registern verstehen von Otto Appelt, 1919, Leipzig.

　柏拉图:《柏拉图全集》,七卷,奥托·阿佩尔特德等译,莱比锡,1919 年版。

Plato, *The Platonic Epistles: Translated with Introduction and Notes*, translated by J. Harward, Cambridge, 1976.

　柏拉图:《柏拉图信札:附有引论和注释的译本》,J.哈沃德英译,剑桥,1976 年重印本。

Plato(柏拉图):《巴曼尼德斯篇》,陈康译注,商务印书馆 1982 年版。

Plato, *Plato and Parmenides: Parmenides'* 《*Way of Truth*》*and Plato's*《*Parmenides*》, *Translated with an Introduc-tion and a running Commentary*, by F. M. Cornford, London, 1937.

　柏拉图:《柏拉图和巴门尼德:巴门尼德的〈真理之路〉和柏拉图的〈巴门尼德篇〉,译文并附有引论和诠疏》,F. M.康福德英译,伦敦,1937 年版。

Plato, *Phaedo: Edited with Introduction and Notes*, by J. Burnet, Oxford, 1911.

　柏拉图:《斐多篇:附有引论和注释》,J. 伯奈特著,牛津,1911 年第 1 版。

Plato, *Phaedo*, translated by R. Hackforth, with Introduction and Commentary, Cambridge, 1955.

柏拉图:《斐多篇》,R.哈克福思英译并附有引论和注释,剑桥,1955 年第 1 版。

Plato(柏拉图):《柏拉图五大对话集》,郭斌和等译,商务印书馆 1934 年版。

Plato(柏拉图):《柏拉图对话集六种》,张师竹等译,商务印书馆 1933 年第 1 版。

Plato(柏拉图):《柏拉图文艺对话集》,朱光潜译,人民文学出版社 1980 年重印本。

Plato(柏拉图):《波罗塔哥拉篇》,邝健行译,(台北)中国文化大学出版社 1985 年版。

Plato, *The Republic of Plato*, translated by F. M. Cornford, with Introduction and Notes, Oxford, 1947.

柏拉图:《柏拉图的国家篇》,F.M.康福德英译,附有引论和注释,牛津,1947 年版。

Plato(柏拉图):《理想国》,郭斌和等译,商务印书馆 1986 年第 1 版。

Plato:《理想国》,吴献书译,商务印书馆 1921 年第 1 版,1957 年重印本。

Plato, *Plato's Theory of Knowledge*; The 《*Theaetetus*》and《*Sophist*》of Plato, translated by F.M.Cornford, Indianapolis, 1957.

柏拉图:《柏拉图的认识论:柏拉图的〈泰阿泰德篇〉和〈智者篇〉》,F.M.康福德英译,印第安纳波利斯,1957 年版。

Plato, *Theaetetus*, translated with Notes by J. McDowell, Oxford, 1978.

柏拉图:《泰阿泰德篇》,J.麦克道尔英译并附有注释,牛津,1978 年重印本。

Plato,(柏拉图):《泰阿泰德、智术之师》,严群译,商务印书馆 1961 年第 1 版。

Plato, *The Timaeus of Plato*, translated by R. D. Archer-Hind, Edited with Introduction and Notes, New Hampshire, 1988.

柏拉图:《柏拉图的〈蒂迈欧篇〉》,R.D.阿切尔—欣特英译并附有引论和注释,新罕布什尔,1988 年重印本。

Plato, *A Commentary on Plato's Timaeus*, by A.E.Taylor, Oxford, 1927.

柏拉图:《柏拉图〈蒂迈欧篇〉注释》,A.E.泰勒,牛津,1927 年版。

Plato, *Plato's Cosmology*: The Timaeus of Plato, translated with a running commentary by F.M.Cornford, London, 1937.

柏拉图:《柏拉图的宇宙学:柏拉图的〈蒂迈欧篇〉》,F.M.康福德英译并注释,伦敦,1937 年版。

Plato(柏拉图):《游叙弗伦、苏格拉底的申辩、克力同》,严群译,商务印书馆 1983 年版。

第四类 古代著作

Aeschylus, *Aeschylus*, 2 Vols, translated by H. W.Smyth, The Loeb.Classical Library, 1973.

埃斯库罗斯:《埃斯库罗斯悲剧集》,两卷本,H.W.史密斯英译,《洛布古典丛书》,1973 年版。

Aeschylus(埃斯库罗斯):《埃斯库罗斯悲剧两种》,罗念生译,人民文学出版社,1961 年版。

Aristophanes, *Aristophanes*, 3 Vols, translated by B. B. Rogers, The Loeb Classical Library, 1982.

阿里斯托芬:《阿里斯托芬喜剧集》,三卷,B.B.罗杰斯英译,《洛布古典丛书》,1982 年版。

Aristophanes(阿里斯托芬):《阿里斯托芬喜剧集》,罗念生等译,人民文学出版社 1954 年版。

Aristotle, *The Works of Aristotle*, 12 Vols., translated into English under the Editorship of W.D.Ross, Oxford, 1928—1952.

亚里士多德:《亚里士多德著作集》,十二卷,W.D.罗斯主编的英译本,牛津,1928—1952 年版。

Aristotle, *The Complete Works of Aristotle*, 2 Vols., the Revised Oxford Translation, Edited by J.Barnes, 1985.

亚里士多德:《亚里士多德全集》,两卷,牛津版英译修订本,J.巴恩斯编,普林斯顿大学出版社,1985 年第 2 次印刷本。

Aristotle, *Aristotle*, 23 Vols., translated by J. H.Frees, etc, The Loeb Classical Library, Reprinted 1973, etc..

亚里士多德:《亚里士多德著作集》,二十三卷,J.H.弗里兹等英译,《洛布古典丛书》,1973 年等重印本。

Aristotle(亚里士多德):《亚里士多德全集》第 1 卷,苗力田主编,人民大学出版社 1990 年版。

Aristotle(亚里士多德):《雅典政制》,日知、力野译,三联书店 1957 年版。

Aristotle(亚里士多德):《形而上学》,吴寿彭译,商务印书馆 1959 年版。

Aristotle, *Aristotle's Metaphysics*: *A Revised Text with Introduction and Commentary*, 2 Vols., 1975, Oxford, by W.D.Ross.

亚里士多德:《亚里士多德的〈形而上学〉:附有引论和注释的希腊语校订本》,两卷,W.D.罗斯编,牛津,1975 年重印本。

Aristotle(亚里士多德):《政治学》,吴寿彭译,商务印书馆 1965 年版。

Aristotle(亚里士多德):《物理学》,张竹明译,商务印书馆 1982 年版。

Aristotle, *Aristotle's Physics*:*A Revised Text with Introduction and Commentary*,1936,Oxford,by W.D.Ross.

亚里士多德:《亚里士多德的〈物理学〉:附有引论和注释的希腊语校订本》,W.D.罗斯编,牛津,1936 年版。

Aristotle(亚里士多德):《尼各马科伦理学》,苗力田译,中国社会科学出版社 1990 年版。

Clement of Alexandria, *Clement of Alexandria*,translated by G.W.Butterworth,The Loeb Classical Library,Reprinted 1979.

亚历山大里亚的克莱门:《亚历山大里亚的克莱门著作集》,G.W.巴特沃思英译,《洛布古典丛书》,1979 年重印本。

Diodorus Siculus, *The Library of History*,12 Vols., translated by C. H. Oldfather, etc., The Loeb Classical Library,1968.

狄奥多罗·西库卢:《历史丛书》,十二卷,C.H.奥德法瑟等英译,《洛布古典丛书》,1968 年重印本。

Diogenes Laertius, *Lives of Eminent Philosophers*,2 Vols, translated by R. D. Hicks, The Loeb Classical Library,1972.

第欧根尼·拉尔修:《著名哲学家的生平和学说》,R.D.希克斯英译,《洛布古典丛书》,1972 年重印本。

Euripides, *Euripides*, 4 Vols, translated by A.S.Way,The Loeb Classical Library,Reprinted 1978.

欧里庇得斯:《欧里庇得斯悲剧集》,四卷,A.W.韦英译,《洛布古典丛书》,1978 年重印本。

Herodotus, *Historiae*, 4 Vols., translated by A.D.Godley,The Loeb Classical Library,1981.

希罗多德:《历史》,四卷,A.D.戈德利英译,《洛布古典丛书》,1981 年重印本。

Herodotus(希罗多德):《历史》,王嘉隽译,商务印书馆 1959 年版。

Homer, *The Iliad*,2 Vols.,translated by A.T. Murray,The Loeb Classical Library,1978.

荷马:《伊利昂纪》,两卷,A.T.默里英译,《洛布古典丛书》,1978 年重印本。

Homer, *The Odyssey*,2 Vols.,translated by A. T.Murray,The Loeb Classical Library,1980.

荷马:《奥德修纪》,两卷,A.T.默里英译,《洛布古典丛书》,1980 年重印本。

Homer(荷马):《奥德修纪》,杨宪益译,上海译文出版社 1979 年版。

Lucretius, *On the Nature of Things*,translated by C.Bailey,Oxford,1910.

卢克莱修:《万物本性论》,C.贝利英译,

1910 年版。

Lucretius(卢克莱修):《物性论》,方书春译,商务印书馆 1985 年第 2 版。

Philostratus, Flavius, *The Lives of the Sophists*, translated by W.C.Wright, The Loeb Classical Library.

菲罗斯特拉图:《智者的生平》,W.C.赖特英译,《洛布古典丛书》。

Plutarch, *Moralia*, 16 Vols., translated by F.C. Babbitt, etc., The Loeb Classical Library, Harvard.

普卢塔克:《道德论集》,十六卷,F.C.巴比特等英译,《洛布古典丛书》,1969 年等重印本。

Plutarch, *The Parallel Lives*, 11 Vols., translated by B.Perrin, The Loeb Classical Library, 1982.

普卢塔克:《希腊罗马名人传》,十一卷,B.佩林等英译,《洛布古典丛书》,1982 年重印本。

Sextus Empiricus, *Sextus Empiricus*, 4 Vols., translated by R. G. Bury, The Loeb Classical Library, 1976.

塞克斯都·恩披里柯:《塞克斯都·恩披里柯著作集》,四卷,R.G.伯里英译,《洛布古典丛书》,1976 年重印本。

第 1 卷:《皮罗学说概要》。

第 2 卷:《反逻辑学家》(相当于《反理论家》第 7—8 卷,《反独断论》第 1、2 卷)。

第 3 卷:《反自然哲学家》(相当于《反理论家》第 9—10 卷,《反独断论》第 3、4 卷)。

《反伦理学家》(相当于《反理论家》第 11 卷,《反独断论》第 5 卷)。

第 4 卷:《反诸学科技艺教师》(相当于《反理论家》第 1—6 卷),依序为《反语法学家》、《反演说家》、《反几何学家》、《反算术家》、《反占星术士》、《反音乐学家》。

Sophocles, *Sophocles*, 2 Vols., translated by F.Storr, The Loeb Classical Library, 1981.

索福克勒斯:《索福克勒斯悲剧集》,两卷,F.斯托尔英译,《洛布古典丛书》1981 年重印本。

Sophocles(索福克勒斯):《索福克勒斯悲剧二种》,罗念生译,人民文学出版社 1961 年版。

Strabo, *Geography*, 8 Vols., translated by H. L.Jones, The Loeb Classical Library.

斯特拉波:《地理志》,八卷,H.L.琼斯英译,《洛布古典丛书》。

Thomas, I(ed.& tran.), *Greek Mathematical Works*, 2 Vols., The Loeb Classical Library, 1980.

I.托马斯编译:《希腊数学原始资料选编》,两卷,《洛布古典丛书》,1980 年重印本。

Thucydides, *History of the Peloponnesian War*, translated by C. F. Smith, The Loeb Classical Library. 1980.

修昔底德:《伯罗奔尼撒战争史》,四卷,C. F. 史密斯英译,《洛布古典丛书》,1980 年重印本。

Thucydides(修昔底德):《伯罗奔尼撒战争史》,谢德风译,商务印书馆 1960 年版。

Xenophon, *The Complete Works of Xenophon*, translated into English by Ashley and Others, London, 1877.

色诺芬:《色诺芬全集》,爱希列等英译,伦敦,1877 年版。

Xenophon(色诺芬):《回忆苏格拉底》,吴永泉译,商务印书馆 1984 年版。

Xenophon(色诺芬):《经济论、雅典的收入》,张伯健、陆大年译,商务印书馆 1981 年版。

第五类　近现代著作

Annas, J., *An Introduction to Plato's Republic*, Oxford, 1981.

安娜斯:《柏拉图〈国家篇〉引论》,牛津,1981 年版。

Armstrong, A. H., *An Introduction to Ancient Philosophy*, London, 1946.

A. H. 阿姆斯庄:《古代哲学导论》,伦敦,1946 年版。

Асмус. В. Ф., 《Античная илософия》Издание 2—е, дополненное, Москва, 1976.

В. Ф. 阿斯穆斯:《古代哲学》,莫斯科,1976 年增订第 2 版。

Barker, E., *The Political Thought of Plato and Aristotle*, New York, 1959.

E. 巴克:《柏拉图和亚里士多德的政治

思想》,纽约,1959 年重印本。

Bernal, J. D.（J. D. 贝尔纳）:《历史上的科学》,伍况甫等译,科学出版社 1959 年版。

Boas, G., *Rationalism in Greek Philosophy*, Baltimore, 1961.

G. 博厄斯:《希腊哲学中的理性主义》,巴尔的摩,1961 年版。

Bosanquet, B., *A Companion of Plato's Republic*, London, 1925.

B. 鲍桑葵:《柏拉图〈国家篇〉导读》,伦敦,1925 年版。

Bostock, D. , *Plato's Phaedo*, Oxford, 1986.

D. 波士多克:《柏拉图的〈斐多篇〉》,牛津,1986 年版。

Burnet, J., *Early Greek Philosophy*, London, 1945.

J.伯奈特:《早期希腊哲学》,伦敦,1945年重印本。

Burnet, J., *Greek Philosophy: Part I, Thales to Plato*, London, 1928.

J.伯奈特:《希腊哲学:第一部分,从泰勒斯到柏拉图》,伦敦,1928年重印本。

Burnet, J., *Platonism*, California University Press, 1928.

J.伯奈特:《柏拉图主义》,加利福尼亚大学出版社1928年版。

Bury, J.B., *History of Greece*, New York, 1937.

J.B.伯里:《希腊史》,纽约,1937年版。

Casestano, G., *Natura e Istituzione Umane nella dottrine dei Sofisti*, Napoli, 1971.

伽色达诺:《智者学说中关于自然与人的理论》,那不勒斯,1971年版。

Casestano, G. A. Montano, G. Tortora, *Storia delle Filosofie*, 3 Vols., Napoli, 1986.

G.伽色达诺,A.蒙达诺,G.多尔多拉合著:《哲学史》,三卷,那不勒斯,1986年版。

Cajori, F.(F.卡约里):《物理学史》,戴念祖译,内蒙古人民出版社,1981年版。

Caird, E., *Evolution of Theology in the Greek Philosophers*, 2 Vols., Glascow, 1904.

E.凯尔德:《希腊哲学家中神学的演化》,两卷,格拉斯哥,1904年版。

The Cambridge Ancient History, Cambridge University Press.

Volume 3 Part 3—*The Expansion of the Greek World, eighth to sixth century B. C.*, New Edition, 1982.

Volume 4—*The Persian Empire and the West*, Reprinted 1977.

Volume 5—*Athens*: 428—408 *B.C.*, 1927.

Volume 6—*Macedon*: 401—301 *B.C.*, 1927.

《剑桥古代史》,剑桥大学出版社。第3卷第3分册:《希腊世界的扩张,公元前八到六世纪》,1982年新版。

第4卷:《波斯帝国和西方》,1977年重印本。

第5卷:《雅典:公元前478—前401年》,1927年版。

第6卷:《马其顿:公元前401—前301年》,1927年版。

Cassirer E.(E.卡西尔):《人论》,甘阳译,上海译文出版社1985年版。

陈康:《陈康:论希腊哲学》,汪子嵩、王太庆编,商务印书馆1990年版。

陈村富等:《古希腊名著精要》,浙江人民出版社1989年版。

Cherniss, H., *Aristotle's Criticism of Plato and the Academy*, Volume One, New York, 1962.

H.彻尼斯:《亚里士多德对柏拉图和学园的批判》,第1卷,纽约,1962年重印本。

Cherniss, H., *The Riddle of the Early Academy*, California University Press, 1945.

H.彻尼斯：《早期学园之谜》，加利福尼亚大学出版社，1945 年版。

Chroust, A.H., *Socrates, Man and Myth*, University of Notre Dams Press, 1957.

A.H.克鲁斯特：《苏格拉底，人和神话》，鹿特丹大学出版社，1957 年版。

Cornford, F. M., *Before and After Socrates*, Cambridge, 1960.

F.M.康福德：《苏格拉底以前和以后》，剑桥大学出版社，1960 年版。

Crombie, I. M., *An Examination of Plato's Doctrines*.

Volume Ⅰ: *Plato on Man and Society*, London, 1962.

Volume Ⅱ: *Plato on Knowledge and Reality*, London, 1963.

I.M.克龙比：《柏拉图学说审察》。

第 1 卷：《柏拉图论人和社会》，伦敦，1962 年第 1 版。

第 2 卷：《柏拉图论知识和实在》，伦敦，1963 年第 1 版。

Cross, R.C.& A.D.Woozley, *Plato's Republic: A philosophical Commentary*, London, 1964.

R.C.克罗斯和 A.D.伍兹利：《柏拉图的〈国家篇〉：哲学的评论》，伦敦，1964 年版。

Dampier, W.C.（W.C.丹皮尔）：《科学史及其与科学和宗教的关系》，李珩译，商务印书馆 1975 年第 1 版。

Dickinson, G.L., *The Greek View of Life*, London, 1924.

G.L.迪金森：《希腊人的生活观》，伦敦，1924 年版。

Дынник, М.А.（M.A.敦尼克等主编）：《哲学史》，第 1 卷，三联书店 1958 年第 1 版。

Ehrenberg, V., *The Greek State*, London, 1969.

V.埃伦伯格：《希腊城邦》，伦敦，1969 年第 2 版。

Ehrenberg, V., *From Solon to Socrates: Greek History and Civilization During the 6th and 5th Centuries R.C.* London, 1973.

V.埃伦伯格：《从梭伦到苏格拉底：公元前六至前五世纪希腊史和文明》，伦敦，1973 年第 2 版。

范明生：《柏拉图哲学述评》，上海人民出版社 1984 年第 1 版。

Farrington, B., *Greek Science*, 2 Vols., London, 1949.

B.法灵顿：《希腊科学》，两卷，伦敦，1949 年版。

Field, G. C., *Plato and his Contemporaries*, New York, 1974.

G.C.菲尔德：《柏拉图及其同时代人》，纽约，1974 年重印本。

Field, G. C., *The Philosophy of Plato*, Oxford, 1949.

G.C.菲尔德：《柏拉图哲学》，牛津，1949

年第 1 版。

Findlay,J.N.,*Plato:The Written and Unwritten Doctrine*,London,1974.

J.N.芬德莱:《柏拉图:成文和不成文的学说》,伦敦,1974 年第 1 版。

Findlay,J.N.,*Plato and Platonism:An Introduction*,New York,1978.

J.N.芬德莱:《柏拉图和柏拉图主义:导论》,纽约,1978 年版。

Friedländer,P.,*Plato*,translated by H.Meyerhoff,Princeton Uni.P.

Volume I—*An Introduction*,1969.

Volume II—*The Dialogues:First Period*,1977.

Volume III—*The Dialogues:Second and Third Period*,1970.

P.弗里德兰德:《柏拉图》,H.迈耶霍夫英译,普林斯顿大学出版社。

第 1 卷——《导论》,1969 年第 2 版。

第 2 卷——《对话:第一时期》,1977 年重印本。

第 3 卷——《对话:第二和第三时期》,1970 年重印本。

Gadamer,H.—G.,*Dialogue and Dialectic Eight Hermeneutical Studies on Plato*, translated and with an Introduction by P.C.Smith, New Haven,1980.

H.—G.伽达默尔:《对话和辩证法:关于柏拉图的八篇释义学研究论文》,P.C.史密斯英译并附有引论,耶鲁,1980 年版。

Glotz.G.,*Ancient Greece at Work:An Economic History of Greece from the Homeric Period to the Roman Conquest*,London,1926.

G.格洛茨:《古希腊的成就:从荷马时期到罗马征服时期的希腊经济史》,伦敦,1926 年版。

Glotz,G.,*The Greek City and Its Institutions*, London,1929.

G.格洛茨:《希腊城邦及其政制》,伦敦,1929 年版。

Gomperz,T.,*The Greek Thinkers:A History of Ancient Philosophy*,translated by G.G.Berry,London.

Volume II—*Socrates,and the Socratic,Plato*;Seventh Inpression,London.

Volume III—*Plato*,Seventh Impression,London.

T.冈珀茨:《希腊思想家:古代哲学史》,G.G.贝里英译,伦敦。

第 2 卷——《苏格拉底和苏格拉底学派,柏拉图》,伦敦。

第 3 卷——《柏拉图》,伦敦。

Gosling,J.C.B.& C.C.W.Taylor,*The Greeks on Pleasure*,Oxford,1982.

J.C.B.戈斯林和 C.C.W.泰勒:《希腊人论快乐》,牛津,1982 年版。

Grote,G.,*History of Greece*,12 Vols.,London.

G.格罗特:《希腊史》,十二卷,伦敦。

Grote,G.,*Plato,and the other Companions*

of Sokrates, London, 3 Volumes, 1875.

　　G.格罗特:《柏拉图及苏格拉底的其他
　　　友人》,三卷,伦敦,1875年第3版。

Gulley, N., *Plato's Theory of Knowledge*,
London, 1962.

　　N.古莱:《柏拉图的认识论》,伦敦,1962
　　　年第1版。

Guthrie, W.K.C., *A History of Greek Philoso-
phy*, Cambridge Uni.P.

　　Volume Ⅲ—*The Fifth Century Enlighten-
　　　ment*, 1969.

　　Volume Ⅳ—*Plato, the Man and his Dia-
　　　logues: Earlier Period*, 1975.

　　Volume Ⅴ—*The Later Plato and the A-
　　　cademy*, 1978.

　　W.K.C.格思里:《希腊哲学史》,剑桥大
　　　学出版社。

　　第3卷——《公元前五世纪的启蒙运
　　　动》,1969年第1版。

　　第4卷——《柏拉图其人和对话:早
　　　期》,1975年第1版。

　　第5卷——《后期柏拉图和学园》,
　　　1978年第1版。

Heath, T.L., *A History of Greek Mathematics*,
2 Vols., Oxford, 1921.

　　T.L.希思:《希腊数学史》,两卷,牛津,
　　　1921年版。

Hegel(黑格尔):《哲学史讲演录》,第2
　　卷,三联书店,1957年版。

Heisenberg, W.(W.海森伯):《物理学和哲

学:现代科学中的革命》,范岱年译,商
务印书馆1981年版。

Irwin, T., *Plato's Moral Theory: The Early
and Middle Dialogues*, Oxford, 1977.

　　I.伊尔文:《柏拉图的道德论:早期和中
　　　期对话》,牛津,1977年版。

Jaeger, W., *Paedeia: The Ideals of Greek Cul-
ture*, translated by G.Highet, Oxford.

　　Volume Ⅰ—*Archaic Greece, The Minds of
　　　Athens*, 1947.

　　Volume Ⅱ—*Search of the Divine Centre*, 1976.

　　Volume Ⅲ—*The Conflict of Cultural Ideals
　　　the Age of Plato*, 1980.

　　W.耶格尔:《潘迪亚:希腊文化的理
　　　想》,G.海特英译,牛津。

　　第1卷——《古代希腊,雅典精神》,
　　　1947年第2版。

　　第2卷——《探索神圣的中心》,1976
　　　年重印本。

　　第3卷——《柏拉图时代文化理想的
　　　冲突》,1980年重印本。

Kerferd, G.B., *The Sophistic Movement*, Cam-
bridge University Press, 1981.

　　G.B.柯费尔德:《智者运动》,剑桥大学
　　　出版社1981年版。

Kline, M.(M.克莱因):《古今数学思想》,
　　第1分册,张理京等译,上海科学技术
　　出版社1979年第1版。

Kneale, W.& M.Kneale(W.涅尔和M.涅尔
　　合著):《逻辑学的发展》,张家龙等译,

商务印书馆 1985 年版。

Levy, G.R., *Plato in Sicily*, London, 1956.

G.R.莱维:《柏拉图在西西里》,伦敦, 1956 年版。

Lodge, R. C., *The Philosophy of Plato*, London, First Published in 1956.

R.C.洛奇:《柏拉图哲学》,伦敦, 1956 年第 1 版。

Lodge, R. C., *Plato's Theory of Ethics: The Moral Criterion and Highest Good*, London, 1928.

R.C.洛奇:《柏拉图的伦理学理论:道德准则和至善》,伦敦, 1928 年第 1 版。

More, P.E., *The Religion of Plato*, Princeton University Press, 1921.

P.E.莫尔:《柏拉图的宗教》,普林斯顿大学出版社, 1921 年版。

Maier, H., *Sokrates, Sein Werk and Seine Geschichtliche Stellung*, Tupingen, 1913.

H.梅耶尔:《苏格拉底,他的工作和他的历史地位》,蒂宾根, 1913 年版。

Natorp.P., *Plato's Ideenlehre: Eine Einührung in den Idealismus*, Hamburg, 2 Auflage 1921.

P.那托普:《柏拉图的相论:唯心主义导论》,汉堡, 1921 年第 2 版。

Onians, R. B., *The Origins of European Thought: About the Body, the Mind, the Soul, the World Time, and Fate*; Cambridge University Press, 1954.

R.B.奥奈恩斯:《欧洲思想的起源:关于肉体、心灵、灵魂、世界、时间和命运》,剑桥大学出版社, 1954 年第 2 版。

Popper, K.R., *The Open Society and Its Enemies*, Volume I—*The Spell of Plato*, Princeton University Press, 1966.

K.R.波普尔:《开放的社会及其敌人》,第 1 卷——《柏拉图的符咒》,普林斯顿大学出版社, 1966 年第 5 版。

Raeder, H., *Platons Philosophische Entwicklung*, New York, 1976.

H.雷德尔:《柏拉图哲学的发展》,纽约, 1976 年重印本。

Rankin, H.D., *Sophists, Socrates and Cynics*, New Jersey, 1983.

H.D.兰肯:《智者、苏格拉底和昔尼克学派》,新泽西, 1983 年版。

Robin, L.(L.罗斑):《希腊思想和科学精神的起源》,陈修斋译,商务印书馆 1965 年第 1 版。

Robinson, R., *Plato's Earlier Dialectic*, Oxford, 1953.

R.罗宾逊:《柏拉图的前期辩证法》,牛津, 1953 年第 2 版。

Rogers, A.K., *The Socratic Problem*, Yale University Press, 1933.

A.K.罗杰斯:《苏格拉底问题》,耶鲁大学出版社, 1933 年版。

Ross, W. D., *Plato's Theory of Ideas*, Oxford, 1976.

W.D.罗斯:《柏拉图的相论》，牛津，1951 年版,1976 年重印本。

Rostortzeff, M., *A History of the Ancient World*, 2 Vols., Oxford, 1925.

M.罗斯托采夫:《古代世界史》，两卷，牛津,1925 年版。

Santas, G. X. W, *Socrates, Philosophy in Plato's Early Dialogues*, Roston, 1982.

G.X.桑塔斯:《苏格拉底,柏拉图早期对话中的哲学》，波士顿, 1982 年重印本。

Shorey, P., *What Plato Said*, The University of Chicago Press, 1933.

P.肖里:《柏拉图讲过些什么》，芝加哥大学出版社,1933 年版。

Stenzel, J., *Plato's Method of Dialectic*, translated and edited by D. J. Allan, New York, 1964.

J.斯坦策尔:《柏拉图的辩证方法》,D.J.阿伦英译和编,纽约, 1964 年重印本。

Stewart, J. A., *Plato's Doctrine of Ideas*, Oxford, 1909.

J.A.斯图尔特:《柏拉图的相论》，牛津，1909 年版。

Taylor, A.E., *Plato*, London, 1922.

A.E.泰勒:《柏拉图》,伦敦,1922 年版。

Taylor, A.E., *Plato, the Man and his Work*, London, 1927.

A.E.泰勒:《柏拉图其人及其著作》,伦敦,1927 年第 2 版。

Taylor, A. E., *Socrates, the Man and his Thought*, New York, 1952.

A.E.泰勒:《苏格拉底其人及其思想》,纽约,1952 年版。

Untersteiner, Mario, *The Sophists*, translated by K.Freeman, Oxford, 1954.

M.翁特斯泰纳:《智者》,K.弗里曼英译,牛津,1954 年版。

Vico, G.(维柯):《新科学》,朱光潜译,商务印书馆 1989 年版。

Vlastos, G., *Plato's Universe*, Seattle, 1975.

G.弗拉斯托斯:《柏拉图的宇宙》,西雅图,1975 年版。

Vlastos, G.(ed.), *Plato: A Collection of Critical Essays*, Indiana, 1978.

Volume I—*Metaphysics and Epistemology*.

Volume II—*Ethics, Politics, and Philosophy of Art and Religion*.

G.弗拉斯托斯:《柏拉图:批判论文集》,印第安纳,1978 年版。

第 1 卷——《形而上学和认识论》。

第 2 卷——《伦理学、政治学、艺术、哲学和宗教》。

Vlastos, G.(ed.), *The Philosophy of Socrates*, 1980.

G.弗拉斯托斯编:《苏格拉底哲学论文集》,1980 年重印本。

汪子嵩:《亚里士多德关于本体的学说》,三联书店 1982 年版。

Wedberg, A., *Plato's Philosophy of Mathe-matics*, *Stockholm*, 1955.

　A.韦德伯格:《柏拉图的数学哲学》,斯德哥尔摩,1955年版。

Windelband, W.(W.文德尔班):《哲学史教程——特别关于哲学问题和哲学概念的形成和发展》,上卷,罗达仁译,商务印书馆1987年版。

Winspear, A.D.& T.Silverberg, *Who is Soc-rates*, Indiana, 1939.

　A.D.温斯派尔和 T.雪尔伏尔贝格:《苏格拉底是谁》,印第安纳,1939年版。

杨适:《哲学的童年》,中国社会科学出版社1987年版。

叶秀山:《前苏格拉底哲学研究》,三联书店1982年版。

叶秀山:《苏格拉底及其哲学思想》,人民出版社1986年版。

Zeller, E.& W.Nestle, *Outlines of the History of Greek Philosophy*, London, 1931.

　E.策勒和 W.内斯特莱:《希腊哲学史纲》,1931年第13版。

Zeller, E., *Socrates and the Socratic Schools*, translated by O.J.Reichel, London, 1885.

　E.策勒:《苏格拉底和苏格拉底学派》,O.J.赖克尔英译,伦敦,1885年第3版。

Zeller, E., *Plato and the Older Academy*, translated by S.F.Alleyne & A.Goodwin, London, 1888.

　E.策勒:《柏拉图和老学园》,S.F.艾莱恩和 A.古德温英译,伦敦,1888年版。

❋ 译名对照表 ❋ ──────────────

（一）柏拉图著作译名

'Απολογία	Apologia	申辩篇
Κρίτων	Crito	克里托篇
Λάχης	Laches	拉凯斯篇
Λύσις	Lysis	吕西斯篇
Χαρμίδης	Charmides	卡尔米德篇
'Ευθύφρων	Euthypro	欧绪弗洛篇
'Ιππίας Μείξων	Hippias Maior	大希庇亚篇
'Ιππίας 'Ελάττων	Hippias Minor	小希庇亚篇
Πρωταγόρας	Protagoras	普罗泰戈拉篇
Γοργίας	Gorgias	高尔吉亚篇
"Ιων	Ion	伊翁篇
'Ευθύδημος	Euthydemus	欧绪德谟篇
Μένεξένος	Menexenus	美涅克塞努篇
Κρατύλος	Cratylus	克拉底鲁篇
Μένων	Meno	美诺篇
Φαίδων	Phaedo	斐多篇

Συμπόσιον	Symposium	会饮篇
Πολιτεία	Respublica(Republic)	国家篇
Φαῖδρος	Phaedrus	斐德罗篇
Παρμενίδης	Parmenides	巴门尼德篇
Θεαίτητος	Theaetetus	泰阿泰德篇
Σοφιστής	Sophista	智者篇
Πολιτικὸς	Politica(Statesman)	政治家篇
Φίληβος	Philebus	斐莱布篇
Τίμαιος	Timaeus	蒂迈欧篇
Κριτίας	Critias	克里底亚篇
Νόμοι	Leges(Laws)	法篇
Ἐπιςτολαί	Epistulae(Letters)	书信

(二)人名、神名

Academus	阿卡德摩	Agathon	阿伽松
Acephali	阿凯法利	Agyrrhius	阿菊里乌
Achilles	阿喀琉斯	Albinus	阿尔比努
Adeimantus	阿得曼图	Alcestis	阿尔刻提
Adrasteia	阿德拉斯特亚	Alciabiades	阿尔基比亚德
Aeacus	埃阿科斯	Alcidamas	阿尔基达玛
Asgisthus	埃癸斯托	Alcmaeon	阿尔克迈翁
Aeschines	埃斯基涅	Alcyon	阿尔孔
Aeschylus	埃斯库罗斯	Aleuadae	阿琉亚达
Aetius	艾修斯	Alexamenus	阿那克萨美尼
Agamemnon	阿伽门农	Alexandrus	亚历山大
Agariste	阿伽里司特	Alexinus	阿勒克西努
Agathocles	阿伽索克莱	Amatores	阿玛托瑞

Ameinias	阿美尼亚	Archelaus	阿凯劳斯
Ameipsias	阿美帕西阿	Archidamas	阿尔基达玛
Amyclas	阿密克拉	Archytas	阿尔基塔
Anacharsis	阿那卡尔西	Ares	阿瑞斯
Anaxagoras	阿那克萨戈拉	Aristarchus	阿里司塔库
Anaximander	阿那克西曼德	Aristeides	阿里司泰得
Anaximenes	阿那克西美尼	Aristippus	阿里斯提波
Andocides	安多基得	Aristodemus	阿里司托得姆
Andromoda	安德罗墨达	Aristogeiton	阿里司托格通
Andron	安德隆	Aristocles	阿里斯托克勒
Anniceris	安尼凯里	Aristomenes	阿里司托美涅
Anonymus	阿诺尼谟	Ariston	阿里斯通
Antigone	安提戈涅	Aristonymus	阿里司托尼姆
Antilochus	安提罗科	Aristophanes	阿里斯托芬
Antimoerus	安提谟鲁	Aristoteles	亚里士多德
Antidotus	安提多图	Aristoxenus	阿里司托森
Antipater	安提帕特	Artemidorus	阿尔特米多鲁
Antiphon	安提丰	Artemon	阿尔特蒙
Antisthenes	安提斯泰尼	Asclepiades	阿司克彼亚得
Antiope	安提俄珀	Asclepius	阿斯克勒普
Anytus	阿尼图斯	Aspasia	阿丝帕娅
Apemantus	阿培曼图	Aspasius	阿司珀西俄
Aphareus	阿发瑞乌	Astyanax	阿斯提阿那克
Aphrodite	阿佛洛狄忒	Ate	阿忒
Apollo	阿波罗	Athanasius	阿萨那希乌
Apollodorus	阿波罗多洛	Athena	雅典娜
Apollonius	阿波罗尼奥	Athenaeus	阿特纳奥
Apseppion	阿帕雪丰	Atlas	阿特拉斯
Arcesilaus	阿尔凯西劳	Atrometus	阿特罗墨德
Archagoras	阿卡戈拉	Axiochus	阿克西俄库

Axiothea	阿克西塞亚	Cleidemus	克莱得谟
Ayax	阿雅克斯	Cleisthenes	克利斯提尼
		Cleito	克莱托
Bacchus	巴克科斯	Clement	克莱门
Bellerophon	柏勒洛丰	Cleon	克莱翁
Bias	彼亚斯	Cleophon	克莱俄封
Bion	彼翁	Clinias	克利尼亚
Boethius	波埃修斯	Clitophon	克利托芬
Brasidas	伯拉西达	Clytemnestra	克吕泰涅斯特拉
		Coceianus	科凯伊阿努
Callias	卡里亚	Codrus	科德鲁斯
Callicles	卡利克勒斯	Connus	孔努斯
Callippus	卡利普斯	Corax	科拉克斯
Cambyses	冈比斯	Coriscus	科里司库
Carbrias	卡伯里亚	Crantor	克冉托尔
Cebes	克贝	Crates	克拉特斯
Cephalus	凯发卢	Cratinus	克拉提努
Cercidas	凯尔基达	Cratylus	克拉底鲁
Chaerephon	凯勒丰	Critias	克里底亚
Chaos	卡俄斯	Crito	克里托
Charedemus	凯瑞得姆	Critobulus	克里托布卢
Charicles	卡里克勒	Crobylus	克洛彼卢
Charmides	卡尔米德	Croesus	克娄苏
Charondas	卡隆达斯	Cronus	克洛诺斯
Chelidon	凯利冬	Ctesppus	克特西普
Chronus	克罗诺斯	Cylon	库隆
Chrysippus	克律西波	Cyrnus	库尔努斯
Chrysostomus	克律索斯托姆	Cyrus	居鲁士
Ciceroo	西塞罗		
Cimon	喀蒙	Daedalus	代达罗斯

Eupolis	欧波利	Hermogenes	赫谟根尼
Eripides	欧里庇得斯	Hermus	赫尔谟斯
Europa	欧罗巴	Herodicus	希罗狄库
Eurytus	欧律托斯	Herodotus	希罗多德
Eusebius	尤息比乌	Hesiod	赫西奥德
Euthydemus	欧绪德谟	Hestia	赫斯提亚
Euthyphro	欧绪弗洛	Hestiaeos	赫司提埃俄
Evenus	厄文努斯	Hesychius	赫绪基俄
		Hipparchus	希帕库
Favorinus	法沃里诺	Hippias	希庇亚
Gaea	该亚	Hippmachus	希波玛库
Galen	伽伦	Hippocrates	希波克拉底
Gellius	格利乌	Hippodamas	希波达玛
Glaucon	格劳孔	Hippodamus	希波达谟
Gorgias	高尔吉亚	Hippodromus	希波德洛姆
		Hippolytus	希波吕托
Hades	哈得斯	Hippon	希朋
Harmodius	哈尔谟狄乌	Hipponicus	希波尼库
Hector	赫克托耳	Hippothales	希波萨勒
Hegesias	赫格西亚	Homer	荷马
Helen	海伦	Hyperbolus	叙培尔波卢
Hellen	希伦	Hyppolytus	希波吕特
Hepdomis	赫伯多米		
Hephaestus	赫费司图	Iamblichus	杨布利柯
Hera	赫拉	Iccus	伊克库
Heracles	赫拉克勒	Ion	伊翁
Heraclitus	赫托克利特	Ischomarchus	伊肖玛库
Heracleides	赫拉克莱德	Isocrates	伊索克拉底
Hermeias	赫尔米亚		
Hermocrates	赫谟克拉底	Jason	伊阿宋

Octavius	屋大维	Pheidias	斐狄亚
Odyseus	奥德修	Pheidippides	斐狄比特
Oedipus	俄狄甫斯	Pherecydes	斐瑞居德
Olypiodorus	奥林匹俄多鲁	Phidias	斐狄亚斯
Onescritus	俄涅西克里图	Philebus	斐莱布
Orestes	俄瑞斯忒	Philip	菲力浦
Orpheus	奥菲斯	Philippus	腓力普斯
Ouranus	俄剌诺斯	Philippides	菲力庇得
		Philistus	菲力司图
Palamedes	帕拉墨得	Philo	斐洛
Pamphile	帕菲勒	Philochorus	菲罗科鲁
Panaetius	帕奈提乌	Philodemus	菲罗德谟
Paralus	帕拉卢	Philolaus	菲罗劳斯
Paris	帕里斯	Philomelus	菲罗美鲁
Parmenides	巴门尼德	Philoponus	菲罗波努
Parrhasius	帕拉西乌	Philostratus	菲洛特拉图
Patrocles	帕特洛克勒	Phormio	福尔米俄
Pausanias	鲍桑尼亚	Pindar	品达
Peisistratus	庇西特拉图	Pisander	庇珊德尔
Peleus	珀琉斯	Pittacus	庇塔库斯
Pelias	珀利阿	Planudes	普拉努得
Penelope	珀涅罗珀	Plato	柏拉图
Perictione	珀里克提俄涅	Pliny	普林尼
Pericles	伯里克利	Plistanu	普利斯坦纳
Periphetes	佩里斐特	Plotinus	普罗提诺
Persaeus	培尔赛乌	Plutarch	普卢塔克
Phaedo	斐多	Plutus	普路托
Phaedomides	斐多尼得	Polemarchus	波勒玛库
Phaedrus	斐德罗	Polemo	波勒谟
Phaenarete	斐那瑞特	Poliorcetes	波利俄凯特

Polycleitus	波吕克莱托	Sextus	塞克斯都·
Polycrates	波吕克拉底	Empiricus	恩披里柯
Polydorus	波吕多洛	Simmias	西米亚
Polygnotus	波吕涅俄图	Simonides	西蒙尼德
Porphyrious	波菲里乌	Simplicius	辛普里丘
Porphry	波菲利	Sisyphus	西绪福斯
Poseidon	波塞冬	Socrates	苏格拉底
Poseidonius	波塞多纽	Solon	梭伦
Potone	波托妮	Sophocles	索福克勒斯
Prodicus	普罗迪柯	Sophron	索佛隆
Proclus	普罗克洛	Sophroniscus	索佛隆尼司库
Prometheus	普罗米修斯	Speusippus	斯彪西波
Protagoras	普罗泰戈拉	Stesilaus	斯特西劳
Plotarch	普罗塔库斯	Stilpo	斯提尔波
Proxenus	普洛克塞努	Stobaeus	斯托拜乌
Ptolemy	托勒密	Strabo	斯特拉波
Pyrilampes	皮里兰佩	Strepsiades	斯特瑞西得
Pythagoras	毕泰戈拉	Syrianus	绪里亚努
Pythodorus	皮索多鲁		
Python	皮松	Teisias	忒西亚
		Telephus	忒勒福
		Teles	忒勒斯
Quintilianus	昆提利安	Telicleides	忒利克莱德
		Terpsion	忒尔西翁
		Tertull	德尔图良
Rhadamanthys	剌达曼提	Tethys	忒提斯
Rhea	瑞亚	Thales	泰勒斯
		Thamus	萨玛斯
Satyrus	萨提罗斯	Theaetetus	泰阿泰德
Scamandrius	斯卡曼德里乌	Theages	塞亚革
Seneca	塞涅卡		

Themistius	塞米司提乌	Tissaphernes	提萨斐尔涅
Theodate	塞俄达特	Tyndareus	廷达瑞俄
Theodorus	塞奥多罗	Tyrtaeus	提尔泰乌
Theodotus	塞奥多图	Tzetze	蔡策斯
Theognis	塞奥格尼		
Theeophrastus	塞奥弗拉斯特	Uranus	乌拉诺斯
Theramenes	塞拉美涅		
Themistocles	塞米司托克勒	Venus	维纳斯
Theseus	忒修斯		
Theuth	塞乌色	Xanthippus	克珊西普
Thrasybulus	塞拉绪布罗	Xenarchus	塞那库斯
Thrasyllus	塞拉绪罗	Xeniades	塞尼亚得
Thrasymacchus	塞拉西马柯	Xenocrates	色诺克拉底
Thucydides	修昔底德	Xenophanes	塞诺芬尼
Thyestes	提厄斯特	Xenophon	色诺芬
Timaeus	蒂迈欧	Xerxes	薛西斯
Timolaus	提谟劳		
Timoleon	提谟莱翁	Zeus	宙斯
Timon	蒂蒙	Zeuxis	宙克西
Tisandrus	提珊德尔	Zopyrus	佐皮鲁
Tisias	提西亚斯		

（三）地　名

Abdera	阿布德拉	Acarnania	阿卡那尼亚
Academus	阿卡德摩	Aegina	伊齐那
Acamantes	阿卡曼德	Aenus	爱努斯

Aeoliae	埃俄利亚	Chios	开俄斯
Agrigentum	阿格里根特	Cholargus	科拉各
Alexandria	亚历山大里亚	Cipro	西柏罗
Alopece	阿罗卑克	Clazomenae	克拉佐门尼
Amphipolis	安菲波利	Cnidus	克尼杜
Anatolia	安那托利亚	Corcyra	科尔居拉
Andrus	安德罗斯	Corinthus	科林斯
Antiochia	安蒂奥克	Crete	克里特
Arcadia	阿卡狄亚	Cyrene	居勒尼
Arginusae	阿吉纽西	Cyzicus	库齐库
Argos	阿戈斯		
Assus	阿索斯		
Atarnus	阿塔尔纽	Decelea	狄西里亚
Aterneus	阿塔纽斯	Delium	德立昂
Athen	雅典	Delos	提洛
Atlantis	大西洋岛	Delph	德尔斐
Attica	阿提卡	Deris	多利斯
Berythenes	波律司提尼	Egypt	埃及
Bithynia	比提尼亚	Elaea	埃莱亚
Boeotia	玻俄提亚	Elea	爱利亚
Byzantium	拜占庭	Elis	埃利斯
		Ephesuo	爱菲索
Camarina	卡马里纳	Epidaurus	埃皮道伦
Cathage	迦太基	Eretria	埃雷特里亚
Cecronia	凯克洛尼亚	Euboea	优卑亚
Ceos	开奥斯		
Cephisus	凯菲索	Halicarnassus	哈利卡那苏
Chaeronea	凯罗尼亚	Heliopolis	赫利奥波利
Chalcis	卡尔西斯	Hellespontus	赫勒斯旁

Heraclea	赫腊克利亚		Mendes	门德斯
			Messenia	美赛尼亚
Iasos	爱索斯		Methymna	麦汀纳
Inycus	印库斯		Miletus	米利都
Ionia	伊奥尼亚		Mitylene	米提利尼
Ioulis	伊奥利斯		Munychia	曼尼基亚
Italia	意大利		Mycale	米卡莱
Ithaca	伊塔卡			
			Naxos	那克索斯
Lacedaemon	拉克代蒙		Nicaea	尼西亚
Laconia	拉科尼亚		Nicomedia	尼科墨迪亚
Lampsacus	兰萨库			
Larissa	拉利萨		Olympia	奥林比亚
Laurium	劳立温		Opus	奥布斯
Lemnos	利姆诺		Oxyrhynchus	奥克西林克
Leontini	林地尼			
Lesbos	列斯堡		Pangaeus	潘格乌斯
Leucas	琉卡斯		Paros	帕罗斯
Libia	利比亚		Peiraeus	拜里厄斯
Limnae	里姆奈		Peloponnesus	伯罗奔尼撒
Locri	洛克利		Pergamus	帕加马
Lydia	吕底亚		Perinthus	佩林苏
			Persis	波斯
Macedonia	马其顿		Phalerum	法莱勒
Mantinea	曼提尼亚		Phamnus	法姆努
Massageta	马萨格塔		Pherae	斐赖
Media	米地亚		Phlius	佛利
Megalopolis	美伽洛波利		Phocis	福基斯
Megara	麦加拉		Phoenicia	腓尼基
Melos	弥罗斯		Phyle	费勒

Plataea	普拉蒂亚	Stratoclaea	斯特拉托克里亚
Pontus	本都斯	Styra	斯替拉
Potidaea	波提狄亚	Sybaris	锡巴里
Pylos	派罗斯	Syracusae	叙拉古
Pythian	皮西安		
		Taegetos	泰革托
Ravenna	拉维纳	Taman	塔曼
Rhegium	雷吉姆	Tanagra	唐格拉
Rhodus	罗得	Tarentum	塔壬同
Roma	罗马	Tarsus	塔索斯
		Teos	提奥斯
Salamis	萨拉米	Thasos	萨索斯
Samos	萨摩斯	Thebes	底比斯
Scepsus	斯帕苏	Thermopylae	德摩比利
Scythia	司奇提亚	Thessalia	帖撒利
Selymbria	塞林布里亚	Thrace	色雷斯
Sicilia	西西里	Troy	特洛伊
Sinope	辛诺普	Turii	图里
Sparta	斯巴达	Tyre	提罗
Stagirus	斯塔吉拉		

aer(ἀήρ)

气　112,269,301,304,305,312,314,
454,554,606,840,863,866,879,880,
882,886,887,889

agathon(ἀγαθόν,good)

善　350,369,371,372,659

agathou idea(ἀγαθοῦ ἰδέα)

善的相　658—665,671,672,675,680,
689,690,714,716,719,725,731,738,
740, 749, 819, 853, 863, 914, 916,
952,964

aisthesis(αἴσθησις, perception)

感知　216
知觉　774,780

aition(αἴτιον)

原因　465,548,556,559,581,582,621,
661, 696, 740, 753, 839 — 841, 852,
859,860,862,882,884,897,914,915,
949,950,951,953

aletheia(ἀλήθεια)

真理　454,580,790

anamnesis(ἀνάμνησις)

回忆　569—574,581,590,593—595,
641,701,702,774,843

ananke(ἀνάγκη,necessity)

必然　82,188,197,454,635,883—886

anapsy-chon(ἀναψύχον)

复醒　454

apeiron(ἄπειρον)

阿派朗　360,892

arche(ἀρχη)

本原　38,43,79,143,233,298,304,
360,454,548,560,628,666,695—
697,753,812,859,886,888,892,898,
899, 904, 906, 916, 949, 954, 955,
958—961,963,967,970,971

arête(ἀρετη,virtue)

美德　51,119,129,130,140,143,144,
200,316,363,365—370,389—409,

1003

责任编辑:钟金铃

装帧设计:曹　春

图书在版编目(CIP)数据

希腊哲学史.第 2 卷/汪子嵩 等著. 修订本-北京:人民出版社,2014.1
　(2023.6 重印)
ISBN 978－7－01－011018－9

Ⅰ.①希…　Ⅱ.①汪…　Ⅲ.①古希腊罗马哲学-哲学史　Ⅳ.①B502

中国版本图书馆 CIP 数据核字(2012)第 152987 号

希 腊 哲 学 史

XILA ZHEXUESHI

第 二 卷

(修订本)

汪子嵩　范明生　陈村富　姚介厚　著

人民出版社 出版发行
(100706　北京市东城区隆福寺街 99 号)

北京新华印刷有限公司印刷　新华书店经销

2014 年 1 月第 1 版　2023 年 6 月北京第 3 次印刷
开本:710 毫米×1000 毫米 1/16　印张:65.25
字数:940 千字

ISBN 978－7－01－011018－9　定价:220.00 元

邮购地址 100706　北京市东城区隆福寺街 99 号
人民东方图书销售中心　电话 (010)65250042　65289539